CHINA 中国自助游

《亲历者》编辑部 编著

2018畅销版

中国铁道出版社
CHINA RAILWAY PUBLISHING HOUSE

2018 旅游趋势

随着社会经济的发展，旅游早已变得普通寻常。而如今，旅行的定义也越来越宽泛，无论是周末的郊区小游，还是精心计划的游山玩水，抑或是潇洒地游走异国他乡，都是一种旅行的姿态。世界那么大，每天都有新变化，我们通过实际调查，总结各地旅游网站的官方信息，为你捕捉最新的流行资讯，探寻不一样的时尚玩法，让你的旅途更轻松、更有趣！

全域旅游受关注

在全域旅游盛行的当下，过去那种传统的“景点＋饭店＋住宿”的模式已经被打破，与其节假日花钱在热门景点里“苦苦挣扎”，倒不如来一场舒适的农家乐，或是悠闲的赏花行。旅游不一定就是游览景点，心灵上的满足、视觉上的享受才是旅行的内涵所在。

租车旅游乐趣多

相比飞机、火车、轮船等传统交通工具的舟车劳顿，有时一辆车、三两好友，便是一场轻松惬意的旅行。如今，租车平台多样化，共享单车的投放，租车 APP 也十分方便，不需要提前抢票，也不需要转乘公交，随走随停，只为遇见沿途最美的风景。

旅游就是要体验

随着 80 后、90 后、00 后消费能力的逐渐增强，旅游市场也开始呈现年轻化趋势，简单的打卡拍照式的旅行已不再受到大家的青睐。主题文化活动、当地民俗风情等各种体验，融入当地生活，深层次的旅游才会更有意义。

“快进慢游”更合理

对于工作繁忙的上班族来说，只能利用有限的假期去旅游。如今高铁、城铁、民航等“快进”交通网络的构建，提高了旅游的便捷性。合福高铁、郑徐高铁、沪昆高铁等相继开通，大大缩短了旅途的时间。放弃赶景点的游玩方式，静下心来深入体验，随心慢游，才能领悟旅行的真乐趣。

私人定制才时尚

常规的旅游路线总是那么几个，对于时尚的资深玩家来说，按照自己的兴趣爱好，定制一条专属路线会更有趣。你可以自己查找资讯，亲自制订路线，或者直接把自己的需求告诉旅行社。旅行，就是要不走寻常路。

丝绸之路文化游

乌鲁木齐自古是古丝绸之路的重镇，海南则是海上丝绸之路的必经点。随着我国“一带一路”战略定位的实施，三亚–重庆–乌鲁木齐航班的开通，在有“天涯海角”美誉的海南与有“西域明珠”之称的乌鲁木齐之间架起空中桥梁。对西域文化、丝绸之路感兴趣的游客一定不要错过这次精彩的文化之旅。

出境旅游仍火热

五一、国庆等小长假国内旅游景点过于火爆，再加上越来越多国家放宽了签证政策，使得出境旅游依旧热门。浪漫的海岛、旖旎的风光、独特的风情……都深深令人沉醉。通过境外旅游业的发展，也让中国与世界越来越紧密。

Xiapu tantu

日出日落映霞浦

福建·霞浦滩涂

这里是大海的另一种模样，在这儿不仅能看到日出，还能见到渔民满载而归的场景。碧蓝明净的大海，一年四季总是风起浪涌，海浪不停冲刷着金色沙滩。随着潮涨潮落、风吹浪打的洗礼，海滩渐渐变成了岁月的涟漪。

Yingxi fenglin

青青田园牧牛归

广东·英西峰林

这里是隐匿在青山后的另一片天地，山中的岁月总是缓慢的，看着隐隐青山，伴着悠悠绿水，烦闷的灵魂总会得到休憩。山边的云雾、向晚的微风、归家的牧牛……一人独守一片桃源之地，闲看云卷云舒，静等花开花落。

Shouxihu

烟花三月下扬州

江苏·扬州瘦西湖

三月，春风拂面，垂柳摇曳，亭阁小轩美女如云，把整个扬州城点缀得如火如荼。三月，有多少人远下扬州，只为看一眼瘦西湖的波光荡漾。三月，每一朵花开，都把江南的古往今来描述得明明白白。

Xianfeng guojia senlin gongyuan

林海雪原秀北国

吉林·仙峰国家森林公园

北方的冬天有种“巾帼不让须眉”的气质，她娇艳美丽，却也傲然独立。纵目远眺，随着太阳的升腾，远处的青峰，褐白斑斓，逶迤缠绕，给人一种苍远、缥缈的惊喜。阳光下的雪原氤氲了一片光明、晶莹、欣快的风景。

Qilianshanmai 天高草阔见雪山

青海·祁连山脉

远处的雪山泛着圣洁的光芒，夏季牧场生机勃勃，书写着琴瑟优美的旋律，马背上的民族因为被草原上的一切所吸引，所以选择了留下，守护这片神奇的土地。我愿做一只草原上的鹰，只为徜徉在自由的天地。

Emeishan 雪拥峨眉净空灵

四川·冬日峨眉

自古峨眉天下秀。时值隆冬，峨眉理应是白雪的世界：山下微雨，山上雪！翻滚的云浪，飘扬的雪，朦朦胧胧宛若仙境。坐落在山顶的华藏寺，佛音悠远。每一声一唱都让你在舒缓的弥唱中感受到清馨，独享心灵深处的那份娴静。

前言 PREFACE

人生，不过一场旅行

林徽因说：

“背上行囊，就是过客。放下包袱，就找到了故乡。”

人生，不过一场旅行

走过隐隐青山、悠悠绿水

看开心情才会明媚，看淡心境才会从容

一程山水，一段故事

一朵花开，一路高歌

彼此相遇，又不断离去

匆匆忙忙，跌跌撞撞

却一路向前，各自修行

我们渴望一直在路上，带着最初的激情

哪怕沧海桑田，世事万变

但愿我们可以

永怀一颗好奇纯真的心

看遍世间风景

目录
CONTENTS

华北地区

华南地区

●面积

约 1.7 万平方千米，全国排名第 29 位

●人口

2171 万，全国排名第 26 位

●区号

010

●世界遗产

北京故宫、明十三陵、颐和园、天坛、周口店北京人遗址、长城、大运河北京段

●国家 5A 级风景区

故宫博物院、天坛公园、颐和园、八达岭长城、恭王府、明十三陵景区、北京奥林匹克公园

●国家重点风景名胜区

八达岭－十三陵风景名胜区、石花洞风景名胜区

北京旅游网
www.visitbeijing.com.cn

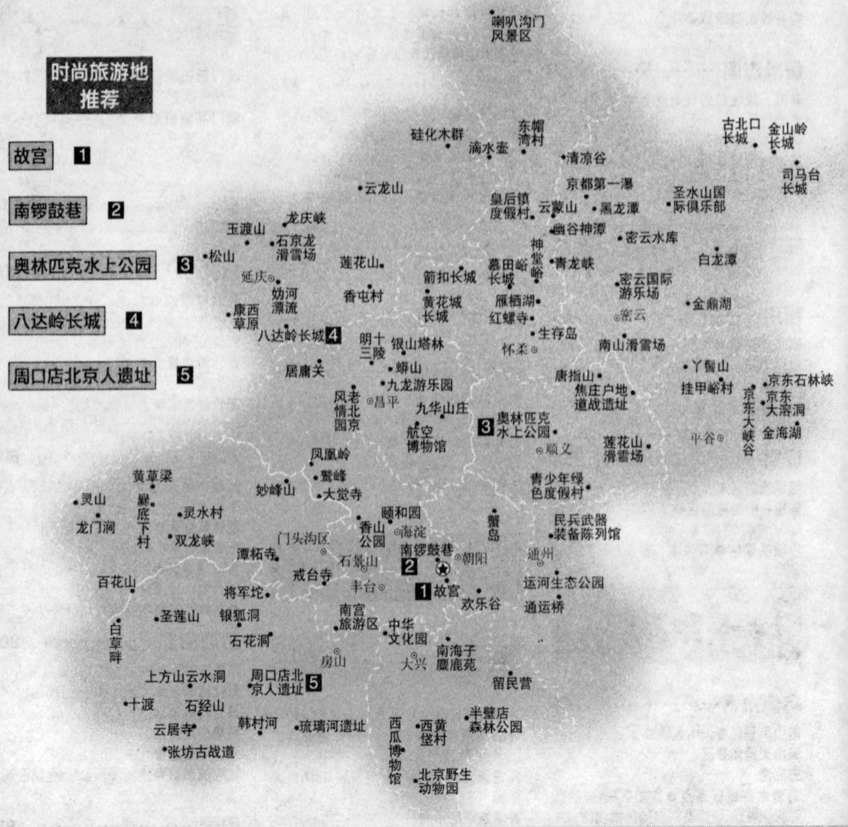

华北地区

北京

东方古都，长城故乡

北京，一座有着千年历史的古都名城，一座现代化的国际大都市。故宫的角楼、卢沟桥的狮子、潭柘寺的古银杏、万里长城的青砖，每一处风景都曾见证京华烟云。王府井步行街上霓虹闪烁，三里屯酒吧里风情摇曳……多面的北京在这里欢迎你。

北京城区

大气，是所有人给北京的定义。古老，是北京延续至今的性格。情调，是今天北京的追求。这是一座古老文化和现代文明交相辉映的城市，它所特有的文化和风韵引人入胜。

天坛的明月，北海的风，卢沟桥的狮子，潭柘寺的松，红墙碧瓦太和殿，十里长街卧彩虹，王府井霓虹闪烁，三里屯酒吧林立，水立方熠熠生辉……作为中华人民共和国的首都、世界历史文化名城，北京是所有华夏儿女心中的骄傲。

亮点

必游景点

- **天安门**：中国的标志性建筑，升国旗是广场上最靓丽的风景。
- **故宫博物院**：世界最宏伟的宫殿建筑群，藏品极丰富。
- **颐和园**：世界上建筑规模最大的皇家园林。
- **什刹海**：老北京风貌保存最完整的一片历史街区，有皇家遗风、市井百态，还有时尚酒吧、碧波荡漾。
- **奥林匹克公园**：“仰山奥海”展示了中国山水公园的独特魅力，更吸引人的是鸟巢和水立方，堪称世界建筑奇观。

必逛街道

- **王府井步行街**：北京最有名的商业区，号称“金街”。
- **什刹海酒吧街**：什刹海的酒吧讲究的是闹中取静，古老的院落与时尚的潮流各得其所。
- **东交民巷**：全长近 3 千米，是老北京最长的一条胡同，非常幽静，留下许多风格各异的西洋建筑。
- **成贤街**：也叫国子监街，街上有孔庙、国子监。

线路推荐

- **初来北京五日游**

D1：天坛公园—前门大街。

↑天坛祈年殿

D2：天安门广场（升旗）—故宫—景山公园。

D3：十三陵—八达岭长城。

D4：什刹海—国子监街—雍和宫—王府井。

D5：奥林匹克公园—颐和园。

- **经典北京三日游**

D1：天坛公园—前门大街—天安门广场—故宫。

D2：十三陵—八达岭长城—王府井。

D3：颐和园—奥林匹克公园—什刹海。

交通信息

飞机

北京首都国际机场位于顺义区，距离市中心大约 30 千米，是全球最繁忙的机场之一，北京绝大部分航班都在这里起降。机场共有 T1、T2、T3 三个航站楼，各航站楼间有摆渡车可以往来。机场到市区有直达东直门和三元桥的机场快轨（地铁）路线，和市区的地铁路线相通，也有将近 20 条机场大巴路线。

南苑机场位于丰台区南苑镇，目前开放的航线主要是各大国内城市航线。机场前往北京市区有班车，另外，机场距离地铁大兴线也不远。

火车

北京是全国最重要的铁路枢纽之一，城内共有五座火车站，分别为北京站、北京南站、北京西站、北京北站、北京东站，可以通往全国几乎全部的大中城市。

北京站有前往各大城市的高铁、动车、普通列车，地铁 2 号线可以直达。

南站也有高铁、动车、普通列车等各种车辆，以前往南方的火车为主，另外，天津到北京的城际列车也大多到达这里。地铁 4 号线、14 号线可以直达。

西站主要有发往西北、西南的各等级列车，地铁 7 号线、9 号线在这里有停靠。

北站靠近北京交通大学、北京动物园等地，主要是前往延庆的城际列车，现封站改造中。

东站主要有发往天津蓟县的列车，游玩盘山、独乐寺等景点的游客可以选择在这里乘车。

市内交通

北京地铁线路较多，是出行的首选交通工具。目前运营的线路有：1号线、2号线、4号线、5号线、6号线、7号线、8号线、9号线、10号线、13号线、14号线、15号线、16号线、八通线、房山线、亦庄线、大兴线、机场线、昌平线，基本涵盖了城市的全部区域。

天安门周边

前门大街

●全新而传统的商业街

前门大街是北京历史最悠久的商业街之一，在明代就是有名的商业区，经过几百年发展，形成了老字号林立的繁荣局面。2008年，这条大街改造成古色古香的步行街，在熙攘的人群中，有叮当车“招摇”过市。

步行街北起正阳门箭楼，南至珠市口，全长845米。前门大街两侧商铺均为两三层的仿古建筑，80余个京城老字号在路两旁一字排开，此外还有国际知名品牌店。

北京市东城区前门大街。

乘地铁2号线到前门下。

天安门广场

●世界最大的城市广场，中国的心脏

天安门广场是当今世界上最大的城市中心广场。它南北长880米，东西宽500米，相当于62个足球场那么大。是共和国举行

↓前门大街

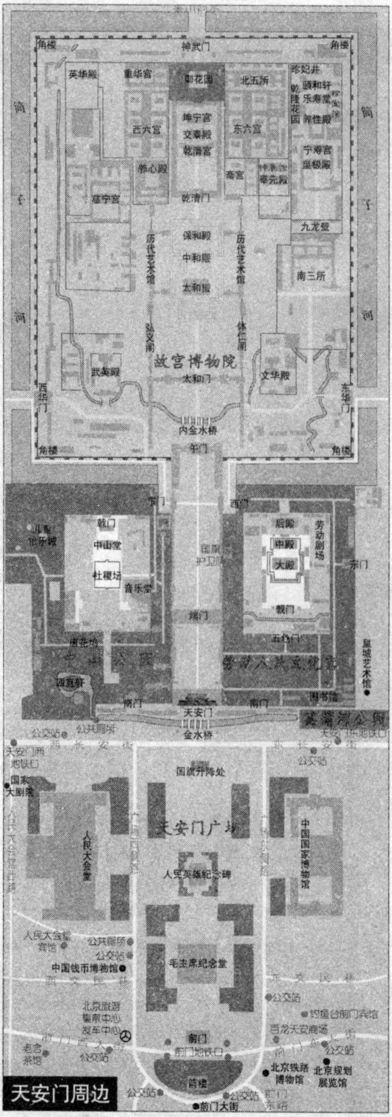

重大庆典、盛大集会和外事迎宾的神圣重地。广场两侧分别是人民大会堂和中国国家博物馆。毛主席纪念堂和正阳门城楼矗立在广场的南部。

北京市东城区长安街。

乘地铁1号线到天安门西下；乘地铁2号线到前门下。

5:00~22:00。

圆明园
清华园
玉泉山
颐和园
北京大学
未名湖
国家游泳
中心(水立
海淀公园
万泉河桥
健翔桥
北京航空馆
万柳
体育
公园
西禅寺
四海桥
大钟寺
蓟门桥
苏州桥
元大都城垣
遗址公园
人定湖公园
德胜门
箭楼
积水潭桥
四季青桥
国家图书馆
北京海洋馆
宋庆龄故居
紫竹桥
北京动物园
什刹海公
紫竹院公园
西直门桥
恭王府
北京天文馆
庆王
慈寿寺
程砚秋故居
历代帝王庙
广济寺
定慧寺
玉渊潭公园
阜成门桥
中国地质
博物馆
中央电视塔
月坛公园
齐白石
故居
张自忠
故居
五棵松文化
体育中心
中华世纪坛
军事博物馆
五棵松桥
新兴桥
复兴门桥
李大钊故居
白云观
明北京
城墙遗址
莲花桥
莲花池公园
天宁寺
报国寺
广安门桥
六里桥
法源寺
岳各庄桥
陶然亭公
大观园
菜户营桥
开阳桥
丽泽公园
辽金城垣博物馆
北京城区旅游示意图

奥林匹克公园
炎黄艺术馆
国家体育场(鸟巢)
中华民族博物院
中国体育博物馆
中国科技馆
西黄寺
柳荫公园
青年湖公园
地坛公园
钟楼北桥
安定门桥
国子监
雍和宫
柏林寺
钟楼
鼓楼
北京文庙
银锭桥
郭沫若故居
段棋瑞执政府旧址
北海公园
景山公园
北大红楼
中国美术馆
皇城根遗址公园
故宫博物院
智化寺
天安门广场
菖蒲河公园
中国国家博物馆
人民大会堂
正阳门
市规划展览馆
金台书院
天坛公园
先农坛
北京自然博物馆
永定门城楼
永定门桥
玉蜓桥
左安门桥
分钟寺桥
龙潭湖公园
夕照寺
明城墙遗址公园
古观象台
建国门桥
日坛公园
东岳庙
朝阳门桥
富国海底世界
东直门桥
全国农展馆
燕莎桥
三元桥
太阳宫桥
太阳宫公园
四元桥
望和桥
南湖公园
姜庄湖公园
五元桥
望京公园
环铁桥
七棵树桥
东风北桥
朝阳公园
朝阳公园桥
红领巾公园
团结湖公园
朝阳北路
八里庄清真寺
中国紫檀博物馆
国贸桥
四惠桥
建国路
广渠门桥
双井桥
大郊亭桥
窑洼湖公园
四方桥
北京欢乐谷

毛主席纪念堂

●瞻仰毛主席遗容之地

毛主席纪念堂位于天安门广场南部，安放着毛主席的遗体。纪念堂主体呈正方形，四周有44根黄色花岗明柱，建筑分两层，一层有北大厅、瞻仰厅、南大厅。二层有毛泽东、周恩来、刘少奇、朱德、邓小平、陈云革命业绩纪念室和电影厅。

￥ 免费。

🕐 星期一不开放；星期二至星期日8:00~12:00对外开放；其中7月1日至8月31日07:00~11:00。如遇特殊情况，停止开放。请随时留意瞻仰时间变更。

亲历者◎攻略

1. 进入瞻仰、参观须凭有效证件免费排队入场，不允许带包、照相机、水杯、饮料等物品入场，可寄存到广场东侧路东侧的天安门地区管理委员会存包处。

2. 注意衣着整洁、得体、脱帽瞻仰。穿背心、拖鞋者谢绝入内。注意保持安静。请关闭手机或将手机调至静音状态，不要大声喧哗、嬉笑打闹。

人民英雄纪念碑

●中国最大的纪念碑

矗立在天安门广场中央，为纪念中国近现代史上的革命烈士而建。通高37.94米，比天安门城楼还高3.24米，是我国历史上最大的纪念碑。纪念碑采用17000多块花岗岩和汉白玉砌成，由两层月台、两层须弥座、碑身和碑顶组成。

天安门城楼

●中国的象征性建筑物

天安门是中国的象征，始建于明永乐十五年（1417年），是我国传统建筑艺术的代表作。天安门是明、清两代皇城的正门，是明、清两代举行重大典仪的地方，凡遇皇帝登基、册立皇后等重大庆典，都需在此举行颁诏仪式。天安门城楼1988年起对公众开放。

城楼前有华表一对，金水桥五座。城楼两侧是观礼台。正中门洞上方悬挂着巨大的毛泽东画像（高6.4米），两边分别是“中华人民共和国万岁”和“世界人民大团结万岁”的大幅标语。

↓安门广场

⌂ 北京市东城区长安街。

🚌 乘地铁1号线到天安门东下车；乘1、5、10、52、特1路公交到天安门东下车。

🕐 8:30~17:00，16:30停止售票。

￥ 15元（天安门城楼北面购票）。

专题：北京的胡同

北京胡同街巷的地方特色，大部分形成于元、明、清三个朝代，是了解北京传统文化和风土人情的好去处。目前，北京胡同游主要有两条线路。南线集中在前门附近，北线集中在什刹海一带。北京有很多胡同游的人力车。另外，骑自行车逛胡同、访故居也别有一番风味，租赁方法详见文前“交通信息——自行车”。

大栅栏地区

●北京最古老（近600年历史）的闹市区

大栅栏地区泛指大栅栏街及廊房头条、粮食店街、煤市街在内的一片区域，保存着

↑胡同三轮车

大量原汁原味的胡同和古老建筑。最有名的胡同有：钱市胡同（北京最窄的胡同，最窄处仅 0.4 米）、九弯胡同（北京拐弯最多的胡同，有 13 道弯）、八大胡同（过去是红灯区，有很多保留着旧时风格的绣楼）等。著名的琉璃厂文化街也在此处。

北京市宣武区前门大街西侧。

乘 48、59、120 路等公交到大栅栏下。

南锣鼓巷地区

时尚与传统交会地，创意文化街区

南锣鼓巷区域是胡同系统相对保留最完整的传统居住区。这里的胡同布局似一条"蜈蚣"，以长约 800 米的南锣鼓巷为轴线，两侧各对称分布着 8 条平行胡同。

传统的建筑、时尚的小店，这是南锣鼓巷给人的第一印象。经过翻修后胡同保存了老北京特有的韵味，现在这里已成为北京少数成气候的文艺青年集散地，越来越多的咖啡馆、酒吧、手工制品店正在这里聚集。各个小店的个性店名既个性又打眼，让人情不自禁地就爱上了这个地方。

地铁 6、8 号线可达。

www.nanluoguxiang.com。

史家胡同

贵气十足的胡同

史家胡同位于东城区东南部，东起朝阳门南小街，西至东四南大街，南与东、西罗圈胡同相通，北邻内务部街。据传，该胡同是以当地史姓大户而得名。史家胡同建筑整齐，多为大宅院。清末中法银行董事长刘福成、名妓赛金花（傅彩云）都有宅第在此胡同内。昂贵的史家胡同小学（59 号院）、始建于清朝后期的好园宾馆（53 号）、章士钊故居（51 号院）、荣毅仁故居（47 号院）也在这里。另外，史家胡同的 55 号院内，大门影壁上有砖刻和亲王诗，两边还有对联。

乘 108、111、204、684、685、110、电车 106 路等公交到灯市东口下南行。

礼士胡同

宅院云集的胡同

礼士胡同位于东城区东南部，东起朝阳门南小街，西至东四南大街，南有支巷通演乐胡同、灯草胡同，北有支巷通前拐棒胡同。这里的大宅院很多，电视剧《大宅门》就是在路北 129 号清时武昌知府的豪宅拍摄的外景，临街的八字墙异常宽大，在长长的院墙和八字墙上，有精致的砖雕。

乘 116、110、204、684 路等公交到东四路口南下。

砖塔胡同

历史最悠久的胡同之一，风貌保存较好

砖塔胡同位于西城区西四牌楼附近，这条因塔而得名的胡同，是目前北京遭到破坏较少，风貌保存较好的胡同。矗立于胡同一隅的青砖古塔，为元代名臣耶律楚材的老师——万松老人的葬骨塔，目前已作为文物保护单位对游客开放。

乘 22 路等公交西四路口北下。

法源寺前街

京畿三大花事之一

法源寺前街位于牛街地区，著名的法源寺（门票 5 元）就在街旁。周边有教子胡同、西砖胡同和法源寺后街。法源寺是中国佛学院、中国佛教图书馆的所在地，有近 1350 年的历史，是北京最古老的名刹，含六进院落，佛教文物众多。另外，春末夏初，寺内的丁香争相开放，号称香雪海，曾与崇右牡丹、恭王府海棠并称京畿三大花事。

乘 102、109 路电车到菜市口西下，南行约 800 米即达。

亲历者◎游记

天坛的南北东西各有一门，其主要建筑集中在内坛中轴线的南北两端。对于匆匆的游客来说，最好从南门开始游览。

从南门进园，先到圜丘，其坛面、台阶、栏杆所用的汉白玉石块全是九的倍数，象征九重天；皇穹宇是放置皇天上帝牌位的地方，造型像是一个小号的祈年殿；在皇穹宇的外面，就是很有趣的回音壁（在回音壁试回音要方法得当，如果同行两人，两人应分别站在东西配殿后可听见彼此说话）。从回音壁北行，即到祈年殿、皇乾殿，是北端的重要建筑。

天坛另有东侧的游廊、神厨、宰牲亭和西天门的斋宫等建筑和古迹。特别是斋宫，曾是皇帝典礼前沐浴焚香清心静养留宿斋戒的地方，暮春

故宫 AAAAA

●世界最宏伟的宫殿建筑群、中国藏品最丰富的博物馆

故宫，旧称紫禁城，为“世界五大宫”之一，是世界上规模最大的宫殿建筑群，有大小宫殿、用房近万间。

故宫始建于明初，是明清两朝的皇宫，建筑精美、布局严谨、文物丰富。城墙周长3420米，高10米，有午门等四门和四座角楼，城墙外环之以护城河。城内分为“外朝”和“内庭”两部分。“外朝”以太和殿等三大殿为核心，是皇帝处理政事的地方。“内庭”包括乾清宫等“三宫六院”和御花园，为皇帝及后妃们起居生活之所。故宫收藏历代珍贵文物百万余件，部分宫殿被辟为钟表馆、珍宝馆等陈列馆。

北京市东城区，从天安门往北经端门可走到故宫南门（午门），北门（神武门）在景山前街4号。

从午门进入需在天安门下车，地铁1号线天安门（东、西）站下。

旺季8:30~17:00，淡季8:30~16:30。周一闭馆（7月1日至8月31日除外）。

旺季（4~11月）60元，淡季（12月至次年3月）40元。钟表馆10元，珍宝馆10元。 010－85007422。

午门

●故宫的正门

午门又名五凤楼，建成于明永乐十八年（1420年）。午门平面呈“凹”字形，墩台有五个门洞（中门为皇帝专用），门楼为重檐庑殿顶（楼内常有展览）。墩台两翼各有廊庑13间（雁翅楼），正楼两侧有钟鼓亭各三间。午门是颁发诏书、颁朔、献俘礼、廷杖等活动的举行地。

亲历者◎解说

民间有“推出午门斩首”之言流传，其实明清皇宫门前极为森严，犯人斩首决非在午门，而是必须押往柴市（今西四）或菜市等地刑场处决的。

亲历者◎攻略

1. 故宫的看点包括三种：建筑、原状陈列、文物展览。建筑主要在“外朝”，原样陈列主要在西六宫，文物展览主要在东六宫和外东路。故宫尚有三分之一的区域（主要在西部和东南部）未开放。

2. 建议在入口处租一个语音导游机，汉语、粤语版每台20元，其他语种每台40元，押金100元，每到一处景点（景点有导游机播放标志），导游机自动开始播放景点的介绍。

3. 景区内可免费存包，行李可在午门与神武门间免费运送。景区内还有免费的雨伞、轮椅和儿童车提供给游客（需押金）。

4. 中午时，在乾清门附近有盒饭买，价格偏高。故宫内还有很多座椅，游客走累了可以休息。

亲历者◎游记

从天安门一直往里走，穿过端门后就来到午门前，租上电子导游机，检票后，迎面而来的是内金水桥，然后穿过太和门，广场，就看到了高耸的太和殿。一路走来，是漫长笔直的御道，在层层起伏变化的建筑空间中行进，你会感到一种无形的精神压力——越来越庄重、肃穆。

金碧辉煌的太和殿俗称金銮殿，殿前的汉白玉石阶上雕有1142个龙头，龙头的嘴通于地面，每逢下雨时，积水便通过这1142个龙头流到地面

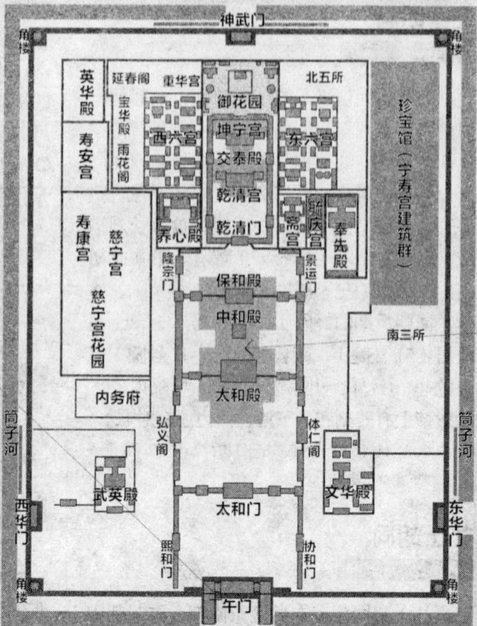

上，所以便有了“千龙吐水”这一奇观。殿内高大的雕龙宝座，可让人联想到皇帝早朝的情形。太和殿后是中和殿、保和殿。紫禁城的整体色调以红色与黄色为主，大块的红色与黄色使整个建筑群充满了秩序感。红色的宫墙、黄色的屋顶、雄伟的宫殿、精美的彩绘，都是故宫拍摄取景的范畴。

穿过乾清门，便进入内廷，内廷分中路、东路和西路三条路线。如果只是半日游，这三条路线只能游一条，一般可走中路。走中路可看皇帝的寝宫——乾清宫、放置皇帝印玺的地方——交泰殿、皇帝结婚的新房——坤宁宫、众嫔妃所住的地方（其中有的已辟为展厅）以及御花园。开放的宫殿不少，如果没有导游器的话可能会感觉比较单调。

从御花园再往北走就到了神武门，出门后即看到景山公园，如果有时间，可到景山的至高点万春亭，回望一下故宫的全貌：整齐的院落，黄的琉璃瓦，红的宫墙，规划严整，气势宏伟。

如想拍故宫夜景，可以绕到东华门，出门后就可以看到角楼和护城河。精美的角楼、静静的护城河，还有城墙、垂柳，十分和谐。在这里一直往东，可步行到著名的东华门夜市和王府井。

三大殿

●封建帝王行使权力、举行盛典的地方

是故宫外朝的核心，包括太和殿、中和殿、保和殿，建在高约5米的汉白玉台基上。

太和殿（金銮殿）在故宫的中心部位，红墙黄瓦、朱楹金扉，在阳光下金碧辉煌，是故宫最壮观的建筑，也是中国最大的木构殿宇。殿内有沥粉金漆木柱和精致的蟠龙藻井，上挂“建极绥猷”匾，殿中间是封建皇权的象征——金漆雕龙宝座。殿前有宽阔的广场。

中和殿在太和殿后，平面呈方形，四面出廊，金砖铺地，黄琉璃瓦四角攒尖顶，正中有铜胎鎏金宝顶。这里是皇帝去太和殿大典之前休息，并接受执事官员朝拜的地方。

保和殿在中和殿后，平面长方形，殿内金砖铺地，坐北向南设雕镂金漆宝座，建筑装修与彩绘精细绚丽，由于采用了减柱造做法更显得宽敞舒适。明代大典前皇帝常在保和殿更衣、受贺。清代皇帝在保和殿赐宴、举办殿试。

时分，斋宫内外两道护城河的河池铺满盛开的紫花沙参，榆叶梅绚烂的花枝隐现在红墙悬山顶绿琉璃瓦建造的重重回廊房舍和小小的月亮门上，透着庭院深深的人间气息。

天坛周边

天坛公园 AAAAA

●世界上最大的祭天建筑群、我国最大的坛庙建筑

天坛是明、清两代皇帝每年祭天和祈祷五谷丰收的地方，居京城“天地日月”诸坛之首，建成于明永乐十八年（1420年），历时14年，面积比故宫还要大两倍多。

天坛建筑布局呈“回”字形，分为内坛，外坛两部分，内坛主要建筑有圜丘、斋宫、无梁殿、回音壁、三音石等。外坛为林区，广植树木。另外，天坛最为经典是四大妙音：回音壁的回音、对话石的对音、三音石的叠音、天心石的空音。

北京市崇文区天坛内东里7号。

地铁5号线可达。

大门票旺季(4~10月)15元，淡季(11月至次年3月)10元；园中园门票20元(包括祈年殿、回音壁、圜丘)；斋宫和神乐署门票10元；大门和园中园联票旺季35元，淡季30元。

北京自然博物馆

北京自然博物馆主要收藏古生物、动物、植物等标本，有动物的奥秘、植物世界、恐龙公园、古哺乳动物、古爬行动物、神奇的非洲、动物——人类的朋友等基本陈列。其中馆藏大型整体古哺乳动物化石数量居世界第二，黄河古象化石、恐龙化石名扬海内外。

东城区天桥南大街126号。

乘2、17、729、803、917等公交在天桥下。

周二至周日9:00~17:00(周一闭馆，16:00停止入馆)。

免费，需至少提前一天电话(010-67027702)或网上预约；临时展览10元。

天桥

清末时期是江湖艺人摆摊挣钱的地方，当时有著名的“天桥八大怪”；如今天桥剧场是中央芭蕾舞团的演出地，天桥杂技剧场

什刹海周边

●最具京味儿的平民乐园

什刹海风景区是最具京味儿的平民乐园。以银锭桥为核心，由什刹海（又名前海）、后海和西海（积水潭）三个相连的湖泊组成，景区内有古迹名胜40余处、文物保护单位37处，被北京市划为25片历史文化保护区之一，被誉为“北方的水乡”。

🏠 北京市西城区，可先到北海北门（地安门外大街）或鼓楼（地安门西大街）。

🚌 搭乘地铁8号线，或乘坐5、635路等公交可到达。

亲历者◎攻略

1. 什刹海滑冰场：一般在每年12月末到第二年元旦前后开放，这儿由于地处繁华地段，人比较多，特别是周末。

2. 拍照：什刹海拍出的婚纱照是古典怀旧派的。什刹海树荫里是寻常百姓的平凡日月，南锣鼓巷里不起眼的小店却是充满古意的新兴潮逛宝地，夕日皇家大宅——恭王府花园，更是古典怀旧人士的寻幽地。于是，由于景物，由于意蕴，照片里的意境自然不同。

北海公园

●中国现存历史最悠久、保存最完整的皇家园林之一

歌曲《让我们荡起双桨》中唱到的白塔指的就是北海公园内的藏式佛塔。

该公园由琼华岛、北岸、团城等组成。白塔、五龙亭、九龙壁、永安寺、悦心殿、琼华岛、善因殿等景闻名遐迩。

🏠 北京市西城区，正门（南门）在文津街1号，北门在地安门西大街，东门有条路连接景山公园西门。

🚌 乘101、109路公交可到正门（北海站），乘107、111路公交可到北门（北海北门站），乘5路公交可到东门（西板桥站）。

🕐 11月至次年3月6:30~20:00；4~10月6:30~21:00。

¥ 通票20元。4~10月10元；11月至次年3月5元。琼华岛白塔10元。

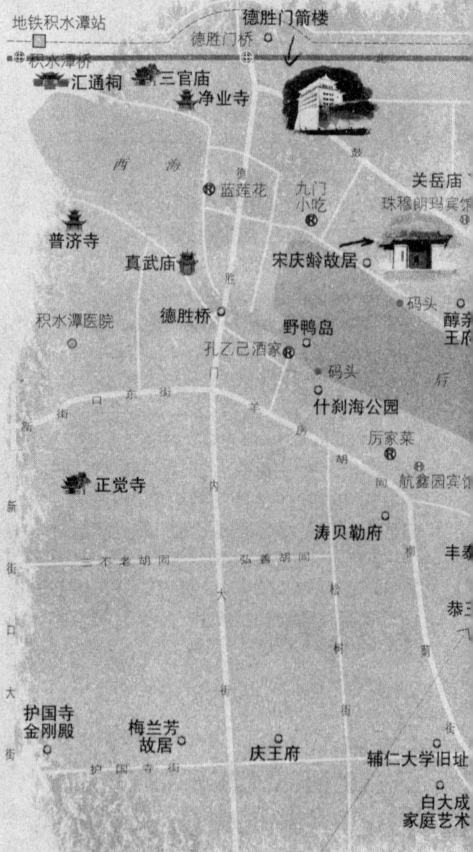

恭王府及花园 AAAAA

●世界最大的四合院

恭王府占地6公顷，由府邸和花园（即萃锦园，有古建31处）两部分组成，是一处典型的王府花园，始建于1777年，曾是和珅的私宅。

王府既有中轴线，也有对称手法，是世界最大的四合院。园内有著名的大戏楼。立于山顶，居高临下，可观全园景观。

🏠 北京市西城区前海西街。

🚌 乘13、107路公交到北海北门下，步行20分钟可达。

🕐 4~10月8:00~18:30；11月至次年3月9:00~18:30。

¥ 40元。系列游70元（含门票，专业讲解员；参观开放的景点及展厅；观看大戏楼，并在戏楼内欣赏北京传统节目演出、品尝王府盖碗茶和小吃。）

🌐 www.pgm.org.cn。

烟袋斜街

●北京最古老的商业街

烟袋斜街是北京最古老的商业街，明清风貌和京味文化十足，除少数餐馆、酒吧外，还有专营茶具、古玩等民间工艺品的店铺，是北京较有名气的文化街，曾留下不少文化名人的足迹。“长枪短炮”的摄影家们，往往把这条街当做出片子的好地方，随便摄两张便是不错的作品。

🏠 北京市地安门西大街，鼓楼前。

🚌 乘地铁 2 号线到鼓楼大街下。

每天有杂技表演，这里也是德云社的发迹地，每天的小剧场演出场场爆满。

🏠 地铁 7 号线可达。

陶然亭公园

●融古建与现代造园艺术为一体

陶然亭公园有陶然亭、云绘楼、清音阁、慈悲庵（园史及文物陈列室）等古建。新景有胜春山房、望春浴德、历史名亭、九州方圆等景区。是北京最早兴建的一座融古建与现代造园艺术为一体的以突出中华民族亭文化为主要内容的现代新型城市园林。华夏名亭园是陶然亭公园的“园中之园”。

🏠 北京市宣武区太平街 19 号。

🚌 乘 14、122 路等公交可达。

🕐 6:00~21:30，园中园华夏名亭园 9:00~17:00。

¥ 2 元。

军博周边

军事博物馆

●中国唯一的综合性军事博物馆

基本陈列展示了中华民族 5000 年的军事历史与军事文化。主要由古代战争馆、近代战争馆、土地革命战争馆、抗日战争馆、全国解放战争馆和兵器馆等组成。

兵器馆位于中央北大厅，陈列了世界上 20 多个国家生产的近 2000 件各种武器，其中有“功臣号”坦克、东风一号导弹、歼 5 歼击机、五九式中型坦克等许多功勋兵器，被誉为“兵器的王国”。

🏠 北京市海淀区复兴路 9 号。

🚌 乘地铁 1 号线到军博下。

🕐 4 月 1 日 ~10 月 31 日：8:30~17:30；11 月 1 日 ~3 月 31 日：8:30~17:00。

亲历者◎攻略

军事博物馆离中华世纪坛只有 300 米的距离，游览军事博物馆时，可以顺便游览中华世纪坛，远眺中央电视台。此外，这里离西客站也很近，步行约 20 分钟可到。

首都博物馆

●国内一流、国际先进的综合性博物馆

每层各有方厅和圆厅两个展览区域，共设有 11 个常设展厅，3 个临时展厅。其中，“古都北京·历史文化篇”和“古都北京·城建篇”两个展厅是核心陈列。

北京市西城区复兴门外大街 16 号。

乘地铁 1 号线到木樨地下，或乘 1、4、52 路等公交到工会大楼下。

9:00~17:00（16:00 停止入馆，周一闭馆）。

免费，需提前预约，可电话预约和网上预约（www.capitalmuseum.org.cn）。参观当天 16 时前，前往北大门指定地点领取免费参观票。团体参观到首都博物馆地下一层东门内指定地点领取免费参观票。

中华世纪坛

●主体建筑如同日晷，春节庙会热闹非凡

中华世纪坛是为迎接 21 世纪而建的纪念性建筑，它浓缩了中华民族 5000 年的文明史。主体建筑如同放大的日晷，主要由旋转的“乾”和不动的“坤”组成。中华世纪坛春节文化庙会热闹非凡，民族年俗文化原生态节目是该庙会的重要组成部分，深受市民喜爱。

北京市西城区复兴路甲 9 号。

乘 32、65 路等公交到玉渊潭南门下。

9:00~17:00（周一闭馆）。

中央电视塔

●中国第三高塔，北京的标志之一

塔高 405 米，是中国第三高塔，是北京的标志之一。22 层露天瞭望平台高 238 米，可以 360 度俯瞰北京城，并且有 20 倍可自动调节的望远镜免费提供给游人观看。18 层旋转餐厅高 221 米，可边品尝美味佳肴，边观赏京城立体全景，其乐融融。塔下设有广播陈列厅、影视陈列厅、露天音乐茶座、音乐喷泉、穹幕电影、高档电子游戏、康乐中心等，同时还有餐饮和旅游商品销售等服务。

北京市海淀区西三环中路 11 号。

乘 300、特 8 路等公交到航天桥下。

70 元，残疾人免收门票。

8:30~22:00。

雍和宫

●北京市最大、保存最完好的喇嘛寺

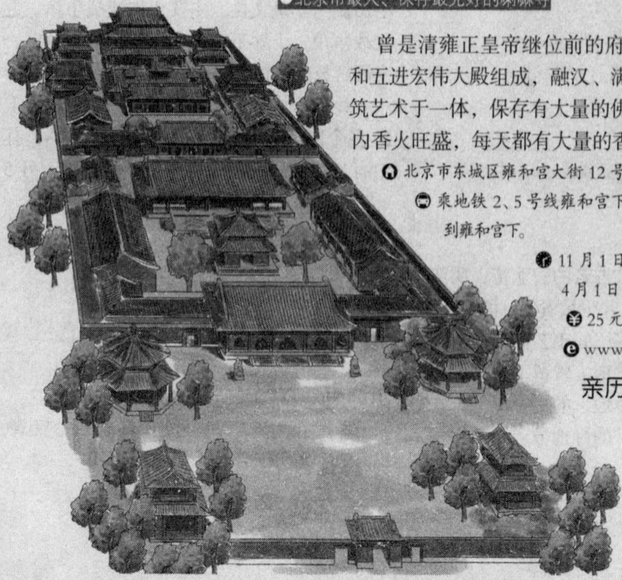

曾是清雍正皇帝继位前的府邸。由三座精致牌坊和五进宏伟大殿组成，融汉、满、蒙古、藏等多种建筑艺术于一体，保存有大量的佛教文物和资料。寺庙内香火旺盛，每天都有大量的香客和游客前往。

北京市东城区雍和宫大街 12 号。

乘地铁 2、5 号线雍和宫下，或乘 13、62、116 路等公交到雍和宫下。

11 月 1 日 ~3 月 31 日 9:00~16:00，4 月 1 日 ~10 月 31 日 9:00~16:30。

25 元。

www.yonghegong.cn。

亲历者◎解说

照佛楼佛龛木雕（有 99 条飞龙）、法轮殿里的五百罗汉山、万福阁里的弥勒像（高 18 米，白檀木雕成）为雍和宫三绝。

雍和宫周边

孔庙和国子监博物馆

●最高等级的文庙、古代最高学府

按照“左庙(孔庙)右学(国子监)”布局。北京孔庙是元明清三代祭祀孔子的地方，为我国最高等级的文庙；国子监是元明清三代国家管理教育的最高行政机关和国家设立的最高学府。

北京市东城区国子监街，雍和宫西面。

乘地铁2、5号线雍和宫下，出D口南行50米即到成贤街牌楼，或乘13、116路公交、104、108路电车，东面在国子监下、西面在方家胡同下。

5月~10月：8:30~18:00，11月~4月：8:30~17:00。

30元。

地坛公园

●我国最大、唯一现存的祭地之坛

地坛是地坛公园的前身，占地43.1公顷，始建于明代嘉靖九年（1530年），是明清两朝帝王祭地的场所，为北京五大坛中的第二大坛。现存有方泽坛、皇祇室、宰牲亭、斋宫、神库、西门牌楼等多处古建。地坛春节庙会热闹非凡。

北京市东城区安定门外大街。

乘地铁2、5号线到雍和宫下，或乘18、44路公交到雍和宫桥东下，北行约200米到南门。

5月1日~10月31日6:00~21:30，11月1日~4月30日6:00~20:30。

地坛公园2元，祭坛5元；地坛庙会10元。

亲历者◎攻略

地坛庙会是京城最早的春节庙会，也是京城“园林派庙会”代表，首次举办于1985年，是最富有京味儿民俗的活动。地坛庙会皇家民俗交相辉映，有民间花会、杂技曲艺、时装表演、儿童木偶剧等活动，尤其是“仿清祭地”表演是整个庙会的压轴戏和品牌节目，表演从年三十到年初七，上午十点准时上演。

奥林匹克公园 AAAAA

● 2008年奥运会的主场地，亚洲最大的城市绿化景观

奥林匹克公园位于城市中轴线的北端，是举办北京2008年奥运会的主要场地，容纳了44%的奥运会比赛场馆和为奥运会服务的绝大多数设施。

奥运中心区有14个比赛场馆（国家体育场、国家体育馆、奥体中心体育场等）和奥运村、记者村。公园还有最大露天剧场。

北京市朝阳区北辰路。

乘地铁8号线(奥运支线)到奥林匹克公园下，可以直达奥运主场馆。

奥林匹克公园中心区9:00~21:00，奥林匹克森林公园9:00~19:00。

进入奥林匹克公园免费；鸟巢50元，水立方30元，国家体育馆20元。

国家体育场（鸟巢）

●北京奥运会主体育场

鸟巢是北京奥林匹克公园的标志性建筑物之一，也是第29届奥运会的主体育场，位于奥林匹克公园中心区南部，景观大道东侧。鸟巢结构科学简洁，完美统一，为国内外特有建筑，内设有91000个坐席。

亲历者◎攻略

1.“鸟巢”西北侧基座，共5个售票窗口，由人工售票。场馆的“K”“L”口自动化检票只需几秒，出口为“B”“C”口。

2.星光大道以少有的留手印的形式来纪念、表彰那些杰出的运动健儿，可以满足人们与心目中的体坛英雄零距离接触的愿望。

国家游泳中心（水立方）

●奥运期间游泳、跳水比赛场地

水立方在奥林匹克公园景观大道西侧，是北京市政府指定的唯一一座由港澳台同

↓鸟巢

颐和园 AAAAA

●保存完整的大型皇家园林

颐和园是清代皇家避暑的行宫，是世界上造景丰富、建筑集中、保存最完整的皇家园林。

全园总面积达 290 公顷，其中水面占四分之三，主要由万寿山和昆明湖组成。万寿山以佛香阁为中心，有 728 米的长廊、苏州街、谐趣园、藻鉴堂等景。昆明湖中有西堤六桥、南湖岛（龙王庙）、十七孔桥、藻鉴堂等景。

北京市海淀区，北宫门在大有庄路。

乘 330、331 等路公交可到颐和园北宫门。地铁 4 号线也可达。

旺季（4~10 月）6:30~18:00，园中园 8:30~17:00；淡季（11~ 次年 3 月）7:00~17:00，园中园 9:00~16:00。

旺季 30 元，联票 60 元；淡季 20 元，联票 50 元；德和园 5 元，佛香阁 10 元，苏州街 10 元，文昌院 20 元。

010- 62881144。

亲历者◎攻略

1. 颐和园美食推荐：园内有三个快餐亭，分别位于知春亭、排云殿东九间和石丈亭处。石舫附近有中华老字号饭庄——听鹂馆，可品尝到宫廷风味食品。（您也可以在清华、北大的食堂或附近的饭店解决午餐）。

2. 颐和园内共有八个游船码头，五个船种，游船开放使用时间为早上 8:00，收船时间各码头不尽相同，17:00 居多，排云殿码头末班船时间为 16:00（各处游船用必须交还原出发码头方可取回押金）。遇有风雨天气时游船停止运营。

胞、海外侨胞捐资建设的标志性奥运场馆，具有纷繁自由的结构、简洁纯净的造型、环保节能的功能。奥运会期间是游泳、跳水、花样游泳等奥运赛事场馆。

亲历者◎解说

水立方作为世界上唯一一个完全由膜结构来进行全封闭的公共建筑，就像一座蓝色的水晶宫殿，无论在阳光下，还是在灯光下都透射着梦幻般的色彩，营造出一种轻灵、宁静、具有诗意的氛围，水立方与鸟巢一方一圆，一阳刚一柔美，把奥林匹克公园主场区的气氛烘托到了极致。

颐和园周边

圆明园遗址公园

●万园之园的遗迹、全国爱国主义教育示范基地

圆明园原为大型皇家宫苑，被世人冠以“万园之园”“东方凡尔赛宫”等诸多美名。1900 年八国联军火烧圆明园，现仅存遗址。

公园由九州景区、圆明园（有福海、方壶胜境）、长春园（有大水法遗址、含经堂）、

绮春园（有正觉寺、涵秋馆）四部分百余处风景组成。

其中于 2008 年 7 月开放的九州景区位于圆明园西部，是当年大清帝王在圆明园处理朝政（正大光明）和居住（九州清晏）的地方，有镂月开云、慈云普护、杏花春馆等 14 组园林景观，尤其九州清晏最为著名。

北京市海淀区，南门在清华西路 28 号，东门在中关村北大街。

搭乘地铁 4 号线即可抵达。

5~8 月 7:00~19:00；4 月、9 月、10 月 7:00~18:00；11 月至次年 3 月 7:00~17:30。

10 元；西洋楼遗址景区（含大水法、展览馆、迷宫）15 元，圆明园盛时全景模型展 10 元，残疾人免收门票。

010-62628501。

亲历者◎攻略

圆明园遗址公园定期举办的游园活动：

圆明园踏青节：每年 4 月初至 5 月初，园内陆续开放的牡丹、芍药、桃花将让人们感受到浓浓的春色，在长春园西路绵延 800 余米的山坡上，游人可以欣赏到漫山遍野的二月兰。同时，踏青节也融入了清朝皇家元素，“皇帝与您踏青同行”活动是最大的亮点，游客将有机会与“康熙”“雍正”“乾隆”三代皇帝共赏牡丹。

圆明园荷花节：每年 7 月初至 8 月底，圆明园湖面 10 万余平方米的荷花陆续绽放，陆地盆荷展示的精品荷花有近 400 种，形成了良好的荷花景观效果。公园会组织荷花摄影大赛，届时园内聚集了各路摄影好手。

香山公园

●皇家园林特色的山林公园，登高赏红叶

香山公园是一座具有皇家园林特色的大型山林公园，主峰香炉峰海拔 557 米。香山红叶闻名全国。现有勤政殿、静翠湖、香山饭店、香山寺遗址、双清别墅、玉华岫、昭庙、琉璃塔等胜迹。

碧云寺位于香山公园北侧，始建于元至顺二年（公元 1331 年），占地约四万平方米，是一组布局紧凑、保存完好的园林式寺庙。它坐西朝东，面朝旭日之阳，依山势而建。整个寺院布置，为中轴对称式结构，院落采用各自封闭的建筑手法，层层殿堂依山叠起，三百多级阶梯式地势高低错落，而形成的独特的寺庙布局。

【链接：香山红叶观赏和拍摄佳处】

香山红叶主要集中在香山公园的南山区域，是观赏和拍摄红叶的好地方。

静翠湖：距离大门最近（进公园东宫门南行 5 分钟），最节省体力，有山有水，红叶景观效果持续时间最长。最佳观赏时间：约为 10 月 25 日 ~11 月 9 日。另外，由于静翠湖三面环山，照相时容易逆光，需要找好角度。

香山寺：是香山文化的发源地。最佳观赏时间：10 月 18 日 ~11 月 2 日。另外，这里部分路段台阶较多，要注意行走安全。

香雾窟：是最具有古典皇家园林特色的观赏点，站在这里赏红叶，可感受到层层叠叠、远远近近的红叶折射出不同的红。最佳观赏时间：10 月 15 日 ~11 月 4 日。另外，到达香雾窟约需要半个小时以上的时间，穿轻便舒适的运动鞋较为适宜。

北京市海淀区香山买卖街 40 号。

乘 331 路公交香山下。

旺季（4~11 月 15 日）10 元，淡季（11 月 16 日 ~ 次年 3 月）5 元，碧云寺 10 元（不售半价票）；索道平日单程 50 元，节假日单程 60 元。儿童单程 20 元。

www.xiangshanpark.com.cn。

北京植物园

●中国北方最大的植物园

北京植物园是以收集、展示和保存植物

↓北京植物园

资源为主，集科学研究、科学普及、游览休憩、植物种质资源保护和新优植物开发功能为一体的综合植物园。

由植物展览区（观赏植物区、树木园和温室区）、科研区、名胜古迹区（卧佛寺、樱桃沟、曹雪芹纪念馆、梁启超墓、隆教寺遗址等）和自然保护区组成，园内收集展示各类植物10000余种（含品种）150余万株。其中植物展览温室是该园的中心，含13个展室，为亚洲之最，20世纪90年代北京十大建筑之一。

北京市海淀区卧佛寺路1号。

乘331、505路公交到北京植物园南门下或卧佛寺下。

夏季6:00~20:00，冬季7:30~18:00；大温室夏季8:00~16:30，冬季8:30~16:00；卧佛寺夏季8:00~16:00，冬季8:30~16:00。曹雪芹纪念馆夏季8:30~16:30，冬季9:00~16:00，周一闭馆。

入园5元，大温室50元，卧佛寺5元。套票55元。

八大处公园

佛教寺庙园林，三山、八刹、十二景

八大处公园是一座历史悠久、风景秀丽的佛教寺庙园林。以“三山、八刹、十二景”著称。八寺为：长安寺、灵光寺、三山庵、大悲寺、龙泉庵、香界寺、宝珠洞、证果寺。翠微、平坡、卢师三山之间，自然天成的“十二景”闻名遐迩，古人有云“香山之美在于人工，八大处之美在于天然”。

北京市石景山区八大处路。

乘347、389、972、958路公交到八大处下。

6:00~18:30（3月16日~8月31日）；6:00~18:00（9月01日~11月15日）；6:00~17:30（11月16日~3月15日）。

10元。索道票：50元/人，滑道票：50元/人，索滑道套票：80元/人，溜索票：50元/人，中华第一砚门票：3元/人。

亲历者◎解说

八大处最值得游览的地方有三处。

一为灵光寺，中有巍然耸立的佛牙舍利塔、沧桑古朴的辽代画像千佛塔基、锦鳞嬉戏的金鱼池、气象恢宏的“罗汉墙”与“心经壁”。

二为大悲寺，大雄宝殿中有元代著名雕塑家刘元塑造的十八罗汉，形神兼备、栩栩如生。

三为香界寺，布局严整，佛像供器齐备，尤其可观的是大雄殿下的两通龙首龟座御碑，碑上分别镌有清代三帝康熙、乾隆、嘉庆的文墨。

↓卢沟桥

卢沟桥附近

卢沟桥

华北地区最大的古代联拱石桥

卢沟桥因横跨卢沟河（今名永定河）而得名，建于金朝，是北京现存最古老的联拱石桥。1937年7月7日，中国抗日战争全面抗战的第一枪在这里打响。柱头上的502尊石狮最为有名，桥东碑亭内立有清乾隆皇帝题写的“卢沟晓月”汉白玉碑，为燕京八景之一。

北京市丰台区卢沟桥城内街101号。

乘309、339等路公交到抗战雕塑园下。

4月1日~10月31日:7:00~20:00;11月1日~3月31日:7:00~18:00。 20元。

南宫旅游区

中国地热第一村，休闲度假地

南宫旅游区位于享有“中国地热第一村”美誉的南宫村，它依托优质丰富的地热资源，包含世界地热博览园（含地热科普展示中心、温泉垂钓中心、温泉养殖中心、南宫苑），南宫温泉水世界，南宫新苑小区（别墅住宅区）等景区。

北京市丰台区王佐镇南宫村。

乘458路公交到世界地热博物馆下。

景区内各景点单独收费，最主要的南宫养生温泉成人门票158元。

世界公园

亚洲最大的微缩景观公园

世界公园汇集了世界上50个国家的百

↓世界公园

余处景观，是目前亚洲大比例“微缩景观公园”之一。公园平面布局按五大洲版图设计，设东欧、西欧、北欧、北美、南美、非洲、大洋洲、西亚、东亚、南亚等17个景区，水系分布按照四大洋的形状连通全园。

主要景点有：埃菲尔铁塔、凯旋门、白宫、世贸大厦、红场、桂离宫等。园内的雕塑、雕刻有近百件，自由女神、丹麦美人鱼、大卫、维纳斯等人物，精雕细琢，栩栩如生。真正让人“不出国门，周游世界”。

北京市丰台区花乡丰葆路158号。

乘477路、480路等多路公交车到世界公园站即可。

8:00~17:00(4月20日~10月3日)，8:00~16:30(11月1日~次年4月19日)。

100元，残疾人免收门票。

专题：北京的现代风光

北京以日新月异的速度发展，高楼大厦鳞次栉比，一些新的地标性建筑拔地而起，鸟巢、水立方，中央电视台新址，国贸CBD等现代建筑风光为首都北京增添了不少魅力。北京欢乐谷，石景山游乐园成为人们游玩的乐园。北京的现代风光已成为北京一道亮丽的风景线，吸引着众多游人前来观光。

北京欢乐谷

●水晶神翼、太阳神车、爱琴港湾、蚂蚁王国

欢乐谷是集主题演艺、游乐、影视及主题文化活动于一体的综合性文化娱乐公园，是北京体验旅游的重要标志。该主题公园占地56万平方米，由峡湾森林、亚特兰蒂斯、失落玛雅、爱琴港、香格里拉和蚂蚁王国六大主题区组成。

北京朝阳区东四环小武基北路。

地铁7号线可达。

平日9:30~22:00；周末9:00~22:00；夜场18:00~22:00(冬季开放时间会有变化)。

旺季(3月16日~11月15日)200元，淡季(11月16日~3月15日)160元；夜场票80元。

亲历者◎攻略

1. 欢乐谷实行一票制，游客可自行选择观看演出、体验游乐项目及参与主题活动，无须另外付费。但以下项目为有偿服务：观光代步工具类(环园小火车、电瓶车、小电动车、花境漂流、水蜜蜂游船等)；游戏类(欢乐66有奖游戏、丛林雨季、欢乐水球等)。

2. 要想好好的玩转欢乐谷，一定要早点到达，这里足够你玩整整一天，另外，来这里游玩的人总是人满为患，大多项目都要排队。最好提前安排一下游玩项目。

喜欢设备的朋友，可以选择周一至周五游玩，这几天排队的人相对较少，可以在最短的时间内更多地体验自己喜爱的游乐项目。

喜欢观看人文景观和艺术表演的朋友，建议选择周六或周日游园。这样，人以你为景，你以人为景，其乐融融！

CBD风光

●中央商务区

北京CBD商圈西起东大桥路、东至西大望路、南至通惠河、北至朝阳路，占地3.99平方千米。中央电视台新址、国贸商城、soho现代城、世贸天阶、富力广场、赛特购物中心等大量的国际名牌商品、京城一流商场汇聚在这里。位于CBD中心的世贸天阶购物中心，其梦幻天幕为整条商业街带来富于梦幻色彩和时尚品位的声光组合，成为一座吸引人潮的世界级奇观。

CCTV央视新总部大楼地处北京CBD商圈，比邻国贸大厦，主要结构形态是一个由交叉三角形网状表面包裹的菱形圆。被人们形象地称为“扭曲之门”。

北京市朝阳区东三环国贸桥周边。

乘地铁1、2号线可到国贸，10号线金台夕照下可到中央电视台新址。

石景山游乐园

●亚洲游艺项目最多的欧洲风格园林乐园

石景山游乐园占地面积约35万平方米，现有大、中型游艺项目100余项，是一座独具欧洲风格郊野园林特色的大型现代化游乐园。“冒险世界”“幻想世界”两大主题区是中国第一个自主设计、自行建设的精品游乐娱乐主题区。琼斯探险、4D“飞翔”、神舟号过山车、火箭蹦极等娱乐项目精彩刺激。

北京市石景山路25号。

乘地铁1号线八角游乐园下，或乘337、663、958等路公交八角站下。

11月1日~3月31日：9:00~16:30，周六、周日9:00~17:00；4月1日至10月31日：9:00~17:30，周六、周日9:00~18:00。

10元；半价5元（须持学生证、残疾证、老年证购买，其他证件无效），乘坐游艺项目须单独购票（游艺票10~100元/人，冬季套票100元）。

住宿

北京住宿非常便利，但较中国其他的城市普遍要贵一个档次，所以综合考虑交通、旅游景点、购物区域、住宿条件、消费水平等问题。除了各个档次的星级宾馆，您可以选择收费较低的旅馆和招待所。通常，学校里的招待所价格便宜，卫生条件也可以。

热点和著名景点附近住宿一般都比较紧张，尤其是节假日期间，最好上网预定，还能享受优惠折扣。

以下为提供著名景点周边住宿信息，有多种选择方案，希望能给读者带来帮助。

王府井

北京都季商务快捷酒店：位于东城区南河沿华龙街C、D座，距王府井100米，2、82等路公交在南河沿下。电话：010-85116665。

北京王府井大万酒店：位于东城区王府井大街甘雨胡同甲2号，紧邻王府井步行街，地铁5号线灯市口站A出口。电话：010-85114592。

北京天瑞酒店（经济型）：位于东城区灯市东口柏树胡同15号，乘地铁5号线灯市口下，或乘111等路公交到灯市东口下。电话010-65266699。

北平国际青年旅舍（经济型）：位于东城区北池子二条5号（故宫东华门往北200米）。旅舍步行到故宫、天安门、王府井仅需5分钟。电话：010-84039098。

什刹海

新开钟楼招待所：位于西城区新开胡同甲2号，乘105电车、7路等公交可达。电话：010-84024067。

望海楼：位于西城区新街口（什刹海后海北岸半岛上），是一座三面环水具有中国古典建筑风格建筑群，提供收费停车处。乘5、210路公交到德内甘水桥下步行可达。

北京丽舍什刹海青年酒店：位于德胜门内大街103号。其前身是什刹海十座古刹之一的真武庙，位于后海和西海交界处。存完好的大木坨房顶，采光良好的天窗，使丽舍兼有古韵和舒适。电话：010-64069954。

西四

怡园宾馆：位于西城区高义佰胡同6号，近邻西单购物商场，乘46、102等路公交西单商场下。电话：010-66051859。

府右街宾馆：位于西城区太仆寺街21号，毗邻中海，乘14路公交到灵境胡同东口或力学胡同下。电话：010-66052277。

北京汉庭酒店连锁（西四店）：位于西城区西四东大街43号，旁有胜利电影院，近邻广济寺，乘102、124等路公交西四路口东下。电话：010-66159955。

奥运村

速8酒店学院路店（经济型）：位于志新西路3-1号，近邻奥林匹克公园，交通便捷，乘26、16等路公交到二里庄下。电话：010-82388066。

格林豪泰酒店（经济型）：位于朝阳区北沙滩2号，距鸟巢、水立方三、四站地（有公交直达）。紧邻亚运村繁华商业中心。乘328、425等路公交到北沙滩桥南下。电话：

010-8008205998。

北京炫豪宾馆（三星级）：位于朝阳区慧忠里卧龙小区203号楼，周边有六大学府，西侧紧邻奥林匹克公园，与鸟巢，水立方，步行只有5分钟。电话：010-64929173。

中关村和颐和园

北京大学燕园社区招待所：位于颐和园路5号，周边有北京大学、颐和园、圆明园。乘332路等公交到海淀桥北下。其他如人民大学、清华大学等几乎所有高校都有不错的招待所。

7天连锁北京上地店（经济型）：位于海淀区上地六街28号。距清华大学、圆明园很近。乘地铁13号线，或乘328等路公交到上地环岛西下。电话：010-82897630。

北京农军宾馆：位于海淀区圆明园西路百旺商城东侧，中国农业大学附近，西靠百望山公园，乘特6等路公交到梅园下。电话：010-62899688。

餐饮

北京汇聚了全国各地的美食，中外名菜在这里汇聚融合，西欧、南美、俄罗斯、韩国等世界各地风味都可以尝到，形成了独特的北京风味。

美食地带

簋街：周围使馆林立，饭馆密度之大，为全北京之冠。它的餐馆也囊括了川、鲁、粤、湘等各个菜系，尤以麻辣小龙虾为招牌菜，另外，爆肚、鸭脖子和麻辣烫也是这里的特色。重庆孔亮火锅、兄弟川菜馆、渔夫烧烤屋等等各具风味。

北京市朝阳区东直门内大街。

乘地铁2号线东直门下，或乘5号线到北新桥下。

苏州街：是中关村地区蕴藏着无限潜力的美食街。粤菜名家顺峰集团的鲍翅海鲜、粤菜极品，让来此摆商宴的团体终年络绎不绝；鄂菜领头军九头鹰几乎是天天人满为患；重庆秦妈老火锅店家专利的“子母锅”，红

京帮名菜名小吃

北京菜品种复杂多元，兼容并蓄八方风味，这也是其未被列入“八大菜系”的原因。北京菜主要有宫廷菜（以烤鸭、满汉全席为代表）；清真菜（以涮羊肉、烤肉为代表）；地方家常菜（民间口味）组成。此外，北京还有种类繁多的风味小吃，有不少都是老字号。

北京的小吃历史悠久、品种繁多，而且用料讲究、制作精细。根据不同风味可分为汉民风味、回民风味和宫廷风味。还可分为：

面食类：艾窝窝、炸酱面、褡裢火烧、驴打滚、豌豆黄、烧麦、炒疙瘩等。

火锅类：豆汁、炒肝、爆肚、卤煮火烧等。

油煎类：油条、炸糕、灌肠、焦圈、姜汁排叉、糖耳朵等。

饮品类：酸梅汤、莲子粥等。

汤辣而不燥、白汤香而不腻。合兴源的东北菜、老字号烤肉宛都为住在周边的和工作在周边的人们提供着美食享受。

北京海淀区苏州桥与海淀桥之间。

乘26、运通110等路公交到地震局或万泉庄下。

亚运村：亚运村美食街是京城北部餐饮业中最发达的区域，其中又以慧忠路和大屯路的餐厅尤为众多。从高档到大众，囊括各个层次。餐馆种类多样是这里的重要特征，从常见的粤菜到难得的彝族菜，从各式火锅城到精致的素斋馆，这里应有尽有。

北京市朝阳区亚运村，主要集中在慧中路、北小河路。

燕莎地区：由于靠近使馆区，燕莎美食圈除了各式中餐馆外，还有为数不少西式、日韩、南洋风味的餐馆。

北京市朝阳区，主要集中在霄云路。

京菜名店

烤鸭——全聚德烤鸭店（前门店）：烤鸭技艺传承百年。这里是“全聚德”的起源店，始建于1864年，名气招得全球食客来。餐厅极富中华民族传统特色，有零点餐厅、快餐厅等五个餐厅，可容千余人用餐。另外，这里其他与鸭有关的菜都做得不失水准。特别推荐：烤鸭、芥末鸭掌、盐水鸭肝、火燎鸭心。

北京市东城区前门大街30号。

乘地铁2号线到前门下。

人均消费：175元。

☎ 010-67011379。

涮羊肉——东来顺饭庄（王府井店）： 东来顺是驰名中外的老字号饭庄，以“爆、烤、涮”闻名，尤其涮羊肉久负盛名。特别推荐：涮羊肉、豌豆黄、焦圈、驴打滚、艾窝窝、炒麻豆腐。

北京市东城区王府井大街198号。

乘103等路公交灯市西口下。

人均消费：142元。

☎ 010-65139661。

炸酱面——老北京炸酱面大王（兴隆街店）： 是著名的北京老字号，店内的桌椅摆设都是老北京风格。这里是到北京吃炸酱面首选地之一。这儿炸酱面面条筋道有咬劲，炸酱油而不腻，菜丝脆，清爽，非常美味。

东城区东兴隆街56号商界大厦1楼。

乘116、684等路公交可到。 ☎ 010-67019393。

小吃聚集地

王府井小吃街（最具人气小吃地）： 走进古色古香的王府井小吃街，你也就走进了小吃的天堂。天南海北、五湖四海、古今中外的美食都在王府井拥有自己的食客，因此要想领略美食文化的博大精深，王府井小吃街是来京的不二选择。

北京市东城区王府井好友世界商场南侧。

乘地铁1号线到王府井下。

牛街小吃街： 牛街是北京最大的回族同胞聚居地， 也是最早的北京小吃去处之一，牛羊肉料理和各式糕饼小吃是牛街的特色。这里面隐藏了许多老字号的小吃，炸焦圈、麻花、豆馅火烧、螺丝转儿、墩饽饽、开口笑、蜂糕、年糕、甑糕等小吃，很有特色。

西城区牛街。

护国寺小吃店（北京特色）： 是北京地方小吃的代表之一，以其品种丰富，特色突出，具有深厚的历史文化底蕴而著称，这里聚集了京城小吃之精华，经营艾窝窝、豌豆黄、豆面糕、蜜麻花、豆汁、焦圈、面茶等100多个品种的北京传统小吃，而且价格合理，人均消费20元。

北京市西城区护国寺大街93号。

乘22路等公交到护国寺下。

☎ 010- 66181705。

购物

北京是购物的天堂，北京有很多主题街道、特色街道，下面介绍一些与购物有关的特色街道。

王府井—西单—燕莎

王府井： 北京零售业最集中的地方，以享有“金街”美誉的王府井步行街为核心，向东延伸到东单、北京站、建国门，这块区域内分布着大量的高档购物场所和众多大品牌、老字号店铺。

西单： 北京三大传统商业圈之一，大型百货店铺在此扎堆，是普通市民的消费乐园（在这里购买东西，一定要狠狠的讨价还价）。以西单北大街为核心，向西延伸到复兴门、金融街，这块区域融文化、休闲和购物于一体，成为京城购物首选地。

燕莎： 给人的感觉总是离不开女人味、高档。如今，以燕莎为核心，涵盖国展、霄云路的燕莎商业圈已经发展成为女性购物的胜地。

前门—大栅栏—琉璃厂

前门大街：是全新而传统的商业街，北起正阳门五牌楼，南至珠市口，全长845米。80余个京城老字号及国际知名品牌店在路两旁一字排开。乘地铁2号线到前门下D出口，或乘126路等公交到前门下。

大栅栏商业街：东起珠宝市街，西至煤市街，长约300米，街两侧有40余家店面。乘2、20路等公交到大栅栏下，或乘126路等公交到前门下，逛过前门大街后再去大栅栏。

琉璃厂文化街：在宣武区和平门外，具有浓厚的古代街市色彩。街道分为琉璃厂东街、琉璃厂西街两部分，沿街古文化商店近100家。古今字画、珠宝杂项、音响乐器、历代碑帖、仿古文物、文物锦盒和古书装修、纱灯、宫灯、地毯、壁毯等一应俱全。

潘家园的古玩

潘家园不仅是北京古玩艺术品交易最密集的地区，也是北京一张靓丽的文化名片。北京古玩城是国内目前最大的古玩艺术品交易中心，而潘家园旧货市场则是国内目前规模最大的民间工艺品集散地。一个尊贵，一个大众，各有千秋。

北京的特产

副食品类：全聚德烤鸭、御食园果脯、稻香村糕点、月盛斋酱牛肉、六必居酱菜、天福号酱肘子、王致和腐乳、茯苓夹饼、北京酥糖等。

工艺品类："四大名旦"（景泰蓝、牙雕、玉器、雕漆）、北京面人、鼻烟壶、宫灯、风筝、脸谱、剪纸、京绣、内联升布鞋等。

民俗

北京是我国四大古都之一，劳动人民造就了这里光辉灿烂的物质文明和精神文明。北京城至今仍有大量的中华老字号商铺、品种繁多的风味小吃、丰富多样的传统手工艺品。北京的京剧、庙会、胡同文化也影响深远。

北京四合院和胡同：北京"京味儿"文化的最典型代表。详见本书的【专题：北京的胡同】

天桥：市井生活、百姓文化活动场所的代称。天桥市场形成于清末至民国初年，这里茶园林立，是许多艺术家的摇篮。现在这里有新天桥剧场等文化设施。

京剧：我国最大的剧种，是"国粹"。京剧舞台艺术在文学、表演、音乐、唱腔、锣鼓、化妆、脸谱等各个方面构成了一套规范化的程式。表演上要求精致细腻，唱腔上要求悠扬委婉。京剧脸谱是一种写意和夸张的艺术，是中华民族传统文化的标识。

抖空竹：流行于北方地区的汉族民间游艺活动。空竹分双轴、单轴，轮和轮面用木制成，轮圈用竹制成，竹盒中空，有哨孔，旋转发声，中柱腰细，可缠绳抖动产生旋转。

提笼架鸟：北京人的一种嗜好。有一整套欣赏体系和评价体系，鸟分成北方鸟、南鸟、打弹鸟。鸟笼则是精美的工艺品。

↓京剧

北京郊区

北京郊区是指除城六区以外的10个区。

北京西北部包括昌平和延庆，旅游景点以经典的十三陵和八达岭长城最为有名。北京东北部包括怀柔、密云、顺义、平谷，以自然景观为特色，旅游资源丰富。北京西南部包括门头沟、房山，有潭柘寺、戒台寺等众多古寺，还有周口店猿人遗址和美丽的十渡风景区。

亮点

线路推荐

●北京西北郊——经典二日游

D1：北京—十三陵—八达岭。

D2：八达岭—康西草原—龙庆峡。

●北京东北郊——经典三日游

D1：北京—红螺寺—雁栖湖—慕田峪长城。

D2：慕田峪—青龙峡—喇叭沟门。

D3：喇叭沟门—北京。

●北京西南郊——经典二日游

D1：北京—周口店—云居寺。

D2：云居寺—十渡。

●北京西南郊——休闲二日游

D1：北京—戒台寺—潭柘寺。

D2：潭柘寺—南宫旅游区。

长城

●世界八大奇迹之一

长城是世界闻名的奇迹之一，它像一条巨龙盘踞在中国北方的辽阔的土地上。它是中国古代劳动人民血汗的结晶，是中国古代文化的象征和中华民族的骄傲。

今天的长城，早已失去军事价值，而以其特有的魅力，吸引着广大中外游客，成为举世闻名的旅游胜地。“不到长城非好汉”，到北京不登长城，很是遗憾哦！

↑长城

居庸关长城

●天下第一雄关

居庸关长城号称“天下第一雄关”，是北京长城沿线的著名古关城。关城周长4000米，城内有衙署、庙宇等建筑。“居庸叠翠”为燕京八景之一。

北京市昌平区南口镇。

68路车直达景区。

开放时间：11月~3月8:30~16:00；4月~10月8:00~17:00。

4~10月45元；11月至次年3月40元。残疾人免票。

010-69771665。

慕田峪长城 AAAAA

●历史上修建规模最大，质量最高的长城

慕田峪长城西接居庸关，东连古北口，长达2250米，有敌台22座，自古就是“京师北门，长陵玄武”的要地。风景区内建有中华梦石城、鹿鸣动物乐园、施必得滑道和登山索道。深秋慕田峪长城的红叶风景优美。

北京市怀柔区渤海镇。

可乘昌平公交车h24路、h35路等到慕田峪环岛站下车。

7:00~19:00（夏季）；8:00~17:30（冬季）。

45元，滑道单程80元/人，往返100元/人。

www.mutianyugreatwall.com。

古北口长城

●京都锁钥重地

古北口位于北京市密云区东北部，潮河穿镇而过流入密云水库。这是一段未经修缮的古长城，非常具有沧桑感，透过残缺的城墙，你能真切感受到长城特有的雄壮与悲凉。古北口长城蜿蜒曲折，起伏跌宕，敌楼众多，形式各异。

八达岭长城 AAAAA

●中华民族的象征，长城的灵魂，天下九塞之一

提到长城人们首先想到的都是八达岭，八达岭长城史称天下九塞之一，是万里长城中的精华，在明代长城中独具代表性。八达岭长城以关城为中心，南至好汉坡最高点，北到十二楼，全长近5000米，可供游览的城墙3700多米，还有近2000米的夜长城景观。景区内还有长城博物馆、长城全周影院、中华文化名人雕塑纪念园、詹天佑纪念馆、恐龙化石展览馆等游览点。

北京市延庆区八达岭镇，距市中心天安门70千米。

夏季(6:30~19:00)，冬季(7:00~18:00)。

¥ 45元(4~10月)；40元(11月至次年3月)。索道80元，往返100元，滑道60元。60岁以上老年人、学生凭证门票半价；离休人员、军人、残疾人及1.2米以下儿童免门票。 010-69121226。

www.badaling.cn。

亲历者◎指路

1. 公交至景区。德胜门乘919快车或919支线可达，五分钟一趟。

2. 专线车至景区。在天安门发车中心乘世界文化遗产游A或C线可达，A线160元（含定陵和八达岭门票），C线100元（含门票）（可参考文前旅游信息——世界文化遗产游专线）。

亲历者◎攻略

1. 游览八达岭长城通常以关城为起点，向南侧或者北侧山坡攀登。主要景观有关城、敌楼、烽火台、好汉坡、“不到长城非好汉”碑刻等，长城脚下也有通往南坡的缆车。

2. 夜长城：晴天可预约参观夜长城，人数需要达到20人以上，且要提前预约(单人不能预约)。

3. 尽量避开假期游览长城。假期间10:00~11:00，14:00~15:00是游客高峰时段。另外，长城部分地段坡度很大，最好穿防滑的鞋，女士不要穿高跟鞋。

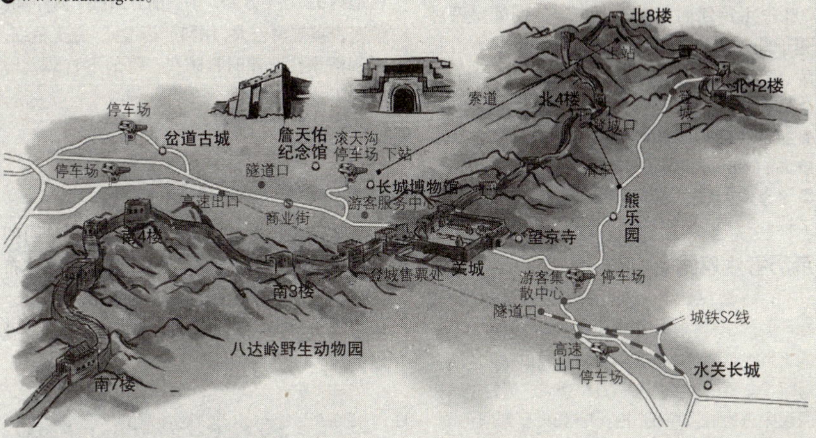

古北口地势险要，在山海关与居庸关中段，山陡路险，但山奇水丽，古迹名胜众多，是清帝王去东北祭祖、狩猎、巡视必经之处，康熙曾在这避暑，乾隆曾在这阅兵。长城周边有旧时行宫、杨令公庙、蟠龙山、古北口抗战遗址等景点。

享誉中外的司马台长城在其不远。

密云县城坐咪25路公交可达。

司马台长城

●惊、险、奇

司马台长城全长19千米，以司马台水库为界分为东西两段，以索桥（买票才能通过）为界，是中国唯一一段保留着明代原貌的古长城。“天桥（六里桥）”和“天梯”两段，被称作“险中之险”。另外，司马台长城的空中长城、天池、鸳鸯湖更堪称长城线上的奇景，令人惊叹不已！

北京市密云区古北口镇。 ¥ 40元。

亲历者◎攻略

司马台长城东区险峻，到东 12 楼以后就是未开放区域，即通常所说的野长城。西区可以直接穿越到河北境内的金山岭长城。从司马台售票口进去，直接爬司马台的东段，可以通过十六座敌楼，一直爬到最高的望京楼处。望京楼向东有一条小路下山，路很好走，下去以后是巴各庄，可以从那里坐小巴回密云。或者就住在司马边寨小木屋。

另外，也可从金山岭进入，徒步司马台（需6～8小时）。但因司马台属北京管理，金山岭属河北管理，所以此段长城徒步需要购买两次门票。

十三陵 AAAAA

●世界上保存完整、埋葬皇帝最多的墓葬群

明十三陵是明朝最大的陵墓群，历经200余年营建而成。共有十三位明朝皇帝埋葬于此，故称十三陵。景区已开放景点有长陵、定陵、昭陵、神路。

北京市昌平区十三陵镇。

8:00~17:00（随季节变化）。

旺季(4~10月)135元，淡季(11月～次年3月)100元。

乘坐 8 号线在朱辛庄站换成昌平线，在明十三陵站下车即可。

亲历者◎攻略

1. 建议：游十三陵可以和八达岭长城安排在同一天，在天安门广场东南角（前门地铁 C 口）的北京旅游集散中心乘坐旅游专线车一天时间就可以了。不过，要想多看几个景点，最好是早一点起床去德胜门或前门坐车。具体车票可咨询北京旅游集散中心，电话 83531111。另外，十三陵的淡季为秋冬两季，这时游览可避免拥挤的人潮，还可观赏十三陵独有的秋韵。

2. 十三陵景区比较大，可从最北边的泰陵开始游览，也可以长陵为中心选择西线或东线游览，多问当地人最好。徒步游十三陵需用时一天，租面包车游十三个陵需 80 元以上。定陵到长陵 / 昭陵也不远，赶时间的话打个的去约 13 元，都是一站地。

神路

●十三陵摄影的最佳场所

神路是明十三陵的第一个景点，由石牌坊、大红门、碑楼、石像生、龙凤门等组成。神路也称陵道，纵贯陵园南北，全长 7 千米，沿线设有一系列建筑物，错落有致，蔚为壮观，这里也是拍摄的最好场所。

长陵

●明十三陵之首

长陵是十三陵的祖陵，始建于永乐十一年（公元 1413 年），陵园依山而建、坐北朝南，占地约 12 万平方米，呈“前方后圆”式布局。整座陵寝规模宏大，用料严格考究，施工精细，工程浩繁，营建时日旷久，仅地下宫殿就历时四年。

定陵

●十三陵中唯一被发掘的陵墓

定陵在长陵的西边约 2 千米处，是明朝万历皇帝和他皇后的合葬墓。陵宫的总体布局亦呈前方后圆之形，前有宽阔院落三进，后有高大宝城一座。定陵的地宫已开掘，可以参观。

怀柔—密云旅游区

红螺寺

●春看花，夏避暑，秋观叶，冬赏岁寒三友

"京北第一古刹"红螺寺原名大名寺，是我国北方最大的佛教丛林，历代佛家圣地。整座寺院掩映在千亩林海之中，构成了一幅"深山藏古寺"的意境。有红螺山、红螺寺、观音寺、五百罗汉园和采摘园等六大景区。著名的"红螺三绝景"——御竹林、雌雄银杏、紫藤寄松点缀在古寺内外。

北京市怀柔区红螺东路2号。

东直门乘867路红螺寺专线车直达景区。

4月~10月:8:00~17:00;11月~次年3月:8:30~16:00。

54元，登山滑道单程50元，往返80元。

010-60681175。

亲历者◎攻略

1. 赏花信息：1~2月份温室花房内的梅花展包括各种梅花、三角梅和其他绿色花卉；3~4月份赏玉兰、二月兰、杏梅、碧桃等；4~5月份赏牡丹、紫藤；6~10月可赏各种花草。10月中旬至12月可赏菊花。

2. 赏叶信息：红螺山彩叶林面积达3平方千米，10下旬至11月中下旬为赏叶期，游客可观赏到元宝枫、五角枫、银杏、橡树、蒙古栗等不同品种的彩叶。尤其千年银杏"披金挂银"更增加了红螺寺神秘、祥和的气氛。

青龙峡

●玉皇台赏景

青龙峡是一处以山川秀色、飞瀑流泉、长城古貌为特色的风景胜地。有蹦极、速降、攀岩等娱乐项目。玉皇台是景区的最高峰，可以登高望远，领略青龙峡的大好风光。

北京市怀柔区怀北镇大水峪村北。

乘936路公交直达景区。

8:00~17:00。

59元。索道单程30元，往返50元。

010-89696781。

黑龙潭风景区

●三瀑十八潭观冰凌、攀冰

黑龙潭风景区以深潭、飞瀑为主，在全长4千米的峡谷中，春花、秋月、平沙、落雁、曲、叠、沉、悬潭等十八个名潭撒落在幽深振奋峡谷里，千姿百态，各领风骚。隆冬时节，这里是观冰凌、攀冰的好时机。

北京市密云区石城镇大关桥，密云水库西北方向13千米。

东直门乘980、970路公交到密云鼓楼下，换乘开往黑龙潭方向的车可达。

8:00~16:00。 60元。 010-61025028。

亲历者◎攻略

黑龙秘径：是位于黑龙潭和京都第一瀑间的一条小路，从这条路派生出其他许多徒步线路。因此路内沟谷多、树木密，山中的小路不是很清晰，建议结伴出行，最好有熟悉道路的领队。

南山滑雪场

●规模最大的四季度假区

南山滑雪场是华北地区规模最大、设施最先进、雪道种类最齐全的滑雪度假区。这里冬可滑雪、春可踏青、夏可戏水、秋可采摘。项目特点为：动感旅游为主，观光旅游为辅，动静结合、冷暖兼容、四季经营。

北京市密云区河南寨镇圣水头村。

东直门长途汽车站乘坐"东密专线"空调大巴到西大桥下，10元/人（每5分钟一趟车），再乘出租车到达南山滑雪度假村。或乘970路公交到密云河南寨下，再乘出租车约3千米即到。

平日260全天，周末、元旦和春节：390元全天。

010-89091909。

昌平—延庆旅游区

中国航空博物馆

●88种型号、200多架飞机

中国航空博物馆以山洞内的一个大飞机库为展厅，库外广场上的停机坪有8000平方米，库内外共展出88种型号、200多架飞机。另有航空跳伞、航模表演、遥控飞艇等活动。

北京市昌平区小汤山镇大汤山脚下。

从市区坐城铁5号线到天通苑北换乘643路、昌平51路，在中国航空博物馆下。

8:30~17:30，周一闭馆（法定节假日除外）。

¥ 室外展区免费；洞库展厅 20 元；综合展馆 20 元。

☎ 010-61784882/66916919。

ⓔ http://jz.chinamil.com.cn。

龙庆峡

●夏避暑，冬赏冰灯

龙庆峡是以划船登山为主的旅游区，被誉为“塞外小漓江”“中国小三峡”，是北京十六景之一。现有 258 米的腾龙电梯、456 米的登山缆车以及惊险刺激的蹦极、比翼滑道等。

⌂ 北京市延庆区延庆镇古城村。

🚌 坐公交到延庆县城后，换乘公交 875 路可直达龙庆峡。

¥ 夏季 40 元；冬季 80 元。

☎ 010-69191020。

门头沟—房山旅游区

戒台寺

●天下第一戒坛

戒台寺因拥有全国最大的佛寺戒坛而闻名。是我国北方目前保存辽代文物最多、最完整的寺院。有牡丹院、五棵奇松、佛塔等景点。寺内九龙松为世界上“古白皮松之最”。戒台寺逢初一、十五、佛诞日都举行佛事活动。冬天下雪时的戒台寺非常美丽。

⌂ 北京市门头沟区永定镇马鞍山。

🚌 苹果园乘 948 路公交到戒台寺下。

🕐 8:00~17:30。 ¥ 45 元。 ☎ 010-69806611。

潭柘寺

●皇家第一寺院

潭柘寺始建于西晋，是北京最古老、规模最大一处佛教寺庙，有“皇家第一寺院”的美誉。寺外有安乐堂、上下塔院、东西观音洞、老虎听经洞等众多景点。尤其潭柘寺正殿上的一对鸱吻是北京古建筑中最好最大的。另有两棵银杏树曾被乾隆皇帝封为“帝王树”和“配王树”。

⌂ 北京市门头沟区潭柘寺镇潭柘山麓。

🚌 931 路公交到潭柘寺下。 ¥ 55 元。

🕐 春夏季 8:00~17:00，秋冬季 8:00~16:30。

↑潭柘寺

亲历者◎解说

1. 赏玉兰：潭柘寺毗卢阁前植有腊梅、探春、二乔玉兰等名贵花木。二乔玉兰是两株已经有 400 年树龄的紫玉兰，花朵颜色红白相间，十分好看，所以用三国时期的大乔小乔两位美人来命名。在毗卢阁东厢有一座二层楼建筑，站在二楼的回廊上恰好俯瞰二乔玉兰。

4 月中旬前赏玉兰花最佳。玉兰花的花期仅有半个月，如果天气好，还可以延长数日。如果刮风，娇贵的玉兰花经受不住风吹的打击，或许一夜之间便落花无数。

2. 石鱼：潭柘寺观音殿西侧有龙王殿，殿前廊上有一石鱼，看似铜，实为石，击之可发五音，据说石鱼身上 13 个部位代表 13 个省，哪省有旱情，敲击该省部位便可降雨。

十渡

●岩溶峰林、河谷地貌、青山野渡、百里画廊

十渡风景区是华北地区唯一以岩溶峰林和河谷地貌为特色的自然风景区，以奇峰秀水而闻名，被誉为北方小桂林。主要有南方大峡谷、穆柯寨、青江沟、孤山寨、万景仙沟、仙龙岛等景观。

⌂ 北京市房山区十渡镇，拒马河中上游。

🚌 北京天桥乘坐 836 路公交车可直达；从一渡到十五渡有 836 路、917 路等多路公交车串联其间。

¥ 各个景点单独收费，残疾人免门票。孤山寨 75 元，东湖港 65 元。

亲历者◎攻略

建议：十渡风景区的景点比较分散，几乎每一个渡口都有代表性的景点。游览时，可以根据时间和喜好进行挑选。

周口店北京人遗址

●世界上发现和保存古人类化石最丰富的遗址

周口店北京人遗址是举世闻名的“北京人”遗址所在地，是世界上发现和保存古人类化石最丰富的遗址。现在保留有第一地点（猿人洞）、第二地点、第四地点（新洞）、第二十六地点（山顶洞）、第二十六地点（田园洞）等8个完整的古人类文化遗址，一座博物馆（周口店遗址博物馆，包括7个展厅）及一个古人类文化研究所。

北京市房山区周口店镇龙骨山。

乘房山38路到周口店遗址下。

旺季（4~10月）8:30~16:30；淡季（11月至次年3月）8:30~16:00。

云居寺

●“北京的敦煌”观三绝

云居寺是著名的佛教寺院，素有“北方巨刹”之誉，现存五大院落六进殿宇。寺内珍藏的石经、纸经、木版经号称三绝。寺旁石经山的九个藏经洞，存放刻经石板14278块，因而被誉为“北京的敦煌”，洞中有四根石柱，雕刻佛像1056尊，故称千佛柱。

北京市房山区大石窝镇水头村白带山下。

乘坐房12路公交在云居寺下车即可。

8:30~17:00。

云居寺40元，佛舍利馆10元，石经山5元，索道30元（来回）。

61389612。

石花洞

●岩溶沉积物数量居中国之最，我国四大岩溶洞之一

石花洞又叫石佛洞，洞体分为上下七层，目前仅对外开放一至四层，洞中有众多的石笋、石柱、石幔、石钟乳和沙雕景观。洞口开设了世界洞穴奇观展，洞外有野生动物艺术展和奇石展。

北京市房山区河北镇南车营村。

乘房43路公交到石花洞下。

8:00~17:00。

70元。

顺义—平谷旅游区

金海湖

●水域面积最大的综合性玩水娱乐场所

金海湖是京郊最大的综合水上娱乐场所。因成功地举办过第十一届亚运会的赛艇、皮滑艇的比赛，故驰名海内外。横山的主峰上有名景“驼峰夕照”，有深达数丈住有数百只鸽子的鸽子洞，有曾有两个道士修行的董葛洞，还有通天洞和二郎神留下的大脚印。金海湖水域宽阔，碧波万顷，有水上游乐项目。

北京市平谷区金海镇上宅村。

乘918路公交到平谷汽车站下，换乘平谷9路公交可达。

30元。

京东石林峡

●探原始地质、寻石林三绝

京东石林峡因峡谷内有山峰根根直立，峭立挺拔，宛若片片石林而得名。其五大浏览特色是：赏北国石林、观九天飞瀑、游峡谷险峰、探原始地质、寻石林三绝。九天飞瀑最高一级落差达40余米，峡谷险峻，最窄处只有六七米，谷中多水潭，九瀑十八潭点缀其中。

北京市平谷区黄松峪乡雕窝村。

乘918路公交到平谷汽车站下，换26路小巴可达。

7:30~17:30。

78元。

青龙山

●北京最壮观、最刺激的雪山赛道

青龙山风景区即渔阳国际滑雪场，将娱乐与竞技相结合，规模设施与国际接轨。坡度在30度以上、长达1800米的高级滑道堪称北京最壮观、最刺激的雪山赛道。滑雪场内15000平方米的绿色生态厅提供各种特色地方菜系，可接待1500人同时就餐。

北京市平谷区东高村镇大旺务村。

东直门乘918路公交到世纪广场下，有班车直达景区。

●面积

1.2 万平方千米，全国排名第 30 位

●人口

1547 万，全国排名第 27 位

●区号

022

●世界文化遗产

大运河天津段

●国家 5A 级风景区

古文化街旅游区、盘山风景区

●国家重点风景名胜区

盘山风景名胜区

天津旅游网
www.tjtour.cn

时尚旅游地推荐

古文化街旅游区 1

天津滨海航母主题公园 2

盘山风景区 3

九龙山 4

黄崖关长城 5

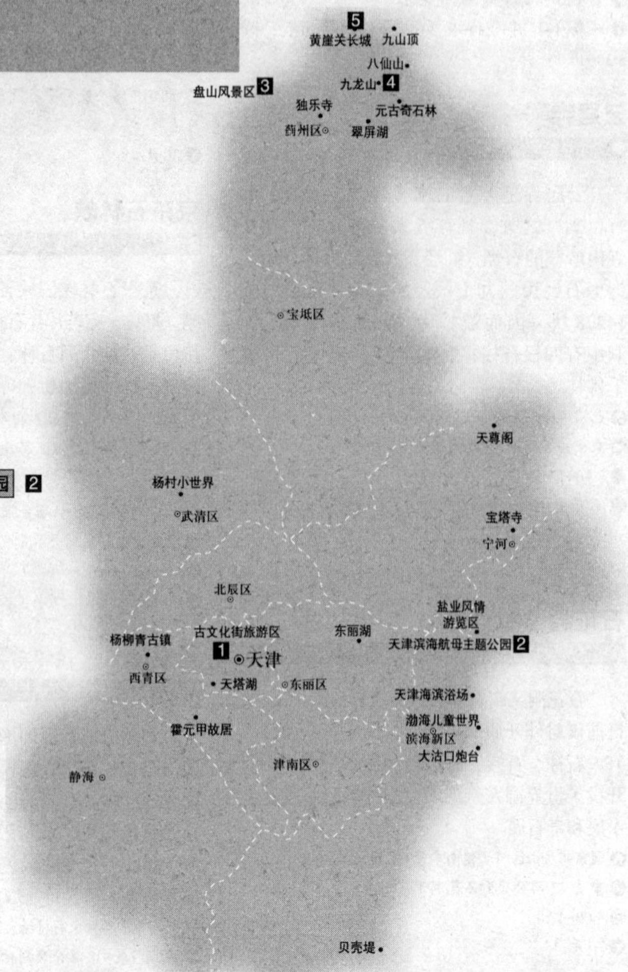

华北地区

美丽的海河、风光旖旎的北运河和充满异域风情的欧式建筑将天津城打扮得楚楚动人。津门十景名扬天下，山势雄奇的蓟州盘山更是令人痴迷沉醉。还有狗不理包子、十八街麻花等舌尖美食，怎能不令人向往。

天津

魅力天津

天津城区

天津，是天子渡河的地方，是北方海上的交通要道和重要港口，一条海河穿城而过，让这个海边城市更加充满灵性。

在中国近代史上，天津占有非常重要的地位，出现了一大批“中国之最”，有“近代历史看天津”之说。它的五大道充分展现了近代中国百年风云。以天后宫为中心的古文化街已经成为享誉中外的观光胜地。此外，杨柳青古镇、天津海滨旅游度假区、黄崖关长城、天津热带植物观光园、水上乐园、天塔湖、大沽口炮台、广东会馆等诸多旅游景点更是令人痴迷沉醉。

亮点

必游景点

- **五大道**：因小洋楼多、保存完整、建筑风格多样著名，这里曾居住过民国两任总统、六任内阁总理。
- **天津古文化街**：有近百家店堂，多为明清风格的仿古建筑。
- **海河解放桥**：一座全钢结构可开启的桥梁，天津的标志性建筑物之一。
- **天津之眼**：世界上唯一一座建在桥上的摩天轮，能看到方圆40千米以内的景致．

必逛街道

- **滨江大道·和平路**：天津市内最繁华的两条相连的商业步行街，有众多老字号。
- **沈阳道古物市场**：先有天津沈阳道，后有北京潘家园。

线路推荐

- **天津市区三日游**

D1：五大道—老西开教堂；天津博物馆—天津自然博物馆—周邓纪念馆；晚上游览天塔。

↑天津海河风光

D2：滨江道—解放桥—意奥风情街区；望海楼教堂—古文化街；晚上游览海河文化广场。

D3：杨柳青古镇—和平路—鼓楼—南市食品街。

交通信息

飞机

天津滨海国际机场位于市区东侧，开设有往来国内和国际众多城市的航班。机场距离市中心约13千米，交通方便，已经开通了地铁二号线，仅需半小时左右即可直达市中心；另外，机场也开设了多条巴士线路，可以方便的前往市内各主要区域、车站及塘沽等地。

火车

天津往来外地主要有天津站、天津西站、天津南站和天津北站四座火车站。

天津站是天津最主要的火车站，前往全国各大城市的普通列车、高铁等十分密集；

天津西站有一号线直达市中心，有部分前往北京的城际列车和去往辽宁、山东和南方主要城市的列车；

天津南站南站主要是北京往来各大城市高铁的经停站，从南站前往静海、西青区等地相对方便一些；

天津北站目前仅开通往来蓟县的车次，经停宝坻等本地车站。

市内交通

天津市区内有多条轨道、地铁路线在建

造和规划中，目前已开通的有地铁 1 号线、3 号线、6 号线、9 号线。

五大道

五大道是指和平区马场道、睦南道、大理道、常德道、重庆道和成都道这一范围的总称。这里因小洋楼多，保存完整，建筑风格多样以及体现出的中西文化的冲突、交融而著名。

天津市和平区。

乘观光 9、902 路等公交可达。

亲历者◎行程

大家公认的五大道最佳线路如下，希望您不要走冤枉路，也不要有遗漏的地方：

河北路与成都道交口—重庆道—常德道—大理道—新华路—马场道—睦南道—香港路—重庆道—南海路—河北路。

马场道

●五大道中规模最大、建筑最集中的道路

马场道上有小洋楼近 300 座，马场道路口还有新建的精美西洋马车铜雕，另外，还有潘复故居、乡谊俱乐部等，都很有特色，有时间的话，不妨慢慢走来，细细玩味。

睦南道

●在五大道中规模仅次于马场道

睦南道全长 2080 米。这里有数十幢风貌建筑、名人故居。如东陵大盗孙殿英、张学良之弟张学铭、末代皇帝溥仪旧居等。

重庆道

●有庆王府

重庆道有庆王府（清廷最后一任总管大太监——小德张曾居住于此），还有很多餐饮娱乐场所，如演歌台、东海渔村、仲联西餐厅等。

庆王府是清朝庆亲王载振的公馆，载振是清代第十二个，也是最后一个“铁帽子王”。府邸中央为方形大厅，内设一座可拆卸的小戏台。庭院东部为中式花园，有假山、石洞和六角凉亭。

大理道

●以各式欧陆风格的单体小洋楼而著称

沿重庆道左拐就来到了大理道入口，大理道全长 1745 米，原名新加坡道。这里曾居住过很多近代名人，有著名教育家张伯苓、京畿司令鹿钟麟、陆军总长蔡成勋、交通部次长徐世章、湖北督军王占元、江西督军陈光远、内务总长张志潭，以及实业家孙震方、訾玉普等十余人。

常德道

●五大道中最短的一条街道

常德道全长 1219 米，在五大道中建筑名气较小，建筑风格也相对简朴，其间有几家档次不错的餐厅。常德道 2 号曾经是国民党政府财政部关务署长张福玉的故居。

海河风景线

●有津门十景之“沽水流霞”

天津有“七十二沽”之称，海河被称作“沽水”，有“沽水流霞”之誉。海河风景线始于三岔口，止于大光明桥，横穿繁华的天津市区，宛如一幅长长的风景画卷展开在游人的眼前。

天津市市区海河段，终点在和平区大光明桥。

亲历者◎攻略

当夜幕降临时，海河两岸若明若暗的各色灯光，倒映在河中，浮如绚丽的彩霞，缓缓的流水，又把一道道彩霞送向远方，让人心胸敞开。

↓津湾广场

大悲禅院

●我国目前唯一的一座十方丛林寺院

大悲禅院建于清顺治十五年（1658 年），

曾供奉过唐代名僧玄奘法师的灵骨，是天津著名的佛教古刹。禅院分东西两部，西院为清代旧庙，为今天津市佛教协会会址，由文物殿、方丈殿组成；东院是禅院的主体，包括天王殿、大雄宝殿、大悲殿、玄奘法师经念堂、弘一法师纪念堂等。

天津市河北区天纬路中段。

904路、910路、观光1路到元纬路站下车可至。

周一不开放。　　¥5元。

天津之眼（永乐桥摩天轮）

世界上唯一一座建在桥上的摩天轮

永乐桥摩天轮到达最高点时，距离地面可达120米左右，能看到方圆40千米以内的景致，是名副其实的“天津之眼”。它是世界上唯一一座建在桥上的摩天轮。

天津市海河源头三岔河口，毗邻鼓楼商贸文化区、大胡同商贸区。

乘观光1路、652路在永乐桥站下车可到。¥70元。

解放桥

天津市区最大的一座开启桥梁

解放桥原名万国桥，是一座全钢结构可开启的桥梁，建于1927年，是天津的标志性建筑物之一。

桥身分为3孔，中孔为开户跨。开户跨为双叶立转式，在桁架下弦近引桥部分背贴一固定轨道，开桥时活叶桁架沿轨道移动开启，以便让开更大的通航净空。合则走车，开则过船，“万国桥下过大船”，曾经是海河一景。

天津站与解放北路之间的海河上。

乘660路等公交车在天津站下车可到。

古文化街附近

古文化街 AAAAA

天津民间文化荟萃之地

古文化街的南、北口，各有一座大牌楼。南口的楼匾写有“津门故里”四字，寓示着今日天津市区就是以这一带为原始中心区域而逐渐开发的，会使人产生“思古之幽情”。北口的楼匾写有“沽上艺苑”四字，寓示着这里的街貌、店铺、商品，都带有浓郁的艺术气息。

古文化街以元代古迹天后宫为中心，街道两侧林立数百家仿明清风格的店铺。以经营文化用品为主，街内有天后宫、杨柳青画社、泥人张彩塑工艺品经营部、四宝堂、春在堂以及经营文物古玩的萃文斋门市部等。

天津市南开区东北部东门外。

地乘坐铁2号线到“东南角”站，步行前往。

亲历者◎攻略

古文化街集中了天津各种文化，是了解天津的窗口。另外，每年的春节、元宵节、盛夏，这里都兴办各种节庆活动。

天后宫

先有天后宫，后有天津城

天后宫即天津民俗博物馆，俗称娘娘宫，拥有天津民俗文化发祥地之地位。是天津现存最古老的建筑，有戏楼、正殿、凤尾殿、启圣祠、张仙阁等建筑组成。天后宫在重要节日举行大型民俗文化活动。

天津市南开区古文化街80号。

乘观光2路、619路等公交车在东北角下车可到。

9:00~17:00，周一闭馆。

广东会馆·天津戏剧博物馆

装修精丽的清代会馆

广东会馆是由广东旅津人士在天津设立的集会、寄寓机构。始建于1907年。是天津市现存规模最大、装修最精丽的清代会馆建筑。“五四”时期，这里经常举行群众集会或演出，著名表演艺术家梅兰芳、杨小楼等人都曾在这个戏楼上演出。现已被辟为天津戏剧博物馆（国内第一个专业性戏剧博物馆）。

天津市南开区南门里大街。

乘15、37路公交可达。

9:00~11:30，14:00~16:30。

城区其他景点

西开教堂

天津市内最大的天主教堂

西开教堂全称天主教西开总堂，采用法

国罗曼式建筑造型，平面呈长十字形，正面和后部耸立3座碧绿色大圆顶塔楼，呈“品”字形，由正厅、中殿等构成，殿内墙壁上有充满宗教色彩的彩绘壁画。

天津市和平区滨江道独山路。

地铁1号线、3号线到营口道站下车即可。

周一至周六 5:00~16:30，周日 5:00~20:00。

天津广播电视塔

津门十景之天塔旋云

天津广播电视塔，简称天塔，是天津的标志建筑，也是世界上唯一的“水中之塔”，塔身高415.2米，为世界第四、亚洲第二高塔。有眺望厅和旋转餐厅，可俯瞰市容。塔旁天塔湖内设有大型音乐灯光喷泉组泉、水幕电影等。沿湖南岸还有国内最长的人工塑山，为天塔湖游览区的一个亮点。

天津市河西区天塔道。

地铁3号线到天塔站，下车即是。

8:00~21:30。

50元。

亲历者◎攻略

1. 天塔眺望厅：可以借助望远镜俯瞰津门方圆百里的景色，在天塔的各个玻璃窗上都有明文提示，从这里看过去的主要街道和建筑，可以清楚的分清整个天津的地理位置。如果您在天津游玩后仍分不清东南西北，不妨到天塔上来看一看。

2. 天塔第三层的旋转餐厅：可同时容纳200多人就餐，每隔45分钟，便自转一周，人随厅转，目随景移，其感受妙不可言。另外，这里还提供点心、咖啡等小吃，只是价格不菲，一杯咖啡大约要七八十元。

天津水上乐园

以水上活动为内容的综合性公园

天津水上乐园为津门十景之“龙潭浮翠”，原称“青龙潭”，园内有三湖九岛，水域面积89.2公顷，以水景为特色，以水上活动为内容的综合性公园。全园以翠亭洲上的眺远亭为中心，是公园的最高点，随地势设有3层平台，可在不同的高度观览园景。园内还建有神户园、盆景园、碧波庄、儿童乐园等园中园。其南端是拥有上百种珍稀动物的动物园。

天津市南开区水上公园路。

乘16、94、848、902路等公交可达。

7:00~18:00。 水上乐园免费，动物园30元。

住宿

天津属于消费水平中等的城市，住宿费相对比较便宜。

南市旅馆街：天津南门外大街旁有一条有名的旅馆街——南市旅馆街，皇宫建筑风格，青砖红柱琉璃瓦，飞檐斗拱，雕梁画栋，气韵生动。

天津市和平区南门外大街距天津站天津西站古文化街、服装街、海河公园都很近。

乘161、168、635、840、855路等公交在南市旅馆街站下车可到。

7天连锁酒店（黄河道店）：位于南开区黄河道20–58号。电话58387488。

餐饮

天津的名菜

天津菜肴以鲜咸为主，主料突出，配料考究，色鲜味俱全。代表菜有扒鱼翅、官烧目鱼、美宫山药、七星紫蟹、白汁银鱼、罾蹦鱼等。最有特色的是八大碗、四大扒和冬令四珍。

八大碗：八大碗是使用炖、扒、蒸、烩等多种烹饪方法烹制的菜肴筵席的统称，有粗细之分，指的是大碗内所盛菜品的档次高低。

四扒：“四扒”多为熟料，码放整齐，兑好卤汁，放入勺内小火烤透入味至酥烂，挂芡，用津菜独特技法“大翻勺”将菜品翻过来，仍保持不散不乱，整齐美观之状。选料一般为鸡、鸭、羊、牛、肘子、鱼翅、鱼块、海参等等，选其四种即可组成“四扒”。民间“四扒”多以鸡、鸭、鱼、肉为主。

天津的小吃

天津风味小吃有著名的天津三绝：十八街桂发祥麻花、狗不理包子、耳朵眼炸糕；还有果仁张、崩豆张、棒槌果子、京东肉饼、石头门坎素包、恩发德蒸饺、马记茶汤、明顺斋烧饼等。

狗不理包子：天津的百年金牌老字号，是中华饮食文化的典范之作，津门三绝居魁首。其面皮制作，采用“一拱肥”的制作方法，柔软而有咬劲且不易走形；馅心的调制，采用制水馅方法，稀软适度。故其汤汁盈口，鲜香醇酽，肥而不腻。此外，天津有名气的包子还有“陈傻子包子”“北塘包子”“鸭油包”等。

桂发祥麻花：已有百余年历史。桂发祥麻花制作考究、料精货实。每个麻花中都夹有一根由桃仁青梅、桂花等十几种小料配制成的什锦馅酥条，再和麻条、白条拧成5个花。用花生油微火炸透。出锅后放上冰糖和青红丝。其特点是香、酥、脆、甜，在干燥通风处放置数月不走味、不绵软、不变质。

天津的美食街

南市食品街：中国目前最大的餐饮美食城。街内四门贯通，玻璃穹顶，800米长的汉白玉回廊挑台，气势宏伟，如同一座宫城，古色古香。南市食品街上聚集了百家名店，既有正宗天津名菜和风味小吃，又荟萃全国各大菜系特色菜品。

天津市繁华的旧商业中心。

乘观光1、观光2等路公交到南市食品街下。

十月美食街：整条街还原了天津民国时期的历史风貌。在全长100多米的街道上汇聚了明顺斋什锦烧饼铺、南洋烧烤店、全发德锅贴店、振发祥耳朵眼炸糕分店、鲁来春蒸食店、清香斋、知味斋饭庄等众多知名小吃店铺。

天津市河北区中山公园对面。

乘27路公交到东六经路站下可达。

购物

天津著名的特产和工艺品有很多，有大家熟知的十八街麻花、泥人张彩塑、天津风筝、天津砖雕、杨柳青年画等。

蓟州区有盘山柿、板栗、天津核桃、红果、挂月白酒、周朝葡萄酒等土特产。

塘沽的特产有东方红鳍豚鱼、茶淀牌玫瑰香葡萄、东方对虾等。静海特产有独流老醋、王口炒货、有色金属等。

民俗

天津的民间艺术闻名海内外，杨柳青年画、泥人张彩塑、魏记风筝、“刻砖刘”砖雕和天津地毯、挂毯（五大民间艺术）至今保留着原汁原味的民俗风情。另外，天津的曲艺戏剧（相声、快书、时调）、民俗活动也丰富多彩。

杨柳青木版年画：被公推为中国民间木版年画之首，具有历史进程中“活化石”之作用，也是展现历史时代风貌的“百科全书”，与南方著名的苏州桃花坞年画并称“南桃北柳”。

泥人张彩塑：中国北方泥塑艺术的代表，津门艺林一绝。始创于清朝道光年间。泥人张彩塑作品曾多次参加国际性展览，屡获殊荣。

天津相声：人称相声“生在北京，长在天津”。旧时天津的曲艺场有“四海升平”“宝和轩”、南市的连兴茶社、鸟市的声远茶社等。天津是相声的“码头城市”，许多著名的相声演员都是在天津演出过多年，成名后才走向全国的，如侯宝林、张寿臣、郭荣起、马三立等。

↓古文化街购物

天津郊区

天津郊区包括武清区、宝坻区、滨海新区、静海区、宁河区、蓟州区等。沿渤海湾景点众多，有风景秀丽的天津海滨、雄伟壮观的黄崖关长城，见证历史烟云的大沽口炮台，除此还有乾隆多次莅临的盘山风景区、千年古刹独乐寺、大运河畔杨柳青古镇等名胜。

亮点

必游景点

- **杨柳青古镇**：我国四大名镇之一，孕育出了中国四大木版年画之首的杨柳青年画。
- **大沽口炮台**：津门十景之“海门古塞”，素有津门海防要隘之誉。
- **盘山风景区**：乾隆曾28次游览此山，赞叹“早知有盘山，何必下江南”。
- **黄崖关长城**：关城塞堡、敌台水关，应有尽有，集雄险奇秀于一身。

线路推荐

●塘沽海滨二日游

D1：大沽口炮台—天津海滨浴场—塘沽滨海世纪广场—洋货市场。

D2：滨海航母主题公园。

●蓟州区三日游

D1：独乐寺—渔阳古街—白塔—鲁班庙—天仙宫—府君山—翠屏湖。

D2：盘山风景区—石趣园。

D3：黄崖关长城—九龙山（或清东陵）。

↑大沽口炮台

杨柳青古镇

●运河畔千年古镇

杨柳青镇是运河畔的千年历史文化名镇，明清之际，就被誉为“北国小江南”。镇上多有中国民间艺术瑰宝，其中以木版年画为代表，另外剪纸、风筝、砖雕也很有名气。石家大院（现被辟为杨柳青民俗博物馆）、安家大院（现被辟为杨柳青藏珍馆）、文昌阁、普亮宝塔则凝聚了杨柳青镇的古朴之气。

天津市西青区杨柳青镇。

乘153、175路等公交可达。

亲历者◎攻略

来杨柳青，正月最不容错过：杨柳青古镇有一个风俗叫作“正月十五逛花灯，正月十六溜百病”，每年腊月二十三到正月十六，这里都举办杨柳青民俗文化旅游节。届时在石家大院、年画馆、杨柳青广场明清街等地点，会有秧歌、花会、堂会、灯谜、迎春庙会等表演。

杨柳青年画创始于明末，其制作方法为“半印半画”，即先用木版雕出画面线纹，然后用墨印在纸上，套过两三次单色版后，再以彩笔填绘。其木版套印和手工彩绘相结合的方法，创立了鲜明活泼、喜气吉祥、富有感人题材的独特风格。

石家大院

●华北第一宅

石家大院建筑结构独特，砖木石雕精美，也称“尊美堂”，现被辟为杨柳青民俗博物馆。汇集了民间工艺的精华，展有名扬中外的杨柳青年画简史陈列、天津砖雕陈列、天津民俗陈列、石府复原陈列四部分。尤其石

↑石家大院

府戏楼是中国北方最大的民宅戏楼，与牌坊、文昌阁合称为杨柳青三宝。

天津市西青区杨柳青御河北侧。

天津西站乘153路公交可直达石家大院，或乘824、175路公交可达。

27元，讲解20元/次。

安家大院

天津市现存唯一地下金银库

安家大院始建于清代同治年间，现辟为杨柳青藏珍馆。由3个院组成，院院相通，是北方典型的四合连套格局。院内有天津罕见的私家藏金库，为地窖式建筑。青砖拱形顶部、龛式灯台等都令人拍案叫绝。

天津市西青区杨柳青镇估衣街。

乘175、824等路公交在石家大院下车，步行前往。

20元。

文昌阁

杨柳青三宝之一

文昌阁始建于明，其建筑艺术在国内堪称一绝，是目前华北地区唯一保存完好的明代楼阁式建筑。系砖木结构，三层，六角形，通高15米，阁中供奉有魁星，正中为一球形宝珠，设计精巧，造型别致。

天津市西青区杨柳青镇杨柳青运河南岸。

乘591、592、593路公交在宝坻医院站下可到。

其他郊县景点

大沽口炮台

津门十景之"海门古塞"

大沽口炮台始建于明代，为我国华北地区的海防要隘。素有"南有虎门，北有大沽"之说。共建有炮台5座，其中3座在南岸，2座在北岸，分别以"威、镇、海、门、高"命名，现炮台只有南岸"海"字形的方形炮台保存较为完整。

天津市塘沽区海河入海口。

从塘沽乘110路公交可达。

4月~10月08:30~17:30；11月~3月09:00~16:30。

30元。

盘山风景区 AAAAA

京东第一山、"中国十五大名胜"之一

盘山风景区以"五峰八石""三盘之胜"（上盘松、中盘石、下盘水）最为著名，景区可分为入胜、天成寺、万松寺、云罩寺四大景区，著名的景观天成寺，坐落在"三盘之胜"的下盘。山下有石趣园和盘山烈士陵园。

盘山五峰为挂月峰、紫盖峰、自来峰、九华峰、舞剑峰，与山西五台山相呼应，号称"东五台"。主峰挂月峰，海拔864.4米。五峰攒簇，引人入胜。

天津市蓟州区官庄镇渔阳南路，城区西北12千米处。

8:30~16:30。

130元。云松索道单程60元，入胜索道单程60元。万松寺撞钟另外收费，观光车+挂月索道80元。

www.chinapanshan.com。

黄崖关长城

黄崖夕照、云海烟波、二龙戏水

黄崖关长城风景区包括黄崖关和太平寨两个景区。黄涯关长城是万里长城在蓟州区与河北兴隆县之间的主要关口和通道，位列津门十景之首，有八卦关城、凤凰楼、寡妇楼以及黄崖夕照、云海烟波、二龙戏水三大奇观。太平寨以长城墩台变化多端而闻名。

天津市蓟州区下营镇，县城北约28千米处。

天津市区东北角长途汽车站乘去兴隆方向的汽车，途中在蓟州区下车转中巴即达。

8:30~17:00。

65元。

22718718。

↓黄崖关

天津热带植物观光园

●目前亚洲最大室内植物园之一

天津热带植物观光园占地面积500亩，它集观赏娱乐、休闲购物、科普教育于一体。由综合服务厅、精品花卉厅、沙生植物区、科普教育厅和热带雨林厅五部分组成的。是天津市新增的一处特色旅游景点，可与英国著名的“伊甸园”相媲美。被称为北方“西双版纳”，更是准新人婚纱摄影外景的首选地。

天津市西青区中北镇，曹庄花卉市场内。

乘645、620、616路公交在曹庄花卉站下车可到。

8:00~17:00。

植物园60元、冰雕乐园45元、4D动感影院45元。

霍元甲故居纪念馆

●武术大师霍元甲生平展

霍元甲纪念馆由霍元甲故居和霍元甲陵园两部分组成。故居为青砖瓦房的三合院，故居内陈列了一些霍元甲练武时所用的武器和精武会的会旗等文物。陵园由神道、享殿、寝园组成。霍元甲的棺木于1989年迁葬于此。

天津市西青区南河镇小南河村。

乘157、712路公交可达。

60元。

东疆湾沙滩

●国最大的人造沙滩景区

东疆湾沙滩南北长约2000米，总面积约2.46平方公里，从福建运来的专用沙滩沙“金沙”平均厚度达1.2米。在此可游玩刺激的水上飞碟、快艇漂移、帆船、海上滑梯、海上跷跷板等数十项大型游乐设施。沙滩上还设有舞台，游客在此可免费观看综合演出、皮影戏、舞蹈表演、沙滩明星足球赛、排球赛、沙滩音乐会、沙滩相声、沙滩趣味运动会等。

天津市滨海新区东疆港保税区山西路。

乘坐公交513至东疆湾景区站下车可到。

旺季50元，淡季25元。

08:00~18:00。

滨海航母主题公园

●滨海航母军事主题公园

天津滨海航母主题公园以“基辅”号航母为核心，集军事科普、海洋风情、娱乐休闲为一体。主要景点包括兵营度假区、模拟陆战表演区、实弹射击馆、冒险乐园、海底世界、海防公园等。

天津市汉沽区营城镇八卦滩。

220元。

淡季(11月至次年2月)9:00~17:00；旺季(3~10月)9:00~17:30(周末、五一、十一黄金周至18:00)。

独乐寺

●拥有古建、泥塑、壁画三绝及九个全国之最

独乐寺为津门十景之一（独乐晨光），俗称大佛寺，始建于唐代，辽统和二年(984年)重建，是我国仅存的三大辽代寺院之一。全寺建筑分为东、中、西三部分，中部由白山门、观音阁、东西配殿等组成。

白塔：位于独乐寺正南300米，穿过一条小巷就能到达。辽清宁四年（1058年）建，造型奇特：塔身白色，平面呈八角形，通高30.6米。此塔下部为密檐塔型，上部砌作覆钵式。塔基壶门内有浮雕舞乐伎，刻工精细。塔身南面设门，内置佛龛。是印度佛教文化与中华民族文化融合的产物。

鲁班庙：位于蓟州区鼓楼北大街东侧（县政府大院后），独乐寺东北300米处，由山门、大殿和东、西配殿组成，主要建筑额度架梁为珍贵铁糙木料。大殿内有鲁班像和四位弟子像，配殿中有鲁班生平事迹展览。

天津市蓟州区武定街41号。

从蓟州客运站，可乘坐531路到独乐寺站下或旅游专线11路到古街西口站。

7:30~18:30。

通票40元(含独乐寺、白塔、鲁班庙)。

29142907/29142904(独乐寺)；29191626(白塔寺)；29191628(鲁班庙)。

●面积

19 万平方千米，全国排名第 12 位

●人口

7425 万，全国排名第 6 位

●世界遗产

承德避暑山庄及周围寺庙、清东陵、清西陵、大运河河北段

●国家 5A 级风景区

安新白洋淀、承德避暑山庄及周围寺庙、保定涞水县野三坡景区、石家庄平山县西柏坡景区、唐山市清东陵景区、邯郸市娲皇宫景区、邯郸市广府古城景区、保定市白石山景区

●国家重点风景名胜区

承德避暑山庄及外八庙、秦皇岛北戴河、野三坡、苍岩山、嶂石岩、西柏坡—天桂山、崆山白云洞

河北旅游网
www.hebeitour.com.cn

时尚旅游地推荐

西柏坡 1

清东陵 2

山海关 3

云梦山 4

京娘湖 5

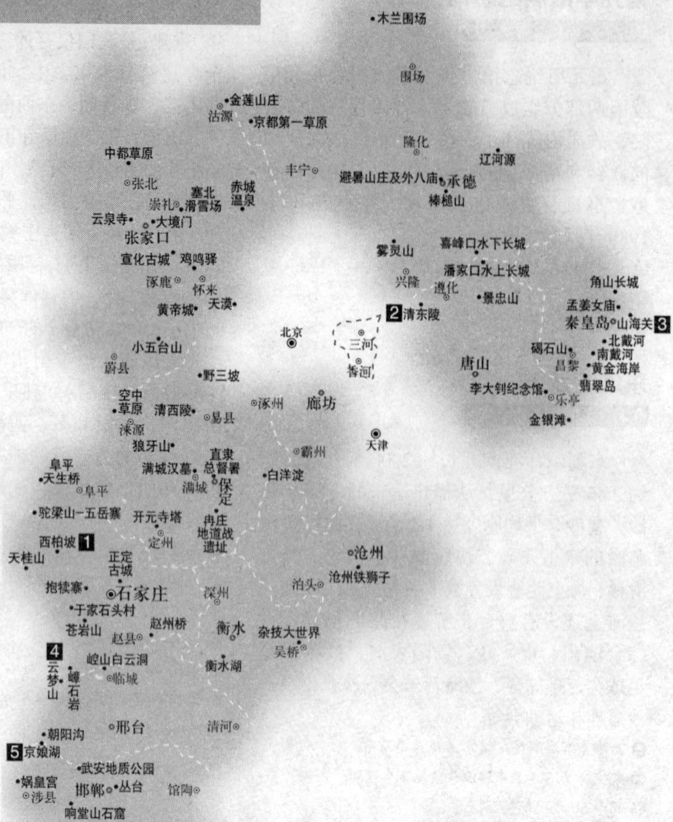

河北

冀情山水

北戴河、南戴河的天然海滨风光，辽阔壮美的坝上草原，荷花飘香的白洋淀，山、水、草原各种景致相映相成的燕赵大地。还有气魄宏大、震撼世人的山海关，精心雕琢的承德避暑山庄，及环绕周边将江南美景与塞北风光尽收的外八庙。

石家庄

石家庄历史悠久，战国初期，先为中山国都城，后为赵国所吞并。直至现在，河北仍被称作为“燕赵大地”。

石家庄周边的旅游资源十分丰富，既有历史文化名城、现代革命纪念地等人文资源，又有山林、湖泊、温泉等自然资源。嶂石岩、苍岩山、天桂山、正定古城、西柏坡和赵州桥都是境内著名旅游点。

面积：14530 平方千米
人口：1056 万人
区号：0311

亮点

必游景点

- **天桂山**：有“北方桂林”之称，素以山势奇险，风景秀丽著称。
- **正定古城**：正定素以“三山不见，九桥不流，九楼四塔八大寺，二十四座金牌楼”著称，享有“古建筑宝库”的美誉。
- **野三坡**：野三坡风景区是独一无二的自然山水景观，以自然的山水泉洞、林木花草为主，突显一个“野”字。
- **白洋淀**：是华北平原上最大的淡水湖，是观赏荷花、休闲度假、品尝水产品的好去处。
- **太行奇峡群**：既有北方山岳的雄伟气势，又具南方山水之秀美。被专家誉为“太行奇峡”。

线路推荐

● 石家庄西线五日游

D1：正定古城，隆兴寺、临济寺等。
D2：抱犊寨。
D3：于家石头村、苍岩山。
D4：天桂山。

↑西柏坡

D5：西柏坡，下午返回石家庄。

● 保定周边四日游

D1：满城汉墓—白石山（夜宿涞源）。
D2：空中草原—狼牙山。
D3：开元寺塔—冉庄地道战遗址。
D4：白洋淀—涿州影视城。

交通信息

飞机

石家庄正定机场距市区 32 千米，目前石家庄机场通航城市已达到了 60 多个，开通了至首尔、泰国、俄罗斯的国际航线以及香港、台湾等地的地区航线。目前市内开通了机场大巴驶往桥东和桥西两条循环线路。

火车

石家庄有两个火车站，分别是石家庄站和石家庄北站。石家庄站的车次比北站多，而且动车和高铁全部停靠在石家庄站。

嶂石岩·棋盘山

嶂石岩

● 拥有世界最大的天然回音壁

嶂石岩是太行山森林公园精华所在地，有“百里赤壁”“万丈红峻”之称，有九女峰、圆通寺、纸糊套和冻凌背四处小景区，主要景观有丹岩赤壁、清泉飞瀑、凌柱成林等。世界最大的天然回音壁坐落在景区中部。

石家庄市赞皇县境内。

石家庄胜南客运站（市内火车站乘 3 路、纪念碑乘

109路抵达）乘石家庄—赞皇县班车，在赞皇县汽车站不出站换乘嶂石岩班车（一日多趟）。

¥ 旺季50元，淡季30元。

棋盘山

●十里杏花

棋盘山景观有北魏拓跋氏修筑的长城、古关，有唐天宝间安史之乱李华叔侄避难之四相公寨遗址，有五代后唐庄宗李存勖之马踏泉、歇马岩、试剑石等。还新建有闻鸟、话城、凝岚、知秋等凉亭长廊和翠崖栈道、情人桥等。

棋盘山一带还流传有仙人下棋、金子陵征战、杏花仙显圣等传说和轶闻，给丰富的自然景观和人文景观增添了神秘色彩。

石家庄市赞皇县境内，东距赞皇县城27千米，南距嶂石岩景区25千米。

石家庄市南二环外胜南汽车站乘到赞皇的客车，有客运汽车从赞皇县城往返于棋盘山。自驾车走107国道，元氏或高邑下，奔赞皇，顺赞（皇）昔（阳）公路向西过野草湾一直向正西，沿途有路标。 ¥ 45元。

亲历者◎解说

棋盘山景区以"十里杏花"而闻名。棋盘山杏树分布从枣林村开始，到棋盘山宾馆全长8千米。自3月下旬枣林村边杏树泛红，到4月中旬大羊道口杏花落尽要20日左右。

石家庄城区景点

石家庄水上公园

●荟萃了世界各地的建筑精华

石家庄水上公园荟萃了世界各地的建筑精华，其中有按比例修建的世界著名的赵州桥、具有承德避暑山庄特色的烟雨楼、法国的列柱石雕廊和太阳神阿波罗大喷泉。游乐场内有超大型的激流勇进、卡丁车赛场等。

石家庄市新华区友谊北大街（联盟路500号）。

乘17、34、公交可达。

毗卢寺

●堪于敦煌壁画比肩的元末明初壁画精品

毗卢寺是中国佛教临济宗的一座古老庙宇，以保存有精美的古代壁画而闻名。毗卢殿是该寺的主殿。其中四壁的壁画最为精彩，分上中下三排，约有儒、释、道三教各种神像人物500多幅，形成了三教合流的壁画艺术特色。

石家庄市新华区杜北乡上京村。

乘坐322、327路公交即可。

8:00~22:00。

¥ 10元。

石家庄郊县景点

正定古城

●古时被称为"北方三雄镇"之一

正定历史上曾与保定、北京并称为"北方三雄镇"，素以"三山不见，九桥不流，九楼四塔八大寺，二十四座金牌楼"著称，享有"古建筑宝库"的美誉。现仍有隆兴寺、临济寺、开元寺、赵云庙等众多古迹。

石家庄市正定县正定镇。

石家庄火车站正对面汇文图书城门前乘31、201路小巴去正定。

¥ 联票60元。

抱犊寨

●兵家战场、人间福地，被誉为"天下奇寨"

抱犊寨四周悬崖绝壁，顶部平旷坦夷，曾是汉淮阴侯韩信"背水一战"的古战场，亦是著名道人张三丰成道涉足之福地。山顶有韩信祠、牛郎织女像、地下五百罗汉堂等景点，被誉为"天下奇寨"。

石家庄市鹿泉市白鹿泉乡。

可在新百广场乘坐旅游5路直达景区。

¥ （4~10月）50元；（11月至次年3月）30元。索道单程30元；双程60元，不分淡旺季。

亲历者◎解说

抱犊寨形似盆地，山巅有全国最大的山顶门坊南天门、全国首座山顶地下石雕、五百罗汉堂及气势雄伟的长城寨墙等，景区内还有西苑一莲花一抱犊寨全封闭往返式吊箱索道，全长1800多米，最高悬空达271米。

苍岩山

●五岳奇秀揽一山，太行群峰唯苍岩

苍岩山以“三绝”“一奇”“十六景”“七十二景观”名扬国内外。著名景点有福庆寺、桥楼殿、南阳公主祠、苍山书院、万仙堂、玉皇顶等，最著名的景观是桥梁飞殿（福庆寺主体建筑之一）。

千百年来苍岩山以“雄、奇、秀、险、幽”众美为一体的独特风格吸引了无数海内外游客前来旅游观光，咏诗作画，拍摄影视外景。《西游记》《卧虎藏龙》《木乃伊3》等许多影视作品都在这里取景、拍摄。

石家庄市井陉县苍岩山镇。

石家庄西王汽车站有旅游专线车可到。

9:00~16:00。

50元。

于家石头村

●保存完好的石头文化村落

于家石头村是保存完好的明清古村落，这里的建筑全部用石头砌成。全村共有石头房舍4000多间，石板街道3700余米。石房石院、石桌石凳、石磨石碾、石桥石栏随处可见；古庙、古阁、古碑碣、古歌楼等众多文物古迹镶嵌其间；古人类遗址、古兵寨、无底洞等莘莘景观环踞四周。

石家庄市井陉县于家乡。

30元。

石家庄西王客运站乘203路去井陉矿区，到石头村8元左右，途中没有固定站，如需下车就直接告诉司机就行。

亲历者◎攻略

1. 建议：如果您是初次来于家石头村，最好聘请导游，因为一些院落老宅都已经上锁，导游有钥匙引导游览。

2. 摄影：于家石头村的四合院各有特色，是民俗摄影爱好者的理想去处。来这里拍照，可以选择晴天的早上，这时村内光线柔和，拍摄石头小巷和石头房屋特别有味道。

赵州桥

●天下第一桥、华北四宝之一

赵州桥原名安济桥，俗称大石桥，至今已有1300年的历史，是世界上年代最久、保存最好、跨度最大的单孔石拱桥。桥洞犹如弯弓，桥面平坦宽阔，由28道拱圈纵向并列砌成。大桥的栏板和望柱上，雕刻着各式蛟龙、兽面、花饰、竹节等，其中尤以蛟龙最为精美。

石家庄市赵县赵州镇西南郊。

石家庄南焦汽车站乘车可达。自驾车从石家庄市走308国道可达。

40元。

平山旅游区

西柏坡纪念馆景区 AAAAA

●西柏坡——新中国从这里走来

这里曾是新中国成立前夕的中共中央所在地，中共中央曾在此召开过党的七届二中全会，部署和指挥了辽沈、平津、淮海三大战役。现建有西柏坡纪念馆、中共中央旧址、西柏坡石刻园、国家安全教育馆等景区。

石家庄市平山县西柏坡镇，距石家庄约90千米。

石家庄北站有班车可达。

8:00~18:00，纪念馆周一闭馆。

0311-82851366。

天桂山

●有“北方桂林”之称

天桂山分为青龙观、后山、滴翠谷、望

海峰、玄武峰、翠屏山、银河洞、沕沕水八个景区。

青龙观原为明末崇祯皇帝敕建之归隐行宫。真武殿、苍岩宫、魁星阁等古建筑，均建于绝壁断崖之上，气势恢弘。后山百丈危崖上镌刻的巨大“归”字，载入了吉尼斯世界纪录。

沕沕水景区不仅遍布太行山中圣泉、瀑布、天池、湖泊呼应的水景，还有全国修建最早的第一座水电站。

石家庄市平山县小觉镇。

石家庄客运北站有发往天桂山的班车，或从平山县城换乘前往天桂山的旅游车可达。

65元（含白毛女艺术陈列馆、翠屏山），银河洞60元（银河洞观光车5元），沕沕水65元。索道双程50元，单程25元。

东方巨龟苑旅游区

●乡村经典、北国江南

东方巨龟苑以华北地区最大的甲鱼养殖基地而著称。景区有两个世界之最、六个中国第一。主要包括华夏历史生态园林、海底世界神龟府、野河乐园、湖心湖游乐场、野河漂流（北国第一漂）五大部分，有红、绿、古、新景点81处。

石家庄市平山县平山镇南郊6千米。

在石家庄客运北站乘东方巨龟苑直通车直达。

通票65元，野河漂流90元/人(含电瓶车全程接送)。

亲历者◎攻略

东方巨龟苑泼水节于每年7月7日~8月31日举行，泼水地点在鸳鸯湖、鸳鸯岛、湖心湖游乐场及野河漂流等景点。活动期间，景区还举办鸳鸯湖竹筏赛、千人游泳赛、打水仗、赛鸳鸯大闯关比赛、野河漂流赛等众多新奇的游客参与性娱乐活动！

驼梁山—五岳寨旅游区

●“省会屋脊”与“省会后花园”

驼梁山为河北省五大高峰之一，素有“省会屋脊”“太行绿宝石”之称，以凉、静、野而闻名，主要由百瀑峡、三叠泉、太行风情谷和中台山四个景区组成，共计200多个景点。茂密的原始森林和连绵不断的瀑布是驼梁山最具特色的景观。驼梁无处不飞瀑，有人字瀑、白龙瀑、三叠瀑、五指瀑、通天瀑等，尤以“六月冰瀑”最为著名。

石家庄市平山县合河口乡和灵寿县南营乡交界处。

石家庄汽车北站有旅游班车可达驼梁山。石家庄运河桥客运站和灵寿县城有班车可到五岳寨。

驼梁山50元(淡季35元)；索道40元(双程70)。五岳寨旺季50元(淡季30元)。

白洋淀 AAAAA

●华北地区最大的内陆淡水湖泊

白洋淀是华北平原古老的最大的内陆淡水湖泊，有“北地西湖”“北国江南”之称，是帝王巡幸之所，英雄辈出之地。

它由97个大小不等的淀泊和3700多条沟壕，36个岛村所组成。因白洋淀在所有的淀泊中面积最大而得名。著名的景点有鸳鸯岛、民族岛、荷花淀、九龙潭等。

保定市安新县圈头乡，距保定45千米。

保定汽车南站至安新县城，抵安新后可乘车到白洋淀码头，然后坐船到达白洋淀。

40元，淀内其他景点单独收费。白洋淀文化苑50元，荷花大观园50元，异国风情园40元，元妃荷园20元，鸳鸯岛40元，休闲岛40元，小快艇170元(限乘4人)、大快艇380元(限乘11人)。

亲历者◎攻略

1. 来白洋淀旅游，一是为了划船；二是为了品尝水鲜；三是为了观看渔民拉网捕鱼。乘汽艇或木船，穿行于纵横交错的芦苇丛中，绿水碧波，芦花洁白，鹅鸭成群；夜幕降临时放河灯，特制的蜡烛及纸船在水中构成一个迷人的水上灯会。

2. 北国水乡的白洋淀有着悠久的历史和许多的革命故事，水文化给城市的游客带来了轻松的享受。在这里可以乘船游览白洋淀风光，也可在

↓白洋淀

当地渔民的指导下撒网捕鱼，采摘各种各样的水生植物，还可以参加打水仗的互动活动。听着水声，品尝着白洋淀的特色美食，别有一番情调，总体感受——美！

京西百渡景区

清西陵

●清朝帝王两大陵寝之一

清西陵是清代自雍正时期起，四位皇帝的陵寝之地，共有14座陵墓，包括雍正的泰陵、嘉庆的昌陵、道光的慕陵和光绪的崇陵。此外还有3座后陵，3座妃园寝，4座王公、公主园寝。它与清东陵一起被列入世界文化遗产名录。

雍正的泰陵建筑年代最早，规模也最大；昌陵的回音石、回音壁，无论在规模还是效果上都可与北京天坛的回音壁相媲美。慕陵有金丝楠木雕龙殿，崇陵有铜梁铁柱的隆恩殿。

保定市易县西陵镇永宁山下。

北京丽泽桥长途汽车站每天6:00开始有往易县的客车，20分钟一趟，易县汽车站有去西陵的车。

通票120元。泰陵45元，崇陵45元，昌陵和昌西陵20元，慕陵20元，泰妃园寝10元，端王园寝10元，永福寺15元。

狼牙山

●狼牙山上五壮士

狼牙山险峻陡峭，因为形状好像尖利的狼牙而得名。在狼牙山上曾发生过八路军五位战士与日寇浴血奋战，最后舍身跳崖牺牲的悲壮故事，因此为人们熟知。如今来到狼牙山游玩，既可以观看到壮观秀美的山林景色，也可以纪念当年舍身抗敌的五位壮士。

狼牙山主峰莲花瓣海拔1105米，在山下、山间和山顶各有一些景点可以游玩，主要有五勇士陈列馆、五勇士纪念塔、红玛瑙溶洞、西天门和棋盘陀等，可以参观五壮士的事迹，纪念先烈，也可以欣赏拍摄到溶洞风光和壮观的山色，游玩内容丰富。

保定市易县狼牙山风景区。

80元。

野三坡 AAAAA

●世界地质公园、"野"是其显著的特色

野三坡风景区是独一无二的自然山水景观，以山水泉洞、林木花草为主，突显一个"野"字。有7个景区：百里峡素以"世外桃源"著称，拒马河以文物古迹与自然风光相匹配，佛洞塔以洞中佛得名，白草畔原始森林素有太行"绿色明珠"之称，龙门峡以历代军事遗址及摩崖石刻为主体，金华山以古朴别致的清禅寺独具特色，三皇山旅游区为近年新开发的景区。

保定市涞水县三坡镇。

保定汽车站换乘开往涞水县的公交车，到达后换乘直达野三坡的公交车。 百里峡115元，鱼谷洞65元，白草畔60元，龙门天关50元。

亲历者◎攻略

如果在夏天前往，又只有一天时间的话，建议去百里峡景区，这里峡谷幽深，特别凉爽。不过，从景区门口进入到真正的峡谷处，还需要走20多分钟，可选择景区电瓶车或者自行车。如果体力可以，走路也挺舒服的。

白石山风景名胜区 AAAAA

●大理岩峰林地貌全国独一无二

白石山风景区又称为小黄山，是世界地质公园，因山多白色大理石而得名。它由太行第一屏、十瀑峡、森林公园三部分组成。有三顶、六台、九谷、八十一峰，最高峰海拔2096米，战国时期以其岭而分燕赵，辽宋时又以它一山分两国。其"白石晴云"为涞源古十二美景之首。

保定涞源县下北头乡插箭岭村，距县城15千米。

来白石山旅游，一般要先乘车到涞源县城。自驾车从北京由京深高速公路至高碑店出口下，西行走112国道到达。 门票150元。

邯郸旅游区

丛台公园

●以赵武灵王丛台为中心的大型园林

"丛台"相传是战国时期赵武灵王观

看军事操练和娱乐的场所。它是赵都历史的见证，是古城邯郸的象征。主要有丛台湖、七贤祠、望诸榭等景点。湖中建有苑在亭、曲栏桥、西湖亭，湖边设有长廊，花圃，游人既可以在这里临湖垂钓，也可以泛舟湖上。

邯郸市丛台区中华北大街。

乘 1、69、33 路等公交可达。自驾车从邯郸沿迎宾大道向西，至中华大街向南，过了丛台交通岗路西即是。

娲皇宫 AAAAA

●中国最大、最早奉祀女娲氏的古建筑

娲皇宫俗称“奶奶顶”，相传它是“女娲炼石补天，捏土造人”之处，是中国最大、最早的奉祀上古天神女娲氏的古代建筑，现有建筑 135 间。自古就有“蓬壶仙境”之美誉。这里不仅建筑宏伟独特，而且还较为完好地保存了国内罕见的摩崖刻经，是一处不可多得的自然和人文景观。

邯郸市涉县索堡镇唐王婝山上。

可乘邯郸开往涉县或长治方向的长途公共汽车或火车。自驾车由京深高速公路邯郸北口下，沿 309 国道西行至涉县县城，而后沿涉左千米往西北方向，到索堡镇东行上山即可。 ¥ 80 元。

亲历者◎攻略

娲皇阁是娲皇宫的主体建筑，系四层楼式结构，布局奇巧。第一层内供奉有女娲神像（女娲神像底座四周刻画着四个美丽的神话，记得留心欣赏一下哦！）。

广府古城 AAAAA

●千年历史的北方水城

古城又称永年城，是一处拥有 2600 多年历史的著名古城。如今的古城建筑主要建于明代，保存完好，风格古朴大气，古城四周环水，有风光优美的芦苇荡和荷塘。在城墙上，可以俯瞰古城内的风光，城外的湖水、远处的田园乡村也都尽收眼底。

邯郸市永年区广府镇。

邯郸市火车站乘坐公交到广府城站下车即是

¥ 古城免费开放，景点联票 65 元。

邢台—衡水旅游区

崆山白云洞

●我国北方一处“地下岩溶博物馆”

崆山白云洞是我国北方一处难得的岩溶洞穴景观，现已开放了五个洞厅，洞洞连环，厅厅套接，包括白云洞、岐山湖、天合山、小天池和古文物五个景区。游线全长 4000 米，主要景点 200 多处。整个溶洞景观给人以形态美、线条美、空间美等多种艺术享受，堪称岩溶造型“博物馆”和“地下迷宫”。

邢台市临城县西竖乡，距邢台市 56 千米。

邢台火车站的站北汽车站乘公交车，1 个多小时即达。自驾车沿京深高速公路可在“柏乡临城”和“隆尧临城”高速道口下路，后沿 107 国道经“镇内”“冯村”，过地道桥向西 16 千米。

¥ 旺季 120 元、淡季 100 元。

太行奇峡群景区

●徒步登山爱好者的好去处

太行奇峡群由 24 条峡谷组成，其中达千米以上的有 8 条之多，是太行群峰中的一大奇观。景区具有狭长、陡峻、深幽、赤红、集群五大特点，主要景点有 50 多处，如：神鹰石、龙潭飞瀑、双驼峰、悬棺等。既有北方山岳的雄伟气势，又具南方山水之秀美。被专家誉为“太行奇峡”。

邢台市邢台县西南路罗镇贺家坪村，距邢台市区 65 千米。

邢台火车站乘 3 路公交到邢西汽车站，有邢台至贺家坪的班车直达。自驾车沿京深高速公路邢台北口下，过邢台市，沿邢左公路至宠会，西行至路罗，向西北方向至贺家坪村即到。 ¥ 50 元。

衡水湖风景区

●河北知名的观鸟场所之一

衡水湖风景区为国家级自然保护区，景区水面辽阔、水质优良、生物种类多、观光资源丰富。建有观鸟台、自然采摘区、冀州古文化区等。

衡水市冀州市冀州镇北郊。距衡水市 20 千米。

邢台长途车站有前往衡水湖的中巴车。进入湖区须乘船，60 元 /6 人，可登湖区内小岛。

廊坊—沧州旅游区

天下第一城

●仿北京古都城垣之风貌修建的古建筑

天下第一城以明清两代北京城为蓝本，将老北京的城垣微缩，占地133.3万平方米。分内城和外城两部分，内九外七，十六个城门，另有六个角楼，共计22个城楼，城楼间有8米高的城墙相连。

外城以前门商业街为界，分成东、西两区，东区为圆明园景区，西区为王府、四合院景区。内城设有9座城门，以高8米、底宽10米的城墙相连环绕，中间地带为18洞大型高尔夫球场。周边有许多娱乐设施等。

廊坊市香河县安平镇。

北京火车站东街乘938路公交可直达。自驾车沿京沈高速公路至香河出口下道，上夏垫至安平的公路西南行12千米即达。 ¥80元。

廊坊茗汤温泉度假村

●拥有108个功效不同的大小温泉池

茗汤温泉度假村是由澳大利亚首席建筑设计师设计的，室内外遍植热带植物，置身其中，让您领略到另一种热带风情。度假村设有：气泡区、花草区、养生药浴区、SPA理疗区、VIP散客专用区、露天温泉区、个人汤屋区等不同区域及功效的温泉池。

廊坊市霸州开发区，106国道东侧。

从北京木樨园、赵公口、六里桥乘车。

¥成人温泉票268元。

吴桥杂技大世界

●世界杂技艺术的摇篮

吴桥杂技大世界是世界上唯一的杂技主题公园，也是中国规模最大的表演类型的旅游景点，有江湖文化城、魔术迷幻宫、杂技奇观宫、红牡丹剧场、马戏游乐园、滑稽动物园、红牡丹宾馆、小泰山等八大景区，以真人绝技表演为主。

沧州市吴桥县桑园镇京福路1号。

北京赵公口长途汽车站每天早8:00定点发班车到吴桥站后，景区有专车。

¥通票180元(江湖文化城、魔术迷幻宫、红牡丹剧场、滑稽动物园、马戏游乐园、杂技博物馆、普济寺、财神庙、民俗风情园)。

8:00~18:00。

住宿

石家庄市内的宾馆和招待所各种档次和价位的都有，光是星级宾馆就有百余家，中小型旅馆也很多，一般来说80元就可以住上条件不错的房间了。

餐饮

中山东路的燕春楼饭庄以经营河北风味的炒菜闻名。东方购物中心后面的步行街有许多小吃店。距东方购物中心不远的地方有一条回民街，可以品尝独特的清真小吃。

雪桥八仙：是石家庄一道风格别致的菜肴，取材于赵州桥的美丽传说，用六只鸡蛋的蛋清抹成单孔大桥形状，用黄瓜或冬瓜在桥两端作桥柱，再装点赵县雪花梨、樱桃、青梅等。此菜景中有味，口味纯甜，且具有多种水果的香味。

缸炉烧饼：用火炉烧缸制作的烧饼，因此叫缸炉烧饼。这种烧饼的制法在火候上极讲究，因缸里呈凹形，凉或热烧饼都要滑下来。它利用了“缸”的光滑、耐火和厚度，烧出的烧饼不糊、面光，吃起来香酥脆。

购物

石家庄有赞皇金丝大枣、行唐大枣、赵县雪花梨、栾城草莓、藁城黄杏、红梨、元氏红石榴、赵县雪梨、平山核桃、矿区无涩柿子等采摘特产，还有辛集皮革、官伞、常山战鼓等也不错。

张家口

张家口有“塞外山城”之称，古遗址数量很多，滑雪场遍布。古长城“大境门”是张家口市的象征。蔚州和宣化是著名古城。黄帝战蚩尤战场、泥石湾旧石器时代遗址、明代建筑清远楼等驰名中外；塞外明珠官厅湖、坝上草原度假村、翠云山滑雪场均显一派北国风光，是旅游休闲的胜地。

面积：36303 平方千米
人口：491 万人
区号：0313

亮点

必游景点

- **宣化古城**：为明朝九座边城中最为坚固的镇城。现城址基本保存完好，镇朔楼和清远楼依然矗立，宏伟壮观，辽代壁画美名远扬。
- **大境门**：登上大境门，一生都太平，游人到张家口，登临长城与大境门是主要的旅游内容。
- **金莲川草原**：因八百里金莲川而得名，闪电河缓缓地流过草原，草原上湖泊众多。

线路推荐

●张家口寻古三日游

D1：宣化古城。
D2：鸡鸣驿—黄帝城。
D3：天漠旅游区。

●张北休闲二日游

D1：张家口—野狐岭风电山庄。
D2：中都遗址—中都原始草原度假村。

交通信息

火车

张家口市有京包、大秦、京张铁路贯穿境内。目前张家口只有火车南站在运行。有到北京、大同等地的火车，是北京发往西北方向的过往车站。

汽车

张家口境内有多条高速公路和国道。北京和张家口之间约 3 小时车程。汽车客运总站是张家口的主要客运站。有发往北京、天津、石家庄等地的班车；还有发往各个县的班车。

张家口市区景点

大境门长城

●扼守京都的北大门

大境门是万里长城各个关口中唯一以“门”命名的关隘。清代时又在门上加筑城楼，使之成为扼守京都的北大门。门楣有察哈尔都统高惟岳于 1927 年书写的“大好河山”四个颜体大字，苍劲壮观。山峦之上保存有用大块毛石砌成的毛石长城。

地址：张家口市桥西区东河套街。
交通：乘 16、32 路公交在明德北站下，北行可达。
门票：10 元。

亲历者◎解说

大境门、山海关、居庸关、嘉峪关被并列为万里长城四大名关。大境门是燕赵文化的重要组成部分，是长城文化的一个集中体现。

↓大境门长城

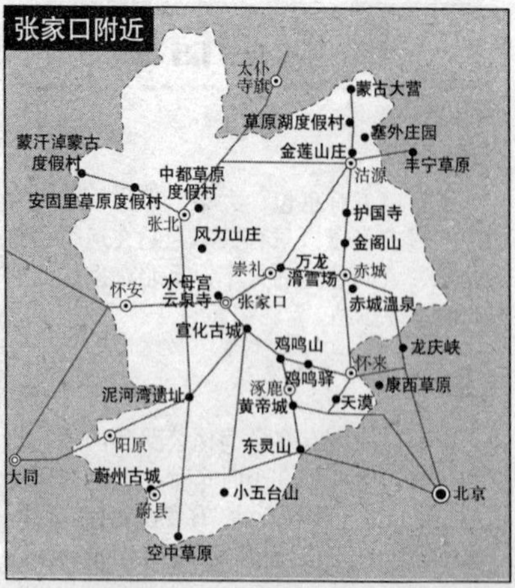

地下长城是指张家口市区北端东起大境门，西至万全县境，全长 10 余千米，与西太平山上明代长城同一走向的人防工程。它与地上长城一样，也是一种军事防御工程。

赐儿山云泉寺

●佛、道建于一处的寺庙群

云泉山又叫赐儿山，海拔 1005 米，山东坡有云泉寺。该寺始建于明洪武二十六年（1393 年），是佛、道建于一处的寺庙群，其上部为道观、下部为佛殿。供奉子孙娘娘神像。据传总有人在此寺祈神求子。山坡崖下，近在一两米之内有冰、风、水三个山洞。每年农历四月初八举行庙会。

张家口市桥西区，西郊 3 千米。

太平桥站乘 9 路公交可达。

10 元。

卧云山水母宫

●水母宫依山就势而筑

卧云山山势巍峨，树木葱茏，山头长年白云缭绕，环境十分幽静。山下有一泉水由石洞中奔涌而出，泉水清澈，终年不息。在青山环抱之中，有一座依山就势而筑，碧墙朱门，雕梁画栋的古建筑——水母宫。其四周榆柳环合，松青柏翠，草木繁茂，因此也称为森林公园园。园东南建有爱国将领冯玉祥的别墅与雕像，并开辟了吉鸿昌

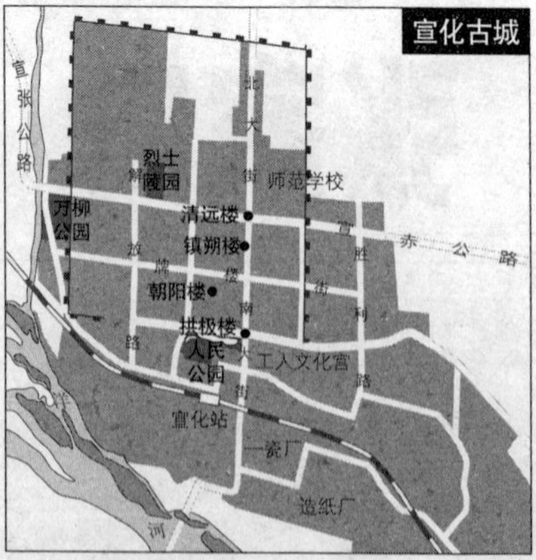

烈士纪念馆。

张家口市桥东区。

展览馆乘 13 路公交可达。

宣化古城

●古代军事重镇

宣化古城是古代城池建造史上的一个精品，现保存下来的城墙建于明代，虽是疮痍满目，却不减巍峨盛气。现存镇朔楼（鼓楼）、清远楼（钟楼）和拱极楼（著耕楼）。古城外下八里村有辽墓壁画，星象图十分准确。

张家口市宣化区。

清远楼、镇朔楼各 5 元。

张家口郊县景点

沽源金莲川草原

●八百里金莲川草原，湖泊众多

沽源金莲川草原旅游区因八百里金莲川而得名，闪电河缓缓地流过草原，草原上有闪电湖、草原湖、囫囵淖尔等美丽的湖泊，随着旅游地开发，草原上兴建了金莲山庄、塞外庄园、沽水福源度假村、草原乐园度假村、冰山梁度假村、草原湖度假村、金莲川度假村、五女河度假村和蒙古大营等景区、景点。

张家口市沽源县东北部。

草原天路

●距北京最近、保存最完好的天然草原

张北坝上草原即中都原始草原，是内蒙古锡林郭勒草原极其重要的组成部分，是距北京最近，保存最完好的原始草原，有“沙平工时远望不尽”“风吹白草天无际”之咏。景区设有安固里草原度假村、中都原始草原度假村等不少度假村，可体验蒙古族风情。还有元中都遗址、中都湖、大圪塔石柱群等旅游景点。

张家口市张北县北郊。

自驾车从北京出发，走京张高速公路，穿过张家口市区，沿207国道到张北后，驶入张化公路到积善村转东北方向直达景区。

崇礼滑雪旅游度假区

●硬件设施、雪道一流

万龙滑雪场有初、中、高级滑雪道5条，双人吊椅式索道3条，还有可容纳400多人同时就餐的1400平方米的观赏型快餐厅。

张家口市崇礼区西湾子镇红花梁。

平日4小时自带雪板370元，另有更多套餐可以选择。

从北京马甸上八达岭高速—京张高速—张家口—崇礼，全程两段高速公路自驾车约3小时。

黄帝城

●中华文化发源的第一座都城遗址

黄帝城即涿鹿故城，亦称轩辕城。遗址呈不规则正方形，长宽各500米，城墙系夯土筑成。现存城墙高3～5米，南、西、北城墙尚在。遗址内有大量陶器、石器，有时还可拣到完整的石杵、石斧、石凿、石纺轮、石环等。

↑万龙滑雪场

张家口市涿鹿县矾山镇三堡村北。 80元。

鸡鸣驿

●有“世界第一邮局”的美誉

鸡鸣驿因设于鸡鸣山下而得名。始置于明永乐十八年（1420年），是我国现存规模最大的一处古驿站。现仍保存有较完整的东、西、北三面城墙及城门等设施。

鸡鸣山南、东、北三面皆悬崖绝壁，奇峰怪石挺立，雄姿巍峨，秀丽壮观，有“参天一柱”之称。山中最古老的道观为建于魏孝文帝太和五年（481年）的碧霞元君殿；最大的寺院为坐落在半山腰的永宁寺。

古代驿站鸡鸣驿大受影视界青睐。《血战台儿庄》《血战长城》等影片先后在古城拍摄，其中《大话西游》中男女主人公在城墙上的深情一吻，为鸡鸣驿蒙上了一层浪漫的色彩。

张家口市怀来县鸡鸣驿镇。

乘北京西直门汽车站发往张家口的班车可到下花园；北京南站发车的京包线上普通列车也可以到下花园。自驾车从北京出发，走京张高速公路，从下花园出口下即到。

↓鸡鸣驿

黄龙山庄

●原始、自然如天然画卷

黄龙山庄景色优美，山上覆盖着大面积的北方原始林区，林中草木繁茂，山泉潺潺，并栖息着大批飞禽走兽。山庄由南向北，依次有宝匙门、胡神洞、长寿亭、渡仙桥、黄龙潭、飞来石、擒虎台、避雨石、云中草原、落鹰岩等景观。尤其云中草原最具特色。

张家口市怀来县新保安镇于洪寺村北（鸡鸣驿东）。

自驾从沙城沿110国道西行8千米龙凤山路口北便可到达山庄。

云中草原78元，仙柜山50元，云中草原、仙柜山套票120元，缆车往返100元，观光车20元(单程)。

8:00~17:00。 6811065。

天漠旅游区

●距北京最近的一处天然沙漠

天漠旅游区南依巍巍棋盘山，北临浩浩官厅水，占地1300亩，是因内蒙古高原沙尘在军都山受阻后，飘落而形成的飞来沙漠。《三国演义》《还珠格格》等影视剧都曾在此拍摄。景区内有戈壁、群山、沙漠、古烽火台等景观。

张家口市怀来县东花园西南部的龙宝山上。

35元，滑沙15元。

蔚州古城

●京西现有保存最为完整的古城

蔚州古城是京西现有的保存最为完整的一座古城。古城内最有名的景点是玉皇阁、释迦寺和南安寺塔。还有全国重点文物保护单位真武庙（蔚州城西北隅）、灵岩寺等也是旅游的好去处。

张家口市蔚县蔚州镇。

小五台山

●河北省第一高峰、“河北屋脊”

小五台山因东、西、南、北、中五个突出的山峰，而得名“小五台山”。最高峰是东台，海拔2882米，是河北省的最高峰。攀登小五台山是北京周边难度最大、强度最高的户外登山活动之一。

景区内有杨家坪、金河口两大主要风景区，主要景点、景观共50余处，有灵山圣水、教堂遗址、杏花源、清凉界、佛光神影、一线天、神龙潭、台山晓日等。

张家口市蔚县桃花镇，跨到涿鹿县。

北京六里桥长途汽车站乘至涿鹿的汽车，在河东下车，再转乘到杨家坪的汽车前往。 60元。

住宿

张家口住宿趋向大众化，星级酒店相对较少，其中小旅馆、招待所，房价低廉，方便实惠。

餐饮

张家口的风味主要有蔚县“八大碗”、柴沟堡熏肉、怀安豆腐皮、阳原圪渣饼、一窝丝、油炸糕、山药鱼、手把羊肉等等。尤其是这里的火锅与油酥糖饼，真是又酥又香，不过由于是现做，吃的人又很多，所以等的时间会很长，一定要有耐心等候哦。

溢香楼饭庄：位于张家口市桥西明德北街一中西门对面，以黄糕、油皮、糊糊等地方美食为特色。

清远楼：位于张家口市西沙河大街102号（长途汽车站附近），以羊肉系餐饮为主。

购物

过去张家口有三宝：“山药、莜面、大皮袄”，现在张家口有口蘑、鹦哥绿豆、大杏扁、供佛杏、发菜、龙眼葡萄、牛奶葡萄等土特产，及蔚县剪纸、阳原石雕、银制花丝摆件等工艺品。

在桥西区的武城街、怡安街、得胜街、明德街等著名的商业街，有许多专卖张家口特产和手工艺品的商店。

民俗

蔚县剪纸：俗称“窗花”，以构图饱满、造型生动、色彩绚丽、工艺奇特的艺术风格独树一帜。蔚县剪纸以阴刻为主，阳刻为辅，阴阳结合，复用多色点染彩绘，其题材广泛，花样繁多。

蔚县秧歌：国家级非物质文化遗产，其韵律优美、唱腔丰富，具有独特的艺术风格。

康保二人台：以短小活泼的剧情、丰富细腻的情感、粗犷豪放的舞蹈、悠扬高亢的曲调、风趣幽默的独特艺术魅力，荣登首批国家级非物质文化遗产名录。

承德

历史文化名城承德原名热河，素有“紫塞明珠”之称。历史上曾是清王朝鼎盛时期的京师陪都。有着众多的“世界之最”：世界最大的皇家园林、皇家寺庙群、最高的金漆木雕大佛、最短的河流……这些世界之最，为承德镀了一层美丽的光环。

面积：39719 平方千米
人口：379 万人
区号：0314

亮点

必游景点

- **避暑山庄**：被列为全国“十大名胜”之一。是我国最大的皇家园林，也曾是大清皇室的消夏圣地。
- **木兰围场**：又称围场坝上草原、塞罕坝森林公园，是世界最大的皇家猎苑。这里每一个季节，每一片光影都是摄影师眼中的精品。

线路推荐

●承德市区二日游

D1：上午游览避暑山庄内的湖区、山区与平原区，下午游览宫殿区。

D2：上午游览外八庙之普宁寺、安远庙，下午游览普陀宗乘之庙与须弥福寿之庙。有时间再游览磬锤峰。如果只有半天时间，可游览普宁寺和普陀宗乘之庙。

●木兰围场二日游

D1：塞罕坝国家森林公园—红山军马场。

D2：御道口草原森林风景区（太阳湖、桃山湖、月亮湖）。

↑避暑山庄烟雨楼

交通信息

飞机

承德没有民用机场，最近也是最方便的转乘机场是北京的首都国际机场。机场有多条巴士开往北京市区各地。

火车

承德有承德站和承德北站，其中承德站为主要车站，北站运行车次较少。

避暑山庄及周围寺庙 AAAAA

●古代帝王宫苑与皇家寺庙的完美融合

避暑山庄及周围寺庙即清朝皇帝的夏宫，是由皇帝宫室、皇家园林和宏伟壮观的寺庙群所组成，是中国古代帝王宫苑与皇家寺庙完美融合的典型范例，标志中国古代造园与建筑艺术的巨大成就。

避暑山庄及周围寺庙是一个紧密关联的有机整体，同时又具有不同风格的强烈对比：避暑山庄朴素淡雅，“外八庙”如群星簇月环列周边，金碧辉煌，象征着国家的统一、民族的团结。

普乐寺

●仿天坛祈年殿而建，汉藏融合

普乐寺的前半部建筑是汉族寺庙传统的“伽蓝七堂”式，后半部是藏族形式，与外八庙中的其他庙宇遥相呼应，形成了一个众星捧月的格局。

主体建筑旭光阁和阁下的三层石台，构成了一个立体的曼陀罗。这是我国国内除西藏之外修建的最大的一处曼陀罗。

承德市避暑山庄东北的平岗上，溥仁寺东北。

避暑山庄大门外乘10路公交到喇嘛寺站下，步行可到。

8:00~17:30。

旺季30元，淡季20元。

普宁寺

●中国北方最大的佛事活动场所

普宁寺又名大佛寺，是外八庙的宗教活动中心，保存完好。它是一座典型的汉藏合璧式的寺庙。南半部为汉地寺庙的“七堂伽蓝”式布局，北半部为藏式寺庙建筑，整体布局适宜，造型优美。

主体建筑大雄宝殿被称为“九脊十龙”殿，内供三世佛与十八罗汉像，壁画环绕，殿前的月台和台阶中央有精美的石雕。

承德市双桥区，须弥福寿之庙东北。

乘6路公交普宁寺站下车可到。

8:00~17:00。

旺季80元，淡季60元。

↓普宁寺

须弥福寿之庙

●仿西藏扎伦布寺而建，班禅行宫

须弥福寿之庙是乾隆帝为隆重迎接六世班禅的到来而建，故又又称“班禅行宫”。寺庙融汉、藏、蒙古风格于一体，分前、中、后三个部分，主要建筑有大红台、班禅六世住处万法宗源殿、万寿塔。

大红台正中是雄伟的妙高庄严殿，高29米，一通到底，殿顶鎏金铜瓦用15429两黄金鎏成。脊上8条金龙，每条用铜1吨，四上四下，似腾云驾雾，为稀世瑰宝。

承德市双桥区环城北路。

乘6、12路公交可到达。

8:00~17:00。

旺季80元，淡季60元。

普陀宗乘之庙

●仿布达拉宫而建，外八庙中规模最大的

普陀宗乘之庙是“外八庙”中规模最大的一座。其样式仿拉萨布达拉宫，故又称为“小布达拉宫”。它是为庆祝乾隆60大寿而建，其雄伟的大红台和富丽堂皇的金顶使人流连忘返。

承德市双桥区，须弥福寿之庙西部。

从须弥福寿之庙乘18、118路公交可达。

8:00~17:00。

旺季40元，淡季30元。

避暑山庄

●中国现存最大的皇家园林

避暑山庄是清代皇帝夏天避暑和处理政务的地方。享有“中国地理形貌之缩影”和“中国古典园林之最高范例”的盛誉。山庄分为宫殿区和苑景区两大部分。苑景区为当年帝王后妃游玩和举行宴会的场所，又分湖区、平原区和山区，以湖区最为著名，有烟雨楼、金山、如意洲、文津阁等著名建筑。

承德市双桥区。

乘5、7、11路公交可达，从避暑山庄大门外乘6、15路公交可到外八庙。

8:00~17:00。

旺季120元，淡季90元。

0314-2029771。

www.bishushanzhuang.com.cn。

亲历者◎攻略

1. 湖区是避暑山庄风光最秀丽的地方，可以在这里租船游览。租船点在湖区的如意湖西岸，有普通手划船、龙头手划船、脚踏船等三种可以选择。租金依次为每小时10元、14元、20元，押金依次为50元、100元、100元，16:00后停止售票。

↓避暑山庄五亭桥

2. 清乐宫与避暑山庄隔河相望，每晚演出的“清乐宴乐舞”是由承德市歌舞团依照清宫朝拜、升座、赐宴的礼仪习俗所编创的，展示了清王朝宫廷艺术的独特魅力。

亲历者◎游记

上午可以先去参观位于避暑山庄丽正门的承德避暑山庄博物馆，这里是皇帝办公、居住之地，有完全楠木制造的澹泊敬诚殿、四知书屋、烟波致爽殿等。还有慈禧寝宫，这里也是慈禧 17 岁时当兰贵人时的地方。还有一些和清史有关的展览，以及慈禧服饰和用品等。

出了博物馆的后门，视野豁然开朗。站在高坡上，俯瞰避暑山庄，左手是景区的山峦区，右手是湖泊区和草地区。沿芝径云堤可到含润亭、烟雨楼和文津阁。烟雨楼的景色很美，每当梅雨季节，登楼远眺，远山近水尽在轻纱薄雾笼罩之中。在文津阁可观赏日月同辉的景色。

下午，到曲水荷香观赏“帽歪亭”。在亭子的正中看，亭正顶正；向左跨出数步，则发现亭顶向右倾斜，有如帽子后戴面向左；反之，右看左斜。继续前行，即到大幄（蒙古包度假村）。过春好轩、热河泉、金山、文园狮子林、水心榭，经德汇门出避暑山庄。

如果时间充裕，可以沿武烈河漫步，橡皮坝把水库分成落差不等的水库，景致不错。河边还有大排档。晚上可以去大青花饺子店就餐。

木兰围场风景区

●规模最大的皇家猎苑

木兰围场是清朝的御用狩猎场，景区范围包括塞罕坝国家森林公园、御道口草原森林风景区和红山军马场三部分。在这里既可观赏又可狩猎，还能品尝满蒙风味的饮食，参与满、蒙古族的民俗活动，体味民族风情旅游。

木兰围场还是影视剧的最佳外景地。春夏时节，万顷松涛，清风习习；茫茫草原，繁花似锦，游人徜徉其间，心旷神怡，不知有暑。八月金秋，红叶满山，霜林叠翠，吸引无数国内外游客和艺术家前来观光、摄影、写生。一到冬季，林海雪原，莽莽苍苍、气象万千；雪凇玉树，无限情趣。丰富的冰雪资源为人们提供了滑雪、狩猎的理想场所。

塞罕坝在承德市围场满族蒙古族自治县境内，乌兰布统在内蒙古自治区克什克腾旗境内。

亲历者◎攻略

1. 游玩木兰围场一般需要两三天时间。木兰围场地处坝上，早晚温差较大，尤其是夏季，白天日照强烈，黑夜凉风冻人。除带一些保暖的衣服外，防晒霜、防风的帽子和手套也应具备，还要有一双便于登山的鞋（马靴当地可以租到）。

2. 住：来木兰围场，要尽量避开双休日（双休日需要提前预订）。如果从北京出发，可事先与木兰围场驻京办联系，以便提前安排食宿。

塞罕坝国家森林公园

●中国北方最大的国家级森林公园

塞罕坝国家森林公园是木兰围场的一部分，以落叶松人工林和天然白桦林为主，是中国北方最大的国家级森林公园。有塞罕塔，东坝梁林海，七星湖，泰丰湖等景。被誉为“河的源头，云的故乡，花的世界，林的海洋，珍禽异兽的天堂”。是骑马踏花、泛舟湖泊、登高揽胜、林中狩猎、高山滑雪、采风摄影的绝佳之地。

¥ 两景区联票 130 元（包含塞罕坝国家森林公园、御道口景区），三景区联票 150 元（包含塞罕坝国家森林公园、御道口景区、红松洼）；景区内景点免费，但游览塞罕塔需另付香火费 20 元。

e www.saihanba.com.cn。

亲历者◎攻略

1. 最佳旅游季节是7~9月，7月下旬满地野花，天气不热，早晚要穿长袖衣服；9月进入秋天，漫山遍野秋色如画，是坝上最美的季节。春冬两季游人较少。但自然风光独特，依然是摄影爱好者的天堂。

2. 当地骑马按照规范管理的需40元/小时，私人马可以讲价到20元/小时，不过缺少保障。另外，骑马容易弄脏衣服，最好多带两件。

御道口草原森林风景区

●清代皇帝"木兰秋弥"之地

这里曾是清代皇帝举行"木兰秋弥"的狩猎场所，在清代木兰围场72围中，这里就占有6围。风景区分为民俗旅游、皇家围猎、湿地生态等五区，太阳湖、桃山湖、月亮湖、神仙洞、百花坡(《还珠格格》外景拍摄地)、大峡谷、龟山等自然景观令人叹为观止；清茶馆、翠花宫、御泉、敖包山、练兵台、古御道、压岱山等人文景观蕴含着深厚的皇家文化内涵。

乌兰布统景区

●清朝木兰围场72围之一

历史上是清朝木兰围场72围之一的图尔根伊扎尔围场所在地，也是康熙平定葛尔丹叛乱乌兰布统之战的发生地。清朝历代皇帝秋季都在这里举行"木兰大典"。留有将军泡子、清康熙舅舅佟国刚墓、熙水泉、十二座连营等历史遗迹。现在为全国草原生态保护示范教育基地，是摄影家和滑雪爱好者的理想去处。

¥ 60元。

亲历者◎攻略

1. 摄影景点：盘龙峡谷，公主湖(西大泡子)东沟、夹皮沟、西大坡、五棵树、五彩山、人工湖、大峡谷、三拐子沟、桦木沟、蛤蟆坝、胡家湾子、刘家地、小红山、三岔口等。

2. 骑马的地方，可以选择在将军泡子一带，这里风光好。骑马时要注意抓紧缰绳，以防摔倒。鞋子要穿底部比较平滑的，前脚掌小部分放在马蹬子上，万一不慎从马上掉下来也不会卡在马蹬里，裤子要穿厚一点耐磨一点的裤子。

承德郊县景点

磬锤峰国家森林公园

●上帝的姆指

磬锤峰古称石挺，俗称棒槌山。游人以"摸摸棒槌山，能活一百三"为快。峰的半腰有一株纵横而生的蒙桑，树龄在300年以上。

公园自然景观奇特，以千岩竞秀、异峰峥嵘的丹霞地貌著名。整个景区遍布着杜鹃花、芍药花、玫瑰花、丁香花、樱桃花等100多种野花，是一处天然的大花园。

⌂ 承德市双桥区，武烈河东岸，从普乐寺往东即到。

🚌 乘10路公交可达。

¥ 50元，磬锤峰索道往返80元。

京北第一草原

●距北京最近的天然山地大草原之一

京北第一草原地处丰宁坝上，是旅游、休闲、避暑、度假的胜地。这里盛夏无暑，花鲜草茂，空气清新，是著名的旅游避暑胜地，被称为连接北疆和京津的绿色走廊。有京北第一草原、白云古洞、九龙奇松、洪汤寺温泉等众多景点。还有剪纸、滕氏布糊画等民间艺术和独特的满蒙习俗。

⌂ 承德市丰宁县西北部大滩镇元山子村。

🚌 北京东直门、木樨园每天有长途汽车到丰宁县(约30元)，然后换乘中巴到草原。

金山岭长城

●"第二八达岭"、明长城之精华

金山岭长城东起望京楼，西至龙峪口，军事设施完备，构筑坚实，敌楼密集。从金山岭至司马台是北京地区原貌保存最完好的一段，基本没有经过维修，其中共24个敌楼，保持着四百年来的原貌。

一夫当关、万夫莫开的"障墙"、镶嵌在长城壁上的"文字砖"和山坡上的一排排"挡马石"被誉为金山岭长城的"三绝"。

⌂ 承德市滦平县与北京市密云县交界处，距京郊古北口长城东南十余千米。

🚌 北京六里桥、四惠东长途汽车站发往承德的长途车，巴克什营站下。 ¥ 旺季65元，淡季55元。

↓金山岭长城

住宿

避暑山庄附近住处

在避暑山庄及外八庙附近有不少宾馆，这里最大的优点在于到各景点交通便捷，价格合理。

绮望楼宾馆： 位于承德市碧峰门东路北1号。电话：0314-2182288。

承德山庄宾馆： 位于承德市小南门11号。电话：0314-2095511。

承德市区其他住处

云山饭店： 位承德市双桥区武烈路41号，在这里还可以吃到地方风味小吃凉粉等。电话：0314-2055588。

承德停停走走青年旅舍： 位于承德双桥区狮子沟桥东加油站对面，电话：15354044243。

餐饮

承德菜是宫廷塞外菜的代表，美食首推御土荷叶鸡，其他的美味珍馐有熏窜山龙、承德酱驴肉、烤野鸭、青龙鼋鱼等。风味小吃中的蒲棒鹿肉和香烹鹿肉串味道极佳，而且只需4～5元，值得一尝。此外，承德的烧卖、驴打滚、银丝杂面、二仙居碗坨也是当地有名的美食。

二仙居： 位于承德市南营子大街，这一带有很多卖饮食的商铺，尤其碗坨深受国内外游客的欢迎。乘1、7、8、等路公交到五交化下可达。

八珍烧鸡： 位于二仙居承德商厦1楼，是一家小吃特色店，以宫廷御用菜为招牌。

陈家熏鸡： 位于承德市小佟沟口，是一家特色店，以熏鸡为招牌。

顺凯达海鲜酒楼： 位于承德市武庙路12号东楼，丽正门对面。

京承饭店美食城： 位于承德市火车站广场东侧。

祥业大酒楼 位于承德市清风东街22号。

购物

承德盛产各种土特产品，如板栗（以京东栗子最为有名）、蘑菇、蕨菜等。除此之外，承德的手工艺品滕氏布糊画号称“华夏一绝”，其他极具民族色彩的工艺品有丰宁剪纸、丝织挂锦、根雕、字画等。来此游览，选购精致的山核桃工艺品和木雕可做留念，也可作为礼品。

秦皇岛

秦皇岛古称“碣石”，素有“京津后花园”的美誉，这里不仅有雄伟的长城、浪漫的海滨，还有各种健全的度假设施，又因它冬暖夏凉的气候和恰到好处的湿度，被誉为“最适宜人类居住的地方”。

面积：7813 平方千米
人口：288 万人
区号：0335

亮点

必游景点

- **山海关**：被誉为天下第一关，孟姜女的传说，吴三桂的传奇，使这里不仅拥有壮观的景色，更拥有厚重的文化沉淀。
- **北戴河**：避暑胜地，拥有优美的环境，清新的空气，优良的 天然海水浴场。
- **清东陵**：世界文化遗产，我国现存规模最大、体系完整的帝王后妃墓群。

线路推荐

- **山海关二日游**

D1：老龙头—山海关—孟姜女庙。

D2：角山长城—燕塞湖。

- **北戴河二日游**

D1：鸽子窝公园—联峰山—老虎石海上公园。

D2：“长城”号海上游船—秦皇岛野生动物园（或新澳海底世界）。

- **唐山二日游**

D1：清东陵—遵化汤泉。

D2：景忠山旅游区—青山关旅游区。

↑秦皇岛老龙头

交通信息

飞机

北戴河机场位于昌黎县，是秦皇岛最主要的民航机场，靠近北戴河新区，距离北戴河区中心大约 50 千米的车程，到秦皇岛市区车程约 80 千米。机场开通了到青岛、石家庄、上海、广州、哈尔滨等多地的直飞或转机航班，方便游客观光度假。

山海关机场位于秦皇岛海港区和山海关区之间，距海港区约 10 千米，距山海关区约 5 千米，秦皇岛市中心有接机班车。

火车

秦皇岛市内有山海关、秦皇岛、北戴河、昌黎四座火车站，自东向西一字排开，几乎涵盖了秦皇岛所有的旅游景点。从华北发往东北的大多数列车均经停这四个火车站。北京站有动车组路过这四个站点。

山海关旅游区

●长城的重要组成部分

山海关是历史悠久的文化古城，是世界文化遗产——中国万里长城的形象代表之一。山海关名胜旅游区有天下第一关、老龙头、孟姜女庙、角山长城、长寿山、燕塞湖等胜景。

↓山海关

山海关（第一关景区）

●天下第一关

山海关有“天下第一关”之称，是明代长城东部的第一座关楼。整个城池与万里长城相连，以城为关，有城门四个。镇东门最为壮观，城门楼上悬“天下第一关”匾额。附近还建有长城博物馆。

秦皇岛市山海关区一关路。

乘坐 25、302 路公交可到达。

8:00~16:00。　60 元。

孟姜女庙

●孟姜女的故事发生地

孟姜女庙坐落于凤凰山上，由贞女祠和孟姜女苑组成。贞女祠始建于宋代以前，庙前有 108 级台阶直通山门，庙内有前后两殿及钟楼、振衣亭、望夫石等景观。庙后建有江南水乡风格的园林观赏区——孟姜女苑。孟姜女苑及东西配殿，再现我国四大民间传说之首的“孟姜女的故事”全景。

秦皇岛市山海关区孟姜镇望夫石村。

乘旅游公交车可直达景区。　30 元。

亲历者◎解说

1. 传说：秦朝孟姜女的丈夫万喜良被抓去修长城，她为丈夫送寒衣，来到长城脚下，却找不到朝思暮想的丈夫。心里难过，就坐在长城边上大哭起来，一连哭了三天三夜，哭倒了长城 800 里，终于露出了她丈夫的尸体。

2. 对联：贞女祠殿外有全国闻名的奇特对联：“海水朝朝朝朝朝朝朝落，浮云长长长长长长长消”，被誉为“天下第一奇联”。

老龙头

●万里长城东起点

↓老龙头长城

老龙头是万里长城上一座名副其实的海陆军事要塞。它伸入渤海中约 20 米，主要景点有入海石城、靖虏台（万里长城东起第一座敌台）、澄海楼、宁海城等。

秦皇岛市山海关城南 5 千米的渤海之滨。

乘 25、21 路公交到老龙头下。

60 元。

乐岛海洋公园

●环保生态型城市海滨公园

乐岛海洋公园是国内唯一融互动游乐、运动休闲、动物展演、科普展示、度假娱乐为一体的环保生态型海洋主题公园。公园占地 407 亩，分为海底总动员、爱琴海音乐广场、未来水乐园、美味卡布里、夏威夷海滩、海洋嘉年华、搏海湾、海洋剧场八大区域。

秦皇岛市山海关区龙海大道，老龙头西 2 千米。

乘 25 路公交到乐岛海洋公园下。

8:00~17:30。　120 元。

亲历者◎攻略

游客不仅可以在园内观赏到成群的海豚、海狮、白鲸、海豹、海象、北极熊、海狗和企鹅，还能看到海狮、海豚、白鲸的精彩表演；可以乘坐潜艇观光或潜水与鱼儿嬉戏，体会漫游海底，探索大自然无穷奥秘的乐趣，观赏特色文化表演和高档次的大型文艺演出。

燕塞湖风景区

●北方小三峡、北国小桂林

燕塞湖风景区由燕塞湖、鸟语林、松鼠园等景观组成，建有高级跨湖观光索道。燕塞湖是因“塞”得名的高峡平湖，山中有水，水中出山。有“北方小三峡”“北国小桂林”之美誉。主要景观有：洞山剑峰、山中月境、龟石千秋、母女峰、神仙指路、神女浴日、杏林春晓等。

秦皇岛市山海关区燕塞湖风景区。

乘 33 路公交到五里台站下，换乘旅游公交可到。

90 元。

海港旅游区

新澳海底世界

●现代化大型综合博览馆

新澳海底世界是一个以展示海洋生物为主，集科普教育、旅游观光、休闲娱乐于一体的现代化博物馆。主要包括海豚表演馆、企鹅馆、海豹馆。

秦皇岛市海港区河滨路 81 号。

乘 802 快路公交在桥西站下车转乘 19 路终点站，下车步行即到。　9:00~16:00。

100 元，海底世界 75 元，海豚馆 50 元。

秦皇求仙入海处

●秦始皇东巡求仙典故出处

秦皇求仙入海处浓缩了战国时代重大历史事件和传说典故，突出了秦始皇入海求仙的壮观场面。有阙门、求仙殿、求仙苑、仙人祠等景点。

秦皇岛市海港区东山海边的一处高地上。

乘 8 路公交可达。　40 元。

北戴河风景区

●观鸟、观海和观日出的绝佳之地

北戴河风景名胜区是全国闻名的避暑胜地和天然海滨浴场。主要分为东山、中海滩、东联峰山和西联峰山四大景区，前二处为海滨浴场，后二处为海滨丘陵度假区。北戴河的 819 座别墅构成一个蔚为壮观的世界建筑博览馆。

秦皇岛市北戴河区。

北戴河火车站乘 5 路公交或秦皇岛火车站乘 6 路公交，到北戴河海滨站下。

亲历者◎攻略

1.在北戴河火车站乘出租车到北戴河东海滩、鸽子窝一带，打表约需26元，不打表可砍至20元。到中海滩、老虎石附近 15 元即可。

2.摄影：以北戴河作为外景拍出的婚纱照是海滨浪漫派。北戴河有其自身的天然优势，它以其避暑胜地的身份闻名中外，海景优美，夏季清爽怡人，旅游和拍照两不误。

亲历者◎解说

北戴河观鸟的最佳季节，是每年 3 月中旬—5 月下旬，9 月上旬 ~11 月中旬。在其他月份，也有难得一见的鸟类奇观。

秦皇岛野生动物园

●我国最大的完全放养的野生动物园

秦皇岛野生动物园是我国最大的完全放养的野生动物园，园中放养着 100 余种 5000 余头（只）动物，分别来自世界各地。其中，非洲风情园放养着国内最大的热带草食动物种群，聘请非洲土著人进驻园内，游客可不出国门即可领略原汁原味的非洲民俗风情，感受异国风情。另外，园内每天都有驯兽表演。

秦皇岛市北戴河区海滨大道中段。

乘 34 路公交可达。

8:00~17:00。　旺季 100 元，淡季 80 元。

0335-4182201。

碧螺塔酒吧公园

●早观日出，夜听涛

碧螺塔为海滨东山地区的最高点，登塔远眺，一望无际，茫茫大海尽收眼底，使人心旷神怡，碧螺塔公园早观日出，夜听涛，尤其入夜彩灯辉煌塔形现，其乐无穷。

秦皇岛市北戴河海滨小东山。

公交 15 路、37 路可到。

全天开放，篝火晚会 20:00~20:30，泰国异域风情演出 20:30~21:40。　100 元。

南戴河度假区

●新兴森林公园式避暑、娱乐区

南戴河度假旅游区，东北与北戴河一桥相连，这里的海滩具有沙细、滩软、水清、潮平的特点。是游人进行海浴、沙浴、空气浴和日光浴的理想之地。

南戴河度假旅游区是森林公园式的旅游、度假、疗养、避暑、游乐等综合功能型的新园地。下辖南戴河国际娱乐中心、海上乐园和仙螺岛三大景区。

🏠 秦皇岛市抚宁县留守营镇环海路。

🚌 北戴河火车站乘 22 路公交可直达南戴河。

南戴河海洋乐园

●滑沙、滑草等游玩好去处

南戴河海洋乐园原为国际娱乐中心，背靠层层叠叠的群山，面向碧波万顷的大海。乐园分为金龙山景区、碧海金沙景区、中华荷园景区、欢乐大世界景区。游人在这里能体验滑沙、滑草、热气球、疯狂列车、卡丁车、超级秋千等 40 多项娱乐项目。

¥ 100 元。园内实行一票制，100 多种项目一票通玩，不限次。

南戴河海上乐园

●天下第一浴

南戴河海上乐园素有“天下第一浴”之称，这里滩宽水清，沙软潮平，建有大型浴场、儿童岛和潜水平台。园内有众多娱乐项目。

🏠 秦皇岛市抚宁县南戴河海滨旅游区第一小区环海路南侧。

¥ 35 元。

仙螺岛游乐中心

●海上童话

仙螺岛是以仙螺岛为主体，内含娱乐、观光、健身、休闲、餐饮等诸多功能的综合性海上游乐处所。景区内有全国第一条长达 1000 米的跨海索道，有海螺仙子、海中喷泉、观海长廊、观光游乐塔等景观。

¥ 45 元。

黄金海岸

●滑沙和游泳的好去处

昌黎东部海滨，由于沙质松软，色黄如金，故称黄金海岸。滑沙和游泳是这里最令

↓黄金海岸

游人神往的娱乐项目，无论从黄金海岸何处下水游泳，也不会被礁石划伤或海水吞没。

🏠 秦皇岛市昌黎县大蒲河镇海滨。

🚌 秦皇岛长途汽车站自中午 12 点开始每隔 30 分钟一次到黄金海岸的班车，共三次，票价 9 元。

国际滑沙活动中心

●沙漠海洋风光

国际滑沙活动中心首创了滑沙运动。并以滑沙为龙头，相继推出了观光索道、卡丁赛车、高空速降、沙山滑道、跑马场、沙滩越野车、海上快艇、拖曳伞、鸟艺表演等多种刺激好玩、富于参与性的游乐项目。在这里，您能真正体验回归自然、猎奇探险的滋味！

🏠 秦皇岛市昌黎黄金海岸旅游区内。

¥ 65 元。

金沙湾沙雕大世界

●回归自然的理想去处

黄金海岸金沙湾是国家级海洋生态保护区，金沙湾沙雕大世界以休闲、娱乐、运动、健身的旅游特色，吸引着全国各地游客、开发商和投资商纷至沓来，进行观光旅游、项目开发、投资洽谈。

🏠 秦皇岛市昌黎县高尔夫球场南侧（昌黎国际滑沙活动中心与翡翠岛之间）。 ¥ 135 元。

唐山旅游区

唐山地震遗址

●唐山大地震典型遗址

唐山市在 1976 年 7.8 级大地震后留下了

7处典型地震遗址，供后人参观。7处遗址为：唐山机车车辆厂原铸钢车间、唐山矿冶学院图书馆、唐山十中旧址、唐山钢铁公司俱乐部、唐山陶瓷厂办公楼、唐柏路食品公司、吉祥路遗址等。

唐山机车车辆厂：原铸钢车间屋架全部落地，大烟囱震损将半，反映出地震时地面发生垂直运动所留下的痕迹。国家重点保护文物单位。

唐山市古冶区岳各庄大街。

唐山十中旧址：反映出地震导致的水平错位和垂直错位。国家重点保护文物单位。

唐山市路北区解放路。

清东陵 AAAAA

●康熙、乾隆、慈禧均葬于此，石雕建筑十分精美

清东陵是清代两大皇陵之一。共建有15座陵寝，是目前国内现存规模最宏伟，体系最完整，建筑最精美的古代陵墓建筑群。康熙、乾隆及慈禧太后等均葬于此。

这里有全国最长的神道——孝陵主神道及石像生；有叩之声若金钟的“五音桥”；有帝陵中最豪华的、中国历史上寿命最长的乾隆皇帝的裕陵及其被誉为“石雕艺术宝库”“地下佛堂”的地下宫殿；有最为奢华的、用黄金贴饰的慈禧陵及地宫，有东陵盗宝遗留物及清宫用品展览馆，慈禧奥秘展馆以及给人以扑朔迷离之感的香妃墓等。

唐山市遵化市马兰峪镇。

唐山和遵化都有直通景区的公共汽车。

通票152元（不含祭祀大典）；通票162元（含祭祀大典）。

亲历者◎行程

清东陵最值得看的景点：慈禧陵、裕陵（地宫）、孝陵、神路，其中又以乾隆的裕陵地宫为最。

清东陵徒步路线：在昭西陵下车，昭西陵—石牌坊—大红门—石像生—龙凤门—景陵—（走近道）孝陵—裕陵—裕妃园寝—慈禧陵—慈安陵—定陵。

亲历者◎解说

清东陵共有5座帝陵，最豪华、最具匠心的是慈禧太后的陵墓，其用料非常精美、工艺高超绝伦、装修独特新颖，堪称慈陵三绝。尤其殿前的陛石龙在下，凤在上，这种龙凤颠倒的设计，

↓清东陵

从另一个侧面反应了慈禧太后专权于皇帝之上。

唐山湾国际旅游岛

●景观独特的避暑度假胜地

唐山湾国际旅游岛诸海岛是由滦河和潮汐作用冲积而成，历史悠久，形态各异，资源丰富。

菩提岛是我国东北、内蒙古及西伯利亚、朝鲜、日本和南方地区之间鸟类迁移的交汇点，是主要的观鸟地点，并被誉为国际观鸟基地。岛上灌木丛生，绿草繁茂，有“孤悬于海上的天然动植物园”和“国际观鸟基地”之美誉。

月岛因形似弯月而得名，由月坨、腰坨、西坨等5个岛屿组成，岛上植被丰茂，景观独特，其周边有天然的海滨浴场，沙净水清，是避暑度假胜地。

金沙岛原名打网岗，是一座由11个断续相接的沙坝组成的弧形沙岛，该岛拥有天然优质细沙，沙滩坡度平缓，温泉资源丰富。

唐山市乐亭县码头营镇捞鱼尖码头。

菩提岛往返船票95元；金沙岛往返船票95元；月岛往返船票105元。

青山关旅游区

●未经人工修饰的长城景观

青山关有万里长城现惟一保存下来的水

门，有历经400年战火硝烟巍然屹立的古关城，有造型奇特、巧夺天工的72券楼，还有八角八面朝天一柱的八面峰。

🏠 唐山市迁西县上营乡青山口村。

🚌 乘唐山至迁西上营乡的长途汽车可达景区。

¥ 40元。

景忠山旅游区

●集佛、道、儒三教于一山

素有“京东名岫”之美称的景忠山，集佛、道、儒三教于一山。旅游区内有四帅殿、三道茶棚、碧霞元君庙、东佛阁等大小景点30余处。

🏠 唐山市迁西县三屯营镇，距迁西县城15千米。

🚌 乘唐山至迁西三屯营的长途汽车可直达。

¥ 50元。

住宿

秦皇岛海港区

云天海湾假日酒店：位于秦皇岛市海港区娄山路2号。电话：0335-8570000。

国际饭店：位于秦皇岛市海港区文化北路307号。电话：0335-3083083。

秦皇岛私享家海景公寓：位于秦皇岛市海港区森林逸城B区30栋，电话：13633337427。

海景大酒店：位于秦皇岛市海港区东港路25号。电话：0335-3430888。

北戴河

北戴河云来客栈：位于秦皇岛市北戴河区刘庄北里13栋4号，电话：18332567272。

周爱茹家庭旅馆：位于秦皇岛市北戴河海滨刘庄，标间50元。电话：0335-4040003。

海滨花园大酒店：位于秦皇岛市北戴河安四路54号。电话：0335-5929000。

餐饮

北戴河海鲜、山海关长城饽椤叶饼、海港秦皇鸡等，都是当地名菜，还有抚宁咸白菜炖八爪鱼。此外，青龙老豆腐、煎烤大虾、杨长子火腿肠、烤大虾是当地有名的小吃。另外，这里的露天烧烤店的味道也不错，经济实惠（建议吃海鲜去露天烧烤店，最好不要在海边吃海鲜）。

金汉斯港城店：位于秦皇岛市港城大街141号，是一家中档餐馆，以烤大虾为特色。电话：0335-3639699。

海鲜豆花大酒楼：位于秦皇岛市港城大街123号。电话：0335-3063366。

熙成烤肉城：位于秦皇岛市海港区河北大街。电话：0335-8068138。

购物

秦皇岛土特产以海鲜为主，特色海鲜有铁板蟹、海蝗鱼、梭鱼、墨斗鱼、毛蚶等贝壳类。工艺品有珍珠挂件、贝雕、人造琥珀、砖雕等。名优土特产有葵花苹果、昌黎蜜梨、南大寺水蜜桃、老肉、北戴河火腿肠等地方名优产品。

北戴河联峰山公园东南门汇集了秦皇岛各种商品，在这里既有海鲜，又有名优水果，而且是物美价廉。另外，东港路市场也是采购海鲜的好地方。

南戴河游乐中心滑沙场附近，有出售旅游纪念品的市场。另外，还有秦皇岛商城、太阳城步行街是秦皇岛商业购物场主要场所。

民俗

唐山陶瓷：唐山素有“北方瓷都”之称。唐山陶瓷业始于明代，产品包括各类餐具、茶具、酒具、瓶等日用细瓷和陈设品，共500多种。

乐亭大鼓书：又称乐亭调，唱腔委婉清秀优美动听。评剧源于滦县，是广大人民所喜闻乐见的剧中之一，流行甚广。

●面积

16 万平方千米，全国排名第 20 位

●人口

3664 万，全国排名第 19 位

●世界遗产

平遥古城、云冈石窟、五台山

●国家 5A 级风景区

大同市云冈石窟、忻州市五台山、晋城阳城县皇城相府生态文化旅游区、晋中市介休市绵山风景名胜区、晋中市乔家大院文化园区、晋中市平遥县平遥古城景区、忻州市雁门关景区

●国家重点风景名胜区

五台山、恒山、黄河壶口瀑布、北武当山、五老峰

山西旅游网
www.shanxichina.gov.cn

时尚旅游地推荐

云冈石窟 1

五台山 2

乔家大院 3

平遥古城 4

皇城相府 5

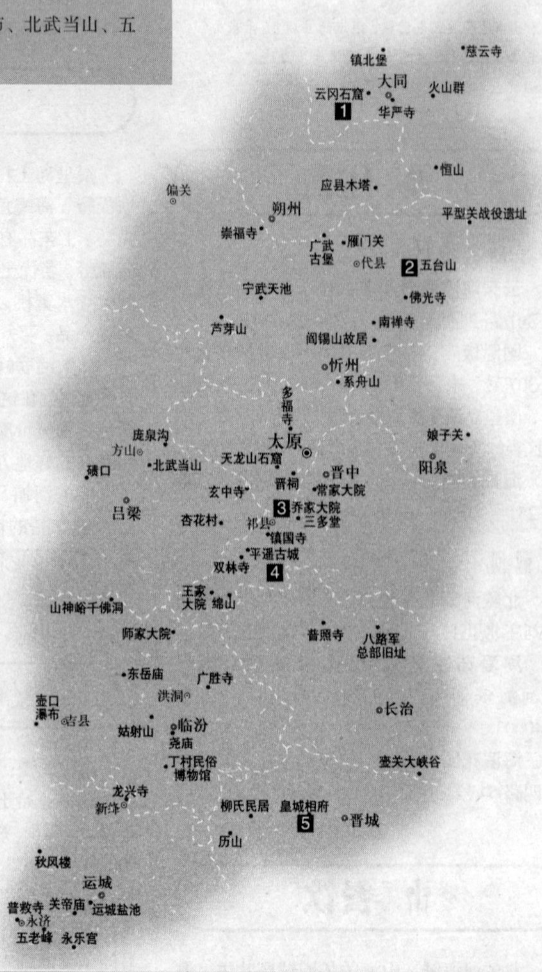

华北地区

山西

晋善晋美

“人说山西好风光”，滔滔黄河水、莽莽黄土高原、巍巍高山形成了山西质朴壮观的地貌。北岳恒山、五台山，山色不同，风采各异；娘子关、雁门关，雄关险隘，史风犹存。平遥古城保存完好，云冈石窟雕刻精细，乔家大院看晋商起伏。

太原

太原有“龙城宝地”之誉，是一座文化底蕴深厚的历史文化名城，建城已2500多年，自然山水与历史文物荟萃。太原是中原的北大门，更是兵家必争之地，有无数历史遗迹。既有被岁月重新雕琢的古老石窟，也有不同宗教信仰的各种寺院，还有繁华的“迎泽大街”和获得联合国环境规划署颁发的“改善人类居住环境范例奖”的汾河公园。

面积：6909平方千米
人口：366万人
区号：0351

亮点

必游景点

- **晋祠**：“不到晋祠，枉到太原。”祠内难老泉、周柏、侍女像，号称晋祠三绝。
- **双塔寺**：双塔寺可以说是太原市的标志性建筑，始建于明万历年间。
- **北武当山**：当代文人学者登临此山，无不题词作画；香客游人游历此山，无不流连忘返。
- **五台山**：五台山是我国著名的佛教四大名山之一，为文殊菩萨道场。山中有东、西、南、北、中五个台顶。

线路推荐

- **太原三日游**

D1：龙山石窟—晋祠—天龙山石窟。
D2：纯阳宫—崇善寺—山西省博物馆—双塔寺。
D3：大佛寺—晋窦大夫祠—多福寺。

- **吕梁三日游**

D1：北武当山—碛口风景名胜区。
D2：碛口风景名胜区—酒都杏花村。
D3：玄中寺—刘胡兰纪念馆—武则天纪念馆。

↑晋祠生生舍利塔

交通信息

飞机

太原武宿国际机场位于太原市东南方向，距市中心18千米左右。与全国各主要大中城市都有直航，并有开通了欧洲、东南亚的航线。

火车

太原市内目前有5座火车站，分别为太原站、太原南站、太原东站、太原北站、太原西站，其中太原站和太原南站为主要的客运火车站，太原南站为高铁站。

天龙山风景区

●省级重点文物保护单位

海拔1700米，山峦叠嶂，树木苍翠，历史上曾是北齐皇帝高欢的避暑行宫。现存有大雄屋殿、禅院、九莲洞等建筑。最为有名的是天龙山石窟与龙山石窟。

天龙山石窟

●汇集了东魏至隋唐多个朝代的石窟

天龙山石窟位于太原市西南约40千米处的天龙山山腰，分布于东峰、西峰山崖间，时代大体为北朝至唐。

天龙山石窟现存25座洞窟，自东向西排列。窟室组合有双窟并列、前后室排列、单室。东魏的造像具有典型的秀骨清像风格。北齐造像则注重身体结构，立体感强，融合了印度造像和中国传统造像两种风格。隋唐造像除延续北朝造像题材外，新增四壁四佛、单铺一佛二弟子、一佛二弟子二菩萨等题材。

太原市晋源区晋祠镇，太原市西南36千米。

30元。

龙山石窟

●道教石窟艺术地

石窟开凿于元初，道人宋德芳于元太宗六年（1234年）主持营造龙山石窟及昊天观。现庙宇残坏，石窟尚存，共八龛，因供奉和雕像不同，分别为虚皇龛、三清龛、卧如龛、玄真龛、三大法师龛、七真龛及两座辩道龛。各龛雕像数额不等，共40余尊，大都保存完好，雕工朴实，衣着庄重，与佛教石窟艺术风格截然不同。石窟顶板上还雕有龙凤及花图案，两侧入前壁上留有元代题记，为研究道教石窟艺术和道教发展史提供了重要资料。

太原市晋源区晋祠镇，龙山山巅。

太原城区景点

双塔寺

●太原市的标志性建筑，欣赏书法艺术的极好场所

双塔寺可以说是太原市的标志性建筑，始建于明万历年间，又名永祚寺，“祚”有请求神灵保佑的意思。

寺院坐南朝北，由前院、后院、塔院三部分组成，著名的双塔就在塔院里。两塔均为砖石结构，共13层，50多米高，由明代高僧佛灯主持修建。两塔相距60米，雕饰清丽、轮廓分明，塔的外壁和内壁间还有盘旋式阶梯，可以直达11层，站在塔顶远眺，太原全市风景一览无遗。除双塔外，寺内主要建筑还有大雄宝殿、三圣阁及碑廊。

碑廊陈列着著名书法家王羲之、张旭、颜真卿、柳公权、苏东坡等人的书法碑刻，是欣赏中国书法艺术的极好场所。

太原市迎泽区郝庄镇郝庄村。

可乘坐873路公交车到双塔寺站下。

旺季30元，淡季20元。

8:00~17:30。

山西省博物院

●地方综合性博物馆

博物院建筑面积5.1万平方米，由主馆与四角辅楼组成，主馆造型如斗似鼎，四翼舒展，象征着丰收富足与安定吉祥，并以现代技术手段诠释了古人对建筑“如鸟斯革，如翚斯飞”的审美取向。整个建筑群跌宕起伏，雄浑大气，成为太原市重要的标志性文化建筑。

院内珍贵藏品约20万件，其中新石器时代陶寺遗址文物、商代方国文物、两周时期晋及三晋、北朝文物、石刻等颇具特色。

太原市滨河西路北段13号。

乘6、602、807等路公交车至漪汾桥西站，顺望景路南行约300米。

9:00~17:00（周一、除夕和正月初一闭馆）。

九龙山庄

●省内最大的旅游度假山庄，太原市最大室外娱乐城

总面积1200亩，青山环抱，林林茂盛，空气纯净，景色怡人。

山庄拥有欧式花园别墅数栋、模拟战场、越野车俱乐部、钓鱼捣、滑雪场、网球网及各种游乐服务设施。山庄海拔900米，是天然大氧吧，标准的各种训练场地引领新新人类趋之若鹜。

太原市民航路五龙沟体育训练基地。

九龙山庄距飞机场公五公里，开车五分钟即可到达；九龙山庄位居太原火车站南，下车10分钟即可到达。

崇善寺

●具有典型明代风格的古建筑

崇善寺始建于隋末唐初，最初本是隋炀帝杨广的行宫。寺庙红墙碧瓦，古朴大方，寺门前的一对铜狮子俱是明代所铸。大悲殿是寺内的主要建筑，这是一座具有典型明代风格的建筑，殿内的三尊雕像最是有名，分别为千手千眼11面观音、千钵文殊菩萨和普贤菩萨，这三尊塑像造型别致，色彩绚丽，衣纹线条流畅，是不可多得的明代艺术珍品。

太原市迎泽区上马街中部南侧，市内乘公交3、4、

晋祠

●为纪念晋国开国诸侯唐叔虞而建

晋祠初名唐叔虞祠。叔虞是周成王的胞弟，他来到自己的封地唐国（太原）以后，励精图治，使唐国百姓从此安居乐业，生活富足。后人为了纪念他，就选择了这片山清水秀的地方，修建了祠堂，取名唐叔虞祠，又称“晋祠”。

祠内有几十座古建筑，环境幽雅舒适，风景优美秀丽，被誉为山西的“小江南”。圣母殿、侍女像、鱼沼飞梁、难老泉等景点是晋祠风景区的精华。祠内的周柏、难老泉、宋塑侍女像被誉为“晋祠三绝”，具有很高的历史价值、科学价值和艺术价值。

太原市晋源区晋祠镇悬瓮山麓。

旺季 95 元，淡季 75 元。

亲历者◎解说

晋祠有三绝：

一是周柏唐槐。周柏是北周时代种植的柏树，唐槐是唐代时种植的槐树，至今都还茂盛葱郁，树身向南倾斜约与地面成 40 度角，枝叶披覆殿宇之上。

二是圣母殿内宋代的彩塑。圣母殿内供奉着 43 尊彩塑。主像是圣母邑姜，其余 42 尊是宦官、女官和侍女。圣母凤冠蟒袍，端坐在凤头椅上。侍女手里都拿着侍奉的东西，有的伺候饮食，有的负责梳洗……眉眼有神，姿态自然，塑工精美，是中国雕塑史上的精品。

三绝中最后一绝是难老泉。晋水有三个源泉，一是善利泉，一是鱼沼泉，一是难老泉。难老泉是三泉中的主泉，晋水的源头就从这里流出，长年不息，水温保持在 17℃。

圣母殿

●殿内的宋代侍女塑像为晋祠文物的佳作

现存晋祠内最古老的建筑大殿，庄严古朴，气势宏伟，是我国宋代建筑中的典范。殿四周围廊，前廊进深两间，极为宽敞，是中国古建典籍《营造法式》中的“副阶周匝”制实例。殿前廊柱上有木雕盘龙八条，栩栩如生，传说为宋代遗物。殿内有宋代彩塑 43 尊，主像为圣母端坐木制神龛内，凤冠蟒袍，神态端庄。侍从手中各有所奉，为宫廷生活写照。殿内的宋代侍女塑像，是晋祠文物中极为珍贵的佳作，它是按照封建社会的宫廷制排列的，是宋代皇室生活的缩影。

61 路公交车等到桥头街站下可到。

¥ 门票免费，但需购买 2 元的香券。

中国煤炭博物馆

●中国最大的行业博物馆

中国煤炭博物馆是中国最大的行业博物馆，煤炭藏品丰富，展示手段先进兼具有艺术美。

地址：太原市迎泽区迎泽西大街 2 号。

交通：1、38 路公交可到。

电话：4117829。

时间：9:30~17:00。

¥ 60 元。

太原市动物园

●山西省唯一的专业性动物园

太原市动物园是山西省唯一的专业性动物园，分为三大观区：大型食草、食肉兽类观区；禽鸟、中小型食肉、杂食兽类观区；中小型食草兽类观区。有国家重点保护动物大熊猫、金丝猴、东北虎、丹顶鹤等，还有外国的白犀、长颈鹿、狒狒、斑马等动物。园内绿树成荫，娱乐设施齐全。

地址：太原市杏花岭区城坊街。 ¥ 10 元。

吕梁旅游区

碛口古镇

●“驮不尽的碛口，填不满的吴城”

因黄河第二大碛——大同碛得名。碛口从清代乾隆年间兴起，此后 200 余年是中国北方著名的商贸重镇。民间有“青定头，南峪口，拴起骡子跑碛口”之说，古镇的街道、店铺是清代山区传统建筑的典范。主街道顺着卧虎山，从东开始，沿湫水河西去，再逆黄河北上，时曲时折。更有趣的是，古镇后街只有 200 余米，却转了 18 道弯。在主街道南有二道街、三道街，一条比一条短，形成了梯型的建筑格局。

↓碛口古镇

亲历者◎攻略

1. 景区内的西湾村、李家山，可徒步前往，由碛口沿湫水西岸经西湾村、侯台镇可到，也可以包车到达。

2. 如果想拍景区内的李家山窑洞群全景，可在最高处的家庭旅舍李建新家门前取景。

北武当山

●素有“三晋第一名山”之称

古称龙王山，又名真武山。北武当山道观现有道人十多个，观内存有泥塑、壁画、石碑等文物，具有珍贵的历史研究价值。峰顶建有真武庙，据古碑记载，创建于唐时，重修于明季。每逢农历三月初一至初三，是古庙会期，届时香烟缭绕，游人云集。

其自然景观奇峻秀丽，素有“春粉、夏绿、秋红、冬白”之誉，尤为奇异壮观的是千姿百态的古松和天然雕饰的怪石，如仙人指路松、擎天探海松、鸳鸯松、龟蛇头智、古猿望日、石猪受难，等等，个个形态逼真、栩栩如生。

地址：方山县武当镇武当村，距离石区 32 千米。

交通：可从太原乘坐忻州—方山的长途汽车，到方山后转乘到达景区的汽车即可。 ¥ 72 元。

玄中寺

●净土宗的发祥地，汉族地区佛教全国重点寺院

又名壁寺。四面石壁陡立，翠柏环布，

亲历者◎指路

1. 吕梁市离石西客站开往碛口的中巴和面的每天都有好几趟，车程约 1 个小时，如果包车，票价约 50 元。

2. 碛口镇与太原有一趟中巴每天往返两地，5:30 从碛口发车，12:30 在太原市客运西站返回，全程约 6 小时。

为风景幽雅的佛教圣地。北魏延兴二年（427年）兴建。日本佛教徒视玄中寺为祖庭。殿内木雕佛造型生动，金壁辉煌。寺东山巅两层八角白色秋容塔，迭涩重檐，砖座宝顶，中空置佛，塔身挺秀。殿阁内供木雕、泥塑、铁铸佛像70余尊。

交城县天宁镇西北郊10千米石壁山中。

乘坐太原至交城的长途车，然后包车前往。也可搭乘至文水的长途，在玄中寺山口下车，包乘附近农用车进山。 25元。

忻州旅游区

雁门关 AAAAA

三关之一，兵家必争之地

雁门关在城西北大约40里的地方，又名“西陉关”。

“天下九塞，雁门为首”。雄关依山傍险，高踞勾注山上。东西两翼，山峦起伏。山脊长城，其势蜿蜒。关有东、西二门，皆以巨砖叠砌，过雁穿云，气度轩昂，门额分别雕嵌“天险”“地利”二匾。东西二门上曾建有城楼，巍然凌空，内塑杨家将群像，并在东城门外，为李牧建祠立碑，可惜城楼与李牧祠，均在日寇侵华时焚于一旦。

代县雁门关镇。

大同到代县的长途车路过雁门关山口。

90元。

芦芽山自然保护区

完整的生物生态系统综合保护区

因形似一“芦芽”而得名，海拔2739米，是高山峻岭中挺拔的一座雄峰。山峰尖峭，怪石嶙峋，林木茂密。每有云雾萦绕，雄峰兀突。雨后日出，芦芽墨绿色的山体，还会变幻出一种火红的色彩，偶尔也可遇到状似“法轮”，五彩斑斓的“芦芽佛光”。芦芽山巅，有金龙池、五龙洞、秀云峰、紫峰崖、凤凰岭等名胜。

宁武县东寨镇。

宁武有到景区的专线车。

70元。

亲历者◎指路

去太原市客运西站乘坐“太原－宁武”的长途车，票价30元左右，然后转乘宁武－五寨镇的班车。

亲历者◎攻略

1. 芦芽山主要景点有八个，分为两条线路，芦芽山一线是芦芽山、马仑草原、情人谷、汾河源头，万年冰洞一线是万年冰洞、悬崖栈道、悬棺与悬空寺，天池位于宁武到东寨镇途中。芦芽山70元，马仑草原30元，情人谷20元，万年冰洞120元，石门悬棺25元，悬崖栈道25元，

五台山 AAAAA

中国四大佛教名山之首，清凉圣地

五台山是我国著名的佛教四大名山之一，为文殊菩萨道场。山中有东、西、南、北、中五个台顶，即东台望海峰，南台锦绣峰，西台挂月峰，北台叶斗峰，中台翠岩峰。五台山现存寺庙47座，主要集中在台怀镇，最著名的五大禅寺有显通寺、塔院寺、文殊寺、殊像寺、罗睺寺。

五台县，以台怀镇为中心。

淡季140元，旺季168元。旅游环保车50元。

亲历者◎行程

五台山大朝台——徒步二日游

装备：雨衣、登山杖、头灯、防晒霜、帽子、手套、袜子、速干衣裤、抓绒衣裤、冲锋衣裤、登山鞋、一些热量食品（不可有荤菜）、水壶、零钱。

D1：半夜开始去东台（北京的K601火车正好赶趟），早餐在东台，中餐在北台，晚餐在西台。

D2：早餐在西台，中餐在南台，傍晚返程。

五台山小朝台——轻松二日游

D1：上午参观菩萨顶－碧山寺－显通寺，下午参观塔院寺－万佛阁－罗睺寺－殊像寺。晚上逛台怀镇购物。

D2：早餐后赴黛螺顶小朝台（缆车、骑马均可），然后包车去南台（或北台或佛光寺），参观沿途景点，傍晚返程。

亲历者◎攻略

1. 游五台山的朝台，多数人选择的是小朝

汾河源头30元，天池湖群40元，九重瀑布20元。

2. 游客一般都在东寨镇用餐，有特色的是这里的蘑菇和野兔、野鸡。当地老乡自产的醋比较不错，建议大家品尝一下"悬崖栈道"的凉粉和烤土豆。

住宿

迎泽大街商业区：本区域位于太原市中心，是市内最繁华的商业区。著名的迎泽大街、五一广场、迎泽公园等都在本区。该地区酒店档次齐全，多以2~4星级酒店为主，价位在180~800元。另有一些性价比高的经济型商务酒店，价位在150~300元。

府西街地区：本区域位于太原市区的北部，是太原市的主要政治、商业中心。府西、府东街是太原市的主要商业街道。该区域酒店档次齐全，多为三至五星级酒店，价位在300~1000元。另有数家经济型商务酒店，价位在150~200元。

金广快捷酒店 / 迎泽区迎泽大街221号 /0351-4184611。
迎泽宾馆 / 迎泽大街189号 /0351-8828888。

台，如果真要攀登诸台，当地人首先推荐南台，因为那里的路比较好走，40多分钟就可以到达，3个小时左右可以登顶，其次是东台。

2. 五台山寺院众多，建议打听好时间看看菩萨顶的喇嘛们上殿，气势和风格上都与汉传佛教不同，大约在15:00。

3. 在五台山旅游，无论是住宿、车票、还有门票都可以砍价，而且山西人也特爽快，只要你一说，都能降一点，一句话，一个价。

4. 台上温差明显，风大，随时有雨，要有相应准备。笔者8月去五台山，凌晨气温大约10℃，台顶风力6级，所以外套、帽子、防晒霜是必备的。另外一定要选择双舒服的鞋，路没难度，但鞋不合适很费脚，一般徒步五台都会长泡。

餐饮

世界面食在中国，中国面食在山西。在山西，太原的面食最为有名，品种多，历史久，制作方法各异，浇头菜码考究。炒莜面、拉面、猫耳朵、搓鱼儿、莜面烤佬、红面糊糊、肉丝炒剔尖、刀削面、炒疙瘩等应有尽有，一定会让您“面面”尝到。

位于太原市府东街口的食品一条街，是品尝风味小吃的好去处。位于米市街上的小吃林里，有冒着热气的各式滋补粥、整齐地摆放在柳藤篮中的肉夹馍、肉夹饼等点心，让人眼馋。早晨，在位于桥头街的清和园饭店你可以尝到地道的“头脑”。

购物

太原物产丰富，主要的特产有汾酒、太原玉雕等。

汾酒：汾酒是山西杏花村汾酒厂生产的白酒，始酿于南北朝时代，距今已有1500多年的历史。汾酒“入口绵、落口甜、酒后有余香”，以色、味、香三绝著称，是我国八大名酒之一。

太原玉雕：太原玉雕历史悠久，雕刻工艺精致、细腻，所用原料石质精美，产品品种多样。太原仿古铁器：太原仿古铁器是太原古代冶金技术的继承和发展。近年来，太原北城区金属工艺厂以优质生铁作原料，陆续生产仿石铁器。

太原市内购物中心主要分布在迎泽东大街、五一路、解放南路、建设南路、开化寺街等区域，其中既有历史悠久的五一百货大楼、天龙大厦，又有新兴的华宇购物中心、御花园商厦、贵都百货。

民俗

铁棍、背棍、担棍、划棍：棍的民俗文艺活动，是太原传统闹红火的主要内容之一，所谓“棍”，无论是极高的铁棍，一人肩背的背棍，两人肩抬的担棍，还是由四人抬起前后高低滑动的划棍，都是以棍抬人进行表演的一种民间文艺活动形式。

晋祠古庙会：农历七月初二，晋祠古庙会是当地人们祭神的日子，已有数百年的历史。每逢这一日，晋祠附近的农民，总要在这里搭台，请戏班演几台戏。

↓太原夜景

大同

大同，著名的“煤都”，国家历史文化名城，历史上曾为“三代京华、两朝重镇”。

大同的人文景点主要有：“中国三大石窟”之一的云冈石窟；被誉为中国龙壁之冠的九龙壁；恒山山脚下的悬空寺；世界古建筑中的珍品应县木塔；大同市内的华严寺、善化寺等。自然景观主要有：大同火山群、有“塞北第一山”之称的北岳恒山等。

面积：14056 平方千米
人口：318 万人
区号：0352

亮点

必游景点

- **恒山**：五岳中的北岳，山中飞瀑流泉，鸟啭莺啼，美景奇观随处可见，实为一处体味自然的佳地。
- **悬空寺**：号称恒山第一胜景，建在悬崖峭壁之上。
- **云冈石窟**：中国四大石窟之一，其中第二十窟前的露天大佛是其代表作。
- **应县木塔**：我国现存最高大最古老的纯木结构楼阁式建筑。

线路推荐

- **大同三日经典游**

D1：上下华严寺—九龙壁—云冈石窟。
D2：恒山景区。
D3：应县木塔。

交通信息

飞机

大同云冈机场位于大同县，距市区仅15 千米。现已开辟飞往上海、广州、北京等各大城市的航线，机场到市区有免费巴士往返，发车时间根据航班来定。

↑云冈石窟

火车

大同是京包、北同蒲、大秦三大铁路干线的交汇处，大同火车站每日有多趟列车开往太原、北京、杭州、包头、沈阳等国内大、中城市。

除此之外，在建的大同南站是高铁站，停靠高铁动车。

大同旅游区

云冈石窟 AAAAA

世界闻名的石雕艺术宝库之一

云冈石窟是世界闻名的石雕艺术宝库之一。在这绵延一千米的石雕群中，雕像大至十几米，小至几厘米，巨石横亘，石雕林立，蔚为大观。

整个石窟分为东、中、西三部分，石窟内的佛龛似蜂窝密布，大、中、小窟疏密有致地镶嵌在云冈半腰。东部的石窟多以造塔为主，故又称塔洞；中部石窟每个都分前后两室，主佛居中，洞壁及洞顶布满浮雕；西部石窟以中小窟和补刻的小龛为最多，修建的时代略晚，大多是北魏迁都洛阳后的作品。整座石窟气魄宏大，外观庄严，雕工细腻，主题突出。

大同市南郊区云冈镇。
新开里车站有车前往。
旺季 150 元，淡季 80 元。

恒山风景区

●素有“塞北第一山”之称

我国的五岳之中的北岳，自古就有“塞北第一山”之称。

恒山从东北向西南延伸，有108座山峰，很像一队正在行进的队列。恒山主峰，海拔2016.8米，仅次于华山，在五岳中高度排第二。

恒山以道教闻名，以奇险吸引着游人。山上分布着许多道教庙观，相传张果老就是在恒山修行得道的。

浑源县，悬空寺在县城以南4千米，距大同市区62千米。

入山费旺季55元，淡季44元，恒山庙群区55元，恒山索道上行90元，下行80元，栗毓美陵20元，永安寺20元。

亲历者◎行程

恒山二日游：

D1：上午游恒山庙群、恒山停车场午餐；中午游云峰寺；下午往汤头温泉沐浴，夜宿温泉疗养院。

D2：上午游悬空寺、恒山后山；中午县城午餐；下午游县城永安寺、园觉寺、栗毓美墓。

亲历者◎游记

进了山门就看到一条登山的路，也就是步云路，这是恒山十八景之一“云路春晓”。沿山路走上去，就到了恒山庙区的大门，一个大的牌楼，上写“人天北柱”四个大字。首先进入的方形院落，有一白云堂，因古代用来接待前来祭祀、游览的达官显贵，故称接官亭。从这里往东，就看到一个玄井亭，里边有两井并列，相隔不到1米，亭内有个碑，上写“苦甜井”三字。走出这里沿绝壁上开凿的石板路向南，就到了舍身崖上，这里除烈女庙还有得一庵和阎道祠。顺路向前，就看到了以幽静奇妙著称的“飞石窟”。飞石窟内外的岩壁上，刻有历代名士的题刻。原路返回，再向上攀登，就来到北岳恒山的主庙“恒宗大殿”，它建在恒宗峰南半山腰的峭壁间，背崖临谷，雄视南天，很是壮观。这里的大殿是明朝建筑，规模很大，风格也很独特，是恒山诸庙之最。里边供奉北岳大帝，神座上方高悬康熙御笔的“化垂悠久”四个字。

在恒宗大殿西边，就是高耸云天的会仙崖，在它的山腰有一个巨大的平台，这里建有“会仙府”也叫集仙洞，是八仙居住的地方。这里的壁刻多得很，尤以明代的“天地大观”“壁立万仞”最为醒目，字体浑厚磅礴，气势宏伟，真称的上是仙笔神书。

悬空寺

●建于悬崖上的寺庙

位于恒山山脚下，该寺始建于北魏太和十五年(491年)，距今已有1500多年的历史。

该寺建筑十分奇特，是采用凿洞插木的方法构筑而成，背倚陡峭的绝壁，下临深谷。始建初期，最高处的三教殿离地面90米，因历年河床淤积，现仅剩58米。

浑源县城城南五千米处的金龙峡内。

8:30~5:30(冬季)，8:00~6:00(夏季)。

旺季130元/人，淡季125元/人。

北岳庙

●恒山上最宏伟的一座庙观

恒山上最宏伟的一座庙观，建于明代，背倚恒山主峰天峰岭。庙宇进深五间，廊前是一座恒山真迹图，上刻恒山全景，是一座颇具价值的文物。

大殿内供着一尊北岳真君塑像，刻工精细，栩栩如生。大殿前廊内，有数十座石碑，碑文记载了历代祭山的情况，是研究恒山历史的宝贵资料。

↓云冈石窟

亲历者◎攻略

1. 山西省因地势较高，东南面又有山岭阻挡海洋气流，故较邻近的华北平原气温低，降水少，昼夜温差较大，特别是春季的风沙很大。因此云冈石窟的最佳旅游季节在 5~10 月。

2. 在每年的文化遗产日（6 月 10 日）、云冈恒山旅游文化节（8 月 18~28 日）等重要节日，景区开展文艺表演、云冈石窟等专题展览等特色旅游项目。

上下华严寺

●以彩塑和壁画最为出众

上华严寺：分前后两院，前院有山门、廊庑、佛堂、云水堂等，后院则是僧人居住的地方。上寺最值得一提的是大雄宝殿，殿内正中是五方佛塑像，四壁满是彩绘壁画，内容以佛教传说为主，技法娴熟，具有很高的艺术价值。

下华严寺：以薄伽教藏大殿为中心，是存放佛经的地方。与大雄宝殿不同，此殿古色古香，佛坛当中是三尊“三世佛”塑像，表情生动、姿态自然。殿内还有众多的辽代塑像，其中一尊“合掌露齿菩萨”最为有名。

大同市城区大西街。 路公车可到。 ¥60 元。

亲历者◎攻略

华严寺内有巨幅壁画、万册经书，下华严寺的合掌露齿菩萨是最为有名的彩塑，值得一看。

善化寺

●全国现存辽、金时期寺院中布局最完整的一座

又称南寺。始建于唐开元间，后毁于战火，到金代重修，是国内现存辽、金时期寺院布局最为完整的一座。

寺院坐北朝南，主要建筑有山门、三圣殿、大雄宝殿。大雄宝殿是寺院的主殿，建于辽代，殿前的月台、钟亭、牌坊都是明代所建，殿内正

中供奉五方佛，殿内壁画绘于清康熙年间，造型优美，有很高的美学价值。

大同城区南门里西侧。

27 路公交可到。

50 元。

九龙壁

中国四大龙壁之一

九龙壁长 45 米、高 8 米，壁面由五彩琉璃构件组成，九条龙形神各异，每两条之间以水草、白云、山石作为连接，构成一幅生动的画面。正中的一条龙造型最具威严，昂首向前，目光炯炯，气宇轩昂，体现出了我国古代高超的雕刻技艺。

大同市城区大东街西头。

27、38 路公交可到。

10 元。

大同野生动植物游乐观光园

华北地区规模最大的野生动植物游乐观光园

该园是华北地区规模最大的野生动植物游乐观光园。虎园现饲养着 20 多只东北虎和非洲狮，可以通过游廊观赏虎的王者雄风。水上乐园建有亲水广场和湖心岛，可在此游泳、划船、垂钓。

大同市南郊区，云冈国家森林公园内。

水神堂自然保护区

素有"小方壶"之称

原名洋水神祠，始建于明代嘉靖年间。清代乾隆年间改名水神堂。山势如壶，故有小方壶之称。山上建有九江圣母祠和观音庵，山下草木丛生。山坡上有许多嶙峋怪石，多为火山爆发时喷出的岩浆堆积物，岩石呈褐红色、暗红色以及黑色。

广灵县加斗镇，距大同市 100 多千米。

平型关

军事交通要隘，兵家必争之地

国家保护文物。东连紫荆，西望雁门，是晋东北内长城之险关。战国、秦汉以来即为晋冀北部军事交通要隘，兵家必争之地。遗址北连恒山遗脉，南接五台山脉，关城呈正方形。城北有大郎城遗址，传为宋将杨延昭镇驻之地。

灵丘县白崖台乡。

大同火山群·昊天寺

我国第四纪火山群之一

我国第四纪火山群之一，大约在 6 万年前就停止了喷发，所以也是华北地区著名的死火山群。

这类火山共有 30 多座，又可分为东、西、南、北四个区，从外形来看，犹如一座座半圆形的小土丘。大同火山群是远古时地壳运动的产物。昊天寺是建在火山口的一座寺庙，周围土壤呈红色，十分独特。

大同县东部阁老山、西坪等乡，昊天寺在县城北郊 1 千米。

大同市 21 路车可到大同县城。

昊天寺 5 元。

朔州旅游区

崇福寺

由鄂国公尉迟敬德奉敕建造

建于唐代，俗称大寺庙。寺内建筑巍峨高耸，甬道纵横，幽静雅致。是同朔地区现存规模最大、总体布局最完整的古代建筑群之一，现存有山门、天王殿、钟楼、鼓楼、千佛阁等 10 座建筑。

朔州市朔城区东大街 94 号。

在火车站附近，走路大概 15 分钟，坐三轮车 2 元。

5 元。

应县木塔

最古最高的木塔

应县木塔原名佛宫寺释迦塔，它建于辽

代清宁二年（1056年），距今已有900多年的历史，是我国也是世界上现存最古老、最高的木构建筑。

木塔高约67米，外观为五层，实为九层。木塔历经七次大地震、多次风雨和战火侵袭，仍巍然不动，可见其塔基的牢固，结构的严谨。近年来，因为应县木塔附近水土变化，木塔出现了倾斜的情况，于是又被很多人称为“东方比萨斜塔”。

应县金城镇佛宫寺内。

￥60元。

净土寺

●大殿藻井为罕见的金代珍品

距今已有860多年的历史，大雄宝殿是全寺之主殿，为金代原物，深广各3间，平面呈方形大殿设覆斗形大花板，以梁袱划分9格，分别作成9个藻井，中部的斗8藻井最大，藻井下饰以天宫楼阁，作混金彩画。另外8个藻井呈八角形，雕刻精细，色泽花丽，是少见的金代珍品。

应县金城镇东北角。

住宿

大同市内住宿方便，价格都不算太贵。车站附近的招待所设施一般，价格低廉，一天只需几十元。

云冈建国宾馆： 位于迎宾东路21路，标间打完折后260元，电话0352-5066004。

新闻宾馆： 位于大同报社院内，有电脑，可以洗澡，标准间138元，电话0352-2016588。

大同王府至尊酒店： 位于大同市魏都大道452号，标间260元，电话：0352-5207777。

餐饮

大同代表了晋北的饮食文化，主要以面食为主，特色食品有黄米面糕炖肉、大同油炸糕、浑源炒酥大豆、羊杂粉汤、面麻片、莜面栲栳、应州牛腰、阳高杏脯、广灵豆腐干、豌豆面等。

除此之外，阳高杏脯、广灵豆腐干、浑源炒酥大豆、应州牛腰、羊杂割、面麻片等，也都是值得一尝的美味。

购物

大同特产有铜火锅、艺术瓷、黄花、恒山老白干等，云冈特种邮票、红木雕、石窟银盘等也是珍贵特产。另外，浑源县出产的中药材黄芪以及云冈绢人、广灵剪纸以及产自平鲁县的面塑也都各有特色。大同的右玉沙棘油药用和保健价值极高，苦荞面是降糖食疗佳品。

大同市的商业街包括西大街和四牌楼小南街，这两条街上有一些规模较大的商场。晚上这里还是夜市一条街，商品种类繁多，价格也比较公道。喜欢在夜市上淘东西的游客可别错过啊！

民俗

耍孩儿： 也叫咳咳腔。是大同、雁北地区人民群众喜闻乐见的地方戏。以板胡、笛子为主要伴奏乐器。音调旋律欢快活泼，婉转嘹亮。唱曲以正板和慢板为主，既有固定曲牌，又灵活多变。传统剧目有《狮子洞》《千里送京娘》《打佛堂》《赶脚》等。

走麦罢： 大同地区特有的风俗习惯，新女婿在当地麦收结束后，带着丰收后的喜悦心情，用新麦磨成的面蒸成一个大月形的角子馍去看丈母娘。包含有祝福岳父岳母家里幸福安康，丰收的寓意。

中国大同云冈旅游节： 每年8月举行，旅游节包括晋北景点展示、文体盛事表演、城市交往、旅游观光揽胜推介、大同旅游项目招商等活动。

晋中

晋中自然景观以太行山脉、太岳山脉诸多名山为胜。驰名天下的介休绵山，壁立千仞，云海苍茫，飞瀑急湍，"堪与三山五岳相媲美"。

平遥古城和祁县县城如今都已成为国家历史文化名城。作为晋商故里，明清时期，晋商雄居中国十大商帮之首，创造了"海内最富"的辉煌。豪华巨宅拔地而起，王家大院，乔家大院，渠家大院，曹家三多堂，常家庄园，皆构造雄伟，气势壮观，雕饰精微鼎盛时期，晋商票号遍布大江南北，"中国第一号"——日升昌票号，是中国金融业的鼻祖。

面积：约 16391 平方千米
人口：约 324 万人
区号：0354

亮点

必游景点

- **平遥古城**：世界文化遗产，中国境内保存最为完整的一座古代县城。
- **乔家大院**：曾是影片《大红灯笼高高挂》的拍摄地，最突出的特点是房屋结构大方美观，建筑古朴精致。
- **王家大院**：被誉为"华夏民居第一宅"。其中，红门堡的石雕融南北风情于一体，可谓清代雕刻艺术的典范。
- **绵山**：晋国名臣介子推抱母殉难的地方，也是一处融自然山水和佛道文化为一体的风景名胜区。

线路推荐

- **平遥、灵石、介休三日游**

D1：平遥古城。

D2：王家大院。

D3：介休绵山。

↑平遥古城

- **榆次、祁县二日游**

D1：榆次老城—常家庄园。

D2：乔家大院。

交通信息

飞机

晋中没有机场，但紧邻太原市，可取道太原武宿国际机场。机场距晋中仅有 15 千米左右，市内有公交车可到达机场。

火车

榆次火车站位于市区西部的站南街和迎宾街交汇处，每天都有发往北京、上海、太原、杭州、成都等地的列车；晋中火车站位于榆次区张庆乡，为高铁动车站。

平遥古城周边 AAAAA

中国保存最为完好的四大古城之一

平遥古城是一座完全按照中国汉民族传统城市规划思想和布局程式修建的县城。其古建筑及文物古迹，在数量和品位上均属国内罕见，已被列为世界文化遗产，有数十处文物古迹。

平遥县古陶镇。

古城免费，参观景点需购买套票，旺季 150 元，淡季 90 元。

亲历者◎指路

1. 太原火车站、太原建南客运站均有车到平遥，快巴票价 25 元，车程 2 小时。北京、石家庄、西安等地有火车可到平遥。

2. 古城内有游览车可乘坐，每位 10 元。游览车有 3 条线路：北门环线、西门环线、大南门环线。

平遥城墙

●中国现存最完好的四座古城墙之一

明洪武三年（1370 年）建，周长 6.4 千米，是山西现存历史较早、规模最大的一座城墙。

城为方形，墙高 12 米左右，外表全部砖砌，墙上筑的垛口，墙外有护城河，深广各 4 米。城周辟门六道，东西各二，南北各一。东西又筑以瓮城，以利防守。有 3000 个垛口、72 座敌楼，据说象征孔子三千弟子及七十二圣人。

平遥古城内的街道、商店和民居都保持着传统的布局与风貌。街道呈十字形，商店铺面沿街而建。铺面结实高大，檐下绘有彩画，房梁上刻有彩雕，古色古香。铺面后的居民宅全是青砖灰瓦的四合院，轴线明确，左右对称。整座古城呈现出一派古朴的风貌。

平遥县衙博物馆

●为国内保存最为完好的一座清代县衙

县衙占地面积 2 万多平方米。建筑群布局为左文右武、前朝后寝，主从有序，庄重古朴。这里每日还为游客表演仿古“升堂断案”。

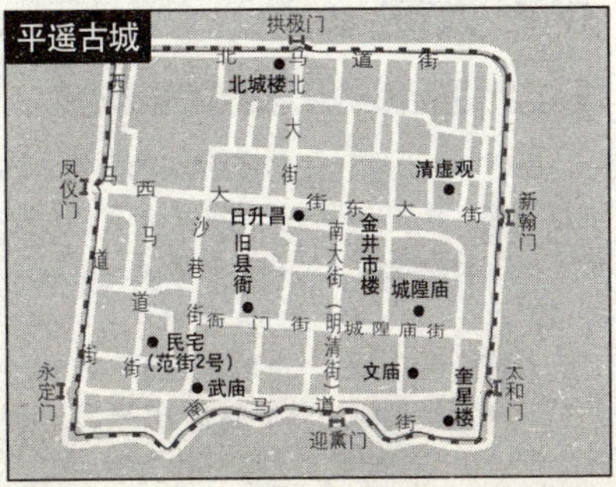

日升昌·中国票号博物馆

●我国最早的票号建筑

曾以“汇通天下”而闻名。是中国第一家专营存款、放款、汇兑业务的私人金融机构，始创于清代 1823 年，坐落于“大清金融第一街”平遥古城西大街的繁华地段。

共设有 20 余个展厅，大体分为史料展示和原貌展示两部分，以日升昌完整批营业务、丰富的珍贵资料及实物作典型展示的同时，还搜集、整理、收藏了平遥票号、山西票号、中国票号百余年间的大量历史资料。

亲历者◎解说

票号是清代中叶产生的一种专营钱钞汇兑业务的机构，这个行业为山西人所包揽。当时全国大票号有 17 家，平遥人开的就占了 7 家，其中最大的票号便是平遥人雷履泰开设的“日升昌”。

城隍庙

●城隍庙、财神庙、灶君庙三庙合一

初创于明初，现存建筑属清代规制。城隍庙座北朝南，前后四进院落，是中国道教庙宇殿堂的典型建筑形式。

亲历者◎攻略

1. 平遥古城在周末的表演活动较多，如北门外的迎宾仪式，南大街的娶亲表演。此外，日升昌的账房先生写汇票、票号招学徒等表演每天举行。

2. 县衙每天都有升堂表演，工作日每天三次，周末表演时间分别为 10:00、11:00、15:00、16:00。

3. 每年正月初一至正月十六，有县太爷拜年、赏灯会、社火表演、猜灯迷、烟火晚会、状元祭孔表演等民俗活动，平遥古城的庙会也是当地的一大盛事。

慈相寺

●无名祖师骨灰塔

宋庆历年间为藏无名祖师骨灰，特建麓台宝塔一座，现存于寺内的大殿和后高殿，为宋金遗物。寺后有塔，塔身平面八角形，高九级 45 米。

平遥县沿村堡乡冀郭村。

镇国寺

●万佛殿内塑像最为珍贵

镇国寺分前后两个院落，前院建山门天

王殿和左右钟鼓二楼，正中为大殿三间亦称万佛殿，后院东为观音殿，西为地藏殿，各为五间，中建三佛殿。寺内各殿皆有塑像，其中万佛殿内塑像最为珍贵，是五代北汉天会年间建殿时的作品。

⌂ 平遥县洪善镇郝洞村。

🚌 搭长途车到洪善镇，然后包三轮摩托可到，约需5元。包车前往需20元。

¥ 30元。

双林寺·彩塑艺术馆

●以唐槐、宋碑、明钟、彩塑最为出名

双林寺是一座历史悠久的佛寺，寺中的唐槐、宋碑、明钟、彩塑以及古代建筑都是稀世珍宝，其中尤以彩塑艺术闻名于世。

双林寺现存彩塑2056尊，大者丈余，小者尺许，它们形神兼备，艺术价值极高，是我国元、明彩塑的精华。

⌂ 平遥城内西大街路南。

🚌 平遥县古陶镇桥头村北侧，从平遥乘坐旅游专线或包车前往均可，车程约20分钟。

¥ 40元。

↑双林寺

祁县古城

●传说中的"纱帽城"

祁县古城东西长850米，南北700米，周长3000米，整个城池形同古代官吏所戴的纱帽，故有"纱帽城"之说。

旧时城墙砖砌到顶，外筑护城河，设四道城门，门顶筑有匾额，十分雄壮。虽然因战争的破坏和风雨沧桑，城墙不复存在，但城内建筑保存完好，风韵格局依旧引人注目。

⌂ 祁县古城镇。

晋商老街

●云集众多巨商大贾和千余处豪宅大院

晋商老街是一条横贯东西、古色古香的大街，为名城文化遗产的精华部分，全长1000米。街道两侧明清时代的茶庄、烟店、票号、钱庄、斗行、当铺等数百家商业铺旧址。

雨楼明清家俬博物馆

●山西省内少有的四合楼院

晋商巨族何氏的宅院，馆内主要陈展晋商大户所使用过的部分家具，瓷器、字画，并有名贵的黄花梨木、紫檀等红木家具，为满足收藏爱好者的需要，既可观赏，也可转让。

亲历者◎指路

1. 北京、天津（高速）—石家庄—太原（从祁县出口下高速，右转直走约2千米）—祁县县城东大街—渠家大院/晋商文化博物馆。

2. 河南（上郑焦高速）—晋城（走晋焦高速）—长治（上太长高速、在襄垣下高速、走208国道、约160千米）—东观左转（约11千米）—祁县县城东大街—渠家大院晋商文化博物馆；

来到平遥不能不看的还有票号。票号中最有名的就是日升昌，日升昌结构为三进，第一进是书信房，库房，厢房，是接待普通客户的地方；第二进是主厅，议事厅，是接待大客户的地方，主厅门上就悬挂着日升昌的金漆招牌——御赐的"汇通天下"牌匾。第三进是生活区与地下秘密库房。

乔家大院 AAAAA

●清代全国著名的商业金融资本家乔致庸的宅第

原名"在中堂"，张艺谋执导的影片《大红灯笼高高挂》使乔家大院名扬天下。大院最突出的特点是房屋结构大方美观，建筑古朴精致。

大院始建于清代，占地8724.8平方米，共分6个大院。四周外墙高达10米多，厚达1米，从高空俯瞰，大院整体为双"喜"

字形布局。

现大院的顶楼上，悬挂着一块“福种琅缳”匾额，这是当年山西巡抚受慈禧太后所赠。像这样有来头的匾额，乔家还有两块：一块是李鸿章亲笔题写的“仁周义博”，另一块是傅山亲书的“丹枫阁”。

大门对面的砖雕影壁上，100个不同样式的“寿”字组成了一幅“一寿变百寿”图，字体古拙遒劲，是不可多得的艺术品。

祁县东观镇乔家堡村。

太原至平遥、陵川等地的长途车在乔家堡村下车可到。

72元。

亲历者◎游记

一进大门首先看到的就是一条长长的石铺甬道，六个大院分成两排。院子的城墙特别厚实，据说那是专为这里的特殊气候设计的，因为到了冬天这里的风比较大且气温低，厚实的城墙不仅防风也有防寒避暑的功效。

进入了一号院，这个院子主要展示的是乔家的发迹史，屋子里都有图片和文字说明，详细地描述了乔家从贫穷到富有，再到衰退的过程。

二号院介绍乔家珍宝，主要是丰富的雕刻艺术和绘制艺术，瓷器和各种硬木家具。其中还看到了有稀世珍宝“犀牛望月镜”和“万人球”。

三号院是介绍经商习俗，展示的分别是“行商、度量衡、货币票证、坐商”。

四号院介绍的是人生礼仪习俗，包括生日满月、婚丧习俗、祝寿礼仪等内容。其中以婚事习俗系列更为详尽。

五号院介绍的是民间工艺，展出了剪纸、刺绣、泥塑、皮影等内容。富有浓郁的乡土风情。

六号院是农事习俗，介绍了普通农民一年四季的农事活动。并有古字画展示。

王家大院

●华夏民居第一宅

被誉为“华夏民居第一宅”。由历史上灵石县四大家族之一的静升王家所建，建筑面积达25万平方米以上。高家崖、红门堡两组建筑群东西对峙，一桥相连，皆为黄土高坡上的城堡式建筑，共大小院落123座，房间1118间。

建筑基本秉承了前堂后寝的庭院风格，大小院落既珠联璧合，又独立成章。砖、木、石的雕刻方面大多具有清代的纤细繁密的特色。王家大院可谓是我国清代民居的集大成者，具有较高的观赏价值。

高家崖

●依山就势，层楼叠院，气势宏伟

王家大院高家崖建筑群，大小院落35座，房屋342间，其建筑特点是：依山就势，层楼叠院，气势宏伟，功能齐备，继承了我国西周时即已形成的前堂后寝的庭院风格。再加上匠心独具的砖雕、木雕、石雕，内涵丰富，有极高的文化品位。

66元。

红门堡

●既隐一个“王”字在内，又有龙的造型

红门堡建筑群的总体布局，既隐一个“王”字在内，又附会着龙的造型，除前堂后寝的院落外，为顺应地理条件，一部分又应变为前园后院。因有些院落建于乾隆早期，故其装饰纤细繁密中显古朴粗犷，接近明代风格。设立在红门堡内的中华王氏博物馆、书画馆、珍宝馆、拙居茶馆、王家醋坊、豆腐坊和“全国晋商会馆图片展”已向游人开放。

灵石县静升镇静升村北端黄土丘上。

亲历者◎行程

乘汽车直达介休或灵石，再转乘公交至王家大院，每日早8时至晚8时，介休汽车站转乘11路公交车可达王家大院，石灵汽车站转乘1路公交车可达王家大院。

亲历者◎攻略

1. 游山西的大院，建议提早做一点“功课”，游览时虽然免不了走马观花，但可能的话，尽量请或者蹭一个负责的导游。特别提醒在古城内游的时候一般不需要乘车，步行即可。另外，城内还特别有一种人力黄包车，专为旅游者服务。

2. 餐饮特色仍以面食为主，和山西大多数地方一样，一早一晚常以小米稀粥、馒头、烧饼为主；中午则是各色面食，如打卤面、炸酱面、搓鱼儿等，调面的菜码齐全，味道适口。

介休旅游区

绵山 AAAAA

●晋国名臣介子推抱母殉难的地方

绵山又称介山，是晋国名臣介子推抱母殉难的地方，是一处融自然山水和佛道文化为一体的风景名胜区。主要由龙头寺、龙脊岭、蜂房泉、大罗宫、介公岭等小景区构成。

山上文物古迹颇多，俗称“九里十八弯，二十四座诸天小庙，各处罗列”。回銮寺是由于唐太宗欲登山礼佛未成，至此回銮，故名。主建筑有山门、过殿、大殿，两侧对称布局。殿阔五间，用减柱造，结构简洁。存元明清历代石碑17通，记录着寺院的兴衰。院内古松、龙槐、杉楸等树木葱茏，形似伞盖，给古刹增添了勃勃生机。

介休市绵山镇，介休有至绵山的旅游专线。

旺季110元，淡季90元。

亲历者◎行程

太原建南长途汽车站乘车可抵达介休，每15分钟一班。在介休火车站换成当地公交车或绵山大巴车到绵山。介休—太原：走108国道或大运高速，全程110千米。

亲历者◎攻略

1. 食：绵山现有餐馆新颖别致，雄伟壮观。餐馆可供应高、中、低档中、西餐，经营具有绵山特色的系列菜。节假日时如游客雅兴所至，可参与制作具有绵山特色的菜肴和面食。此外，绵山圣乳纯净水和自酿黄酒甘甜纯正，长期饮用，极利养生保健。

2. 宿：绵山多座宾馆，以悬崖宾馆闻名，有的半临悬崖半凌空，有的远观如房近观是楼，其中最大的是悬崖宾馆——云峰墅苑。

张壁古堡

●融多民族文化为一体、住百家姓的千年古村落

整座古堡顺塬势建造，南高北低、地势险要，可谓“易守难攻，退进有路”。地下遍布地道，与堡内四通八达。张壁古堡保留下来的古代建筑颇多，大都是明清遗物。著名的有明代空王佛行宫、真武庙、三大士殿、可汗王祠等。

介休市龙凤乡张壁村。

太谷旅游区

曹家大院

●晋商文化旅游景点

曹家大院又名三多堂博物馆，位于山西省太谷县城西南五千米处北恍村东北角，北临南同蒲铁路和108国道线。它原是晋商巨富北恍曹家的一处“寿”字形宅院，外观雄伟高大，形似城堡，独立村北，与四周低矮的民房形成鲜明的对照。宅院总占地面积10638平方米，建筑面积6348平方米，保存着明、清、民国三代的建筑群，陈列着无数珍品，是新开发的一处晋商文化旅游景点。1995年10月开放，已成为晋中旅游的热点。为省级重点文物保护单位。

太谷县北洸乡北洸村东北角。

45元。

亲历者◎指路

1. 北京、天津（高速）—石家庄—太原（从祁县出口下高速，右转直走约2千米）—太谷县—曹家大院。

2. 河南（上郑焦高速）—晋城（走晋焦高速）—长治（上太长高速、在襄垣下高速、走208国道、约160千米）—东观左转—太谷县—曹家大院。

藏山景区

●晋东第一名山

藏山古名盂山，坐落于太行山西麓，因春秋时藏匿赵氏孤儿得名。

藏山千峰叠嶂、危岩若削、洞穴幽奇、松柏参天、涧水潺湲，风景四季宜人；古刹建筑格局绝妙、疏密得体；所有楼、台、殿、堂、亭均依山傍壁而筑，同自然景观相映成趣，使人如在画中，似入仙境，故有晋东第一名山之称誉。山上有十景，奇丽壮观。有龙凤松、饮马池、二嶂、报恩祠、藏孤洞、

梳洗楼、滴水崖、黑龙潭、僧院等景点。

相传春秋时晋国大夫赵朔被晋国公杀害，赵朔死前将遗腹孤儿托付给门客程婴，婴舍去己子，携赵朔的孤儿赵武潜入盂山藏匿15年之久，这就是著名的赵氏孤儿的故事。后人为了颂扬程婴、公孙杵臼等人舍身取义之壮烈事迹，遂在藏山立庙祭祀，代代香火不绝。藏山祠规模宏大，由文子祠、寝宫、藏孤洞、梳洗楼、八义祠、报恩祠、启忠祠组成，是一个气势壮观的建筑群体。其主体建筑文子祠，为市级文物保护单位。

盂县苌池镇藏山村东。

盂县乘到藏山可坐1路车。

80元。

住宿

星级酒店：该地区的星级酒店为4星级酒店，酒店内部设施齐全，住宿价格在300~800元之间，档次较高，地理位置优越，交通便捷。

经济型酒店：本地区经济酒店林立，基础设施齐备，可满足游客的基本需求，价格档次跨度较大，100~600元不等。其中有些十分有历史的客栈，客栈内的装潢古色古香，想体验一把古代住店感觉的游客可选择前往这些客栈住宿。

餐饮

晋中就是正宗山西面食的发源地之一。涌现出了刀削面、猫耳朵、剔尖、小揪片等广为流传的美食。晋中的小吃种类繁多，其中以太谷饼、珍珠粥、晋中油糕、榆次灌肠最为著名。虽然这些小吃原料不同、造型各异，但都是难得的美味佳肴。

“榆次三件宝，元宵、灌肠、豆腐脑”，这是流传在当地赞扬榆次传统风味食品的民谣。灌肠以劲气愈大愈佳，出名的“鸡爪灌肠”就是因和面好，在灌肠中间拧着一个鸡爪印而闻名。

购物

长凝紫皮蒜：长凝镇地处榆次市东。长凝紫皮蒜，蒜皮紫红，头肥瓣大，辛辣味浓，皮松瓣紧，水气充足，鲜嫩可口，每头四瓣或六瓣，捣成蒜泥隔夜不变色。

榆次堡子酒：榆次堡子酒系历史名酒，1900年慈禧太后曾饮此酒，故称为御酒。据《榆次县志》记载：“烧酒性香烈，行销远近，以产高家堡、乔家堡者为最，人称堡子酒。”民国四年（1914年），堡子酒在巴拿马国际赛酒会上获得一等奖。

民俗

抬阁：将铁杆固定在抬杆上端，抬杆周围用莲花、彩云等各种道具装饰起来，再将三四个扮演各种戏剧人物和神话故事的男女小孩固定在铁杆上，由成年男子抬着，在行进中表演。内容有50余种，其中包括《孙悟空三打白骨精》《富贵图》《火焰驹》《断桥》等。

背棍：挑选6岁左右的俊秀男女孩童，经精心打扮后，绑在铁棍上端，下端绑在强壮男子背上。背棍者在行走中，根据背上的孩童扮演的戏剧故事及人物，配合锣鼓点，迈出各种舞蹈步伐，使孩童不由自主地相应摇摆表演。形式有单人背棍、双人背棍、三人背棍。

推车：用木条制成独轮车架，左右两侧用布围合，画出车轮 。表演时由一人扮演女子乘坐车上，用彩带把车驾起 ，假腿盘坐车上 。车后有一推车者，在吹鼓乐伴奏下，进行表演。车旁有一丑角逗趣，烘托气氛。内容有《送闺女》《走娘家》等。

运城

运城位于山西省最南端，西临黄河，古称河东。因“盐”而设城，是中华民族重要的发祥地之一。经过千百年来的历史风雨洗礼，关公文化已深深植入到这块古老而又现代的土地上，并已经演变成凝聚海内外华人的一条重要的精神文化纽带，吸引着络绎不绝的中外宾客。运城境内的王官屿、五老峰仿佛是焦渴的山西的两颗绿色宝石；《西厢记》的故事发生地普救寺、永济蒲津渡黄河铁牛、芮城永乐宫和解州关帝庙是运城诱人的地方。

面积：14183 平方千米
人口：513 万人
区号：0359

亮点

必游景点

- **洪洞大槐树**：明代的一处移民基地。现存有一株从其根部孳生出的第三代古槐。
- **解州关帝庙**：“武庙之冠”，国内最大的宫殿式庙宇，也是全国现存最完整的关庙之一。
- **壶关太行大峡谷**：风光旖旎，自然景观和人文景观资源丰富。
- **王莽岭风景区**：享有“清凉圣境”美誉，包括挂壁公路、锡崖沟等景点。

线路推荐

- **临汾三日游**

D1：洪洞大槐树—广胜寺—尧庙。

D2：姑射山—丁村民居。

D3：壶口瀑布。

- **运城精华景点一日游**

解州关帝庙—普救寺—鹳雀楼—黄河大铁牛。

↓运城五老峰

交通信息

飞机

运城关公机场现已开通往返北京、上海、合肥、深圳、杭州等多条航线。有公交可直接到达机场。

火车

运城有运城站和运城北站（高铁站）两个火车站，有始发往唐山、北京、太原的列车。

运城旅游区

解州关帝庙

●国内最大的宫殿式庙宇

解州关帝庙是国内最大的宫殿式庙宇，也是全国现存最完整的关庙建筑群之一。

寺庙总分为正庙和结义园两部分。正庙是关帝庙的主体部分，又分为前、后两座院落。崇宁殿是前院的主体建筑，殿前有 26 根盘龙石柱，造型巧妙、雕刻精湛。走进大殿，迎面可见关公的塑像：一身帝王打扮，神情刚毅肃穆。后院是寝宫，现已被辟为花

↓解州关帝庙

园，院子两侧分别是刀楼和印楼，登楼可见关羽的青龙偃月刀。最后面就是庙内最高的建筑——春秋楼，构筑精巧，给人以空中楼阁之感。结义园是模拟当年刘、关、张桃园三结义的场景所建，主要有木牌坊、君子亭、三义阁等。

运城市盐湖区解州镇五一路。

旺季 70 元，淡季 42 元。

运城盐湖养生城

●湖内的黑泥富有益于人体的矿质元素

运城盐湖处于运城盆地最低处，曾以其 4000 年的产盐史闻名全国。湖内的黑泥富含有益于人体的矿物质元素，开发有与死海相似的漂浮和洗浴项目。附近建有祭祀庙宇，较为典型的是坐落在盐池北岸卧云岗上的池神庙。

运城市盐湖区南中条山下。

在运城市区乘 21 路公交车到黑尼谷下车即可，或从市内乘出租车大概 10 元即到。

黑泥养生 + 矿盐理疗：138 元，盐水漂浮 + 温泉水疗：138 元，四绝套餐：258 元。

五老峰

●中国的道教名山

主峰玉柱峰海拔 1896 米，东锦屏峰、西锦屏峰、太乙坪峰、棋盘山峰罗列主峰四隅，像五位彬彬有礼的老人列座侃侃而谈，故称“五老峰”。五老峰曾为我国道教名山，山上庙宇颇多，香火旺盛。

永济市虞乡镇。

从运城乘坐旅游专线车可到，也可乘坐开往永济的长途车在五老峰路口下车。 85 元。

亲历者◎指路

距太原约 600 千米。运城火车站前有 11 路公交车，票价 3.5 元即可到达解州关帝庙大门口；运城飞机场乘 18 路公交车，票价 1.5 元到运城火车站换乘 11 路公交车也可。

普救寺

●《西厢记》浪漫故事的发生地

普救寺是古典戏剧《西厢记》故事的发生地，被称为“爱情圣地”，誉满中外。寺内古朴典雅的莺莺故居“梨花深院”，牵动了多少恋人的仰慕之情。

永济市蒲州镇西厢村。

2、路公交车可到。

旺季 70 元，淡季 50 元。

黄河蒲津渡遗址

●曾是唐代最大的桥梁工程

蒲津渡源远流长，自春秋战国以来一直是中原地区沟通西部边关重镇的交通大动脉。

遗址出土有唐开元年间所铸的铁牛、铁人各四尊，为古桥桥头实物。现已成立永济唐铁牛博物馆。四尊铁牛各长 3.3 米，高 1.5 米，重约 50~70 吨。每条铁牛旁各有一铁人，高约 1.9 米，重约 3 吨。南侧铁牛下还发现有铁板、铁柱，铁牛尾部立有铁制的七星铁柱 7 根。四大铁牛被誉为“世界之最”，在考古学、桥梁建筑、冶炼铸造、水文地质等学科领域，有着十分重要的研究价值。

永济市蒲州镇西门外，距永济市 15 千米。

在永济市乘 2 路公交车到普救寺站下车，然后再乘电动车即可到达。

旺季 60 元，淡季 50 元。

晋城旅游区

皇城相府旅游区 AAAAA

●康熙老师陈廷敬的故居

皇城相府是清康熙年间的名相陈廷敬的故居，由内城、外城两部分组成。内城为陈廷敬伯父陈昌言于明崇祯六年所建，名为“斗筑可居”。外城为清康熙四十二年陈廷敬所建，名为“中道庄”。内外城总长为 678 米，全城总面积 3.6 万平方米，为城堡式建筑。

御书楼位于中道庄城门前，俗称“皇阁楼”。整个建筑雕梁画栋、斗拱飞檐，金碧辉煌，是皇城旧八景之一。楼分上下两层，下层为砖砌拱券门洞，上层为重檐歇山顶建筑，金黄色琉璃瓦覆盖厅面。楼始建于康熙五十年，上存康熙帝亲赐御书“午亭山村”匾额及“春归乔木浓荫茂，秋到黄花晚节香”楹联。

🏠 阳城县北留镇皇城村。
¥ 旺季120元，淡季100元。

郭峪村

●历史文化名城

村内现存明代民居40院；明崇祯十一年修建的蜂窝城墙，高20米，宽5米，长1400米；元代修建的汤帝庙，内尚存20米高的挑角戏台及罕见的九开间大殿。郭峪村明清两代曾出过许多举人、进士，文化底蕴深厚。

🏠 阳城县北留镇。

炎帝陵

●庄里村的"皇坟"

庄里村炎帝陵，俗称"皇坟"。陵后有庙，谓之五谷庙。五谷庙创建年代不详，最迟在宋代时已有之。该庙座北面南，周有城墙，分为上下两院，在其中轴线上，分列为舞台、献台、山门、南道、正殿。原来庙院内碑石林立，约有四五十通碑。现仅存正殿五间，东西厢房十几间。

🏠 高平市神农镇庄里村。
🚌 没有公交车，在高平市区包车前往，往返50元左右。
¥ 30元。

王莽岭自然保护区

●享有"清凉圣境"之美誉

王莽岭风景区包括华北最大的生态旅游目的地王莽岭、世界围棋起源地棋子山、世界奇观挂壁公路和世外桃源锡崖沟等。

景区由高低错落的50多个山峰组成，是太行山风光的典型代表。素有"清凉圣境"之美誉，一年四季皆为旅游胜地。王莽岭的山脚下坐落着美丽的锡崖沟，因传说仙人道士曾在这里冶锡炼丹而得名。

🏠 陵川县古郊乡东部。

长治旅游区

老顶山

●长治市的城市标志性建筑

老顶山不仅山峦秀丽，林木繁生，而且天然岩洞众多，景致各异。大小30余座岩洞，多位于半山陡壁悬崖、深谷幽壑之地。

老顶山除了这众多的岩洞外，还有一处"寒泉绝胜"。在滴谷寺村老顶山乡政府办公楼下，有一股甘甜的清泉，洞口匾额上嵌清朝所留楷书"古寒泉"。古寒泉即百谷泉，亦名神农泉。洞口有宋代风格的浮雕龙头，泉口雕有卧龙。龙嘴开张，下为圆形石凿小井，布局招巧。

🏠 长治市区东部。 ¥ 30元。

壶关太行大峡谷

●古有"藏龙卧虎之地"的美称

太行大峡谷风光旖旎，自然景观和人文景观资源十分丰富。峡谷内断崖高起，群峰峥嵘，苍溪水湍，流瀑四挂。其林海若绿浪滔天，悬崖似刀削斧劈，山石则千姿百态；瀑布如练似银，深潭碧波荡漾，庙宇雄奇壮丽，溶洞引人入胜，传说令人神往。这是北方山水风光的典型代表。

🏠 壶关县鹅屋乡，北距壶关县城30千米。
¥ 150元。 ☎ 0355-8771330。

临汾旅游区

洪洞大槐树寻根祭祖园

●闻名全国的明代迁民遗址

这里是历史上元末明初大移民的出发地，如今成为寻根祭祖的圣地。现汉代古槐已枯，但第三代古槐已生长得高达数丈，枝繁叶茂。旅游区的主题是"寻根"，每年公历4月1日~10日举办"寻根祭祖节"，海内外华裔子孙人潮涌动。

🏠 洪洞县大槐树镇古槐北路公园街002号。
¥ 旺季80元淡季60元。
☎ 0357-6658028。

洪洞明代监狱

●我国唯一的、保存最完整的明代县衙古监狱

它始建于明朝洪武元年（1368年），距今已有600多年的历史，当年北京名妓苏三在洪洞蒙冤落难就囚于这里。

当您踏进过厅，映入眼帘的一条狭窄的南北通道。通道两端各有东西对称的6间普通牢房，每间牢房门低窗小。监狱最引人注目之处是死囚牢。牢门上方有一石刻的动物头像，传说它的名字叫狴犴，是龙王的第四个儿子，凶猛善搏，生平好讼。龙王派它镇守牢门，看管囚犯。古人常把它刻于牢门之上，因长得像老虎，所以俗称"虎头牢"。

洪洞县大槐树镇。

45元。

壶口瀑布

●中国第二大瀑布

壶口瀑布是我国第二大瀑布。当黄河流至壶口一带时，两岸苍山夹峙，把黄河水约束在狭窄的黄河峡谷中，河水聚拢，收束为一股，奔腾呼啸，跃入深潭，溅起浪涛翻滚，形似巨壶内黄水沸腾。巨大的浪涛在形成的落差注入谷底后，激起一团团水雾烟云，景色分外奇丽。壶口旅游区有"观在陕西、住在山西"的说法。

吉县壶口镇，与陕西省宜川县壶口乡交界的黄河干流上。

72元。

0357-7986118。

住宿

银湖饭店：位于凤凰北路268号，电话0359-2023091，标间约190元。

黄河大厦：位于潞村街136号，电话0359-2061788，标间约150元。

银都大酒店：位于解放北路，电话0359-2061788，标间约100元。

餐饮

运城饮食属于晋菜中的南路菜，口味以咸香为主，偏于清淡。因地处黄河金三角地区，又接陕西、河南，运城的饮食文化也颇受秦、豫口味的影响。

与其他山西的城市一样，运城人多以面食为主食，在吃面时，喜欢放醋。这里有很多小吃都曾作为贡品。香酥可口的闻喜煮饼、口感醇厚的"三倒手"硬面馍、色泽金黄的稷山麻花都是其中的精品。

购物

运城土特产丰富，柔软甜美的运城柿饼、肉多味美的稷山板枣等都是运城土特产的代表，而已有千年历史的桑落酒、四大名砚之一的澄泥砚等特产更宣示运城的人杰地灵。

运城的大型购物场所主要集中在盐城区，其中盐湖广场、二郎神商业步行街、官巷服装市场、华联超市、东星时代广场和今日国际商城等都是集休闲、购物为一体的大型商场，是在运城购物的不错选择。

民俗

洪洞大槐树祭祖节：每年4月1~10日举行。以"寻根"为特色，主祭日为清明节（4月5日左右），当天会上演盛大的祭祖典礼。祭祖节主要是为了进一步弘扬大槐树根祖文化，吸引和凝聚海内外数以亿计的古槐后裔，激发爱国热情、爱家之情，增强文化软实力而举办的。

关公节：每年农历四月初八、九月初九举行，有精彩纷呈、声势浩大的活动，如庄严肃穆、气势恢宏的"金秋大祭"、设祭坛、齐三牲、鸣古乐、着古装等。此外，还有天下第一鼓的绛州鼓乐和绛县"飞龙"等文艺表演。

● 面积

118 万平方千米，全国排名第 3 位

● 人口

2511 万，全国排名第 23 位

● 国家重点风景名胜区

扎兰屯风景名胜区

● 5A 级旅游区

鄂尔多斯达拉特旗响沙湾旅游景区、鄂尔多斯伊金霍洛旗成吉思汗陵旅游区、兴安盟阿尔山·柴河旅游区

内蒙古旅游网
www.nmglyw.com

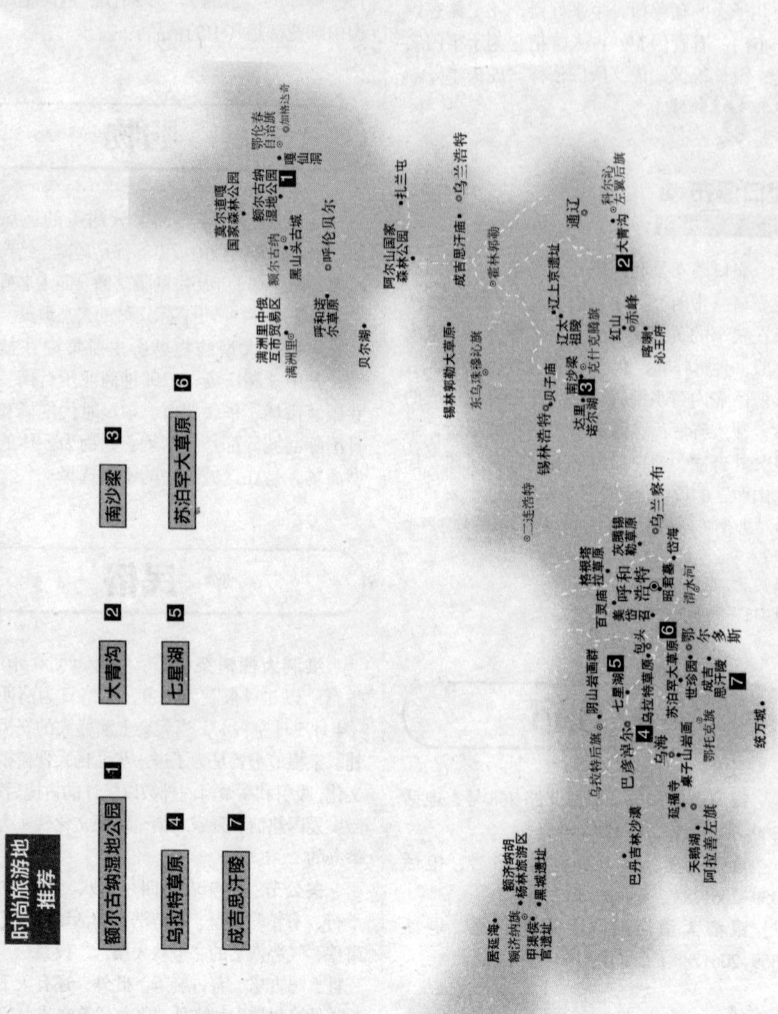

内蒙古

“一代天骄”成吉思汗的故乡——美丽的内蒙古自治区。浩瀚无垠的沙漠奇观，无边无际的草原景色，肥沃的农田，寥廓的水面，所到之处都让人留恋忘返。撩人心弦的蒙古长调、感人肺腑的马头琴。富饶美丽的内蒙古用它绚丽多彩的民族风情，迎接着四方来客。

打好背包，骑上马背

呼和浩特

呼和浩特，蒙古语意为“青色之城”，它静卧在美丽的蒙古大草原中，因召庙云集，又被称为“召城”。悠久的历史所积累的众多文物古迹以及美丽的草原风光，使这座塞北古城成为旅游者向往的胜地。

面积：17344 平方千米
人口：231 万
区号：0471

亮点

必游景点

● **大召**：为明清时期内蒙古地区最早建立的喇嘛教寺庙，也是少有的不设活佛的寺庙。大召的文物众多，其中银佛、龙雕、壁画被称为“大召三绝”。

● **昭君墓**：民间传说，昭君墓一日三变，“辰如峰，午如钟，酉如枞”。每年“凉秋九月，塞外草衰”时，唯有昭君墓上草色青青。

● **成吉思汗陵**：国家 5A 级旅游景区，主体建筑是三座蒙古式大殿。每年的农历三月二十一日均在此举行隆重的春祭仪式。

● **五当召**：内蒙古地区现存唯一完整的喇嘛教庙宇，店内陈设庄严肃穆，收藏有藏语经文及佛像、壁画等。

● **美岱召村**：中国历史文化明村，距今有 400 多年历史，美岱召是喇嘛教传入蒙古时的一个重要弘法中心，它对于研究明代蒙古史、佛教史、建筑史、美术史都具有重要价值。

线路推荐

● **呼和浩特三日游**

D1：上午从呼和浩特市乘旅游专线车去昭君墓游览，下午游览市内的大召、席力图召、清真大寺、五塔寺。

↑呼和浩特昭君墓

D2：上午去赛罕区巴彦镇白塔村的万部华严经塔观光，中午返回市内，下午去哈素海，晚宿哈素海度假村内。

D3：去辉腾锡勒草原观光

● **鄂尔多斯、包头三日游**

D1：五当召—美岱召。

D2：响沙湾。

D3：成吉思汗陵。

交通信息

飞机

呼和浩特白塔国际机场位于市区东 15 千米处，有多条航线往返北京、广州、上海等大中城市，并且开通有往返蒙古乌兰巴托和俄罗斯赤塔等地的国际航线。

火车

呼和浩特站位于呼和浩特市新城区，有发往北京、厦门、南昌、成都等城市的普速列车。

呼和浩特东站位于呼和浩特市市区东侧，承接发往省内的高铁班车和国内一些城市的普速列车。

呼和浩特旅游区

大召

●呼市内最大的黄教寺庙

汉语名“无量寺”，蒙古语名“伊力召”。

始建于明代，是内蒙古少有的不设活佛的寺庙。原因是康熙皇帝曾在此住过几日，为了表示对皇帝的尊敬，僧侣们取消了活佛的转世规定。

大召院建筑考究，大殿是常见的藏汉式喇嘛庙形制，其余部分则是依照传统中式庙宇的式样而建，大殿内供奉有一座银铸佛像，所以又有“银佛寺”之称。

大召的珍藏品极为丰富，堪称大召“三绝”的银佛、龙雕、壁画和佛殿内的各种彩塑、金铜造像、晾佛节展出的巨幅唐卡、108部的甘珠尔经卷，以及宗教活动使用的各种法器，面具等都是极为珍贵的历史文物和艺术珍品。

呼和浩特市玉泉区大召前街。

6、42、58、59路公交都有大召站。

35元。

8:00~18:00。

0471-6303154。

席力图召

●呼和浩特市最大的寺庙

汉语名延寿寺，建于明代。该处原是一座小庙，后经清代的重修与扩建，才成了现在的规模。建筑物除大殿外均为汉式，是内蒙古藏汉混合喇嘛庙的代表。寺内有著名的“征噶尔丹纪功碑”。

大经堂是席力图召的主体建筑，金碧辉煌；大殿采用藏式结构，四壁饰以彩色琉璃砖，殿前立有康熙皇帝御制的“平定噶尔丹纪功碑”；召庙的东南隅有一座白色的喇嘛庙，高15米，颇为雄伟。席力图召是呼和浩特现存最精美的一座寺庙，每年还会在这里举行佛会、跳“恰木”等宗教活动，热闹非凡。

呼和浩特市玉泉区石头巷北端。

从旧城北门乘6路公共汽车在小十字下车可达。

30元。 8:30~18:00。

昭君墓

●晨如峰，午如钟，西如纵

墓高33米，墓前有平台及阶梯相连，远望陵墓呈青黛色。当地传说，每年“凉秋九月，塞外草衰”的时候，唯有昭君墓上草色青青，因此，昭君墓又称为“青冢”。“青冢拥黛”被誉为呼和浩特八景之一。

昭君墓参观内容有：青泉牌坊、石雕嫱云、和亲铜像、董必武诗碑、昭君出塞陈列、昭君诗碑廊等。

呼和浩特市玉泉区桃花乡大黑河畔。

65元，可以看《昭君情缘》歌舞表演，一天两场。

8:00~18:00。

亲历者◎解说

民间传说昭君墓一日三变，“辰如峰，午如钟，酉如枞”，更增添了昭君墓这一塞外孤坟的神秘色彩。每年7月，景区举办昭君文化艺术节。

敕勒川哈素海旅游区

●被誉为“塞外西湖”

哈素海以它优质、无污染的湖水而闻名，是以天然湖泊为主要景观的公园。旅游区分宗教活动区、民族活动区（包括赛马场、射箭场）等十大区域，以浓郁的蒙古族风情为基础，兼具现代与传统风格。

每到春夏时节，湖水清澈见底，品类各异的小鱼悠游往来，各种各样的鸟儿盘旋在烟波浩渺的湖面上，在芦苇荡内忽隐忽现，让人遐思不已。

土默特左旗陶思浩乡大青山南麓。

30元。

8:00~20:00。

包头旅游区

五当召

●内蒙古地区现存唯一完整的喇嘛教庙宇

五当召始建于清康熙年间，以西藏扎什

伦布寺为蓝本。它与西藏布达拉宫、青海塔尔寺齐名，为我国喇嘛教的名寺之一。

五当召被群山环抱，山上苍松翠柳，郁郁葱葱，寺前小溪清澈，流水涓涓，整个寺院依山势建造，规模宏大，殿堂仓舍2538间，占地约20万平方米。主要建筑由六殿三府一堂和94栋喇嘛住宿楼组成，各幢建筑自成一区。是内蒙古地区现存规模最大、保存最完整的纯藏式喇嘛寺庙。

据统计五当召内有金、银、铜、木、泥各种质料铸成的佛像1500余尊，其中最大的有三层楼高，最小的不过盈寸。寺内现存的大量壁画，精细逼真地描绘了历史人物、风俗、神话及山水花鸟，是研究少数民族历史文化的宝贵资料。

包头市石拐区五当召镇，市区东北约70千米处。

60元。

8:30~17:30。

亲历者◎攻略

现在，五当召寺依然是本召喇嘛进行佛事活动和信徒们朝拜的场所。每逢农历初一到十五，诵《甘珠尔经》，十五这天，进行酥油花展出；农历五月初五，举行那达慕大会和赛马会；农历七月二十三至八月初一，举行一年一度的嘛呢会，喇嘛们手持经轮，吹着法号，敲着羊皮鼓绕召庙而行，颇为壮观。

美岱召村

●"城寺结合，人佛共居"

美岱召因17世纪初麦达里胡图克图活佛在此坐床传教而得名，一直延传至今，成为村名。美岱召是喇嘛教传入时的一个重要弘法中心，它对于研究明代蒙古史、佛教史、建筑史、美术史都具有重要价值。

美岱召村始建于明朝嘉靖年间，距今已有400多年的历史。古村依山傍水，景色宜人，是阿拉坦汗及夫人三娘子（金钟哈屯）居住和议政的地方，也是喇嘛教活动场所。在建筑上更有独特的风格：它是仿中原汉式，融合蒙藏风格而建，是一座"城寺结合，人佛共居"的喇嘛庙。

包头市土默特右旗美岱召镇。

从包头市长途汽车站可乘旅游专线车、中巴车或包车前往美岱召村。或从呼和浩特坐火车到萨拉齐站（约2小时车程），出站后西行到立交桥路口，乘过路的6路公交中巴5块钱可到美岱召村。

希拉穆仁草原

●开发较早的草原景点，设备完善

希拉穆仁蒙古语意为"黄河"。希拉穆仁草原旅游点俗称"召河"，因在希拉穆仁河畔有一座清代喇嘛召庙"普会寺"而得名。寺院原为呼和浩特席力图召六世活佛的避暑行宫，建于乾隆三十四年（1769年）。同时，游客还可以观赏草原美景，品味草原游牧民族的豪迈情怀，并参与隆重的"祭敖包"仪式，享用草原民族典型的风味餐饮，体会独特浓郁的蒙古民族文化风情。

达尔罕茂明安联合旗希拉穆仁苏木。

可从呼市乘44路班车直达，或在呼市汽车北站乘坐前往百灵庙的班车。

鄂尔多斯旅游区

世珍园旅游区

●风光旖旎，民风淳朴

世珍园旅游区内除湖泊、岛屿外，分布着大片的湿地、沙地、草地、丘陵地，这里生活着遗鸥、东方白鹳、白天鹅等珍稀鸟类80余种。

世珍园旅游区的核心游览区是鸟岛。观鸟台上，在繁殖期间可以看到遗鸥繁殖的全过程。世珍园旅游区中的另外一个参观点"长寿岛"。站在长寿岛上远眺，可将泊江海子及周边草原、湿地的轮廓尽收眼底。

鄂尔多斯市东胜区泊江海镇，距市区45千米。

在东胜区乘坐开往锡尼的班车，在世珍园旅游区下。

30元。

响沙湾 AAAAA

●中国三大响沙之一

响沙湾，也叫银肯响沙（"银肯"为蒙古语，意为"永久"）。响沙湾是一个弯形沙坡，沙丘高约百余米，宽400多米，沙坡斜度为45度。天晴无雨、沙子干燥时，人从沙丘的顶部往下滑，便可听到沙子发出的如同击鼓、吹号的呜呜声，轻则如青蛙“呱呱”的叫声，重则像汽车、飞机轰鸣。

响沙湾旅游区有丰富多彩的沙漠娱乐项目，如沙漠索道、滑沙板、沙漠卡丁车、沙漠摩托车、沙漠冲浪车、沙漠滑翔伞、骑马、骑骆驼等，还可以欣赏到独具鄂尔多斯蒙古族特色的大型民族歌舞《鄂尔多斯婚礼》等精彩表演。

达拉旗树林召乡瓦窑村。

从鄂尔多斯市乘长途汽车到达拉特旗下车，然后打车到响沙湾。

门票和索道套票130元。

8:30~18:00。

亲历者◎攻略

在干燥的气候条件下，沙丘才会发出响声，雨天或雨后最好不去，以免影响游玩效果。夏季前往响沙湾，切记携带遮阳伞、防晒霜等防晒用品。

成吉思汗陵旅游区 AAAAA

●建筑雄伟，一如成吉思汗的骄人战绩，

陵墓规模宏大，让人过目难忘。整个景区以陵宫为核心，由苏勒德祭坛和“三区”“两道”“八景”等组成。

陵墓的主体建筑是三座蒙古包式的大殿：正殿内是以“四大汗国”疆图为背景的高约5米的成吉思汗塑像；寝宫（后殿）里有三个黄缎子覆顶的白色蒙古包，居中为成吉思汗和夫人的灵柩，而两边则是成吉思汗胞弟的灵柩，其中成吉思汗的灵柩为镂有蔷薇花纹的银棺，并以金锁锁着，两旁放着成吉思汗生前用过的武器，有战刀、弓箭等；东殿停放着拖雷及其夫人的灵柩；西殿中供奉着九面旗帜（象征九员大将），以及十分神圣的“苏勒定”。

亲历者◎指路

从东胜乘车或者包车前往成吉思汗陵很方便。从包头汽车站乘发往鄂尔多斯的汽车，到鄂尔多斯后再乘汽车直达成吉思汗陵，行程约5小时。

↓成吉思汗陵

伊金霍洛旗伊金霍洛苏木。

成吉思汗陵分为分旅游区和陵墓祭祀区两部分。旅游区是一个以成吉思汗为主题的公园，票价120元/人。绕过旅游区到后面才是衣冠冢所在的陵墓祭祀区，票价80元/人。

8:00~18:00。

亲历者◎攻略

1. 成吉思汗陵每年的农历三月十七都有盛大的“苏勒定”大会，届时的开节仪式非常隆重，是难得一见的场面，不可错过。

2. 成吉思汗陵内有诈马宴，其仪式庄严，情韵怀古，牛肉鲜香，舞姿婆娑，古乐典雅，让人心醉神迷。

乌兰察布旅游区

辉腾锡勒草原

●湖泊众多，有神葱沟和黄花滩两大去处

辉腾锡勒，蒙古语意为“寒冷的高原”。每到5月至9月间，整个草原水草丰盛，牛羊游动，牧歌嘹亮，绘织成一幅美丽的草原图景。景区有神葱沟和黄花滩两大去处，共有15大景观，90多个天然湖泊。

旅游区活动项目有骑马、乘驼、射箭、射击；还可参观蒙古式摔跤，登敖包山，到牧民家做客，品尝民族风味的奶食、手扒肉、马奶酒等。

察哈尔右翼中旗乌兰哈页苏木。

亲历者◎指路

从呼和浩特前往，可坐长途汽车到乌兰察布市察右中旗，行程约3小时。到达右中旗后，可乘坐右中旗去卓资山的班车。

草原岱海生态旅游度假区

观光、疗养好去处

岱海处在一个狭长的陷落盆地，由周围20多条河流和中层地下水汇集而成，属典型的内陆淡水湖泊。度假区建有仿古牌楼、花坛喷泉、迎宾广场、迎宾花池、海西芦苇荡、海西观鸟台、成吉思汗马刨泉、草原风情苑等8处旅游观光点。

岱海温泉，位于岱海附近的三苏木乡中水塘村。水温38℃，水中含有多种能人体有益的微量元素，对治疗各种皮肤病以及风湿性腰腿疼等具有良好疗效。

凉城县六苏木乡。

可从呼市或集宁乘汽车到凉城县。

35元。

格根塔拉草原

平坦开阔，水草丰美

格根塔拉是蒙古语，意为夏日营盘（夏季放牧的地方），这里地形南高北低，自古以来便是天然的牧场。可以漫游大草原，观看赛马、赛骆驼、摔跤表演，还可以骑马、乘驼、射箭等，意兴盎然。

四子王旗查干补力格苏木。

可从呼和浩特市乘班车到乌兰察布市再转车到四子王旗，也可直接从呼和浩特市或乌兰察布市包车前往。

10元。　8:00~18:00。

住宿

呼和浩特的住宿很方便，住宾馆旅社很舒坦，而且很多的蒙古包也可以住宿。

宾悦酒店青年旅社：位于昭乌达路，标间400~600元左右，电话：0471-6605588。

骊欣招待所：从火车站打的前往即可，标间100元，车费约10元，电话：0471-6944238。

餐饮

呼和浩特以山野风味为主，传统美食有成吉思汗铁板烧、烤全羊、糖醋驼峰、扒驼掌、蜜汁天鹅蛋、枸杞菊花牛鞭、改刀肉等。呼和浩特风味小吃有土默川酸饭、莜麦面、烧麦、哈达饼、一窝丝、奶豆腐等。

敕勒歌全羊涮肉：位于呼市文化宫路，以全羊宴为特色，电话：0471-8113600。

格日勒阿妈奶茶馆：位于呼市新华广场电视台东墙，以牧区原产奶制品为招牌，电话：0471-6924755。

购物

呼和浩特土特产有驼毛、鹿茸、发菜等；旅游纪念品主要有蒙古刀、蒙古碗、结盟杯、马头弯刀、王爷腰刀、蒙古族服饰、蒙古族角雕、蒙古族铜器、呼呼尔（鼻烟壶）、首饰等。

如果要购买土特产，可以到新世纪广场或师大南路的农副产品市场购买。如果要购买蒙古刀等旅游纪念品，可以到锡林北路的内蒙古文物总店购买。

民俗

待客：主人中有长辈和老人时，客人要在营子外下马，牵着马进营子。客人是长辈或老人，主人要接马缰拴在马桩上。晚辈要向刚见面的长辈问候请安。请安礼仪，男人是将双手置于脐部鞠躬或打千，妇女行单跪礼请安。

献茶敬酒照例以长辈、老人为先。有时为了表示对客人的尊重而先客后主，客人接过来要放在长者面前。献茶要站起身双手奉上，不能坐着献茶。晚辈如果是男性，敬酒时作单跪姿势。

蒙古包的西北隅和灶口处是不能贸然去坐的。要沿房门西侧坐在门里或被主人让到正北延东一排坐下。不论天气多冷，不得在火盆、锅撑子上烤脚、磕烟袋、吐痰和进出跨越。鞭子、棍子之类禁忌带入室内。

呼伦贝尔

呼伦贝尔是游牧文化和游猎文化的发祥地之一，被历史学家称为“北方民族的摇篮”。要想领略蒙古族巴尔虎部、布里亚特部的游牧文化、鄂温克族和鄂伦春族的游猎文化、达斡尔族的农耕文化，这片美丽辽阔的土地是不二选择。

面积：262062 平方千米
人口：282 万
区号：0470

亮点

必游景点

● **呼和诺尔草原旅游区**：最具代表性的草原民俗旅游点，草原内有许多湖泊，可在草原上跃马扬鞭，真正体味一下蒙古游牧民族特有的风情。

● **巴彦呼硕草原旅游区**：有着历史悠久的敖包祭祀文化和清代遗址，《敖包相会》就是从巴彦呼硕敖包唱遍了中华大地的。

● **呼伦湖**：内蒙古第一大湖，湖水天一色，烟波浩渺，原始而粗犷，秀丽且洁净。不仅可以欣赏到水上日出、湖天蜃楼等美景，而且可以尝到当地有名的“全鱼宴”。

● **室韦**：我国唯一的俄罗斯民族乡。风景优美，室韦居民大部分仍保留着较为完好的俄罗斯文化和生活习俗。

线路推荐

● **呼伦贝尔大草原自然风光四日游**

D1：海拉尔—金帐汗蒙古部落—额尔古纳—室韦（俄罗斯民族乡）。

D2：室韦（俄罗斯民族乡）—莫尔道嘎国家森林公园。

D3：额尔古纳—呼和诺尔草原旅游区。

D4：呼和诺尔草原旅游区—海拉尔国家森林公园。

↑成吉思汗广场

交通信息

飞机

海拉尔东山机场位于呼伦贝尔市海拉尔区，距离市区约 3 千米。目前已开通了飞往北京、上海、武汉、香港、台北、俄罗斯赤塔、蒙古乌兰巴托、日本东京、韩国首尔等城市的航线。

火车

海拉尔站位于呼伦贝尔民主街，从北京、呼和浩特、哈尔滨、齐齐哈尔、大连等地均有班次到海拉尔站。

海拉尔旅游区

世界反法西斯战争海拉尔纪念园

●爱国主义教育基地

海拉尔纪念园为国家 4A 级景区、呼伦贝尔市爱国主义教育基地。纪念园总面积 110 公顷，在原侵华日军海拉尔要塞遗址上建立而成，是集爱国主义、国际主义、革命英雄主义为一体的军事主题红色旅游景区。

世界反法西斯战争海拉尔纪念园分为地上、地下两部分，其中地面建有海拉尔要塞遗址博物馆（共分为四个展厅、九个部分）、主题广场、地面战争遗迹、模拟战争场景、游客服务设施等内容；地下工

↓海拉尔纪念园

事遗迹，复原了日军司令部、士兵宿舍、卫生室、通讯室等，园区建设风貌恢宏大气、深沉凝重。

呼伦贝尔市海拉尔区北山（原侵华日军海拉尔要塞遗址处，距海拉尔城区北部 3 千米）。

乘 5 路公共汽车，到终点"铁收审站"下车。

60 元。

8:00~18:00。

0470-8234538。

呼和诺尔草原

●观赏呼伦贝尔大草原景色的最佳地点

呼和诺尔草原旅游区是当地最具代表性的草原民俗旅游点。在蒙古语中"呼和诺尔"意为"青色的湖"。草原内有许多大大小小的河流湖泊，其中呼和诺尔湖景色最佳。

呼和诺尔草原旅游区以多功能蒙古包式游客中心为主体，形成蒙古包群。主要旅游项目有：草原自然生态观光、游牧旅游、牧户游、骑马乘驼、赛马、射箭表演，祭敖包、民族歌舞表演、篝火晚会等。

陈巴尔虎旗巴彦库仁镇西 10 千米处。

从海拉尔区有发往草原的旅游车，一个小时的车程。

20 元。

巴彦呼硕草原旅游区

●《敖包相会》唱响地

巴彦呼硕草原有着悠久历史人文景观和自然景观，草原风光特色突出。这里是鄂温克族主要居住的地方，还居住有达斡尔等少数民族，充满民族风情魅力。

巴彦呼硕敖包是鄂温克草原上最大的官祭敖包。是内蒙古所有旅游景区唯一先有敖包后建景区的旅游区。巴彦呼硕敖包还沿袭

↓巴彦呼硕草原

着传统敖包修建的形式修建，有主敖包一个，小敖包 12 个，手工铜顶 13 个，原始的石供桌、石香炉，透出古老的敖包祭祀习俗。

鄂温克旗伊敏河畔。

建议包车从海拉尔前往鄂温克旗的巴彦呼硕草原旅游区，车程约半小时，单程出租车费用在 50 元左右。

亲历者◎攻略

巴彦呼硕草原旅游区每年都举办众多的民族节庆活动。在这里，每年 5 月初当地牧民为庆祝春季接羔丰收而举行"丰收会"；每年农历五月十三有喇嘛主持祭祀敖包，称"敖包会"；6 月 18 日是鄂温克民族独有的传统节日"瑟宾节"，与此同时一年一度的国际敖包相会情歌节也在这里举行；12 月末，内蒙古冬季那达慕也在巴彦呼硕敖包山下举行。每逢节日，草原上的人们身着盛装从四面八方云集敖包，草原上一片欢腾，场面隆重而热闹。

满洲里旅游区

呼伦湖

●内蒙古第一大湖

呼伦湖是以保护珍稀鸟类、湿地生态系统、草原生态系统为主的综合性自然保护区。呼伦湖有八个著名景区，分别为水上日出、湖天蜃楼、石桩恋马、玉滩淘浪、虎啸呼伦、象山望月、芦荡栖鸟、鸥岛听琴。

呼伦贝尔大草原西部，满洲里市南部。

中俄边境旅游区 AAAAA

●汇集中俄蒙中俄蒙三国文化精髓

满洲里市中俄边境旅游区包括国门景区

和套娃景区，汇集中俄蒙中俄蒙三国文化精髓。满洲里国门1989年建成，国门庄严肃穆，在国门乳白色的门体上方嵌着“中华人民共和国”七个鲜红大字，上面悬挂的国徽闪着的金光，国际铁路在下面通过。

呼伦贝尔市满洲里市华埠大街的西面尽头。

在满洲里市区打车前往。

80元。

甘珠尔庙

●呼伦贝尔地区最大的藏传佛教庙

甘珠尔庙原名寿宁寺，乾隆五十年赐庙，并亲笔撰写“寿宁寺”匾额。甘珠尔庙建筑风格以中原、蒙古、西藏3种风格为一体，反映了3种文化的巧妙融合。庙中主供释迦牟尼、官布、扎木苏伦等佛像，由于寿宁寺曾收藏过藏蒙文《甘珠尔经》，故而又得名为甘珠尔庙。

新巴尔虎左旗甘珠尔镇。

额尔古纳旅游区

莫尔道嘎国家森林公园

●“南有西双版纳，北有莫尔道嘎”

莫尔道嘎是中国最北部的针叶原始森林，是目前国内面积最大的森林公园。

莫尔道嘎国家森林公园内分成龙岩山、翠然园、原始林、激流河、民俗村、界河游等六个景区。公园森林风景资源独具北国特色，保存着我国最后一片寒温带明亮针叶原始林景观。

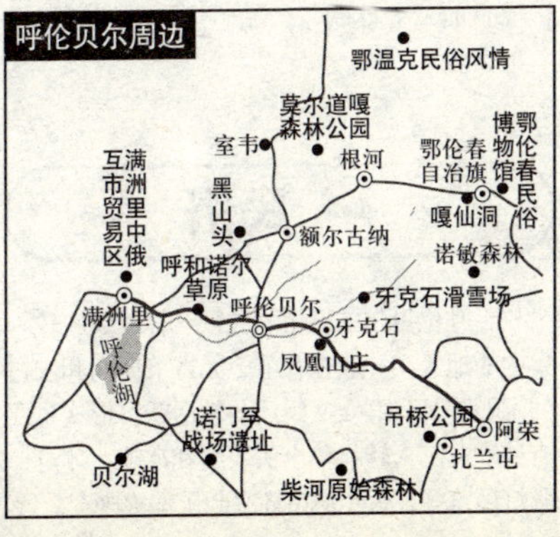

额尔古纳市莫尔道嘎镇。

160元。

亲历者◎指路

1. 海拉尔有开往莫尔道嘎镇的夜间火车，行程约10个小时。海拉尔汽车站有发往莫尔道嘎的班车，每天一班，行程约8个小时。

2. 自驾：从海拉尔前往莫尔道嘎，可以从额尔古纳市（拉布大林）走途经室韦的柏油路，这条路路况较好，沿途风景优美。

亲历者◎攻略

1. 住宿：莫尔道嘎林业局所属的龙岩山庄是900元左右，条件相对较好，莫尔道嘎唯一的三星级酒店。森林公园里的度假村房价较贵，标间价格一般在300~400元。白鹭岛的住宿设施目前逐渐完善，夏、秋两季对外开放。

2. 在莫尔道嘎需要品尝的美食，第一位当属各类山珍，这里应季的蘑菇、野菜、野果品种丰富，味道鲜美。还有鹿肉也十分美味。每年7~8月，各种浆果成熟，山野菜和蘑菇漫山遍野，炖汤或清炒都很不错，可以让人大饱口福。夏、秋时节，这里的街头会卖用盐水煮熟的松子。

室韦

●我国唯一的俄罗斯民族乡

室韦是内蒙古自治区现行最北部的乡之一。这里在2006年曾被评为全国十大魅力小镇之一，风景优美，中俄界河额尔古纳河从它身边流过。

室韦居民1800多人，大部分仍保留着较为完好的俄罗斯文化和生活习俗。他们擅长放牧、狩猎、捕鱼、种麦和种植蔬菜。“列巴”“野果酱”“格格列大”“格斜立”是他们自制的风味小吃。住的是俄罗斯人典型的住房，全部用圆木对接而成的“木刻楞”。从2006年开始，这里开设旅游区，很多国内外游人慕名而来。

呼伦贝尔额尔古纳市境内。

亲历者◎指路

1. 从海拉尔汽车站乘坐发往额尔古纳（当地通常只说拉布达林）的班车，在额尔古纳有到室韦的班车，每天一班，早上9：30发车。

2. 莫尔道嘎有到室韦的班车，15：00发车，车程约2个小时，票价30元。

3. 从海拉尔包车到室韦大约4小时车程，沿途风光无限。

扎兰屯旅游区

吊桥公园

●园内古木参天、杨柳婆娑、碧波荡漾

始建于1905年，因园内有一吊桥而得名。现有望湖亭、三角亭、环心湖、月形拱桥、九曲桥、动物园、花卉区、垦石园、晨练场等景观，是一处集自然景观和人文景观于一体的综合性的城市公园。园内刻有叶剑英元帅及老舍、李准、叶圣陶等文人墨客的诗作。公园内还设有动物区、花卉区、儿童游乐场。

扎兰屯市市区吊桥路一号。

免费。

3203030。

中国达斡尔民族园

●集达斡尔民族的历史、文化和生态旅游于一体

园内有反映达斡尔人生产生活的民俗村、植物园、按历史记载复原的雅克萨古城、民族英雄雕像群、斡包（用于进行民族祭祀活动）、金边壕等多个景点。

在呼伦贝尔长途车站乘旅游大巴可以直达景点。

住宿

海拉尔区有各种不同档次的宾馆，在市中心地区的中央大街上集中了许多中高档的宾馆，一些小规模的旅店里，价格会更便宜，通常只需几十元即可。另外，还可以在草原旅游区的蒙古包中，感受地道的草原风情。

旅游旺季草原蒙古包住宿每人50左右，豪华包450元左右，城市住宿家庭宾馆标间200元左右，其他大宾馆会相对再高一些。房价一般随着淡旺季不同而有较大浮动。

餐饮

呼伦贝尔大草原，这里所产的羊，肉质鲜美，中外驰名，到呼盟自然不可不尝这样的美食。来草原旅游，可以品尝一下涮羊肉。如果人多的话，“整羊席”是一定不能错过的，先不论味道如何，只这份气势就不是我们平日能够见得到的；手扒肉是草原民族的传统美食，不容错过。

在呼伦湖畔的达赉湖饭店，你可以尝到当地有名的“全鱼宴”，有120种鱼可供挑选。海拉尔的菜点不仅味道鲜美而且价格合理，在满洲里的一家中型餐馆，四人大吃一顿红焖羊肉也只需70~80元。

带有蒙古族特色的饮食，如整羊席、血肠等。马奶酒和奶茶也是不可少的。

购物

海拉尔特产丰富，尤以乳肉产品闻名。牛羊肉产品色泽诱人，鲜嫩味美，是纯天然无污染的“绿色食品”。这里盛产大量的食用菌类，其中最著名的当数白蘑，这里有蕨菜、黄花菜等多种山野菜，富含人体所需多种营养成分，是草原著名绿色产品。做工精巧的民族工艺品更令人爱不释手，牛角雕、木雕画、银制品及以俄罗斯纪念品风格迥异，种类繁多，成为旅游者的购物首选。

满洲里有中俄互市贸易区，可以买到价格便宜的“老苏联”产品。还有俄罗斯风情一条街。

民俗

在呼伦贝尔的城镇、农区、林区汉族较为集中的地区，一般在春节、元宵节期间和农村的闲暇季节，群众文娱活动较活跃。形式主要有秧歌、二人转、单出头表演和冰雕、冰灯、彩灯展览等，近年城市还兴起了焰火晚会。

锡林浩特→赤峰→乌兰浩特

锡林浩特—赤峰—乌兰浩特，途经锡林郭勒盟、赤峰市、通辽市、兴安盟，在这条线路上可以欣赏到广袤的草原风光，蒙古族民俗民风以及众多古代遗迹。

锡林浩特是锡林郭勒盟的治所。人文景观是锡林郭勒的另一道风景。这里有始建于秦、辽、金代的古长城遗址，有突厥人留下的神秘的石人，恐龙墓地“通古尔”的发现吸引了更多的游人和考古学家。

赤峰市是一方孕育了古老文化与自然石文化的胜地。历史上的辽国在这里繁衍生息，留下了上京和辽代祖陵遗址。可观赏到大漠风景以及冰石林等地质奇景。

乌兰浩特是兴安盟的治所。兴安盟境内的旅游资源除了自然草原风光外，还有被称为“天然火山地质博物馆”的阿尔山地质景观。

亮点

必游景点

- **贝子庙**：内蒙古四大庙宇之一，寺内存有大量反映蒙古民族历史生活的壁画。
- **阿尔山国家森林公园**：公园内野生动植物资源非常丰富，具有独特的北国风光。夏季园内杜鹃花如霞如火。

线路推荐

●锡林郭勒二日游

D1：贝子庙—查尔干敖包度假村。

D2：锡林九曲—平顶山—锡林浩特。

●赤峰二日游

D1：巴林奇石馆。

D2：特布日敦沙漠旅游区。

↓锡林浩特贝子庙

●兴安盟五日游

D1：乌兰浩特市—好森沟—阿尔山市冰雕厂—麟峰、猎人峰、天河峡谷、仙人洞。

D2：阿尔山天池—石塘林—三潭峡、杜鹃湖。

D3：玫瑰峰—五里泉—矿泉群—温泉。

D4：察尔森民族度假村。

D5：成吉思汗庙—“五一”大会会址。

交通信息

飞机

锡林浩特机场位于锡林浩特市区西部，每日都有航班往来于北京、呼和浩特、海拉尔等地，在客流高峰和特定时间，会增开一些到达各旅游城市的临时旅游航线。

赤峰民航机场位于赤峰市城区近郊西南，距离市区 5 千米。每天有到北京、呼和浩特等地的航班往返。

火车

锡林浩特站位于锡林郭勒盟锡林浩特市，主要有发往呼和浩特、包头、乌兰浩特等地的班车。

赤峰站位于市区南部、昭乌达路的最南端，从赤峰至北京、呼和浩特、沈阳、大连、锦州、承德都有列车直达。

锡林浩特旅游区

贝子庙

●寺内有大量反映蒙古族历史和生活的壁画

始建于清乾隆年间，是内蒙古四大庙宇之一。因当年主持修建此庙的是当地贝子巴拉吉道尔吉，而且是建在贝子旗，寺庙因此而得名。

整个建筑群共分为七大殿，分别为朝克钦、明干、却日、珠都巴、甘珠尔、丁克尔、额日特图等，在这7座大殿之外，还有十几座小殿和两千多间僧舍，规模庞大，气势雄伟。在寺庙建成后的百余年间，该庙成为远近牧民朝拜的主要场所，香火极盛。寺内存有大量的反映蒙古民族历史和生活的壁画，是研究蒙古族史和民族艺术的宝贵史料。

锡林浩特市区北部。

从锡林浩特汽车站打车几分钟即到，市内打车前往也不过10分钟左右。

20元。

8:00~18:00（7月~9月）。

希日塔拉草原

●典型的蒙古风情的草原度假村

这里天蓝、草绿、花鲜、空气清新。地势宽敞平坦，牧草茂盛，空旷恬静。目前已建成项目有：王爷包、中型蒙古包、微型蒙古包共14顶。还设有露天舞场、篝火台。游客可在此品尝蒙古风味（手把肉、烤全羊），欣赏蒙古歌舞表演，坐勒勒车，骑马等。是现今锡林浩特地区接待能力最大的草原民俗度假村之一。

锡林浩特市东南郊15千米锡林河畔。

平顶山

●火山喷发遗迹

千百万年前火山喷发造成平顶山奇观。从公路上边行边看，这些山顶无一例外都如桌面一般平，若是到近处观看，会发现山上布满了火山喷发时留下的凝灰岩块。在平顶山观日出日落，景色殊佳。尤其是日落之时，山色在夕阳的映衬下，呈现或浓或淡的红色，有如梦幻一般，平台落日为锡盟至景之一。

锡林浩特市达布锡勒图苏木，市区以南30千米处。

巴音查干敖包

●因有200多年祭祀历史而闻名

祭祀查干敖包始于贝子庙第一代活佛巴拉吉尔隆德布时代，其后成为贝子庙历代活佛专祭敖包。查干敖包有12个石堆，中间最大，顶部插有柳条。查干敖包的祭敖包活动，在每年的农历五月初七举行。与此同时，牧民们还要举行传统的赛马、摔跤比赛。查干敖包也是旅游者举办篝火晚会的首选地。夏日，皓月当空，繁星闪烁，篝火燃起，众游人围篝火或唱或舞，别有一番天地。按照祭祀风俗，参加祭祀活动的人们，最好吃到祭品，它会带来好运。

锡林浩特市西30千米。

赤峰旅游区

红山国家森林公园

●红山既是赤峰的象征，也是中华文明的发祥地之一

园内还有众多自然与人文景观，主要景观红山山石呈红色，红山和赤峰皆因此而得名。山势宏伟壮观，自然形成了众多形象逼真的造形，主要有靠山佛、卧驼峰、将军石、一线天、金蟾望月等。红山留有众多人文古迹，如远古太阳神像、战国燕长城遗址、辽金文化遗存及木兰碑等，这里出土的古代碧玉龙被称为“天下第一龙”，享誉中外。

赤峰市红山区英金河畔，距市区3千米。

乌兰布统旅游区

●《还珠格格》等众多著名影视剧的外景拍摄基地

乌兰布统旅游区包括乌兰布统古战场、影视外景地、五彩山、象群山、夹皮沟等旅游景区。这里有辽阔的草原、幽静的白桦林、世界珍稀树种沙地云杉，有包括滦河源头、金莲花滩在内的6万亩湿地，也有不少历史

↓乌兰布统旅游区

文化遗迹。

乌兰布统古战场，当年康熙以20万大军遏噶尔丹大战于此。乌兰布统峰东北，沙明如雪，白桦、红柳似翠如丹；峰西南，乌兰公河绕山而过。峰前将军泡子广约千亩，因清大将军佟国纲战死于此而得名。东至塞罕坝为著名坝上草原。

赤峰市克什克腾旗（经棚镇）西南部。

阿斯哈图花岗岩石林园区

●独特的花岗岩石林地貌

“阿斯哈图”系蒙古语，意为“险峻的岩石”。石林一般相对高度5到20米，石林底部相连，呈现方型或条形。一些形似景观令人叫绝：方塔，塔身分明，昂扬耸立；石墙，砌面平直，砌块参差；石狮，面身分明，虎视巍岭，栩栩如生；“秀女望月”“比萨斜塔”等更是惟妙惟肖。

克什克腾旗巴彦高勒苏木北大山上。

¥140元。

达里诺尔湖

●中国三大天鹅湖之一

达里诺尔湖位于贡格尔草原西南部，是内蒙古四大内陆湖之一。达里诺尔意为“像大海一样宽阔美丽的湖”，该湖周长百余千米，四周绿草如茵。

湖区还盛产鲫鱼和当地俗称的滑子鱼（瓦氏雅罗鱼），以肉鲜味美名而闻名。这里湖域岛屿是当地鸟类栖息繁衍的良好场所。国家重点保护的丹顶鹤、白枕鹤等鸟类于此也有发现。天鹅最多的时候是春季。来这里游玩可带上高倍望远镜以便观鸟时使用，湖边观鸟台也凭门票免费提供望远镜。

亲历者◎指路

1. 乘汽车从北京出发走锡张公路可到；或者乘火车从北京北站出发至赤峰站，然后转乘长途汽车，约6个小时可到达里诺尔。

2. 赤峰市区可在火车站斜对面的汽车站转乘到克旗的长途汽车，然后在克旗汽车站周围可以包车前往达里诺尔。

↓达里诺尔湖

克什克腾旗达来诺日镇。

¥达里湖南岸成人票：120元（包括碧海银滩景区，曼陀山庄），达里湖北岸成人票：90元（包括水上乐园，博物馆，野禽世界）。

巴林左旗召庙

●召庙石窟是全国现存唯一一座辽代石窟古迹

召庙始建于辽王朝，由石窟和外殿两部分组成，石窟开凿于辽代，史称真寂之寺，外殿建于清代，名为善福寺（前殿）及千佛殿。真寂寺位于群山之中，圣水、别愣、灵岩三山鼎立，自然造就一个箕形山谷。灵岩山从谷地骤然拔起，悬崖峭壁，十分险峻。一桃形巨石仅以三点支撑，耸立在峰顶崖端，契丹石窟开凿在桃石山东南面陡壁上，分中、南、北三窟。窟前是清代续建的喇嘛庙“善福寺”。窟内有千佛像，形态各异。

巴林左旗杨家营子镇，县城西南25千米峡谷中。

可从林东镇包车前往。

辽上京遗址

●辽代最早建立的都城

辽上京建于辽太祖耶律阿保机称帝的第三年（918年），是契丹族开国之初建立的都城。一直到元代，这里一直是北方草原地区规模较大的一座城池，也是目前国内保存最为完好的辽金遗址。

遗址周长约6.4千米，由皇城遗址和汉城遗址两部分组成。皇城在北，略呈方形，现存3座城门，内原有大内、官署、府第、庙宇、作坊区和窑址。汉城在南，是工匠居住之地。如今城内遗迹大多被白音戈洛河冲毁。

巴林左旗林东镇沙里河畔。

辽庆陵

●全国重点文物保护单位

陵墓所在的大山辽代称为庆云山，山麓有辽圣宗耶律隆绪、兴宗耶律宗真、道宗耶律洪基三帝及其后妃的陵墓。陵内出土的哀册，被确认为是用失传多时的契丹民族文字写就。陵内壁画内容甚为丰富，首次发现了契丹民族服饰形象。

巴林右旗索博日嘎苏木北15千米瓦林乌拉山谷中。

喀喇沁亲王府

●内蒙古地区现存规模最大的一座蒙古族亲王府

喀喇沁王府，是清朝贡亲王的府地，始建于清康熙十八年（1629年），先后有十二代喀喇沁旗蒙古王爷在此袭政。

王府占地百余亩，前后共五进院落，在中轴线上有大堂、二堂、信门、大厅和承庆楼等建筑，东西两侧是跨院。跨院内分别是生活区和议事区，西边有庙宇、祠堂、客厅、议事厅、书斋、练武场建筑；东侧有戏楼、王爷和福晋的卧室、膳房等。院内苍松翠柏，幽雅恬静，楼阁殿堂相映成辉。现在推出的旅游项目有：做一天王爷、雅乐欣赏、品尝蒙古族宫廷大菜等。

喀喇沁旗王爷镇，赤峰市区西南70千米处。

50元。

夏季7:30~18:00，冬季8:00~17:00。

亲历者◎指路

1. 赤峰市内乘坐巴士到达喀喇沁锦山镇，换乘锦山到旺业甸的公共汽车，亲王府下车即可。

2. 自驾交通：沿京密线，途经顺义、怀柔、密云、承德、茅荆坝一直向东北方向行驶，过茅荆坝隧道即进入内蒙古喀喇沁地界，再行20多分钟即可到达喀喇沁王爷府镇。注意路边的提示牌。

通辽旅游区

莫力庙沙湖旅游区

●亚洲最大的沙漠水库

这里水草丰美，鱼羊肥壮，风光秀丽，鸟语花香，被誉为“通辽西湖”“沙海明珠”。目前，莫力庙沙湖旅游区不仅以亚洲最大的沙漠水库、世界最长的人工沙坝而著称，而且还以莫力庙、八柳坪、碧莲池、响水桥、龟池岛、南洋半岛、燕窝群岛、北冰洋水上餐厅等沙湖八景，蒙古包群和全鱼宴席等地方特色来吸引游客。

通辽市科尔沁区莫力庙水库。

通辽市内有直达莫力庙水库沙湖旅游区的旅游专线。

80元。

8:30~20:00（夏秋季），8:30~18:00（冬春季）。

阿尔山旅游区 AAAAA

阿尔山国家森林公园

●夏季避暑的好地方

阿尔山国家森林公园内植被类型属寒温带针阔混交林，公园内野生动植物资源非常丰富，具有独特的北国风光。

公园内有大兴安岭第一峰——特尔美山（海拔1378米）和大兴安岭第一湖达尔滨湖；有火山爆发时熔岩流淌凝成的石塘林和天池。这里还有著名的诺门罕战争工事群，有茫茫樟松岭——绿色国门，有鲜为人知的中蒙界河哈拉哈河，令人惊叹的无底溶洞，绝妙的奇石山——地图神山，还有奇伟挺拔的玫瑰峰。

阿尔山市天池镇。

旺季180元，淡季150元，停车费25元/车。

亲历者◎指路

1. 火车：每日有两班火车从乌兰浩特发往阿尔山市，乘坐早晨那一班可以饱览窗外的林区风光，快车，无卧铺；乘坐晚上那一班则可以拍摄到第二天清晨阿尔山林区做早饭时的袅袅炊烟，慢车，有两节卧铺。火车费用60元左右。

2. 包车：包车是游玩阿尔山的最佳选择。由于沿途路况参差不齐，建议租用越野车前往，大概800元/天。另外还有夏利、捷达、奇瑞等选择，不过都不太适合进入路况较差的好森沟一带。

亲历者◎攻略

游玩时门票要随身携带，景区内每个景点都要检票。另外，冬季森林公园内一部分景点会关闭。除各类宾馆外，林场职工宿舍可提供住宿，每人

大青沟

●一处保存完好的古代残遗森林植物群落

大青沟国家级自然保护区素有“沙漠绿洲”“沙海明珠”和“天然野生动植物基因库”等诸多美誉。大青沟及大青沟地区原始完好的自然生态状况，是亿万年来地壳运动、气候变化、生态衍进、人类活动等因素共同作用的结果。

大青沟国家级保护区内大小青沟纵贯南北，呈“Y”字形分布，长达24千米。这里地貌怪异，沟深林密，景观奇特。沟外气温干燥，植被稀少，沟内则绿树繁茂，冬暖夏凉。

科尔沁左翼后旗甘旗卡镇。

乘出租车从甘旗卡到大青沟约40元。

50元。

8:00~18:00。

每天15元左右，宿舍可做饭。

阿尔山火车站

●中国最小的火车站

阿尔山火车站修建于1937年，为一幢东洋风格的日式建筑，是用砖、木材、花岗岩、钢筋混合建造的两层建筑物。每天只有4班车，这可能是中国小火车站中最漂亮的一个了，有点像瑞士的小站，黄昏时在站上看夕阳，很有感觉。

阿尔山市。

阿尔山温泉

●疗养度假的好去处

这里风景秀丽，空气清新，紫外线充足，离子化空气的浓度较大，著名的“海神圣泉旅游度假区”就设在此。

阿尔山矿泉48眼分布在南北长500米、东西宽70多米的范围内。分冷泉、温泉、泉、高温泉4种，泉水最低温度1.5℃，含有放射性元素氡以及氯、镁、硫、硅等十几种元素。对治疗风湿病、关节炎、外伤引起的腰腿疼、胃肠病、皮肤病、脱发病等，效果更显著。

阿尔山市温泉街。

露天温泉80元/人，1.3米以下儿童半价。豪华室内温泉150元/小时，加时50元/小时。

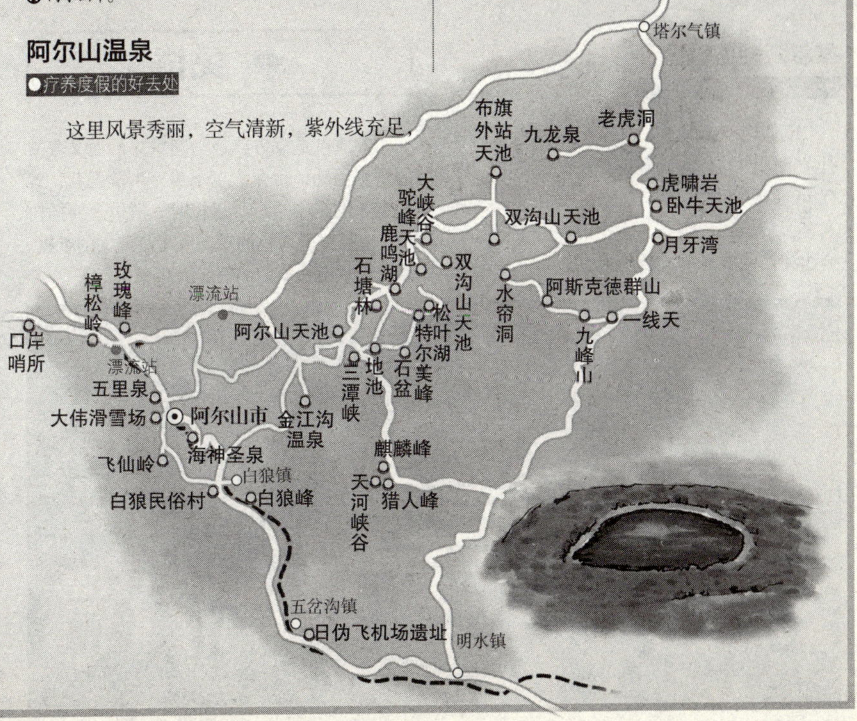

乌兰浩特旅游区

成吉思汗庙

●全国唯一一座祭祀成吉思汗的庙宇

成吉思汗庙在罕山公园内，该庙建成于1944年。建筑主体圆顶方身，绿帽白墙，具有典型的蒙、藏建筑特色，在这里还可俯瞰乌兰浩特市全景。

成吉思汗庙坐北朝南，下方上圆，庙殿呈“山”字形。正殿圆顶中央悬挂兰色长方形匾额，上书“成吉思汗庙”（蒙古、汉两种文字）。大殿正中的大理台基上坐落着高2.8米、重2.6吨的成吉思汗全身铸铜座像，两旁陈列元代兵器。

乌兰浩特市兴安北大路82号。

出火车站左拐，沿兴安北路直行约2千米左右，上坡即到公园门口；从火车站坐蹦蹦车4元左右可到；从乌兰浩特城区任何一个地方打车到成吉思汗庙只需5元左右。

20元。

8:00~17:00。

察尔森湖度假区

●集森林和草原风光于一体

度假区树木繁茂，绿草如茵，每年都吸引大批国内外宾客旅游观光。民族旅游村内有16座大型蒙古包，按民族风俗接待八方来客，马奶酒、奶茶、手扒肉、烤羊腿、献哈达和民族歌舞等，会使人在娱乐之中品味蒙古民族的风土人情。

兴安盟科右前旗塔尔山镇境内。

住宿

锡林浩特

锡林郭勒宾馆：锡盟首家国际三星级旅游涉外饭店，位于锡林浩特市区。

锡林白马饭店：位于锡林浩特市振兴大街1号，锡林广场东侧，是三星级旅游涉外饭店，距飞机场10千米，火车站6千米，汽车站1千米。

赤峰

赤峰宾馆 / 红山区昭乌达路 /0476-8860888。

巴林宾馆 / 巴林右旗大板镇 /0476-6200006。

乌兰浩特

兴安盟八大处酒店 / 乌兰浩特市兴安北大道共建巷25号。

乌兰浩特市宾馆 / 乌兰浩特市兴安南路2号。

民俗

祭敖包是蒙古族最为隆重热烈而又普通的祭祀活动，常在水草丰美，牛羊肥壮，气候宜人的夏季举行。祭祀时，敖包上要插树枝，上挂五颜六色的布条或写有经文的纸旗。祭祀礼仪有血祭、酒祭、火祭和玉祭等。

↓成吉思汗庙

阿拉善

阿拉善位于内蒙古西部边境，大漠瀚海气势雄浑，金秋胡杨神奇美丽，蒙古包里有酒香、奶香、欢歌笑语……在这里可以尽情领略。

面积：270244 平方千米
人口：19 万
区号：0483

亮点

必游景点

- **额济纳胡杨林景区**：是世界上仅存的三大成片胡杨林之一。每年深秋，是观赏胡杨林的最好季节，额济纳河沿岸一片金黄，是摄影和旅游爱好者的天堂。
- **贺兰山南寺生态旅游区**：国家 4A 级旅游景区，存有内蒙古自治区最大的石雕佛像群。
- **腾格里达来沙漠月亮湖旅游区**：是距离国内各大城市半径最短的沙漠探险营地。景区集大漠风光、戈壁神韵、原生态湖泊和藏传佛教为一体，其中月亮湖的奇特风光更是令人称道。

线路推荐

- **阿拉善盟二日游**

D1：黑城—红城—甲渠侯官遗址—达来呼布。
D2：巴彦浩特—乌海—岩画博物馆。

交通信息

飞机

阿拉善机场包括左旗巴彦浩特机场、右旗巴丹吉林通勤机场和额济纳桃来机场，主

↓额济纳怪树林

要是阿拉善盟环飞，还有发往天津、西安等城市的航班。

火车

额济纳站位于内蒙古自治区额济纳旗境内，只有发往呼和浩特的班车。

额济纳旗旅游区

额济纳胡杨林景区

●胡杨的王国

胡杨树一般高达 10 余米高，最高可达 20 米以上，素有“生一千年不死，死一千年不倒，倒一千年不朽”的美誉，视为植物活化石。

神奇壮观的胡杨树就生长在额济纳旗达莱湖布镇方圆 50 千米的范围之内，分布在由黑水、白水汇聚的额济纳河流域，密集林区主要在额济纳河分叉的河洲地区，是最吸引人的去处在二道桥、四道桥、八道桥，这是以额济纳河上的八道桥为名划分的，每道桥都有胡杨环抱着。额济纳旗的胡杨林这个地处偏僻的内蒙古西部边陲，和敦煌的雅丹地貌、九寨沟的箭竹海一起，成为旅行者和摄影人向往的天堂。

↓额济纳胡杨

额济纳旗达来呼布镇东部。

此处不通航班与火车，只能依靠汽车走公路。包车比较方便，参考价位 300 元 / 天。

亲历者◎攻略

看胡杨的最佳时节为 9 月底到 10 月中，都能看到黄叶子，但最佳时间一般在 10 月 5 日至 10 月 15 日间。太早叶子还没有黄透；晚了会起风刮落树叶。需要注意的是每年叶子变黄的时间都不太一样，一般来说如果雨水充足树叶就会黄得快。所以最好事先给当地旅游部门打电话了解一下胡杨节的日期（一般是 10 月 8 日左右），那时是颜色最好的时间。从一道桥到八道桥的树叶不会同时都黄，在 10 月 10 日到 15 日间去可以看到成片的落叶，别有一番美景，还可以避开胡杨节人多的高峰。

亲历者◎解说

在额济纳 567 万亩的天然胡杨林中，生长着一棵被当地人称为"神树"的胡杨树。这棵"神树"位于额济纳旗达来呼布镇以北 25 千米处。神树高 23 米，主干直径 2.07 米，需 6 人手拉手才能围住，堪称额济纳胡杨树之王。

八道桥沙漠风光

●鸣沙分布广泛

沙漠内分布着不计其数的新月形、金字塔沙丘和各种形态复杂的沙山，高度一般在 200 米左右，最高为 500 米以上。鸣沙分布非常广泛，走进沙漠随处都可听到如飞机掠过天空般的轰鸣声，或因风而吟，或无风自鸣，铿锵悦耳。

额济纳旗达来呼布镇东 20 千米。

¥ 20 元。

亲历者◎指路

从额旗去各个景点只能靠包车，一般来说小面或是北京吉普包一天约 250 – 300 元。达来呼布镇到八道桥包车半天往返 50 元，单程 15 元。

黑城遗址

●北方党项族建立的西夏国古都

黑城地区是西夏在西部地区重要的农牧

↓黑城遗址

业基地和边防要塞，是元代河西走廊通往岭北行省的驿道要站。

城内西南方，现仍保存一座外形较完整的古教堂，其中礼拜堂为穹庐式，顶、壁样式与今伊斯兰教礼拜堂相同。西北角城墙上有一座覆钵式塔，残高 12 米，远在 10 千米以外的荒漠上就可看到。城外临近大土塔不远的地方，还有两组土塔群仅余残塔基。

额济纳旗达来呼布镇东南 35 千米，巴丹吉林沙漠边缘。

通票 80.00 元（包含怪树林和黑城遗址）。

怪树林

●荒漠中一大片死去的胡杨林的残骸

怪树林在一片东西宽、南北长的辽阔地带。这里枯死的胡杨“陈尸”遍野，呈现出古老的原始风貌。冥冥之中，渗透出一股狰狞恐怖的气氛，令人毛骨悚然。

额济纳旗达来呼布镇西南 28 千米处。

阿拉善左、右旗旅游区

腾格里达来沙漠月亮湖旅游区

●距离国内各大城市半径最短的沙漠探险营地

景区位于阿拉善左旗腾格里沙漠腹地，景区集大漠风光、戈壁神韵、原生态湖泊和藏传佛教为一体，其中月亮湖的奇特风光更是令人称道。主要游乐项目有：乘六轮越野车、吉普车、摩托车沙海冲浪，滑沙，游泳，骑马、骑骆驼等。

阿拉善左旗巴润别立镇，腾格里沙漠腹地。

100 元。

亲历者◎行程

月亮湖—娜仁湖或天鹅湖短程探险—广宗寺

早起用完早餐后，上午可在月亮湖湖边欣赏沙漠绿洲的美景，或参加娜仁湖或天鹅湖短程探险。娜仁湖徒步探险，走在沙丘顶上，可以观赏到沙漠湖泊的全景、沙脊一线天，感悟生命之顽强，全程 3.5 千米，历时 2 小时。抵达沙漠绿洲后，和当地牧民盘膝而坐，聊天，吃蒙式烙饼，喝骆驼酸奶，了解当地牧民生活。返回营地可骑阿拉善最负盛名的双峰骆驼或乘坐越野吉普车。

午餐后稍事休整，乘车离开沙海，到贺兰山西侧的藏传佛教圣地南寺景区广宗寺。广宗寺附近群山环抱、森林茂密、鸟语花香，贺兰山原始森林景观保持完整。这里也是最能集中体现额鲁特蒙古和硕特部传统文化的地方。

贺兰山南寺生态旅游区

●阿拉善地区第一大庙

寺庙始建于清代，俗称南寺，是阿拉善地区第一大庙。寺内因供奉六世达赖喇嘛的肉身灵塔而闻名，1760 年清乾隆帝赐名为“广宗寺”。

广宗寺拥有庙宇数十座，山门的两侧岩壁上雕满了彩绘佛像，是内蒙古自治区最大的石雕佛像群。

景区可分为宗教人文景观和自然生态景观。宗教人文景观有：南大门牌坊、金刚口（石雕佛像群）、卫拉特行营、红庙、黄庙、藏经塔等。自然景观有：雪岭子、阴阳界、牦牛塘、巴彦笋布尔敖包、冰沟、还愿石等。

阿拉善左旗巴润别立镇。旅游季节有班车前往。

市区有到达贺兰山南寺景区的旅游专线；包车前往价位 70~90 元。

旺季（5 月 ~10 月）80 元，淡季（11 月 ~ 次年 4 月）40 元。

07:00~21:00。

吉兰泰盐池

●开展科普旅游、工业旅游的最佳场所

吉兰泰盐湖是我国境内陆中型盐湖之一。“吉兰泰”系蒙古语，意为六十。盐湖盐层覆盖面积 60 平方千米，整个湖呈椭圆形，盐层平均厚度 3~5 米，最厚处将近 6 米。这里出产的食盐俗称“吉盐”，以颗粒大、杂质少、味道浓等特点著称。

吉兰泰盐湖景观是国内少有的旅游资源，盐湖面积大、储量丰富，开采、精选、制盐等各个生产流程极具欣赏价值，是开展盐湖洗浴的理想场所。

阿拉善左旗吉兰泰镇，距巴彦浩特镇北 102 千米。

海森楚鲁怪石城

●奇石怪岩，摄影好去处

“海森楚鲁”为蒙语音译，意为像锅一

样的石头。这里人迹罕至，地貌原始，堪称大漠绝域。一进入山口，游人会被眼前景象惊呆，方圆几十里范围内，漫山遍野都是风蚀地貌形成的奇石怪岩。其中最负盛名的景观有："蘑菇云""卧驼""猪八戒""呐喊""乌龟出海""玉兔望月"等，曾被许多中外摄影家拍成照片广为流传。山中生长着300多棵梧桐树。

阿拉善右旗努日盖苏木西北部。

从阿拉善右旗早8:00出发，车程2.5小时左右到达海森楚鲁怪石城，行程170千米。

红墩子峡谷（龙首山大峡谷）

●堪称我国西北古代艺术的画廊

整个山体均由红褐色风蚀沙岩构成，是典型的丹霞风貌。大峡谷自北向南呈"人"字型分布，长约5千米，历经数亿年的风雨剥蚀和冲刷才形成了谷中数十米高的悬崖峭壁，最高的有上百米。

峡谷中石塔林立，怪石成群，有"青蛙问天""一线天""猪八戒照镜子""龙首""比萨直塔"等自然景观。峡谷中部的半空石崖上有一巨石兀出，型似龙头，又似驼头，被当地人尊称为神石。

阿拉善右旗境内，距旗府南约54千米。

乌海旅游区

桌子山岩画

●世界上人面形岩画最集中的地区

因其主峰山顶较平坦，远眺貌似桌子状，故得此名。在桌子山脉诸多山沟的悬崖峭壁和沟畔石灰岩磐石上，残存着无数古代岩画的遗迹，称为"桌子山岩画"。

桌子山岩画总面积有16000多平方米，1973年由乌海市牧民在放牧时发现的，岩画内容多为太阳神等人面像、动物图形、狩猎图、符号等，每幅岩画单独成画，神态各异，是国内罕见的出土岩画。桌子山岩画创作于新石器时代，每幅画都是刻磨而成，是我国北方游牧民族的历史文化遗迹。特别是人面像岩画是中国和世界人面像岩画之精华，反映人类童年时代丰富的想像力和对生活的美好愿望。

这里已经先后发现了多处岩画：召烧沟岩画、苦菜沟岩画、后摩尔沟岩画、苏白沟岩画等。除召烧沟岩画外，目前其他岩画皆为自然状态，不收门票。

乌海市海勃湾区南13千米，桌子山山脚。 ¥15元。

甘德尔山奇峡谷

●怪石嶙峋，蓝天一线

又称"一线天"。峡谷全长650米，两侧的石壁有100多米高，奇锋耸立，尤如刀斧劈就一般，峡谷最窄处不过一两米左右。走进谷中仰望天空，天空成了一条线。

进谷百余米，有一巨石正巧夹于两壁之间，凌空盘踞，使人顿觉奇异，更给整个峡谷增添了一份神秘。峡谷入口处，人称石门，抬头仰望，怪石嶙峋，蓝天一线。头上交错的怪石形状各异，沟内野花盛放，沟底处有飞云洞。

乌海市海南区西北方向的甘德尔山上。

市区有旅游专线到达甘德尔山奇峡谷景区。

¥15元。

黄河滩岛

●既有北国的雄浑，又有南国的旖旎

黄河滩岛是分散在黄河河道的滩涂和岛屿。黄河流经乌海75.5千米，沿途散落着十多个大大小小的岛屿和夹心滩，犹如黄河锦带上点缀着的粒粒翡翠。岛滩上绿草如茵，树木参天，自然风景十分秀丽。

西鄂尔多斯自然保护区

●国家级自然保护区

主要保护对象为四合木、半日花等古老残遗濒危植物和荒漠生态系统。由于这里是珍稀植物四合木的核心保护区域，这里也被称作"四合木自然保护区"。

保护区保存着极其珍贵的古地理环境，古生物化古十分丰富，山地地层剖面明显，是珍贵的天然史书。在胡杨岛上还有成片的天然胡杨林分布，成为荒漠景观中的重要组成部分。

乌海市境内及鄂尔多斯市的鄂托克旗西部。

从乌海市区乘公交车在海南区北部下车，向当地人询问。在离召烧沟岩画博物馆不到1千米的路边，即可见到保护区内的四合木，可以请司机或当地人帮忙指点。

亲历者◎指路

乌海市海勃湾区下海勃湾镇黄河岸边有大禹码头，距城区仅2千米。由码头乘船不到半小时就能到达景区。大船可乘坐二三十人，费用一船100元/小时，小船16人，80元/小时。另外，火车站西面也有一个渡口，不过都是小木船，价格上会比大船便宜。

亲历者◎解说

四合木为7000万多年前与恐龙同时代的“古老残遗濒危植物”，全世界目前只在中国的乌海和相邻的石嘴山附近有发现，是内蒙古自治区唯一的特有单种属植物，比具有“活化石”之称的水杉和银杏还早几千万年，保护价植如同植物中的“大熊猫”。

住宿

额济纳旗有不少国营旅馆，如长途汽车站旁的交通旅馆，电信局旁的长信旅馆，邮局旁的邮政宾馆等。在额济纳的沙漠地区可以住在向导家里或是搭帐篷。

阿拉善盟宾馆/阿拉善左旗和硕特街/0483-2211666。

宝柱大酒店/额鲁特路。

餐饮

阿拉善盟的食品以手抓肉和酸菜炖肉最为普遍，还可吃到凉皮等小吃。驼肉大餐也是本地的特色菜。特色菜有凉拌蹄黄、扒驼掌、粉汤饺子、黄焖羊羔肉、馓子、手抓肉、酸菜炖肉、烤全羊等。这里的西瓜、哈密瓜很甜。在额济纳，食物比较贵，但手抓羊肉和酱骆驼肉相当便宜，且非常可口。

购物

当地特产有大漠奇石、贺兰山珍菇、黄芪、蕨菜、苦杏仁、笃斯等。

巴彦浩特是阿拉善地区重要的商业中心。市区内商业繁荣，购物场所众多，龙信商城、驼旺购物中心、开元商厦、新华购物市场能现代化的大型购物商场中商品种类众多，品质优良。

民俗

饮食：蒙古族饮食大致分为三类，即粮食、乳食和肉食。乳食以奶茶、酸奶、奶酪、黄油、奶皮、奶酒为主。肉食有烤全羊、羊背子、手抓羊肉等。

礼节：阿拉善蒙古族素以热情好客著称。客人进蒙古包时，要掀门帘左边，且不能踩门槛，进包后坐在右边（即西边），北边为上首，多为尊长者所坐。主人献哈达，客人要用右手相接，对主人的敬献不可推让。喝过茶后，主人要给客人敬酒，客人要用双手，一饮而尽，然后回敬主人。

器乐：额济纳一带还有一种土尔扈特民族乐器——陶布秀日，另一种是寺庙中的乐器，如大吊鼓、大长号、唢呐、伊肯、咸角箫、宁萨、令布、雅托克、人胫骨唢呐等，主要用于演奏“查玛”音乐。其音乐基调雄深壮阔，气势磅礴，表现出震慑与压服一切邪恶的雄威。

额济纳旗胡杨节：每年10月举行，节庆期间是胡杨林色彩最浓烈的时候，每年都能吸引众多国内外游客和摄影爱好者。活动期间还开展居延文化、民族风情等活动。

●**面积**

15 万平方千米，全国排名第 21 位

●**人口**

4382 万，全国排名第 14 位

●**世界遗产**

清盛京三陵，沈阳故宫，中国高句丽王城、王陵及贵族墓葬，九门口长城

●**国家 5A 级风景区**

沈阳市植物园、大连老虎滩海洋公园·海洋极地馆、大连金石滩景区（地质公园—发现王国—蜡像馆—文化博览广场）、本溪市本溪水洞景区、鞍山市千山景区

●**国家重点风景名胜区**

千山、鸭绿江、金石滩、兴城海滨、大连海滨—旅顺口、凤凰山、本溪水洞、青山沟、医巫闾山

辽宁旅游网
www.lntour.gov.cn

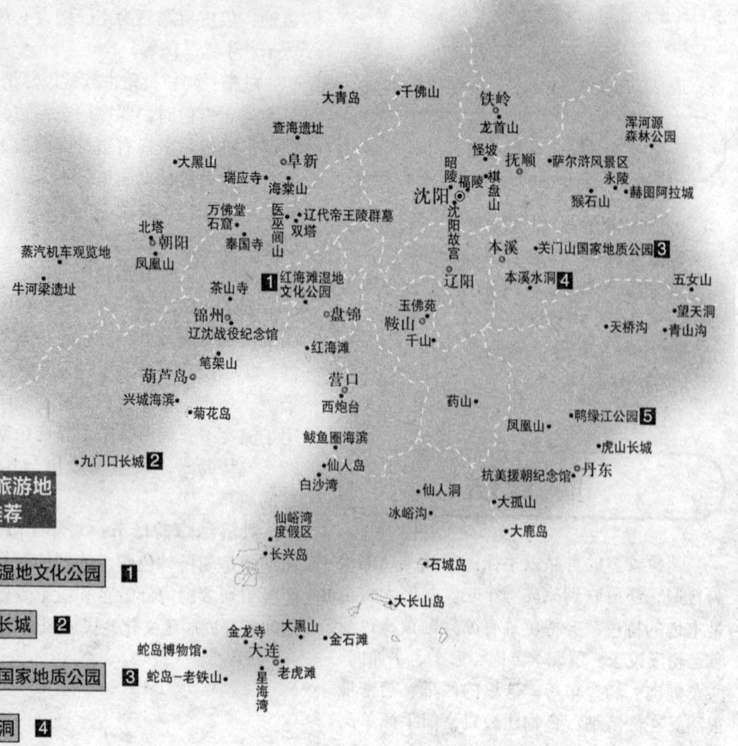

时尚旅游地推荐

- 红海滩湿地文化公园 1
- 九门口长城 2
- 关门山国家地质公园 3
- 本溪水洞 4
- 鸭绿江公园 5

辽宁

辽宁位于我国东北地区的南部沿海，旅游资源十分丰富。循着八旗子弟的足迹，沈阳故宫向你展示前清的浮华遗迹；穿越旅顺口的硝烟，大连向你演绎民族的百年复兴；跨过鸭绿江大铁桥，丹东向你讲述谁是最可爱的人。辽东半岛美丽的海岸线，处处是优美的海滩与避暑胜地。

乐游辽宁，
不虚此行

沈阳

孕育“沈水浑河”的先古文明，坐拥“东方鲁尔”的坚实基础，见证“盛京”“奉天”的兵荒马乱，沈阳，这座经历了历史洗礼的厚重之城，注定在中华民族发展史上留下浓墨重彩的一笔！

故宫庄严肃穆的殿堂，昭陵沉稳大气的建筑，帅府合璧中西的装潢，无一不让这个城市充满了历史的深沉，散发着迷人的魅力。行走其中，仿佛翻阅一页页先烈保家卫国、赴汤蹈火的英雄史，心中不禁肃然起敬，慨叹岁月长河中生命的壮烈！

面积：12980 平方千米
人口：726 万
区号：024

亮点

必游景点

- **沈阳故宫：**与北京故宫构成中国仅存的两大完整的明清皇宫建筑群。藏有大量旧皇宫遗留下来的宫廷文物。
- **本溪水洞：**是目前世界上最长的水上游览洞穴之一，由水洞、温泉寺、汤沟、关门山、铁刹、庙后山 6 个景区组成。
- **赫图阿拉城址：**后金第一都城，是清王朝的发祥地。
- **广佑寺：**佛教传入中国后最早出现的寺院之一。存有世界上殿内佛身最高、体积最大的木质释迦牟尼座佛像。
- **千山：**有山峰近千个，故而得名，素有“东北明珠”之称，因景区有一座自然山体形成的佛像而闻名遐迩。
- **红海滩：**大片碱蓬草到秋天会变红，景色异常壮观。以举世罕见的红海滩、世界最大的芦苇荡闻名。

↓沈阳市区

线路推荐

- **经典沈阳三日游**

D1：故宫—大帅府—中街
D2：九一八纪念馆—北陵
D3：东陵—世博园—棋盘山

- **本溪一日游**

关门山—小黄山—龙门峡—本溪水洞—幽谷鸟语景区。

- **抚顺三日游**

D1：雷锋纪念馆—战犯管理所—高尔山辽代古塔—萨尔萨尔景区—住罗台山庄。
D2：元帅林—根艺市场—清永陵—启运山—住新宾。
D3：中华满族风情园—猴石森林公园。

- **铁岭两日游**

D1：象牙山、乡村爱情、清河水库、龙泉山庄。
D2：银岗书院、龙首山风景区。

交通信息

飞机

沈阳桃仙国际机场位于沈阳市南郊的桃仙镇，距沈阳市中心约 22 千米，是东北地区最大的航空港，目前有两个航站楼。国内主要城市都有航班直达。

火车

沈阳是东北地区最大的铁路枢纽。在沈阳市城区主要有两座客运火车站，即位于和平区与铁西新区分界线上的沈阳站，以及位于沈河区和皇姑屯区分界线上的沈阳北站。两站均通高铁和动车。

市内交通

沈阳目前有两条地铁西安：1 号线和 2

号线，均统一执行阶梯式票价，两条地铁之间换乘，站位累计计算。

沈阳故宫

●中国现存的两座古代帝王宫殿之一

沈阳故宫，又称后金故宫、盛京皇宫，是清朝统治者入主中原前的皇宫，是中国现存仅次于北京故宫的最完整的皇宫建筑。在建筑艺术上承袭了中国古代建筑的传统，集汉、满、蒙古族建筑艺术为一体，具有很高的历史和艺术价值。

这座占地6万平方米的古建筑群始建于1625年，建成于1636年，全部建筑90余所，300余间；清朝入关后对盛京皇宫又进行了保护和扩建，到乾隆时基本形成今日规模。

沈阳故宫按建筑布局和建造先后，可以分为3个部分。东路为努尔哈赤时期建造的大政殿与十王亭；中路为清太宗时期续建的大中阙，包括大清门、崇政殿、凤凰楼以及清宁宫、关雎宫等；西路则是乾隆时期增建的文溯阁等。

沈阳故宫以其独特的历史、地理条件和浓郁的满族特色而迥异于北京故宫。沈阳故宫那金龙蟠柱的大政殿、崇政殿，排如雁行的十王亭，万字炕口袋房的清宁宫，古朴典雅的文朔阁，以及凤凰楼等高台建筑，在中国宫殿建筑史上绝无仅有；那极富满族情调的“宫高殿低”的建筑风格，更是“别无分号”。

沈河区沈阳路171号，兴隆大家庭南行100米。

乘地铁一号线到中街站、怀远门站下车，步行10分钟可到达。

5~10月，8:30~17:00；11月至次年4月，9:00~17:00。

60元。　024-24843001。

亲历者◎攻略

1. 沈阳故宫在市中心位置，逛完整个宫殿大概需要半天时间，旁边靠着沈阳最有名的商业街——中街，然后可以去那里购物娱乐。

2. 如果在节日去故宫，会有民俗表演，可以更生动了解过去历史文化和习俗。

亲历者◎游记

大东门处可看到一座城楼，上有“抚近门”

↓沈阳故宫大政殿

三字。沿街溯行，过一条马路，远远地便看到了牌坊和红墙碧瓦的方城，那便是著名的沈阳故宫了。

进到大清门的门厅，右侧有一个平台，用玻璃罩罩着故宫的400分之1比例缩微图。

大清门后边是一个颇大的院落，两侧各种了数棵形态优美的松树，松树后各有一阁楼。借着午后的阳光看大清门后屋檐下张牙舞爪的木龙，散发出一种恐怖及邪恶的气息。向里行，便是崇政殿，应是清朝皇帝与众臣商讨、处理国事之所。

走进一间贵妃住的偏殿，进门便发现门边有两口铁锅，冬天用来烧水取暖，因东北冬季苦寒，古时无暖气亦无空调，只能烧水暖化空气。对着门的是一张床，床上叠着丝绸被褥。

努尔哈赤住的清宁宫稍大一些，卧室是锁着的，看不见任何东西。外屋则是一佛堂，是努尔哈赤平常颂经用膳之所。离开大政殿区域，穿过一道门，便又回到崇政殿前，崇政殿左侧为东宫，是太后寝宫所在。清廷入关后，历代皇帝东巡时，太后也都在东宫内居住。崇政殿右侧的西宫是皇帝东巡时皇后的居所。与西宫相邻的是仰熙斋与文溯阁。后者是存放《四库全书》等重要典籍之所。

走出宫外，回头看看门口那只有些残缺的石狮，仿佛一页页鲜活的历史又浮现在眼前。当年刀光剑影、兵荒马乱的岁月里，无数英雄豪杰为争天下，不惜抛妻弃子、兄弟反目，更多的是“一将功成万骨枯”。

沧海桑田，青山依旧。大浪淘沙最终只留下这凝固的历史，继续向后来人讲述曾经的辉煌！

棋盘山风景区

全区主要由森林公园景区、秀湖景区、世园区三部分构成。开发区内自然资源和人

↑棋盘山滑雪场

文景观丰富。其中山林资源得天独厚，植被资源和动物资源丰富，人文景观众多，棋盘山风景区、沈阳国家森林公园、沈阳世园会（由植物园改建而来）、清福陵、沈阳森林野生动物园、盛京高尔夫俱乐部等旅游区分布其中。

沈阳市东北部,东邻抚顺,西至农业高新区,南至浑河,北接铁岭，距沈阳市中心约20千米。

168路公交棋盘山景区站下车。

山门门票20元，参观其他景区需另购票。

024-88050627。

东陵公园（福陵）

清太祖努尔哈赤陵墓

东陵公园又称“福陵”，是清太祖努尔哈赤及其孝慈高皇后叶赫纳喇氏的陵墓。

整座陵墓背倚天柱山，前临浑河，自南而北地势渐高。因山势形成前低后高之势，南北狭长，从南向北可划分为三部分：大红门外区、神道区、宝城区。陵寝建筑规制完备，礼制设施齐全，主要建筑规模宏伟，陵寝建筑群保存较为完整。山形迤逦、万松参天、众山腑伏、百水回环，其优美独特的自然风光和深邃的人文景观早已为历代文人雅士所垂青。

沈阳市浑南区。

公园门票：免费 陵园：40元；郊野公园风景区：10元。

世园会

2006年世界园艺博览会举办地

“2006世界园艺博览会”举办地，于2006年5月1日至10月31日举办。分为两大板块——园艺观赏区和休闲娱乐区。总规划面积大于5平方千米，是历次“世园会”中占地规模最大的。

位于沈阳棋盘山国际风景旅游开发区距市区约20千米。

北站乘坐去世园会的火车；大东门乘218路公交在农大或东陵公园换乘330路公交。

50元。

024-88038035。

沈阳森林野生动物园

国家一级森林野生动物园

沈阳森林野生动物园由原沈阳市动物园搬迁新建而成，园内饲养动物100余种3000余只，是东北一流水平，全国驰名，规模宏大，生机勃勃的森林野生动物园。

园区由野生放养车行观赏区、步行笼养观赏区、湖滨游乐场组成。此外还有珍稀物种繁殖基地和国家鹤类人工繁育研究基地。

沈阳市浑南区棋盘山旅游开发区。

门票60元（黄金周期间80元）。

024-88050808。

沈阳城区景点

沈阳植物园 AAAAA

森林中的世博园

沈阳市植物园又称沈阳世博园、是2006中国沈阳世界园艺博览会的会址，园区汇集有东北、西北、华北及内蒙古等地区的多种植物资源，栽植露地木本植物、露地草本植物和温室植物2000余种，是东北地区收集植物种类最多的植物展园。

园内百合塔、凤凰广场、玫瑰园为标志性主题建筑，整体布局以沈抚铁路为界分为南北两部，南半部为植物专类园、翠湖与攀岩游览区、静潭与菱角沟游艺桥区、科普园区、星星乐园等主要游览园区；北半部有蒸汽机车陈列馆、宾馆及植物种植区。

沈阳市浑南区双园路301号（高坎镇中马村），西距市内仅十公里。

乘168路北线到植物园站下车即可。

50元。

024-88038035。

北陵公园（昭陵）

●我国现存最完整的古代帝王陵墓建筑之一

沈阳昭陵位于城北，因此也称“北陵”，昭陵是清初关外陵寝中最具代表性的一座帝陵，现为国家重点文物保护单位和世界文化遗产。

昭陵陵寝是清朝第二代君主皇太极以及孝端文皇后博尔济吉特氏的陵墓，占地面积16万平方米，是清初“关外三陵”中规模最大、气势最宏伟的一座。

沈阳市北郊泰山路12号。

136、205、210路公交北陵公园站。

北陵公园门票6元。昭陵门票：旺季（4月1日至10月31日）50元，淡季（11月1日至次年3月31日）30元。

024-86910461。

张氏帅府

●张作霖、张学良官邸和私宅

全国重点文物保护单位“张氏帅府”是北洋军阀政府时期张作霖及其长子张学良将军的官邸和私宅，始建于1914年，总占地3.6万平方米，总建筑面积为2.76万平方米，是迄今东北地区保存最为完好的名人故居。

沈阳市沈河区朝阳街少帅府巷46号。

105、213路公交大南门站下车。

50元。　024-24842454。

九一八历史博物馆

●爱国主义教育基地

博物馆主体建筑本身是一座历史纪念建筑物，残历碑高18米，宽30米，深11米，建筑面积500多平方米。它以残损的形象展现在人们面前，意在以形象的建筑，让人们牢记这一给中国人民造成深重灾难的悲惨一面。

在残历碑正南70米处，有一座地下展览厅，厅内分为录像厅和展览厅，在录像厅内可以观看有关“九一八”事变的历史资料片。1997年扩建后的新馆将采取图片、实物、立体雕塑和模拟电动声光及影视录像等形式，展现真实、全面、广泛、深刻的史料，使其成为战争狂人的耻辱柱，中华民族抗战胜利的不朽丰碑，教育当代、警示后人的爱国主义教育基地。

辽宁省沈阳市大东区望花南街46号。

212、298、路公交九一八纪念馆站下车。

免费。

沈阳怪坡

●“汽车自动向坡上滑行”

怪坡是长80米，宽约15米，呈西高东低走势的斜坡，发现于1990年4月。当时，有一名青年交警驾驶一辆吉普车，顺着进山路驶进坡下，当摘挡熄火停车后，突然感到车自动向坡上滑行，他们感到惊愕，壮胆子试了几次，仍然如此，百思不得其解，带着迷惘惶然而走。

怪坡面世，神秘加身。有的说是磁场作用，有的说是重力位移，还有的说是视觉差，但各种说法相互矛盾，不能自圆其说。继怪坡之谜的发现，人们又发现了“响山”“嗡顶”，连同怪坡一起被人们称为“三谜”。

沈阳市新城子区清水台镇境内，帽山西麓。

383路中巴车直达。

夏5:30~18:30，冬9:00~17:00。

40元（包含试车费用）。

024-89758143。

亲历者◎攻略

怪坡景区有自行车出租，可以骑上去试一试，体验一下“上坡容易下坡难的感觉”。由于怪坡不在市内，路途较远，所以最好上午前往。

辽阳旅游区

广佑寺

●存有世界上体积最大的木质释迦牟尼座佛像

广佑寺西临白塔，东与古城护城河相融，占地面积6万平方米，南北中轴线依次为牌楼、山门、天王殿、大雄宝殿等，东西两侧各建钟楼、鼓楼、碑亭、配殿、圆通禅院，建筑面积2万余平方米。

广佑寺主体建筑大雄宝殿，为3层拱檐，殿内供奉的大佛，据说是世界上殿内佛身最高、体积最大的木质释迦牟尼坐佛像，总高21.48米，佛身高17米，张开的手掌可站8

个人，一根手指的长度就相当于一个人的身高。佛像采用传统的“木雕漆金朱金”工艺。共用香樟木600立方米，黄金24000克。只见金光四射的佛祖端坐在莲花宝座上，神态凝重、庄严、祥和。

辽阳市中华大街一段60号。

从火车站站前几乎所有列车均到广场站下车。

8:00~17:00。　40元。

圆通禅院

●供奉观音菩萨

圆通禅院为广佑寺附属殿宇，建于白塔北侧的人工土台之上。大殿为五开间歇山单檐式仿古建筑，通高17米。

殿内中央置千手千眼观音菩萨坐像，通高6.2米。坐像左、右前方为善财童子和龙女二立像，是为观音二近侍。殿内东、西两侧1.2米高的须弥座上，对称排列观音为教化众生而变化的32个人物形象，称“三十二应身”。

辽阳市中华大街广佑寺。

辽阳白塔

●辽金时期砖塔的精品之一

辽阳白塔位于广佑寺西面，是全国六大古塔之一，国家级文物保护建筑。辽阳白塔高70.4米，八角十三层密檐式结构，是东北地区最高的砖塔，为现在辽金时期砖塔中的精品之一。

辽阳市白塔区中华大街白塔公园内。

乘坐公交至站前站下车可到。

千山风景名胜区 AAAAA

●素有“东北明珠”之称

千山为长白山支脉，山峰总数为999座，其数近千，故名“千山”。

按自然地形划分为北部、中部、南部、西部四个景区。包括20个小景区和200余处风景点，分布在几条沟谷内。千山，是自然景观与人文景观的完美统一，而宗教文化是千山人文景观的主体。千山有寺、观、宫、庙、庵等20余处，还有无数洞、塔、亭、碑，也是千山人文景观的重要组成部分。

鞍山市东南17千米处。

可从鞍山市区乘坐中巴客车8路至千山站，约30分钟路程，下车后沿千山东路步行至景区门口即可，约15分钟。

旺季（4月1日~10月31日）80元，淡季（11月1日~次年3月31日）60元。

亲历者◎攻略

鞍山最佳旅游时间为4月－10月。这期间，鞍山温度适宜，天气状况良好，最适合攀登千山，饱览美景，为出行鞍山的最佳时间。另外，鞍山虽冬季严寒，但此时前来则可饱览雪压千山的北国风光，泡温泉也有别样的美妙感受。

仙人台

●峰奇、地险

又名观音峰，海拔708.3米，为千山风景区最高峰。登山远望，诸峰千姿百态，无限风光尽收眼底。仙人台峰奇、地险，峰头似蛇背，长20余米，宽10米，峰头西端，有一巨大石柱，呈四棱形，高7米，直径约20米，由东稍北倾斜，状如鹅头，故俗称鹅头峰。西南北三面均为峭壁深渊，唯东一面可行。

↓仙人台

千山弥勒大佛

●自然造化的全国特大石佛之一

在众多的奇峰中，最为奇特的是千山大佛。千山弥勒大佛位于千山第二高峰五佛顶的东南方，距著名的庙宇南泉庵东南300米，是自然造化的全国特大石佛之一。佛像身高70米，体宽46米，头高9.9米，依山而坐，貌似弥勒，形象逼真，神态可掬，栩栩如生。

大佛左手分开放在膝盖上，右手握拳，手臂压在右腿上，右胳膊上方还端坐着一尊南极寿星，从整体看去是向右倾坐的姿态。在其胸前还天然形成一只捻珠，其长短比例及位置非常神奇，迎着阳光还可以看到圆圆的珠环。

鞍山—盘锦旅游区

玉佛苑

●殿内供奉世界最大玉佛

玉佛苑是鞍山著名的旅游景区，坐落于玉佛山风景名胜区的核心景区内，占地面积27万平方米，三面环山，一面临水，因供奉世界最大玉佛而享誉海内外。玉佛苑以玉佛阁为主体，由天王殿、舍利堂、药师殿等组成。

主体玉佛阁气势恢宏、金碧辉煌，殿内的释迦牟尼玉佛重260.76吨，色彩斑斓、雕琢细腻，1997年11月荣膺“大世界基尼斯之最”。

鞍山市绿化街58号。

34路公交可到。

70元，学生票35元。

盘锦红海滩

●举世罕见的红海滩

国家级自然保护区。在渤海之滨的这块20多平方千米的湿地苇丛中，栖息着丹顶鹤、黑嘴鸥等236种鸟类。它以全球保存最完好、规模最大的湿地资源为依托，以举世罕见的红海滩、世界最大的芦苇荡为背景，是一处自然环境与人文景观完美结合的纯绿色生态旅游系统。

盘锦市赵圈河乡苇田湿地内。

这里交通不便，可从盘锦火车站坐公交30路至大洼县委下车后，打车或拼车至红海滩景区，约21公里，40分钟左右，价格约100元，可与司机议价。

套票80元。

0427-6881651。

亲历者◎攻略

9月至10月中旬是观赏红海滩的最佳时节，10月中旬后草色开始变紫。中秋过后，当地有名的中华绒螯蟹开始上市了，直到12月份都是吃蟹的最佳季节。由此可见，10月去红海滩是最好的时间，不仅有美味还有美景。

看红海滩最好的时候是早晨，如果幸运的话，赶上晴天，潮水退际，鲜红的赤碱蓬开始一点点从水里露出来，恰如红色地毯逐渐展开，分外妖艳。

苇海

●世界第一大苇田

在辽东湾北岸，水陆相互拉锯的地带，有一片东西宽28千米、南北长130千米的世界最大的苇海。这是一片保存完好的沼泽湿地，每年阳春三月，候鸟陆续南来，天空鸟阵如云，滩头水畔，莺歌燕舞。这里既是我国丹顶鹤繁殖的最南限，也是迄今为止世界濒危动物黑嘴鸥最大的繁殖地。茫茫苇海中架着一座14米高的放鹤亭，是观鸟的绝佳位置。

紧邻红海滩。

↓桓仁秋景

本溪旅游区

本溪水洞 AAAAA

●目前发现的世界第一长地下充水溶洞

本溪水洞是数百万年前形成的大型充水溶洞，分水、旱两洞。已向游人开放的2800米中有三峡、七宫、九湾之分，步步是景。洞内水流终年不竭，平均水深1.5米，最深处7米。洞内常年保持10℃的恒温，四季如春。旱洞长300米，洞内怪石嶙峋，起伏多变，洞中有洞，曲折迷离，有古井、龙潭、百步池等，现辟为古生物宫。洞外盘桓山腰的古式回廊，别具风韵的人工湖和水榭亭台，使水洞内外景观相得益彰。

本溪满族自治县小市镇谢家崴子村。

本溪火车站有旅游专线车前往。

门票175元（包含水洞＋旱洞＋地质博物馆＋硅化木王国＋景区游览电瓶车）。

0414-4891198。

关门山国家森林公园

●风景秀丽，有“小江南”的美誉

是以森林、峰岩、溪泉、气象、季象等自然景观为主，以人文景观为点缀的森林生态型风景区。由关门山风景区、铁刹山风景区、汤沟森林公园3处风景区组成，

园内四季风光各具特色。春日，山花烂漫，五彩缤纷；夏日，柏苍树翠，清幽凉爽；秋日，橙红金黄，野果清香；冬日，飞雪迎客，冰崖百丈。

本溪满族自治县小市镇山城子村。

本溪县有专车可到。

旺季90元，淡季60元。

024-46358366。

五女山山城

●高句丽的开国王城

这里是高句丽民族文明的发祥地，也是满族文明的发祥之地。现存城墙、城门、大型建筑基址、蓄水池、瞭望台等。

五女山山峰酷似玲珑翠屏，四周悬崖峭壁，巍峨险峻。山顶地势平坦，土质肥沃，草木茂盛。南面有一隘口，乘缆车可达山顶。站在东端峰巅，遥望桓龙湖，烟波浩渺，云天山水，浑然一体，桓仁镇如一幅画卷，尽收眼底。

桓仁县桓仁镇刘家沟村。

市内有直达客车可到。

80元。

0414-8278888。

抚顺—铁岭旅游区

赫图阿拉

●清王朝的发祥地，后金第一个都城

抚顺赫图阿拉城是一座拥有400余年的历史古城。公元1616年努尔哈赤在这里登基称汗，建立了大金政权，史称后金。由此，赫图阿拉城成为后金第一都城。

赫图阿拉城景区现存古建筑遗址33处，分赫图阿拉城和中华满族风情园两大景区。赫图阿拉城内城有当年努尔哈赤登基称汗的尊号台、努尔哈赤与妃子们休息住宿的地方——汗王寝宫，昭忠祠等古建筑群；中华满族风情园内有当年努尔哈赤的驸马府、地藏寺、显佑宫皇家庙宇、还有商贾一条街和满族民俗博物馆及展示满族崛起的满族历史文化长廊、天湖啤酒度假村、汗王水吧、省引水工程指挥部等一大批古建筑群。

新宾满族自治永陵镇。

往新宾的长途汽车途经赫图阿拉城址。

8:00~17:00。

60元。

024-55157595。

雷锋纪念馆

●全国首批重点革命烈士纪念建筑物保护单位

雷锋纪念馆，设施先进，环境幽美，是宣传雷锋、研究雷锋、纪念雷锋的活动中心。馆内陈展资料丰富翔实，有雷锋蜡像、大型《青山魂》浮雕、复制《雷锋童年的茅草屋》场景等11处亮点。

第一层是圆厅和展厅。圆厅的中央立有4.7米高的铜铸雷锋铜像，圆厅的墙壁上绘有

大型装饰壁画。

第二层为学习雷锋先进事迹展。该展厅还陈列着党和国家领导人视察抚顺，参观雷锋纪念馆的珍贵照片。

抚顺市望花区和平路上。

15、25、54 路公交可达。

024-56658816。

清河省级旅游度假区

●清河水库为辽宁七大水库之一

湖面宽阔，山水交映，有观雨楼、松涛亭、怡心亭、瞰泻亭等景点三十多处。位于辽宁省铁岭市清河区东部，距铁岭市政府所在地 40 千米，西邻国道 102 线 8 千米，距沈哈高速公路（开原市西部）10 千米，是依托清河水库建起来的旅游景点。

铁岭市清河区。

住宿

如家快捷酒店：国内最大经济型连锁酒店，在沈阳超过十家。定位于普通消费大众，基本设施齐全。

沈阳太原街店 / 沈阳市和平区同泽北街 5 号 /024-23298777。

沈阳故宫店 / 沈阳市沈河区正阳街 196 号 /024-24867999。

汉庭快捷酒店：汉庭连锁酒店旗下品牌，著名经济型连锁酒店。

五爱店 / 沈阳市沈河区热闹路 58 号 /024-23396777。

北陵公园店 / 沈阳于洪区黄河北大街 58 号（北陵公园西门斜对面）/024-86679888。

餐饮

沈阳的美食风味独特，有盛京历史 10 大名吃：李连贵熏肉大饼、杨家吊炉饼、马家烧麦、老边饺子、宝发园四绝菜、御膳酒楼宫廷菜、明湖春水陆廷席、洞庭春鲁菜海味、鹿鸣春山珍、那家馆的白肉血肠。

老边饺子：位于中街步行街，玫瑰大酒店对面，沈阳著名老字号餐饮。以皮薄馅大、鲜香味美、浓郁不腻、松散易嚼而闻名遐迩。

马家烧卖：位于沈河区正阳街 24 号，沈阳最早的回民餐馆，著名小吃。选料严格，制作精细，口味好，造型美观，深受群众欢迎。

李连贵熏肉大饼：位于沈河区正阳街 88 号，其特点是熏肉肥而不腻，瘦而不柴，熏香浓，香泽红；大饼色黄清香，里软外酥层次多。

购物

沈阳主要商业街区分布在中街（步行街）、太原街一带。

南湖公园古文物市场：位于沈阳市和平区南部，有几十家店铺经营着古玩、字画、印章、瓷器、玉器、木雕、珊瑚、珠宝翠钻及历代古钱。沈阳的名特产品，如御赐枕、羽毛画、绢花、彩石镶嵌画等，都能在这里觅得。

五爱市场：位于沈河区热闹路 77 号（近五爱街），国内最著名的批发市场之一，主营服装、小百货、鞋帽、针织等用品，种类齐全，物美价廉。

民俗

沈阳大秧歌：是明清时在继承唐代以来东北大秧歌传统特色而形成的地方乡土艺术。开始时，是少数民间闲散艺人在街头表演的谋生手段，逐渐变成了节庆或庙会期间的娱乐活动，形成了独有的粗扩、豪放、火爆、强劲而自由的艺术特色。

二人转：史称小秧歌、双玩艺，表现形式为：一男一女，服饰鲜艳，手拿扇子、手绢，边走边唱边舞，唱腔高亢粗犷，唱词诙谐风趣。代表人物有赵本山、小沈阳等。

大连

大连是典型的浪漫之都。蓝天、碧海、白沙、黑礁等旖旎的海滨风光。老虎滩海洋公园内风格多异的动植物，星海广场浪漫清新的海风，发现王国惊险刺激的玩乐，还有女子骑警队的英姿飒爽，旅顺公园栩栩如生的石雕，无一不为这座城市增添了一道道明媚的风景线，吸引着天南地北的观光客不远万里前来。

面积：13238 平方千米
人口：591 万
区号：0411

亮点

必游景点

- **大连老虎滩海洋乐园**：4A 级旅游景区，世界上建筑面积最大、水量最多、展示极地动物最全的场馆。
- **金石滩国家旅游度假区**：拥有国内最大的藏石馆，由绿色中心、蓝色中心、银色中心和彩色中心四部分组成。
- **星海广场**：亚洲最大的城市广场，设有全国最大的汉白玉华表。
- **冰峪沟**：素有“辽南桂林”之美誉，蜚声海内外。内有被誉为“天然动植物王国”的辽宁仙人洞国家森林公园。

线路推荐

- **老虎滩、冰峪沟、发现王国三日游**

  D1：老虎滩—极地馆—珊瑚馆—欢乐剧场—海兽馆—鸟语林。

  D2：仙人洞—冰浴沟—云水渡—仙人渡—双龙坝瀑布—孤帆石—小峪河风景区。

  D3：发现王国。

↓大连市区

交通信息

飞机

大连周水子国际机场位于大连市甘井子区迎客路 100 号，距市中心 10 余千米。大连机场现在开通的航线基本覆盖全国各大、中型城市以及东亚、东南亚、欧美、中东的主要国家。

机场大巴每 20 分钟一班，以当天最早和最晚降落航班为大巴运营起止时间。

火车

大连火车站座落于市中心商业繁华区，线路主要通往东北各大中型城市以及上海、郑州、武汉等城市，轻轨 3 号线的市区终点站也紧挨着火车站。

大连北站位于北郊南关岭地区，距离市中心和开发区约 15 千米，为高铁站。

市内交通

大连目前有 4 条轻轨线路、地铁 1 号线和 2 号。轻轨线路分别为大连火车站—金石滩、大连火车站—保税区、大连火车站—九里、九里—开发区。

其中大连火车站—金石滩的线路又称大连快轨 3 号线，是大连往返新城区与主城区的首选交通。

大连城区景点

老虎滩海洋公园 AAAAA

● 世界上建筑面积最大、展示极地动物最全的场馆

大连老虎滩海洋公园是滨城一道亮丽的

风景，是展示海洋文化，突出滨城特色的现代化海洋主题公园。园内蓝天碧海、青山奇石、山水融融，构成了绮丽的海滨风光。

公园内景点独具特色，设施完善齐全。有亚洲最大以展示珊瑚礁生物群为主的大型海洋生物馆——珊瑚馆，世界最大、中国唯一的展示极地海洋动物及极地体验的场馆——极地馆，全国最大的半自然状态的人工鸟笼——鸟语林，全国最大的花岗岩动物石雕——群虎雕塑以及化腐朽为神奇的马驷骥根雕艺术馆等闻名全国的旅游景点。

滨海中路9号。

2、4、30路公交老虎滩下车。

通票220元。

0411-82689356。

大连圣亚海洋世界

●世界第一座情景式海洋主题乐园

内有“鲨鱼岩洞”“旅行者号潜水器”“联合号海底工作站” “舞鲨地带” 等一系列精彩景区。这里拥有世界第一座海底金字塔、世界第一个海底飞碟、世界第一座海底城市，中国第一座海底工作站、中国第一舞鲨场所、中国第一梦幻海豚湾超级水秀……身处其中，每时每刻都被这里此起彼伏的欢乐、新奇、神秘、惊险、浪漫、刺激与满足所交织的快乐心绪充斥着。

沙河口区中山路608号星海公园内。

49路公交可到。

圣亚海洋世界110元，圣亚极地世界80元，圣亚四馆套票(海洋世界＋极地世界＋珊瑚世界＋深海传奇) 220元，圣亚五馆套票(海洋世界＋极地世界＋珊瑚世界＋深海传奇＋恐龙传奇) 280元。

0411-84581113。

星海广场

●亚洲最大的城市广场

广场中央设有全国最大的汉白玉华表，高19.97米，直径1.997米，以此纪念香港回归祖国，华表底座和柱身共饰有9条巨龙，寓意九州华夏儿女都是龙的传人。

广场中心由999块红色大理石铺设而成，红色理石的外围是黄色大五角星，红黄两色象征着炎黄子孙。

大连南部海滨风景区。

16、22、37路公交可到。

大连观光塔

●鸟瞰大连风光的最佳视点

塔高360米，是世界上首次采用空间桁架结构的钢塔，是大连市标志性建筑。

大连观光塔是游客领略大连风光的第一高度和最佳视点。党和国家领导人及许多外国元首和政要，都曾莅临视察和观光游览。

大连观光塔内设空中观光厅、空中旋转餐厅、空中咖啡厅、露天观景台、多功能厅、观光餐厅，是集观光、餐饮、娱乐于一体的综合旅游景点。

大连市中山区绿山巷99号。

劳动公园内坐观光缆车或由东门乘专线车可到。

冬9:00~20:00，夏8:30~22:00。

50元。 0411-83638345。

↓大连星海公园

金石滩旅游度假区 AAAAA

●拥有国内最大的藏石馆

金石滩度假区位于市区的东部，是国内著名的风景旅游度假区，由绿色中心、蓝色中心、银色中心和彩色中心四部分组成。

金石滩奇石馆是中国目前最大的藏石馆，号称“石都”，内藏珍品200多种近千件，其中的浪花石、博山文石、昆仑彩玉等均为中国之最。

东部海岸景区海岸线长8千米，虽然不长，却浓缩史前9亿年至3亿年的地球进化历史。朝海的一面望去，沉积岩石、古生物化石、海蚀崖、海蚀洞，海石柱、石林等海蚀地貌随处可见。

金石路附近。

乘坐2路车到达终点青泥洼桥站，然后穿过中山路、火车站到达轻轨站。

黄金海岸免费开放；套票（含金石蜡像馆、生命奥秘博物馆、石文化博览园、毛泽东像陈列馆）160元；套票（含石文化博览园、金石缘景群、玫瑰园、恐龙园、南秀园、鳌滩园）100元。

0411-87900700。

银色中心

●尽情狩猎

位于金石滩的西部半岛。这里山势起伏，植被繁茂，冬季常有白雪覆盖，银装素裹，著名的狩猎俱乐部就设在这里。同时还建有具备国际标准的飞碟射击场、活动靶场。狩猎场里放养着黄羊、野兔和鹿等，游人在这里可以尽情狩猎，内还设有客房、餐厅、桑那以及歌舞厅等设施。

中华武馆

●有亚洲之最的比赛场馆

采用中国古典式建筑风格，其主赛馆是目前亚洲之最。馆内珍藏的“青龙偃月刀”为镇馆之宝，是集旅游、教学、武术表演、影视培训等功能于一身的综合性旅游场所。

蓝色中心

●以国际游艇俱乐部为主的俄海滨游乐场

是以国际游艇俱乐部为主的海滨游乐场。这里海域辽阔，沙滩细软，海水清洁度好，能见度高。所以潜到水下可看到岩石景观、海带海藻等丛生的海底生物、各色海洋鱼类、难得一见的海豚。

还有被誉为“梦中的黄金海岸”天然海水浴场。位于金石滩的中部，东西长约四千米，海面波平浪稳，水质清洁，无暗礁和潜流。可从事水上游艇、帆板比赛、水上滑翔等多项海上活动。海岸可容纳10万人。中心建有国际沙滩排球场，世界女子沙滩排球公开大赛曾在这里举行。

彩色中心

●主题乐园

内有鲜花大世界，金石蜡像馆，发现王国主题乐园等。

鲜花大世界是我国东北最大的花卉生产基地和销售集散地，集中了世界各种品类的名花，四季不败，争芳斗艳。

金石蜡像馆内塑有13个主题70余尊蜡像，馆内百余尊蜡像在灯光、道具和背景的综合效果烘托下，栩栩如生。根据历史重大事件和真实情节，这里共划分“历史长河”“风云人物”“科学隧道”“二战风云”等13个主题。

发现王国主题乐园

●大型主题游乐园

位于金石滩。整个公园依托园区主题，分别设计风格迥异的各式餐厅和休闲场所。公园拥有完善的配套服务设施，医护室、银行、婴儿车、残疾车租借中心、贵宾接待厅、VIP卡会员接待厅、迷失儿童接待室、寄存处、团体票务室、游艇等。园区共分为六大主题——疯狂小镇、神秘沙漠、金属工厂、魔法森林、传奇城堡和婚礼殿堂。

金石滩国家旅游度假区。

日场190元，夜场120元。

0411-87900000。

亲历者◎攻略

1. 进入园区后最好从右边开始玩，即从疯狂小镇开始。
2. 参加水上项目自备雨衣，用后不要扔掉，后面还会有水上活动。
3. 园区内食品较贵，最好自带水和食物。

绿色中心

●以高尔夫球场为主体

主体是金石高尔夫球场。占地面积1.75万平方千米，三面环海、一面依山。金石高尔夫俱乐部是美国高尔夫球协会和世界旅游协会会员单位。

20元（观光），练习场70元打24球（包括20元观光费）。 3~11月。

棒棰岛景区

●接待国内外来宾的著名风景区

棒棰岛宾馆是大连市的“国宾馆”，三面环山，翠岭起伏，海光山色，相映成辉。这里气候温和，冬无严寒，夏无酷暑，是理想的避暑胜地。迎宾路是通往棒棰宾馆的主要迎宾路线，以大面积草坪为主体，各种灌木和花卉组团与两侧山林自然景观相结合，形成了山上山下，立面与平面，错落别致的宏观效果。既有粗犷通透的欧式造园风格，又有精致细腻的韩国造园风格。

大连市中山区滨海东路。

从市中心到棒棰岛景区仅9公里，坐车约20多分钟可到。虽然没有公交可直达，但从市中心打的去也只要20多块钱，很方便。

8:30~17:00。

0411-84339970。

大连女子骑警基地

●华夏警花第一骑

大连女子骑警集治安、巡逻、安全保卫、城市管理、体育运动和礼仪表演于一体。被誉为“滨城靓丽的风景线”女子骑警大队成立于1994年12月，是世界第一支成编制的女子骑警队。为提高女骑警大队整体素质，大连市政府拨专款建设了女骑警训练基地，于2001年开始面向旅游市场开放。

大连市中山区中青街9号。

50元。

大连森林动物园

●观赏各种动物的好去处

这里依山傍海、环境优美、景色宜人、犹如镶嵌在都市中的一颗璀璨的绿色明珠。分为一期圈养区和二期散养区两部分，在一期圈养区和二期野生放养区内展示的动物有200余种、3000多头（只），其中有多种国家级的保护动物，也有许多从国外引进的珍稀动物品种。

大连市西岗区迎春路白云山景区。

525、529、715公交可到。

夏7:00~17:00，冬8:00~16:30。

120元（含单程空中索道）。

0411-82476970。

旅顺军港公园

● "醒狮"铜雕是最具纪念意义的拍照留念地点

公园东面入口处竖立起一座3米多高的汉白玉石雕《军港之夜》。中间入口处有一块重达0.75吨、采自旅顺老铁山的天然巨石，正面刻着当代文豪郭沫若的书写的"旅顺口"三个大字，背面刻着旅顺口地名来历的碑文。

在公园西侧竖有一座高大的"醒狮"铜雕，这几处雕塑都是游人云集的最佳拍照留影地点。为了留下珍贵的瞬间纪念，游人们不惜时间，排队等候轮流拍照。

大连市旅顺口区黄河路尽头。

旅顺口12、18、19路公交可达。

0411-86622735。

蛇岛

●蝮蛇王国

又名"小龙山岛"，岛上有蛇13000余条，而且只有一种，即黑眉蝮蛇、属剧毒蛇，蛇岛是世界上唯一的只生存单一蝮蛇的海岛。研究证明岛上蛇所产生的蛇毒是宝贵的药用资源。它制成的药剂对治疗各种神经肌肉、血液循环等疾病能起到良好政果。

大连市旅顺口区。

乘汽车到董砣子港，再转乘豪华游艇前往，每天有9:30、13:30两班船。

往返船票及登岛120元。

每年1、2、3、7、8、9月在专人陪同下，可以登岛。

旅顺日俄监狱旧址

●爱国主义教育基地

监狱建于1902—1904年，共建成牢房85间，二层青砖办公楼一座。日俄战争期间曾做过沙俄马队兵营和野战医院。

监狱内除牢房和工场外，还有去工场的检身室、医务系、调室、暗牢、绞刑场等。究竟有多少人在这里被害，无法计算。仅1942年至1945年8月就有700多人被绞杀和摧残致死。

大连市旅顺口区向阳街139号。

3路公交可到。

8:00~17:00。 0411-86610675。

大连郊县景点

冰峪旅游度假区

●素有"东北桂林"之美誉

位于庄河市北40余千米的仙人洞镇北部。这里既有云南石林的奇特，又有桂林山水的挺拔，峥嵘中含有清秀，粗犷雄奇中寓有妩媚，浓彩重墨中透出淡雅，清新豪放中显得庄重，有花果山、双龙会、仙人洞、宏贞营、玉女峰等景点。

庄河市仙人洞镇。

从大连乘客车或火车到庄河，再换车从庄河到冰峪沟。

120元。

0411-89844180。

仙峪湾旅游度假区

●冰峪地貌奇特

区内奇峰林立、沟峪幽深、溪潭澄澈、林茂花繁，有龙门潭、云雀峰、花果山、双龙汇、仙人洞等景点，有列入国家重点保护的野生动物数十种，植物数百种。冰峪地貌奇特，形成了众多岩洞。沟谷里、溪水仙人洞为众洞之冠。

度假区每年1月举办大连冰峪冰灯会，以各种大型冰雕、冰灯为主，同时推出丰富多彩的冰上运动及娱乐活动：滑冰、冰球、冬泳、陀螺、冰车等，以及具有浓郁民俗色彩的狗、羊拉爬犁。

瓦房店市胜利乡望海村。

乘大连至仙峪湾的班车，或乘火车到瓦房店下车，再转乘中巴前往。 50元。 0411-85125555。

营口旅游区

上帝庙

●国家重点保护单位

上帝庙属国家级重点保护单位，建于辽代，迄今已历时600余年。其本名玄真观，因庙内供奉"玄武大帝"即"玄天上帝"，简称"玄帝"，他是中国神话中北方之神，为道教所信奉。清代康熙年间，因避讳圣祖爱新觉罗·玄烨之“玄”字，改名元贞观。现今仍保留着浓厚的古朴典雅之建筑意境，是营口乃至全省为数不多的早期寺庙建筑。

盖州市盖州镇西门里大街路北。

石棚山石棚

●辽东石棚中规模最大、保存最完好

石棚山石棚又称“九寨石棚”，它属青铜时代的巨石建筑遗存。由五块经过加工的巨大花岗岩石板组成，平面呈长方形，底铺石板，东、西、北三面立三块石板为壁，盖石长 8.6 米，宽 5.7 米，厚 0.46 — 0.55 米，石棚全高 3.1 米，壁内高 2.4 米，南北长 2.65 米，前宽 2.1 米，后宽 1.95 米，占地约 50 平方米。

盖州市二台子农场石棚村。

住宿

大连日航饭店 / 中山区长江路 123 号 /0411-82529999。

星海高尔夫酒店 / 沙河口区星河路 29 号 /0411-82193333。

万恒假日酒店 / 中山区八一路 260 号 /0411-82400295。

大连南海宾馆 / 中山区中南路 170 号 /0411-82987262。

餐饮

来到大连，最应该吃的是海鲜。天天渔港的大连总店就在延安路上。大连的烧烤也较有名，五四路是比较集中的烧烤一条街。在星海广场的附近有几家不错的日本和韩国料理店，最著名的当属国航大厦二楼的“割烹清水”店。

新东方渔人码头 / 港湾广场 3 号 /0411-82706999。

品海楼 / 中山区中山路 123 号 /0411-86988878。

购物

在大连购物，应首先着眼于富有浓郁大连气息的海鲜和红玉苹果、黄金桃、大连樱桃等水果及玻璃制品、绣品、贝雕画等工艺品。喜欢买衣服的游客一定要在 9 月来，有机会买到在国际服装节上展示的服装。

新友谊商店 / 人民路。

新玛特休闲购物中心 / 青泥洼商业街。

中国工艺品旅游品交易市场 / 中山区洛阳街 9 号。

民俗

复州皮影戏：皮影戏是一种用灯光照射兽皮或纸板做成的人物剪影以表演故事的民间戏剧。

东岗剪纸：以朴拙的手法、简洁的构图、流畅的线条、丰富的题材而享誉辽南。其突出的特点是构图简洁，多数为大刀阔斧、信马由缰的即兴之作。

↓海鲜美食

丹东

三面青山环绕，一面江水碧流，银杏成荫，杜鹃满城，这就是素有“北国江南”之称的丹东。丹东的旅游资源丰富多样——鸭绿江、凤凰山、青山沟、大孤山、五龙山、白石砬子、凤凰山、东港湿地、天桥沟、黄椅山等，许多都是国家级的风景宝地。

面积：15030平方千米
人口：242万
区号：0415

亮点

必游景点

- **凤凰山：**辽宁四大名山之一。以雄伟险峻、泉洞清幽、花木奇异、四季景秀而著称于辽东。
- **鸭绿江风景名胜区：**鸭绿江为中朝两国界河。景区内有多处自然和人文景观。
- **天华山：**以其山高、峡险而著名。内有天华峰、毛公峰、天台峰等。
- **抗美援朝纪念馆：**全国唯一一座全面反映抗美援朝战争的专题纪念馆，建有露天兵器陈列场，以抗美援朝战争史为基本陈列。

线路推荐

- **丹东中朝边境一日游**

鸭绿江大道—虎山长城—中朝边境一步跨景区—太平湾发电站—万亩桃园—龙泉山庄—长和岛。

交通信息

飞机

丹东浪头机场位于丹东市区西南14千米的浪头镇，开通的主要航线为北京、上海、济南、威海、深圳和三亚的航班，从机场往返市区可以乘坐机场巴士。

↓丹东鸭绿江大桥

火车

丹东火车站位于振兴区五经街，是东北地区的重要交通枢纽，也是我国与朝鲜铁路交接的重要汇合点，目前有发往北京、沈阳、齐齐哈尔、青岛、长春等国内主要城市的列车。

鸭绿江风景名胜区

景区以水景为主线，山景相依托，名胜古迹历史久远，游一江可观赏中朝两国风光。由六大景区100多个景点组成。

丹东鸭绿江大桥

●中朝两国共管的桥

鸭绿江风景名胜区的核心景区，与朝鲜新义州隔江相望。它是中朝两国的交通要道，也是游人观光览胜的景点。在鸭绿江边坐船，就可以看到朝鲜新义州的景色，有时还可以看到有朝鲜人向你招手。

↓鸭绿江

虎山景区

●中国历史上重要的军事要地

位于大桥景区与太平洋景区之间。虎山形似卧虎，地势险要，与对岸朝鲜“统军亭”遥遥相对，是中国历史上重要的军事要地。

江口景区

●中国海岸线最北端

区内最南端的一个景区。江海分界线是中国海岸线的最北端，三号江海界碑吸引了许多游客。

丹东市区景点

五龙山

●国内第一座包容佛教“五教十宗”全部内涵的名山

五龙山全长20千米，主峰顶歧山海拔708.5米，在丘陵起伏的辽东半岛显得格外巍峨挺拔。五龙山共有90多个山峰，山中林木葱郁秀美，峰壁耸立，清溪潺潺，鸟语花香。其沟壑峡谷之栉比，巨石悬崖之怪异，其庙宇古迹之灵气都是风格迥异、自成一派，恰似一副饱含浓墨的水墨丹青。

丹东市振安区五龙背镇。

在丹东市政府（出火车站广场左侧）处有五龙山专线公交车；也有11路公交车前往五龙背。

9:00~17:00。35元。

抗美援朝纪念馆

●全国唯一一座全面反映抗美援朝的专题纪念馆

抗美援朝纪念馆地处风景秀丽的鸭绿江畔、锦江山西麓。纪念馆始建于1958年，馆名为郭沫若题写。抗美援朝纪念馆融中华民族的传统风格和现代建筑特色于一体，由陈列馆、全景画馆、纪念塔三大主体建筑组成，并建有露天兵器陈列场，以抗美援朝战争史为基本陈列。

丹东市振兴区锦江山大街68号。

122、302路公交车可达。

8:00~16:00。

0415-3876340。

丹东郊县景点

凤凰山

●辽宁四大名山之一

唐贞观年间，唐太宗李世民御封为“凤凰山”。以雄伟险峻、泉洞清幽、花木奇异、四季景秀而著称于辽东。

凤凰山分为西山、东山、庙沟和古城四大景区。西山景区为主景区，有主峰攒云峰，险景“老牛背”“天下绝”，古洞“凤凰洞”“通玄洞”，还有“山云铺海”“涧水飞瀑”等景观。东山景区野趣盎然，新建有旅游步道和游览路线，设有景亭、景桥、人工湖。

山上现存古建筑以宫观庙宇为主，其中以紫阳观、斗母宫、观音阁、碧霞宫和药王庙较为著名。每年的农历四月二十八日，是凤凰山传统的“药王庙会”，时间长达4天，热闹非凡。

凤城市凤山路800号。凤城、丹东有班车直达。

80元。9:00~17:00。

亲历者◎攻略

1. 若有很多人一同前往，可询问当地人是否有优惠票价。

2. 登山要备好运动鞋，衣着以纯棉为佳。

3. 有些地方山势险要，如老牛背，老人和小孩不要轻易前往。

天华山

●以峰奇、峡险、涧幽、水秀为特色

景区以其山高、峡险而让游客叹为观止。天华山分为白龙洞、青龙洞、玉龙洞、天华峰、灵光顶、西谷顶六大景区。

天华峰开裂两道长缝，形成了高百余米、宽仅0.8米的通天峡。天台峰海拔1006米，为天华山最高峰，远望如整块巨石直插云霄，登临山顶，却是一块宽阔平整的天然大石台。在天华山之巅有一毛公峰，似天然的伟人塑像端坐在群山之中，背对蓝天白云，前有绿树烘托，形象栩栩如生。

宽甸满族自治县灌水镇北部。

市内有专车可到。夏7:00~17:00，冬8:00~16:30。

80元。0415-5197087。

天桥沟

●中国枫叶最红最艳的地方

天桥沟是国家森林公园，属长白山脉老岭支脉，平均海拔600米。每到秋天，天桥沟红叶满山，美景无限，人们争相前往欣赏枫叶美景。 莲花峰是天桥沟的标志景点，海拔864米，远看突兀而立，近观峭壁叠岩，登莲花峰需从一条石缝攀梯而上。

宽甸满族自治县双山子镇。

市内有专线客车可到。

8:00~16:40。

一日票150元，两日票240元。

0415-5956666。

青山沟

●联合国专家列为全球六大无污染的自然景区之一

青山沟为省级风景名胜区，由青山湖、飞瀑涧、虎塘沟、仙人谷等景区组成。青山沟山峦间大小瀑布36条，八面威山顶有小天池，碧绿的浑江盘绕着奇峰异石，缓缓流入鸭绿江，风景绝佳。

宽甸满族自治县青山沟镇。

先从丹东汽车站乘车前往宽甸县城，再转车去青山沟，约需行车2小时。青山沟景区环线中巴可到。

8:00~16:00。

通票104元。

0415-5850025。

大鹿岛

●中日“甲午海战”的战场

大鹿岛一个特色是它的海鲜。大鹿岛盛产150余种海鲜。“鹿岛八珍”中，排在首位的便是大海蟹，具有角毒散血、续绝伤痛的功效。其他诸如对虾、文蛤、海螺、牡蛎、海蜇、竹蛏等，都是上等的美味。

甲午才是大鹿岛真正的魂。这座“近代历史博物馆”有着别样的历史积淀，毛文龙碑亭、甲午海战古战场及甲午壮士英烈墓、英式灯塔，浴血的战争洗礼，让大鹿岛透出成熟之美。

东港市孤山镇。

丹东西南100千米处。自驾车经丹大高速孤山出201国道，或乘车由丹东到孤山镇再由港口乘船都可抵达。

住宿

中联大酒店 / 滨江中路62号（地处鸭绿江边）/0415-2333333。

丹东国际酒店 / 元宝区新安街88号 /0415-2817788。

银杏园宾馆 / 六纬路18号 /0415-2135555。

餐饮

丹东是全国最大的满族聚居区，饮食有浓重的满族风味，有煮饽饽、豆擦糕、酸汤子等。还有各式朝鲜料理、韩国烧烤。此外，沿江开发区有美食一条街，海鲜比大连便宜许多。

丹东的传统风味小吃有：小肉饭、龙斗虎、白肉血汤、坛肉等。现在丹东最流行的美食有海鲜、涮锅和烧烤。

红月亮餐饮城 / 振兴区桃源街。

民俗村餐饮 / 振兴区三经街。

购物

丹东最繁华的商业街是元宝区的新安路步行街。丹东著名的工艺品和土特产柞丝绸、紫砂制品、玻璃水具、孤山杏梅、柱参、贡米、贡醋等，在这条街上都能买到。此外，火车站前的十纬路和七经街，商店也很密集。

锦江商场 / 振兴区八街2委9号。

新友谊商场 / 振兴区锦山大街。

民俗

凤城满族剪纸：满族剪纸由来已久，据有关资料记载，丹东满族剪纸最早产生于明朝末年。在一些祭祀和节庆活动中，满族妇女常常用树皮、动物皮等剪一些图案，张贴在活动现场，以此烘托祭祀和节日气氛。

满族荷包：许多民族都有荷包，满族的荷包更具自己的民族特色，许多满族人喜欢佩带。在满语中，荷包被称为“法都”。

辽西

本章所说的“辽西”包括锦州、葫芦岛、朝阳和阜新4市。

锦州是依山傍海的活力之城。有号称“东北三大名山”之首的医巫闾山，还有堪称天下一绝的笔架山“天桥”，更有肃穆的辽沈战役纪念馆。

葫芦岛素称“关外第一市”，依山傍海，气候温和。这里的海滩，水清沙细、滩缓无礁。

朝阳是著名的历史文化名城，又有“东北第一塔”之称的朝阳北塔，并奉有两颗佛祖真身舍利。朝阳还拥有“世界古生物化石宝库”之美誉。

阜新的山水美天下，山奇而多，水秀而繁，另有查海遗址被誉为“玉龙故乡、文明发端”，海棠山摩崖造像堪称奇观。

亮点

必游景点

- **笔架山**：以笔架山岛和“天桥”为主要景点。山水秀丽，环境优美，自然和人文景观众多。
- **北普陀山**：与南普陀山遥遥相望，被誉为“关外第一佛山”。
- **奉国寺**：遗存有中国古代佛教寺院最大最古老的大雄宝殿，世界最精美的彩塑佛像群。
- **九门口长城**：明长城的重要关隘，被誉为“京东首关”。

线路推荐

●锦州—笔架山二日游

D1：辽沈战役纪念馆—笔架山—白台子浴场。

D2：观日出—天下奇桥—吕祖亭—五母宫—太阳殿—三清阁—大广济寺—古塔。

●葫芦岛二日游

D1：观锦州港外景—北普陀山（观音洞、滴水观音、石堂道院、北普陀禅寺）。

D2：明清古城明代一条街—祖氏石坊—城隍庙。

●朝阳二日游

D1：北塔—佑顺寺—关帝庙—凤凰山。

D2：牛河梁—万祥寺—热水汤。

↑兴城海湾三礁

交通信息

飞机

锦州湾机场位于锦州市滨海新区，距锦州市区约30千米，已开通锦州至上海、威海等国内大中型城市的航线。

火车

锦州有锦州站和锦州南站两个火车站，一般过锦州的京哈线略车均在南站停靠。

葫芦岛火车站（城站）是京哈铁路、秦沈高铁的一个重要站点，有发往沈阳、德州、鞍山、大连、北京、杭州等国内大中城市的列车班次。

葫芦岛火车站北站位于市郊的连山区，主要运行高铁和普快列车，多为中间停靠站所用。

锦州旅游区

笔架山

● “天桥”随潮起潮落而时隐时现，堪称一绝

笔架山风景区以笔架山岛和“天桥”为

↓笔架山

主要景点，大致分为岛上游览、海上观光、岸边娱乐、沙滩海浴和度假休养五个区域，总面积8平方千米。

自然景点密集，有马鞍桥、一线天、神龟出海、石猴泅渡、虎陷洞、梦兰湾等。还有众多的文物古迹如吕祖亭、太阳殿、五母宫、万佛堂、龙王庙、三清阁等。

从海岸到笔架山岛有一条长1620米，高出海滩的砂石路，人称“天桥”，天桥平坦径直，把海岸和山岛连在一起，象一条蛟龙随着潮涨潮落而时隐时现，神奇绝妙，堪称“天下一绝”。

锦州市太和区天桥镇辽东湾中。

市内中巴车可到。

08:30~17:00。

70元。

北普陀山

●被誉为“关外第一佛山”

北普陀山历史源远流长，文化底蕴深邃丰厚，它与南普陀山，遥遥相望，被誉为“关外第一佛山”。

北普陀山，集奇洞、妙佛、圣泉、宝树于一体。南望沧海，北观太极，紫气东来，福荫无边。它是观音菩萨显化的道场，实为洞天福地，人间圣境。共有九大景区50多处景点，每年接待海内外游人达百万人次。

锦州市太和区。

08:00~17:00。

50元。

辽沈战役纪念馆

●著名爱国主义教育基地

有序幕厅、战史馆、支前馆、烈士馆和全景画馆。

辽沈战役纪念馆馆区占地18万平方米，园区内松柏挺秀，绿草如茵，环境幽雅而肃穆。其间的纪念馆、纪念塔、烈士名录碑、雕像碑、书法碑、大型组雕、胜利之门及纪念性装饰物，构成一组完整的具有革命纪念意义的建筑群体，在苍松翠柏的掩映下，更加引人入胜。

锦州市凌河区北京路5段1号。

11路和环路公交车可到。

8:30~17:00。

医巫闾山

●元、明、清帝王登基时，皆到山下北镇庙遥祭此山

医巫闾山，古称于微闾、无虑山，满语意为翠绿的山，今称闾山，为国家级自然保护区。自隋开始，此山便成为“北镇”的“五大镇山”，从而声名鹊起。富丽堂皇的亭、台、楼、阁，星罗棋布的碑刻摩崖，烟云缭绕的古刹殿堂，无一不显示着它曾有过的辉煌。

北镇市市区西北5千米处。

锦州火车站前乘旅游专线车前往，车程约2小时。

60元。

↓北普陀山

↓医巫闾山

154

↓九门口长城

奉国寺

● 现存辽代三大寺院之一

奉国寺的标志性古建筑——大雄殿是古代遗存最大的佛殿，堪称为世界之最，殿内有世界上最古老、最大的泥塑彩色佛像群。

殿前开七门，殿内主供七尊大佛为辽代所塑，左起依次为迦叶佛、拘留孙佛、尸弃佛、毗婆尸佛、毗舍浮佛、拘那含牟尼佛、释迦牟尼佛，宏伟壮观、精神超逸。诸佛像高大、庄严、俊秀，历尽千年沧桑，仍然保存完好，在国内外佛教界具有特殊的影响力和知名度。

锦州市义县东街18号。 50元。

葫芦岛旅游区

葫芦山庄

● "葫芦文化之乡"

景区以葫芦文化为主线，以民俗文化为特点，依托渤海湾畔自然风光，致力于营造中国葫芦文化之乡和关东民俗第一村。

景区拥有50余处景点和40余项娱乐体验项目，并建有"中国葫芦文化博物馆""中国关东民俗博物馆"以及拥有葫芦岛市唯一一座城市历史馆，所有展品达4000余件；在葫芦山庄不仅惊叹葫芦文化的博大精深，更能感受关东风情的质朴纯真，可以欣赏到二人转、抛绣球的精彩表演。

葫芦岛市龙港区笊笠村南面临海北。

九门口长城

● "城在水上走，水在城中流"

九门口长城距山海关15千米，全长1704米。其南端起于危峰绝壁间，与自山海关方向而来的长城相接。自此，长城沿山脊向北一直延伸到当地的九江河南岸，在宽达百米的九江河上，筑起规模巨大的过河城桥，以此继续向北逶迤于群山之间。"城在水上走，水在城中流"便是人们对九门口长城的形象描述。世界文化遗产。

绥中县李家堡乡。

通票90元。

菊花岛

● 渤海湾中最大的岛屿，与古城、温泉并称"兴城三宝"

菊花岛，长葫芦形，两头宽阔，中间窄细，斜卧海中，是辽东湾中最大的岛屿。

岛上东半部山势险峻，多为悬崖峭壁。现除唐王洞和大悲阁外，还有八角井、菩提树、点将台、净水盆、九顶石、渤海观音等名胜古迹。龙头上有明代中军游击祖大寿屯兵时，所筑“营城子遗址”。山南屯海沿山石嶙峋，明暗礁林立，现已开辟成旅游风景区。

兴城市菊花岛乡。

从兴海公园北侧的游船码头上船，40 分钟即到。

200.00 元(包括景点门票，往返船票，岛上景区中巴)。

朝阳旅游区

凤凰山国家森林公园

朝阳市最大的旅游景点

系长白山支脉，分西山、东山、庙沟、古城四大景区。有三官庙、紫阳观、观音阁、云接寺、天庆寺等著名寺观，有凌霄塔、摩云塔、大宝塔等古塔。

朝阳市双塔区东郊 3 千米处。

旺季 70 元，淡季 40 元。

桃花山风景区

集自然、人文和生态景观为一体

桃花山孤峰高耸，极其雄壮。山腰有许多大岩石、层峦叠起、形状奇特。山南侧为槐树林，开花时节满山芳香。山北侧是大面积松树林，枝繁叶茂，四季常青。山顶有古井，山东侧有无底洞，山西南侧有寺庙，自古就有许多神奇的传说。

每年三月初三、六月初六、九月初九都有盛大的庙会，唱戏三天，游人数万，远近闻名。

北票市桃花吐镇。

大黑山森林公园

辽西地区面积最大的一块绿地

大黑山森林公园是一处以“清幽”“野趣”为特点，集雄、奇、险、秀、幽、旷自然形象于一体的山岳型风景区。风景区核心部分面积 29.4 平方千米，森林覆盖率达 93% 以上，被誉为辽蒙边界的绿色明珠。

主要景观有森林植被景观、森林花卉景观、地貌景观、溪流幽谷景观、人文景观等，自然和人文观点 98 处。

北票市西官营镇，居努鲁儿虎山脉东段南麓。

阜新旅游区

海棠山摩崖

内有“小布达拉宫”普安寺遗址

海棠山上的摩崖造像，现有 260 余尊摩崖造像，神态是千姿百态的，有的面含微笑，慈眉善目；有的圆睁怒目，威风凛凛。此外，还有藏传佛像佛本尊诸佛，因而海棠山又被誉为藏传佛教摩崖造像艺术名山。

阜新蒙古族自治县大板镇大板村西北 2 千米处。

↑桃花山风景区

¥ 旺季 50 元，淡季 30 元。 ☎ 0418-8877999。

大漠林海

●沙漠变绿洲

章古台地处号称“八百里瀚海”的科尔沁沙地南缘。这里曾是沙海茫茫，沙丘滚滚，后经过 30 多年来的植树固沙努力，终于在大漠中开垦出一片绿洲。置身其中可以进行沙湖浴、森林浴、日光浴，可以牧牛、牧羊，检拾红蘑、黄蘑、草蘑等真菌；也可以沙海造林，去感悟人定胜天的真谛。

彰武县章古台镇境，距阜新市 160 千米。

住宿

锦州

军分区招待所 / 重庆路 /3745555。

锦兴旅社 / 锦州客运站东 50 米 /13050475796。

葫芦岛

葫芦岛国际酒店 / 龙警街 14 号。

富都宾馆 / 龙湾新区海晨路中段。

葫芦岛浪漫小屋主题宾馆 / 龙港区海月路 20 号。

餐饮

锦州

锦州有名的风味美食有：锦华烧鸡、沟帮子熏鸡、水馅包子、白家锅烙、虾油小菜等。锦州的饮食非常便宜，2 元钱一碗面、4 元钱有鱼有肉的盒饭随处可见。吃海鲜可到大笔架山海滨，这里的价格比北戴河、大连更加便宜。

葫芦岛

在这里，不仅有各地风味的餐饮，而且本地风味独到，不可不尝，如绥中石磨豆腐、绥中猪肉炖粉条、笨鸡炖蘑菇、拌凉菜等。

阜新

阜新菜是辽宁菜的重要组成部分，特点是一菜多味、咸甜分明、酥烂香脆、明油亮黄、讲究造型。阜新特色美食有荞面驴肉蒸饺、拨面、猫耳朵汤、牛犊汤等。

购物

锦州

锦州的苹果、北镇鸭梨、银杏等水果在东北小有名气，旅游工艺品有玛瑙雕刻、玉雕、辽瓷。

葫芦岛

葫芦岛的绥中白梨、绥中猕猴桃、建昌黄芩、绥中草编、葫芦岛锥螺挂帘、干豆腐等特产琳琅满目。葫芦岛海鲜不可不尝。

兴城有玻璃贝雕、贝雕画、盆景、泥人等工艺品。菊花岛的海产品比较便宜。

朝阳

朝阳地处关内中原文化与塞外草原文化交汇的区域，既有塞外草原文化的影响，又有关内中原文化的融合。民间艺术种类繁多，主要有剪纸、皮影、刺绣、麻花布等。

阜新

玛瑙、麦饭石、沙棘油系列产品、三沟老窖酒、梅雪啤酒、红袍杏、龙盛牌东北大酸菜等都是阜新的地方特产。

民俗

古塔庙会：每年进入农历腊月二十以后、大年三十前后的时间，在锦州古塔公园及步行街都举办古塔庙会。每一年的庙会都有不同的主题。活动内容及形式大体涵盖文体活动、民俗活动和宗教活动等。

奉国寺庙会：奉国寺庙会期间，游人可以在自我才艺展示大舞台上尽展风采；还可以在欣赏古老建筑的同时，欣赏惊险刺激的杂技魔术，技艺精湛的歌舞、曲艺、二人转等。

●面积

19 万平方千米，全国排名第 13 位

●人口

2753 万，全国排名第 21 位

●国家 5A 级风景区

长春市伪满皇宫博物院、长白山、长春净月潭景区、长春市长影世纪城景区、敦化市六鼎山文化旅游区、长春市世界雕塑公园景区

●国家重点风景名胜区

仙景台、防川、松花湖、“八大部”、净月潭

●世界遗产

高句丽王城、王陵及贵族墓葬

吉林旅游网
www.jlta.com.cn

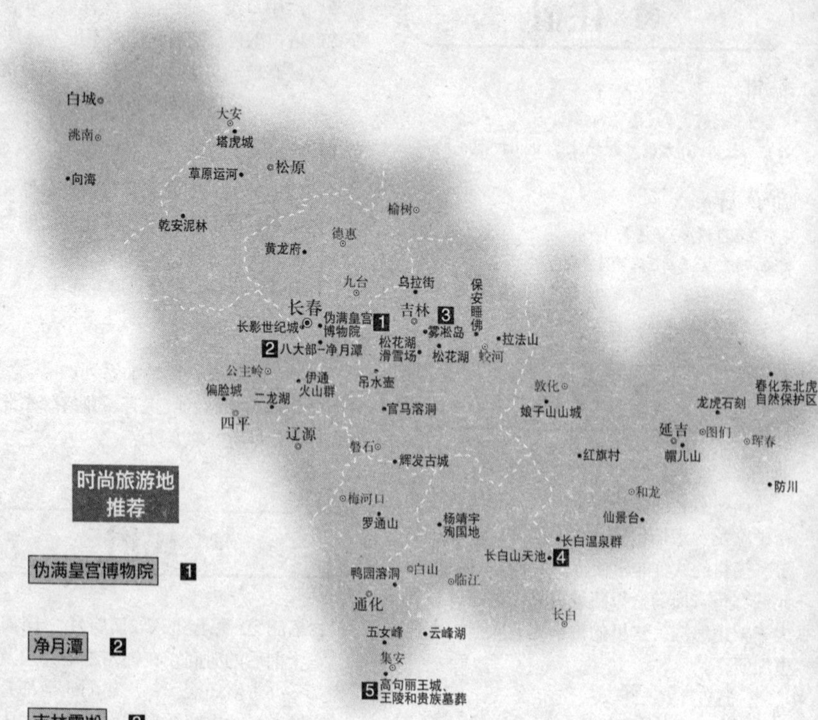

时尚旅游地推荐

伪满皇宫博物院 1

净月潭 2

吉林雾凇 3

长白山天池 4

高句丽王城 5

吉林

悠游吉林

吉林省地处我国东北中部松花江畔，春夏秋冬景色各异。吉林雾凇展示着“冬天里的春天”般的诗情画意；延边异域风情浓郁，满蒙朝民族各具魅力。景色宜人的长白山充满神秘。这一切，犹如一颗颗璀璨珍珠镶嵌在辽阔的吉林大地，令海内外旅游观光者流连忘返。

长春

以净月潭森林、冰雪为首的生态游；以伪皇宫、八大部为代表的殖民遗迹游；以长影、电影城为主的影视文化游；以一汽、汽车城为龙头的汽车工业游……美丽的长春让人目不暇接，畅游不尽。

面积：20565 平方千米
人口：756 万人
区号：0431

亮点

必游景点

● **净月潭风景区**：踏青、春游、野营、避暑度假、滑雪、观看冰灯的理想去处。

● **长影世纪城**：我国首家电影制片工业与旅游业相结合的电影主题公园，堪称“东方好莱坞”。

● **南湖公园**：东北最大的市内公园，为全国第二大园，仅次于颐和园。

● **长春世界雕塑公园**：是一个融汇当代雕塑艺术、展示世界雕塑艺术流派的主题公园，比较著名的雕塑有《飞翔》《观察家》，《尼罗河》等。

必逛街道

● **桂林路**：时尚聚集地，有很多别致的小店，以韩国货为主，小吃也很丰富。

● **红旗街**：货品以大众化为主，物美价廉，适合年轻人。

● **重庆路**：商场聚集地，有亚泰富苑、长百等。品质有保证，价钱稍高。

线路推荐

● **长春市内二日游**

D1：伪满皇宫博物院—伪满八大部外观—文化广场拍照留影—太阳鸟主题雕塑—东北土特产店。

D2：南湖公园—红旗街—桂林街。

● **长影世纪城一日游**

4D 特效电影—立体水幕电影—激光悬浮电影—动感球幕电影—三维巨幕电影—鹰神山—欢乐岛等。

↑长春世界雕塑公园

交通信息

飞机

长春龙嘉国际机场位于长春九台市东湖镇与龙嘉镇交会处，距长春市中心城区 28 千米。连接长春和吉林两市的城际高速铁路中间停靠龙嘉机场，坐动车从长春市仅需 15 分钟可达机场。

火车

长春站位于市区北部，是东北地区第三大客运站。京哈、长白、长图铁路呈大十字型在这里相交，几乎所有经过长春的普通列车均会停靠此站。

长春西站位于长春市西四环路以东，主要停靠的是东北主要城市以及北京到达长春的高速列车。

净月潭风景区 AAAAA

● 有“亚洲第一个人工林海”之称

景区面积近百平方千米，分为潭北山色、潭南林海、月潭水光和潭东村舍四个景区，水景为主，山村衬托，植被丰富。由于所在的地理位置和完美的森林景观以及清澈无瑕

↓净月潭风景区

的一潭碧水。生长已有 50 多年的人工林就有 8000 公顷，世界闻名。净月潭迄今已形成多树种、多层次、多结构独具特色的森林景观。成为踏青、春游、野营、登山、避暑度假、滑雪、观看冰灯的理想环境。

长春市净月旅游经济开发区境内。

长春火车站前可乘坐轻轨 3 号线到净月公园站下车即到，约 1 小时车程。

8:00~21:00。

30 元，滑雪每小时 40 元。

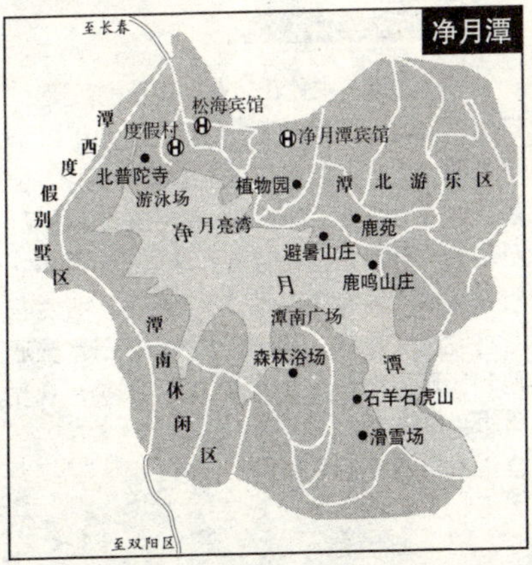

森林浴场

●以“天然氧吧”著称

森林浴场素以人间“天然氧吧”著称，自 1999 年对外开放以来，接待了大批中外游客，走进森林，就会闻到树木散发出来的沁人肺腑的清香。当微风习习吹过，树叶沙沙作响，悦耳的鸟鸣声伴随您轻盈的脚步，犹如在仙境中漫游。有人说不到森林浴场就等于没到净月潭，从某种意议上说它也是净月潭的代名词。

长春城区景点

伪满皇宫博物院 AAAAA

●溥仪充当伪满洲国皇帝时的宫殿

是建立在伪满皇宫旧址上的宫廷遗址博物馆。伪满皇宫是中国清朝末代皇帝爱新觉罗·溥仪充当伪满洲国皇帝时居住的宫殿，是日本帝国主义武力侵占中国东北，推行法西斯殖民统治的历史见证。伪满皇宫博物院占地 20 万平方米，是集伪满宫廷（核心保护区）、红色旅游、文化休闲区、旅游商服于一体的特色人文景区。

长春市宽城区光复路。

乘轻轨 4 号线在伪皇宫站下车可到。

8:30~17:00（冬到 16:00）。　80 元。

长影世纪城 AAAAA

●我国第一家将电影工业与旅游业相结合的主题公园

长影世纪城影视文化主题鲜明突出，它具有丰富的电影文化和民族文化内涵，以影视节目为载体，揭开电影制作的神秘面纱，让观众充分享受电影艺术和优秀的中华民族文化带给人们的高品位的精神愉悦。

主要景点有 4D 特效电影、立体水幕电影、激光悬浮电影、动感球幕电影、欢乐岛等。

长春市南关区净月大街。

在长春火车站南广场乘坐轻轨 3 号线至长影世纪城站下即到。

4 月 1 日— 10 月 31 日 240 元一张，16:00 后半价票（不体验动感球幕影院、航天影院）；11 月 1 日— 3 月 31 日 198 元一张，15:00 后半价票（不体验动感球幕影院、航天影院）。非节假日周二全天半价。

0431-84550888。

世界雕塑公园 AAAAA

●世界上最大的建于城市中心区的雕塑公园

长春世界雕塑公园是一个融汇当代雕塑艺术，展现各种雕塑艺术流派的主题公园。长春世界雕塑公园以其作品数量之多，艺术风格之广，作品艺术水平之高，堪称世界一流。

公园拥有建筑面积为 12000 平方米的雕塑艺术馆。艺术馆外形设计独特，本身就是

一件精美的雕塑作品。馆内设有特色展区，专门陈列来自五大洲风格不同的艺术精品。艺术馆还设有陈列室、教室、国际会议室和雕塑创作工作室，功能齐全，设施一流，为广大雕塑爱好者提供一个展现自我，感受艺术魅力的天地。

长春市朝阳区人民大街南端。

252、270路公交可到。

公园门票30元，长春雕塑艺术馆30元，松山韩蓉非洲艺术收藏博物馆30元，通票60元。

南湖公园

东北最大的市内公园

南湖公园位于市区西南部，湖面92公顷，是东北地区最大的公园，始建于1933年。

暖季，这里可以垂钓、划船、游泳；冷季，冰灯、滑雪、滑冰。每逢盛夏和初秋，这里都要举办灯会、民俗风情展等各类活动；冰封时节，在白茫茫的湖面上举办的冰雪活动花样繁多。特别是狗爬犁和骆驼爬犁，满载着游人的笑声。是消遣休闲的好去处。

长春市朝阳区新民广场南。

270、232、120路公交可到。

长春郊县景点

卡伦湖度假村

景色秀丽，风光迷人

度假村内有水面5000亩，陆地面积1360万平方米，园林绿化覆盖率达50%，景色秀丽，风光迷人。这里的林中别墅、西苑宾馆、彩色喷泉、罗马石柱广场、网球场、露天浴池、水上乐园、射击场、荷兰风车廊等，为旅游者创造了一个迷人的乐园。整个景区富含现代气息，又不失自然魅力，是游人休闲娱乐的理想场所。

九台区卡伦湖镇。

专线大巴可到。

8:00~18:00。

80元。

莲花自然保护区

以莲花、莲湖、鹤鸭为特色

“游德惠，观莲花，莲湖莲花栖鹤鸭。”这句民谚道出了德惠观光的特色。距市区53千米的“莲花自然保护区”水草丰盛，百顷莲花如落地红霞，面积之大在国内实属罕见。每到七八月莲花盛开时节，丹顶鹤、鸳鸯、野鸭等数十种珍禽来此“落户安家”，赏花观鸟者趋之若鹜。附近的半拉山风景区交通便利，景色宜人，原始的自然生态美，观光者也是络绎不绝。

德惠县岔路口镇，合五台乡交界处。

四平旅游区

叶赫风景名胜区

满族的重要发祥地之一

叶赫是清初孝慈高皇后的出生地，清末慈禧太后的祖籍地。素以名人故地闻名于世。叶赫山川秀美，集山水古迹于一体。景区内群山环抱，岗峦起伏，苍松翠柏，绿柳成荫。景区内按规划建设已形成两大景区，即“古城文化区”和“转山湖风景游艺度假区”。

梨树县东南部叶赫满族镇内。

8:00~17:00。

41 元。

伊通满族民俗馆

●目前全国唯一的展示满族民俗资料的专业性博物馆

伊通历史悠久，是满族的发祥地之一。从远古的息慎，到宋、辽、元、明时期的女真，满族先人都曾在这块土地上生息、繁衍，是满族的“祖宗肇兴之所”。清初这里建立了镶黄、正黄二旗公署，设驿站，置柳边。清太宗皇太极的生母孝慈高皇后就出生于伊通。在这块“贡山”“贡河”相间环抱的沃土上，伊通满族繁衍生息。至今，伊通满族的风俗习惯、心理素质仍具有鲜明的特点。

伊通满族自治县伊通镇。

8:00~17:00。

10 元。

伊通火山群

●由 16 座火山连绵成带构成的火山群落

伊通火山群国家级自然保护区位于吉林省伊通满族自治县境内，以其珍贵罕见的火山资源吸引着地质科学家和游客们。火山群山体多由武岩柱构成，柱体截面为多边形，有的构成塔式，并由多组石塔构成奇特的“塔林”，置身于塔林中，犹如进入光怪陆离的神怪世界，山体如刀锋如宝剑如伏虎如睡师，自然的鬼斧神工使人情不自禁地肃然起敬。

四平伊通满族自治县伊通镇西南部。

住宿

长春香格里拉大饭店 / 西安大路 569 号 /0431-88981818。

长春名人酒店 / 湖滨街 1 号 /0431-85599888。

长春吉祥饭店 / 朝阳区解放大路 2228 号 /0431-85589888。

百汇宾馆 / 百汇街 591 号 /0431-85090200。

春谊宾馆 / 人民大街 80 号 /0431-82096101。

餐饮

长春美食尤以本地山野风味最具特色。长春的名菜多以长白山的人参、鹿茸、熊掌、飞龙、雪蛤、松茸蘑等珍稀产品为原料精工烹调而成，药膳结合，颇负盛誉。其中长白山珍宴、雪衣豆沙、梅花鹿宴、翡翠人参茅台鸡、红花熊掌等最著名。此外，长春饭店的吉林风味菜、龙家堡白肉血肠，北京大街 23 号的农家饭庄，农安的五香熏鱼肉等都享有盛名。

购物

长鼎丰真糕点、德惠草编、长春老茂生糖果、吉林鹿茸、长春木雕、吉林人参等。

长春的商业市场繁荣。重庆路商业金街是商业重地。桂林路商业街是以桂林路为中心，集购物、娱乐、休闲于一体的大规模繁华商业地带。另有各种特色购物区。

红旗街商业区 / 红旗街工农大路。

亚泰大街中环商铺 / 亚泰大街。

民俗

松花江放河灯： 吉林河灯近年来已被列入传统的游戏和庆典节目。自从丰满电站大坝建成以来已有半个世纪了，从大坝到乌拉街近百里的江面，特别是主江道中心，由于水流急，冬季江面也不封死，正便于河灯的漂放。冬天放河灯成为吉林的一大独特景观。每到冬季最寒冷的季节里，江两岸铺着厚厚的白雪，树上挂着晶莹洁白的树挂；而在夜晚，江上又漂起五彩的河灯。这种绚丽壮观的奇景，是任何一个地区也不会有的。

雪爬犁： 在北方寒冷的雪野上，人们常会看见一种用木杆做成的架子形东西，由牲口拉着在冰雪上行走如飞，这就是东北民间的主要交通工具“爬犁”。

吉林市

北国江城吉林“四面青山三面水，一城山色半城江”，是雪域之邦，山野莽苍，诗意雾凇，犹入银色浪漫的梦幻之境。吉林是历史文化名城，有吉林文庙、北山古庙群、阿什哈达摩崖石刻等众多古迹。

面积：27722 平方千米
人口：430 万人
区号：0432

亮点

必游景点

● **松花湖：**是东北地区最大的人工湖泊。风景秀丽，湖水清澈，夏季可乘船避暑，冬季可滑雪游乐。

线路推荐

● **吉林松花湖—庆岭风景区一日游**

松花湖码头—蛟河爱林林场—观赏松花湖两岸风光—活鱼一条街—庆岭瀑布。

交通信息

飞机

长春龙嘉国际机场位于长春、吉林两市之间，地处长春市东北部的九台东胡镇与龙嘉镇交汇处，距离吉林市区约 62 千米。

火车

吉林站位于吉林市昌邑区，主要停靠的是东北主要城市的列车。

↓吉林雾凇

吉林市区景点

松花湖

●东北地区最大人工湖泊

湖面曲折狭长，蜿蜒于松花江及其支流的山谷之间。北起丰满电站大坝，南至桦树镇附近，全长约 200 千米，总面积 554 平方千米，平均水深 22 米，最深处达 77.5 米。湖中有大小岛屿一百多座，著名的如金龟岛、五虎岛、湖心岛等。景区内备有大小游船一百多艘，最大的一艘三层游轮能容客千人以上。

湖中鱼类资源丰富，有各种鱼类 50 多种，其中湖鲤、银鲫、鳊花、红鳍鲌等都是肉鲜味美的席上佳品。闻名遐迩的松花白鱼更为名贵，过去是清廷贡品，只供皇帝及其亲属享受。游兴之余，也可在此品尝一下湖鲜美味。

吉林市丰满区丰满乡，市区东南 24 千米处。

市内有公交专线可到。

门票 10 元，游船 50 元。

亲历者◎解说

雾凇冰雪节每年 1 月份在吉林市举办一次，以观赏中国四大自然奇观之一的吉林雾凇为主，节庆活动时间约 1 个月。期间举办盛大的东北大秧歌会，松花江上放河灯、彩灯，五彩缤纷的彩船游江会，焰火晚会，国际及全国性的滑冰滑雪及冰球赛事，各种大型的商品定货、洽谈会和旅游产品交易会以及冰灯、冰雕游园盛会。

吉林文庙

●东北最大的孔庙，也是中国四大孔庙之一

吉林文庙是中国四大文庙之一，与曲阜孔庙、南京孔庙、北京孔庙并称。是吉林省重点文物保护单位。作为清朝在东北建立的第一座孔庙——吉林文庙，既是清朝对汉文化传入东北的认可，更是汉文化与东北少数民族文化互通有无的历史见证。吉林文庙建筑群规模之大、等级之高，在封建社会所建的地方文庙中是独有的。文庙中每一处建筑设施，都具有深刻的文化内涵。

吉林市昌邑区文庙胡同。

152路公交可到。

15元。

北山公园

庙会享誉东北

北山公园位于吉林市西北，占地万余平方米，以山地景观为主，主峰海拔270米。园内峰峦叠翠，亭台楼阁遍布，一座卧波桥把一池湖水分为东西两部分，夏季湖中荷花盛开，微风起时，花香四溢。

吉林北山几百年来，已成为人们踏春、消夏、赏荷、观雪的旅游胜地。更是远近香客朝山进香，拜庙祈神的福地。每年农历四月十八日的娘娘庙会和四月二十八日的药王庙会，游人香客云集，马戏、杂技、歌舞、秧歌等各种表演，土特产品、风味小吃，琳琅满目，盛况冠绝东北。

吉林市船营区福绥路。

7、42路公交可到。

8:00~17:00。

吉林市博物馆

设有吉林陨石雨陈列

该馆有展厅1个，展室22个，藏品2万多件，多为地方文物标本。考古品以西团山文化为多，传世品以清代满族文物为多，自然标本以有世界之最声誉的吉林陨石雨最富特色。

该馆基本陈列有“吉林陨石雨”和“吉林地区古代历史陈列”。后者以大量文物和辅助资料介绍了从新石器时代到康熙十二年建吉林乌拉城5000年间的发展。

吉林市丰满区江南大街。

3路公交可到。

8:30~16:30。

免费，一楼陨石馆80元。

世纪广场

城市地标建筑之一

世纪广场南北长900余米，东西长200余米，占地面积22.8公顷。由博物馆建筑群、旱喷泉、国旗平台、“世纪之舟”巨塔、音乐喷泉、望江平台等部分组成。是吉林市一座反映城市特色的风景园林。

博物馆建筑群是广场南部观赏性很强的背景装饰景观。音乐喷泉广场由每座长50米、宽18米的三座大型音乐喷泉组成。“世纪之舟”巨塔高50米，顶端设有观礼平台，可鸟瞰“江城”秀色。望江平台临江而建，是观赏松花江和两岸风光的好去处。

吉林市丰满区吉林大街，博物馆和松花江南岸之间。

龙潭山公园

中国著名的城市森林公园

山上有泉积水成潭，名曰“龙潭”，龙潭山因而得名。龙潭俗称水牢，是高句丽北疆古城堡的贮水池。

龙潭山被近百种120多万株树木所覆盖，其中百年以上的古树130多株，属寺庙风景天然园林，山上保存有高句丽遗址，是省内著名风景区之一。龙潭山山势雄伟，呈卧龙形西东走向。西路峰峦陡峭，拔地而起。

吉林市龙潭区龙山路1号。

朱雀山森林公园

吉林市四大名山之一

朱雀森林公园是国家级森林游览区，共有五个游览风景点。最高的“冰河翠景区”，山顶名曰“冰晶顶”。沿途有原始森林、奇杉古松、冰川遗迹、云海奇观、杜鹃林等。

朱雀山可享受爬山的乐趣。最主峰为刀尖峰，其峰在群山掩映之中扶摇直上，临江而立。站在山顶，极目远眺，丰满大坝依稀可见。冬季，要到朱雀山尽享滑雪、坐马爬犁、打雪橇的乐趣。

吉林市丰满区松花湖试验林场。

市内有公交专线可到。

7:00~16:00。

30元。

吉林市郊县景点

保安睡佛

●自然巨佛

保安睡佛最佳观赏位置在图乌公路324千米处。远远望去，一尊头西北，脚东南的巨大佛像仰卧在白云青山之间，形象栩栩如生，形态惟妙惟肖，自然卷曲着的头发，炯炯有神的眼睛下长着均匀相称的鼻梁，稍微翘起的鼻尖下是丰腴的上唇和下唇，在似开非开的两唇之间清晰地出现一条唇线。往下是连在一起的双下颌与脖子，丰润的胸脯，起伏的腹部，右手臂自然地搁在腹部上。腹部和腿部之间有明显的分界处，腿部有突起的膝盖，小腿下的脚部凸起。

蛟河市拉法镇保安村。

长途汽车可到。 40元。

南湖瀑布

●一处纯天然景观

南湖瀑布位于庆岭景区，距蛟河市区36千米，区内森林茂密、空气清纯、山泉清澈、鸟语花香，瀑布气势磅礴，飞流直下，报恩寺青山掩映、钟声悠扬，更有珍珠泉、狍子窖、大青杨等景点的美丽传说引人遐思。在林中徜徉，仿佛在接受大自然的洗礼，达到超越自我的至纯境界。

蛟河市庆岭镇，距蛟河市区36千米。

北大壶滑雪场

●享受滑雪乐趣的好去处

走进滑雪场，迎面是综合服务楼——北雪大厦。北雪大厦背靠南楼山和大顶子山。两座大山都呈“八”字形，北雪大厦的设计者有意地将此楼也设计成“八”字形，立于两山前的空档之外，造成既协调统一又突出显赫的效果。北大湖滑雪场气温、雪情都好。冬季平均气温在-10℃以下，整个区域三面环山，冬季风力弱，有很多时候近似静风。

永吉县五里河镇。 8:00~16:30。

缆车票280元，普通双板套票480元，高级单板/双板套票580元。

住宿

吉林的旅游景点多集中在市区，来吉林旅游一般会选择住在市区的酒店宾馆或者青年旅舍，市区一般交通比较便利，购买当地的土特产品也比较方便。

餐饮

吉林市的饮食以吉菜和朝鲜菜为主，尤以人参鸡和鹿茸三珍最为有名。

三套碗席：最具代表性的满族传统名宴，所选用的原料多为长白山的山珍野味，具有较高的营养价值及药用的价值。

什锦田鸡油：田鸡是吉林特产，含有产高的蛋白质。田鸡油的传统做法是冰糖什锦田鸡油，汤汁明亮，油如珍珠，口味香甜，营养丰富，滋补延年，是宴席上的佳肴。

杀猪菜：地道的“杀猪菜”，是由多种菜品组合成的系列菜的总称。几乎把猪身上所有部位都做成了菜，无处不是美味佳肴。

庆岭活鱼：现从鱼塘中捞起金鳞大鲤，然后快刀解鱼，所用调料中有“把蒿”这一味调料，是当地山间生长的野草，微带药香，随着满锅的水逐渐浓缩，而深深渗透进鱼肉中去。鱼肉味鲜肉嫩，令人满口生津。

购物

吉林市是东北“三宝”（人参、貂皮、鹿茸）的主要产地之一。东方商场、吉林百货大楼都是大型的百货购物中心。市内设有旅游购物商店，可以买到正宗的人参、鹿茸等吉林特产。

当地著名的土特产品还有：红景天、林蛙、不老草、灵芝、蕨菜、薇菜、黑木耳等。而当地的手工艺品如松花湖浪木根雕、松花湖奇石、树皮画、满族剪纸等也非常有当地特色，都是馈赠亲朋的好礼物。

延边

"鸡鸣叫三国，犬吠闻三疆"。延边朝鲜族自治州让你不出国门，却尽览异域风情。

雄奇的长白山上，天池与瀑布一动一静，一上一下。山脉起伏间，峡谷中的茂密森林，嶙峋陡峭的怪石，白茫茫的林海雪原，无一不让人惊叹大自然的鬼斧神工和造物主的神奇。

千里图们江畔，一眼望三国，奔腾的江水日夜东流，满载着历史的沧桑和世事变迁的悲壮，这样雄伟的景象怎能让人不为先辈们保家卫国、抛头洒血的慷慨激昂所征服？

面积：43474 平方千米

人口：211 万人

区号：0433

亮点

必游景点

- **长白山**：是中朝两国的界山、中华十大名山之一、关东第一山。为东北境内海拔最高、喷口最大的火山体。
- **正觉寺**：国内大型庙宇之一，也是亚洲最大的尼众道场。寺院分殿堂区、生活区、佛学院三个区。
- **防川**：吉林省的最低点。有莲花湖、张鼓湖、东方第一哨、朝俄铁路大桥等。人称"东方第一村"。

线路推荐

- **仙景台、长白山二日游**

D1：红旗村—长白山—天池—长白瀑布—聚龙泉。

D2：仙景台景区—高丽峰—金龟峰—七星岩广场—崇善镇—熊乐园。

- **长白山、镜泊湖、白山黑水三日游**

D1：长白山自然保护区—天池—长白瀑布—聚龙泉。

↑长白山天池

D2：红旗村—镜泊湖—吊水楼瀑布—望瀑亭—黑龙潭—黑石壁。

D3：彩虹桥—毛公山—湖心岛—元首楼—老黑山—白石砬子等景观。

交通信息

飞机

延吉朝阳川国际机场位于延吉市的朝阳川镇，距离市区仅 10 多千米的路程，机场有飞往首尔、仁川的航班。

火车

延吉火车站位于延吉市站前街，有可直达青岛、长春、吉林、沈阳、北京等地的火车，还有分别通往朝鲜和俄罗斯的国际铁路线。

延吉西站为高铁站，一般都是发往东北各大城市的列车。

六鼎山风景区 AAAAA

依山傍水，群峰环绕

六鼎山为东西走向，有起伏相连的山峰 6 座，最高峰标高 603 米，由此向东南伸出一山含，山含两侧皆为墓地，并有石室封土基 80 余座。1948 年清理贞惠公主（第三代王大钦茂次女）墓，出土有陶器、玉器、勇金钢饰件和墓碑。碑作圭形，通高 90 厘米、宽 49 厘米、厚 29 厘米，文 21 行，汉字阴刻，楷书真字 700 余。碑刻于公元 780 年。碑文证明渤海国使用汉字，流行骈体文，娴习书法，具有重要价值。石碑周围阴刻藻饰和卷云纹图案。同时出土的石狮2尊，造型雄浑，形象刚健，足以证明唐朝文化对渤海国有深刻影响，已经深入其文化生活和日常生活中。

敦化市市区南郊5千米处。

可从市区打车前往。

80元。

古墓群

●渤海国早期王族陵墓

六鼎山古墓群是渤海国早期王族和贵族的陵寝，是古渤海时期重要文化遗存之一，墓地共有两个墓区，一百余座墓葬，第一墓区在西侧，以贞惠公主墓为主。第二墓区在东侧，是个很规整的椅子形山坳。墓碑的文体是唐代流行的骈体文字，字型清奇、笔法流畅、文彩绮丽，在书法和文词方面都堪称稀世之珍品，墓中石狮造型雄浑生动，一派唐风，反映了那段时期吸收汉民族文化后灿烂的渤海文明。

正觉寺

●纯金贴面的六面体六千只观音圣像举世无双

寺院分殿堂区、生活区、佛学院三个区。中轴线上山门殿、天王殿、大雄宝殿、观音殿和藏经殿五座双檐大殿随山势渐次升高，钟鼓楼与牌楼门相映照，青山绿水，白云蓝天，红墙黄瓦，楼阁重叠。

大雄宝殿建筑面积1200平方米，高居于饰有九龙墨石雕御道的三层围栏月台之上。殿内高12.5米的三尊樟木大佛，以及释迦牟尼成道景德镇的陶瓷壁画，八根汉白玉盘龙柱，云南剑川青皮木雕隔扇门，华贵的藻井均属庙宇建筑之精品。六角六亭的观音殿更别具特色。殿中用6.6公斤纯金贴面的六面体六千只手眼观音圣像，是世界上独一无二的艺术杰作。

防川风景区

防川位于敬信乡，距珲春市市区65千米，是我国唯一与朝鲜、俄罗斯同时交界的地方。濒江临海，依山傍水，俄、朝的两个城市由图们江上的一座铁路大桥相接。这里蕴藏着丰富的自然旅游资源和人文旅游资源，有“鸡鸣闻三国，犬吠惊三疆”的一眼望三国景点，有金玉生辉、碧水环绕的绿洲沙漠，还有生长着具有一亿三千五百万年历史的图们江红莲等自然景观。优美的风景、浓厚的历史文化，为防川风景区增添了无与伦比的迷人色彩。

珲春城敬信镇。

景区大门门票40元，观光塔30元，“土”字牌10元，联票80元。

一眼望三国

●中、朝、俄边界

防川又有“防川岛”之美称。防川岛上建有“望海阁”，在阁上可一眼眺望三国风光，乘上游艇沿江而行，可游览对面朝鲜“豆满江市”的异国风景，体会到“花开香三疆，笑语传三邦”的妙处。瞭望塔下立有一块“土字牌”。它是中国与俄罗斯两国的国界界标之一，也是中俄边境线的起点。

据民间传说，当时在吴大澄与俄国谈判后，负责立界碑的几个清兵由于喝醉了酒（一说是鸦片烟瘾犯了），把界碑抬到防川后，再也懒得往前走半步。这样虽然东海近在咫尺，界碑却挡住了我们的出路。留给今人的不仅是对于清政府腐朽体制的辛酸，还有望洋兴叹的无奈。

图们江

●中朝界河

位于吉林省东南边境，是中国大陆与朝鲜的界河，下游为朝鲜与俄罗斯的界河。河流穿行于玄武岩熔台地的深谷中，谷深达百余米，河道坡度陡，平均坡度下降2%。水流急，河槽窄深，河底多大孤石，水声轰鸣，数里可闻。

亲历者◎游记

身临防川，看三国景观，望历史烟云，没有人不感慨万千。“土字牌”在经受过一个多世纪的风风雨雨之后，是否还在诉说着当然的屈辱与悲凉？封闭没有出路，落后就要挨打。国家的强盛，离不开发展经济，更离不开巩固的国防。

防川瞭望塔是这里的一个哨位，素有“东方第一哨”之称。只见一名战士肩挎钢枪，挺拔而立，炯炯目光扫视周围，任何风吹草动都难逃脱。瞭望塔上还装备有望远镜，可以清楚地看到四周数里开外的景观。从瞭望塔下来，仰望塔身上书写的八个大字：祖国利益高于一切。

延吉旅游区

帽儿山国家森林公园

●因貌似冠状而得名

山上生长着各种松、榆、杨树及各种灌木，栖息着山鸡，野兔等野生动物。帽儿山主峰海拔 805 米，因其貌似冠状而得名。帽儿山山形地貌原始古朴，由侏罗纪中酸性火山岩构成，峰顶约 200 平方米平台有一“U”形清泉。风景区由开元寺、元宝山陵园、滑雪培训基地、青少年素质教育基地、帽儿山国家级森林公园等景点组成。

延吉市南郊 10 千米。

8:00~23:00。

城子山山城

●有大量东夏国遗迹和少量渤海国遗迹

因山之顶部有石砌围墙如城，故名“城子山”。城子山山城为椭圆长方形，平面呈不规则的“亚”字形。城北、东、西三面略呈圆形，南侧略呈长方形，城顶地势较平，西北略高，东南略低，主梁总长 2.2 千米，呈西北—东南走向。

在城北、东均发现厉石群、磨光圆窝石块。城西南发现一巨型石雕猪首，雕凿简洁流畅，棱线分明、吻部噘起，大嘴张开，双目圆睁，神态逼真。

延吉市东郊，与图们市交界处。

仙景台

●有“天下第一仙景”之称

仙景台风景名胜区是 2002 年经国务院批准的第四批国家级风景名胜区，总面积 32 平方千米。景区位于吉林省东南部，延边朝鲜族自治州和龙市境内，隔图们江与朝鲜相望。仙景台风景区是奇峰、奇岩、奇松、奇花、云海日出等 300 多处景观荟萃的世界，精品景观有十大名峰、十大名岩、十大名松、十大名景。

仙景台风景的美突显在群峰之“雄伟”，悬崖绝壁之“险”，天然雕塑岩之“绝”。大自然的鬼斧神工雕塑出奇秀壮观的奇峰、厅岩，每个奇峰和奇岩从不同角度看，都有不同的形状。奇松多在悬崖峭壁上生长，仪

↓仙景台

长白山 AAAAA

中朝两国的界山，关东第一山

长白山，因其主峰多白色浮石与积雪而得名，素有“千年积雪为年松，直上人间第一峰”的美誉。中国境内的白云峰海拔高度2691米，是东北第一高峰，而长白山最高峰是位于朝鲜境内的将军峰。

长白山是一座休眠火山，历史上有过数次喷发。因此形成的独特的地貌景观神奇秀丽、巍峨壮观。长白山是古代中国东北地区各族人民世代繁衍生息的摇篮、东三省地区的生态屏障、中华民族的圣山、满族的发祥地，清朝时期定它为圣地。

延边州安图县和白山市抚松县境内。

市内有专线可到。

北坡景区125元；西坡景区125元；南坡景区125元。

0433-5410000。

亲历者◎攻略

1. 长白山属高山地区，早晚温差较大，请备足衣物。长白山天气变化无长，阴晴不定，请带好雨衣、雨伞（禁止在景区内使用）。天池主峰海拔较高，有高血压、心脏病等客人，请备好个人所需药品。

2. 每年的6月中旬至9月中旬是避暑旅游旺季，其他时间是淡季。近年来冬季旅游呈现逐步升温的态势。6月15日－7月15日，山上积雪

长白山天池

三江之源

长白山天池，是松花、图们、鸭绿三江之源，是中朝两国的界湖。天池略呈椭圆形，形如莲叶初露水面。天池实际湖面高度为2194米，是我国最高的火口湖，不愧“天池”之称。天池的湖水面积为9.8平方千米，湖水平均深度204米，最深处达373米，是我国最深的湖泊。长白山天池由于较高，气候多变，风狂、雨暴、雪多是它的特点。它有长达10个月的冬季，湖水冻结的时间达6个月之久。

温泉群

洗浴、观景好去处

在黑风口滚滚黑石下面有几十处地热，大如碗口、小有指粗，这就是分布在1000平方米地面上的温泉群。它距离震耳欲聋的长白瀑布不到1000米，奔腾咆哮的白河擦边而过。它以绚丽的色彩把周围的岩石、沙砾染得金黄、碧蓝、殷红、翠绿，闪烁着五光十色，散发着蒸腾热气。这里设有温泉浴池，供游人洗浴，池水温度可以调节，出浴之后，倍感轻松。其中比较著名的长白温泉、梯云温泉和湖滨温泉等。

尚未完全融化，山花盛开，晴天较多，可以登上主峰看天池，7月15日－8月15日是旅游高峰时期，游人很多，阴雨天也很多，经常看不到天池。8月15日－9月15日正是秋高气爽的季节，晴天很多，容易看到天池，遍山呈现斑斓的颜色。冬季旅游大约是在10月至次年5月，滑雪是主要旅游项目，景点包括，雪景、长白瀑布、温泉，天池盘山公路被大雪封闭。

3. 周末是旅游最高峰时间。火车票、汽车票都很难买到。周五、六、日的住宿经常爆满，周六、日的旅游车辆最为紧张。周末这几天的房价、车费都要贵一些，且无讲价余地。如果时间方便，要尽量避开周末出行。

亲历者◎行程

路线一：西坡景观

从西坡抚松县境内的松江河登山。主要景观有老虎背、喘气坡、梯子河、高山花园、锦江瀑布等，以及驰名中外的长白山大峡谷，谷底布满形状各异的石林，十分壮观。站在峰顶俯瞰天池，美景尽收眼底。还可顺坡下到天池水边，喝上一口清冽可口的天池圣水。

路线二：南坡景观

从南坡的长白朝鲜族自治县境内登长白山。沿中朝两国界河鸭绿江直上可达源头。这条路线以险峻著称，沿途奇峰怪石嶙峋，云雾缭绕。主要景观有鸭绿江上第一哨、碳化木生成带、鸭绿江大峡谷、中朝界碑、长白山天池景观等。

路线三：北坡景观

从二道白河镇出发乘汽车赴长白山。主要游览景点天池、瀑布、温泉、小天池、谷底森林、黑风口、天文峰、岳桦林带、高山苔原带、长白山博物馆等。

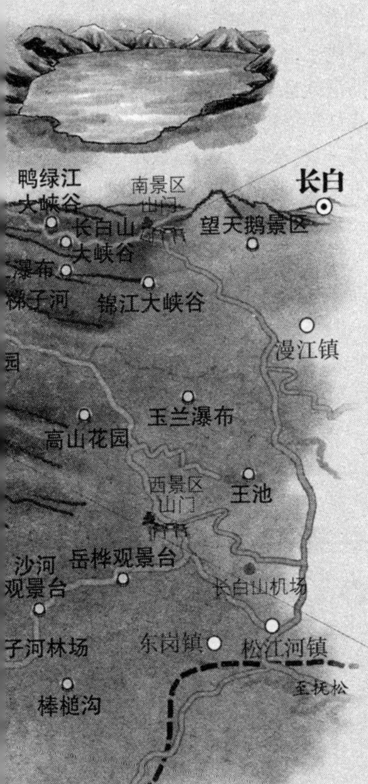

长白山大峡谷

●火山爆发形成的地裂带

长白山大峡谷是火山爆发时期形成的地裂带，是锦江的上源，峡谷大约有60千米长，最宽的地方有300多米，而最窄的地方只有几米，垂直深度约有150米左右。峡谷两岸生长着茂密的大森林，树木笔直粗壮，由于谷上低温潮湿，使得这老林子里挂满了苍老的白丝，苔藓、蘑菇，静悄悄地铺展着色彩。

↑长白山瀑布

长白瀑布

●宏伟壮观、奔腾不息

到过长白山的人，都为那宏伟壮观、奔腾不息的长白瀑布所迷恋。那银流似从天而降，落地如雷声贯耳。长白瀑布位于天池北侧，乘槎河尽头。乘槎河流到1250米后，飞流直泻，便形成高达68米的长白瀑布。因系长白山名胜佳景，故名长白瀑布。

态万千，有的像盘龙松，悬崖绝壁下吊下来15米，孔雀开屏生长的仙丽松，卧着生长的卧龙松，弓型生长的弓龙松，空中腾飞生长的仙龙松，奇峰顶独秀生长的甲丽松，有的像飞升腾等奇秀壮观。

和龙市德华镇西北。

市内有客车可到。

50元，上山交通费每人2元，导游费每人2元。

0433-4224517。

珲春旅游区

龙虎石刻

为纪念清末爱国将领吴大澄将军而建

石刻“龙虎”二字为清末金石学家吴大徵所书。清咸丰十年沙俄通过不平等的《北京条约》割占我乌苏里江的东约四十万平方千米领土后，又偷移界碑，继续蚕食黑顶子等中国领土。光绪十二年，清廷派都察院左副都御史，会办北洋事宜大臣吴大澄与沙俄进行勘界谈判。吴大澄坚持爱国立场，据理力争，最后签订了《中俄重勘珲春东界约》和《中俄查勘两国交界道路立》，改立和添立土、萨、啦等石界碑和边界记号，争回了黑顶子地方和图们江的航行权，为阻止沙俄继续入侵做出了贡献。“龙虎”二字即此次谈判前篆写。

珲春市市区中心广场旁。

八连城遗址

唐渤海国文王的东京龙原府治所

八连城遗址位于吉林省珲春市东6千米处，属唐、五代遗址。八连城曾一度是渤海国的都城，号称亚洲第二大城。

城址平面基本呈方形。城址分为内外两重，外城周长2894米。在外城四墙中部各有一门，墙外有护城壕遗址。内城南墙、北墙各长218米。在南、东、西三墙的中部各有一座城门。内城共有八处建筑遗迹，在内城的中轴线上有两处，南部为朝殿，北部为寝殿，两座殿址以回廊相接。其东西两侧各有3处配殿遗迹。在城址的东南和正南还分布有三处寺庙遗址，曾出土有残佛像和一些建筑构件。

珲春市东郊6千米处。

住宿

延边白山大厦 / 友谊路 /0433-2581111。

延吉大宗大宇饭店 / 局子街 /0433-2528888 。

延边宾馆 / 延龙路 /0433-2240000。

延吉韩城世纪酒店 / 参花街 /18843381292。

餐饮

延边的饮食受朝鲜民族饮食文化的影响，已经形成了自己独特的风俗，生活在这片土地上的汉族也十分喜爱朝鲜族的饮食。

朝鲜族日常菜肴常见的是“八珍菜”和“酱木哩”等。“八珍菜”是用绿豆芽、黄豆芽、水豆腐、干豆腐、粉条、桔梗、蕨菜、蘑菇八种原料，经炖、拌、炒、煎制成的菜肴。“酱木哩”的主要原料是五花肉、小白菜、黄豆芽、土豆等，以朝鲜族的大酱代盐，不加也不用豆油爆锅，加水直接炖熟，不加味精，即可食用，在延边有个说法：“三天不吃酱木哩，浑身就没劲儿。”

购物

延边境内盛产人参，鹿茸，貂皮。

延边长白山百货用品批发站 / 河南街。

延边地下商城 / 解放路。

敦化市东北商场 / 渤海街。

图们市百货大楼 / 友谊街。

通化

人参遍地、葡萄酒飘香的通化，山清水秀、风光旖旎。“小江南”集安曾是高句丽的都城，在这里，丸都山城、洞沟古墓群等古迹印证着沧桑的岁月，铭刻着古老的文明。

面积：15698 平方千米
人口：224 万人
区号：0435

亮点

必游景点

- **靖宇陵园**：为纪念抗日民族英雄杨靖宇将军而修建的。由灵堂、灵墓和陈列室等部分组成。陵园内苍松翠柏，郁郁葱葱。
- **五女峰国家森林公园**：区内有挺拔的天女峰、玉女峰、秀女峰、春女峰、参女峰。是关东三宝人参、鹿茸、貂皮的产地，也是野菜、山果、山珍的故乡。
- **高句丽文物古迹景区**：保存着世界上最多的高句丽文物古迹，有存有将军坟、好太王碑等古迹。

线路推荐

- **白山精选游**

  绿色生态游：集安高句丽文化遗产—白山鸭绿江龙山湖—长白山西坡。

  爱国主义教育游：白山—杨靖宇将军殉国地—靖宇矿泉城工业游—抚松仙人洞—长白山西坡。

  中朝跨国游：白山市—长白山西坡—长白望天鹅景区—朝鲜惠山市（朝鲜第三大城市）。

- **集安二日游**

  D1：集安—将军坟—好太王碑—鸭绿江两岸风光。

  D2：五女峰国家森林公园——线天—洞天皓月—空中悬佛—幽谷银瀑—五女戏水。

↑鸭绿江中国边界

交通信息

火车

通化境内沈吉线、梅集线、鸭大线铁路纵横交错，通化火车站位于市内建设大街旁，有直达北京、沈阳、长春、青岛、大连、白河、泉阳、丹东等地的客运列车。

高句丽文物古迹景区

公元前 37 年，中国北方少数民族高句丽在鸭绿江中游和浑江流域建立政权，集安市作为高句丽政权的都城长达 425 年之久，留下了许多蜚声遐迩的文物古迹。

将军坟宏伟壮观，被誉为“东方金字塔”；好太王碑是现存最早、文字最多的高句丽考古史料。碑文为汉字，为方严厚重的隶书，也保留部分篆书和楷书，形成一种方方正正的书法风格，是中国书法由隶入楷的重要例证之一；古墓壁画的内容丰富多彩，真实而生动地再现了高句丽民族的乡土乡情和社会风貌，壁画上镶嵌着夜明珠、宝石，这在中国壁画史上是十分罕见的。

集安市胜利路。通化市内有专车可到。120 元。

好太王碑

●研究高句丽国家的形成和发展的重要资料

好太王碑位于集安市城东 4 千米外，是高句丽十九代王枣广开土境平安好太王的墓

↓高句丽古墓群

碑。它由一整块天然的角砾凝灰岩销加修琢而成的，略呈方柱形，至今已矗立了1500多年。碑文为汉字隶书，笔划工整，字体端庄，隽永方正，颇具章法。碑文记述了高句丽起源和建国的神话传说，记录了好太王一生东征西讨的战争功业，以及守墓烟户的摊派情况和制度。

丸都山城

●高句丽最典型的早期山城之一

既是国内城的军事守备城，又是一座都城。城垣建在山脊上，周长6947米，目前共发现城门7处，有6个门址均分布于山坡或山顶的战略防守要点。有饮马湾、莲花池、墓葬等。高句丽国王平时住在平原城中，危险时则退守到山城。

通化旅游区

五女峰国家森林公园

●"东北三宝"的产地

五女峰国家森林公园，坐落在吉林省东南部，鸭绿江畔、长白山南麓的老岭山脉。以生态旅游为特色，奇峰美景，冬暖夏凉，枫叶彤红，形成天然仙境。集中展现了当地独特的动植物资源和瑰丽的自然景观。

公园内森林资源丰富，山高林密、大树参天。珍贵的松树、椴树、楸树、桦树青翠欲滴。这里不仅是野兽、飞禽的乐园，还是关东三宝——人参、鹿茸、貂皮的故乡。

通化集安市北郊24千米处。 8:00~17:00。

50元。 0435-6688881。

靖宇陵园

●为纪念抗日民族英雄杨靖宇而建

由5座民族式建筑物组成，正面主体建筑为灵堂和墓室，两侧4个偏殿为陈列室，陵园中央巍然挺立着杨靖宇将军的高大戎装铜像。陵园内，松柏参天，郁郁葱葱。陵墓内的白丁香木民族式棺柩中安葬着杨靖宇将军的遗首遗骨，陈列室展出的是杨靖宇将军青少年时期的遗物和他在抗日战争艰苦岁月里的一些用品和战利品等有关文物、文献、照片共280余件。

通化市浑江东岸山岗。

从通化市火车站、客运站乘市内各路（18路除外）公共汽车到通化广场站下车，步行300米即是。

8:00~17:00。

白山旅游区

长白山迷宫

●夏日冰洞为全国八大冰洞之首

溶洞内分两层，上下贯通，曲折环绕，

↓长白山迷宫

洞中有洞，扑朔迷离。溶洞中喀斯特地貌发育完好，石笋、石瀑、石柱、石流、幻化成神态不同的各种动物，栩栩如生的人物、建筑物等景观。

夏日冰洞，位于长白山迷宫溶洞东北部的山腰上部，夏日酷暑结冰，冬季严寒融化，令人费解。洞内有岩溶钟乳、石葡萄等特色景观。石头门道士墓位于珍珠门村，石门浑然天成，相传抗日将领杨靖宇将军及抗日将士在此得到过道士的很大帮助。周围青山碧树，景色宜人。

白山市八道江区六道江镇南横道村。

长白朝鲜族民俗村

●小康示范村，以展现朝鲜民族风情为主

朝鲜族是一个勤劳、智慧、乐观的民族，素以能歌善舞著称。在长白朝鲜村，游人可参观他们的居室和过去使用的生产工具，坐牛车、荡秋千、跳跳板，观看民族歌舞等文艺节目，还可以品尝到朝鲜族风味餐。游客如能赶上为老年人过"花甲"，初生婴儿过"百岁"或青年男女婚嫁，将更具有一番情趣。

长白朝鲜族自治县马鹿沟镇果园村。

住宿

通化宾馆 / 翠全路 309 号 /0435-3207111。
佟佳江宾馆 / 柳泉路 167 号 /0435-3916188。
东山宾馆 / 靖宇路 846 号 /0435-5082505。
中兴宾馆 / 龙泉路 118 号 /0435-3918799。
翠泉宾馆 / 新华大街 755 号 /0435-3916948。

餐饮

朝鲜冷面、红烧丸子、渍菜白肉火锅等均是特色美味。

东方红美食广场 / 新华大街 /0435-3214661。
四海饭店 / 民安路 /0435-3244979。
梅河口市锦女朝鲜族小吃部。

购物

通化是中国"五大药库"之一，也是"中国葡萄酒之乡"，中国名砚—松花石砚的产地，"关东三宝"的故乡。梅河口的鼓楼街、商务街都是不错的购物场所。

裕隆购物城 / 中昌路。
广缘商场 / 佟江路。

↓松花石砚

●面积

46 万平方千米，全国排名第 6 位

●人口

3812 万，全国排名第 16 位

●国家 5A 级风景区

哈尔滨市太阳岛公园、黑河五大连池景区、牡丹江宁安市镜泊湖景区、伊春市汤旺河林海奇石景区、大兴安岭地区漠河北极村旅游景区

●国家重点风景名胜区

镜泊湖、五大连池

黑龙江旅游网
www.hljlv.com

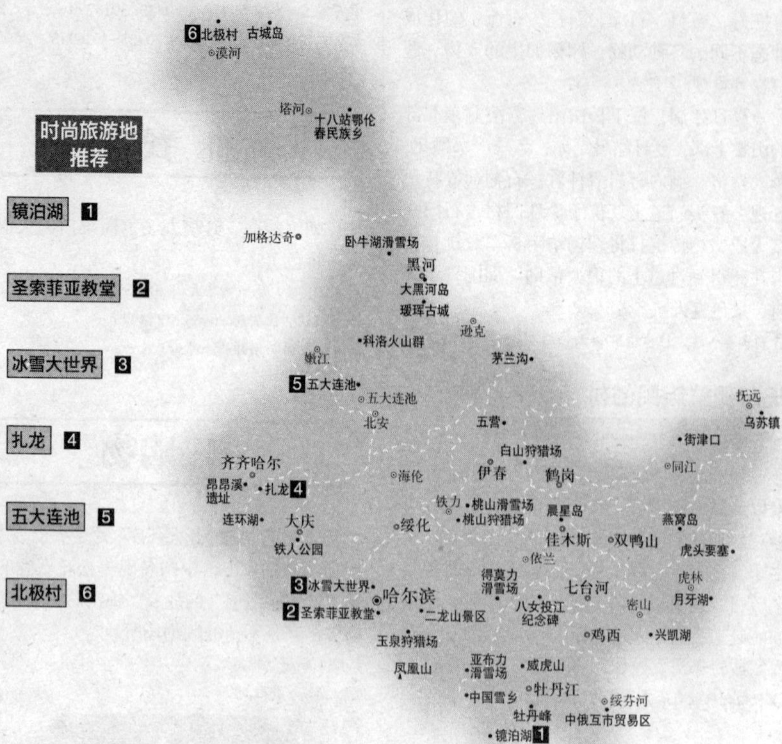

黑龙江

黑龙江这块辽阔的土地拥有浩瀚的林海雪原、珍奇的野生动物、巍峨连绵的大小兴安岭、一望无际的三江平原、绿茵千里的湿地草原、神秘的五大连池火山地貌、玲珑剔透的冰雪雕塑，充满欧陆风情的古典建筑，处处都是北国美景奇观。

北国好风光，自然黑龙江

哈尔滨

俗称“冰城”“丁香城”的哈尔滨，地处富庶的松辽平原。温带大陆性季风气候使其成为著名的避暑胜地，同时又是世界著名冰雪文化发源地之一。正宗的俄罗斯大餐，闻名中外的人参鹿茸，物美价廉的皮货，构成哈尔滨独特的北国风光。

面积：53186 平方千米
人口：994 万人
区号：0451

亮点

必游景点

- **太阳岛风景区**：是闻名中外的旅游区，是城市居民进行野游、野浴、野餐的极好乐园。
- **亚布力滑雪场**：拥有高、中、初级滑雪道五条，高山滑雪道是亚洲最长的。
- **哈尔滨冰雪大世界**：汇天下冰雪艺术之精华，融世界冰雪游乐于一园，被誉为恢宏壮阔的“冰雪史诗画卷”。
- **圣·索菲亚教堂**：远东地区最大的东正教堂，气势恢弘，精美绝伦。

必逛街道

- **中央大街**：全街建有欧式及仿欧式建筑 71 栋，并汇集了文艺复兴、巴洛克、折衷主义及现代多种风格市级保护建筑 13 栋，它是目前亚洲最大最长的步行街之一。

线路推荐

- **哈尔滨三日游**

D1：中央大街—圣·索菲亚教堂—太阳岛公园雪雕展—兆麟公园冰灯展。

↓中央大街防洪纪念塔

D2：亚布力滑雪场。

D3：松花江边—东大直街—冰雪大世界。

交通信息

飞机

哈尔滨太平国际机场位于哈尔滨市区西南 30 千米的太平镇，机场的国内航线覆盖了除西藏、青海、甘肃以外的所有省市区的主要城市；其国际航线主要通往俄罗斯的主要城市。

火车

哈尔滨站位于道里区、南岗区和道外区三个主城区的交汇处，每日始发至全国各省各大中城市的普速列车络绎不绝，另外也有去达北京、天津、沈阳北的动车组。

哈尔滨西站位于南岗区哈尔滨大街，是哈尔滨的动车和高铁专用车站，这里主要是发往北京、天津、大连、吉林、长春和沈阳的动车及高铁。

哈尔滨东站位于道外区桦树街，曾叫做“三棵树火车站”，主要是发往北京和黑龙江省内的列车。

哈尔滨北站站舍位于松北区与呼兰区交界，是哈齐高速铁路的车站之一。

太阳岛风景区 AAAAA

●全国著名的旅游避暑胜地

“没到过太阳岛，就不算到过哈尔滨”！具有质朴、粗犷的北方原野风光特色，是城市居民进行野游、野浴、野餐的极好乐园。八十年代初，著名歌唱家郑绪岚一首《美丽的太阳岛上》唱出了太阳岛的品味，唱出了太阳岛的名气。

太阳岛与附近诸岛和沙洲组成了太阳岛风景区，是游览和避暑的疗养胜地。岛上有水阁云天、仙鹤群、母子鹿、长堤垂柳等20余个风景点，游览区内建有太阳山、太阳湖、荷花湖、姊妹桥、亭桥、白玉桥、上坞桥等数十处特色景观，构成了山湖相映、清泉飞瀑、亭桥映柳、荷香鱼跃的美丽景色，给人们增添了无限遐思。

哈尔滨松北区松花江北岸。

游客可乘101、102、103路电车，13路公共汽车，再乘游船（有索道，往返20元）可直达。

太阳石

●太阳岛正门的标志

太阳石长7.5米，厚2米，高4.3米，重150吨。原位于阿什河边，西泉眼风景区内。太阳岛综合整治三期改造工程期间运往太阳岛。现矗立于太阳岛公园正门口，石上“太阳岛”是由著名书法家赵朴初先生于1984年为《哈尔滨日报》太阳岛文学副刊题写“太阳岛”刊头所题写的三字。

俄罗斯风情小镇

●俄式风情很浓的休闲小镇

小镇特色在于在中国境内营造出一种出境旅游的感觉。整个小镇由27座彰显20世纪初纯朴的俄罗斯风格的别墅、民宅构成。这些建筑按照原有的俄式风格加以相应的维修，最大限度地保持原貌。

哈尔滨城区景点

圣·索菲亚教堂

●远东地区最大的东正教堂

圣·索菲亚教堂位于哈尔滨市内，是远东地区最大的东正教堂，通高53.35米，是拜占庭式建筑的典型代表。

圣·索菲亚教堂气势恢弘，精美绝伦。教堂的墙体全部采用清水红砖，上冠巨大饱满的洋葱头穹顶，统率着四翼大小不同的帐蓬顶，形成主从式的布局，四个楼层之间有楼梯相连，前后左右有四个门出入。正门顶部为钟楼，7座铜铸制的乐钟恰好是7个音符，由训练有素的敲钟人手脚并用，敲打出抑扬顿挫的钟声。

哈尔滨市道里区透笼街88号。

乘坐1、5、20、206路等公交车，在兆麟街站下车即到。

20元。　8:30~17:00。

中央大街

●国内罕见的建筑艺术长廊

中央大街始建于1898年，全街建有欧式及仿欧式建筑71栋，并汇集了文艺复兴、巴洛克、折衷主义及现代多种风格市级保护建筑13栋，是国内罕见的一条建筑艺术长廊。它是目前亚洲最大最长的步行街之一。步行街环境优美，井然有序。以其独特的欧陆风情、鳞次栉比的精品商厦、花团锦簇的休闲小区、异彩纷呈的文化生活，成为哈尔滨市一道亮丽的风景线。

哈尔滨市道里区中央大街。

从市内乘坐53、路公交车在中央大街站下车。

冰雪大世界

●被誉为恢宏壮阔的“冰雪史诗画卷”

冰雪大世界是哈尔滨国际冰雪节的龙头品牌，于1999年底在美丽的松花江畔诞生。内有和平广场、繁荣龙江、中华锦绣、娱乐天地、欧陆风、民族风等八大景区。每年1月初举办规模盛大的游园会。

冰雪大世界自举办以来，几经迁址，终于在2001年第三届时定址松花江北岸的太阳岛西区。哈尔滨市太阳岛西区包括冰雪大世界在内共占地282万平方米。目前正在建

↓冰雪大世界

设以冰雪大世界四季乐园为龙头的旅游度假区，将以生态自然风光建设为主线，开发建设国际标准的高尔夫球场、水上乐园、体育娱乐设施及欧陆风情景观。

哈尔滨市松北区。

乘坐旅游专车或公交车可直达。

白天 150 元，夜场：平日 300 元，国定假日（元旦三天、春节黄金周、正月十五）330 元。

极地馆

●中国第一座超大型极地海洋主题乐园

哈尔滨极地馆为哈尔滨国际冰雪节四大景区之一，是集极地动物展示、极地景观、互动体验于一体的极地主题公园。

哈尔滨极地馆内设环球旅程，按剧本故事编排设计。创建了“南极企鹅岛”“北极动物家园”“欢乐海狮王国”“大兴安岭”“鲸鱼湾”等十余个休闲体验区。此外，技艺精湛的极地动物表演和极地白鲸全视角单体展示窗也是这里的一大特色。

哈尔滨市松北区太阳岛公园正门前。

乘坐 88 路、119 路、126 路至“太阳岛道口／科技馆”站下，然后换乘极地馆免费班车到达。

130 元。

9:00~17:00。

↑极地馆

龙塔旅游区

●有亚洲第一钢塔

塔高 336 米，塔身为正八边形，塔体呈抛物线形，由七条银白色的铝合金板和九条深蓝色镀膜玻璃围护。

塔楼设在 181 米至 216 米处，由飞碟状的下塔楼和球状的上塔楼组成，共八层。二楼设有“秦兵马俑军阵展”，气势恢弘，不去西安就可以领略兵马俑的风采。龙的传人蜡像馆内有秦始皇、成吉思汗、武则天、等帝王蜡像 40 余尊，制作精美，巧夺天工。

181 米高的观光层有中国首家名人手型馆，收藏各界功成名就人士手型 300 余枚，可与好莱坞星光大道媲美；周长 60 余米的“云中漫步惊险环”有惊无险、浪漫刺激；186 米空中飞碟旋转餐厅，面积 1256 平方米，环境舒适典雅，中西佳肴款款精致；190 米高的室外观光平台、登高望远，心旷神怡。203、206 米龙塔祈福殿展示金上京历史及中国佛教文化，引人入胜。

哈尔滨市南岗区经济技术开发区长江路。

7 路、112 路、71 路公交车可到达。

观光票 150 元，含地下一层的动漫乐园，二楼的恐龙展、孔子学堂、动手乐园；观光加 4D 电影 130 元；观光加旋转餐厅自助餐 268 元。

9:00~21:00。

哈尔滨郊县景点

亚布力滑雪旅游度假区

●我国目前最大的滑雪旅游胜地

亚布力滑雪度假区，是由风车山庄、交通山庄、大青山滑雪场、通信山庄、电力山庄等共同组成。滑雪期近 150 天，每年的 11 月中旬至次年 3 月下旬是这里的最佳滑雪期。整个滑雪场处于群山环抱之中，林密雪厚，风景壮观。

亚布力滑雪场的设施非常完善，共有 11 条初、中、高级滑雪道，它的高山滑雪道是亚洲最长的。滑雪场内还有长达 5 千米的环形越野雪道及雪地摩托、雪橇专用道，设有 3 条吊椅索道、3 条拖牵索道及 1 条提把式索道。

尚志市亚布力镇。

由哈尔滨市乘城际列车到亚布力镇。

二龙山

●我国规模最大、设施最全的两大滑雪场之一

这里有二龙戏珠、长龙卧波、银峰插翠、碧波唱晚等十大丽景，还有宝岛飞虹、湖面飞鱼等四大奇观。二龙山滑雪场有 8 条雪道

和两座大型初级滑雪场，可容纳2000人滑雪。

万佛寺是东北最大的庙宇，藏佛万尊；珍珠岛影视城集观光、娱乐、影视拍摄于一体，让人流连忘返；荷花塘更是不可多得的好去处。二龙湖鱼宴、山野菜、农家菜等让您尽享无污染的绿色食品。

宾县居仁镇三合村。 ¥50元。

住宿

商业金融中心区

推荐酒店：哈尔滨香格里拉大饭店、黑龙江昆仑大酒店、哈尔滨华驿大厦等。

高新技术开发区

推荐酒店：哈尔滨万达索菲特大酒店、黑龙江民航大厦、锦江之星（哈尔滨会展中心店）。

文化教育中心区

推荐酒店：最佳西方哈尔滨财富酒店、锦江之星（哈尔滨麦德龙店）、如家快捷酒店（哈尔滨建国街店）。

餐饮

受俄罗斯和少数民族饮食文化影响，哈尔滨的饮食主要有两大特色：

一是在哈尔滨可以品尝到非常正宗的东北菜。东北菜主要以炖菜为主，菜量大，味道浓重，对于南方游客来说，口感可能偏咸。尤其是冬季来哈尔滨，一定要品尝一下正宗的东北菜，像地三鲜、小鸡炖蘑菇、猪肉炖粉条、氽白肉、德莫利炖活鱼等都是不可多得的美味。

推荐餐馆：福泰楼、北来顺、江南春、东方饺子王、吴记酱骨头炖菜馆。

二是在哈尔滨能吃到非常正宗的俄罗斯大餐。现在的哈尔滨，拥有很多正宗的俄式餐馆，主要集中在中央大街附近。此外，俄罗斯的大列巴面包，更成了来哈不可不尝的美味。

推荐餐馆：华梅西餐厅、西格玛食府、露西亚咖啡西餐厅。

饮食方面有两个地方最为集中：中央大街和开发区黄河路。

购物

哈尔滨是东北最大的商业城市之一，旅游特产大致可以分为两大类：

一是具有俄罗斯异国情调的食品和饰物。像大列巴面包，俄罗斯巧克力、糖果，还有紫金项链。此外，在哈尔滨也可以买到一些俄罗斯或东欧其他国家的茶叶、绘画、装饰品等，价格都不太贵。

二是东北特产。在哈尔滨游客可以买到，比较体现东北风情的特产就是“东北三宝”人参、鹿茸和貂皮。

中央大街步行街是目前亚洲最长的步行街，现在发展成为哈尔滨市最繁华的商业街。

民俗

看冰灯：哈尔滨的冰灯始于20世纪60年代初期，是在民间传统简陋艺术形式上发展起来的。它以园林艺术为依托，以建筑和雕塑艺术为表现手法，用电灯光为光源，制作成各种冰的景物。每年一届的冰雪节、冰灯博览会成为冰灯艺术的大观园，吸引了大批国内外游客前来观光游览。

东北大秧歌：东北地区的民间舞蹈有秧歌、龙灯、旱船、扑蝴蝶、二人摔跤、打花棍、高跷等形式，多在一起配合演出，统称为“秧歌”。

东北二人转：又称作唱蹦子、吉剧，是东北土生土长的载歌载舞的民间艺术之一。它集中反映了东北民歌、民间舞蹈和口头文学的精华，是在东北地区喜闻乐见，具有浓郁地方色彩的民间艺术。

齐齐哈尔→黑河→漠河

齐齐哈尔—黑河—漠河是黑龙江西北部最经典的一条旅游线路。途中可以看到“鹤的故乡”扎龙自然保护区，神秘的五大连池火山群以及奇妙的北极光等景观。另外大庆位于齐齐哈尔东南，可以顺道去新中国的“石油城”看看。

齐齐哈尔是黑龙江省第二大城市，是新兴的旅游城市。境内的扎龙自然保护区是驰名中外全国最大的水禽、鸟类保护区，因而又被誉为“鹤的故乡”。

黑河是中国首批沿边开放城市，与俄罗斯阿穆尔州隔江相望，是东西方文化的融汇点，同时又聚居着31个少数民族。它是一个既富异国情调又具有民族风情的城市。

亮点

必游景点

- **扎龙自然保护区**：国家级自然保护区，有水禽天然乐园之称，其中尤以珍禽丹顶鹤闻名于世。
- **五大连池风景名胜区**：被誉为“天然火山博物馆”。这里山秀、水幽、泉奇、石怪、洞异。
- **漠河北极村**：素有“北极村”之称，是全国观赏北极光和白夜胜景的最佳之处。

线路推荐

- **黑河二日游**

D1：五大连池—老黑山景区—水晶洞及白龙洞的景观—药泉山。

D2：先是看火烧山景区的火山石海，然后是连池戏水和群山倒影。

- **齐齐哈尔二日游**

D1：扎龙自然保护区—黑龙江督军署。

D2：卜奎清真寺—防洪纪念塔—嫩江公园。

↑黑河五大连池药泉湖

区域概况

齐齐哈尔市

面积：44287平方千米

人口：558万人

区号：0452

黑河市

面积：68285平方千米

人口：171万人

区号：0456

交通信息

飞机

齐齐哈尔机场位于市区东南13千米，目前已开通了北京、上海、广州、武汉等地的国内航线和俄罗斯部分城市的国际航线。

黑河机场是中国黑龙江省的一个民用机场，位于市区西南17千米处，目前有航班主要通往北京、哈尔滨、上海。

漠河古莲机场位于漠河县西南9千米处，目前已开通漠河—哈尔滨—北京航线。

火车

漠河火车站位于县城西北侧，距县城中心约3.5千米。目前有发往哈尔滨、加格达奇和大连等地的班次火车，游客可以选择经哈尔滨转火车到漠河再乘汽车到景区。

齐齐哈尔旅游区

明月岛

●北部边疆野趣盎然的自然风景区

明月岛形状如同一弯明月倒映在水中，因而得名。分为中心游览区、森林区、北方园林植物区、园林生产区和体育活动区。岛上的万善寺是呈菱形布局的仿古建筑群，始建于明朝万历年间，相传是朝廷为了镇治此处帝王风脉而建，寺名也属御赐，有玉皇阁、白阳阁、三星阁和三清阁等殿宇。寺内十几尊雕像形象生动。

齐齐哈尔市区建华区，市中心西北7千米的嫩江中游。

6路车到明月岛码头，有往明月岛的交通船可到。每年约11月左右嫩江封冻时停开，至翌年解冻后再重开。

明月岛风景区门票即为上岛的渡船门票，价格为大船30元、快艇40元。岛内的景点和娱乐项目另行收费。

8:00~17:00。

亲历者◎攻略

明月岛火车游览线路全程4.5千米，运行一周约20分钟。明月岛火车站既是始发站又是终点站，火车途经将军府、北江游泳场、迎宾站，穿越沙丘疏林地段，沼泽、草原和75米长的隧道，可饱览明月岛风景区自然风光。

扎龙自然保护区

●素有"鹤的故乡"之称

扎龙国家级自然保护区位于齐齐哈尔市区东南27千米处，面积21平方千米。时至今日，原始自然生态保护如初，有水禽天然乐园之称。其中尤以珍禽丹顶鹤闻名于世，因此，齐齐哈尔市被中国鹤类联合保护委员会命名为"鹤乡之城"。

齐齐哈尔市东南26千米处。

50元。

8:00~16:00。

亲历者◎攻略

1. 每年4~5月或8~9月份，约有二三百种野生珍禽云集于此，遮天蔽地，蔚为壮观，每当此时，是游览扎龙自然保护区的最佳季节。

2. 在这里给喜欢摄影的朋友提个醒，由于北大荒十分开阔，在摄影器材方面，最好选用大机器，大广角是必不可少的，最好有360度相机。但如果想拍摄野生动物，那就必须用135相机了，最好有400毫米以上的镜头。冬季最好用机械快门相机，如尼康FM-2等，由于室外温度很低，用完相机后马上放入怀中，这样快门就不至于失灵。看丹顶鹤时，服装千万不要穿鲜艳的，以免吓跑丹顶鹤。最好穿迷彩服，准备望远镜。

蛇洞山风景区

●以蛇洞山为主，利用鲁河开辟而成

碾子上蛇洞山占地面积300公顷，最高峰龙峰海拔406米。景区划分为六个功能区，包括以蛇洞山为主的主景区、利用雅鲁河水面开辟水上游乐区、野营区、动植物观赏区、宗教区、服务区。青石崖、蛇洞、龙峰、佛尔寺及西河园等均是其中著名景观。

齐齐哈尔市碾子山区，西郊4.5千米。

35元。

8:00~17:00。

大庆旅游区

王进喜纪念馆

●学习"铁人"精神

纪念馆主体建筑面积2.15万平方米，外形为"工人"二字组合，鸟瞰呈"工"字形，侧看为"人"字形，象征这是一座工人纪念馆。主体建筑高度47米，正门台阶共47级，寓意铁人47年不平凡的人生历程。建筑顶部为钻头造型，象征大庆油田奋发向上，积极进取。

纪念馆有6个展厅，展厅总面积4790平方米，展线总长度917延长米。馆区内环境优美，雕塑《崛起》《奋进》《五把铁锹闹革命》等错落有致地矗立于馆区；端水湖、标杆山以及铁人王进喜生前率领1205钻井队使用过的同型号贝乌40型钻机，形成完整独特的纪念景观。观众可以登上钻台机，手扶刹把，体验现场操作的感觉。

大庆市萨尔图区，解放二街8号。

风景区距离碾子山市区约6公里，建议自驾或者打车。

大庆油田科技博物馆

●被当地人称作"地宫"

如果你来到大庆，打听地宫在什么地方，当地人恐怕没有一个人不知道的。这是一个很有特色的博物馆，在这里你可以了解一切有关石油的话题，也可以看到高高的井架，还有抽油机，看到地质构造的断层，看到怎样把石油从地下抽上来，总之，是一次很好的科普教育，展览内容丰富，各种模型和实物都全面精致。

大庆市让胡路区，中央大街大庆油田开发科学实验陈列室。

¥ 20元。

龙凤湿地

●全国城区最大、保存较完整的湿地景观

龙凤湿地自然保护区位于大庆市东南，世际大道南侧，哈大高速公路入口处，距市中心8千米。湿地面积5050公顷，平均水深达1.4米。

湿地内动植物资源丰富，每年都有十几万只鸟类来这里繁衍生息。主要有国家级保护的灰鹤、大鸨等，省级保护的苍鹭、草鹭、绿翅鸭等，还有红嘴鸥等30余种水禽；有鲫鱼9种，水生植物群落等。

大庆市龙凤区，董家泡北端。

连环湖国际水禽狩猎场

●中国目前唯一的国际天然水禽狩猎场

连环湖，按字面意思解释，它的特点即昭然欲揭：该湖由一连串娇小的浅水湖构成，这些湖的名字就很形象：哈布塔泡、他拉红锡、马圈泡、德龙泡、北津泡、羊草壕泡、西葫芦泡等18个象气泡般的小湖泊就组成了连环湖。

这些湖泊平均深度只有半米，最深处也只在2米左右，是典型的湿地地区的浅水湖泊。由于盛产芦苇，吸引了许多喜欢在芦苇里安家的飞禽走兽。雨季过后，这里风摇芦苇、鹤舞白沙，具有诗歌般唯美的意境。

杜尔伯特蒙古族自治县泰康镇。

¥ 150元。

亲历者◎攻略

每年4月至5月、9月至10月是最佳狩猎季节。

林甸温泉

●北方绿色温泉

大庆市的林甸县是中国北方绿色温泉城，这里有全国最集中的地热资源，以来自地低2000米、全自喷的无污染温泉水著称。可以想象，在冰天雪地里，泡着温泉，雾气蒸腾中，神游物外，是怎样的惬意。

林甸县宏伟乡。

黑河旅游区

大黑河岛

●黑龙江航道上的边界岛

大黑河岛处于黑龙江主航道中方一侧，位于黑河市与俄布拉戈维申斯克市之间，面积0.97平方千米，为冲积岛。黑河市昔名大黑河屯，岛屿位于大黑河屯附近，因而得名。岛屿呈长条状，岛上生长松、杨、柳等疏林。

历经7年多的开发建设，岛上已建成民贸市场、洽谈中心、"不夜城"商服一条街、国际展厅等设施，是集旅游、贸易、娱乐等多功能于一体的旅贸娱乐岛。

黑河市爱辉区。

↑大黑河岛

卧牛湖风景区

●融中俄风情为一体

湖区夏季山青水秀，冬季银妆素裹，具备游览、观赏、避暑、度假、娱乐、美食等综合旅游服务功能，区内景观溶中俄风情为一体，集自然人文景观于一身，地方特色鲜明突出，在国内外具有相当的知名度和吸引力。有近十个冰雪旅游项目。

黑河市爱辉区上马场乡卧牛河村。

沾河漂流

●水清流急，奇山怪石遍布两岸

沾河原名沾别拉，为满语，全意为急流河。正因为水清流急，才使漂流有了充分条件。由于沾河流域开发较晚，很少受到破坏。地表密布次生林和原始森林，植被良好。沾河落差较大，水流湍急，河道弯曲。两岸悬崖峭壁随处可见，奇山怪石不时浮现眼前，佳景迭生。河面宽处约百米，河水深处近 7 米。有一处河段岩石裸露，人称满天星，有险滩 17 处。

五大连池市沾河林业局。森林水火车可到沾北林场。

¥ 100 元。

五道豁洛影视城

●我国唯一的以俄罗斯风情、边疆史等题材为主的影视基地

祖国最北端的影视基地。五道豁洛岛旅游区共分为影视基地、黑龙湾、历史文物馆、原始人部落、天然动物园五个景区。后几个景区正在规划和修复之中。影视基地建于中俄界河——黑龙江的五道豁洛岛上，占地面积 12 万平方米。影视基地是由黑河地方铁路局投资 650 多万元兴建的，由俄罗斯旧街道、满族村屯、瑷珲古城、漠河金矿等若干建筑组成，规模宏大，景色秀美。

黑河市爱辉区西郊。

漠河旅游区

漠河北极村 AAAAA

●中国最北部的边陲小村

漠河北极村是位于中国最北部的一个边陲小村，素有“北极村”“不夜城”之称。是全国观赏北极光和白夜胜景的最佳之处。居民房屋大部分为砖瓦结构平房，另外还尚存一些“木刻楞”式的小木屋。在北极村有

↓漠河北极村

北陲哨兵、神州北极、古水井、日伪电厂遗址、最北第一家等。每年夏至节期间都在江边举办夏至节篝火晚会，载歌载舞、通宵达旦。

北极村的最大特点就是，随意一个地方，都可以说是中国最北端的：中国最北之家、最北的邮局、最北的小学、最北的乡政府……甚至还有最北的厕所。中国最北之家据说是经专家通过经纬度测定验证最北的一户人家，是北极村的地标性建筑。来这里的人，临走前都不忘在中国最北端的邮局里买张明信片，盖上最北端的邮戳，留作纪念。

漠河县漠河镇，北极村最北部。

亲历者◎攻略

1. 每年夏至前后，有近 20 小时可以看到太阳，即为极昼现象，偶尔还能看到五彩缤纷的北极光。一天 24 小时几乎是白昼，午夜向北眺望，天空泛白，像傍晚，又像黎明，人们在室外可以下象棋、打球。

2. 北极村内住宿地点主要有北极度假村、北极宾馆和当地老乡家里。度假村和宾馆标准间通常 100 元左右每晚，老乡家的房子可以讲价一个房间，一晚上 60 元左右。床位在宾馆里大约 30 元左右一晚。不过如果是夏天旅游，最好提前预定房间。

古城岛—雅克萨古战场遗址

● 中俄雅克萨之战遗址

现古城岛 15 平方千米，岛上的城堡与炮台至今还留有痕迹。1985 年春汛，发生冰凌灾害，村民迁至内地，留有一栋二层楼房，矗立于岛中，守望着绿油油的田地。环岛岸边乔灌丛生，森森古树，枝枝相连，英姿挺拔，像守护的战士。波光粼粼的江水，合抱着岛屿缓缓地流进幽远的山谷，阵阵轰响，仿佛听到了古战场隆隆的枪炮声。

漠河县兴安镇。

五大连池风景区 AAAAA

● 我国著名的火山游览胜地

五大连池是我国仅次于镜泊湖的第二大火山堰塞湖，池岸曲线变化复杂，池水颜色各异，形态不一，是我国著名的火山游览胜地。它是火山喷发的熔岩流堵塞了白河河道，形成五个汐水相连、如串珠般的湖泊，因而得名五大连池。

在它的周围，分布有 14 座火山和 60 多平方千米的熔岩台地。这 14 座火山为一组休眠的火山群，保存着非常完整的火山口和各种火山熔岩构造，如多层流动单元构造、结壳熔岩构造、渣状熔岩构造、喷气溢流构造、熔岩隧道构造以及浩渺的熔岩海等，堪称火山奇观。所以，人们称这里为“火山公园”或“自然火山博物馆”。

五大连池市，距北安市 60 千米。

可从哈尔滨或齐齐哈尔市乘火车至北安市，然后再换乘汽车到五大连池，车程约 40 分钟，然后在五大连池乘中巴到达景区，票价约 10 元。

¥ 老黑山、火烧山 80 元，龙门石寨 50 元，药泉山 20 元。

亲历者◎攻略

1. 老黑山与火山堰塞湖是五大连池的必游景点，这里的火山遗迹与自然景观尤为迷人。另外，五大连池景区内建有众多的疗养院，尤其是在长寿园、山泉园内设有大型泉水洗浴中心，游客可以在这里体验矿泉水带来的健康乐趣。

2. 住宿：到五大连池旅游一般都住在药泉山风景区，景区内的小镇几乎都是由众多的疗养院所组成的。其中以黑龙江省五大连池工人疗养院档次最高。疗养院由七幢楼体组成，造型别致，与药泉湖相毗邻，并与“四大名泉”咫尺相望。

3. 五大连池美食推荐：连池鱼、矿泉蛋，药泉豆腐农家饭。五大连池的矿泉鱼是名贵的冷水鱼，肉质优良，味道鲜美。

↓五大连池

火山民俗文化观光区

●有钟灵庙等人文景观

可以游览到钟灵寺、二龙眼泉、火山博物馆、东北亚国际疗养中心等人文景观。端午节前后游人可参加饮水节活动，冬季可参加火山冰雪节活动。钟灵寺是世界唯一火山口中的寺庙。

¥ 火山博物馆 20 元，钟灵寺 15 元。

世界名泉观光区

●风景区城区的中心部位

分布着多处景点，主要有南泉、北泉、翻花泉、二龙眼等多处神泉、还有磁疗晒场、神泉旧址、药泉科普展厅、泉湖瀑布、泉湖浴场、药泉湖、药泉公园等 27 处。二龙眼泉冬季不结冰，是天然的空气浴场。

¥ 北药泉 30 元，南药泉 20 元。

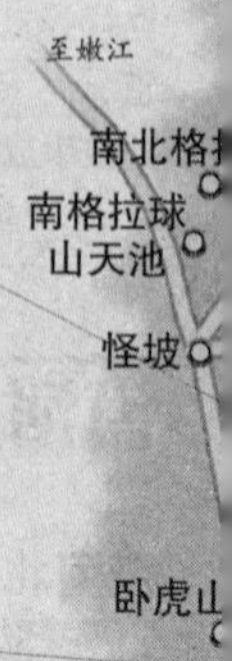

新期火山奇观观光区

●新期火山喷发裸露熔岩台地十分壮观

保存了世界上新期火山地质的全貌，有可视景点景观59处。其中老黑山又叫黑龙山，已喷发过6次，是五大连池的第二火山，主要由石海、水帘洞、仙女宫、火山森林等景点组成。此外还有火烧山、五彩沙滩、仙女宫（洞内终年结冰）、喷气锥（体内空心，顶端有孔）等景。

¥ 60元。

火山熔岩冰雪洞游览区

●地下熔洞奇观

火山喷发造就许多的地下熔洞奇观，有旱洞、水洞、冰洞、风洞等等。

¥ 50元。

火山堰塞湖观光区

●矿泉鱼堪称一绝

由头池莲花水寨、二池平湖鱼港、三池群山倒影、四池苇塘莲花、五池曲岸寻幽5个湖泊组成，其中三池是我国第二大堰塞湖，终年不枯竭，其矿泉鱼堪称一绝。此外还有石龙温泊、湖畔水禽乐园等景。

亲历者◎指路

可从城区内的石龙河水上风景线的船站出发，乘船向北经8里石龙河水上风景线到达一池溢出口瀑布，然后徒步几百米到达一池船站换乘豪华游船，依次向北游览一池、二池、三池或四池、五池，午间可在三池鱼村就餐，然后乘车返回城区。

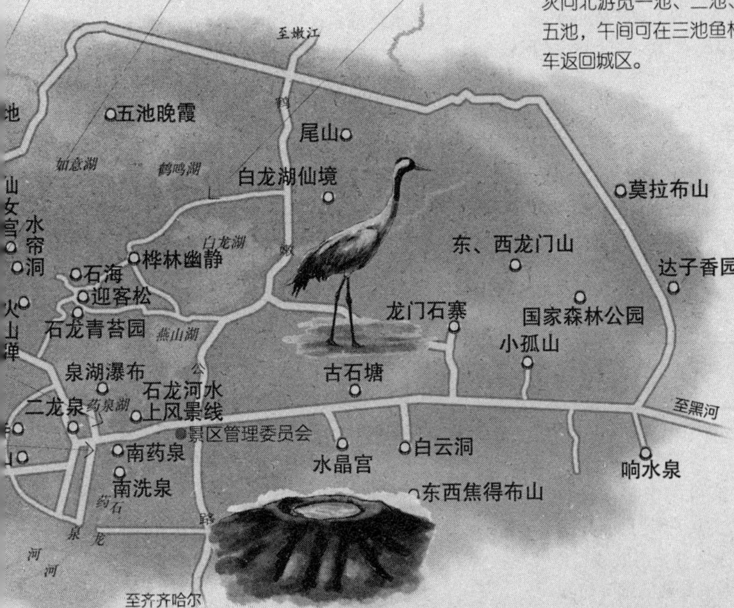

牡丹江

有着“塞外江南”美称的牡丹江，是北方著名的鱼米之乡。它地处黑龙江省东南部，是东部的交通枢纽。有镜泊湖和原始火山景观，由于在牡丹江畔，水资源丰富，有“小江南”之称，是盛夏避暑旅游胜地。

面积：38827 平方千米
人口：270 万人
区号：0453

亮点

必游景点

- **镜泊湖风景区**：国家 4A 级旅游景区。有吊水楼瀑布，大孤山、白石砬子、城墙砬子等著名景点。
- **中国雪乡**：当今世界上规模最大的雪堡。白雪雕筑的天坛、泰姬陵、金字塔、空中花园是其中的代表性建筑。

线路推荐

- **牡丹江二日游**

D1：镜泊湖—白石砬子—小孤山—大孤山—城墙砬子—珍珠门—道士山—老鸹砬子。

D2：地下森林—熔岩隧道—吊水楼瀑布—唐代渤海国上京龙泉府。

交通信息

飞机

牡丹江海浪机场坐落在牡丹江市西南郊，距离市中心约 9 千米，目前开通了至北京、上海、广州、深圳等城市航线，以及飞往韩国首尔、俄罗斯海参崴的国际航线。

↑镜泊湖

火车

牡丹江火车站位于西安区光华街，每日有始发至北京、大连、哈尔滨、绥芬河等地的旅客列车。

镜泊湖风景区 AAAAA

●被誉为“北方的西湖”

湖面清平如镜，湖深平均为 40 米，湖身纵长 50 千米，分为北湖、中湖、南湖、和上湖四个湖区，湖中大小岛屿星罗棋布。吊水楼瀑布是镜泊湖水泻入牡丹江的出口。落差约 20 米，宽约 40 米。

镜泊湖百里长湖之中，山中有湖，湖中有岛：有气势轩昂的大孤山；有精巧别致的珍珠门；有形神兼备的道士山，除此以外，整个景区还有吊水楼瀑布、城墙砬子、老鸹砬子、地下熔岩隧道、地下森林、唐代渤海国上京龙泉府的遗址等风景点组成。镜泊湖以其独特的魅力，吸引着大批游客和科学考察队前来。

宁安市镜泊镇，镜泊山庄是游客中心。

游客前往镜泊湖，取道牡丹江市，从哈尔滨乘高速列车，到达牡丹江，仅需四个半小时，然后，再转乘汽车即到景区中心——镜泊山庄，约需两个半小时。

¥ 80 元；观光车 12 元；船游湖 100 元。

亲历者◎攻略

旺季期间，随时都有旅游交通车返回牡丹江市，淡季时，下午就没有交通车离开景区了，因此要提前做好打算。

地下森林

●堪称"地下动物园"

地下森林（即火山口森林）位于镜泊湖西北约50千米处，坐落在张广才岭东南坡的深山内，海拔1000米左右，是国家级自然保护区。地下森林中蕴藏着丰富资源，有名贵木材和药材；同时也不乏小动物出现，游人拾级而下时，甚至还可看见罕见的青羊出没。

万年前火山爆发，形成低陷的原始林带。有古冰洞、古莲池等景点。火山森林由大小不等的7个山坑组成，在火山口坚硬的熔岩上，布满了层层红松等植物景观。

在镜泊湖有直达地下森林的车，车程约1小时，票价20元；牡丹江汽车站可乘坐到景区的郊县车，车程约1.5小时。

¥ 55元。

亲历者◎攻略

夏天有从牡丹江出发的一日游旅行社，前往地下森林。

吊水楼瀑布

●世界最大的玄武岩瀑布

它形状好像加拿大亚尼亚加拉大瀑布，是景区内的非常重要的景点。镜泊湖景区内有一大坝，水从坝上往下冲时，形成一个落差约20米，宽约40米的瀑布。瀑布下的石块受到冲击，年深日久，淘挖磨蚀成圆柱形的深潭，深达数十米，叫"黑龙潭"。

周围还有凉亭和铁链围栏，供游人站在瀑布上面岸边观瀑。从镜泊山庄往北，翻过一道山梁，不远处便是吊水楼瀑布，这里是镜泊湖水泻入牡丹江的出口，只有身临此处，才知道当地称为吊水楼，真是恰如其分。

¥ 15元。 8:00~16:00。

↓吊水楼瀑布

大孤山

●国家级自然保护区

它是地壳断裂后遗留下来的残块，主要由花岗岩组成，山呈牛背形，露出水面约150米，孑然一身，其名称由此而来。

山内古树、古刹交辉，实谓一幅诗情画意的天然美景。古人曾这样赞美孤山："石笋凌云插碧霄，巍巍佛寺倚山椒，河随岸由盘雄镇，峰转阛回怒晚潮。"生动的描绘出大孤山景区名胜的特色。这里山峦叠嶂，涧溪成网，天然次生林和人工林交相辉映，花草植被与珍禽异兽声色和合。

牡丹江市区景点

牡丹峰

●国家级自然保护区

牡丹峰又名天岭或大架子山，是牡丹江与穆棱河的分水岭。牡丹峰属寒温带气候，雨量充沛，山高谷深，生长着多种贵重树木，被称做"塞外绿色宝库"，总面积400平方千米，是一处原始生态的自然景观。

曾有过相当活跃的火山喷发，因而有天泉、玄武河、龙头泉、杏花山、佛手山、鹰峰顶、磨盘山、白桦川、一线天等众多的风光名胜。

牡丹江市东安区兴隆镇，市区东南约20千米。

市内乘24路公交车即到。

兴隆国家森林公园

●素有"林海"和"人参王国"的美誉

兴隆国家森林公园苍山育翠，沃土藏金，巍巍群山遍布以红松、水曲柳、黄波萝、胡桃楸等珍贵树种为代表的北温带针阔混交林；莽莽林海中獐、狍、熊、鹿、野鸡、飞龙等百余种珍禽异兽栖息繁衍；肥沃的土地上生长着五味子、当归、人参、黄瓜香等草本植物400余种。

兴隆国家森林公园山水秀丽、风光旖旎、古木参天、澄湖散落、怪石磷峋。全长188

千米、世界最长的森林窄轨铁路穿越万顷林海；青山绿水之间掩映着占地15000平方米、黑龙江省面积最大的百年古刹。

牡丹江市东安区兴隆镇。

中国雪堡城

牡丹江对外宣传的主打品牌

自从2001年第一届雪堡举办后，雪堡就一直是牡丹江市的象征；是牡丹江人民的骄傲；也理所当然的成为雪城牡丹江对外宣传的主打品牌，与冰城哈尔滨的冰灯大世界相互补充，遥相呼应。牡丹江雪堡，这雪的世界、梦的家园，始终以最真挚的热情迎接着八方游客的到来。雪堡的结构中共有一轴、一环、一心、九个景观节点。

牡丹江市东安区，江滨公园。

黑宝熊乐园度假区

中国最大的熊科动物饲养、繁育、观展中心

黑宝熊乐园占地10万平方米，是中国最大的熊科动物饲养、繁育、观展中心。熊的悟性、模仿能力以及与人的亲和力都很强，黑宝熊乐园经过驯化的熊可以表演骑车拉人、打篮球、走钢丝、掰苞米、晃板、跳栏、拳击、高空表演等节目与杂技演员的转毯叼花、滚灯、四人技巧、跳绳、蹬技、旱溜冰等数十个节目以其新颖生动、扣人心弦、趣味无穷打动观众，使人留连忘返、赞不绝口，真正形成了“人熊共舞、同台献艺”的表演特色。

牡丹江市爱民区三道关国家级森林公园内。

表演票60元。

牡丹江郊县景点

东宁要塞

有“东方马其诺防线”之称

亚洲最大的军事要塞，是第二次世界大战的最后战场。是侵华日军为防御前苏联的进攻而修筑的军事筑垒，北起绥阳镇北阎王殿，南至甘河子，正面宽100多千米，纵深50多千米。

现已发现的地下军事要塞有勋山、朝日山、胜洪山、母鹿山、409高地、麻达山等。其中勋山地下军事要塞，占地5万公顷，与俄罗斯仅一河之隔，山势险峻，地势开阔，隐蔽性强，是兵家必争之地。国家军委前副主席张万年为东宁要塞题词，“勿忘国耻，强我中华”。

东宁县东宁镇。

中国雪乡

“爸爸去哪儿”拍摄地之一

白雪皑皑、景色秀丽的雪乡位占地面积500公顷，整个地区海拔均在1200米以上。这里雪期长、降雪频繁，积雪期长达7个月，从每年的10月至次年4月积雪连绵，年平均积雪厚度达2米，雪量堪称中国之最，且雪质好，粘度高。

雪乡犹如一颗璀粬的明珠镶嵌在张广财岭的东南坡。隆冬季节日日飞雪迎宾，积雪在风力的作用下聚集成形，奔马、卧兔、神龟、巨蘑……千姿百态，仿佛是天上的朵朵白白云飘落人间，幻化无穷；而那些奇幻瑰丽、充满童话意境的木屋、灯笼、篱笆，更是令人为之心神俱醉。值得一提的是这里还是《爸爸去哪儿》第一季最后一站的拍摄地。

牡丹江西南部双峰林场内。

单程约5小时；哈尔滨现已开通至雪。

门票80元。

亲历者◎攻略

1. 雪乡可进行趣味滑雪、马拉雪橇、狗拉扒犁、欣赏影视群落等活动，夜间可参加篝火晚会、

↓中国雪乡

投宿林场工人师傅家中；此外，少数民族木屋、大红灯笼和篱笆墙都是摄影的好题材；雪乡还有专车送至长白山往返旅游。

2. 此地并非旅游景区，没有丰富的娱乐设施。最好能跟旅行社走，全程可以安排妥当。

3. 雪乡的冬季气温一般在 -20℃以下，羽绒衣裤、保暖内衣，能保住耳朵的帽子、口罩、厚棉靴、厚棉手套一个也不能少。在室外切记不要直接用手触摸金属物品。

威虎山城

●东北第一家影视城

提起黑龙江省海林县，知道的人并不多，可提起威虎山，却无人不晓。这里曾是小说《林海雪原》作者曲波和他的战友杨子荣浴血奋战的地方，说起智取威虎山的故事，至今仍让人激动不已。随着小说、电影和戏剧的广为传播，富有传奇色彩的威虎山便闻名遐迩。

海林市横道河子镇。

25 元。 8:00~17:00。

亲历者◎指路

去海林市威虎山没有固定的交通路线，大部分都是包车去的。可以在牡丹江文化广场乘坐去横道河子的汽车，途经威虎山城下车即可；或者在牡丹江包车去横道河子，面包车一天 200 多元。

住宿

西安区是牡丹江的中心地区，交通便利，购物方便，非常适合游客居住，标准间通常一晚 200~300 元左右。

推荐酒店： 牡丹江金鼎国际大饭店、牡丹江夏威夷国际大酒店。

东安区也是牡丹江的重要区域，区内集合了牡丹江最主要的购物商圈，交通也很方便，只是距离景点远些，标准间要比西安区便宜，一晚通常 100~200 元即可。

推荐酒店： 牡丹江饭店。

另外，游客也可以选择在镜泊湖景区内住宿。标准间平均每晚 400~600 元左右。比较高级的宾馆有镜泊湖宾馆、镜泊山庄；中档的有杏花村客店、宏伟酒店。

餐饮

总的来说，牡丹江饮食主要有三个主打板块：

一是在牡丹江能吃到地道的东北农家饭。比较流行的东北菜多为炖菜，如白肉血肠、鸡肉炖蘑菇、白菜蘑菇炖冻豆腐等

二是正宗的朝鲜族特色美食。由于牡丹江是中国著名的朝鲜族聚居地，所以当地的朝鲜族饭馆也比较多，而且多为朝鲜族人开的，食物正宗美味，如：石锅拌饭、打糕、狗肉汤等都非常有特色。

三是镜泊湖鱼宴。游览牡丹江的镜泊湖，一个重要节目就是吃一顿鱼餐。镜泊湖水产丰富，盛产鲫鱼，称“湖鲫”，肉质细嫩味鲜，用以烹制鱼汤或红烧很鲜美，过去曾被作为皇室的贡品。此外当地还产鳌花鱼、湖鲤、白鲢、红尾等 40 多种鱼，不可不尝以镜泊鲤鱼丝最为著名。

购物

牡丹江市主要的商业区有两个：

一是位于东安区与西安区交界处的太平路商业区，包括牡丹江百货大楼、大商集团新玛特购物广场、东兴购物广场、波斯特购物广场、牡丹江劝业商场在内的多个大型购物场所都位于太平路上。

二是位于东安区的东一条路步行街，步行街上兴建了多个服装品牌专卖店，牡丹江最大的超级市场大润发亦位于此。

民俗

满族人很讲究礼节，晚辈见长辈要请安，三天一小礼，五天一大礼。家族中十分重视祭祖，祭祖时有待神者谓萨满，系腰铃，手击单环鼓，边唱边说边舞，是一种具有民族风格的娱神歌舞。

三江平原

三江平原位于黑龙江省东部,北起黑龙江、南抵兴凯湖、西邻小兴安岭、东至乌苏里江,三江平原的"三江"即黑龙江、乌苏里江和松花江,三条大江浩浩荡荡,汇流、冲积而成了这块低平的沃土。

亮点

必游景点

- **兴凯湖**:中俄界湖,多水鸟,属湿地风光。景点有新开流古文化遗址、世界最小的界桥等。
- **乌苏镇**:中国最东端的行政乡镇,中国每天最早迎来"太阳升起"的地方,有中国最大的大马哈鱼渔场。

线路推荐

- **鸡西二日游**

D1:国门—王震将军纪念碑—兴凯湖。

D2:参观现代畜牧场、农场、农垦大学。

- **双鸭山一日游**

新兴广场—双兴农业旅游示范点—世纪大道—大菩提寺—三八水库旅游区—安邦河湿地。

- **佳木斯三日游**

D1:游依兰古城,五国头城遗址、琴女峰。

D2:赴佳木斯,游四丰山风景区、晨星岛。

D3:游三江汇合口、界江、街津口赫族风情。

- **鹤岗一日游**

萝北兴东—白龙峡谷—瞭望塔—太平沟—午餐,下午乘船游览中俄龙江三峡。

- **伊春二日游**

D1:上午游悬羊峰、桃源湖,下午游览桃山国家森林公园。

D2:上午乘车赴透龙山旅游区,游仙姑洞、卧虎峰、美人松,参观马永顺林、马永顺纪念碑;下午伊吉密河漂流。

↑赫哲族祭祀

交通信息

飞机

佳木斯机场位于佳木斯市以东10千米,已开通至北京、上海、广州、哈尔滨、首尔、俄罗斯哈巴罗夫斯克等航线, 至北京每天都有航班往返。

鸡西兴凯湖机场位于鸡东县哈达镇,目前开通有往返北京—鸡西、鸡西—哈尔滨、鸡西—青岛—上海、鸡西—沈阳—三亚、鸡西—大连—天津的航线。

伊春林都机场位于乌马河林业局伊林经营所境内,距伊春市中心区直线距离约9千米,可直接飞往哈尔滨、北京、大连、上海等地。

火车

鸡西火车站位于鸡西市兴国中路,目前已经开通了往返长春、牡丹江、密山等地的客运列车。

伊春火车站位于伊春区青山东大街,可直通哈尔滨,境内每天有多趟列车,铁路交通十分发达。

鸡西—七台河—双鸭山旅游区

兴凯湖

●中俄界湖

中俄界湖,北部为中国的,南部属俄罗斯。是由火山爆发地壳下陷形成的,百鸟乐园,多水鸟，湿地风光。兴凯湖由大、小两湖组成，中间被一道湖岗分开，湖岗上林木葱茏，十分秀美。景点有新开流古文化遗址、王震将军开发北大荒纪念馆、世界最小的界桥等。

密山市，主要游览据点在当壁镇。

亲历者◎攻略

3月至4月是观鸟佳期，还可水中畅游。兴凯湖的大白鱼闻名天下不可不尝。

虎头要塞遗址

●爱国主义教育基地

虎头要塞是日本关东军在中国东北东部原中苏边境上的一个军事基地，是日本帝国主义侵华期间留下的极其重要的罪证之一。

它位于黑龙江省虎林县虎头镇（今虎林市虎头）周边完达山余脉丘陵中，在此方圆数十千米的范围内，共有大小十余处要塞，由猛虎山、虎北山、虎东山、虎西山、虎啸山五个阵地组成。其中，猛虎山是主要阵地，虎东山、虎北山为其两翼前沿阵地，成钳形以南北两线呈护卫阵势，虎西山、虎啸山两个阵地位于猛虎山主阵地西面，为猛虎山后方第二线阵地。

现在的虎头要塞已成为历史遗迹，虎头地下要塞博物馆已经建成，被作为爱国主义教育基地，成为了日本侵华罪行的见证。

虎林市虎头镇。

石龙山国家森林公园

●一处集自然景观、人文景观为一体的森林旅游度假区

公园内森林资源十分丰富，生长着珍贵的参天古树和优质的黄波罗、水曲柳、山槐、紫、柞、桦、榆、柳等树种，属典型的阔叶混交天然林，也是一片至今仍保留比较完整的原始森林。独特的地形地貌以及丰厚的植被，是开展漂流、攀岩、登山、狩猎及滑雪的理想场所，极具开发价值。有林海览胜景区、石龙湖景区和生态园景区三个景区。

七台河市茄子河区，龙山林场。

龙头山旅游区

●可滑雪、住宿的四季旅游度假场所

龙头山旅游区集自然风光与人文景观于一体，建有水上乐园、垂钓场、滑雪场、滑沙场、仿真战场、农家饭庄、歌舞厅等，是一处可滑雪、餐饮、观光、住宿、娱乐的四季旅游度假场所。

龙头山旅游区旅游项目繁多，到水上乐园可以乘快艇、滑游船、骑摩托艇、骑水上自行车、坐碰碰船，体会戏水的乐趣；在仿真战场中，你能充分体验军人及战争的生活；在垂钓场，带上鱼具，静候鱼儿，也能精心养性；冬季，不但可以观四周冬日林海，体验滑雪的惊险刺激，还可以尝试滑冰、滑雪圈、雪地摩托、马拉雪橇和狗拉爬犁等带来的无限乐趣；夏季的滑雪场，种上草坪、铺上细沙，就成了滑草场、滑沙场；此外，还开设了练车、骑马、射击、沙壶球、飞镖等娱乐项目。农家饭庄提供绿色的美味佳肴。大红灯笼的屋檐下挂满一串串黄的玉米、青白相间的萝卜和紫皮的大蒜点。歌舞厅内环境优美，音响设施先进，可举行会议、歌舞联欢。

友谊县龙头山脚下。

佳木斯旅游区

大亮子河国家森林公园

●被誉为“兴安明珠，三江翡翠”

国内建园最早的国家级森林公园之一。公园是以红松原始林景观为主体的天然生态旅游地，展现出古木奇伟、森林广奥、山石奇特、山水清幽，四季景象丰富多彩，自然风光隽美怡人的景观特色。

公园内有驰名中外的原始红松母树林，了望塔、巨树岛、神木鸳鸯湖、抗联密营、望松楼、盘石松、千年古树、百年大鸟巢、野生动物展大亮子河国家森林公园馆、原始猎屋等自然景观。

汤原县红松母树林场。

汤原县有旅游客车直通景区。

25元。　8:00~17:00。

亲历者◎攻略

1. 在气候严寒、干燥的地方，手容易起刺，

嘴唇易干裂，带上润唇膏或润肤品，总不会有错。

2. 在零下几十度的东北，专业相机的快门会冻得开不了，所以，如果带上专业相机，一定要注意机器的保暖。

3. 有幸到当地人家中做客，可以试着在炕上用餐，非常有意思，如果睡在炕上的话，很容易“上火”，起床后应多喝开水，多吃水果。

乌苏镇

●号称“东方第一镇”

中国最东端的行政乡镇，说是一个镇，其实这里只有一户人家，另外就是一个边防排、一个哨所，就构成了一个镇，也是一个名声在外的镇。有中国最大的大马哈鱼渔场。

乌苏镇是中国每天最早迎来“太阳升起”的地方，每年夏至（6月21日或6月22日）凌晨2时10分，太阳的光芒就福临这“东极小镇”了。此时登上伊力嘎山头，看第一轮红日从两江交汇处涌出，“沧海浴日，金轮晃漾”，万物披上金黄晨缕的奇观令人难忘。

抚远县乌苏镇。

↑乌苏镇

三江口旅游区

●为松花江、黑龙江汇合处，是历代兵家必争之地

为松花江、黑龙江汇合处，汇合后俗称“混同江”，故名为“三江口”，两江汇合后，水势骤增，江面开阔，放眼望去，水天一色，浪涛光涌，气象万千。站在三江口岸边放眼远眺，江中的小岛在茫茫的水波中时隐时现，使人有如临仙境，虚无缥缈之感。现已成为风景独特的旅游观光宝地。三江口是历代兵家必争之地，我国的赫哲、满汉军民曾多次在此痛击沙俄对我国的侵略，故有古战场之称。

同江市同江镇，三江口旅游区。

伊春—鹤岗旅游区

将军石山庄山口风景区

●感受“无限风光在险峰”的意境

将军山为一不规则形状的山峰，主体海拔320米，石多风化，褶裂危岩。在100多年前，其形似顽猴，曾称猴石山。清光绪二十年间突遭雷击，猴石形状被毁，此孤峰后被世人传统称为将军石。

将军石山、横盘山扼守山庄南北，形成两道绿色屏障，将军石山庄中一条2000多米长的环湖路和蜿蜒的湖堤象两条白玉带飘向远方；上山的青石台阶和山庄青山、绿树怪石自然景观结合在一起，组成了一道亮丽的景观。

将军石山山高石险，绿树成荫，登上将军石，让您既有“会当凌绝顶，一览众山小”的感慨，又有文人墨客“指点将山激扬文字”的豪情，更能领悟到“无限风光在险峰”的意境。主要景观为湖泊、风景建筑、奇峰。

鹤岗市兴安区郊区9千米。

名山岛风景区

●植被茂密、野趣丛生

坐落在黑龙江上的名山岛，南临萝北口岸，北望俄罗斯的阿穆尔捷特。江水环绕，古木森森，鸟鸣嘤嘤，野趣横生，一派质朴、粗犷、天然无饰的自然生态风光。名山岛为江水中冲积而形成的岛屿，形成于清代末年，民国初期已成岛屿。岛上土质肥沃，树木成林，植被茂密，生长着桦、柳、榆、杨等多种阔叶树木及狐狸、黄鼬、貂子等许多小型杂食动物，并且还是鹭鸶等水禽夏候鸟的栖息地。经多年的江水冲刷，岸边坍塌，沙滩扩大，江汊增宽，此岛面积虽有缩小，因四周长有茂盛的柳树，对岛屿起到了保护作用，故而此岛的面积变化不大。主要景点有瞭望塔、犹太人风情园、俄罗斯风情园、龙王庙等。

萝北县名山镇。

五营国家森林公园

●国家最大红松天然林自然保护区

五营是伊春各林区中红松原始森林保存最完好的地方，设有五营国家森林公园和丰林国家红松自然保护区。这里是亚洲规模最大、最完整、最有代表性的红松原始森林集散地。

五营国家森林公园内古木参天，生长着170多种树木和230多种珍禽猛兽。有8大景区20个景点。其主要景点有：红松林、鸟语林、天赐湖、观涛塔、森林浴场、杜鹃花园、森林小火车等。主要在夏、秋两季开放。尚未开发的原始森林，以其自然的风貌吸引着无数猎奇的人。

伊春市五营区，丽达经营所北8千米处。

从哈尔滨直接乘火车到五营，转乘30分钟的中巴上山即到。（森林公园有专车接站）。

¥60元。

白山狩猎场

●大型食草、食肉动物狩猎场

金山屯白山狩猎场山水纵横交错，林相多样，是一个大型食草、食肉动物狩猎场。由于是天然狩猎场，加之长期禁猎，所以动物资源特别丰富，有马鹿、梅花鹿、袍子、野猪、棒鸟（飞龙）、山鸡、野兔、熊等。鹿鸣谷是老白山狩猎场的宿营地，建筑内部是一星级宾馆的标准，外观是古典式的建筑。

伊春市金山屯区，小兴安岭南麓。

汤旺河兴安奇石风景区 AAAAA

●国内唯一一处类型最齐全印支期花岗岩地质遗迹

石林分为石林景观区和山水风光游览区，其中以小兴安岭奇石景观区内的地质遗迹形成的各类拟态度奇石和繁茂的植被为特色，树在石上，石在林中，展示了国家地质公园和国家森林公园特有的风韵，同时它还是中国青少年科学考察探险基地。

伊春市汤旺河区。

¥门票90，包含10元的环保车。

住宿

鸡西

兴凯湖饭店、龙城花园饭店、帕弗尔酒店等，以合理的价位和高水准的服务水平，使之成为商务旅游的最佳聚点。

七台河

昆仑大酒店/七台河市桃山区山湖路2号/0464-8269999。

金融大厦大酒店/七台河市景丰路38号/0464-6126666。

鹤岗

鹤岗九州大酒店，鹤岗市唯一一家集餐饮、住宿、娱乐、购物为一体是综合性四星级涉外豪华商务酒店，占地4万平方米，建筑面积2.6万平方米，整体建筑气势宏大。

鹤岗市汉庭酒店鹤岗火车站店，是一座14层集住宿、就餐、会议、娱乐、洗浴于一体的现代化豪华旅游（国家二星级）涉外宾馆，是鹤岗市唯一的政府宾馆，曾多次接待省和国家重要领导人及大型团体，是旅游商贾人士的理想成停之处。

民俗

秧歌舞：秧歌舞（东北大秧歌）是关东特产，是东北人非常喜爱的一项喜庆活动。大秧歌在东北已有数十年的历史，广袤的黑土地使它根深叶茂，并赋予了它纯朴而豪放的灵性和风骨。

高跷舞：它通过青年男女踩在高跷上优美舒展的舞蹈和“跃斤斗”“卧鱼”等高难度技巧配上火暴热烈的东北大秧歌曲调，充分表现了林区人民喜庆热烈的生活气氛和昂扬向上的进取精神，在给人以美的艺术享受的同时更使人受到鼓舞。

●面积

6340 万平方千米，全国排名第 31 位

●人口

2415 万，全国排名第 25 位

●区号

021

●国家 5A 级风景区

东方明珠广播电视塔、上海野生动物园、上海科技馆

上海旅游网
lyw.sh.gov.cn

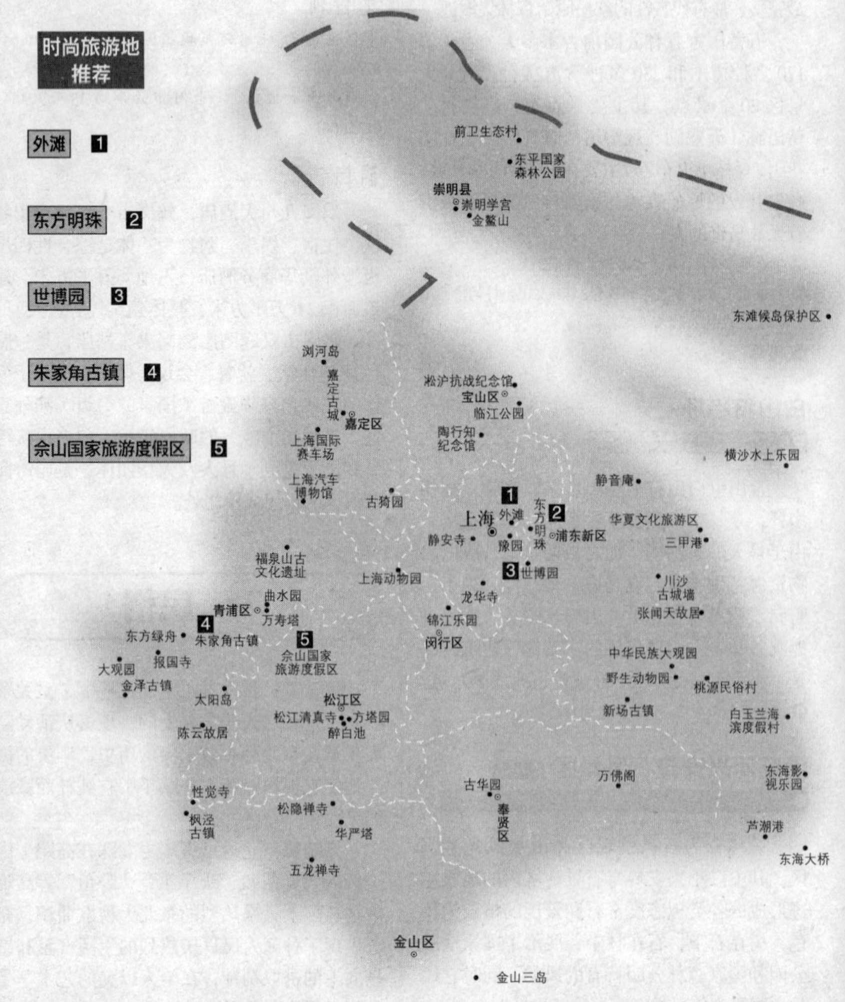

上海

上海是一座极具现代化而又不失中国传统特色的海派文化都市。外滩老式的西洋建筑与浦东现代的摩天大厦交相辉映，夜幕降临，霓虹闪耀，夜上海粉墨登场，这颗璀璨的“东方明珠”在新世纪的东海之滨流光溢彩。

中国上海，发现更多、体验更多

上海城区

上海，我国最大的城市之一，扼守长江出海口，站在中国经济的最前沿。黄浦江穿城而过，造就了美丽的浦江风景。

上海，是情调的中心，享有“东方巴黎”的美誉，这里是小资的天堂、艺人的乐园、恋人的港湾。上海同样也是购物天堂，南京路、淮海路等购物街道挤满了琳琅满目的商品。

上海，雍容华贵，令人神往。

亮点

必游景点

- **外滩**：上海的象征，52幢风格各异的大楼使其获得“万国建筑博览”的称号，这里的夜景美丽无比。
- **东方明珠电视塔**：上海标志性景观，曾是亚洲第一高塔，登塔俯瞰上海，完全是一个崭新的世界。
- **豫园**：中国明代江南名园，上海五大古典园林之一，“上海小吃王国”老城隍庙不容错过。
- **世博公园**：2010上海世博会会址所在地，世博轴、中华艺术宫（原中国国家馆）、世博展览馆（原主题馆）、世博中心、梅赛德斯—奔驰中心（原文化中心）五个标志性的永久建筑尤值得一看。

必逛街道

- **南京路**：有“中华第一街”之誉。沿街汇集众多的名特商店，是上海乃至全国最繁华的商业街。
- **上海城隍庙**：小吃的王国，在这里，观美景，品小吃，令人陶醉，唯一让人觉得遗憾的是：不能尝遍这里所有的美味……

线路推荐

- **上海二日精华游**

D1：豫园—新天地—南浦大桥—金茂大厦—东方明珠—外滩—南京路。

↑上海南京路

D2：鲁迅公园—四川北路—人民广场——大会址—孙中山故居。

- **上海周边三日游**

D1：佘山风景区。

D2：松江古城—陈云故居—枫泾古镇。

D3：南翔古镇—嘉定古城。

交通信息

飞机

上海有两个机场，上海浦东国际机场和上海虹桥国际机场。

浦东机场距市中心约30千米，有T1、T2两个航站楼，两个航站楼间有免费交通接驳车来往。可以乘坐地铁2号线、磁悬浮列车、机场大巴往返于浦东机场和市区之间。

虹桥国际机场分T1、T2两个航站楼，两个航站楼间有免费接驳车来往。地铁2、10号线均可到虹桥机场航站楼（其中2号线只到2号航站楼，10号线可到达1、2号航站楼）。

火车站

上海是重要的铁路交通枢纽，有上海站、上海南站、上海西站、虹桥火车站四个火车站，可以到达全国大部分城市。

上海站是上海客流量最大的火车站，乘地铁1号线、3号线、4号线可到。

上海南站列车大多为开往南方的长途列车和江浙两省的短途列车，可以乘坐地铁1号线、3号线。

虹桥火车站主要负责动车组列车、高速动车组，乘坐地铁 2 号线、10 号线可到。

上海西站车次不多，乘地铁 11 号线即可。

市内交通

当前上海已开通 14 条地铁线路，分别是：地铁 1 号至 13 号线，以及地铁 16 号线，各线路间还有换乘点。目前仍然有新的地铁线路正在建设中。

外滩风景区

●有“万国建筑博览”的称号

外滩，北起外白渡桥，南抵金陵东路，全长约 1.5 千米，由万国建筑博览群和黄浦江、苏州河风光两部分组成。沿滩有 52 幢风格各异的建筑，景区内有陈毅广场、电子瀑布钟、大型艺术壁雕、黄浦江观光平台、上海人民英雄纪念塔等景点，夜景极美。

上海市黄浦区中山路。

乘坐地铁 2/10 号线至南京东路站后步行约 600 米可到。

19:00~22:00（冬季到 21:00）。

亲历者◎解说

有人说“外滩的故事就是上海的故事”，外滩那一座座钢筋水泥的楼宇，讲述着旧上海滩如梦般繁华的往事，见证着上海的百年沧桑巨变。

著名的中国银行大楼、和平饭店、海关大楼、汇丰银行大楼再现了昔日“远东华尔街”的风采，这些建筑虽不是出自同一位设计师，也并非建于同一时期，然而它们的建筑色调却基本统一，整体轮廓线处理惊人的协调。无论是极目远眺或是徜徉其间，都能感受到一种刚健、雄浑、雍容、华贵的气势。

↓外滩风景区

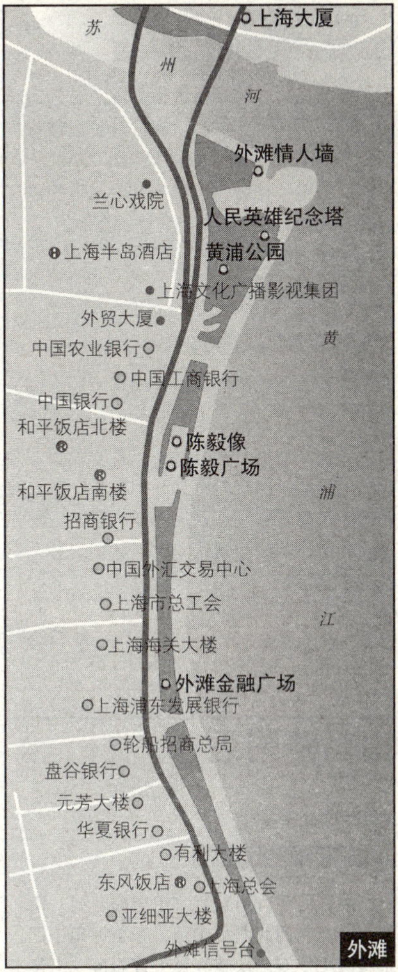

轮船招商局大楼

●外滩建筑中历史最悠久，风格最独特

轮船招商局建于 1901 年，是中国自己经营的第一家新式轮船企业，该楼宇为欧洲文艺复兴式风格的三层砖木结构，是 19 世纪末 20 世纪初外滩建筑的典型。现在这里成为招商局上海分公司。

上海市黄浦区中山东一路 9 号。

汇丰银行大楼

●中国近代西方古典主义建筑最高杰作

汇丰银行大楼属新希腊建筑，建于1923年，原系英国汇丰银行上海分行。该楼八角形门厅的顶部，有8幅画描绘了20世纪初上海、香港、伦敦、巴黎等8个城市的建筑风貌。现为浦东发展银行大楼所在地。

上海市黄浦区中山东一路10-12号。

外白渡桥

●旧上海的标志性建筑之一

已有百年历史的外白渡桥是上海的标志性建筑之一，承载着老上海的历史文化，也见证着新上海的日新月异。只要跟民国上海相关的电影、电视剧都会在此取景。白天站在桥上可以观赏到苏州河两岸风景，一侧为老式弄堂，一侧为现代建筑，新旧交替无不让人感慨万千。

上海市黄浦区中山东一路北端。

乘坐地铁12、10号线至天潼路站，步行即可到达。

南京路附近

南京路步行街

●享有"中华第一街"之誉

南京路步行街素有"中华商业第一街"的美誉。它西起西藏中路，东至河南中路，东西两端均有一块暗红色大理石屏，沿街汇集众多的名特商店，是上海乃至全国最繁华的商业街。

上海市黄浦区。

步行街上的观光车（8:00~22:30），票价3元。

福州路

●被誉为"中华文化第一街"

福州路位于人民广场附近，是与南京路平行的一条东西向马路，也是旧租界最早开辟的马路之一。福州路被誉为"中华文化第一街"，在这条街道上云集了众多的书店与文化用品商场。主要有上海书城、古籍书店、外文书店、科技书店等。

乘地铁1、2、8号线人民广场站下。

杜莎夫人蜡像馆

●欣赏世界名人蜡像

杜莎夫人蜡像馆是世界第六座杜莎夫人蜡像馆，也是拥有最高科技含量和最丰富互动体验的一座。蜡像馆分为七个主题展区：魅力、在幕后、名人、音乐、电影、速度和运动。有姚明、刘翔、成龙、杨振宁等人的蜡像。馆内还有刺激的黑暗迷宫可游玩。

上海市黄浦区南京西路2-68号新世界商厦10楼。

地铁1、2号线人民广场站下可到。

190元，儿童票140元，学生票150元。

10:00~22:00。

63587878。

人民广场周边

人民公园

●人民广场一带的绿色花园

人民公园，原是旧上海跑马场的一部分，现包括健康乐园、花卉展览区、健身区（附近有英语角）等区域。园内有草坪、碧翠湖（荷花池）、张思德塑像及上海当代艺术馆等建筑，另有一块中国南极考察队带回的"南极之石"。

乘地铁1、2、8号线人民广场站下。

6:00~18:00。

上海城市规划展示馆

●了解上海过去、现在和将来的好去处

上海城市规划展示馆是目前世界上最大的综合性城市规划展示馆。该馆以"城市、人、环境、发展"为主题，分为规划建设成就厅、历史文化名城厅等展厅，总体规划一厅展示了"未来家园"，600平方米的"2020年上海主体模型"堪称世界之最。地下一层还有上海风情街。

上海市黄浦区人民大道100号。

🚇 地铁 1、2 号线人民广场站下。

🕘 9:00~17:00，周五至周日延长至 18:00。

¥ 30 元。

☎ 63722077。

亲历者◎攻略

地下一层的老上海风情街参照 1930 年淮海路建造。即使无暇参观城展馆，也可以从人民公园前的自动扶梯下去，20 世纪 30 年代的老上海风情民俗顿时呈现眼前。

上海博物馆

●大型中国古代艺术博物馆

上海博物馆与北京、南京、西安的博物馆并称中国四大博物馆。整幢建筑是上圆下方的造型，寓意中国的传统说法“天圆地方”。从远处眺望，整幢建筑就如一尊中国古代的青铜器。馆内分中国古代青铜馆、古代陶瓷馆、历代钱币馆、历代绘画馆等 12 个陈列馆，馆藏珍贵文物 12 万件。

🏠 上海市黄浦区人民大道 201 号。

🚇 乘地铁 1、2、8 号线至“人民广场”站或地铁 8 号线至“大世界”站可到。

☎ 96968686。

¥ 免费。

ⓔ www.shanghaimuseum.net。

新天地周边

新天地

●古老的石库门和现代生活艺术的结合

新天地是上海娱乐、餐饮时尚的前沿之地。主体建筑全部由旧石库门改建而成，旧砖旧瓦，主题餐厅众多，有醍醐餐厅、锦江拉丁餐厅等，是品尝美食的又一天地。

🏠 上海市黄浦区淮海中路。

🚇 乘地铁 1 号线黄陂南路站下。

亲历者◎解说

石库门产生于 19 世纪后期，是上海近代文明的象征，特色是采用传统江南民居空间特征的单元，按西方联排住宅的方式进行布局，具有中西合璧的色彩。现在石库门保存较多的地方有山阴路、乔家路、光启南路等地。

中共一大会址纪念馆

●党的第一次代表大会召开地

中共一大会址纪念馆是两栋两层石库门楼房，原为一大代表李汉俊之兄李书城的住宅。现辟为纪念馆，收藏的文物达 3.8 万余件。

🏠 上海市黄浦区黄陂南路 374 号。

🚇 乘地铁 1 号线可到。

🕘 9:00~16:00，周一、四闭馆。

田子坊

●“新天地第二”

田子坊是由上海特有的石库门建筑群改建后形成的时尚地标性创意产业聚集区，有点类似于北京的南锣鼓巷，人们往往将它称为“新天地第二”。无论是招牌还是商品，每家店铺都极力展现只属于自己的风格，目的就是为了突出“唯一”特性。

🏠 上海市黄浦区泰康路 210 弄。

🚇 乘 24 路公交到建国中路瑞金二路站下。

龙华旅游城

龙华是上海中心城区唯一的千年古镇，旅游城依寺而建，集民俗文化、佛教、革命传统文化于一体。有龙华古寺、龙华古塔、龙华烈士陵园、双狮楹门、明镜游龙、龙华皋鼓、古越铜鼓、百子弥勒等景点。

🏠 上海市徐汇区龙华路。

🚇 乘轻轨 11 号线可到。

亲历者◎行程

龙华烈士陵园—龙华塔—旅游城—吃素斋—赏鼓园（击华夏第一大铜鼓、观龙华皋鼓、浏览鼓文化）。

↓田子坊

龙华寺

●上海地区规模最大、历史最久的古刹

龙华寺寺名来源于佛经上弥勒菩萨在龙华树下成佛的典故，距今已有1700多年历史，保持了宋代伽蓝七堂制的格式，依次为弥勒殿、天王殿、大雄宝殿、三圣殿、方丈室和藏经楼（有“镇寺三宝”）。

7:10~16:30。

10元（香期除外）。

上海植物园

●国内最大的市立植物园

上海植物园占地81公顷，设有盆景园（全国最大）、牡丹园、蔷薇园、竹园等十几个专类园区，还有黄道婆纪念馆。具有游览、科普、科研、生产、保护等多方面功能。

上海市徐汇区龙吴路1111号。

乘地铁3号线至石龙路站出站，沿东泉路向南步行约600米可到植物园4号门。

7:00~17:30，温室：8:30~17:30。

15元，联票40元（含门票和温室）。

上海动物园

●古老的动物园

上海动物园毗邻虹桥国际机场，含黑猩猩生态展区、巴西狼生态展区等24个展馆，以及中国大陆动物园中第一座科学教育馆。此外，园内还定期举办驯兽表演。

上海市长宁区虹桥路2381号。

乘坐地铁10号线至上海动物园站下，从1号口出即是动物园大门。

11月至次年2月7:00~17:00；3~10月7:00~17:30；4~9月6:30~17:30。

40元。

闵行旅游区

锦江乐园

●让人释放身心大声尖叫的地方

锦江乐园是一座现代化的大型综合性游乐园，有欢乐世界、峡谷漂流、探空飞梭等

豫园周边

豫园

●有“城市山林”“奇秀甲于东南”之誉

“豫”有“平安”“安泰”之意，取名“豫园”，有“豫悦老亲”的意思。豫园为中国明代江南名园，上海五大古典园林之一，园区内由五条龙墙将30余处亭台楼阁分割成7个景区。由三穗堂景区、万花楼景区、点春堂景区、会景楼景区、玉华堂景区、内园景区等部分组成。

九曲桥和湖心亭是豫园的标志，全桥由花岗岩和草白玉构成，桥下为放生池，湖心亭是一座古朴典雅的茶楼，极富民族传统特色。

三穗堂是清乾隆二十五年（1760）改建西园时所建，高9米，是园中的主要建筑之一。在清代，这里是官府庆典和“宣讲圣谕”之处，也是地方上文人士绅聚会活动的场所。

仰山堂北有回廊，曲槛临池，可以坐憩堂内，有录自晋王羲之《兰亭序》的“此地有崇山峻岭”匾额。

上海市黄浦区邑城路1号。

乘坐地铁10号线至豫园站。

8:30~17:30。

淡季30元，旺季（4~6月，9~11月）40元。

www.yugarden.com.cn。

亲历者◎攻略

1. 绿波廊酒楼：明嘉靖年间开业，设于上海老城隍庙九曲桥畔（豫园路115号），以经营上海及苏州风味菜点为特色。主要名菜名点有八宝鸭、扇形甩水、生爆鳝背等。

2. 湖心亭茶楼：明代嘉靖年间由四川布政司潘允端所构筑，属豫园内景之一，是上海最早的茶楼。能容纳200余人品茶，古朴典雅的设备布置，极富民族传统特色。供应的各式名茶（有配套茶食）。每周一下午，可聆听江南丝竹优美的乐曲。

老城隍庙

●上海最负盛名的道教景点

“到上海不去城隍庙，等于没到过大上海。”可见老城隍庙在上海的地位和影响。庙园内有亭台楼阁，布局精巧。老城隍庙艺

术竞技馆，有斗鸡表演、杂技表演及霹雳书法等“中华一绝”的民俗艺术。

8:30~16:30。　10 元。

亲历者◎攻略

在老城隍庙内，汇集了众多的上海地方小吃，各种店摊多达百余家，什么样的口味都能得到满足。绿波廊的特色点心、松月楼的素菜包、桂花厅的鸽蛋圆子、松云楼的八宝饭、南翔小笼、宁波汤团和酒酿圆子以及五香豆、南翔馒头、血糯米羹、糟田螺等尽人皆知的上海名吃都能在这里找到，有“上海小吃王国”的美誉。

上海老街

一条记忆上海昨日时光的街

走进上海老街，仿佛回到 100 年前上海的繁华集市。上海老街以馆驿街为界分为东西两段，东段保留了清末民国初年的民居特色，老街两侧恢复了花格窗、排门板、范氏栏杆、落地摇杆门等，再配以屋顶上的飞檐翘角，花边滴水和马头墙。西段的房屋外立面仿明清建筑，突出上海老城的民俗风情。

上海市黄浦区方浜中路（中华路—河南路）。

乘坐地铁 9 号线在小南门站下车（1 号口出），步行约 1 公里可达，或乘 11、926 等路公交小东门站下车可到。

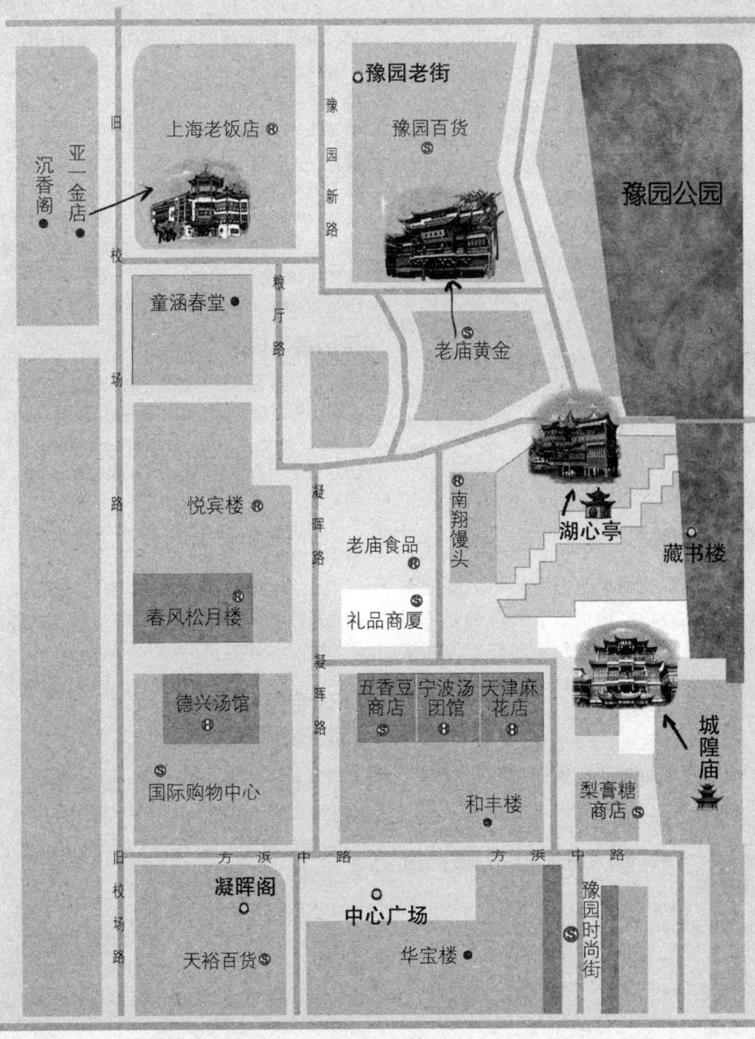

30余项大中型游乐项目。可选择自己喜爱的项目参与，在惊险的气氛中得到欢乐，锻炼胆识和智慧。

上海市闵行区虹梅路201号。

乘地铁1号线可到。

8:45~17:00，夏季夜场延长至22:00。

60元附赠游玩两个项目（合作项目除外），100元任选六个项目（上海大转盘、探空飞梭、动感电影除外）。老年人、残疾人及1.2米以下儿童门票10元（不含游玩项目）。

54204956。

七宝古镇

●离上海市区最近的古镇

七宝古镇始建于宋，自古以来商贾云集、人文荟萃。镇上一条南北贯通的明清老街，仅容三人并行，两旁都是朱红排门的老商铺。

蟋蟀馆、老行当再现的是昔日上海的民俗风情；老饭店、天香楼推出的是颇具代表性的上海菜；七宝戏园展演的是沪上一些主要地方戏曲；微雕馆、书翰馆表现的是中国民间艺术与海派文化的和谐结合；张充仁纪念馆的西洋雕塑艺术更是诠释了海派精神对于外来文化介入时的宽容和理智……

上海市闵行区。

乘地铁9号线在七宝站下车。或在上海体育馆的旅游集散中心坐旅游专线车前往。

热带风暴

●玩水的大游乐场

热带风暴是玩水的大游乐场，是夏季避暑的绝佳胜地。这里最有特色的是“霹雳河”与“风暴滩”。此外还有专为儿童设计的“海盗船”“欢乐水工厂”以及“林屋探秘”等。

上海市闵行区七宝镇新镇路78号。

乘地铁1号线至莘庄站下，转乘763路公交或者打车（约14元）前往。

9:00~17:30（其中7、8两个月延长至22:00）。

200元（不同时间有特价，周末亲子日，带孩子去可买家庭票）。

陆家嘴周边

东方明珠广播电视塔 AAAAA

●亚洲第一高塔

东方明珠高468米，坐落于黄浦江畔浦东陆家嘴嘴尖上，曾是亚洲第一高塔，也是上海的标志性建筑。整个塔由立柱、塔座、下球体、上球体和太空舱组成，塔内有科幻城、上海历史陈列馆、旋转餐厅、空中旅馆等景点。

旋转餐厅位于东方明珠塔267米上的球体，是亚洲最高的旋转餐厅，浦江两岸美景一览无余。

上海市浦东新区世纪大道1号。

地铁2号线至陆家嘴站1号口即到。

8:00~21:30。

陈列馆35元，观光A票：太空舱+上球体+下球体（含一项目）+陈列馆（太空舱安排专员导览）220元；观光B票：上球体+下球体（含一项目）+陈列馆160元。

58798888。

亲历者◎攻略

1. 东方明珠塔下的国际游船码头，有“浦江游览”的旅游项目。晚上乘游船，可饱览浦江两岸美景，领略“火树银花不夜城”的意境。此外，国际游船码头里的海鸥坊，还供应自助餐，200元/人。

2. 晚上19:30~20:30演出“中华五千”大型服饰歌舞秀。

3. 旋转餐厅：菜式是自助餐，西式为主，人均消费约280元。推荐法式蜗牛、抹茶蛋糕、芝士蛋糕、三文鱼、俄罗斯浓汤等。

环球金融中心

●国内目前最高的综合大厦

环球金融中心与金茂大厦遥相呼应，高492米，共101层，其中位于第100层高474米的悬空观光长廊，被称为“目前世界上人类能到达的大厦最高高度”。

上海市浦东新区世纪大道100号。

乘地铁2号线、81、797、799等路公交陆家嘴站下可达。

8:00~23:00（最晚22:00进场）。

120元（94层），180元（94层+97层+100层）。

世博公园

2010年5月1日至10月31日，上海世博会隆重举办。这届世博会以“城市，让生活更美好”为主题，吸引了189个国家和57国际组织参与。

会后世博轴、中国国家馆、世博会主题馆、世博中心和世博会文化中心“一轴四馆”五个标志性的建筑将保留，很值得一看。

上海市中心黄浦江两岸，南浦大桥和卢浦大桥之间的滨江地区。

乘坐地铁7、8号线到耀华路站，下车后步行3分钟即到。

世博轴

●世博园最大的单体项目

世博轴位于世博园区的中心地带，是世博园区最大的单体项目。世博轴分地下两层和地上一层，以及顶篷。世博轴为半开放式建筑，是一个多功能的大型商业、交通综合体。世博会期间，世博轴是世博园区空间景观和人流交通的主轴线；世博会后，它将成为上海都市空间景观主轴线。

中华艺术宫（原中国国家馆）

●东方之冠

中华艺术宫居中升起、层叠出挑，以“东方之冠”的构思为主题，表达了中国文化的精神与气质。原中国馆改为中华艺术宫后，气质高雅的上海美术也移居此地。

先来到49米层——第一展区：探寻“东方足迹”。亮点1：前、左、右三面大银幕，时长24分钟，极富视觉冲击力，展现了中国的城市化成就。亮点2：长达100米的《清明上河图》，而且是动态画面（4分钟）。

再来到41米层——第二展区：展开“寻觅之旅”。亮点：游客“骑乘”轨道游览车约10分钟，领略中国城市营建规划的智慧，完成一次充满动感、惊喜和发现的参观体验。

最后来到33米层——第三展区：聚集“低碳行动”。流线型展厅，配以光影的勾勒，风格简洁、舒展又不失高雅。

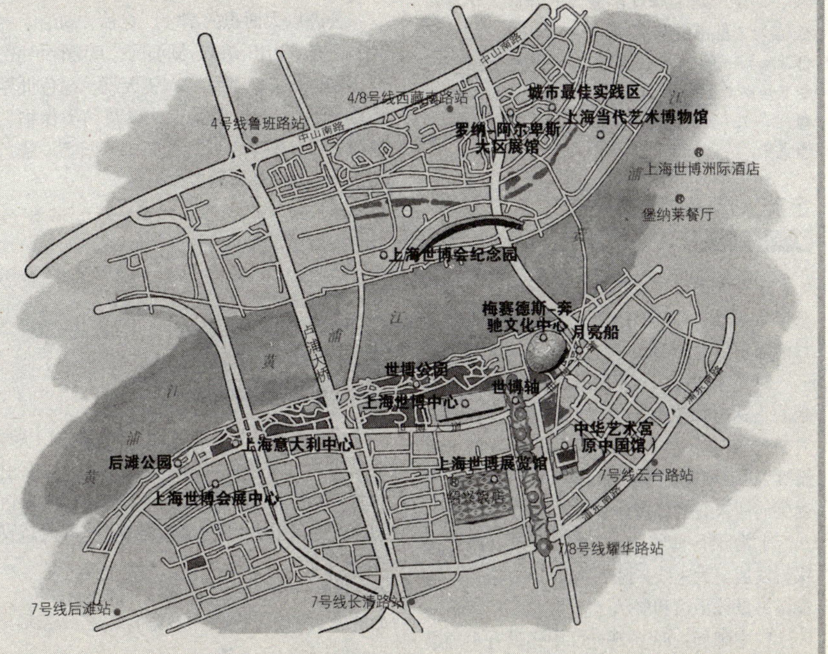

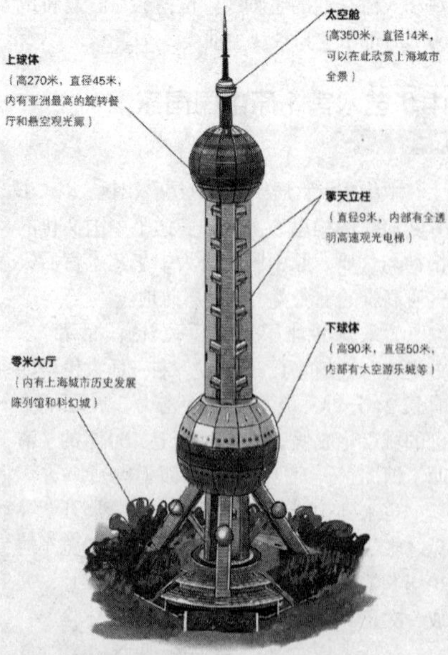

陆家嘴中心绿地

●上海规模最大的开放式草坪

陆家嘴中心绿地在陆家嘴金融中心区的核心部位，是上海规模最大的开放式草坪。被称为“都市绿肺”。

🏠 上海市浦东新区陆家嘴东路160号(延安东路隧道出口处)。

🚌 乘地铁2号线陆家嘴站下。

🕐 8:30~22:00。

¥ 免费。

金茂大厦88层观光梯

●中国第二高楼

金茂大厦堪称上海的一座标志性建筑。全楼共88层，高420.5米。顶层的观光厅是目前国内最大的观光厅。

时光穿梭机：金茂大厦两台每秒运行9.1米的直达电梯堪称为“时光穿梭机”，是直升机爬升速度的2倍，只需45秒就可以将游客从地下一层送到88层观光厅，令人感受到前所未有的锋速体验。

上海银行博物馆（7楼）：以上海近代银行发展史为主线，陈列展品1000余件。博物馆另设钱币馆和展示厅。

空中邮局：88层观光厅中还设有中国最高的“空中邮局”，在这里寄一张明信片给朋友或自己，是一份不错的礼物和纪念。

🏠 上海市浦东新区浦东大道88号。

🚌 乘地铁2号线、81、82、798、992等路公交陆家嘴下。

🕐 8:00~22:00。

¥ 88层观光厅120元。

亲历者◎攻略

去金茂大厦，最好是晚上前往，登上金茂大厦顶层，中国第一大都市的夜景尽收眼底。您还可以在观光厅内俯视金茂君悦大酒店的中庭，这个中庭建筑被建筑师称为“时空隧道”。

世纪公园周边

世纪公园

●享有“假日之国”的美称

世纪公园享有“假日之国”的美称，是上海内环线中心区域内最大的富有自然特征的生态型城市公园，体现了东西方文化的融合、人与自然的融合，具有现代特色的中国园林风格。

公园以大面积的草坪、森林、湖泊为主体，建有乡土田园区、湖滨区、鸟类保护区、异国园区等7个景区，有镜天湖、绿色世界浮雕、缘池等45个景点，以及鸟类保护、科学体验、科学实验、儿童游乐园等设施，可垂钓、放风筝、野餐。

🏠 上海市浦东新区锦绣路(1001号一号门，901号二号门，701号三号门)。

🕐 7:00~18:00(3月16日~11月15日)，7:00~17:00(11月16日至次年3月15日)。 ¥ 10元。

上海科技馆AAAAA

●科普教育与旅游休闲基地

上海科技馆以“自然、人、科技”为主题，是著名的科普教育与旅游休闲基地，主要由天地馆、生命馆、智慧馆、创造馆、未来馆等12个主题展区与4大科技影院、6大新媒剧场组成。

🏠 上海市浦东新区世纪大道2000号。

🚌 乘地铁2号线上海科技馆站下，或乘640、794、936、983等路公交可到。

🕐9:00~17:15，周一闭馆（法定假日除外）。
¥ 60 元，球幕电影 30 元、巨幕电影 40 元、四维电影 30 元。 ☎ 68622000。

住宿

上海面积很大，景点分散，所以尽量要选择位于主要交通枢纽附近的酒店下榻。人民广场、淮海路、徐家汇一带的酒店是最佳的入住选择。

另外，老式别墅、花园、洋房是上海独有的资本，近年来，很多别墅都被开发成为酒店或者是餐厅，如果你有足够的旅行资金，千万不能错过去体验住一晚老别墅的感觉，这样的地方首推有着魔幻味道的衡山马勒别墅饭店（静安区陕西南路 30 号，62478881）、充满了无数政治风云的瑞金饭店（浦东区瑞金二路 118 号，64725222）等。

上海和平饭店（五星级）/ 南京东路 20 号 /63216888。
国际饭店（四星级）/ 南京西路 170 号 /63275225。
富驿时尚酒店（上海徐家汇店）（四星级）/ 斜土路 2701 号 /60919988。
布丁酒店（外滩广东路店）/ 黄浦区 广东路 440 弄 9 号 / 价格 200 元左右 / 63335258。

餐饮

上海素有“美食天堂”之称，本帮菜以红烧、生煸见长，喜放糖。著名菜肴有八宝鸭、油爆虾、扣三丝、冰糖甲鱼等。上海各类小吃更是口味独特，名类繁多，南翔小笼包、蟹壳黄、生煎馒头、排骨年糕、金泽状元糕、高桥松饼、擂沙圆等，是不容错过的。

上海著名的美食聚集地：云南南路（上海美食街之首，以上海菜和四川菜以及南方小吃为主，乘 126 等路公交淮海东路下）、黄河路（上海第二大美食街，偏重上海本帮菜，乘 213 路等公交晋园站下）乍浦路（集我国各大菜系之精华，乘地铁 3 号线东宝兴路站下）、天钥桥路（人气最旺的美食街，乘 15 等路公交可达）、吴江路（平民的美食天堂，乘地铁 2 号线南京西路站下）、西藏中路以及陆家嘴美食城等。

购物

上海的土特产

上海丝绸：上海绸、缎、绫、罗、锦、纺、纱、绡等应有尽有，花色繁多。举世称誉的“金三杯”真丝印花绸配色和谐明朗；以中国画为题材的真丝花绸，不仅有古色古香的风貌，又有崭新的表现手法，在国际市场上独树一帜。

上海绒绣：中国工艺美术品之一。产品分欣赏和实用两大类，以色彩丰富，层次清晰，造型生动，形象逼真而深受国内外群众的欢迎。上海绒绣“万里长城”“百花争艳”“珠穆朗玛峰远眺”等在国内外享有盛誉。

购物好去处

上海是购物的天堂，有“四街四城”八大商业中心。四街是：南京东路、南京西路、淮海中路、四川北路。四城是：徐家汇商城、新上海商业城、豫园商城、新客站不夜城。

民俗

石库门：最具上海特色的民居。石库门多为砖木结构，二层，坡型屋顶常带有老虎窗，红砖外墙，弄口有中国传统式牌楼。大门采用二扇实心黑漆木门，以木轴开转，常配有门环。门楣做成传统砖雕青瓦顶门头，外墙细部采用西洋建筑的雕花刻图。二楼有出挑的阳台，总体布局采用了欧洲联排式风格。现主要存于山阴路等地。

城隍庙元宵庙会：每年正月十五元宵节前后，老城隍庙大小店铺、住户张挂起制作精巧、式样繁多的彩灯。“武灯”表演队伍，以节奏强烈的锣鼓开导，后面跟着舞龙灯、调狮子的队伍边行走边翻滚，气氛热烈。

上海郊区

上海郊区地处长江三角洲前缘，东临东海，西接江苏、浙江两省，北界长江入海口。具体有松江、嘉定、奉贤、青浦、金山、宝山、南汇、闵行的大部分地区以及一个郊县崇明。

上海郊区名胜古迹众多，松江的护珠塔是世界最早的斜塔，嘉定区南翔镇的千年双塔，还有青浦的朱家角古镇和松江的方塔、醉白池等名闻遐迩。自然风光有“东方日内瓦”之称的淀山湖、野生鸟类王国东滩候鸟保护区以及吴淞口炮台湿地森林公园等。

亮点

必游景点

- **朱家角**：江南明珠，曾以布业著称的江南水乡古镇。课植园、放生桥等远近闻名，还可乘罗锅船泛舟。
- **淀山湖**：上海市最大的淡水湖泊，为杭有“东方日内瓦”的美誉。
- **佘山**：山、水、林相结合的独特自然景观，天然的森林度假区。

线路推荐

- **青浦三日精华游**

D1：朱家角（课植园、放生桥、明清街）—大观园—报国寺。

D2：崧泽遗址—曲水园—朱家角古镇—太阳岛—淀山湖。

D3：金泽古镇。

- **崇明二日游**

D1：崇明学宫—东平森林公园。

D2：东滩候鸟保护区—前卫生态村。

↑嘉定古城

浦东新区旅游区

迪士尼乐园

●大陆首座迪士尼主题乐园

2016年6月16日开园的上海迪士尼乐园是中国大陆第一个、亚洲第三个，世界第六个迪士尼主题公园。

乐园包括六大主题园区：米奇大街、奇想花园、探险岛、宝藏湾、明日世界和梦幻世界。六大主题园区充满花园、舞台表演、游乐项目——其中还有许多前所未见的崭新体验。

上海市浦东新区川沙新镇。

11号线迪士尼站直达。

370元；高峰日门票价格为人民币499元（节假日、周末、7-8月的暑期）。

亲历者◎攻略

上海迪士尼乐园门票可通过官方票务直营渠道购票：上海迪士尼度假区官方网站、上海迪士尼度假区预订服务中心、上海迪士尼度假区官方微信公众号、上海迪士尼度假区阿里旅行官方旗舰店。也可通过官方授权合作伙伴订购乐园门票、两家主题酒店预订和《狮子王》音乐剧演出票。

三甲港海滨旅游区

●观海、看海上日出的好去处

三甲港海滨旅游区以休闲旅游为主旨，高科技为载体，以国际休闲、大型游乐、滨海森林为主题，具有海滨风光、现代建筑、田园气息、绿色天地等四大特色，作为长江入海口，景区有着开阔的视野，是观看海上日出的好地方。

上海市浦东新区华夏东路东首。

🚌 地铁2号线陆家嘴站5号出口，搭乘蔡陆专线直达（约90分钟车程）。

¥ 成人60元，儿童38元。骑马绕海转一圈100元/人。

🕐 8:00~22:00。

亲历者◎攻略

1. 在三甲港看海，最令人难忘的是能观赏到涨潮退潮时，海水与江水交汇、碰撞时出现的奇景。此外，还有沙滩露营、海边烧烤、篝火派对以及骑马绕海等趣味十足的娱乐项目。

2. 三甲港海鲜城楼有间 Island 茶吧，白天有冰品供应，晚上洋酒红酒莱姆酒、鸡尾酒啤酒等应有尽有！

上海野生动物园 AAAAA

●中国首家国家级野生动物园

上海野生动物园是我国首座国家级野生动物园，有动物10000余头（只）。分车行和步行两大参观区，整个园区分为食草动物放养区、食肉动物放养区、火烈鸟区、散养动物区、水禽湖和珍稀动物圈养区、百鸟园、蝴蝶园及儿童宠物园，可观看人兽同台的大型表演以及大型驯兽表演。

🏠 上海市浦东新区南六公路178号（北大门）。

🚌 上海体育场乘游2线可达。自驾车：徐浦大桥至外环线（往浦东国际机场方向），或南浦大桥—龙东大道—罗山路上外环线，或杨浦大桥—罗山路上外环线，然后自南六公路出口—上海野生动物园。

🕐 8:00~17:00（3~11月），8:30~16:30（12至次年2月）。

¥ 130元。

松江古城周边

松江古城初名华亭。古城内有唐代陀罗尼经石幢、宝相寺、实华寺、兴圣教寺塔、清真寺、华亭老街、庙商街、方塔、唐宋文化街、松江老街等景点。

🏠 上海市松江区松江镇。

🚌 乘地铁9号线到醉白池站下车。

亲历者◎攻略

四鳃鲈鱼汤，是松江地区最著名的特色菜肴。松江鲈鱼仅产于松江区西门外秀野桥下，用鲈鱼制作的名菜，有被誉为"东南佳味"的鲈鱼脍、鲈鱼羹等。

方塔园

●古城松江的象征

方塔园是松江古城中一座以观赏历史文物为主体的园林，有宋代方塔、砖雕照壁、望仙桥、兰瑞堂、表妃宫、陈化成祠堂、仿古长廊、五老峰等景。

兴圣教寺塔俗称"方塔"，已有九百多年历史，修葺一新的方塔端庄挺拔，造型优美，巍然屹立，玲珑多姿，已成为古城松江的象征。

🏠 上海市松江区方塔南路1号。

🚌 乘松江7、11、17路可达。

🕐 8:00~17:00。 ¥ 12元。

唐经幢

●上海现存最古老的建筑物

唐经幢是上海地区现存最古老的建筑物，建于唐大中十三年（859年），共有21级，高9.3米。幢身8面，刻有《佛顶尊胜陀罗尼经》全文。整个建筑高大美观，雕刻细腻，具盛唐风格。

🏠 上海市松江区中山东路小学内。

🚌 松江汽车站乘松环一、环四线，可经过中山东路小学。

☎ 57822157（事先预约，免费参观）。

佘山风景区

佘山国家森林公园

●山、水、林相结合的独特自然景观

佘山国家森林公园包括东西佘山、天马山、北竿山、凤凰山、小昆山等12座山峰。是上海山、水、林相结合的独特自然景观，主要景点有秀首者塔、虎树亭、骑龙堰、森林浴场、鹿场、护珠塔等。

🏠 上海市松江区佘山镇外青松公路。

🚌 地铁9号线至佘山站下可达。南浦大桥、上海体育馆、北区汽车站、上海西站有旅游专线车直达。上海体育场乘游1B线、西区汽车站乘沪陈线、沪佘昆线直达佘山。松江、青浦、嘉定、金山、奉贤均有巴士直达佘山。

上海欢乐谷

●游玩的世界

上海欢乐谷占地90公顷，2009年7月

开园的一期占地60公顷，比30公顷的深圳欢乐谷整整大出一倍。作为中国最大的主题公园，上海欢乐谷将由阳光港、欢乐时光、飓风湾、金矿镇、蚂蚁王国、上海滩、香格里拉七大主题区组成，共有娱乐及观赏项目百余项、顶级游乐设备12座。

上海市松江区林荫大道，月湖雕塑公园斜对面。

乘坐地铁9号线在佘山站下车，过街至欢乐谷接驳站搭乘公园班车。

9:00~18:00。

全价门票230元，夜场门票80元，年票468元，一年内可不限次数游玩。

淀山湖周边

●淀山湖有“东方日内瓦”的美誉

淀山湖是上海市最大的淡水湖泊，是杭州西湖的12倍。建有水上运动场、福克游艇俱乐部、高尔夫球场、钓鱼俱乐部、保龄球场等游乐设施。淀山登山望湖，有“淀峰晚照”一景可赏。

旅游区方圆约1600亩，中间横贯青商公路，将游览区分隔成东西两部分。东半部是自然景点，还有一条380多米长的人工堤“柳堤春晓”。西半部是一条名为“石城古风”的仿古街道，是为游客提供生活服务的中心区。

上海市青浦区西15千米。

在徐泾换乘沪商专线到西岑站。

大观园

●大型仿古建筑群和现代园林

大观园是一个大型仿古建筑群和现代园林。分东、西两大景区。东部以上海民族文化村、梅花园、桂花园为主要景观。西部则是依《红楼梦》作者曹雪芹的笔意，运用中国传统园林艺术手法建成的大型的仿古建筑群体。

上海民族文化村：多种文化交融的地方。村内重点展示了十大民族村寨风情，有傣家竹楼、白族民居、侗族鼓楼、苗家吊脚楼，以及佤族的鼓声、苗族的芦笙等，还设有食品街、表演场、竞技打斗场。

上海市青浦区朱家角镇青商公路701号。

青浦汽车站乘往青商线或往商塌、周庄方向的中巴直达。自驾车：市区—延安高架路—沪青平高速公路入城段（A9公路）—中春路—沪青平公路（318国道）—青商公路。

3~10月8:00~17:00，11月至次年2月8:00~16:30。

60元，民俗村和大观园联票70元。

朱家角古镇旅游区

●素有“上海威尼斯”之称

朱家角古镇是曾以布业著称的江南水乡古镇。有一桥（放生桥）、一街（北大街）、一寺、一庙、一厅、一馆、二园、三湾、二十六弄。整个建筑布局是多街、多弯、多角、多巷。主要景点有城隍庙、课植园、北大街、圆津禅院、放生桥等，还可乘罗锅船泛舟，素有“上海威尼斯”之称。

上海市青浦区朱家角镇。

免费。主题线路游联票有30元、60元两种。

嘉定古城周边

嘉定古城

●园林之城古韵浓

嘉定古城是中国历史文化名镇，拥有三处保存完好的传统街巷和古老河道，还有孔庙、汇龙潭、秋霞圃、法华塔和州桥老街等文化古迹。

上海市嘉定区嘉定镇。

乘地铁11号线到嘉定北站后换乘公交到达。

南翔古镇

●素有“南翔虽小赛苏州”的美誉

南翔古镇始建于宋代，素有“南翔虽小赛苏州”的美誉。镇内最著名的是上海三大古典园林之一的古猗园，还有南翔双塔、南翔寺、天恩桥等景点。

古猗园（4A级旅游区）：明代江南名园之一，也是上海五大古典园林之一，占地27亩，园内青竹满园，有亭榭楼阁、曲径回廊、假山池沼、奇树名花，景色极为秀丽。白鹤南翔的传说和那几十种名贵品种的猗猗绿竹，引人入胜。园内还有两座千年经幢。

↓南翔古镇

上海市嘉定区南翔镇。

乘坐地铁 11 号线可到南翔站下。

7:00~18:00。

金山旅游区

枫泾古镇

有“三步一座桥，一望十条巷”之誉

枫泾古镇建镇于元，别号“芙蓉镇”。这里以桥多、庙宇多、名人多、里弄多为特色，在古时就有“三步一座桥，一望十条巷”之誉，有著名的枫泾三桥（清风桥、竹行桥、北丰桥），还有三国梧桐禅院、性觉寺、古朴廊棚屋、农民画展示中心、人民公社旧址、毛泽东像章珍藏馆、三百园、丁聪漫画陈列馆等景。

上海市金山区枫泾镇。

锦江乐园地铁站乘枫梅专线可到。

进古镇不用门票，去景点联票 50 元（含 10 个景点）。

金山城市沙滩景区

世界唯一的海上浮动游泳池

金山城市沙滩在经过物理沉淀和生态修复后，海水能见度可达 6 米，成为上海首个天然潜水点。此外，景区还有一座用浮筒在大海中间搭建的漂浮在海上的泳池（城市沙滩正对沙排馆的水域），它是世界上唯一的海上浮动游泳池，泳池的一侧还有专为孩子们准备的儿童戏水池。

上海市杭州湾北岸金山石化海边。

锦江乐园附近的西南汽车站乘石梅线或卫梅线，约 45 分钟可达金山石化，票价为 9 元。

8:30~20:00（周五、周六延长至 21:00）。

白天 30 元；晚上 17:30~20:00 及双休日、节假日 50 元。潜水 330 元 / 小时 / 次。

崇明—宝山旅游区

崇明岛是我国的第三大岛和世界上最大的沙岛。岛上景点丰富，可观鸟、赏海，可森林浴、看日出，是生态旅游佳处。

亲历者◎攻略

市区到崇明路上时间很长，要提早出门，以 3 号线上海火车站至宝杨路这段，就需要 40 分钟左右。宝杨路地铁站至定杨码头需要 15 分钟。快艇宝杨码头至崇明南门码头是 40 分钟，但等船也是需要时间的，你不一定正好能买到最近一班的票，很有可能售完，然后多等半小时坐下班的。

东平国家森林公园

华东地区最大的平原人造森林

东平国家森林公园是华东地区最大的平原人工森林，也是上海规模最大的森林公园。公园内有沙滩浴场、吊床、青少年野营基地、迷宫、排球场等设施，还可进行森林日光浴、狩猎、攀岩等活动。

崇明区建设镇东平林场。

北区汽车站可乘申崇线、崇明南门汽车站乘南东线、南江线。 8:00~16:30。 70 元。

东滩湿地公园

观鸟摄影胜地

东滩湿地公园处于长江入海口，这里空气清新，又有一望无际的芦苇布满滩涂，走在木栈道上是一种亲近自然的享受。

东滩湿地是亚太地区候鸟迁徙的必经之路，也是水禽的越冬地。11 月至来年 3 月是观鸟最佳时节，届时可看到成千上万的雁、鹭等飞禽，十分壮观。而最佳的观鸟时间是清晨，恰好也是赏日出的时间，可谓一举两得。站在园内的观鸟台上观远处群鸟或飞翔或栖息，又有另一番生动自然的乐趣。

上海市崇明区东滩东旺路（风车处）。

周一至周五 8:30~17:00，周末及节假日 8:30~18:00。

周一至周五 50 元，周末及节假日 80 元。

●面积

10万平方千米，全国排名第24位

●人口

7976万，全国排名第5位

●世界遗产

明孝陵、苏州古典园林、大运河江苏段

●国家5A级风景区

南京市钟山－中山陵园、南通市濠河风景区、泰州姜堰区溱湖国家湿地公园、苏州市金鸡湖国家商务旅游示范区、镇江三山风景名胜区、无锡鼋头渚景区、苏州吴中太湖旅游区、苏州常熟沙家浜—虞山尚湖旅游区、常州溧阳市天目湖景区、镇江句容茅山景区、南京夫子庙秦淮风光带、无锡影视基地三国水浒城、无锡灵山、扬州瘦西湖、苏州园林、苏州市周庄古镇、苏州市同里古镇、常州环球恐龙城、淮安市周恩来故里景区、盐城市中华麋鹿园景区、连云港市花果山景区、徐州市云龙湖景区、常州市春秋淹城旅游区

●国家重点风景名胜区

太湖、钟山、云台山、蜀岗—瘦西湖、镇江三山

江苏旅游网
www.jstour.com

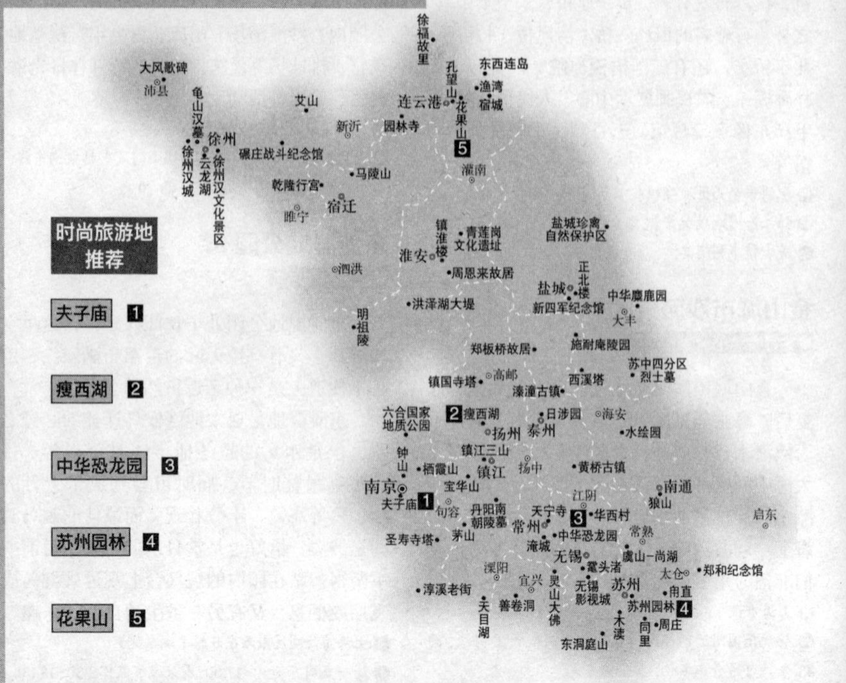

江苏

畅游江苏

江苏历史悠久，留下名胜古迹众多。扬州、徐州、镇江、常熟、淮安，每一座城市都有一段厚重的历史；同里、周庄、锦溪、角直、木渎，每一个古镇都是一幅宁静的画卷。连云港旁有花果山福地，水帘洞洞天，徐州城内可泛舟云龙湖、漫步楚王陵，去盐城和丹顶鹤共舞，到淮安向周总理揖首。

南京

“六朝金粉地，金陵帝王州”。有着6000多年文明史和2400多年建城史的南京，与北京、西安、洛阳并称为“中国四大古都”。朱自清说过，逛南京就像逛古董铺子，到处都有时代侵蚀的痕迹。在古老的金陵城里凭吊古今，六朝的兴废、王谢的风流、秦淮的艳迹、莫愁的眼泪，都是韵味无穷的千古绝唱。

面积：6586平方千米
人口：639万人
区号：025

亮点

必游景点

- **钟山**：囊“六朝文化、明代文化、民国文化、山水城林文化、生态休闲文化、佛教文化”系列于一山之中，是“中华城中人文第一山”。
- **夫子庙秦淮风光带**：十里秦淮，六朝胜地，这里是南京最繁华的地方。诱人的秦淮夜市和金陵灯会等更是闻名遐迩。
- **总统府**：南京旅游必到之所，总统府是民国政府办公旧址，是一座有着显赫历史的中西合璧的建筑群。
- **栖霞山**：“金陵第一明秀山”，我国五大红叶观赏风景区之一。该山还有着深厚的文化内涵，被历史学家称作“浓缩了半部金陵文化史”。

线路推荐

- **南京精华五日游**

D1：钟山风景名胜区（灵谷寺—中山陵—明孝陵—鸡鸣寺—玄武湖）。

D2：夫子庙秦淮河风光带（中华门—瞻园—莫愁湖—夫子庙—江南贡院）。

↑秦淮河

D3：总统府景区—雨花台风景名胜区—南京大屠杀遇难同胞纪念馆。

D4：阅江楼—栖霞山风景名胜区。

D5：汤泉古镇—老山森林公园—淳溪老街。

交通信息

飞机

南京禄口国际机场位于南京市江宁区禄口街道，距市中心约36千米。乘坐地铁S1号线（机场线）可往返于机场与市区，很便利；机场还有机场1号线（城东线）、机场2号线（城西线）发往南京城区，江北专线发往江北。

火车

南京城区目前有南京站、南京南站两个主要的火车站。南京站经过铁路包括京沪铁路、宁合高速铁路等，既有高铁、动车停靠，也有快速列车、特快列车等停靠；南京南站主要停靠高铁和动车。

市内交通

南京目前有地铁1号线、2号线、3号线、10号线、S1号线（机场线）、S8号线（宁天城际线）、以及数条正在规划建造的地铁。其中，地铁1号线和地铁2号线覆盖了南京城区的大部分景点，并在南京最繁华的商业圈新街口交会。

南京城区景点

总统府景区

●南京旅游必到之所

总统府是民国政府办公旧址，是一座有着显赫历史的中西合璧的建筑群，迄今已有 600 多年历史，现已辟为中国近代史博物馆，共分三个参观区域：中区（中轴线）主要是国民政府、总统府及所属机构；西区是孙中山的临时大总统办公室、秘书处和西花园（煦园）等；东区主要是行政院旧址、马厩和东花园（见证了中国近代史的历史变迁）。一系列展馆和史料陈列，分布在这三个区域中。

南京市秦淮区长江路 292 号。

地铁 2 号线大行宫站下，再步行约 400 米可达。

7:30~18:30（4 月 15 日 ~10 月 15 日），8:00~17:30（10 月 16 日至次年 4 月 14 日）。

40 元。

025-84578700。

↓总统府景区

朝天宫景区

●江南最大的建筑群

朝天宫是江南现存规模最大、保存最为完好的一组古建筑群，整组建筑分为三列，当中是文庙，东侧为江宁府学，西侧为卞公祠堂。包括棂星门、大成殿、崇圣殿等景点。现为综合性历史艺术类博物馆南京市博物馆所在地，馆藏文物丰富。

南京市秦淮区朝天宫 4 号。

地铁 1 号线张府园站下，沿建邺路向西步行即可。

8:00~17:00。

25 元。

雨花台风景名胜区

●登高佳地

雨花台是南京城南制高点，为登高佳地，因古时天雨落花的传说而得名，由烈士陵园区（免费）、名胜古迹区、雨花石文化区、雨花茶文化区、游乐活动区和生态度假区 6 个功能区组成。是一个集教育、旅游、休闲、娱乐为一体的江苏省级纪念性风景名胜区，更是中国新民主主义革命的纪念圣地。

南京市雨花台区雨花路 215 号。

乘 1 号线，中华门南站出口东行 500 米可达雨花台北门。

8:00~17:30（室内）。

玄武湖景区

●江南最大的城内公园

玄武湖又称后湖，绕湖一周长约 10 千米。湖中分布有环洲、樱洲、菱洲、梁洲（精华所在）和翠洲五个景区，构成了环洲烟柳、樱洲花海、菱洲山岚、梁洲秋菊、翠洲云树等主要景点，还有台城（明城垣历史博物馆）、鸡鸣寺（南京最古老的梵刹之一）、北极阁、小九华山（山上有三藏塔）等名胜。

南京市玄武区。

地铁 1 号线玄武门站下，可至玄武门入口。

全天开放。

长江沿江风光带

阅江楼景区

●登楼赏长江风光

阅江楼景区有阅江楼（南京标志之一）、玩咸亭、古炮台、孙中山阅江处、五军地道、古城墙等 30 余处历史遗迹。阅江楼高 52 米，共 7 层，内有朱元璋龙椅、金字大靠壁、治隆唐宋匾等景点，登楼可赏长江风光，心旷神怡，背江而望，金陵全景尽收眼底。

南京市鼓楼区。

乘 10、12、21 路公交可到。

8:00~17:00。

40 元。

钟山风景名胜区 AAAAA

●中华城中人文第一山

钟山以“龙蟠”之势，屹立在扬子江畔，囊“六朝文化、明代文化、民国文化、山水城林文化、生态休闲文化、佛教文化”系列于一山之中，是为“中华城中人文第一山”。

钟山风景名胜区以钟山（紫金山）和玄武湖为中心。分为紫霞湖、头陀岭、山北、中山陵、明孝陵、灵谷寺6个景区。

南京市玄武区。

乘游1、游2、游3路公交可到主要景点。

中山陵免费；明孝陵70元；灵谷寺景区35元；音乐台10元；美龄宫30元；以上景点套票100元。

亲历者◎攻略

游览钟山风景区的最佳线路为：明孝陵—中山陵—灵谷寺，可以避免走回头路，而且可凭中山陵景区门票或两景区套票搭乘免费小火车。

提示：观光小火车有明孝陵、中山陵、流徽榭、灵谷寺四个站点，换乘便捷。

中山陵风景区 AAAAA

●“一座中山陵，半部民国史”

中山陵为中国近代伟大的民主革命家孙中山先生的陵墓，主要建筑有牌坊、墓道、石门、祭堂、碑亭和墓室。其平面呈警钟形，有“警钟长鸣，唤起民众”之寓意。人们用“一座中山陵，半部民国史”来概括它在中国近代史上的文化地位。

↓中山陵中山纪念馆

↓阅江楼

栖霞山风景名胜区

●被誉为“金陵第一明秀山”

栖霞山又名摄山，南朝时山中建有“栖霞精舍”，因此得名。有着深厚的文化内涵，被历史学家称作“浓缩了半部金陵文化史”。有“东飞天”石窟（我国所发现的最东部的“敦煌遗迹”）、栖霞寺、南朝石刻、千佛岩、舍利塔等景点。

山西侧的枫岭深秋景色令人陶醉，“栖霞丹枫”被列为金陵新40景之一。栖霞山也是我国五大红叶观赏风景区之一，被誉为“金陵第一明秀山”。

南京市栖霞区太平门，离市区22千米。

南京火车站乘207、206等栖霞寺站下。

7:00~17:30。游览约需1小时。

25元，秋季红枫节期间及节假日门票价格有所上调。

侵华日军南京大屠杀遇难同胞纪念馆

●有些历史，需要铭记

侵华日军南京大屠杀遇难同胞纪念馆位于原日军大屠杀遗址之一的万人坑，是一处以史料文物、建筑、雕塑、影视等综合手法，全面展示“南京大屠杀”惨案的专史陈列馆。

展馆分为广场陈列、史料陈列、遗骨陈列三个部分。广场陈列有记录大屠杀时间的十字架形标志碑、刻着遇难者名字的“哭墙”、记载大屠杀史实的浮雕、大型石雕母亲像、“万人坑”遗址等。

南京市建邺区水西门大街418号。

搭乘204路在纪念馆站下即到。 免费。

8:30~16:30，每周一闭馆（如遇法定节假日则正常开放）。

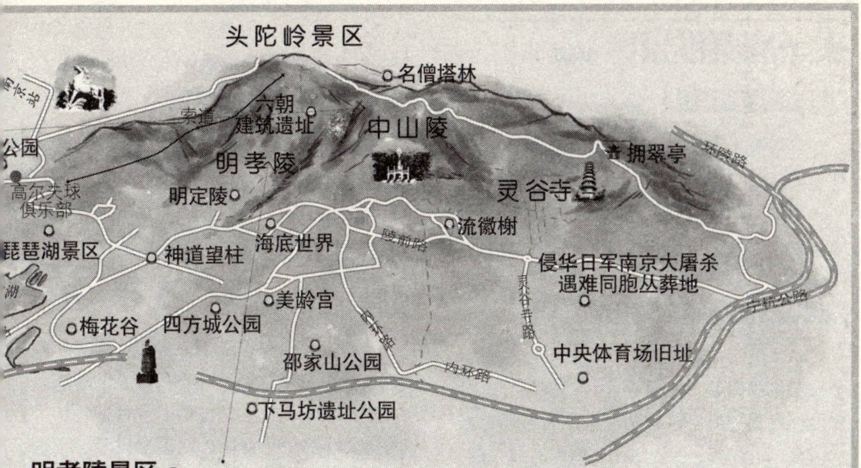

明孝陵景区

●开创了中国帝王陵寝制先河

明孝陵是明朝开国皇帝朱元璋与马皇后的陵墓，是我国古代最大的帝王陵寝之一，影响了明清两朝陵墓布局，至今已有600多年的历史。陵区现存下马坊、大金门、方城、宝城等砖石建筑。周围有梅花山、博爱阁、樱花园、中山植物园、孙权墓、廖仲恺与何香凝合葬墓、红楼艺文苑等景点。

￥70元。赏梅期间游览梅花山、红楼艺文苑、紫霞湖15元。

餐饮

南京饮食口味偏淡，著名菜肴有贡淡海参、清炖鸡、炖菜核、鸭包鱼翅、六合龙袍蟹黄汤包等。尤其以鸭肴最负盛名，有烤鸭、板鸭、盐水鸭、酱鸭等。南京的美食街主要有夫子庙、新街口等。

回味鸭血粉丝汤（湖南路店）：南京城无人不知、无人不晓的街头小吃店，拥有多家连锁，且味道一如既往的好，非常受欢迎。位于鼓楼区湖南路50号，乘8、16、78、100等路公交到山西路下可达。

购物

南京的土特产有盐水鸭、板鸭、香肚、小粒玫瑰花生等。传统工艺品有云锦、金箔、雨花茶、雨花石、金陵折扇、天鹅绒等。其中以雨花石最为出名。

南京主要的购物街有：太平南路名品一条街、湖南路精品专卖一条街、长江路文化一条街、中华路商业景观一条街、金陵路花鸟鱼虫一条街、珠江路电子一条街、御道路科技一条街。

民俗

金陵灯会：正月初一至十八，亦称秦淮灯会或夫子庙灯会，是广泛流传于南京地区的一种民间传统习俗活动。南京人有句俗话："过年不到夫子庙观灯，等于没有过年；到夫子庙不买张灯，等于没过好年。"

南京国际梅花节：2月底至3月中旬东郊的梅花山上几千棵梅花竞相开放，万里人海花香，蔚为壮观。赏梅期间，开展众多节庆活动。

爬城头：每年正月十六这一天，南京人都要和家人或三五好友登城（中华门）览胜，俗话叫"走百病""踏太平"。

夫子庙秦淮景区 AAAAA

●十里秦淮，六朝胜地

“烟笼寒水月笼纱，夜泊秦淮近酒家。”杜牧的《泊秦淮》几乎成了秦淮河的千古绝唱。十里秦淮是以内秦淮河为轴线，以夫子庙为中心具有明清风格、庙市街景合一的文化、旅游、商业、服务等多功能相结合的秦淮风光景区，是南京最繁华的地方。

风光带包括秦淮画舫、夫子庙、江南贡院、瞻园、白鹭洲、中华门，以及从桃叶渡至镇淮桥一带的秦淮水上游船和沿河楼阁景观，还有诱人的秦淮夜市和金陵灯会（农历正月初一至十八）等。

中华门

●是南京现存最大的一座城堡式城门

中华门明代称聚宝门，为南京古城墙 13 个城门中规模最大的城堡式城门，是当今世界上保存最完好、结构最复杂的古城堡，城六门有三道瓮城、四道拱门，城内有藏兵洞，东西墙外还各筑有 11 米宽的登城马道。现设有瓮城历史陈列室。

8:00~21:00。 34 元。

江南贡院

●我国古代最大的科举考场

江南贡院始建于南宋，与北京顺天贡院并列为全国考场之冠，是我国唯一的一座以反映中国科举制度为内容的专业性博物馆。现存东西号舍 20644 间、明远楼以及二十余块明清“贡院碑刻”等珍贵文物。贡院遗存明代建筑明远楼现被辟为陈列馆。

8:30~22:00。 20 元。

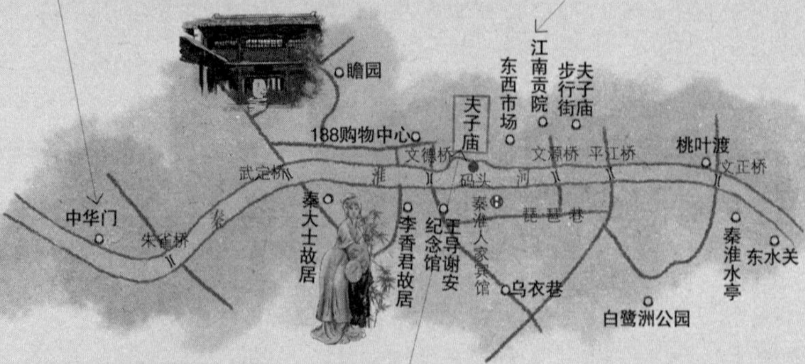

夫子庙

●我国现存的最大的孔庙之一

夫子庙是供奉和祭祀孔子的地方。现存建筑均为清代重建，有聚星亭、思乐亭、棂星门、大成门、大成殿（夫子庙的核心）、明德堂、尊经阁、崇圣祠、奎星阁等。夫子庙南岸石砖墙大照壁（110 米）和大成殿青铜孔子塑像（4.18 米高）均为全国之最。

南京秦淮区平江府路。

地铁 3 号线夫子庙站下，步行约 600 米到达；或乘 1、2、游 1、游 2 路公交可达。

8:00~21:30。 大成殿 30 元。 025-52209788。

亲历者◎攻略

1. 中心庙院碑廊里陈列着被誉为“中华一绝”的雨花石展览。大成殿内也经常筹办其他历史文物和艺术品展，宣传中华民族的悠久文化。

2. 夜游秦淮河，是最美妙的时光。可在奎星阁下面的游船码头，乘坐出租的仿古画舫，往返 45 分钟，边吃小吃，边听桨声，看秦淮河两岸的灯火楼台，领略秦淮风情。

苏州

> 人称“上有天堂，下有苏杭”。走在东方水城苏州古城中，处处可以感受到浓浓的中国传统文化气息，每一条街巷都有一个古老而优美的故事，每一座房子都可能是一位名人的故居……其园林之美，山水之胜，小桥、流水、民居的风韵给了苏州“东方威尼斯”的美誉。

面积：8488 平方千米
人口：648 万人
区号：0512

亮点

必游景点

● **苏州园林**：“江南园林甲天下，苏州园林甲江南”。拙政园、狮子林、环秀山庄、耦园、沧浪亭、网师园等园林各具特色，均不容错过。

● **虎丘山**：苏州标志性景观，被誉为“吴中第一名胜”，以丰富的人文景观和幽绝的自然景色著称，有“三绝九宜十八景”。

● **洞庭东山**：太湖主要风景区之一，包括雕花大楼、启园（席家花园）、紫金庵、三山岛、陆巷古村等景观。

● **周庄古镇**：中国历史文化名镇，被称为“中国第一水乡”。“井”字形河道、双桥、沈厅及60余栋雕砖门楼等，共同构造了一幅美妙的“小桥、流水、人家”水乡风景画。

必逛街道

● **观前街**：因其地处玄妙观前而得名，名店云集，古迹众多。有稻香村、乾泰祥、黄天源等多家百年老店。

● **十全街**：是享誉中外的餐饮、工艺特色街。著名的苏州饭店、南园宾馆和网师园坐落在这条街上。

↓苏州园林

十全街还是“酒吧一条街”，是老外喜欢光顾的一条街。

● **山塘街**：在苏州几乎是家喻户晓最为古老雅致的街名，被誉为“姑苏第一名街”，街上有虎丘山、普济桥、明清江南服饰馆、古戏台、野芳浜等景。

线路推荐

● **苏州四日经典游**

D1：拙政园—沧浪亭—狮子林。

D2：同里或是周庄。

D3：寒山寺—虎丘—山塘街。

D4：洞庭东山与洞庭西山景区。

交通信息

火车

苏州有四个火车站：苏州站、苏州北站、苏州新区站和苏州园区站。其中苏州站为主要火车站，距离拙政园约 3 公里，途经沪宁线的列车均停靠苏州站；苏州北站距市区较远，主要停靠高铁、动车。

市内交通

苏州目前有东西走向的地铁 1 号线、南北走向的地铁 2 号线、以及多条公交线路，出行十分方便。

苏州园林

拙政园 AAAAA

● 被誉为天下园林之母，中国四大名园之一

拙政园被誉为天下园林之母，是江南古

典园林的代表，占地4公顷。分东（明快）、中（精华区）、西（情趣）、住宅（园林博物馆）4部分。东园有秫香馆、兰雪堂等建筑；中园是拙政园精华所在，以远香堂为主体，堂外有雪香云蔚亭和待霜亭；西园有卅鸳鸯馆、十八曼陀罗花馆等建筑。园林博物馆按四进厅堂布置有“园原”“园史”“园趣”“园冶”四个展厅。

苏州市姑苏区东北街178号。

搭乘游1、游2等公交车在苏州博物馆站下，再步行约500米即到。

7:30~17:30。

旺季90元，淡季70元。

亲历者◎攻略

1. 拙政园每年3~5月举行杜鹃花节；6~10月举行荷花旅游节，可领略“日出江花红胜火，春来江水绿如蓝”“留连戏蝶时时舞，自在娇莺恰恰啼”。游览约需3个小时。

2. 拙政园使用手持式电子导游机，在入口可租用。另外，秫香馆里面有拙政园的免费导游图，有中英日韩多种语言，进去记得拿一份。

3. 购：拙政园门口的东北街和园林路上有很多工艺品商店，当地的土特产如苏扇、苏绣等在此都可买到。

4. 顺路逛逛：出拙政园后，向西走100米，可到太平天国忠王府、苏州博物馆、园林博物馆，沿园林路步行100米左右可到狮子林、苏州民俗博物馆。

狮子林

●素有“假山王国”之誉

狮子林为苏州四大名园之一，建于元，以湖山奇石，洞壑深邃著称，素有“假山王国”“桃源十八景”之誉。园内主景为“揖峰指柏轩”，另有古雪松阁、燕誉堂、贝生楼、荷花厅、真趣亭、暗香疏影楼等建筑。春有时令花卉展，秋有菊展。狮子林旁有苏州民俗博物馆免费开放。

园中最高峰为狮子峰，另有含晖、吐月等名峰，建筑有立雪堂、卧云室、指柏轩、问梅阁等。狮子林的花厅还是抗战胜利苏州军民接受日军投降之地。

苏州市姑苏区园林路23号，距火车站和汽车北站近3公里。

乘游2、游5路公交狮子林站下。

7:30~17:00。

淡季30元，旺季40元。

www.szszl.com。

亲历者◎攻略

在狮子林，最有特色的是用石头做成的天然迷宫，穿梭其中，别有一番乐趣。其实进入假山群只要顺同一个方向，保持一直往右拐或往左拐，就很容易走出去了。

沧浪亭

●苏州现存最古老的园林

沧浪亭依地势而建，三面临水，既有山之幽旷，又取清水回环，是一座开放的园林，也是苏州现存最古老的园林。假山、花墙、碑石誉为园中三胜。形状万千的廊壁漏窗为沧浪一绝。园旁有苏州美术馆暨颜文梁纪念馆（与沧浪亭一票制）。

苏州市姑苏区沧浪亭街3号。

乘游2、游4等路公交可达。

淡季15元，旺季（4月16日~10月31日）20元。

8:00~17:00。

网师园

●堪称中国园林以少胜多的典范

网师园原称万卷堂，江南中小古典园林的代表作品，被誉为苏州园林之“小园极致”，堪称中国园林以少胜多的典范。以池水为中心，分五部分，东部为典型的仕宦宅第，中部花园以彩霞池为中心，西部为内园。

↓网师园

夜花园：昆曲、评弹、江南丝竹、古筝、笛子等曲艺节目轮流在花园中不同的厅堂演出。表演有中国江南特色，环境又是著名的苏州园林，充满江南韵味。

🏠 苏州市姑苏区阊家头巷11号。

🚌 乘55、202路公交可达。

🕐 8:00~17:00；夜花园3月中旬~11月中旬，每晚19:30~22:00。

¥ 淡季30元，旺季（4月16日~10月30日）40元，夜花园100元（各个厅堂内演出评弹、昆曲、古筝等八个节目）。

留园 AAAAA

●中国四大名园之一

留园是清代具有代表性的园林之一，也是中国四大名园之一。园中聚太湖石十二峰，蔚为奇观。在留园一个园林中能领略到山水、田园、山林、庭园四种不同景色。共分中（以水景见长，全园的精华所在）、东（以曲院回廊的建筑取胜）、西（以假山为主，全园最高处）、北（存田园之趣）4个景区，其间以七百余米曲廊相连。

留园以水池为中心，池西假山上的闻木樨香轩，为俯视全园景色最佳处，并有长廊与各处相通。池南涵碧山房与明瑟楼是留园的主要观景建筑。

🏠 苏州市姑苏区留园路338号。

🚌 乘游1、406路公交可达。

🕐 7:30~17:30。

¥ 淡季45元，旺季（4月16日~10月30日）55元。旺季免费提供"吴歈兰薰"表演。

☎ 0512-65337903。

【链接：留园三绝】

冠云峰：留园独具风采的石峰景观，江南园林艺术的杰出典范。冠云峰乃太湖石中绝品，齐集太湖石"瘦、皱、漏、透"四奇于一身，相传这块奇石还是宋末年花石纲中的遗物。

楠木殿：柱子原来是上好的楠木加工而成，但是在抗战时，楠木殿成了马棚，饥饿的行军马，把上好的楠木柱子啃得不成样子。后来抗战胜利后修葺园子时，不得不用水泥把楠木柱糊住，外面又刷上漆。

鱼化石：保存在留园的五峰仙馆内，号称"留园三宝"之一。

专题：苏州的古镇

周庄古镇 AAAAA

●被称为"中国第一水乡"

周庄虽历经900多年沧桑，仍完整地保存着原来的水乡集镇的建筑风貌。被称为"中国第一水乡"，镇内"井"字形河道流贯全镇，河上保存着元明清历代石桥数十座，著名的有双桥、富安桥、贞丰桥、太平桥等，还有张厅、沈厅、周厅等明清时代的建筑及60余栋雕砖门楼，它们共同构造了一幅美妙的"小桥、流水、人家"的水乡风景画。

双桥最能体现古镇的神韵，双桥由世德桥和永安桥组成，桥面一横一竖，桥洞一方一圆，样子很像是古时候人们使用的钥匙，当地人便称之为"钥匙桥"。

陈逸飞的油画《故乡的回忆》帮助周庄成功开启了与国际交往的大门。从此，周庄的双桥成为江南桥梁建筑中的代表作品，双桥借助逸飞的画笔和自身的魅力，依旧吸引着海内外的游客：来到周庄，必游双桥；看到双桥，必念逸飞。

🏠 昆山市周庄镇。

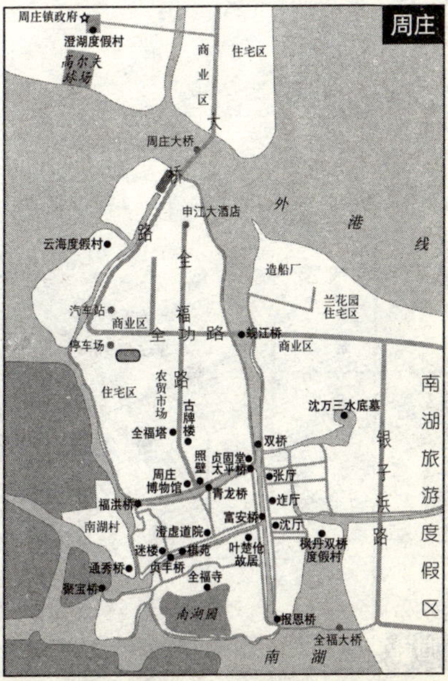

¥ 日游（8:00~16:00）联票 100 元，夜游（16:00~21:00）80 元（含水上巡演、双桥情思、张厅怀古、富安桥叶酸、感受老街）。环镇水上游 40 元 / 人、富贵欢乐世界 30 元 / 人。

亲历者◎指路

苏州汽车北站有班车前往周庄，7:05 始发，半小时一班，车程 1.5 小时，到达周庄汽车站后可乘出租车及三轮车去古镇。镇上所租木舟游船 80 元 / 条，可乘 8 人。

亲历者◎攻略

1. 周庄深厚的文化积淀形成风格别具的水乡民俗风情，阿婆茶、摇快船、斜襟衫，让人品不尽、道不完……在周庄的古戏台上，每天都有昆曲演出，您可以免票入座，带着音律，带着江南的呼吸，再长的历史，都在典雅清幽的曲调中凝聚。

2. 吃：有位游客为周庄编了一则顺口溜：“走在小桥岸边，眼看明清古建，坐进茶楼酒店，口尝乡味水鲜。”是的，几乎所有光临周庄的游客，除了观赏、寻梦，还少不了品尝一下周庄的美食：万三蹄、蚬江水鲜、虾糟、万三糕、麦芽饼、豌豆糕、童子黄瓜、三味圆、撑腰糕等等，定让您吃的乐不思蜀！

同里古镇 AAAAA

●素有“东方小威尼斯”之誉

同里古镇素有“东方小威尼斯”之誉，是江苏保存最完整的古镇，同里有 3 多：明清建筑多、水乡小桥多（大小桥梁 40 多座）、名人志士多。一园（退思园）、两堂（崇本堂和嘉荫堂）、三桥（太平桥、吉利桥和长庆桥）都是同里古色古香的造型。

退思园被称为“江南第一园林”的占地虽小，却手法多变，布局紧凑，堪称园林精品。

⌂ 吴江区同里镇。

🚌 苏州火车站前广场和苏州旅游集散中心有旅游专线车可达，车票 7 元。同里到周庄乘船单程 180 元。

¥ 100 元（联票）。

甪直古镇

●有江南“桥都”的美称

甪直古镇距今已有 2500 年的历史，有“神州水乡第一镇”的美誉，镇内河网交错，现存

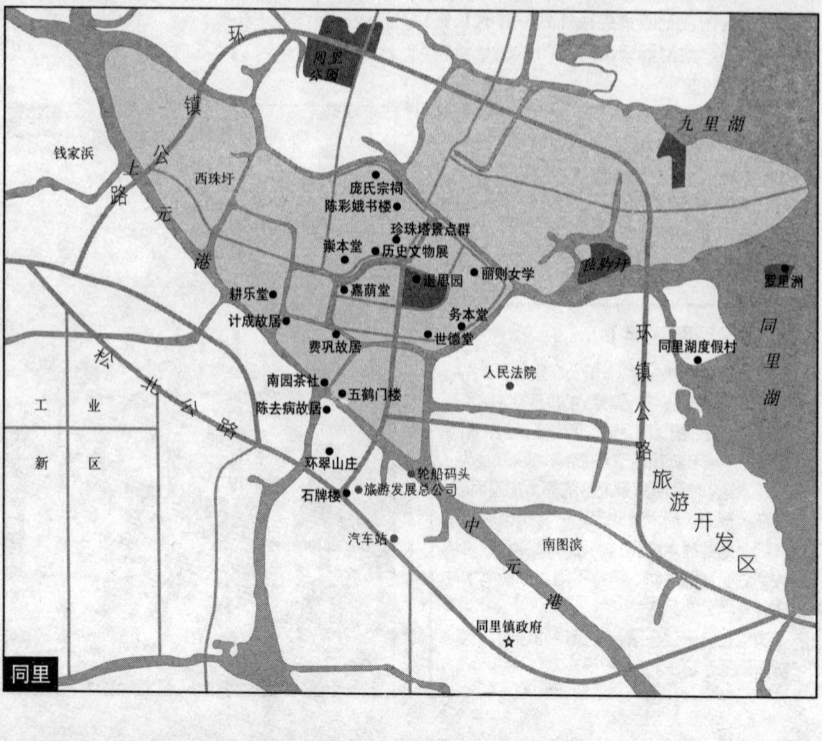

古桥41座，有江南“桥都”的美称，比较著名的是宋桥、正阳桥、东垂虹桥、西垂虹桥等。镇内有9街58巷、保圣寺、白莲花寺、孙妃墓、夫差行宫等景点。另外，甪直村妇的传统服饰独特，她们被称为“苏州的少数民族”。

古银杏是甪直古老的象征之一，它是甪直文化名镇古老的标志。目前镇上有银杏树7棵，在保圣寺四周就有4棵，最大的一棵距今已1300年树龄，高度50米。

苏州市吴中区甪直镇。

乘18路公交到甫澄北路站下。镇内的交通工具主要为观光三轮车（起步价2元），可送您到各景点。上海中山客运站每天有多班车直达甪直。

古镇免费开放。古镇内的小景点联票78元包含萧宅、王韬纪念馆、保圣寺、叶圣陶纪念馆、沈宅、等。（联票）。

木渎古镇

乾隆曾六次到过的地方

木渎古镇是江南唯一的园林古镇，境内除了有山川林石之美外，更有小桥流水之秀，古宅深巷之幽。古镇区深宅大院毗连，尤以严家花园、虹饮山房、榜眼府第和古松园等私家花园为最。有斜桥分水、虹桥晚照等景点。

苏州市吴中区木渎镇。

乘游4、43、502路直达。镇内禁外地车，人力三路车起步2元。上海旅游集散中心也有专车直达木渎，行程约90分钟。

联票78元（含严家花园40元、虹饮山房40元、古松园20元、榜眼府第10元），明清古瓷馆5元。

冬季：上午8点到下午4点30分；春夏秋季：上午8点到下午5点。

千灯古镇游览区

亭林故里、戏曲之源

千灯古镇在昆山市顾炎武的故乡，有“三宝”，即秦峰塔、少卿山、亭林墓，还有石板街、三桥、余宅、顾炎武故居、顾坚纪念馆等古迹。

石板街号称华东第一街，是国内至今保留最古老的也是最长的宋代千米石板街。三桥，联袂而筑，分别呈现宋、明、清三代的不同特色。是千灯水乡桥文化的精华和缩影，有“三桥邀月”的美誉。

昆山市千灯古镇。

苏州北站有直达千灯的专线车，每天6班，19元。昆山汽车站、上海青浦汽车站有中巴至千灯镇。

60元（主要景点的联票）。

www.chinaqiandeng.com。

太湖周边景点

洞庭西山景区

名副其实的花果之乡

洞庭西山景区是由太湖中的诸多岛屿组成的，是名副其实的花果之乡。景点有兵场村、消夏湾、石公山、林屋洞、包山寺、罗汉寺等。

林屋洞俗称龙洞，为天下第九洞，石景丰富多彩，以石多、涧多、泉多、桥多而闻名。附近有万亩梅花，是赏梅佳处，“鸡笼梅雪”（即林屋梅海）闻名于世。

石公山怪石嶙峋，岩壁陡峭，洞穴众多。有归云洞、夕光洞、蟠龙洞、明月坡、旱井、云梯等胜景。

苏州市吴中区西山镇。

苏州火车站西侧的69路公交(4元，约2小时车程)可到。

石公山、林屋洞各50元。

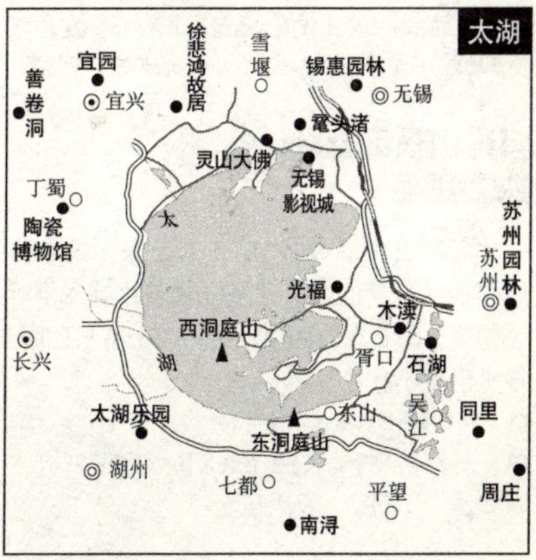

旺山景区 AAAAA

苏州最美乡村

旺山生态园位于苏州城区西南8公里处旺山村，处于天然山林环抱之中，是一处山林植被、农业生态、田园村落、历史古迹保存良好的田园梦乡。

洞庭东山景区 AAAAA

●千年历史文化古镇、碧螺春之乡

洞庭东山景区是太湖主要风景区之一，由东山半岛和18座岛屿以及渡村、浦庄、横泾镇的景点组成。包括雕花大楼、启园（席家花园）、紫金庵、三山岛、明善堂、陆巷古村、轩辕宫等景观。

雕花大楼又称春在楼，以各类雕刻著称，且“无处不雕，无处不刻”，享有“江南第一楼”之誉。“藏宝阁、神秘暗道、孩儿莲”是景区的神奇景观，

景区主要包括以农事参观体验为主题的耕岛景区；以乡村小宿、农家鲜菜品尝为主的钱家坞农家乐景区；以竹林天然氧吧及环山健康小径等养生设施为主的养生谷景区；还有苏州城西重要的佛教胜地——竹林深处的千年古刹宝华寺；以茶文化为主题的霭达岭景区等八大景区。被誉为“苏州最美的乡村”。

苏州市吴中区旺山景区。

乘坐552路公交至旺山生态园站下即到。 30元（含耕岛、钱家坞、瑷建岭、宝华寺、九龙潭等景区）。

穹窿山景区 AAAAA

苏州群山之冠

穹窿山主峰海拔341.7米，为太湖东岸苏州地区最高的山。三茅峰状若浮笠，俗称笠帽峰。山有东西两个铜岭，山上有泉四眼，泉水涓流不息。

苏州市吴中区。

乘667、64路等公交车在穹窿景区站下车即到。

80元。

苏州其他景点

虎丘山风景名胜区 AAAAA

●被誉为“吴中第一名胜”

虎丘山风景区以丰富的人文景观和幽绝的自然景色著称。其前山美，后山幽，被古人誉为“苏州的双面绣”。集中了吴文化的精华，与海渊源甚深，是苏州标志性景观，被誉为“吴中第一名胜”。经历代精心营造，形成了“三绝九宜十八景”，园内主要景观有千年虎丘塔（苏州的象征）、“天下第三泉”、断梁殿、憨憨泉等景点。

苏州市姑苏区。

乘游1、游2、146路公交可达。

7:30~18:00，一般2~3小时可游完虎丘。

旺季80元（4月16日~10月30日，有花会和庙会），淡季60元。

www.tigerhill.com。

亲历者◎解说

1. “平坐游览遍天下，游之不厌惟虎丘”，是人们对虎丘山最美好的赞叹。北宋大文豪苏东坡游虎丘后曾感慨地说：“到苏州而不游虎丘，乃是憾事。”

2. 虎丘“九宜”：宜月、宜雪、宜雨、宜烟、宜春晓、宜夏、宜秋爽、宜落木、宜夕阳。

寒山寺

●姑苏的象征，苏州的骄傲

寒山寺始建于南朝，素以钟声闻名天下。主要建筑有大雄宝殿、霜钟楼、枫江楼等，寺内还有《枫桥夜泊》石碑，仿唐大钟。寒山寺周边有江枫古桥、铁铃古关、枫桥古镇、古运河等景。

进门有宝、伸手有钱、脚踏有福、抬头有寿、回头有官、出门有喜”是大楼的精华。

陆巷村是一处集自然风光、名胜古迹、人文景观于一体的游览胜地。长达一里的紫石街，栅栏店门，茶肆酒店，古色古香，遗风犹存。

🏠 苏州市吴中区东山镇。

🚌 乘 502、621、62 路公交可到。

亲历者◎攻略

1. 徒步环岛游览各景点，大约需要 4 小时，半岛上也有出租车可乘。

2. 吃：景区内可以品尝风味独特的太湖船菜等。

3. 购：万顷太湖有三宝：银鱼、白虾和梅鲚，广受游人赞誉。除此之外，白沙枇杷、乌紫杨梅、银杏、板栗和碧螺春茶（我国的十大名茶之一）等均是东山特产。

↓寒山寺梵音阁

🏠 苏州市姑苏区枫桥镇寒山寺弄 24 号。

🚌 乘 33、44、301、307 路公交可到。

¥ 10 元，陈列馆 5 元，登楼敲 20 元，日门票 380 元。

亲历者◎攻略

1. 寒山寺 17:30 就关门了，节假日也不例外，要特别注意时间的安排。

2. 除夕之夜，寒山寺从 23:42 开始敲钟，当钟声不多不少，刚好敲响了 108 下之后，就进入了新的一年。在寒山寺法师敲完 108 下除夕钟声后，可由游客自己动手敲响新年幸运钟声，此活动因具有极强的参与性而备受青睐。

金鸡湖 AAAAA

国家商务旅游示范区

金鸡湖景区是国家商务旅游示范区的集中展示区，景区总面积 11.5 平方公里（其中水域面积 7.4 平方公里），按照“园区即景区、商务即旅游”的城市商务旅游功能布局，以金鸡湖为中心，分五大功能区：文化会展区、时尚购物区、休闲美食区、城市观光区、中央水景区。这里不仅环境优美，休闲、娱乐等配套实施也十分齐全，晚上还有震撼人心的水幕电影。

🏠 苏州市工业园区星港街 158 号湖西码头。

🚌 乘坐地铁 1 号线到文化博览中心站下或乘坐公交 108 路到摩天轮公园站下车。

¥ 景区免费开放，娱乐项目需另外收费。

常熟旅游区

虞山 AAAAA

●有“十里青山半入城”之誉

虞山国家级森林公园，东南麓伸入古城，故有“十里青山半入城”之誉。有辛峰、兴福、三峰、石洞、宝岩、维摩、剑门等 7 个景区，有维摩旭日、辛峰夕照等 18 个景点，尤其宝岩生态观光园是人们亲近自然的好去处。

🏠 常熟市虞山镇。

🚌 常熟 5、7、9 路在虞山公园站下车可到。

¥ 景区免费开放。小景点联票（含剑门景区、宝岩景区、虞山城墙）35 元，兴福寺门票 10 元。

尚湖 AAAAA

姜子牙隐居之地

尚湖因商末姜尚（姜子牙）在此隐居垂钓而得名，主体水面 800 公顷，烟波浩渺，水质清澈，与十里虞山交相辉映，形成一幅自然山水画。湖内湿地遍布，荷香洲、钓鱼渚、鸣禽洲、桃花岛等七个洲岛镶嵌其中，呈岛中有湖、湖中有岛的独特景观。岛上树木苍翠，鸥鹭翔飞，风景怡人，设有太公岛、拂水山庄、船模馆、江南牡丹馆等一批人文景观和欢乐岛、水上游船等游乐项目。

🏠 苏州市常熟城区西部。

🚌 常熟 116 路到尚湖站下即到。

¥ 旺季 80 元，淡季 60 元。

方塔园古迹名胜区

●方塔为古城常熟标志性建筑之一

常熟市城市古迹名胜区主要含常熟古城

区的三大古典园林方塔园、曾赵园、燕园。

方塔园因方塔而得名，有兴福寺塔、月季园、常熟市碑刻博物馆、常熟市名人馆等景。方塔原名崇教兴福寺塔，与宋代古井、古银杏并称为“园中三宝”，“闻古塔风铃，思千古幽情”，登塔拾级而上，古城风貌尽收眼底。

常熟虞山镇古城区东塔弄2号。

方塔园、曾赵园、燕园各30元。

沙家浜风景区 AAAAA

●绿色公园红色古镇

沙家浜在秀丽明媚的阳澄湖畔，境内河港纵横，芦苇葱郁。设有革命传统教育区（有瞻仰广场和沙家浜革命历史纪念馆）、红石村民俗文化村（有沙家浜史料馆）、水产观赏区等多个功能区，有春来茶馆、芦苇迷宫（华东地区最大）等景点。

常熟市沙家浜镇。

常熟5路“沙家浜景区”站下。上海方向自驾车：沪嘉高速—沿江高速—苏嘉杭高速—沙家浜出口。

旺季（6~11月）110元，淡季80元。

0512-52847192。 www.sjbtour.com。

南通旅游区

濠河风景名胜区 AAAAA

●被誉为南通城的“翡翠项链”

濠河被誉为南通城的“翡翠项链”，是国内仅存的4条古护城河之一，千百年来，它担负着防御、排涝、运输和饮用的重任，被称为“人身脉络”。濠河两岸有光孝塔、天宁寺、北极阁、文峰塔、南通博物苑、五公园等名胜古迹，有张謇故居、体育公园等景观。

南通市崇川区。

乘7路景区专线车可达。

3元。游船公司有夜游船票，小游船30元/小时。

亲历者◎攻略

夜游濠河（约需1小时）：沿途可赏光孝塔、文峰塔等景点，感受南通迷人夜色。怡园码头上船，费用40元。也可在人民公园南入口附近码头上船，小船30元，两三人包电动船合适，约60~100元。

每逢中秋之夜，濠河曲水回环，亭台榭掩映其间，乘画舫游荡、泛舟赏月，并品尝时令特产（芋头、莲蓬、豆角、菱藕等），更享濠河迷人风情。

中国南通珠算博物馆

●目前世界上最大的珠算专题博物馆

中国南通珠算博物馆，占地30亩，馆藏珠算文物6000余件，由珠算展览厅、学术报告厅和少儿珠心算培训基地等三部分组成，是目前世界上最大的珠算专题博物馆。它是展示、教育的平台，是学习、科研的基地（有与展厅毗连的南通少儿珠心算学校），也是旅游、休闲的场所。

南通市崇川区濠河之畔。

9:00~11:30，14:00~16:30。

南通博物苑

●中国人创办的第一座博物馆

南通博物苑是由我国近代著名爱国实业家、教育家张謇于1905年创建，是中国人创办的第一座博物馆。它融中国古代园囿与近代博物馆于一体，将民族特色与科学内容相结合，是一座“园馆一体”的城市园林式综合性博物馆。

南通市崇川区濠南路2-3号。

乘8、12路公交可达。

9:00~17:00（周一闭馆）。

博物馆免费，濠南别业（张謇故居）15元。

住宿

苏州可住宿的宾馆极多，在市区大街上随时都能找到标准间100元左右的招待所。

海航苏州饭店（四星级）/十全街345号/0512-65204646。

华侨饭店（三星级）/三香路/0512-68261888。

古拉青年旅舍/十全街749号/0512-67575620。

茉莉花假日酒店/苏州市阊胥路345号/0512-65588888。

餐饮

苏菜的特点是选料严谨，做工精细。著

↓昆曲

名菜肴有阳澄湖大闸蟹、松鼠鳜鱼、清汤鱼翅、响油鳝糊等。小吃有蜜汁豆腐干、松子糖、枣泥麻饼、猪油年糕、采芝斋糕点等。

苏州比较有名的饭店有得月楼、松鹤楼（苏帮菜馆中声誉最高的老字号）、老苏州茶酒楼等。主要美食街有太监弄、十全街、学士街、嘉馀坊、凤凰街、干将路等。

购物

在苏州购物是一种生活情趣和文化熏陶。我国24个大类工艺美术中，苏州有22个。购物首推苏绣、碧螺春茶、丝绸、宋锦、桃花坞木刻年画、苏扇等名特产。

去同里必买的是同里酒酿饼和鸡头米。周庄的竹编、庄炉很有名。锦溪有袜底酥、笋干等特产。甪直特产有八角红菱。

苏州主要购物街有观前街和石路街。此外，淮海街也是苏州有名的商业街。还有十全街是旅游纪念品一条街，皮市街是花鸟市场，虎丘路和火车站前是婚纱和摄影器材一条街。

民俗

评弹：苏州评话和弹词的总称。产生并流行于苏州及江、浙、沪一带，用苏州方言演唱。评弹以说唱细腻见长，吴侬软语娓娓动听；演出中常穿插一些笑料，妙趣横生。

昆曲：人类口述遗产和非物质遗产代表作，被称为百花园中的一朵“兰花”，有“中国戏曲之母”的雅称。昆剧行腔优美，以缠绵婉转、柔漫悠远见长。代表性剧目有《琵琶记》《牡丹亭》《长生殿》《水浒记》等。

桃花坞年画：产生于明代，是国家非物质文化遗产。制作一般分为画稿、刻版、印刷、装裱和开相五道工序，题材多为祈福迎祥、驱凶避邪、时事风俗、戏曲故事等。

虎丘庙会：每年9~10月庙会期间，千人石上每天都有两场庙会出会表演。有提线木偶、民间戏法、二鬼摔跤等众多民间文艺节目，并有具有江南水乡特色的民间土产可选购。

无锡

位于太湖之滨、惠山之麓的国家历史文化名城无锡，是一座历史悠久、物产丰饶、人文荟萃的江南名城，号称“小上海”，“二泉映月”的故事在这里传扬，美丽的西施和范蠡在太湖上泛舟……

“太湖美，美就美在太湖水”。无锡风光具山水之胜，共河湖之美，兼人工之巧。鼋头渚被誉为“太湖佳绝处”，灵山大佛为世界上最高（88米）的露天青铜释迦牟尼立像；东林书院、清名桥、南禅寺，古色古香；江南名园寄畅园、天下第二泉、蠡园、梅园则展现了无锡的园林秀色。

面积：4628 平方千米
人口：470 万人
区号：0510

亮点

必游景点

- **锡惠园林**：以天下第二泉、寄畅园等名泉名园为代表的大批名胜著称于海内外。
- **鼋头渚**：与太湖水辉映成趣，是观赏太湖烟波的绝佳地点，被认为是太湖境内的桃花源。
- **无锡影视基地**：素有“东方好莱坞”之称，建有唐城、三国城和水浒城三大景区，是中国最大影视旅游基地，
- **天宁寺**：号称东南第一丛林，寺内有我国最高最大的宝塔天宁大佛塔。

线路推荐

无锡经典三日游

D1：东林书院—南禅寺—锡惠园林—吟园。
D2：鼋头渚—无锡影视基地—蠡园—梅园。
D3：灵山景区—龙头渚。

↑无锡灵山大佛

宜兴、江阴二日游

D1：善卷洞—宜兴陶瓷博物馆—竹海景区。
D2：华西村—江阴滨江要塞旅游区—江阴长江大桥（傍晚）。

常州经典三日游

D1：天宁寺—红梅公园—亚细亚影视城—篦箕巷—中华恐龙园。
D2：春秋淹城—瞿秋白纪念馆。
D3：天目湖旅游度假区—天目湖南山竹海景区。

交通信息

飞机

无锡拥有一个民用机场——苏南硕放国际机场，西距离无锡市区约 16 千米，东距苏州市区 20 千米。全国主要城市都有航班直达，机场有发往无锡火车站、苏州、张家港、常熟、江阴等地的机场大巴。

火车

无锡有四个火车站：无锡站、无锡东站、无锡新区站、惠山站。其中位于市中心的无锡站，站内有普通列车和高速列车通过，其余三个均为高速列车通过的火车站。

市内交通

无锡目前有南北走向的地铁 1 号线、东西走向的地铁 2 号线，串起了无锡火车站、火车东站、东林书院、梅园开原寺等地。

太湖沿岸

无锡影视基地 AAAAA

●素有"东方好来坞"之称

无锡影视基地始建于1987年，占地面积近100公顷，可使用太湖水面200公顷。为拍摄电视连续剧《唐明皇》《三国演义》和《水浒传》，相继建成了唐城、三国城和水浒城三大景区。景区里每天有20多场马战、歌舞、影视特技类的节目连续上演。基地还设有乘古船游太湖、明星影迷见面会、影视拍摄体验等项目，是中国最大的集影视制作和文化旅游于一体的影视旅游基地。

无锡市滨湖区漆塘路1号。

三国城90元，水浒城85元；唐城65元，三国水浒联票150元，三城联票215元。

0510-85552687。

亲历者◎攻略

影视基地主要表演节目有东吴音韵（古船）、英雄救美、武功集锦、三英战吕布、华夏古韵、影视特技探索、杨志卖刀等，有的节目一天有多次表演。其中规模最宏大的《三英战吕布》每天10:00、16:00在三国城跑马场表演，节目中强烈的视听冲击效果令人如临其境，回味无穷。

鼋头渚风景区 AAAAA

●观赏太湖烟波的绝佳地点

鼋头渚是无锡西南部太湖之滨的一个状如鼋头的半岛，是观赏太湖烟波的绝佳地点。这里至今仍保存着许多古代吴越史迹，及吴越历史人物的传说。现有充山隐秀、鹿顶迎晖、鼋渚春涛、横云山庄、湖山歌碑、太湖仙岛（分洞天福地和天都仙府两景区）、江南兰苑、广福古寺等十多处景点。

↓鼋头渚风景区

鼋头渚公园：曾是民族资本家杨翰西的私家园林，堪称"无锡第一胜景"。有长春桥、澄澜堂、飞云阁、劲松楼、光福寺、陶朱阁等园林建筑。

无锡市滨湖区滨湖镇。

7:00~17:30。

105元（含观光车、太湖仙岛船票和门票）。

亲历者◎攻略

1. 凭太湖鼋头渚风景区门票，可享受鼋头渚度假岛住宿的优惠价。

2. 景区的太湖仙岛非常值得一游，从鼋头渚码头乘游船去仙岛约需20分钟，船票和岛上门票已包含在总门票里了，隔15分钟就有一班。

蠡园公园

●传说范蠡曾携西施泛舟处

蠡园占地123亩，其中水域面积约五分之二，以水景见长。传说范蠡曾携西施在蠡湖泛舟，现有假山耸翠、南堤春晓、长廊览胜和层波叠影4个景区。东部有百花山房、月波平眺等景观，西部有千步长廊与湖心亭。

无锡市滨湖区青祁村70号。

乘82、9路公交直达。

6:30~17:30。

旺季45元，淡季30元；游船20元，游船与蠡园联票旺季60元，淡季45元。

0510-85101380。

亲历者◎攻略

1. 太湖游船：每周五、六、日7:00~9:00每班次游湖一小时。游蠡湖风光每位20元（满4位开航）；开往唐城每位20元；开往太湖仙岛包船400元；开往太湖鼋头渚包船250元。

2. "太湖之星"游乐园：以世界首创的"水上摩天轮"太湖之星为中心，包括水上摩天轮(60元)、海盗船（20元）、旋转木马（10元）、魔界战神（20元）、森林探宝（10元）在内的5个游乐项目，联票110元。开放时间10:00~21:00。

梅园横山风景区

●久享盛誉的江南赏梅胜地

梅园以梅花驰名，现有梅树5000多株。全园分为三大主要景区：以梅文化为主题的梅花景区，有洗心泉、天心台、念劬塔、读书处等众多"荣氏"人文古迹；园林博览园

亲历者◎指路

火车站出口，向西穿过火车站广场到公共汽车始发站乘 82 路公交可到三景区。或乘大巴到唐城 3 元 / 人，到三国水浒景区 4 元 / 人。乘出租到唐城约 40 元，到三国水浒约 50 元。

集自然与风格各异的园林景观为一体，布置有风车、吊桥、咖啡屋、教堂等；花溪景区引种奇花异卉百余个品种，并建有规模巨大的岩石景观。

无锡市滨湖区梁溪西路下家湾 13 号。

乘旅游观光巴士可达。 60 元。

6:00~22:00。

灵山大佛 AAAAA

世界上最高的佛祖青铜立像

灵山大佛，坐落于无锡太湖边的小灵山上，整个大佛通高 88 米，其中佛体高 79 米，是世界上最高的佛祖青铜立像，十分壮观。

因大佛而建起的灵山胜境景区现也广为人知，有梵宫、九龙灌浴、天下第一掌等众多精彩景点，值得一一游玩。

无锡市滨湖区马山镇灵山路灵山胜境景区内。

乘坐 88、89 路等公交在灵山胜境站下车可到。

门票包含在灵山胜境景区门票内，灵山胜境门票 210 元。

亲历者◎攻略

1. 进入灵山胜境景区后沿菩提大道步行约 1.2 公里即可到达大佛脚下。

2. 景区内电瓶车 25 元，站点涵盖主要游览区域，车票限本人在购票当日使用，可中途任意上下车，无限次坐。

3. 在宗教景区内要注意尊重佛教信仰，不可对佛像不敬，在祥符禅寺内注意不要拍摄殿内的佛像。

无锡城区景点

锡惠园林文物名胜区

●享有无锡露天历史博物馆的美誉

锡惠园林文物名胜区西部是惠山，东部是锡山，两山之间是映山湖，一直享有无锡露天历史博物馆的美誉；以天下第二泉、寄畅园等名泉名园为代表的大批名胜著称于海内外。区内还有明代二泉书院、张中丞庙，有惠山寺、龙光寺、玉皇殿、头茅峰等，是中国传统儒、释、道三种文化的聚集地和沉淀区。

锡山高 75 米，周围长约 1.5 千米，山顶建有龙光塔（无锡城市的标志性景点建筑）和龙光寺，山下有龙光洞。

二泉开凿于唐（766），原名惠泉，被唐代茶圣陆羽评为“天下第二”。更有盲人阿炳的一曲《二泉映月》名播天下，抒发了人们对美好生活的无限憧憬。

无锡市北塘区惠山直街 2 号。

乘 2、10 路公交可到。

休闲区观光票 10 元，全票（含名胜区、休闲区）70 元。

8:00~17:30。

亲历者◎攻略

1. 景区的特色节庆活动有：惠山民俗文化庙会（农历三月二十八）、杜鹃花节、寄畅鱼、春申观瀑、二泉映月、丹桂飘香、金秋菊展、金莲幽香等。

2. 吃：赛王记坐落在锡惠公园对着映山湖的后门口，无锡小笼和开洋馄饨非常好吃。

无锡京杭大运河

●被海外游客誉为“神奇的东方之旅”

无锡京杭大运河以吴桥经西水墩、南门至清名桥的长约 6 千米的河段最具江南水乡风情。清名桥位于南门外的古运河与伯渎港交会处，是古运河无锡段的最佳景点。

无锡市南长区。

无锡市区乘 41、113、358 路公交至南长街（永乐路）站下即可。 节假日的 8:30 和 13:00，锡山码头有班船游览运河，75 分钟，票价 10 元。

↑无锡京杭大运河

崇安寺景区

●沪宁四大小吃集结地之一

崇安寺建于东晋，在历史上是无锡市民俗文化和道、佛、儒教活动的中心，名胜古迹众多，小桥、流水、人家……市、寺、园合一。有世界名曲《二泉映月》作者阿炳的故居、我国最早的公园——公花园等。

清咸丰、同治年间的两次大火，将崇安寺里的建筑烧得所剩无几，留出的大片空地逐渐成了民间杂耍、售卖小吃的场所，形成无锡人气最旺的购物、美食、文化、娱乐、休闲区。现在这里建有崇安寺皇亭美食城，有王兴记、功德林和著名的皇亭小吃等一批老字号，可品尝无锡最有特色的传统名吃。

无锡市崇安区。

乘 11、12、20、35 等路公交长安寺下步行可达。

东林书院

●我国古代四大书院之一

东林书院始建于800年前，"东林八君子"曾在此讲学。是我国古代四大书院之一，院内现存石碑坊、仪门、三公祠、东西长廊等建筑。内有顾宪成所撰名联："风声雨声读书声，声声入耳；家事国事天下事，事事关心"。

无锡市崇安区。

乘 3、10 路公交东门下车，沿解放东路向西。

7:15~17:30。

16 元。

江阴旅游区

江苏学政文化旅游区

●学署号称"江南官署之冠"

江苏学政文化旅游区由学政衙署遗址、中山公园生态休憩区、文庙、刘氏三兄弟故居、兴国园、要塞司令部等组成。

江苏学政衙署：一般简称为学署，顾名思义，就是昔日八府三州考秀才的地方，园内景点众多，号称"江南官署之冠"。共分为学政历史文化、生态休憩、游乐活动三个区域。

江阴市人民中路步行街。

江阴滨江要塞旅游区

●素有"江海门户""锁航要塞"之称

江阴滨江要塞旅游区由鹅山景区（原鹅鼻嘴公园）、大湾景区、东山景区 3 部分组成，包含远眺江阴长江大桥、要塞森林公园、江尾海头、澄江古渡、盘古流泉等众多景点。

江阴市区东郊，鹅鼻嘴公园位于澄江镇公园路188号。

从江阴 8 路公交可到。

华西村

●被称为天下第一村

华西村是大陆首富村的一个标准样本，被称为天下第一村。内有十二生肖亭、二十四孝亭、六十花甲亭、七十古稀亭等建筑，有金塔（标志性建筑）、农民公园、龙溪湖等 80 多处景点。晚上有中国农村第一团的精彩文艺表演。

江阴市华士镇西。

无锡汽车站或江阴汽车站乘往华士的中巴前往。

7:00~17:30。 进村无需门票，参观景点联票150元。

宜兴旅游区

善卷洞风景区

●世界三大奇洞之一

善卷洞为世界三大奇洞之一，整个景区分上、中、下后四洞，宛如一幢石雕大楼。有砥柱峰、喷水乌龙、荷花倒影、白鹤苍鹰、喜雨亭等景点，现已形成了洞前是公园，洞中是游园，洞后是乐园和紫砂园的著名旅游胜地。

宜兴市张渚镇螺岩山中。

宜兴的 2 路旅游专线可到。

7:30~16:30。

70 元，景区联票 145 元。

竹海风景区

●有"华东第一竹海"之称

竹海风景区以一望无际的浩瀚毛竹景观为主体，以清丽脱俗、风光绝胜的"竹海镜湖"为衬托，景区有别具一格的门楼服务区、镜湖览胜区、水景瀑布区、竹海茶楼品茶区、翡翠长廊区、小海、中海观景区、夕照寺区等功能区。有太湖第一源、映竹轩、清风洞等众多景点。

宜兴市湖㳇镇。

宜兴旅游一线可达，票价 7 元；景区内游览车，票价 10 元。

80 元。

宜兴陶瓷博物馆

●被誉为"东方明珠、陶都之光"

宜兴陶瓷博物馆是国内最早成立的专业性陶瓷博物馆，分设古陶、名人名作、紫砂、精陶、均陶、青瓷等 16 个展厅。馆内的紫砂、青瓷、均陶、彩陶和精陶早就饮誉海内外，被誉为"五朵金花"。

宜兴市丁蜀镇丁山北路 50 号。

乘宜兴旅游一线可达。

7:30~16:30。

20 元。

常州旅游区

天宁寺

●号称东南第一丛林

天宁禅寺始建于唐代，是常州现存规模最大，保存最完整的千年古刹，该寺特点是：殿大、佛大、钟大、鼓大、宝鼎大，号称东南第一丛林，寺内有我国最高最大的宝塔天宁大佛塔。

常州市天宁区，延陵东路 636 号。

火车站乘 11 或 30 路公交可达。

7:30~17:00。

20 元，登塔 60 元。

亲历者◎攻略

天宁寺法会之盛闻名遐迩，庄严妙胜甲于东南"，每年春节，该寺都要举行除夕听钟声祈福活动，活动内容除了撞钟祈福外，还有僧众梵呗唱诵、法师祈祷祝福，锣鼓礼花等。

淹城春秋乐园 AAAAA

●春秋主题乐园

淹城春秋乐园是以春秋为主题的梦幻乐园，园内有仿古王宫、诸子百家雕塑，你可以了解到春秋时期的历史，同时可体验现代化的游乐项目，还能欣赏到编钟表演、夏季的水影秀等节目。

常州市武进区武宜中路。

乘坐公交在淹城站下车即可。

190 元，夜公园 100 元。

中华恐龙园 AAAAA

●以恐龙为主题的综合性游乐园

中华恐龙园又名东方侏罗纪公园，是一

↓天宁寺宝塔

座以恐龙为主题的综合性游乐园。鲁布拉、嘻哈恐龙城、重返侏罗纪……六大主题区精彩纷呈；疯狂火龙钻、雷龙过山车、探秘飓石阵、穿越侏罗纪、尖峰速递、炫彩风车、热舞恐龙车、超级秋千……三十多个主题游乐项目引爆极限风暴。

常州市新北区长江东路1号。

乘29、302、B12路公交可到。火车站打车约需20元。自驾：沪宁高速常州江阴出口下右转沿常澄路行驶1千米，至汉江路左转行驶2千米即可或沪宁高速公路常州新北区出入口至中华恐龙园。

9:00~17:00。

成人票230元，夜公园100元。

www.cnkly.com。

天目湖旅游度假区 AAAAA

●秀美、野趣、三绝是其三大特色

天目湖风景区有“江南明珠”之誉，秀美、野趣、三绝是其三大特色。包括六个功能区。已建成山水园、南山竹海、太公山、龙兴岛、报恩禅寺、水电科普园、天目湖百果园、小岭生态休闲园、射击城、平桥石坝等景。

溧阳市天目湖镇。天目湖距南山竹海18千米。

乘9路公交可达。南山竹海和天目湖之间有车直达。

120元，龙兴岛往返游船成人票60元。

住宿

汉庭快捷酒店（学前街店）地处繁华的商业区，交通便利；位于古运河河畔的如家快捷酒店（胜利门店），地处无锡市商业中心，北面是无锡最繁华的餐饮一条街；锦江之星（无锡梁青路店）价格实惠，厨房供应上海菜及无锡太湖“三白”。这些快捷酒店房价都在200元内。

书香世家酒店/滨湖区震泽路899号/0510-85175000。

景山楼饭店（二星级）/锡惠路5号/0510-83708888。

国际青年旅舍/人民中路49号/标间100~200元/0510-82755990。

餐饮

无锡饮食属“四大菜系八大帮”的苏菜系苏锡帮，总体上是口味偏甜。传统名菜有西施豆腐、太湖船菜、活炝青虾、脆皮银鱼、水晶虾仁、镜箱豆腐等。特色小吃有无锡小笼包、清水油面筋、三凤桥酱排骨、豆腐花、烧卖、银丝面、梅花糕、桂花糖粥等。

无锡主要美食街有崇安寺、中山路、青石路、穆桂英小吃广场等。

购物

无锡蚕丝绸不可错过，惠山泥人、水蜜桃等也是远近闻名的特产。宜兴的紫砂壶名扬天下，更是难得的收藏佳品。

另外，无锡的土特产还有大浮杨梅、黑杜酒等，尤其水中上品太湖“三白”：银鱼、白虾、白鱼等备受青睐。从胜利门至南禅寺，中山路云集了几百家店铺，是购物好去处。

民俗

祝寿：无锡除贴桃符、门补、春联外，还有在新年挂钟馗像，以避一年鬼祟的风俗。无锡还有一个风俗与别处略异，即凡有六十、七十、八十祝寿，都在春节举行，而不是在生日祝贺。

锡剧：又叫“无锡滩簧”，起源于清代乾隆嘉庆年间，在苏南地区极为流行，“滩簧”为说唱，主要曲调为簧调，曲调柔和、流畅、轻快。锡剧传统剧目约计有277个，如：《卖馄饨》《卖桃子》《卖汤团》等。

扬州

国家历史文化名城扬州既是秀丽的风景城，又是人文荟萃的文化城、历史悠久的博物城。游人说，杭州以湖山胜，苏州以市肆胜，而"天下三分明月夜，二分无赖是扬州"，"富甲天下"的扬州则以园林胜。扬州的园林，一步一景，忽放忽收，形成了擅南方之秀、据北方之雄的独特风格，从而深得游人喜爱。

面积：6592 平方千米
人口：458 万人
区号：0514

亮点

必游景点

- **瘦西湖**：有"园林之胜，甲于天下"的美誉，是我国湖上园林的代表，它以外形纤瘦而著称。
- **何园**：是一座扬州清代晚期园林的代表作品，中国私家园林的建筑审美和居游功能在此达到高度和谐与极致完美，被誉为"晚清第一名园"。
- **个园**：中国四大名园之一，以"四季假山"著称，游园一周如历春夏秋冬四季，为国内孤例。
- **三山**：以"江、山、寺、洞、泉、林"景观俱全而著称，金山"寺裹山"、焦山"山裹寺"和北固山"寺冠山"的精妙特色，堪称江南建筑艺术瑰宝。

线路推荐

- **扬州二日游**

D1：蜀冈—瘦西湖风景名胜区（瘦西湖、大明寺等）。

D2：何园—个园—扬州八怪纪念馆。

- **镇江二日游**

D1：金山公园—焦山风景区—北固山。

↑瘦西湖

D2：茅山风景区—黄昏时返回镇江到长江路、南徐路、南门大桥观光。

交通信息

飞机

扬州和泰州合用一个中小型机场，名为扬州泰州机场，距扬州市区约 30 千米，距泰州市区约 20 千米，机场往来市区有巴士和公交车。现已开通往返北京、广州、三亚、西安、哈尔滨、厦门等城市的航班。

火车

扬州有两个火车站，市内的扬州站和位于江都区的江都站，均通动车。到扬州旅游的游客一般在扬州站下车。

蜀岗—瘦西湖风景区

蜀冈—瘦西湖风景名胜区是个以古城文化为基础，以重要历史文化遗迹和瘦西湖古典园林群为特色的国家级风景名胜区。包括瘦西湖景区、蜀冈景区、唐子城景区、笔架山景区、绿杨村景区 5 部分。

亲历者◎攻略

在扬州，有一条著名的乾隆水上游黄金线路，它从天宁寺开始，依次经过冶春园、卷石洞天、绿扬城廓、长堤春柳、四桥烟雨、月观、二十四桥等景点，最后抵达大明寺。

瘦西湖公园 AAAAA

●有"园林之胜，甲于天下"的美誉

瘦西湖为我国湖上园林的代表，它以外形纤瘦而著称。公园内建有楼台亭阁、曲室回廊、花木竹石，现有五亭桥（扬州市城徽）、

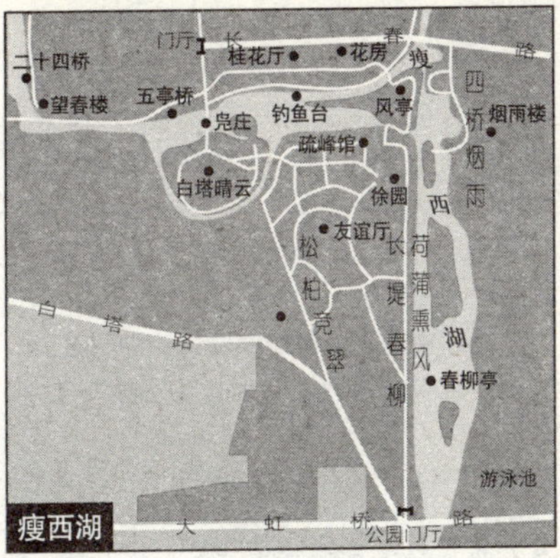

二十四桥（“二十四桥明月夜，玉人何处教吹箫”）、大虹桥、万花园、徐园、小金山（风亭远眺）、白塔、静香书屋、日观等景点。

扬州市邗江区西湖镇大虹桥路 28 号。

可乘旅游专线或者公交 4、5、6、17 等路至瘦西湖站下。

8:00~18:00。

旺季 150 元，淡季 120 元。租船 20~35 元 / 小时。

87357803。

www.shouxihu.com。

亲历者◎攻略

1. 瘦西湖的特色节庆活动有：迎春画展、烟花三月旅游节、荷花展、二分明月文化节（9 月 8 日 ~10 月 8 日）、金秋赏花游园会、金秋菊展。

2. “瘦西湖之夜”水上休闲游活动票价为 90 元 / 人，可预约联系，发船地点在瘦西湖东堤码头，夜游线路从瘦西湖南大门至二十四桥景区（往返），夜游时间为 19:00~21:00（3~10 月）。

3. 天沐扬州瘦西湖温泉度假村坐落于瘦西湖畔，与万花园隔空相望（扬州长途汽车西站乘游 1 路公交到杨庄站下），提供餐饮、娱乐、SPA、温泉沐浴等系列服务，是一个健康养生的好去处。

大明寺

●号称“淮东第一观”的千年古刹

蜀岗景区由三峰组成：中峰有大明寺（含栖灵塔、鉴真纪念堂）、平山堂（谷林堂、欧阳祠）；东峰有观音禅寺等景；西峰自然风光秀丽，有生态公园。

大明寺号称“淮东第一观”，唐朝时，鉴真法师任住持。共分为宗教区（核心景区）、文人雅士区、东花园区和西花园区四大景区，

由大雄宝殿、平远楼、平山堂、御园、鉴真纪念堂、栖灵塔、天下第五泉等组成。

扬州市邗江区蜀岗中峰平山堂一号。

乘 5、25 路公交可到。

8:00~17:30。

旺季 45 元，淡季 30 元，登栖灵塔 20 元。

扬州城区景点

何园

●被誉为“晚清第一名园”

何园原名寄啸山庄，是一座扬州清代晚期园林的代表作品，中国私家园林的建筑审美和居游功能在此达到高度和谐与极致完美，被誉为“晚清第一名园”。主要景点有花厅、串楼、水心亭、玉绣楼、船厅、蝴蝶厅等，其中片石山房为园林以湖石取胜的点睛之笔。

另外，何园还是国内著名的影视取景的天然基地，《红楼梦》《还珠格格》续集、《苍天有泪》等近百部影视剧在此取景。

扬州市广陵区徐凝门街 77 号。

🚌 扬州汽车西站乘6、19、公交旅游专线、209路公交到何园站下，沿徐凝门街北行200米即到。自驾车：进入扬州城区后，由扬子江路过渡口后左拐折入徐凝门街，也可沿古运河风光带至东南段折入徐凝门。

¥ 旺季45元，淡季30元。

e www.he-garden.net。

亲历者◎攻略

您可购买瘦西湖、个园、何园、盆景园、古运河、大明寺的联票180元，两天有效，各景点门口都有卖。

提示：扬州园林大都在17:30就关门了，而且游园需要较长时间，所以尽量安排好时间。

个园

●以“四季假山”闻名

个园建于清嘉庆年间，与北京颐和园、承德避暑山庄、苏州拙政园并称为中国四大名园，是清代两淮盐业商总黄至筠的私人园林，园内采用分峰叠石的手法，选用不同颜色的石料，巧妙地表现出春季的山林、夏天的荷塘、秋日的残阳和隆冬的雪狮四季景色，号称“四季假山”，游园一周如历春夏秋冬四季，为国内孤例，是扬州园林中最具特色的一景。

⌂ 扬州市邗江区盐阜东路10号。

🚌 汽车站乘扬州旅游专线车，汽车西站乘8路公交可达。自驾车：进入扬州城区后，由扬子江路先到文昌路，看到文昌阁后向北，过汶河路后沿盐阜路东行500米即到。或沿古运河风光带过东关古渡西折至盐阜路。

🕐 旺季7:15~17:15，淡季延长至17:30。

¥ 淡季（1、2、7、8月）30元，旺季45元（含个园和准提寺两个景点）。

亲历者◎行程

个园四季假山各具特色，表达出“春山艳冶而如笑，夏山苍翠而如滴，秋山明净而如妆，冬山惨淡而如睡”和“春山宜游，夏山宜看，秋山宜登，冬山宜居”的诗情画意。

游览个园可走常规路线：从坐落在盐阜东路的北大门进入，先园后宅。也可走新路线：从东关街上的南大门进入，先宅后园。

扬州双博馆

●建筑与环境交融合一

扬州中国雕版印刷博物馆、扬州博物馆新馆简称“扬州双博馆”，现珍藏着扬州历史文物三万多件，有汉代漆器、玉器、铜器、陶器，中晚唐的瓷器以及以扬州八怪为主的清代书画等。设有“广陵潮—扬州城市故事”“馆藏明清书画”“国宝厅”“扬州古代雕刻”“中国雕版印刷展厅”和一个临展厅等计八个展厅。

扬州中国雕版印刷博物馆：中国唯一的一座雕版印刷博物馆，分为“中国馆”与“扬州馆”两大部分。

⌂ 扬州市邗江区文昌西路明月湖西侧（扬州国际展览中心西侧）。

🚌 乘88路公交到双博馆站下。

🕐 每周一、春节前3天闭馆；黄金周正常开放（含周一）。

扬州文昌阁

●扬州城市的重要地标

扬州文昌阁八角三级砖木结构建筑，阁的底层四面辟有拱门，与街道相通。第二、三两层四周虚窗，登楼四眺，远近街景，尽收眼底。每于节庆之夜，阁上彩灯辉耀街衢，为扬州闹市的一处佳景。

⌂ 扬州市邗江区文昌路和汶河路交叉处。

🚌 乘4、5、55（晚）、66（晚）路公交可达。另外镇扬城际公交（扬州平山堂发往镇江焦山公园），也停靠文昌阁。

亲历者◎攻略

文昌阁往北一站路是四望亭，四望亭西的四望亭路是扬州出名的美食街。

凤凰岛生态旅游区

●被誉为“百鸟天堂”

凤凰岛生态旅游区是南水北调东线水源区，也是江淮平原上自然生态环境保持最完好的一块平原——湖泊类型的湿地景观，素有“七河八岛”“百鸟天堂”之称。这里还设有众多游乐项目，有瓷艺坊、农艺坊、钓鱼台等项目可供游客亲自参与体验。

⌂ 扬州市邗江区泰安镇金泰南路88号。

🚌 乘10路公交可到。

¥ 旺季45元，淡季30元。

亲历者◎攻略

景区内还设有各具特色的休闲点：小资情调的“水岸咖啡吧”；休闲品茗的“聚凤茶楼”“喝

花坊"；品尝湖鲜好去处"餐饮船"；"农家饭庄"吃土菜等。

扬州郊县景点

邵伯镇

●有"东西南北四湖通"之誉

邵伯湖又名棠湖，古属三十六陂，素有"三十六陂帆落尽，只留一片好湖光"的美称。以保存完好的条石街、斗野亭（有300多年历史的镇水铁牛）和独特的湖光月色、美味佳肴而引人入胜。

江都区邵伯镇。

从扬州乘4路公交到江都水泥厂下，换乘10路公交可达邵伯镇。另外，江都还有专线城市客车可达古镇。

¥ 40元。

盂城驿

●江南驿史上仅存的遗迹

盂城驿始建于明，规模宏大，由牌楼、照壁、鼓楼、厅房和秦邮公馆、驿丞宅等房屋组成，是目前中国现存最古老、规模最大、保存最完好的古代驿站。

高邮市高邮镇馆驿巷13号。

¥ 15元。

龙虬庄遗址博物苑

●代表了江淮地区东部的史前变化

龙虬庄遗址博物苑分遗址主体区（3个复原区）、陈列展览区（3个馆）、休闲娱乐区、服务区等四个区域。

高邮市龙虬镇，原龙虬庄遗址上。

泰州旅游区

凤城河风景区

●汇集泰州四大特色文化

凤城河风景区，依傍凤城河，以水为脉，以文为魂，望海楼、桃园景区内30多个景点汇集了泰州历史、戏曲、民俗、商贾四大特色文化。主要景观有望海楼、文会堂、桃园、碑苑、州城遗址、古城池地雕广场等。泛舟河上，可充分领略到"州建南唐"的历史厚重。

望海楼：核心景观，始建于宋，明清重建，更领江淮雄风，有"江淮第一楼"的美誉。凭栏俯瞰，"戏曲文化三家村"、世界名僧辈出的佛教庙庵群落、中国历史独有的盐税建筑遗存尽收眼底。

泰州老街：桃园东侧600米长的麻石老街，青砖黛瓦，展现了明清至民国时期的泰州古街巷，皮包水、水包皮，戏院书场，泰州古城的草根文化在这里尽现。

泰州市东南园10号。

乘301公交可达。

8:00~17:30。

¥ 望海楼＋桃园＋梅园联票110元。

溱湖风景区 AAAAA

●湿地与海洋、森林同列

溱湖风景区水体含南湖、北湖和溱湖（又名喜鹊湖，因"昔多喜鹊飞集"而得名），面积26平方千米，是集优美生态环境、独特湿地景观、丰厚文化底蕴为一体，以半自然农耕湿地为特色的湿地型自然风景旅游区。

景区包括喜鹊湖度假村、银滩碧浪泳场、麋鹿故乡园（分圈养区和放养区）、湿地植物园（分6个专类区）、寿圣寺等。每年举办"中国姜堰·溱潼会船节""湿地生态旅游节""溱湖八鲜美食节"等一系列重大节庆活动。

姜堰市溱潼镇。

上海自驾：沿沿江高速前行—过江阴大桥—从广靖高速转宁靖盐高速—往盐城方向，至溱潼六号出口下，注

↓溱湖会船

兴化李中从八号口下）。

8:00~17:00。

100元（含往返班船）。

溱潼古镇

人文荟萃的水乡小岛

溱潼古镇四面环水，夹河穿镇而过，以人才辈出闻名。古镇内有众多的古民居、古街巷与古刹。主要景点有古海陵仓遗址、普济庵、玄帝观、禅院古槐等。另外，还有一株中国茶花王。

姜堰市溱潼镇。

泰州西站有到溱潼的公交专线车，15分钟一班，票价5元。上海徐家汇（每天7:00和9:30）、无锡交运大厦（每天7:40）有直达溱潼的大巴。

8:00~17:30

进入古镇免费，景点门票40元（包括8个小景点）。

www.qintong.gov.cn。

李中水上森林公园

江苏省最大的人工生态林

李中水上森林公园原为荒滩，而如今这里栽种的10万余株水杉、池杉等品种树木已长成高大茂密、生机盎然的水上园林，这个天然大氧吧是都市人回归自然的好去处。

公园一般由以下两种玩法结合：木筏漂流和徒步游走。中午可以在公园中的红膏木屋渔村中品尝苏北水乡美食，若恰逢大闸蟹肥嫩期，还能品尝到正宗的兴化红膏大闸蟹哦。

泰州市兴化市李中镇苏宋村。

50元，木筏漂流40元，二者联票80元。

镇江旅游区

金山公园 AAAAA

"白娘子水漫金山寺"故事的发生地

金山原是江心岛屿，被称为"江心一朵芙蓉"。由金山寺、天下第一泉、塔影湖、百花洲、镜天园等景点组成，还有慈寿塔、法海洞、玉带桥等景点。而每一处都有一段动人的神话和传说，如白娘子水漫金山寺，梁红玉击鼓抗金兵，岳飞金山寺详梦等。

镇江市润州区金山路62号，市区西北约2千米处。

火车站乘2路公交直达，或乘8、34、102、104、123路公交可达。金山到焦山可乘104、123路公交。

旺季65元，淡季50元。

6:00~18:00。

焦山风景区 AAAAA

被誉为"书法之山"

焦山是万里长江中唯一四面环水的游览岛屿，山中碑林石刻内涵丰富，被誉为"书法之山"，又名樵山、谯山、狮岩。焦山山裹寺，有定慧寺、观澜阁、华严阁（华严月色是焦山十六景之一）、三诏洞、壮观亭、别峰庵（郑板桥读书处）、吸江楼等景。

镇江市京口区东吴路东端，市区东北约5千米处的长江之中。

镇江火车站乘4路公交可达。

淡季50元，旺季65元，含摆渡费用。定慧寺15元，索道往返20元。

北固山 AAAAA

以险峻著称，因三国故事而名扬千古

北固山寺冠山，以险峻著称，"刘备招亲甘露寺"使北固山名闻中外。由前峰、中峰、后峰（主峰）三部分组成。有"天下第一江山"石刻、多景楼、凌云亭、狠石、溜马涧、凤凰池等景。甘露寺高居峰巅，寺内包括大殿、老君殿、观音殿、江声阁等建筑。

北固山还有众多人文景观，有东吴大将太史慈和鲁肃的陵墓，有北宋著名词人柳永的坟墓，有南宋民族英雄文天祥虎口脱险遗址等。

镇江市京口区东吴路西端。

镇江火车站乘4路公交可达。

旺季40元，淡季30元。

南山风景名胜区

米芾称之为"城市山林"、国家森林公园

南山公园是招隐山、黄鹤山、夹山、九华山、京岘山等诸山的统称，面积约18平方千米。由招隐景区、竹林景区、鹤林景区和文苑组成。有招隐、鹤林、竹林三大古寺及虎跑泉、鹿跑泉、珍珠泉三口名泉，另有读书台、增华阁、鹿跑泉、杜鹃楼、米芾墓、赵伯先墓、宗泽墓等景。

🏠 镇江市润州区南徐路1号，距市中心2.5千米。

🚌 火车站、大市口乘15公交到风景区；自驾车从引资大道直达。 ¥ 淡季价30元，旺季价40元。

亲历者◎行程

南山景区地方范围较大，景点间距离较远，主要游玩以招隐山为中心。

可先游竹林寺、文苑（竹林寺之东），再从竹林寺漫步至招隐山。招隐山门上有“城市山林”，是北宋大书画家米芾的真迹。接着游招隐寺、虎跑泉、鹿跑泉。

西津渡古街

●历史气息浓郁的文化古街

西津渡自三国时期便是渡口码头，后因江岸逐渐北移，渡口早已不在，只留下了西津渡古街搁在云台山的山腰上。

古街铺满老旧的青石板，两侧是青砖砌成的传统民居和山墙，很显沧桑。古街东段有座建自元代的“昭关石塔”，是国内仅存的过街石塔，游客可以从塔座下穿过。古街不长，边走边逛大概半个多小时就能走到头。如果意犹未尽，可原路返回到待渡亭，从这里的下坡路下去可到老码头文化街区，这里有英租界工部局、德士古洋行等很多复古的旧址建筑。

🏠 镇江市润州区西津渡街25号。

¥ 街区免费开放，参观收费景点（观音洞+救生会）30元。

茅山风景区 AAAAA

●素以“宫观甲天下”著名于世

茅山峰奇、洞异、泉涌、石怪、树古，素以“宫观甲天下”著名于世，现存元符万宁宫、万寿宫、万福宫、五晨观、乾元观等三宫五观。茅山还有九峰、十八泉、二十六洞（以华阳洞、仙人洞为代表）、二十八池之胜景。道家称之为“第八洞天，第一福地”，“秦汉神仙府，梁唐宰相家”。

🏠 句容市茅山镇，东麓在金坛市茅麓镇。

🚌 镇江火车站旁的长途汽车站及常州汽车站有班车可达，最早一班7:30，约需100分钟车程。

🕐 6:00~18:00。

¥ 旺季120元，淡季90元。从金牛岭索道处徒步登山需支付20元；或者坐索道单程30元，往返50元。

亲历者◎攻略

1. 茅山每年最热闹的日子是长达三个月之久的“香期”——每年农历十二月二十四日至次年三月十八日，茅山都会举行道教法会，每天都有道场活动。农历二月二十五、三月十八、十月初三为纪念日，每逢此时，香客众多。

2. 进山前最好多准备硬币，根据经济情况，一般每拜一个神像都可以扔硬币。

住宿

扬州宾馆（三星级）：坐落在市区梅花岭畔（丰乐上街5号），东临史可法纪念馆，西侧紧依古刹天宁寺，是“瘦西湖乾隆水上游览线”的起点站。电话0514-87805888。

莫泰连锁旅店（扬州琼花大厦店，经济型）：位于市中心区域古城区古运河畔，距离富春茶社、瘦西湖、金鹰国际购物中心都很近，价格适中。

扬州花园国际大酒店（四星级）/江阳中路236号/0514-87803333。

红杉树酒店（三星级）/0514-87801888。

中集格兰云天大酒店/扬子江北路368号/0514-87826666。

星程永乐主题酒店/南通西路南门广场15号楼/0514-87315666。

餐饮

淮扬菜系曾为宫廷菜，目前国宴中的大多数菜肴仍属于淮扬菜，该菜系以选料严谨、刀工精细、注重本味著称。扬州的特殊名宴有红楼宴、三头宴、全藕宴。地方招牌名菜有拆烩鲢鱼头、扒烧整猪头、清炖蟹粉狮子头、大煮干丝、醋熘鳜鱼、扬州炒饭、琵琶对虾等。

↓扬州炒饭

扬州小吃也是淮扬菜的一个重要组成部分，三丁包、千层糕、双麻酥饼、笋肉锅贴、扬州饼、蟹壳黄等，这些风味小吃定能让您大饱口福。

扬州美食街有毓贤街、史可法路和四望亭。扬州的餐馆更是鳞次栉比，到处都有。从环境优雅的星级饭店，到菜肴精致的私家小餐馆，随您挑选。

购物

扬州的土特产有牛皮糖、扬州酱菜、双黄鸭蛋、邵伯菱角等。传统工艺品有“扬州二绝”（玉器、漆器）、长毛绒玩具、剪纸、盆景、绒花、秦邮董糖等。

扬州最繁华的商业街在文昌路，汶河路和文昌路交会于文昌阁，周围很热闹。乘12、26等路公交可达这里。

万家福商城/汶河北路1号，文昌阁商业中心/乘29、30路公交到万家福站台下。

扬州玉器厂（以山籽雕最为著名）/丰乐下街10号，乘游旅游专线车、8等路公交可达。

民俗

维扬灯会：一年一度的灯节，农历正月十三上灯，十八落灯，十五是高潮，称元宵佳节。维扬灯会还和猜谜结合起来，称为灯谜。

扬州三把刀：即天下闻名的扬州厨刀、修脚刀、理发刀。以此可以看出扬州的特色，就是吃和娱乐。扬州人有两大享受：“早上皮包水，晚上水包皮。”

高邮中国邮文化节：（10月，每两年举办一次）有古驿站接官仪式、邮市、邮之魂歌舞晚会、水乡民情欣赏等活动。

苏北

国家历史文化名城徐州古称彭城，中华养生学的鼻祖彭祖、汉代开国皇帝刘邦、人杰鬼雄项羽都在徐州留下了他们的痕迹。

海港山城连云港是新亚欧大陆桥的东端起点，因古典名著《西游记》（花果山）而闻名遐尔。

淮北明珠宿迁旅游资源丰富。洪泽湖、骆马湖珍禽聚栖；乾隆行宫气势非凡；楚霸王项王故里雄伟壮观。

淮安（现楚州区）素有“壮丽东南第一州”的美誉。沿大运河，环洪泽湖，自然风光壮丽。随处可见的名人故居、纪念馆以及铁牛镇水等无数的掌故、传说给淮安增添了许多文化韵味。

黄海之滨的盐城因盐得名，历史悠久，人文荟萃。有广阔的滨海平原和大面积的滩涂，以丹顶鹤和麋鹿最为有名。

亮点

必游景点

- **徐州汉文化景区：**是集“两汉三绝”为一体、国内最大的汉文化主题公园，主要包括狮子山楚王陵、汉兵马俑博物馆两个核心。
- **花果山：**电视剧《西游记》的取材地，自古有“东海第一胜境”和“海内四大灵山之一”的美誉。

线路推荐

- **徐州三日精华游**

D1：徐州汉文化景区—淮海战役烈士纪念塔园林—彭祖园—龟山汉墓。

D2：云龙山—云龙湖—泉山森林公园—徐州博物馆。

D3：沛县汉城景区—马陵山。

- **连云港二日游**

D1：孔望山—花果山—连岛旅游度假区。

D2：墟沟海滨风景区—宿城—高公岛。

↓徐州汉文化景区

区域概况

徐州

面积：11258 平方千米

人口：990 万

区号：0516

宿迁

面积：8462 平方千米

人口：560 万

区号：0527

连云港

面积：7614 平方千米

人口：507 万

区号：0518

淮安

面积：10047 平方千米

人口：548 万

区号：0517

盐城

面积：16972 平方千米

人口：823 万

区号：0515

交通信息

飞机

连云港唯一的机场是连云港白塔埠机场，距市区约 25 千米，目前已开通了北京、上海、合肥、广州、深圳、武汉等大部分城市航班，徐州观音机场距离徐州市区约 45 千米，目前已开通有台北、香港、曼谷、首尔、北京、上海、广州、三亚等国内国际航线。

淮安涟水机场位于淮安市东北方向，距离淮安市中心 22 千米，市区万达广场前有机场大巴直达机场。

盐城南洋机场开通有到北京、广州、温州、南通、首尔的航线，市区有民航班车可前往机场。

火车

连云港市区有连云港和连云港东两个主要的客运火车站。两个火车站均有始发北京、汉口、上海、乌鲁木齐、广州等城市的列车，其中在连云港站经停，终点站均为连云港东站。

徐州有徐州站和徐州东站两个火车站，动车、高铁均由徐州东站发车。

徐州旅游区

云龙湖风景区 AAAAA

以山水风光、汉宋历史文化为特色

云龙湖风景名胜区面积12.67平方千米，以山水风光、汉宋历史文化为特色，分为云龙山（有汉画像石、金山塔影）、朱山、西凤山、东湖（有水上世界）、西湖、湖北滨湖南岸（即滨湖公园）7 个片区。有大型冲浪、游船画舫等大型娱乐设施。

徐州市云龙区。

云龙湖水上世界门票 60 元。

徐州汉文化景区

汉代三绝地，徐州第一景

徐州汉文化景区是集“两汉三绝”为一体、国内最大的汉文化主题公园，历史文化胜迹与山水美景交相辉映。主要包括狮子山楚王陵、汉兵马俑博物馆两个核心，以及王后陵、水下兵马俑博物馆、交流中心（汉画像石馆）、汉文化广场、高祖祠、棋茶苑、考古模拟实验基地等景点。

徐州市云龙区兵马俑路 1 号。

乘 5、50、605、608 等路公交到楚王陵站下。

夏季 8:30~17:30，冬季 8:30~16:30。 90 元。

亲历者◎攻略

到徐州有三个景点不容错过，龟山汉墓、狮子山楚王陵、北洞山汉墓，三座墓葬各有特色，论墓葬的规模，当然是狮子山楚王陵了。

汉画像石艺术馆

如同一部“绣像的汉代史”

汉画像石艺术馆是收藏、陈列、研究汉画像石的专题博物馆。该馆占地 1 万平方米，由一组仿汉唐式建筑群组成，漫步在一块块画像石中间，犹如置身于瑰丽的历史画廊，能给您带来知识的启迪、艺术的享受。

徐州市云龙区云龙湖湖东路。

47 路、63 路空调、游 2 路“汉画像石馆”站下即到。

8:30~17:30。 免费。

www.xzhhxs.cn。

淮海战役烈士纪念塔园林

光荣历史的见证，激励后人的丰碑

淮海战役烈士纪念塔园林内有烈士纪念塔、战役纪念馆、总前委群雕、徐州国防园和碑林五大主体建筑及青年湖、粟裕墓等景，是光荣历史的见证，也是激励后人的丰碑。

徐州市泉山区解放南路 2 号凤凰山下。

乘游 1、游 2、11 路公交可到。

彭祖园

彭祖文化的发源地集萃地

彭祖园是综合性园林，有彭祖祠、彭祖像、大彭阁。含动物园、不老湖、福寿山等 5 大景区 30 多处景点。是人们祭拜彭祖，寻访彭祖胜迹，探寻养生文化，祈福祈寿的最佳去处。每年春季举办樱花节。

徐州市泉山区泰山路。

乘游 1、11、603 路公交可到。

大门票免费，动物园门票 15 元。

www.pzy.cn。

沛县汉城

汉文化主题公园

沛县汉城是一座集古典建筑精华与现代

造园艺术为一体的综合性公园。由汉城公园（含六景区）、汉街、汉高祖原庙、歌风台即藏有大风歌碑的沛县博物馆）、沛公大酒店等大型仿汉建筑群组成。兼设餐饮、游乐、停车场等中小配套设施，常有汉文化表演，是理想的旅游、购物场所。

沛县汉城南路1号。

乘徐州客运汽车站乘客车直达县城。

8:00~18:30。

50元（歌风台20元，汉高祖原庙10元，汉城公园20元）。

马陵山

以文化遗存和革命纪念地为内容

马陵山，当地人称“五姊妹山”。马陵山景区以古老的文化遗存和革命纪念地为内容，集中了花厅古文化遗址、项梁墓、乾隆行宫遗址、皇娘墓、三仙湖、古马陵道、抗日纪念碑亭、宿北大战纪念碑亭等60多处自然景观和人文景观，众多的名胜古迹和丰厚的历史文化内涵吸引中外游客。

新沂市新安镇。

徐州有班车直达。

40元。

云台山风景区

云台山风景区由5条山脉组成：锦屏山（孔望山、石棚山、桃花涧、将军崖岩画、白虎山、海州古城），前云台山（花果山、渔湾、东磊），中云台山，后云台山（宿城景区、墟沟景区、高公岛、黄窝），连岛。以山水岩洞为特色，共14个景区，180平方千米。

孔望山风景区

被史学家称为“九州崖佛第一尊”。

孔望山因孔子曾经登此山望海而得名，是一座规模宏大的汉文化博物馆。2500多年前，著名的“孔子问官”（当年孔子曾在此山头向郯子请教官职制度方面的学问）故事就发生在这里。景区有飘然亭、杯盘砚石、龙洞庵、龙洞古刹等景点，最负盛名的是位于孔望山南麓的孔望山摩崖造像，被史学家称为“九州崖佛第一尊”。

连云港市海州区朐阳镇孔望山村。 40元。

花果山 AAAAA

“四季花果不绝”的人间仙境

花果山是电视剧《西游记》的取材地，被誉为“孙大圣故里”，自古有“东海第一胜境”和“海内四大灵山之一”的美誉，集山石、海景、古迹、神话于一身。有水帘洞、老君堂、仙人桥、南天门、三元宫、唐僧家世碑、照海亭、美人松等景点。

连云港市海州区花果山镇，距市区7千米。

连云港火车站门口坐b11路、游2路到终点站花果山景区站下可到。10路公交花果山山门站经过的是花果山街道办事处的驻地，离景区大门还有2公里，别坐错车了。 旺季100元，淡季50元。

亲历者◎攻略

1. 每年7~8月“连云港之夏”、《西游记》文化节期间（9月下旬）到花果山，不仅可以登山观景、不同方式品味《西游记》，还可在山门广场和水帘洞广场观看“中华鼓王”桑殷庄锣鼓队表演“威风锣鼓”，以及歌舞表演等。

2. 吃：景区及周边都有海鲜排档，能品尝到连云港的特色美食，只是相对市区选择稍少且稍贵。山中的南花厅是山中品茶的好地方，用惠心泉的水泡云雾茶，为云台山茶道中的双绝。

渔湾

被誉为“苏北的九寨沟”

渔湾是一座自然景观十分美丽的小山，以瀑布、峭壁、怪石叠化而成，被人们誉为“苏北的九寨沟”，在云台山三十六景中叫做“三潭汲浪”。有以三龙潭、二龙潭、老龙潭、藏龙洞、绿水汪、清水汪、黄水汪形成三潭一洞三汪的景观。

连云港市海州区云台乡。

新浦汽车站有中巴到。

40元。

连岛旅游度假区

江苏省面积最大的岛

东西连岛由东连岛和西连岛组成，有神州第一堤与大陆相连，是江苏省面积最大的岛。连岛海岸线长17.66千米，是“欧亚大陆桥东桥头堡”的天然屏障。该景区集山海、林石滩及人文景观于一体。有大沙湾游乐园（即连岛海滨，是江苏省最大的天然优质海滨浴场）、苏马湾生态园（高档，有琅琊石刻等景）等景点。

连云港市连云区连岛镇。

市中心新浦乘33路车（票价2元）可达，新浦华联、墟沟铁路海棠路道口、海州西门等处，夏秋季都有旅游班车前往。上海自驾：中环线—沪嘉高速（A12）—沿江高速—苏通大桥—沿海高速—连徐高速—西大堤—连岛。

连岛无需门票，内部的连岛海滨浴场（含大沙湾游乐园、苏马湾生态园）旺季50元，淡季30元。

www.lygld.cn。

淮安旅游区

周恩来故里景区 AAAAA

一代伟人周恩来

景区由周恩来纪念馆、周恩来故居、附马巷历史街区和河下古镇四部分组成。

周恩来纪念馆

这个获得过国家建筑界诸多大奖的馆区，每幢建筑的棱角、高度都有怀念周恩来的象征意义，整体令人感觉庄严肃穆。在这里，不仅可以了解到周恩来的事迹，看到很多珍贵的实物，还可以欣赏令人陶醉的风景，夏日湖中荷花盛开，份外美丽。

淮安市淮安区永怀路2号。

8:30~17:30（16:30停止入馆），周一闭馆。

周恩来故居

周恩来故居是清咸丰到光绪年间建造的苏北民房，青砖灰瓦，古朴典雅。周恩来诞生在这里，并渡过了12个春秋，离开淮安后便再也没有回来过。

在故居里，你可以看到周恩来诞生的房间、家人卧室等，一切如同在影视剧中看到的周恩来幼年居所，还呈现着原样。此外，通过各种图文资料和实物展览，可以了解到周恩来的身平。

淮安市淮安区驸马巷7号。

8:30~17:00，周一闭馆。

驸马巷

驸马巷是指古城淮安西北隅的一条小巷，原名望仙巷。因明惠帝朱允炆在此巷内为驸马都尉黄琛建造了一座驸马祠，故改名为驸马巷，一直沿用到今天。饮誉海内外的周恩来同志故居就坐落在这条巷内。

淮安镇淮楼西北隅约三百多米处。

河下古镇

河下古镇曾名北辰镇，是淮安历史文化名城的核心保护区之一。河下有五大特色：文化重镇，军事重镇，盐商重镇，中医重镇（山阳医学的发源地），美食重镇（淮扬菜的发源地）。

不仅如此，这里还曾诞生巾帼英雄梁红玉、大文学家吴承恩等历史名人。明清两代这里曾出过67名进士、123名举人、12名翰林，有“进士之乡”之称，文化底蕴十分深厚。

淮安市淮安区。

乘坐69路公交即可前往。

铁山寺森林公园

国家级森林公园

铁山寺森林公园是江苏保存最好、面积最大的野生动植物王国。有铁山禅寺、紫金山天文台盱眙观测站（亚洲第一、世界第二）、孔雀园、百岁亭、天泉湖等景点。还有焦赞大营、沈文㵘园（中国第一家纯种藏獒观赏基地）等娱乐设施。

盱眙县王店乡。

南京中央门汽车站乘车至盱眙，搭铁山寺旅游专线车直抵景区。

80元。

www.tsspark.com。

第一山风景名胜区

“阅尽江淮平里地，且看东南第一山”

第一山原名南山，景区内有翠屏堂、春昼堂、玻璃泉亭、明伦堂、磨崖石刻保护廊等。沿淮风光带（主题是淮河文化）是第一山景区的重要组成部分，充分展现了盱眙“城在山中立，水在城边绕，山水城相依”的绝妙特色。

盱眙县淮河北路。

乘1、2、4路公交可达。

淡季30元，旺季50元。

盐城旅游区

大纵湖风景区

●大纵湖享有苏北第一湖的美誉

大纵湖风景区建有水上风情、佛教文化、芦苇迷宫等功能区，形成湿地生态、兴湖晚照、仙岛琼阁 8 大景观，其中芦苇迷宫为全国之最，获吉尼斯世界记录。

🏠 盐城市盐都区大纵湖镇。

🚌 盐都汽车站乘开往大纵湖班车可达。

¥ 100 元。

☎ 0515-88681121。

丹顶鹤（珍禽）自然保护区

●是丹顶鹤的主要越冬地

丹顶鹤自然保护区又名鹤乐园，核心区面积 26 万亩，区内建有海洋馆、蝴蝶馆、游客接待中心等景点和服务设施。

🏠 盐城五县市的沿海滩涂,核心区入口在射阳县新洋港。

🚌 盐城汽车站乘至新洋港的长途班车可达。中巴路过门口在鹤乐园站下，票价 13 元，约 1.5 小时车程。

¥ 30 元，停车费 5 元。

中华麋鹿园 AAAAA

●世界上最大的麋鹿野生种群

中华麋鹿园是世界上第一个也是面积最大、种群数量最多的野生麋鹿园。它集生态旅游、休闲度假、科普教育、科研保护于一体。是全球唯一、中国仅有的以麋鹿文化为主题的国家 4A 级旅游景区。园内有金滩鹿鸣、封神台、观鹿台等景点。被列入国际重要湿地的中华麋鹿园以其旅游资源的世界性、独特性和神秘性吸引着来自五湖四海的宾朋。

🏠 大丰区黄海之滨的湿地滩涂，入口在川东农场附近。

🚌 盐城汽车站乘长途班车，约 2.5 小时车程。自驾车：上海—苏通大桥—沿海高速—大丰白驹出口下—丰山集团右拐—麋鹿公路—中华麋鹿园。

¥ 50 元。

☎ 0515-83391912/83391999（订票）。

住宿

去苏北旅游，住宿可选择在淮安或徐州，这两处一是著名景点较多，二是位置都处于交通枢纽，出行方便快捷。

嘉利国际酒店（四星级）/ 徐州市浦津西路 202 号 /0516-83838888。

宏达宾馆 / 徐州鼓楼区大马路 40 号 /0516-68000700。

花园饭店 / 徐州市解放路 1 号 /0516-83612777。

淮安迎宾馆（四星级）/ 淮安市淮海北路 121 号 /0517-83180888 。

开元名都大酒店 / 淮安市清河新区水渡口大道 135 号 /0517-80999999。

餐饮

徐州久负盛名的菜肴如雉羹、霸王别姬、沛公狗肉、鼋汁狗肉、羊方藏鱼（因将鱼置于割开的大块羊肉中文火同炖而得名，汉字“鲜”字即源于此）等。特色小吃有烙馍、龟打、壮馍等。解放南路和复兴路是徐州著名的美食街。

淮安是淮扬菜的发源地，其菜品细致精美，格调高雅，善用炖、焖、煨、焐等烹调方法，口味平和，清鲜而略带甜味。著名菜肴有清炖蟹粉狮子头、大煮干丝、三套鸭、水晶肴肉、松鼠鳜鱼、梁溪脆鳝等。朱坝锅贴城（洪泽县高良涧镇）是全国有名的鱼虾美食城，拥有 48 家店面，公共设施齐全。

民俗

徐州琴书：唱腔优美、曲调丰富、音乐伴奏有独特风格，书（曲）目繁多，演唱语言是徐州的方言土语，贴近生活，紧跟时代。徐州琴书在全国曲艺园地中占有一定的位置，被称为江苏省三大曲种（徐州琴书、苏州评弹、扬州评话）之一。

云龙山庙会：始于清代康熙年间，是徐州乃至淮海经济区内最具影响力的民俗活动之一。每逢庙会期间，数万人潮涌而至，景象热闹非凡。

●面积

10 万平方千米，全国排名第 25 位

●人口

5539 万，全国排名第 11 位

●世界遗产

江郎山、杭州西湖、大运河浙江段

●国家 5A 级风景区

杭州市西湖、温州市雁荡山、舟山市普陀山、嘉兴市乌镇、嘉兴南湖旅游区、杭州西溪湿地旅游区、绍兴市鲁迅故里—沈园景区、衢州市开化根宫佛国文化旅游区、湖州市南浔区南浔古镇景区、杭州市淳安县千岛湖风景区、宁波市溪口滕头旅游区、金华市横店影视城、台州市天台山景区、台州市神仙居景区、嘉兴市西塘古镇旅游区、衢州市江郎山 · 廿八都旅游区

●国家重点风景名胜区

杭州西湖、富春江－新安江、雁荡山、普陀山、天台山、嵊泗列岛、楠溪江、莫干山、雪窦山、双龙、仙都、江郎山、仙居、浣江—五泄、方岩、百丈漈—飞云湖、方山—长屿硐天、天姥山

浙江旅游网
www.tourzj.com

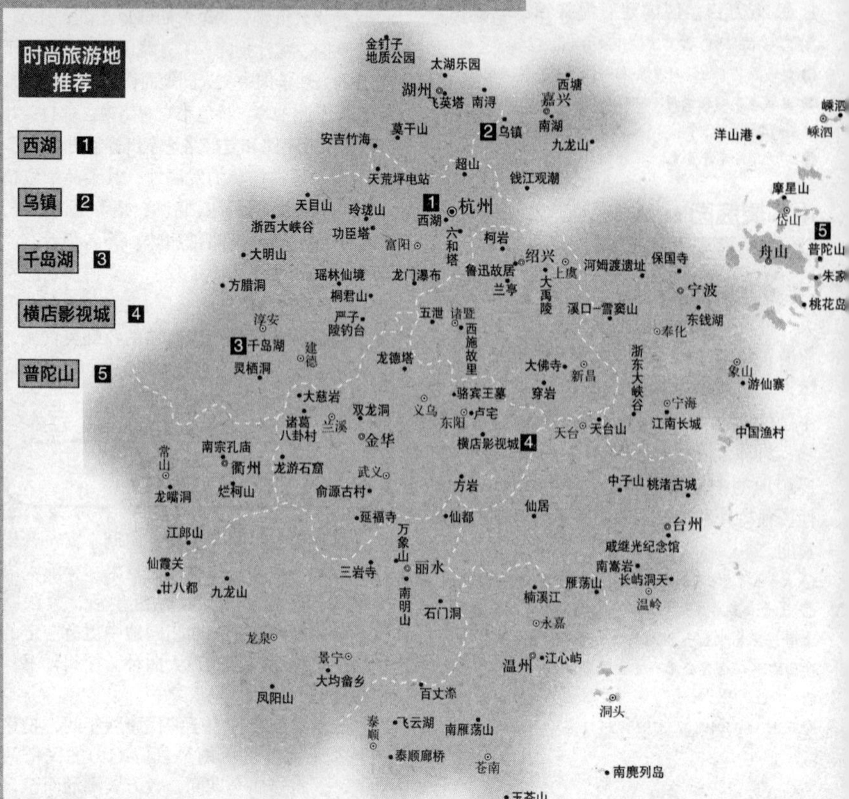

浙江

浙江是我国岛屿最多的省份，以文物之邦、旅游之地著名。西子湖畔，千岛之湖，钱江涌潮，每年都吸引着大批的海内外旅游者。“海天佛国”普陀山、“东南第一山”雁荡山，还有乌镇、西塘江南古镇感受小桥流水的水乡风情。

诗画浙江

杭州

“上有天堂，下有苏杭”表达了古往今来的人们对于这座美丽城市的由衷赞美。

钱塘江在这里掀起惊天海潮，大运河在这里开始浪漫之旅。如果说在此建都的 14 位皇帝为杭州种植了历史的灵魂的话，那么西湖则是杭州最妩媚的脸庞。杭州，西湖，美女，丝绸，总令人魂牵梦萦……

有着 2200 多年悠久历史的杭州，孕育了我国古代四大发明之一的活字印刷术发明者毕升和杰出科学家、《梦溪笔谈》作者沈括等伟大人物。杭州是中国的“丝绸之府”，又是“鱼米之乡”“茶叶之地”，为著名绿茶“龙井茶”产地。

面积：16596 平方千米
人口：703 万人
区号：0571

亮点

必游景点

- **西湖**：天下西湖三十六，就中最美是杭州。
- **宋城**：中国最大的宋文化主题公园，再现了宋代汴京和临安的京都繁荣景象。
- **双溪竹海漂流**：有“水清、竹多、落差大”等特点。
- **浙西大峡谷**：华东第一旅游峡谷，徒步旅行理想之地。
- **千岛湖**：以千岛、秀水、金腰带为特色景观，是世界上岛屿最多的湖，
- **西塘**：以廊棚和古弄（以石皮弄最为有名）独树一帜。
- **乌镇**：中国江南的封面，分为东栅、西栅、南栅、北栅四个区域。
- **莫干山**：以竹、云、泉“三胜”和“清凉世界”而驰名，四大避暑胜地之一。

↑杭州西湖

必逛街道

- **清河坊**：是杭州怀旧的必去之地，全长 460 米，已有三百多年历史，有老店胡庆余堂、太和茶楼、万隆火腿庄和“五杭三绝”等老店。
- **湖滨路**：是整个杭州的厅堂和门面，也是西湖乃至整个杭州晚上最夺目的地方。
- **延安路和解放路**：是杭州最繁华的商业街，武林广场则是市中心。有龙翔服饰城、元华商城等特色购物好去处。

线路推荐

- **杭州经典六日游**

D1：步行西湖：断桥—白堤—平湖秋月—孤山—西泠印社—岳庙（吃午饭）—苏堤—花港观鱼—杨公堤—郭庄—曲院风荷。

D2：骑行湖山之间：断桥（租自行车）—北山街—植物园—灵隐路—龙井路—中国茶叶博物馆—龙井（吃午饭）—杨梅岭—九溪十八涧—之江大道—六和塔—虎跑路—南山路—湖滨路—断桥。

D3：城区：河坊街胡庆余堂—胡庆余堂中药博物馆—胡雪岩故居—中国丝绸城。

D4：远郊：径山或超山。

D5：山间：梅家坞—云栖竹径—灵竺景区。

D6：乘船：西湖—西溪湿地—古运河（晚上）。

- **嘉兴经典四日游**

D1：南湖风景名胜区。

D2：西塘。

D3：乌镇。

D4：盐官观潮—陈阁老宅—海宁皮革城—南北湖。

交通信息

飞机

杭州萧山国际机场位于钱塘江南岸萧山区新街镇东，距杭州市中心约 27 千米。机场有巴士往返于杭州市区的武林门、火车东站等主要地点，以及周边城镇，如绍兴、义乌、金华、苏州、乌镇等地。

火车

杭州目前有两个火车站：杭州站和杭州东站。杭州站是杭州最主要的火车站，靠近市中心，火车东站是高铁客运站。

市内交通

目前杭州城区已开通 1 号线、4 号线，以及纵贯萧山区，终到朝阳站的 2 号线。城站火车站、火车东站、余杭高铁站均有地铁直达。

杭州城区景点

宋城

●中国最大的宋文化主题公园

宋城是参照名画《清明上河图》的画意设计的景区，主要分为清明上河图再现区、九龙广场区、瀛洲仙山区、宋城广场区等部分。城内的宫苑、驿站、店铺作坊、市井、虹桥、城楼、仙山、郊野及街头的民俗文化表演，再现了宋代汴京和临安的京都繁荣景象。

杭州市西湖区之江路148号,之江国家旅游度假区内。

乘 308、510 路公交可到。

9:00~21:00，节假日开园时间提前。

景区为一票制（入园门票 + 演出票），分为：贵宾票 280 元、尊宾票 300 元、豪华票 480 元。

www.songchengcn.com。

亲历者◎攻略

1. 景区每年农历正月初一至十五举行宋城新春大庙会，庙会包括看春和闹春。可以观看“南宋船拳”“燕青打擂”等反映宋代文化的大戏和“宋词文化长廊”等节目。闹春则包括抛高福、高财进宝、财神撒宝、八仙赠福、县官骑毛驴、飞天高跷等十几台活动和民俗大戏。

2.《宋城千古情》演出开始时间为 17:00，之后每半小时一场，直至闭城，每场演出时间为 1 小时。

西溪国家湿地公园 AAAAA

●堪称中国湿地第一园

西溪在杭州西北，《梦梁录》说：“自武林山之西，名曰西溪。”自古便极具盛名，南宋皇帝赵构曾想建都于此，后见凤凰山改了主意，留下一句“西溪且留下”，成就了西溪千古美名。随着电影《非诚勿扰》的热播，西溪湿地才真正名扬天下。

西溪国家湿地公园是罕见的城中次生湿地，堪称中国湿地第一园。一期主要景点有烟水渔庄、秋雪庵、西溪水阁、梅竹山庄、西溪梅墅等。二期主要景点位于福堤和绿堤附近，有杭州湿地植物园、高庄等景点。

杭州市西湖区蒋村乡。乘 Y13、K301、K506 路公交可到。

4 月 1 日 ~10 月 31 日 8:30~17:30；11 月 1 日至次年 3 月 31 日 8:30~17:00。

电瓶船 60 元，摇橹船每船 100 元（每小时）。

亲历者◎攻略

1. 自驾车不得停在西溪湿地公园停车场及天目山路两侧，去西溪湿地游览可以从黄龙旅游集散中心乘观光巴士 5 号线直达西溪湿地公园。

2. 杭州西溪国家湿地公园西区不收公园大门票，游客可以自由进出。若参观以下五个文化布展景点：钱塘望族、洪升纪念馆、清平山堂、龙舟胜会、五常人家，则需付 40 元。

清河坊历史文化特色街区

●杭州目前唯一保存较完好的旧城区

清河坊全长 460 米，已有三百多年历史，老店胡庆余堂、回春堂等药店，太和茶楼、太极茶楼等茶楼均集中在这里，更有方裕和、万隆火腿庄、西乐洋羊汤饭店和“五杭三绝”等老店。这里的茶文化、药文化、食文化及众多的百年老字号商铺的文化，加上各种民间艺人及市井民俗的小摊，充分体现市井民俗风情特色，是杭州怀旧的必去之地。

杭州市上城区大井巷。

乘 60、127、195 路公交车到高银街东口站下车即可。

西湖环湖景区 AAAAA

●天下西湖三十六，就中最美是杭州

杭州西湖风景名胜区是世界一流风景区，总面积59.04平方千米，分为9大景区：环湖景区、北山景区、吴山景区、植物园景区、灵竺景区、凤凰山景区、钱江景区、五云景区、虎跑龙井景区。有122处景点，包括著名的西湖十景、西湖新十景和三评西湖十景。

环湖景区、北山景区和吴山景区是西湖风景名胜区的核心景区，环湖景区更是核心中的精华，包括1山（孤山）、3岛（小瀛洲、阮公墩、湖心亭）、3堤（苏堤、白堤、杨公堤）、5湖、湖滨系列公园等景点。

杭州市西湖区。湖岸有旅游观光车，湖中有机动游船。

400-8780011。

www.hzwestlake.com。

孤山

●西湖中最大的岛屿

孤山海拔38米，是西湖群山中最低的山，然而却是湖中最大的岛屿，经西泠桥（桥畔有慕才亭）和白堤与湖岸相联。岛上有秋瑾墓、西泠印社、楼外楼、中山公园、文澜阁、放鹤亭等景点，周围有岳墓栖霞、平湖秋月等景点。

西泠印社是我国专门研究金石篆刻和书画艺术的著名学术团体。这里占湖山之胜，览金石之华，是孤山园林的精华所在。从自然景观论，西泠印社有四个特点：一是闹中取静，静中有动；二是高低错落，富有层次；三是视觉明快，景观丰富；四是依山傍水，山上多泉。

杭州市西湖景区孤山西麓。

乘游10路公交到西泠桥下，步行前往。

苏堤

●西湖十景之首苏堤春晓

苏堤是一条贯穿西湖南北风景区的林荫大堤，全长近3千米，后人为纪念苏东坡治理西湖的功绩而将其命名为苏堤。堤上有映波、锁澜、望山、压堤、东浦、跨虹等六座玲珑小桥，周围有苏堤春晓碑亭、苏东坡纪念馆等景点。

苏堤春晓免费。

雷峰塔景区

●雷峰夕照

夕照山景区有雷峰塔、夕照亭、妙音台等景。周边有长桥公园（长桥是西湖3大情人桥之一，桥旁有双投桥和朱娘酒店）、唐云艺术馆（仿古式江南园林式建筑）等。山北麓的汪庄现为西子宾馆。

雷峰塔（重建）：五面八层，各层盖铜瓦，飞檐翘角下挂铜风铃。每当夕阳西照，塔影横空，亭台金碧，故得“雷峰夕照”之名。

杭州市西湖区南山路15号（西湖南岸南屏山旁）。

乘Y2、51、52、334路至净寺站下。

雷峰夕照40元。 0571-87982111。

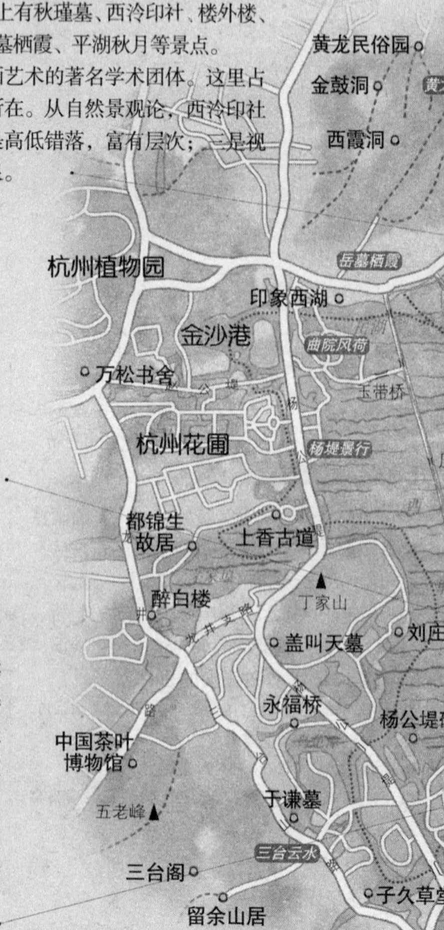

亲历者◎攻略

1. 市内有多条公交线路直通西湖的各个景点，每一个大的景区也都有公交前往。上车之前，最好看清站牌，选择你最想去的那个景点。

2. 在三台山的三台阁上有一个角度可以真正看到西湖的全貌“一湖双塔三岛三堤”。这里游客也不多，是个独自赏湖的好地方。

3. 西湖游船：画舫（湖滨二公园码头、少年宫码头）；休闲船（钱王祠码头、五公园码头等），在任意码头上船，可上岛游游览三潭印月后可任选湖滨、中山、岳庙、花港码头上岸。

白堤

●断桥残雪

白堤含断桥和锦带桥。断桥1941年改建，是一座单孔净跨的石拱桥，全长1千米，桥东有“云水光中”水榭和断桥残雪碑亭。冬天下雪的时候，从葛岭远眺，桥与堤似断非断，所以得名“断桥残雪”。

🚌 乘7、51、52路公交可达。

亲历者◎攻略

在断桥马路对面的市少年宫隔壁，有一家叫酒旗风的小茶餐厅，推荐菜泡饭、煲仔饭味、干鱿辣泡饭（10元/碗），味道很不一般。另外，店里还有很多智力玩具和各种棋牌可供娱乐。

灵竺景区

●灵隐禅踪、双峰插云

灵竺景区多山，以灵隐寺和三竺最有名。法喜寺（上天竺、白云峰麓、大雄宝殿有500罗汉山）、法净寺（中天竺、稽留峰麓。因祈雨“灵验”而蜚声）、法镜寺（下天竺，面对月桂峰，背后有金佛洞、三生石、莲花泉等景）。

灵隐禅踪：我国著名古刹，飞来峰（全国重点文物保护单位）是灵隐寺里的镇寺之宝，在青林洞、玉乳洞等洞壑以及沿溪涧的悬崖峭壁上，有石刻造像330余尊。

双峰插云：双峰即南高峰、北高峰，分别位于西湖之西南、西北。北高峰海拔350米，是登顶览胜佳处，峰巅有世纪钟，与南高峰遥相呼应。

🏠 杭州市西湖区西湖西北部。灵隐寺位于灵隐路法云弄1号。

🚌 乘Y1、K807等路公交可到灵隐寺。

¥ 飞来峰景区45元，进灵隐寺加30元。市内乘公交324、7、807、807、游2至灵隐站下。

亲历者◎攻略

1. 飞来峰最大的石刻——大肚弥勒佛前可以照像，但要收取景费1元。去灵隐寺可不用带水，里面有烧开的山水供应。

2. 灵隐寺和飞来峰共用一个大门，进门的门票只能参观飞来峰，灵隐寺需另买门票。

杭州郊县景点

钱江观潮城

●观潮胜地

钱江观潮城是以钱江大堤为纽带的观潮胜地。每年农历八月十八日前后数天，是观看钱江潮的最佳时期。观潮期间，都会举行中国国际钱江（萧山）观潮节。

杭州市萧山区南阳镇赭山。

乘 411、511 路观潮城站下车即可到达。

20 元。

亲历者◎攻略

1. 在杭州市区，西湖六和塔的塔上及塔下，钱塘江桥旁的江滨，以及从大桥至九溪南端的之江路边都是观潮的好地点。

2. 杭州萧山钱江观潮度假村，位于萧山南阳观潮景区内，多次承办中国国际观潮节。

湘湖景区

●与西湖并称为"姐妹湖"

湘湖开凿于北宋，分上下两湖，中狭处架通两岸，自古以来与西湖并称为"姐妹湖"。分为越堤、湘堤，鱼浦景区、越楼景区、跨湖桥景区、城山景区、湖上景区等。

杭州市萧山区湘湖旅游度假区。

杭州吴山广场汽车站乘 327 路公交到湘浦观鱼下。自驾车：上海—沪杭高速—杭州绕城高速—下沙钱江大桥—杭金衢萧山东出口—金城路—风情大道—湘湖。

景区免费开放，游船、水景秀等项目另收费。

双溪竹海漂流景区

●江南第一漂

景区凭借"水清、竹多、落差大"这些自然优势和"茶文化、竹文化、水文化、宗教文化、农耕文化"的有机融合，不断开拓创新推出雨漂、夜漂、冬漂、皮筏漂等漂流套餐，被誉为"江南第一漂"。整个景区内有双溪叠月、陆羽泉（被誉为天下第三泉）、径山寺（茶道发源地）、苎翁垂钓、山歌对唱、夹堰险漂、双龙戏水等十余个景点。

杭州市余杭区径山镇双溪竹海路 7 号。

7:30~17:00，夜间 18:30~20:30（7 月 11 日 ~9 月 28 日）。

竹筏漂流 100 元电瓶车（单程）10 元；皮筏漂流 125 元；漂流巴士 10 元。

0517-88501888。

亲历者◎指路

1. 杭州武林门北 -（506 公交车）余杭终点站 -（479 公交车）径山车站 -（498 公交车）双溪。

2. 杭州旅游集散中心（黄龙路 3 号），逢周六、日 8:30 发车，15:30 双溪返程。

亲历者◎攻略

1. 双溪漂流可乘竹筏或皮艇，两岸风景极美，漂流程度比较温和，适合漂流经验不多者、年龄较大者和体质较弱者。漂流结束后有大篷车送返停车场。

2. 住：景区内有陆羽山庄，毗邻径山寺，处于漫山遍野的翠竹怀抱中，引溪水入院，有独立别墅，也有客房。

西天目山

●有"大树王国""清凉世界"之称

西天目山为江南宗教名山，史称三十四洞天。景区峰峦叠翠，古木葱茏，有奇岩怪石之险，有流泉飞瀑之胜，有"江南奇山""大树王国""清凉世界"之称。主要景点有 4 溪、5 潭、6 洞、7 涧、8 台、9 池、12 岩、27 石、28 峰，山上有开山老殿、禅源寺等古迹。

临安市西天目乡。

大树王景区（含禅源寺）140 元，冰川大峡谷景区 50 元，禅源寺景区 20 元。

www.cntms.org。

亲历者◎指路

从杭州西站乘到临安的大巴，到了临安直接进新汽车站坐车到於潜，於潜到西天目的车子比较多。杭州西站到天目山的车是在新站台买票，而到临安的车是在老站台买票。

浙西大峡谷

●被誉为华东第一旅游峡谷

浙西大峡谷被誉为华东第一旅游峡谷。全长 81 千米，共分龙井峡、上溪峡和浙门峡三个景段。现开放的龙井峡内有鸬鹚潭、吊水岩、柘林瀑、剑门关、嬉水滩（徒步穿越区）、白马崖等景点。

临安市大峡谷镇。白马崖在龙井桥乡上坪村坑内，距老碓溪景区1千米。

龙岗镇有中巴可到。

柘林瀑、剑门关、老碓溪、白马崖150元，景区交通费30元。

亲历者◎攻略

1. 浙西大峡谷适合夏季去游玩，冬季去没多大意思。另外，景区内的景点一天可以游完，但早上必须得很早从杭州出发，所以会比较累，如果选择舒服一点的，建议还是二日游。

2. 嬉水滩有新修游步道贯通。游步道傍水而行，逆流而上，迂回曲折。有石阶，有栈道，有汀步，有曲桥，景随路变。滩内辟有水车坊、梅鹿苑供游客观赏嬉耍。

富春桃源风景区

●以山清水秀、林茂洞奇而著称

富春桃源以山清水秀、林茂洞奇而著称。主要分为九霄碧云洞、逍遥岩岭湖、桃源三家村（渔村、牧村、稻香村）等景区。其中九霄碧云洞被誉为“亚太第一大洞厅”，游人可乘坐地轨式观光缆车直达洞口。原始野楮林有百余亩充满生机的野生楮树林，生态环境优越，山腰有轻轨列车与碧云洞相连。

富阳区胥口镇上练村。

130元（含缆车单程）。

www.fcty.com。

亲历者◎指路

杭州安琪儿车站（杭州东站隔壁）乘坐至万市的中巴，到景区门口下车。或在东站乘坐千岛湖方向的中巴，在胥口下车，再花1元车资至景区门口。

千岛湖风景区 AAAAA

●以千岛、秀水、金腰带为特色景观

千岛湖是筑坝拦江蓄水而形成的人工湖，是世界上岛屿最多的湖，也是目前国内最大的国家级森林公园。湖中拥有形态各异的大小岛屿1078座，整个湖区分为东北、东南、西北、西南、中心五大湖区。主要有梅峰览胜、五龙岛、温馨岛、猴岛、孔雀园、神龙岛、桂花岛等景点。

淳安县境内，中心湖区在千岛湖镇。

杭州至千岛湖旅游客运专线车始发站点为钱江市场停车场，终点为千岛湖旅游车站。杭州首班车5:10，千岛湖末班车16:30，25分钟一班，票价45元。

旺季150元(3–11月)，淡季120元(12月至次年2月)，船票65元。

亲历者◎攻略

1. 4~5月千岛之春，踏春采绿，风景最秀美；6~9月，到千岛湖玩水是再好不过了，金秋九月千这里还举办秀水节；10~11月是去千岛湖采摘的好时节；当然，一年四季均可到千岛品鱼，极富地方特色的美食节定能让您大快朵颐。

2. 千岛湖镇有“千岛湖旅游码头”和“西园旅游码头”两个码头。游船线路有三种可选择。

瑶琳仙境

●被誉为“全国诸洞之冠”

瑶琳仙境是个石灰岩的大溶洞，以神奇的地貌和瑰丽多姿的钟乳石蜚声中外。共分7个洞厅。前4个洞内有23组100多个景点，后3个洞是利用声、光、电等现代化手段建成的“神仙世界”。第三洞厅的“瑶琳玉峰”被定为瑶琳仙境的标志。

桐庐县瑶琳镇。

116元。

桐庐县城老桥头乘中巴可达。

绍兴旅游区

鲁迅故里—沈园景区 AAAAA

●解读鲁迅

鲁迅故里，为鲁迅先生青少年时期生活过的故土。原汁原味的三味书屋、百草园、鲁迅故居、鲁迅祖居得以完整保护，长庆寺、土谷祠、静修庵、恒济当铺、咸亨酒店等鲁迅笔下遗迹穿插其间，寿家台门、朱家台门、何家台门等一批老台门古韵犹存，成为一个解读鲁迅作品、品味鲁迅笔下风物、立体感受鲁迅当年生活情境的真实场所，是绍兴的镇城之宝。

沈园原为沈氏私家花园，占地57亩，为南宋著名园林，内有陆游《钗头凤》题词，分为古迹区、东苑和南苑三处，含孤鹤轩、双桂堂、宋井亭、《钗头凤碑》、情侣园等景观，并已形成“断云情歌”“诗境爱意”“春波惊鸿”“残壁遗恨”“孤鹤之鸣”“碧荷映日”“宫墙怨柳”“踏雪问梅”等十景。

🏠 绍兴市越城区鲁迅中路。

🚌 市区可乘坐8、10、24路等公交车到鲁迅故里，从鲁迅故里景区步行300米即到沈园。

¥ 鲁迅故里免费，沈园白天40元，夜晚A座138元，B座118元，C座80元。

柯岩风景区

● 一日柯岩游，尽览越千年

柯岩风景区依托千年越文化，彰显绍兴独具特色的石文化、水文化、桥文化、酒文化、戏曲文化、名士文化、民俗文化等人文资源，不仅乃绍兴久负盛名的传统旅游胜地，更是宛如镶嵌于此方土地上的一颗璀璨明珠，目前已形成柯岩、鉴湖与鲁镇三大景区。

🏠 绍兴市柯桥区柯岩大道558号。

🚌 绍兴市区可乘坐77、603路，柯桥区可乘坐607、805路公交车到达景区。

¥ 115元（含柯岩、鉴湖、鲁镇、画舫船票）。

会稽山

● 中国山水诗的重要发源地之一

会稽山，原名茅山，亦称亩山，以历史文化、地方风情为特色，融自然山水风光于一体。整个景区由大禹陵、百鸟乐园和香炉峰三个景点组成，总面积达5平方千米。

会稽山不仅是中国历代帝王加封祭祀的著名镇山之一，亦是中国山水诗的重要发源地之一，历代文人雅士留下了众多诗文佳作，文化积淀甚为浓厚。如三过家门而不入的上古治水英雄大禹，一生行迹中的四件大事（封禅、娶亲、计功、归葬）皆发生在会稽山。

🏠 绍兴市越城区二环南路大禹陵景区内。

🚌 乘2路或10路公交车可到。

¥ 50元。

嘉兴—湖州旅游区

西塘古镇

● 以廊棚和古弄独树一帜

西塘为江南六大古镇之一，以廊棚和古弄（以石皮弄最为有名）独树一帜。古镇区9条河道纵横交织，将古镇分为8个区，有环秀桥、来凤桥等27座古桥将市镇连通。其他景点还有西园、尊闻堂、薛宅、醉园、

西塘

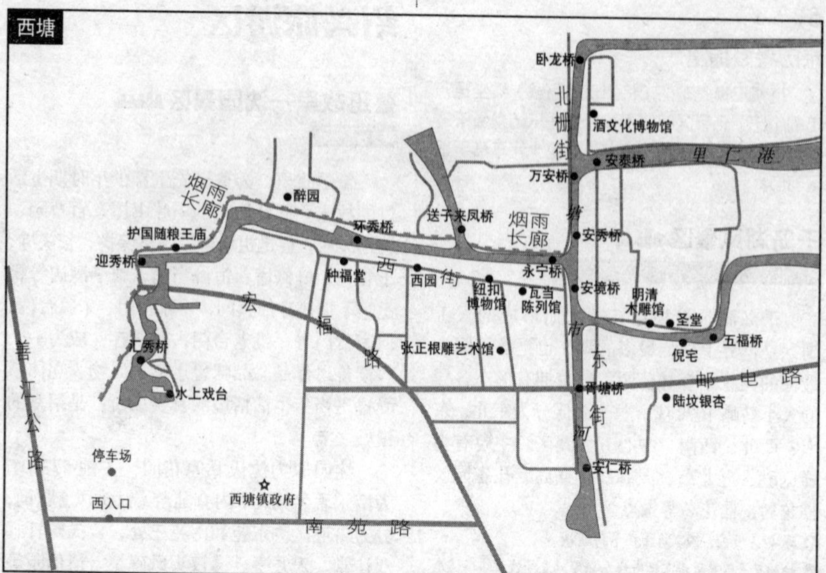

江南瓦当陈列馆等。

嘉善县西塘镇。

门票50元，联票100元（含五姑娘主题公园及11个景点）。手摇游船（限坐10人）白天100元，晚上150元。电瓶船5元/人。

0573-84567890。

亲历者◎攻略

1.“西塘的一夜，为你等待了千年。”夜游西塘别有一番情趣，在河道里漂漂荡荡，看看社戏，在西园内听听江南丝竹，品香茗，感受夜西塘的另一份热闹。

提示：每年5~10月的17:00~20:30，西塘夜游活动开放三个景点及游船：张正根雕艺术馆（位于停车场，可下车后先游览）、中国钮扣博物馆（水上戏台就位于钮扣馆沿河）、西园（可品茶，欣赏江南丝竹表演）。水上戏台在夜游开放期间有越剧《五女拜寿》、田歌《五姑娘》等表演。

2.吃：西塘的菜肴讲养生，求新鲜、好美味、重文化，如清蒸白丝鱼、霉干菜扣肉、毛豆菱角、馄饨老鸭煲、酱爆螺蛳等。特色名吃有荷叶粉蒸肉、五香豆、八珍糕、嘉善黄酒、送子龙蹄等。

3.住：明榉坊，电话：0573-84562868。静怡轩，电话：0573-84565264。烟雨人家，电话：0573-84568942。彩云堂国际青年旅舍，电话：0573-84569171。

乌镇 AAAAA

●中国江南的封面

乌镇镇区由十字形的水系分为东栅、西栅、南栅、北栅四个区域。东栅景区（以旅游观光为主）于2001年开放，有江浙分府、江南百床馆（国第一家专门收藏、展出江南古床的博物馆）、江南民俗馆、江南木雕陈列馆、茅盾纪念馆、茅盾故居等景点。西栅景区（以休闲度假为主）于2007年开放，面积是东栅的3倍，由12个岛屿组成，有桥梁72座，西栅老街店铺林立。

桐乡市乌镇。

嘉兴汽车西站、杭州汽车东站、上海旅游集散中心均有车到乌镇。

西栅夜游17:30~22:30（十一黄金周后至次年4月份为17:00~22:00）。

东西栅联票150元。东栅100元，西栅120元，夜游80元，公交船每站5元、游览车5元/人/次。

0573-88731088。

亲历者◎攻略

省钱诀窍：在西栅景区住宿，可凭门票、房卡和身份证在游客服务中心办理临时出入证，入住西栅期间进出西栅景区无须再购票（只需首次进入时购票一次即可）。

莫干山风景名胜区

●四大避暑胜地之一

莫干山以竹、云、泉“三胜”和“清凉世界”而驰名。与河南鸡公山、江西庐山、河北北戴河并称四大避暑胜地，景点有风景秀丽的芦花荡公园、清幽雅静的武陵村、荡气回肠的剑池飞瀑、史料翔实的白云山馆、雄气逼人的怪石角、野味浓郁的塔山公园，以及天池寺踪迹、莫干湖、旭光台、名家碑林、滴翠潭等。山上还有二百多幢名人别墅。

德清县莫干山镇。

县城有很多车直达。

80元（3天有效）。

亲历者◎攻略

1.莫干山上是度假避暑的好地方，但置身于山林竹海，不免会有蚊虫，最好出行前带上驱蚊剂、清凉油之类的东西。此外，夏天很晒，行走于丛林中最好还是涂点防晒霜，不是所有地方都大树成荫的。

2.旭光台是摄影的好去处，也是俯看莫干镇的最佳点，千万不要错过。

南湖 AAAAA

●江南三大名湖之一

南湖因位于嘉兴城南而得名，与南京玄武湖、杭州西湖并称“江南三大名湖”。这里不仅有江南秀美的风光，还是我国近代史上重要的革命纪念地。1921年，中国共产党诞生在南湖中的画舫上。风景区内不但具有自然景观，还有丰富的人文景观与之交相辉映，主要有会景园、湖心岛、南湖革命纪念馆、四季园、英雄园、揽秀园、壕股塔、小瀛洲、放鹤洲、鸳湖生态绿洲等。

嘉兴市南湖区南溪西路。

市区乘8、36、90路等公交车至南湖会景园站下车即到。

¥ 进入景区免费，乘船参观景点 60 元（包含湖心岛、文字书碑苑、伍相祠等）。

南浔古镇 AAAAA

南浔镇历史悠久，南宋以来已是“水陆冲要之地”，“耕桑之富，甲于浙右”，因滨浔溪河而名浔溪，后又因浔溪之南商贾云集，屋宇林立，而名南林。至淳祐十二年（1252年）建镇，南林、浔溪两名各取首字，改称南浔。

如今水乡古镇的景色风韵依旧，镇北运河东西横延，镇中市河南北穿镇而过，河街相交桥梁通便，黛瓦粉墙绿柳拂水，组成了一幅原汁原味的江南水乡图。南浔古镇以其格局独特、风貌完好、文化深厚、民风淳朴而成为江南水乡众多城镇的典范和代表。嘉业堂藏书楼、小莲庄、张石铭旧宅、张静江故居、刘氏梯号（俗称“红房子”）、广惠宫、百间楼、南浔商会、求恕里为古镇九大景点。

湖州市南浔区南浔镇。

湖州市区 101 路公交车，可到南浔的泰安路客运站，下车后乘三轮车 3-4 元可到古镇旅游区。

¥ 100 元。

www.chinananxun.com。

住宿

索菲特西湖大酒店（五星级）/ 西湖大道 333 号 /0571-87075858。

之江饭店（四星级）/ 莫干山路 188-200 号 /0571-8806688。

杭州大酒店（三星级）/ 延安路 546 号 /0571-85166888。

如家快捷酒店（二星级）/ 体育场路 18 号 /0571-85195688。

东坡宾馆（标间约 200 元）/ 上城区仁和路 52 号 /0571-28973333。

背包客旅舍 / 西湖边的曲苑风荷边上 /0571-87980855。

餐饮

杭州的饮食口味比较清淡，“清爽别致”是其最大的特点。特色菜肴有龙井虾仁、芥菜鱼肚、东坡肉、西湖醋鱼等。小吃有虾爆鳝面、片儿川面、知味小笼、葱包桧。比较有名的餐馆有楼外楼、张生记、太子楼、知味观。主要美食街有：保路美食街、银巷美食街，龙翔桥路海鲜夜市一条街。

虎跑泉与龙井茶：杭州的龙井茶是中国名茶，虎跑泉是中国名泉。用虎跑的泉水冲泡的龙井茶，色香味俱佳，堪称“双绝”佳饮，有“虎跑泉水龙井茶”之说。

楼外楼 / 孤山路 30 号。

知味观 / 仁和路 83 号。

天外天 / 灵隐寺附近。

购物

杭州的土特产和传统工艺品有西湖龙井、天目笋干、丝绸（杭州丝绸城在体育馆附近）、杭州刺绣、王星记檀扇（门市部在湖滨路）、西湖绸伞、张小泉剪刀等。延安路和解放路是杭州最繁华的商业街，武林广场则是市中心。特色街道有：武林路女人街、湖滨国际名品街（整个杭州的厅堂和门面）、文三路电子信息街、吴山路夜市、南山路。

民俗

相约龙井—春茶会：4 月 8 日 -5 月 8 日，节日期间，龙井村主要活动有踏青、采茶、炒茶、茶艺茶道表演、做一天茶农等。

西湖中秋赏月晚会：农历八月十四至十八日，平湖秋月、湖心亭、环湖各茶楼、金沙港文化村等地举办歌舞杂技、民乐表演、风味晚餐、夜游西湖等活动。

宁波

国家历史文化名城宁波历史悠久，是《徐霞客游记》开篇地，素有“文物之邦”的美誉。卓然天成的自然景色与文明现代的都市风光完美结合。天一阁藏书楼的历史在亚洲位居第一；天童寺为天下禅宗五刹之一；阿育王寺珍藏着释迦牟尼的真身舍利……此外，保国寺、东钱湖、溪口雪窦山、浙东大峡谷、宁海森林温泉（华东第一森林温泉）、“海湾洞天”伍山石窟等景也是各有千秋，独具特色。

面积：9365 平方千米
人口：577 万人
区号：0574

亮点

必游景点

- **天一阁博物馆：**以藏书文化为特色，是我国现存历史最久的藏书楼。
- **雪窦山：**以剡水、古刹、蒋氏故里和幽谷飞瀑名闻遐迩。
- **普陀山：**有“海天佛国”之誉，是中国四大佛教名山之一。
- **朱家尖：**沙雕故乡、度假天堂，被称为“东方夏威夷”。
- **桃花岛：**金庸笔下东邪黄药师的居住地，素有“海岛植物园”的美称。

线路推荐

- **宁波精华六日游**

D1：天一阁—阿育王寺—东钱湖。
D2：象山旅游区。
D3：前童古镇—宁海森林温泉景区。
D4：保国寺—河姆渡遗址博物馆—天下玉苑—梁祝文化公园。

↓宁波天童寺

D5：它山堰—四明山—五龙潭。
D6：雪窦山风景名胜区。

- **舟山精华二日游**

D1：普陀山风景名胜区。
D2：朱家尖景区—桃花岛风景名胜区。

交通信息

飞机

宁波栎社机场位于市区西南 13 千米处，目前有发往国内主要大中城市及港澳台、新加坡、韩国等地区和国际航线网络。从市区至机场可在民航售票处乘机场巴士前往，也可直接在市内乘出租车前往机场。

普陀山机场由跨海大桥相连，目前已开通厦门、北京、深圳、上海等地的航班，同时运营着朱家尖—嵊泗和朱家尖—东极两条航线，最远可以飞到东极岛范围。

火车

宁波站原为“宁波南站”，位于宁波的市中心。火车站有发往上海、杭州、福州、吉林等地的高铁及普速列车。乘地铁 2 号线到“宁波火车站”站下车即是。

船运

舟山群岛与外界的交通联系主要依靠轮船。舟山本岛有鸭蛋山码头、定海西码头、定海港等多个水运港口，有发往宁波、上海等地的船只，内部岛屿之间也有船只来往。

宁波城区景点

保国寺

●存有唐以来不同时期古建筑的寺庙

保国寺森林公园群山环抱，风景优美。有保国寺、灵龙泉、青幢亭、望海尖、涵秀潭、梅林等五大景区的多个景点。保国寺现在已经没有香火，但有无梁殿等建筑可看，大雄宝殿是寺内主建筑，是江南最古老、保存最完整的木结构建筑群体。

宁波市江北区洪塘街道鞍山村。

乘 332 路公交可达。

20 元。

天一阁博物馆

●亚洲最古老的图书馆

天一阁博物馆以藏书文化为特色，是我国现存历史最久的藏书楼、亚洲最古老的图书馆。分藏书文化区、园林休闲区、陈列展览区（有秦氏支祠）三区，现藏各类古籍近30万卷。博物馆还有白云庄（城西管江岸胜丰村）、伏跗室（孝闻街 91 号）、银台地官宅博物馆（平桥街26–30号）等地分支机构。

宁波市海曙区天一街 5 号。

乘 2、9 路公交可到。

8:00~17:30（4 月 21 日 ~10 月 21 日）；8:00~17:00（10 月 22 日至次年 4 月 20 日）。

30 元。

www.tianyige.com.cn。

亲历者◎解说

“到宁波不到天一阁，等于没有到过宁波”。素有南国书城之称的天一阁为明代兵部右侍郎范钦的藏书楼，取《易经》中“天一生水”的说法，把藏书楼定名为天一阁，是中国现存最早的私家藏书楼。

后来保存《四库全书》的文源、文渊、文津、文溯、文汇、文澜、文宗七阁都是模仿天一阁的式样而建造，从此天一阁享誉全国。

梁祝文化公园

●全国第一座大型爱情主题公园

梁山伯与祝英台的故事是我国四大民间传说之一，被称为东方的“罗密欧与朱丽叶”。梁祝文化公园是全国第一座大型的爱情主题公园，为晋代梁祝墓、庙古遗址所在地。公园按梁祝故事的主线，兴建了草桥结拜、三载同窗、十八相送、楼台会、化蝶团圆等景点。每年 9 月 29 日 –10 月 3 日举办“中国梁祝婚俗节”。

宁波市鄞州区高桥镇梁祝村。

乘 238 路公交可到。

40 元。

五龙潭风景名胜区

●以龙文化为内涵的自然景区

五龙潭是一处以自然风光为依托，中华龙文化、浙东山乡风情、民俗民风为文化内涵，以溪流飞瀑、怪石险峰为特色的风景名胜区。龙潭飞瀑景区有龙潭五井十二瀑及五龙神堂、古祭龙坛等景；青云梯景区由青云梯、天门二瀑和观顶湖组成；鸣凤水景区有龙漫滩水景、龙归海水景、凤鸣山等景。

宁波市西南鄞县龙观乡。

乘 638 路公交可达。

50 元。

www.wulongtan.net。

九龙湖旅游区

●生态度假天堂

九龙湖风景区以湖光山色、乡野情趣为特色，含九龙湖、凤凰湖、月亮湖和天鹅湖四湖，已开放环湖（即九龙湖，被誉为都市的后花园）、香山寺和九龙源景区（一条具有较高品味的自然生态旅游线路）。九龙湖东侧西班牙别墅式的九龙山庄把九龙湖点缀得更加美丽。

宁波市镇海区九龙湖镇横溪村，距宁波市区约 25 千米。

宁波火车站，坐公交 965 直达。自驾：从上海出发，走 A4 高速—杭浦高速—过杭州湾跨海大桥—宁波绕城—沿镇海方向的指示牌—从保国寺出口下，还是往镇海方向，转到九龙大道，有路标指向九龙湖风景区，转入小道后约 10 分钟车程就可到达九龙山庄。

80 元（含游船、九龙源景区）。

www.dragonlake.com.cn。

宁波郊县景点

溪口风景区 AAAAA

●探访蒋介石故里

溪口作为蒋介石的故里，本身就有几分神秘感，加之这里沿着宽阔的剡溪，依着以瀑布、溪水出彩的雪窦山，让它成了一处热门旅游地。如今溪口风景区包含蒋氏故居、雪窦山两大主要景区，值得你花上 1–2 天一探究竟。

雪窦山景区主要包括雪窦山、雪窦寺两部分。山上风景秀丽，空气清新，瀑布溪流值得一看，最养眼的自然景观是三隐潭的溪流与潭水，以及千丈岩的瀑布；山下雪窦寺以露天弥勒佛像最为抢眼。

蒋氏故居景区的主要景点沿着剡溪边的武岭路步行街排列，步行游览即可。最值得一看的是入口附近的武岭学校、小洋房和文昌阁。其中，文昌阁在武山上，曾是蒋宋的别墅，现在悬挂着宋美龄的画作，是溪口风景最好的地方之一。

宁波市奉化区溪口镇。雪窦山和亭下湖之间有索道相连。

溪口风景区统票 200 元（含蒋氏故里景区和雪窦山风景区），蒋氏故景区里 120 元，雪窦山风景区 120 元。雪窦山景区交通票 30 元。

亲历者◎指路

1. 中巴南站（位于宁波汽车南站后面的马园路，陆龙兄弟海产品对面）有班车每天发往溪口，十分钟左右一班，一般到溪口的费用为 11.5 元。

2. 在溪口汽车站、武岭广场、雪窦山游人中心分别设了旅游专线大巴车，游车可以在这三个站点乘车到指定的地方，各站点之间的车费为每 2 元。

亲历者◎攻略

1. 自 2009 年 9 月 21 日起，雪窦山上的三个景区不再设立售票点，改在雪窦山旅游服务中心综合大楼统一发售，并同时发售雪窦寺弥勒大佛景区以及商量岗景区的门票。

2. 自 2010 年 1 月 1 日起，原蒋氏故居景区和蒋母陵园景区，合并成为以反映民国历史人文景观为主题的蒋氏故里景区，包括新增景点溪口博物馆，票价为 120 元。

浙东大峡谷

●亲水纳凉的好去处

浙东大峡谷位于天台华顶山北麓，是白溪水库建好后顺势开发的峡谷景区，分为大松溪峡谷、双峰森林公园等 8 个部分。

进入景区不远便能看到水库清澈的湖面，在码头乘船至对面的峡谷入口需要大约半小时。峡谷中的溪水常年只有 4 摄氏度，因此若是夏天前来，山中的树影和溪水格外清凉，一些地方还可以下到浅滩边戏水。若是觉得浅滩边玩水还不过瘾，水库下游的白溪漂流也是夏天玩水的不错选择。

宁波市宁海县岔路镇白溪村。

从宁海汽车西站坐到白溪的班车，和司机说到浙东

↓溪口雪窦山

普陀山风景名胜区 AAAAA

●"海天佛国"

普陀山是中国四大佛教名山之一，有独特的海岛风光。分南天门、普济寺、紫竹林、梵音洞等八大景区。有磐陀石、二龟听法石、海天佛国石等二十余处奇岩怪石，有以普济（前寺）、法雨（后寺）、慧济（佛顶山景区的核心）三大庙宇为首的数十处佛教寺庙。多宝塔、杨枝观音碑、九龙殿为"镇山三宝"。

舟山市普陀区普陀山镇。

上海南汇芦潮港、宁波白峰小港有快艇可到。景区内有两条旅游专线车。

旺季160元（2-11月），淡季140元（12月、1月），200元（节假日）。三大寺和紫竹林各5元。佛顶山上下山索道40元（上、下山各25元）。

www.ptsfjw.com。

亲历者◎指路

1. 宁波客运北站（汽车）—大榭岛客运码头（快艇）—普陀山，68元，2.5小时。快艇末班15:30。

2. 宁波北站或南站（汽车）—舟山半升洞码头（轮船）—普陀山，48元，4小时。宁波北站到半升洞这段路有时需要到定海或沈家门倒一次车，沈家门到半升洞有公交（2元）和出租车（9元）。

3. 杭州东站有直达舟山沈家门的豪华快客（77元），转车到半升洞码头再乘船。

亲历者◎攻略

1. 普济寺、法雨寺、慧济寺为普陀山三大寺庙。每年农历二月十九（观音生日）、六月十九日（观音成道日）、九月九日（观音涅槃日）的南海观音文化节期间，场面蔚为壮观。

提示：寺院内禁止摄像、摄影。

2. 看日出最佳处在朝阳洞（百步沙），从普济寺前去约10-15分钟可到。观日落就在西天景区，那里有著名的磐陀夕照。

3. 洛伽山须坐船前往，约20分钟水路，46.5元/人，时间是7:00、8:00、13:00三班，从出发到回码头约2小时，山上不收门票。

4. 如果在游览普陀山的中途想去朱家尖游玩一天，可以在出景区时，让工作人员签个证，回来时就不必重复买门票了。另外，门票可以当作明信片用。可以委托普陀山轮船码头候船大厅内服务咨询台的工作人员寄出，他们免费提供这项服务。

5. 吃：早上5:30左右，普济寺会为香客提供早餐，8人一桌，四碟小菜，稀饭、白饭、馒头。午斋在10:30~11:30提供。

6. 住：经济充裕的可住宾馆，200-400元，如三圣堂饭店，妙庄严路121路，电话0580-6091277。经济的有私人旅馆，30-40元/床，龙湾新村（可听涛）、西山新村、普济寺（交通方便）旁都有。普济寺内也提供住宿，40-60元/人，早上听早课非常方便。

大峡谷景区即可。

100元（含船票40元）。

石浦渔港古城

●人称"城在港上，山在城中"

石浦渔港古城一头连着渔港、一头深藏在山间谷地，城墙随山势起伏而筑，城门就形而构，古街巷众多，有中街（最为典型）、后街（有关帝庙、惜字亭、大夫第）、延昌三大片古宅保护街区，主要有大皆春药店、乾大当铺、宏章绸庄等景点。石浦渔业经济发达，渔俗文化丰富多彩，是全国四大渔港之一，有"海鲜王国"之誉。

象山县石浦镇。

乘1、2路公交到老街。

60元。

www.shipu-china.com。

中国渔村景区

●目前国内最大的海洋文化主题公园

中国渔村·阳光海岸景区：中国渔村是目前国内最大的海洋文化主题公园，是由中国渔村主题公园、宋皇城沙滩、渔文化民俗街构成的欧美风情小镇。

中国渔村·渔山岛（鹤浦镇）：分北渔山、南渔山、五虎礁三群岛。这里碧海奇礁，风光优美，有国际灯塔、国境碑、仙人桥等景。其中北渔山灯塔是渔山岛的标志，有"远东第一大灯塔"之誉。

象山县石浦镇。

乘宁波旅游专线车直达阳光海岸景区。石浦渔港有船可到渔山岛，47.5千米航程。

60元。

提示：岛上没有医院，要随身携带常用药品。

宁海森林温泉景区

●被誉为“华东第一森林温泉”

宁海森林温泉被著名的天台山和四明山环抱，终年青山碧水，又名南溪温泉，也俗称天明山温泉，分卧龙谷、仙人谷、闻莺谷、锦绣谷四大自然景区，景区内有著名的三潭九瀑十八溪七十二峰，如普济桥、仙人谷、映天池、猴峰亭、闻莺谷等都是美丽的景点，被誉为“华东第一森林温泉”，是疗养和避暑的好去处。

宁海县深甽镇南溪村，距县城 25 千米。

亲历者◎指路

自助：宁波汽车南站乘往宁海的长途班车，在梅林下车后转往南溪林场的中巴车前往；或从梅林坐私家车，单程 35 元左右。

自驾：上海出发，走沪杭甬高速，到宁波后转甬台温高速（即同三高速），在宁海的宁海、象山出口下高速，随即掉头往深甽镇开，经过深甽镇后继续往温泉方向行驶，几分钟后即到。或是提前一个出口下来，在西店下高速后往前一直开，20 分钟可到宁海温泉。

滕头旅游区 AAAAA

●“江南小镇”

滕头生态旅游区处于奉化和溪口之间，是一个具有水乡特色的江南小镇。景区分为东西两区和学生社会实践基地。东区是老区，主要景点有：白鸽广场、喷泉广场、农家乐、梨花湖、盆景园、千鱼公园；西区是新区，主要景点有：玫瑰采摘区、奇花异果棚、草莓采摘区、婚庆园、晒谷广场、石窗馆、田园烧烤区、犁耕活动区。

宁波奉化区滕头村。

宁波汽车南站乘到奉化的中巴车途径滕头村下车即到。

¥80 元。

舟山旅游区

朱家尖景区

●沙雕故乡、度假天堂

朱家尖以沙石自然景观著称，集沙景、石景、海景、佛景于一体，被称为“东方夏威夷”。全岛分为国际沙雕艺术广场（南沙）、观音文化苑（白山）、乌石砾滩（乌石听潮，更是一绝）、情人岛、大青山海岛生态公园五大景区。有朱家尖风情渔村、航海博览园、情人岛、千丈岩、野生动物园等景点。

舟山市普陀区朱家尖镇。与舟山岛之间有跨海大桥连接。

普陀山去朱家尖有快艇，25 元一位。朱家尖蜈蚣峙客运码头至普陀山的夜航线，旺季每晚 3 班 6 航次，淡季每晚 2 班 4 航次。

¥除情人岛外联票 60 元，旺季 100 元。

亲历者◎攻略

1. 每年 7-11 月在国际沙雕艺术广场举行的国际沙雕艺术节每年都采用比赛与展示相结合的形式，每一届会定下一个主题，各路选手围绕这个主题施展各自绝活，观赏性强。

2. 去朱家尖一定要游玩南沙、千沙、大青山。南沙白天要收费，可以晚上去，月色下的沙滩非常美。如果要冲浪可以到千沙，水质极好，不过游泳要当心。情人岛是看日出和日落的好地方。

桃花岛风景旅游区

●金庸笔下东邪黄药师的居住地

桃花岛素有“海上仙山”“海岛植物园”的美称，与普陀山、朱家尖、沈家门组成普陀旅游金三角。旅游区融武侠、佛教、道教文化三种旅游特色于一体，含桃花峪、塔湾金沙（有“金沙日出”天象奇观）、安期峰（舟山群岛第一高峰）、大佛岩（东南沿海第一大石，桃花岛的标志）、桃花港（舟山第一深港）、悬鹁鸪岛六大景区。

舟山市普陀区桃花镇（沈家门渔港的南面）。

桃花寨 45 元。塔湾金沙 58 元。安期峰 45 元。射雕影视城 50 元。悬鹁鸪岛 5 元。

www.taohuadao.com.cn。

亲历者◎指路

自助：宁波北站乘坐桃花岛的班车直达桃花岛（班次：宁波北站开 7:00，桃花岛射雕城开 15:40）。还可在宁波的郭巨码头乘快艇直达桃花岛（每天两班：8:00 和 13:35）。

亲历者◎攻略

碧海漫金沙是桃花岛的特色菜之一。香气四溢，入口滑而不腻，脆而有劲。是到桃花旅游必尝菜。

嵊泗列岛风景名胜区

●有“海上仙山”之称

嵊泗列岛风景名胜区素有“海上仙山”之称，以“碧海奇礁、金沙渔火”的海岛风光著称。主要由泗礁、花岛绿华（有远东第一大灯塔花岛灯塔）、嵊山枸杞、洋山四大景区构成，是我国目前唯一的国家级列岛风景名胜区。同时，嵊泗还盛产海鲜，号称“东海渔库”。

嵊泗县。

宁波镇海港或上海南汇芦潮港乘船可到。

旺季：昼 60 元，夜 20 元；淡季：昼 40 元，夜免费。

住宿

米田商务宾馆 / 鄞州区石碶万成路 118 号 /0574-88269866。

吉加精致酒店 / 鄞州区宁穿路 365 号 /0574-87869222。

桔子酒店（月湖路店）/ 海曙区马园路 447 号 /0574-27715888。

餐饮

菜肴多海鲜，讲究软滑鲜嫩，注重原汁原味。名菜有冰糖甲鱼、苔菜小方烤、荷叶粉蒸肉等。特色小吃有猪油汤团、猪油洋酥块、鲜肉小笼包、鲜肉馄饨、酒酿圆子等。

石浦海味饭店 /0574-87328777。

提示：吃小吃要到城隍庙，那里既热闹又有特色。城隍庙的百年老店抠籽脊窟一定要去。两个人大概 50 元就可大吃一顿，有里脊肉、锅贴、鹌鹑鸟等风味小吃。

购物

土特产以海产品为主。工艺品有骨木镶嵌、堆塑漆器、宁波金银绣、朱金木雕、翻簧竹刻等。新江桥畔有干货市场。城隍庙是宁波最大的购物中心，还有解放南路、中山路（天一广场）、开明街都是宁波繁华的商业地区。

民俗

兰亭国际书法节：为纪念书法家王羲之，每年农历农历三月初三到四月，兰亭举办国际书法节，节日活动丰富多彩，包括晋圣、修禊、曲水流觞、书法展览等。

普陀山南海观音文化节：每年 11 月举办，是以弘扬观音文化、打造文化名山为内涵的佛教旅游盛会。期间有佛教音乐会、众信朝圣、莲花灯会、佛教文化旅游品展览会等活动。

温州

“东瓯山水甲江南”，鹿城温州旅游资源极为丰富。境内有五潭二井之秀、九狮一象之奇的仙岩、峰险洞幽的百丈漈——飞云湖、被称为绿色生态博物馆的乌岩岭自然保护区、我国东南沿海大陆架上最大的沙滩——渔寮大沙滩等。还拥有被誉为“海上名山、寰中绝胜”的雁荡山，号称“天下第一江”的楠溪江，以“东方夏威夷”著称的南麂山列岛，被誉为“中国瑰宝”的泰顺廊桥，以及峻奇瑰丽的洞头等著名景区。

面积：11784 平方千米
人口：800 万人
区号：0577

亮点

必游景点

- **雁荡山**：素有“海上名山”之誉，尤以奇峰、巨石、幽谷、秀湖、飞瀑著称。
- **楠溪江**：我国国家级风景区当中唯一以田园山水风光见长的景区。
- **泰顺廊桥**：6 座木拱廊桥最著名，被誉为“中国瑰宝”。
- **天台山**：是佛教天台宗和道教南宗的发祥地，“佛宗道源，山水神秀”的美誉。

线路推荐

- **温州经典五日游**

D1：泽雅—江心屿—洞头风景名胜区。
D2：雁荡山风景名胜区。
D3：楠溪江风景名胜区。
D4：百丈漈—飞云湖景区。
D5：泰顺廊桥。

↑温州沿海风光

交通信息

飞机

温州龙湾国际机场前身是温州永强机场，距市中心约 21 千米，辐射温州、台州、丽水和宁德四个地区，与国内主要省会都有通航。乘客可乘坐机场大巴往返与机场与市区。

火车

温州有两个火车站，分别是温州站和温州南站。温州站始发普通车次，温州南站停靠宁波及深圳方向的动车及高铁列车。

雁荡山风景区

北雁荡山 AAAAA

●被誉为“东南第一山”

雁荡山是中国十大名山之一，素有“海上名山”之誉，史称东南第一山，因山顶有湖，芦苇茂密，结草为荡，南归秋雁多宿于此，故名雁荡。尤以奇峰、巨石、幽谷、秀湖、飞瀑著称。分为雁荡三绝（灵峰、灵岩、大龙湫）、三折瀑、雁湖、羊角洞、显胜门、仙桥八个景区。

灵峰景区：雁荡山的东大门，是雁荡山领略奇石的绝佳地点，灵峰夜景被誉为绝景。

灵岩景区：以灵岩古刹为中心，有天窗洞、龙鼻洞、小龙湫、玉女峰、双珠瀑等景。

↓雁荡山

每天 15:00 有灵岩飞渡表演。

三折瀑景区：最为奇异的景区，尤以中折瀑为极致，被誉为“雁荡山第一胜景”。还有森林公园美景。

乐清市，主景区入口在雁荡镇。

杭州、宁波、上海、南京、合肥、无锡、沈家门（舟山）等地有班车直达雁荡山。景区内已基本通车，除仙桥景区外各景区有小巴往来，起步 1 元。

灵峰日景 50 元，夜景 50 元；灵岩 50 元，方洞 45 元（缆车 25 元）；三折瀑 20 元，大龙湫 50 元，显胜门 15 元；雁湖 15 元；羊角洞 20 元。

0577-62178888。

www.wzyds.com。

亲历者◎攻略

1. 看大龙湫瀑布要选择丰水季节，在五六月或八九月雨后天晴的日子，看 197 米落差的大龙湫，确似一条巨龙从天而降，蔚为壮观。

提示：雁荡地处山区，夏季前往最好带上“蚊不叮”，当地蚊子的来势凶猛，最好出门、睡觉前多喷喷，防止被咬。

2. 山区旅游，除了响头岭周边的景点有景区公交前往外，其他众多景区、景点交通不便，有些还需走较远山路，如果深度游，最好在当地包车，且需带足干粮，水是必备的。

3. 雁荡山旅游以赏奇峰异石为主，景点多，分布散，且有些景点偏远交通不便，建议最好请个导游，讲解、指路一举两得（导游费用可商议，一般一天不超过 100 元）。特别是观灵峰夜景时，可以从不同角度观看山峰，景点特色更逼真、形象。

4. 住：雁荡山山庄电话 0577-62241666，芙蓉宾馆电话 0577-62246999。

中雁荡山

●以峰、湖、瀑见长

中雁荡山风景区原名白石山，分玉甑、三湖、西漈、东漈、凤凰山、刘公谷、杨八洞 7 大景区，景点 300 余处，以峰、湖、瀑见长。

玉甑景区：是中雁荡山的图腾，玉甑峰高耸云天，山上有洞中套洞的玉虹洞，峰顶更有一个山水小世界。

西漈景区：以奇峰怪石为主的众景沿涧对列，绵亘达 2.5 千米。有八折瀑、西龙街、石门胜境等景。

三湖景区：白石湖、钟前湖、龙山湖三湖的柔美，湖畔诸峰的秀美，同构山水之美的典范。

乐清市白石镇岐元。

玉甑景区 30 元，西漈景区 20 元。

www.zy34.com。

亲历者◎攻略

1. 中雁荡山民风淳朴，有传统的盛大集市“三月初十”，还有独特的自然条件，炎夏清凉，隆冬燠温，林果海鲜四时丰饶……

2. 景区主要设施有：玉甑索道、温州中雁索道宾馆、贝克大酒店、天一角山庄、太子山庄、东漈活水游泳池等。

南雁荡山

●三教九溪

南雁荡山风景区分东西洞、顺溪、畴溪、石城、东屿五大景区，境内文物胜迹众多，民俗风情独特。就自然景观而言，溪滩、幽洞、奇峰、石堑、银瀑、景岩可称为“南雁六胜”，就人文景观而言，这里的儒教、佛教、道教汇集在东西洞一个景区里，可谓“三教荟萃”。因此，“三教九溪”是南雁荡山特色的主要概括。

东西洞景区：人云“北雁好峰，南雁好洞”，东西洞有无山不洞、无洞不美之誉。有石天窗、锦屏峰、云关、梅雨潭、会文书院、碧湖篁岛等景。

平阳县西部，东西洞景区入口在南雁镇南雁村。

东西洞景区 40 元。顺溪景区 20 元。

温州旅游区

江心屿旅游区

●中国诗之岛

江心屿公园是中国四大名胜孤屿之一。

东西双塔凌空，映衬江心寺。屿中有宋文信国公祠、浩然楼、谢公亭、澄鲜阁及博物馆等10景，素有“人间仙境”之誉。江心屿灯光秀，动用现代影射原理和多种手法，重点突出二塔一寺，达到了环境、艺术、气氛和格调的完美统一，使夜色中的江心更加流光异彩、美丽动人。

温州市鹿城区江滨路江心码头。

乘28、33、41路公交至江心码头，再坐船渡轮到江心屿。岛内可乘电瓶车环岛游览，也可驾车从瓯江三桥进入。 8:00~23:00。

25元（含往返轮渡），部分景点另收3–5元。

www.zgjxy.com。

楠溪江风景区

●被誉为“中国山水画摇篮”

楠溪江的美，美在天然的和谐。那些看上去平常的古村落，都巧妙地与山水融合在一起，体现了“天人感应”的自然特色。楠溪江上游溪深林茂、飞瀑成群，下游江水透迤、风光旖旎，是我国国家级风景区当中唯一以田园山水风光见长的景区。全景区共分为大箬岩、石桅岩、狮子岩、水岩、四海山等七大部分。

永嘉县北部楠溪江流域。

有乡村中巴往返于主要景点间。

石桅岩50元；龙湾潭70元；崖下库50元。

亲历者◎指路

1. 温州火车站乘50、51路公交到瓯北镇，那里有开往岩头（即楠溪江）方向的中巴，约1个多小时车程。到达楠溪江后，不妨在岩头镇上租一辆自行车，既方便又随意。

2. 陶公洞、十二峰、石门台、崖下库都属大若岩景区，且相距不远，一般步行可到。而景区内的百丈瀑稍有点远，需再乘一段当地农用三轮车。

↓楠溪江

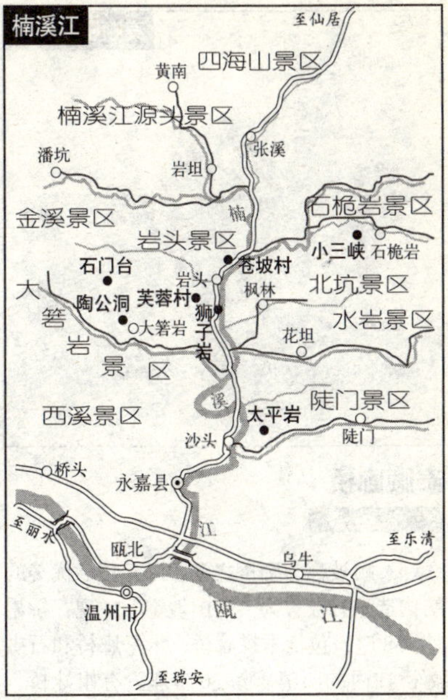

亲历者◎攻略

楠溪江当地交通管得比较严，收费比较规范且不贵，只要选择是官方的交通工具，不必担心乱收费。

亲历者◎行程

D1：陶公洞—十二峰—石门台—崖下库—狮子岩—龙瀑仙洞。

D2：宋村苍坡—竹筏漂流—石桅岩。

D3：百丈瀑—红十三军旧址—芙蓉村—丽水街—四海山森林公园。

百丈漈—飞云湖

●瀑雄、峰奇、湖秀、潭丽

由百丈漈和飞云湖两部分组成，具有瀑雄、峰奇、湖秀、潭丽等特点。含峡谷景廊、百丈飞瀑、刘基故里（位于武阳古村）、龙麒源、铜岭山、飞云湖、等10大景区。

文成县，百丈飞瀑在百丈漈镇，飞云湖在珊溪镇。

很多景点无固定班车，可咨询文成山水旅游公司。

峡谷景廊景区25元。天顶湖景区15元。朱阳九峰景区30元。刘基故居5元，刘基庙（诚意伯庙）10元。

泰顺廊桥

●"中国瑰宝"

泰顺被称为廊桥之乡，以其巧妙优美的结构造型，被誉为"中国瑰宝"。现存桥累计958座，包括木拱廊桥、木平廊桥和石拱廊桥在内的明清廊桥30多座。有姐妹桥、薛宅桥、仙居桥、文兴桥、三条桥6座最著名的木拱廊桥。

北涧桥·溪东桥（泗溪镇下桥村）：北涧桥又称下桥，因横跨北溪而得名；溪东桥又称上桥，与北涧桥相距只有500米，当地人称为姐妹桥（均为叠梁式木拱廊桥），还有"世上最美丽的廊桥"之称。

薛宅桥（三魁镇薛宅村）：又名锦溪桥，是泰顺县内桥面坡度最大的木拱廊桥，为灰色叠梁拱式，长51米，有桥屋14间，造型古朴独特，气势雄伟壮观。

仙居桥（仙稔乡仙居村）：为平孔木拱廊桥。该桥有桥屋十八间，为泰顺现存廊桥中历史最长、跨径最大的木拱桥。

文兴桥（筱村镇坑边村）：是泰顺现存廊桥中环境较好的一座，采用了左右不对称的结构，为叠梁式木拱廊桥。其特点是桥身倾斜，桥上有神龛。

三条桥·毓文桥（洲岭乡洲边村水尾）：三条桥以三条巨木跨河为桥而得名，为叠梁拱式木廊桥。毓文桥为三层楼阁式，造型特别优美，与三条桥相距数千米。

亲历者◎指路

1. 从温州前往泰顺很方便。位于牛山北路的客运中心，早上8:00就有一班开往泰顺县中巴，票价约40元（温州到三魁30元），约4–5小时车程。也可以乘11:00的车直接去泗溪，但每天只有一趟。

2. 泰顺的泗溪镇上有中巴可以到三魁，从三魁出发到洲岭的车一天有四五班，最迟的一班是16:00。

亲历者◎攻略

1. 泰顺的廊桥在泰顺地图上没有明确标明位置，只有靠自己问，当地的民风较为淳朴，一般您只要问中巴车的售票员即可，他们都会在到达某处时提醒您。

2. 由于遍布于泰顺境内的廊桥众多，要想全部游下来，既费时又费力，建议选择有代表性的廊桥进行游览。

提示：在北涧桥头，有时会有当地退休教士自费办的廊桥文化展，值得参观。

3. 从泗溪镇到三魁镇的路上，途经雪溪村口，有一个很完整的町瀑，值得一游。

寨寮溪景区

●清新的浙南山乡野趣

寨寮溪景区是南雁荡山的余脉，以寨寮溪为中心，以瀑潭连串、滩溪蜿蜒、山林华茂为特色。寨寮溪的溪流，蜿蜒曲折；溪而依山顺势；溪水清澈明净；溪畔绿洲石滩，竹树摇曳；两岸群山逶迤，翠谷纵横，既有"小桥流水人家"的江南田园风光，又不乏浓郁的浙南山乡野趣。

温州市瑞安市高楼镇。

在温州车站乘往文成方向的长途汽车在龙湖镇下车，转车到高楼即可。

南麂山列岛

●秀丽的海洋风情

南麂山列岛由52个岛屿组成，海洋风光秀丽，生态保持良好。南麂列岛分大沙岙、三盘尾、竹屿百屿三大景区，拥有景点75处。岛上山秀、石奇、滩美、草绿、海蓝、空远，生态环境独特，生物种类多样，贝藻资源丰富，有"蓝色牧场""碧海仙山""贝藻王国"之美誉。

温州市平阳县鳌江镇。

温州客运中心乘坐快客到鳌江。

¥100元。

台州旅游区

神仙居 AAAAA

"兼有天台之幽深、雁荡之奇崛"

神仙居是世界上规模最大的火山流纹岩地貌典型，景观丰富而集中，奇峰环列，有观音岩、如来像、迎客山神、将军岩、睡美人、十一泄飞瀑等100余个景点。以西罨幽谷为中心，形成峰、崖、溪、瀑景观。这里的一山一水、一崖一洞、一石一峰都能自成一格，仿佛神仙为自己的豪宅亲自设计的盆景。

游玩神仙居景区最适宜的季节是6–8月雨季期间。雨后的瀑布水流极大，颇为壮观。此外，寒冷的冬季也是不错的选择，漫山的瀑布结成厚厚的冰瀑，仿佛玉柱一般悬挂于山前，瑰丽壮观。

台州市仙居县白塔镇境内。

仙居车站有直接到景区的中巴车，车程40分钟。

门票125元，索道往返100元。

天台山风景名胜区 AAAAA

有"佛国仙山"的美誉

天台山是佛教天台宗和道教南宗的发祥地，又是活佛济公的故里，因此有"佛国仙山""佛宗道源，山水神秀"的美誉。有国清寺（南宋为"江南十刹"之一）、华顶、紫凝、赤城、佛华顶、天湖等13个景区，其中以石梁飞瀑（集天下山水奇观于一体）、华顶归云、赤城栖霞、琼台夜月等八景最为著名。另有桃溪、天玉京等景点。

天台县北部。

乘5、7路公交直达国清寺。

↓天台山

国清景区10元，赤城景区15元，石梁景区60元，华顶森林公园40元，琼台仙谷景区55元，天台山佛教城10元，济公故居20元。

亲历者◎攻略

游天台山的最佳时间为每年的4–10月份，每年5月华顶森林公园举办天台云锦杜鹃节，以华顶赏杜鹃为主，结合开展与杜鹃或旅游文化相关的各项活动。

江南长城旅游区

被称为"江南八达岭"

国家历史文化名城临海是我国江南保存最完好的府城，现有段保存非常完整的古城墙，是北京八达岭等处长城的师范与蓝本，被称为"江南八达岭"。按景观布局和内容分为晋代城墙、东湖园林、巾山文脉、神龙古刹、紫阳街居、北固胜景六个分区，景色相当不错。

临海市市区。

乘临海209路公交车到长城览胜门站下车。

65元。

长屿硐天风景名胜区

堪称举世一绝的中华石文化的精髓

长屿硐天集雄、险、奇、巧、幽为一体，由八仙岩、双门硐、崇国寺和野山4大景区组成，是人工采石后形成的石文化景观，有28个硐群，1314个硐体。堪称举世一绝的中华石文化的精髓，被誉为"中华第一洞"。

温岭市长屿镇。

温岭老车站乘开往新河、箬横的中巴在长屿镇下。自驾车：沿上甬台温高速，过大溪至松门一级公路，往长屿方向开可达。

八仙岩10元、凌霄洞30元、双门硐15元、观夕硐40元、水云硐40元、双门石窟35元。

大鹿岛景区

"森林艺术岛"

"森林艺术岛"大鹿岛由大鹿、小鹿两岛组成，是国家级海岛森林公园，其中龙游洞、索桥风月、八仙过海、五百罗汉、寿星岩、渔翁老洞、乱石穿空、千佛龛为岛上八大景观。

就景观而言，海上森林（有"东海碧玉"

之美称）、奇礁异石和岩雕艺术（被誉为“大地艺术之花”）是大鹿岛之三绝。此外，岛上还有众多名家巨匠所书的摩崖题刻。

玉环县鸡山乡。

玉环县城乘中巴到坎门码头，再乘半小时快艇即达。

60 元。

住宿

温州华侨饭店 / 鹿城区信河街 1 号 /0577–88088888。

维多利亚大酒店 / 城区马鞍池东路 320 号 /0577–88278888。

温州喜来登酒店 / 鹿城区车站大道 292 号，近财富购物中心 /0577–88885555。

锦江之星（火车站店）/ 鹿城区温州大道 2401 号 /0577–86009999。

温州瓯缘 gapyear 青年旅舍 / 鹿城区南塘二组团 7 幢 1 单元 902 室 /0577–86653270。

餐饮

温州菜又称“瓯菜”，以海鲜为主，菜品口味新鲜，淡而不薄，名菜有三丝敲鱼、锦绣鱼丝和爆墨鱼花，并称“瓯菜三绝”。温州的小吃有鱼丸、鱼圆、敲鱼。温州的五马路，就像上海的南京路、北京的王府井一样汇集了各种美食。此外，人民路有美食娱乐街，江滨路有夜市。

购物

温州有“服装之城”“鞋业之都”之誉，工艺品有瓯绣、瓯塑、泰顺漆筷、乐清细纹刻纸等，土特产有瓯柑、瓯江凤尾鱼、乡巴佬鸡翅、香仁蛋、龙湾杨梅等。

提示：瓯绣又称画帘，是六大名绣之一。用毛竹抽成丝后织成竹帘，再在上面绣制花鸟、山水，人物，故又称竹编。

市内的人民路、五马街、蝉街、解放路以及信河街共同构造出了市区环形商业繁华地区，集中了中百商城、金益三百年老店等众多购物场所。

民俗

瓯剧（温州乱弹）：地方剧种，以唱正反乱弹腔为主，兼有昆曲、高腔、徽调等多种声腔，因流行在温州地区，故名“温州乱弹”，后改称“瓯剧”。其曲调丰富，有民歌风，长于抒情。

抬高阁：俗称拜抬阁，是苍南县金乡镇农历九月十五庙会中特有的一种民俗。高阁分三层，高阁底部基架是由坚固木架搭成，其上竖铁骨为“龙心”，盘绕三层，由上而下称“上盘”“中盘”“下盘”，小孩穿着古装袍服装饰站坐其上，表现戏曲典故中的人物场景。

↓海鲜黄鱼

金华

国家历史文化名城金华以“山水城市、仙游胜地”著称，是一座有着1700余年历史的古城，因其母亲河婺江而得名婺州。金华目前拥有双龙洞、方岩、六洞山、仙华山、三都屏岩等6个省级风景区，兰溪、武义两个省级旅游度假区，闻名影坛的中国横店影视城、神秘莫测的诸葛八卦村、风水古老的郭洞古生态村等一批富有特色的景点，并有10个景点纳入国家和省级旅游线路。

面积：10919平方千米
人口：471万人
区号：0579

亮点

必游景点

- **双龙风景名胜区**：地下悬河、岩溶奇观、赤松祖庭，被人们誉为“水石奇观”。
- **诸葛八卦村**：是全国诸葛亮后裔最大的聚居地，，按九宫八卦设计布局。
- **横店影视城**：是目前国内拍摄场景最多，配套设施最全，历史跨度最大的影视拍摄基地。

线路推荐

- **金华、衢州精华五日游**

D1：双龙风景区（双龙洞、冰壶洞、金华观）—天宁寺—太平天国侍王府。

D2：诸葛八卦村—义乌中国国际商贸城。

D3：卢宅—横店影视城—明清民居博览城—横店红色旅游城。

D4：俞源古村或郭洞古生态村—方岩景区。

D5：龙游石窟—孔氏南宗家庙—烂柯山—江郎山。

↑横店影视城

交通信息

飞机

义乌机场距离金华市区约50千米，离义乌市区10千米左右，是浙江中西部地区最大的航空港，有飞往上海、北京、广州、海口、南昌、汕头、武汉、厦门、福州等地的班机。

火车

金华有金华站和金华南站两个火车站。金华火车站是高铁、普铁合一的车站，金华南站是高铁站，位于西南郊区。

金华城区景点

太平天国侍王府

●我国现存规模最大的太平天国府建筑

侍王李世贤是太平天国后期的重要将领。太平天国侍王府是我国现存规模最大、艺术品最多的一处太平天国建筑，已辟为纪念馆。府内的砖雕、壁画和彩画最值得一看，尤以《樵夫挑刺图》和《四季捕渔图》及《望楼兵营图》最为著名。

金华市城东酒坊巷52-3号。

乘24、16路公交可到。

16元。

双龙风景名胜区

●被人们誉为"水石奇观"

双龙风景名胜区是一处以山岳森林为背景，地下悬河、岩溶奇观、赤松祖庭为特色的风景区，分为双龙洞、黄大仙、大盘天、优游园、仙鹤妍、尖峰山等6景区，总面积79.7平方千米。

双龙洞因洞口两惟妙惟肖龙头而得名，因堪称世界一绝的"双龙卧舟"而闻名。属岩溶景观，以洞中有洞、卧船入洞为特色.

金华市婺城区罗店镇，城北8千米西南山麓。

市区乘游5路黄色小面、游3路公交可达；另外，兰溪门公交站点到景区的公交较多。市区进入景区打车一般约需40元。 联票90元，包括双龙洞、冰壶洞、桃源洞、金华观、二仙洞、朝真洞、仙瀑洞和黄大仙祖宫。

www.shuanglongdong.com。

金华郊县景点

诸葛八卦村

●全国诸葛亮后裔最大聚居地

诸葛八卦村是全国诸葛亮后裔最大的聚居地，是以钟池为核心，按九宫八卦设计布局的。村中的200余座明清民居古建筑布局奇巧，现在保存完好的有丞相祠堂（诸葛氏族的总祠，每年都举行盛大的祭祀活动）、大公堂、大经堂、寿春堂、农坊馆等。专家学者们称其为"江南传统古村落、古民居典范"。

兰溪市诸葛镇诸葛村。

主景区100元；西线景区55元；主景区+西线联票155元（含观光车）。 www.zhugevillage.cn。

亲历者◎解说

诸葛八卦村各家各户面面相对，背背相依，巷道纵横，似通却闭。外人贸然进村，如果没有熟人带路，往往进得出不得。据说，曾有盗贼混入，找不到出路，结果束手就擒。

郭洞古生态村

●被誉为"江南第一风水村"

郭洞村被誉为"江南第一风水村"，由相连的郭上村和郭下村两部分组成。村内有新屋里（古民居的代表）、海麟院、何氏祠堂、鳌峰塔、凭虚阁、古寨墙、回龙桥等景点。

武义县熟溪街道郭洞村。

可乘火车至金华站下，换乘汽车至兰溪客运中心，再乘坐诸葛八卦村的旅游专车可达。

30元。

亲历者◎攻略

1. 郭洞人做活了"竹"文章，竹茶杯、竹笔筒、竹烟缸等数十种工艺品琳琅满目。这里的居民还有将葫芦当作容器的习俗，葫芦的外面用极细的篾线编织，相当讲究。

2. 郭洞和俞源为两个方向，必先回城再坐车。俞源和刘秀陇、清风寨是一条路线，可顺路浏览。

仙华山风景名胜区

●有"第一仙峰"之称

仙华山又名仙姑山，以"奇、险、旷、幽"而著称，明代刘伯温有诗赞云："仙华杰出最怪异，望之如云浮太空。"故有"第一仙峰"的美誉。北为石峰林立、怪石纷呈的仙华峰林景区；南有梅坞香雪景区，东为千岁宝掌和尚修行之地宝掌幽谷景区；西有山环水抱的仙湖碧水景区。

浦江县北郊。

杭州—重庆、南京西—温州、上海—衢州、杭州—江山、杭州—温州的列车途经浦江站。浦江站距离浦江县城浦阳镇26千米，县城距仙华山景区9千米。火车站、县城和景区之间均有中巴车往返。

70元。

东阳旅游区

卢宅

●"北有故宫，南有卢宅"

卢宅是江南久负盛名的明清古建筑群，被国内外专家誉为"具有国际水平的文化遗产"。以肃雍堂为核心，分方伯第、柱史第等6组建筑。宅内还有一盏著名的大堂灯，已载入世界吉尼斯记录。

东阳市吴宁镇（县城）东郊。

金华汽车东站乘车到东阳，东阳汽车东站步行仅5

分钟可到卢宅。或乘东阳1、2、3路公交可到。自驾车：从上海上沪杭高速，转到杭州绕城高速，转到杭金衢高速，由郑家坞转至东阳方向，往东开即到。

￥65元。

横店影视城 AAAAA

●"中国好莱坞"

横店影视城是目前国内拍摄场景最多，配套设施最全，历史跨度最大的影视拍摄基地，被美国权威专业杂志《好莱坞报道》称为"中国好莱坞"。主要景点有秦王宫、清明上河图、明清宫苑、广州街、香港街、江南水乡、大智禅寺、屏岩洞府、梦幻谷等。

东阳市横店镇万盛街42号。

上海、南京、杭州等周边城市都有班车直达东阳或横店。东阳至横店的班车随到随发，打的也十分方便。

￥明清宫苑景区140元；秦王宫景区140元；梦幻谷景区280元；清明上河图景区110元；华夏文化园100元；广州街/香港街景区110元。联票（5景点）440元。

0579-86547211。

横店红色旅游城

●以弘扬革命传统为主题

横店红色旅游城总占地面积29000余亩，由横店红军长征博览城、中国革命战争博览城、中国近（现）代名人故居观赏园、邵飘萍烈士纪念馆等组成。是继横店影视城后，横店又建起了一座以弘扬革命传统为主题，集教育、旅游、休闲为一体的红色旅游城。

东阳市横店工业区康庄路88号。

www.crt.com.cn。

明清民居博览城

●集古建筑保护、影视拍摄于一体

明清民居博览城经精心设计，巧妙布局，将散落各地正在消失之中的古民居建筑汇集到一起，是一座集古建筑保护、影视拍摄、艺术展览于一体的综合性风景旅游区。该景区分为"桃花源"与"秦淮河"两大部分，深厚的历史积淀、丰富的文化内涵、多彩的艺术品味，是该景区的鲜明特色。

东阳市横店康庄南路南端。

由各地火车站乘火车到义乌，再换乘班车到横店。沪杭高速—杭甬高速—杭金衢高速已经互通，杭州到横店只需2小时车程。

丽水旅游区

南尖岩景区

●国际摄影创作基地

南尖岩景区，有奇独的云海、日落、长虹、雪景、雾凇、冰挂等天象景观；天柱峰、神坛峰、千丈岩、海等多处奇峰异石构成了独特的地貌景观；有霞归瑶池、九级瀑布、龙门飞瀑等构成的水体景观。

遂昌县王村口镇石笋头村，距县城50千米。

乘遂昌至石笋头的车，早、中、晚共三班，开往南尖岩景区所在的行政村。 ￥70元。

遂昌金矿国家矿山公园

●被誉为"江南第一金矿"

遂昌金矿旅游区是国家重点黄金生产企业，被誉为"江南第一金矿"。有古代开矿留下的黄岩坑古矿洞、永丰银场、太监府等遗址，还有工业黄金游项目，在这里，您可以参观现代黄金生产线、可以进行古矿洞探险、更可以采金砂、抱金砖，真正圆您一个的"黄金梦"。

遂昌县云峰镇。

自驾：上海、杭州方向走杭金衢高速至龙游转龙丽高速到遂昌出口下，可看到金矿的雕塑，沿金矿公园指示牌继续行驶山路15千米，可达公园大门。

￥98元。

龙泉山旅游区

●观云海、看日出、赏佛光好去处

龙泉山位于凤阳山·百山祖国家级自然保护区内，其主峰黄茅尖海拔1929米，为江浙第一高峰。目前已开放龙泉大峡谷、荒野山庄、绝壁奇松、七星潭、黄茅尖、瓯江源等六大景区。景区内奇松异石、深潭飞瀑、云顶佛光及上千米高的自然天成的龙泉大佛，无不给人以震撼。

龙泉市兰巨乡，市区东南50千米处。

龙泉有直达班车开往景区。 ￥80元。

畲乡之窗

●有“浙南芙蓉镇”的美称

畲乡之窗历史悠久，建筑古朴，有“浙南芙蓉镇”之美称。景区以畲族风情为载体，融自然山水、人文古迹于一体，有畲族婚俗、浮伞仙漂等项目。大均观音阁漂流项目惊险刺激。

景宁县大均乡大均村。

乘开往英川方向的中巴前往，半小时一班车，车资11元。

景点联票90元，橡皮艇漂流100元。

亲历者◎攻略

1.彩带是畲女传统的手工艺品，也是山哈少女送给心上人的定情信物。两米多长的彩带上，织有漂亮的花鸟禽兽和文字图案。每年七月初七有彩带比赛。

2.畲族有本民族的语言，善歌，以歌代言，以歌为乐；畲族服饰、工艺品、饮食、居住、婚嫁风俗、宗教图腾等均有鲜明的民族特色。

衢州旅游区

龙游石窟

●世界地下空间开发利用的一大奇观

龙游石窟俗称无底塘，规模宏大，气势磅礴，有24个洞窟。集人文、艺术、文化、工程技术于一体，是中华民族博大精深的体现，也是世界地下空间开发利用的一大奇观。关于它的断代、成因众说纷纭，因此吸引了大批国内外专家前来考察论证，成了一个名副其实的“千古之谜”。

龙游县小南海镇。

龙游火车站乘1、2路公交直达。

参观石窟65元。

廿八都古镇 AAAAA

●百家姓镇

廿八都地居仙霞岭高山深谷之中，地势险要，自古为兵家必争之地，素有“枫溪锁钥”之称，学者称其为“一个遗落在大山里的梦”。镇内有九种方言和一百四十余种姓氏，古建筑风貌依旧，以精湛的木雕艺术和丰富的彩绘最具特色。有文昌阁、枫溪老街、水安桥等景。

江山市廿八都镇。

乘衢州至江山的大巴，约40分钟车程，江山至廿八都班车很多（5:40~16:40）。

80元。

亲历者◎解说

廿八都1万多人口中至少有146个姓氏，仅镇上的3600多人口中现在就有141个姓氏，是名副其实的“百姓”镇。

来自天南海北的人聚居在此，自然带来各地方言，保留至今的主要有浙南、赣西、闽北闽南、徽州的九种不同方言，一个方圆不过十数里的小山谷中竟然有这么多活的方言，确实算得上“方言王国”。不过，虽然这里的人南腔北调，但却有自己统一的语言——廿八都官话。

江郎山风景名胜区 AAAAA

●有“雄奇冠天下，秀丽甲东南”之誉

江郎山素有“雄奇冠天下，秀丽甲东南”之誉，以雄奇的“三爿石”著称于世。拥有中国丹霞第一奇峰、全国一线天之最、天然

↓江郎山

造化的伟人峰、惊险陡峻的郎峰天游（被誉为浙江最佳景点）和千年古刹开明禅寺、千年学府江郎书院、全国最大的毛泽东手书体“江山如此多娇”摩崖石刻等景点近百处。

江山市江郎乡泉井村。

江山新汽车站有班车前往，班车只是到山脚下，山下有小车可以包上山去，价钱来回 30 元送到山庄。

江山汽车站乘往江郎乡的车前往，不到 1 小时即到，4.5 元。在江郎乡街口就有进山的中巴车，送到景点门口。

淡季 70 元，旺季 100 元。

亲历者◎攻略

1. 在开明禅寺旁边上山道路旁的大石头上刻着一副江郎山游览示意图，对游览景区有一定帮助。

2. 每走一步几乎都是在悬崖上，虽说栏杆绝对安全，但那种刺激的感觉特别过瘾，尤其是下山时，有一二处要倒爬着才能下来。

根宫佛国 AAAAA

●世界唯一的根文化主题旅游区

根宫佛国文化旅游区是寻根探源山水文化旅游胜地，有福门祥光、云湖禅心、集趣斋、天工博物馆、根雕佛国、醉根宝塔、历史文化长河等近三十个景点。

景区巧妙地以根雕艺术、盆景艺术，赏石文化与园林古建为载体，融华夏上下五千年历史璀璨文化于奇根异木。此处亦陈列有世界上最大的根艺释迦牟尼佛造像和巨型根雕五百罗汉阵，以及根艺文献资料、根艺名家名作，工艺流程和醉根文化展示等，是一部根艺美术的四库全书。

衢州市开化县城关根博路 1 号。

开化乘 3 路公交车可以直接做到根博园站下。

8:30~17:00。 120 元。

住宿

义乌伊美广场酒店 / 义乌市城中中路 128 号 /0579-85278888。

丰景嘉丽大酒店 / 金华东阳市横店镇康庄南街 186 号 /0579-86580888。

横店星际酒店 / 横店环城北路 /0579-86899333。

开臣国际酒店 / 义乌市江滨北路 523 号 /0579-85263999。

横店 15 号青年公寓 / 金华东阳市横店镇明清西路 15 号 /15068091004。

餐饮

美食以火腿（以色、香、味、形“四绝”而驰名世界）为核心，颇有名气。风味小吃以金华夜煲最为著名，此外还有金华酥饼、金华肉粽、金华汤包等。

品尝金华美食的主要去处有：金华夜市大排档（人民广场附近）、百年老店清和园、世傅美食厅、兰溪古商城饮食一条街等。一般来说，在景区望湖度假村、鹿田山庄、双龙工疗以及市区国贸宾馆、金华宾馆、国际大酒店等规模较大、档次较高的宾馆饭店都能品尝到正宗的“金华菜”。

购物

特色市场繁多，土特产有金华火腿、花茶、藕粉及佛手。工艺品有东阳木雕、浦江麦秆、草编等。

提示：在金华义乌，有一个全国最大的小商品批发市场。去金华旅游，不妨去义乌中国国际商贸城逛逛，说不定可以买到很多价廉物美的东西。

民俗

婺剧：是我国最古老的地方剧种之一，为浙江第二大剧种，它以金华为中心，流传于浙江金华、衢州、丽水和江西等一带。剧目丰富，传统剧目有《断桥》《对课》《僧尼会》等。

金华国际黄大仙旅游节：每年 10 月，金华山黄大仙祖宫、兰溪黄大仙故里，举办大型的法事活动、双龙仙游、文艺晚会、摄影比赛、体育竞技等。

●面积

14 万平方千米，全国排名第 22 位

●人口

6144 万，全国排名第 8 位

●世界遗产

黄山风景区、西递、宏村

●国家 5A 级风景区

黄山风景区、池州市九华山风景区、安庆天柱山、皖南古村落西递 – 宏村、六安天堂寨、宣城龙川、阜阳八里河、古徽州文化旅游区、合肥市三河古镇景区、芜湖市方特旅游区、六安市万佛湖景区

●国家重点风景名胜区

黄山、九华山、天柱山、琅琊山、齐云山、采石、巢湖、花山谜窟 – 渐江、太极洞、花亭湖

安徽旅游网
www.ahta.com.cn

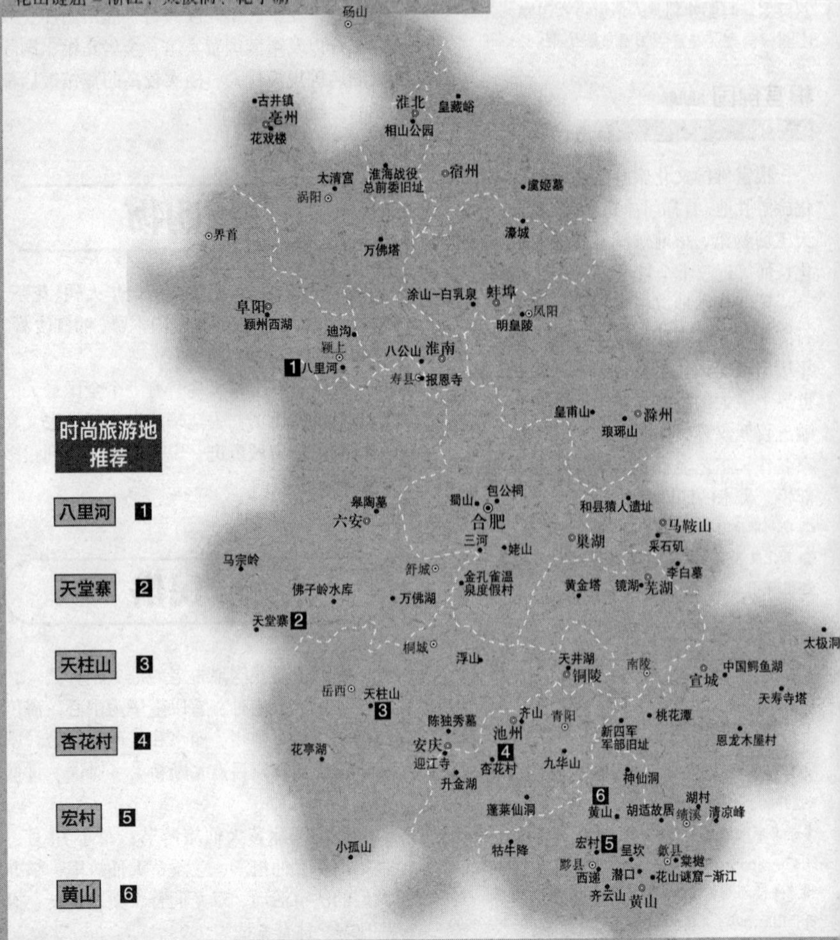

安徽

美好安徽，
迎客天下

安徽，北为黄淮平原，南为长江流域，是中华民族两大文化起源的交汇地带，历史悠久，文化璀璨，拥有秀美壮丽的山岳景观。风景奇绝的黄山、道教圣地齐云山，这些壮丽的山岳景观和谐共处，各展风情。

合肥

合肥古称庐州，淝水蜿蜒穿城而过，造就了秀丽的环城公园，哺育着包公的家乡，为这座整洁的绿色城市增添了无限生机。合肥西郊有风景秀丽的蜀山，东南则濒临浩瀚的巢湖。

面积：6911 平方千米
人口：479 万
区号：0551

亮点

必游景点

● **三河古镇**：有两千多年历史，其特色体现在“水”和“古”两个方面。

● **琅琊山景区**：以美丽的山水著称，洞、山上的醉翁亭被誉为“天下第一亭”。

● **巢湖风景名胜区**：山环水秀，风光迷人，仙人洞上方可观赏到“天下第一奇花”银屏白牡丹。

线路推荐

● **合肥二日游**

D1：包公墓—教弩台—李鸿章故居—逍遥津，晚上逛长江中路或城隍庙。

D2：徽园—蜀山风景区（如有时间可再去中国科技大学）。

↓合肥三河古镇

● **巢湖三日游**

D1：霸王祠—陋室公园—华阳洞—太湖山—鹿苑。

D2：中庙—姥山岛—仙人洞、银屏山索滑道—半汤温泉浴。

D3：鼓山—紫微洞—王乔洞。

交通信息

飞机

合肥新建的新桥国际机场位于市区以西，距离市中心约 32 千米，市内有多条机场大巴可以抵达，车程约一个小时。航线基本通达全国各地，还有飞往新加坡、首尔、曼谷、大阪等国际航线。

火车

合肥目前有两个火车站，合肥站位于瑶海区，几乎所有经过合肥的普通列车均会停靠此站；合肥南站为高铁站，位于包河区。

市内交通

合肥市交通便利，地铁 1 号线已于 2016 年年底开通，2 号线、3 号线均在建设中。

合肥城区景点

蜀山风景区

●为纪念北宋著名清官包拯而建

蜀山由火山喷发而成，是合肥近郊唯一的一座大山，海拔 284 米，这里风光旖旎，尤以古火山遗迹和自然风光为胜，满山遍野都是郁郁葱葱的苍松翠柏和引人入胜的奇花异草。

风景区拥有 80 余公顷的苗木花卉基地以及合肥野生动物园（4A 级旅游区），长达 370 米的“安徽第一画廊”——蜀山画廊，以及十二生肖园等。

合肥市蜀山区，西郊 9 千米。

↑包公园

🚌去蜀山可在合肥市内乘 20、44、48 路公交可到。

¥公园免费，野生动物园 35 元。

包公园

●为纪念北宋著名清官包拯而建

包公园是环城公园的一部分，为纪念北宋著名清官包拯而建。整个包公园为开放式布局，占地 30.5 公顷，建有包公祠和包公墓、清风阁、包公纪念馆、功德广场等景点。

包公祠是包公幼年读书的地方，由正殿、东西两厢房、廉泉井、流芳亭、回澜轩、包公故事蜡像馆及大片的碧水和园林组成。包公墓是包拯及其夫人、子孙遗骨所葬之地。清风阁不定期举办各剧种的包公戏曲演出，每天下午 3 时还有编钟表演，音色优美，使人陶醉。浮庄坐落在包河东大岛上，其建筑博采苏、扬、徽派园林艺术的精华，依水就势而成。

⌂合肥市包河区环城南路。

🚌乘 6、11、99 路公交可达。

¥50 元。包公祠 20 元，包公墓 35 元，浮庄 5 元。

☎0551-62884490。

徽园

●浓缩了整个安徽的著名景点

徽园是为庆祝新中国建国五十周年而建设的大型纪念园，是最大的主题公园。园内浓缩了安徽全省的著名景点及其历史文化，主要有仁和楼、惠风石坊、徽园第一楼、得意楼、古戏楼、九龙九凤壁等建筑。在安庆馆可听黄梅戏。

⌂合肥市蜀山区繁华西路。

🚌乘 226、148 公交可到。

¥20 元，观光车 5 元 / 人 / 次。

☎0551-63822073。

安徽省博物院

●省级综合性博物馆

安徽省博物院是安徽省内唯一集自然、历史、社教为一体的省级综合类博物馆，设有 5 个基本陈列馆，馆藏文物 23 万件，其中以商周青铜器、楚国货币、汉画像石、文房四宝、元代金银器、新安书画、徽州雕刻和古籍善本、徽州契约文书等最为突出。另有现代著名旅法女画家潘玉良的 4000 余件作品珍藏于此。安徽博物院现辟有新馆，有安徽文明史基本陈列以及 4 个特色专题陈列。

⌂老馆位于合肥市庐阳区安庆路 268 号。新馆位于蜀山区怀宁路 268 号。

🚌13 路、129 路、502 路“安徽合肥体育中心(怀宁路)”站下，沿怀宁路向北步行即可。

☎0551-2823299。

合肥近郊景点

三河古镇 AAAAA

●千年水乡古镇

三河古镇因丰乐河、杭埠河、小南河三条河流贯穿其间而得名，是一个典型的水乡古镇，具有 2500 年的历史，享有“合肥周庄”“庐剧之乡”的美誉。

镇内，五里长街，河环水绕；镇外，河网丛横，圩堤交错，以水乡为特色，形成了江淮地区独有的古桥、古圩、古茶楼、古庙会、古战场等“八古”景观。水乡古镇特色体现在“水”和“古”这两个方面。镇上的三河古街保存有体现明清独特建筑风格的望月阁、英王府、万年台等。

⌂肥西县三河镇。

🚌合肥旅游汽车站有班车直达，10 分钟一班，10 元。

¥古镇免费，内部景点八景联票 120 元，四景联票 70 元。

☎0551-8757113。

亲历者◎攻略

1. 在三河镇，不论男女都能做几个拿手好菜，“三河虾糊”“酥鸭元宝”“八宝酥鸡”等都是当地名菜，还有米饺、油炸粑粑、油炸烧卖等名点。尤其是这里的土菜，声名远播，在合肥市有很多冠以“三河”之名的饭店，当然，最地道的三河美食还是在三河镇。

2. 三河城隍庙每年都有庙会，庙会期间有民间艺人来表演杂艺。加之三河人有踩高跷的习俗，一遇喜庆的日子，男女老少便以此助兴。

岱山湖

●以独特的湖光山色闻名遐迩

岱山湖是一个人工水库，四面青山环绕，山水交融，以其独特的湖光山色闻名遐尔。岱山湖湖中小岛千姿百态，湖中有一个名为天鹅岛的孤岛，植被繁茂，花草香溢四方，岛上有一天池，大旱不涸，淫雨不溢。湖东北的翡翠岛上有一塘碧水，四周郁郁葱葱。出翡翠岛过狭窄水道后有一岛，仿佛一只奋力击水前行的巨大乌龟，憨态可鞠，名曰“龟行岛”。

肥东县岱山湖旅游度假区。

从合肥东门换乘中心乘岱山湖专线车直达，每天6:30~17:30每15分钟一班。

40元。

0551-7512901。

紫蓬山

●国家森林公园

紫蓬山主峰海拔188.7米，为庐阳第一名山，主要名胜有始建于三国的皖中名刹西庐寺、三国魏将李典之墓、宋抗金名将葛升之墓，以及淮军名将刘铭传、张树声、周盛传的故居——刘老圩、张老圩、周老圩等。著名景观还有高21米的如来大佛、15米高的弥勒大佛摩崖塑像、五百罗汉塑像，文昌阁等。紫蓬山林茂景美，而且野生动植物种类繁多，大都是中日两国政府保护候鸟及其栖息环境协定中的保护鸟类，以鹭鸟为优势种群。

肥西县紫蓬山旅游开发区。

合肥旅游西站有专线客车直达，每10分钟一班。另外80路公交可到达。

0551-8581222。

滨湖湿地公园

●人工退耕还林而成的森林公园

合肥滨湖湿地森林公园靠近巢北岸南淝河入湖口，是中国首个退耕还林并经生态修复建成的国家级森林公园，开创了人工林成功晋升国家级森林公园的先河。

公园内有植物达281种，形成多层次的植物群落系统，有杨树、水杉、香樟、桑树、木芙蓉、藤蔓等植被组成，还有国家一级保护植物水杉、珙桐、银杏等珍贵树种，以及再力花、德国鸢尾、荷花等水生植物，是一个清新纯净的天然氧吧。

合肥市滨湖区大张圩。

乘坐42路节假日线至“滨湖湿地公园”站下。

巢湖风景名胜区

●我国五大淡水湖之一

巢湖是我国五大淡水湖之一，从空中鸟瞰，如同一个鸟巢，因而得名。它山环水秀，风光迷人，风景名胜区有姥山岛、中庙、四顶山、半汤温泉（因冷热两泉合流而得名）、银屏山仙人洞、紫薇洞等诸多景点。

巢湖风景区归合肥市和巢湖市共有。姥山岛、中庙位于巢湖市忠庙镇，银屏山、仙人洞位于银屏镇，紫薇洞位于北郊，半汤温泉位于半汤镇汤山脚下。

姥山岛60元（含船票，如乘快艇则为75元），银屏山50元。

巢湖西门车站和合肥旅游汽车站有班车可到姥山岛。

www.chinachaohu.net。

亲历者◎攻略

1. 巢湖的清晨很美，夜景更美，旧时合肥八景中就有“巢湖夜月”一景，尤以姥山月夜最为迷人。在清秋的十五之夜，一轮明月倒映在波漪微微的湖中，犹如一颗玉珠镶在湖面上，月光、灯光、湖光交相辉映，月影、塔影、云影融成一片，呈现出“一色湖光万顷秋”的美景夜色。

↓庐江金孔雀温泉度假村温泉泡汤

2. 去姥山旅游可以吃到美味可口的农家饭菜，这里的菜肴以湖鲜为主，都是渔家自己捕捞的，非常新鲜，价格也很低，有一款菜是用巢湖中的毛草鱼干炒辣椒，特别好吃。

3. 银屏山看花是巢湖市延续千年的习俗，悬崖上“银屏奇花”几个大字，是秋冬季节分辨牡丹花生长位置的标志。

亲历者◎游记

在姥山岛上崎岖的山道上行走的时候，如果脚步稍重，就能听到脚下的回声，这就是姥山特有的“空谷回音”。循着声音寻找，会发现约20多处大小溶洞。大的可容百人，小的也可藏十多人，洞内怪石嶙峋，十分险妙。再拾级攀登，就可以观赏明清古塔文峰塔了。

金孔雀温泉度假村

●华东最大的园林式露天温泉度假村

在古镇汤池，是华东最大的园林式露天温泉度假村，有众多温泉泡池和特色温泉项目，休闲娱乐设备一流。

庐江县汤池镇外经大道。合肥外经大厦双休日有免费班车可到。 市内乘班车可到。

148元。 0565-7085666。

滁州旅游区

明皇陵

●明代第一陵

明皇陵是明代开国皇帝朱元璋朱元璋父母葬地，俗称明代第一陵。该陵平面为长方形，神道长253米，有32对神道石刻，刻工精细，是全国重点保护文物。

滁州市凤阳县大庙镇。

县城有班车到明皇陵。

40元。 0554-6651264。

狼巷迷谷风景区

●自然风光优美

景区占地80多亩，分为古刹礼佛和迷谷探奇两大主题，自然风光优美，有禅窟古刹、禅窟洞天、狼牙巷、瘦人谷、响石谷、千层岩等50多处景点，石芽、石林、石峰等景各显其态。置身其中如入仙境迷谷。

滁州市凤阳县宋集乡。距禅窟洞口700米。

凤阳县城的长途车站有专线车直达（途经韭山洞）。

80元。 0550-6356504。

小岗村乡村旅游区

●江南园林式建筑

由两个村民小组组成，小岗人开创了家庭联产承包责任制的先河，现有大包干纪念馆，占地30亩，为江南园林式建筑风格。

滁州市凤阳县小溪河镇。

凤阳县城乘中巴可到。 20元。

琅琊山风景名胜区

●山上有“天下第一亭”醉翁亭 国家森林公园

以其山水之美著称于世，素有“蓬莱之后无别山”之誉。景区以洞、碧湖、流泉为主要特色，分为琅琊山、城西湖、姑山湖、“三古（古驿道、古关隘、琅琊山以茂林、幽古战场）”等4个景区，山上的宋代醉翁亭被誉为“天下第一亭”，还有会峰阁、琅琊寺等古建筑以及唐宋以来的摩崖碑刻数百处。

醉翁亭：位于琅琊山麓，因宋代大文豪欧阳修的传世之作《醉翁亭记》而名闻天下。这一带的建筑，布局紧凑别致，亭台小巧独特，具有江南园林特色。

琅琊寺：原名宝应寺，建于唐代大历年间，依山傍林，建筑雄伟。寺内最大的建筑是大雄宝殿和藏经楼。月洞形山门上书“琅琊胜境”四字。

滁州市琅琊区，市西4千米。

旺季（3月1日-11月30日）成人票95元，淡季（12

↓醉翁亭

月1日－次年2月底）成人票80元。

乘坐11路公交直达。

0551-3512999。

www.zuiwengt.com。

亲历者◎攻略

不同季节登山可以寻到不同的乐趣。夏天，琅琊山上都是树，在树荫底下乘凉，非常清凉，而且山上的泉水也很充沛，舀来喝或到溪中打水仗都可！秋天的10~11月，琅琊山会举行一年一度的菊花展，这时候，山上的树木也呈现出各种不同的颜色，秋高气爽，在这里静静地看山看湖，可以体会其中的韵味。冬天，最好选择雪后初晴时去看，山上银装素裹，煞是迷人。

六安旅游区

万佛湖 AAAAA

安徽千岛湖

万佛湖即龙河口水库，是一座大型人工湖，湖上有60多个大小不一的岛屿，如鲸似龟，因此万佛湖又有“安徽千岛湖”之誉。该湖周长250千米，湖面为枫叶状，环湖皆山，沿湖有瓦砾山、徽萃山林、文家墩、龙王树、万佛湖温泉、金海岸、双龙岛、桃花岛、燕子岛、万佛岛、梅仙祠等几十处自然景观和人文景观，形成了妖娆多姿、绚丽迷人的湖光山色。

舒城县万佛湖镇。

县城有很多班车可到。　55元。

天堂寨 AAAAA

吴楚东南第一关

天堂寨境内拥有15座千米以上的高峰，主峰天堂顶为大别山主峰，海拔1729.13米，这也是华东地区最后的一片原始森林。站在天堂寨峰顶，北可望中原，南可眺荆楚，将巍巍群山尽收眼底。其间，雄关漫道，崇山峻岭，龙潭飞瀑，古称“吴楚东南第一关”，景区内有九影瀑、泻玉瀑、四叠瀑等大小瀑布108道，还有仙人洞、屈原问天、笔架岩、情侣峰、子母龟、小西天等景点。

六安市，金寨、罗田、英山三县两省交界处，北坡在金寨县前畈乡。

115元（含瀑布群、白马大峡谷等）。索道上70元，下60元，双程100元。

合肥旅游汽车站、六安南站、上海等地有发往天堂寨的旅游专线车。

0564-7528098。

寿县古城

“淝水之战”的古战场

寿县古城是楚文化的故乡，被称为“地下博物馆”，是游安徽的必去之地。这里自古便是兵家必争之地，历史上著名的以少胜多的“淝水之战”和周世宗夺寿州引发的赵匡胤困南唐等战役就是发生在此地。有春申坊、时公祠等内八景和外八景，同时也是“淮南豆腐”的发祥地。

寿县古城墙是全国屈指可数的保存完好的城墙之一。在城墙上能看见历史上著名的淝水之战古战场。

寿县县城。

进古城免费，宾阳门上的城楼入内参观需付10元。

从阜阳、六安、合肥、淮南、蚌埠等地都有车可以直达。县内交通以人力三轮为主，1元起价，最远也不到3元。出租车的价格也差不多。

↓舒城万佛湖

↓寿县古城

燕子河大峡谷

●清静怡人的散心地

燕子河大峡谷靠近安徽省和湖北省的交界处，峡谷内游人非常少，自然清静，以水景为主、辅以奇石，所以最好春、夏天的雨后来此游玩，若逢冬天枯水季，景色会大打折扣。

景区东大门外有几家宾馆和酒楼，方便停车、吃饭，可以从东大门进，西大门出，在快到达西大门的时候有一条去天坑的岔路，景区最精华的“四奇”都在这条岔路上。

六安市金寨县燕子河镇茶铺村西南部054县道。

六安汽车客运总站乘坐到天堂寨的汽车，在燕子河大峡谷下即可。 ¥65元。

住宿

安徽饭店/梅山路18号/标准间400元左右/0551-62218088。

中坤商务酒店/屯溪路309号/0551-62173808。

全季酒店/黄山路金大地1912街区/0551-65589699。

莫泰168/淮河路1号步行街店/0551-62161111。

餐饮

徽菜是中国八大菜系之一，在合肥可以品尝到正宗的徽菜。著名的菜肴有曹操鸡、包公鱼、庐州烤鸭、李鸿章大杂烩等。特色小吃有麻饼、烘糕、寸金、白切、鸭油烧饼、冬菇鸡饺等。主要美食街有人民巷、宁国路龙虾一条街、罍街阜南路餐饮一条街等。

购物

合肥主要特产有火笔画（用铁笔烙画）、发绣、竹簧雕刻、羽毛扇、虎皮金橘蛋等。合肥商业中心区集中在长江中路及金寨路一带。主要购物街有长江路三里庵、淮河路商业步行街和女人街等。

民俗

庐剧：庐剧为安徽省著名地方剧种，旧称“倒七戏”，已有近200年历史，因其创作、演出活动中心在以合肥为中心的江淮一带和大别山区，包括六安、淮南、巢湖、滁州、芜湖等地，这些地方古属庐州管辖，故称“庐剧”。它是以当地的山歌、民歌、门歌、花鼓灯等民间歌舞为基础发展起来的。

民歌：六安民歌多以山歌、茶歌、灯歌、秧歌、劳动号子为主，同时还有许多轻松愉快、曲调优美的民间小调。革命战争年代，当地人民曾创作出了《八月桂花遍地开》《红军到金寨》等的一大批红军歌曲和革命民歌。现代，在传统民歌基础上创作的《月亮走，我也走》等歌曲也是风靡全国。

黄山

黄山市旅游资源丰富，景观独特，不仅有大自然造就的天下无双的山水风光，而且有大量展现中国古老文化的人文景观。

黄山市区（屯溪）内有保存完好的屯溪老街、明代大数学家程大位故居、明代建筑程氏三宅、老大桥、花山谜窟等古迹名胜。

黄山周围，景观簇拥，风格各异，犹如众星拱月，有天下第一奇瀑九龙瀑、风光秀丽的太平湖、山水画廊新安江、保持原始风貌的牯牛降以及我国四大道教圣地之一齐云山等胜景。

面积：9807 平方千米
人口：148 万
区号：0559

亮点

必游景点

- **黄山**：五岳归来不看山，黄山归来不看岳。
- **宏村**：中国画里乡村，牛形布局的水系堪称“中华一绝”。
- **西递**：素有“世界上最美的村庄”、牌坊、民居、祠堂为古建三绝。

线路推荐

- **黄山及周边五日精华游**

D1-2：黄山风景名胜区。

D3：九龙瀑风景区—翡翠谷（情人谷）风景区—东黄山旅游度假区。

D4：塔川秋色—宏村（或西递）—赛金花故居·归园景区。

D6：齐云山—牯牛降景区。

- **屯溪—徽州古城经典三日游**

D1：程氏三宅—程大位故居—戴震纪念馆—花山

↓黄山呈坎古村

石窟—屯溪老街（晚上）。

D2：棠樾牌坊群·鲍家花园—渔梁古村。

D3：潜口民宅博物馆—唐模—呈坎—许国石坊斗山街—徽园。

交通信息

飞机

黄山机场位于屯溪西郊 5 千米处。由机场前往市区可乘坐民航班车。现开通有至北京、广州、上海、香港、澳门等城市的航线。

火车

黄山市目前有两个火车站。黄山站位于黄山市屯溪区前园北路，主要停靠普快列车；黄山北站位于黄山市徽州区梅林大道，主要停靠高铁。

黄山风景区周边景点

九龙瀑风景区

●下第一奇瀑

九龙瀑风景区是丞相源和苦竹溪之间、香炉峰与罗汉峰之间的大峡谷，称龙源，传说是轩辕黄帝养龙的地方。谷中有众多的天然龙景大观，有龙女潭、牧龙池、龙禅院、九龙瀑、螭龙潭、龙盘岛等。是我国龙文化与黄山自然景观的美妙结合。

九龙瀑：龙源中最壮美的景观，瀑水源于天都、玉屏、炼丹诸峰，汇为云谷溪（丞相源），然后在香炉、罗汉两峰之间的悬崖上奔流而下，整条瀑布共分九折，一折一瀑，一瀑一潭，故名。兼有飞瀑和彩潭之双胜，是天下第一奇瀑。观瀑亭是观赏此瀑布的最佳处。

黄山市黄山区苦竹溪，毗邻黄山东大门，距汤口3千米。

85元。

翡翠谷（情人谷）风景区

●天下第一丽水，美好情爱圣地

翡翠谷又称情人谷，是黄山东海最长的一条峡谷，有6000米长，是黄山五绝之一，被誉为“天下第一丽水，美好情爱圣地”，峡谷中分布着龙凤池、花镜池、绿珠池等彩池数百个，风景纯净美丽，还有狮头岩、情人桥、爱亭等景，炼丹台的坡岩上，镌有选自苏轼手迹的“爱”字石刻，人可立、坐、卧于“爱”字石上，尽情领略“爱”的真谛。《藏龙卧虎》中竹梢打斗、池边恋爱、深潭寻剑、飞瀑踏波等美妙情景皆取自于此山谷中。

黄山市黄山区汤口镇上张村。

云谷寺和汤口镇有车到。

90元。

东黄山旅游度假区

●曾获得安徽旅游十大度假基地

东黄山旅游度假区内自然、人文历史资源丰富，以海派文化、知青文化和茶文化三大文化为中心，有知心小镇海派风情区、农耕文化景区、知青部落怀旧景区，设有心族之旅酒店、东黄山国际青年旅舍、东黄山拓展营、健康中心、球类管理中心、东黄山农林公园等。

黄山市黄山区茶林场，近黄山东大门。

太平湖风景区

●有“黄山情侣”“江南翡翠”之称

太平湖有“黄山情侣”“东方日内瓦”“未经雕琢的翡翠”之称，是安徽最大的人工湖，景区风光以水取胜，以生态见优，以岛称雄，以石入奇。湖面分共幸（接待中心）、广阳（湖宽）、黄荆（岛多）、龙门（峡谷）、三门5大景区，有太平湾、西山观鱼、樵山神仙洞、白鹭洲乐园、黄金岛（又有“十八罗汉卧南海”之称）、八卦城、蛇岛及金盆湾旅游度假区等景点。

黄山市黄山区，共幸码头在平湖镇。

屯溪到太平的车很多，经汤口镇（黄山南门），再从太平县转乘到青阳或贵池方向 的车在太平湖下（提示：由屯溪到太平湖的沿途景色绝美，可找个靠窗位置观赏）。

65元（含中心湖区景点，游船费另付）。

8561399。

宏村—西递

宏村景区 AAAAA

●中国画里乡村

宏村又名弘村，都是取宏广发达之意。牛形布局的水系（含月沼和南湖）堪称“中华一绝”，成为当今世界历史文化遗产的一大奇迹。一百多幢民居保存完好，承志堂（民间故宫，其雕刻堪称徽派“四雕”艺术中的木雕精品）是代表作。还有南湖书院、敬修堂、东贤堂、叙仁堂等建筑，有“中国画里的乡村”之称。

黟县宏村镇宏村。

黟县乘中巴2元可达。

104元。

亲历者◎指路

1. 从外部进入宏村，最好先乘车到黄山市，然后在黄山市火车站乘坐开往黟县方向的中巴车，每20分钟一趟，在县城下车，票价10元左右。

2. 黄山风景区南大门有班车到宏村，7:20、9:50、13:20、15:40各一班，票价13–15元。

亲历者◎攻略

1. 摄影：要想拍到宏村的美景，早上5：00左右是最佳时间。这时，村里的景点尚未被游人所包围。走在小巷中，清幽宁静得可以听到自己走路的声音，是拍照取景的好时机。

2. 吃：宏村小吃属于徽州风味，比较有特色的美味有黟县腊八豆腐、宏谭豆腐乳、黄山毛豆腐、臭桂鱼、宏村御饼、千层饼等。

3. 住：宏村村口有数家旅店，但常被写生的学生住满，较为噪杂。宏村的居善堂以古民居为旅社（宏村仅此一家），店中农家菜肴和各种野味都极具农村风味，一日三餐加住宿全包，淡季的时候才50元/天/人。与主人同吃同住，又颇有一种回家的亲切感。电话：5541218。

黄山风景名胜区 AAAAA

●天下第一奇山、黄山归来不看岳

黄山原称黟山，是三山五岳中的三山之一。因传说轩辕黄帝曾在此修身炼丹并得道升天而闻名，后唐玄宗依此传说将它改名黄山。它集泰山之雄伟、华山之险峻、衡山之烟云、庐山之瀑布、雁荡之巧石、峨眉之秀丽于一身，被称为“天下第一奇山”。

黄山历来有南雄北秀东奇西幻之说，其胜景都以莲花峰、光明顶（所谓“不到光明顶，不见黄山景”）、天都峰（最为险峻，有爬山不看景，看景不爬山之说）三大主峰为中心展开，分温泉、云谷寺、玉屏楼、松谷等六大景区。以四绝（奇松、怪石、温泉、云海）和日出奇观最为著名。

黄山市黄山区，南大门在汤口镇北9千米，北大门在太平镇南21千米的芙蓉岭。

¥ 230元，淡季150元（12月至次年2月）。保险费2元。

☎ 5561111（咨询）、5562222（投诉）。

亲历者◎行程

1. 步行：前山（黄山大门口）上，可以直接爬天都峰，下来经过玉屏楼，再往上过莲花峰到光明顶，到西海、北海，至后山下。这条线路体力消耗非常大，且对于爬天都峰的人来说，上去非常累，下来非常险。

2. 推荐游线：D1：南大门—慈光阁—天都峰—迎客松—莲花峰—光明顶（夜宿光明顶）；D2：光明顶—西海大峡谷—排云楼（夜宿排云楼）；D3：排云楼—西海—北海—白鹅岭—云谷寺—黄山温泉—南大门。

亲历者◎解说

1. 云海：黄山云雾甲天下，平均每三天中二天有雾。根据方位的不同黄山云海可分为：东海、南海、北海、西海、天海。

玉屏楼可观南海云海，清凉台和狮子峰顶可望北海云海、排云亭可看西海云海、白鹅岭和东海门可赏东海云海、光明顶顶部可观天海（同时也可统观东海、南海、西海、北海和天海，五海烟云尽收眼底）。

2. 佛光：年均有42次，时间多在下午三四点钟，在玉屏楼、天都峰、白云新道上出现，当前方云雾弥漫、背后晴空万里时，在云雾中会映出彩色光环，清晰地笼罩着自身的头像，如同“佛像”，有时还会出现一个接一个的佛光五彩光环，是不可多得的奇特景象。

4. 雾凇：黄山冬季长达227天，由于山高风大，雪留不住，很难看到茫茫雪海。但风息之后，漫山雾气升腾，凝成闪亮的银屑，点点滴滴地堆嵌在高山之巅的松树和其他树木之上，绣成各式各样的冰凌花，有的则结成钟乳石般的冰挂，形成雾凇。这时的黄山，俨如天上的广寒宫，海中的珊瑚岛。

5. 怪石：黄山怪石的命名，既各具不同的含义，也饶有趣味，给静态的石景赋予了活力。有些石名，还体现了中华民族传统文化道德观念，如“关公挡曹”讲的是“义”，“周王拉车”体现的是“礼”，“孔明借东风”是“智”，“武松打虎”是“勇”，“介子背母”是“孝”，“苏武牧羊”宣扬的是“节”，这些寓教于游的石名，能给人们的认识以深刻的启迪。

提示：站在半山寺前望天都峰上的一块大石头，形如大公鸡展翅啼鸣，故名“金鸡叫天门”，但登上龙蟠坡回首再顾，这只一唱天下白的雄鸡却仿佛摇身一变，变成了五位长袍飘飘、扶肩携手的老人，因此它又被冠以“五老上天都”之名，可谓不同角度景不同。

玉屏景区

●有黄山绝佳处之称

玉屏景区古称文殊院，是黄山的中心景区，以玉屏楼为中心，包括莲花、天都两大主峰，有黄山绝佳处之称，有俗语云：“不到文殊院，不见黄山面。”此处可观迎客松、送客松、玉屏卧佛、蓬莱三岛、松鼠跳天都、孔雀戏莲花等。

↓黄山日出

白云景区

●被称为“神秘的黄山西部世界”

白云景区（又称钓桥景）以峰奇石巧、壑深谷幽、壮丽晚霞、松美泉灵见胜，被称为“神秘的黄山西部世界”。有16个观景平台、10座桥、6处飞瀑流泉。有排云亭、飞来石、钓桥庵等景。

北海景区

●集峰、石、坞、台、松、云于一身

北海景区是黄山中部的高山主景区，以峰为体，以伟、奇、险、幻为特色，集峰、石、坞、台、松、云于一身，有清凉台等多处观景台。在此可远眺“仙人下棋”“梦笔生花”“猴子观海”“猪八戒吃西瓜”“十八罗汉朝南海”等奇观。

↑猴子观海

云谷景区

●峰石林泉皆入画

云谷景区是从北海经后山回温泉的中间站，为黄山东部较开阔的谷地，以林景为胜。此处可观九龙瀑、翡翠谷、灵锡泉等胜景。

↑黄山四绝

赛金花故居·归园景区

●竹影幽幽、桂香悠悠

赛金花故居内部一切构件都是修旧如旧，园内亭台楼榭、假山池塘、苍松翠竹与小桥回廊错落有致，体现出“犹抱琵琶半遮面”的温婉意境。景区里还保留有赛氏旧居、赛金花资料陈列馆、她使用过的水井和穿着过的衣服甚至三寸金莲，再现了赛金花扑朔迷离的一生。故居附近的赛氏祖居（归园）是人工山水园与自然山水园的完美组合。

黟县宏村镇屏山村，西递和宏村之间。

¥ 50元。

西递古民居景区 AAAAA

●世界上最美的村庄

西递古村是有千年历史的徽派古民居建筑村落，素有“世界上最美的村庄”“中国明清民居博物馆”之称，船形布局极为精巧，牌坊、民居、祠堂为古建三绝。代表作有大夫第、胡文光牌坊、凌云阁等。

大夫第：原用于观景，楼额悬有“桃花源里人家”六个大字，门额下还有“作退一步想”的题字，语意双关，耐人寻味。有趣的是，近人多将此楼当作古装戏中小姐择婿“抛绣球”所在，现已成为西递村举办此项民俗活动的场所。

黟县西递镇西递村，黟县东部8千米。

¥ 104元。

☎ 5154196。

亲历者◎指路

1. 黄山风景区南大门到西递有直达车，大概是10:00和15:00，约100分钟车程。

↓黟县西递

2. 黟县汽车站搭乘中巴前往，票价2元。

提示：屯溪到西递，不必到黟县县城下车，有指示牌前往西递，有小公交、三轮车可乘坐。

亲历者◎攻略

1. 西递村冬夏季节长，春秋季节短，四季分明，适合春秋前往，最好避开6月中旬至7月中旬的“梅雨”期。

2. 吃：西递美食有牛肉脯、烤山芋、石鸡、石墨茶、腊八豆腐等。另外，特别注意的是，西递冬夏时间比较长，最好避开6月中旬到7月中旬的梅雨期。

亲历者◎解说

西递村呈船形，村中鳞次栉比的古民居建筑群，就像一间间船舱，组成大船的船体；昔日村头高大的乔木和13座牌楼，好比船上的桅杆和风帆；村周围连绵起伏的山峦，宛如大海的波涛；村前的月湖和上百亩良田簇拥着村子，恰似一艘远航的巨轮停泊在宁静的港湾里。

黟县—祁门旅游区

南屏风景区

●中国古祠堂建筑的博物馆

南屏是一个非常宁静、悠闲的小村，和西递、宏村相比，商业气息较少，值得一游。南屏古村共有72条巷弄，所以南屏村有“古巷迷宫”的美称，村中3大家族在这里留下了8座祠堂（尤以叙秩堂最壮观），故有“中国古祠堂建筑的博物馆”的美称。另外，南屏村的古私塾园林和古民居建筑也比比皆是：半春园、倚南别墅、南熏别墅、孝思楼等保存完好，气势恢宏，雕饰精美绝伦。

黟县碧阳镇南屏村。

从黟县汽车站有直接到南屏的中巴，票价6元，但班次很少。也可乘往西武乡的中巴至南屏村口外，步行1千米即到。

¥ 凭宏村门票，可以购得35元的优惠票。

牯牛降景区

●被称为“绿色自然博物馆”

牯牛降以雄、奇、险著称，古称“西黄山”，因其山形酷似一头牯牛顶天而立，故而得名。分主峰景区、龙门景区、奇峰景区、双河口景区和观音堂景区共五大景区。主要景点有仙女潭、黄龙潭、大演坑、小演坑、仙人聚会等。

祁门县赤岭乡，距县城 65 千米。

100 元。

6658189。

徽州—休宁旅游区

呈坎景区 AAAAA

●江南第一村

呈钦古村被朱熹誉为“江南第一村”，是世界迄今发现的保存最古老、最神秘的八卦村，有许多保存完好的元明清古建筑，代表作是宝纶阁（被誉为“江南第一祠”），还有隆兴桥（江南单孔跨度最大的石拱桥）、“大司成”匾（堪称“古匾之王”）、长春社等景。

黄山市徽州区呈钦镇。

107 元。

徽州区政府所在地岩寺镇坐公交直达，票价 2 元。

亲历者◎解说

呈坎整个村落按《易经》八卦风水理论选址布局，“呈”即向上为天，“坎”即洼下为“地”；一条古老的龙溪河呈“S”状由北向南穿村而过，形成八卦阴阳鱼的分界线，村庄南北的两座庙宇，像鱼的眼睛分列左右；村外四周的八座山峰，正好组成了八卦的八个方位。

齐云山风景名胜区

●素有“黄山白岳甲江南”之誉

齐云山与黄山、九华山并称为中国皖南三大名山，因最高峰廊崖“一石插天，与云并齐”而得名，集道教文化、丹霞地貌、摩崖石刻、山光水色于一体，以山奇、水秀、石怪、洞幽著称，有月华街、楼上楼、云岩湖三大游览区，洞天福地、真仙洞府、太素宫、香炉峰、小壶天等景最负盛名。

休宁县齐云山镇。

县城乘班车 2 元可到。

旺季 75 元（3 月 1 日 -11 月 30 日），淡季 55 元（12 月 1 日至次年 2 月 28 日）；缆车上行 35 元，下行 35 元。

歙县—屯溪旅游区

徽州古城景区 AAAAA

●国家历史文化名城

歙县古城为国家历史文化名城，有许多景点。现在由斗山街、许国石坊、陶行知纪念馆、徽园、太白楼、新安碑园、渔梁景区组合成徽州古城联合景区。

歙县，6 个景点在徽城镇，1 个景区在渔梁镇。

联票 100 元。

6531586。

亲历者◎行程

徽园—许国石坊—陶行知纪念馆—斗山街—新安碑园—太白楼—渔梁坝—徽商大宅院—棠樾牌坊群 · 鲍家花园。

棠樾牌坊群 · 鲍家花园景区 AAAAA

●黄山的勋章

棠樾古村的牌坊群最有名（7 座，青石制），以忠、孝、节、义的顺序相向排列，还有男祠鲍氏宗祠敦本堂（又称万世公支祠）和罕见的女祠清懿堂两座祠堂。古牌坊周围伴以古祠堂、古民居、古亭阁，是天然的影视基地，《红楼梦》《烟锁重楼》等三十多部影视名剧在此拍摄。

鲍家花园与苏州的拙政园、留园、狮子园和无锡的蠡园、梅园齐名，是当今中国最大、最美、最具特色的徽商庄园。

歙县郑村镇棠樾村，距县城 6 千米。

屯溪乘客运班车至郑村路口下，转乘 4 路公交可直达棠樾村。

联票 100 元。

3511670。

雄村景区

●“新安第一岛，徽州最雄村”

雄村旅游度假区由雄村景区和小南海景区组成，其中，雄村与“锦绣江南第一村”呈坎、“牌坊之乡”棠樾齐名，以徽文化和曹氏家族文化为主，分宰相故里、东南邹鲁、竹山开学、御墨留香、清庭植桂、文昌贯日、中美讲武等十区；有四世一品坊、竹山书院

（典型的徽派园林建筑）、桃花坝、慈光庵等景。

歙县雄村镇。

歙县汽车站有中巴到雄村。

80元。

6720881。

花山谜窟—渐江风景名胜区

"北纬30度神秘线上的第九大奇观"

花山谜窟—渐江风景名胜区是古代巧夺天工人为开凿的神秘石窟群，堪称"中华一绝"，被誉为一座古徽州石文化历史博物院。有清凉宫、二十四柱、胭脂洞等景点，尤其2、35号窟不容错过。另外，通向景区横跨新安江的人行吊桥，为江南第一索拉吊桥。与石窟相对应的花山石林田园风光更是引人入胜，美不胜收。

黄山市屯溪区屯光镇。

屯溪到王村的车途经。

91元（不含游船）。

2359888。

住宿

黄山国际大酒店（四星级）/华山路31号/2565678。

黄山山水大酒店（二星级）/黄山北大门/8551228。

黄山老街国际青年旅舍/屯溪老街一楼斜对面/2540386。

餐饮

黄山是徽菜的发源地之一，以善于烹饪山珍野味而著称。特色菜有清炖马蹄鳖、清蒸臭鳜鱼、红烧划水茶，笋炒腊肉等。除徽菜外，土菜也很多，还有毛豆腐、臭豆腐、烧饼等小吃。到黄山，一定要品尝一下当地的特色菜"臭鳜鱼"，以及各种用鲜笋或笋干烹调的美味。

老街饭店/宏村景区宏村前街03号/5541710

老街第一楼（徽菜最正宗）/老街街口/2539797。

↓毛豆腐

购物

黄山地区主要的特产是笔墨纸砚（歙砚、徽墨）和茶叶（屯绿、祁红、太平猴魁、黄山毛峰）。

屯溪老街是目前我国保存最完好的一条商业街，街上商铺密集。除了能买到精美的笔墨纸砚外，还可买到当地著名的黄山灵芝、茶叶等特产。

民俗

抬阁：流行于休宁、屯溪的一种民间游艺，又称"抬角"。抬阁共分上、中、下三层，将俊俏儿童装扮成一出出戏剧故事造型，安置在三层抬阁上，底盘由四至八名彪形大汉抬着。抬阁的四周用纸扎成龙、凤、鹤、祥云、水花等彩灯，巡游时彩灯内点燃蜡烛，映照着服装鲜艳的儿童，远远望去，酷似天仙下凡。

仗鼓舞：流行于休宁五城、榆村和屯溪黎阳一带的一种民间舞蹈，又名"得胜鼓"。由数十人表演，队列前面有一对大红灯笼，一人持纛，上书"得胜鼓"三字，后随一队蜈蚣旗幡，整个场面威武雄壮，令人振奋。

黄山黟县乡村旅游摄影节：11月8~9日举办，时逢国内三大秋色之一的"塔川秋色"最佳摄影创作时机。有民俗表演、主题影展、大型摄影创作比赛等活动。

安庆

安庆别称宜城，是国家历史文化名城，是黄梅戏的故乡。市内有“过了安庆不看塔”的振风塔。安庆山水丰茂，天柱山古为南岳，长江贯穿全市，存留众多名胜古迹。

面积：15317 平方千米
人口：612 万
区号：0556

亮点

必游景点

- **九华山**：是地藏王菩萨的道场，中国四大佛教名山之一。
- **天柱山**：安徽简称和潜山地名的出处，自然景观非常秀丽。

线路推荐

- **安庆市区一日游**

  振风塔—菱湖公园—世太史第。
- **安庆（齐山、九华山）二日游**

  D1：上午游览齐山，下午到九华山，游览九华街和甘露寺景区

  D2：游览闵园景区和天台景区。

交通信息

飞机

安庆的天柱山机场位于安庆市北郊，市区菱湖路的民航售票处有机场巴士前往或乘坐公交车可以到达市区。

↑安庆天柱山

火车

安庆有两个火车站，分别是安庆站和安庆西站。安庆站位于安庆市迎宾路，有高铁也有普速列车，乘公交 10 路、20 路可抵达；安庆西站位于怀宁县境内，为普速火车站。

安庆市区景点

迎江寺 · 振风塔

● 千年古刹、有“过安庆不得不看塔”之说

又名万佛寺，是座千年古刹，规模宏大，

↓迎江寺振风塔

殿宇华丽，有四进殿堂，主要建筑有天王殿、大雄宝殿、毗卢殿及藏经阁等，香火旺盛。寺内有著名的万里长江第一塔——振风塔，有“过安庆不得不看塔”之说，可登高览胜，领略大江东去的浩荡气势。全寺供奉的神像、佛像近500尊，掩映在花木丛中的“宜园”“可亭”“望塔亭”等也是别具特色的胜迹。

安庆市迎江区，长江之滨。

乘坐10路公交可到。

10元，登塔10元。

亲历者◎攻略

寺内的迎江阁楼可供香客、游人用膳休憩，可以品尝到“贵者难尽识，但觉巧烹调”的传统素食素菜。

世太史第

四代翰林第

为赵朴初故居，因赵氏祖孙四代均入翰林，因此又被称为“四代翰林第”，共七进，有六角亭、碑廊等建筑。这是安徽保存较好、面积最大的一组明清古建筑群。

安庆市迎江区天台里街。

10元。

菱湖公园

“菱湖月夜”为园中绝景

以盛产菱藕和鱼虾而著称，公园面积38.64公顷，其中水面占1/3，以菱荷景观和“菱湖夜月”景点闻名。园内有花亭、邓石如碑馆、游船水泊、夜月亭、横阁等景点。园内还竖立了黄梅戏表演艺术家严凤英的雕塑像。

安庆市迎江区。

可乘坐5、8路公交到达景区。

大观亭

素有“皖省第一名胜之区”之称

大观区因境内大观亭而得名，大观亭即元末郡守余阙葬处，是两层砖木结构，为宜城8景之一，素有“皖省第一名胜之区”之称。明清时期，大观亭与武昌黄鹤楼、江洲庾楼并称为“长江三楼”。

安庆市大观区大观亭街56号。

安庆周边旅游区

天柱山风景名胜区 AAAAA

国家森林公园 安徽“南岳”

汉武帝时为“南岳”。远古时称它为皖山，安徽省的简称便源于此，潜山地名也是因它而得。这里自然景观非常秀丽，包括三祖寺、马祖庵、天柱山主峰、虎头崖等8个景区和梅城皖光苑、薛家岗遗址、水吼农业观光园3景点，主景区可分为东关、西关两部分。

安庆市潜山县西部，南大门在天柱山镇，离县城37千米。

合肥和安庆有直达潜山的班车。潜山县城有班车到景区南大门。

旺季(3月16日–11月15日)：150元；淡季(11月16日–次年3月15日)：110元。

亲历者◎攻略

1. 天柱山主景区周边开发了许多景点，九曲河漂流140元，白马潭漂流120元，天柱大峡谷78元。

2. 天柱峰下的拜石台是观看云海最好的地方，云海通常出现在风雨欲来之时，雨后初晴时如果运气好还能看到“佛光”。

3. 天柱山的风味小吃多在民间，各家个体快餐和旅馆也时有供应。常见的是：点心类有“盏儿糕”“鸭蛋糕”“糯米欢喜团”“芝麻面糍粑”，营养健美类有“连浆豆皮”“芝麻糖茶”，菜肴类有莲花薹、胡萝卜丝、金针菜、林庄贡萝卜、雪湖贡藕等。

亲历者◎行程

徒步路线：六月雪—双掌撑露—龙吟虎啸崖，牛马城—飞来阁，观飞来峰，可看到美丽的天柱风光，总关寨—观景台—神秘谷—龙宫—天池峰，最后到达最高点天柱峰。这段行程将近10千米，是天柱山最精典的一条旅游线路。

花亭湖景区

有“三奇”“四绝”

整个景区分花亭湖、龙山、海会寺、西风禅寺、佛图寺、狮子山6大景区和汤湾温泉疗养度假区。中国佛教禅宗的开山鼻祖慧可在此开设道场，创造了华夏的佛教禅宗文化，因此它也享有“中国禅宗发祥地”的美誉。法华方竹、天华杜鹃、中华蜂岛、汤湾温泉、佛图石塔、千年罗汉松、亿年榴辉岩被称为花亭湖“三奇”“四绝”。

太湖县汤泉乡汤湾村。

从安庆乘到宿松的车可途径太湖县；也可乘火车到太湖。在太湖县有车到花亭湖。

30元。

大别山彩虹瀑布

●绚丽的彩虹瀑布

大别山彩虹瀑布距岳西县和霍山县均为34公里，猴河穿过景区形成峡谷，黄尾河与猴河在景区内交汇，河中有许多小岛，组成了数千米的山水画廊。最大的看点彩虹瀑布高80米，宽25米，瀑布倾泻入潭水，积起的水花形成薄薄的水雾，气势磅礴，运气好碰上阳光明媚的日子，就能看见瀑布前的彩虹。

安庆市岳西县黄尾镇黄尾村。

旺季(3月-10月)110元，淡季(11月-次年2月)90元。

桐城文庙·六尺巷

●桐城派文学的标志性建筑

桐城文庙是桐城历史文化和桐城派文学的标志性建筑，始建于元朝，现为市博物馆。六尺巷主体建筑包括巷道、石牌坊、休闲广场、诗画照壁等，历史渊源深远。

桐城市市区。 文庙周一闭馆。

天仙河

●安徽第一漂

被誉为“安徽第一漂”，有石人湾、小三峡、菱角洲、袁家渡、小洞天等五大景区以及社庙滩、娘娘庙、怒狮岩、鹭鸶石、莴苣潭等28处景点。

岳西县菖蒲镇。

漂流100元。

池州旅游区

九华山风景区 AAAAA

● “佛国仙城” “东南第一山”

中国四大佛教名山之一，是地藏王菩萨的道场。该山现存古寺庙94座，佛像一万余尊，文物二千余件，僧尼七百余人，享有“佛国仙城”和“东南第一山”的美誉。内有九华街、甘露寺、闵园、天台、花台、柯村、北大门等大景区，包括天台峰、天柱峰等99峰，五溪山色、天台晓日、桃岩瀑布等美丽风光，还有祇园寺、百岁宫等78座古刹。

青阳县九华镇。

景区内从山门到凤凰松、九华街到凤凰松都有旅游车往返，票价5元。

旺季190元。淡季140元，地藏王圣像景区普通票180元，团体票(4人成团)120元。

亲历者◎攻略

1. 烧香拜佛可以跟着大部队走，想看风景的话一定要去趟后山，尤其是大小花台，当地人强烈推荐。

2. 春秋季尽管山下炎热，但因山上气温偏低，一定要带风衣或毛衣；另外，山区阴晴不定，阵雨很多，因此徒步最好带雨具上路，并且注意保护相机镜头。

3. 半山腰处的凤凰松，树干粗壮，松枝高展，比黄山的迎客松还要壮观，以它为背景拍照效果很好。

4. 九华山上的九华街有很多家庭旅馆。位于白马亭老街96号的佛上山旅馆不错，双人间25元/日，单人间10-15元/日。山顶天台寺也可以住宿，但条件较山下的宾馆差，不过胜在价格便宜，而且去后山方便。

5. 因九华山的佛事多在寺庙及其周围举行，所以，在进出寺庙与僧人接触时一些相关的注意事项最后多留意。每年在地藏王99岁成正果的日子——农历七月三十前后会举办九华山庙会，时间30天，集佛事、文化、旅游、经贸于一体。

亲历者◎行程

九华山二日游：

D1：九华街—化城街—肉身宝殿—祇园寺—十王殿—百岁宫，晚餐后观佛事活动。

↓九华山

D2：闵园—凤凰松—拜经台—天台峰—天台禅寺。

亲历者◎解说

四大佛教名山：指山西五台山、四川峨眉山、浙江普陀山、安徽九华山，分别是文殊、普贤、观音、地藏四位菩萨的道场。

齐山

●素有“与九华之胜，并擅江南”的美誉

以天然美景著称，素有“与九华之胜，并擅江南”的美誉。该山以石取胜，以洞称奇，“齐山洞天”被推为知州十景之首。有华盖洞、石燕洞等36个岩洞和历代诗人题写的一百多处摩崖石刻。

池州市贵池区，东南郊1.5千米处。

市内乘公交可到。

2611575。

大王洞风景区

●堪称“洞中大王”

由大天潦、小天潦和大王洞3洞组成“丁”字形的巨型溶洞，干线总长2200米，规模宏大，奇景天成，堪称“洞中大王”。景区由天桥奇观、神仙河谷、大王洞府和大王湖4大景区组成，雄伟、险峻、清幽、神奇，令人叹为观止。

池州市贵池区牌楼镇穿山村。 95元。

牯牛降风景区

●以雄、奇、险、秀著称

古称“西黄山”，是黄山山脉向西延伸的主体，以自然景观为特色，雄、奇、险、秀。包括石台县的主峰景区、奇峰景区、双河口景区和龙门景区，以及祁门县的观音堂景区。最高峰“牯牛大岗”海拔1727.6米，似牯牛顶天而立。登临极顶，南望群山连绵，可将黄山诸峰尽收眼底，北可眺如练长江，蜿蜒西去。

牯牛降龙门景区：主要景点有严家古村、龙门潭、四叠飞瀑、鸳鸯潭。

观音堂景区：有仙女潭、黄龙潭、大演坑、仙人聚会等景点。

仙寓山景区：有千年古徽道、大山富硒古村、七彩玉谷、青观光茶园等景。

石台县占大乡，观音堂景区在祁门县赤岭乡。

可由屯溪或黟县乘车到祁门，再转乘到安庆的车，路经牯牛降。

105元。

升金湖

●国际重要湿地、国家级自然保护区

因湖中日产鱼货价值“升金”而得名，是白头鹤、东方白鹳等许多珍贵水禽栖息之地。

↓牯牛降风景区

也是泛舟、赏鸟、垂钓的天然度假胜地。

东至县白笏乡。

可由东至汽车客运站乘东至到大渡口的巴士，升金湖下车。也可在贵池包车前往。

亲历者◎攻略

1. 元宵节举行撵除蝗虫和耗子的俗行，届时，孩子们点着灯和香枝，插在田间嘴里又歌又唱，十分有趣。

2. 当地口味偏咸辣，可以到农民家吃农家饭，也可以搭乘大渡口至东至的巴士在张岗下车，在路边的张岗饭店就餐，这家饭店的家常菜烹制得非常出色，门口总是停着单位小车或者来往的长途货车。

杏花村

●杏花飞雨，横贯十里

杏花村位于池州城西，古有酒肆，产名酒。杏花村南至齐山湖，北至钵顶山，东接西门吊桥，西临秋浦河边，杏花飞雨，横贯十里。

昔日的杏花村杏林百亩，花艳如云，村中还有一家黄公酒垆，僻静优雅，浓酒飘香。当年任池州刺史的杜牧游览此地时留下了："清明时节雨纷纷，路上行人欲魂。借问酒家何处有？牧童遥指杏花村。"这首千古流传的诗句。自后池州杏花村成为千古名村。

池州市杏花大道108号。

乘坐公交2、3、6、8、15路至西门停车场站下。

88元。

黄岩峡谷

●以黄岩瀑布最为壮观

峡谷长约5千米，沿途分布着30多条瀑布，最为壮观的黄岩瀑布，落差高达70余米，宽20多米，宛如巨大的白色玉带，从绝壁飞流而下，气势宏伟。峡谷周边山峰林立，原始天然林茂密，有慈云潭、姻缘谷、千石滩、叠缘泉、求缘瀑等景。

石台县七里镇，距县城5.5千米。

住宿

安庆迎宾馆/迎江区同安路2号/5398200。

安庆元素酒店/迎江区408号/5283333。

安庆宾馆/宜城路40号/5506999。

汉庭酒店/华中西路265号/5680000。

餐饮

著名风味小吃有江毛水饺、迎江寺素锅贴、韦家巷汤圆、蒋大顺粉蒸肉、肖家桥油酥饼等。江毛水饺皮薄、肉嫩、汤鲜，它的来历还有段典故，其创始人江庆福颈上有一撮白毛，绰号"江毛"，故而闻名。

购物

安庆主要土特产有五香牛肉脯、胡玉美蚕豆酱、虾子腐乳等。工艺品有潜山舒席、望江挑花、雪木雕塑等。主要商场有人民路上的安庆百货大楼、安庆商都、供销大厦，吴越街上的人民商场、五洲商场、市府路上的汇峰广场、双岗路的新地城等。

民俗

黄梅戏：安庆作为黄梅戏的故乡，市内有高水准的专业黄梅戏剧院、黄梅戏剧团、黄梅戏学校。观看黄梅戏是游安庆必不可少的项目之一。

徽剧：安庆徽班在明代就以精湛的演技蜚声民间，清朝时，又广泛吸收其他剧种的优点，在声腔、音韵、剧目等方面都达到了较高的艺术成就。

芜湖

饮长江水，听赭麓钟，赏镜湖月，观鸠兹风。长江巨埠芜湖历史上列中国四大米市之首。这里有让人流连忘返的湖畔垂柳，使人心旷神怡的山色水韵。

面积：3318 平方千米
人口：231 万
区号：0553

亮点

必游景点

- **采石矶风景区：**为长江三矶之首。可登太白楼远眺千里长江。
- **方特欢乐世界：**中国目前规模最大的第四代主题公园，有许多游乐项目，可玩一整天。

线路推荐

- **芜湖二日游**

  D1：赭山风景区—镜湖。

  D2：方特欢乐世界。
- **马鞍山一日游**

  青山李白墓园—采石矶风景区。
- **宣城二日游**

  D1：谢朓楼—中国鳄鱼湖—敬亭山。

  D2：胡氏宗祠—清凉峰自然保护区—龙川古村。

交通信息

火车

芜湖境内有宁铜、皖赣等铁路干线交会连接，向外可通达全国各地的火车站。芜湖火车站位于芜湖市中心，市内有多路公交路均可到达。

↑芜湖方特

汽车

芜湖长途汽车站位于火车站对面，公路交通网比较完善，205 国道、318 国道纵贯芜湖境内，至宣城、合肥、马鞍山、南京等城市均有高速公路通车。

芜湖旅游区

赭山风景区

●登高远眺，俯视江城佳处

赭山由大小两个山头构成，风景优美，是登高远眺，俯视江城的境地。目前赭山风景区主要包括赭山公园、广济寺、陆和村茶艺博物馆三个地方。赭山公园的景区有凝芳园、海棠园、杜鹃园、桂花山、梅花山和樱花山。赭山上的赭塔位于九华行宫——广济寺的后院，五层六角。它与舒天阁、翠明园、中山堂、刘希平墓、戴安澜墓等胜迹连成一片。

芜湖市镜湖区九华中路。

乘 4、6、9、10 路公交可到，出租车 10 元之内。

方特主题公园 AAAAA

●中国目前规模最大的第四代主题公园

中国目前规模最大的第四代主题公园，总面积约 125 万平方米，由阳光广场、方特欢乐大道、渔人码头、维苏威火山、精灵山谷、恐龙半岛、嘟噜嘟比农庄、儿童王国等15个主题项目区组成。

芜湖市芜湖长江大桥开发区。

乘5、13、23、30、32路公交至银湖北路站下可到。

欢乐世界220元，梦幻王国220元，水上乐园（夏季开放）180元。东方神话220元。

亲历者◎攻略

方特主题公园比较大，一整天的时间有时也不见得够用，游玩时要注意：

1. 公园内的项目会按时间表分场次或分时间表演，要留意园内公告或咨询园区工作人员，以便合理安排游玩路线。

2. 周末或者节假日去的话，最好在9点前到达乐园门口，建议从南大门进，北大门出。靠近北大门的都是过山车之类比较刺激的项目，可以放在最后玩，如果先玩的话，可能就没体力玩后面的东西了。从南大门进去以后，一个一个玩，绕一圈就到北大门了，一天也差不都就过了。从一个项目到另一个项目，如果懒的走，还可以坐观光车。

3. 一张成人票限带一名免票儿童或一名免票老人。9点之前到门口与其他人拼团进去可以拿到更低的团队价。

鸠兹风景区

●最吸引人的是“鸠兹”鸟雕塑

鸠兹广场整体上为北高南低、西高东低，最吸引人的是广场中心处高达33米的青铜雕塑，这尊雕塑是以芜湖古名“鸠兹”鸟为原型设计而成的。这里是承载芜湖悠久文化历史内涵的最富艺术魅力与文化品位的城市“客厅”。

芜湖市镜湖区。

马仁奇峰森林风景旅游区

●“皖南张家界，江滨小黄山”

马仁奇峰森林景区是安徽省芜湖市唯一的省级森林公园，风景奇特，素有“皖南张家界，江滨小黄山”之称。整个景区由太阳山、月亮山两座山峰组成，两山既相对又相连，有仙人摆渡、擎天柱、月亮洞、乌霞寺等景。已开放马仁寺、楠木林、太阳山和月亮山等四大景区。

繁昌县赤沙镇。

80元。

丫山花海石林旅游区

●西山石景的袖珍性、盆景型堪称一绝

花海石林景区即西山省级风景名胜区，是我国长三角地区石林分布面积最大的喀斯特地貌景观。区内有奇峰60余座，异石遍布各处。西山石景的袖珍性、盆景型堪称一绝。西山还是著名的“牡丹之乡”。

南陵县丫山镇。

104元。

天井山

●山顶天井终年不涸

天井山公园著名的山峰有灵壁、陡壁、天井山、笔架山、周家大山等。山顶有一口天井名天井山，终年不枯不溢。景区内动植物资源丰富，是鸟类的天堂。

无为县百胜镇。

市内乘班车可到。

铜陵—马鞍山旅游区

天井湖风景区

●俗称天镜湖

天井湖俗称天镜湖，湖面被堤山分割为3湖，三湖水面通连，清澈见底，波平如镜，湖中有井，环湖七丘。有五松胜、夜吟闻杵、木红鳞、三千画卷等景区。

铜陵市狮子山区长江西路181号。

大通古镇

●千年江南古镇

三国时属吴，为千年江南古镇，有大士阁（九华山头天门）、天官府、圣公会、天主教堂及钟楼等人文景观，明清建筑众多。

铜陵市郊区大通镇。

凤凰山风景区

●凤丹之乡

凤凰山由横山、面山、灵风山、金山等构成，是驰名中外的“凤丹之乡”。有凤凰山牡丹园、相思树、滴水崖、凤凰落脚石、金牛洞古采矿遗址、陈翥墓、大明寺等景。

金牛洞古采矿遗址：国家重点保护文物，有金牛洞、遗址陈列馆、题词廊、矿物岩石林等景。

铜陵大明寺：又名王安石学堂，始建于盛唐，有灵宝泉、大明寺碑、殿堂数间。

铜陵县新桥乡，金牛洞在凤凰村。

采石矶风景名胜区

长江三矶之首

采石矶为长江三矶之首。可登太白楼远眺千里长江。有翠螺山、太白楼、李白纪念馆、三元洞、三台阁、万竹坞、广济寺、金牛洞、古栈道等景。

太白楼：原名谪仙楼，有"风月江天贮一楼"之称，约建于明代，与江西滕王阁、湖北黄鹤楼、湖南岳阳楼并称为长江三楼一阁。太白楼全高18米，为3层2进，后面就是太白祠，有走廊相连，旁边是全国最大的李白纪念馆。

广济寺：始建于三国孙吴赤乌二年（公元239年），当地人称它为"观音阁"。农历每月初八为念佛会期，附近的香客纷纷前来上香、还愿，是寺中最热闹的时候。

三元洞：采石矶的天然溶洞中最大的一个，又名天官洞。处在采石矶南侧的悬崖峭壁上，下面就是波涛万里的长江，在登山半路上就可以看到，采石矶有很多对外宣传的图片都是在这里拍的。

马鞍山市雨山区。

马鞍山火车站乘4路公交可到采石镇。 80元。

↓采石矶

亲历者◎解说

采石矶被誉为"天下第一矶"。"采石山水甲江南"，李白曾多次登临吟咏，留下了许多不朽篇章，《横江词》就有六首都写于此，传说李白酒后失足落水，溺死于采石矶边的长江里，并最终长眠在附近的青山，所以采石矶历来都是文人墨客凭吊诗仙的游历之地。

宣城旅游区

查济古村

风光秀丽的徽派古村

查济距东边李白写下"桃花潭水深千尺"的桃花潭约20多公里，游客常把两者放在一起游览。这座建于唐初的徽派古村，自始祖查文熙定居于此开始，一直聚居着查姓家族。岑溪、许溪、石溪三溪在村中汇流，白墙黑瓦的徽派建筑沿溪而建。村中祠堂众多，建筑上的徽派三雕砖雕、木雕、石雕很是精美。

宣城市泾县桃花潭镇查济村。

需先坐长途汽车到泾县，再从短途汽车站坐到查济的公交。

旺季（3月1日—10月31日）80元，淡季（11月1日—次年2月底）60元。

太极洞风景区

大洞套小洞

太极洞总长5400多米，分干洞和水洞，干洞为阳，水洞为阴，因而称太极洞。进洞先要乘船走过750米迷幻水洞，里面大洞套小洞，洞洞相通，有大小景点五百多处，上洞由山顶洞口而入，山脚洞口而出。下洞规模大，景观多。洞内盛夏时节也异常清凉。

广德县新杭镇。

广德县城有很多面包车可到景点。

80元。

桃花潭

因李白诗而名闻天下

桃花潭因李白诗"桃花潭水深千尺，不及汪伦送我情"而名闻天下，至今还保留了规模庞大密集的古建筑群，有垒玉墩、踏歌岸阁、梦潭轩、汪伦墓、谪仙楼、书板石、彩虹岗等景点，还有一百多幢画龙雕凤的古民居，最著名的是被称为“中华第一祠”的翟氏宗祠。

地址：泾县桃花潭镇。

交通：由泾县县城乘到陈村的汽车可到桃花潭。每天5:30~17:00都有车。

门票：82元。

清凉峰自然保护区

●以石门、断崖、云海、虬松四胜著称

清凉峰以石门、断崖、云海、虬松四胜著称。主峰清凉峰海拔1787米，是华东第二高峰。主峰北坡的野猪土党是一处尾呈三叉形，南北端水平差为2.5米的山中小平原，其中有一条长1千米，均宽约2.5米的小山溪，溪水清澈见底，光澈照人。溪中水潭，碧如翡翠，常年不涸。保护区内还有大量珍贵的生物资源，被生态学家誉为“自然博物馆”。

地址：绩溪县境东南部。

交通：乘往“胡家”方向的中巴，到“鱼川”下。车半小时一趟，票价5元。

龙川古村 AAAAA

●村呈船形

龙川是胡姓聚族而居的古村落，素有“木雕艺术博物馆”之美称。整个村落呈船形，江南第一祠胡氏宗祠被誉为木雕艺术殿堂。省级保护文物奕世尚书坊建于明，3门4柱5楼，石雕异常精美。还有胡炳衡故居、灵山庵等景。

地址：绩溪县瀛州乡大坑口村东。

门票：75元。

↓龙川胡氏宗祠

郇山大峡谷风景区

●以奇石、丽水、珍稀物种闻名

郇山大峡谷又称伟人谷，是国家级自然保护区——清凉峰的南大门，联合国生态示范区，以奇石、丽水、珍稀物种闻名，有五十多个景点，其中，领袖头像、百丈岩、葫芦潭、冠顶生花堪称“四绝”。

地址：绩溪县北村乡大郇山中。

交通：县城有发往郇山班车，票价6.5元。

门票：60元。

住宿

铁山宾馆 / 芜湖市更兴路3号 /3718888。

全季酒店 / 镜湖公园西南角 /3939755。

方特酒店 / 方特主题公园边 /2295006。

餐饮

芜湖比较有特色的美食有酸汤鱼、奎湖漂鱼、弋江羊肉等。芜湖凤凰美食街位于芜湖市中心区，交通便利。

弋江羊肉馆 / 芜湖市赭山西路88号。

酱味观 / 中山北路－凤凰美食街路口 /8780077。

购物

芜湖的傻子瓜子和芜湖铁画均是当地特色产品。芜湖铁画是中国工艺美术百花园中的一朵奇葩，艺人以锤代笔，锻织成画，堪称一绝。除了芜湖铁画外，芜湖传统特产还有“三刀三画”，即“堆漆画”“通草画”。三刀是指剪刀、菜刀、剃刀。其中芜湖铁画“堆漆画”，“通草画”是十分珍贵的手工艺品，现在已经十分难得一见。芜湖市内的中山路步行街是购物者的首选之地。

●面积

12万平方千米，全国排名第23位

●人口

3839万，全国排名第18位

●世界遗产

福建客家土楼、武夷山、福建泰宁

●国家5A级风景区

厦门鼓浪屿、南平武夷山、福建土楼、宁德屏南、泉州清源山、宁德福鼎太姥山、福州三坊七巷、龙岩市古田旅游区

●国家重点风景名胜区

武夷山、清源山、鼓浪屿—万石山、太姥山、桃源洞—鳞隐石林、金湖、鸳鸯溪、海坛、冠豸山、鼓山、玉华洞、十八重溪、青云山、佛子山、宝山、福安白云山

福建旅游网
http://www.fjta.com

时尚旅游地推荐

清源山 1

崇武古城 2

龙岭洞 3

联合梯田 4

镇海楼 5

霞浦滩涂 6

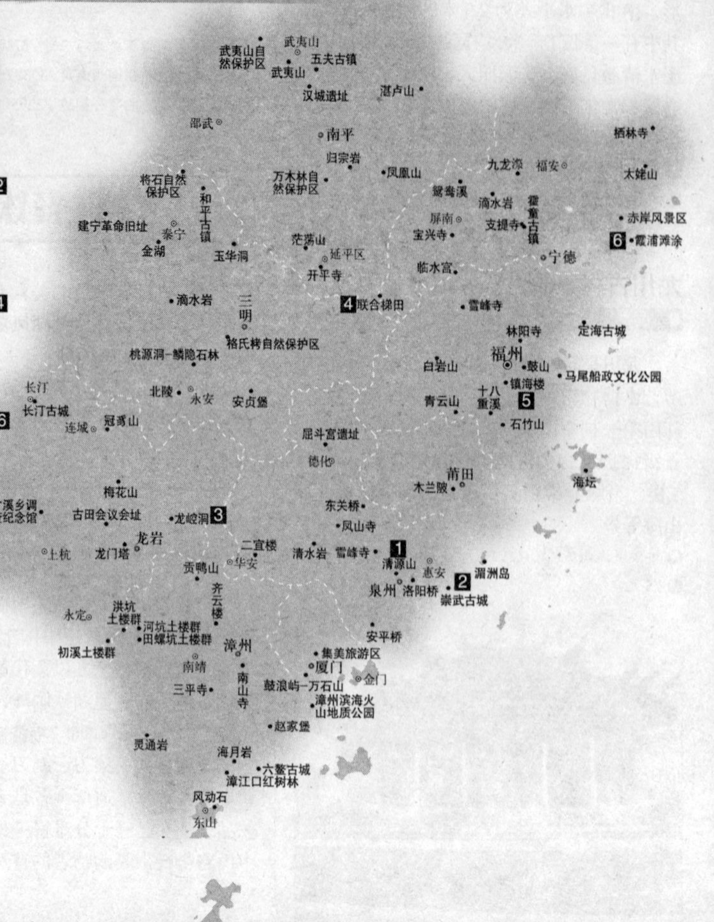

福建

福州的三坊七巷间，婆娑榕树下，记录的是城市平实的足印；厦门清幽的环岛路，鼓浪屿上缭绕的琴声，倾诉的是挥之不去的浪漫情怀；泉州作为水上丝绸之路的重要驿站，承载着东方厚重的水上文明史；闽西土楼的一砖一瓦镌刻的是客家人生生不息的脉搏；

清新福建
欢迎您

福州

福州背山依江面海，气候宜人，地理环境优越，有榕城、温泉城之雅称。走在大街上，总能在不经意间看到参天的榕树，它长长的根像老树的胡须般垂落下来，迎风飘扬，默默述说着这个城市的悠久历史。福州温泉文化历史悠久，这里的温泉水量大、水温高，适于疗养。

面积：11788 平方千米
人口：656 万
区号：0591

亮点

必游景点

- **鼓山**：名胜古迹遍布全山，山上千年古刹涌泉寺素有“闽刹之冠”称誉。
- **三坊七巷**：坊巷纵横，石板铺地；白墙青瓦，结构严谨；房屋精致，匠艺奇巧。
- **青云山**：山高林茂，云雾飘渺，岩奇洞怪泉碧。
- **太姥山**：山海相依、傲岸秀拔，以“山海大观”称奇。

线路推荐

- **榕城一日游**

上午：游森林公园。

下午：游西禅寺。然后游福州步行街、榕城美食街。

- **名山胜水青云三日游**

D1：乘车赴峡谷瀑布景区游览，午餐后游水帘宫景区；晚住白马宾馆、山洞夜泳娱乐。

D2：上午游白马双溪景区，午餐后后游神谷景区；晚住白马宾馆（或公路山庄）。

D3：上午登云天石廊，午餐后返回县城逛旅游一条街购物、大樟溪漂流、送团。

↑福州西禅寺

交通信息

飞机

福州长乐国际机场距市中心约 55 千米。机场已与国内大半的城市通航，其中飞往北京、长沙、成都、上海、广州、昆明、香港等地天天都有航班往返。

火车

福州有福州站和福州南站两大火车站，福州站是高铁普速合一车站，高铁为南昌方向，普铁面向全国；福州南站为高铁站，负责杭福、深圳方向高铁列车。

福州城区景点

鼓山风景名胜区

●福州名山

鼓山风景区分为鼓山、鼓岭、鳝溪、磨溪、凤池白云洞五大景区。鼓山是福州名山，景区以千年古刹涌泉寺为中心，东有回龙阁、灵源洞等 20 多景；西有洞壑数十景，其中以十八景尤著；南有罗汉台、香炉峰等 50 多景；北有大顶峰、白云洞等 45 景。

福州市东郊、闽江北岸。

可乘 7、29、36、40、112 等路公交车在鼓山下院站下车。

单爬鼓山无需门票，涌泉寺 40 元，十八景 10 元。鼓山索道来回 70 元，单程 50 元。

9:00~18:00。

0591-83921184。

亲历者◎攻略

游览鼓山有三种路线可供选择。一是从福州市区乘公交旅游专线车直达主景区，全程 16.5 千米；二是乘车至鼓山廨院站下车，从山脚沿长约 3.5 千米的石阶古道蜿蜒登山游览；三是从山脚乘坐总长 1172 米的索道缆车凌空而上直达景区。

三坊七巷 AAAAA

●中国现存唯一坊巷格局的老街区

三坊七巷是南后街两旁从北到南依次排列的十条坊巷的概称。“三坊”是：衣锦坊、文儒坊、光禄坊；“七巷”是：杨桥巷、郎官巷、安民巷、黄巷、塔巷、宫巷、吉庇巷。占地 40 公顷，现有古民居 268 幢。

在这个街区内，坊巷纵横，石板铺地；白墙瓦屋，曲线山墙、布局严谨，匠艺奇巧；不少还缀以亭、台、楼、阁、花草、假山，融人文、自然景观于一体。许多民居的门窗漏花采用镂空精雕，榫接而成，以及丰富的图案雕饰，精巧的石刻柱础、台阶、门框、花座、柱杆随处可见，集中体现了福州古城的民居技艺和特色，被建筑界誉为规模庞大的“明清古建筑博物馆”。

福州市市中心。

可乘坐 61、128、317、505、观光 1 号线路公交车前往。

游览景区免费，小景点各需门票 20 元，套票 120 元。

8:00~18:00。

0591-87675791。

↓三坊七巷

亲历者◎攻略

主要看点：林觉民、冰心故居；严复故居；二梅书屋；林聪彝故居；林则徐纪念馆；南后街，欣赏及品尝福州百年老店风味小吃永和鱼丸、同利肉燕店的现场制作展示；南后街 35-2 号，与省集邮协会合作，开展集邮展；南后街 98 号，与省艺术馆合作，开展三坊七巷老照片展；全国重点文物保护单位水榭戏台，欣赏闽剧、评话等福州地方曲艺；蓝建枢故居，参观福州民俗展；南后街 11 号，三坊七巷侯国保画展。

西禅寺

●全国重点寺庙

西禅寺原名长庆寺，名列福州五大禅寺。寺内主要建筑有天王殿、大雄宝殿、罗汉阁、法堂、藏经阁，以及明远阁、祖堂、念佛堂、崇德堂、禅堂等，布局匀称，规模雄伟，风格古雅。大雄宝殿门外两旁，旧有木塔两座，1922 年改为钢筋扎成的铁塔。寺内新建玉佛楼 1 座，内置从缅甸运回之大白玉佛 2 尊，一坐一卧，坐佛高 2.95 米，卧佛长 3.7 米，为全国最大的玉佛。藏经阁中保存着康熙亲书的《药师经》，另有刺血书写的《法华经》。整个寺庙廊庑广阔，园林遍布，荔枝树数百株环绕其间，小桥绿水，清幽古雅，是福州市一大名胜。

福州市西郊怡山永钦里。

公交 14、27、39、64、128、165、观光 2 号线等路均可到达。 门票 20 元。

0591-83732354。

西湖公园

●福建园林明珠

西湖公园为晋太康三年（282 年）郡守严高所凿，唐末就已经是游览胜地，距今已有 1700 多年的历史，是福州迄今保存最完整的一座古典园林。

每年端午节，福州西湖都会举行龙舟比赛，是时，激烈壮观的竞渡场面在广阔的水天之间展开，阵阵的锣鼓声响则彻云霄。另外，福建省博物馆、美食展览馆也在西湖公园内。

福州市西北部的湖滨路。

可乘 1、65、70、74、109、100、111、88 路公交西湖站下车。 免门票。

5:30~22:30。

0591-83783655。

福州国家森林公园

●福建省首家国家级森林公园

福州国家森林公园原名福州树木园，创

建于1960年2月。1993年改名为福州国家森林公园。园内最高处的笔架山海拔643米。公园内有木棉树、钻天杨、南洋杉、樟树、油松、银杏、水杉等全国各地及36个国家2500多种国内外珍贵树种。

福州市晋安区。

到达森林公园的公交车有54路、72路。

免费。

6:00~17:30（17:30起，将不再接纳游客入园，18:00开始清园）。

0591-87913726。

福建郊县景点

马尾造船厂

●中国近代第一家专业造船厂，近代海军发祥地

马尾造船厂是福建省最大的修造船厂，创建于1866年，时称福建船政，是中国近代第一家专业造船厂，为当时远东地区之最。现在，厂内还遗留众多人文景观，船政建筑群的轮机车间、法式钟楼、船政绘事院、青州船坞、英国领事分馆、梅园监狱等，比邻中法马江海战纪念馆、中国近代海军博物馆，它们构成了爱国主义内涵的船政文化，加上现今拥有的以现代科技为后盾的，有相当规模、富有生气的现代造船工业和科技，形成了马尾造船厂独有旅游产品。

福州市马尾区。

在市中心可坐37，三坊七巷－马尾船政观光线到达。

船博馆15元；马尾造船厂15元；马江海战纪念馆免费。

7:00~17:00。

十八重溪

●省级旅游经济开发区

全区散布着由火山岩构成的峰、岩、崖、谷、洞、石，山水交融，天然浑朴，有西溪瀑布、乌龙戏珠、大帽山、文笔峰、宝塔峰、三仙洞等景点。景区东北部的大帽山，又名古灵山，海拔786.3米。晴日登顶，可一览十八重溪山水秀色。此外，宝塔峰俊秀凌空，玉女石、猴洞、倾缸瀑布、天柱瀑布等也各有特色。

闽侯县南通镇。

福州西客站坐车至南通下车，在南通坐港田车或三轮车到十八重溪景区。

20元。

8:00~18:00。

0591-22246284。

青云山

●以瀑布、峡谷出众

景区面积47平方千米，有7座海拔千米以上的高峰，山高林茂，云雾飘缈，岩奇洞怪泉碧。主要景观有云天石廊、火烟瀑布、石龙瀑布、白马瀑布、王子瀑布、下洋瀑布、藤山草场、状元洞、红军洞、三大天池、八大峡谷、十八重溪石林等。

永泰县岭路乡。

云天石廊景区门票：27元，九天瀑布景区门票：35元，九天瀑布＋云天石廊套票：70元。

8:00~17:00。

亲历者◎指路

在福州西客站或福州汽车北站坐班车至永泰，到达永泰后再乘前往莆田、闽南方向的班车或包面包车、坐摩的即可到达青云山。

自驾车的游客，过了上街后往南屿方向开，到达南港大桥后右拐（永泰方向），经过收费站直走到了T型路口，再往右拐经一座大桥后直走就可以到青云山，一路上都有路标的。

亲历者◎攻略

建议品尝佛跳墙、黄爪鱼、太平燕、水香醉排骨、蛎饼等特色菜肴。福建乌龙茶不错，不妨买些带回。

景区现有家四星级御温泉酒店，位于景区北入口处，集酒店与温泉休闲于一体。如果宿周边村寨，30元/间左右，景内的宾馆白马山庄，180元/间左右，可打折。

莆田旅游区

南少林寺遗址

●曾为我国南方的武学中心

南少林寺始建于南朝陈永定元年（公元

557年），比河南嵩山少林寺仅晚建60多年，在反清复明的斗争中被清兵焚毁，其中寺院正处莲花山盆地中心。1998年国家文物普查时被发现后重建。南少林景区现有南少林寺、九华叠翠、紫霄怪石、关帝庙等自然景观，还有九牧祖祠、澄渚书堂、九华山摩崖“虫文鸟篆”的仙篆文字，更有海上女神林默娘、三一教创始者林兆恩、民族英雄林则徐、著名理学家朱熹的史迹和石刻等人文景观。

莆田市西天尾镇九莲山林山村。

从莆田长途汽车站出发可以乘坐“莆田—梧塘”的车至西天尾。

上山免费，入寺10元。

0594-2866001。

九鲤湖风景区

●鲤湖飞瀑天下奇

九鲤湖风景区由九鲤湖、麦斜岩、卓泉岩三大景区组成，面积29平方千米。这里以湖、洞、瀑、石四奇著称，尤以飞瀑为最，自古以来有“鲤湖飞瀑天下奇”之誉。九鲤湖荡青漾翠，碧澄一泓，是个秀丽的天然湖。湖的四周，怪石嶙峋。有“蓬莱石”“瀛洲石”“羽化石”“玄珠石”“龙擦石”“枕流石”等等。每一块奇石都有一段美丽动人的故事。

仙游县钟山镇。

从莆田汽车站乘坐“莆田－仙游”，到仙游转乘“仙游－石苍（或游洋）”到九鲤湖路口下车，再打摩的到九鲤湖景区。

50元。

0594-7290862。

宁德旅游区

太姥山风景区 AAAAA

●海上仙都

太姥山风景名胜区分为太姥山岳、九鲤溪瀑、晴川海滨、桑园翠湖、福瑶列岛五大景区。其中，太姥山岳是太姥山的主体风景区，主要景点有国兴寺、葫芦洞、一片瓦、九鲤朝天、香山寺、等。九鲤溪瀑由九鲤溪、溪口瀑布、龙亭瀑布组成。桑园翠湖景区是由桑园水电站大坝拦截九鲤溪上游而形成的人工湖泊，湖中屹立着数个小岛，岛上竹木茂盛，鸟语花香。

福鼎市境内东海之滨。

130元。

0593-7820922。

亲历者◎攻略

美食：福鼎特色菜有太极芋泥（用福鼎特产福鼎芋而制）、龙舟鱼卷、鱼片汤等。

住宿：玉湖宾馆是一家二星级的旅游饭店，它面向东海，背临太姥山景区，环境不错，交通也很方便。该宾馆为园林布局，主要有仿古、仿木、仿民居三种建筑，显得古色古香。

白水洋风景名胜区 AAAAA

●我国目前唯一的鸳鸯鸟保护区

风景区总面积78.8平方千米，分为白水洋、鸳鸯溪、叉溪、水竹洋－考溪、鸳鸯湖等5个游览区，每年秋分（10月初）至次年清明（4月底），上千对美丽的情鸟鸳鸯翔来过冬，它以目前世界唯一的鸳鸯猕猴自然保护区等为特色驰名中外。

屏南县东北部。

福州西客站，票价36.4元，最后一班16:10，车程为5小时。

鸳鸯溪：78元，白水洋：120元。白水洋鸳鸯溪联票：170元。

0593-2825260。

住宿

福州的住宿区域大致分为温泉公园附近、五一广场附近、西湖公园附近、火车站地区、城东地区。

温泉公园附近

如家快捷酒店（福州五四路店）：位于福州鼓楼区五四路173号，标间230元左右，电话0591-26613333。

火车站地区

福州黄金大酒店（三星级）：位于福州

晋安区华林路417号，标间250元左右，电话0591-87577688。

福州舒馨时代酒店： 位于福州鼓楼区五四路226号，标间300元左右，电话：0591-88011888。

餐饮

福州的名菜

佛跳墙： 选用鱼翅、海参、干贝、鲍鱼等二十多种原料和配料煨而成。此菜品尝起来，醇香浓郁、烂而不腐、味中有味，使人唇齿留香，余味无穷。并曾作为国宴的主菜多次招待过外国元首和贵宾。

荔枝肉： 福州传统名菜，起自清初。已有二三百年历史。以猪瘦肉仿制荔枝，因形、味皆似而得名。

红糟醉香鸡： 福州富有地方特色的传统名菜之一。在以鸡为主料的菜肴中堪称上品，糟的妙用也别具一格。此菜色泽红润透白，软嫩醇香，甜酸爽口，荤厚鲜美。

福州的小吃

福州街头最多的小吃店为沙县小吃，沙县是福建的一个地名，沙县小吃就是由该地方的人带来的，主要经营拌面、炖罐、鱼丸、馄饨以及各种卤味。这种小吃店门面很小，却是福州旅游不可不去品尝的好地方。

↓佛跳墙

福州的美食街

榕城美食街： 位于台江瀛洲路，全长300米，美食街古色古香的仿古建筑以及元洪美食城、元洪美食大酒楼荟萃了1500多种榕城仍至全省、全国及东南亚各国的风味美食及闽菜特色。

食全食美时尚美食广场： 地处工业路193号宝龙城市广场地下一层，主要经营小吃，粉面，粥品，火锅，铁板烧等菜系，适合随便吃吃，店内拥有各式小吃、火锅、铁板烧等等特色菜。

购物

福州当地盛产多种土特产品，市果福橘在中国柑橘评比中名列前茅；福州软木画国内外独一无二；寿山石雕是福州的千年工艺珍品；脱胎漆器，当年曾荣获国际头奖。此外，福州玉雕、牙雕、角梳、肉松、福果等，亦久负盛名，十分畅销。

福州的主要商业路段有五四路（以品牌服装、旅游产品为主）；五一路（大商场、大型购物中心集中区域）；台江路小商品及特色旧货市场。

民俗

祭祖： 福州的宗族观念较深，祠堂众多，全福州约有2000多座祠堂，祭祖在福州的社会生活中相当重要。祭祖一般在宗族祠堂进行，各家族的仪式细节有所差别，每年祭祖的次数和日期也不尽相同，较为常见的是在农历的元宵、中元节和冬至祭祖。

闽剧、十番： 闽剧又称“福州戏”。明代，昆山腔、弋阳腔等传入福州，福州方言戏曲逐渐兴起。

厦门

“城在海上，海在城中”，厦门是一座风姿绰约的“海上花园”。岛、礁、岩、寺、花、木相互映衬，侨乡风情、闽台习俗、海滨美食、异国建筑融为一体，四季如春的气候更为海的魅力锦上添花。这里风景秀丽，气候宜人，可以说这里是全国环境最好的城市之一。

厦门的魅力还在于令人垂涎欲滴的众多美食上，受闽南菜影响深远的厦门特色菜，道道令人感觉新鲜而美味，蚵仔煎、沙茶面、土笋冻、米线糊、烧大肉粽、花生汤、炸五香等，让人大快朵颐！

面积：1516 平方千米
人口：191 万
区号：0592

亮点

必游景点

- **鼓浪屿**：素有“海上花园”的美称。岛上风景优美，完好地保留着许多具有中外建筑风格的建筑物。
- **日光岩**：鼓浪屿的最佳观景点，厦门的象征。
- **南普陀寺**：闽南名刹，背依秀奇群峰，面临碧澄海港，风景绝佳。
- **清源山**：有“闽海蓬莱第一山”的美誉，以奇石和清泉最为特色。
- **云洞岩风景区**：缩小的“山石盆景”，具有千山万壑之概。

必逛街道

- **中山路**：厦门传统的百年繁华商业区，有着“中华十大名街”称号，是厦门唯一直通大海的商业街，购物之余还可饱览鼓浪屿的风景。

↑厦门白城海滨

- **鼓浪屿龙头路**：鼓浪屿的主要商业街，也是上岛游客的必经之路。街道两侧开设了许多工艺品店和字画店，也有来自全国各地的古玩、玉石、字画和瓷器等。

线路推荐

- **鼓浪屿观光一日游**

皓月园—毓园—菽庄花园—日光岩—郑成功纪念馆—厦门博物馆—厦门海底世界。

- **闽南风情三日游**

D1：万国建筑博览—日光岩—菽庄花园—钢琴博物馆—环岛海滨浴场。

D2：南普陀寺—胡里山炮台—环岛路观光大道。

D3：海沧大桥—集美学村—鳌园—陈嘉庚先生故居—归来堂、归来园。

交通信息

飞机

厦门高崎国际机场，位于厦门岛的东北端，距厦门市中心 10 千米，是国内继北京、上海、广州之后的第四大出入境航空港。旅客可乘坐空港快线、市内公交、BRT 快速公交、出租车等往返于机场和市区以及厦门周边城市。

火车

厦门有厦门站和厦门北站两个个火车站。几乎所有经过厦门的列车均会停靠厦门站，包括福厦动车和普通旅客列车。

厦门岛景点

南普陀寺

●闽南著名古刹

南普陀寺起源于唐代，曾数次被毁，清康熙二十三年（1684年）重建，因其与浙江舟山普陀山普济寺同为主祀观音菩萨，又地处普陀山之南，故名南普陀寺。寺中建筑有天王殿、大雄宝殿、大悲殿、藏经阁等。两厢钟鼓楼、左侧新建的慈善楼与右侧普照楼，左右对应，雄伟壮观。寺内千手观音工艺精绝，藏经阁珍藏佛教文物丰富多彩。庙宇周围保留众多名人题刻，寺后崖壁"佛"字石刻，高一丈四尺，宽一丈。南普陀寺后往上就是五老峰，登临远眺，山风海涛，尽收眼底。

厦门市思明南路厦门大学旧校门附近。

在市内坐45、87、1、29、47等路公交车到达。

8:00~20:00。

0592-2094147。

厦门岛外景点

集美学村

●中西合璧风格的大学城

学村为陈嘉庚先生倾资创建，这里整体的建筑风格为中西合璧，呈现了典型的闽南侨乡的风格，无论是高大壮观的校舍堂馆，还是小巧典雅的亭台廊榭，无一不是琉璃盖顶、龙脊凤檐、雕梁画栋。其中最漂亮的是龙舟池及池边的集美中学，而最值得一看的是陈嘉庚先生的陵园——鳌园。

厦门市集美区集美学村。

厦门火车站、厦门大学均有前往集美区的公交车。

30元（含鳌园、故居、嘉庚公园）。

天竺山森林公园

●厦门后花园、省级森林公园

天竺山森林景观非常妩媚动人，动植物资源丰富多彩，山势磅礴，峰崖壮观，湖光山色如诗如画。更有摩崖石刻、象鼻岩、忘归石、盘陀石、屏风石、一线泉等多处奇景。游客可开展森林浴，登山体训、寻奇探险、狩猎烧烤、野营休憩、避暑疗养等活动。

厦门市海沧区东孚镇西北的天竺山林场内。

805路公交车可以到达。

30元。

8:30~17:30。

0592-6311965。

同安影视城

●大型综合性主题乐园

同安影视城是一个将大自然与仿古人造景观相结合，集我国古建筑精华、民俗风情、现代高科技娱乐和影视制作于一体的大型综合性主题乐园。影视城将娱乐性、知识性、艺术性、参与性融为一体，成为富有时代气息的高品质的游乐园地。

厦门市同安区五显镇东溪河两岸。

从厦门火车站搭乘79、610路公交可达。

40元。

8:00~17:20。

泉州旅游区

开元寺

●泉州古城的象征

开元寺主轴线由紫云屏、天王殿、大雄宝殿、甘露戒坛、藏经阁等建筑组成。开元寺最有名的是它的双塔，东为"镇国塔"，西为"仁寿塔"，它们高40多米，是我国最高的一对石塔。塔每层的门龛两旁有武士、天王、金刚、罗汉等浮雕像。双塔历经风雨侵袭，仍屹然挺立，它是泉州古城的独特标志和象征，也是中国古代石构建筑的瑰宝。

泉州市鲤城区西街176号。

市内乘2、601路公交车可达。

7:30~17:30。

0595-22383285。

崇武古城

●我国现存最完整的花岗岩滨海石城

崇武古城全部用白色花岗岩垒成，城墙

环岛路观光大道

●厦门市区精华旅游带之一，厦门国际马拉松比赛赛道

环岛路连接了众多景点，胡里山炮台、上李水库、“一国两制统一中国”标语牌、国际会展中心等，在环岛东路的草坪上，立有97座栩栩如生的马拉松赛跑运动员铜雕像。他们姿态各异，或驻足，或奔跑。雕像延伸2千米，一直到国际会展中心。在环岛路上远望，海岸线曲折起伏，海景宜人，大担、二担、槟榔屿、小金门等岛屿一览无余，大金门也隐约可现。

厦门岛东南部。

在环岛路沿途可租到双座或三座的自行车。骑车慢行，别有韵味。

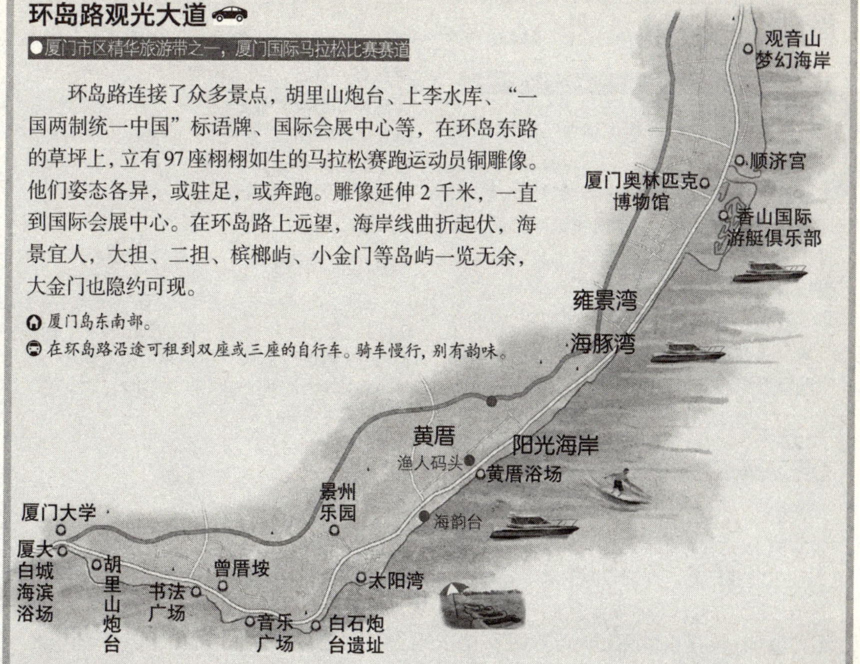

胡里山炮台

●拥有当今世界最大和最小的两门古炮

胡里山炮台始建于清光绪二十年，是中国洋务运动的产物。炮台总面积7万多平方米，城堡面积1.3万多平方米，分为战坪区、兵营区和后山区，内开砌暗道，筑造护墙、弹药库、兵房、官厅、山顶了望厅等。胡里山炮台拥有当今世界最大和最小的两门古炮。被称为“炮王”的克虏伯大炮，是“世界上现仍保存在原址上最古老和最大的十九世纪海岸炮”。

厦门岛南端胡里山海滨。

公交2、20、22、29、112、122等都可到达。

25元。　7:30~18:00。　0592-2099603。

↓崇武古城

共长2457米，并设有两层跑马道。四面设城门，城门上各设烽火台一座，南城门外加设一照墙。在城内莲花山制高点，还设有了望台。四面城边各有一潭一井和通往城前的涵井，城内的十字大街相接四个城门。这些城墙、窝铺、门楼、月城、墩台、捍寨和演武厅，构成我国古代一套完整的战略防御工程体系。

惠安县崇武半岛。

45元。

7:30~17:30。

0595-87683297。

鼓浪屿—万石山风景区 AAAAA

●海上花园、万国建筑博览、音乐之乡、钢琴之岛

鼓浪屿是一个面积1.78平方千米的小岛，与厦门隔鹭江相对，因景观秀丽多姿。主要景点有日光岩、菽庄花园、皓月园、毓园、环岛路、海天堂构、钢琴博物馆等。最高峰日光岩是厦门的象征，有“未上日光岩等于没到厦门”之说。

万石山在厦门市区东部，面积26平方千米，是鼓浪屿—万石山国家重点风景名胜区的重要组成部分，也是“92中国友好观光年”首批入选的84个最佳景区之一。景区内怪石遍布，林木繁茂，文物荟萃，主要旅游点有万石岩、太平岩、醉仙岩、万石植物园、新碑林和虎溪岩等。

厦门市鼓浪屿。

上岛船票35元。日光岩、菽庄花园(含钢琴博物馆)、皓月园、风琴博物馆、国际刻字馆五景点联票100元。

0592-2060777。

亲历者◎指路

在厦门轮渡码头坐船摆渡，去程免费，回程8元，优惠时段4元。厦门站首航班05:45，鼓浪屿站首航班05:30。07:00~19:00，每十分钟一班。21:00~24:00，约20分钟一班。轮渡全程约7分钟，上二层观景需另付1元。

日光岩

●鼓浪屿的最佳观景点，厦门的象征

俗称“晃岩”，为鼓浪屿的最高峰。是一块直径40多米的巨石，岩顶筑有圆台，站立峰巅，凭栏远眺，厦鼓风光尽收眼底。山腰上有一庵，每当朝阳喷薄，霞光直射寺内，庵中四壁生辉，莲花庵又得名“日光寺”。巨石之顶，是郑成功水操台遗址。遗址岩壁上刻着“闽海雄风”四个大字。右前侧另一块石上，刻着郑成功手书的一首五绝：“礼乐衣冠第，文章孔孟家，南山开寿域，东海酿流霞。”

鼓浪屿中部偏南的龙头山顶端。

60元。　7:00~20:45。　0592-2063094。

菽庄花园

●江南古典园林精品

建于1913年，面向大海，背倚日光岩，原是地方名绅林尔嘉的私人别墅，园主人以他的字“叔臧”的谐音命名花园，1955年献作公园。菽庄花园利用天然地形巧妙布局，全园分为藏海园和补山园两大部分，各景错落有序，园在海上，海在园中，既有江南庭院的精巧雅致，又有海鸥飞翔的雄浑壮观。藏海园有五景：眉寿堂、壬秋阁、真率亭、四十四桥、招凉亭。补山园也有五景：顽石山房、十二洞天、亦爱吾庐、听潮楼、小兰亭。

鼓浪屿岛南部。

乘渡轮至鼓浪屿观海园码头上岸，步行几分钟即到。

门票30元。

冬季8:00~19:15，夏季8:00~19:45。

0592-2063722。

环岛海滨浴场

●天然的海水浴场

厦门由于是海岛城市，沿海四周的沙滩特别另丰富，仅鼓海屿周围就有很多经常使用的自然的海滨浴场。最常用的有：大德记海滨浴场、皓月园内海滨浴场、美华海滨浴场、观海园海滨浴场、港仔后海滨浴场等。

厦门园林植物园

●鼓浪屿–万石山国家级重点风景名胜区的核心部分

园俗称“万石植物园”。园内山水秀明，植被丰富，是围绕万石岩水库精心设计的园林，有松杉囿、棕榈园、玫瑰园、荫棚等20多个专类园和种植区。园中栽培3000多种热带、亚热带植物，其中有被人称为“活化石”的水杉、银杏，世界三大观赏树——中国金钱松、日本金松、面洋杉，还有难以数计的名贵仙人掌。在万石湖畔东南的幽谷下，有一座四季飘香、秀丽多姿的百花厅。这里共有五个展览室，回廊、曲桥、水榭串联其间，环绕着椭圆形的荷花池。

思明区虎园路25号。 40元。

5:30~18:30。 0592-2024785。

亲历者◎指路

市区乘坐3、17、19、21到一中站下车步行300米即到；园内可乘坐观光中巴车，从南洋杉停车场（西大门附近）到国防园（万石阁附近），途中设天界寺、雨林世界、沙生植物区、太平岩4个站点，首班07:40，末班17:20，约20分钟一班车。收费：5元/次，下车失效；10元通票，可在途中上下车。

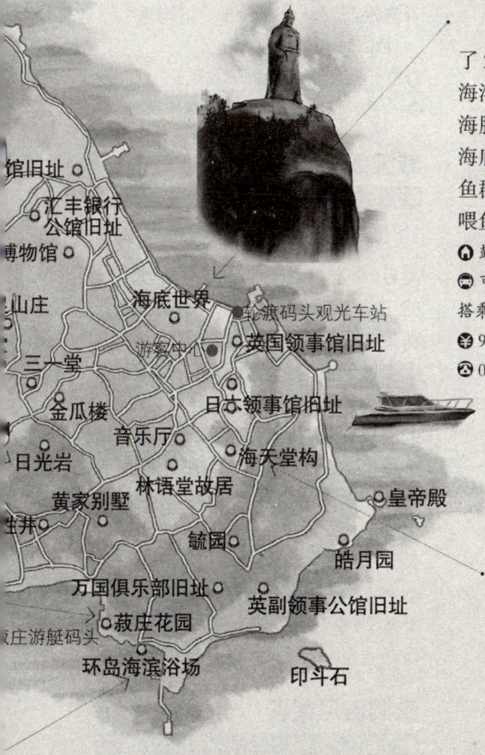

海底世界

●中国最具特色的大型水族馆之一

中国最具特色的大型水族馆之一，创下了2项世界之最和10项全国之最。馆内设有海洋馆、抹香鲸标本馆、企鹅馆、淡水鱼馆、海豚与海狮表演馆。在长80米，宽1.5米的海底隧道中，游客还可与上万个形态各异的鱼群共游壮丽奥妙的海底世界，近距离感受喂鱼时鱼群抢吃的紧张时刻，宛如亲临海底。

鼓浪屿龙头路2号。

可以乘坐2、8、107、112、118路公交车至轮渡下车，搭乘渡轮抵达鼓浪屿风景区后，上岛向右前行100米。

90元。 冬季8:00~18:00，夏季8:00~18:30。

0592-2069350。

海天堂构

●鼓浪屿上最时尚精致的老别墅文化旅游新景点

海天堂构共有五幢老别墅，现对外开放三幢。其中，34号被开发成极具品味的南洋风情咖啡馆，供游人在老华侨的别墅中，体验悠闲的咖啡时光；42号开发为中国非物质文化遗产南音和木偶的演艺中心，一楼为木偶演艺中心，木偶世家的表演精彩绝伦；最富建筑特色的主楼38号则被开发为鼓浪屿建筑艺术馆，主要展示老别墅及其背后鲜为人知的名人往事，深具怀旧色彩。游人还可欣赏到难得一见的“御前清曲”南音艺术表演。

鼓浪屿福建路38号。

88元（含黄荣远堂）。 8:30~17:30。

↑清源山

亲历者◎指路

从厦门前往崇武古城，可至厦门火车北站乘动车在惠安站下车。从惠安县的客运站乘坐开往崇武镇的巴士，然后在镇上做摩的前往售票处，5元左右。

清源山 AAAAA

●闽海蓬莱第一山

清源山的景色以奇石和清泉著称，其中尤以老君岩、千手岩、弥陀岩、碧霄岩、瑞象岩、虎乳泉、南台岩、清源洞、赐恩岩等为胜。林壑幽美，历代文人墨客到此登游留题甚多，山中石刻多达300余方，都具有很高的文物价值。

泉州市区北郊。

搭乘市公交3、10、15、28、30、45、202、209、601、K1路可到达。

70元。

0595-22777675。

漳州旅游区

云水谣景区

●闲逸的田园风光

云水谣景区因为电影《云水谣》的拍摄，它才被大家广泛熟知，也因此改名为云水谣。它是南靖土楼的一部分，也是南靖土楼中最热门的落脚地。

景区包括了云水谣古镇、和贵楼及怀远楼三个景点，最壮观的应该是5层楼高的和贵楼，它是最大的方形土楼。另外，云水谣景区是个很适合散步的地方，这里有客家土楼、百年老榕树、还有鹅卵石铺成的古道，看流水潺潺、白鸭慢步、榕树垂柳，确实是一种享受。

漳州市南靖县书洋镇云水谣景区。

90元（含云水谣古村、和贵楼、怀远楼）。

威镇阁

●漳州城的标志性建筑，福建省十大古建筑之一

现在的威镇阁，为三层八角楼阁，主楼高近52米。主楼前亭左右两边，精巧玲珑的三角亭、四角亭，花台错落有致。护廊由精美的浮雕组成。山门楣额“威镇阁”3个大字铁划银钩，笔力遒劲，是著名书法家启功的力作。山门左右各置一只由重达28吨的整块九龙璧雕琢成的石狮，工艺精湛，维妙维肖。山门前是小广场，广场尽头是一个与威镇阁风格相融的古色古香的威镇阁商业城。阁内还有被海内外誉为“中华谜史第一馆”的漳州灯谜艺术馆。

漳州市芗城区战备大桥桥头左侧。

市区可乘2、3、12路公交车前往。

20元。

云洞岩风景区

●缩小的“山石盆景”，具有千山万壑之概

云洞岩海拔仅280米，从山麓到峰巅，几乎全是由各种玲珑奇特，各具神态的花岗岩石层层叠叠堆砌而成。景区山岩突兀，怪石嶙峋，洞壑幽深，象缩小的“山石盆景”，具有千山万壑之概。主要有月峡、千

人洞、飞来石、风动石、一线天、摩崖石刻等景点。

山上洞壁极多，最大的洞穴中可容千人，称为“千人洞”。山坡上有几块岩石倚立形成峡谷，谷中有一泓泉水，如果有月光穿过石缝照在泉水上，水中的月影又会映射到石壁上，呈“三月交辉”的奇特景象，这就是“月峡胜境”。云洞岩上还有摩崖石刻150余处。

龙海市步文乡鹤鸣山。

漳州市区有1、23路公交车到达，每五分钟一班车。厦门、漳州、泉州均有专线车抵达，厦门、漳州专线车(漳厦线)每五分钟一班车，往来游客可直抵景区门口下车。

8:00~18:00。 0596-2102223。

滨海火山国家地质公园

●典型的第三纪火山地质公园

漳州滨海火山地质公园是一处典型的第三纪火山地质地貌景观。北到镇海，南至前湖，西到鱼鳞石，东达南碇岛，面积100平方千米，是一处典型的第三纪火山地质公园。景区由“二山（香山、牛头山）、二岛（林进屿、南碇岛）、三湾（崎沙湾、江口湾和后蔡湾）”组成。在距今2861万年至1541万年前，由于喜马拉雅运动中岩浆由地球深处沿北东向断裂喷发后，形成中心式喷发构造形迹和后期风化海蚀地质地貌。反映了西太平洋新生代的火山活动和地质构造的演变历史进程。

漳浦、龙海交界地带。

从漳州南客运站(即商业城客运站)乘坐至镇海的班车，也可在漳州乘出租车前往。

50元。

8:00~18:00。

0596-3649100。

风动石风景区

●天下第一奇石，东山岛的标志

风动石景区依山傍海，风光独好，名胜古迹众多。有天下第一奇石——风动石，有全国重点文物保护单位、台湾470座关帝庙的祖庙东山关帝庙，有600多年历史的铜山古城等18处胜景奇观。景区人文、自然景观荟萃，是东山岛主要景区之一。座落在东山古城东门海滨石崖上的素的东山风动石，

↓风动石风景区

一直是岛上居民最引以为荣、视如珍宝的自然奇观，是旅游者最喜爱的美景之一。

东山县铜陵南端。

景区位于东山县铜陵镇境内。自驾车游客可由辽海高速东山岛出口，进入东山县境内，再经过西埔到铜陵进入风动石景区。

60元。

7:30~18:00。

0596-5620293。

住宿

火车站附近

如家快捷酒店（厦门湖滨南路店）：位于厦门思明区湖滨南路86号，标间300元左右，电话：0592-2096222。

星程厦门龙都酒店（三星级）：位于厦门思明区厦禾路878号，标间228元左右，电话：0592-5806666。

鼓浪屿

厦门海上花园酒店（四星级）：位于厦门思明区鼓浪屿田尾路27号，标间900元左右，电话：0592-2062688。

鼓浪屿七彩玲珑阁家庭旅馆：位于厦门思明区鼓浪屿三明路30号，标间520元左右，电话：0592-2081280。

餐饮

厦门的名菜

春卷：是厦门人过春节必上席的美馔，

起源于泉州的传统美食“嫩饼菜”，是一款大家围坐一起自包自吃的菜。此菜光是馅料就很不简单，包含有胡萝卜、高丽菜、鲜虾仁、肉丝、海蛎、荷兰豆丝等十数种原料。

姜母鸭：是一道在厦门、台湾都很受欢迎的风味菜肴。选用红头正番鸭、当地的老姜母以及十余种中药材煲制而成。

土笋冻：是厦门相当有特色的小菜，土笋是生长在海滩泥沙中的一种软体小动物，因形似“小笋”而得名。它含有丰富的胶质，经过熬煮后所含的胶质溶入水中，冷却后即成冻，外观晶莹润泽，宛如白玉，口感清脆、味美甘甜，如果佐以萝卜酸、芫荽芥辣酱或美极鲜味汁，吃起来更加鲜嫩爽口。

厦门的小吃

花生汤、海蛎煎、面线糊、沙茶面……如果你去厦门旅游，有经验的朋友们总要提醒你：这些小吃不可不吃。可你若找不到技艺纯正的饭店，那是品尝不到厦门小吃的真正特色的。厦门历史最悠久的风味饭店要数“好清香”和“吴再添”了，但终日食客盈门，很难订到座位。

购物

厦门主要特产有各种亚热带瓜果、鱼皮花生、花生酥、菩提丸、青津果、馅饼、文昌鱼、香菇肉酱、海产干货等。

厦门主要的商业街有中山路、鼓浪屿龙头路、厦禾路、白鹭洲购物游乐城及湖滨中路等传统的购物地点。思北到大同路、禾祥西路有些特色小店，比较适合年轻人，值得花时间去淘。

民俗

闽南功夫茶：厦门是功夫茶的起源地之一，有着浓郁的茶文化氛围。厦门人大多爱喝乌龙茶，尤以安溪铁观音为最，铁观音号称茶中极品。厦门的茶艺讲究五境之美，即茶叶、茶水、茶具、火候、环境。品茗需佳境，随着生活水平的提高，越来越多的厦门人喜欢在厅里放置摆设，花瓶古玩，燃香播乐，增添雅致，使品茗成了一种高尚精神追求和高品位的休闲方式。

中秋博饼：中秋博饼是厦门特有的民俗活动。是在中秋节时用于娱乐的一种游戏，用六粒骰子投掷结果组合来决定参与者的奖品。传统的奖品为大小不同的月饼，最有名为会饼，相传这种游戏可以预测人未来一年内的运气。

祭祀：厦门隆重而又受人注目的民俗祭祀，要数拜菩萨为最。每逢阴历二月十九、六月十九、九月十九“菩萨”生日时，人们便提着水果、供品去寺庙祭祀，燃烧冥纸，燃点香烛；阴历初二、十六则为生意人的祭拜之日，这种自古以来的祭祀风俗延续至今，依然是众多信奉者祈求平安、讨个吉利的传统方式。

↓鼓浪屿小店

龙岩

龙岩是福建省最重要的三条大江——闽江、九龙江、汀江的发源地，是远古时代"古闽人"的天堂。区域内永定土楼、冠豸山、龙石空洞、冠豸山、古田会议遗址等自然和人文风光。

面积：19052 平方千米
人口：298 万
区号：0597

亮点

必游景点

- **永定客家土楼：**"福建土楼"的组成部分，已列为世界遗产。
- **冠豸山：**有"北夷南豸，丹霞双绝"之誉，"三江上游第一观"，客家神山。

线路推荐

- **龙岩客家风情四日游**

D1：游览长汀（客家母亲园、明清古街区、古城墙、客家博物馆等）。

D2：游览连城培田古民居、冠豸山。

D3：游览上杭（李氏大宗祠、客家山歌）。

D4：游览永定客家土楼。

交通信息

飞机

龙岩冠豸山机场位于龙岩市连城县莲峰镇江坊村，南距龙岩市 106 千米。现已开通了开往深圳、厦门、福州、上海的直达航班，其他城市的游客可以在这几个城市转机飞往龙岩。连城机场有开通到达龙岩市区的机场大巴。

↑龙岩

火车

龙岩境内有两个的火车客运站：龙岩站和漳平火车站。其中龙岩火车站是高铁、普铁合一的车站。

永定土楼 AAAAA

●世界上独一无二的神奇的山区民居建筑

永定全县分布着历史悠久、风格独特的客家民居建筑群，它们被统称为"永定客家土楼"。土楼分为圆楼和方楼两种，永定全县有圆楼 360 座，方楼 4000 余座。代表性的有高北土楼群、洪坑土楼群、初溪土楼群和衍香楼、振福楼等。

高北土楼群

●承启楼被称为圆楼之王

全村几十座土楼，依山傍水，高低错落。村内的"圆楼之王"——承启楼是最著名的土楼。

承启楼坐北向南，由 4 个环环相套的同心圆楼组成，外径 63 米，是圈数最多的圆楼。大门与厅、厅与左右侧门有通道，圈与圈之间有巷道，楼中廊道回转，重门掩映，进入楼内，就如进入一个迷宫，令人莫辨东南西北。鼎盛时居住过 80 多户 600 多人，全是同族人。承启楼以其恢宏、奇特、古朴被誉为"圆楼王"。

永定区高头乡高北村。 ¥50 元。

洪坑土楼群

●土楼造型多样，有正方形、长方形等

现存明代建造规模较大的土楼有峰盛楼、永源楼等 13 座，清代建造规模较大的土楼有福裕楼、奎聚楼、阳临楼、中柱楼等

33座。土楼造型主要有正方形、长方形、圆形、五凤楼、半月形及其变异形式。此外还有以生土建造的天后宫、日新学堂、林氏宗祠、关帝庙等。奎聚楼、福裕楼、如升楼、振成楼为该土楼群的杰出代表。

🏠 永定区湖坑镇东北面的洪坑村。 ¥ 90元。

初溪土楼群

●客家土楼中年代最久远的土圆楼之一

初溪土楼群由五座圆楼和数十座方楼组成。它们依山傍水，错落有致，呈现出极高的美学艺术价值。其中的集庆楼建于明朝永乐17年（1419年），距今已有580多年的历史，是客家十楼中年代最久远的土圆楼之一，其结构十分独特，楼里有72部楼梯，一户一梯，非常合理，令人称奇。

🏠 永定区下洋镇初溪村。 ¥ 70元。

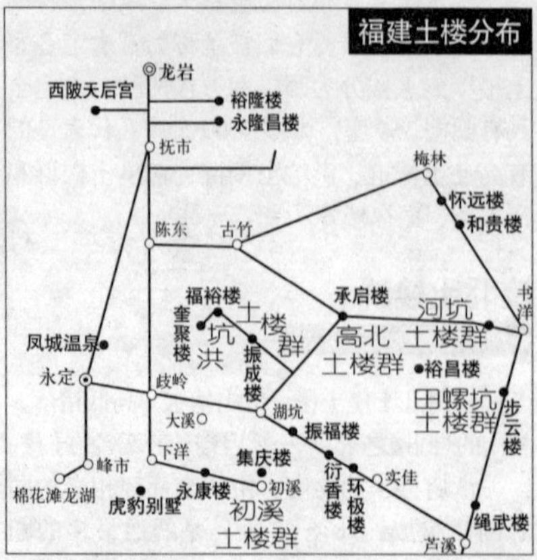

衍香楼

●圆形土楼

衍香楼是一座圆形土楼，建于1880年。楼主体直径40米，底墙厚1.5米，顶墙厚0.7米，墙高14.5米，有1个大门，2口水井，3个厅堂，4副楼梯，每层34间，4层共136间。底层楼梯旁分布有4个卫生间，厅边6个洗浴间。一层为各家厨房餐厅，二层为粮仓，三四层为卧室。大门钉有钢板，门内的顶端设有灭火的水喉水箱，过去曾有匪贼行劫，想纵火烧门，均不能得逞。

🏠 永定区湖坑镇新南村。

振福楼

●按八卦布局设计

振福楼是一座富丽堂皇的圆楼，它按八卦布局设计，楼内用了许多石料和砖料，雕刻精细，是一座外土内洋、中西合璧的土楼，被称为振成楼的“姐妹楼”。振福楼占地面积4000多平方米，共有3个厅堂，96个房间。中厅高二丈、宽二丈二，两边是花岗岩石柱，上刻“振兴有庆瞻轮奂，福履同绥颂炽昌”的对联。楼外的右边是昔日的制烟工场、工人住房等；左边已坍塌的建筑原先是一座西洋式学堂和游艺场所，“文革”期间被毁。

🏠 永定区湖坑镇下南溪。

龙岩市区景点

龙岩国家森林公园

●闽西第一家国家级森林公园

公园分为龙康景区和江水景区，主要包括一洞一园一山，一洞即龙康景区有华东第一洞美称的龙硿洞，一园即江山景区的石山园，一山即地球上罕见的象形山江山“睡美人”山景。

进入龙硿洞内，有一前洞，可纳50余人，宛如休息厅。跨过三仙门后，可以看到石床、石象、古猴、石鹰、石蛇、石蛙等景观。诸洞中最大的是观音洞，里面可容纳千人，一尊钟乳石观音，婷婷立于石壁之上，右有太上老君，后有炼丹炉和水帘洞及长达300余米的地下河。主洞中央有两头石牛卧于水中，层层石头梯田构成了一幅秀丽的田园景色。龙硿洞外还有龙井、龙蛋石、龙须瀑、睡狮岩、龙潭湖等景观。

“睡美人”风景区由五座青山连结构成。在蓝天下清晰而细腻地勾勒出一位仰卧的美女，那美女眉清目秀，秀法飘垂，乳峰高耸，颈颔纤美，枕山而眠。

🏠 龙岩市新罗区。

🚌 每天市区有10余班直达的旅游专线车可到非常方便。

🕗 8:00~17:00。

梅花山自然保护区

●世界A级自然保护区

梅花山自然保护区东西宽20千米，南北长19千米，森林覆盖率达89%。核心保护区为89208亩，人迹罕至，是华南虎、梅花鹿、蟒蛇的重要栖息繁衍地。保护区内有全国罕见的大面积天然杉木林。福建的20株“杉木王”梅花山就有6株。

上杭、连城、新罗三县（区）毗连地带。

50元。

龙池书院

●龙岩市保留最完整的古书院

书院以大门为中轴线，对称分布着上、中、下三个书院。下书院叫龙堂，中部为上下两个大厅，中间为天井，左右是厢房。中书院称魁星阁，又名矗磐堂，三合土二层建筑，顶塑葫芦，建于清康熙二十六年。上书院即龙池塔，当地人称三层塔、文昌阁、奎阁，建于清嘉庆七年，三合土建筑，三层六角形。

龙岩市新罗区小池镇汪洋村尖峰山。

龙岩郊县景点

古田会议会址 AAAAA

●确立了党对红军的绝对领导等军队建设原则

目前，会址大厅已恢复当年开会的原貌。马克思、列宁画像和代表席位、大会会标、主席台以及墙上的党旗都按原样放着。会址左边有荷花池，右边有红军检阅台，后面竖立“古田会议永放光芒”8个红色大字，背后是茂密的树林。会址对面，有20世纪60年代新建的古田会议陈列馆。多是闽西革命文物珍品，是福建省收藏革命文物最丰富、规模较大的纪念馆。

上杭县古田镇溪背村。

市内没有直达景区的公交车，可乘坐当地出租车或包车前往。沿319国道向古田方向开即可到古田会议旧址。

10元。

0597-3641743。

九鹏溪

●水上茶乡，世外桃源

水上茶园种植面积100多亩，茶山一年四季景色宜人，特别是到了清明时节，茶山云雾茫茫，采茶女采茶于茶树之间，茶歌悠扬，茶客们上山问茶、品茶，可谓别有一番茶山情趣。景区内有九鹏索桥、渔人码头、公馆茶轩、水岸茶园、霞客广场、渔舟唱晚、画舫游湖等景点。

漳平市南洋乡。　游船30元。

冠豸山风景区

●与武夷山一起被并称为“北夷南豸，丹霞双绝”

开发始于宋元祐年间，在石门湖筑亭建阁，植以松竹，成为吟诗斗酒之地。山中风景秀丽，独树一帜。历代留下许多摩崖石刻和楼台亭阁及书院等人文景观。今尚存半云亭、松风亭、东山书院、修竹书院、灵芝庵等以及摩崖石刻40余处。最为珍贵的有林则徐登临冠豸山时手书的横匾“江左风流”，现存于东山草堂内。还有乾隆年间的名士纪晓岚任福建提督学院时题写的“追步东山”真迹。

连城县境内城东1.5千米处。

从龙岩长途汽车站乘汽车到达连城，约30元，行程2.5小时，下车后可乘摩托车到达冠豸山，约6元。

冠豸山门票＋石门湖景区门票联票：115元。

8:00~17:00。

0597-8920566。

亲历者◎攻略

1. 冠豸山以游山为主，游览之先别忘准备一双好的登山鞋；

2. 冠豸山部分地段险要复杂，游客要紧随导游，非标准游道不要擅自行走；

3. 不要在景区内的一些湖泊、水潭内游泳，以防不测；

4. 在山顶游道的两边，一些奇特的景致很容易使游客痴迷，在此照像留影一定要注意安全，因为您的背后是万丈悬崖。

住宿

在龙岩住宿极其方便，各种档次的宾馆、酒店、别墅齐全，还有许多旅馆、招待所，价格从100元—500元不等。市区的九一南路附近有多家三星极标准的酒店宾馆，条件设备比较完善。

如果想体验当地独特的客家风情，可以选择住在永定土楼或者长汀古城的客家旅舍。永定有不少土楼客栈，土楼客栈都是没有卫生间的普通房间，价格在50元/间以下，标准间都是新盖的宾馆或家庭旅馆，价格一般在80元/天以下。

餐饮

龙岩的名菜

白斩河田鸡：是最负盛名的客家名菜，被誉为“客家第一大菜”。选用产于长汀河田镇的“中国名鸡”河田鸡加客家米酒烹制，皮黄脆、肉白嫩、味香。

菜干扣肉：永定名菜。用三层肉或少量瘦肉，先炸或煎后，加蒜仁再放点糯米酒、酱油后，将永定菜干倒进锅，加点糖拌匀铲起，用钵子装好放进锅里蒸到肉烂、气味浓香为度。肉酥菜嫩，鲜香醇厚。

龙岩的小吃

芋子包、芋子饺：“无山不客客住山”“番薯芋子半年粮”，将芋子煮熟后剥皮去毛，碾成芋泥后掺进适量的地瓜粉，用擀面仗擀成面皮，包进自己喜爱的馅料，就做成了，皮嫩润滑，馅香味美的食品。

苦抓汤：是新罗的风味小食之一，不但有地方特色，还兼具防病治病之药理功能。

购物

闽西八大干、连城白鸭、盐酥花生、沉缸酒、水仙茶饼等，名扬海内外，是前来龙岩旅游的人们不可不尝的美味，这些特产同时也是旅游购物的首选。龙岩的手工艺也十分发达，有连城宣纸、永福藤器等。

龙岩市内的中山街是龙岩最为繁华的商业街，这条街上汇聚了许多经营各种商品的商场，如麒丰百货、宝兴百货等。

民俗

闽西汉剧：旧称“外江戏”，亦称“乱弹”，主要流行闽西、粤东客属地区。赣南和闽南等地亦有流行，影响遍及台湾和东南亚。

永定客家山歌：是客家人的口头文学，是民歌中的独立一支，富有客家人的语言特色。它的歌体都是“单调”，以羽调式为主，徵调式为次，用永定客家话演唱。由于是在山野田间缘情而发即兴而唱的，它的旋律多以级进和跳进形式进行，清越、高亢、悠长。

闽西客家十番音乐：是闽西客家民间传统文艺最主要的代表性文艺项目之一，是因为乐队演奏二胡、吊规、椰胡、板胡、月琴、三弦、琴、琵琶、竹笛、唢呐等管弦乐器及板、堂鼓、堂锣、小钹、碰铃等打击乐器共十余件乐器而得名。

↓土楼客栈

南平

南平是中国东南的一个重要旅游区。这里旅游资源丰富，是华东地区不可多得的旅游资源密集区之一。雄伟秀丽的奇山异水、种类繁多的生物资源、灿烂辉煌的历史文化和丰富多彩的乡土人情共同组成了独具南平特色的旅游资源。

面积：26312 平方千米
人口：314 万
区号：0599

亮点

必游景点

- **武夷山**：典型的丹霞地貌，入选“世界自然与文化双重遗产”。
- **永安石林**：规模仅次与云南石林，堪称全国第二。
- **金湖**：丹崖悬瀑、古寺险寨，国内少有的丹霞地貌与浩瀚湖水相结合的风景名胜区。

线路推荐

- **武夷山水风光二日游**

D1：虎啸岩—九曲溪漂流—一线天，住武夷山庄。

D2：云窝—天游峰—水帘洞—天车架—鹰嘴岩，住武夷山庄。

- **三明精品四日游**

D1：游览桃源洞、桃花涧漂流、葛里景区、鳞隐石林，住永安。

D2：赴三明游览格氏栲森林公园、横坑温泉浴、晚上水上游三明，住三明。

D3：游览瑞云山风景区、麒麟山公园、仙人谷国家森林公园。

D4：游览永安安贞堡、沙县淘金山、沙阳乐园、吃沙县小吃、欣赏肩膀戏。

↑武夷山

交通信息

飞机

距南平市延平区约 180 千米的武夷山机场，现已开通至福州、上海、杭州、深圳、北京、广州等多条航线，有公交车来往于武夷山市和武夷山机场之间。

火车

南平市目前主要有南平北站、南平南站两个火车站，其中南平北站为高铁站。

南平市区景点

茫荡山

●极好的避暑胜地，人称“福建的庐山”

景区由溪源峡谷、石佛山、三千八百坎、鸳鸯石、莲花山、文山城墙、龙盘峡谷、朦瞳洋、茂地天湖、宝珠、演山等多个经典景区组成。其中溪源峡谷、石佛山景区为最佳览胜处。山中的百合花培植基地是目前国内最大的培育基地之一。半岩村出产半岩茶又称“蜡茶”，在宋代，半岩茶已成贡品。

南平市延平区西北部。

从南平火车站可坐 2 路公交车到终点站——南针厂（属于南纺厂），然后有直达车去茫荡山。

50 元。

延平湖

●与武夷山并称誉为“北山南水”

延平湖东起闽江中上游的樟湖镇高洲村，西北至南平市区，水域全长 67 千米，水面面积达8000公顷，有大小库湾100多个，国内罕见。湖光山色迷人，文化遗存列岸迎客。湖中小岛无数，最大者为大洲岛，是极好的休闲游乐场所。沿湖主要景点有明翠阁、双溪楼、延寿楼、双剑塔、古越洲岛、大洲岛、宋代茶洋窑址、杉湖岛、蛇王庙等。

南平市延平区。

南平郊县景点

和平古镇

● 青砖琉瓦、雕梁画栋、气派非凡的明清民宅

古镇中林立着“大夫第”“中翰第”“司马第”“郎官第”等豪宅近百幢，北门谯楼、黄氏大夫第、和平书院、廖氏大夫第、岁进士、李氏大夫第、县丞署、东门谯楼等建筑如今默默展示着和平镇旧日的辉煌。和平书院创办于五代后唐，是中国最早创建的书院之一，不仅开了宗族办学的先河，更营造了和平千余年来读书求学、重视教育的氛围。

邵武市西南部。

福银高速公路入闽第一个互通口设在和平镇。在“邵武”出口下高速后2千米即可到达和平古镇。

免费。

大金湖 AAAAA

●国内少有的丹霞地貌与浩瀚湖水相结合的风景区

大金湖水深色碧，群峰竞秀，青山绿水间随处可见丹崖悬瀑、古寺险寨、渔舟农舍和古木山花。景区生态良好，为原始次生林所覆盖。景观资源丰富，可概括为72峰、36岩、18洞、5泉、2瀑。主要景观有赤壁丹崖、水上一线天、甘露岩寺、猫儿山、白水漈瀑布、十里平湖、醴泉岩、虎头岩、尚书墓等。

↓大金湖

武夷山风景区 AAAAA

●典型的丹霞地貌，亿万年大自然的鬼斧神工

武夷山风景区有“三三”“六六”“七十二”“九十九”之胜。三三指的是碧绿清透盘绕山中的九曲溪，六六指的是千姿百态夹岸森列的三十六峰，还有七十二个洞穴和九十九座山岩。碧水丹山，一曲一个景，曲曲景相异，构成了奇幻百出的武夷山水之胜。现全区分为武夷宫、九曲溪、桃源洞、天游、一线天、虎啸岩、大王峰、水帘洞八大景区。它兼有黄山之奇、桂林之秀、泰岱之雄、华岳之险、西湖之美。

武夷山市南部。

景车票（全景点+观光车）：一日游210元；二日游235元；三日游255元；三联票（全景点+观光车+竹筏）：一日游340元；二日游365元；三日游385元。

0599-5134010。

www.wyschina.com/travel。

亲历者◎指路

出租车：如果打的的话，从市区到风景区车费在30-40元之间。市区内有湖桃、西门、南门三个汽车站，景区内的车站设在三姑、武夷宫和星村。在武夷宫、玉女峰、九曲宾馆、水帘洞、一线天、星村码头、永乐禅寺和莲花峰等处均设有停车场。

公交车：从武夷山市到武夷山景区有15千米，所有的景点坐公交车都可以到达，票价1-2元不等。此外，沿途还有招手即停的旅游专线车，票价在5元以内。景区内各个景点之间的车程只需几分钟，十分方便，仅有大红袍景区需要打车前往。

租车：进入自然保护区，则需要包车，时间充足的话一定要上到山顶看看，300元包车费；如果只是到博物馆、生态漂流一带，或者不进保护区而是到青龙瀑布一带，200元车费；车型为空调昌河，不带司机，载座7人。

亲历者◎行程

D1：趁早可先游武夷第一胜地——天游峰景

区，这里有九曲三面溪环绕，可欣赏云海大观。沿途可游览云窝、茶洞、隐屏峰、大红袍、水帘洞等景点，下午至星村码头乘竹筏游九曲溪，顺流而下，只需2小时可览尽山光水色。而后走宋街、武夷宫、朱熹纪念馆、万春园。

D2：清晨出发前往自然保护区，游览黄岗山、自然博物馆、挂墩、大竹岚和青龙大瀑布，下午华东第一漂（去的时候要穿拖鞋，带包括内衣内裤毛巾等全套的备用衣物）。橡皮艇漂流非常刺激，沿途感受龙川大峡谷盆景和瀑布的世界。

九曲溪景区

●武夷山的灵魂

九曲溪从西向东，蜿蜒自如，可谓曲曲含异趣，湾湾藏佳景，其中“四曲”就是《西游记》拍摄小白龙出世的地方。每曲自成意境，浅成滩，深成潭。游览九曲山水，乘竹筏从星村顺流而下，或从武夷宫拾阶而上，只半天时间，可览尽山光水色，意趣无穷。

🏠 武夷山自然保护区黄岗山南麓。

天游峰景区

●武夷第一胜地

该峰东接仙游岩，南续清隐岩，西连仙掌峰，壁立万仞，高耸于群峰之上。每当雨后天晴、晨曦初露之时，可在此欣赏云海大观。只见群峰出没于云端，宛如置身于蓬莱仙境，有时还可看到奇妙的“佛光”。云开雾散之后，凭栏四望，武夷山水尽收眼底。天游峰顶有胡麻涧，涧水从峰头飞流直下下，若银河落九天之势，名为雪花泉，为山中一大奇观，北行可至天心等山北景区。

亲历者◎攻略

天游和九曲景点附近的餐厅贵，可在半山亭野餐，一边吃饭一边看九曲溪是一种享受。

🏠 泰宁县。

💴 80元。

☎ 0598-7865205。

ⓔ www.dajinhu.com。

亲历者◎指路

大金湖景区距离三明市约为三小时左右车程。

金湖距离泰宁县城8千米，在泰宁南桥南的公交总站有专线车直达，凡到大金湖，梅田方向的班车都在此上车，车程 20 分钟。

三明乘汽车至泰宁路程为 130 千米（高速公路行驶约 1.5 小时），乘车地点三明汽车站。

自驾车从福州走京福高速公路，只需要约 3 个小时即可到达。

亲历者◎攻略

最佳旅游季节：大金湖属于亚热带气候，夏季多雨，冬季寒冷少雨，所以去大金湖旅游最好选在夏季，因为那时候湖内水量充足，适合游艇游玩，而且是个避暑的好地方。

住宿：在大金湖景区码头有不少农家旅舍，价格在 50 元左右。当然淡季更便宜，缺点是晚上太清净了，一片漆黑。不过可以免费观赏满天星斗，外加湿润的湖风。

美食：地方特色菜有“金湖鱼头”“鲤鱼粉丝”“酸菜小笋”“农家豆腐”、等。同时，各宾馆根据各店特色推出食用菌系列、鱼系列、药膳滋补系列、豆腐系列、素菜系列、野菜系列等五个系列的菜肴。

三明旅游区

瑞云山景区

●福建省最大的火山岩地貌风景区

瑞云山主要景点有瑞云洞、蝙蝠洞、长寿泉、马头峰、百丈岩、一线天、天马岩等。由火山口积淀而成的天然大佛堪称华夏之最。镶嵌于火山溶洞内的千年古刹瑞云寺则为佛道共居，尽显神奇与吉祥。古藤阵为瑞云山特有的奇观。有千年历史的古藤盘根错节，构成环形龙阵，蔚为壮观。一线天前有株名为将军藤的古藤，环山倚岩。

三明市梅列区陈大镇的大源村和棕南村之间。

距离市区仅 6 千米，可在三明广场乘 16 路公交车前往，车程半小时左右。

30 元。

8:00~17:00。

0598-8365736。

永安石林

●华东独有，全国第二的喀斯特地貌

景区由鳞隐石林、洪云山石林、十八洞

↓永安石林

等景区组成，总面积 1.21 平方千米。这是一处典型的喀斯特地貌，发育了众多的怪石、奇峰和异洞。景区内耸立着石芽、石锥、石柱、石笋 400 多座，最高 36 米。怪石拟人状物，千姿百态。主要景点有：三鼎岩、望天星、八戒照镜、接笋峰、石猿抱桃、黑熊护笋、石龟探洞、接吻石、鳞隐书院等 50 多处。

永安市区西北 13 千米处的大湖镇境内。

50 元。

8:00~16:30。

3630388、3636564、3500447。

亲历者◎指路

永安南门车站（永安－大湖）每五分钟一趟直达福建石林景区门口。交通十分便捷。

从永安市区南门广场乘坐 13 路车。打车 40 元左右。

在永安燕城标志旁的桥头等车，前往大湖乡，车后步行几分钟即至。

住宿

武夷山京闽高尔夫酒店（五星级）：位于武夷山国家旅游度假区，电话 0599-5239999。

南平家兴大酒店（三星级）：位于建瓯市水西桥区 2-8 号，电话 0599-3736888。

建阳市花园酒店（三星级）：位于建阳区民主北路 89 号，电话 0599-5820958。

↓武夷文公菜

购物

南平的地方特产有：武夷岩茶、香菇、红菇、竹笋、建莲、薏米、建兰、黑瓜子、桂花茶等，都是天地山林精华孕育而成。除此之外，南平一些特色商品如福茅酒、闽北水仙茶、光泽蕲蛇酒、花纸伞、漆木碗等也都在国内外享有盛誉。

武夷山旅游购物市场主要集中在武夷宫宋街、星村竹筏码头、三姑旅游度假区和武夷山市区这四大块地方。一般比较正规的旅游定点购物商店有，岑威购物广场，宝树堂制药有限公司，武夷山书画社，北苑茶艺交流中心，茶文化交流中心，延年灵芝场经营部。

餐饮

南平的名菜

文公菜：文公菜为武夷山一带民间传统名菜。据传此菜是朱熹当年在武夷精舍讲学时宴请宾客的菜点，后人为纪念朱熹，取名“文公菜”。

建瓯板鸭：此菜在武夷山及闽北一带属颇有名气的风味食品。它形如龟体、色泽白嫩光润、肉质肥厚、味道香美。建瓯板鸭选料考究，加工精细。

冬笋炒底：以鲜冬笋为原料的季节性特产佳肴，笋茎带金黄色，香嫩，其味清香，吃口嫩脆。

南平的小吃

豆浆粉：豆浆粉为建瓯县风味小吃。用刚榨出来的大米粉条，放开水锅里煮热一下，捞起冲上烧开的豆浆，再拌上一些酱油、老酒佐料，就成。

苦槠糕：为武夷山风味食品。采用山中野生苦槠、甜槠等壳斗科植物的果仁磨成浆，加热调成块状软糕，再加佐料精煮，味道清滑可口而又略带苦涩，别有风味。

民俗

民间绝活——建瓯挑幡：明朝将领郑成功在闽组织“复明”大军抗清时，建瓯大洲造船工匠纷纷应征入伍。收复台湾战役结束后，凯旋的建瓯将士将带回的大旗高挂竹竿上竞相擎持，以示纪念，久而久之逐步演化成当今的“挑幡”活动。

远古歌舞“化石”——邵武傩舞：傩舞，是古人驱疫逐鬼的一种仪式，秦汉时已非常盛行。时至今日，中原地区傩文化已基本消亡，而邵武不仅保留和传承了中原傩文化，而且保留的是只有舞蹈动作没有剧情和说唱的纯傩舞，可以说是名副其实的傩文化活化石。当地还遗存了一些关于傩舞的文字史料。

闽越图腾——闽蛇文化：蛇是古闽越人的图腾。千百年来，古镇樟湖仍保留着比较完整、古朴、原始的蛇崇拜民俗，形成独特的崇蛇文化。每逢农历七月七，樟湖人都要聚集在蛇王庙奉蛇王出巡，各家各户门户洞开，以香火鞭炮迎接，顶礼膜拜。

●面积

17 万平方千米，全国排名第 18 位

●人口

4566 万，全国排名第 12 位

●世界遗产

庐山、三清山、龙虎山、龟峰

●国家 5A 级风景区

三清山、龙虎山、婺源江湾、古窑民俗博览区、共和国摇篮景区、九江市庐山、吉安市井冈山、宜春市明月山旅游区、抚州市大觉山景区、上饶市龟峰景区

●国家重点风景名胜区

庐山、井冈山、三清山、龙虎山、仙女湖、三百山、梅岭—滕王阁、龟峰、高岭—瑶里、武功山、云居山—柘林湖、灵山

江西旅游网
http://aomen.jxicp.com

时尚旅游地推荐

鄱阳湖候鸟自然保护区 1

庐山西海 2

瑶里 3

婺源 4

龟峰 5

龙虎山 6

仙女湖 7

武功山 8

赣州客家围屋 9

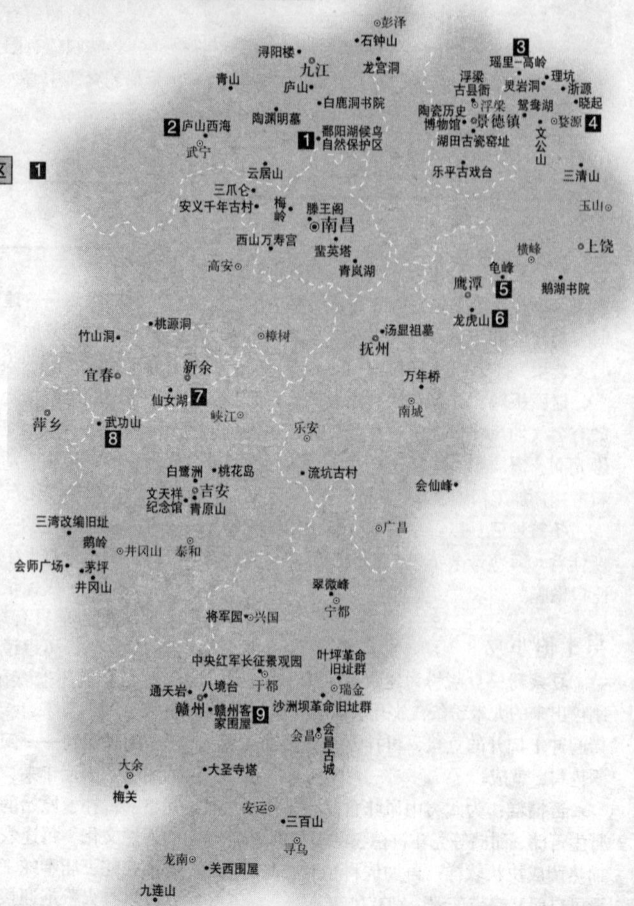

江西

江西既有灿烂的古代文明，又有光荣的现代革命传统。井冈山是革命的摇篮，南昌是红旗升起的地方，景德镇以“瓷都”闻名于世。“落霞与孤鹜齐飞，秋水共长天一色”的绝句依然余音袅袅徘徊在滕王阁，“横看成岭侧成峰，远近高低各不同”的庐山风光秀美如诗。

江西风景独好

南昌

南昌，是一座有着优美自然风光的绿色城市。城外青山积翠，城中湖泊点缀，城在湖中，湖在城中，赣江穿城而过，市区错落着东湖、西湖、南湖、北湖四个人工湖，像四面明镜镶嵌在市中心；在赣江与抚河的汇合处，登上滕王阁，可体味“落霞与孤鹜齐飞，秋水共长天一色”的诗意。

面积：7402 平方千米
人口：507 万
区号：0791

亮点

必游景点

- **滕王阁**：江南三大名楼之一，《滕王阁序》使它名满天下。
- **梅岭**：著名的避暑胜地、中国古典音律和道教净明宗的发源地。
- **八一南昌起义纪念馆**：著名的南昌八一起义的总指挥部。
- **明月山**：世界上仅存的珍稀树种落叶华木莲，有“天然动植物园”之称。
- **三爪仑国家森林公园**：有“绿色宝库”“天然氧吧”之称。

线路推荐

- **南昌经典二日游**

D1：滕王阁—八一纪念馆—红谷滩新区秋水广场—八一广场。

D2：梅岭风景名胜区—九寨沟－长春湖—桃花溪—印月潭—长春廊—许逊镇蛟。

↑滕王阁

交通信息

飞机

昌北国际机场位于新建区东北部，距南昌市区约23千米，每周有近百个航班抵达北京、上海、广州、香港、新加坡等地。乘坐机场公交可以直达机场。

九江庐山机场位于九江市南，庐山西侧，距市区33去千米，航班起飞前两个小时在九龙宾馆和九江汽车总站有机场大巴去机场。

火车

南昌站位于西湖区站前路，每天有开行北京、上海、广州、南京、哈尔滨等地的列车。

南昌西站位于红谷滩新区红角洲片区南部，为全高铁及快车站。

南昌城区景点

滕王阁

●江南三大名楼之一

现在的滕王阁主阁落成于 1989 年，阁共 9 层，净高 57.5 米，南北配有回廊连接的 2 个辅亭，建筑面积 13000 多平方米，滨邻南浦，面对西山。且每一层都有一个主题，亦都与阁有关，让游人仿佛置身于一座以滕王阁为主题的艺术殿堂。主体建筑为宋式仿木结构，碧瓦丹柱，雕梁飞檐，宫灯高悬，书画满堂。暮秋之后，鄱阳湖将有成千上万只候鸟飞临，登楼眺望，“落霞与孤鹜齐飞，秋水共长天一色”的美景尽收眼底。夜晚进入滕王阁，仿佛回到大唐盛世。

南昌市沿江北大道。

市区乘坐2路电车、12路、20路等公交可到。

50元。

5月1日至10月7日7:30~18:00；其他时间8:00~17:30。

0791-86702036。

天香园

●世界候鸟保护研究中心

16米高的朱拱珐琅彩绘大门正面上方是我国当代书圣启功的亲笔溜金大字“天香园”。反面为其鲍弟启儒的真迹，非同凡响，气势逼人。园区占地1150亩，园内湿地、湖泊、原始沼泽串通成一片，野生候鸟群32个品种，10万余只。经联合国教科文组织专家考察后指出，这里鸟类密度之大、之美，堪称世界城市第一。

南昌市青山湖大道中段。

旅游1线、535路公交车到天香园站下。

50元。

0791-8207788。

↓天香园

八一南昌起义纪念馆

●全国爱国主义教育示范基地

纪念馆大门临街而立，门楣上悬挂着陈毅元帅手书“南昌八一起义纪念馆”金匾。主楼的2、3楼辟4个陈列室和1个题词纪念室五部分，生动地再现了南昌起义的光辉历史篇章。该馆还按原貌布置了喜庆礼堂。周恩来工作过的20号房间，林伯渠的办公室兼卧室、二十号房间，军事参谋团的办公地点、九号房间，部分起义领导人住过的十号房间以及警卫连和卫生处的部分住房，均陈设了许多文物。此外，3楼北侧的展厅还陈列了一组纪念周恩来同志生平的照片。

南昌市中山路256号。

7、18路公交车可直达。

8:00~17:00，逢周一休馆。

0791-86613806。

南昌郊县景点

梅岭风景名胜区

●国家级森林公园，著名的避暑胜地

梅岭有自然和人文景点120多处，主要有：洗药湖避暑度假区、天宁古寺、洪崖丹井、皇姑墓、神龙潭瀑布、中日友谊林、林彪别墅、紫阳宫、洪崖书画院等。

洗药湖海拔842米，为全市最高点。夏季平均气温仅22. 6℃。比市区低8-10℃，这对我国“四大火炉”之一的南昌来说，是一座难得的“凉岛”。

南昌市西北部的湾里区，距南昌市约15千米。

梅岭漂流88元；狮子峰25元；梅岭主峰20元；紫清山15元。

0791-83791062。

安义古村群

●明清时期的古民居建筑群

安义千年古村群主要景点有：占地8亩拥有48个天井的世大夫第、6人合抱不下距今110余年的唐代黄樟、再现昔日罗田繁华商贸景象的400余米长的古街道、反映江南农村民俗文化特点的水南民俗馆、商贾名媛起居的闺秀楼、雕有100只形态各异蝙蝠堪称中国窗雕工艺一绝的“百福图”、体现忠孝节义的黄氏刘氏祠堂、雕龙画凤江南农村少见的古戏台、散发着浓郁书香气息的曦庐（墨庄）等等。

安义县石鼻镇。

客运站有直达安义古村群的旅游专线。

30元。

8:00~18:00。

0791-83347893。

南昌之星游乐园

●现代主题游乐园

园内设施丰富齐全，动静结合，共有九大设施，其中以“南昌之星”摩天轮最为引人瞩目，“南昌之星”摩天轮建设总高度达160米，主体钢结构，挂有60个太空舱，太空舱里配有先进的电子系统，可同时容纳480人左右进行参观游览，旋转一周约需30分钟，游客还可发送手机短信到控制系统，摩天轮的彩灯即可显示短信内容，字数只要在12个之内即可。

南昌市红谷滩新区赣江南大道1号。

100元。

9:00~22:00。

0791-83722061。

抚州—鹰潭旅游区

流坑古村

●我国古典民居建筑中的明珠，千古第一村

流坑古村始建于五代，兴起于宋代，历史上科举昌盛、官宦如云，曾出文武状元各1人，进士34人。现在村中仍完整的保存了明清传统建筑及遗址260余处，匾额楹联682方（处），家藏文物321件，是我国古典民居建筑中的明珠。

乐安县牛田镇流坑村。

30元。

0794-6671110。

龙虎山风景区 AAAAA

●中国道教发祥地

龙虎山景区有99峰、24岩、108个景物，景观面积达200平方千米左右，源远流长的道教文化、独具特色的碧水丹山和规模宏大的崖墓群构成了龙虎山风景旅游区自然景观和人文景观的“三绝”。明净秀美的泸溪河从山中流过，如一条玉带由南向北把上清宫、龙虎山、仙水岩等旅游景点串连在一线上，从上清古镇乘竹筏顺泸溪河而下的20里山水景色宛若仙境，令人流连忘返。

仙女岩深藏于泸溪河畔的曲径幽处，坐南朝北，数十丈高，其形态逼真，自然和平，毫不忸怩作态，被称为“大地之母、万灵之源”。

鹰潭市郊西南20千米处。

淡季(12月~次年2月底)200元，旺季(3月~11月)260元。

0701-6656006。

宜春—新余旅游区

明月山国家森林公园 AAAAA

●全国各地龙王菩萨的发祥地

明月山共有五个景区和一个度假区，即以云谷飞瀑、鱼鳞瀑为主要特色的潭下景区，以太平山日出，高山草甸、奇峰怪石为主要特色的太平山景区，以乌云崖绝壁及乌云崖气象奇观为主要特色的塘家山景区，以禅宗文化、民俗风情为主要特色的仰山景区，以珍稀植物、丛林野趣为主要特色的玉京山景区，以及以温泉疗养、度假、休闲、娱乐为主要特色的温汤温泉度假区。

宜春市中心城区西南20千米处。

宜春汽车站从早上6:50至下午17:20，每15分钟有一班发往明月山风景名胜区的班车，票价8元。

门票120元，缆车150元，滑索30元。

0795-3518808。

三爪仑国家森林公园

●绿色宝库，天然氧吧

景区总面积193平方千米，主要由北河、宝峰寺、盘龙湖、骆家坪、虎啸峡、观音岩、白水洞、金罗湾等8大景区和况钟园林、雷家古村2个独立景点组成。还有全国仅有的

2个地下发电厂之一——罗湾地下战备电厂工业观光基地。

宜春市靖安县309省道。

宜春车站有车发往靖安，再转车去景区。

景区免费开放，但是小景区需收费，白水洞：60元；观音岩：60元。

0795-4651548。

仙女湖风景区

●亚洲最大的亚热带树种基因库

仙女湖现已开发开放自然风光、人文景观、动物野趣、娱乐参与4大系列的20余处景点。特别是开发了蛇岛、白鹭岛、猴岛。在白鹭岛将身心融入无暇的鹭鸟世界，在蛇岛与蛇共舞，在龙王岛同群猴斗智斗勇。此外还开发了空中飞伞、水上飞机、水上滑板、水上摩托车、钓鱼场、天然游泳、跑马等游人参与性强、有刺激趣味的娱乐项目。

新余城区西南20千米。

新余市区仙女湖旅游码头乘坐503旅游专线。

160元。

0790-6851187。

住宿

凯莱大饭店（五星级）：位于东湖区沿江北大道39号，价格约400–900元/晚，电话0791-86738855。

锦峰大酒店（五星级）：位于西湖区站前西路281号，价格约300–500元/晚，电话：0791-88867777。

南昌赣江宾馆（四星级）：位于西湖区八一大道138号，价格约280–700元/晚，电话0791-88856888。

餐饮

南昌菜是赣菜菜系的主要组成部分，为江西的三大地方菜之一，历史悠久，在。南昌的特色菜有赣味乳狗肉、匡庐石鸡腿、藜蒿炒腊肉、酿冬瓜圈、鄱阳湖狮子头、三杯狗肉、三杯脚鱼、五元龙凤汤、豫章酥鸭、竹筒粉蒸肠等。南昌的小吃主要有油炸小品、南昌米粉、石头街麻花、风味烤卤等。

孺子路是誉满南昌及全省的饮食、娱乐一条街，整条街聚集了新千家乐、家常饭、月兔、真真、民间饭庄等数十家餐饮店，其间有玛格丽特、绿茵阁、大观园等酒吧、茶楼娱乐场所。在市内乘坐33路公交车可以到达。

购物

南昌主要特产有江西名扇、南昌瓷板画像、南昌大曲酒、安义枇杷、丁坊酒、胡卓人蕲蛇药酒、甲鱼、江西梨瓜、江西珍珠、李渡高粱酒、鄱阳湖银鱼等。

南昌的主要购物街道分布在福州路、中山路（南昌传统的繁华商业街区）、胜利路、民德路、象山路和八一大道；此外，还有一些老字号的购物街区，如万寿宫街（万寿宫商城）、女人街、花鸟虫鱼市场等。

民俗

走尽天下叫老表：老表就是表兄弟。南昌人重乡情，在外地相逢均呼“老表”，外省人亦以老表为赣人爱称，一直延续至今。

六月六晒龙袍：这一天，连寺院的菩萨被纷纷抬上街头，每到一地，民众争相进香，以求得保佑。斗力、送扇，每到端午，两名青壮男子各在扁担一端斗力争戏，女儿则要给母亲送扇子表示孝敬。

三个蛋一碗面：稀客进门先吃三个蛋一碗面，如是贵客或受宠外甥，还要在面内加只鸡腿。南昌人忌讳两个蛋待客，这是对牵猪牯者的待遇，客人遇此情况可吃一留一，以礼避诟。

九江

九江人杰地灵，物华天宝，享有“三江之口，七省通衢”。在纵横一万八千多平方千米的土地上，星罗棋布着400多个景点景观，呈现出一幅千崖竞秀、万壑争流、梵宇巍峨、胜迹如林的山水画卷。

中国历史名山——庐山，以其迷人的秀姿，吸引了许多历代名人高士，各宗教界杰出人物在这里驻足，秦皇汉武，亦步入其中……

面积：18823平方千米

人口：528万

区号：0792

亮点

必游景点

● **庐山**：庐山中的石、水、瀑、林，无一不佳，无一不秀。

● **梦幻西海**：碧波万顷、千岛落珠，被誉为中国最美的湖光山色。

线路推荐

● **九江市区一日游**

锁江楼塔—浔阳楼——琵琶亭—甘棠湖（烟水亭）—龙宫洞。

● **庐山三日经典游**

D1：花径—锦绣谷—仙人洞—乌龙潭—黄龙潭—三宝树—芦林湖—庐山会议旧址—美庐。

D2：含鄱口—五老峰—三叠泉—石钟山。

D3：秀峰—白鹿洞书院。

交通信息

飞机

九江庐山机场位于九江市南，庐山西侧，距市区约33千米，航班起飞前两个小时在九龙宾馆和九江汽车总站有机场大巴去机场。

↑九江锁江楼

火车

九江站位于濂溪区长虹大道，离市区很近。有开往武汉南昌方向的动车及北京南昌武汉方向的快速及普速列车。

庐山山南景区 AAAAA

庐山之精华，多聚于南麓一线，即星子县疆域。有秀峰、黄岩、归宗、渊明故里、温泉、桃花源、南康古城、观音桥、太乙村、白鹿洞等景区。

秀峰

●庐山之美在山南，山南之美在秀峰

景区主要由香炉、鹤鸣、双剑、姐妹、文殊、龟背诸峰组成。内有“漱玉亭”“玉峡”“龙潭”“瀑布”“观瀑亭”“日照亭”等胜景和历史名人留下的众多珍迹。

庐山南麓，九江星子县境内。

门票63元每人；索道单程40元每人，往返60元每人。

白鹿洞书院

●全国四大书院之一

白鹿洞书院现存建筑群沿贯道溪自西向东串联而筑，由书院门楼、紫阳书院、白鹿书院、延宾馆等建筑群落组成。建筑体均坐北朝南，石木或砖木结构，屋顶均为人字形硬山顶，颇具清雅淡泊之气。

↓白鹿洞书院

五老峰东南。

40元。

7:30~18:00。

亲历者◎解说

中国四大书院：江西庐山白鹿洞书院、湖南长沙岳麓书院、湖南衡阳石鼓书院（抗日战争中为日军所毁，1998年由河南登封嵩阳书院接替其四大书院头衔）、河南商丘应天书院。

桃花源景区

●庐山第一大峡谷

景观设置突出《桃花源记》之意境，返朴归真。沿溪上有山月轩、回马石、问津亭、桃源洞、同心潭等100余个景观，还开放皮伐飘流参与性旅游娱乐。

庐山西南麓105国道东侧康王谷中。

庐山山西景区 AAAAA

庐山之西多溶洞古寺，有很多价值极高的景区，属九江县疆域。有东林寺、西林寺、剪刀峡、石门涧、岳母墓、狮子洞、涌泉洞等景。

东林寺

●佛教净土宗的发源地，著名古刹

东林寺的建筑，纵轴线上为山门、大雄宝殿、弥勒殿、神运殿。大雄宝殿左右为五百罗汉堂，神运殿两侧有三笑堂、十八高贤影堂。三笑堂后有藏经阁、聪明泉。寺前有虎溪桥。

西林寺

●庐山最早的寺院之一

东晋太元二年由慧远师兄慧永所建。寺后有唐代千佛塔。塔高七层，呈六角形，各面均有佛龛。底层南北开门，正门向南。塔身向南每层门顶上皆有题额，底层至七层分别为千佛塔、羽室才、金刚、灵就来、无上法、聪雨花、无明藏。塔为空心塔，外状崔巍，高耸峭立，为西林寺的标志。

亲历者◎指路

去东林寺、西林寺可在九江市区坐7路车（班次较少），也可搭乘公交至十里大楼，转乘中巴（班次较多）至东林寺站下，下车后步行十分钟先至西林寺，然后继续二十分钟行程可至东林寺，或打车30元左右直至东林寺门口，参观玩东林寺后再返回西林寺。

剪刀峡

●庐山断崖陡壁、深峡幽谷的典型区域之一

峡内有龙珠峰，马鞍山峰，有大小鸡冠石、飞来石、试剑石、牛蹄石、石蚌、石蟹、石楼、石佛、石门等。有大上碧潭10余处，瀑布有乌龙潭双瀑、双叠瀑、龙椅瀑、牯牛潭瀑、蛇瀑、龙须泉（瀑）等。

东林寺以东，邻近小天池。 57元。

庐山西海风景区

●国家级森林公园、省级地质公园

庐山西海旅游资源得天独厚，异彩分呈。景区有全国一流的完美山水，有享誉海内外的禅宗文化，有野味十足、好似玉液琼浆的峡谷漂流，有集医疗、保健、康复、休闲功效于一体的原生态富矿温泉。

九江市云居山－柘林湖风景名胜区。

11月~次年4月执行淡季票价60元。船票65元。

8:00-18:00。 0792-3060925。

云居山

●冠世绝境，天上云居

风景名胜区主要有：莲花城、百花谷、

庐山牯岭景区 AAAAA

●我国著名的佛教圣地，中华十大名山之一

庐山以云海、绝壁、瀑布闻名。自古享有“匡庐奇秀甲天下”之盛誉。大山、大江、大湖浑然一体，险峻与柔丽相济，素以“雄、奇、险、秀”闻名于世。是中国名山之一。庐山主要风景名胜有五老峰、三叠泉、大天池、花径、如琴湖、锦绣谷、仙人洞、小天池、东林寺、白鹿洞书院等。牯岭镇是庐山上一座奇特的山城，也是庐山风景名胜区的游览中心。

九江市庐山区境内。

淡季(12月1日至次年3月31日)135元/人次；旺季(4月1日至11月31日)180元/人次。自驾车每辆车另收45元。 0792-8281040。

亲历者◎指路

1. 九江火车站广场有直接去庐山牯岭的旅游大巴，15元/人，36千米，50分钟到。

2. 九江长途汽车站，从长途汽车站有上山的中巴、大巴，基本上半小时一趟，很方便，票价为9元。

牯岭

●庐山的中心

牯岭是庐山的中心，不仅为庐山旅游接待和疗、休养的服务中心，而且是通往各景区、景点的交通枢纽。这里三面环山，一面临谷，如一座桃源仙境般的山城。

庐山别墅群

●”庐山会议“旧址所在地

庐山别墅群包括“庐山会议”旧址、庐山美庐别墅、359号别墅、124号别墅、176号别墅、442号别墅以及牯岭军官训练团旧址分传习学舍（今庐山大厦）、大礼堂（中共八届八中全会会址）两栋建筑。

美庐别墅位于庐山河东路中段，又称180号房，因房前有蒋介石题“美庐”石刻而得名，西式风格，砖木石结构，铁皮屋顶，两层。

牯岭东谷掷笔峰麓。

庐山内有东线旅游观光车可到，65元，24小时有效。

三叠泉

●庐山第一景观

每叠瀑布各具特色，上级如飘雪拖练，中级如碎玉摧冰，下级如玉龙走潭。站在第三叠抬头仰望，三叠泉水抛珠溅玉，宛如白鹭千羽，又如明珠飞洒。在暮春初夏多雨的季节，飞瀑恰如发怒的玉龙，冲破青天，凌空飞下，雷声轰鸣，令人叹为观止。

从庐山向下前往三叠泉景区不收费，但从山下的海会镇前往，门票64元。

五老峰

●庐山东南五老峰，青天削出金芙蓉

五峰从各个角度去观察，山姿不一，有的像渔翁垂钓，有的像老僧盘坐。其中第三峰最险，峰顶有“日近云低”“俯视大千”等石刻。第四峰最高，峰顶云松弯曲如虬。下有狮子峰、金印峰、石舰峰、凌云峰和旗竿峰等小峰，往下为观音崖、狮子崖，背后山谷有青莲寺。

庐山东南。

↓庐山溪水

青石湖、泉祠坳、黄荆洞六大景区。主要景点有真如禅寺、虚云纪念堂、云门寺、圆通寺、瑶田寺、桐安寺、祇树堂、观音庵、上方庵等寺庙群体，还有洪觉道场、仙人足印、五龙潭、聪明泉、云居山大瀑布、马喷水瀑布等50多处景点。

永修县西南部。

30元。

9:00~17:00。

0792-3060220。

亲历者◎攻略

交通：九江市长途汽车站有大巴到达，每小时发一班车，大约行程2小时，票价35元。从南昌去云居山没有直达班车，可乘到永修县的班车后再转去。

美食：来到云居山，一定要尝尝这里的烟薰鱼、猪肉，还有山间长的一些可食用的笋、草等绿色食品，这些好吃的东西一定会让你流连忘返。

庐山西海

江西省面积最大的人工湖

沿湖地貌各异，有千仞壁立的悬崖、傍湖而座的村落、湖滨坦荡的田畴、直泄入湖的飞瀑、日出水量60立方米的易家河温泉。人文景观主要有明朝兵部尚书魏源墓、乾隆皇帝游江南留下的石刻等。

永修县和武宁县境内。

桃花溪漂流

天然“氧吧”

全程4千米，需时2小时左右。分森林逍遥漂、峡谷勇士漂。逍遥漂让您在原始森林中，逍遥泛舟，尽情领略两岸的自然风光，真可谓“艇在森林峡谷漂，人在瑶池仙境游”。惊险刺激的勇士漂，飞流直下，浪遏飞舟。在峡谷中穿石绕壁，碧波逐浪，感受大自然的狂野。

柘林湖畔。

九江市区景点

浔阳楼

一座仿宋模式建筑

浔阳楼楼高20米，外3层、内4层、青甍黛瓦，飞檐翘角，四面回廊，古朴庄重，具有明显的仿宋风格。一楼大厅有两幅宽4.5米、高3.2米、用600块彩绘瓷砖拼成的“宋江题反诗”和“劫法场”大型壁画。二楼展

↓庐山西海

厅陈列“水泊梁山108名好汉”瓷雕彩绘像，是精美的景德镇瓷雕艺术的展现。

九江市区九华门外的长江之滨。

乘5、12路公交车可到达。

琵琶亭

一座极具中国古典园林色彩的建筑

整个建筑群由亭、台、楼、池、圃组成。亭耸立在景区正中醒目的高台上，平面呈八角形，上下两层，重檐青瓦，粉墙立柱，造型简洁，气势雄伟。亭下前方竖立着白居易高大的汉白玉全身雕像。雕像后凿有一方池，池后筑有一高大石平台，台左右有石阶相连。亭院正中，矗立着汉白玉白居易塑像。亭院两旁建有碑廊，镶嵌着历代诗人题咏琵琶亭诗赋碑刻。

九江市长江大桥东侧。

5元。

能仁寺

九江三大丛林之一，全国重点开放寺庙

能仁寺依坡势筑就，宽阔的山门上题有“能仁古寺”4个大字，土红色的山墙上，镶嵌着“南无阿弥陀佛唵嘛（口临）”九个金黄色的大字，寺院分前、中、后3个院落，纵轴线上依次是山门、天王殿、双阳桥、大雄宝殿、铁佛殿、藏经楼等建筑，布局规整，层次分明，殿宇巍峨，佛像庄严，主要建筑大雄宝殿为砖木结构的歇山顶式，单层重檐，以小青瓦覆顶，古朴肃穆，气势端庄。

九江市庾亮南路。

乘12、5路公交至庾亮北路下车步行前往。

10元。

住宿

市区住宿

九江宾馆（三星级）：位于浔阳区南湖路118号，电话0792-8981888。

九江欧迪大酒店（三星级）：位于十里大道28号，电话0792-8987702。

庐山住宿

庐山的别墅主要分布在东谷地段和含鄱口下的太乙村风景区内（称为将军别墅村）以及仰天坪新开发的别墅区。在庐山想住得最便宜，可住牯岭学校招待所、牯岭街的小旅社，价格一般在35元—100元之间。

餐饮

九江菜也是赣菜的主要组成部分之一，讲究辣、烂、脆、嫩，特色菜主要有云雾茶汁烹虾仁、红烧缩项鳊、豆参煮鲇鱼等。

庐山“三石一茶”赫赫有名，庐山石鸡、庐山石鱼和庐山石耳，都是庐山上较名贵的东西，不可不尝。

↓庐山“一茶”

民俗

板龙灯：用竹骨彩纸扎成龙头龙尾，龙身由各节花灯组成，内点蜡烛，每节板上两盏花灯，长达2米，由一人手持。一条龙灯由上百节板灯连接组成。舞灯时，前宜制作精巧的“子母灯”引路，后有“龙尾鼓乐”伴奏，有“巨龙漫游”“龙头钻阵”“绳蟒脱壳”“穿花打旋”和“飞龙跳跃”等动作阵势。

鱼文化：九江人鱼肉并重，过年过节，婚丧嫁娶，请客办酒，讲究“无鱼不成席”，怎么也得上盘鱼以示“加敬”，不仅因为“鲫鳜鲤鲂，美如牛羊”，更因为有“鱼（余）”就意味着福禄有余，年年有余，吉祥完美。

景德镇

景德镇位于赣浙、皖三省交界处，是享誉世界的“瓷都”，与佛山、汉口、朱仙镇并称中国四大名镇。景德镇的陶瓷文化底蕴深厚。千百年熊熊窑火，使景德镇留下了丰富的陶瓷历史遗迹。景德镇还是一座著名江南山城，山不高而灵秀，水不深而清澈，川秀山丽，山青水秀，自然景观如洪源仙境、诸仙洞、瑶里风景区、翠屏湖、玉田水库等。

面积：5270 平方千米
人口：168 万
区号：0798

亮点

必游景点

● **三清山**：雄奇峻秀，尘绝人寰，素有“江南第一仙峰”等殊誉。

● **婺源**：山青水碧，小桥流水，一派恬静的田园风光，誉为“中国最美的农村”。

● **龟峰**：凡三十六峰，峰峰皆景，被游客誉为“天下盆景”。

线路推荐

● **三清山二日游**

D1：游览南清园景区：司春女神、巨蟒出山、一线天、蓬莱三仙，思道法自然之精髓；神龙戏松、玉女开怀、十里杜鹃林、老道拜月等。宿山上。

D2：走海拔 1600 米的高空栈道，游西海岸；观观音送子、妈祖导航、猴王观宝。参观被誉为道教古建筑群的“露天博物馆”的三清宫景区。

● **婺源三日游**

D1：李坑—汪口—江岭—庆源。

D2：庆源—虹关—理坑。

D3：思溪—延村—洪村—大鄣山。

↑景德镇

交通信息

飞机

景德镇罗家机场位位于浮梁县洪源镇罗家村，距景德镇市中心约 7 千米。航班有直飞上海、深圳、北京、广州、深圳、成都、厦门、西安、福州 8 条航线，其中上海、深圳、北京来往景德镇的航班每天各有一班。

火车

上饶火车站位于信州区灵溪镇境内，所有抵达上饶的火车都在这里停靠。

婺源火车站位于婺源县江湾大道，是高铁站，每天有二十多班列车始发、路过和终到这里。

景德镇旅游区

古窑民俗博览区 AAAAA

●全国爱国主义教育基地

景区由古窑和陶瓷民俗博览馆两部分组成。主要景观有古代制瓷作坊、镇窑、佑陶灵祠（风火仙师庙）、致美轩、宫廷御瓷、四大传统名瓷、陶瓷民俗陈列等 50 多个。

景德镇市昌江区蟠龙冈古窑路一号。

市内乘 2 路外环、6 路公交车即可到达，景区离市中心公 4 千米路程。

95 元。

0798-8521594。

洪岩仙境风景区

●江西省重点风景名胜区

境内拥有众多自然、生态、人文景观，如鬼斧神工、堪称溶洞四绝的“洪岩仙境”；丹桂飘香、怪石嶙峋，藤穿石、石抱树的“石林峰谷”；建于明万历二十六年，终年水花飞溅的“铁井飞泉”；雍正皇帝御赐“世德、流光”四字的“项家庄古祠堂”；更有“一门四进士，一相两尚书”的洪公气节和《容斋随笔》的巨献。

乐平市洪岩镇。 81元。

08:00~17:00。 0798-6318357。

浮梁古县衙旅游风景区

●中国县署第一衙，江南第一衙

整个景区以五品古县衙和千年红塔为核心，区内主要景点有千禧良缘广场、历史文化长廊、千年瓷坛、古城门楼、魁星阁陶瓷精品馆、千年红塔、古县衙、汤公井、千年奇桂、哥德堡号雕塑等。

浮梁县旧城。

可乘16路支线直达景区。自驾车从九景高速景德镇北口处下，沿浮梁公路可达。

50元。 8:00~17:00。

0798-2621155。

瑶里风景区

●历史上景德镇制瓷原料的产地之一

景区大致可分为以下几个方面：古矿坑、古作坊、古窑址、古瓷片等是陶瓷文明的源头；古饲堂、古庭屋、古官宅等是寻古探幽的胜地；南山瀑布、汪湖竹海、梅岭松涛、五股风光等是感受大自然沐浴的绿色家园。瑶里改编、陈毅旧居、抗日动员会址、新四军瑶里留守处是接受爱国主义教育的红色摇篮。

浮梁县瑶里镇。 通票150元。

0798-2601393。

婺源旅游区

●中国最美丽的乡村

婺源是江西省一个历史悠久的古县，县境内纵横密布、碧而清澈的河溪山涧与怪石奇峰、古树茶亭、廊桥驿道相得益彰，融雄伟豁达与纤巧秀美于一体。婺源旅游区可以分为东线、西线、北线三条线。

东线的景点有李坑、汪口、江湾、晓起、江岭、庆源、月亮湾等。

北线的景点较多，主要有婺源县博物馆、丛溪漂流、大鄣山卧龙谷旅游区、灵岩洞森林公园、延村、彩虹桥、理坑、严田古樟风景区等。

婺源的西线在三条线中算是景点最少的一条线路，主要景点有文公山、鸳鸯湖、阳春古戏台等。

婺源县。

通票210元，5天有效（含李坑、汪口、江湾、晓起、思溪延村、彩虹桥、大鄣山卧龙谷、百柱宗祠、灵岩洞风景区、文公山、江岭、石城、鸳鸯湖、严田古樟园）。

0793-7343605。

亲历者◎指路

外围交通

婺源现已开通火车站，为合福高铁铁路上的一个高铁客运站，位于婺源县蚺城街道上梅洲村。

内部交通

婺源县内的中巴车一般是在6:30~7:30之间从各乡镇出发去县城，然后中午前后返回出发地。

江湾 AAAAA

●千年古村

村中至今还较完好地保存着三省堂、敦崇堂、培心堂等古老的徽派建筑，还有东和门、水坝井等公共建筑物，极具历史价值和观赏价值。

婺源县。

包含在婺源通票景点内，单独门票60元。

0793-7293246。

大鄣山卧龙谷旅游区

●江南第一谜谷

大鄣山林木苍翠，奇石峥嵘，石涧纵横。形成了场面雄伟的瀑布群，如银河悬空，白练垂地。除“瀑布泉”外，在景区的高山上还有一个以徽派建筑风格为主的古村落。另外山中多猴、熊，其它珍禽异兽也不少。

婺源县清华镇鄣山村。

从清华镇到大障山有班车，票价5元，但是班车较少，不方便。还有农用车和摩的，票价10元，随时都有。

包含在婺源通票景点内，单独门票60元。

0793-7246688。

灵岩洞森林公园

华夏第一洞天

公园内分“灵岩洞群”“石城古树群”“石林奇观”三个景区。其中灵岩洞群由卿云、莲华、涵虚、凌虚、萃灵、琼芝等36个溶洞组成。洞内泉流澄清皎洁，水石相映成趣，石笋、石花、石柱、石幔琳琅满目，千姿百态。有蓬来仙阁、金阙瑶池、云谷游龙、天池荷香、龙门泻玉等景观数百处。

婺源县。 景区距景德镇60千米，距黄山125千米，距庐山196千米，距三清山90千米，交通较为便利。

包含在婺源通票景点内，单独门票60元。

鸳鸯湖

亚洲最大的野生鸳鸯栖息地

碧水中央兀立有湖心岛，岛上建有湖心亭、廊桥、观鸳阁等景观，辟有桃、李、柑橘果园。每年有2000多对鸳鸯翩然汇聚于此越冬，白天，千余对鸳鸯成群成片栖息在库湾之中，红嘴翠羽，如鲜花盛开，双双对对形影不离，或嬉水觅食，或翱翔长空；傍晚，一对对鸳鸯偎依在湖畔林间，卿卿我我，悠然自乐，还不时传出“咕咕咕”的私语声。

婺源县赋春镇。

60元。从岸边可以租快艇开到湖中岛上去观鸳鸯，每只船租金大约在50元左右。

0793-7393086。

上饶旅游区

上饶集中营

全国十大红色旅游基地之一

景区总体面积2平方千米，拥有革命烈士纪念碑、革命烈士纪念馆、纪念亭等纪念性建筑物及23处遗址、遗迹，景区可分五

三清山风景区 AAAAA

景区总面积756.6平方千米，主峰玉京峰海拔1819.9米。14亿年的地质演化形成了奇峰耸天、幽谷千仞的山岳绝景奇观，不同成因的花岗岩微地貌密集分布，展示了世界上已知花岗岩地貌中分布最密集、形态最多样的峰林。三清山自然风光以奇峰怪石、古树名花、流泉飞瀑、云海雾涛见长，并称自然四绝。主要由十大景区组成：南清园、玉京峰、万寿园、西海岸、三清宫、西华台等。

上饶市东北部。

旺季（2月至12月）150元；淡季（1月）130元。

8:00~18:00。

0793-8218891。

西华台景区

宋明以来的登山石级古道

这一景区最突出的特点是：诗情画意的田园风光，犹如陶渊明写下的“桃花源”。一路上松声合泉声、万木葱笼、百花争艳、石径穿行于林荫中，即盛夏三伏天气，也无暑热之苦，人们赞美为“绿色王国”“清凉世界”“百花园”。

三清山北麓。

三清宫景区

道教古建筑群的“露天博物馆”

景区上至“九天应之府”、下至“风门”，三清宫景区有1600多年的道教历史，源远流长，共有观、殿、府、坊、泉、池、桥、墓、台、塔等230多处古建筑及文物。

三清山的北部。

南清园景区

三清山自然景观的精华

南清园集中展示了14亿年地质演化形成的花岗岩峰林地貌特征。范围包括从浏霞台经禹皇顶、巨蟒出山、东方女神、杜鹃谷、一线天至游仙谷，构成一个环线。三清山几大标志性景观都在此景区。

三清山中心位置。

大参观游览区。

上饶市南郊茅家岭。

0793-8153595。

弋阳龟峰 AAAAA

天然盆景

龟峰由两大景区构成。一是龟峰景区，为自然地貌景观游览区，以千姿百态的龟形丹山称奇，主要景点有双龟迎宾、老人峰、三叠龟峰、老鹰戏小鸡、童子拜观音、四声谷、将军楼、天女散花、百年道、十八罗汉、南天一柱等。二是南岩景区，为佛教文化游览区，以渊源流长的洞穴佛龛文化称奇。主景点有南岩寺、龙门湖、文星塔、天然山体卧佛。

弋阳县城区西南部。

成人票：95 元（含门票 80 元 + 观光车 10 元 + 保险 5 元）。

0793-5842267。

住宿

景德镇市区不大，旅游住宿主要集中在昌江区和珠山区两个区域。

金叶大酒店（三星级）：位于景德镇市瓷都大道 1168，电话 0798-8562233。

景德镇宾馆（三星级）：位于景德镇市风景路 60 号，电话 0798-8560186。

景德镇良友宾馆（三星级）：位于景德镇市珠山中路 8 号，电话 0798-8272288。

餐饮

景德镇的风味小吃以面点品种较多，而且制法各异，颇有特色。如饺子粑、碱水粑、油炸馄饨等，都是其他地方吃不到的美味佳肴。特色菜主要有：粉蒸肉、瓷泥煨鸡等，各大小餐馆、摊点均可品尝，价格都还公道。

景德的美食集中地是戴家弄。在戴家弄不但可以品尝到景德镇的土制小吃和特色菜，而且也可买到一些景德镇的特色旅游纪念品，市内可乘坐 18、20、103 路公交车前往。此外，在市区的广场北路、朝阳路附近也有很多美食店。

购物

景德镇的特色商品首当其冲的是茶和瓷器。红茶、绿茶、德宇活茶均为其中具有代表性的名茶。

景德镇早在 2000 年前的汉代就开始生产陶器，青花梧桐餐具是青花瓷的代表性产品，具有中国民族传统和艺术特色，以数十件至 172 件配套组成。

市内几乎所有的大小商场都有瓷器可买，但最集中的购买地就是景德镇市中心的瓷器大市场，可坐 16、路公交车前往。

民俗

串堂班：信州区、婺源民间每有婚嫁寿诞等喜事，都会请串堂班在宴席间演奏，场面十分热闹。客人边吃喝边听奏乐，别有一番趣味。

婺源茶道：婺源是茶乡，又是朱熹故里，自宋至清儒学盛行、文风昌盛，茶道茶俗也别具特色。婺源乡村，家家种茶人人饮茶，上山下田均带茶筒，家中来客不问亲疏先泡茶敬茶，村中设立茶亭，礼待过往行人。

婺源地戏：是婺源民间的一种由乡民穿戴戏衣，化装成人们熟悉的一组组戏剧人物亮相游行的敬神与娱乐相统一的传统活动。每逢农历正月初、三月三、四月八和迎秋打醮时，不少地方都会演出地戏。

赣州

赣州市位于江西南部，赣江上游，是江西省最大的行政区。这里是红色的摇篮，举世闻名的二万五千里长征，就是从赣州开始的；这里是文化的沉积层，盎然古韵流露着人杰地灵的辉煌；这里还是绿色的家园，自然资源丰富，名胜古迹众多，纵横绿水青山的快意，带来质朴纯真的满目葱笼。著名的景观有安远的三百山、龙南县的九连山、大余县有梅关古驿道、宁都的翠微峰、龙南的武当山、上犹的陡水湖、崇义的聂都溶洞……

面积：39379 平方千米
人口：921 万
区号：0797

亮点

必游景点

- **通天岩**：我国南方古代石窟艺术宝库。造像神态各异，精致俊美，是古石雕艺术的瑰宝。
- **井冈山**：星火燎原的革命圣地，是举世闻名的中国革命摇篮。
- **白鹭洲书院**：与湖南岳麓书院齐名。培养造就了文天祥、刘辰翁等人物。

线路推荐

- **赣南客家风情三日游**

D1：参观举世闻名的客家特色建筑群——关西新围、粟园围。后至赣州，住赣州。

D2：游览通天岩风景区，后游览五龙客家风情园。住赣州。

D3：前往赣县，参观赣县客家文化城，后游览客家古民居——赣县白鹭村。

- **井冈山二日游**

↓赣州城墙

D1：北山革命陵园—毛泽东故居—革命博物馆—挹翠湖—土特产品一条街。

D2：黄洋界—朱德挑粮休息地—小井红军医院—龙潭瀑布群。

交通信息

飞机

赣州黄金机场位于南康区凤岗镇峨眉村，距赣州市中心 16 千米，已开通飞往北京、上海、广州、重庆、青岛等地的航线。

井冈山机场位于泰和县境内，距井冈山 65 千米，已开通北京、上海、广州、深圳、西安、厦门、海口等城市的航班。

火车

赣州站位于章贡区五洲大道，有前往北京西、广州、苏州、南昌、北京等地的始发终到普通列车和对至厦门、福州、瑞金、南京、上海、深圳、的始发终到动车。

井冈山火车站位于泰和县城，北京、上海、广州、南京等地都已经开通了井冈山旅游专列，从这些地方出发到井冈山都很方便。

赣州市区景点

通天岩风景区

●南方古代石窟艺术宝库，古石雕艺术的瑰宝

通天岩风景区包括古代石刻区和现代休闲区二部分。古代石刻区是景区的核心和精华部分，它主要是由观心岩、忘归岩、龙虎岩、通天岩、翠微岩等五个岩洞组成。

🏠 赣州城西北郊 6.8 千米处。

🚌 乘 18、118 路公交车直达景区，票价 2 元。

¥ 60 元。

☎ 8334418。

亲历者◎行程

石窟参观线：观心岩—忘归岩—龙虎岩—通天岩—翠微岩—普同塔—卧佛—环湖游路—忘归岩。

登山休闲线：忘归岩—群玉阁—惜春亭—达意亭—现代名人造像—阳公墓—广福禅林—蒋经国舞厅—忘归岩。

宝葫芦农庄

●江西省最精致的主题公园

宝葫芦农庄集休闲娱乐、旅游观光、宾馆会议于一体，在这里你可以体验到三环过山车的疯狂和刺激；你可以在马背上叱咤风云；你可以在池塘边垂钓碧波；也可以在水上乐园尽情冲浪；高高的摩天轮更能使你将宝葫芦风光如画的景色一览无余；童趣盎然的小博士乐园更让孩子们充满欢声和笑语，在美丽的西湖里荡起双桨更使人心旷神怡……

🏠 赣州市章贡区水西镇赤珠、湖边镇石人前之间。

🚌 109、118、18 路公交直达景区。

¥ 大门票 20 元。里面各项游乐设施收费不等。

☎ 0797-8258899。

赣州郊县景点

共和国摇篮景区 AAAAA

●全国爱国主义教育示范基地

瑞金共和国摇篮景区占地面积 4550 余亩，由叶坪、红井、二苏大、中华苏维埃纪念园（南园和北园）四大景区组成，是全国爱国主义教育示范基地，也是全国红色旅游经典景区之一。

叶坪景区

曲径通幽、古木参天、绿树成荫、宗祠巍然。叶坪景区拥有全国保存最完好的革命旧址群之一，有中共苏区中央局、中央政府旧址、红军烈士纪念塔、红军检阅台等革命旧址和纪念建筑物 22 处。这些旧居旧址，无声地诉说着红都瑞金在中国革命史上谱写的光辉篇章，中华苏维埃第一次全国代表大会在叶坪召开，向世界庄严宣告中华苏维埃共和国临时中央政府成立。

红井景区

背负青山、田畴拥翠、树影婆娑、恬静质朴。这里是中华苏维埃临时中央政府 1933 年 4 月 -1934 年 7 月的办公地点，主要景点有闻名海内外的红井、中央执行委员会旧址（毛主席旧居）、中央人民委员会旧址，以及中央各部委旧址等。毛泽东亲自为群众开挖的水井——红井，大片部委旧址和新建的“群众路线广场”，都掩映在四季花开的田园风光之中。

二苏大”景区

松涛阵阵、梅占魁阁、曲径通幽、礼堂肃穆。临时中央政府迁到沙洲坝后，在这里召开了“二苏大会”，大会上产生了国旗、国徽、军旗等。在大礼堂旁边还有一个可容纳 2000 多人的防空洞，景区内还开辟了诗山梅园等新景点

中华苏维埃纪念园景区

登高望远、玉带缠流、绿意扶疏、古塔雄峙。纪念园占地面积 1000 亩，分中央苏区革命纪念区、各省苏区革命纪念区、红色休闲纪念区等五部分。瑞金革命烈士纪念馆、红军烈士亭、中央革命根据地历史博物馆、红五星音乐广场、红五星雕塑等等，这些无不彰显了红都瑞金独特的历史地位。

🏠 赣州瑞金市。

🚌 在东河汽车站坐汽车，30 分钟一班车，车次较多，票价大概 32 元，3 小时左右。

¥ 瑞金景区联票：85 元（联票包含：叶坪革命旧址群，红井景区，二苏大景区）。

🕘 9:00~17:00。

白鹭古村

●江南保存最完好集中的客家古村落

白鹭保留着大量完整的明清古建筑，以及浓厚的客家文化。民居以祠堂为主，分“专祀型”和“居祀型”两种，从建筑结构上看，大

部分都是精美的雕花门楼和建筑实体围绕中突的天井构成的“四水归堂”式。祠堂外围的墙高大挺直，外墙的每块砖都要有一道研磨的工序，在没有水泥的时代，人们便用糯米和水来代替，虽经近千年的风霜，依然坚牢如初。

赣县白鹭乡。 20元。

0797-4560003。

亲历者◎指路

在赣州东汽车站有直达车，车程约两个小时。最早为7点，14:30为最后一趟。也可在东站坐车到田村，租摩托车到白鹭4元/人。

客家文化城

●国内目前规模最大、功能最全的客家文化建筑群

文化城内包括客家宗祠、太极广场、杨公祠、艺术长廊、客家博物馆、风情街等主要景点。是一座展示客家文化的“大观园”，是一座客家人的“精神家园”。

赣县县城东南面。

距离汽车站10分钟路程。

0797-4431590。

三百山

●国家森林公园

三百山由300多座山峰组成，总面积333平方千米，是香港同胞饮用水——东江水的源头。主要景点有东江第一瀑、九曲十八滩、三叠瑶池、知音泉、天印奇松、福鳌塘、高峡飞虹、将军椅、双乳峰等。山下建有温泉宾馆，全市最大的温泉泳池。

安远县城东南部15千米处。

50元。 0797-3732330。

阳岭国家森林公园

●天然氧吧，人们回归自然、休闲度假的好去处

阳岭森林层次非常分明，山下是阔叶林，树木高大茂密，中间的毛竹林，山顶部分是灌木林。整个阳岭的生态保护非常好，形成了明显的复层林，就是在同一区域内，林木分三个层次。

崇义县城南郊3千米。

位于崇义县城南郊3千米处，可步行前往。

40元。

井冈山风景名胜区 AAAAA

●星火燎原的革命圣地，举世闻名的中国革命摇篮

井冈山革命旧居遗址遍布，其中属国家级保护的有10处。井冈山被朱德称为“天下第一山”，为国家首批风景名胜区，享有“中国旅游胜地四十佳”之美誉。井冈山风景区分为茨坪、龙潭、黄洋界、主峰、笔架山、桐木岭、湘洲、仙口、茅坪、砻市、鹅岭11大景区。有76处景点，460多个景物景观。

井冈山市。

0796-6552626。

淡季(11月16日～次年2月15日)230元；旺季(2月16日~11月15日)260元(含黄洋界、龙潭、造币厂、水口、北山烈士陵园等21个景点+观光车70元。5天有效，可申请延长)。

亲历者◎指路

公路：江西省南昌、吉安、泰和等地每天都有长途汽车开往井冈山。

公交车：从旅游集散中心有一路开往茨坪镇的班车，十分钟一班。从旅游集散中心—井冈山革命博物馆—北山革命烈士陵园—旅游集散中心。沿途也可上下车。已经购买井冈山门票，可免费乘车。其他2元/人。

茨坪景区

●井冈山风景名胜区的中心景区

茨坪景区面积20平方千米。景区内人文景观和自然景观都十分丰富，包括革命旧居旧址、革命纪念地、山石、瀑布、高山田园等。主要的人文景观有井冈山革命博物馆、毛泽东、朱德旧居、红四军军部旧址群、中共湘赣边界特委、井冈山革命烈士陵园、革命先烈纪念塔，另外还有南山公园、挹翠湖公园，以及五马朝天、兰花坪、土岭田园风光等。

井冈山市政府所在地。

南昌、吉安、遂川等地都有长途汽车直达茨坪。茨坪有公共汽车开往各景区。

无需门票。包含在井冈山风景区门票中。

0796-6550550。

龙潭景区

●以群瀑积聚为显著特色的景区

龙潭景区由五龙潭和金狮面两个景区组成。五神河是龙潭“五潭十八瀑”的源泉。溪水冲击小井峡谷后，陡然跌落绝壁之下，又连续飞下四级断崖，形成梯状的五个气势磅礴的瀑布和深潭，这就是碧玉、锁龙、珍珠、击鼓、玉女五潭五瀑。其他景点有小井红军医院、小井红军伤病员殉难处等。

茨坪西北面 7 千米处，黄洋界南麓。

只须在井冈山市区乘旅游车前往就可。

索道往返 60 元，单程 50 元。

砻市景区

●井冈山革命根据地的中心

砻市是井冈山革命根据地的中心，是著名的朱毛会师、红四军成立、红四军第二次党代会，以及成立红四军军官教导队的所在地。两军会师后，井冈山的斗争就进入了全盛时期。这里的主要景点有：井冈山会师纪念馆、龙江书院、井冈山会师纪念碑、红四军建军广场旧址、古城会议旧址、井冈山根据地烈士陵园。

茅坪以西 14 千米。

黄洋界景区

●井冈山五大哨口之一

黄洋界四周崇山峻岭，万峰竞险。南部山冈星罗棋布，古称“万箩倒米”；北部峭壁深渊，长满松竹杜鹃；气候四季变幻多端，云雾弥漫，故又称“汪洋界”。毛泽东同志曾赋诗曰：“过了黄洋界，险处不须看。”景点有黄洋界保卫战旧址、红军挑粮休息处旧址——黄洋界荷树、八面山红军哨口工事旧址、双马石红军哨口工事旧址、雷打石革命旧址、大井革命旧址群、上井红军造币厂旧址、百竹园、荆竹山、领袖峰景区等，景景相扣，层层相叠。

茨坪西北 17 千米处。

只要在井冈山市中心大道的路口拦开往冈宁的中巴车，只需花 3.5 元就可以到黄洋界哨所。

吉安旅游区

白鹭洲书院

●江西四大书院之一

院中的云章阁、风月楼、复古亭、泮月池等名胜古迹至今保护完好，供人参观。著名的白鹭洲中学也坐落于此，多年来为国有培养输送了大量人才。另有状元桥、古吉台等书院遗址。

吉安市吉州区白鹭洲中学内。

白鹭洲大桥将白鹭洲与市区相连，上洲极为方便。

10 元。

青原山

●山川江西第一景

现在山中有净居寺、七祖塔、飞来塔、祖关、待月桥、迎风桥、龙潭、虎跑泉，试剑石等名胜古迹供人游览。尤以净居寺最负盛名，吉安最早的书院青原书院（后改名阳明书院），也设在这里。

吉安市青原区河东镇。

距市区仅 10 千米，离火车站较近，下车后便可直去游览。

60 元。 9:00~17:00。

0796-8120545。

渼陂古村

●庐陵文化第一村

全村现有保存完好的明清建筑 367 栋，

↓渼陂古村

其中祠堂7座，书院5座，牌坊3座。村庄布局错落有致，八卦巷道，卵石路面，村内28口水塘环绕，取二十八星宿之意。所有古建筑的门楣、藻井、窗棂、门柱、影壁、山墙，或为书画，或为雕刻，内容不同风格各异，反映出不同的时代风貌和不同主人的理想情趣。其中总祠永慕堂，占地1000多平方米，翘角飞檐，镂花斗拱，红石檐柱，石柱四面皆镂刻着嵌有“永慕”二字的20余副长联，可以看作楹联、书法、石刻、建筑艺术于一体的民间艺术博物馆。

吉安市青原区文陂乡。

在吉安的青原汽车站，乘上前往文陂乡的大巴，约40分钟后就到渼陂古村的入口处。

60元。

8:00~18:00。

8484531。

武功山

●江西六大历史名山之一

主峰金顶峰，海拔1918.3米，是江西省境内最高峰。该景区主要由金顶、三天门、温泉山庄、武功湖、明月山、九龙潭6大景区和1个生态保护区组成。自然景观独特，拥有壮观的高山草甸风光、典型的森林植被。主要景观有：龙王潭、尽心桥、仙池、风火洞、三包盐、吊马栓、鸡冠岩、千丈崖、万松岩、潭口瀑、三叠泉、乌龙潭、迎宾松等。

安福县西北部。

门票90元，观光车票30元。

8:00~18:00。

0799-7636666。

亲历者◎攻略

武功山的特产有武功山云雾茶、武功山矿泉水、武功腊味、武功紫红米、武功多味豆腐乳等，值得一尝。

住宿

赣南宾馆（三星级）：位于赣州市厚德路76号，电话0797-8265166。

赣龙大酒店（三星级）：位于赣州市红旗大道50号，电话0797-8269188。

赣州宾馆（三星级）：位于赣州市健康路69号，电话0797-8266188。

海天大酒店（三星级）：位于赣州市八一四大道29号，电话0797-8156618。

餐饮

赣州当地的名菜有：四星望月、荷包胙、赣州小炒鱼、三杯鸡、流浪鸡、炒东坡等等。另外还有“沙地牌”板鸭、江口倒菜、阳埠腐竹、红瓜子等地方特色食品，风味独具。

赣州美食主要集中在章江北大道、渡口路、黄屋坪路、阳明路、红旗大道等附近。

董府：位于灶儿巷。特色菜为孜然牛排、香辣虾，人均消费20元。

塞纳河畔：位于文清路19号，特色菜为冰桔茶、牛排、薰衣草奶茶，人均消费43元。

东海渔村（总店）：位于章贡区张家围紫荆花园28号（全球通大桥对面），特色菜为兔肉、中华鲟。

民俗

客家擂茶：客家人热情好客，以擂茶待客更是传统的普遍的礼节，无论是婚嫁喜庆，还是亲朋好友来访，即请喝擂茶。

九狮拜象：原多为“姓氏龙灯”，是为了显耀家族势力，人丁兴旺，或显示本姓中有人做过皇帝、宰相等大官。后来逐渐淡化了姓氏色彩，具有祈福、驱邪、歌功颂德、展示威武强盛、喜庆娱乐等丰富内涵。

宁都民间马灯舞：宁都客家人每逢春节期间，至今尚保留着打春锣，闹花灯，游火龙，打甑盖，摘茶灯，竹篙火鶶等形式多样的传统禳神娱乐习俗。

● 面积

16 万平方千米，全国排名第 19 位

● 人口

9847 万，全国排名第 2 位

● 世界遗产

曲阜孔庙、孔府、孔林，泰山

● 国家 5A 级风景区

崂山、刘公岛、龙口南山、台儿庄古城、天下第一泉、沂蒙山、烟台市蓬莱阁旅游区、曲阜明故城（三孔）旅游区、泰山、潍坊市青州古城景区、威海市华夏城景区

● 国家重点风景名胜区

泰山、青岛崂山、胶东半岛海滨、博山、青州

山东旅游网
www.sdta.cn

时尚旅游地推荐

趵突泉 1　泰山 2　曲阜 3　台儿庄 4　黄河入海口 5

淄博 6　青岛海滨 7　日照 8

山东

好客山东

山东，美丽的齐鲁大地，千年中华文化吐纳百代、生生不息，亘古绵延在此。潍坊的风筝飘遍了世界，大明湖里映日荷花别样红，菏泽市牡丹竞相争艳，胶东沿海渔家风情浓郁，泰山在这里雄起，雄霸五岳之首，黄河似带，奔流入海不复还。

济南

济南素有"泉城"美誉，泉水是济南的根、济南的魂，是济南一张最闪亮的名片。深厚的历史积淀给济南留下了大量的名胜古迹，有中国最古老的地面房屋建筑代孝堂山郭氏墓石祠，中国四大古刹之首的灵岩寺……历史古迹、灵山秀水、亭台楼阁使得这座历史名城既不失江南的玲珑婉约，又兼具北方的质朴与大气。

面积：8177 平方千米
人口：609 万
区划：0531

亮点

必游景点

- **大明湖**：济南三大名胜之一，景色秀美，名胜古迹周匝其间。
- **趵突泉**：称"天下第一泉"，有"游济南不游趵突，不成游也"之盛誉。
- **千佛山**：千佛山古称历山，虔诚的教徒依山沿壁镌刻了为数众多的石佛。
- **灵岩寺**：以其悠久的宗教历史和深厚的文化内涵驰名于世。
- **泰山**：五岳名山中的东岳，有"天下第一山"和"五岳独尊"的美誉。

线路推荐

济南市区二日游

D1：游大明湖、趵突泉、泉城广场。

D2：游千佛山、五龙潭、省博物馆。

济南郊区二日游

D1：上午游览四门塔、九顶塔，下午游览跑马岭。

D2：上午游览红叶谷，下午游览药山森林公园。

↑趵突泉

泰山二日游

D1：早上从岱宗坊开始游览，经红门观赏沿路的斗母宫、经石峪、壶天阁，直到中天门；下午登千级石级十八盘观赏升仙坊、五大夫松、望人松等景观，随后到南天门观赏大观峰、天街、探海石、日观峰等景观。夜宿山上的宾馆。

D2：凌晨在玉皇顶看泰山日出，随后沿西路下山游览黑龙潭、扇子崖、普照寺以及冯玉祥墓，出山后可再去岱庙。

潍坊三日游

D1：潍坊风筝博物馆—浮烟山国际放飞场。

D2：十笏园—杨家埠木板年画—林海生态博览园。

D3：云门山—沂山。

交通信息

飞机

济南国际机场位于济南市东北部，距市区约 30 千米，距离泰山、曲阜等地车程约 2 小时，以国内航线为主，开通有通往北京、上海、广州、厦门、重庆等主要城市的航线。国际航线则有香港、台北、大阪、首尔几条航线。

火车

济南目前济南站和济南东站、济南西站三个火车站，其中济南站是济南市最老的车站，同时也是运载量最大的车站；济南西站主要承担高铁的任务。

济南城区景点

天下趵突泉第一泉景区 AAAAA

●济南三大名胜之一

趵突泉被誉为天下第一泉，处在一个美丽的园林中。与附近的金线泉、漱玉泉、洗钵泉、柳絮泉、皇华泉、杜康泉、白龙泉等30多个名泉，构成了趵突泉泉群。此外，园内还有李攀龙读书处、王雪涛纪念馆、三大殿（泺源堂等）、沧园、枫溪、李清照纪念堂、万竹园（李苦禅纪念馆）等景点。

济南市历下区趵突泉南路。

乘1、5、66、82、K51路等公交车可到。

春夏40元，秋冬20元。

大明湖

●济南三大名胜之一

大明湖景色优美秀丽，湖上鸢飞鱼跃，荷花满塘，岸边杨柳荫浓，繁花似锦，其间又点缀着各色亭、台、楼、阁。大明湖一年四季美景纷呈，尤以天高气爽的秋天最为宜人。湖畔有历下亭、铁公祠、南丰祠、汇波楼、北极庙和遐园等20多处景点。在这里，还可欣赏到济南八景中的鹊华烟雨、汇波晚照、佛山倒影、明湖秋月。

济南市历下区大明湖路。

乘11、41、83、30、K54等路公交可到。

30元。

五龙潭

天下第一泉景区之一

五龙潭曾名灰湾泉，位于五龙潭公园内。相传，五龙潭昔日潭深莫测，每遇大旱，祷雨则应，故元代有好事者在潭边建庙，内塑五方龙神，自此便改称五龙潭。五龙潭公园内，散布着古温泉、悬清泉、天镜泉等形态各异的26处古名泉，构成五龙潭泉群，为济南四大著名泉群中水质最好的泉群。

济南旧城西门外。

乘坐3、41、66、k109等路公交即可到达。

环城公园

天下第一泉景区之一

环城公园建在护城河沿岸，全长6.26公里，以优美典雅的园林建筑和碧水翠，把趵突泉群、珍珠泉群、黑虎泉群、五龙潭泉群及大明湖连接在一起，形成了以湖心泉水为特色的园林绿化中心，使“四面荷花三面柳。一城山色半城湖”的景色更加秀丽。

南门大街2-1号（近护城河）。

乘坐14、36、49、80等路公交，下车后步行即可。

黑虎泉

天下第一泉景区之一

黑虎泉泉群是城区四大泉群中规模与流量均较大的一个。它沿南护城河两岸，东起解放阁，向西长约700米，共有白石泉、玛瑙泉、黑虎泉、琵琶泉等十四泉。黑虎泉的涌水量在济南诸名泉中仅次于趵突泉，居第二位。当年黑虎泉那种阴森可怖的气氛虽然今已不见，但虎口喷水的壮观景象及虎啸般的水声仍可让人领略到它的粗犷美。

南护城河南岸。

乘坐5、6、13、36路在“黑虎泉西路”下车或乘坐44、70、89路在“解放桥南”下车均可。

亲历者◎攻略

1. 大明湖春、夏两季可吃到鲜鱼及特产蒲菜、茭白、嫩藕为原料的佳肴。

2. 大明湖公园每年都举办多种游园活动，例如春节文化庙会、新春花展、荷花展及民俗文化活动和花卉盆景展览、奇石展等。

3. 整个大明湖可分为陆上、水上和电车3条游览线，推荐线路：西南门—龙泉池—游乐场—铁公祠—天香园—明湖宝鼎—群芳轩—月下亭—北极阁—汇波楼—南丰祠—雨荷亭，乘船游览历下亭、翠柳屏岛。下船后参观辛弃疾纪念馆、遐园，出南门。

4、五龙潭游览最佳时节为四月和十月，四月公园内百花竞放，满园春色，公园内设有潭西茶社，这里是品茶赏泉的最佳去处。

5、环城公园东护城河沿线为四季花园，自北向南依次为冬景园、春景园、夏景园和秋景园。无论何时来此，都能欣赏到别样的美景。冬景园遍植松竹梅，最宜踏雪赏玩；春景园绿带如茵，春色撩人；夏景园榴林绕屋，夏木荫荫；秋景园枫叶如丹、秋实累累，形成春华秋实之景观。

亲历者◎解说

大明湖里有“四怪”——青蛙不鸣，蛇踪难寻，久旱不落，久雨不涨。随着科技的发展，大明湖的四怪中的三怪已经找到了合理的解释，唯独“青蛙不鸣”却始终找不到正确的答案。

济南郊区景点

千佛山

●济南三大名胜之一

千佛山海拔 258 米。山腰有历山院、兴国禅寺等主体建筑。还有弥勒园、唐槐亭、万佛洞、桃花园、瀛劳园、十八罗汉、卧佛等景点。另外，山上的石佛雕刻集中在千佛崖上，有隋代石佛 60 多尊。

济南市历下区千佛山路。

乘 64、137、K68 等路公交车可到。

30 元，联票 100 元（含演出）。

亲历者◎攻略

1.9 至 11 月份是最佳旅游时间，此时秋高气爽，气候宜人，降水充沛，更能体现出泉城的独到之处。

2.每年“三月三”“九月九”举办的千佛山庙会，是不可错过的宗教盛会。每年庙会期间，从山脚下到山腰兴国禅寺间 1 000 米多的山路两旁，经营日用百货、土特产、风味小吃、工艺美术品等的摊位达 1000 多个，庙会期间来自省内外的民间艺术团体，还会表演杂技、马戏、歌舞等活动，热闹非凡。

3.此外，九月九日重阳节，还是人们登千佛山，在“赏菊岩”上赏菊的佳日。

提示：千佛山里佛雕很多，尤其是弥勒园的大肚弥勒佛规模最大，最具代表性，它与旁边的观音像交相辉映，是拍照取景的最佳处。

跑马岭

●国家级森林公园

跑马岭南依中国著名的山岳——泰山，北跨中华民族的摇篮——黄河。风景区内林木茂盛，风景秀丽，环境幽静。整个园区结合山体走势，巧妙布局，突出了跑马岭自然、幽深、生态壮美的主题。

济南市东南部的柳埠森林公园内。

乘 67、812、88 路公交可达。

旺季（3 月 15 日 –11 月 15 日）：80 元，淡季：60 元。

红叶谷

●观赏红叶的好地方

红叶谷是济南市南部山区重要的生态文化旅游区，占地面积 4000 余亩，植被以野生的黄栌为主。每逢深秋，万山红遍，层林尽染，红叶谷因此而得名。

济南市历城区锦绣川水库南 3 千米。

可在山东省体育中心或者 88 车路公交终点站，乘坐去红叶谷的专线旅游车，早 8:00 发，晚 16:00 返。

8:00~17:00。

60 元（不含天趣园、万叶塔）天趣园 5 元 万叶塔 5 元。

0531-82813108。

灵岩寺

●被誉为“海内第一名刹”

灵岩寺为全国四大古刹之首。寺内有千

↓千佛山

↓红叶谷

佛殿（有40尊宋代彩塑）、墓塔林、辟支塔、大雄宝殿等几十处胜景。寺外有摩顶松、千岁檀、朗公石等景。灵岩寺中的泥塑珍品，具有极高的艺术和审美价值，被称之为“海内第一名塑”。

济南市长清区万德镇。

长途汽车站有专线车。

60元。

亲历者◎解说

在灵岩寺内游览，建议以顺时针游览为宜。路线为：灵岩广场—金刚殿—鲁班洞—大雄宝殿—墓塔林—慧宝塔—千佛殿—辟支塔。

淄博旅游区

原山国家森林公园

●“山东省十大新景点”之一

原山以丰富的植被，古老、奇异、名贵的树种，秀丽的山光水色，古朴、浑厚、凝重的庙宇和悠久美丽的历史传说以及森林深处的少数民族风情歌舞吸引着无数前来旅游观光的中外游客。它分为凤凰山、禹王山、望鲁山、薛家顶、夹谷台五大景区。

淄博市博山区西南。

11、13、15、17、98路公交可到。

40元（不包括泰山行宫、玉皇宫等项目）。

亲历者◎解说

原山国家森林公园的特色景点有三个——齐长城、泰山行宫、石海，非常值得一看。

鲁山国家森林公园

●被专家誉为淄博市的一块风水宝地

鲁山历史悠久，曾经是我国元、明、清三朝的皇家养马场，为鲁中第一高山。含6个分景区、140多处景点，以万石迷宫、天梯仙境、驼禅寺、镜泊湖、枣树峪瀑布、鸣石崖、北坪水乡、登天沟瀑布、玉笛峰石林等最有名。

淄博市博山区池上镇。

40元。

0553-4880002。

齐国古城遗址

●山东面积最大的古城遗址

历史名都临淄作为诸侯王都累计1300余年。故城包括大城和小城两部分，城内外有150多座齐王和名士陵墓，有孔子闻韶处、遄台、稷下学宫遗址、桓公台等遗迹，现建有多处陈列馆。

淄博市临淄区齐都镇。

乘26路和旅游专线车5路车可到。

周村古商城

●有“丝绸之乡”“旱码头”“金周村”的美誉

街区纵横，街巷幽静朴素，虽历经百年风雨，仍保持着古朴的明清原貌和历史本色。古商业街内店铺林立，古迹众多，有建于唐代的明教寺，建于清代的魁星阁，有闻名天下的“八大祥”等商业老字号，有“东方商人”孟雒川的故居等。

淄博市周村区城中。

在周村火车站乘238路公交可到。

八处景点通票70元。

0533-6433129。

聊斋城

●世界短篇小说之王蒲松龄的故里

聊斋城是蒲家庄村民在柳泉、蒲松龄墓等历史人文景观基础上开发建设的大型园林式景区。有蒲松龄纪念馆、柳泉、聊斋宫、狐仙园、石隐园、满井寺、俚曲茶座、墓园等景。

聊斋城内的主要景点。建有碧湖、青山、曲桥、喷泉、牌坊、亭阁等景点，宫内采用现代彩塑，用高科技手法再现了《聊斋志异》中的故事。

淄博市淄川区洪山镇蒲家庄。

淄博汽车站乘1路公共汽车到淄川车站，转乘23路短途车到蒲家庄下车或从淄博市乘103路车到淄矿集团工区宿舍下然后步行10分钟即到。

80元。

0553-5810351。

泰山 AAAAA

●有"天下第一山"和"五岳独尊"的美誉

泰山风景名胜以泰山主峰为中心，由自然景观与人文景观融合而成。从祭地经帝王驻地的泰城岱庙，到封天的玉皇顶，构成长达 10 千米的地府——人间——天堂的一条轴线。全区可分为旷、幽、奥、秀、丽、妙六个区域和岱庙。有著名的泰山日出、云海玉盘黄河金带等四大奇观。

泰安市泰山区。

有专线车直达泰山山腰的中天门。

旺季(2 月 1 日 -11 月 30 日)125 元，淡季(12 月 1 日 - 次年 1 月 31 日)100 元。

0538-8066077。

亲历者◎攻略

1. 游泰山时，要尽量避免乘旅游车上下、乘索道往返。如果时间、体力允许，最好爬一爬中天门至南天门一段山，感受泰山的不同凡响。

2. 登山要注意的事项：山上昼夜温差大，若在山上住宿，尽管有大衣可租，自己最好还是多备一件衣服，千万不要在半路上租军大衣，不然留也不是，扔也不是，因为山顶上有租军大衣的地方；上山宜穿旅游鞋、平跟布鞋，不要穿高跟鞋；徒步登山要脚踏实地，速度不要太急，照相尤其注意安全。另外，冬季登山要记得带手套，否则握着十八盘的铁扶手很凉。

3. 在泰山顶上并非每天都能看到日出。东边地平线上有云彩，就看不到日出。如果头天晚上

十八盘

●泰山的主要标志之一

十八盘是泰山登山盘路中最险要的一段，共有石阶 1600 余级。仰视天门，盘路陡绝，似云梯倒挂。石壁谷两侧有"天门长啸""层崖空谷""天门云梯""如登天际"诸刻。

玉皇顶

●泰山主峰之巅

玉皇顶旧称太平顶，又名天柱峰，是泰山主峰之巅，因峰顶有玉皇庙而得名，为泰山绝顶，海拔 1545 米，气势雄伟，拔地而起，有"天下第一山"之美誉。玉皇庙位于玉皇顶上，古称太清宫、玉皇观，始建年代现已不可考，明成化年间重修。主要建筑有玉皇殿、迎旭亭、望河亭、东西配殿等。东亭可望"旭日东升"，西亭可观"黄河金带"两大泰山奇观。

刮了西北风，次日就容易看到日出，因为云彩被刮到大海那边去了。

4. 泰山顶上有三星级的神憩宾馆，电话：0538-8223866，标间 800 元左右。此外，岱顶天街还有一家一星级的仙居宾馆，电话：0538-8226877。山上私人小旅馆最低 10 元 / 床，不过不能洗澡。

亲历者◎解说

泰山有四大自然奇观，它们是旭日东升、晚霞夕照、黄河金带、云海玉盘。

南天门

●登山盘道的中轴线的最上端

又名三天门，恰处于石壁谷的上口，海拔 1460 米，不仅形势险要，而且位于整个登山盘道中轴线的上端。游人登此，一览众山，满目空翠，疲劳顿失。

岱庙

●泰山最大、最完整的古建筑群

位于泰安市区北，泰山南麓。它是泰山最大、最完整的古建筑群，为道教神府，是历代帝 王举行封禅大典和祭把泰山神的地方。岱庙城堞高筑，庙貌巍峨，宫阙重叠，气象万千。其建筑风格采用帝王宫城的式样，周环 1500 余米，庙内各类古建筑有 150 余间。

潍坊旅游区

十笏园

●布局精巧，有“北方园林之最”之称

十笏园平面呈长方形，由中、西、东三条古建筑轴线组成，中轴线建筑及其院落为园之主体部分。园中假山池塘、曲桥回廊、亭榭书房等建筑共 34 处，房间 67 间，紧凑而不拥挤，给人一种布局严谨、一步一景的感觉，体现出北方建筑的特色，是我国古典造园艺术中的奇葩。

潍坊市潍城区胡家阿牌坊街 9 号。

¥ 30 元。

青州古城 AAAAA

●古青州的历史风情

青州是古九州之一，有 7000 余年的发展史，5000 余年的文明史，十二年的国都辉煌。现如今仍保留有明清古街道、魁星楼、欧阳修山斋、蓝溪谷、李清故居等 100 多处景点，还有上百处老字号等，较为全面地展示了古青州传统的市井风情和社会习俗。

潍坊市青州市老城区。

杨家埠旅游区

●年画风筝之乡、全省重点民俗旅游区

面积 10.62 平方千米。是闻名中外的特色民俗文化旅游村，是中国三大木版年画的主产地，风筝驰名中。核心景点杨家埠民间艺术大观园内设年画馆、风筝扎制馆、绘画馆、民俗馆、风筝博物馆、文物馆、书画院、儿童娱乐园等十几个景区。

潍坊市寒亭区杨家埠村。

¥ 20 元。

☎ 0536-7272896。

世界风筝博物馆

●我国第一座大型风筝博物馆

建筑面积 8100 平方米，建筑造型选取了潍坊龙头蜈蚣风筝的特点，设计风格在国内独树一帜，是“世界风筝都”的标志性建筑。该馆共设有八个展厅，即风筝的历史文化展，潍坊风筝精品展，世界精品风筝展，中国精品风筝展，风筝综合功能展，潍坊国际风筝会，民俗展厅，风筝放映厅。每年4月20日举办国际风筝会。

潍坊市奎文区行政街66号。

乘2、60路公交即到。

30元。 0536-8251752。

住宿

济南星级宾馆标准间的房价，经打折后实际成交的，四星级一般不低于320元，三星级一般不低于220元，二星级一般不低于160元，相当于一星级饭店的标准间价格在百元左右。

索菲特银座大饭店/泺源大街66号/0531-86068888。

中豪大酒店/解放路165号/0531-86968888。

金马大厦/山大路262-1号/0531-88936688。

济南饭店/经四路368号/0531-87938981。

园林宾馆/经三路132号/0531-87938002。

餐饮

济南市内能够展现地方特色的美食区域主要有两条街：一是济南美食街，二是烧烤一条街。

济南美食街：美食街在济南市经十一路，靠近省体育中心，这里云集了数十家风味小吃店，游客可以品尝到上千种全国各地的特色名小吃，济南的特色小吃菜肴也应有尽有。

烧烤一条街：烧烤一条街在趵突泉后面。吃烧烤最重要的有两条：一是火候，二是原料。在烧烤一条街，所用原料大多体现济南的地方特色肉质纯正，配料也讲究。这里最大的特色是回民清真风味。

金牌化皮乳猪：山东东方大厦的特色菜，此菜选用岭南特种乳猪，经多种加工程序，腌、挂、焙、烤约一天多时间，细心加工而成，口感爽脆，入口即化，是高档宴席中难得的佳品。

东方大厦/经七路223号。

金钱沙龙：此菜由烟台活海肠和日本豆腐制成，海肠脆爽，日本豆腐滑嫩，口感极佳。此菜有趵突泉宾馆制作为佳。

白鹤茶艺：客来敬茶是中国传统的待客礼仪。白鹤大酒店的茶艺馆精心选择茶叶和器皿，同时汲取900米深玄武岩下之白鹤泉水，使茶汤鲜醇，色、香、味俱全。白鹤茶艺馆还有免费正宗茶艺讲座。

购物

济南市内主要有四个最繁华的商业区：一是泉城路商业区，二是大观园商业区，三是人民商场商业区，四是东门商业区。

泉城路商业区位于市中心地区，商业区内有银座商城和银座地下超市。泉城路商业区是济南的高档消费区，各种名牌在这里基本都买得到，晚上逛逛还可以欣赏济南市中心的夜景。

大观园商业区位于经四纬二路，主要购物场所是大观园商场。大观园是当地最具地方特色的商业区，这里有各种山东特产和旅游纪念品、装饰品，如黑陶、根雕，山东阿胶、大枣等。

民俗

兔子王：作品采用济南洛口黄河胶泥，按照传统工艺经十几道工序纯手工制成。兔子王体内中空，内藏拉线，用手拨动其身后的尾巴，兔子王即可挥动手臂作捣药状，也像是行中国人传统的拱手作揖之礼。

面塑：俗称“捏面人”。它以糯米面为主料，调入不同色彩的颜料和防腐剂，用指和简单工具——小刀、小篦子、竹针等，塑造各种栩栩如生的塑像，是一种传统的民间艺术，至今已有300多年的历史。

五音戏：原名“肘鼓子”，流行于山东中部的济南、淄博及周边地区。五音戏表演时一般是先吐字，后行腔，曲调口语化，腔调旋律变化较多。其演唱用本嗓，女腔尾音旋律延长，后尾用假嗓翻高。

曲阜

曲阜是我国古代伟大的思想家、教育家、儒家学派创始人孔子的故乡。1982 年被国务院公布为首批历史文化名城，被西方人士誉为“东方耶路撒冷”。

面积：815 平方千米
人口：64 万
区号：0537

亮点

必游景点

- **三孔**：世界文化遗产，孔子故里所在地。
- **曹州牡丹园**：世界上面积最大、品种最多的牡丹基地。
- **水泊梁山**：是古典名著《水浒传》故事的发生地，梁山好汉的踪迹仍可在这里寻到。
- **抱犊崮国家森林公园**：罕见的天然杂木林汇集区，伫立崮顶，平野如画，东眺黄海，云雾缭绕。
- **微山湖湿地红荷旅游区**：景区拥有久负盛名的万顷红荷，百里芦荡，被誉为中国“荷都”。

线路推荐

- **曲阜市区二日游**
  D1：孔府、孔庙、孔林。
  D1：孔子六艺城—论语碑苑
- **曲阜西线二日游**
  D1：水泊梁山风景区。
  D2：曹州牡丹园。
- **曲阜南线三日游**
  D1：邹城孟府、孟庙、孟林。
  D2：微山湖湿地—红荷旅游区。
  D3：抱犊崮。

↑曲阜孔庙

交通信息

飞机

济宁机场即“济宁曲阜机场”，位于济宁市区西南 28 千米处的纸坊镇，目前机场已开通至北京、上海、广州、重庆、昆明等主要城市的航班。

临沂机场位于临沂市河东区，距市中心约 7 千米。目前有发往北京、上海、杭州、哈尔滨、武汉、广州、重庆等地的直达航班。

火车

曲阜有两个火车站，曲阜火车站在曲阜开发区，曲阜东站为京沪高铁站。

临沂市主要有三个火车站：临沂站、临沂北站和临沂南站。其中，临沂火车站是主站。

三孔旅游区 AAAAA

历史文化名城曲阜是孔子的故里，这里的孔府、孔庙、孔林为世界文化遗产，合成三孔。每年 9 月 26 日到 10 月 10 日举办孔子文化节。

孔府和孔庙在市中心区，孔林在北郊。

在市内乘坐 1、3 路公交可到三孔各景区。

联票 150 元。

孔府

●有“天下第一家”之称

孔府又称“衍圣公府”，是孔子嫡长子孙的府第，为九进院落，三路布局，楼房厅堂 463 间，是我国仅次于明、清皇帝宫室的最大府第。前为官衙，后为内宅，最后为花园，其中官衙内设三堂、六厅，辖四衙门。孔府收藏大批历史文物，最著名的是“商周十器”。还收藏有金石、陶瓷、竹木、牙雕以及元、明、清各代各式衣冠剑履、袍笏器皿等文物。

旺季60元，淡季50元。

孔庙

●以皇宫的规格而建，是我国三大古建筑群之一

孔庙是我国祀孔庙堂中建造年代最早，规模最大的一座，又称至圣庙。共九进院落，第六进后分为三路布局。现存殿、堂、亭、门、坊等104座、466间，碑碣1000余块，为中国三大古建筑群之一。大成殿是孔庙的主体建筑，是祭祀孔子的中心场所。

旺季90元，淡季60元。

亲历者◎攻略

与孔庙、孔府相邻的阙里宾舍，推出的鲁菜精品孔府家宴、孔府喜宴和孔府寿宴在我国饮食文化中占有重要地位。此外，距“三孔”近在咫尺的杏坛宾馆，有“孔府宴”及各种美食精品。大成旅游宾馆，提供的由特级厨师、糕点师精心制作的鲁菜、川菜及多种风味小吃，颇有名气，不容错过。

孔林

●世界上延续时间最长的家族墓地

孔林是孔子及其家族的墓地。享殿之后是孔林的中心所在——孔子墓。此墓似一隆起的马背，称马鬣封。墓周环以红色垣墙，周长里许。墓前有巨墓篆刻“大成至圣文宣王墓”，是明正统八年（公元1443年）黄养正所书。林内现存石碑4千余块，树近10万株，是中国也是世界上规模最大、持续年代最长、保存最完整的一处家族古墓群。

在市内乘坐1、2、5路公交可到三孔各景区。

旺季40元，淡季30元。

曲阜市区景点

论语碑苑

●展示《论语》之地

现代景观，占地200余亩，把《论语》用各种形式雕刻在墙壁、山石上。苑内建有堂、楼、亭、榭、廊、坊420余间，湖、池、溪水、潭、瀑布7200余平方，假山、桥涵5000余平方米。

市区大成路以西。

乘1、2、3、4、5、6路公交即到。　25元。

孔子六艺城

●上下五千年，纵横九万里，出神入化演六艺

六艺城以孔子当年教授和倡导的“六艺”（礼、乐、射、御、书、数）为主线的大型文化旅游城，占地13公顷，有六艺展厅，集知识性、趣味性、历史性、参与性为一体。还有青铜群雕、六艺山庄、燕乐宫等景。

市区春秋路15号。

乘5路公交即到。　60元。

孔子精华苑

●一座融知识性、娱乐性和艺术性为一体的旅游景点

精华苑把曲阜数千年的历史浓缩在苑中。孔子精华苑的建筑呈回廊迷宫状，回廊两边镶嵌画面，游客在苑中参观时，仿佛在欣赏一部巨型的连环画册，同时又具有迷宫娱乐功能，几经回旋，终得出口。

市区鼓楼南街31号。　15元。

曲阜西部景点

铁塔寺

●名副其实的千年古刹

寺内建于北宋的铁塔高23.8米，设计精巧，造型奇特，底座为铜铸。塔室内供有千手千眼观音，济宁市博物馆位于寺内。

济宁市任城区古槐路38号。

坐3、6、16、20路公交车到济宁一中下可达。

0537-2215811。

水泊梁山旅游区

●古典名著《水浒传》故事的发生地

水泊梁山风景区区内古迹遍布，自然风光绚丽多彩。南部梁山景区，包括梁山，凤

凰山及相邻与之有关的景点，以山为主。唐宋时黄河多次溃决，形成港汊纵横，山水交错的八百里水泊。北部水泊景区，以梁山泊东平湖为主体，包括腊山，昆山等，东平湖景区是古梁山泊之泊中湖，京杭大运河穿湖而过，景色优美，人称“小洞庭”。湖产资源丰富，湖面荷花菱花竞放，蔚为壮观。梁山民风淳朴，武术表演、莲花落、渔鼓、山东快书、斗鸡、斗羊别具特色。

梁山县拳铺镇。 ¥60元。

亲历者◎攻略

1. 金秋时节，风景区会在聚义厅前的梁山寨广场举行“好汉菊花会”表演节目，在山下宋江广场有梁山武术表演、舞狮以及斗鸡、斗羊等系列水浒民俗活动，此外还有骑马登山、舞狮、山东快书、莲花落、鱼鼓、唢呐、碗乐等民俗项目。

2. 景区中林冲火并王伦的断金亭内，有民间艺人用“莲花落”说唱水浒故事，讲的绘声绘色，游客不可错过；景区山下有山寨酒家，店小二穿着古装，饭菜独具水浒特色，游客可尽情体验当年梁山好汉大块吃肉、大碗喝酒的山寨生活。

曹州牡丹园

●目前世界上品种最多、面积最大的牡丹园

曹州牡丹园集中了曹州牡丹从古至今的发展成就。它是在明清以来风格不一、大小不等的十几处牡丹园的基础上发展起来的。南大门以内为西观赏区，以原来的赵楼花园为基础。这里除大片牡丹外，还有松柏编制的鸟兽、人物和牌坊；有现代化的温室，有供举办各种展览用的仿明代建筑——观花楼。北大门以内为北观赏区，以原来李集的花园为基础，除有大面积的牡丹、芍药外，现代化的大型暖房，中国园林式的院落，颇使人流恋忘返。园中心亭东面，为东观赏区，以何楼、毛胡同两村的花园为基础，扩建而成。

荷泽市牡丹区。 乘3路公交即到。 ¥75元。

亲历者◎解说

赵楼牡丹园节庆活动 菏泽国际牡丹花会：每年四月十八日——五月八日举办国际牡丹花会。

提示：在菏泽观牡丹，还有两个好去处：百花园和古今园。

百狮坊

●清代石雕艺术的珍品

建于乾隆四十三年（1778年），是朝廷为文林郎张朴妻朱氏而建造。此坊刻有100只形态各异的狮子，故名百狮坊。8根夹柱分雕狮、龙，每根立柱透雕4条姣龙，正中上下牌坊、两侧牌坊及“圣旨”匾的四周均镂空透雕二龙戏珠正中牌坊透雕穿枝牡丹，寓意“富贵万年”；楼檐背和檐角上配的吻兽象尊、海马跑兽等，也生动传神，夺取天工。

单县张牌坊街东端。

曲阜南部景点

孟庙

●为历代祭祀孟子之所

孟庙又称亚圣庙，面积65.3亩。有五进院落，以亚圣殿为中心。保存着碑刻270余块。

邹城市市区。

¥孟府孟庙联票40元。

亲历者◎解说

孟庙有三奇，一为树，二为藤，三为井。孟庙保存着碑刻270余块。孟府内现在仍存有帝王所赐朝服、圣旨、诰封和家藏珠宝玉玩、宗族档案、印书木版、古书、字画等大量珍贵文物。

孟府

●孟轲嫡系后裔居住的宅第

面积约4万平方米，有七进院落，房屋148间。以主体建筑大堂为界，前为官衙，后为内宅。孟府现在保存着封建帝王所赐的朝服、龙袍、圣旨、诰封，如家藏珠宝古玩、宗族档案、印书木版、古书字画等大量珍贵

↓孟庙

文物，是研究封建社会政治、经济和地方历史的宝贵资料。

邹城市市区。

孟林

●孟子及其后裔的墓地

孟子和他后代子孙的墓地，已达一万余亩。孟林内现有柏树、桧树、柞树、杨树、榆树、楸树、槐树、枫树、楷树等各类树木一万多株。树多为宋、金、元、明、清各代所栽植。每年四月初二至初五举行盛大的孟林古会。

邹城市市区东北，四基山西南麓。

10元。

亲历者◎解说

孟林最有特点的是林内柏树的根。孔林所在山上土壤很少，树木都长在石缝中，经过八九百年时间，树的根外突石缝，大部分裸露在外面、有的甚至把小小的石缝全部包上，仿佛古老的柏树就是生长在石头上，真是一奇。

峄山

●有“天下第一奇山”之美誉

峄山是一座历史文化名山，有“岱南奇观”之称。景观优美奇特，有四大书院、五大奇观、八段锦、八大山门、九龙洞、十二福地、二十四景、三十六洞天，还有罕见的巨石景观。

邹城市峄山镇。

60元。　0537-5670498。

抱犊崮森林公园

●以“雄、奇、险、秀”著称，居鲁南72崮之首

抱犊崮地质奇特，是华北寒武纪岩层发育和“崮”形山的典型代表，以其独有的“雄”“奇”“险”“秀”被誉为“鲁南小泰山”。共分巢云竹林、桃源仙境、君山望海、世界生态奇观园四大景区，其中“君山望海”被称为古峄县八景之冠。

巢云竹林景区是抱犊崮的主要景区，以观沟登山路为主要游览线路，以巢云观、清华寺为中心景点。其景点主要有：厚壳树、清华寺、巢云观、千年银杏、巢云洞等。

枣庄市山亭区北庄镇。

100元。　0632-8915166。

亲历者◎攻略

1. 崮西南麓有一条深涧大壑，泉水汇集于此，形成瀑布。深涧东侧有清华观和巢云观。半山处有洞数十个，名曰桃源洞、水帘洞等。洞内外石壁雕有千姿百态的佛像。自麓至巅，陡峭如壁，手足并用方能攀援而上。

2. 游抱犊崮有三条线路可供选择，分别是从停车场北路、中路、南路上山。若从北路和南路登山可直达崮顶，若走中路沿途观赏景点最多，且上山台阶已修复一新，是登崮的最佳路线。

3. 景区里面有“抱犊山庄”可供游客食宿，山庄里有60余个床位，标准间160元/间，咨询电话：0632-8916166。

微山湖湿地—红荷旅游区

●素有中国“荷都”之称

风景区以其钟灵毓秀、原始风情和保持最佳的湿地资源而闻名。主要景点有：红荷广场、红荷精品园、湿地游憩园、休闲度家园、百荷诗廊、水上观光、湖岛探幽等景点。

百荷诗廊南北走向，廊长550米。廊两侧引进荷花120余种，有“贵妃出浴”“玉楼人醉”“杏花春雨”“倩影落雁”“状元红”“霍兰迪亚”等。

滕州市滨湖镇。

滕州汽车西站有班车直达景区，15分钟一班。

旺季(5月~10月)门票70元、大船票70元；淡季(11月~次年4月)门票60元、大船票60元。

0632-5815555。

滕州盈泰温泉度假村

●温泉疗养、休闲度假的绝佳场所

盈泰温泉深1580米，出水温度42.8度。水质清澈柔滑，富含氯、钠、钙、镁、铁、氡等矿物质。园内四季如春、绿水长流、鲜花盛开、风光迷人。度假区设有沙滩摩托车、沙滩风帆车、大型沙滩气模等沙滩项目以及拖曳伞、充气浮床、游泳等海上项目。

滕州市区南3千米104国道西。

从滕州总汽车站坐20路公交终点站即到。

128元。

亲历者◎攻略

水上人间是生态温泉度假村最有趣的娱乐项目。在6万平方米的水面上，设有人造海浪沙滩

浴场、41米长的高空激情滑道、时尚新颖的卡丁车场、急流勇进的漂流河、CS反恐模拟战场以及乒乓球和跆拳道两个健身场馆。

台儿庄古城 AAAAA

●台儿庄大战的遗址

台儿庄处于京杭大运河的中心点，是著名的江北水乡、运河古城。与江南水乡相比，台儿庄古城多了一份历史韵味和历经战火的沧桑。一九三八年发生的台儿庄大战，使这座古城化为废墟，如今，在重建后的台儿庄能仍看到五十多处战地遗址。

枣庄市台儿庄区运河北岸路与康宁路交汇处路南。

坐高铁或动车至枣庄站(高铁站)下，乘坐BRT快速公交B10线(行程约1个多小时)直达台儿庄古城。

¥ 旺季(3月1日~11月30日)：日场160元，夜游100元；淡季(12月1日~次年2月末)：日场120元，夜游100元。

亲历者◎攻略

台儿庄地处山东和江苏两省交界处，这里可体验到鲁南风情和苏北民俗，你会看到挑着担的货郎摇着拨浪鼓穿街而过、听到卖冰糖葫芦的小贩儿响亮地吆喝着，你也可以去听一出运河大鼓、赏一曲柳琴戏。

曲阜东部景点

沂水雪山彩虹谷

●彩虹谷营造出浓浓的江南风情

雪山彩虹谷景区主要有雪莲湖、彩虹谷、情人谷、欢乐谷、迷彩谷、摸鱼池、滑草等主要景点，是集观光、休闲、娱乐、游玩、度假、于一体高档旅游区。

彩虹谷是景区的主体景观。景区通过实施人工降雨利用阳光折射，创造晴天观彩虹的美景，游客走进彩虹谷，头顶雨雾缭绕，脚下溪流潺潺，空中彩虹环绕，加上景区的亭、台、榭建筑陪衬，使人顿生进入梦幻般的江南水乡感觉。

沂水县沂水镇东郊。

可在车站乘坐公交车直达景区。

¥ 旺季(4月~10月)成人票88元，淡季(11月~次年3月)成人票68元。

沂蒙山旅游区 AAAAA

●素有“岱宗之亚”的美誉

沂蒙山是泰沂山脉的两个支系，指的是以沂山、蒙山为地质坐标的地理区域，这里不仅是革命老区，还是是世界文化遗产齐长城所在地、世界著名养生长寿圣地。包含蒙山云蒙景区、龟蒙景区、沂山景区三个景区。其中，龟蒙是养生旅游区；云蒙是生态旅游区。

云蒙景区位于临沂市蒙阴县，龟蒙景区位于平邑县。

从蒙阴县城汽车站可乘公共汽车直达景区。

¥ 云蒙景区80元，龟蒙景区80元。

沂水地下大峡谷旅游区

●一座风貌奇特的溶洞王国

洞穴沿290-320度方向延伸，由一条西北－东南走向的巨大喀斯特裂隙发育而成。洞内有一河、九泉、九宫、十二瀑、十二峡等景观100余处，构成了一幅气势恢宏的洞中峡谷雄奇画卷，令人叹为观止。

沂水县姚店子镇。

¥ 96元，地下河漂流50元。

亲历者◎指路

公共交通：乘车前往沂水县，在沂水车站乘前往姚店子的车，在沂水大峡谷下车即到景区。

自驾车路线：沿京沪高速行驶，在蒙阴出口下，再转沂水方向。

亲历者◎攻略

1. 售票点距离大峡谷入口太远。步行大约需要20分钟的时间，景区提供电动车三轮乘坐，20元/人。一路上没有路标指示，行走路线：从售票处左边的那条路上去，不进庙走庙左边的路，下去后左拐一路前行，再到路口右拐就可以看到大峡谷入口处了。另外大峡谷入口处提供补票服务。

2. 游览大峡谷只要半天就可以，如果只是游览大峡谷，其实可以不住宿。如果住宿，可供选择的宾馆有沂河山庄、寰宇大酒店、商业宾馆、银都大酒店等。

3. 沂水县城当地有名的小吃有沂蒙光棍鸡、红烧兔子头等。

沂水天然地下画廊景区

●被众多国内地质专家誉为江北第一溶洞

天然地下画廊溶洞总长6600米，距今至

少有两亿年之久，洞内的奇特景观至少要有几百万年才能形成，是宝贵的地质遗产。溶洞内钟乳遍布，石笋林立，恰似一座神奇的地下艺术宫殿。整个画廊气势磅礴，石乳、石笋、石柱、石葡萄、鹅管、飞瀑等各类象形钟乳石，参差错落、千姿百态，向人们展示着一幅幅百万年来从未示人的神秘画卷。

沂水县院东头乡留虎峪村。

60元。

沂水地下萤光湖旅游区

●一处著名的地下萤火虫水洞神秘世界

萤光湖是目前国内发现的最大规模的黄黑翅萤火虫聚居地下溶洞。萤光湖内曲径通幽，行船览胜，如入仙境。有湖光山色、星际梦幻、金姑仙影、幽谷星河、穿越时空等5个景段60余处景点。洞内不但有大量的钟乳、奇石等奇特景观，而且还生活着一种萤火虫，这种萤火虫布满在洞顶犹如晴朗夜空中闪烁的星星，成千上万，形成了一种奇妙的景观。

沂水县城密山下。

京沪高速—日东高速—沂南出口下—227省道向北行驶—至沂水县城—229省道向西南方向行驶约20千米—右拐行驶约8千米—院东头乡，即可到达沂水地下萤光湖景区。

96元，与大峡谷联票150元。

0539-2558888。

亲历者◎解说

大多数人都误以为，萤火虫的成虫只在夏天出现。其实，萤火虫成虫最多的季节往往是在晚春、初夏或秋天。

住宿

曲阜最高档的宾馆三星级阙里宾馆，门市价要400元。二星级宾馆有位于市中心静轩路1号的曲阜大成集团旅游宾馆及城南雪泉路上的杏坛宾馆等。

曲阜不挂星级的宾馆、招待所很多，一般标准房的价格在90至150元之间，公共卫生房一般15元/床。

购物

曲阜盛产的曲阜香稻、果旦杏、矿泉水被誉为“曲阜三宝”。生产的孔府家酒、楷雕如意、全毛地毯、龙头手仗和尼山石砚被誉为“鲁中五绝”。

孔府宴：是当年孔府接待贵宾、袭爵、祭日、生辰、婚丧时特备的高级宴席，是经过数百年不断发展充实逐渐形成的一种独具风味的家宴。

孔府糕点：也像孔府宴一样，是源远流长、世代相传的一种独具风味糕点。特别是明、清两代，孔府糕点要比市面上出售的名点好得多。孔府的糕点讲究现吃现烤，求其色、香、味、形俱佳。

民俗

接北斗：传说孔子是天上的魁星下凡，孔府里有七座楼摆成北斗星的形状，称为“明七星”，表示孔府和天上的北斗星相接。每年农历八月初四日，衍圣公都要祭北斗星，名为“接北斗”，以示孔府与天上的联系不断，确保孔府“同天并老”。

二人斗：在济宁市任城区长沟镇回林村，活跃着一支民间艺术剧目“二人斗”，一人扮演，栩栩如生，引人入胜。表演者把道具——容貌奇特、面目怪异、搂抱在一起打斗摔跤的“小鬼”套在身上，随着表演者的腾、挪、跌、宕、侧翻、后转、仰俯、横卧等动作，从不同角度展现出两个小鬼打斗的姿势形态，逼真感人，栩栩如生。

山头花鼓戏：民间演唱艺术。历史比较悠久，可追溯到明朝嘉靖年间。在邹城市流行演唱的花鼓戏以大束镇山头村最为有名，距今已有160多年的历史，被誉为山头花鼓戏。

青岛

青岛岬湾相间，沙软滩平，海岸曲折，城伴海生，海增城色。崂山山险峰秀，窅旷幽远，鬼斧神工。八大处是欧式建筑，造型别致，红顶石墙，精巧玲珑，各具风韵；宗教建筑别具韵味，市区的天主教堂、崂山的道观庙院、珠山佛寺尼庵等建筑造型迥异，气氛庄严肃穆、空灵圣洁；名人故居多而密集，国内罕见。

面积：11064 平方千米
人口：771 万
区号：0532

亮点

必游景点

- **八大关：**最能体现青岛“红瓦绿树、碧海蓝天”特点的风景区。
- **崂山：**崂山是我国著名的道教名山，素有“海上名山第一”之称
- **栈桥：**青岛旅游的城市名片，见证着青岛百年城市发展的历史。
- **小青岛：**小青岛就像一把小提琴漂浮在海面上，“琴宇飘灯”是青岛十大美景之一。
- **五四广场：**广场主体雕塑《五月的风》成为青岛新的标志性旅游景观。
- **五莲山旅游风景区：**以奇、秀、险、怪、幽、旷、奥七大特色著称。

线路推荐

- **青岛市内三日游经典线**

D1：乘游艇海上观光—天主教堂—栈桥—天后宫—小青岛公园—海军博物馆—海底世界—小鱼山公园—康有为故居—第一海水浴场—八大关。

D2：音乐广场—五四广场—奥帆赛场—极地海洋世界—东海路雕塑一条街—海滨雕塑园—青岛博物馆或海尔科技馆—崂山北九水。

D3：白天游崂山，傍晚安排中山路或台东步行街购物。

↓青岛奥帆基地

交通信息

飞机

青岛流亭国际机场位于青岛市城阳区流亭街道境内，距市区 23 千米。现拥有多条国内外航线。市区有巴士专线和公交车直通机场。

火车

青岛火车站位于栈桥附近，是一座漂亮的哥特式建筑风格，出火车站就能看见海，从火车站往前步行 8 分钟就直接到栈桥。

青岛海滨风景区

八大关

●有“万国建筑博览会”之称

八大关是最能体现青岛“红瓦绿树、碧海蓝天”特点的风景区，它是由十条马路纵横交错，形成一个方圆数里的风景区。八大关内的建筑集中了俄、英、法、德、美、日、丹麦等 20 多个国家建筑风格，有“万国建筑博览会”之称。

“八大关”的特点，是把公园与庭院结合在一起，十条马路两侧到处是郁郁葱葱的树木、四季盛开的鲜花。人行道树种各异，如韶关路全植碧桃，春季开花，粉红如带；

正阳关路遍种紫薇，夏天盛开；居庸关路是五角枫，秋季霜染枫红，平添美色；紫荆关路两侧是成排的雪松，四季常青；宁武关路则是海棠……从春初到秋末花开不断，被誉为“花街”。

汇泉湾以东，浮山湾以西，北抵太平山南麓，南临太平湾。 乘 26、31、202、212 路公交可到八大关。

栈桥

●青岛旅游的象征

栈桥位于青岛湾中，与市内最繁华的中山路成一条直线，由海岸前伸入海，素有“长虹远引”之美誉。

栈桥初建于光绪十八年（1892 年），现宽 8 米，全长 440 米。桥南端筑半圆形防波堤，堤内是一座具有民族风格的两层八角亭，金瓦朱壁，盔顶飞檐，题名“回澜阁”。

桥北沿岸辟为栈桥公园，园内青松碧草，花木扶疏，并设有回廊石椅，与沙滩礁石浑然一体，相映成趣，入夜，华灯齐放，桥上、岸上如株株玉兰盛开，水中波光粼粼，与远处的“琴屿飘灯”遥相辉映。

青岛市太平路 12 号。

乘 2、5、6、8、25、301 路公交即到。

旺季 7:00~19:00，淡季 8:00~17:30。

五四广场

●青岛新市区的标志性建筑

五四广场因青岛为中国近代史上伟大的五四运动导火索而得名，意在弘扬五四爱国精神激励人们奋发图强，迎接新世纪的到来。

广场主体雕塑《五月的风》高 30 米，直径 2 7 米，采用螺旋向上的钢体结构组合，以单纯洗炼的造型元素排列组合为旋转腾升的“风”之造型，充分体现了五四运动反帝反封建的爱国主义基调和张扬腾升的民族力量。

青岛市市南区。

乘 25、26、31、202、304 路车在市政府站下车南行。

第二海水浴场

●婚纱摄影的最佳地点之一

浴场由宁武关路入口处分为东西两部分，采取封闭式管理，除夏季外，其他季节可自由出入。该浴场坡缓、沙软、浪小、水净，岸滩面积大，许多国际友人常在此日光浴。浴场西部海滩多鹅卵石，千姿百态，吸引众多游人前来采拾。

太平湾内。

市内可乘坐 214、219 路公交车到终点站东海国际大厦站下车，步行前往即可。

金沙滩景区

●号称“亚洲第一滩”

金沙滩位于青岛开发区东南，南濒黄海，呈月牙形东西伸展，全长 3500 多米，宽 300 米。水清滩平，沙细如粉，沙质为金黄色。金沙滩是我国沙质最细、面积最大、风景最美的海水浴场之一，号称“亚洲第一滩”。

青岛开发区薛家岛街道办事处金沙滩。

附近公交车站：1 路：黄岛轮渡至金沙滩，时间 5:10~21: 40；18 路：黄岛轮渡至金沙滩，时间 6:00~21: 40。 全天。

青岛市区景点

青岛天主教堂

●中国唯一的祝圣教堂，青岛最大的哥特式建筑

教堂平米呈十字形，正面高 30 米处设有平台。两侧有两座对称而又高耸的钟塔，高度为 60 米，塔内上部悬有四个巨大铜钟，钟声悠扬和谐。该教堂结构以钢筋混凝土与花岗石结合而成，屋顶覆盖舌头红瓦。其气势庞大，且又古朴典雅。堂内大厅宽敞明亮，顶棚悬有七个大吊灯，后方设有祭台，配之穹顶的圣像壁画，堪称庄严美观。

青岛市市南区中山路东侧。

乘 6、8、221、228 路公交在湖水路口总站下车。

10 元。 0532-2865960。

平时 8:00~17:00，周日 12:00~17:00。

青岛天幕城

●天幕电影和水幕景观美轮美奂

青岛天幕城是市北区一座集旅游、餐饮、

↑青岛天主教堂

娱乐、休闲等多种功能于一体的大型特色综合体。城主干道两侧，浓缩了青岛胶澳总督府、亨利王子饭店、花石楼等青岛最著名的历史建筑景观。城中有街、街中有城、城街一体。在城内空中，营造出了“旭日东升、正午当空、夕阳红霞、午夜星辰”的自然景观，翘首灿烂朝霞、仰望蓝天白云、远看绯红晚霞、遥望璀璨星空，让人如临仙境。天幕城内有800多平方米的水幕墙，形成晶莹剔透的帘幕。

青岛市市北区辽宁路80号。

乘2、8路公交即到天幕城。

青岛国际啤酒城

●一年一度的青岛国际啤酒节的举行地

啤酒城位于香港东路与海尔路交叉路口，占地35公顷，分南、北两大功能区。南区为娱乐区，北区为综合区，现在到啤酒城的游乐项目除喝啤酒外还可以进行大型游乐活动，北部综合区已建成大型游乐场——环宇世界，内有许多国际先进流行的游乐设施，最出色的就是双向往复式过山车（听说是全国唯一可以倒着开的过山车）。

青岛市崂山区香港东路。

乘104、301、304、311、312、313、321路车海尔路下车 啤酒节期间还有专线车。

旺季(4月1日~10月31日)60元，淡季(11月1日－次年3月31日)50元。

8~9月。　0532-88890241。

亲历者◎解说

青岛国际啤酒节始创于1991年，每年8月的第二个周末开幕，为期16天。

青岛极地海洋世界

●海洋公园

青岛极地海洋世界一期工程拥有极地动物表演馆和欢乐剧场两个场馆。其中极地动物表演馆建筑面积4.8万平方米，充满异域风情的冰雪溶洞、雪屋雪橇，从不同角度展现了两极地区的风土人情和自然风貌。在这里，游客能近距离的观赏到白鲸、北极熊、企鹅、海獭、北海狮等十几种、上百头国内罕见的珍稀极地动物以及上千种珍稀海洋鱼类，让人仿佛置身于真实纯净的极地世界。

青岛市崂山区东海东路60号。

市内乘104、321、501、304路等公交车在徐家麦岛站下车；317、11路等公交车在极地海洋世界站（原海豚馆站）下车。

旺季(4月~10月)190元，淡季(11月1日~次年3月)170元，门票包含极地馆与欢乐剧场门票。

上午8:00~下午6:30（下午6点停止售票）。

0532-8588237、89091888。

青岛远郊景点

小珠山

●以佛教文化、齐文化、森林娱乐、休闲观光等功能为主

小珠山系崂山余脉跨越胶州湾向西南延伸的支脉，为花岗岩山地。小珠山有大裂谷、石林、天梯、天桥、瀑布石等奇峰怪岩，有可容纳上百人的白石洞等。小珠山起伏跌宕的峰峦呈现多姿多彩的景象，故又被称为“青岛小黄山”。林中幽谷景色最美，遍地细软柔嫩的结缕草，蔓延达数千米。谷地其间有涓涓细流，山坡上遍植板栗、山楂、杜鹃、甜杏、石榴等，犹如世外桃源。

崂山风景区 AAAAA

●海上第一名山

崂山是是我国海岸线第一高峰，有着海上“第一名山”之称。山海相连，山光海色，正是崂山风景的特色。崂山的海岸线长达87千米，沿海大小岛屿18个，构成了崂山的海上奇观。崂山还是我国著名的道教名山，过去最盛时，有“九宫八观七十庵”，全山有上千名道士。

青岛市崂山区。 巨峰游览区旺季(4月1日~10月31日)80元、淡季(11月1日~次年3月31日)50元；流清、太清、棋盘石、仰口游览区旺季90元、淡季60元。北九水游览区旺季65元、淡季40元。

亲历者◎解说

目前崂山游览线路主要有四条，其中陆路三条（南线，东线，中线），水路一条。

1. 南线：由香港东路或东海东路向东经沙子口、登瀛、流清河奔太清宫，主要游览太清景区。如果时间允许，可再去上清景区或去巨峰景区；也可去棋盘石景区。此条游览路线距离近，可观几个著名景点，并可当天轻松往返。乘坐旅游专线车或公交车104路，113路，304路公交车游览此线都十分方便，可减轻登山之劳累。

2. 东线：由李沧区李村出发，先向北转东，经惜福、王哥庄到仰口，主要游览仰口景区。如果早晨出发时间较早，游览行程紧凑，剩余时间较多，可向南游览棋盘石景区或直奔太清景区由南线返回。根据同行人员数量，包乘中巴车或出租轿车，一日内可游完东线和南线主要景点。如果乘123路、312路、106路公交车，一般只能游览东线。

3. 中线：也是由李沧区李村出发，向东经北龙口转北，经北宅、乌衣巷赴北九水景区。若时间允许，此线可于途中游览华楼景区；亦可驱车经柳树台攀巨峰，步行过潮音瀑亦可达巨峰。由大崂观可转赴仰口景区。可包乘出租车或乘107路、110路、311路、365路公交车抵达。

北九水风景区

●不到北九水，不算游崂山

崂山北九水为崂山山泉汇流而成，源自崂山主峰巨峰顶的“天之泉”。北九水游览区分“内九水”和“外九水”，外九水从位于大崂观以东的孙家村村头的菊湾开始到北九水的滚水桥止，全长6.5千米。内九水自滚水桥开始上朔到超音瀑下靛缸湾止，全长3千米。游人在鱼鳞峡就能听到流水的轰鸣声，那就是“九水画廊”的最后一景——潮音瀑。

旺季65元 淡季40元。

亲历者◎指路

在青岛市南区，乘311路公交最方便，终点站即是，全程1个半小时到2小时，一天六班车，上午、下午各三班。

仰口风景游览区

●主要特色是仙山宫殿和海湾沙滩

以仙山宫殿和海湾沙滩景观为主要特色，主要有太平宫、白龙洞、犹龙洞、白云洞、关帝庙等道教人文景观，上苑山、狮子峰、觅天洞及仰口雕龙矶、峰山岬角等自然风光。仰口海滩宽阔平展，沙质优良，海水澄碧，是理想的海水浴场。这里还是观日出的好地方，在有名的狮子峰巅可欣赏动人的奇观“狮峰宾日”，在峰下则可仰观迷人的胜景“狮岭横云”。

青岛市黄岛区灵山卫镇西北部。

乘 13、12 路公交即到。

45 元。

田横岛旅游度假村

●青岛十大景观之一

田横岛总面积 1.25 平方千米，海岸线长 8 千米，距离陆地 3 千米，离青岛码头 68 千米。田横岛自然景观有：奢龟石、老仙洞、狮身人面石等。田横岛顶上，五百义士墓气势非凡，环岛周围的催诏、悬羊击鼓等田横遗址与附近的六七个岛屿如众星捧月簇拥着田横岛，构成该岛丰富的旅游资源。田横砚是该岛一大特产。

即墨市东部的黄海中。

可乘坐济南、潍坊、青岛至田横岛的旅游专线车，也可从济青高速路、烟青一级路直达。最佳旅游季节：3-11 月。 10 元。 7:30~17:30。

日照旅游区

五莲山风景区

●被宋代大文学家苏轼赞誉为“奇秀不减雁荡”

五莲山风景名胜区，由五莲山、九仙山两景区组成。景区内自然景观和人文景观众多，以奇、秀、险、怪、幽、旷、奥七大特色著称。

五莲县叩官镇。

日照到五莲的车途经。

78 元。

0633-5231708。

万平口海滨风景区

●最能代表日照市“蓝天、碧海、金沙滩”特色

景区以优美宜人的自然环境、湿润清新的空气、宽阔洁净的沙滩、清澈透明的海水和明媚灿烂的阳光著称于世。生态公园是景区的中心区域。日照著名的灯塔景区也位于其中。

日照市东港区东郊 2 千米。

可以乘坐 1、5、6、8 路公交和北沿海旅游专线到万平口风景区下车。

¥ 万平口景区包括里面的第二海水浴场都是免门票的。

海滨国家森林公园

●被誉为"东方的夏威夷"

公园依山傍海，林海相依，森林覆盖率75.8%。公园有森林旅游区、海滨娱乐区、疗养度假区和太公文化区4个旅游功能区，包括了水下鲨鱼馆、姜太公纪念馆、海水浴场、森林演艺广场等景点，还开展了多人骑自行车、欧式马车、游览观光车、沙滩车等游乐项目。公园里最值得骄傲的是长达7千米的黄金海岸。

日照市东港区两城镇。

乘市内旅游车即到景区。

¥ 60元。

住宿

翠文天成宾馆： 位于海滨城市青岛老城区内，是一所"百年德国别墅式公寓楼"，毗邻"百年老街"中山路；与"观象山""观海山""青岛山"遥遥相望。电话：0532–82807561。

万丽海景度假公寓（火车站栈桥店）： 南区北京路38号，价位在380元左右，电话：15092141092。

餐饮

青岛被誉为"鲁菜发祥地"，口味咸鲜。传统的青岛宴席有一定的讲究，常见的有"四一六""四二八"规格。吃海鲜要看季节，春季和夏季是最好的季节。

青岛美食聚集地

劈柴院： 2008年11月15日，修缮一新的青岛市百年"劈柴院"重新开门纳客。改造后的劈柴院保留了原有的18家特色小吃，还引进了40多家特色美食。

天幕城： 天幕美食城长约540米，建筑面积达10万平方米，营业面积7万平方米，来自全国各地的店铺20多家。

闽江路美食街： 由闽江路和云霄路两条美食街组成，在这里，不仅可以品尝到正宗青岛本邦以海鲜为主要原料的鲁菜系列，国内其他所有菜系也各有店铺落户这一街区。

购物

青岛的土特产主要是海鲜，有名的有海参、鲍鱼、扇贝、海蛎等等。此外，青岛啤酒、即墨老酒、崂山云峰茶等闻名于世。贝雕、草制品、绣花制品、虎皮鹦鹉、崂山百合等传统工艺品，极具地方特色。

中山路

老牌商业街，最近新建景点有青岛星光大道和青岛之门。在中山路北头的高密路和海泊路，也是购物的好地方。这里有很多的外贸小店，可以淘到一些东西，而且东西也不错，

台东商业步行街

以台东三路步行街为中心，向西南有女人街、婚纱一条街和常年夜市；向东北有各种饭店和练歌房。

民俗

胶澳锣鼓： 一种民间锣鼓，艺术历史悠久，鼓曲优美，段落丰富，节奏明快，欢腾豪放，深受齐鲁传统文化影响，在中国民间具有独特风格。

大秧歌： 流行百多年的民间歌舞。逢喜庆时，秧歌队]走街串巷到处演出，受到人们欢迎，在国内较有影响。胶州大秧歌又叫地秧歌，讲究舞蹈程式和配器。即墨秧歌，重唱舞，场面巧妙多变。崂山秧歌多取材戏曲故事，风趣幽默。胶南秧歌以民间小戏、折子戏见长，生动活泼。

烟台→威海

烟台，是我国最早的通商口岸之一。她在20世纪初的繁华艳丽已成为过去，但在新的世纪中，这颗黄海明珠正以最快的速度重新找回蒙尘的光泽。

依山傍海的威海是座美丽的花园城市。这里三面环海，风景秀丽，空气清新，是我国第一个国家卫生城市、被联合国确定为"改善人居环境全球最佳范例"城市之一。

烟台

面积：13654 平方千米

人口：652 万

区号：0535

威海

面积：5797 平方千米

人口：254 万

区号：0631

亮点

必游景点

- **蓬莱阁**：中国四大名楼之一，被誉为"人间仙境"。
- **牟氏庄园**：庄园规模庞大，气势恢宏，被誉为"中国民间小故宫"。
- **长岛旅游区**：中国最佳避暑胜地和中国十大海岛，烟台旅游的首选地。
- **刘公岛**：既有汉代刘公刘母的美丽 传说，又有清朝北洋水师及甲午战争等大批遗址。
- **乳山银滩**：绵延 20 余公里，被誉为"天下第一滩"。

↓烟台蓬莱阁

线路推荐

● 烟台经典一日游

A 线：烟台山—毓璜顶公园—博物馆—南山公园—塔山竞技游乐城—黄海游乐城。

B 线：蓬莱阁—田横山—水城。

C线：长岛（月牙湾、九丈崖、望夫礁、林海公园）。

● 烟台岛屿二日游

D1：长岛—宝塔礁—长岛历史博物馆—九丈崖—仙境源—月牙湾公园—芝罘岛—芝罘阳主庙—崆峒岛—屺姆岛。

D2：屺姆岛—崆峒岛—万鸟岛—养马岛旅游度假区。

● 威海 一日游

刘公岛博览园—甲午海战演示厅—望海楼—中华海坛—英租历史博物馆—甲午战争博物馆—龙王庙—丁汝昌寓所。

交通信息

飞机

烟台蓬莱国际机场坐落于烟台市区与蓬莱市的中间，距烟台市中心约 43 千米，以国内航线为主，此外还有飞往香港、首尔、釜山等地区及境外城市的航线。烟台市大海洋路的民航售票处有机场巴士可到机场。

威海国际机场是威海市唯一的机场，现开通北京、上海、广州、沈阳、哈尔滨、长春、延吉、成都、西安、济南等城市航线。

火车

烟台有烟台站和烟台南站两个火车站，

均同高铁。

威海有两个火车站：威海火车站和威海北站，两个车站均通高铁。

蓬莱阁旅游区 AAAAA

●素有仙境之称

传说蓬莱、瀛洲、方丈是海中的三座仙山，为神仙居住的地方，自古便是秦皇汉武求仙访药之处。广为流传的“八仙过海”的神话传说，便源于此。相传吕洞宾、铁拐李、张果老、汉钟离、曹国舅、何仙姑、蓝采和、韩湘子八位神仙，在蓬莱阁醉酒后，凭借各自的宝器，凌波踏浪、飘洋渡海而去，留下“八仙过海、各显其能”的美丽传说。

蓬莱市迎宾路59号。

从烟台乘坐到蓬莱汽车站的长途车(行程约1小时)下车即到景区。

140元。

7:30~17:00。

0535-5643012。

亲历者◎攻略

住宿：蓬莱是个名副其实的旅游城市，在蓬莱阁周边1千米的范围内，遍布大大小小的旅馆和饭店。蓬莱阁宾馆古色古香，离蓬莱阁非常近，出了大门往北100米左右是浩瀚的大海，抬头左望，就是蓬莱阁。除此之外，八仙居度假村、银蓬培训会议中心也是理想住处。

美食：这里有著名的蓬莱小面、蓬莱卤驴肉、八仙宴、真鲷、对虾、刺参、皱纹盘鲍、栉孔扇贝、褶牡蛎等风味特产。路边街头有各种烧烤和风味小吃，游客可尽享旅游度假之闲情雅致。蓬莱又是水果之乡，盛产苹果、葡萄、梨、桃、大樱桃、银杏、板栗、山楂等20多种果品，饭前餐后尝之，想必味道奇佳。

蓬莱阁

●我国古代四大名楼之一

蓬莱阁位于天后宫西北丹崖绝顶，为双层木结构楼阁建筑，建于宋嘉祐六年（1061），与滕王阁、岳阳楼、黄鹤楼齐名。它坐北朝南，东、西两侧前方各筑偏房、耳房，对称分布。耳房亦做门厅，有道路联结偏房及登阁石阶。

亲历者◎解说

除了欣赏古代建筑、石刻外，这里也是观海景的最佳地点，海市蜃楼出现时，这里也是最佳的观察点。

三仙山景区 AAAAA

●如梦如幻的仙境之美

三仙山毗邻八仙过海景区，是一座以道教文化为核心的主题景区。景区内建有气势雄伟的亭台楼阁、金碧辉煌的飞檐翘角，再现了神话中“三仙山”的意境。

园内有珍藏的木雕、玉雕等艺术珍品，其中以一尊世界上最大的缅甸水白玉冰种释迦牟尼卧佛像最为珍奇。

烟台市蓬莱市海滨路9号。 120元。

平日：9:30~18:00，逢周六、日：9:30~22:00。

八仙过海景区 AAAAA

●拜访神话穿梭中的福地

八仙过海景区是神话传说中八仙过海的地方，景区内以“八仙过海”的传说为主题，建有仿古亭阁与园林，你可以在此拜仙祈福、感受浓郁的道教文化氛围，也可以随处都能欣赏海景。

景区内有八仙桥、仙源楼、八仙祠、拜仙坛等建筑。八仙桥的前后各有一座牌坊，第一座牌坊的上额正面与背面分别刻有“八仙过海口”和“人间仙境”九个大字，均为北宋大文豪苏东坡的手迹。

烟台市蓬莱市海滨路8号。

80元。

夏季6:30~17:00，冬季7:00~17:30。

烟台市区景点

金沙滩

●素有“中国北方第一海滩”的美誉

沙滩长10000米、宽60~180米，沙砾幼细，色泽金黄，面积广大，坡度平缓，是进行日光浴、沙滩排球等沙上活动的极佳之地。沙滩北侧的海水，清澈平缓、湛蓝纯净。春

↓金沙滩

天风和日丽，景色秀美；夏日水平浪静，海似锦缎；秋末波涌浪翻，玉飞珠溅；冬季激浪排空，蔚为壮观。这里夏季中午水温25℃左右，是我国最优良的天然海水浴场之一。

烟台经济技术开发区北部。

乘坐28路公交即到。

全天。

0535-6381108。

张裕酒文化博物馆

具有世界级水平的专业博物馆

张裕酒文化博物馆是由酒文化广场、百年地下大酒窖、综合大厅、历史厅、影视厅、现代厅、字画厅、珍品厅、休闲购物厅、会议接待厅、信息网络中心、营销中心和现代化办公区组成。张裕酒文化博物馆主体面积近4000平方米，总建筑面积约为10000平方米，博物馆景区占地面积约为30000平方米，大酒窖占地面积2666平方米。

烟台市芝罘区大马路56号。

乘3、17、路公交车到大马路下车即可到。

50元　8:00~17:00（淡季），8:00~18:00（旺季）。

烟台郊县景点

养马岛

素有“东方夏威夷”之美称

岛上丘陵起伏，草木葱茏，山光海色，秀丽如画。海岛呈东北西南走向，地势南缓北峭，岛前海面宽阔，风平浪静。岛后群礁嶙峋，惊涛拍岸；东端碧水金沙，是优良浴场。西端水深浪小，是天然良港。岛上气候宜人，冬无严寒，夏无酷暑。岛四周盛产海参、扇贝、鲍鱼、对虾、牡蛎、天鹅蛋等海产品，久负盛名。

烟台市以东25千米，牟平城区以北9千米的黄海之中。

牟平至养马岛有旅游专线车。

西游记宫15元，封神榜宫15元。

0535-4763712。

亲历者◎攻略

养马岛物产丰富，各类店堂名吃也是吸引国内外诸多游客前来的因素之一。像久负盛名的一道菜——“乌龙戏珠”，就是采用养马岛特产黑刺参及鹌鹑蛋、大樱桃等加工制作而成。10个黑刺参如同乌龙，拱绕着20颗红白相间的“龙珠”戏耍其间，令人赏心悦目，食欲大增。其他诸如“珍珠白汁嘉吉鱼”“三吃大虾”“芙蓉原壳天鹅蛋”“鸳鸯天鹅汤”等皆为海内外游客所青睐。而坐落于养马岛的海鲜一条街将会让您品尽各种生猛海鲜。

长岛

四面绕海、煽情水秀，自然风光优美

长岛，历称庙岛群岛，又称长山列岛，由32个岛屿组成。可在岛上从南至北游览林海、峰山、仙境源、望夫礁、月牙湾、九丈崖6个景点中的主要景观。也可以根据需要乘坐仿古大帆船游览万鸟岛、妈祖庙、高山岛、砣矶岛等海上景观。与渔民一起参与海上劳作，亲身体验做渔民的感受也会是很有意思的事情。

烟台市长岛县。

所有的交通必须先到蓬莱港，然后坐船去长岛。

门票：分为“陆上游专线”和“海上游专线”。陆上游专线有：长岛风景区全线通票180元（三日有效）；北线通票1；南线通票120元（两日有效）。

烟台山

烟台标志性景区

烟台山位于烟台市芝罘区北端，占地420余亩，海拔42米，东、北、西三面环海。这里不仅具有秀美壮观的海滨自然风光，而且是不同历史时期、不同性质的文物荟萃地。

↓长岛

烟台山已成为烟台市最具历史文化特色和自然景观特色的文化旅游景区。

烟台市芝罘区历新路。

市内乘43、3、46路公交车均直接抵达。

夏季6:00~19:00，冬季7:00~17:30。

旺季50元 淡季30元。 0535-6632846。

牟氏庄园

●被专家学者称为"百年庄园之活化石"

牟氏庄园是中国北方规模最大、保存最完整、最具典型特征的封建地主庄园。它由清代北方头号大地主牟墨林及其后世子孙不断扩建，至1935年形成现在的规模。

整个庄园占地2万多平方米，分三组六院，共有厅堂480多间，均沿各自南北中轴线自前而后依次建造，前厅、主楼、小楼、北群房和东西厢房，构筑起四到六进院落，四周以群厢或围墙包围起来。

栖霞市北庄园南街6号。

80元。 8:00~17:00。

0535-5211694。

龙口南山风景区 AAAAA

●圣地重光，世外桃源

景区内的南山禅寺、香水庵、灵源观、文峰塔、南山古文化苑等景点均是晋代以后遗迹遗迹。景区内还建有景色怡人，极具挑战的绿草如茵的27道南山国际高尔夫俱乐部球场，与整个风景区配套建设的南山康乐宫、南山宾馆、南山文化会议中心，南山庄园葡萄酒堡等，形成了功能齐全的度假休闲、旅游观光、餐馆娱乐，会议接待服务体系。

龙口市黄城南偏西7千米处。 120元。

夏秋7:30~18:00，冬春7:30~17:30。

0535-8626868。

亲历者◎攻略

进门之后可以先爬南山大佛，记住"不走回头路"，然后去南山禅院转转，再就是中华历史文化园。捷径（适合徒步旅行）：进了门后，走消防通道，不要走那些正道，太远，一般坡很陡，但是很近的，应该是远古石屋，有民俗表演的，然后去药师玉佛殿祭拜，还有热带雨林。还有月老，很难找到，在福囍广场东边的角落，票是通票，一般没有小票，个别的也没有价值。

威海旅游区

刘公岛风景名胜区 AAAAA

●中国近代第一支海军"北洋水师"的诞生地

刘公岛宛如一颗璀璨的明珠镶嵌在碧波荡漾的威海湾内，其北部海蚀崖直立陡峭，南部平缓绵延，森林覆盖率达87%，素有"海上仙山"的美誉。刘公岛历史悠久，人文景观丰富独特，既有上溯千年的战国遗址、汉代刘公刘母的美丽传说，又有清朝北洋水师及甲午战争等大批遗址。

威海市环翠区刘公岛。

距市区旅游码头2.1海里，乘旅游船20分钟便可到达。

138元（含船票）。

亲历者◎攻略

刘公岛的美食以烹制海味而著称，特别是海鲜货、小海货的制作更具特色。菜肴特别讲究刀工、拼摆花样、火候和味道，以清鲜、脆嫩、原汤原味见长。主要风味菜有红烧海参、手扒对虾、芙蓉干贝、红烧海螺、油爆"天鹅蛋"、姜汁螃蟹、清蒸加吉鱼、油炸万寿菜、威海清汤等。

成山头旅游区

●被誉为"中国的好望角"

旅游区位于胶东半岛，荣成成山山脉的最东端，故而得名"成山头"。成山头三面环海，群峰苍翠连绵，大海壮阔辽远，是中国最早看见海上日出的地方，被誉为"中国的好望角"。主要有海驴岛、天鹅湖、花斑彩石、俚岛海滨、成山林场等著名景点。

荣成市成山卫镇。 六景区中任两个联票为100元，任四个联票为180元，总联票为260元。

赤山风景名胜区

●佛教圣地、森林公园、大明圣境、海岛民俗

赤山是神秘、纯净、令人向往的佛教圣地，更有神秘、圣洁的漫山红叶。山因石赤而得名，以英雄、禅道、海韵、圣境而著称。现有法华院、极乐菩萨界、赤山禅院、法华塔、大明圣境（赤山明神）、等十大景观区，48 处景点。

荣成市石岛镇。 成人 135 元 儿童 70 元。

0631-7326666。

威海华夏城 AAAAA

●展示东方古典文化的魅力

华夏城东临威海火车站，是一座展示东方古典文化为主的大型文化景区。在华夏城，你可欣赏气势宏大的圣水观音音乐喷泉表演，或在尽显南北古典建筑元素精华的仿古展馆“夏园”中漫步，还可以观看精彩的杂技、马战、武术表演，而晚上的大型山水实景演艺《神游华夏》绝不容错过，定能震撼你的心灵。

威海市环翠区华夏路。

乘公交车至华夏城景区即可。

98 元，演出票价有 188、288、388 元。

住宿

烟台

太平洋大酒店 / 市府前街 74 号 /0535-6588866。

亚细亚大酒店 / 南大街 116 号 /0535-6588888。

丽景海湾酒店 / 枫林路 25 号 /0535-7355888

威海

金海湾国际饭店 / 北环海路 128 号 /5688777。

威海卫大厦 / 海港路 82 号 /0631-5285888。

威海庆威大厦 / 火炬路 196 号 /0631-5622527。

餐饮

烟台名吃

烟台焖子：烟台焖子从前多在街头小摊经营，1998 年开始进了大雅之堂，并由名吃认定会认定为烟台名吃。

福山拉面：又称福山大面，被称为中国四大面之一。福山拉面分实心面、空心面、龙须面三种。福山拉面由于工艺性强、口感好、品种多，不仅在国内负有盛名，在海外也享有盛誉。

蓬莱小面：面条为人工拉制（抻面，当地俗称“摔面”），条细而韧，卤为真绸（俗称加吉鱼）熬汤兑制，加适量绿豆淀粉，配以酱油、木耳、香油、八角、花椒等佐料，每碗一两，具有独特的海鲜风味。

威海特色美食

渔家饭：主要有大鱼饺子、鱼包子、鲜鱼面、鱼味糊糊汤、海菜、夹子、海菜汤、海胆汤、海兔酱、牛毛菜等。

猪耳朵面：文登、乳山名吃。分别和麦面及薯面，用麦面包薯面，擀薄饼，切成面条，两层白夹一层黑。煮熟浇上海味卤汁。

媳妇饼：文登名吃。主要原料有白面、鸡蛋、猪油、白糖，饼做得要厚，要香，要甜，吃了长劲。

盛家火烧：荣成风味小吃。讲究三把火就得熟，故又名“三把火火烧”。刚出炉的火烧，一面酥脆，一面柔软，中间白中透黄，层次分明。

民俗

春日祭网：春暖花开，渔民把整修了一冬的渔网抬到海边，用谷草烤网驱邪气，称“财财网”，然后放鞭炮，烧香纸，渔民抬着渔网，喊着号子登上渔船，把网盘在仓里。

捏生肖：荣成在农历正月十五有捏生肖的风俗，俗称“捏属儿”。传统的做法是用黄豆细面做捏生肖的材料，在每个生肖的造型上都要设计安排蔬菜的种子和叶子，用以象征“五谷丰登”。

莱州面塑：莱州面塑是一种传统的民间艺术品，自清代就在莱州流传。莱州面塑是一种绿色食品，做工精巧，风格多样。

● 面积

17 万平方千米，全国排名第 17 位

● 人口

9480 万，全国排名第 1 位

● 世界遗产

登封“天地之中”历史建筑群、安阳殷墟、龙门石窟

● 5A 级旅游区

殷墟、白云山、清明上河园、尧山—中原大佛、老君山—鸡冠洞、龙潭大峡谷、老界岭—恐龙园遗址、登封市嵩山少林、洛阳市龙门石窟、焦作市云台山、驻马店市嵖岈山旅游景区、安阳市红旗渠—太行大峡谷景区、商丘市芒砀山汉文化旅游景区

● 国家重点风景名胜区

鸡公山、洛阳龙门、嵩山、王屋山—云台山、石人山、林虑山、青天河、神农山、桐柏山—淮源、郑州黄河

河南旅游网
www.hnta.cn

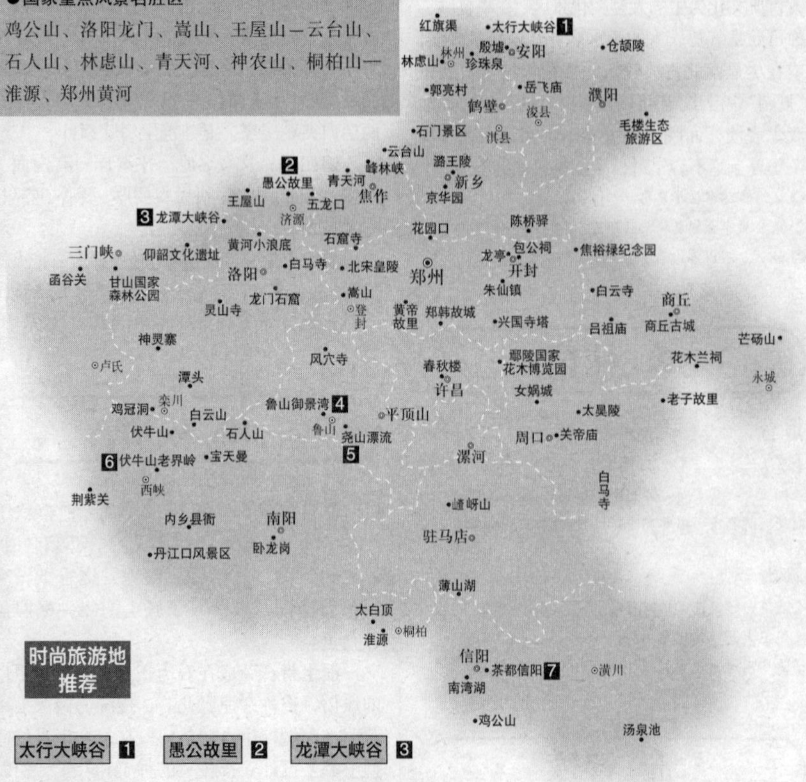

时尚旅游地推荐

太行大峡谷 1　愚公故里 2　龙潭大峡谷 3

鲁山御景湾 4　尧山漂流 5　伏牛山老界岭 6

茶都信阳 7

华中地区

河南

河南古迹众多，不可胜数。中国三大石窟之一的洛阳龙门石窟；被称为中原第一古刹的洛阳白马寺；开封宋都故街风韵古朴，大相国寺庄严绚丽；此外还有嵩山少林寺、登封观星台、汤阴岳飞庙、南阳武侯祠等古迹。

心灵故乡，老家河南

郑州

郑州历史悠久，文化灿烂。2000 多年前，河南是中国九州中心的豫州，所以，河南简称“豫”，且有“中州”“中原”之称。轩辕黄帝故里、裴李岗文化遗址、大河村遗址、商城遗址等记载了它 8000 多年的文明史，以黄河游览区、大河村遗址为主的黄河有中国特色文化旅游群和以少林寺、嵩山国家森林公园为主的嵩山风景名胜区给郑州增添了无穷的魅力。

面积：1024 平方千米

人口：768 万

区号：0371

亮点

必游景点

- **嵩山**：素有“众山之祖、天下之中、三水之源、五岳之宗”美誉。嵩山少林寺是我国久负盛名的佛教寺院。
- **康百万庄园**：全国重点文物保护单位，是全国三大庄园之一，被誉为豫商精神家园，中原古建典范。
- **轩辕故里**：海内外炎黄子孙寻根拜祖的圣地，每年三月初三举行祭拜人文始祖轩辕黄帝的大典。
- **云台山**：云台山以独具特色的“北方岩溶地貌”，被列入首批世界地质公园名录。

线路推荐

- **郑州经典 2 日游**

D1：郑州—登封—中岳庙—嵩阳书院—嵩岳寺塔。

D2：少林寺—塔林—三皇寨—观星台。

- **嵩山休闲 1 日游**

A 线：中岳庙—嵩阳书院—永泰寺—午餐—少林寺—塔林—少林功夫表演。

B 线：太室山—午餐—少林寺—塔林。

↑少林寺塔林

- **云台山两日游**

A 线：第一天游览红石峡、潭瀑峡、泉瀑峡、猕猴谷、地质博物馆，第二天游览茱萸峰、万善寺。

B 线：第一天游览红石峡、茱萸峰，第二天游览潭瀑峡、泉瀑峡、猕猴谷、地质博物馆、万善寺。

交通信息

飞机

郑州新郑国际机场，位于郑州市东南，距市区 25 千米，是河南省唯一的国际航空港，通达 60 多个城市。有机场大巴往返于市区和机场直接，十分方便。

火车

郑州素有中国铁路“心脏”之称，铁道交通四通八达，便捷迅速。郑州目前有两个大型客运火车站：郑州站、郑州东站，其中郑州东站为高速站。

市内交通

郑州目前已开通了地铁 1 号线，途径郑州火车站。

郑州城区景点

世纪欢乐园

●大型火车主题公园

世纪欢乐园园区建设以铁路发展为主线，建有工业伦敦站、南美雨林站、阿拉伯古堡站、荷兰风情站、西部牛仔站、世纪中心站 6 大站区。园内有 30 多项大型新奇、惊险、刺激的游乐项目。

郑州市管城区石化路 1 号。

乘 35 路公交可到。

160 元。 0371-88887991。

邙山黄河游览区

万里黄河上一颗璀璨的明珠

黄河在此冲出最后一个峡口进入平原。游览区包括五龙峰景区、岳山寺景区、骆驼岭景区、汉霸二王城景区和新建成的炎黄坛景区五部分。五龙峰景区是游览区的中心景区。炎黄坛景区含塑像、广场、纪念坛三部分。

郑州市惠济区黄河南岸。

游 16 路公交或旅游中巴可到。 60 元。

亲历者◎解说

黄河游览区的最大看点是黄河悬河。黄河在这里冲出最后一个峡口进入平原，黄河最后一个悬河就此形成。可乘坐气垫船畅游黄河。气垫船船票 80 元。

“二七”纪念塔

远眺市容的好去处

纪念塔是为纪念 1923 年“二七”大罢工的英雄们而建造的。二七纪念塔，为双身并联式塔身，共 14 层，其中塔基座为 3 层塔身为 11 层，钢筋混凝土结构。塔内一边为旋梯，一边为展室，可登至塔顶远眺市容，入夜后多种彩灯内透外照，使双塔更加绚丽多彩。

郑州市二七区解放路二七广场。

位于市中心，乘多路公交可到达。

夏季 8:30 ~ 18:30，冬季 8:30 ~ 18:00。

郑州郊县景点

康百万庄园

全国三大庄园之一

始建于明末清初。背依邙山，面临洛水，有“金龟探水”的美称，比山西乔家大院大 19 倍。

康百万庄园临街建楼房，靠崖筑窑洞，四周修寨墙，濒河设码头，集农、官、商风格为一体。现有 33 个院落，53 座楼房，1300 多间房舍和 73 孔窑洞。庭院建筑基本属于豫西地区典型的两进式四合院，具有园林、官府的一些特点，各类砖雕、木雕、石雕华丽典雅，造型优美，是华北地区黄土高原封建堡垒式建筑的代表。

巩义市康店镇，距市区 4 千米。

巩义市从汽车站坐 2 路到市医院，换 8 路到终点即到康百万庄园。

75 元，讲解费 40 元。

竹林风景区

天然的绿色氧吧

竹园生态林已达 6000 多亩，林带林网林块林片郁郁葱葱，高低错落有致，立体环山分布，青翠欲滴。有刘秀歇脚台、员外坟、山神庙、烟熏庙、牛王庙等人文景观和长寿山、笔架山、柏树坡、丁峪岭、蛤蟆嘴等自然景观。

巩义市竹林镇东南。

竹林长寿山 35 元，南山 20 元，北山 20 元，三山通票 50 元，讲解费 40 元。

轩辕故里

中华民族的文明始祖轩辕黄帝出生、建都的地方

始祖黄帝轩辕氏出生、发迹、建都之地，是炎黄子孙寻根拜祖之处。扩建后的黄帝故里景区共分五个区域：广场区、故里祠区、鼎坛区、艺术苑区、轩辕丘区。每年农历三月三举办炎黄文化旅游节。

新郑市市区轩辕路。

从郑州长途汽车站乘开往新郑的车即可。

免费，讲解费 40 元。

郑州南部旅游区

鄢陵国家花木博览园

素有“鄢陵蜡梅冠天下”之美誉

博览园占地 1600 亩。分为博览会展中心、接待中心等十三大功能区，有景点 219

嵩山风景区 AAAAA

●中国五岳名山之一

嵩山雄伟险峻，气势磅礴，自古有中岳之称。中岳嵩山由太室山和少室山组成，被誉为我国历史发展的博物馆。少林功夫吸引了无数慕名而来的中外游客。嵩山计有十寺、五庙、五宫、三观、四庵、四洞、三坛及宝塔270余座，是佛、儒、道荟萃之地。

登封市西北。

在市内乘2路公交可到中岳庙、嵩山书院；乘6路公交可到嵩山书院。

亲历者◎攻略

1. 郑州市长途汽车站每天都有中巴到少林寺。登封西客车站有班车可到少林寺。洛阳也有到少林寺的班车。

2. 嵩山上主要有许多名寺名庙，它们是旅游者光顾游览的重点。游历寺庙时不可大声喧哗、指点议论、妄加嘲讽或随便乱走、乱动寺庙之物，尤其不要乱摸乱刻神像，如遇佛事活动应静立默视或悄然离开。与僧人见面常见的行礼方式为双手合十，微微低头，或单手竖掌于胸前、头略低，忌用握手、拥抱、摸僧人头部等不当之礼节。与僧人道人交谈，不应提及杀戮之辞、婚配之事，以及食用腥荤等话，以免引起僧人反感。

3. 嵩山徒步路线。从嵩阳书院进入境区，沿景区路道急行军走到仙人亭。过仙人亭即往右手拐，下景区路，路标标示有嵩山2号线（野驴背）或3号线（野猪坡），任选一条线作为上山的线路，另一条线路为下山线路。沿上山线路一直走，登顶即是景区路，中午可休息3个小时，吃饭休息，估计天黑前可到达山顶景区路。山顶有个气象站可安营扎寨。第二天早餐后，收拾行装沿另一条下山线路开始下山。下到一半路程时可吃午饭。

三皇寨

●少室山风景最美的地方

三皇寨自然景观奇特、地质遗迹壮观、人文景观丰富，融“峰奇、路险、石怪、景秀”为一体，具有泰山之雄、华山之险、北恒之奇、南衡之秀。要有莲花寺、清微宫、安阳宫、盘古洞、玉皇庙、好汉坡、龙脊峡、猴子观云海、等自然景观和森林景观40余个。

登封市市区西北郊，少林寺西南。嵩阳索道可达钵盂峰俯瞰少林寺。

少林寺塔林

●我国现存数量最多的墓塔群

少林寺塔林是少林寺历代高僧的墓地，有历代砖石墓塔243座。塔的高度都在15米以下，大都有塔铭和题记，种类繁多，制式多样。这里有唐塔2座、宋塔2座、金塔10座、元塔46座、明塔148座，其余为清塔或年代不详的。

登封市市区西北郊，少林寺西约300米处。

少林寺

●我国久负盛名的佛教寺院

少林寺是声誉显赫的禅宗祖庭，少林功夫的发祥地。现存主体为常住院，沿中轴线建筑共7进：山门、天王殿、大雄宝殿、法堂、方丈院、白衣殿、地藏殿。寺内有古塔、碑刻、壁画等众多珍宝。

登封市市区西北郊15千米郭店村。

市区有中巴到少林寺，要步行2千米。

联票（少林寺＋中岳＋嵩阳）：260元。

嵩阳书院

●宋代四大书院之一

司马光、范仲淹、程颢曾在此讲学。中轴线上的有5进建筑。院内有“大将军柏”“二将军柏”两株2000多岁的古柏，还保存有数十通碑刻。

🏠登封市市区北郊3千米。

🚌乘2、6路公交可到。

¥套票80元，包括嵩阳书院、嵩山、会善寺、法王寺、嵩岳寺塔五个景点。

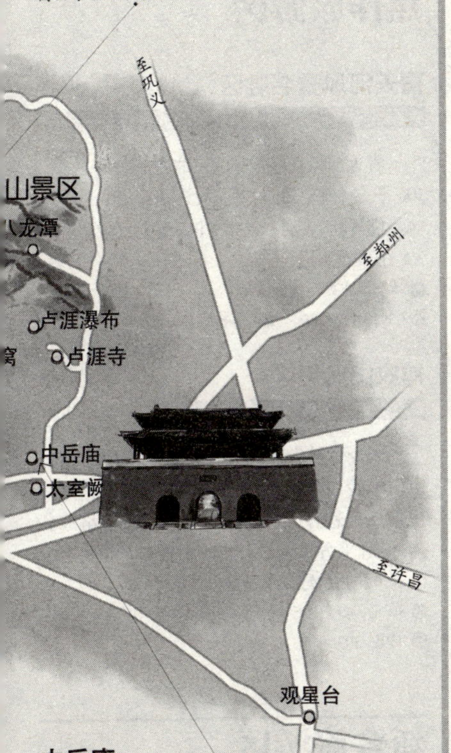

中岳庙

●河南省规模最巨、最完整的古代建筑群

中岳庙在太室山黄盖峰麓，有十一进。正殿为中岳大殿（峻极殿），面阔九间，供高5米的中岳大帝塑像。中岳庙是中国五岳名山存存古柏树最多的庙宇，共有汉、唐以来的柏树2930余棵，其中汉至清代古柏330多株，柏树造型奇特，千姿百态。

🏠登封市市区东郊3千米。

¥30元。

个，绿化植物2000余个品种。具备花木展示、市场交易、休闲度假与观光、科普示范等综合功能。

🏠鄢陵县安陵镇，许昌市东18千米。

¥20元。　☎0374-7964916。

钧官窑遗址博物馆

●欣赏我国古代五大名瓷

占地47000平方米。展示有自唐以来各个时期的钧瓷图片、实物和文字资料，钧瓷的发展历程、生产工艺等。

🏠禹州市市区钧官窑路北段。

🚌沿许昌至禹州的219县道进入禹州市，进入钧官窑路60号即到。

¥20元。　🕐8:00~17:30。

亲历者◎解说

钧瓷是我国古代五大名窑瓷器之一，因其名贵，素有“家有万贯不如钧瓷一件”的美誉。它以五彩斑斓的釉色，古朴典雅的格调，“入窑一色，出窑万彩”的窑变艺术而著称于世。钧瓷起源于河南省禹州市神垕镇，始于唐，盛于宋。

叶县县衙

●全国现仅存的3座古县衙之一

明代建筑。自始建至今600多年来，叶县县衙主体建筑基本保存完好。整座建筑群是由中轴线及东、西两侧副线三部分建筑群组成的。内设编钟演奏厅、文物展室等，陈列300多件（套）文物。

🏠叶县昆阳镇东大街。　¥50元。

伏羲太昊陵

●被誉为天下第一陵

太昊陵以伏羲先天八卦之数理兴建，是中国帝王陵庙中大规模宫殿式古建筑群的唯一一例。全庙南北长750米，占地875亩，分内城、外城、紫禁城三道皇城。陵庙内几十座建筑主要贯穿在南北垂直的中轴线上。伏羲陵高20余米，陵后有蓍草园。太昊陵庙会的声势浩大，会期一个月，为“天下第一庙会”。

🏠淮阳县城关镇北郊1.5千米。

¥60元。

云台山风景名胜区 AAAAA

云台山景区面积约190平方千米，是世界地质公园，有奇峰秀岭36座，天然溶洞20余个，泉潭流瀑不计其数，人文景观丰富。含叠彩洞、子房湖、猕猴谷、百家岩、万善寺、茱萸峰、泉瀑峡、潭瀑峡、红石峡、青龙峡等十个景区。

焦作市修武县西村乡。

焦作汽车站有直达景区的公交车。

150元(旺季)，60元(淡季)，景区内部交通费60元，两天有效。 0391-7709001。

亲历者◎攻略

1. 在云台山两天之内也走不完九个景点，每个景点基本全长1500米到2000米，如果走来回，意味着你从进门到回来需要步行4千米，游玩时根据自身情况，合理安排行程。

2. 在景区内吃主食不贵，但炒菜就不便宜。在山里旅游最主要的除了吃饭，就是喝水。矿泉水3元一瓶；红茶、绿茶、可乐等5元一瓶，都可以接受。如果你想买一点纪念品，在服务区和景点门口都有，怀山药好像是他们那里的特产。

3. 云台山上有众多的农家旅馆饭店。周一到周五还好，但是节假日和周末人特别多，住宿就需要提前预定，房价也会上涨。农家普通4人间一天的价格平时是40元一天，周末100元，到十一长假就会涨到400元，带空调、彩电、热水器、独立卫生间。

4. 门票两日内有效，请妥善保管好自己的门票，每进入一个新的景点都需要再验票一次。

红石峡

●被风景园林专家称赞为"自然界山水精品廊"

位于子房湖南，峪内夏日凉爽宜人，隆冬青苔卉莳草翠，故又称温盘峪。它集泉瀑溪潭涧诸景于一谷，融雄险奇幽诸美于一体。

亲历者◎攻略

红石峡体验点：

1. 中原第一景，体验14亿年前震旦纪地壳运动所造成的地质遗迹，使得其成为"缩小了的山水世界，扩大了的艺术盆景"。

2. 红岩绝壁，我国北方地区少有的丹霞地貌峡谷景观。

3. 白龙瀑，峪内第一挂瀑布。共分三叠，垂直落差60余米，上两段短而隐，下一段长且露，状若飞雪玉龙，银光闪闪。

4. 黑龙洞，洞长30米，洞内奇景通幽，微风送爽。此处既可闻洞内涛涛水声，又可看飞岩陡壁，险情奇趣。

5. 一线天，这里涧水分切山体，从而急流而下，绝壁高耸，崔巍对峙，山体相合只留一线天地

6. 黄龙潭，峡宽二三十米。水深处湛蓝无比，水浅处清澈见底。拥有大量且极具观赏性的奇石。

提示：游玩红石峡大概需要2个小时，需要记住：红石峡是一条单行线道，不能走回头路。

焦作旅游区

青天河风景名胜区

●素有"北方三峡"之荣，"豫北小桂林"之誉

青天河风景区被誉为"北方三峡"，面积106平方千米，由大坝、大泉湖、三姑泉、西峡、佛耳峡、靳家岭、月山寺等七大游览区、308个景点组成。

博爱县北部。 80元。

0391-8972709。 7:00~17:00。

神农山风景区

●山势雄险奇绝，树型屈曲优美

因炎帝神农在此播五谷、尝百草而得名，由白松岭、云阳寺、二仙庙、沐涧寺、紫金顶、伏羲殿、悬谷寺、临川寺等八大景区组成。占地96平方千米，有136个景点。

沁阳市紫陵镇太行山南麓。

80元，索道上行30元。

0391-5036016。

新乡旅游区

京华园

●民族优秀文化集中展示

一部简明的、立体的、形象的中华民族5000年优秀文化史的精品长卷。包括天地宫、历代名君殿、名臣名将府、中华名人馆、超凡世界等景。

新乡县小冀镇。 乘8路公交或88路中巴可达。

0373-5587120。

八里沟景区

●兼有泰山之雄，华山之险，九寨、青城之幽

八里沟是一处保有完好的以原始自然风光为主的风景名胜区，八里沟不仅有“太行之魂”的美誉，更被旅游界称为璀璨的太行明珠。主要包括桃花湾，山神庙，羊州地，红石河和玉皇峰五大景区，有150多处景点，有大小瀑布100多处，是华北绝无仅有的瀑布群体。

辉县市上八里镇八里沟村。

70元。

0373-6805029。

潞王陵

●目前保存最好、占地面积最大的明代藩王陵墓

潞简王陵以其独特的旖旎风光，雄伟的古代建筑，精美绝伦的石刻艺术，扑朔迷离的神奇传说，吸引着四方游客纷沓而来。

新乡市凤泉区潞王坟乡坟上村凤凰山下。

40元。

0373-3981827。

住宿

郑州拥有几十家星级饭店、宾馆，住宿条件相当不错。郑州的宾馆分为高、中、低三个档次，高档以四星级的红珊瑚酒店和未来康年大酒店为代表；而以三星级的省国际饭店、黄河饭店、中都饭店以及一批中低档宾馆也是价格合理的下榻之所。

伊顿精品酒店/高新区腊梅路与冬青街交叉口向西/0371-55525111。

亚细亚假日宾馆/农业路东段/0371-5975094。

悦俪善水酒店/机场高速出口向北300米/0371-56923333。

餐饮

合记羊肉烩面：一种荤、素、汤、菜、饭兼而有之的传统风味小吃，以味道鲜美，经济实惠，享誉中原。下面时，锅内放原汁肉汤，将面拉成薄条入锅，放上羊肉，配以黄花菜、木耳、水粉条。上桌时外带香菜、辣椒油、糖蒜等小碟，其味更鲜。

蔡记蒸饺：创始人是河南长坦县蔡士俊先生。蔡记蒸饺制作颇为讲究，肉馅剁好之后，要边打边加水，使肉馅打上劲，各种调料也要按一定比例，蔡记蒸饺具有皮薄微黄、色泽光亮、馅饱透明、造型美观、灌汤流油的特点。

葛记焖饼：“京都老号”葛记坛子肉焖饼馆独家经营的一种风味食品。葛记坛子肉焖饼是用饼和特制的坛子肉加青菜焖制而成。其饼是用软面烙成千层饼，放凉后切成帘子棍形备用。

购物

郑州主要商业街有二七路、太康路、人民路、解放路等，这些路段都集中在火车站东北部。到郑州购物，亚细亚商场是必去之地，这里曾经是“商战”的源头。此外，由于郑交会的影响力，郑州当地还有许多全国性的批发市场和交易市场，可以在那儿采购一些有河南特色的名优特产。

民俗

中岳庙会：中岳庙位于登封县城东4千米的太室山东南麓黄盖峰下。每到春季农历三月初十和秋季十月初，传统的古庙会就拉开了序幕。会期长达10天，庙会活动丰富多彩。热闹非凡，人群摩肩接踵，似水如潮。

其他重要节日：

月季花会　郑州　5月1日至5月20日

郑州国际少林武术节　郑州　9月1日至9月5日

雪花洞拍手定情节　巩义市　农历三月初三

嵩山卢崖瀑布泼水节　登封市　农历五月初五

洛阳

洛阳古称豫州，历史悠久，有3000多年的文明史，是中国著名的历史文化城市。城市的兴起距今有4000多年的历史，先后有13个朝代在此建都。自古以来，这里有"诗都"之名，有"花都"的美誉。洛阳的名胜古迹数不胜数，其中龙门石窟最为著名，它被列为世界文化遗产。牡丹是洛阳的一绝。牡丹是中国传统名花，赏花是洛阳人民的古老习俗。欧阳修称赞"洛阳地脉花最宜，牡丹尤为天下奇"。

面积：15492平方千米
人口：710万
区号：0379

亮点

必游景点

- **龙门石窟**：中国著名的三大石刻艺术宝库之一，石窟中保留着大量的宗教、美术、建筑、书法、音乐、服饰、医药等方面的实物资料。
- **白马寺**：中国第一古刹，世界著名伽蓝，乃佛教传入我国后官办的第一座寺院，被中外佛教界誉为"释源""祖庭"。
- **白云山国家森林公园**：AAAA级景区、被誉为"中国最美的地方"，有动物204种，植物1991种。

线路推荐

- **洛阳二日游**

D1：关林—龙门石窟—白园
D2：白马寺—王城公园—黄河小浪底风景旅游区

↑龙门石窟

交通信息

飞机

洛阳北郊机场位于洛阳北郊邙山之上，距市区10约千米，有发往北京、上海、广州、深圳、杭州等城市的航班。除开通飞往香港定期国际航班外，还开通了洛阳至名古屋、冈山、琉球群岛等不定期包机航线。

火车

洛阳是陇海和焦柳两大铁路干线交汇的地方，有两个主要的客运站：洛阳火车站和洛阳龙门站（高铁站），另外还有关林站和洛阳东站停靠少量区内列车。

洛阳城区景点

龙门石窟 AAAAA

我国四大石窟之一

龙门石窟南北长达1千米，至今仍存有窟龛2100多个，造像10万余尊，碑刻题记3600余品，数量之多位于全国各大石窟之首。其气魄之博大，蕴涵之深邃，雕刻之精湛，堪称世界雕塑艺术宝库中光彩夺目的奇葩。其中最大的佛像卢舍那高达17.14米，最小的佛像仅有2厘米。附近还有广化寺、白居易曾经居住过的香山寺以及白居易安葬地白园等景点。

地址：洛阳市洛龙区龙门镇伊河岸边。

交通：洛阳火车站有一日游专车可倒，也可乘53、60等路公交前往。　¥120元。

↑龙门石窟

亲历者◎攻略

1. 龙门石窟上午阳光直照石窟西山，光线充足，便于拍照。

2. 龙门石窟最具特色的是洛阳水席，主菜以汤菜为主，吃一道换一道，如流水一样，因此得名，曾传入皇宫，是洛阳请客首选，可到老城的耀耀、真不同、宾湖、洛阳酒家品尝。还有“不翻汤”，已有百年历史，遍及景区及洛阳大街小巷。

王城公园

●洛阳最大的综合性公园

洛阳市最大的综合性公园，因修建在东周王城遗址上而得名。每逢牡丹花会期间，游人如潮，盛况空前。

🏠 洛阳市西工区中州路北侧。

🚌 101、103 路公交可到。

¥ 早开期（4 月 1 日 ~4 月 8 日）40 元，盛花期（4 月 9 日 ~4 月 26 日）50 元，败花期（4 月 27 日 ~5 月 10 日）40 元。 ☎ 0379-63938545。

国家牡丹园

●国家牡丹基因库

牡丹园汇集中原牡丹品种 450 多个，占地 500 余亩。园中有黑牡丹、绿牡丹、复牡丹、色牡丹等九大系列，品种极为珍贵。每年举办牡丹花会。

🏠 老城区邙山镇 310 国道北侧。

🚌 火车站或谷水西乘 51 路公交车国色牡丹园下车即到。

¥ 60 元。

洛阳周王城天子驾六博物馆

●馆内有当今世界独一无二的“驾六”遗存

周王城天子驾六博物馆是一座以原址保护展示的东周时期大型车马坑为主体地下展馆，以东周王城概况、近年来王陵考古的新发现及部分东周时期珍贵文物为主题的博物馆。

🏠 洛阳市西工区王城广场。

🚌 从洛阳火车站坐 56 路、48 路、5 路、81 路、103 路公交车到王城广场下车即到。

¥ 30 元。 ☎ 0379-63912366。

白马寺

●号称“中国第一古刹”

东汉时佛教传入中国后第一所官办寺院。东汉最主要的译经场所，一直被佛门弟子尊为“释源”即中国佛教的发源地。现有五重大殿和四个大院以及东西厢房。前为山门，山门是并排三座拱门。山门外，一对石狮和一对石马，分立左右，山门内东西两侧有摄摩腾和竺法兰二僧墓。

🏠 洛阳市洛龙区白马寺镇。

🚌 乘 56、58 路公交可到。

¥ 50 元。

☎ 0379-63781065。

亲历者◎攻略

1. 每年的 12 月 31 日白马寺都会举办“马寺钟声”的撞钟活动，以求来年的平安吉祥，可以选择在这个时候去游览。但平时白马寺的大钟是不允许游客敲打的。

↑国色牡丹园

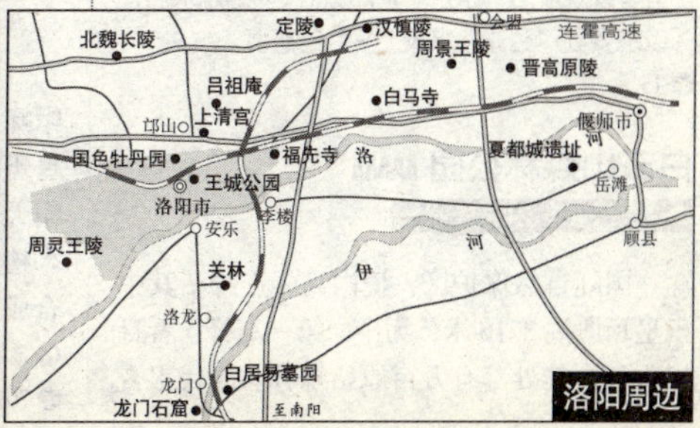

2. 白马寺有塔可拜，寺庙拜塔方法特别，就是以顺时针绕塔而行，从东边起始，至起始点为一匝，绕行最少三匝、多则七匝、十匝、乃至百匝。

3. 白马寺门外有好多纪念品，精美的小物品繁多而可爱，其中的佛珠开了光。

洛阳郊县景点

龙潭大峡谷旅游区 AAAAA

●世界上罕见的山水画廊

龙潭大峡谷以峡谷的地貌、地质内涵著称，可谓“红色砂岩峡谷博物馆”。峡谷发育于12亿年前后的紫红色石英砂岩之中，全长12千米，深度达到300~500米，最窄处仅1~3米。大峡谷景区分为古檀迎宾宽谷景段、龙潭水峪峡谷景段、深潭卧龙嶂谷景段、梦幻山水隘谷景段、山崩地裂峡谷景段、大地丰碑峡谷景段以及凌空观峡景段等。

新安县石井乡境内。

¥ 旺季70元 淡季50元。

黄河小浪底风景旅游区

●北方的千岛湖

水利枢纽造就了“北方千岛湖”的壮观景象，大量的半岛、孤岛、险峰，使自然景观近有曲折蜿蜒的河湾，远有烟色浩淼的湖面。分西滩、大坝、张岭半岛、黄河三峡4景区。

孟津县小浪底镇黄河中下游交界处。

孟津和济源都有班车前往。

¥ 旺季60元，淡季40元。

亲历者◎攻略

每年的6月10日至7月5日，黄河小浪底都会举办观瀑节，站在黄河小浪底大坝的观水台，可以感受到“黄河之水天上来”的意境。

¥ 15元。

白云山森林公园 AAAAA

●“中国最美的地方”之一

国际自然保护区，境内高峰连绵，其中玉皇顶海拔2216米，为中原第一高峰，看日出观云海佳处。有万亩原始森林、唐代银杏

↓白云山

林、野生牡丹园、红桦林、白河大峡谷等景，还有众多湖潭、洞穴、怪石景观。现已开发白云山、玉皇顶、小堂山、九龙瀑布、原始森林五大观光区，建成了亚洲第一跳——白云山飞蹦极。

嵩县白河乡。

¥ 80元。

亲历者◎攻略

1. 白云峰观光区有两条旅游线路：（1）由游客中心西行至三岔路口后右拐往东北方向走即可。游览该线约需二至三个小时；（2）由游客中心西行至三岔路口后右拐，行至黄石垭（龙浴湾山门）后右拐沿乡村公路下行即到（散客可乘景区小出租前往）。游览该线约需二至三个小时。

2. 白云山上都是宾馆，没有家庭旅店，如果是在周一到周五到山上，大可不必担心住宿问题。节假日去，最好提前联系一下。

3. 白云山的美食有：猴头（一种菌类）、鹿肉、黄精、野猪肉、鹿茸（一种菌类）、开欧杏仁。推荐一个村民自开的饭店：在白云湖旁边有四家农家菜小店，有一家叫“野菜香”，女老板姓胡，手艺不错，早上可以喝粥，吃烙饼，还能给你介绍便宜旅馆。

木札岭景区

●国家级自然保护区

木札岭原始生态旅游区，总面积125平方千米，森林覆盖率达98.5%，植物1886种，高等级动物188种。

札岭整个区域由九撞沟、原始森林、官帽峰三大游览区组成，有天河瀑、白龙撞、鲁班岭、官帽峰等景点200余个。其中，官帽天成、天河飞瀑、古木幽林、松桦月影、木楼逸情、灵石妙趣、云海仙境、流泉映翠合成“木札岭八景”，饮誉中原。

嵩县车村镇东10千米。

¥ 70元。 8:00~17:00。

栾川旅游区

伏牛山滑雪度假区

●有"中原第一滑雪场"之称

伏牛山是一家集滑雪、滑草、滑翔、雪（草）地摩托、雪上飞碟、雪上飞船、等数十种运动项目为一体的大型高山度假区。

栾川县石庙乡。 30元，滑雪60元/小时（含租用器材）。 19:30~21:30。 66644888。

老君山风景区 AAAAA

●历代香火旺盛，被尊为道教圣地、天下名山

原名景室山，后因被道教尊为太上老君的李耳到此修炼而被易名为"老君山"。是伏牛山三大主峰之一，北魏时建有老君庙。

栾川县栾川镇东南郊6千米。

从洛阳长途汽车站，乘坐开往栾川县城的班车，在"老君山路口"下车后，再换成当地的摩的，就可以到达景区售票处了。

80元。

0379-66873000。

↓老君山

鸡冠洞风景名胜区 AAAAA

●被称为北国第一洞

鸡冠洞属天然石灰岩溶洞，洞长1800米，观赏面积23000平方米，由八大景区连缀而成，洞内峰回路转，曲径通幽，景观布局疏密参差，钟乳石形象各异，姿态万千。

栾川县栾川镇西郊4千米。

洛阳坐车到洛川县城然后换出租车前往，栾川县城到鸡冠洞3公里左右。

100元。

养子沟风景名胜区

●唐朝巾帼英雄樊梨花在此安营扎寨、养子、教子

传唐巾帼名将樊梨花不甘丈夫薛丁山三次羞辱之苦，拔山涉水寻访至此养子教子。后人为了纪念英贤称此地为养子沟。养子沟开发有梨花寨、老龙潭、石板河、百花谷、三清殿、原始森林六大功能景区。有大小景点90多处，主要有锁儿崖、三清殿、风动石、峰糖崖、石板河、石塔等。

栾川县栾川镇南郊7千米。

乘坐"洛阳—栾川"的班车，在"养子沟"下车。

55元。

重渡沟自然风景区

●有北国水乡之称

景区内竹茂林密，野生动植物繁多，800亩竹林密密层层，可与蜀南竹海相比美。整个景区分南沟和西沟两大区，南沟飞瀑流泉，突出"水"；西沟秀竹茂林，突出"幽"。主要景观有：竹海、水帘仙宫、菩提神树、飞瀑流泉、高峡平湖、蘑菇崖、听涛岭等。

栾川县潭头镇西南部，距洛阳市150千米。

80元。

三门峡旅游区

虢国博物馆

●集文物陈列、遗址展示、园林景观为一体

虢国博物馆是依托西周虢国墓地遗址（142座墓）建立的一座专题性博物馆。由虢国春秋、虢国出土文物展、梁姬墓出土文物展、虢国车马坑展几个专题展馆组成。

三门峡市湖滨区北环路。

亲历者◎解说

博物馆的中华第一铁剑：玉茎铜芯铁剑由玉、铜、铁三种材料制成，是我国迄今发现最早的人工冶铁制品，将中国冶铁史前提了近一个世纪，意义非凡。

函谷关

●我国建筑最早的雄关要塞之一

函谷关始建于春秋时期，秦孝公从晋国手中夺取崤函之地，在此设置函谷关。关城长7.5千米，谷道仅容一车通行。现存令尹望气台、孟尝君鸡鸣台、太初宫等景点。

灵宝市函谷关镇王垛村。

30元。

> **亲历者◎指路**
>
> 自驾交通：洛阳、郑州方向沿连霍高速公路西行至三门峡西站，进入310国道往西行至灵宝市川口镇；进入通往景区公路12千米即到豫西大峡谷风景区。全程只需4个小时。

豫西大峡谷风景区

●以“神奇瀑布群，激情勇士漂”闻名

豫西大峡谷总长30余千米，宽30米~50米，深50米~200米，狭长而深邃的峡谷河流滩多水急，由大大小小99级瀑布及300多个潭池

卢氏县官道口镇东汉村。

60元。

0379-7800345。

仰韶大峡谷

●奇美、秀美、壮美

大峡谷全长50余千米，由仙峡、龙虎峡、神龟峡、金灯峡4部分组成，4段峡谷各有千秋，相得益彰。

渑池县仰韶乡河坡头乡。

68元。

0379-68962251。

济源旅游区

王屋山风景名胜区

●中国古代九大名山之一

王屋山风景区面积265平方千米，分7个景区，125个景点。道教十大洞天之首，有阳台宫等道教“三宫”，主峰天坛山海拔1715米，区内峰峦叠翠，气壮势雄。王屋山是一处有万年文化积淀、千年道教文化传统的融人文、自然于一体的品位极高的山岳风景名胜区。愚公移山故事就发生在这里。

济源市邵源镇。

乘至王屋景区的旅游公交车即到。

80元，阳台宫10元。

0391-6733358。

五龙口风景区

●以猕猴、温泉为特色的山岳型风景区

五龙口风景区呈现块状分布，景区大部分为山地自然景观，其主要景区又分为五个近似于平行的南北走向的景区，由西到东分别为盘谷景区、泌河景区、温泉景区、愁儿沟景区、白涧阳落山景区。

济源市五龙口镇。

在济源汽车站有前往景区的车。

60元。

0391-6751588。

7:30~18:30。

万仙山风景区

●有雄伟而苍茫的石壁景观

万仙山面积64平方千米，最高海拔1672米，既有雄伟而苍茫的石壁景观，又有妙曼而秀雅的山乡风韵包括影视村——郭亮村，清幽山乡——南坪，人间仙境——罗姐寨三景区。有那四大龙洞、四大崖梯、四大奇石、四大古寨等众多景点。

辉县市，郭亮村在沙窑乡，南坪景区在南坪乡。

80元。

住宿

洛阳市内拥有各种档次的住宿场所，在牡丹花会期间价格会猛涨，过后，大部分都较合理。

洛阳明苑国际青年旅舍：位于西工区解放路20号，电话：3192297，双人间旺季180间/天，淡季120元/天。网友评价是硬

件一般，软件服务非常好，交通便利，离火车站很近。

周王城大酒店：位于凯旋西路八一路口，标间200元左右，电话：0379-63638801。

餐饮

尚记牛肉汤：洛阳的风味小吃中汤类极多，已有40多年历史的尚记牛肉汤就是其中的代表之一，它的特点是肉肥汤鲜，汤料齐全。

新安烫面饺：已有70多年的历史。新安烫面饺用精白粉作皮，用猪前胛后臀肉作主馅，配适量大葱、韭黄、白菜心等，把面用开水和好，擀成薄皮，包成如新月型的面饺，上笼清蒸，十分钟即可。

浆面条：也叫酸面条，其原因是发酵后的浆酸味十足，最重要的就是打浆了，浆常用的是绿豆浆和面浆。

铁锅蛋：“铁锅蛋”是豫菜菜系很有特色的一道菜，其是用特制的铁锅盖放火上烧红。鸡蛋打入碗内，搅匀，放入火腿丁、荸荠丁、虾子和海米、味精、料酒、盐水，铁锅放在小火上，将大油注入蛋浆中，并用勺慢慢搅动，防止蛋浆抓锅。

购物

洛阳的工艺品和土特产琳琅满目，购物场所比较多且集中，所以非常方便。著名的唐三彩，在洛阳已有百年的历史。洛绣是洛阳传统的工艺品，已有2000多年的历史。还有牡丹、梅花玉、黄河鲤鱼等。

民俗

唐三彩：迄今为止出土的唐三彩精品多出土于洛阳地区，又因洛阳出产的仿唐三彩器物精美逼真，所以人们又多称其为“洛阳

↓唐三彩

唐三彩”。唐三彩创始于南北朝，极盛于初唐以后，距今已有1400多年的历史。洛阳唐三彩主要产品有粉彩文武佣、唐代仕女、龙头杯、特大型三彩马 等300多种。

洛阳宫灯：洛阳宫灯历史悠久，创自东汉，盛于隋唐，久传不衰。洛阳宫灯品种繁多，具有浓厚的地方特色。常见的有白帽方灯、红纱圆灯、六色龙头灯、走马灯、蝴蝶灯、二龙戏珠灯、罗汉灯等。尤以红纱灯最为有名。

布老虎：纯手工制作，针绣牡丹，异虎工艺，内装香草，艾叶，朱砂，神砂，祛蚊祛虫，镇静记忆，在民间相传具有吉祥如意，避邪祛魔，镇宅转运招财之传。

剪纸：一种民间艺术。灵宝剪纸历史悠久，以独具风格的锯齿缘、弯弯的月牙、镰刀纹、锅纹和内圆外方的构图而著名。

“和尚”顶灯：又叫“百佛”顶灯，是三门峡黄河风情表演中的一个“绝活”。表演者是三门峡市湖滨区向阳村的一百名普通老百姓。表演时，一百名“和尚”身披袈裟，头顶碗灯，手摇芭蕉扇，脚踏梅花步，在行进中以不同的队形变换不同的花样和图案。动中有静，静中有动。

重要节日：

洛阳牡丹花会	每年的4月份
三门峡国际黄河旅游节	每年的四五月份

开封

开封古称汴梁，七朝古都，迄今已有2700余年的历史。宋都御街、清明上河园、铁塔、繁塔、大相国寺、包公祠等观光景点古朴典雅，与碧波荡漾的包公湖、龙亭湖、铁塔湖和雄伟的城门楼、古城墙交相辉映，形成了以宋代建筑风格为主，宋文化氛围浓郁，具有北方水城美誉的大宋旅游景区。

面积：6247平方千米

人口：547万

区号：0371

亮点

必游景点

- **大相国寺**：我国汉传佛教十大名寺之一，在中国佛教史上有着重要的地位和广泛的影响。
- **开封府**：开封府为北宋时期天下首府，威名驰誉天下，包龙图扶正祛邪、刚直不阿、美名传于古今。
- **清明上河园**：是以北宋画家张择端的传世名作《清明上河图》为蓝本建造的，展现了北宋时期开封城的市井风情。
- **朱仙镇**：我国四大木版年画基地之一。朱仙镇的木版年画用纸讲究，色彩艳丽、庄重深厚。
- **商丘古城**：商丘古城是一座独具特色的“阴阳五行八卦城”，其独特的风格、优美的造型、完善合理的结构，在古代建筑中可谓独树一帜。

线路推荐

- **开封2日游**

D1：龙亭—宋都御街—中国翰园碑林—清明上河园—铁塔。

D2：樊塔—禹王台—大相国寺—包公祠。

- **古城、汉墓2日游**

↓大相国寺

D1：商丘古城旅游区（古城北门、壮悔堂、四合院、南城湖、张巡祠、八关斋、阏伯台）、三陵台、刘口黄河故道自然风景保护区、毛主席视察黄楼纪念馆。

D2：伊尹墓园景区、木兰故里景区、孔子还乡祠、陈官庄淮海战役纪念馆、西汉墓群。

交通信息

飞机

开封没有飞机场，距离开封最近的机场，是郑州的新郑国际机场，目前在新郑国际机场的5号出口处，有班车直接发往开封。

火车

开封火车站是开封市唯一的火车站，可通动车，几乎全国各地都有到开封的火车。

开封古城

●北宋时期最繁华的都市之一，素有“国际都会”之称

开封作为古都，最早应追溯到战国魏都大梁城，至北宋在此定都，形成了外城、内城、皇城相套的东京汴梁城，也奠定了开封古都的历史地位。

铁塔公园

●有“天下第一塔”之称

铁塔公园因铁塔闻名，该塔高55.88米，建于北宋皇祐元年（1049年），距今已有900多年历史，是中国现存年代较久的大型

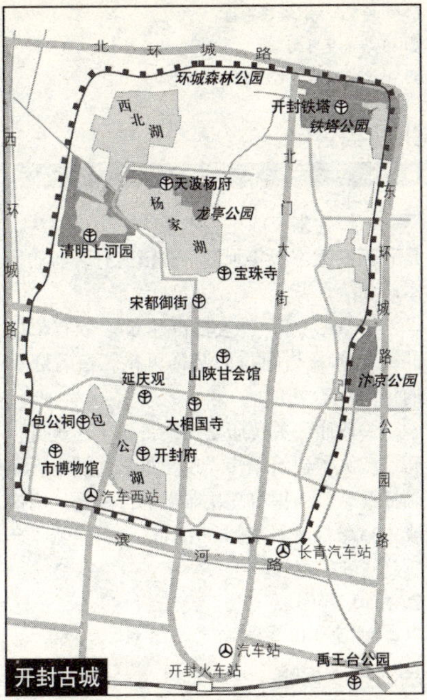

琉璃砖塔。园内除铁塔外，还有竹园、梅园、赏心园等建筑。

开封市顺河区北环路。

乘 1、3、20 路公交车可达。

50 元，登塔需另付 10 元。

包公祠

●纪念宋朝清官民臣包拯

包公祠是一组典型的仿宋风格的古建筑群。由主展区、园容景区和功能服务区三部分组成。主要建筑有大门、二门、照壁、碑亭、二殿、回廊等。

开封市鼓楼区向阳路包公湖畔。

乘 8、10、16、20 路公交车可达。

20 元。

大相国寺

●中国著名禅宗圣地

大相国寺是北宋时期，相国寺深得皇家尊崇，多次扩建，占地达500余亩，辖64个禅、律院，养僧千余人，是京城最大的寺院和全国佛教活动中心。。目前尚存天王殿、大雄宝殿、八角琉璃殿、藏经楼等殿宇。

开封市鼓楼区自由路西段。

乘 5、9、20 路公交车可达。

30 元。　0371-5665090。

亲历者◎解说

大相国寺里的千手观音是由一棵银杏树经历58年雕刻而成，堪称镇寺之宝。这尊雕像高达7米，像分四面，每面分四层，各雕手臂千只，精美之极，雕造于乾隆年间。

开封府

●北宋时期天下首府，威名驰誉天下

开封府为北宋时期天下首府，驰誉天下，包龙图扶正驱邪、刚正不阿的美名传于古今。它主要分为府衙文化、道教文化、刑狱文化、帝王文化等 9 个展区。建筑气势恢弘、巍峨壮观。

开封市鼓楼区包公湖北路。

60 元。　0371-3963159。

龙亭公园

●宋代皇宫后御苑旧址的一部分

整个建筑群建在宋、金皇宫和明代周王府的遗址上。亭内南北 500 米长的中轴线上依次建有午门、玉带桥、嵩呼、朝门和龙亭大殿，既有北方建筑浑厚的气魄又兼有南方建筑秀丽的风格。

开封市龙亭区中山路北段。

旅游一号线可到。

菊展期间 50 元。

0371-5660316。

清明上河园 AAAAA

●大型历史文化主题公园

清明上河园是以宋朝张择端的名画《清明上河图》为蓝本，建造的一座大型宋代民俗风情游乐园。园内主要建筑有城门楼、虹桥、街景、店铺、河道、码头等。

开封市龙亭区龙亭西路。

乘 1、20 路公交车可到。

100 元。

亲历者◎攻略

1. 在清明上河园，每天上午 9:00 的开园仪式中，都有马队分列，敲鼓造势，“包公”率领

↓清明上河园

护卫王朝、马汉、张龙等一班人马自栅门里快步而出。

2. 夜游项目《大宋·东京梦华》是大型水上实景演出，能使很多外地游客“一朝步入画卷，一日梦回千年”，真正领略到大宋时期的胜景。

翰园碑林

●中国书法名园

翰园碑林坐落在杨家湖西畔，分碑廊、园林两大景区。北部以碑廊建筑为主，收集了3700多块碑刻，碑廊长达3千米，被誉为“世界之最”，南部以园林风景为主。

开封市龙亭北路15号。

乘1、15、20路公交即到。

20元。

开封旅游区

禹王台公园

●开封历史最久的游览胜地

禹王台公园是一座风景秀丽的园林。禹王台又叫古吹台，是古代梁园遗址，省重点保护文物。园内还有御书楼、三贤祠、禹王殿、水德祠、牡丹园、石榴园等景。

开封市南关区候庄街。　30元。

亲历者◎攻略

禹王台公园是赏菊的好地方，每年金秋时节，这里人山人海，到处都是菊花的世界。

繁塔

●开封市现存最古老的地上建筑

繁塔建于北宋开宝七年，国家保护文物。仿木结构的砖塔，每块砖上都有雕像。三层大塔上有个6层小塔，通高36米。

开封市南关区繁塔东街。

15路公交可到。

10元。　0371-2921167。

朱仙镇

●与佛山、景德、汉口同为我国的四大商埠重镇

相传为朱亥故里，木版年画历史悠久，是我国四大木版年画之一。镇内有著名的岳王庙和清真寺。

清真寺：伊斯兰教古建筑，带有浓厚的民族色彩与阿拉伯装饰风格。留着完整的伊斯兰教礼仪。

关帝庙：关帝庙是一个古庙宇建筑群，庙宇广大，建筑雄伟。现在是朱仙镇木板年画社社址。庙里有一块罕见的传音石，用铁或木鱼敲打此石东侧，用耳贴在石西侧，会听到清晰的声音。

祥符区朱仙镇。

在开封市乘12路公交车或专线车到达朱仙镇。

亲历者◎攻略

朱仙镇现在最主要的旅游纪念品是木版年画，街头有三四家木版年画店，其中比较有名的是天成老店和朱仙镇木版年画社。

商丘旅游区

商丘古城

●国家历史文化名城

商丘古城旅游区包括古城景区、南湖景区、商祖祠景区和燧皇陵景区4部分，景点27处。古城景区包括壮悔堂、明伦堂、大成殿等11个景点。南湖景区包括应天书院等7个景点和面积4000多亩的护城河。

商丘市睢阳区。

1路公交可到古城文化景区（北城门），旅游专线车可到南湖景区。

通票100元（含8个景点），各景点亦可单独售票。

芒砀山景区

●历史遗迹众多

有13座山峰，由保安山景区、夫子山景

区、芒砀山景区、农科观光区构成，面积约10平方千米。旅游区内历史积淀丰厚，有夫子崖、陈胜墓、张飞寨、西汉梁国王陵墓群、柿园壁画汉墓、碧霞元君祠等文物古迹。

永城市芒山镇。

商丘市火车站有车直达芒山镇。

通票100元（包含芒砀山汉文化景区目前对外开放的全部6处景点）。

黄河故道国家森林公园

●有“绿色长廊”“水上长城”之称

全国平原绿化唯一国家级森林公园，因清末黄河改道形成。故道内还有林七湖、吴屯湖、任庄湖、张阁湖、郑阁湖，是生态旅游的佳处。

商丘市梁园区西北部。

商丘市京龙商贸城乘坐到黄河故道的游览车。

0370-3658811。

住宿

开封西边的开发区里有两家开封最好的酒店开元名都大酒店和中州国际饭店，服务不错当然价格也较贵，在550元以上。

开封老城区三星以下酒店很多，价格便宜，三星级酒店在150－300元之间，其他则更低。

餐饮

开封的饮食文化源远流长，是中国十大菜系中“豫菜”的发祥地。开封菜也以独特的汴京风味成为豫菜的代表之一。

丽宏大酒店：以自古就被意为吉祥物的“如意”作为酒店的标志并对它作了全新的诠释。丽宏大酒店主要经营粤菜。

地址：东司门4-8号（开封市中医院对面）。

又一新：位于鼓楼街22号，“又一新”饭庄以历史悠久，设备精良，名师荟萃，烹调技术精湛，被誉为正宗豫菜第一家。

地址：鼓楼街22号。

第一楼：第一楼地处寺后街8号，环境优雅，古香古色，以经营名特食品“第一楼小笼灌汤包子”和“什锦包子宴”而驰名中外。

购物

到开封旅游，除了开封汴绣、官瓷、朱仙镇木版年画可以令人一饱眼福之外，当地的土特产品如汴梁西瓜、酱红萝卜、五香豆腐干、花生糕也是开封一个特色，在开封大相国寺市场、商业区的商场以及超市中都可以买到。

民俗

汴绣：也称宋绣，距今已有八百余年历史，是我国名绣之一。作品形象逼真、色彩丰富，技法细腻，立体感强，深为人们所喜爱。品种有单面绣，双绣，双面异色绣等。

朱仙镇年画：朱仙镇木版年画古称“门神”，其历史可以追溯到唐代，是中国最早的木版年画之一。其构图严谨饱满，线条简约粗犷；人物形象古拙浑厚，色彩艳丽，具有防虫蛀、不褪色、宜装裱等特点。

汴绸：汴绸因产于七朝古都汴梁而得名，始于明末清初，而今已有300多年的生产历史。主要产品有云幅、黑扎巾、丈二纱巾、手帕、包头、汴绸、汴绫等。

鸟市：养鸟是七朝古都开封的风俗，是其他古都所不及的特点。在清代，开封的养鸟达到鼎盛时期，鸟市就在大相国寺。现在在汴京公园西侧自发形成的汴京鸟市，是开封一个独特的景观。

盘鼓：过春节，逢节庆，打盘鼓，是开封传统的民间文化活动。开封盘鼓节奏性强，套路多变，气势恢宏，深受广大市民和中外游人的喜爱。开封盘鼓队曾赴日本、香港表演，广受赞誉。

安阳

安阳是国家历史文化名城，甲骨文的故乡，《周易》的发源地，红旗渠精神诞生地。安阳自然风光秀丽多姿，小南海风景区、珍珠泉风景区和旖旎的太行风光，令中外游客流连忘返。独具特色的国际航空滑翔运动基地，因其优越的天然地势而深得跳伞、滑翔运动爱好者的青睐。

面积：7355 平方千米
人口：594 万
区号：0372

亮点

必游景点

- **殷墟：**是中国历史上第一个有文献可考、并为甲骨文和考古发掘所证实的古代都城遗址，距今已有 3300 年的历史。
- **太行大峡谷：**国家重点风景名胜区、国家 4A 级旅游区、河南省十佳风景名胜区。
- **红旗渠：**被世人称之为“人工天河”，在国际上被誉为“世界第八大奇迹”，全国爱国主义教育示范基地。

线路推荐

- **安阳三日游**

  D1：红旗渠分水苑—青年洞。

  D2：桃花谷—仙台山—仙桃峰。

  D3：殷墟—羑里城。

- **濮阳休闲二日游**

  D1：子路墓祠—戚城文物景区—毛楼生态旅游区。

  D2：中心广场—西环游园—濮水河畔—中原绿色庄园—世锦园。

↑安阳殷墟

交通信息

火车

安阳境内有京广线贯通，向北可通往北京，向南可到郑州、武汉。安阳目前有安阳站和安阳东站（高铁站）两个火车站。

汽车

安阳境内有 107 国道通过，与京广铁路相辅相成。从安阳有一条高速公路经郑州到许昌，走这条高速，从安阳到河南省会城市郑州只需要 3 小时。

殷墟博物苑 AAAAA

●中国考古学的诞生地，甲骨文发祥地

殷墟是商代后期的都城遗址，横跨洹河南北两岸。主要分为王陵遗址、宫殿宗庙遗址、洹北商城遗址三部分。殷墟王陵遗址是商王朝的皇家陵地与祭祀场所、举世闻名的司母戊鼎出土地，包括车马坑、王陵墓葬展、M260 展厅、祭祀场等景。宫殿宗庙遗址有殷墟博物馆、妇好墓、车马坑、YH127 甲骨窑穴等景。

安阳殷都区小屯村。

90 元。　　0372-3932171。

亲历者◎指路

公共交通：公交车 1、15 路，殷墟站下车步行 5 分钟即到，公交车 18 路终点下即到。

自驾交通：沿京珠高速安阳出口下，沿人民大道至第五人医院右转即到。

殷墟宫殿区

●分宫殿、宗庙、祭坛三组建筑遗址

50 余座建筑遗址，分“宫殿、宗庙、祭坛（甲、乙、丙）”三组，宏伟壮观。另外还发现铸铜遗址等。宫殿区出土大量的甲骨文、青铜器、玉器、宝石器等珍贵文物。

¥ 51 元。

殷墟甲骨碑林

●了解甲骨文的好去处

甲骨文是殷王朝占卜的记录，是目前已知的中国最早的成熟的文字，已发现有大约 15 万片甲骨，4500 多个单字。博物苑按原片放大契刻了 30 块甲骨碑，可供认识甲骨文。

殷墟王陵遗址

●商王朝的皇家陵地与祭祀场所

位于著名的洹水北岸，王陵遗址东西长约 450 米，南北宽约 250 米，总面积约 180 亩。从 20 世纪 30 年代至今，在这里相继发现了 13 座王陵大亩（包括一座未完成大墓）、2000 多座陪葬墓、祭祀坑与车马坑，出土了数量众多、制作精美的青铜器、玉器、石器、陶器等。

¥ 21 元。

亲历者◎解说

司母戊大方鼎是中国商代后期，王室祭祀用的青铜方鼎。1939 年 3 月 19 日在安阳市武官村一家的农地中出土，因其腹部有铭文“司母戊”三字而得名，现藏中国国家博物馆。

太行大峡谷

●峰、峦、台、壁、峡、瀑、嶂、泉姿态万千

北方山水风光的典型代表，又名“百里画廊”。谷内台壁交错，雄险壮观，被称为“天然地质博物馆”。包括桃花谷、太行平湖、林虑山国际滑翔基地、冰冰背、猪叫石等景点。

林州市石板岩乡。

¥ 联票 160 元（包括王相岩和桃花谷两个景区）。

☎ 0372-6081476。

亲历者◎攻略

1. 林州太行大峡谷最好是夏天去，太极冰山（当地人称冰冰背）应该还值得一看，而另外的瀑布和大峡谷风景壮丽，绝对值得一看。如果时间富裕，可以从大瀑布穿越到对面的天脊山。

2. 大峡谷景区内桃花谷和栈道边上都有一些很适合晚上喝酒品茶打牌聊天的场所，到那里消夏，闲闲地多待几天会很舒服。

3. 王相岩以“刺激”为主题，最刺激的是之字栈道和旋转天梯，天梯高 88 米。

桃花谷

●有三九冰雪桃花开河三幅酷暑洞结冰的奇观

峡谷的主景区，长 4 千米，有黄龙潭、飞龙峡栈道、九连瀑、桃花洞、太极山冰窟群、虬藤区、石蟾等多处景点。

王相岩景区

●红叶景色极美

这里飞瀑流泉，悬崖楼阁，栈道绕山，景色壮丽，有“太行之魂”的美誉。金秋红叶景色极美。商王武丁少年时曾生活于此。

¥ 30 元。

安阳旅游区

红旗渠 AAAAA

●被世人称之为“人工天河”

红旗渠是当地人民在太行山悬崖绝壁上开凿出来的水利枢纽。总长 1500 多千米，有“人工天河”之誉。旅游区包括分水苑、青年洞和络丝潭三个景区。

¥ 通票 100 元；青年洞景区滑道 10 元，游船 5 元。

林州市到景区有中巴车。

☎ 0372-6811466。

亲历者◎攻略

红旗渠的风光特点以水为主，要水量大才能看出它的气势宏伟，所以应该夏天前往。

↑红旗渠

提示：红旗渠景区位于太行山腰，地势险峻，一边是数十米高的悬崖峭壁，一边是滚滚的急流，加上深山里潮湿路滑，如果再遇到下雨天，游览要一定小心。特别是在“一线天”景点，更要小心，建议小孩和老人不要在此游览，以免出现意外。

马氏庄园

●中州大地绝无仅有的封建官僚府第建筑标本

马氏庄园建于清光绪至民国初期，是清末头品顶戴、兵部侍郎、都察院右副都御史、广西广东巡抚马丕瑶的故居。整个建筑群由南、中、北三个区域组成，共6路建筑22个处院落，占地面积2万多平方米，建筑面积5000多平方米，有厅、堂、楼、廊、室等401间。

安阳县蒋村乡西蒋村。

乘安阳至水冶的汽车，在马氏庄园站下车即可。

60元。

汤阴羑里城

羑里城是我国历史上自有文字记载以后第一座国家监狱。现存里城遗址，为一片高出地面约丈余的土台。有文王庙、演易坊、演易台等建筑。

汤阴县城关镇羑里村，北距安阳市区15千米。

安阳至汤阴的10路专线车可直达。

50元。

亲历者◎解说

羑里城是《周易》的发源地，文王姬昌曾被纣王囚禁在这里。在被囚的岁月里，他潜心研究，将伏羲八卦演为16卦、384爻，用了整整7年的时间，著成《周易》一书。

岳飞庙

●中国三大岳王庙之一

汤阴是岳飞的故里，这里的岳飞庙原名精忠庙，规模宏大，是国家保护文物。始建于明景泰元年，总面积6000余平方米，九进院落，殿庑建筑百余间，彩色塑像30余尊，历代名人碑碣300余通。

汤阴县城关镇西南街。

安阳至汤阴的10路专线车可直达。

50元。

鹤壁旅游区

云梦山

●集旅游观光、学术研究、寻根朝拜、传统教育为一体

云梦山素有“云梦仙境”之称，相传这里是鬼谷子隐居处。山上以水帘洞（又名谷洞，洞高10米，进深80余米）和云梦大草原（位于山巅，面积约4平方千米，一派北国风光，是观日出和雾海的佳地）最有名，还有孙膑洞、毛遂洞、鬼谷祠、舍身台、鬼谷墟、孙膑墓、一线飞瀑、龙泉、五里鬼谷、《鬼谷子》摩崖、摩崖题记和碑刻等景点。

淇县北阳镇。　50元。

大伾山风景区

●因当年大禹治水登临此山，被载入我国最早的史书

包括大伾山、浮丘山这两座在千里平原上突起的秀丽青石山峰。现有佛道建筑9处，国保级文物1处10项，省保级文物8处，历代摩崖题刻460余处，汉唐古柏400余株。天宁寺（含大石佛）、千佛寺、碧霞宫等为著名胜景。

浚县城关镇西郊。

鹤壁火车站有专线车开往浚县，约5分钟一趟。下车

后再打车到景区售票处，或者步行十几分钟到达景区。

¥ 60元。

亲历者◎攻略

大山的大古佛及摩崖古刻处是大山庙会最热闹的地方，高潮日达20万人，是每年不可错过的旅游佳期。

濮阳旅游区

戚城文物保护区

●文化大观园

戚城又称“孔悝城”，春秋时卫国的重要城邑。现为集濮阳历史、文化、娱乐为一体的文化大观园。有阙门、颛顼玄宫、龙宫、历史陈列馆、子路墓祠等景。

濮阳市华龙区京开大道路西。

中原绿色庄园

●大型自然生态公园

集生态保护、科技示范、观光旅游、度假诸功能于一体。现出绿色精品园林景观，共栽植花木40余万株，有十多个专类植物园。园内还有杂技表演馆和动物园（有驯兽表演）。

濮阳市华龙区西北部的黄河风沙区。 ¥ 30元。

住宿

安阳的宾馆大多集中在市区范围，如安阳宾馆、相州宾馆、长城宾馆和飞鹰大酒店都是安阳不错的酒店，价钱在200元左右。其次就是100元左右的有中州快捷酒店等。如果您是到离市较远的景点去（比如林虑山），可以考虑一下当地的农家小院。

餐饮

道口烧鸡：豫北滑县道口镇，素有“烧鸡之乡”的称号。“义兴张”的道口烧鸡，在全国食品中独占鳌头。道口烧鸡具有五味佳、酥香软烂、咸淡适口、肥而不腻的特点

老庙牛肉：300年来，素有“豫北之花，中华一绝”之称。老庙牛肉用十五种佐料和陈年老汤，以木炭火煮制而成。

安阳“三熏”：安阳“三熏”（熏鸡、熏蛋、熏猪下水）是由熏鸡、熏蛋演变而来的。“三熏”具有光泽鲜亮，表皮干韧，烟浓郁，入口脆烂，回味无穷，肥而不腻，瘦肉香脆。

购物

安阳的主要商业街有红旗路、北大街、南大街，主要的商场均分布在这些商业街的周围。街边还有不少以出售当地土特产品为主的小店铺。安阳知名的土特产有内黄大枣、山楂、核桃、阳梨、板栗、大红袍花椒等。

民俗

送羊：女儿结婚生子后，每年农历五月，备上烧饼、油条等四样礼品，携子回娘家看望双亲，称“瞧羊”。六月由娘家用白面蒸成羊形面食24个（大、中、小羊各8个），兼有麻糖、水果、西瓜等夏季食品送到女儿家，谓之“送羊”。此举取“羊羔跪乳”之意，教育外孙长大成人要孝敬双亲。羊时间一般是在农历六月二十日之前，二十日之后送的羊称为瘸羊。有的只送3年，有的送到外甥结婚后，有的只要外甥在一直送。安阳城乡颇为重视此俗。

抬阁：安阳庙会上的绝活，就是流动的戏台，台阁上最多可站5人，有时候非常惊险刺激。

濮阳大平调：源于濮阳民间，是在开州（濮阳）土生土长的一个古老剧种，故过去又称“开州平”。濮阳大平调是板腔体梆戏。因梆子灼目贯耳，又称“大梆戏”“打油梆”。

南阳

南阳是一座“水城”。南阳的母亲河——白河横贯南阳中心城区，与梅溪河、三里河、温凉河构成城市水网系统，形成了“城中有河，河中水清”的独特城市景观。

南阳名胜古迹有武侯祠、医圣祠、宛城遗址、山陕会馆、福胜寺塔、文庙大殿，有中国唯一保存最完整的古代县衙——内乡县衙博物馆，南阳汉画馆收藏画像石刻2000余块，是研究两汉时期绘画、雕刻艺术与经济、社会生活的宝库。

面积：26591平方千米
人口：1208万
区号：0377

亮点

必游景点

● **武侯祠**：又名“诸葛庐”，是三国时期著名政治家、军事家诸葛亮“躬耕南阳”的故址和历代祭祀诸葛亮的地方。

● **宝天曼国家森林公园**：宝天曼以遮天蔽日的原始森林和众多的野生动植物而饮誉中原，被誉为“天然的物种宝库”“中州的一颗明珠”。

● **紫荆关古镇**：荆紫关镇位于豫、鄂、陕三省结合部，素有“一脚踏三省之称”。

线路推荐

● **三国故地二日游**

D1：武侯祠—医圣祠、白河游览区。

D2：赴新野观览汉桑城、太子阁、议事台、后赴襄樊参观隆中。

● **淮河源头探秘二日游**

D1：游诸葛亮躬耕处——武侯祠（诸葛草庐）、医圣祠、白河游览区后赴桐柏。

D2：游桐柏水濂洞（寺）、淮源太白顶。

● **恐龙之谜探寻三日游**

D1：游武侯祠、汉画馆、白河游览区。

D2：赴西峡恐龙化石博化馆、燃灯寺，赴内乡游清代县衙。

D3：游医圣祠。

↓南阳陕西会馆

交通信息

飞机

南阳姜营机场位于南阳市正东15千米处，目前已经开通了飞往上海、北京、广州等城市的航班。机场有到汽车站、火车站的大巴，交通便利。

火车

南阳火车站有发往北京、上海、广州等方向火车，宁西铁路也经过在南阳。南阳火车站和汽车站相隔不远，坐火车到南阳之后再换汽车会非常方便。

南阳市区景点

武侯祠

●中国纪念诸葛亮名胜中最负盛名的一处

南阳卧龙岗武侯祠初建于魏晋，盛于唐宋，是纪念诸葛亮躬耕于南阳的祠宇，在全国九处武侯祠中位居第二。有明清建筑155间，历代题记、碑刻400余通。大拜殿、诸葛草庐为主体建筑，还有古柏亭、梁父岩、野云庵、宁远楼、伴月台、三顾堂等“卧龙十景”。

南阳市卧龙区卧龙岗乡。

乘9、26路等公交可到。

60元。

医圣祠

纪念东汉医学家张仲景

是为纪念东汉时伟大医学家张仲景所建祠堂。张仲景的墓也在祠内，坟墓建于何时暂无确考。

南阳市宛城区东关温凉河畔。

从南阳火车站坐19路或26路公交车到医圣祠下车。

26元。

独山森林公园

宗教文化历史悠久

独山森林公园划分为三大景区：森林旅游区，生态观光区，休闲娱乐区。山体浑圆，海拔367.8米。独山宗教文化历史悠久，有道教名观祖师宫、玄庙观，有佛教豫山禅寺。历年三月三上独山，香客如云、游人如织。

南阳中心城区3千米处。

在南阳市区城2路公交即到。

南阳郊县景点

尧山—中原大佛景区 AAAAA

世界上最高的佛教造像

尧山风景区

尧山景区属山岳型自然风景名胜区，主峰玉皇顶海拔2153米。景区268平方千米，有奇峰、怪石、飞瀑、温泉、山花、红叶、湖面、云海、原始森林、珍禽异兽等景观。古称尧山，因尧的裔孙刘累为祭祖立尧祠而得名。

鲁山县二郎庙乡。

郑州、洛阳、漯河均有直通客车到达景区。

80元。

0375-5791123。

中原大佛景区

中原大佛景区坐落在鲁山县城西，景区交通便利，群山环抱，山清水秀，环境优美，人文景观与自然景观荟萃，拥有世界第一佛、第一钟，大陆第一汤，伏牛山区第一寺等丰富的旅游文化资源。

高208米的中原大佛屹立于中原大地之上，玉枕山环抱之中，满怀慈悲地注视着芸芸众生，完善了“五方五佛”的佛法理念。

南阳市鲁山县城西50公里。

120元。　　8:00~17:00。

亲历者◎解说

石人山最绝妙的道路乃号称天下第一滑的石人山滑道，俗称滑滑梯，两千多米的花岗岩滑道，在密林中区区折折，顺山而下，在这里，不管男的、女的，老的、少的都可以尽情尽兴地滑，将登山的疲劳抛到九霄云外，让童年的欢乐在大山中再现。

宝天曼国家森林公园

景区内有天然形成的琳琅满目的溶洞景观

山体海拔500~1845米，总面积100余平方千米。有骆驼峰、七星潭、天心洞、五龙潭瀑布和宝天河谷等景区。

内乡县＝七里坪乡三道河村。　　100元。

亲历者◎攻略

景区的漂流很不错。宝天曼漂流全程8千里，落差1千里，汉王台那里也就是快靠近终点那是最险滩，综合来说，还是比较惊险的。漂流时间大概有四个钟头，不过中间有卖烧烤的，可适当补充体力。自己带吃的话，注意在险滩之前吃完，险滩浪大，东西都会被冲走。漂流的时间一般是4月到10月，建议5月去，人会比较少。7、8月人太多。

内乡县衙

素有“天下第一衙”之称

内乡县衙建于1304年，我国目前唯一保存最完好的封建时代县级官署衙门，为国内第一座衙门博物馆。整体布局分为三路，现存主要为中轴线上的照壁、大门、大堂、三班六房、二堂、公署、三堂等建筑，有房屋117间。

内乡县城关镇东大街中段北侧。

80元。

↓内乡县衙－仪门

亲历者◎指路

由南阳去西安方向走312国道到灌涨镇，走灌二战备公路，到七里坪乡，上七宝公路直到景区。沿途有宝天曼标志牌。另外内乡有直达景区班车，每天两班，上午9:00和下午3:00对开，停车点在内乡县衙。

老鹳河漂流风景区

●号称"中原第一漂"的鹳河漂流

鹳河漂流位子西峡境内老鹳河上游，全程12千米，共19个激流险滩顺流而下，河道时宽时窄，既有急流险滩，又有平湖深潭，是漂流的理想河段，被人们称为"中原第一漂"。

漂流沿途佳景颇多，有"鹳河第一滩""九龙滩"、形象逼真的"卧龙""龙椅"、惊心动魄的"跳舞滩"等大小十八滩，同时戏水也是这里一大乐趣，天天都是泼水节。

西峡县西北军马河乡。

市内乘坐2路、5路公交车即可到达，也可乘坐到达鹳河漂流景区的旅游专线。

90元。

0375-64948869。

8:00~17:00。

伏牛山老界岭—恐龙遗址园旅游区 AAAAA

●世界地质公园里的恐龙主题公园

伏牛山老界岭—恐龙遗迹园旅游区位于河南省南阳市西峡县，主要有老界岭和恐龙遗迹园两大景区组成，是中国南阳伏牛山世界地质公园的精髓和核心，具有极高的观赏休憩价值。

老界岭

伏牛山老界岭由情人谷、仙人谷、日月谷及界岭主峰四大景区和老界岭休闲度假区组成。景区内群山叠翠，山川秀美，林海苍莽，四季景色异彩缤纷。素有"避暑胜地、度假天堂"的美誉。

南阳市西峡县太平镇。

60元；联票（含门票、往返索道费）：150元。

西峡恐龙遗址园

西峡恐龙遗迹园主要由地质科普广场、恐龙蛋化石博物馆、恐龙蛋遗址和仿真恐龙园四部分组成。西峡恐龙遗址，属于白垩纪断陷盆地沉积，已发现的恐龙蛋化石有7科9属18种，占世界总数的三分之一。

西峡县丹水镇三里庙村。 90元。

7:30~18:30（4月~10月）；8:00~17:30（11月~次年3月）。

↓西峡恐龙遗址园

荆紫关古镇

●古代商业古街

为唐代后期形成的商业古街，面临丹水，背负荆紫关。现存古代建筑有：荆紫关古街道、关门、山陕会馆、禹王宫、平浪宫、万寿宫、法海寺、清真寺、一脚踏三省碑亭等。
淅川县荆紫关镇。

荆紫关古街道

呈南北走向，长2.5千米，地面均系青石铺砌，平净整齐，两侧700余间板门店铺，均具清代民间商业建筑风格，翘檐雕饰，古色古香，房门都是木板嵌成，房屋多是进出几层院落，两边厢房对称，均有一堵两米长的封火硬山，高低错落，相互重叠，使街道更加古朴灵秀，曲型多姿。

住宿

南阳相对高档的宾馆整体的住宿价位相差不大，价位在200~300元之间。选择靠近汽车站等交通方便的地方，可以考虑银都建国宾馆和方圆快捷酒店。此外，位于中州中路梅溪宾馆和豫宛宾馆也是不错的选择。南阳市建设路、新华西路等繁华路段都有经济实惠的酒店可供住宿，如白云宾馆、交通旅社、银河宾馆等等。

南阳宾馆 / 七一路183号。
豫宛宾馆 / 中州路。
梅溪宾馆 / 中州路东段。

餐饮

南阳的风味小吃众多，唐河火腿、唐河绿豆凉粉、新野板面、镇平烧鸡、博望锅盔、都是足以让人食指大动，游玩至此，不可错过。

南阳市美食众多，主要分布于城市中心地带。许多廉价的特色小吃多分布于学校周围和郊区。

购物

南阳当地的土特产有：板栗、唐酥梨、山茱萸等。工艺纪念品有：南阳独山玉雕、南阳丝毯、牛角雕、烙画、丝绸、黄石砚等。

南阳的民间工艺历史悠久，传统优良，其中最具魅力、最具有个性的当属玉雕、烙画、丝毯、牛角雕、黄石砚等。其中玉雕、烙画、丝毯被称为“南阳三绝”。

南阳大型的百货商店和量贩主要集中在中州路和人民路。南阳特色商品玉雕和烙花在武侯路有卖。

民俗

南阳素有“书山曲海”的美誉，戏曲成了地域风俗文化的重要组成部分。南阳是“戏曲之乡”，不仅有土生土长的曲剧、宛梆、越调等地方剧种，而且还有外来的秦腔、豫剧、京剧、川剧、花鼓戏、清戏、安庆戏等。

曲剧：也称曲子戏、南阳曲子、高台曲、南阳大调曲，它是南阳地方戏中影响最大的剧种之一。曲剧是在南阳鼓子曲的基础上发展而成的，它的初创时期，只是按照南阳鼓子曲的调门韵律就地清唱，既不搭台，也不化妆，直到清宣统年间才始有登台化妆演出。

灯歌：南阳古代已有玩花灯的传统习惯，灯歌流传广泛，遍及13个县市，尤以南阳县（市）、镇平、淅川为甚。这部分民歌实际是歌、舞、乐三者溶为一体的民间歌舞形式。南阳的灯歌，以五声宫、徵调式为多，节奏也大体相仿，但由于旋律的变化，同一曲调色彩迥异，淅川的《大小姐回娘家》和镇平的《推小车》就是典型的例子。

小调：小调是在南阳地区数量最多的一个曲种，不仅形式多样，而且题材广泛。歌词多用“四季”“五更”“十二个月”等数量词作为线索而连结，把不同的事件、典故或历史人物安排在一首民歌里，使整首歌曲浑然一体。

信阳

信阳地区山水秀丽、气候宜人，素来有“江南北国、北国江南”“豫南小苏州”之美誉。

信阳的鸡公山风景区闻名中外，南湾湖清秀美丽，还有连康山、金兰山、国家地质公园金刚台、中国最大鸟类自然保护区董寨、百里林海黄柏山、疗养胜地汤泉池……这些优美的自然景区，或与红色景点相邻，或互为一体，红绿交相辉映。

面积：18819 平方千米
人口：867 万
区号：0376

亮点

必游景点

● **鸡公山**：因形似雄鸡得名，与北戴河、庐山、莫干山并列为四大避暑胜地。

● **南湾湖**：国家 4A 级景区，风景秀丽，岛屿众多，已成为国内著名的旅游胜地。

● **灵山风景区**：灵山集“泰山之雄、庐山之幽、华山之险、黄山之秀”于一体，山中奇石陡崖，别有洞天。

线路推荐

● **鸡公山、灵山二日游**

D1：游鸡公山景区：逍夏园、万园广场、美龄舞厅、中正防空洞、活佛寺、世纪报晓钟 、报晓峰、灵化仙境。游览姊妹楼、红娘寨、月湖、颐庐（志气楼）、北山欧美别墅群、长生谷（大深沟景区）等景区。

D2：赴灵山，游览朱元璋雕像，香水海，八宝天缘，十八罗汉，佛典玉图。

↓信阳灵山寺

交通信息

火车

信阳目前有两个火车站：信阳车站位于新华路，停靠的列车很多；信阳东站位于羊山新区马岗村，是京广铁路的组成部分，也是宁西高铁的必经之地。

汽车

信阳主要有两个汽车站：一个是弘运汽车站以发往北京、河北等北方地区班车为主；另外一个是信运汽车站，以发往上海、江苏、浙江等南方地区的班车为主。

信阳城区景点

鸡公山风景区

● 被誉为“云中公园”和“天然中草药园”

中国四大避暑胜地之一，面积达 287 平方千米，包括报晓峰、北岗、避暑山庄、长

↓鸡公山牌坊

生谷、大东沟、登山古道、防空洞、李家寨、颐庐等九大景区。景区内有数百座形式多样的别墅洋楼。

🏠 信阳市平桥区李家寨镇。

¥ 鸡公山山上景点现在实行一票通（索道和东沟瀑布除外），票价85元；长生谷是单独的景点，票价16元；索道来回20元；瀑布15元。

☎ 0376-6912044。

亲历者◎指路

信阳火车站有班车可到鸡公山，车费6元，车程1小时。如果乘小巴上山（宝石桥起至景区大门）的票价是9元。山上各景点之间有观光电瓶车接送游客，每人每次5元。

南湾湖

●素有"豫南明珠"之称

由南湾湖和南湾国家森林公园组成的生态型旅游区。森林面积2180公顷，水面约75平方千米。湖上游的五云山便是"信阳毛尖"的产地。湖下游有贤隐山。

环湖皆山，湖光潋滟。湖中散布着61个小岛：鸟岛处处见鸟影；猴岛上生长着数十只野生弥猴；消夏岛上的民族歌舞表演具有独特的地域色彩。

贤隐山：有梁王垒遗址、贤隐寺、仙人床、丈人石、平顶松等景，可登高远眺信阳城貌、南湖烟波。

五云山：在南湾湖上游，包括车云山、集云山、云雾山、连云山、天云山，还有黑龙潭、白龙潭等处，都是信阳毛尖茶的正宗产地，来此可亲眼目睹制茶过程，还可随处买到正宗的信阳毛尖。

🏠 信阳市浉河区南湾乡。

🚌 在信阳火车站乘2路公交即可到景区。

¥ 80元，船票35元。

☎ 0376-6373378。

亲历者◎攻略

南湾湖的上游，是"信阳毛尖"的产地"五云"诸山；湖对岸的车云山，是观龙瀑、游茶园、品尝信阳毛尖的好所在。南湾鱼不仅肉味鲜美，而且富含微量元素，其中有抗癌元素之称的"硒"含量是普通鱼类的3~5倍以上。尤其是南湾花白鲢，头部富含DHA，是备受欢迎的保健珍品。

信阳郊县景点

灵山风景区

●有堪称华夏奇观，天下一绝的女娲峰

千年古刹灵山寺旁依少华山，寺院始建于北魏，距今有1500余年历史，唐朝起寺院改为"灵山"。

灵山寺现有六间前大殿、三间祖师殿等共计三十间。六座大殿分别供有各种仙佛造像：欢乐殿供关公，祖师殿供达摩，大佛殿供释迦，法堂供罗汉，祭仙宫供上、下八仙，五星殿供玉皇大帝和魁星。显示出儒、释、道三教合一的特点。

景区内有瀑布36条，山洞72个，奇石108处。有智慧姑娘像、逍遥洞、仙人洞、银洞飞瀑、九里落雁湖等众多胜景。

🏠 罗山县涩港镇，县城西南44千米处。

¥ 30元，灵山寺10元。

黄柏山国家森林公园

●素有"鸡鸣闻三省"之称

公园总面积4010公顷，分为九潭谷山水观光区、九峰尖登山探险区、大牛山森林沐浴区、界巴冲生态游览区、黄柏山佛教文化区5大景区。小林海原始森林、天池千亩竹园、大牛山万顷松涛、九峰尖高山杜鹃、前河红叶林、王后冲紫荆园等森林景观遍布山间，森林覆盖率高达97%。

🏠 商城县长竹园乡。 ¥ 25元。 ☎ 0376-7419068。

亲历者◎攻略

1. 黄柏山国家森林公园有3条游览线路。

线路1：从长竹园乡进入黄柏山林场场部至百战坪桥头门票收费站，向东上山到黄柏山天池，沿途可观看到将军石、铜锣潭、人工林海、一线瀑、息影塔、法眼寺、小林海、原始森林等景点。

线路2：从百战坪桥头门票收费站向东到黄柏山天池，向北到九峰尖奇峰进行登山。

线路3：从百战坪桥向西南至法眼寺，沿途可观看到息影塔、休闲竹亭、小林海、原始森林等，返回时沿环山公路可欣赏到一线瀑、人工林海、铜锣潭、将军石、黄柏山天池等多处景点。

2. 黄柏山在林场场部、大牛山景区分别建立了宾馆，床位数量150个，其他景区都建有小型饭店、招待所等服务设施，同时，景区附近还有农家旅馆。

西九华山风景区

●秀丽风光与宗教文化于一体

西九华山风景区自然风光优美，最为值得称道的是山中成片的竹海和森林，还有万亩茶园。而山中的瀑布，为这个景区添加了不少灵性和柔性。

除了欣赏优美的自然风光，山腰之中的妙高禅寺也值得游客前往一游。妙高禅寺始建于隋，距今已有1400余年的历史，香火不衰，是地藏王菩萨卓锡安徽九华山之前，在中原地区的第一道场。

固始县陈淋子镇。

在固始老汽车站乘坐908路公交直达西九华山景区留梦河谷景点。 通票100元。

嵖岈山风景区 AAAAA

●素有“天下第一奇山”和“北方石林”之美称

嵖岈山可游面积52平方千米，有“中原盆景”“西游记全书”等美誉。有九大景观、九大奇峰、九大异石、九大名棚、九大仙洞，各类景点200多处，分为南山、北山、六峰山、龙天沟、琵琶湖、生态公园6个景区。有顺天宫、乾隆洞、包公庙、玉皇大帝庙、五龙宫、石猴等著名景点。

遂平县嵖岈山乡。 旺季70元，淡季40元。

0376-4779338。

亲历者◎攻略

景区内没有宾馆，没有住的地方，而且不允许二次进山。要想两日游的话，只能住帐篷了。有这种爱好的游客比较好办，晚上回去可以住遂平县。吃的，一日游要自备些食物，在路上解决就行了，节约时间。

亲历者◎解说

嵖岈山和《西游记》在天然上就有一定的缘份。孙悟空是一个从石头中蹦出来的石猴，而嵖岈山有许多天然的石猴，其中有一个外表极为神似。《西游记续集》曾在这里进行过外景拍摄。

住宿

信阳市面积不大，从市中心的旅馆出发，到达各个景点，一般不会超过半小时的车程。如果想去避暑胜地鸡公山，可以在市中心公交车站附近住宿，这里也有很多价格合理的旅馆可供选择，第二天再乘公交车上山，十分方便。

豫花园大酒店/行政路1号/6188888。

金通大酒店/人民路4号/6285588。

罗山宾馆/罗山县迎宾街2号/2151018。

餐饮

信阳菜以咸、香、微辣、醇厚为主味，

↓嵖岈山

菜色微重、口感滑爽，代表菜是炖菜，又以固始、罗山炖菜而闻名。

信阳名吃

信阳板鸭：板鸭为大别山区的重要特产之一，将成鸭育肥增膘后，以传统工艺方法腌制而成。成品板鸭外形平整如桃状，无“关窗”，色泽白润，肉质细嫩，尾油丰满，鸭身干爽，盐味适中，含有丰富的蛋白质、脂肪、维生素和无机盐等营养物质。

信阳糍粑：糍粑为信阳传统名吃，主要产地有商城、新县、潢川、光山等地。糍粑的制作过程是：以上等优质江米为原料，淘净蒸熟后，放进石臼内反复捶捣成泥状，趁热有擀仗擀薄，切成方块或长条状。糍粑可烤，可煮，可煎，可炸。

固始皮丝：固始县制作猪皮丝的历史已有 100 多年，早在清咸丰年间就成为贡品，属宫廷御膳佳肴。固始皮丝松散，富有弹性，放下起堆，翻炒不会粘边搅条，其味松嫩爽香，含有蛋白质和多种维生素。

罗山大肠汤：一碗猪大肠，肥而不腻，真是人间美味。在罗山，大街小巷都有大肠汤馆，而且几乎全是顾客盈门。附近几县甚至信阳市还有不少人开车专程来罗山吃这大肠汤，足见其吸引力。

息县油酥：息县油酥火烧又名“油酥馍”，是风味小吃中的佳品。油酥火烧以面粉为主料，掺和生猪油、香油、葱花、食盐等佐料，于铁鏊烙制加火烧而成。

焖罐肉：这是一道最能体现信阳传统文化的菜。选择不吃饲料的土猪肉，五花肉部分用火煸炒出油，油冷却后装入瓦罐中，密封埋入地下，最少三个月，最多可埋一年以上，时间越久味道越香，吃的时候把油化开，和莴笋，千张等一起微火炖煮即可尝用。一点都不腻，而且入口有种劲道的感觉。

信阳石凉粉：炎炎夏日，消暑解渴的石凉粉成为街头的不二小吃。这种凉，沁人心脾，透入心底。一勺石凉粉吃下去，会觉得从口到心都是舒坦的，暑热立马就可以消去大半儿。老少皆宜，而且价廉物美。

购物

来信阳旅游，不买些信阳特产回家，会有些遗憾。信阳著名的特产有信阳毛尖茶、固始柳编、潢川牛角工艺品等。

信阳茶：信阳毛尖茶是中国十大名茶之一，因其成品紧密如尖故名毛尖。信阳市的天云、云阳等山区山高雾重，水质极佳，出产的茶叶颜色深绿，叶片肥厚，品质上乘。

固始柳编：柳条加蒲草、藤草混编而成的工艺品，色泽洁白、造型别致，主要有果篮、花篮、挂篮、门帘、屏风等。

潢川牛角工艺品：以当地特有的牛角为原料制成，主要有装饰画、装饰品、仿古工艺品等。色泽淡雅，工艺精湛。

民俗

三月灵山古庙会：灵山庙会历时一个月（农历二月二十八日至三月二十八日），规格高，内容丰富，特色突出，集“登山朝圣、旅游观光、民俗风情、民间艺术”于一体。

鱼头酒：信阳人摆宴最讲究客人“酒要喝好”，有“怪酒不怪菜”之说。为让客人多喝酒，上整鱼时将鱼头对着首位的客人，此人必须喝鱼头酒，鱼尾所指的人则要陪喝鱼尾酒。鱼头酒不下肚，喝鱼头酒者不在鱼身上动筷，他人不得先行动筷吃鱼。

灶戏：信阳特有的民间曲种，其唱腔音乐与端公祭神唱的“灶书”唱腔相似，俗称“唱灶”，其代表曲目为《郭丁香》。

●面积

19 万平方千米，全国排名第 14 位

●人口

户籍人口 5852 万，全国排名第 9 位

●世界遗产

武当山道教古建筑群、明显陵、神农架

● 5A 级旅游区

三峡人家、武当山、巴东神龙溪、神农架、清江画廊、武汉东湖、屈原故里、黄陂木兰文化生态区、恩施大峡谷、武汉市黄鹤楼公园、宜昌市三峡大坝旅游区

●国家重点风景名胜区

武汉东湖、武当山、大洪山、隆中、九宫山、陆水

湖北旅游网
www.hubeitour.gov.cn

时尚旅游地推荐

武当山 1　古隆中 2　黄鹤楼 3　荆州古城 4

恩施大峡谷 5　三峡大坝 6　神农架 7

湖北

湖北是饱含浪漫主义情调并极富神话色彩的楚文化的发源地，山水名胜与文化古迹奇多。顺江而下西陵峡，遥望兵书宝剑、千古悬棺；“七十二峰朝大顶，二十四涧水长流”，道教名山武当山宫殿林立；“华中屋脊”“绿色宝库”神农架让你探尽“野人之谜”。

灵秀湖北

武汉

千年岁月悠悠，留给武汉的，是白云黄鹤的灵动飘逸，是知音琴台的古朴坚贞，是战火纷飞后的沧桑凝重，是两江交融时的抵死缠绵。武汉，正如一位兼具江南灵秀与北方热情的女子，掀开巫楚的神秘面纱，向你招手。

面积：8486 平方千米
人口：821 万
区号：027

亮点

必游景点

- **黄鹤楼**：江南三大名楼之一，武汉市的标志性建筑。
- **陆水湖风景区**：国家级重点旅游风景名胜区，因三国东吴名将陆逊在此驻军而得名。
- **九宫山**：被誉为“九天仙山”，九宫山既有江南山峰的奇秀，又具有塞北岭岳之雄、险、奇、幽、秀。
- **赤壁古战场**：著名的赤壁大战遗址，我国古代著名战役中唯一尚存原貌的古战场。

线路推荐

- **武汉市区二日游**

  D1：黄鹤楼公园—归元禅寺—辛亥革命武昌起义纪念馆。

  D2：武汉东湖风景区。

- **鄂东南三日游**

  D1：东陂赤壁—梁子湖。

  D2：九宫山云中湖–林海深处–闯王陵–咸宁温泉。

  D3：赤壁古战场–陆水湖

↓黄鹤楼

交通信息

飞机

武汉天河国际机场坐落在武汉市黄陂区天河镇境内。机场每天都有直达北京、上海、南京、郑州、广州、南昌、福州、成都等国内主要城市的航班及部分国际航班。

火车

武汉站：位于青山区青山与洪山区交界的杨春湖东侧，主要营运高铁和动车。

武昌站：位于武昌区中山路，武汉目前客流量最大的站，几乎所有经过武汉的普通列车均会停靠此站。

汉口站：位于江汉区发展大道，主要停靠上海至武汉等东西走向的列车，也兼顾停靠京广线列车。

轮船

武汉是我国长江沿岸最大的中转港之一，开通上至重庆，下至上海的长江沿线 41 个港口的客轮。由于目前人们乘船出行越来越少，因而现在的客轮班次也减少了很多，最还提前咨询好。

武汉旅游区

黄鹤楼 AAAAA

●享有“天下江山第一楼”美誉

黄鹤楼与湖南岳阳楼、江西滕王阁并称

为“江南三大名楼”，享有“天下江山第一楼”美誉。

现在的黄鹤楼于1985年建成。外形雄伟壮观、古朴典雅，是武汉市的标志建筑。黄鹤楼飞檐5层，攒尖楼顶，金色琉璃瓦屋面，通高51.4米，底层边宽30米，顶层边宽18米，全楼各层布置有大型壁画、楹联、文物等。楼外铸铜黄鹤造型、胜像宝塔、牌坊、轩廊、亭阁等一批辅助建筑，将主楼烘托得更加壮丽。

武汉市武昌区，蛇山西端。 80元。

7:00~18:00。

亲历者◎指路

电车1路、电车4路，公交10、61、401、402等路到黄鹤楼站下。

亲历者◎攻略

黄鹤楼也有编钟的演出，每场大约15分钟，时段分别是10:00，11:40，14:20，16:00。演出地点是在落梅轩，演出是免费的。可是如果太早入场霸位子，是要消费的，最低消费5元。开放时间：4月1日~10月31日：7:00~18:30；11月1日~3月31日：7:30~17:30。从户部巷步行去黄鹤楼即可。

湖北省博物馆

●湖北省唯一的省级综合性博物馆

博物馆建筑面积49611平方米，综合陈列馆、楚文化馆、编钟馆三足鼎立，构成一个硕大无比的“品”字，突出了楚国多层宽屋檐、大坡式屋顶等楚式建筑特点。

该馆现已拥有馆藏文物26万余件，其中国家一级品812件，国宝级文物16件。

武汉市武昌区东湖路156号。

14、411、701路公交可到。

9:00~17:00（16:00停止入馆，周一闭馆）。

027-86783171。

归元禅寺

●国家重点佛教寺院

归元寺始建于清顺治十五年（公元1658年），以其建筑精美、雕塑绝妙、珍藏丰富而名扬佛门。它与宝通寺、溪莲寺、正觉寺今称为武汉的四大丛林。寺庙由藏经阁、大雄宝殿、罗汉堂三座主题建筑构成。

1922年建的新阁是归元寺的一大宝藏，除藏经外，还有佛像、法物、石雕、木刻、书画碑贴及外国友人赠品。有两件令人惊叹的珍品：一是在长宽不过6寸的纸面写着由5424个字组成的“佛”字，写着全部《金刚经》和《心经》原文；二是血书《华严经》和《法华经》。

寺内的建筑、佛教经典以及各种佛像历经“坎坷”而完整保留了下来，其中尤以罗汉堂供奉的500尊金身罗汉为显著特色，到归元寺数罗汉现已成为武汉民间的一种习俗。

武汉市汉阳区，翠微街西端。

10元；五一、十一、春节黄金周20元，除夕、正月初八和十五晚上40元。 8:00~17:00。

辛亥革命武昌起义纪念馆

●是纪念辛亥革命为主题的专题性纪念馆

纪念馆又名红楼或武昌起义军政府旧址，是纪念辛亥革命为主题的专题性纪念馆，在湖北军政府的旧址上建立而成。武昌起义成功后，孙中山在此宣布废除清政府帝制，成立中华民国政府。

武汉市武昌区武珞路1号。

10、61、503路公交可到。

8:00~17:00。 027-88875306。

黄陂木兰文化生态旅游区 AAAAA

木兰文化生态旅游区由武汉市黄陂区的

↓武昌起义纪念馆

木兰山、木兰天池、木兰草原、木兰云雾山四大景区组成。此外，黄陂区另有国家水利风景名胜区木兰湖、中国历史文化名村大余湾、武汉第一漂天寨沟漂流、明清古建筑博物馆等各类旅游景区。

🏠 武汉市黄陂区境内，距离武汉中心城区约 30 公里。🚌 在汉口火车站乘坐 292、295 公交车至终点站，即到达黄陂区旅游集散中心，再从集散中心换乘“四景环游”的旅游巴士即可。 ¥ 木兰山 80 元，木兰天池 80 元，木兰草原 80 元，木兰云雾山 80 元。

木兰山

木兰山北枕大别山，南瞰江汉平原，似啸天雄狮伏卧在滠水河畔。这里奇峰突兀，山径崎岖，既有亿万年前地质奇观，又有佛道诸教的灵光四溢，更有汉代木兰将军的史记与传说，无愧为西陵胜景，江汉灵山。

↓木兰山

木兰天池

山清水秀，瀑布飞流，木兰天池呈现的是一种山水交融的湿地生态，这里有一条精辟、奇妙的大峡谷，不长，但却集中着飞瀑、溪潭、怪石和奇木，十步一景，百步一绝。

木兰草原

木兰草原占地 7000 亩，主打南方草原牌。

东湖风景区 AAAAA

● 以其独特的山水风光和浓郁的楚文化享誉国内外

东湖因位于武汉市东郊而得名。水域面积是杭州西湖的 6 倍，是全国最大的城中湖。

东湖湖岸曲折，碧波万顷，青山环绕。东湖主要游览点为寓言园，音乐喷泉，行吟阁，长天楼，九女墩，湖光阁，磨山新景区。

🏠 武汉市武昌区东郊。

¥ 听涛景区试行免费，磨山景区 90 元，落雁景区 13 元，植物园 40 元，马鞍山森林公园旺季 20 元，淡季 7 元。索道（单 / 双）：15/25 元。

亲历者◎指路

市内有 10 多路公交车通达东湖风景区，其中直达东湖磨山景区的公交车有 515、401、413 路；直达东湖听涛景区的公交车有 8 路电车、14、403 等；景区内配有索道、电瓶车等特色交通工具。

亲历者◎攻略

1. 美食：畅游东湖以后你可以在听涛酒家、湖滨客舍、碧波宾馆、湖畔餐厅等景区宾馆和餐饮点就餐，享受美味佳肴，在这里你可以品尝到东湖的名吃名点。其中有茅台武昌鱼（以名贵的樊口鳊鱼为主料，辅以茅台美酒，外形美观，味道可口）。

2. 节庆：每年 2 月初（春节前后）会举办中国武汉梅花、东湖荷花节、东湖樱花节、东湖夏日风情节等节日。

提醒：来武汉看樱花最好的时间是 3 月下旬，如果你 4 月初来武汉，武汉大学的樱花已经开过，只能到东湖樱花园。因为东湖樱花园的樱花品种比武汉大学的多，花期要长一些。

主要景观有草原人家、草原古城、草原敖包、千亩格桑花等。走进木兰草原，可以欣赏到“风吹草低见牛羊”的草原美景。

木兰云雾山

木兰云雾山，是邻近武汉最大的郊野公园，享有“西陵胜地、楚北名景、陂西陲障、汉地祖山”美誉，有着险峰幽谷、泉涧相间、奇花异草，历代兵家博弈所遗存的古代城寨，迄今最完整的楚长城遗迹，这些无一不带有历史的印记。

武汉东部旅游区

东坡赤壁

●苏东坡被贬黄州时常游之地

赤壁又名文赤壁、赤鼻矶。因苏东坡被贬黄州时常漫游于此而蜚声古今中外。现存二赋堂、酹江月、坡仙亭、栖霞楼等建筑。

筑物有二堂（二赋堂、雪堂），其中二赋堂内有一块大木壁，正反面刻着前、后《赤壁赋》全文；留仙阁有一幅苏东坡游赤壁全图；碑阁内有百余块石碑，刻满苏东坡的书法。处处是东坡居士的墨宝诗词。

黄冈市黄州区公园路 11 号。

40 元。 0713-8352861。

三角山国家森林公园

●有黄州府“笔架山”之称

有黄州府“笔架山”之称，由紫云禅寺、耘园、翠园、灵秀山家园、三峰尖五个景区构成。主要景点有老鼠过梁、舍身崖等。

浠水县洗马镇，大别山南麓。

80 元。 0713-4898288。

梁子湖生态旅游度假区

●驰名中外的武昌鱼的故乡

梁子湖是湖北省容水量最大的淡水湖之一，是驰名中外的武昌鱼的故乡。梁子湖东西长 82 千米，南北长 22 千米，湖面 42 万亩，常年平均水深 3 米。北有 45 千米长港与长江相通，涌子湖水经长港注入长江。

鄂州市梁子湖区。

10 元，船票 15 元。 0711-2473038。

陆水湖旅游区

●因三国东吴名将陆逊在此驻军而得名

陆水湖是国家级重点旅游风景名胜区，因三国东吴名将陆逊在此驻军而得名。陆水湖水域面积 57 平方千米，最大的岛有 100 多公顷，最小的如一叶扁舟。陆水湖风景区以山幽、林绿、水清、岛秀闻名遐迩，是避暑消闲、旅游度假、康复疗养及水上运动的理想之地。

赤壁市陆水乡，雪峰山下。

通票 100 元，游船票 50 元。

三峡试验大坝

●为建设三峡大坝打下基础

这是中国水利史上第一次采用大块体预

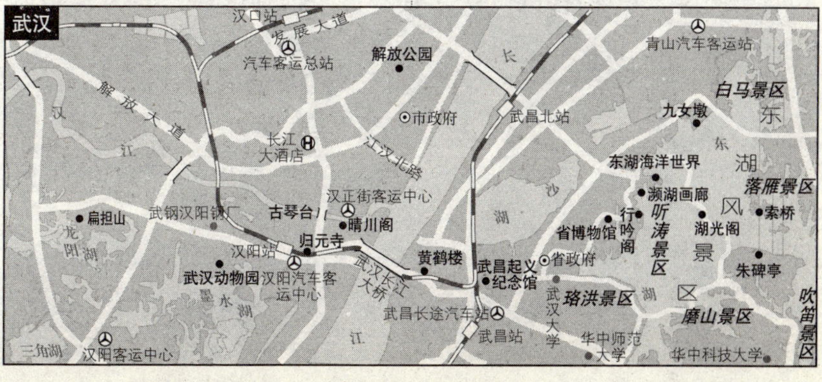

制安装筑坝施工方法的试验。同时，一系列相关试验为葛州坝、三峡大坝水利枢纽工程建设提供了科学依据。

中华水浒城

●央视电视剧《水浒传》外景拍摄地之一

陆水湖中的中华水浒城，是中央电视台为摄制大型电视巨片《水浒传》而兴建的3个外景拍摄基地之一。景点有梁山后寨、聚义厅、郊野一条街等。均为仿宋建筑，以木、石材为主，真实地再现了宋代民宅，酒楼、街店、村寨原貌，具有浓郁的民俗风味。

¥ 85元，联票150元（含三国城、水浒城）。

九宫山风景区

●我国旅游避暑胜地，有"第二庐山"之称

九宫山既有江南山峰的奇秀，又具有塞北岭岳之雄、险、奇、幽、秀，被誉为"九天仙山"。

九宫山旅游区划分为五大游览区：云中湖游览区、林海深处游览区、吴楚天游览区、龙潭探幽游览区和山下游览区。

⌂ 通山县九宫山镇。

云中湖

●高山湖泊

湖北省最大的高山湖泊，主要景点有云湖夕照、泉崖喷雪、真君石殿等。

¥ 50元，真君石殿5元，石龙沟20元，云关古寺5元。

林海深处游览区

●以原始森林景观为主

以森林公园安坪为中心，是以原始森林景观为主的游览区，这里森林似海，烟峰如涛；有三级落差的安坪瀑布，有"飞流直下三千尺"的大崖头瀑布等。可观看许多珍稀动物、植物。

¥ 20元。

赤壁古战场

●我国古代著名战役中惟一尚存原貌的古战场

赤壁是三国古战场遗址，北望汉沔千里沃土，隔江就是洪湖乌林。

东汉末年的赤壁大战即发生于此，孙权与刘备联军在此用火攻打败不可一世的曹操，奠定了魏、蜀、吴三分天下的局面。赤壁大战的张天烈火早已熄灭，但那赤色的悬崖绝垄，不尽的滔滔大江，大战时的处处阵迹，赞美赤壁的碑刻和诗篇，却一直吸引着无数的金甲武将、文人墨客。

⌂ 赤壁市赤壁镇。 ¥ 150元。

赤壁大战陈列馆

●再现当年赤壁鏖兵的场面

是以古战史为主题的专题陈列馆，展品真实地再现了东汉末年的人文历史和当时三

↓赤壁三国古战场

国赤壁鏖兵的壮观场面。馆内设有序厅、战况模型室、蜡像故事室等。

赤壁摩崖石刻

●镌刻的"赤壁"二字知名度很高

在赤壁矶头的石壁上。刻有各种文字、印记、诗赋和画像。仅镌刻"赤壁"二字的题榜即有四处之多，其中字体最大的"赤壁"题榜为楷书，字径达 150×104 厘米，气势雄健，遒劲苍古，相传系周瑜亲笔所题。

住宿

武汉的住宿服务业较为发达，一般旅馆里最经济的床位价格多为几十元，条件和两星差不多，市区的居民区到处都是，而三星的宾馆大多在 200 元多一点，要是晚上和淡季的话还可以打折。

汉口火车站地区推荐酒店：

武汉金盾大酒店、武汉江城大酒店、武汉洛克菲酒店。

武昌火车站地区推荐酒店：

武汉鑫东方大酒店、如家快捷酒店（武汉大东门店）、最佳西方武汉五月花大酒店。

洪山广场、东湖景区地区推荐酒店：

武汉云鼎商务酒店、武汉洪广大酒店、武汉鑫湖盛京大酒店。

餐饮

武汉九省通衢，东西南北各种风味在这里融合，原料上主要以鱼菜为主。武汉菜特色是"清而不淡，鲜而不腥，嫩而不生，肥而不腻"，最著名的菜肴有藕煨排骨汤和清蒸武昌鱼，大中华酒楼、武昌酒楼、卢大师酒楼都是做武昌鱼的名店。热干面、排骨莲藕汤香飘万家。武汉的码头文化也造就了独特的市井美食文化。

到武汉有四样必吃的小吃：老通城的三鲜豆皮、四季美的汤包、小桃园的瓦罐鸡汤和蔡林记的热干面。吉庆街和户部巷极具民俗风味的小吃吸引了大量游客。阅马场有美食一条街。三五酒店是武汉最大的餐饮连锁店。

购物

汉口最为繁华，是购物的天堂，有人潮如织的江汉路步行街、年轻时尚的地带——民众乐园、商贾云集的汉正街批发市场、全新街服饰一条街等；武昌主要有街道口、广埠屯、司门口等多个购物区。

传统的土特产如麻烘糕、孝感麻糖，还有精武鸭颈，武昌鱼等都可带回家去与家人、朋友分享。

其他特产：武汉木雕船、绿松石、黑木耳、银耳、沙湖盐蛋、荆州甜酸独蒜、毛坝漆、淡水贝雕、宜红茶、砖茶、咸宁竹器、咸宁桂花露、江陵仿古漆器、洪湖羽毛扇和纸折扇、孝感麻糖、麻烘糕等。

民俗

端午节吃鸭蛋：农历五月五端午节——武汉人有吃咸鸭蛋、粽子、饮菖蒲雄黄酒及馈赠绿豆糕、杏仁豆腐、八宝稀饭、冰糖莲子、米面发糕等去暑败火食品。

评书：湖北评书是用湖北方言讲故事。由一人表演，只说不唱，以一块木头为道具，情节每到关键时刻，猛击一下醒木，听众为之一振，流布于武汉、沙市、宜昌等长江沿岸城市。

大鼓：湖北大鼓与湖北评书不同，以唱为主，夹以说白，以鼓板为主要乐器，演员边击鼓边唱说，风趣幽默，通俗易懂。

武汉的节日活动：

东湖樱花节：每年 3 月底 4 月初在东湖举行。

东湖梅花节：每年 2~3 月间在东湖举行。

荆州

荆州，楚文化的发源地，是一个历史悠久而又浪漫的城市。点将台上还能看到关公叱咤风云的身影，街头巷尾还能嗅到陆羽煮水烹茶的清香。来到荆州，发现历史就在身边。

面积：12100 平方千米
人口：303 万
区号：0716

亮点

必游景点

● **荆州古城**：古城保存着完好的明代古城墙，在南方极为罕见。

● **蓝田农业生态旅游区**：洪湖是当今世界上仅存不多的没有被污染的大型淡水湖泊之一，是天然的游乐场所。

线路推荐

● **荆州二日游**

D1：荆州古城—玄妙观—江陵盆景园—荆州博物馆。

D2：章华寺—万寿宝塔—江陵碑苑。

● **天门、潜江、仙桃三日游**

D1：沔城—陈友谅故居—长端口古镇。

D2：陆羽纪念馆—古雁桥—陆羽亭。

D3：水杉公园—曹禺著作陈列馆。

交通信息

飞机

荆州沙市机场位于荆州市沙市区岑河镇，沙市机场目前仅限起降通用飞机。

↓荆州寅宾门

火车

荆州站位于荆州区郢城楚源大道，高铁站，东连武汉合肥高速铁路、西接宜昌万州铁路，有通往北京、杭州、上海等地的高铁动车。

荆州古城

●我国南方保存最好的古城池

古城保存着完好的古城墙，它始建于东汉末年，现存城墙为明代所建，在南方极为罕见。城墙全长 10.5 千米，高 8.8 米，依地势而起伏，蜿蜒伸展。每座城门均设“双保险”，前后两道门，二门之间建有瓮城，以便“瓮中捉鳖”，致攻城之敌于死地。

古城墙除高大坚固的墙体和瓮城等建筑外，城墙之上还有众多配套的军事设施，如今尚存且最具作战防御功能、最有特色的要数暗设的四座藏兵洞，东西南北各一座，每座长 10.5 米，宽 6.3 米，深 6 米，分上下两层，可容 100 多人。

作为楚文化的发源中心之一，荆州古城的周围出土了大量珍贵文物，属于国宝级文

↓荆州古城

物的有西汉古尸、战国丝绸、越王勾践剑等。此外，荆州还是一个自然风光优美的地方，松滋风景区内湖山掩映、溶洞成群。城外江边还有一座万寿宝塔，据说塔基是低于长江水平面的。

荆州市荆州区。 古城免费开放，宾阳楼35元。

亲历者◎指路

从宜昌长途客运站到荆州班车很多，每日6:40 - 18:50有10多个班次。到达荆州后乘18路、19路公共汽车可到东门、新北门，乘坐15路公共汽车可到东门、新南门。

亲历者◎解说

荆州古城墙作为古时的一项大型军事防御工事，在建筑美学和军事防御上都堪称典范。

荆州位于湖北省中南部，人们时常说的俗语“大意失荆州”，出典就在这里。在荆州，有许多古迹都是跟三国故事有关的。荆州保存着众多的名胜古迹，其中最有名的就是荆州古城，该城保存完整，里面有玄妙观、关帝庙及铁女寺等。

荆州博物馆

●漆器大观，简牍之都，丝绸宝库

荆州博物馆是一座地方性综合博物馆，是一组仿古建筑群。博物馆共设8个专题展馆，馆藏文物13万余件，以考古发掘的出土文物为主，其中战国丝绸、越王剑、吴王夫差矛、西汉男尸等属国宝级珍，其收藏的古代漆器、楚和秦汉简牍的数量均为全国第一。

荆州市荆州区荆州中路142号。

乘19、101、20路公交车到终点站下。

周一闭馆（节假日除外），周二—至周日：9:30~16:30，16:00停止发票。 0716-8494808。

www.jzmuseum.com。

楚纪南故城

●春秋战国时期楚国的都城

古名郢，是春秋战国时期楚国的都城，也是当时中国南方最繁盛的都市。城墙为夯土造就，当年的土筑城墙，至今仍存，有的地段高达6~7米，筑于其上的烽火台依稀可辨。

纪南城内各功能区规划明确，有宫殿区、贵族区、平民区、冶铸区、商业区等。城内还发现了400多口水井及窑址、冶炼作坊遗址等。楚都纪南城的许多设计与建筑理念都为后世都城所效仿，在中国都城发展史上有着重大的影响，被誉为不可多得的“南国完璧”。

城内古井、窑址遍布；筒瓦、板瓦等建筑材料及东周文化遗物俯拾皆是，还发现有铸铜作坊。城内凤凰山在楚都徙陈（今河南淮阳）后，沦为秦汉墓地，著名的西汉古尸、大量的汉简及精美彩绘漆器，即出土于此。

荆州市荆州区纪南镇。

乘20路公交车终点站下车可到。 20元。

亲历者◎解说

西汉古尸：1975年，在湖北省江陵县凤凰山的168号西汉墓出土了一具保存完好的男尸。死者名“遂”，是江陵县市阳里人，爵位为五大夫，下葬于汉文帝十三年（即公元前167年），是我国迄今发现的时代最早的一具古尸。

荆州旅游区

周老嘴革命旧址

●红色旅游景点

周老嘴现保存革命旧址达48处，主要有中共中央湘鄂西分局、湘鄂西省委、省苏维埃政府、省军委、河郧军团总指挥部、中国工农红军军事学校二分校、河郧军军部、政治保卫局等旧址，还有湘鄂西第三次工农兵贫民代表大会会址以及段德昌、夏曦、贺龙、周逸群等人的旧居，现在在周老嘴建立了革命历史纪念馆和柳直荀烈士纪念亭。

荆州监利城北25千米处。

蓝田农业生态旅游区

●全国农业旅游示范点

洪湖蓝田生态旅游区现已被国家旅游局授予“全国农业旅游示范点”称号。洪湖蓝田地处风景秀美的百里洪湖。

洪湖是当今世界上仅存不多的没有被污染的大型淡水湖泊之一，53万亩水面不仅盛产优质鱼、虾、蟹、莲、菱，而且风光秀丽，清澈见底，盛夏季节可以采莲、垂钓，春冬

↑蓝田生态旅游区

可以猎鸭，是天然的游乐场所。

洪湖市沙口镇洪泽湖畔。

洪湖市区有直达车。

80元。

程集镇

●佛教文化、红色文化兼备

素有监利“西大门”“小汉口”称，古镇的主要景点为荆台和临街房屋。

荆台：又名景夷台，故址在今程集姚集街附近，春秋时为楚王所建。楚灵王游云梦之泽，曾在此游玩休憩，发现此处视野广阔，风景优美，遂建章华之台。后荆台颎废。现台、观俱废，仅存遗址。

临街房屋：大多建于明，少数建于清，均为前后多进的砖木结构民宅。这些商业店铺，中进是客堂或作坊，侧有账房，后进则为货栈或晒场。每幢房屋进与进之间设有天井（或报顶）、厢房，均用木格扇门和木格扇板相隔。门窗一律镂格，木板排门居多，石质门框较少，刷桐由而不施彩绘，保持原木本色，其建筑风格古朴典雅而独具江南水乡特点。

监利县程集镇。

荆州、监利有直达程集镇的班车。

八岭山

●多古墓的“风水宝地”

八岭山地处荆州城、楚纪南城、古万城之间，又得青龙、白虎、朱雀、玄武“四神”相助，是块“风水宝地”。凡在江陵为政的楚王大都葬在这里。山中古墓密集，现已探明的大型古墓有320多座。其中楚墓最多，汉墓次之，兼有其它朝代的墓葬。

荆州市荆州区八岭山国家森林公园内。

市内乘坐前往八岭山的专线可到。

荆州东部旅游区

水杉公园

●世界第一大人工水杉林公园

水杉公园位于西城区广华办事处，是江汉平原最大的人工水杉林，园内开设多种健身、娱乐项目，是综合性休闲娱乐场所。

潜江市西郊。

返湾湖

●具水乡情调的休闲度假胜地

返湾湖旅游风景区位于潜江市中部，后湖管理区境内。是集旅游、度假、休闲、垂钓、观赏于一体的具有水乡园林特色的旅游风景区。

返湾湖旅游风景区面积2万余亩。其中最具特色的景观是1万余亩的天然湖泊（名返湾湖）。湖泊中央有湖中园，建有避暑水寨、芙蓉岛、百鸟洲、返湾厅、度假村等景点。湖中园四面环水，绿树成荫，水天一色。

潜江市龙湾镇。

陆羽故里

●我国唐代著名茶学专家陆羽的故乡

天门竟陵城是我国唐代著名茶学专家陆羽的故乡。现在竟陵城区尚存陆羽亭、文学泉、古雁桥以及西塔寺、涵碧堂等陆羽旧址遗迹。

城北有一村，村旁官池中有一个两层四角飞檐的小亭子，就是“陆羽亭”，亭内竖立一块清代乾隆壬寅年间的石碑（高1.5米），正面刻“文学泉”三个大字，背面刻“品茶真迹”，四字均为楷书。此碑为清代安襄郧兵备使陈大文所立。文学泉就在亭前边，是陆羽取水、品茶的地方，至今村民仍在这口三个圆眼成“品”字形的井内汲水。

陆羽受到世界茶学界的推崇，美国乌克斯的《茶叶全书》说：“无人能否认陆羽之崇高地位。”《大英百科全书》将《茶经》全文收入。

天门市市区西湖之滨。

洈水风景区

●独特的山水型风景区

洈水风景区融山、水、林、泉、洞、坝于一体，属山水型风景区。素有“亚洲第一人工土坝”之称的洈水大坝巍峨壮观，似绿色巨龙伸臂，守望湖光山色；漫步洈水，颜将军洞里泛舟水府洞天，依稀可闻远古巴国将士金戈铁马、刀劈剑击的拼杀与呐喊。

松滋市洈水镇洈水大道。

建议自驾前往。

100元。

沔城风景名胜区

●千年古城

沔城，是一座具有1400多年悠久历史和的古城，从南北朝西魏至建国初期，一直是江汉平原政治、经济、文化中枢之一。

这里物华天宝，人杰地灵。曾经孕育了一代农民起义领袖陈友谅、诞生了沔阳县第一个共产党小组，造就了“金箭女神”杨刚和“新闻巨子”羊枣等一大批革命先烈和仁人志士，留下了无数美丽的故事与动人的传说。

仙桃市沔城回族镇。

石家河古文化遗址

●新时期时代聚落遗址

石家河遗址是我国长江中游地区迄今发现分布面积最大、保存最为完整的新石器时代聚落遗址。

遗址占地面积8余平方千米，由40处地点组成。其中心区还有一座我国目前发现规模最大的构筑于屈家岭文化时期的古城和一座保存完整的西周城址。石家河遗址及由它命名的石家河文化代表了长江中游地区史前文化发展的最高水平，在中华民族文明起源与发展史上占有十分重要的地位。

天门市石河镇。

住宿

红苑大酒店 / 江津路263号 /0716-8263388。

海华招待所 / 荆北路路口 /0716-8437998。

餐饮

荆州食俗重鱼，无鱼不欢。四大名肴龙凤配、鱼糕丸子、皮条鳝鱼、冬瓜鳖裙羹皆与鱼有关。此外还有散烩八宝饭、三丝春卷、凛糕、九黄饼等传统风味的点心可供品尝。

老张记牛肉小包 / 关帝庙口。

购物

工艺品：江陵漆器工艺发达，漆器工艺品仿古逼真，具有浓厚楚文化特色。此外还有荆州刺绣、洪湖羽毛扇、纸折扇、贝雕等。

土特产：荆州被誉为鱼米之乡，物产丰富。主要特产有山核桃、甜酸独蒜、高山蔬菜、朱桔、洪湖莲羹、野鸭等。

民俗

荆州人爱听爱唱花鼓戏，花鼓戏是荆州传统剧种，声腔有高腔、圻水、打锣、四平四大主腔和丰富的小调。

荆州花鼓：荆州花鼓戏作为一种荆州独有的文化艺术形式，源远流长。荆州花鼓原是民间穷苦人乞讨谋生的“沿门花鼓”和薅草秧歌。这种“花鼓”是一人击鼓唱词，数人帮腔和调。荆州花鼓戏充满浓郁的地方情调，唱腔悠扬、甜美、悦耳，已有《家庭公案》《水乡情》等几十个剧目。

宜昌

昔日夷陵，有昭君的衣香鬓影，有屈原的深沉叹息；今日宜昌，有“水上长城”三峡大坝，有壮丽秀美的高峡平湖。这座城市的昨天、今天和明天无一不散发着迷人的光彩，值得我们细细去品味去期待。

面积：21081 平方千米

人口：398 万

区号：0717

亮点

必游景点

- **三峡水利枢纽工程**：是当今世界上最大的水利枢纽工程。
- **车溪民俗风景区**：因其水车众多而得名，雄峰、异石、奇洞、飞瀑、清泉等景观随处可见。
- **九畹溪**：曾是屈原开坛讲学、植兰修性之地，以奇山、秀水、绝壁、怪石、名花闻名。
- **腾龙洞**：中国第一大溶洞，整个洞穴系统十分庞大复杂，容积总量居世界第一。
- **鱼木寨**：有“天下第一土家山寨”之美誉，寨内文物丰富、民风民俗浓郁。

线路推荐

- **长江三峡四日游**

D1：葛洲坝—中华鲟鱼馆—秭归

D2：三峡大坝—九畹溪

D3：西陵峡—宝剑峡—巴东。

D4：神农溪。

- **鄂西南民族风情七日生态游**

D1：连珠塔—叶挺将军纪念馆—恩施土司城，宿恩施。

D2：前往恩施大峡谷，游览清江升白云、天桥连

↓宜昌九畹溪

洞群、地缝接飞瀑，宿沐抚镇。

D3：腾龙洞—鱼木寨，夜宿民居。

D4：齐岳山—大水井建筑群（李氏宗祠、李氏庄园和李盖五宅院等），宿利川市区。

D5：唐崖土司皇城—舍米湖摆手堂，宿舍米湖。

D6：仙佛寺—容美土司城遗址，返程回恩施，宿恩施市区。

D7：前往清江闯滩，参加清江漂流，返程。

D2：游屈原祠、屈原庙，前往九畹溪。

交通信息

飞机

宜昌三峡机场，位于宜昌市猇亭区机场路，每日有往返上海、北京、深圳、成都、重庆的航班。

机场大巴往返于机场与市区的葛洲坝宾馆之间，距离约 40 千米，沿途就近各大车站、码头停靠。

火车

宜昌东站，位于伍家岗区城东大道花艳段，是高铁站，主要承接汉宜高速铁路和宜万铁路线上列车的到发。

三峡大坝风景区 AAAAA

长江三峡水利枢纽

●当今世界上最大的水利枢纽工程

大坝拥有三峡展览馆、坛子岭园区、185 园区、近坝园区及截流纪念园 5 个园区。旅游区以世界上最大的水利枢纽工程——

三峡工程为依托，全方位展示工程文化和水利文化。

在坛子岭可以远眺大坝，俯瞰长江。泄洪观景区则是波澜壮阔、雷霆万钧。主要景点有模型室、185平台、西陵长江大桥、双线五级船闸、大坝公园等。

宜昌市夷陵区三斗坪镇。

全天票价：105元（含观光车费和坝顶参观；半价票57元，不含坝顶参观费）。夜场票价：105元（每天19:00~22:00游玩，门票含观光车费，在当天参观坝顶名额有剩余的情况下全价票可参观坝顶，半价票57元，不含坝顶参观）。

截流纪念园景区演出9:30、10:30、14:30与15:30。

亲历者◎指路

从宜昌到大坝：

1. 乘4、9、21、100路公交车到位于（平湖大酒店对面）东山大道80号的大三峡国际旅行社门口，换乘旅游专线巴士，即可直达景区。

2. 自驾车经汉宜高速公路到宜昌东山开发区收费站，进入三峡大坝专用公路，在三峡大坝旅游区接待站办理入园手续，接待站免费提供导游上车带路。开车至六闸首游客接待中心后，换乘景区循环巴士游览。

景区内交通：

景区循环巴士：六闸首游客服务中心－截流纪念园，20分钟一趟。

电瓶车：截流纪念园－坝顶观景点。

三峡观坝风景区

●面对三峡大坝的最佳观景点

景区内的观坝平台，海拔650米，是面对三峡大坝的最佳观景点。此外还建有禹王阁、集景式观坝廊道、影视厅、茶楼等。

宜昌市夷陵区三斗坪镇，三峡大坝下游约1千米。

50元。

坛子岭

●三峡工地的制高点

三峡工地的制高点，海拔262.48米。主要景点有润生源浮雕群、万年江底石、截流石、三峡坝址基石、银版天书等。

宜昌市夷陵区三斗坪镇。

黄柏河石牌旅游专用码头有船前往。

68元。

三峡人家风景区 AAAAA

●依山傍水，由七大景区组成

位于长江灯影峡，依山傍水。由三峡人家、龙进溪、天下第四泉、灯影洞、石令牌、石牌古镇、抗战纪念馆七大景区组成。

宜昌市夷陵区三斗坪镇。

黄柏河石牌旅游专用码头有船前往，每天早上8:30发船。

180元。

0717-7855592。

三峡人家

水上人家在龙进溪水与长江的交汇处，世世代代生息于峡江的人们，以一种靠山吃山、靠水吃水的执着，形成了一种独特的生存方式和劳动习惯，这其中最具特色的便是渔民的家了。许多三峡人祖祖辈辈生活在船上，常年以打鱼为生，在水上流动，和风浪搏击，与渔船为伴，形成了"水上人家"。

亲历者◎指路

1. 坐10-1路公交旅游专线，起点站位于夷陵广场，终点站就是三峡人家景区，全程耗时约1.5小时。

2. 在葛洲坝三号船闸码头（9路公交车终点站，3路公交在船闸下车）有发往三峡人家的专线游船，票价220左右（包含景区门票＋往返船票，价格根据淡旺季会有所浮动）。每天一班，9:00开往景区，15:30从景区返回。开船时间有时会有所调整，以当日码头公告为准。全程约1小时。

↓三峡人家

灯影石

四块兀立山巅的奇石，酷似《西游记》中唐僧师徒西天取经的形象，每当夕阳西照，晚霞映衬峰顶时，远远望去，它们仿佛灯影戏幕上的人物造型，惟妙惟肖，“灯影石”即由此得名。其中最负盛名的是沙僧石，被誉为“万里长江第一石”。

灯影洞

灯影洞幽深狭长，长约1500米，洞内岩溶地貌景观奇特，洞道地形多变。洞内的“五色奇音石”是灯影洞最绝妙的景观，它色彩丰富，呈黑、白、黄、灰、绿五色交织，色界明晰，用手敲击，可闻鸣锣击鼓之声，令人叹为观止。

亲历者◎攻略

在龙进溪峡江，你可以看到独特的婚俗表演，表演展现了峡江人结婚的全过程，首先是开场锣鼓，主持人出场，然后是新娘在意中人脸上抹黑，叫抢新郎，接着是新娘哭嫁、上轿、起轿、拜堂、入洞房等程序。整个表演谐趣幽默，定会让您开怀大笑。

美食：为保护环境，野味已经杜绝，但是，峡江人的牲畜都是放养在野外，很多菜都是绿色无污染的食品。而且三峡人家地处江边，河鲜是其菜肴的主要特色。鱼菜以其鲜香味长，肉嫩养生，营养价值极高。

宜昌市区景点

西陵峡峡口风景区

●三峡中最为神奇壮丽的峡谷

西陵峡是整个三峡中最为神奇壮丽的峡谷。风景区由嫘祖庙、桃花村、白马洞、五洲休闲娱乐园、下牢溪、龙泉石树园、仙人溪、森林公园八大景区组成。

↓西陵峡

宜昌市西陵区。 10路公交可到。

全景游套票：308元（三游洞＋世外桃源＋猴溪＋快乐谷＋西陵峡游船＋下牢溪快艇）。

葛洲坝水利枢纽工程

●长江上第一座大型水利枢纽工程

由我国自行研究、设计、建设的长江上第一座大型水利枢纽工程。由拦水坝、船闸、水力发电厂房、泄水闸、冲沙闸及挡水墙组成。

宜昌市西陵区长江三峡出口。

三游洞

开阔的石灰岩溶洞。得名于白居易、白行简、元稹的“前三游”和苏氏父子三人的“后三游”。该洞还是重要的革命遗址。

宜昌市西陵区西陵山上。

10路公交可到。

车溪民俗风景区

●以田园风光和土家民俗文化为特色

车溪毗邻三峡，因其水车众多而得名。溯溪而行，沿途有八大景区：石仙谷、巴楚故土园、农家博物馆、腊梅峡、宝塔谷、天龙云窟、风洞和忘忧谷，全程10千米。

宜昌市点军区土城乡。

90元。 0717–6241973。

亲历者◎指路

从宜昌乘坐土城乡方向的班车。自驾车经夷陵长江大桥，沿318国道南行18千米即到。

亲历者◎解说

车溪山灵水秀，民风古朴。这里雄峰、异石、奇洞、飞瀑、清泉等景观随处可见。在3千米长的微型峡谷里，至今还保存有第四纪冰川时期遗存下来，属世界罕见的古生腊梅群落3000多亩，被誉为“三峡植物奇观”。天龙云窟是车溪自然景观精品，特别是莲花洞内天然形成的莲花瓣，堪称“三峡一绝”。

猇亭

●三国时期吴蜀大战的遗址

又名古老背，古代的三国猇亭之战，杨

素伐陈的江关之战，西晋伐吴的索桥之战等数十次战争就发生在这里。

猇亭古战场现已修复再现了汉阙门、西塞楼、龙门哨台、酒仙阁等，还建有刘备大寨、栈道垛口等仿古建筑。其代表景点有楚塞楼、休闲兵营、水寨阁、擂鼓台、古战道、三国人物展等。

宜昌市猇亭区，宜昌大桥边。

40元。

亲历者◎指路

在东山大道沿线乘坐小溪塔至猇亭的客车古战场下（车票价格2元/人）约20分钟车程即到。从宜昌中心市区出发，沿江东行约15千米，便到了三国猇亭古战场，非常近便。

中华鲟鱼园

●综合性观赏园

中华鲟园内设鲟鱼馆、标本馆、鳄鱼馆、水族长廊等。鲟鱼馆展示有古生物长江鱼王——中华鲟，及美国匙吻鲟、俄罗斯鲟、黑龙江史氏鲟和最具生长优势的杂交鲟。鳄鱼馆有国家一级保护的爬行动物扬子鳄、大型野生动物湾鳄；园内还有国家二级保护水动物娃娃鱼、胭脂鱼等。

宜昌市夷陵区小溪塔镇集锦路7号。

乘坐宜昌至小溪塔的100、101路公交车，票价2元。

48元。

0717-6713213。

亲历者◎解说

相关知识：中华鲟是国家一级重点保护动物，它是地球上最古老的脊椎动物，是鱼类共同的祖先古棘鱼的后裔，距今已有1亿4000多万年的历史，有活化石之称，是淡水鱼类中最大最长寿的鱼。成年中华鲟长达4米多，体重超过千斤。

宜昌郊县景点

九畹溪

●以奇山、秀水、绝壁、怪石、名花闻名

九畹溪旅游区是三峡大坝库首第一旅游风景区，集探险、休闲、观光为一体。

游乐区分为水路和陆路两段旅游区。陆路起自九畹溪大桥，终至九畹溪电站，沿途有仙女山、界垭、情侣峰、神牛泉、将军岩、等十余处自然景观。水路的漂流更是极具魅力，上段惊险刺激漂流，下段静水里的休闲漂流。

西陵峡南岸、秭归新县城西部。

180元，周六、周日及节假日：210元。特护票：280元。

亲历者◎指路

九畹溪位于湖北省宜昌市秭归县茅坪镇境内，宜昌客运站有班车至茅坪，路程约约70千米，车程1个半小时，票价15元。到达茅坪镇后再转车去漂流起点。

亲历者◎攻略

目前九畹溪漂流全年皆可，但洪水期出于安全考虑会暂时关闭。

漂流注意事项：上段惊险刺激漂流仅限于14岁以上至55岁以下身体健康的中青年游客，7－14岁儿童如要坚持漂流，可履行相关手续，由景区安排专业水手护送。

清江画廊 AAAAA

●有山有水绝佳休闲去处

流经长阳的清江水域长约148千米，1994年建成隔河岩大坝，大坝长165米，高150米。在大坝下游1千米处的清江上，有亚洲最长的铁索桥，桥长303米。

从隔河岩大坝游船码头出发，乘船可依次游览倒影峡、白玉湖、平湖洛、柏园岛、武落钟离山、天柱山、巴人洞景区。

长阳县龙舟坪西11千米处的清江上。

从宜昌坐班车到长阳，然后转乘巴士到达隔河岩大坝游船码头乘船游览。

158元（含游船费）。

亲历者◎攻略

可以品尝当地风味菜清江鱼、清江虾、南豆腐、茶油汤等。

亲历者◎行程

武落钟离山：是由武落山和钟离山两山相连而成，在船码头乘船1小时可抵达山脚，山虽不高却极陡险，历史上记载此处为土家族祖先巴人发祥地。

天柱山：位于清江北岸。自唐开山设观以来，系道教三十六洞天，七十二福地之一。它与武当山南北辉映，为道教名山，亦名中武当。

丹水漂流：清江支流丹水，因其水浅，清澄得可见河床铺满的乱石，两岸山峦起伏，郁郁葱葱，是漂流的绝佳去处。

兰草谷

●以品种繁多的野生兰草而得名

兰草谷因野生兰草而得名，为野生动、植物王国。野生珍奇植物有建兰、春兰、夏兰、香樟、桂樟、九樟等数百个品种，野生珍奇动物有猴、獐、娃娃鱼等，是一处名符其实的天然氧吧。

兰草谷里的各项娱乐休闲活动是它最吸引人的地方，包括兰草谷冲浪、兰草湖划排、兰草溪垂钓、兰草潭野浴等，充满风情，轻松好玩。

长阳自治县高家堰镇。

自驾车：宜昌市内至兰草谷：宜昌市出发—点军—车溪—高家堰—318国道收费站—太史桥前行500米右转进入景区。

¥30元。娱乐项目另行收费。

柴埠溪国家森林公园

●美丽峡谷，土家风情

柴埠溪是一个典型的大峡谷风景区，是一条东西走向长30千米，南北宽1至3千米的深切型大峡谷。溪岸有天然而生的8大崖口进入溪谷。

柴埠溪有坛子口、大湾口、蛟口、断山口四大景区，还有一个内口生态保护区。有上中下3条旅游线路，有景点120余处，具有奇、险、秀、幽、野五大特色，尤以茂林、幽石、异石、奇峰、险崖、溶洞景为壮观。

五峰族自治县渔洋关镇。宜昌长途客运站有车可到。

宜昌长途汽车站坐车，大约每半个小时有一班发往五峰。

0717-5755597。

¥80元，漂流120元。

后河原始生态旅游区

●国家级自然保护区

五峰后河原始生态旅游景区，是国家级自然保护区、三峡物种基因库，以中国面积最大的原始珙桐林而号称“中国鸽子花的故乡”。

生态旅游区是天然动植物王国，是湖北唯一发现华南虎的地方，有数千种珍稀植物，金钱豹、云豹、黑麂等国家重点保护动物常年出没生息在这深山林间，给古老的森林更增添了野趣和神秘。

105平方千米的后河原始森林，是后河自然保护区的精华，当地球上因地质、历史环境变迁，许多古生物灭绝时，后河幸免于难。

五峰县后河景区。

先从宜昌乘车到五峰，然后转乘旅游中巴到达景区。

¥60元。

亲历者◎攻略

1. 后河餐饮风味独特，价廉物美。由农家大嫂主厨，苞谷饭、懒豆腐、野菜、楂辣椒，地道的土家风味住木板吊脚楼，冬暖夏凉，十分养人。逢年过节可以欣赏到土家歌舞。

2. 到了后河，别忘了给家人带点野菜、蜂蜜回去。后河野菜产于原始森林，是真正的绿色食品。野菜中以蕨菜最佳。

荆门旅游区

明显陵

●为历代帝王陵墓中绝无仅有的“一陵两冢”的陵寝结构

明显陵位于湖北省钟祥市城东7.5千米纯德山的明显陵，是明世宗嘉靖皇帝的父亲恭睿皇帝和母亲章圣皇太后的合葬墓，始建于明正德十四年（公元1519年），圆陵墓面积1.83平方千米，是我国中南地区唯一的一座明代帝王陵墓，是我国明代帝陵中最大的单体陵墓。其“一陵两冢”的陵寝结构，为历代帝王陵墓中绝无仅有。

钟祥市皇庄乡松林山。

¥50元。

0724-4217387。

黄仙洞

●洞中云盆瑶池堪称世界之最

黄仙洞，俗称黄金洞，是国家级大洪山风景名胜区的核心景点，“洞之山为黄仙山，相传黄石公憩此，故名。”

黄仙洞面向西北，全长2000余米，洞口

壁高 100 米，宽 70 米。洞内蜿蜒曲折，跌宕起伏，丰富的石灰岩石在天然水和地下水的溶蚀作用下，经过极其漫长的地质发展历史，从而形成了极其奇特的洞天石林景观和十分丰富的喀斯特地貌特征。洞内钟乳石比比皆是，形态各异，石针、石矛、石笋、石柱、石塔、石幔、石瀑，分别呈红、黄、白、褐等色，如玉似翠，景致诱人，色彩绚丽，扑朔迷离，气势恢宏，波澜壮阔。

钟祥市客店镇，大洪山南麓。

60 元。

恩施旅游区

唐崖土司城遗址

世界文化遗产

在湖北省恩施土家族苗族自治州咸丰县，有一座沉睡了 600 多年的土司城。这座始建于 14 世纪的唐崖土司城是湘鄂川黔少数民族地区最典型、规模最大、保存最完整的一处土司遗址。

土司城在山水秀丽的唐崖河西岸玄武山麓，土司城帅府内，布设机构颇完整，建有衙署、官言堂、大小衙门、牢房、阅台书院、靶场、万兽园等。唐崖土司曾是尖山、活龙、二仙岩、清坪一带政治、经济、文化中心这里地势险要，风光独具，不仅能看到规模宏大的土司皇城，更能感受到土司的文化底蕴。

恩施土家族苗族自治州咸丰县唐崖镇。

30 元。

腾龙洞

中国最大的溶洞

腾龙洞是中国目前最大的溶洞，而且是世界特级洞穴之一。腾龙洞由水洞、旱洞、鲤鱼洞、凉风洞、独家寨及三个龙门、化仙坑等景区组成，整个洞穴系统十分庞大复杂，容积总量居世界第一。

旱洞全长 52 千米左右，洞口高 74 米，宽 64 米，为亚洲第一大旱洞；水洞则吸尽了清江水，在此跌落形成“卧龙吞江”瀑布，清江水至此变成长 16.8 千米的地下伏流。神奇的是，水、旱两洞仅一壁之隔。

利川市东北郊 6 千米，清江上游。

利川市内有专车可到，票价 5 元。乘出租车前往约需 15 元。

30 元，现在一般门票与演出票打包出售，价格为 150 元。

亲历者◎攻略

1. 洞内寒气袭人，最好带上一件外套，以防感冒。洞内约 300 米处，有表演民族歌舞的帐篷，还提供地方特色饭菜，值得观赏、品尝。

2. 腾龙洞的表演一天两场，淡季时下午才有表演，中午可以出来吃饭，凭票可以二次进洞。

3. 景区溶洞很深，长时间开灯费电，所以洞口等人多了才放人，去得再早也得等，因此推荐游客不要去得太早。

4. 洞口照像，摄影师要站得高一点，效果会好一点，能拍出腾龙洞的大气。洞内一二百米处，面向洞口从里向外拍一张，效果也很美。

5. 出来别忘了看水洞，在洞口的右侧，很壮观。出来再进去，就很难了。

神农溪 AAAAA

沿溪漂流刺激惊险

神农溪是湖北省巴东县，长江北岸的一条常流性溪流，发源于“华中第一峰”神农架的南坡。两岸景观独具特色，集“雄、秀、险、奇”于一体。现为国家 5A 级风景区，目前已开发利用四个峡段：龙昌峡、鹦鹉峡、绵竹峡、神农峡。

溪中扁舟点点，豌豆角木扁舟是神农溪保存千年来的原始交通运输工具，土家纤夫是巴人纤夫的活化石，土家民族文化和纤夫文化的结合，是神农溪旅游文化的内涵。

巴东县，漂流起点在溪丘湾乡。

恩施客运站有专车可到。 200 元；儿童票、学生票、老年票（60 周岁上凭老人证）100 元。

亲历者◎攻略

在神龙溪漂流使用的是一种形似“豌豆角”的扁舟。跨上这种古味加土味的小船，在碧水清波上悠然漂流，会使你感到一种原始的野趣。坐在舟上，两岸壁立水中，连绵不断，曲折迂回长达五千余米。

沿途还随处可见人文景观——岩棺群和古栈

道。峡东岸绝壁上，有许多小洞穴，深浅不同地放置着岩棺，肉眼清晰可见。源头密林中，栖居多种珍禽异兽，更为神农溪增添神秘色彩。

清江闯滩

●被誉为“中华第一漂”

“水色清明十丈，人见其清澄，故名清江”，素有“八百里清江”的美称。沿途既能感受到惊险刺激的险滩漂流，观赏到如梦似幻的清江画廊，还能体验古朴独特的土家民俗。

恩施市城区至汾水河大桥。

¥ 漂流全程150元，半程125元，均包括返回车费。

亲历者◎指路

清江闯滩起漂码头位于恩施市城区内，终点码头浑水河大桥至恩施城区38.5千米，均为柏油路面，道路通畅，游客返程均由专车接送，交通便利。

亲历者◎攻略

每年4~10月是清江闯滩的最佳时间，此时河水水量较大，水流湍急，但也较危险。漂流时乘坐橡皮艇，游程中要穿过48道险滩，最大落差4米，越5段峡谷，在水流缓处，可仰望两岸幽静的景色；而水面急处，浪花飞溅，一不小心会撞上大石头，既惊险刺激，又颇有意趣。全程漂流需6小时，到终点后乘车返回恩施市。

恩施大峡谷 AAAAA

●世界上最美丽的大峡谷之一

恩施大峡谷是清江大峡谷中的一段。大峡谷被专家誉为“与美国科罗拉多大峡谷难分伯仲”，是世界上最美丽的大峡谷之一。峡谷中的百里绝壁、千丈瀑布、傲啸独峰、原始森林、远古村寨等景点美不胜收。

恩施市屯堡乡和板桥镇境内。

¥ 旺季170元，淡季130元。

亲历者◎指路

在清江宾馆客运站乘坐前往沐抚的班车，一天两班；也可在航空路客运站乘坐班车，班次更多。路程60千米，车程1.5–2小时，票价10元左右。包车价格在120~150元。

亲历者◎攻略

在沐抚镇上有一些当地居民开办的小型旅馆，提供食宿服务，性价比比较高，推荐比邻酒家。

特别提醒：由于恩施大峡谷还处在开发阶段，旅游设施尚不完善，峡谷内交通条件不是很好，因此在谷中行走要尤其注意行路安全。

鱼木寨

●有“天下第一土家山寨”之美誉

鱼木寨是是土家族历史、建筑的实物见证。鱼木寨民风古朴、其生产、生活、婚丧嫁娶均保留了土家族传统文化的本质特色和习俗，寨内文物丰富、环境优美、民风民俗浓郁，有“天下第一土家山寨”之美誉。

寨内有古墓群、古碑林、古栈道、古寨门、古习俗等文化特征。目前，鱼木寨有100余户居民，大都是土家族，至今仍保留有完整的古代土家族人生活、饮食、婚丧、建筑习俗。寨内以木建筑为主，石与石、木与木、木与石之间的结合，均用古老巴国传统的营造方法，以榫头相连，阴阳相扣。

利川市谋道镇鱼木村。

¥ 15元。

亲历者◎指路

从恩施或利川坐长途车先至大兴乡，然后步行3千米山路可至鱼木寨。旦时从利川到大兴每天只有一班车，早晨7:00从大兴乡出发，2小时到利川，中午12:30从利川返回。坐不上这趟车只有坐车到谋道转（8－10元），再从谋道包车前往。

住宿

宜昌有各种消费层次的宾馆可供选择，从星级宾馆到特色的庄园式旅店，再到零星分布的家庭旅馆，乃至充满少数民族风情和地域特色的民居式住所一应俱全。

庄园式旅店虽没有星级宾馆密集，但它一般与景点相配套，幽静而富有特色。长阳土家族自治县的天柱山度假村、当阳玉泉寺内的三国度假村、兴山县昭君村农家饭庄、五峰长生洞的土家寨等都是非常典型的庄园式旅店。

特色住屋大多以外观别具一格取胜，目前出现的特色住屋主要有：洞穴旅店，位于长阳土家族自治县渔峡口镇盐池女神寨内。旅店全部设在在洞穴之中，配有厕所、歌舞厅、餐厅，冬暖夏凉，成为一景。此外还有仙人溪公园中的茅屋旅店，长阳、五峰等地的吊脚楼旅馆。

国宾花园酒店/城东大道40号/0717-6331111。

桃花岭饭店/云集路/0717-6442244。

三峡宾馆/沿江大道38号。

民俗

楚剧：旧称哦呵腔、黄孝花鼓戏、西路花鼓戏。1926年改称楚剧。是湖北主要的地方戏曲剧种之一。发源于湖北黄陂、孝感一带。

端午节：有热闹的龙舟竞渡，其中以农历五月十三、十四、十五三日特盛。五月十五又称“大端阳”，吃粽子、饮蒲酒，把这个纪念屈子的节日延长了十日，更显隆重。

餐饮

宜昌的饮食不仅有内河肥鱼的大餐，也有很多民族风味的小吃，其菜品的主要风格是“原汁、咸鲜、偏辣”，具有浓厚的地方特色。

特色美食

“老九碗”宴：极具宜昌的本地特色，席上的菜由杂烩头子、炸相蝶子、炸春卷子等九道组成，都是用大碗盛着端上桌，具有浓厚的乡土气息，最好能尝一尝。

白剎肥鱼：白剎肥鱼是一道传统名菜，采用虎牙滩到南津关一带出产的肥鱼（回鱼），和肥膘肉共蒸而成，鱼肉鲜嫩，鱼汤肥美，菜肴清淡，原汁原味。

峡口明珠汤：峡口明珠汤是由西陵峡口的景色而来灵感制成的，以鸡蛋清蒸制成西陵峡口群山峰岳状，然后用三色鱼丸作明珠飘浮于群山之间，形象逼真，富有诗意。

购物

土特产

仙人掌茶：片形似掌，多茸毛，汤清味香，茶产于当阳玉泉寺一带，始于唐代，为湖北地方名茶。

薇菜：薇菜是珍贵的野菜，生在湿地和溪沟边，清明至谷雨期间采摘，富含蛋白质、维生素、铁等，常食用可以防癌。

峡州翠绿茶：呈细条形，色泽翠绿，汤色浅绿，略带熟板栗香，回味甘甜。产于宜昌市长江两岸高山茶区。

工艺品

彩陶：宜昌彩陶以本地黄泥为主要原料，经过加工和艺术处理，其釉色晶莹、凝炼深沉，具有浓郁的地方特色。

十堰→襄阳

十堰—襄阳是探访名人、宗教古迹、领略古代精美建筑以及欣赏自然风光的绝佳线路。武当山问道、古隆中寻迹，整个人仿佛都置身于一种超然的境地之中。

十堰是闻名海内外的汽车城，也是独具风采的花园城。道教名山武当山，穿越千年岁月的楚长城，烟波浩淼的汉江，众多自然人文景观使十堰充满了不可抗拒的魅力。

襄阳，一座拥有2800年历史的文化名城，它厚重的古城墙记载着太多的故事。卞和献玉，米芾洗笔，诸葛结庐，群雄逐鹿。

十堰

面积：23698平方千米

人口：347万

区号：0719

襄阳

面积：19626平方千米

人口：594万

区号：0710

亮点

必游景点

● **武当山**：我国道教名山，古建筑已列为世界遗产。

● **古隆中**：诸葛亮躬耕之所，三顾茅庐的历史故事便发生于此。

线路推荐

● **武当山二日游**

↑十堰武当山

D1：玉虚宫—玄岳门—太子坡景区—紫霄景区，在傍晚到达南岩宫，夜宿南岩宫附近的乌鸦岭。

D2：早起开始游览南岩景区，南岩宫、龙头香等景。在南岩宫吃过午餐后，游览朝天宫—黄龙洞—三道天门—太和宫—看金殿—琼台三观。

● **襄阳访古两日游**

D1：古隆中（游览诸葛亮故居、武侯祠、三顾堂、草庐等景点）—黄家湾。宿市区。

D2：米公祠—广德寺—多宝佛塔—襄阳城—夫人城—绿影壁—仲宣楼。

交通信息

飞机

十堰武当山机场距十堰市城区15千米，以国内旅游为主，兼顾通用航空服务，现已有北京、上海、广州、兰州、昆明、重庆等往返航线。

火车

十堰站位于十堰市车站路11号，襄渝铁路贯穿于此，主要承载普通列车客运服务。

武当山火车站位于湖北省十堰丹江口市六里坪镇，过路站，没有始发车。

襄阳旅游区

古隆中

● 诸葛亮隐居之所

隆中风景名胜区是一个以诸葛亮故居为主体的文物风景区，形成文物风景旅游区已有一千七百多年的历史，包括古隆中、水镜庄、承恩寺、七里山、鹤子川等5个景区。

景区内群山环抱、松柏参天，景色颇为优美。主要景点有诸葛亮故居、武侯祠、古柏亭、抱膝亭、躬耕田、小虹桥、六角井、观星台等。

古隆中形成文物风景旅游区已有一千七百多年的历史，明代已经形成了“隆中十景”。近年又新建了“千古名相诸葛亮彩塑展”、上山滑道和山顶标志性建筑——腾龙阁，丰富了文化景观。

襄阳市襄州区，城西13千米处。

512路公交可到。

旺季80元，淡季60元。

8:00~21:00。

亲历者◎游记

进入古隆中山口，人人必经一座三门石坊，正中雕刻着“古隆中”三个大字，背阴写着“三代下一人”。这含义很明显：诸葛亮是夏、商、周以后的近千年来唯一的人物，也是中华民族智慧的象征，两边除镌刻着杜甫“三顾频烦天下事，两朝开济老臣心”的诗句外，还有摘自诸葛亮《诫子书》一文中的“澹泊明志，宁静致远”八个大字。

转过石坊，就是诸葛亮曾“躬耕垄亩”逾十的躬耕田，土地方方正正，很是整齐。前行为小虹桥。刘备二顾茅庐时，在这桥边遇到诸葛亮的岳父黄承彦，见老人衣着不凡，误以为是孔明，便滚鞍下马，趋前问候，闹了一场误会，小虹却因此著称于世。

武侯祠是隆中传统十景之一，为隆中的主要建筑，坐落在隆山的东山梁上。它是供奉诸葛亮的祠宇，整个建筑群雄伟壮观。祠内诸葛亮、刘备、关羽、张飞及蜀汉政权中功勋显赫的文武大臣塑像威武雄壮，栩栩如生，真是“山中有遗貌，矫矫龙之姿”。

↓古隆中

↓襄阳古城墙

襄阳古城

●明代古城遗址

始筑于汉，现存明洪武年间重筑的新城。全城周长7322米，原有城门6座，现仅剩临汉、拱宸和震华三座。城墙最高处11米，最低处7米，周围环绕着护城河。

襄阳市襄城区汉江南岸。

1、14路公交可到。

亲历者◎解说

襄阳城北、东、南由滔滔汉水环绕，西靠羊祜山、凤凰山诸峰。城墙始筑于汉，后经历代整修，现基本完好，墙体高约10米，厚1.3 – 1.5米，周长7.4千米，踞山临水，蔚为壮观，明人李言恭诗赞“楼阁依山出，城高逼太空。”城下环以护城河，平均宽度180米，最宽处250米，人称“华夏第一城池”。整个襄阳城布局严谨，形势险要，自古誉为“铁打的襄阳”。

米公祠

●清静幽深的米芾祠宇

米公祠始建于元朝，原名米家庵，是纪念我国北宋时期杰出的书法家、画家米芾的祠宇。米芾能诗文、擅书画、与蔡襄、苏轼、黄庭坚一起并称“宋四大家”，祠堂庭院清静，碑石林立，怪石嶙峋，银杏参天，给人以清静幽深的感觉。

襄阳市樊城区解放路2号。

市内可乘多路公交车到达。

20元。

绿影壁

●我国现存四大影壁之一

明代襄阳王府门前的照壁，是我国现存四大影壁之一。壁分三堵，由绿矾石刻砌而成，壁上共刻有99条大小不一、神态各异的龙，气势恢弘。

🏠襄阳市襄州区东南侧。

🚌2、9路公交可到。 ¥20元。

五龙河风景区

●鄂西北的九寨沟

因境内五条水域狭长似龙而得名，被誉为“鄂西北的九寨沟”，由龙门、龙潭、龙峡、龙女、龙宫景区组成。

龙门：景区标志建筑为五龙山门，又名五龙柱，由五根五色龙柱组成。其他景点还有五龙湖、母子山、鬼柳谷、杨四庙等。

龙潭：景区全长2.6千米，著名的三潭排列其间。相传官潭能分辨人心，闪潭形若圆月，潭水清亮。

龙峡：景致以奇峡险峰为主，全长3.5千米。静龙峡又名思过崖，岩峦叠起，空寂静谧。

龙女：全长2.5千米，有三个四五十米高的瀑布群，景区内遍布深潭飞瀑，古藤奇树。

龙宫：主要景点是地下龙宫中的龙洞奇观，黑龙洞又名五龙洞，相传是龙王聚会之地。洞中有龙殿、龙池、神台等景观。

🏠郧县安家乡。

↓五龙河

春秋寨

●南漳古山寨群的杰出代表

春秋寨位于襄阳南漳县，又名青云寨、

武当山风景名胜区 AAAAA

●我国著名的道教圣地之一

又名太和山、参上山，武当山古建筑群被列为世界文化遗产。由金顶、南岩、紫霄宫、复真观、五龙、老营等景区组成。

🏠丹江口市武当山镇。

¥243元（门票140元+观光车100元+保险3元）。

☎0719-5668567。

亲历者◎指路

公路：如果乘汽车的话一般都是先到十堰市，武汉到十堰车程约四五个小时；从十堰到武当山镇有高速公路，全程只需1个小时。

老营

●玄武门为武当道教界制定仙凡的界碑

景区内玄岳门属三间四柱五楼式仿木石构建筑，是武当道教界定仙凡的界碑。有“进了玄岳门，性命交给神”的说法。遇真宫以奉祀张三丰真人而著称，现存张三丰铜铸鎏金像。玉虚宫全称玄天玉虚宫，俗称老营宫，现存庙房43间。其他景点还有冲虚庵、校兵场等。

↑武当山紫霄宫

复真观

●古建筑众多

又名太子坡，建于明永乐年间。现存五云楼、皇经堂、太子殿等建筑，整体布局自然和谐。磨针井是该景区内另一重要景点，又名纯阳宫，存留有“真武修真”壁画。其他景点还有八仙观、老君堂等。

316国道（汉十公路）、209国道横贯武当山城区。汉十高速公路十堰至襄阳段开通，在武当山特区设有出入口。

亲历者◎解说

武当山是真武大帝的道场，据《太和山志》记载“武当”的含义源于“非真武不足当之”。意谓武当乃中国道教敬奉的“玄天真武大帝”的发迹圣地。因此，千百年来，武当山作为道教福地、神仙居所而名扬天下。

武当山上现存的大量古建筑多为明朝明成祖朱棣时期所建。武当山建筑的主体以宫观为核心，分布在以天柱峰为中心的群山之中。在建筑艺术和美学上达到了极为完美的境界。

从建筑的材料上讲，它用材广泛，各项设计、构造等各类神像都达到了高度的技术与艺术成就。而其建筑装饰的精美，神像、供器之多，在中国现存道教建筑中是绝无仅有的。

在武当山的古建筑中，还有许多绝妙之处令人称奇。其中在复真观的一座五层高楼中，有一根柱子支撑了十二根梁枋的杰作；九曲黄河墙可传递声音，与北京天坛回音壁异曲同工；转身殿里的大钟在撞击时殿内几无声息，而殿外却分明听到钟声袅袅；山巅那座铜铸镏金的金殿是一件工艺珍品；“雷火炼殿”最为珍奇，因为古时金殿没有避雷设施，雷雨天时，金殿四周往往电光闪烁，火球翻滚，景象绚丽万千，而每次雷击过后金殿不仅分毫未损，而且灿然如新……这些种种奇妙的构思，科学的布置使人不由得为古人的智慧发出由衷的赞叹。

南岩

●据说是真武得道飞升的圣境

又名紫霄岩，全称大圣南岩宫，是道教所称真武得道飞升的圣境。今存石殿、南天门、碑亭、两仪殿等建筑。南岩景区还有雷神洞、泰常观、龙头香等景点。据说“金顶签、龙头香”是武当山最灵验的两宝。

¥ 10元

金顶

●我国现存最大的铜铸镏金大殿

位于武当天柱峰之颠，是罕见的铜建筑精品。金殿高5.54米，构件严密精确，密不透风。殿内供奉着“真武祖师大帝”的镏金铜像，重达十吨。殿最为奇特的地方就是它本身是良导体，每逢电闪雷鸣的时候，光球在金殿四周滚动，但霹雳却击不到金殿，这一奇观被称为“雷火炼殿”。金殿建成已经有六七百年了，但还是完好如初，仍然光彩夺目。

¥ 金顶20元。从南岩上金顶可坐滑杆，票价80元。

紫霄宫

●重檐歇山式木结构殿堂

始建于宋代，是武当山唯一的重檐歇山式木结构殿堂，被明永乐皇帝封为“紫霄福地”。景区内还有太子岩、剑河桥、玉虚岩等景点。

¥ 15元。

陆坪寨，因寨内建有纪念关公的建筑春秋楼而得名。放眼远眺，春秋寨宛如一段长城横亘于一座南北走向的山顶之上。步行于古朴的小径，可以感受到先祖们生活的气息。

襄阳市南漳县东巩镇陆坪村。

从南漳县包车前往。

65元。

住宿

十堰

丹江口龙山宾馆/上坝路7号/0719-5378188。

郧西县人民饭店/武装部大街/0719-6228352。

襄阳

南湖宾馆紫荆苑/胜利街2号/0710-3600288。

长虹大酒店/长虹路与人民路交汇处/0710-3256678。

餐饮

十堰

十堰地区以鄂菜和川菜为主，均属中国七大菜系之一，最为著名的就是三合汤了，来十堰必吃的美味哦！而武当山特有的道家斋菜也很有特色，它取佛道两家素菜烹饪的精髓，很注重食材的本色，口味十分鲜醇。

襄阳

襄阳广受欢迎的传统菜式有襄阳缠蹄、玉带糕、夹沙肉等。此外还有各种独具特色的风味小吃，黄酒、包面、牛油面是其中最具代表性的。近年来，宜城大虾和宜城盘鳝在襄阳街头大为风靡。

购物

十堰

郧县出产的绿松石是我国四大名玉之一，其色蓝如天，加工出来的工艺品、首饰外观精美，具极高的观赏和收藏价值。

十堰特产丰富，生漆、桐油、矿泉水、木耳、香菇、茶叶、名贵药材等都畅销国内外。

襄阳

工艺品：襄州程河镇是著名的柳编之乡，襄阳柳编制品因其原料考究和技艺精湛而广受好评，此外还有宏鹰金雕神龙根艺等名牌工艺品。

土特产：襄阳属北亚热带季风气候，四季分明，盛产大头菜、瓜籽、香菇、竹笋、麻油等。

民俗

竹山皮影戏：地方戏曲。始于清末民初，流行很广，深受山乡群众喜爱。是以牛皮、驴皮制作人物剪影来表演故事的戏曲。演出时用灯亮将其射在幕上，艺人在幕后操纵并演唱。

郧阳花鼓戏：郧阳花鼓戏是十堰地方剧种之一，起源于清代中晚期。郧阳花鼓戏兼唱丝弦伴奏的琴子戏和锣鼓伴奏的八岔戏，俗称“二棚子戏”。

房县剪纸：房县剪纸有着悠久的历史、深深扎根在民间艺术之中。房县剪纸，既有县城杨维张、张秀英、安阳乡冯顺英、周梅兰等老一辈艺人以精巧的手艺传授后辈，又有青年一代剪纸新秀郭琴、秦祖兰、魏泉云等继续传承着这古老淳朴的民间艺术。

↓柳编制品

神农架

相传神农氏在此架木为屋，遍尝百草。林区境内群峰耸立，主峰神农顶被誉为“华中屋脊”。神农架还是一座天然的动植物乐园，至今未解的野人之谜更是为这座乐园增添了几许神秘色彩。

面积：3253 平方千米
人口：8 万
区号：0719

亮点

必游景点

● **神农顶国家自然保护区：** “华中第一峰”，据说有“野人”出没，主要景观有高山草甸、高山杜鹃林等。

● **红坪画廊：** 清溪两旁风景如画，而且四季的景色都各有千秋，十分优美。

线路推荐

● **神农架全景四日游**

D1：燕子垭—燕子洞—红坪画廊—古犀牛洞。红坪镇。

D2：神农顶—板壁岩—风景垭—金猴岭—大九湖高山湿地。

D3：神农祭坛—香溪源—神农架动植物标本馆—小当阳—龙门河国家森林公园。宿木鱼。

D4：六道峡—武山湖—老君山—月亮洞。

交通信息

飞机

神农架机场目前只开通了上海、武汉、重庆三个城市往返神农架的航线。到达神农架后，机场有大巴车发往木鱼镇、松柏镇及沿途各景点。

↓神农架板壁岩

神农顶景区 AAAAA

神农顶国家自然保护区

●相传古代神农氏曾在这里遍尝百草

位于鄂西山区，相传古代神农氏曾在这里遍尝百草。近年常传有“野人”出没于此，再次为神农架增添了神秘的色彩。

神农顶海拔 3105.4 米，是名副其实的“华中第一峰”。景区内主要有神农第一景风景垭、金丝猴活动区金猴岭、“野人”梦苑小龙潭野考站、高山石林板壁岩、保护区了望塔、大九湖高山湿地等景点。主要景观有高山草甸、高山杜鹃林、原始冷杉林、原始生态高山湿地、珍稀动植等。

神农架林区木鱼镇。

距松柏镇 113 千米，距木鱼镇 28 千米。

140 元，学生票 98 元。

亲历者◎攻略

神农架原始森林很大，交通不大发达，特别是神农顶要防止迷路。在林中穿梭时，要穿长裤高筒靴，最好戴上帽子；为防止在森林中迷路，最好请一位导游，每天费用大约在 150 元左右。

风景垭

●有“神农第一顶”的美誉

风景垭又名“巴东垭”，在神农架主峰西侧。最高处海拔 2950 米，有“神农第一顶”之誉，为神农架主要风景区之一。

从垭底至近顶，条梁耸翠，涧谷含幽，小径回旋，山花遍缀，葱茏树木间以青藤缠绕，潺潺泉声伴以唧唧鸟鸣。尤其是突横之飞壁，乍陈之危崖，密挤一片，宛若绿色绒缦，迎风摇曳，令人赏心悦目，只觉妙趣横生。登临崖顶环顾四周，只见千峰竞峭，万嶂争拔，龙腾蛟升，直冲凌霄；高低森林，起伏碧连，若沧海巨涛，滚涌天际。

神农架林区木鱼镇。

松柏镇可以包车到风景垭游玩，小面包7人座大约300元/天。

亲历者◎攻略

1. 住宿：可住在神农架红坪镇，住宿非常方便。一般标间要价180－200元。但如仔细找，可找到80－100元的标间。

2. 餐饮：可在这一带农家吃饭，主人家很有可能会拿出自家酿制的米酒招待你，酒色清白，味道甜美，注意不要贪杯，后劲很大的。

亲历者◎行程

风景垭的景观特色就是峰奇谷秀，站在垭口极目四眺，只见山峦起伏，气象万千，景色十分壮丽。可先游燕子垭和燕子洞，之后经红坪画廊到风景垭，这样，最美的风景就不会错过了。

板壁岩

●据传此处经常有野人出没

板壁岩西距了望塔五千米，素以“野人”的出没地和石林倍受游人注目，在一些岩洞下还挂着“野人栖息处”的牌子。板壁岩上下箭竹林漫山遍野，密不透风。

这一带是神农架野人经常出没的地方，箭竹林中经常发现野人的遗迹、毛发、粪便和竹窝。

最令人惊叹的是野人窝，它们用20多根箭竹扭成，人躺其上，视野开阔，舒服如靠椅，经多方面验证，此绝非猎人所为，更绝非猴类，熊类所为，它的制造与使用者当然是那介于人和高等灵长目之间的奇异动物了。

小龙潭建有茶舍、野生动物救护中心、野营基地、野人展览馆等设施。

大龙潭设有神农架自然保护区科考站。

金猴岭是神农顶景区金丝猴的主要活动区，生长着巴山松、华山松等植物。

燕天景区

●原始森林风光为背景

燕天景区是以原始森林风光为背景，以神农氏传说和纯朴的山林文化为内涵，集奇树、奇花、奇洞、奇峰与山民奇风异俗为一体，以反映原始悠古、猎奇探秘为主题的原始生态旅游区。

主要景点有燕子垭、天门垭、红坪画廊（神农天梯）、燕子洞、古犀牛洞、刘享寨、山宝洞、紫竹河原始森林、云海佛光、百草坪、塔坪山林田园风光及民俗风情等。

神农架林区红坪镇。

¥60元（包含犀牛洞、燕子洞、天门垭、燕子垭等）。

亲历者◎攻略

可以到离景区10千米的红坪住宿，这里的“红坪宾馆”“天下一家”都是很不错的，房价一般在40~120不等。

提示：每年6月~10月景区气候较为稳定，是最佳旅游季节。松柏镇和木鱼镇内有银行，镇外林区手机常无信号。

神农架林区旅游局0719－3335609。

红坪画廊

●可欣赏到清溪两旁如画的风景

红坪峡又称神农天梯，在这里是一块绵

↓红坪画廊

亘15千米的峡谷盆地，漫步坪中，可欣赏到清溪两旁如画的风景，而且四季的景色都各有千秋，十分优美，所以被誉为“红坪画廊”。

这里的景点一奇、二怪、三险、四秀。“奇”指奇峰林立；“怪”指洞石之怪；“险”指寨岭、峰之险；“秀”指河、瀑、桥集结。

红坪是红坪画廊景区的中心地点，宽百米，长15千米，溪流清澈，冬暖夏凉，以奇树、奇洞、奇峰与“药神”奥妙为主题。

大神农架东北约27千米的天门垭近处。

门票40元。

燕子垭

世外飘然的仙境

燕子垭与天门垭南北相望，下临紫竹河谷。垭口西侧的半壁上有会仙桥，观景台，燕舞亭等建筑，专供游人观赏，沿小径登临燕舞亭，可领略原始森林的特有风貌，凭石栏俯瞰塔坪村，可饱赏云海佛光的壮丽景观。

燕子垭常年飞云流雾，佛光沉浮。燕子垭绿色步游道沟通野人洞、燕子洞、牛鼻子洞、天洞等各主要景点。

天门垭

每年10月积雪，次年5月消融

由燕子垭南行约2千米，即达海拔2328米的天门垭。

天门垭奇峰异态，时有云雾缭绕，10月积雪，次年5月消融。四时更新的活景更有：撒云收雨、碧霞吐珠、端阳晨霜、中秋瑞雪、佛光现世等更是难逢的奇景。

神农架旅游滑雪场

在青山绿水间享受滑雪乐趣

配有初级和中级旅游滑雪下坡雪道，坡度5至15度，设有拖迁式索道。

神农架木鱼镇酒壶坪林场。

50元。滑雪按租赁器具类型和时长另行收费。

神农坛风景区

神农祭坛

海内外炎黄子孙瞻仰祭祖的圣地

神农坛分天、地二坛，依山而建。天坛正中耸立着炎帝神农巨型牛首人身雕像。天坛之下为地坛，辟有可容数千人之众的广场。广场大圆图案，代表天；圆心处设正方形，代表地，方形图案中，五彩石分列表示木、火、土、金、水五行。

神农塑像，牛首人身，双目微闭，威武古朴，似在静静地思索宇宙。塑像不设底座，身驱拔地而起，头顶蓝天，身披彩云。

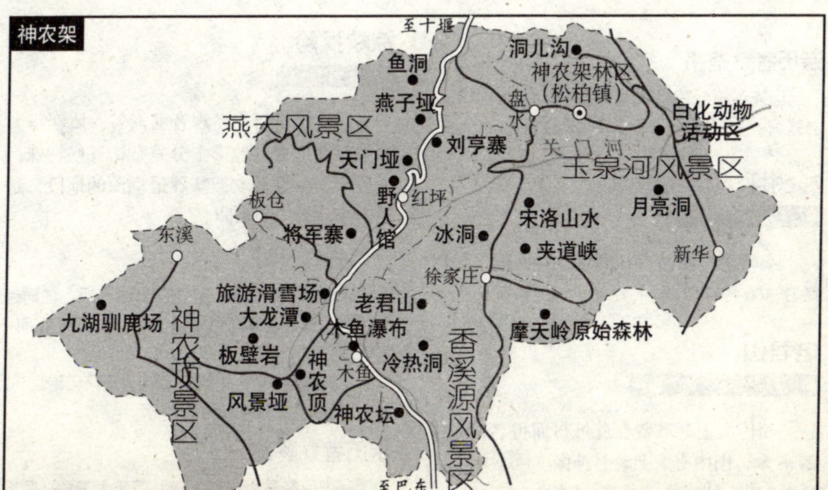

神农雕像高 21 米，宽 35 米，相加为 56 米，象征中华 56 个民族欣欣向荣，子孙繁衍兴旺之意。

￥门票 60 元。

亲历者◎攻略

神农祭坛的特色旅游项目是当地的篝火烧烤晚会（120 元 / 人），晚会上有先民狩猎、娶亲、双花棍舞等表演节目，当地的青年男女还会对唱情歌并以鞋定情。当然，你还可以品尝到野味烧烤，席间当地山妹子会敬上神农黄酒，教你唱山歌，其乐融融。

香溪源景区

●以茶叶和香溪泉水茶道精湛闻名

香溪是长江的一条小支流，据说当年昭君在溪中洗脸时曾掉过一串珍珠入水，从此溪水一年四季芳香扑鼻，故名香溪。其实香溪源头的林间野花奇多才是溪水飘香的真正原因。

香溪源头周围，奇峰竞秀，雾绕云游，泉流清澈，瀑布壮观，古木参天，山花烂漫，沟谷中并有古代冰川的遗迹，是林壑幽美钟灵毓秀之地。

每年三月，当香溪河畔桃花盛开的时候，可以在香溪水中看到一种淡红色的鱼，这种鱼被称为桃花鱼。传说是王昭君回乡省亲时，含泪与亲人告别，桃花落水所边。

⌂神农架木鱼镇路口。

￥30 元。

亲历者◎指路

可先乘车至宜昌兴山，兴山至木鱼，约 1 小时就有一往返客运车辆；十堰也有车开往木鱼镇。

杉树坪

●冷杉原始森林群落

秦岭冷杉原始森林群落，景区内平均树龄在 300~400 年间。

老君山

●相传太上老君在才炼丹

相传太上老君曾在此炼丹而得名，海拔 2936 米，山中有太上老君神像。

⌂神农架林区宋洛乡，神农架主峰东北。

天生桥风景区

●奇洞、奇桥、奇瀑

集奇洞、奇桥、奇瀑为一体的生态旅游区，主要景点有天生桥飞瀑、天潭地潭等。

⌂神农架林区宋洛乡老君山下。

￥20 元。

玉泉河景区

●以探险挑战为主题的综合型旅游区

玉泉河旅游区位于神农架东北部，该旅游区以玉泉河流域为核心，以高山湖泊、河川幽谷为特色，是以探险挑战为主题的综合型旅游区。

玉泉河区内分送郎山、玉泉河、樟树坪 3 个景区，有神农架自然博物馆、武山湖、六道峡等 30 多个景点。

六道峡

●高峡深谷、长滩乱石

有大小浅滩 50 余个，融高峡、深谷、长滩、乱石、平湖于一体。两岸绵绵的山峦、陡峭的山崖、葱茏的植被、嶙峋的怪石、活跃的鸟兽以及富有神农架特色的乡土人情更为六道峡增添了无穷无尽的魅力。

￥六道峡漂流 120 元。

棕峡探险

●探险者的乐园

棕峡位于新华乡观音河河谷，属新华大断裂时期形成。地形十分复杂，气候特殊，人迹罕至，是神农架峡谷最幽深的地段，是勇敢探险者们的乐园。

亲历者◎攻略

1. 住宿：松柏镇是神农架林区首府，住宿条件不错，最好选择在松柏镇住宿，各种档次的住宿都有。

2. 美食：去玉泉河旅游区游玩，最好自带吃的，晚上回到松柏镇可以在镇上吃饭。

亲历者◎解说

野人——是世界四大谜（百慕大三角、尼斯

湖水怪、天外来客UFO、神农架野人）之一。“野人”这个称呼，为群众习惯语，由于目前还没有捕捉到活的个体，也没有取得完整的标本，因此，一些科学工作者称之为“奇异动物”。

神农架野人历史上流传之久，3000年以前的古籍中早有记载。在神农架山区，目击野人的群众干部达数百人之多，人们甚至可以绘声绘色地讲出野人的形状、神态、毛发、脚印。这些光怪陆离而又不可思议的传闻，给神农架增添了神秘的色彩，引起了愈来愈多的科学家的浓厚兴趣。

从1976年开始，中国科学院和湖北省人民政府有关部门组织科学考察队对神农架野人进行了多次的考察。考察中，发现了大量野人脚印，长度从21厘米到48厘米，并灌制了数10个石膏模型；收集到数千根野人毛发；在海拔2500米的箭竹丛中，考察队还发现了用箭竹编成的适合坐躺的野人窝。

住宿

到神农架旅游多住宿在木鱼镇，此处的宾馆较集中，可供游人选择。

如在松柏镇住宿，可选择神农架宾馆、绿都饭店、张公宾馆等，条件和价格方面也和木鱼镇差不多。

神农山庄：位于木鱼镇甲1号，居住条件较好，参考价格：标准间500左右。

神农架宾馆：三星级，位于松柏镇沿河路1号，为涉外旅游饭店，参考价格：标准间380元。

张公宾馆：位于松柏镇连峰街6号，为涉外旅游饭店，参考价格：标准间200元。

餐饮

神农架地区有句顺口溜：“吃的洋芋果，烤的疙瘩火，烧酒配着腊肉喝，除了神仙就是我。”里面提到的都是当地的日常食物。到了神农架，要尝尝当地的腊肉、土豆和懒豆腐。

神农架林区餐馆多集中于松柏、木鱼两镇，镇上街道两边布满各式餐馆。

神农架的餐馆中，较好的有木鱼镇的神农山庄、林中酒楼、开发酒楼，神农山庄推出的“神农宴”，其他还有阳日镇的桥海饭店；红花乡的银河酒家等。

在农家一般来贵客时主人才拿出腊肉招待，从腊肉熏的年代的久远可看出主人对客人的热情程度，腊肉熏的年代越长，主人越热情。

购物

到神农架旅游，不仅可以领略到大自然的神奇风光，而且还有许多当地的特产可供购买。主要有：神农茶叶、香菇、中草药、木菜板、绞股蓝、野生蜂蜜、红桦树汁、根雕等。

神农架有四大民间草药很出名，那就是“江边一碗水”，治跌打损伤、胃病等；“头顶一颗珠”，治头痛病；“七叶一枝花”，治咽喉肿痛、乳腺炎，或泡药酒；“文王一支笔”，治鼻出血、妇女月经出血不止等。这些药材镇上和旅游景点都有卖，也可以讲价。

神农架土特商店特别多，主要集中在松柏镇和木鱼镇。两镇当街和各景区商店、摊点众多，主要经营神农架当地旅游商品和土特产。

木鱼镇土特产一条街：神农架木鱼镇全镇只有一条街，叫作土特产一条街，这是游客购物的理想场所，销售有神农架香菇、木耳、茶叶和中草药、旅游纪念品，并开办夜市服务。

木鱼镇阿发山货铺：主要经营神农架各种地产花菇、木耳、核桃、白果及各种菇类、菌类、野生天麻、土蜂蜜、野生党参、开口箭及神农架“四大名药”：头顶一棵株、江边一碗水、七叶一支花、文王一支笔。

● 面积

21 万平方千米，全国排名第 10 位

● 人口

6783 万，全国排名第 7 位

● 世界遗产

武陵源、崀山

● 5A 级旅游区

湘潭韶山、岳阳楼—君山岛、岳麓山—橘子洲、花明楼、东江湖、衡阳市南岳衡山旅游区、张家界武陵源旅游区、郴州市东江湖旅游区、邵阳市新宁县崀山景区

● 国家重点风景名胜区

衡山、武陵源、岳阳楼洞庭湖、韶山、岳麓山、崀山、猛洞河、桃花源、紫鹊界梯田—梅山龙宫、德夯、苏仙岭—万华岩、南山、万佛山—侗寨、虎形山—花瑶、东江湖

湖南旅游网
www.hnt.gov.cn

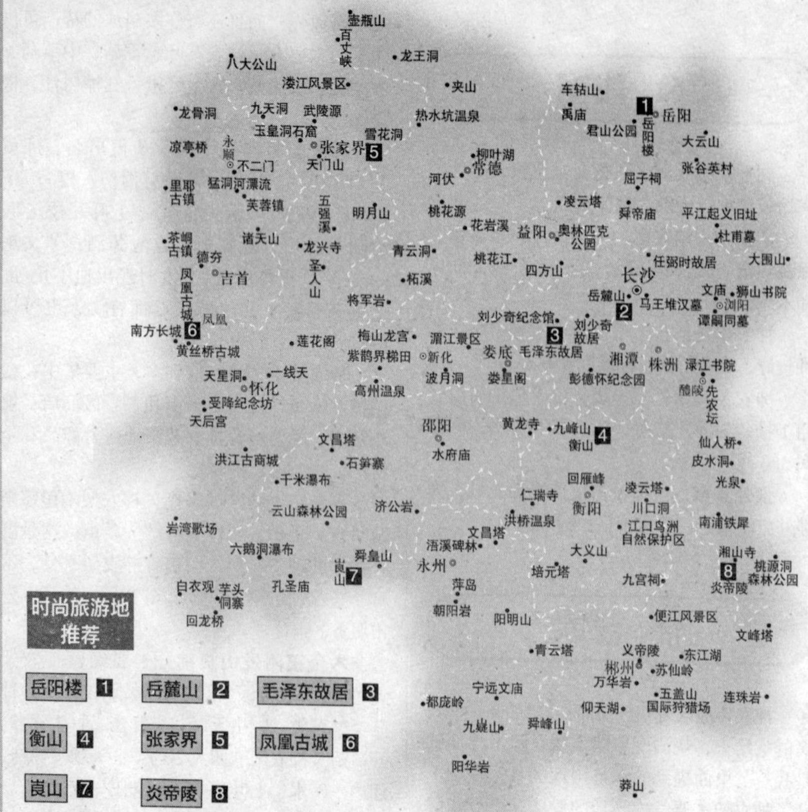

湖南

锦绣潇湘，
快乐湖南

湖南一片山明水秀的土地，是一个充满诗情画意的地方。这里有衔远山吞长江的八百里洞庭湖，有传续古代人文传统的岳麓书院，更有景色奇绝的张家界。梦中神牵魂绕，醒来如痴如醉，巍巍衡山险峻，汤汤洞庭浩淼，智者吟诗，仙家把酒，一代伟人指点江山如画，潇湘山秀水美，楚界人杰地灵……

长沙

长沙素来以灿烂的古代文化名扬天下，名城、名人、名山、名水、名校、名产孕育了这座城市千年的历史神韵和文化氛围。长沙历经沧桑，以其深厚的湖湘文化和丰厚的人文积淀著称于世。

面积：11816 平方千米
人口：661 万
区号：0731

亮点

必游景点

- **岳麓书院**：宋代四大书院之冠，有“千年学府”的美称，周围有爱晚亭、云麓宫等名胜古迹。
- **橘子洲**：橘子洲上，春天江鸥点点；夏秋林木葱茏；冬天又有潇湘八景之一“江天暮雪”的景致可看。
- **波月洞**：波月洞是世界上鹅杆最多的地方，被成为世界之最，洞中有洞，鬼斧神工，步步皆景.
- **大围山森林公园**：它以森林茂盛，资源丰富，风景秀丽，气候宜人，被称为“湘东绿色明珠”。

必逛街道

- **坡子街**：长沙小吃最集中的地方，特别是火宫殿最齐全，还有街上的别的店都不错，各有特色。
- **黄兴南路步行街**：一条百年老街，是最能代表“老长沙”生活气息的商业街，也是长沙“草根之魂”。

线路推荐

- **长沙二日游**

D1: 湖南省博物馆—岳麓山风景区。

↓长沙天心阁

D2: 橘子洲。

- **湘潭、娄底三日游**

D1: 韶山风景名胜区。

D2: 波月洞—梅山龙宫。

D3: 紫鹊界梯田。

交通信息

飞机

长沙黄花国际机场位于长沙市城东黄花镇，机场航线很多，包括中国大陆境内大中城市以及香港、澳门、台湾等地的两岸航线和泰国、韩国、新加坡、德国、马尔代夫、美国等国际航线。

火车

长沙有两个客运火车站，长沙火车站位于市中心，主要停靠普快列车；长沙火车南站位于雨花区花侯路，运行高铁和动车组列车。

长沙城区景点

岳麓山－橘子洲旅游区 AAAAA

● 千年学府、赏枫胜地

岳麓山

岳麓山山上风景秀丽，是四大赏枫胜地之一，以奇、珍、幽、美著称，古老的文化气氛和美丽的自然风光融为一体。

岳麓书院是宋代四大书院之冠，有“千年学府”的美称，传说佳话众多，诗书遗迹独韵；

麓山寺是湖南历史最悠久的佛寺，现存观音阁、罗汉松、六朝松、关松等景；云麓宫相传为道教七十二福地第二十三洞真虚福地，登望湘楼，可观万千气象；爱晚亭是中国四大名亭之一，曾是革命活动之地；鸟语林汇集了中外珍稀鸟类近200个品种约5000只鸟，是鸟语林翠之地。

长沙市岳麓区岳麓山。

长沙火车站有立珊专线直达岳麓山风景区，长沙市内乘坐旅1线、305等公交车可直达。

岳麓书院30元，麓山寺5元，云麓宫5元，爱晚亭15元，鸟语林20元。

亲历者◎指路

1.305路、202路等公交车也可以到达，不过202路要绕一个很大的圈子才能到，建议不要坐。

2. 从长沙市内到岳麓山景区，最便捷的是从长沙火车站坐立珊专线前往。它经过袁家岭、韭菜园、无疑广场、荣湾镇、岳麓山风景区北门、岳麓山风景区。

亲历者◎攻略

1. 岳麓山的最佳旅游季节是秋季，每年秋天，红叶灿若彤云，如火如荼，美不胜收。

2. 岳麓山景区内，有三处佳地观赏红叶，即穿石坡、清风峡（爱晚亭就在清风峡的峡口）与兰涧一带。

亲历者◎行程

岳麓山游程推荐：

1. 岳麓山南大门－爱晚亭－舍利塔－刘道一墓－覃理鸣墓－半山亭（休息）－蒋翊武墓－麓山寺－白鹤泉－印心石屋－云麓宫（归来钟）。

2. 岳麓山东大门－索道－极目山庄－禹王碑－长廊－响鼓岭鸟语林－印心石屋－麓山寺－白鹤泉－蒋翊武墓－刘道一墓－覃理鸣墓－爱晚亭－南大门。

橘子洲

毛主席有《沁园春·长沙》词曰：“独立寒秋，湘江北去，橘子洲头，看万山红遍，层林尽染。”这里所说的橘子洲就在长沙市区的湘江中心，是一个长约10里的岛，是长沙市的重要名胜。

现在橘子洲上建有公园，里面种植着数千株橘树，每当秋收时节，橘树上硕果累累。这里也是夏日人们戏水游泳的良好场所。橘子洲目前分为伟人文化广场、百亩桔园、朱张渡等11个植物景观区。

↓橘子洲青年毛泽东雕塑

长沙市岳麓区湘江中。

16路公交可达。

天心阁公园

长沙市历史文化发展的见证

天心阁景区位于长沙城中心地带，是以天心古阁和古城墙为主要景点的历史名胜，它是长沙城历史文化发展的见证，因其地脉隆起，主吉祥之兆，自明朝建阁以来更被视为古城长沙的标志和象征。

天心阁建于明末崇祯年以前，距今已有400多年的历史。现为三层，现主阁高14.6米，南北两附阁各高10米，整座阁楼仿明清时期南方园林建筑风格。

长沙市芙蓉区蔡锷南路。

乘公交122、314、202路到天心公园下。

登阁32元。

长沙海底世界

领略独特的海洋风情

长沙海底世界是集观赏、休闲、科普于一体的中南地区最大的海洋主题公园。

海洋馆内每天都有精彩的海狮、海豹表演及潜水员喂鱼表演、美人鱼表演。

科教馆以现代化高科技手段向每一位游客生动地介绍海洋知识。

水上乐园是游人嬉水健身的胜地。儿童乐园让孩子们纵情欢乐。

开福区长沙世界之窗南侧。

乘132、136、915路公交即到。

130元。　8:00~19:00。

长沙世界之窗

领略世界各国建筑奇观

长沙世界之窗是大型文化主题公园。坐落

↓世界之窗

于长沙市金鹰影视文化城，占地40万平方米。

代表性景点有：法国卢浮宫、埃及金字塔争相展示；文明山内汇聚了新天鹅堡、仰光金塔、意大利比萨斜塔；文明湖内则囊括了法国四大喷泉、悉尼歌剧院、彩色三环山顶过山车、豪华双层旋转木马、亚历山大灯塔等水上乐园。

开福区三一大道485号。

乘132、136、501路公交即到。

150元。

0731-84256988。

湖南省博物馆

●荟萃了三湘大地的文物遗迹

湖南省博物馆荟萃了湖湘大地的文物遗珍，展现了湘楚文明的来龙去脉。博物馆馆藏文物11万余件，一级品763件，馆藏文物丰富，尤以马王堆汉墓文物、商周青铜器、楚文物、历代陶瓷、书画和近现代文物等最具特色。

长沙市开福区东风路德雅路口。

乘112、113路公交可到。

30元。

自2012年6月暂停对外开放，至2016年新馆建成。

0731-84514630。

长沙郊县景点

花明楼景区 AAAAA

●伟人刘少奇故里

花明楼，位于湖南省会长沙宁乡县境东南，东距省会长沙20公里，南距毛泽东故里韶山30公里。花明楼为国家5A级旅游景区，景区以刘少奇故里为主体，有大夫堂楚文化遗址和芙蓉寨旅游休闲区组成。

宁乡县花明楼镇。

长沙市内乘坐312、314路公交车到长沙西站，站内有开往景区的旅游专车。

刘少奇故居

刘少奇故居位于花明楼镇炭子村。坐东朝西，前临水塘，后倚青山，土墙小青瓦、土结构的四合院农舍，大大小小有二十余间。故居在“文革”中被迫关闭并遭到破坏，1980年少奇同志平反后再次恢复对外开放。现在的故居为原状陈列，除按原貌恢复了原有的茅房和瓦房外，还陈列了190余件展品，通过这些展品，再现了湖南农家的典型风貌和刘少奇在这里学习和活动的部分场景。

大夫堂

在韶山与花明楼刘少奇故居旅游专线的中间位置有一个“大夫堂”遗址，当地人传说是战国时期楚国上官大夫靳尚居住的庄园。在此可以看到，庞大的庄园外面，一条碧波荡漾的护城河护卫着用沙土竹片混合筑成的大围墙。走进庄园，只见古树丛生，郁郁葱葱，这片原始次森林有130余亩，来这里参观恍如隔世。

大围山森林公园

●“湘东绿色明珠”

它以森林茂盛，资源丰富，风景秀丽，气候宜人，被称为“湘东绿色明珠”。大围山国家森林公园占地7万余亩，境内群山环抱，立峻挺拔，土地肥沃，雨量充沛，植被丰富，种类繁多，里面生长着许多国家珍稀动植物，堪称“天然动植物博物馆”。

曾是湘东最大的佛教胜地。以“秀”著称，多奇峰异石和流泉飞瀑。含马尾槽、龙须槽、船底窝、七星岭、栗木桥、玉泉寺、白面石7个景区。

浏阳市大围山镇。

50元。

0731-83488298。

浏阳古风洞

●湘东第一溶洞

古风洞又名仙人洞，其幽深宏阔、壮观、瑰丽，总面积3万平方米以上，被古人称之为“天造地设之奥区”。

古风洞中还可见到许多古人题刻，其中一处“乾隆十三年”的题记，笔迹清晰如初。古风洞附近还有天崖寨可以玩穿越。龙泉井、空岗山、肖仙岩、浏阳河漂流、株树桥水库等景观，是个极富山野情趣，堪称粗犷园林的旅游区。

浏阳市高坪乡。

长沙汽车东站坐车。在汽车东站每10分钟左右就有一趟开住浏阳汽车东站的车。

¥45元。

雷锋纪念馆

●爱国主义教育基地

1940年12月18日，雷锋出生在这里的一个贫苦农民家庭。雷锋纪念馆是中央、省、市三级爱国主义教育基地。

全馆展室陈列面积1500平方米，共分三个部分，四个展室，通过文物和照片全面系统地介绍了雷锋同志生前的模范事迹和全国人民学雷锋的典型事例。是对人民群众，特别是青少年进行共产主义教育和革命传统教育的课堂。馆内藏有党和国家领导人毛泽东、刘少奇、周恩来、朱德、江泽民、李鹏、杨尚昆等20多位同志号召全国人民学雷锋的题词。

望城区雷锋镇雷锋村。

娄底旅游区

湄江风景区

●省级风景区名胜区

湄江为中低山岩溶地貌景观。湄水蜿蜒崇山峻岭之间，岸高峰耸立，怪石嶙峋。最为壮观神奇的一段，百丈高崖直插云霄，夹江形成约10千米的峭壁画廊。景区内富有代表性的景点有观音崖、莲花池、塞海、合掌崖等。

湄江溶洞数量之多，种类齐全，国内少见。十里画廊是国内少见的独特地质地貌景观，具有地质构造科研价值。

涟源市湄江镇等乡镇。

在市内有直达景区的大巴车。

¥100元。

8:00~17:00。

梅山龙宫

●石景传神的地下溶洞

是一个地下溶洞群，有九层洞穴，上万个溶洞组成，已开发游览线路1896米，以石景传神闻名。“哪吒出世”是标志性景观，还有著名的“水中金山”“孔子游学”等景观。

共分九层洞穴，有“九龙迎宾”“群龙啸涛”“碧水莲宫”“九龙游天”“天上龙宫”“天堂阁”“龙凤呈祥”七大景区近万个溶洞。其中包括长466米世界罕见的神秘地下河。

新化县同溪乡高桥村。

¥80元。

紫鹊界梯田

●国家自然文化遗产

据考证，紫鹊界梯田始于秦汉，盛于宋明，至今已有2000余年历史，是苗、瑶、侗、汉等多民族历代先民共同创造的劳动成果。

梯田地处古梅山腹地，总面积56000亩，有规模大、风光美、功能全三大特点，在全省乃至全国都是罕见的。

梅山文化在这片热土上经久流传，梅山山歌、民歌、情歌妇孺皆知、广为传诵，草龙舞、傩舞风格古朴、原始神秘，民居建筑、地方饮食、武术、宗教等个性突出。

新化县水车镇锡溪村和奉家镇双休村。

韶山风景名胜区 AAAAA

●毛泽东同志的故居

韶山是一条狭长而灵秀的山冲，留下了许多毛泽东的遗迹和纪念建筑。

亲历者◎攻略

可由长沙火车站北侧的长途汽车站乘坐去湘潭的空调大巴，14.5元/张，行程70~80分钟，到达湘潭汽车中心站出站。在东站换去韶山市的快巴，10元一张，行程约1小时。

毛泽东故居景区

韶山冲上屋场，有一栋坐南朝北的“凹”字形农舍，这里就是毛泽东的诞生地。故居中共有房屋18间，1893年12月26日毛泽东诞生在这里并在此度过了童年和少年时代，直至1910年的秋天离开这里外出求学。

故居周边有南岸私塾、毛泽东图书馆、毛泽东纪念馆、毛泽东纪念园、毛泽东铜像、毛氏宗祠、毛鉴公祠和毛震公祠等景。

🕐 8:30~16:00。

滴水洞

滴水洞是主席别墅，位于韶山西边的角落里，与主席故居相距3公里。滴水洞天由滴水幽壑、虎歇坪、龙头山等自然风光与滴水洞一号等建筑组成。滴水洞长约2.8公里，洞内有小溪，曲曲弯弯，幽壑口朝东北而开，洞中碧峰翠岭，茂林修竹，山花野草，舞蝶鸣禽，自然景观清雅绝伦。

滴水洞景观集造化之神秀，萃人文之盛事，因而蜚声海内外，吸引游人如织，党和国家领导人曾欣然前往浏览。

🏠 湘潭市零零四道县。 ¥ 50元。

☎ 0731-55650066。

韶峰景区

韶峰位于韶山冲南，距毛泽东故居约3km，海拔520m，为韶山第一高峰，又名仙顶峰。因为独秀于群山怀抱之中，素有“跻其巅俯视群山若子孙，南岳洞庭望之若既”的美妙传说。韶峰风景秀丽，古有八景：韶峰耸翠、胭脂古井、顿石成门、石屋青风、塔岭晴霞、仙女茅庵、凤仪亭址、石壁流水。

南岸私塾

私塾旧址位于毛泽东同志故居西侧，始建于清代，青砖青瓦，白色粉墙，建筑面积几近400平方米。1901年毛泽东八岁时曾发蒙于此，读书两年。塾师邹春培先教毛泽东《三字经》《百家姓》，接着教《论语》《诗经》《孟子》等儒家经典。毛泽东刻苦攻读，并深受古代文化的熏陶和影响。

湘潭—株洲旅游区

彭德怀纪念园

●记录彭德怀光辉战斗一生

彭德怀纪念园以铜像、纪念馆为主体的，占地200亩。这里有浓缩元帅光辉战斗一生的“彭德怀生平业绩”陈列。

彭德怀铜像位于铜像广场。身着戎装的彭总全身立像，高5.1米，连基座8.1米，双手置于背后，昂首挺胸，面容凝重慈祥，展现了彭总生前坚毅果敢、刚正不阿的人格魅力和运筹帷幄、决胜千里的雄姿。

🏠 湘潭县乌石镇乌石村乌石峰。

🚌 在湘潭市乘班车到湘潭县乌石镇即可。

🕐 淡季8:30~17:00，旺季8:00~17:30。

☎ 0732-7838100。

神农谷国家森林公园

●景区负氧离子极高，非常适宜疗养

神农谷是一座天然“绿色宝库”和动物园。园内自然景观神奇而迷人，再加上舒适的气候、清新的空气和高含量的负氧离子，是不可多得的避暑、休闲、疗养和探险的胜地。

公园分6个景区，主要景点有：树抱石、珠帘瀑布、试鞭石、一线天、石板推、狮子崖、龙潭天河等。

炎陵县十都镇。从株洲坐出租车去价格不贵。

75 元，情侣双人票：150 元，亲子票（一大一小）：112 元，家庭票（二大一小）：187 元。

湘潭县乌石镇乌石村乌石峰。

住宿

长沙是一座繁华的城市，宾馆酒店业非常发达，星级酒店、经济性酒店以及旅馆、招待所遍布星城。由于并不是一座热点旅游城市，因此长沙宾馆房价比较适中，普通酒店标房价格在 100 — 200 元之间，高星级酒店价格相对于其他大城市也是比较低廉的，一些小旅馆、招待所价格在 100 元以下。

神农大酒店 / 芙蓉南路 298 号 /0731–85236523。

富丽华大酒店 / 八一东路 88 号 /0731–2298888。

长沙广物酒店 / 人民中路窑岭西村 68 号 /0731–88122155。

餐饮

长沙是一座舌尖上的城市。来长沙旅游，吃是少不了的。长沙是湘菜的主要发源地。全国八大菜系之一的湘菜表现出令人无法抗拒的魅力。香鲜辣酸是湘菜的主要特点。传统名菜有东安子鸡、红烧狗肉、小炒腊肉等。餐馆集中的地方有五里牌蒸菜一条街和罐罐一条街，长沙人自己喜欢去沙河街。

特色小吃有“杨裕兴的面，徐长兴的鸭、德园的包子真好呷”的说法。油炸臭豆腐和南门口的卤鸭架、卤鸭脖也是长沙极为诱人的小吃。品尝长沙的特色小吃，火宫殿是理想之地。

购物

长沙工艺、土特产品素负盛名，湘茶是闻名中外的名贵茶，味醇可口；湘绣是中国四大名绣之一，构图优美，绣艺精湛；湖南瓷器，历史悠久，被人赞为“白如玉，明如镜，薄如纸，声如磬”；此外，鸭绒制品、竹刻等都是比较有名的特产。湘绣、中国红瓷器和菊花石雕被称为“长沙三绝”。

民俗

农历三月三时，长沙人都有地菜煮鸡蛋的习俗。随着城市化的不断发展，这个习俗已经被很多人淡忘，但在郊县依然保持。立夏时有吃立夏粳之习。惊蛰时农家于暗处点灯，用石灰撒房屋四周及潮湿暗角。小孩点燃一个个爆竹，丢向屋角墙下，边丢边喊“凉蛰惊蛰，炸得虫蚁笔直”。

↓长沙臭豆腐

衡阳

衡阳因地处南岳衡山之南而得名，雅称雁城。衡阳是一座已有2000多年历史的文化名城，以其山川秀丽、自然资源丰富饮誉天下。

面积：15300 平方千米
人口：774 万
区号：0734

亮点

必游景点

● **衡山风景区**：五岳名山之一，可春赏奇花、夏观云海、秋望日出、冬赏雪景，拥有众多佛教、道教遗迹。

● **九嶷山国家森林公园**：素有天然动植物园之称，中华民族始祖舜帝葬于此地，有众多与舜帝相关的景点。

● **浯溪碑林**：文奇、字奇、石奇，被后人誉为浯溪“三绝”。历代共有 250 多名文人学士到此游览，题诗作赋，铭刻石上，是研究碑石文化的一个宝库。

线路推荐

● **衡山宗教文化一日游**

线路一：佛教旅游专线

南岳—半山亭—南天门—上封寺—祝融峰—藏经殿—甫台寺—福严寺—磨镜台—南岳大庙—祝圣寺（参加法会）—大善寺。

线路二：道教旅游专线

南岳大庙—水帘洞—半山亭—玄都观—董竹林（缆车）南天门—祖师殿—祝融蜂—黄庭观。

● **永州、郴州三日游**

D1：浯溪碑林—柳子庙。
D2：崀山风景名胜。
D3：九嶷山。

↑郴州莽山

交通信息

火车

衡阳站：位于衡阳市珠晖区车坪 1 号，有发往全国各地的班次，基本属于过路车。

衡阳东站：位于珠晖区耒水河东岸，高铁站。

衡山风景区 AAAAA

南岳衡山为我国五岳名山之一，山上茂林修竹遍布，终年翠绿，又有奇花异草，四时飘香，因而又有“南岳独秀”的美称。

衡山的四季可看到不同的景观，春观花潮、夏看烟云、秋望日出、冬赏雪景和有名的南岳雾松，这就是南岳衡山著名的“四时佳景”。

祝融峰之“高”、藏经殿之“秀”、水帘洞之“奇”、方广寺之“深”，并称为衡山“四绝”。

有“江南第一庙”“南国故宫”之称的南岳大庙位于去衡山的途中。南岳大庙分为

↑衡山麻姑仙境

九进四重院落，四周围以红墙，角楼高耸，颇似北京故宫风貌。南岳大庙佛道共存，东侧为八个道观，西侧为八个佛寺，堪称我国寺庙一绝，每年八月十五，这里都要举行盛大规模的庙会，

🏠 衡阳市南岳区南岳镇。祝融路 107 国道路口的牌坊为景区入口，进山有正门、白龙潭、西岭三个售票入口。

¥ 旺季 120 元（5 月 1 日 ~10 月 31 日），淡季 80 元（11 月 1 日 ~ 次年 4 月 30 日）。

☎ 0734-5673377。

亲历者◎指路

火车站下车后，坐 1 路公交车至汽车西站（现中心汽车站），有班车直达南岳，全程 45 千米，汽车票价为：无空调 8 元，有空调 10 元。如果是三四人一块的，经济条件允许也可打的到南岳。

亲历者◎攻略

1. 衡山的最佳游季在夏末秋初。山上一年之中有将近 7 个月被云雾笼罩。

2. 观景：在衡山可看到“三层天”，自山麓到玉板桥为一层，玉板桥到半山亭为一层，半山亭到祝融峰为一层，越往上温度越低。此外，在阴天里登衡山会看到更多的美景。

3. 到衡山游览，除了那让人目不暇接的山景、寺庙和道观，最令人难忘的，就是那烟云了，几乎可以和黄山媲美。

4. 香期：香期是南岳最有特色的民俗之一，届时，来自四面八方的香客会在七月至九月间采取特定形式到南岳朝香。尤其是在南岳俗定农历八月初一的南岳圣帝神诞日，这天是香期的最高潮，来岳进香朝拜的人多达十万之众。

5. 丰水季节时有小雨，路面湿滑，应着平底（软底）凉鞋或透气型旅游鞋为宜。山里昼夜温差极大，且空气湿度较大，注意增减衣服。

6. 作为佛教名山的南岳，菜肴自然以素食为主。南岳斋宴是用各种素菜仿制与荤菜同名的酒席，主要原料是本地所产的山珍和四时瓜果蔬菜，如湘莲、菌类、竹笋、红白萝卜等。菜肴主要以菜油、麻油、花生油烹调，葱、蒜、姜、辣椒佐之。

亲历者◎游记

从东线上山，进山门后，经华严湖、忠烈祠、穿岩诗林、邺侯书院、南天门、望日台到祝融峰。在山顶住宿。

接近祝融峰的观日台上设有气象台，在观日台旁边还竖着一块刻着“观日出处”的石碑，在秋高气爽的日子，游人可以在此看到“一轮红日滚金球”的奇景。

这里的云雾十分奇特，游人站在山顶，有腾云驾雾之感，忽而云雾升起，忽而又散去。如果想上山观看日出，就需要在凌晨时分开始登山，走东线到山顶需要 4 个多小时。

次日早起观看日出后下山，沿途游览阿迪力走钢丝旧址、高台寺念庵古松，经南天门到祖师殿。再转道西线，从西线下山。先乘景区交通车到天柱峰，天柱峰与西岭进山的售票处有公路连接，再过去就是方广寺，这里环境幽静深邃，让人有一种“幽深”之感，故前人有“不至方广，不足以知其深”之说。

从天柱峰步行到藏经殿。藏经殿隐于幽谷深处，四周古木参天，有湘椴、杜英、猴喜欢、甜槠、

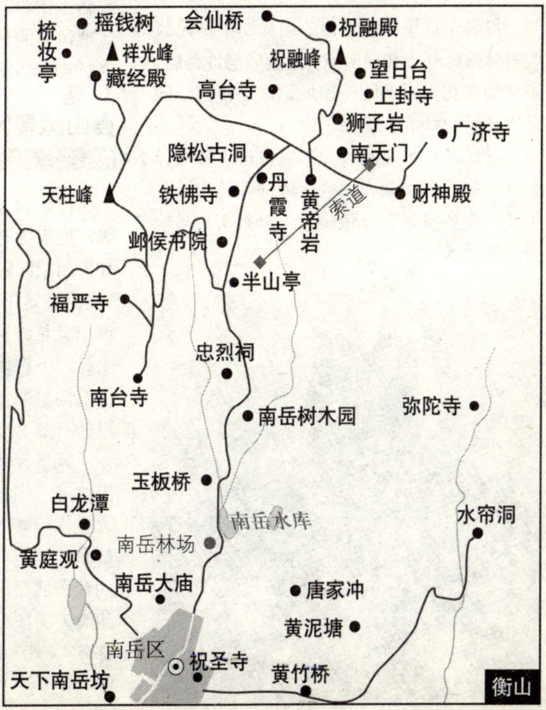

香榧等珍贵树木，比较完整地保存着亚热带山地常绿阔叶混交的原始植被。在树木中，最让人感兴趣的就是殿前溪流边的摇钱树、同根生、连理枝三棵奇树了。经殿前有灵田，每到秋天的夜晚，飞光如烛，可以照见老林古殿的轮廓，似是“鲁殿灵光”，其实那只是闪闪发光的萤虫聚舞所致，人们又称之为“萤火虫朝圣”。

观赏完衡山之秀后，乘车到磨镜台，步行游览灵芝泉、麻姑仙境，沿麻姑仙境石板路下山，途中可观赏如画的田园风光，到玄都观乘车下山。

从南岳大庙出来，步行前往祝圣寺，游完后原路返回，经万寿大鼎到水帘洞景区。水帘洞瀑布从绝壁上喷泻下来，宽达三丈，高五十余米，仿佛一幅巨大的白色布帘。水帘绝壁下的碧潭，天上的云彩和两边的苍翠的山峦，构成一幅美丽的山水画，展现出水帘洞光、声、影三绝奇景。

永州旅游区

九嶷山

●中华民族始祖舜帝安葬地

得名于这里 9 座相似的山峰，中华民族始祖舜帝就葬于九嶷山下。舜陵庙遗址是唐、宋两朝祭祀舜帝的陵庙遗址，这是目前已知时代最早的舜帝陵庙。

景区以舜帝陵及有关碑刻古迹，奇峰异洞、摩岩石刻、湖光山色、诗词碑林为游览主题。主要景区有舜帝陵、三分石头、高峡平湖等景区。

↓九嶷山

舜陵景区以舜帝古踪、摩岩石刻、诗画碑文为游览主题。有舜帝陵庙、舜源峰、黄家大屋、紫霞岩、金蛙湖、凤凰岩等景。

宁远县九嶷瑶族乡。

联票 180 元（含永福寺、舜源峰、舜帝陵、紫霞岩）。

浯溪碑林

●中国南方最大的露天碑林

现存历代名人的书画诗词题刻 482 处，是中国南方最大的露天碑林。园内建有陶铸铜像及纪念馆。有摩崖三绝、唐亭六厌等胜景。

元结在公元 761 年撰写了《大唐中兴颂》，后来大书法家颜真卿将此文书写下来镌刻于江边崖石，因其文奇、字奇、石奇，被后人誉为浯溪“三绝”。此后，历代共有 250 多名文人学士到此游览，题诗作赋，铭刻石上，成为国内最大碑林，是研究碑石文化的一个宝库。其中，除《大唐中兴颂》外，还有宋代著名书法家米芾的《浯溪诗》和著名文学家黄庭坚的长诗《书摩崖碑石》及清人何绍基、吴大徽等名家题名刻石的浯溪新三铭等。碑林中还有清代越南使者途经此地留下的刻石四块。

祁阳县浯溪镇西南郊。　　10 元。

崀山风景区 AAAAA

●丹霞之魂，国之瑰宝

崀山风景名胜区属丹霞喀斯特混合地貌，地表为花岗岩、变质岩、红砂岩、灰岩和第四纪红色粘土，有典型的岩溶地貌景观，如溶洞、地下河、石芽、溶峰等。自宋朝以来，崀山就是游览胜地，墨客骚人常来此游山玩水，留下许多溢美之词。北宋哲学家、散文巨匠周敦颐偕门生游学期间，在城西扶夷江岸的石壁上挥毫题写“万古堤防”四字。

风景区面积 108 平方千米，被誉为“丹霞之魂，国之瑰宝”，是国家自然遗产。包含雄伟险峻的八角寨景区、谷深桥异的天生桥景区、奇巷交错的天一巷景区、险峰林立的辣椒峰景区、峒幽壁绝的紫霞峒景区、清丽醉人的扶夷江景区等 6 大景区。

邵阳市新宁县崀山镇。

A 票：180 元（含五大景区）B 票：130 元（含四大景区）。

↓莨山

【链接：莨山六绝】

形神兼备的将军石、惟妙惟肖的骆驼峰、鬼斧神工的天下第一巷、地造天设的鲸鱼闹海、堪称亚洲第一的天生桥、高耸入云的辣椒峰。

【链接：苏仙的传说】

西汉文帝年间，郴州东门外一位潘氏姑娘在郴江河边洗衣时遇奇怀孕，并在牛脾山桃花洞内生下苏耽，即后来的苏仙。苏耽出生后鹤覆鹿乳，长大后，聪颖勤奋，孝敬母亲，得异人授仙术，通医道，识百药，为民治病，造福乡里；十三岁时跨鹤升仙。人们为纪念苏仙，将牛脾山改名为苏仙岭，桃花洞改名为白鹿洞。

郴州旅游区

苏仙岭风景名胜区

●享有"天下第十八福地"之美誉

因苏仙的传说而声名远播。苏仙岭从山麓到山顶有桃花居、白麓洞、三绝碑、景星观、八字铭、沉香石、苏仙观等观赏游览处。

郴州市苏仙区白鹿洞镇。

55元，缆车35元。

由郴州火车站乘20路公交车大约五六分钟可至。

东江湖 AAAAA

●"湘南洞庭"之称

湖面方圆160平方千米，烟波浩淼，水阔天高，岛屿棋布。景区内有东江湖、兜率灵岩、龙景游乐园、雾漫小东江、猴古山瀑布、东江大坝、拥翠峡、果园风光、度假村群岛等景点，有"中国生态旅游第一漂"东江漂流、水上跳伞、水上飞机、温泉沐浴等娱乐项目。

资兴市，兜率灵岩在旧市乡。

乘坐18路或26路公交车到郴州南站下车，在南站乘坐郴州至东江大坝的客车可直接到达东江湖或者在南站乘坐郴州至资兴（鲤鱼江、新区）的客车到鲤鱼江汽车站改乘3路公交车到达东江湖。

A线80元 B线100元 C线318元。

亲历者◎攻略

1. 周六、周日的漂流时间为每天10:00及13:00，平日只有上午的一次。若参加上午的漂流要在9:00之前要赶至黄草镇，下午的一班要在11:30之前赶到以便在黄草镇用午餐。漂流季节为每年的4月底至10月底。

2. 若要去东江漂流（东江湖）的话，可选择在黄草镇住宿，这里有宾馆及私人酒店等，总共能容纳五六百人，稍好一些的三四十元/床位，便宜点儿的一二十元即可，但在旅游旺季时要稍贵者在南站乘坐郴州至资兴（鲤鱼江、新区）的客车到鲤鱼江汽车站改乘3路公交车到达东江湖。

莽山

●素有"第二西双版纳"和"南国天然树木园"之称

莽山气候温和，雨量充沛，优越的自然条件，使这里的森林植被种类繁多，形成了独特有趣的格局，热带、亚热带、温带，还包括少数寒带的森林植物在这里都可以见到。

良好的自然环境，原汁原味瑶族风情，

使莽山成为难得一见到的休闲、避暑胜地。百余个景点之中，有中南第一险岩子石风景区、南天第一峰猛石坑、鬼子寨等景。

宜章县莽山瑶族乡。

旺季104元，淡季80元，保险费3元。

郴州天堂温泉

●温泉疗养、休闲保健的好去处

天堂温泉度假山庄占地80余亩，是温泉疗养、餐饮娱乐，休闲保健的好去处。

山庄景区内原始植被完好，空气清新，风光秀丽。景区内有中医药专家调制的中草药浴，还有鲜花浴、咖啡浴、光波浴、石洞天浴等二十余种特色温泉沐浴方式。

郴州市北郊许家洞。 乘4路公交即可到达。

成人票88元，儿童票45元。

0735-2593219。

王仙岭

●雄、奇、秀、幽为一体的景区

王仙岭由三十六座峰谷组成，山泉遍布，溪水潺潺，栖息着130多种野生动物和380多种植物。景区内山清水秀，古树参天，青松翠竹，漫山遍野。半山腰的露泉云雾缭绕，泉水长流，王仙岭瀑布自40多米高的断崖直泻而下，色皎如练，气势磅礴。

郴州市京珠高速公路郴州出口处。

市内乘坐公交车在王仙岭下车。 50元。

住宿

电信宾馆/南岳区祝融北路9号/0734-5678888。

凤凰宾馆/南岳区西外街1号/0734-5661458。

餐饮

衡阳为湘菜两大中心之一，美食都以辣味为主，特别讲究调味，尤重酸辣、咸香、清香、浓鲜。夏天炎热，其味重清淡、香鲜。冬天湿冷，味重热辣、浓鲜。最为有名的便是衡阳唆螺和鱼头豆腐。

衡阳饮食最具特色的当属南岳衡山的佛门素斋。不过，衡阳民间农家的一些美食，如荷叶包饭、油圈子等，都是不可错过的精品。

购物

衡阳的土特产——西渡的湖之酒，祁东的黄花菜、槟榔芋、豆腐乳，南岳的云雾茶，渣江的水藕、莲子，栗江的荸荠、红枣，都是色鲜味美的绿色佳品。

陶艺：界牌的瓷器，演陂的瓦罐陶缸，都有成百上千年的历史。

竹艺：南岳、石市的竹席、竹编、竹雕。

木艺：库宗桥的木器一条街。

民俗

南岳香市：南岳是衡阳市著名景区，也是南方著名宗教胜地，每年有成百上千香客，从湖南、江西、广东、广西等地陆陆续续赶来进香。香期的高潮在农历八月，每天成千上万人次。香客们身着黑衣黑裤，头缠黑头巾，胸前系红色或黄色兜兜，绣有“南岳进香”。他们或举巨香、或舞红旗、或抬匾额，穿庙进观祈求心中的愿望。

无辣不成菜：讲的是衡阳人民对辣椒的嗜好。衡阳人吃菜喜欢咸麻辣，特别是辣椒乃是每家每户必备之佐料。农村家家户户种植，尤以祁东的“灯笼椒”、衡山的“朝天黄”久负盛名。前者为菜椒，辣而甜，肉厚而个大；后者体小但辣椒劲十足，多为佐料用。每年秋季，待辣椒红了之后摘下晒干，食时研碎投入菜内，往往碗中泛红，令外地人望而生畏。

土家三过年：土家族过年，有过小年和大年之分。小年过的是腊月二十三；大年要比汉族提前一天，即月大是腊月二十九，月小是腊月二十八。有的地方叫“过赶年”。

岳阳

◎

岳阳古称岳州、巴陵，衔远山，吞长江，西邻八百里洞庭，是一个集名山、名水、名楼、名文、名人为一体的宝地。

面积：14858 平方千米
人口：560 万
区号：0730

亮点

必游景点

- **岳阳楼**：紧靠洞庭湖畔，周边游历史遗迹众多，范仲淹脍炙人口的《岳阳楼记》更使岳阳楼著称于世。
- **君山岛**：岛上古木参天、山清水秀，历史遗迹遍布全岛，为名茶君山银针出产地。
- **张谷英村**：为中国保存最为完整的江南民居古建筑群落，有湘楚明清民居活化石之称。

线路推荐

- **岳阳二日游**

D1: 岳阳楼—君山岛。
D2: 张谷英村。

交通信息

火车

岳阳站位于岳阳市建设路岳阳楼附近，是京广铁路的车站，主要承接广州站到发及京广铁路的各类旅客列车。

游船

游洞庭湖的游览船每年 3 至 11 月间开行，在岳阳楼码头上船。

↑岳阳楼

岳阳楼－君山岛风景区 AAAAA

岳阳楼君山岛风景名胜区位于岳阳市，主要景观有岳阳楼、君山、南湖、芭蕉湖、汨罗江、铁山水库、福寿山、黄盖湖等 9 个景区。

岳阳楼

●江南名楼、登高览胜、怀古寄幽

岳阳楼前身为三国时期东吴将领鲁肃的阅兵楼，距今已有近 1800 年历史。它与湖北武汉的黄鹤楼、江西南昌的滕王阁并称为江南三大名楼，是其中唯一保持着清代原结构的史迹，

岳阳楼景区景观，除岳阳楼主楼外，还有三醉亭、仙梅亭、怀甫亭、小乔墓等景点。

岳阳市岳阳楼区洞庭北路。

乘坐 10、21 路公交车可到。

¥ 80 元。

亲历者◎解说

1. 岳阳楼相传为三国时期吴国鲁肃的阅兵台，距今近 1800 年的历史，整个建筑没有用一颗铁钉，一道横梁，很有特色，在中国古典建筑史上极为罕见。

2. 楼内有两份范仲淹的《岳阳楼记》木雕精品，但为一真一假，几乎难以分辨，唯一的分别就是赝品有一字与真品不同，赝品保存至今，也已历经 200 年时光，成为了文物。

君山岛

●天下福地

君山名胜古迹众多，文化底蕴深厚。相传君山岛有 5 井 4 台、36 亭、48 庙。

这里有中国发现的历史上最早的摩崖石

刻、“星云图”、新石器遗址，有惊天地、泣鬼神的爱情见证——斑竹、二妃墓、柳毅井，有秦始皇的封山印、汉武帝的射蛟台、宋代农民起义的飞来钟、杨幺寨等。特别是自唐代以来，李白、杜甫、黄庭坚、辛弃疾、张之洞等墨客骚人都曾登临君山览胜抒怀，留下了无数千古绝唱。刘禹锡的“遥望洞庭山水翠，白银盘里一青螺”更使君山名声大噪。

岛上古木参天，茂林修竹，仅名竹就有20多种，君山茶更是一道亮丽的风景线，中国十大名茶之一的君山银针就产自这里。

岳阳市君山区洞庭湖中。

岳阳市内有旅游专线车直达君山风景区，在火车站可乘坐。也可在岳阳楼码头或南岳坡码头乘坐游船抵达君山风景区，往返票价60元。乘船只限6—9月份。

60元。

亲历者◎攻略

1. 该景区的“回头鱼”是天下少有的美味，肉色为天下极品白，会让人吃了有“曾经沧海难为水”的感觉。但是价格超贵，88元一斤。另外吃这种鱼并不是很方便。

2. 游玩的时候沿左边道路走，注意沿路的指示牌，从右边的沿湖大道返回，可以一日游完全岛。

南湖

●饮茶吟诗的最佳场所

南湖古称邕湖，湖水蔓延交错，在峰峦之间回叠，波映峰景，湖面终年碧波荡漾，幽静雅洁，自古就是文人泛舟品鱼喝酒、饮茶吟诗的最佳场所。湖南岸有一龙山，自东向西连绵起伏，宛如一条巨龙飞腾水面，龙山前面有九个独立的小山头，一字儿摆向洞庭湖，酷似九只乌龟被巨龙飞赶，竞游水面，为“一龙赶九龟”之胜景。

岳阳市南津古渡。 市内乘坐公交在南湖下车。

南湖画舫68元。

岳阳旅游区

东洞庭湖自然保护区

●湿地保护区

1992年被列入“世界重要湿地名录”，1994年晋升为国家级，主要保护对象为湿地和珍稀鸟类。保护区为我国著名淡水湖洞庭湖的一部分，受长江和湘、资、沅、澧诸水系的水量周期升降影响，形成了水、沼泽、浅滩和低岸等复杂的自然地形。

地处中国冬季候鸟越冬和夏季候鸟繁殖结合部，鸟类资源非常丰富，仅候鸟就有158种，其中有国家一级保护动物白鹤等10种，二级保护动物天鹅等27种，为我国及至全球重要的湿地和候鸟保护区。

岳阳市岳阳楼区。

在岳阳市西门的岳阳楼码头乘旅游轮可达，船票10元（往返）。

屈子祠

●纪念伟大的爱国诗人屈原

屈子祠位于汨罗城西北玉笥山顶，是乾隆年间移至玉笥山的。建筑为三进青砖结构，拥有13幅屈原生平业绩写照的浮雕，过道镶嵌有许多石碑，为后人凭吊的词赋。附近建有骚坛、桃花洞、剪刀池、望爷墩等纪念屈原的古迹，被人们称为玉笥山“八景”。

汨罗市楚塘镇。

从岳阳汽车站乘车到汨罗，然后转乘直达屈子祠的旅游中巴。

15元。

亲历者◎游记

从玉笥山山脚走119阶石阶，便到了屈子祠。祠正面为三孔大门，中门为牌坊式，下面镶嵌五龙捧白垂石雕刻，镌“屈子祠”三字。门坊和山墙上有17幅关于屈原的浮雕，如渔父谈心图、怀沙投江图等。

由正门入中殿，可见巨幅雕屏，上刻司马迁《史记·屈原列传》全文，其上梁则悬一幅“光争日明”横匾。由厅侧后行可见丹池，池中两花台内各植金桂一棵。丹池后行至二进，二进的中殿为祭祀厅，设神龛，供“故楚三闾大夫屈原之神位”牌。过神龛出拱门可见过亭，亭侧的天井植有300年树龄之上金、银桂，每到中秋佳节，黄、白花盛开，馨香四溢，令人陶醉。再后行即至三进，这里的中殿立有屈原手抚佩剑之塑像，中殿两侧之厢房现辟为介绍屈原生平的展室， 陈列内容分别为屈原的画像、生平事迹、不朽诗篇、影响和龙舟等。屈子祠周围还有独醒亭、濯缨桥、屈原故宅、招屈亭等有关屈原的古建筑和遗迹。

现在，在屈子祠的基础上又新建了一处纪念屈原的现代书法碑林。这些建筑，全部为琉璃屋面、红栏红柱，飞檐翘角，九曲回环，古朴典雅又不失端庄，给人一种肃穆之感。

张谷英村

●有“江南第一村”之称

张谷英村坐落在一个四面环山的盆地里。盆地中央有一座沿幕阜山余脉蜿蜒而至的小山，状如卧龙，昂首匍匐，被认为是“龙脉”所在，村人称之龙形山。

张谷英村始建于明朝洪武年间，它是我国目前保存最完整，体现聚族而居的明清建筑群，至今已有 600 多年的历史。张谷英村为汉族聚居村落，整个建筑群由当大门、王家塅、上新屋三大群体组合而成，素有“江南第一村”之誉。

岳阳县张谷英镇。

¥ 50 元。

福寿山森林公园

●远离尘嚣的天然氧吧

公园位于湘东北，最高海拔 1574.9 米。历史上曾是道教圣地，明末清初发生过多次兵乱，是兵家必争之地。

悠久的历史文化，独特的高山气候，优美的自然环境，良好的生态条件使福寿山常年林木葱郁，环境幽静，溪流清澈，空气新鲜，负离子浓度特别高，是一个天然的大氧吧！

岳阳市平江县思村乡。

住宿

格兰云天大酒店：东茅岭路 29 号，电话是 0730–8398833。

维也纳国际酒店：站前路 495 号人保大厦，电话是 0730–2916888。

餐饮

岳阳美食主要以鲜辣而著称，特色菜有巴陵全鱼席、蝴蝶过海、火焙鱼、香辣鱼仔、君山银针鸡。

岳阳特色菜肴首推巴陵全鱼席，“巴陵全鱼席”上的菜点全是用鲜鱼为原料烹制而成的，烹饪技艺在色、香、味、形上独出心裁，别具一格。其次有蝴蝶过海、火焙鱼、小炒肉等。

虾饼是岳阳的风味小吃，采用洞庭湖一带出产的鲜虾拌以面粉糊炸制成的，具有味鲜香嫩、焦脆可口的特点。湖南理工学院旁边的小吃街、岳阳步行街常有卖虾饼的小摊位，那里的虾饼性价比高，喜欢吃虾的游客不妨去尝一尝。

购物

岳阳的土特产在历史上一直占有举足轻重的地位，有茶叶、桐油、扇类、毛笔、五香酱干等，其中的“君山银针”是到君山公园观光必饮的茗品，湘阴“易人和”牌毛笔是欧美游客的必选。

岳阳的购物场所主要集中在东茅岭步行街一带，这里有九州商厦、九龙商厦和“一百”百货商场。值得一购的特产有君山银针（茶叶），龟蛇酒、羽毛扇。

民俗

岳阳是端午节的发源地，自古就流传这样一首歌谣：“五月五，是端阳，门插艾，香满堂，吃粽子，洒白糖，龙舟下水喜洋洋。”到了端午这天，人们会喝雄黄酒，洗佩兰浴，挂菖蒲，插艾蒿，当然，划龙舟、吃粽子是必不可少的。除了端午民俗，洞庭渔歌、巴陵古戏、汨罗高跷、抬故事、平江九子龙、诗钟、临湘地花鼓、湘阴“烧宝塔”等等，充满情趣，别具一格。

张家界

张家界原称大庸，有气功之乡的美誉。武陵源以神奇峻峭的石英砂岩峰林、艳丽多姿的溶洞奇观被誉为“人间仙境”和“立体山水画”。这里还有天门山、茅岩河等众多美景。

面积：9534 平方千米

人口：169 万

区号：0744

亮点

必游景点

● **武陵源风景区：** 5A 级风景区，被誉为“扩大的盆景，缩小的仙境”“中国山水画的原本”。

● **茅岩河—九天洞景区：** 漂流项目是中国目前最大、最安全的，另有神秘峡谷之称的苦竹河大峡谷和有百里画廊。

● **桃花源风景区：** 东晋诗人陶渊明描绘的人间仙境，环境幽静，休闲的绝佳去处。

线路推荐

● **张家界三日游**

D1：张家界国家森林公园—金鞭溪—黄狮寨—砂刀沟。

D2：水绕四门—十里画廊—天子山—黄龙泉—老屋场—茶盘塔—贺龙故居。

D3：索溪峪—黄龙洞—百丈峡—普光禅寺。

交通信息

飞机

张家界荷花国际机场位于张家界市永定区官黎坪办事处荷花村，距离市区大约 6 千米，目前已开通往返全国 20 多个城市的航班。

↑天门山观音阁

机场大巴：荷花机场会有机场大巴到民航酒店，20 分钟一班。

火车

张家界火车站位于永定区官黎坪，至广州、长沙、南宁、北京等城市有始发车，乘坐较方便。

张家界市下的慈利县还有一个慈利火车站，途径张家界的火车都会途径慈利，所以深度游至慈利的旅客可在慈利上火车。

武陵源风景名胜区 AAAAA

由张家界国家森林公园、索溪峪自然保护区、天子山自然保护区、杨家界自然风景区四部分组成，面积 369 平方千米。“九寨沟看水、张家界看山”，这里“三千奇峰拔地起、八百溪流蜿蜒流”。属世界上罕见的砂岩风林地貌，被誉为“扩大的盆景，缩小的仙境”“中国山水画的原本”。

张家界市武陵源区。市区到武陵源区有中巴来往，武陵源区与各景区间有公路相通。

通票 248 元（3 天内有效，含景区内车费），黄龙洞 80 元，宝峰湖 74 元。景区内有黄石寨、索溪峪、天子山三条索道，另外有百龙电梯、十里画廊观光电车。

亲历者◎攻略

1. 武陵源门票站。武陵源是一个特别大的景区，共有森林公园门票站、武陵源门票站、天子山门票站、梓木岗门票站、杨家界门票站。在任何一个门票站买票都可以进入景区。不过最好是选择森林门票站、武陵源门票站或天子山门票站

↓武陵源

进入景区，因为其他两个门票站没有直达车，不方便。

2. 景区内交通。各大景区之间有环保车往返，车费已经包含在门票里。森林公园内的交通靠小公交车，即丰田中巴，招手即停；百龙天梯连通森林公园、天子山和索溪峪，单程 56 元；黄石寨索道连接公路和黄石寨景区，单程 48 元，双程 92 元；天子山索道连接索溪峪和天子山，单程 52 元；天子山景区内的十里画廊游览线有观光小火车，单程 19 元，往返 29 元。

亲历者◎行程

D1：森林公园门票站进 – 金鞭溪 – 千里相会 – 袁家界（住宿）。

D2：袁家界 – 杨家界 – 天子山 – 武陵源门票站出 – 市区。

张家界国家森林公园

●我国第一个国家级森林公园

又名青岩山，峰林奇异，树种众多。有黄石寨、腰子寨、袁家界、砂刀沟、金鞭溪、朝天观 6 个分景区，百余处景点。猴儿洞瀑布高达 130 米。

金鞭溪：世界上最美丽的峡谷之一，金鞭溪沿线是国家森林公园内景致非常优美的一段。溪畔花草鲜美，鸟鸣莺啼，人沿清溪行，胜似画中游。

袁家界：张家界“后花园”之称，有天悬白练、天下第一桥等精华景点。

黄石寨：有公园内最大、最集中的观景台黄石寨，闺门初开、定海神针等景点，黑枞脑保存有最完整的原始次生林。

亲历者◎攻略

1. 景区内交通。公园内有黄石寨索道，连接公路和黄石寨景——区，单程 48 元，双程 92 元。森林公园内的交通小公交车 – 丰田中巴，招收即停，但是经常满座，最好在车站坐。

2. 住宿。公园内有很多家庭式的旅馆，住宿较便宜，30~50 元 / 晚，没有热水器。公园外的宾馆在淡季可以砍价至 100 元以下。

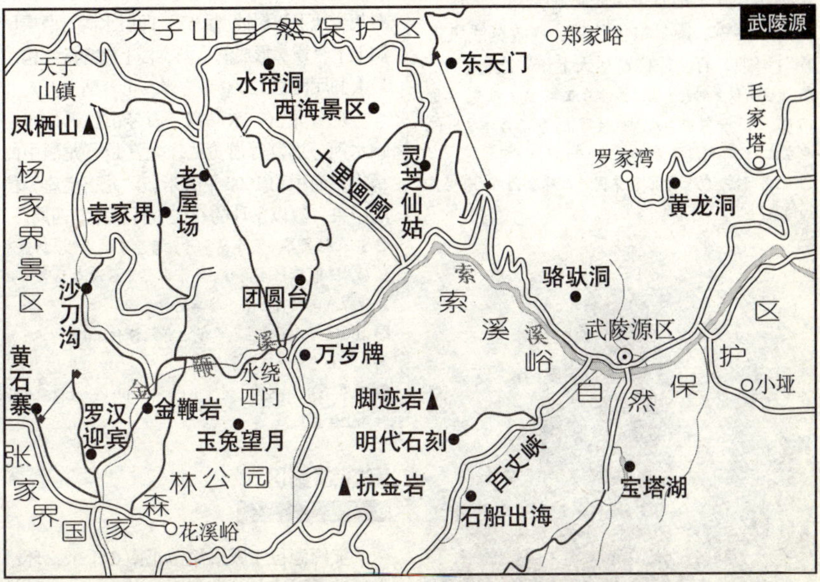

杨家界景区

●“古藤王国”“白鹤乐园”

杨家界东接张家界，北邻天子山，有香芷溪、龙泉峡和百猴谷三个游览区，景点200余处。龙泉瀑、绝壁藤王、五色花和白鹤聚会合称杨家界“四奇”。

亲历者◎攻略

去杨家界风景区参观旅游，一定要尝尝那的美食，有腊野味、血豆腐、团年菜、社饭等，都很好吃。

亲历者◎解说

相传，北宋杨家将围剿土家族起义领袖向王（名大坤，曾自称天子）曾在天子山安营扎寨。后因战争旷日持久，杨家便在此地繁衍后代，使这里成了“杨家界”。如今，杨家界还保存有《杨氏族谱》和明清时代的杨家祖墓，有“六郎湾”“七郎湾”“宗保湾”“天波府”等地名。

天子山自然保护区

●原始风光自然

天子山自然保护区位于武陵源西北，这里遍布着古老的亚热带原始次森林，奇树异木比比皆是，珍禽异兽随处可见，是天然动植物园。天子山一带风光旖旎，尤以云海、石涛、冬雪、霞日最为壮观。该游览线风景相对集中，有“凭栏览尽天上景”之称。

🚌 市区有很多到天子山门票站的班车，班次很多，票价15元，但是一般班车是到武陵源镇，然后再转摩的（3元左右）便可到门票站。

¥ 无需门票。包含于张家界国家森林公园内，通用公园门票。

↓天子山

索溪峪景区

●峰秀谷幽、水碧洞奥

景区呈盆地状，四周高中间低，山、丘、川并存，峰、洞、湖俱备。峰秀、谷幽、水碧、洞奥为其景观的主要特征。

索溪峪自然保护区现已开发小景区8个，包括西海、十里画廊、水绕四门、黄龙洞、百丈峡、宝峰湖等。

🚌 张家界市区的汽车站有很多班次的车发往索溪峪。全程约34千米，每人12元，10分钟一班，1小时内可到达。

亲历者◎攻略

品尝餐饮：记得品尝葛根炒腊肉、岩耳、酸玉米炒蛋这几样菜，在宾馆和农家乐都可以吃到。另外，坐车从水绕四门往黄龙洞约10分钟，有一家“银都土家餐馆”味道很好，尤其油炸野蜂蛹、石鸡、金鞭鱼非常美味。

黄龙洞景区

●“世界溶洞奇观”“世界溶洞全能冠军”

黄龙洞位于索溪峪自然保护区东部，索溪峪镇东7千米（索溪峪河口村）的一座山腰上。洞内景观面积约20公顷，分旱洞和水洞。共四层，长13千米，最高处百余米。属石灰岩地下河侵蚀型洞穴。两层水洞与两层旱洞上下纵横，形成洞下洞、楼上楼螺旋结构，最大洞厅面积12000平方米，可容纳上万人。

现分龙宫、水晶宫、石琴山、天仙水、响水河、迷宫等游览线。龙宫是黄龙洞中的精华，面积约1600平方米。“龙王宝座”位居中央，数以千计的石柱、石笋林立四周。

🚌 1.在张家界市汽车站乘开往索溪峪的中巴，到索溪镇后，换乘摩托车前往。2.张家界市区汽车站乘车到武陵源汽车站再转乘1路车到黄龙洞下。

¥ 100元/人；学生、军官凭有效证件60元/人；70周岁以上凭身份证免票。

🕐 旺季7:30—5:30，淡季8:00—5:00（一般提前半小时停止售票）。

宝峰湖景区

●“天上瑶池”之称

宝峰湖位于索溪峪镇正南2千米，环绕宝峰湖周围的有宝峰飞瀑、一线天、云崖栈道、鹰窝寨、南海等20多个知名景点。其中宝峰湖、宝峰飞瀑、鹰窝寨、一线天被称为武陵源"四绝"。

🚌 先由张家界市长途汽车站乘中巴至武陵源镇，大概需40分钟，再由武陵源镇乘三轮摩托至宝峰湖。

¥ 98元/人(包括游船票)。

茅岩河 - 九天洞旅游区

●百里画廊，漂流项目是目前中国最大、最安全的

茅岩河九天洞风景区，西起桑植县九天洞，经千年古镇苦竹寨，到有神秘峡谷之称的苦竹河大峡谷和有百里画廊及"天下第一漂"之称的茅岩河漂流，止于南方最大的石窟群玉皇石窟，全长100余千米，是一个集自然风光、人文景观、历史文化、民俗风情于一体的风景名胜区。

包括茅岩河平湖景区和茅岩河漂流。沿河景观有茅岩滩、温塘温泉、麻阳古渡、茅岩河峡、水洞子瀑布、苦竹寨等。

⌂ 张家界市永定区澧水上游，漂流始于温塘镇。

¥ 茅岩河漂流人力橡皮舟114元/人约3~4小时到达终点；机动橡皮舟124元/人，约2小时到达终点。

张家界旅游区AAAAA

天门山

●有"湘西第一神山"和"武陵之魂"之称

天门山是张家界海拔最高的山（1518.6米），因自然奇观天门洞而得名，是张家界最早载入史册的名山。。

天门洞终年氤氲蒸腾，景象变幻莫测，瑰丽神奇，宛如幻境。在这还可以乘坐世界最长的高山客运索道——天门山索道，体验凌空飞仙般的神奇感觉。分为天门洞开、碧野瑶台、觅仙奇境和天界佛国（有天门山寺）四大景区。天门洞、天门山索道、通天大道、空中盆景花园（云梦绝顶）为四大奇观。

⌂ 湖南省张家界市永定区南郊。

🚌 市内有专线前往。

¥ 通票258元(含索道往返、门票、环保汽车交通)。

↓天门山

大庸府城

●少数民族非物质文化展示

大庸府城是在张家界600多年老府衙旧址上兴建的、以展示张家界几千年历史及土家、白、苗、瑶、侗五大少数民族的非物质文化遗产为主的人文景点，景区内拥有国内首家多民族非物质文化遗产展示馆和张家界博物馆。有朝天楼、天街、"大庸府城"石碑、虎溪等府城12景。

⌂ 市中心解放路。

🚌 位于市中心商业地带，可在市区步行前往，在火车站的游客可以坐出租车前往，约5分钟。

老院子

●湘西地区保存最为完好的土家古宅

老院子始建于清雍正初年，距今约300年历史，其建筑风格为四合天井封火墙式土家建筑，融土家园林、土家吊脚楼于一体。现存房屋30余间，3500平方米，是典型的土家族民居。

令人称奇的是，为了增加室内的采光，工匠就在天花板上开出覆斗式的天窗，令自然光线如瀑布般流泻。这种天窗是汉族民居中没有的。

⌂ 城区永定大道鹭鸶湾大桥东侧200米。

🚌 市区打的约5~15元；乘坐1、2、7路公交车均可抵达，票价1元。

¥ 成人70元/人。小学生、初中生5元/人；初中以上学生半票优惠。

龙王洞

●世界溶洞"奇葩"，中国最大、最古老的溶洞之一

龙王洞总长约30千米，平均高度50米，宽80米，洞中石笋、石钟乳、石幔、石花遍布，

琳琅满目。更有"天下第一柱"之称的龙王宝柱，顶天立地、气势磅礴，令人叹为观止。

在张家界市汽车站乘开往索溪峪的中巴，到武陵源镇，然后再乘摩托车去往龙王洞。

65元。

江垭温泉度假村

张家界第一家温泉度假村

江垭温泉泉水清澈碧透，泉水出口温度常年54℃左右，据专家检测，温泉水中富含多种对人体健康有益的矿物质微量元素。

度假村建有20余种各具特色、各富功效的高标准露天温泉池和室内温泉池。自然园林式布局，鹅卵石青石板小路，假山瀑布，小桥流水，一派恬淡宁静的山野仙境，极具乡土格调。

慈利县江垭镇。

温泉浴118元，1.3米以下按儿童半价。

亲历者◎指路

1. 张家界市紫舞路广和超市门口有班车直达温泉度假村，每60分钟一班（6:00~18:00）。

2. 慈利西站到江垭温泉的班车为每30分钟一班（6:00~18:00）。

常德旅游区

桃花源风景名胜区

东晋诗人陶渊明描绘的人间仙境

现在的桃花源景区内开发了桃仙岭、桃源山、桃花山、秦人村等景点，景区面积达到了150多平方千米，同时还有沅江风景线、战国彩菱城遗址、热市温泉等可供游览。《桃花源记》里所描绘的"芳草鲜美，落英缤纷"的意境尚可寻觅。

1990年以来，桃花源开始了规模宏大的修复开发高潮。修复开发后的桃花源，有神话故乡桃仙岭、道教圣地桃源山、洞天福地桃花山、世外桃源秦人村四大景区近百个景点。每年一届的桃花源游园会，是湖南省"三节两会"的重要活动之一。

主景区在桃源镇。

主景区旺季75元，淡季65元。

↓桃花源

亲历者◎攻略

1. 桃花源从3月28日起为桃花节，历时一个月，此时桃花山景区万树桃花盛开，甚是好看，是来桃花源旅游的最佳时间。

2. 常德北站每隔20分钟都要一班车开往桃源，然后再换乘桃源南站坐开往桃仙岭的公共汽车，每15分钟一趟。

3. 若去桃源游览，可住在小桃源招待所，三人间60元。景区内有秦人宅宾馆，100~120元（三人间）。最便宜的是住在桃花源对面的鸿运旅社，只收10元/床，干净舒服，有热水洗澡。

壶瓶山

体验峡谷生态漂流

国家级自然保护区，为湖南最高峰。包括江坪河、东山峰、黄虎港、云雾山4个生态区，旅游资源极为丰富，有毛竹河峡谷、纸棚河峡谷等八大峡谷，有龙门洞瀑布、油榨河瀑布等瀑布近30处，东山峰水库、米汤泉、壶瓶液、土家族风情园、大胜寨寺庙遗址、云雾山道观等景。壶瓶山四绝：峡谷生态休闲观光、峡谷生态漂流、屋脊观景、东山峰滑雪滑草

石门县壶瓶山镇。

80元。

亲历者◎攻略

从常德到石门就要2个多小时的火车，然后再到石门的汽车南站，坐小巴到壶瓶镇要4个小时，再从镇上坐3轮耙耙车进山里要20分钟。

住宿

张家界大大小小的酒店、宾馆主要分布在以下三个区域：索溪峪、市区、森林公园，其中以索溪峪与市区分布居多，森林公园次之。另外，如果想细细品味张家界之“山水画原本”，景区中的农家乐也值得考虑。

都乐宾馆 / 人民路 1 号 /0744-8279668。

大华酒店 / 武陵源景区 /0744-5555068。

中天国际青年旅舍 / 袁家界，望桥台茶楼附近 /0744-8321678。

两棵树客栈 / 袁家界乌龙寨停车场附近 /13787447388。

餐饮

张家界的土家族饮食既具有浓厚的民族特色，又融合了湘菜的精华。辣，是湖南菜的特色，土家菜也不例外。除了辣以外，土家人还特别钟爱腊、酸、腌制菜食，风味独特。特色菜有腊猪头、“团年菜”、血豆腐、合渣、酸鱼肉、泥鳅钻豆腐、乌鸡天麻汤等；风味小吃有社饭、猪血稀饭等。市区北正街一条路过去，好吃的地方也很多，比如李师傅脆独（口味清淡）、军哥肠子馆、乐口福、乌龙山寨、音乐厨房等，有时间不妨专程过去品尝一下。

张家界的土家族美食除了辣以外，土家人还特别钟爱腊、酸、腌制菜食。土家腊味菜系列有腊猪肉、腊羊肉等；酸辣菜系列有酸野薤、酸青菜等。

购物

张家界的特产是三宝（葛根粉、蕨根粉、岩耳）和一绝（杜仲茶）。此外，野生猕猴桃也很好吃；桑植盐豆腐干是清朝贡品，不妨一尝；另外还可以买些土家风味的“辣妹子辣腊”系列食品带回家去。

纪念品方面，可以有选择的购买一些龟纹石、土家粘贴画、土家织锦等，在景区和市区的土特产店和摊点都可以见到，但要注意鉴别质量、大胆砍价。

张家界市区不大，有两条商业步行街：

人民广场商业步行街：位于永定区人民广场（普光禅寺附近），是一条大型旅游商品步行街。

天子街：位于武陵源区武陵大道，也是以销售土特产为主的步行街。

亲历者◎攻略

1. 猕猴桃要买那种个小的野生猕猴桃（而大个的猕猴桃都是人工种植的），约比鸡蛋大些，只要 1 元钱 1 斤，味道酸酸甜甜的很鲜。如果想带回家再品尝，一定要拣生的买，因为熟的容易烂。

2. 不要随便出手买所谓的“古玩”“奇石”“名贵药材”等，除非您非常内行，否则容易被骗；山中会有当地人兜售“千年人型何首乌”，全是假的，千万别去买。

民俗

歌舞：张家界民族歌舞地方风格鲜明，乡土韵味浓厚，花样百出，极其精彩。有地方特色舞蹈高花灯，白族引以自豪的仗鼓舞、板凳龙，土家族最有影响的大型舞蹈摆手舞、三棒鼓，有流行于汉、白、土家各族民间，尤以白族人民最为喜爱的九子鞭（“天神鞭”），还有旋律优美，节奏明快的桑植民歌。

婚俗：婚俗习惯妙趣横生，富有情趣。土家族婚俗名目繁多，幽默有趣；白族婚俗“墨守成规”，“父母之命，媒妁之言”盛行。还有放话（“议婚”）、命字（俗谓取号）、接亲、“妆郎”“送亲”“圆亲”“见大小”“回门”等等。

武术：张家界民族武术小有名气，以土家族为甚。贺龙元帅的故乡桑植县洪家关被称为“武术之乡”，地方武术种类繁多，显示出土家族勇武憨厚的民族性格以及刚健强壮的体质，其中尤以堪称武林奇葩的大庸气功、梳子拳以及渡涧时必用的荡藤技巧知名于世。

湘西

湘西有着数不清的溶洞、峡谷和泉瀑，景色十分秀丽。更有独特的苗族、土家族风情，“中国最美的小城”凤凰和德夯是其代表。湘西还有天下第一漂猛洞河、王村古镇等著名景点。

面积：15470 平方千米
人口：291 万
区号：0743

亮点

必游景点

- **凤凰古城区**：中国历史文化名城，青石板街道，沱江边的木吊脚楼，充满着浓郁的湘西风情。
- **黄丝桥古城**：国内至今保存最好的一座城堡，青石筑成的城墙与古城门、城楼、炮台构成了一座坚不可摧的堡垒。
- **猛洞河漂流**：被誉为“天下第一漂”，漂流全程达 47 千米，沿途景瀑布、景点很多。
- **洪江古商城**：我国唯一保存完好的明清古商城，洪江古商城保存的古建筑群，堪称我国江南民居古建筑之经典。

线路推荐

- **凤凰三日游**

D1：沈从文故居－杨家祠堂－熊希龄故居－东门城门。

D2：黄丝桥古城－南方长城－三江苗寨。

D3：奇梁洞－沱江泛舟。

- **湘西、怀化三日游**

D1：德夯风景区。

D2：猛洞河风景区。

D3：洪江古商城—芷江受降纪念坊。

↓凤凰古城

交通信息

火车

吉首站：位于湘西自治州吉首市峒河街道光明西路，主要有发往张家界和怀化的过路车，车次较少。

怀化南站：位于怀化市鹤城区湖天南大道的南端东侧，主要是高铁运输业为主。

猛洞河风景区

●漂流胜地

猛洞河风景区，由猛洞河漂流、王村、不二门、老司城四部分组成。是一个集山势、水色和珍稀植物于一体，汇古镇风貌、山野情趣为一色的水道旅游胜地。

上游为漂流景区，沿途河道狭窄，多险滩急流，飞舟闯浪，有惊无险，其乐无穷。下游为平湖区，河水平如镜。乘游船穿峡谷，钻溶洞，看两岸猕猴嬉戏，大自然的神韵任你感受。

王村（芙蓉镇）

●土家族特色古镇

芙蓉镇是秦汉时期酉阳城旧址，是一座有土家族民族特色和两千多年历史文化的古镇。镇中至今保存了完好的青石板路以及古民居（主要是吊脚楼）。芙蓉镇因导演谢晋在此地拍摄的电影《芙蓉镇》而出名。

永顺县王村镇。

从吉首到芙蓉镇票价 21 元，车程一个半小时。

80 元。

亲历者◎攻略

米豆腐是湘西的著名小吃之一，到芙蓉镇则非吃米豆腐不可，哪怕是排队等候也值得。据说最正宗的一家在牌坊附近，它就是电影中的那家米豆腐店。

猛洞河漂流

●被誉为“天下第一漂”

猛洞河水量丰富，河流坡降大，水急、滩多、浪奇，高大的峭壁直插水面，两岸互相靠拢，形成幽深的峡谷景观。

漂流全程47千米，以哈妮宫到牛路河口段17千米为精华，有急流险滩108处，大小瀑布20处。沿途有哈妮宫、三角岩、鸡笼门、遇仙峡、阎王滩、落水坑瀑布、梦思峡、鲤鱼剖肚、三大炮等景。

永顺县，起点哈妮宫在抚志乡北部。

全程漂流182元，半程（精华段）122元。

吉首旅游区

德夯风景名胜区

●风景绝美、民族风味浓厚

德夯，苗语为“美丽的峡谷”。景区以矮寨为中心。这里山势跌宕，绝壁高耸，峰林重叠，形成了许多断崖、石壁、瀑布、原始森林。

德夯向东有天门画廊、接龙桥、驷马峰等景。德夯向西有流沙瀑布、盘古峰、九龙溪、海螺峰等景。德夯向北有夯峡溪瀑布群、雷公洞等景。德夯向南有玉泉门、雄鹰展翅、吉斗寨、玉带瀑布、云雾峰等景。

德夯民俗风情十分古老纯朴，德夯风景区开展的民俗旅游项目有苗家做客、拦门对歌、敬酒、苗家跳歌晚会、歌舞会、苗族鼓舞、灯火送客等三十多个旅游项目。

矮寨镇德夯村。 苗寨100元。

亲历者◎指路

1. 在吉首火车站乘坐吉首至德夯对发旅游专线车，每20分钟发一班车，早上6:30分别从两地对发，进出十分方便，直到晚上7:30分钟为最后一班车，如果德夯景区有大型跳歌晚会，在晚会结束后还会有最后一趟车送回吉首。

2. 经济比较宽裕的游客，可在吉首市内打的去德夯景区，每车乘坐四人，单程费用在50元左右，来回100元左右。

矮寨公路奇观

●弯多路急

矮寨公路是湘川公路的一部分，始建于1935年初，1935年9月全线竣工。这段公路长约7千米，却修筑于水平距离不足100米，垂直高度440米，坡度为70－90度的大小斜面上。这样特定的空间迫使公路左右移动，转折13道锐角急弯，形成26截几乎平行、上下重叠的路面。形象地说，这段公路的外观，就像一长条折摺的带子，一根压缩的弹簧，一道陡峭的多级阶梯。一段被称天险的公路。山崖上有“开路先锋”铜像。山顶立“湘川公路死难员工纪念塔”。

矮寨镇。

亲历者◎攻略

观赏矮寨公路奇观，可以在矮寨镇的路上拦那种小面的，然后告诉司机，说你要看矮镇公路的那个铜像，他便会把你拉到确切的位置。

湘西古镇

里耶古镇

●有“小南京”的称呼

里耶本是湘西一个“深待闺中人未识”的古镇。随着2002年6月里耶古城、古井、古简的惊世大发现，里耶一下子名声大噪。

里耶民居建筑均保存清代建筑风貌和土家族传统建筑特色。有众多幽长的古巷和数量可观的吊脚楼群。还有古码头、古墓群等遗迹。里耶古国遗址的发现轰动中外，还可体验土家民俗风情等。

龙山县里耶镇。

可在吉首市汽车南站做长途巴士直达，或从吉首市坐车到龙山县，从龙山汽车站坐旅游专线车直达。

亲历者◎游记

古镇居酉水北岸，这条在沈从文笔下美丽了无数次的河流，就这样在里耶青翠的山间流淌。

凤凰古城及其周边

凤凰古城始建于清康熙四十三年（1704年），历经300年风雨沧桑，古貌犹存。现东门城楼和北门城楼尚在。城内青石板街道，江边木结构吊脚楼，以及朝阳宫、天王庙、万寿宫、大成殿等建筑，无不具古城特色。

凤凰分为新旧两个城区，老城区集中了凤凰大多数的古老建筑，是凤凰县的核心景区，值得细细品味。如果你想目睹真正的湘西风情，就不得不到凤凰古城（又名沱江镇）走一趟。凤凰紧邻沱江而建，吊脚木楼布满山坡。

主要景点有沈从文故居、熊希龄故居、杨家祠堂、东门城楼、沱江泛舟、虹桥艺术楼等。

凤凰县沱江镇。

亲历者◎指路

外部交通：1. 由各地来凤凰一般在吉首站下火车，火车站广场有小巴车去凤凰，有空调，10~12元/人。吉首至凤凰的车从早6点至晚20点皆有，大约1个小时的路程。2. 也可从吉首火车站乘出租车（4元左右）到汽车南站坐定时空调班车，20分钟一趟，12元/人。全程52千米，走209国道，路况较好。

内部交通：凤凰县城很小，一般步行即可，不用坐车。坐车的话，绿色的士起价3元，环保电瓶车1元/人。

游船：凤凰虹桥上或老街上有私人游船，价格为20元/人次。

自行车：在沈从文广场（即县广场）附近的“探路人”书店等地可以租到自行车。价格15元左右，有单车和双人车。

包车：由凤凰到南长城、山江、板吉、黄丝桥古城、都罗寨、舒家塘、亭子关等地，人多的话可以从长途汽车站前广场包车前往，根据距离远近，每车在50~150元之间。

亲历者◎攻略

1. 餐饮：在古城之内可以品尝到凤凰血粑鸭、苗家菜豆腐、糯米酸辣子、社饭、湘西米粉等美食。凤凰城内有一家“大使饭店”，特色菜有乾州鸭子、地衣、蕨菜、回锅肉、罐罐菌、豆腐渣、酸菜汤等，量多、味美、价廉，可以叫上几碟菜和一瓶“酒鬼酒”，会吃得很开心。

2. 购物：凤凰“民间工艺一条街”，街道两旁的商店里全是湘西的民间特色商品。当地能够买到苗族、土家族的手工艺品、服饰、蜡染等少数民族特色鲜明的旅游纪念品。

黄丝桥古城

●国内至今保存最好的一座城堡

古城始建于唐垂拱三年（687年），古为屯兵之所，是历代统治者防止西部苗民生衅的前哨阵地。昔日伏波将军马援及威震西藏的福康安均命丧于此。

古城系青石结构建筑，筑城所用石料皆石灰岩的青光石，小的也有1000余斤。砌筑时以糯米稀饭拌合石灰为砌浆灌缝，使数百米城墙，浑然一体，坚固牢实。古城开有三个城门，分别为“和育门”“实城门”“日光门”，均建有十余米高的清式建筑格局的高大城楼，三个城楼的屋顶均为歇山式。城墙上部为锯凿形状，箭垛300个，还有两座外突的炮台。

凤凰县阿拉营镇。　　¥15元。

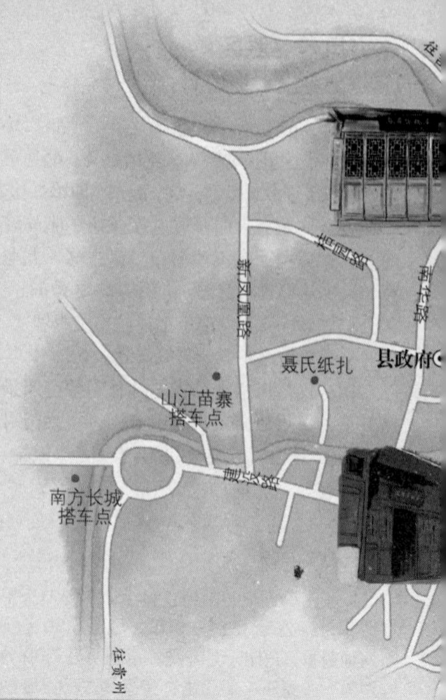

亲历者◎指路

从凤凰县城去黄丝桥古城可以乘出租车，桑塔纳价格 80 元；也可以在凤凰城内乘去阿拉营方向的中巴至黄丝桥（3 元）；也可坐当地的三轮摩的，两三人的话，大约 5 元。

南方长城

●苗疆万里墙

中国南方长城始建于明嘉靖三十三年（1554年），长城南起与铜仁交界的亭子关，北到吉首的喜鹊营，其中大部分在凤凰县境内贯穿而过，大致经过新凤凰营、阿拉营、古双营、得胜营、镇溪营、振武营。

南方长城沿城墙每三五里便设有边关、营盘和哨卡，以防苗民起义。如：亭子关、乌巢关、阿拉关、靖边关等，如今这一线还依稀可见碉堡、炮台和边墙。它把湘西苗疆南北隔离开，以北为“化外之民”的“生界”规定“苗不出境，汉不入峒”，禁止了苗、汉的贸易和文化交往。

凤凰县廖家桥镇。

45 元。

奇梁洞

●有“奇梁归来不看懂”之说

奇梁洞位于凤凰古城以北的奇梁桥乡，吉凤公路左侧。该景点集山、河、峡谷、险滩、绝壁、飞瀑、丛林、田园、村落于一洞，以“奇、秀、幽、峻”四大特色著称，有“奇梁归来不看洞”之说。洞口宛如巨龙张口，高 50 余米，宽 20 多米，一条清溪穿溶洞而过，洞长 6000 余米，洞内有“古战场”“画廊”“天堂”“龙宫”“阴阳河”五大景区。

凤凰县七梁桥乡。

由凤凰小镇汽车站乘前往奇梁洞方向的中巴，票价 3 元。 60 元。

沱江泛舟

沱江河是古城凤凰的母亲河，她依着城墙缓缓流淌，世世代代哺育着古城儿女。坐上乌篷船，听着艄公的号子，看着两岸已有百年历史的土家吊脚楼，别有一番韵味。顺水而下，穿过虹桥，一幅江南水乡的画卷便展现于眼前，一种远离尘世的感觉油然而生。

亲历者◎攻略

1. 在沱江边可以租苗服拍照。也可以到沱江边放河灯许愿，这边卖河灯的很多，河灯按大小不等价格不同。

2. 在凤凰游沱江，可在北门水码头乘游船，沿途可欣赏吊脚楼、虹桥、万名塔等景点。顺江而下还可以游沈从文墓。船费 50 元左右。

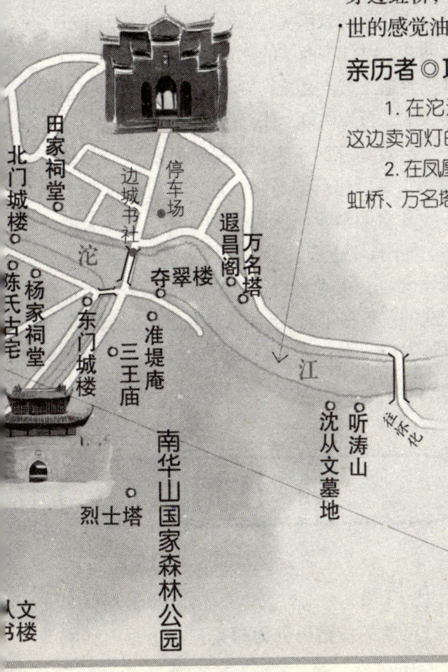

沈从文故居

●“凤凰名人”沈从文的祖宅

世人知道凤凰，了解凤凰，是从沈从文开始的。四合院是沈从文先生的祖父沈宏富（曾任清朝贵州提督）于同治五年（公元 1866 年）购买旧民宅拆除后兴建的，是一座火砖封砌的平房建筑。

四合院分前后两进，中有方块红石铺成的天井，两边是厢房，大小共 11 间。故居现陈列有沈老的遗墨、遗稿、遗物和遗像，成为凤凰最吸引人的人文景观之一。

沿岸有上、中、下三处码头。夜幕降临，一百多只乌篷船停泊岸边，船上灯火与岸上万家灯火交相辉映，形成古埠独特的风景线。

临酉水河的婆婆庙是为纪念土家族远古首领向老官人的夫人冲巴妮而建。庙前400多前的古树婆娑，建筑精致，石雕彩塑匠心独到，是中国土家族地区保存得最为完整的一处母性崇拜的祭祀胜地，其祭祀文化和建筑工艺，具有独特的价值。

亲历者◎解说

在2002年的考古发掘中，里耶一号古井出土了大量的竹、木简牍近36000枚，字体属古隶，极大地增添和充实了秦代的历史文献和档案资料。考古专家还惊讶地发现里耶秦简中有上千枚无字简牍，它是继兵马俑以后秦代考古的又一惊世发现。

茶峒古镇

●小说《边城》中的小镇

茶峒镇，因沈从文的著名中篇小说《边城》以此为背景而闻名，有“一脚踏三省”之称，湘西四大名镇之一，建筑风格别致，吊脚楼民居颇有特色。有连心桥、连心坝、翠翠岛（以翠翠塑像群和小说碑林为主）等景观。

花垣县边城镇。

永顺土司城遗址

●世界文化遗产

湖南永顺土司城遗址位于湘西边城，与沱江的柔媚水色、古镇王村的绚丽山光相比，大山深处隐藏着的逍遥王城永顺老司别具沧桑和厚重之美。经中国国家考古专家认定，湖南永顺土司城遗址是当代国内规模最大、保存最完整、历史最悠久的古代土司城遗址。

老司城建在地势极峻峭的山地之上，依山傍水，与外界沟通的唯一通道是灵溪河上的木桥，易守难攻，实现了自然地形与军事防御的完美融合。

司城核心城区面积25万平方米，依山傍水分布宫殿区、衙署区、司法区、墓葬区、宗教区、教育区、居民区、作坊区八大功能区；布局合理，建筑精巧，功能完善。

湖南永顺县城以东灵溪河畔。

怀化旅游区

受降纪念坊

●中国唯一的纪念抗日战争胜利的建筑物

即中国人民抗日战争胜利纪念馆，是全球六座凯旋门之一，1945年8月日本宣布无条件投降，8月21日至23日国民党政府在此举行受降仪式。

纪念坊正南北向，西柱三拱门，青砖砌就，水泥粉刷，嵌沅州石。坊面刻有国民党军政要人蒋中正、李宗仁、于右任、孙科、何应钦、白崇禧等人的题词、对联。纪念坊背中有“芷江受降纪念坊记”206字铭文。芷江纪念坊附近建有纪念抗日战争胜利展览馆，展览中“八年抗战”“中国受降”“历史不能忘记”三部分，用大量文字、照片和实物反映中国人民抗击日本侵略的斗争历程。

芷江自治县芷江镇七里桥村。

在怀化汽车西站乘怀化—芷江的汽车。

洪江古商城

●中国第一古商城

洪江古商城依沅、巫两水而建，成形于元末明初。洪江古商城的建筑风格是典型的明清江南营造法式，又兼具显著的沅湘特色，仅以砖、木、石为材料，铁钉都不用一颗。

沿着约三四千米长断续尚存的青石板路和码头高低错落的石级往前，完好地保存着一大片自明清至民国时代的寺庙、墟场、驿站、衙门、钱庄、银行、书院……青耳粉墙，雕梁画栋，古香古色，充分印证了文献上所记载的三百多年前“七冲八巷九条街”的布局。

洪江市黔城镇。

120元。

住宿

住在凤凰

凤凰的住宿可分为两类：宾馆酒店和家

庭客栈。

宾馆酒店：宾馆酒店又分为正规酒店和家庭酒店。凤凰最好的酒店是天下凤凰大酒店（准4星），标准双人间房价一般在280~360之间。较大的有南华宾馆、古湘山庄等。

家庭客栈：客栈住宿分为临江客栈和不临江客栈。其中临江房间的价位更高。除了正规酒店外，其他住宿的基本上都是不带一次性用品的（毛巾、香皂等需要自带）。

亲历者◎攻略

1. 住宿建议住在沱江边的吊脚楼，那里能体会到真正的湘西风情，特别是虹桥那一段地点最好，可以欣赏沱江风光，沱江宾馆是拍摄虹桥、望江亭等的绝佳地点。也可以住在凤凰县委招待所迎宾楼。

2. 黄金周房价很夸张，建议最好避开黄金周，因为黄金周住宿费一般都是平时的5~10倍。

住在吉首

边城宾馆在市中心，位于武陵路与人民路的交界处，湘西州州政府附近。

吉首最高级别的旅馆是边城宾馆和民族宾馆。边城宾馆在市中心，位于武陵路与人民路的交界处，湘西州州政府附近；民族宾馆则远离市中心，位于吉首通往乾州的公路边，湘西州州委的附近。金蝶宾馆属于二星，位于人民南路，市文化局附近。

餐饮

湘西的特色菜有乾州鸭子、地衣、蕨菜、回锅肉、罐罐菌、豆腐渣、酸菜汤，量多而味美价廉。米豆腐、糯米粑粑、油粑粑、糖 撒子是湘西土家、苗家最常见的街头小吃。

土家火锅别具风味，从餐具、座位、菜品无不如此，有机会一定亲自品尝。

乾州鸭子火锅、龙山茅坪辣子鸡火锅是当地出名的火锅，冠以此名号的店家数不胜数，到时向本地人打听谁家的味道最好。

吉首：吉首城内电影院前有一条街号称“好吃街”（当地意为贪吃）。各种小吃摊点云集，味美可口，价格也非常便宜。此外，还有几家特色食店值得一去，如熊家鸭子店、乡里人家、老钵头、特色羊肉馆等，找当地人一问便知。

凤凰：晚间从县城邮电局到东门的街上有很多小摊，多为麻辣烫，烘烤等小吃，味道也够辣，量多味美价廉。“大使饭店”在凤凰很有名气，酸白菜，地衣，腊肉，炒松油菌，罐罐菌炒肉等菜极具地方特色，4个人30多元就够了。还有民间工艺一条街上的“老街饭馆”也可以一去。

购物

湘西特产有河溪香醋、乾州板鸭、土家锦、湘西板栗、猕猴桃、古丈毛尖茶。

工艺品有苗族刺绣、苗族银饰及当地的蜡染制品。在湘西凤凰，选购这些东西可以到“民间工艺一条街”，街道两旁的商店里全是这些特色商品。

民俗

土家住房多依山建筑，一般是长方形，三间，中为堂屋。房屋建筑材料，有的以木架屋，房顶盖瓦；有的编竹为墙，茅草为顶。饮食以玉米、小米、荞子为主，喜吃酸菜和辣椒。

土家族人有团结互助、热情好客的优良传统。节日不能说不吉利的话；不能扛锄、穿蓑衣、担空水桶进屋；不能用脚踏火坑及三脚架；在室内不能吹口哨；客人不能和少妇坐在一条长凳上。

赶秋是湘西苗族的大型喜庆节日之一。每年立秋这一天，苗族农民都要停止农活，身着盛装，邀朋结伴，兴高采烈的从四面八方涌向赶秋场，参加各种文艺活动。

●面积

18 万平方千米，全国排名第 15 位

●人口

人口 10849 万，全国排名第 4 位

●世界遗产

丹霞山、开平碉楼与村落

● 5A 级旅游区

广州市长隆旅游度假区、深圳华侨城旅游度假区、广州白云山景区、梅州市梅县区雁南飞茶田景区、深圳观澜湖休闲旅游区、清远连州地下河旅游景区、韶关仁化丹霞山景区、佛山西樵山景区、惠州市罗浮山景区、佛山市德顺区长鹿旅游休博园、阳江市海陵岛大角湾海上丝路旅游区、中山市孙中山故里旅游区

●国家重点风景名胜区

肇庆星湖、西樵山、丹霞山、白云山、惠州西湖、罗浮山、湖光岩、梧桐山

广东旅游网
www.visitgd.com

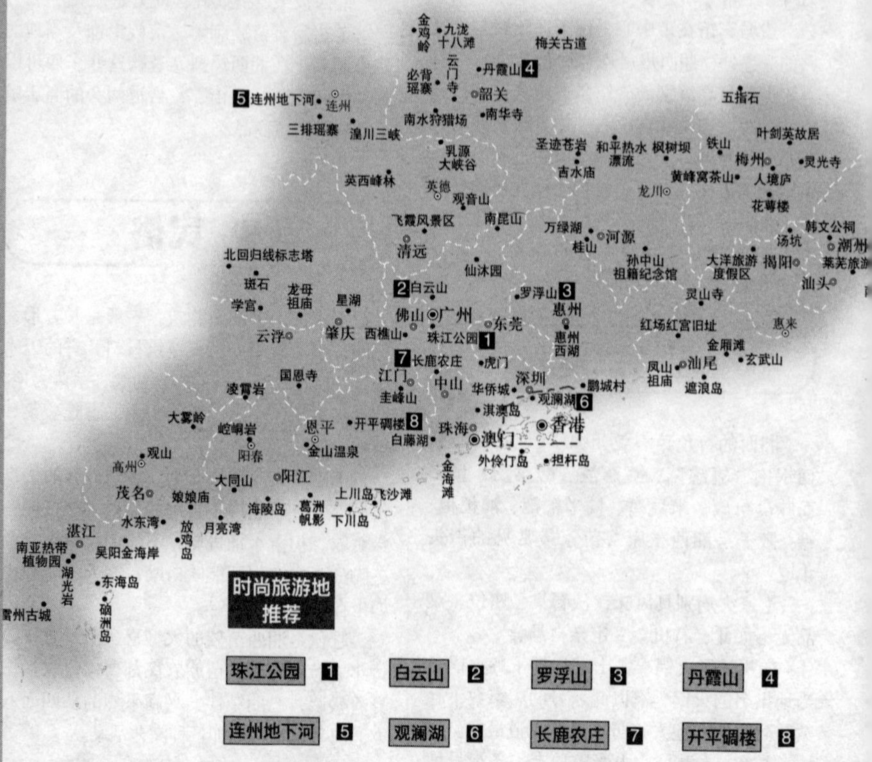

广东

广东古为百越之地，富庶的珠江三角洲，一个又一个开放而美丽的城市，形成了广东独特的风貌。粤北自然景观壮丽多姿，有以丹霞山和金鸡岭为代表的丹霞地貌，还有惊险的九泷十八滩漂流。漫长而曲折的海岸线拥有为数众多的优质海滩。

活力广东

广州

广州有着悠久的历史，羊城是对它无可厚非的赞赏，花城是对它植物王国的赞誉；美食云集珠江两岸，民族情调别具沙面岛上，而它却没有停留在别人的赞美之中，总是走在时代的前列。2010年，亚洲体育盛事——第16届亚洲运动会和第九届中国艺术节，在这里举办。

面积：7436平方千米
人口：823万
区号：020

亮点

必游景点

- **白云山**：“羊城八景”之首，俗话说“不登白云山，不算到广州城”。
- **长隆旅游度假区**：集景点、餐饮、娱乐休闲为一体的大型旅游度假区。
- **西樵山**：国家地质公园，也是广东四大名山之一。
- **开平碉楼**：开平一带特有的乡土建筑群落，是活生生的近代建筑博物馆。

线路推荐

- **广州经典三日游**

D1：二沙岛—中信广场—白云山—越秀公园—南越王博物馆—陈家祠。

D2：沙面—上下九路步行街—西关大屋—珠江夜游。

D3：南沙天后宫—邓世昌纪念馆—荔湾博物馆—广州农民运动讲习所。

- **广州—佛山—顺德—中山—珠海四日深度游**

D1：西樵山。

D2：佛山祖庙—清晖园—孙中山故居纪念馆。

D3：圆明新园—九洲城—情侣路或御温泉度假村。

D4：珍珠乐园—淇澳岛。

↑广州电视塔

交通信息

飞机

广州新白云国际机场位于市区北郊，距广州市中心约28千米。目前广州共有4条空港快线和6条机场快线往返机场与市区之间，地铁3号线北延段达到机场南站。

火车

广州目前有5个主要的火车站，为：广州站（地铁2号线、5号线可至）、广州东站（地铁1号线和3号线北延段可至）、广州南站（高铁站，地铁2号线可至）、广州北站和广州西站。

市内交通

广州市内地铁系统健全，目前已经开通了1号线、2号线、3号线（3号线北延段）、4号线、5号线、6号线、8号线、广佛线以及APM线。基本覆盖了市区的主要景点，游客出行非常方便。

广州城区景点

白云山风景名胜区 AAAAA

●羊城第一秀登高观景，参观寺院

白云山位居新“羊城八景”之首，主峰摩星岭海拔382米，为广州城的制高点（登高可俯览全市，遥望珠江）。每当雨后天晴或暮春时节，山间白云缭绕，蔚为奇观，白云山之名由此得来。

目前白云山风景区从南至北共有7个游览区，依次是：麓湖、三台岭、鸣春谷、摩星岭、明珠楼、飞鹅岭及荷依岭；区内有三个全国之最的景点：全国最大的园林式花园——云台花园；全国最大的天然式鸟笼——鸣春谷；全国最大的主题式雕塑专类公园——雕塑公园。

广州市白云区广园中路801号，距市区约17千米。

乘坐地铁2号线在白云公园站下车即到。

5元。云台花园10元；鸣春谷10元，碑林、摩星岭、桃花涧各5元，索道上行25元，下行20元。

越秀公园

●广州市内大型的综合性文化休闲公园

越秀公园因越秀山而得名的，是广州最大的综合性文化观赏公园，以山水秀丽、文物古迹众多而著称。由七岗三湖（东秀、南秀和北秀）组成，主要名胜古迹有镇海楼（岭南第一胜景，现为广州博物馆）、明代城墙遗址、越秀楼遗址以及五羊石像等。越秀公园每年都举办大型的园林博览会。

广州市越秀区解放北路。

乘地铁2号线可到；58路公交越秀公园下可到正门；乘109等路公交越秀公园下可到北门。

6:00~21:00。

【延伸：五羊雕塑】

五羊石像坐落在越秀公园内，该石像有一美丽传说：传说周朝时广州连年灾荒，民不聊生。一天，五位仙人身着五色衣服，骑五色羊，从南海飘来，降临广州，五只羊嘴里各衔一茎六穗的稻谷。仙人将稻穗送给当地居民，并祝福永无饥荒，言毕腾空而去，羊化为石。为了纪念这五位仙人，后人在他们降临的地方修建了五仙观。广州亦得别称“羊城”和“穗城”。

南越王墓博物馆

●古代墓葬，文物展览

1983年发现的南越王墓，是岭南规模最大的唯一的汉代彩绘石室墓。以南越王墓为中心建造的博物馆，以保存完好的古墓原址，内涵丰富的汉代文物，典雅气派的建筑而闻名于世。博物馆分为综合陈列大楼、墓原址、主体陈列楼三大部分。其中主体陈列楼展示了南越王墓出土的一千多件（套）文物珍品。

广州市越秀区解放北路867号。

地铁2号线越秀公园站E出口可到。

9:00~17:30（每年2月28日、8月31日闭馆）。

12元。

020-36182920。

中山纪念堂

●具有浓厚民族特色的纪念堂

中山纪念堂原址是清代督练公所，1921年孙中山先生在广州出任非常大总统时在此设立总统府。纪念堂为八角形宫殿式建筑，外形庄严宏伟，具有浓厚的民族特色，是广州最具标志性的建筑之一。

广州市越秀区东风中路259号。

乘地铁2号线可到。

8:00~18:00（园区免费开放时间6:00~24:00）。

套票10元（含参观大堂及陈列馆）。

020-83552030。

陈家祠

●入选新世纪羊城八景

陈家祠又名陈氏书院，为广东省陈氏的合族祠堂，后辟为广东省民间艺术博物馆。由3进5间9堂6院大小19座建筑组成，集岭南民间建筑装饰艺术之大成，被誉为岭南建筑的明珠，以其“三雕、三塑、一铸铁”著称，号称“百粤冠祠”。

广州市荔湾区中山七路恩龙里34号。

乘地铁1号线到陈家祠下。

8:30~17:30。

10元。

020-81817371。

亲历者◎解说

“三雕”是指门口石狮、石鼓等石雕；左门两边墙壁嵌砌的砖雕，左为《水浒聚义厅》，右为《刘庆伏狼驹》；以及进门四件大屏风的木雕（包括浮雕、通雕等），木雕在陈家祠处处可见，斗拱昂梁是陈家祠的木雕艺术精品的具体体现。“三塑”是指陈家祠房顶上处处可体现出来的彩塑、灰塑和陶塑。“一铸”是指陈家祠内高超的铸铁工艺品。

长隆旅游度假区 AAAAA

● "欢乐长隆"是"番禺新八景"之一

长隆旅游度假区是集旅游景点、酒店餐饮、娱乐休闲为一体的综合性大型旅游度假区，旗下拥有长隆欢乐世界、长隆国际大马戏、香江野生动物世界、长隆水上乐园、广州鳄鱼公园、长隆高尔夫练习中心（9:00~23:00）等景区，此外还有多家星级酒店（长隆酒店 84786838，香江酒家 84783366，香江大酒店 84786888）。

广州市番禺区大石街道。

乘地铁三号线到长隆汉溪站下可达。或乘 129、番 109、番 163 等路公交可达。自驾车从广州大道中—新光快线—汉溪出口（长隆）即达。

400-883-0083。

www.chimelong.com。

亲历者◎攻略

1. 门票：一票通 280 元，可从四大主题乐园任选其一：欢乐世界、野生动物世界、水上乐园、广州鳄鱼公园。

2. 表演节目时间安排最终以当日公告为准！请特别留意观看主要干道上的电子屏幕和现场电子提示牌，尖叫地带、欢乐剧场与国际特技剧场附近的大型电子屏幕上，详细介绍了园区当天主要演艺时间，场次有限，不容错过。另外，园区的广播将详细介绍各主题区游乐设施、主题餐厅与商店的分布和特色，各大剧场及表演开演前半小时，请留意园区广播提示。

长隆国际大马戏

● 广州夜游首选

长隆国际大马戏秉承"汇萃全球马戏精华"的品牌理念，有名副其实的全球顶级马戏表演，于 2006 年推出全球最大的情景马戏《森林密码》，成为广州文化名片和广州夜游首选。

350 元。

亲历者◎攻略

大马戏，强烈推荐一看，虽然票价不菲，但物有所值。马戏一般是 19:30 开始，但如果周末人多的话，一定要提前至少半个小时，进去占个好位置。马戏园门口在 18:30 会有露天表演，也值得一看，主要是一些土著舞蹈和口技等。

另外，景区内的马戏表演时间紧凑，您一定要多留心，错过了会遗憾的。

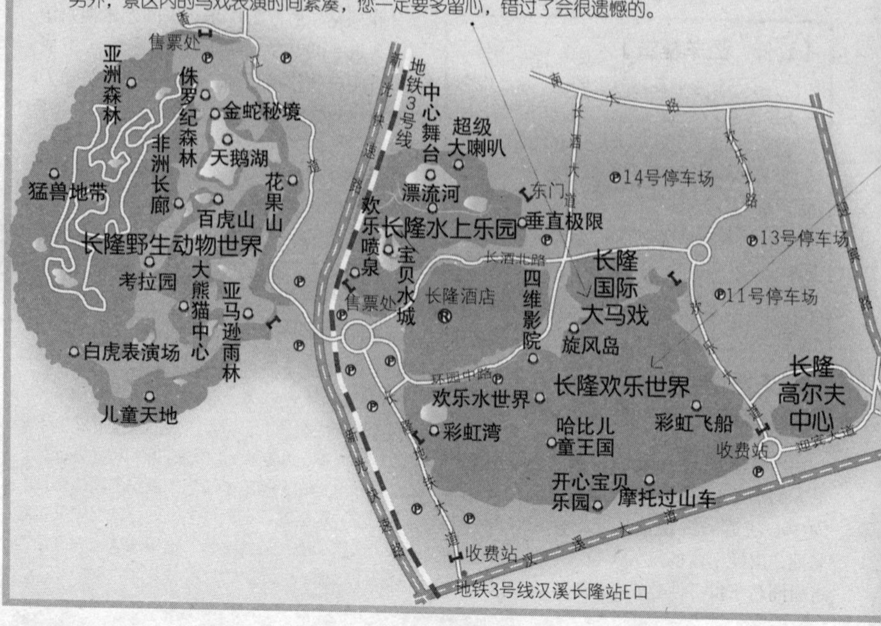

↑长隆欢乐世界

长隆欢乐世界

●独有八项亚洲及世界之最

长隆欢乐世界是长隆集团世界级旅游王国中一颗新的明珠，是集乘骑游乐、特技剧场、巡游表演、生态休闲、特色餐饮、主题商店、综合服务于一体，具国际先进技术和管理水平的超大型世界顶尖主题游乐园。

全园分为哈比王国（以儿童游乐项目为主）、尖叫地带（以大型惊险刺激设备为主）、旋风岛（以中古欧洲风格为主）、欢乐水世界（以水为主题）、中心演艺广场（以表演为主）、白虎大街（以购物休闲为主）六大主题园区。

9:30~18:00（节假日延长至 19:00）。

250 元。

亲历者◎攻略

1. 游玩十环过山车之前千万把什么东西都拿出来，别带在身上，不然十有八九会掉。建议在玩此项刺激的项目前，最好别去玩什么旋转的游戏，不然搞的你晕头转向是绝对不好受的。

另外，过山车等一些刺激的游戏都有自动摄相设备，会自动拍下你的像，如果你自己的感觉不错的话，你玩完后可以出来购买，过山车有个拍摄点是在最初开始升高的那一段坡的尽头，你可以在快到最高点的时候摆个漂亮的 pose。

2. 如果您想玩急流勇进和丛林漂流，景区可以买到一次性雨衣套装，当然，如果您自己提前带个有帽子的雨衣和两个可以裹住脚的大的结实的塑料袋就可以节约开销。如果你喜欢过水的感觉，就多玩两次吧，这两个游戏排队的人都不是很多。

沙面岛

●被誉为“羊城第九景”

沙面岛是一个椭圆形的小岛，是著名的外事游览区和历史文物保护区。岛上现有 150 多座别具异国情调的建筑群和众多酒吧画廊，是我国保存完整的总体以英式和法式为主的西方古典建筑群。位于岛上主干道的法国天主教堂是非常典型的代表。

广州市荔湾区珠江白鹅潭畔。

乘广 123、广夜 67 路公交可到。

西关大屋

●最富岭南地方特色的古老传统民居

西关大屋是广州传统建筑的代表，兴盛于清末，以其门庭高大，装饰讲究而著称。其中地处西关多宝坊的李文田探花第最具特色，现在仅存的是探花书轩。

津西西关大屋建筑保护区包括了各种不同时期不同特色的建筑：有清代较典型的正间和左右偏间的青砖石脚高檐深宅西关大屋（如逢源大街 8 号）；有把西关大屋特色与西洋小楼房建筑特色相结合的建筑（如逢源北横街 9–17 号）；有民国初期纯西式的洋楼（如逢源北街 84 号、逢源沙地一巷 36 号）；还有民国时期的红砖小楼房建筑等。

广州市荔湾区，逢源路、宝华街、多宝街附近。

乘广 55 路公交可到。

黄埔军校旧址

●民国时期的知名军校

黄埔军校是国共第一次合作时期，孙中山在共产党的帮助下，为培养军事干部而创办，校址内有孙中山铜像和史料陈列馆等。

↑黄埔军校旧址

广州市黄埔区长洲岛。

乘节假日公交专线12路，南方大厦和天字码头有水上巴士直达。

9:00~17:00，周一闭馆。

广州郊县景点

宝墨园

有"番禺新八景"之"宝墨生辉"

宝墨园建于清末，占地五亩，毁于20世纪50年代，1995年重建。集清官文化、岭南古建筑、岭南园林艺术、珠三角水乡特色于一体，有世稀双璧、艺林览古、仰廉治本、荔岛泛舟、紫洞清歌、兰墨清芬、碧沼红荷等十大景区50多个景点。

园内有大量的灰雕、石雕、陶塑和紫檀木雕以及传统宫灯，惊世之作当属瓷逆浮雕《清明上河图》，已列入世界吉尼斯之最。

8:00~17:30（周六日至17：45）。

乘坐佛314、佛349路可到。

莲花山

有"羊城八景"之"莲峰观海"

莲花塔矗立在莲花山主峰之巅，里面设有螺旋式楼梯，可以直达塔顶。在塔的各层有大小不一的门洞，造型各异。塔高50米，是莲花山的最高点。自古以来，从伶仃洋进出珠江的船只，皆以莲花塔为进出广州的标志，故莲花塔有"省会华表"的美誉。

广州市番禺区石楼镇狮子洋畔。

环市路市汽车站、海珠区大基头及其他汽车站均有车可达；或在广州大钟楼前乘船直达。

54元。

碧水湾温泉度假村

岭南第一温泉

具有"中国十佳温泉酒店"之称的碧水湾温泉度假村四周峰高谷深，云雾缭绕，绿树葱茏，碧水长流，被誉为广州的"市"外桃源，是集餐饮、住宿、娱乐及大型露天温泉为一体的温泉主题度假村。度假村内建有温泉养生浴池、温泉酒店、温泉小木屋、清凉水世界、郊野公园以及配套高档先进会议系统设备的国际会议中心。

从化区良口镇。

从化街口乘到吕田或良口的巴士在碧水湾下车即可。自驾车沿105国道即可到达碧水湾。

周一至周五188元，周末218元。

020-87842888。

中山—珠海旅游区

孙中山故里 AAAAA

缅怀孙中山之地

孙中山故里是以翠亨孙中山故居为主体的纪念性博物馆，是一幢砖木结构、中西结合的两层楼房。有故居、纪念馆、孙中山听太平天国反清故事的雕塑、瑞接长庚牌坊、翠亨民居展示区、翠亨农业展示区、中山鼎、警世钟等景。

中山市南朗镇翠亨村。

中山市区乘12路公共汽车可达。

中山詹园

目前岭南地区最大的私家庭园

中山詹园，又名中山大宅门，是目前岭南地区最大的私家古典园林。詹园建筑以苏杭园林为基调，综合中国古典园林之精髓，强调岭南水乡的布局脉络，结构简洁而凝重，风格古朴而洒脱。

中山市南区北台村，105国道旁。

60元。

圆明新园

皇家园林，圆明园十八景

圆明新园以北京圆明园焚烧前的建筑为母体，按1:1的比例精选圆明园四十景中的十八景建成。园内建筑分为中国古典皇家园林、江南园林和西洋古典式建筑三大类。是融中国文化、西洋文化、历史文化、旅游文化、商业文化、饮食文化于一体的大型人工园林。

珠海市香洲区九洲大道大石林山下。

乘1、13、25、30、60等路公交可达。广州锦汉车站还有旅游穿梭巴士直达圆明新园。

入园免费。日场演艺票（含一场演出）70元；日场娱乐票（含两场演出）120元；夜场演艺票120元。
0756-8610388。

唐家湾旅游区

与近代文明伴生的南中国海第一湾

唐家湾镇东面的淇澳岛向西与海中的金星小岛、唐家半岛遥相呼应，三者呈“双龙戏珠”之势，为唐家湾的天然奇景。有“与近代文明伴生的南中国海第一湾”“陆岛相望岭南重镇、风云史迹近代名镇、携故纳今城中古镇、山海园林栖居美镇”之誉。

古镇不大，但镇上有武馆、茶庄和许多保留很好的文化活动。

珠海市香洲区唐家湾镇。

佛山—江门旅游区

西樵山风景名胜区 AAAAA

广东四大名山之一，可看火山景观

西樵山是广东四大名山之一，国家森林公园、国家地质公园。西樵山面积约14平方千米，是一座死火山，山体外陡内平，状若莲花复合，共有72峰，而以大秤峰为最高。山体岩石节理发育，形成28处瀑布，232口泉眼。主要景区有白云洞、碧玉洞、天湖、翠岩、南海观音文化苑、黄大仙圣境园、宝峰寺、黄飞鸿狮艺武术馆等。

佛山市南海区西樵镇。 7:30~18:00。
70元。 0757-86880036。

亲历者◎攻略

1. 游西樵山最好是在3~4月份。这时，西樵山的小溪边，悬崖上到处是火红的野生山杜鹃，景色特别迷人。

2. 西樵山民风淳朴、古韵犹存，到这里旅游，还能观赏到山里百姓的婚嫁、生产习俗以及各种民间游艺活动。

清晖园

广东四大名园之一

清晖园是广东四大名园之一，园取名“清晖”，意为和煦普照之日光，喻父母之恩德。园内布局既吸取苏州园林艺术精华，又因地制宜，环境清幽自然、秀丽典雅。该园集明清文化、岭南古园林建筑、江南园林艺术、珠江三角水乡特色于一体，是一个如诗如画，如梦幻似仙境的迷人胜地。

佛山市顺德区大良街道清晖园路23号。
佛山城巴公交站搭往顺德方向的城巴，其终点站是顺德客运中心，在那能找到很多班到达清晖园的公交。
8:00~18:00。 15元。

三水荷花世界

游荷花生态园，赏歌舞表演

三水荷花世界是目前全球最大、品种最丰富、培育技术最先进的荷花生态专类园。种植着300多种荷花，其中比较珍贵的有“太空莲”和“古代莲”等。园区还有歌舞和荷花大宴。

佛山市三水区南丰大道。
三水市区内有直达景区的旅游巴士。广三高速公路三水出口前行2800米左右即到。
9:00~18:00。 70元。

圭峰山风景区

“圭峰新会秀，绿化呈奇观”

圭峰山风景区为国家森林公园，包括圭峰山、玉湖景区、葵博园、圭峰运动公园几大部分。名刹玉台寺、周恩来纪念馆以及玉湖夜色等最令人称道。

玉台寺坐落在圭峰山南半山腰，经重修，现有清代的汉白玉石七级浮屠塔矗立于观音殿前，寺前有放生池、寺门牌坊和唐代的镇山宝塔，周围还有讲学亭、拱壁亭等，是参禅旅游的好地方。

江门市新会区会城街道。
新会区乘103路公交可达。江门至新会也有旅游专线车可达。 72元。

开平碉楼与村落

土洋结合的建筑艺术品

开平碉楼是侨乡开平一带特有的乡土建筑群落，始建于明朝后期，完善于20世纪初，现存1833座，融合了古希腊、古罗马、阿拉伯及中国古典的风格，遍布开平城乡，从水口到百合，又从塘口到蚬冈、赤水，纵横数十千米连绵不断，以塘口、赤坎、百合、蚬冈等镇较为集中。是活生生的近代建筑博物馆，一条别具特色的艺术长廊。

广州省汽车站、芳村汽车站、天河客运站乘开往开平的大巴，在开平市汽车总站（义祠总站）乘"义祠—金鸡"的中巴（平均15分钟一班），途经碉楼最为集中的赤坎镇、百合镇和蚬冈镇。

亲历者◎攻略

1. 自力村碉楼群80元，锦江里碉楼群50元，立园80元，赤坎影视城30元，联票（含立园、自力村、马降龙、锦江里、赤坎影视城、南楼、开元塔）180元（联票有效期为两天，每个景点仅限浏览一次）。

2. 在开平看碉楼有很大一部分还没有被发掘，因此看碉楼不要强求一定要看哪座碉楼，租辆摩托车，或是自行车游玩，最合适不过了。

立园

●园林别墅，中国华侨园林一绝

立园是1926年由当地旅美华侨谢维立先生历时十载兴建的私人园林。集传统园艺、西洋建筑、江南水乡特色于一体，分为别墅区、大花园和小花园三部分，有泮文、泮立等别墅六座，碉楼一座，艺术品颇多，在中国园林中独树一帜。

开平市塘口镇赓华村。

开平汽车总站至马冈镇的公交可达。

8:30~18:00。

100元。

长鹿旅游休博园 AAAAA

集五大主题公园于一体

长鹿旅游休博园又叫长鹿农庄，整个农庄主要由主要由"尖叫乐园""动感玩水区""农家乐主题公园""童话动物世界"和"长鹿休闲度假村"等五大块组成，主要玩游乐园和动物园为主，各具特色，精彩纷呈。

顺德区伦教三洲。

顺德轻轨站乘坐910路公交到长鹿环保度假农庄站下车即可。

120元。

肇庆—云浮旅游区

肇庆星湖风景名胜区

●兼有杭州西湖和广西桂林胜景

星湖风景名胜区包括七星岩和鼎湖山两大景区，风景各具特色。

七星岩又名星湖，因七座形似北斗的石岩得名。景区包括七岩、八洞、五湖、六岗，是避暑胜地。景区还有广东罕见的庞大石刻群，保存着唐代以来的石刻489题（七星岩摩崖石刻），具有重要艺术价值和科研价值。

鼎湖山是岭南四大名山之一，又是佛教圣地。植被丰茂，山顶有湖，以亚热带森林、溪流飞瀑、深山古寺见长。包含云溪景区、天湖景区和天溪景区。天溪景区以岭南四大名刹之一的庆云寺为主。西南坡西龙泉坑有水帘洞天、白鹅潭等八处瀑布。山西南隅有白云寺。

七星岩景区内有公共汽车，环湖旅游专线车、出租小汽车。乘21路公交可达鼎湖山。

悦城龙母庙

●南方古建筑"三瑰宝"之一

始建于秦汉期间。一千多年来龙母祖庙重建了13次。整个建筑群与周围的山水浑然一体，为南方古建筑"三瑰宝"之一。庙内的雕梁画柱都堪称精妙绝伦的艺术品。庙侧有龙母坟、碑亭、观音。每年五月初八有"龙母诞乡会"。

德庆县悦城镇五龙山。乘往悦城方向的车都可到。

乘坐往悦城方向的车都可以到。

8:00~18:00。

50元。

龙湾生态旅游区

●集雄、奇、秀、雅、险、幽于一体的自然山水迷宫

据传这里是远古时期神龙生息的地方，因而得名龙湾。景区总面积为13.1平方千米，飞瀑流泉是最大特色。南线谷地有一道落差310米的"云开高瀑"，独享大陆第一高瀑美誉。

罗定市龙湾镇南充村。

住宿

广州城市繁华，酒店服务业相当发达，环市东路是广州酒店最集中的地区，高档酒店多集中在这里。中山大道和石牌地区有一些中低档宾馆、高校招待所。

广州白云城市酒店 / 火车站东侧环市西路 179 号 /020-86666889。

白天鹅宾馆（五星）/ 沙面南街 1 号 /020-81886968。

7 天连锁酒店 / 荔湾区龙津东路 819 号 /020-81330988。

天河大厦 / 天河体育西路 133 号，标间 400 元起 /020-38865195。

餐饮

广州的饮食文化源远流长，俗话说“游在杭州，食在广州”。较为常见的广州名菜有白云猪手（详见本书白云山周边—白云山风景名胜区）、明炉乳猪、广式烧腊、白切鸡、白灼海虾、挂炉烧鸭、蛇羹、油泡虾仁、红烧大裙翅、虾籽扒婆参等。

泮溪酒家：建在 1000 多年前的“江南第一家”，有八大名菜和八大名点。最负盛名的是点心宴和西关风情宴，都要提前预定，门侧则有专门提供点心和快餐外卖的食品屋。它位于龙津西街 151 号，电话 020-81834350。

客家村：位于天河区棠下科新路天园食街 1-3 号，客家菜独有风味。电话 020-85547178。

莲香楼：位于第十甫路 67 号，陶陶居斜对面，以莲蓉食品著称。电话 020-81813388。

广州的小吃分很多种，油器类（油炸食品）的有油条、咸煎饼、笑口枣等；粥品类的有“伍湛记”及第粥（5 元 / 碗）、艇仔粥（4 元 / 碗）、瑶柱白果粥等；粉面类的有云吞面（“欧成记”为代表）、沙河粉、猪肠粉、桂林米粉、濑粉等；糕点类的有萝卜糕、马蹄糕、伦教糕等。

购物

广州特色街市有广州著名三大商业街（上下九路步行街、北京路步行街、农林下路）、长堤路购物休闲街、状元坊饰物精品街、一德路海鲜干货一条街、华林寺玉器一条街等。

粤绣：中国四大名绣之一，包括“广绣”和“潮绣”两大流派。其特点是花纹繁缛，用线多样，用色明快，多用金线作刺绣花纹的轮廓线。所用题材多为杂花百鸟。

广州牙雕：牙雕始于晋代，有人物、饰品、山水盆景等。大新路广州象牙工艺厂是驰名中外的象牙雕刻厂家之一。

广州花卉和盆景：以阴生观叶植物、高档盆花、鲜切花、岭南盆景为主。阴生观叶植物占全国市场一半以上，红掌、蝴蝶兰、一品红等盆景已成为全国性的生产基地，盆景远销欧美等海外市场。

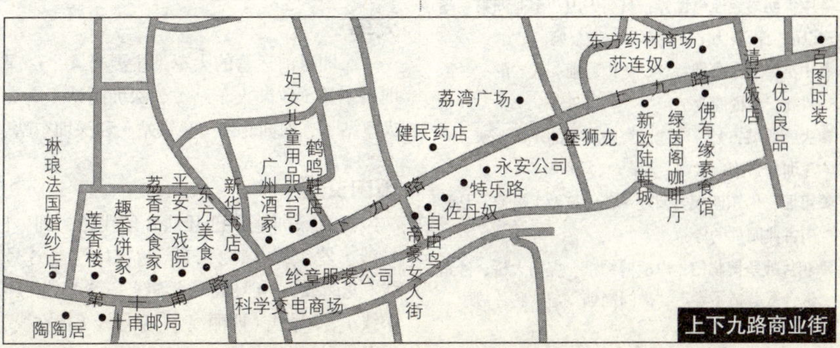

上下九路商业街

深圳

深圳经济特区成立于 1980 年，是我国除海南省以外最大的经济特区。深圳是“移民城市”，它的人口多数是来自外地。

深圳这座新兴的城市整洁美丽，四季草木葱茏，当地政府因地制宜地开发了不少旅游景点，将自然风光与人工建筑巧妙结合。值得一提的是，深圳的人造景观开发得相当成功，对于这座天然美景相对匮乏的城市来讲，众多优秀的主题乐园使它仍然成为一个旅游热点。

面积：2007 平方千米
人口：299 万
区号：0755

亮点

必游景点

- **华侨城旅游度假区**：有锦绣中华、世界之窗、欢乐谷等主题文化公园，是全国一流的大型旅游度假区。
- **小梅沙**：深圳最大的海滨度假胜地，素有“东方夏威夷”之称。
- **中信明思克航母世界**：目前中国乃至亚洲第一座以航空母舰为主体的军事主题公园。
- **中英街**：是深圳特有、全世界独一无二的“一街两制”免税商业街。
- **大鹏所城**：是深港地区海防要务的军事要塞，为深圳八景第一景观。
- **可园**：广东四大名园之一，建筑做工讲究，是岭南古典园林的珍品。
- **鸦片战争博物馆**：海战博物馆、虎门大桥、沙角炮台等营造了走近“虎门销烟”与“鸦片战争”的气氛。

↑世界之窗

线路推荐

● 深圳精华四日游

D1：华侨城旅游度假区。
D2：大鹏所城—西冲—东冲海岸。
D3：大亚湾核电站—南澳湾。
D4：中英街—中信明思克航母世界—小梅沙。

● 东莞历史游一日游

迎恩门城楼—可园—鸦片战争博物馆—海战博物馆—威远炮台—沙角炮台。

● 惠州精华四日游

D1：西湖风景名胜区。
D2：大亚湾南海度假村—巽寮旅游区—平海古城。
D3：罗浮山。
D4：南昆山。

交通信息

飞机

深圳宝安机场位于珠江口东岸，距市中心 35 千米，现已开通飞往北京、上海、杭州、乌鲁木齐、沈阳、大连等城市的航线。机场与市区及深圳周边城镇之间有大巴往返。

火车

深圳目前运营的火车站主要有 4 个：深圳火车站（罗湖火车站）、深圳西站（南头火车站）、深圳北站（高铁站）和深圳东站。

市内交通

目前深圳地铁已开通 8 条线路，即：1 号线（罗宝线）、2 号线（蛇口线）、3 号线（龙岗线）、4 号线（龙华线）、5 号线（环中线）、7 号线（西丽线）、9 号线（梅林线）以及 11 号线。

深圳市区景点

仙湖植物园

●神秘的植物王国

仙湖植物园分天上人间景区、湖区、庙区（有岭南最大的寺庙——弘法寺）、沙漠植物区、化石森林景区和松柏杜鹃景区等六大景区。由棕榈、苏铁、竹、百果、水生植物和珍稀树木等多个园区组成，是一个以科研、科普、旅游为一体的著名植物园与风景区。美丽的自然风光，别具一格的园林建筑，神秘的植物王国，令人赞不绝口。

深圳市罗湖区莲塘仙湖路 160 号。

乘 220、202 路等公交到仙湖植物园下。

6:00~23:00（节假日照常），除夕、正月十五、中秋全天 24 小时开放。

20 元平日免费时段（04:00~08:00、18:00~21:30）进园不需门票。

亲历者◎攻略

1. 仙湖的弘法寺据说是全深圳最为灵验的寺庙，每月农历初一，十五游客众多，去仙湖的时候不妨顺便烧烧香。

2. 进弘法寺不收钱，为了环保，寺门口免费奉送给进寺游客香，自己带的香烛是不可以带入寺内的，所以不必在山下购买。

地王观光・深港之窗

●亚洲第一个高层主题观光区

深港之窗坐落在深圳最高楼宇地王大厦（384 米）的顶层，是亚洲第一个高层主题性观光游览景区，以高空娱乐为特色，有新奇刺激的多维动感电影、纪实性的数码叠化幻灯投影纪录片及 15 个趣味景观。伴着悠扬的乐曲乘上电梯，只需50秒，便可达69楼最顶层。

深圳市罗湖区深南中路地王大厦。

乘地铁一号线到大剧院站下，D 口出站。

80 元。

东门老街

●不逛老街等于没来深圳

东门老街，其实不是一条街，而是指深南东路以北，立新路以南，新园路以东，东门中路以西 17.6 万平方米范围内的 17 条街道和所有商业设施。老街历史悠久，深圳建特区后，成为最早的商业中心，长期引导和左右着深圳的消费潮流。

深圳市罗湖区东门。

乘地铁一号线，到老街站下，A 出口出站。

深圳郊区景点

小梅沙旅游中心

●素有"东方夏威夷、迷人小梅沙"之称

小梅沙是深圳最大的海滨度假胜地。素有"东方夏威夷"之称，每天都有海豚、海狮、海豹的精彩表演。建有山间别墅、海滨住宅、野营地、街市及仿古庙宇殿堂等。景区为深圳八景之梅沙踏浪。

海洋世界以"八馆三园，十四套节目"为展示主体，是目前国内园区规模最大、展馆最多（七馆三园一岛一剧场）、海底特色节目表演最丰富、娱乐参与性最强的海洋文化主题公园。

深圳市盐田区梅沙街道大鹏湾畔。

乘坐 103b、380a 等公交可以直达。

9:00~18:00（海洋世界）。

30 元。节假日 50 元。

中英街

●一街两制

中英街是深圳与香港交界处的一处街道，是特区中的特区，长约 250 米，有琳琅满目的商品，还有中英街历史博物馆、界碑、

↓小梅沙

华侨城旅游度假区 AAAAA

全国一流的大型旅游度假区

深圳八景之侨城锦绣：华侨城旅游度假区拥有锦绣中华、中华民俗文化村、世界之窗、欢乐谷四大主题文化公园和美术馆、体育俱乐部等众多文化设施，全自动高架列车欢乐干线贯穿各景区。每年举办狂欢节等众多节庆活动，每晚有东方霓裳、魔幻之光等大型的歌舞晚会。

深圳市南山区深圳湾畔。

地铁罗宝线华侨城下，或乘 103、308 路等公交。

亲历者◎攻略

住· 欢乐谷旁边有国际青年旅馆可住，而且方便进出景区，很适合自助旅行者。另外锦绣中华的观景阁也可住宿，就是太贵了。

城市客栈（世界之窗店）在世界之窗旁，是景点欧陆街的一部分，属于经济型的商务酒店，在这里入住，还将享受 8.5 折购买世界之窗景区门票优惠，并可在购票起 24 小时内二次入园（黄金周不享受二次入园优惠）及优先预订世界之窗晚会观礼券。

世界之窗

世界与您共欢乐

世界之窗以弘扬世界文化为主题，集世界著名景观、自然风光、民俗风情和民间歌和大型演出舞于一体。景区分为世界广场、亚洲区、大洋洲区、欧洲区、非洲区、美洲区、现代科技娱乐区、世界雕塑园、国际街九大景区，包括埃及金字塔、埃菲尔铁塔、科罗拉多大峡谷、悉尼歌剧院等佳景。

深圳市南山区华侨城。

9:00~22:30。　180 元。夜场 60 元。

亲历者◎攻略

1. 中国首座全景式环球舞台每年定期举办“国际啤酒节”“日本樱花节”“埃及文化周”“印度文化周”“印地安文化周”等活动。

2. 进入大门后就可见大型歌舞表演的露天圆形广场（世界广场），周围有华丽的浮雕及石柱，是中国首座全景式高科技舞台，每晚都有晚会演出，是游客逛园完毕后的压轴节目。

提示：建议提早（17:00 后接受订座）在中华门附近换票处凭门票免费预订座位。夜场门票 50 元（如果只想看晚上的表演，买夜场票还是很划算的），平日晚 20:00 入园，假日晚 19:40 入园。

↓华侨城度假区

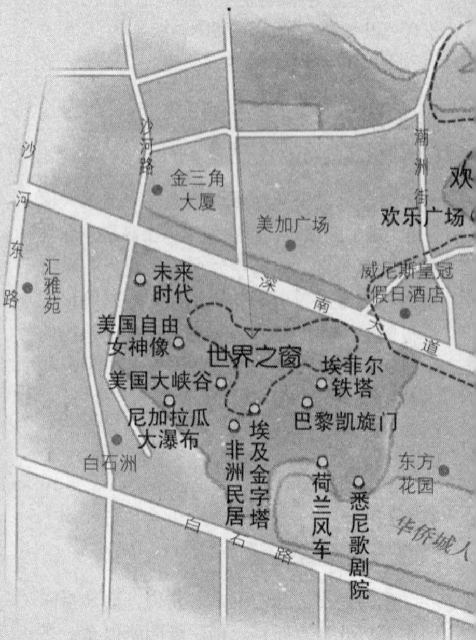

锦绣中华

锦绣中华是目前世界上面积最大、内容最丰富的实景微缩区，有万里长城、秦陵兵马俑、赵州桥、古观象台、故宫、乐山大佛等缩景，以及具有民族风情的民居。让人在一天内可以“畅游大江南北锦绣河山，领略中华五千年历史风云”。

¥ 180 元。

9:00~18:00。 www.cn5000.com.cn。

亲历者◎解说

锦绣中华是中国各地景点的缩小版，园中的近 100 个景点均按中国版图位置分布，全园犹如一幅巨大的中国地图，让人能在几十步的范围内从感觉肃穆庄严的明十三陵到畅游如诗似画的漓江山水，从瞻仰海拔最高最宏伟的布达拉宫到体验险峻挺拔的长江三峡，从仰望最大的佛像乐山大佛到饱览最长的石窟画廊敦煌莫高窟……将祖国的大江南北在几个小时之内尽收眼底。

亲历者◎指路

1. 地铁：乘一号线在华侨城站下，然后走 D 出口出站。

2. 公交：乘坐 101、109、234 等路公交均可到达。

古井、碉堡和警世钟等人文景观和吴氏宗祠、天后庙和老街故巷等民俗风情景点。为深圳八景之一，是深圳特有的、全世界独一无二的“一街两制”免税商业街，又是边境特别管理区。

深圳市盐田区沙头角街道。

乘 68、b619 等路公交可到。

亲历者◎攻略

进入中英街，不论内地来深旅客还是深圳居民（沙头角居民除外），须到公安边防部门申办《边境特别管理区通行证》，工本费 10 元 / 人。非深户游客应以散客组团的形式，由当地政府指定的合法旅游公司统一申办，集体进出中英街，综合费用 50 元 / 人。

大鹏所城

明清时期反抗外侮的重要海防堡垒

大鹏所城始建于明洪武二十七年（1394 年），是深港地区海防要务的军事要塞，为深圳八景第一景观。村内的主要格局、街道及清式建筑原有格局至今仍基本保留：东、西、南三城门仍及振威将军第、刘起龙将军第等建筑规模宏伟，保存完好。

深圳市龙岗区大鹏街道。

市内乘 m471、m457 大鹏所城站下。

8:30~18:00。

¥ 20 元。

亲历者◎解说

古城保存了独特的民俗文化，是岭南文化的重要组成部分：大鹏话、大鹏山歌、大鹏凉帽、大鹏海节、大鹏海胆盎、历史沿革、文化特质、生活习惯、性格特征以及世纪末崛起的奥秘，独具魅力。

观澜湖休闲旅游区 AAAAA

世界第一大高尔夫球会

观澜湖高尔夫球会是中国规模最大、档次最高、配套最齐全、影响力最大的高尔夫球会。以 180 洞、10 个球场的规模成为世界第一大高尔夫球会，吉尼斯世界纪录组织日前派员颁发了证书。

深圳市宝安区观澜街道。

从深圳、东莞市中心到球会只需 30 分钟，从香港中环到球会约需1小时（皇岗口岸和香港边境落马洲，每20分钟便有穿梭巴士接驳）。

东莞旅游区

可园

●清代广东四大名园之一

可园始建于清朝道光三十年（1850年），内有一楼，六阁，五池，三桥，十九厅，十五间房，其名多以“可”字命名，如可楼、可轩、可堂、可洲。建筑做工讲究，是岭南古典园林的珍品。最高建筑可楼，高15.6米，沿楼侧石阶可登顶楼的邀石阁，凭窗可眺莞城景色。

东莞市莞城街道可园路32号。

乘4、7、20路车或旅游巴士可到。

8元。

旗峰公园

●园内有岭南第一名山

旗峰公园绿树成荫，幽静秀丽。园内海拔189米的黄旗山，曾是岭南第一名山，也是东莞的象征。山下有黄旗观音古庙，山麓有“廉泉”，尚存古井。还有黄岭道院、黄旗山顶灯笼等自然和人文景观十数处，是游人踏青、了解东莞历史的好去处。

东莞市莞城街道旗峰路。

乘1、18、23、K1或K4路公交到旗峰公园站下，步行150米可达。

5元。

鸦片战争博物馆

●纪念性和遗址性相结合的专题博物馆

鸦片战争博物馆以具有炮台神韵的门楼、陈列大楼、抗英雕塑群像、林则徐铜像、虎门销烟纪念碑、露天陈列抗英大炮等构物，营造了走近“虎门销烟”与“鸦片战争”的气氛。馆内有林则徐销烟池旧址，是当年林则徐销毁英美鸦片的历史遗址。

东莞市虎门镇解放路88号。

乘虎门—沙田镇公交在解放路尽头下车。

8:30~16:30。

亲历者◎解说

鸦片战争博物馆，林则徐纪念馆，海战博物馆（三个馆名，一个单位），是收集、陈列、研究林则徐及鸦片战争文物史料的纪念性博物馆。由馆本部、海战博物馆、沙角炮台管理所、威远炮台管理所组成。林则徐销烟池和虎门炮台的遗址是整个博物馆里最重要的内容。

粤晖园

●全国最大的私家园林

粤晖园是一处集岭南民俗风情、岭南古建筑艺术、园林艺术、雕刻艺术、戏曲艺术、珍藏艺术于一体的珍贵的文化宝地，是岭南园林的代表杰作，是全国最大的私家园林。

蘩文馆是园中的主体建筑，为岭南仿古楼阁之冠，珍藏着岭南文化艺术瑰宝。南韵馆则是古典剧场，可聆听传统粤曲的天籁之音。五元坊、诗廊、归水桥等众多景点，工艺精湛，富于岭南文化气息。

东莞市道滘镇。

602、622公交直达粤晖园。

60元。

8:30~20:00。

惠州旅游区

西湖风景名胜区

●大中国西湖三十六，唯惠州足并杭州

惠州西湖已有一千多年的历史，以五湖（平湖、丰湖、南湖、菱湖、鳄湖）、六桥（西新桥、迎仙桥、明圣桥、拱北桥、圆通桥、烟霞桥）、十八景闻名，有“苎萝西子”的美誉。有玉塔微澜、苏堤玩月、西新避暑、南苑绿絮、芳华秋艳、丰山浩气等景，是宝贵的文化遗产。周边还有红花湖和金山湖。

惠州市惠城区环城西路。

市内没有直达景区的公交，可乘当地出租车或包车前往景区。

7:30~21:30。

0752-2121326。

罗浮山 AAAAA

●游览道教名山，看飞云顶日出

罗浮山是道教十大名山之一，又称东樵山。由朱明洞、黄龙观、酥醪、飞云顶四大景区组成，包括大小山峰 432 座、飞瀑名泉 980 多处、洞天奇景 18 处、石室幽岩 72 个。山上瀑布石泉、石室洞天俯拾皆是。有冲虚古观、葛洪炼丹灶、洗药池、朱明洞、东纵纪念馆、拨云寺等景点。还可以参加罗浮山漂流。

博罗县长宁镇，大门在麻姑峰村。

60 元。

0752-6668600。

亲历者◎指路

广东省长途汽车客运站（广州火车站右边200米）每天有多班高速直达客车往返罗浮山。深圳罗湖车站乘车到惠州，惠州乘直达罗浮山的大巴。

亲历者◎解说

飞瀑名泉是罗浮山的一主要特色。罗浮山水量充沛，瀑布近千处，数量之多为国内名山之冠，其中最著名的有白水滴、黄龙洞、白水门、流杯池等。罗浮山泉水终年不竭，入口清凉甘甜，冲虚古观内的长生井，宝积寺背后的卓锡泉，酥醪观旁的酿泉为罗浮山三大名泉。长生井相传是葛洪当年炼丹取水处。

龙门温泉旅游度假区

●素有人间仙境之称

龙门温泉最高水温达 78 度，是目前广东省内唯一发现的医疗性铁质矿温泉，拥有“黄金泉”的美誉。度假区最大的特色是四季温泉，拥有 95 个大小不一、功能各异的温泉池，分娱乐区、养生区、动感区、休闲区和“水国迷城”水上娱乐公园等五区，休闲设备齐全。

龙门县龙田镇（原名王坪镇）热水锅村，距县城 10 千米。

自驾车从惠州大桥—云山中路—江北大道（往广州方向）—小金口—惠河高速—泰美出口—进入金龙大道—龙新公路收费站—龙门温泉。

240 元。

南昆山

●被誉为“北回归线上的绿洲”

南昆山是温泉大观园的绿色屏障，享有“北回归线上的绿洲”之美誉，拥有天造地设的奇峰、怪石、古树、云山雾等令人赞叹的自然奇观。

景区内有盘龙古松、石河奇观、穿龙飞瀑、观音戏水、七星岚影等 30 余景。主峰天堂顶（1228 米）是惠州最高峰，“天堂夕照”堪称南昆一绝景，是著名的避暑胜地。

龙门县永汉镇。

从广州自驾车，走机场高速或华南快速干线，接街北高速，再走 105 国道，路上有指示牌。

30 元。

南昆山温泉旅游大观园

●日游南昆，夜沐温泉

南昆山温泉最高水温达 82 度，属高硅酸钙温矿泉水。度假区设有日本风情、巴厘岛风情、南美风情、河岸线风光、岭南风情区五个浸泡区，79 个功能各异、各具特色的温泉池。其中最具有代表的有矿盐池、矿泥、泡泡泉、醋泉、丁香泉等。

龙门县永汉镇油田林场内。

180 元。

住宿

深圳的住宿比较贵，二三星级宾馆的价格大多是 250~400 元，淡季可打不少折。

在商业及金融业的黄金地带，也有一些一、二星级的酒店，设施完备，出行方便，标准房价在人民币 200~260 元之间。

富苑商务宾馆 / 光明新区公明街道松白路 688 号 /0755-27739366。

振兴宾馆 / 福田区红荔路，标间 200 元左右 /0755-83365128。

侨城旅友国际青年旅舍 / 南山区华侨城香山东街 7 号 /0755-86095773。

韶关

韶关境内有国家级风景区丹霞山，佛教禅宗六祖慧能弘扬南宗禅法的发祥地南华寺，著名的“马坝人”出土处、“石峡文化”遗址狮子岩，有“地下宫殿”之称的古佛岩，全国保存最完好的古驿道梅岭古道，珠江三角洲居民的发祥地珠玑古巷，南方第一家天然狩猎场乳源南水狩猎场，乳源的必背瑶寨……可以用12个字来概括韶关：“历史名城、山清水秀、民族风情”。

面积：18398平方千米
人口：326万
区号：0751

亮点

必游景点

- **清新温矿泉**：容纳了温泉、滑草、体育、民俗风情等多种项目。
- **英西峰林**：是广东最密集的峰林游廊，被称为“南天第一峰林风光”。
- **连州地下河**：以洞中有洞、洞中有河、洞中有桥的水溶洞奇观为特色。
- **乳源大峡谷**：是旅游探险、看峡谷瀑布的佳处。
- **丹霞山**：世界自然遗产，以独特的红岩地貌闻名于世。

线路推荐

- **清远二日游**

D1：飞霞风景区—飞来峡水利枢纽风景区—清新温矿泉。

D2：笔架山—英西峰林。

D3：三排瑶寨—连州地下河。

- **韶关三日游**

D1：云门寺—乳源大峡谷。

↓韶关高铁大桥

D2：必背瑶寨—金鸡岭。

D3：南华寺—丹霞山。

交通信息

火车

韶关有2个火车站：韶关站和韶关东站。京广铁路大动脉贯穿市境，经韶关市区和乐昌、乳源、曲江三市县。每天都有往返于韶关—深圳和韶关—广州的特快专列。

汽车

韶关公路四通八达，从韶关市出发到附近各景点均有旅游车，一般以中巴为多。如果没有直达景点的车，可先在车站转乘到各市县城到达后再转车去各景点。

韶关旅游区

南华寺

禅宗祖庭

南华寺是广东六大寺庙之一，中国佛教名寺之一，是写下千古绝句“菩提本无树，明镜亦非台，本来无一物，何处惹尘埃”的佛教禅宗——六祖慧能弘扬“南宗禅法”的发祥地，六祖慧能在此传授佛法37年，法眼宗远传世界各地，因而南华寺有“祖庭”之称。

曲江区马坝镇。

20元。

南岭国家森林公园

旅游、探险、科研佳地

南岭国家森林公园有四大景区：瀑布长

廊景区，原始森林“小黄山”景区，石坑崆景区，亲水谷景区。不仅是旅游的好去处，也是探险、科学研究的最佳地。

乳源自治县大桥镇。

韶关汽车站每天中午12点左右有一班中巴车直达南岭森林公园，票价在18元左右。 门票80元。

亲历者◎攻略

粤北山区气温较低且天气多变，应多带一件衣服和雨具。森林里比较湿滑，最好穿上防滑的鞋，夏天要穿长裤和长袖以防止虫咬。

乳源大峡谷

●旅游探险，看峡谷瀑布

乳源大峡谷又叫广东大峡谷，起于乳源大布镇，终于英德境内，总长15千米。景色秀丽而地貌险峻，由崖顶至谷底有观光梯，也有高达1386级石阶的陡峭“天梯”。还有神象出谷、神掌擎天、玉烛临风等景点。

乳源自治县大布镇。

韶关火车站乘车到乳源县，乳源汽车站有达大峡谷的班车。

65元(含表演)。

0751-5458188。

梅关古道

●全国保存最完整的古驿道

梅关古道始通于秦汉，是古代沟通中原与岭南的五条交通要道之一。现存关楼建于宋嘉佑年间，古朴雄伟。北面门额的“南粤雄关”和南面门额的“岭南第一关”为明万历年间南雄知府蒋杰题刻。

南雄市梅岭镇。

韶关乘车去南雄县，再转车到梅关。

0751-3591765。

坪田银杏之乡

●银杏染秋的绚丽景观

坪田镇是粤北有名的“银杏之乡”，境内目前有百年以上树龄的古银杏树5000多株，年产白果数百吨。每年金秋，坪田镇境内坳背、迳洞、姜塘、汪汤、军营寨等地的古银杏树上树叶落黄，地上一片金黄，吸引着众多省内外摄影“发烧友”、画家等前来

↓坪田银杏之乡

采风创作。

广东省南雄市坪田镇坪田村。

清远旅游区

黄腾峡生态旅游区

●峡谷漂流、山水乐园

黄腾峡有峡谷漂流、高山滑车、观光缆车、山水乐园、观光栈道、大型酒家和度假别墅等大型项目。

黄腾峡峡谷漂流被誉为“小九寨”，其中全程勇猛漂4.8千米，天然猛士漂2.8千米，观景勇士漂2千米，三种漂法各具特色，适合不同需求的人群。

清远市清城区石板村黄腾峡。

0763-3906221。

笔架山旅游度假区

●原生态户外运动风景区

笔架山位于清远市市区以北约7千米处，是集登山、攀岩、漂流等多项户外运动项目于一身的原生态旅游风景区，以峡谷漂流和千谷溪溯溪探险闻名遐迩。山中绿树茂密，溪涧纵横，可以让游人体验到“乘浮艇、攀天梯、溜铁索、过铁桥”等多种游乐活动，深受青少年喜爱。

青龙峡河道全程3.8千米，集“勇猛漂、猛士漂、勇士漂”为一体，大小落差130多处，最大落差近12米，可使人在漂流途中感受到连续跌宕起伏的快感。

清远市清新区笔架山风景区。

建议自驾前往。

丹霞山 AAAAA

看丹霞地貌，天然道场

丹霞山有中国红石公园之称，是广东四大名山之首，是发育最典型、类型最齐全、造型最丰富、景色最优美的丹霞地貌集中分布区。丹霞山由韶石、长老峰、阳元石、翔龙湖、八寨、锦江游览区组成。

仁化县丹霞镇。

100元，节假日120元。索道上行40元，往返55元(平日)。

亲历者◎指路

1. 韶关火车站有丹霞旅游专车直达丹霞山山门。

2. 自驾车：

广州出发→京珠高速公路→韶关南站下高速（行车约2.5小时）→韶关市区→往丹霞山（行车约1小时）。

长沙出发→京珠高速公路→韶关龙归下高速（约5小时）→韶关市区→往丹霞山（行车约1小时）。

赣州出发→南雄→始兴→仁化丹霞山（约2.5~3小时）

亲历者◎攻略

1. 游丹霞山的最佳旅行季节是春秋两季，春季杜鹃花满山遍野。秋天，成片的枫树与丹崖赤壁相映成辉。另外，天高云淡的秋季，这里的日出、日落更是独具魅力。

2. 在丹霞山游览，除阳元山景区外，其他三个景区都是连在一起的。可以将阳元山安排在时间紧的一天游览，把其他景区用一整天游览。

3. 美食：丹霞山周围都是以粤北客家土菜为主，这些乡野河鲜、时令蔬菜，都是最新鲜的美味，绝对的物美价廉：普通的菜肴也就10~20元每盘，当地土鸡100元左右一只（一只鸡可以做好几道菜），黑山羊、山坑螺等是当地特色美食。

4. 住宿：山内外都有酒店、乡村客栈，价格一般在40~100元一个床位，多为单人或双人间。详细情况你也可以登录丹霞山风景区官方网站查询。4. 购：丹霞山区出产的“白毛尖茶”是久负盛名的特产，绿茶中的珍品。茶芽粗壮，密披银白色的毫毛，茶汤清澈黄亮，味甘醇，有一股天然的兰花清香，为我国三大白毛名茶之首。

亲历者◎行程

丹霞山二日游精品线路推荐：

第一天：外山门→阳元石→云岩栈道→嘉遁亭→细美寨→九九天梯→晒布岩→阳元山午餐→天生桥→海豹石、狮子岩→晚上入住丹霞山；

第二天：早上登山（可乘缆车）→观日亭（观日出）→中层早餐→别传寺→锦石岩（下山后往）翔龙湖→阴元石→原路返回→下山午餐→乘船游锦江→阳元山码头上岸→下午外山门离开。

长老峰

山顶景观层是观日出的佳处

长老峰游览区是历史最悠久的游览区。她由长老峰、海螺峰、宝珠峰三峰构成的连体山块，由三级绝壁和三级崖坎构成三个最典型的赤壁丹霞景观层次。下层景观以锦石岩为中心。有始建于北宋的锦石岩寺、千圣岩、祖师岩、伏虎岩、龙王岩、梦觉关、幽洞通天、龙鳞片石、马尾飞泉瀑布及变色龙百丈崖及最典型的赤壁丹崖等众景观，以历史悠久、宗教文化、丹霞地貌为亮点。

韶石山

●国内面积最大的丹霞地貌景观

韶石景区位于丹霞山以东，东临浈江，西临锦江。美丽的神话和古老的传说为这块土地抹上了神秘的色彩。区内众多的山峰、山寨、岩庙、岩棺、摩崖石刻，美丽的神话和古老的传说，吸引着源源不绝的游客来此探胜寻幽。

韶石景区在大自然千百万年的洗礼下，形成了形态各异的奇山异石，大小奇观异景随处可见。有形如舜帝坐化的舜帝峰，有犹如威严天神的人面石，有美如少妇的望郎归，有神采奕奕的寿星公，有直插天际的蜡烛峰，有神工鬼斧的宝塔峰，等等。历代文人墨客如韩愈、张九龄、余靖、苏东坡、杨万里等都曾到此观光游览，凭吊抒怀，留下了大量的诗词歌赋。

仁化县周田镇较坑村。

飞来峡水利枢纽（凝翠湖）

●"云笑千山外，船犁万顷波"

飞来峡水利枢纽旅游区有3千米长的枢纽大坝，70平方千米的人工湖面。浈阳、盲仔、香炉三峡谷有"小三峡"之称。乘船游览，观湖光山色美景，岸边古民居、湖中渔舟相映，构成"一湾碧水湖，两山高入云"的大自然山水图画美景。

清远市清新县飞来峡镇。

玄真古洞

●以道教文化及体育旅游为特色

玄真古洞以道教文化及体育旅游为特色。有玄真峡谷漂流、夜间漂流、幽谷探险、野战俱乐部、山水游泳场、大型烧烤吧、垂钓园等项目。

清远市清新县太平镇北郊2千米。

乘清远旅游观光巴士可直达景区。

漂流198元、探险50元、野战80元/人。

英西峰林

●峰林游廊，驾车观光

英西峰林，是广东最密集的峰林游廊，被称为"南天第一峰林风光"。有奇峰、地下滨洞、怪石、云海、溪流、竹林、农舍等等，景区绵延20余里。

英德市西南的九龙、黄花两镇之间。

从广州乘车至清远（约90分钟车程），从清远乘车至九龙镇（约10分钟车程），然后租当地私人面的或摩托车可前往（约40分钟车程）。

黄花溪竹筏漂游30元；老虎谷暗河漂流188元。

0763-2751406。

亲历者◎攻略

1. 到英西峰林走廊一定要游两大峰林、探两个岩洞、寻两处古迹。即千军峰林、公正溪树峰林、穿天岩、阳岩洞（号称"粤北第一大洞"）、彭家祠和小赵州桥。

2. 英西峰林暗河漂流：又名老虎谷漂流，位于英西峰林走廊的腹地，全长3.8千米，是全国唯一穿越岩洞的暗河漂流，以水急、石怪、林奇、山秀及岩洞幽深、原始古朴、空气清新享誉海内外。

连州地下河 AAAAA

●水溶洞奇观

连州地下河隐藏在山势雄俊的大口岩溶洞中，分三层，全长1860米。游览面积达5.3万平方米。特色是洞中有洞、洞中有河、洞中有桥，神秘瑰丽。

连州市东陂镇大洞村。

连州乘直线中巴可到地下河，约30分钟车程。

8:00~17:00。

150元。

0763-6269189。

亲历者◎游记

在陆地层顺着曲折起落的石径边走边看，可以欣赏到形态各异的钟乳石景，有“弥勒佛”“关公”“孟姜女”。颇具特色的是“仙人神田”，只见层层钟乳石如梯田般蜿蜒分布“仙人河”两岸，曲折优美，景像恰似四川省的黄龙。

然后下到底层，一条暗河向山洞深处延伸，不见尽头。乘上小船沿暗河向前行进，河道蜿蜒曲折，时而开阔，时而狭窄（最窄处仅1.6米），头顶上的钟乳石伸手可及。沿途会经过香蕉峡、莲花峡、龙门峡三处峡谷……

提示：整个过程，游船将行进1500米，穿越四座山峰。

故乡里旅游度假区

●岭南水乡的民俗风情

故乡里旅游度假区主要分岭南古建筑、祖辈生活展示、百艺坊、竞技游乐场、机动游乐项目、农庄、桑基鱼塘与动物园八个部分。景区是广东首个集中华民间绝艺展示、民俗风情表演及休闲游乐为一体的古时村落，真实再现岭南水乡的建筑风貌以及祖辈生活场景。

清远市清新县碧桂园假日半岛内。

广州有班车可至景区。

90元。

↑故乡里旅游度假区

住宿

韶华酒店（三星）/ 解放路162号。

北苑宾馆（二星）/ 风度北路98号。

餐饮

南雄的腊鸭和翁源的缩骨鲫鱼非常有名，特色菜有爆炒坑螺、龙归冷水肚等，每年秋天是吃山坑螺的最佳时节，街边小店和夜宵排档上都能吃到。韶关风度路步行街有许多当地的小吃，特别是有家麻辣烫的餐馆，店里的辣子螺味道非常不错。

购物

当地的土特产很多，首推始兴的香菇，其他有冬笋、白毛茶、乐昌马蹄、三华李等都值得购买。韶关市中心解放路和风采路之间的商业步行街，是购物的首选。

民俗

瑶族山歌：流行于清远瑶族聚居区，唱腔有爬山调、情歌调、师爷调、隔山对歌调等。

耍歌堂（又名盘王节）：包括游神大典、唱歌跳舞、过州过府、枪杀法真、送神等一系列传统活动。耍歌堂的举行年份不固定，大歌堂十年一届，小歌堂三年到五年一届。

长鼓舞：按参加人数，长鼓舞可分为双人舞、四人舞和集体舞。舞蹈时，舞者伴着鼓点，时而跳跃急转，时而漫步轻舞，场面欢快喜庆，令人眼花缭乱。长鼓两端常系有铜铃，鼓声伴着铃声，乐声伴着舞步，曼妙而多姿。

湛江

◎

湛江是一个富有亚热带风光的美丽海港城市，神奇的火山湖泊“湖光岩”，众多海滨旅游度假胜地令游人乐而忘返，还有以雷州为中心的红土文化景观。

面积：11692 平方千米
人口：785 万
区号：0759

亮点

必游景点

- **湖光岩**：湖光岩是中国唯一的玛珥湖。玛珥是一种封闭式特殊类型火山口形成的火山湖。
- **东海岛**：中国第五大岛，岛上的龙海天沙滩，是中国最长的海滩。
- **海陵岛**：不可多得的自然生态海岛，有大角湾、十里银滩等著名景点

线路推荐

- **湛江风情二日游**

D1：湖光岩—东海岛—龙海天。
D2：雷州古城—三元塔公园—雷州西湖公园。

交通信息

飞机

湛江机场位于市机场路，离市区仅 5 千米。出港的旅客可选择出租车到达机场，到港的旅客可在出口处乘坐机场的大巴或在出口右手边乘坐出租车到市区。

↑海湾大桥

火车

湛江火车站位于霞山区世纪广场。市内有多路公交可以到达。

湛江旅游区

湖光岩

●火山爆发遗址，国家地质公园

湖光岩是 20 万年前火山爆发的遗址。湖深 18 米、底有一深洞。湖中无落叶，湖区无青蛙，是为奇谜。湖周岩穴、岩洞密布，野树盘轧，景色迷人。

湛江市麻章区湖光镇。赤坎汽车总站 6 线公交可到。

50 元。

亲历者◎解说

湖光岩有很多有趣的谜团，其一，湖光岩与外界地表水系不相通，但湖水旱不涸涝不溢，这满湖碧水从何而来又往何而去，让人大惑不解；其二，湖水清澈见底，自净能力强，沿湖有茂盛的草木，但湖面几乎没有漂浮之树叶等杂物；其三，水中无蛇无蛙，但鱼类丰富，最大者长近 2 米，重达上百斤……

南亚热带植物园

●空气清新，四季花果飘香

南亚热带植物园位于湛江市湖光岩畔，是中国热带农业科学院属下的集科研、科普旅游、开发一体化的单位，是我国南亚热带作物重要的综合性科研基地，长期从事热带植物的引种和开发利用工作，是湛江八景之

一。与金鹿园、湖光岩共同构成环湖生态旅游圈。

湛江市麻章区湖光镇湖光岩畔。

乘6路、3路公交车可达。 10元。

东海岛旅游度假区

●拥有世界第二长海滩、红树林等景观

东海岛是一个平坦而开阔的大海岛，在全国排行第五。岛上最出名的莫过于龙海天沙滩，延绵28千米，是中国最长的海滩，仅次于澳大利亚的黄金海岸是世界第二，已被载入世界吉尼斯纪录。

海岛上，拥有各种异国情调的别墅群、别具风采的民族村，还有天然形成的温泉泳池、蔚为壮观的红树林，令人流连忘返。

湛江市麻章区东简镇。

亲历者◎指路

1. 在霞山火车站附近上车，约每20分钟一班，票价8元。

2. 可乘霞山—东南的车（需先向车主说明要求送至东海岛才行）。

亲历者◎游记

沿中心广场两旁的便道可通观海大堤。漂浮在清冽的海水中，任那层层白浪扑打，随那阵阵涛声经唱，你心中的什么烦恼都会飞到九霄云外。遇上节日，海滩上还有“人龙舞”，那就更添情趣。在海滩上经常可以看到的倒是渔夫“拉大网”，那是一种原始的打鱼方式，虽然没有刻意安排，却常常吸引众多游客的围观，这是人们喜欢分享收获的喜悦所致。若有心思买些刚打上来的鱼虾螃蟹，三五知已在太阳伞下即烹即食，那才是神仙过的日子。

硇洲灯塔

●世界著名的三大灯塔之一

硇洲灯塔位于硇洲岛海拔81.6米的马鞍山上，灯塔高23米，由麻石一块块砌成。是世界目前仅有的二座水晶磨镜灯塔之一，也是与伦敦灯塔、好望角灯塔齐名的世界三大灯塔之一。

湛江市麻章区硇洲岛马鞍山。 10元。

亲历者◎指路

先在湛江市区霞山或赤坎车站乘班车前往东

↓硇洲灯塔

海岛，车程约半小时，之后在东海岛乘班船往硇洲岛，15分钟一班，约需半小时，乘坐快艇的话，仅需10分钟。岛上交通不便，但可以租到三轮或两轮摩的前往岛上各处。

蓝月湾温泉

●都市人缓解压力，享受惬意人生的理想之地

蓝月湾温泉包括一个大泡池、四个中泡池、三十多个风情各异的小泡池及大小游泳池各一个。蓝月湾温泉源自600多米地底深处，经专家检测，泉水水温43℃，水质无色透明纯净，不受地表污染，富含多种有益人体健康的矿物质。

湛江市霞山区。

阳江旅游区

海陵岛大角湾海上丝路旅游区 AAAAA

●不可多得的自然生态海岛

大角湾位于海陵岛闸坡镇东南，三面群峰环抱，面向浩瀚南海，因状似牛角，故名“大角湾”，是海陵岛最知名的景点。大角湾滩长2.5公里、宽100米，湾内风和浪平，沙滩均匀松软、海水清澈纯净，空气清新，是旅游度假的好去处。

海上丝绸之路博物馆坐落于海陵岛十里银滩，背山面海，主体建筑十分有特色，是海陵岛的地标性建筑。博物馆以“南海1号”宋代古沉船发掘、保护、展示与研究为主题，是展现水下考古现场发掘动态演示过程的世界首个水下考古专题博物馆。

阳江市闸坡镇内。

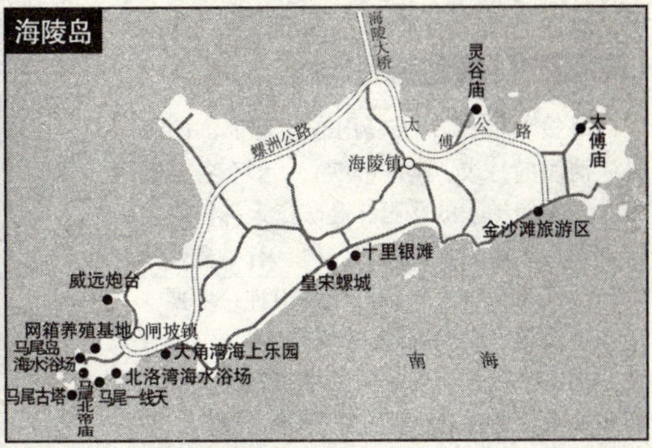

¥ 丝绸之路博物馆 80 元；大角湾旺季 40 元，淡季 20 元，两天内无限次门票 50 元。

亲历者◎指路

海陵岛交通网络四通八达，广州、深圳、珠海等地均有直达旅游车至阳江或闸坡，阳江车站直达快车不停往返于闸坡与阳江之间，旅游区内有中巴、电瓶车、黄包车穿梭往返。

亲历者◎攻略

住宿：海陵岛有大、小宾馆近 200 家，豪华舒适的南方假日酒店、银波酒店、金峰大酒店、金沙湾酒店均是星级酒店装修、服务，别墅区有龙苑别墅、银都别墅等，平时价格在二三百元左右，如果是周五、周六的话，可能会升到五六百元。比较适合青年学生们的有龙翔宾馆等，价格为 100 多元。此外，岛上还有沙滩屋、沙滩帐篷出租，价格较为便宜。

餐饮：闸坡"帮记饭店"最拿手的是"鸡饭"，以选料精细，烹出香、爽、滑的口感而出名。"新乐大排档"，以烹调各种海鲜出名，价格经济合理。

购：闸坡的各种贝壳、海螺制成的纪念品种类众多，人们可以根据爱好选购。

玉溪三洞

●三洞各具特色，又称"三洞天"

漠阳江上游河水穿破相邻三座大石山而成，三洞又各有特色，故又称"三洞天"。

⌂ 阳春市河朗镇凌霄岩北侧。

🚌 阳春车站有专线车直达。

¥ 31 元。

☎ 0662-7878008。

亲历者◎解说

玉溪三洞是凌霄景区的一景，相距四千米。玉溪三洞原名三洞天，古名甘婺水，离凌霄岩约 2 千米，由漠阳江上游——甘婺水穿破三个大石山溶洞而成，总长 3 千米。洞内泛舟，清泉叮咚，溪水清莹如玉，故又名玉溪三洞。玉溪三洞内石钟乳琳琅满目。

茂名旅游区

水东湾第一滩

●东方夏威夷

素有"南方北戴河"之称，号称"中国第一滩"，有洁白的海滩，蜿蜒的林带，海边建有富于异国风采的别墅和民族特色的蒙古包。

⌂ 茂名市茂港区南部。

¥ 10 元。

放鸡岛

●海水能见度高，是潜水的旅游胜地

放鸡岛，又名湾舟，原名汾州山。据传海船到此必放一只鸡于岛上，以予放生祈求平安，故名放鸡岛。面积 1.9 平方千米，为茂名最大的海岛。放鸡岛潜水旅游区位于电白县南部沿海，离水东港约 8 海里。该岛附近海域水深 6~12 米，能见度可达 8 米，是一个美丽而神秘的潜水旅游胜地。同时岛上的植被覆盖率也居广东省海岛之冠。

⌂ 电白县博贺港的东南方。

🕘 9:00~18:30。

¥ 180 元。

天马山

生态良好，是一个天然的大氧吧

海拔 1080 米的天马山有蓊蓊郁郁的森林、清澈的甘泉、幽深的峡谷、形态各异的瀑布、鬼斧神工的怪石、高旷令人神往的南国大草甸，旅游资源得天独厚。有桫椤、鸡毛松、红花荷、人头蕨等珍稀树种，果狸、箭猪、山龟、山鸡等野生动物。天马山还有浓厚的人文色彩，曾是苗人聚居之地，留下石砌梯田、石屋遗址和大片茶树、柠檬。

信宜市北界镇旺将村的西南边。

¥ 60 元。

住宿

湛江住宿比较方便，价格也不算昂贵，五星级的皇冠假日酒店是湛江目前设施最豪华的酒店；四星级的银海酒店位于市中心，交通方便；海滨宾馆位于广州湾畔，是一座园林式宾馆。二星、三星酒店很多，价格低廉。

皇冠假日酒店 / 乐山大道 31 号 /0759-31888888。

海滨宾馆 / 海滨大道中 2 号 /0759-2286888。

餐饮

湛江的传统饮食属于正宗粤菜，与广东其它菜系相比，虽名不见经传，但却独具浓郁的地方风味。以清煮花蟹、油炸虾饼、沙螺汤为代表的湛江名吃鲜香味美、盛名远扬。

除了众多海鲜，湛江的风味小吃也很有特色，最有名的要数白切鸡、猪肠粉、糯米甜糟了，热闹的夜市中人来人往，各种小吃茶点任君品尝。

购物

湛江海产品异常丰富，还有闻名全国的水产品珍珠——南珠。

南珠产于马氏珠母贝中，以光泽亮丽、细腻圆润著称，用南珠加工成的各种珠宝首饰和工艺品制作精美、新颖时尚。除了观赏价值，珍珠粉还可入药或制作成美容护肤品，具有延缓衰老的功效。

在湛江，选购南珠有两个不错的地点。一是位于湛江市霞山区解放东路上的湛江海洋大学珍珠文化与展览中心。二是雷州市流沙村。

民俗

龙舟节：每年农历初一至初五，阳江都举行龙舟竞赛，内地在江河（漠阳江、鸳鸯湖）划龙船，沿海地区在海上扒艇仔，不近江河的地区则舞旱龙庆祝。初一至初四为小扒（分赛），初五为大扒（决赛）。获奖者可得金猪一只和龙包（肉包子）无数。

山歌节：自 1987 年起，阳江每年都举行山歌节。斗歌地点多在阳江市区北山公园内、市人民礼堂和市体育场。其核心活动都是驳歌仔（斗歌），山歌擂台除有组织地进行外，许多都是群众自发的，具有浓郁的地方文化色彩。

阳江风筝：中国“南派”风筝之首，有1400 余年的历史，素有“南有阳江，北有潍坊”之说。“纸鹞城”扎制的风筝，种类繁多，造型美观，技术精巧，形神兼备，栩栩如生。不但放飞效果良好，而且形神兼备，具有极高的实用价值、欣赏价值和收藏价值。

雷剧：是广东省的一个地方剧种，也是一个仅仅流行于雷州半岛雷州话方言区的独特的剧种，具有浓郁而鲜明的地方特色，从雷州歌、“姑娘歌班”、雷州歌班逐渐过渡发展而来。湛江，是雷剧的故乡。

人龙舞：流行于湛江市郊东海岛地区。人龙舞是由人穿着特别的服装，组成巨龙的形状表演的一种传统舞蹈。

汕头

汕头是一座典型的亚热带滨海城市。自然景观的特色是海阔、石奇、洞幽。汕头还保留着中原古文化遗风：独特的古代寺庙、功夫茶、多神崇拜等，无不让你感到古老又神奇。

面积：2123 平方千米
人口：531 万
区号：0754

亮点

必游景点

- **开元寺**：素有粤东第一古刹之称，保存有唐代石经幢、石香炉等文物。
- **南澳岛**：一个保护比较好的海岛。最大的特色是无污染，纯净天然。
- **凤山祖庙旅游区**：是广东著名的妈祖庙。妈祖圣迹馆是我国第一个介绍妈祖生平、传说、圣迹的艺术馆。
- **元山寺**：明清碣石卫所在地，是闽南语系百姓的信仰中心。

线路推荐

- **汕头精华三日游**

  D1：礐石风景区—老妈宫。

  D2：妈屿岛—南澳岛。

  D3：总兵府—长山尾炮台等古迹。

- **汕尾二日游**

  D1：莲花山旅游风景区—红宫—红场—彭湃故居—红海湾。

  D2：凤山祖庙旅游区。

↑汕头红海湾

交通信息

飞机

汕头外砂机场位于汕头市区东北方向 13 千米处。机场已开设有至北京、上海、广州、武汉、长沙等地的多条航线，能够抵达国内各大、中城市。

火车

汕头火车站位于汕头市区东端，专门开设有汕头至广州的多趟快速列车，拉近了汕头与广州、深圳的距离，同时也方便了人们出行。

汕头旅游区

礐石风景名胜区

●海滨胜景，居汕头八景之首

礐石风景区位于汕头海湾南面，由沿海台地和 43 座山峰组成，具有海、山、石、洞和人文景观等综合特色。景区内规划为啸石景区、塔山景区、焰峰景区、香炉山景区、笔架山景区、苏安景区六部分。

汕头市濠江区礐石街道。

可乘 11、37 等路公交到塔山旅游区大门。

塔山景区 10 元，焰峰景区 10 元，龙泉洞 6 元。

南澳岛旅游区

●广东最美的海岛

岛上生长着 1400 多种热带和亚热带植物，栖息着多种野生动物，离主岛 3.9 海里处有一个鸟岛，是候鸟自然保护区。岛上除了留有长山尾炮台、总兵府、雄镇关等古迹，还建有黄花山国家森林公园、青澳湾景点。

南澳县后宅镇。

总兵府10元；金银岛5元（此岛是海滨的一个岩石公园，如果时间比较紧，可以不去）；宋12元；青澳湾15元。

亲历者◎指路

1. 每天有汽车轮渡、高速客船、直达客车往返于汕头、澄海莱芜岛等地。去南澳岛，可从汕头或莱芜码头前往。

汕头汽车总站每天有3班车直达南澳汽车站，分别为8:20，12:00，14:00。

2. 岛上各景点间通车，也可租面包车环岛游50元/人（通常6~7人，人多还可以还价）。

亲历者◎攻略

1. 夏季去南澳岛一定要带防晒霜，早上7:00的太阳光就很强。另外，在岛上玩，切记不要随便坐沙滩上的凳子，它们可不是免费的。

2. 吃：南澳岛最大特色是无污染，纯净天然，在海岸边排筏上吃海鲜。鱼、虾、蟹都是直接从竹筏下的海里捞起，鲜活无比。另外，南澳镇沿海都是海鲜酒家，海鲜都用大盆装的，摆在外面让食客挑选。海鲜种类多，但价钱不便宜。

潮州旅游区

开元寺

●潮州最大的古建筑群，素有粤东第一古刹之称

始建于唐的庞大古建筑群，较好地保留了唐代的布局，素有粤东第一古刹之称，保存有唐代石经幢、石香炉、木雕千佛塔大批珍贵文物。

潮州市湘桥区开元路32号甘露坊。

乘1、8路内环公交可达。

5元。

甲第巷

●浓缩了潮州城古民居的精华

甲第巷是古代潮州城仕宦商贾望族聚居之地，保留着潮州古民居的古色古香，传统民居内存许多古井和古木，如想目睹潮州古时民居的风貌，这里是最佳选择。

潮州市太平路甲第巷。

从开元寺往太平路方向直走，到达太平路右转再沿太平路而下500米右手边（车辆要停于开元寺停车场）。

亲历者◎解说

民居建筑山墙上的彩色嵌瓷，屋檐和柱头上的精制的木雕和石雕，山墙屋脊的形式则根据房屋的朝向与布局有"金、木、水、火、土"五种，民居室内的地坪采用当地传统的红方砖，室内地坪的铺装也有一定的隐喻，如厅里地坪铺成斜的"人"字形隐喻有人气和人鼎兴旺；卧室地坪铺成错缝呈"丁"字形隐喻生男孩；过道的地坪铺成"田"字形隐喻家有田地。

叫水坑原始森林

●探险、徒步旅行的好去处

叫水坑原始森林面积近5000亩，其中鹤顶山方圆500亩的密林属原始森林，从未进行过砍伐。许多山外的旅游者更是被原始森林神秘的色彩所吸引，都来此游览。

潮安县大山镇叫水坑村。

乘潮州—凤凰的班车可达。

20元。

汕尾旅游区

凤山祖庙旅游区

●俯瞰汕尾市区全貌

凤山因形似凤凰展翅而得名，有"金凤展翅"之称，景区包括凤山祖庙建筑、妈祖圣迹馆（我国第一个介绍妈祖生平、传说、圣迹的艺术馆）、凤仪台等景，有全国最大的天后圣母石像。

凤山东面有小山似铁锅倒盖称鼎盖山，东南面有小山岗称屿仔山。旅游区前面有面积22平方千米的品清湖，称"三山一湖"。站在凤山顶上既能俯瞰汕尾市区全貌，更能环视整个旅游区周围山水。

汕尾市城区东南郊品清湖畔。

乘7路公交直达。

红海湾遮浪半岛旅游区

●帆板、帆船运动的理想去处

遮浪岛是红海湾与碣石湾交接处突入海

的一个半岛，有“粤东麒麟角”之称，因独特的自然现象而得名，东海区常年惊涛拍岸，西海区却风平浪静。岛内风光旖旎，碧海、银沙、奇石、异岩、古迹交相辉映，有古戍堡、遮浪灯塔等古迹。

汕尾市城区遮浪街道南 2 千米海中。

汕尾—遮浪：老城区车站乘中巴 4 元可达，乘出租车约需 40~50 元。

12 元，海滨浴场门票 5 元 / 位。

玄武山·元山寺

●元山寺是闽南语系百姓的信仰中心

元山寺所处的地理位置和古代碣石卫的历史息息相关，它是古代粤东海防的军事指挥中枢，历经明、清两代，碣石设卫之后，元山寺便是朝廷钦差、官员和名人贤达到这里防务、聚会、游览、观光、朝山瞻奉之地。至今仍保留着许多历代名人留下的摩崖碑刻、题匾。另有古戏台、福星垒塔、四美亭、麒麟石等景点。

山上的元山寺是佛道两教合一的宗教活动场所，规模宏大，寺内藏有大量历史文物。山下有古卫城遗址、浅澳古炮台、广德祥院等古迹。后山有南倡遗趣、太虚幻境、和尚墓群等景。

陆丰市碣石镇。

15 元。

住宿

金海湾大酒店 / 金砂路 /0754-88263263。

国际大酒店 / 金砂路 /0754-88251212。

新华酒店 / 外马路 121 号 /0754-88916888。

餐饮

潮菜的筵席自成一格，饮食文化独特。潮州菜有三多：水产品多；素菜式样多且独特；甜菜品种多且用料特殊。潮菜注重刀工和造型，以焖、炖、烧、炸、蒸、炒、泡等为主。海鲜、汤类和甜菜的烹饪最具特色，口味清鲜，浓郁而不油腻，比较喜欢用鱼露、沙茶酱、梅糕酱、红醋等调味品。

购物

汕头濒临潮州，潮汕工艺陶瓷驰名中外，是汕头特区大宗出口产品之一，包括日用配套陶瓷和美术工艺瓷。土特产有草铺龙眼、乌叶荔枝（以惠来县出产的乌叶荔枝最负盛名）等。

来到汕头不能不去“一路一街一广场”，即位于市中心的金新北路、附近的新厦街及位于衡山路的明珠广场。

民俗

“到广不到潮，枉费走一遭”。潮州民俗文化独特。

潮州民居：以白墙黛瓦，嵌瓷木雕为特色，不管是“四马拖车”“四点金”这样的深院大宅，还是“抛狮”“竹竿厝”的平民居第，无不显示出深刻的意蕴，体现了精美典雅的文化内涵。

潮汕方言：一般指闽南方言系的支系。广义上包括汕尾海陆丰话，狭义指三市的潮州话。

游神：是人们在喜庆节日里（诸如元宵，或诸神圣诞的这一天），到神庙里将神像抬出来游街，认为只有让神出来游街，与民同乐，神才保佑四方百姓。

拜“老爷”：正月二十二正是“大德老爷”的诞辰纪念日。每年的这一天，都要举行一系列具有民间特色的庆祝活动（盛大的祭拜活动、唱大戏、文艺大游行等等），场面壮观，热闹非凡。

潮州工艺：潮绣是我国四大名绣中粤绣的重要一支，瑰丽多彩，技法精巧。潮州木雕是中国两大木雕体系之一，潮州有“木雕城”之誉称。

梅州

素有“山歌之乡、金柚之乡、客家菜之乡，单丛茶之乡”美称的国家历史文化名城——梅州市誉称为“世界客都”，具有浓郁的别有特色的客家风情和众多的名胜古迹。

游览梅州，您可以瞻仰叶剑英、黄遵宪、丘逢甲等客家名人的故居，参观中国五大民居形式之一的客家围屋，欣赏原汁原味的客家山歌，品尝正宗的客家美食，还可以游览千佛塔、人境庐、雁南飞茶田度假区、灵光寺、阴那山、汤湖热矿泥山庄等旅游胜地，迷人的客家文化渗透出的独特韵味，定能令您流连忘返。

面积：15925 平方千米
人口：520 万
区号：0753

亮点

必游景点

- **雁南飞茶田度假村**：营造了浓厚的茶文化内涵并融客家文化于其中。
- **汤湖热矿泥山庄**：是全国仅有的两处天然热矿泥旅游度假区之一。

线路推荐

- **梅州三日游**

D1：汤湖热矿泥山庄—黄蜂窝茶山旅游区。

D2：南台山—五指石风景区。

D3：铜鼓嶂生态旅游区—汤坑温泉—花萼楼—丰溪森林公园。

↑雁南飞茶田度假村

交通信息

飞机

梅县机场位于距离市中心 4 千米里左右的梅州市梅江区三角镇。目前，站目前已经开通有前往香港九龙、福州、厦门、广州、深圳、珠海等班次。

火车

梅州火车站位于梅州市梅江区三角镇，有公交车来往于市区和汽车站。

梅州旅游区

汤湖热矿泥山庄

●有“天下第一奇泥”之美誉

汤湖热矿泥山庄是全国仅有的两处天然热矿泥旅游度假区之一（另一处是辽宁鞍山汤岗子），有华清宫、台湾宫、长寿宫等 5 个热矿泥敷泥宫，还有一水三叠的大型温泉瀑布、仿古水车和水冲式漂流船等项目与设施，是集温泉浴、泥浴、酒浴和理疗康复、运动减肥、保健按摩、观光娱乐和休闲度假于一体的旅游胜地。

五华县转水镇维龙村。

¥ 98 元；单次泥浴 50 元，温泉 50 元。

亲历者◎指路

1. 广、深、珠及港、澳等地游客，自驾车沿 205 国道至五华华城或由广梅汕铁路到华城站下车后经转水再至山庄。

2. 从梅州市区出发，则有两条路线：一是沿梅县南口经兴宁至华城、转水再至山庄，全程 70 余千米；二是经梅县长沙至五华水口、转水再至山庄，全程 80 多千米。

花萼楼

●世界民居建筑的一大奇观

花萼楼是大型客家土围楼，建于明朝，有三环，楼内有面积为 283.4 平方米的圆形天井，用大小不等的鹅卵石铺成，中心装饰着一个直径 3 米的古钱币图案，寓意着人们祈求丰衣足食的心愿。天井一侧有口古井，用于防火和生活之用。整个土楼布局合理、通风采光、冬暖夏凉。

大埔县大东镇联丰村，距县城有 45 千米。

泰安楼

●国内极为少见的石方楼

泰安楼是国内极为少见的石方楼，呈四方形，楼高 11 米，分三层，因楼的外墙为石墙，故俗称为石楼。从外表上看简直不相信这会是住宅建筑，其极其封闭的外观简直像一座牢不可破的城堡。

大埔县湖寮镇龙岗村。

离县城不远，可租车前往。

龙鲸河漂流

●“粤东第一漂”

粤东第一高峰铜鼓嶂下，葱茏的丛林竹海孕育了丰顺美丽纯净的“矿泉水河”——龙鲸河。龙鲸河漂流又名冰臼河漂流，漂程 9.8 千米，分为 A、B 两段，落差 40 米，是回归自然生态旅游和体育探险游泳的绝佳选择。

丰顺县大龙华镇至黄金镇清溪河段，离县城 48 千米。

¥ A 或 B 线漂流 75 元 / 人，A + B 线漂流 118 元 / 人，逢周一至周四（节假日除外），漂流费优惠 15 元 / 人。龙门寨瀑布 5 元。

南台山

●世界第一天然卧佛

南台山是粤东八大名胜之一。景区有许多怪石奇景、名胜古迹，奇闻轶事和动人传说，有着别具一格的历史和韵味，拥有“南台八景”（武仙殿、白云寺、螺洲洞、青云寺、金粟山、合掌岩、出米石、东霖寺）等胜景 40 多处。

平远县石正镇。

梅县旅游区

叶剑英纪念园

●融客家传统文化、绿色生态旅游于一处

叶剑英纪念园分人文秀区、纪念景区、生态林区、旅游休闲服务区四个功能区，由叶帅故居、叶家宗祠、叶剑英纪念馆、题壁广场等系列景观组成。

纪念馆外观呈几何构造，规模宏大，设四个展厅，以“少怀壮志、泉井情深、力挽狂澜、翰墨飘香、百战归来”五大主题序列，共展出叶帅各个时期的图文 600 多张、艺术品 22 件及一大批手稿、文稿、文献与实物史料，充分展现出叶剑英元帅崇高的革命风范、独特的精神风貌和伟大光辉的一生。

梅县雁洋镇虎形村。

乘 10、17 路公交可到。

8:00~17:00。

0753-2825206。

雁南飞茶田度假村 AAAAA

●被赞为“绿野明珠”

雁南飞茶田度假村营造了浓厚的茶文化内涵并融客家文化于其中。度假村建有 14 栋山庄别墅、围龙大酒店、围龙食府、美食街、茶艺馆、网球场等设施，拥有茶坛晨霞、云梯远眺、雁南飞神石、笑傲江湖瀑布等景观。

“雁南飞、茶中情”的品牌已在海内外广为传播。在此游览度假，可领略客家人正宗传统的款待之道，品尝丰富多彩的客家美食及甘滑香浓的雁南飞名茶。在一片清新高雅的自然空间，尽情感受博大精深的茶文化和饮食文化。

梅县区雁洋镇长教村，距梅州 45 千米。

¥ 80 元。

0753-2828888。

↑万绿湖

亲历者◎攻略

1. 雁南飞茶田度假村紧邻灵光寺和叶剑英纪念园，建议同时游览。

2. 免费品茶：茶情阁是雁南飞茶田为各位游客提供免费品茶、购买雁南飞茗茶和客家特产的场所。还可以欣赏到雁南飞茶田的茶艺表演。在这青山绿水之间把盏闻香，细品甘露，让您亲身体会一下茶艺的内涵。

雁鸣湖旅游度假区

●粤东最大的旅游度假胜地

雁鸣湖旅游度假村在华银垦殖场基础上兴建，有春晖园、夏晓园、秋实园、冬融园和森林公园等多个景点。

夏晓园内最著名的是凤凰阁和千手观音，凤凰来息，千年一见。贵客登临，万福齐至。凤凰阁乃度假村最高点，登高远眺，万千气象齐奔眼底，真有一览众山小的畅快之感。千手观音，纯金打造，祈福襄助，平安如意。

梅县区雁洋镇南福村。

7:00~18:30；冬季为7:30~18:00。

50元。园内游乐项目、康乐项目等单独收费（童趣园免费）。

阴那山·灵光寺

●广东省四大名寺之一

阴那山为“粤东三胜”之一，人称粤东群山之祖。其山势雄奇，峰峦叠翠，冬季山顶有积雪，具有“神山、群峰、奇石、翠瀑、浮云”的特色。有灵光寺、情人谷、观音岩、万福寺、五指峰天文科普园等景点。

灵光寺始建于唐代咸通二年（861年），内有大雄宝殿、金刚殿、罗汉殿、诸天殿、观音阁、钟鼓楼、经堂等。此外，灵光寺还有不少神奇传说，如五色雀、无笃石螺、片生熟鱼，以及一些珍稀植物等灵迹。

梅县区雁洋镇东部。

梅州火车站乘车到月梅汽车站，那有直到阴那山的中巴（9:00），也有路过的，车费在7元左右。

40元。 0753-2825302。

河源旅游区

万绿湖风景区

●华南最大的人工湖

万绿湖原是华南最大的人工湖（新丰江水库），因处处是绿，四季皆绿而得名，有岛屿380多个。万绿湖集“水域壮美、水质纯美、水性恬美、水色秀美”于一身，沿湖有水月湾、镜花缘、送水观音、三里长峡、龙凤岛等景观，湖畔的桂山为河源第一高峰。

河源市源城区源南镇。

联票1线（含水月湾、龙凤岛、镜花缘、镜花岭、客家风情馆）207元；联票2线（龙凤岛、镜花岭、水月湾、客家风情馆）177元。

亲历者◎指路

源城客运站北行走过十字路口（桥的方向）总长约150米可直接乘坐到万绿湖（新港镇码头）的中巴（3元），返程也有。

提示：这里的载客摩托车有一个共同的标志：戴黄色头盔，上车 2 元，稍远的 3 块；的士上车 5 元。

亲历者◎攻略

1. 水月湾：主要是走水桩、游泳、竹排、摸鱼等游艺项目，带小孩来的游客值得一去。

2. 龙凤岛：主要是歌舞表演、野战营、高尔夫练习等游艺项目，另外值得一看的有一个夫妻树（樟树和枫树缠在一起）。

住宿

梅州雁鸣湖旅游度假村 / 梅县区区雁洋镇南福村 /0753-2839288。

友谊宾馆（三星）/ 彬芳大道 52 号 /18219052780。

客都大酒店（三星）/ 丽都西路 /0753-2190288。

餐饮

传统的梅州菜主要为家禽和水产。特色菜有客家三大菜肴（盐焗鸡、酿豆腐、梅菜扣肉），还有醋溜鱼、炒仔鸭、娘子鸡、炖鱼肚、玻璃猪肠等等。另外当地的客家黄酒、米羔板和梅州腌面也很有名，值得一尝。

想吃米羔板，需在早晨，沿街会看到有阿姨担着担子，掀开担子的盖，里面就是一碗一碗的米羔板了，浇上农家酿的汁，实在是香！另外，梅州城区的“鸿都客天下美食一条街”里聚集了梅州各地的美食，到梅州旅游的朋友不要错过。

购物

有客都之称的梅州深受客家人沿袭千年的传统文化的影响，著名的客家娘酒、白渡牛肉干、大埔苦丁茶、平远梅菜干都是客家独有的美味。梅州特产还有金木雕、竹编工艺品、五华细核荔枝、平远大果李、沙田柚汁以及珍珠红酒、西岩茶、高陂瓷等享誉国内外。

在梅州的各大商场超市都可以买到客家特产，但是云凤客家土特产总汇、客缘土特产自选超市、永兴客家土特产经营部等特色商店的客家特产更加正宗，是梅州客家旅游购物的首选之地。

民俗

梅州的文化是典型的客家文化。在区内有很多古朴的客家民居，包括围龙屋、走马楼、五凤楼、土围楼、四角楼等，其中以围龙屋最有特色和最为著名。

梅县“围屋”：与北京的“四合院”，陕西的“窑洞”，广西的“杆栏式”和云南的“一颗印”，合称为中国民间五大传统住宅建筑形式。

梅州话：是客家话的代表，比较难懂。客家方言被称为“古汉语活化石”。

客家山歌：用来传达客家男女情爱、劳动之乐，是梅州文化的一个重要组成部分。

↓梅菜扣肉

● 面积

24 万平方千米，全国排名第 9 位

● 人口

人口 4796 万，全国排名第 11 位

● 5A 级旅游区

独秀峰 · 靖江王城景区、南宁青秀山、桂林市漓江、桂林市乐满地度假世界、桂林市两江四湖 · 象山景区

● 国家重点风景名胜区

桂林漓江、桂平西山、花山

● 世界遗产

桂林喀斯特、环江喀斯特

广西旅游网
www.gxta.gov.cn

时尚旅游地推荐

漓江 1　黄姚古镇 2　龙脊景区 3　百里寨岭南风情谷 4

乐业天坑 5　德天瀑布 6　银滩 7

广西

广西看水，一条清澈的漓江，赢得桂林山水甲天下。广西看山，典型的喀斯特地貌，奇山异峰拔地而起，仿佛一个巨大的天然盆景；广西看海，则要去拥有碧海银滩的北海；广西还能看到世界第二大的跨国瀑布德天大瀑布。

天下风景，美在广西

南宁

南宁因邕江相伴，古称邕州，后取意南疆安宁得名南宁。南宁，一座历史悠久、风光旖旎、充满诗情画意的南国名城。这里融南亚热带自然风光与现代园林城市的风貌为一体，悠扬的民歌、丰富的民族节日、可游可居的壮乡瑶村苗寨，都吸引着人们前去游览。

这里有极具亚热带风光的南湖公园、满载看民族风情的民族文物苑、常年苍翠的青秀山风景区、犹如一颗碧绿的翡翠镶嵌在首府的大地上的良凤江国家森林公园及被誉为壮族圣山的大明山和天然游泳池的泉水湖——灵水……处处都散发着无穷的南国风光和少数民族风情。山、水、人、情构成了南宁多层次的旅游景观。

面积：22341 平方千米
人口：714 万
区号：0771

亮点

必游景点

- **青秀山**：被誉为“南宁市的绿肺”。山巅的青山塔是广西最高最大的塔，它是青秀山的象征。
- **九曲湾温泉**：是“五料”齐全的氟医疗热矿泉。
- **扬美古镇**：广西境内保存最为完好的明清古镇，乘牛车游别有一番情趣。
- **大明山**：“春之岚，夏之瀑，秋之云，冬之雪”堪称绝景。
- **金伦洞**：洞中有公路可行车辆，有水路可通舟楫，为天下奇景。
- **德天瀑布**：地处中越边境，是亚洲第一跨国瀑布，有浓郁的边关风情。
- **黄姚古镇**：中国历史文化名镇，素有“诗境家园”

↑青秀山

之称。
- **桂平西山**：有“林秀、石奇、泉甘、茶香”四绝，以佛圣著称。

线路推荐

南宁市区三日游

D1：青秀山—南湖公园—广西博物馆—邕江景观带。

D2：八桂田园—广西药用植物园—九曲湾温泉。

D3：良凤江森林公园—扬美古镇。

贺州—梧州精华三日游

D1：江氏客家围屋—临贺古城—浮山。

D2：玉石林—姑婆山—路花温泉。

D3：碧水岩—黄姚古镇。

交通信息

飞机

南宁吴圩机场位于邕宁县吴圩镇境内，距市区约 32 千米。航线直达国内主要城市及香港、河内、曼谷等境外城市。机场每天都有专线巴士往来于市区与机场之间。

火车

南宁火车站位于市中心中华路，每天都有开往北京、上海、深圳等各大中小城市的列车，也设有始发钦州、北海、桂林、百色的列车，有动车停靠；南宁东站为高铁站。

南宁城区景点

青秀山风景旅游区 AAAAA

广西十佳景区之一，热带雨林景观

青秀山又名青山、泰青岭，由青松岭、

凤凰岭等18座山峰组成，有青山松涛、海天一览、翠屏飞瀑、子夜松风、泰青远眺等风景名胜景点，被誉为“南宁市的绿肺”。山巅的青山塔是广西最高最大的塔，它是青秀山的象征。登上塔顶，可眺望远近一二十里的风光，南宁城景色更是一览无遗。

南宁市青秀区邕江畔。

乘10路、33路、97路公交，或在朝阳广场乘前往青秀山的旅游专线车可到。

20元。

亲历者◎攻略

桃花艺术节：每年一到春暖花盛开的季节南宁市及周边上山赏花的游客络绎不绝，每年桃花期间上山踏青赏花的游客超过了三十万人次。

新春庙会：每年青秀山风景区都会举行规模盛大、喜气洋洋的青秀山新春庙会。庙会上会展示吉祥喜庆的人文风俗，你可以看到民族风味浓厚的板鞋舞、趣味横生的踩高跷踢足球等等，这些都展现了悠久的中华民族文化。

广西药用植物园

●被人们誉为“立体本草纲目”

广西药用植物园占地200多万平方米，被医药界誉为“立体本草纲目”。栽培药用植物是《本草纲目》所列的两倍。还有被称为“活化石”的桫椤和望天树。

南宁市兴宁区长堽路189号。

乘57、606路公交直达。

夏秋季8:00~18:00，冬春季8:00~17:30。

15元。

0771-5603072。

狮山公园

●有“绿色翡翠”之美誉

狮山公园总面积约80公顷，地形变化丰富，山、水、林自然成景，集观光、娱乐、饮食、健身等于一体，是南宁市八大公园之一。园内有棕榈园景区、竹文化景区、草地活动区、野趣山林区（映红坡、荷香坳、红豆谷、野趣烧烤区）、水上景观区、健身娱乐区（竹影山庄、野战、山地运动、老人儿童活动）等十大景区。

南宁市兴宁区邕武路五村岭大转盘旁。

九曲湾温泉景区

●“五料”齐全的氟医疗热矿泉

九曲湾温泉水出口温度为53.5~61℃，泉水中含有偏硅酸、偏硼酸、硫化物、氟、氡等五大矿物质和30多种对人体有益的微量元素，实属世间罕有“五料”齐全的重碳酸钠型温热级含氡、偏硼酸的氟医疗热矿泉。度假村有17座露天温泉浴池和室内多功能泡浴池24座。

南宁市兴宁区三塘镇温泉路9号。

22路公交可到。

168元。

扬美古镇

●乘牛车游明清古镇

扬美古镇建于宋代，明清时学士迭出，近代则有不少革命先贤生长于此。该镇是目前广西境内保存最为完好的明清古建筑群，至今，它依然保持着清代一条街、明清古建筑群、魁星楼、梁列亚故居、龙潭湾等景点。

南宁市西乡塘区扬美镇。

10元。

亲历者◎指路

南宁火车站旁边的第二客运站出口斜对面，乘旅游专线车至扬美（9:00~11:00，每小时一班，约1.5小时车程）。

亲历者◎攻略

1. 在扬美古镇里可步行或乘坐当地特有的牛车，乘坐其上，悠哉游哉。游左江可乘游船，在渡口的金马广场有一棵树贴有游船价目表和景点图，价格合理，如多人合租的话比较划算。

2. 左江的风光很是上镜，乘船游左江会拍到一些好照片。拍摄明清建筑的话，如用黑白片可能比较有味道。

3. 龙潭湾是古镇看日落的好去处。“龙潭夕影”亭旁，参天的古树均从石缝中生长，亭前的河岸怪石嶙峋，奇异多姿，还有“石孙龙潭探宝”的美丽传说。每当夕阳西下，水面波光粼粼，绿水映翠竹，蔚为壮观。

南宁郊县景点

大明山

●素有"广西庐山"之称

大明山是南方较大的山脉之一，包括天湖、望兵山、天坪、龙尾瀑布、将军谷、青龙谷、不老松、大峡谷8景区。"春之岚，夏之瀑，秋之云，冬之雪"堪称绝景。还有三滩龙尾瀑布、照仙境等奇观，山脚还有古代作战的石城，东端有出土商、周时代的古墓群等。

武鸣区两江镇。

南宁朝阳广场旁有直达大明山景区的班车。

¥ 128元。

伊岭岩

●素有"地下宫殿"的美称

伊岭岩是一座喀斯特溶岩洞，素有"地下宫殿"的美称。因地处伊岭村而得名，又名"敢宫"（壮语），意为宫殿一样美丽的岩洞。据地质学家推断，形成于一百万年前。洞分3层，游程达1100米，曲折迂回。洞内辟有八个景区，100多个大小景点。伊岭岩前的壮寨文化长廊也充分展示了壮族文化历史和民族风情。

武鸣区双桥镇伊岭村，距南宁25千米。

南宁安吉汽车站乘前往武鸣的班车，在伊岭岩下。

8:00~17:00。 ¥ 联票60元。

九龙瀑布群

●九龙瀑布以"群"为特色，

景区内古树老藤遮天蔽日，飞瀑流泉四季常流。有白龙出潭、群龙迎宾、双龙戏珠、紫龙相会、九龙入宫等九幅瀑布。

横县灵竹镇大吾林场。

横县乘车可达九龙瀑布。自驾车：南宁（沿南柳高速公路）—古辣甘棠出口—露圩—甘棠—灵竹—九龙瀑布群。 ¥ 30元。

金伦洞

●世界十大名洞之一

金伦洞为世界十大名洞之一，因传说中的壮族英雄人物韦金伦曾在洞内读书遇仙获宝而得名。游程近10千米，洞内的钟乳石琳琅满目。洞中有公路可行车辆，有水路可通舟楫，为天下奇景。洞外有极富壮族特色的"壮人部落"。

马山县古零镇杨圩村，210国道旁。

乘南宁—马山的班车至金伦洞路口下车即到，约2小时车程。自驾车从南宁出发，沿210国道北行，至杨圩镇附近见到"金伦洞入口"标志牌拐进，前行200米即到。

¥ 80元。

桂东南旅游区

桂东南指的是广西东南部的贺州、梧州、玉林、贵港4市。

姑婆山旅游区

●游览山水风光，森林沐浴

姑婆山旅游区兼有山水型、城郊型公园之特点。园内高峰林立，天堂顶是桂东第一主峰。有奔马瀑布、仙姑瀑布、银河落九天瀑布、仙姑庙等景，是游人野炊、休闲、森林沐浴的好去处。景区是著名的影视剧外景拍摄地，号称华南地区最大的天然森林氧吧，以"围屋""姑婆青梅酒"和"贵人茶"而驰名。

贺州市八步区里松镇。

桂林有发往贺州的直达大巴。

¥ 125元。

江氏客家围屋

●素有江南"紫禁城"之美称

江氏客家围屋是目前中国保存最完整、

↓姑婆山

规模最大、历史最悠久的古建筑之一。该围屋建于清朝道光年间，占地三十多亩，分北、南两座，相距300米，富丽堂皇，是典型的客家建筑文化艺术结晶。《茶是故乡浓》《酒是故乡醇》《围屋里的女人》《夺宝英雄》等剧组曾到此取景拍摄。

贺州市八步区莲塘镇。

30元。

黄姚古镇

梦中的家园

黄姚古镇已有近千年的历史，素有“诗境家园”之称。由于镇上以黄、姚两姓居多，故名“黄姚”。镇内有山水岩洞、亭台楼阁、寺观庙宇、祠堂、古树、楹联匾额。建筑按九宫八卦阵式布局。

昭平县黄姚镇。

贺州有直达黄姚的班车。

100元。

亲历者◎指路

1. 八步—钟山—黄姚（巩桥方向）：从八步先到钟山（40千米，约50分钟车程），再乘从钟山往巩桥的班车，在到达巩桥之前6千米处便是黄姚，这一段路程为50千米，约2.5小时车程，这一路路况较好，推荐来回都走这条线路。

2. 八步—巩桥—黄姚：从八步搭到巩桥的班车。巩桥到黄姚有很多电三轮车，约5千米路程。

↓黄姚古镇

骑楼城—龙母庙景区

“中国骑楼博物城”

梧州现存骑楼街道22条，总长7千米，最长的达2530米，骑楼建筑560幢，其规模之大、数量之多，国内罕见，是名副其实的“中国骑楼博物城”。

梧州是龙母的故乡，为纪念龙母，梧州于北宋年间建成龙母太庙，由牌坊、前殿、中殿、后宫、行宫、龟池等组成。是广西少有的保留宋代建筑特色的文物古迹，兼有宋、明、清时代的建筑风格。龙母诞（五月初八）和升仙日是传统纪念日。

梧州市万秀区桂林路。

5元。

亲历者◎攻略

农历五月初八和农历八月十五是龙母庙最热闹的时候。此时龙母庙通宵开放，善男信女争先恐后来朝拜、上香、摸龙床、照龙母镜、用龙母梳、洗龙母水、喝龙母茶，往万寿龟投币。

都峤山

观佛庭看佛光

都峤山方圆37平方公里，现已辟为五个景区，其中文化内涵最丰富的是庆寿岩标志性的文物是已故佛教协会会长赵朴初所书高108米、宽88米的描金佛字。这个佛字占据了大半个山面，被认为是目前世界上最大的单个佛字。据说到了晚上，这个佛字便会放射出神秘的金光。山脚下池塘边有个观佛亭，是这个佛字和金光的最佳观赏处。

容县容州镇木进村。

25元。

鹿峰山风景区

以山岳景观及溶洞景观为主

鹿峰山风景区由龙泉岩和鹿峰山石林公园两大部分组成，其中龙泉被誉为“岭南第一岩”，是个石灰岩形成的大溶洞，已经开发的游程达1268米。含一溪五厅，有龙宫宝殿、千年古榕、南国风光等景，游览时间约60分钟。山坳处是抗日屯兵遗址。

鹿峰山石林公园位于鹿峰山主体部分，是一座长2.4千米，宽0.6千米的石灰岩山体，因它的地质属地垒断层类石山。山北有双龙崖、山南有化龙崖，后山有仙女峰、龙首崖等。整个公园可概括为“险”“幽”“壮”“秀”四字。

兴业县城隍镇东1千米鹿峰中。

30元。

桂平西山

●有"林秀、石奇、泉甘、茶香"四绝

桂平西山有"林秀、石奇、泉甘、茶香"四绝，以佛圣著称。有李公祠、洗石庵、龙华寺、乳泉亭、中山飞阁、龙亭、如意亭、吏隐洞、姚翁岩等景。西山茶、乳泉酒，驰名于世。历代文人学士留下赞赏西山的诗词对联达4000多首。

桂平市西山镇。

100元，有缆车直通山顶（单程50，往返100）。

亲历者◎指路

1. 南宁朝阳汽车总站乘坐直达桂平的长途车，约4小时车程。

2. 南宁中华路二运汽车公司乘坐直达梧州的快巴到桂平。

崇左旅游区

德天跨国瀑布景区

●世界第二大跨国瀑布

德天瀑布地处中越边境，有"亚洲第一大跨国瀑布"之称，是世界第二大跨国瀑布。瀑布气势磅礴、三级跌落，宽达百米，与越南的板约瀑布连为一体。景区内有浓郁的边关风情。

崇左市大新县硕龙镇德天村。

80元。

亲历者◎攻略

1. 景区最佳游览时间是每年的7~11月，此期间为雨季，瀑布水质清冽，壮观无比，极具风韵。

↓德天瀑布

2. 德天瀑布靠近越南，53号界碑可以跨过去，但千万不要走出太远，据说那边有很多地雷。

明仕田园风光

●有"小桂林"之称

明仕田园风光方圆20千米的景区山清水秀，素有小桂林之称，是一处难求的令人迷醉的田园风光。

崇左市大新县硕龙镇。

80元，漂流套餐（含门票、船票）120元。

友谊关

●我国九大名关之一

友谊关居桂边三关之首，有"天下第二关"之称，距今已有二千多年的历史。关楼三层，高22米，二楼为展厅。楼前有广场。

崇左市凭祥市友谊镇。

50元。

↓友谊关

花山岩画

●左江流域岩画群的代表

宁明县的明江河畔，有一座断岩山，临江断面，形成一个明显内凹的岩壁。岩壁上留存有大批壮族先民骆越人绘制的赭红色岩画，这就是举世闻名的花山岩画。

花山岩画是战国至东汉时期岭南左江流域壮族先民骆越人巫术活动遗留下来的遗迹，也是目前为止中国发现的单体最大、内容最丰富、保存最完好的一处岩画。

宁明县城西南约25公里处。

80元。

住宿

南宁的住宿条件比较完善，中低档旅社很多，火车站、汽车站以及朝阳路、友爱南路都有很多招待所，价格便宜，比较适合背包客及工薪阶层住宿。四星级的宾馆标间300元左右，三星级宾馆的标间200元左右，二星级宾馆价格150元左右。

明园新都酒店（五星）/ 新民路 38 号 /0771-2118181。

邕江宾馆（四星）/ 临江路 1 号 /0771-2180888。

翔云大酒店（三星）/ 新民路 59 号 /0771-2101999。

万兴酒店（二星级）/ 北宁街 42-1 号 /0771-2381000。

城市便捷酒店（青秀山店）/ 青秀区竹溪南路 22-3 号 /0771-2382288。

三月花国际大酒店 / 青秀区长湖路 50 号 /0771-5812888。

餐饮

南宁的美食以酸闻名，讲究鲜、嫩、爽。“乾隆皇帝锅烧牛杂粉、爽记鱼生及第粥、绿豆大肉粽、李子凡的糯米水圆、成香园茶食”被称为邕城饮食的“五虎将”。还有花雕碎鸡、纸包鸡、核桃香鸽等菜品也十分有名。

在南宁，中山路是著名的小吃一条街，在这里可以吃到正宗的老友粉、牛杂粉、炒田螺、白果芋泥等。此外，新民路、七星路、古城路、建政路也是美食集中的地方。其中七星路小吃街最出名的是柳州烧肠粉、马肉粉、富豪饼等。新竹路可以吃到丰富的夜宵。

南湖鱼餐馆：位于滨湖路南湖公园内，专营鱼菜的风味餐馆，以风味独特的“全鱼宴”闻名。

万国酒家：位于民生路，是南宁老字号饭店之一，以供应南宁最正宗的纸包鸡著称。

购物

南宁市的土特产主要有龙眼、荔枝、菠萝蜜、芒果、柚子等。手工艺品以壮锦、绣球为代表。另外，皮革制品和金银首饰也都很不错。

朝阳路、兴宁街、新民路和七星路一带的专营店特别多，档次有高有低，多为名牌专卖店和精品店。西关路热闹的露天夜市每天晚上18:00开始，有很多廉价的小商品在地摊上出售金银花等。

民俗

抢花炮：每年三月三民歌节时，参加者以各村寨的壮男各组成一队，互相竞赛。将花炮（一枚直径约5厘米，用红布缠绕的铁环）放在装满火药的发射器上，点燃后即“轰”的一声将花炮射上高空。待花炮落下时，各寨的花炮队蜂拥而上，激烈拼抢，拾得花炮者在队友的掩护下，冲破对方的抢夺和阻挡，奔向对方的炮台，将花炮投入花篮中，即为胜利。抢花炮的拼抢非常激烈，其形式有如西方的橄榄球，所以被誉为“东方的橄榄球”。

踩高跷踢足球：这是壮族的“高脚球”，玩起来很像足球。不过却不能用脚来踢，无论奔跑、拼抢和踢球都能用那对“义肢”。现在用的球是足球，但以前踢的可是柚子。

抢糍粑：是仫佬族最兴高采烈的活动，他们三人为一组，共三组人轮番用长筷子去抢放在瓦缸里的三角粽，但是三个人只能共用三只脚着地，全靠手拉手、脚扣脚在蹦跳中保持平衡，一不小心失了平衡，抢到的粽子也会掉下地。一时之间满场喝彩呐喊和击鼓助威声不绝，直到缸里的粽粑抢完为止，抢得粽粑最多的一组为胜者。三角粽是仫佬族依饭节的吉祥物，仫佬族人相信，谁抢得多，得“福”也越多。

桂林

"桂林山水甲天下"这一名言在人们心中刻下了永恒的桂林印象。到桂林，"游山如读史，看山如观画"，桂林独特的喀斯特地貌使之被誉为国际旅游明珠。象鼻山、叠彩山、伏波山、穿山，众山平地拔起，神姿仙态；七星岩、芦笛岩、银子岩、冠岩、丰鱼岩，洞中奇石，琳琅满目，鬼斧神工，地布暗河，神秘莫测。加之大小江湖贯穿其中，流泉、峰林环布，间有险滩、飞瀑，形成"山青、水秀、洞奇、石美"的美丽景观。

面积：27809 平方千米
人口：522 万
区号：0773

亮点

必游景点

- **象山**：是桂林山水的代表、桂林城的象征，桂林城徽就是象山。
- **两江四湖**：乘船观光，有日游和夜游两种方式，日游湖光山色，夜赏灯光夜景。
- **靖江王城**：有"桂林山水甲天下，阅尽王城知桂林"的美誉。
- **七星景区**：有典型的岩溶地貌景观，集山清水秀、洞奇石美四绝于一体。
- **漓江**：桂林山水的精华，兼有"山清、水秀、洞奇、石美"四绝。
- **乐满地度假世界**：被称为中国的"迪斯尼"，集尊贵、自然、浪漫、闲逸于一体。
- **龙脊梯田**：分为平安壮族梯田和金坑红瑶梯田，是梯田世界之冠，休闲摄影好去处。

线路推荐

- **桂林市区三日游**

↑象山

D1：七星公园—象山公园—伏波公园。
D2：叠彩公园—芦笛公园—靖江王城。
D3：漓江民俗风情园或愚自乐园—两江四湖景区。

- **桂林—漓江—阳朔三日游**

D1：冠岩—兴坪—阳朔。
D2：世外桃源景区—遇龙河漂流—阳朔西街。
D3：月亮山景区—刘三姐水上公园风景区。

交通信息

飞机

桂林两江国际机场位于临桂县两江镇，距市区 30 千米。与国内大部分大中城市和日本福冈、韩国济州岛、泰国曼谷、马来西亚吉隆坡、新加坡等机场均有直航航线。机场有到桂林市区和阳朔的大巴。

火车

桂林市目前有三个火车客运站：桂林火车站（南站）、桂林北站（高铁站）、桂林西站。

桂林市区景点

两江四湖 · 象山风景区 AAAAA

●桂林山水的代表

两江四湖景区是由漓江、桃花江、杉湖、榕湖、桂湖、木龙湖组成的市内免费公园。坐游船是游览两江四湖的主要方式，不仅可游览榕杉湖景区、桂湖景区、木龙湖景区，

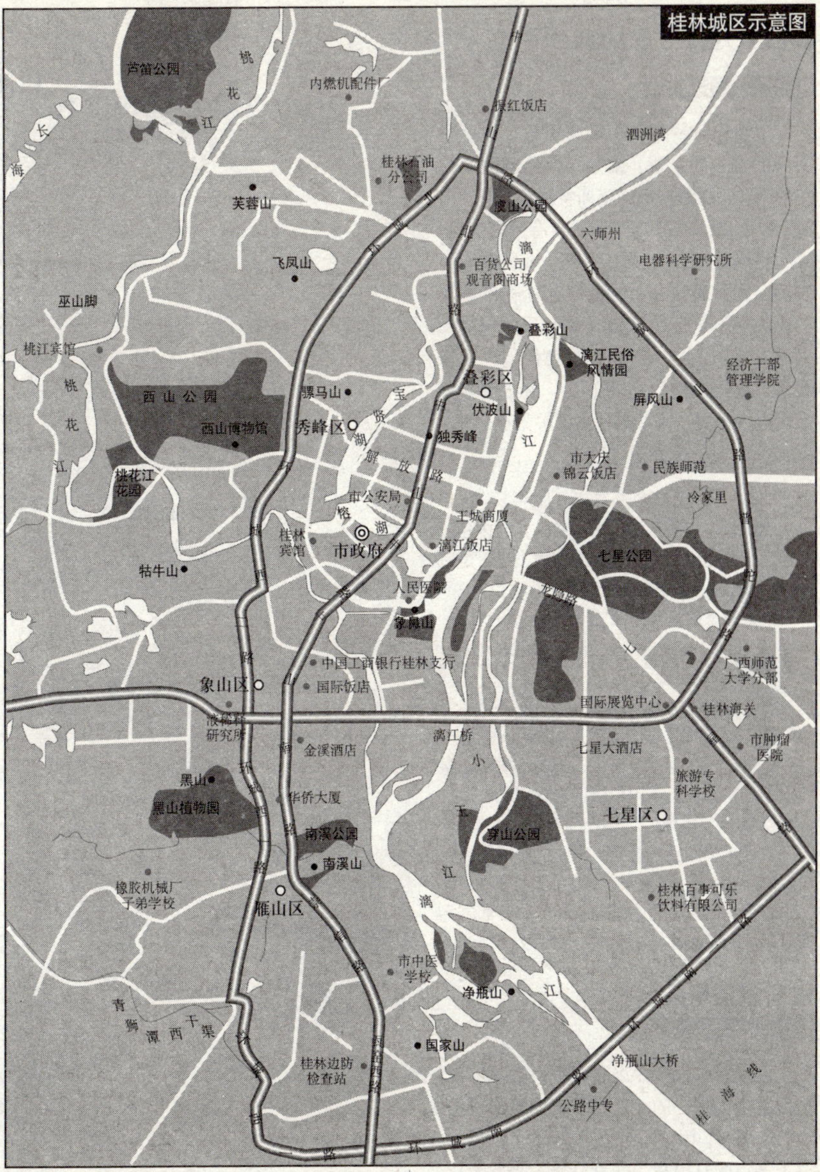

而且还可观赏到漓江两岸的象山、伏波山、叠彩山等十多座传统名山。

象山因整个山形酷似一头驻足漓江边临流饮水的大象而得名，已成为桂林山水的代表，桂林城的象征。

桂林市市区，跨象山区和叠彩区。

景区免费，日游船票 90 元，夜游 210 元。

亲历者◎攻略

1. 两江四湖景区有日游和夜游两种方式，日游湖光山色，夜赏灯光夜景。白天拍摄的照片色彩更加鲜艳，更有层次，另外，因为白天没有大量的灯光，船票也便宜不少。

2. 两江四湖景点的最大特色是桥，一是数量多，共经过 19 座桥梁；二是仿世界名桥而建，有

漓江景区 AAAAA

● 岩溶山水，乘船游江

“江作青罗带，山如碧玉簪”，百里漓江的每一处景致，都是一幅典型的中国水墨画。漓江是典型的喀斯特地貌兼有“山清、水秀、洞奇、石美”四绝，更有倒影奇观。

漓江是世界上规模最大、风景最美的岩溶山水旅游区，其常游段为桂林市磨盘山码头到阳朔段63千米，精华段（杨堤—兴坪）在阳朔县。沿岸有桃源仙境、鸳鸯戏水、九马画山、七仙下凡、黄布倒影、螺蛳山、杨堤古镇、兴坪古镇等景点。

亲历者◎游记

首先从磨盘山码头（或竹江码头）至阳朔龙头山码头（或阳朔碧莲峰码头），沿途经过冠岩，及绣山，山背有洞名绣山岩，往下是浪洲村，然后是古代的水路驿站——新林驿。

接着过半边渡到秀峰山，这一江段有诸多景点：乡吧岛、桃源村、双全村、锣槌鼓棍山等，各有奇妙新颖之处。

然后从秀峰山顺流而下至月光岛，岛上乌桕成林。船至对岸，登山远望，可纵览杨堤风光。

经浪石一带再过全家洲、下龙、杨堤，直到兴坪老村头，进入兴坪景区。这里山峰、土岭相互衬托，九马画山、黄布倒影等景色迷人。顺流直下半里即到朱壁滩，由此上岸可登上佛子山，观赏兴坪古镇胜景，东侧是渔村。

告别渔村就到达以“山水甲桂林”而闻名的阳朔，到此登岸。

古东瀑布景区

● 多级串联瀑布走瀑戏浪

古东瀑布景区内瀑布成群、古木参天，是目前全国唯一的一处由地下涌泉形成的多级串连瀑布，因钙华沉积瀑布面会逐渐长高。三千多亩的红枫林为晚秋胜景。来此游玩，有走瀑戏浪的乐趣，有丛林穿梭的刺激，雨泉湖上还有三姐情歌对唱……

灵川县大圩镇南部。

桂林汽车总站乘桂林—冠岩的专线车，古东瀑布下即可(票价7元)。或乘汽车到大圩镇后转三轮摩托可到。

8:30~16:30（游览时间约需2小时）。

0773-5849898/5849918。　60元。

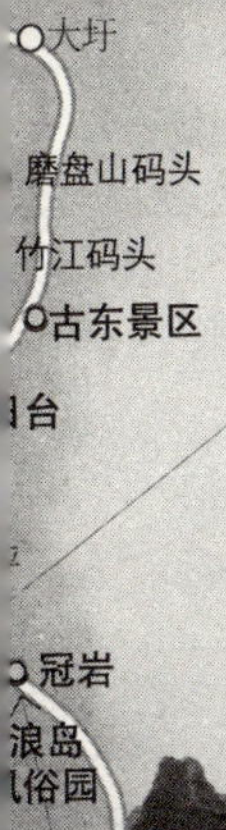

杨堤古镇

●漓江胜景的精华所在

杨堤在枯水季节是乘游船游览漓江的启航码头。这一带风光是漓江胜景的精华所在。从绣山彩壁、半边渡到月光岛、浪石、上龙、下龙，景点密布，目不暇接。

阳朔县杨堤乡。

桂林乘到阳朔的中巴在杨堤路口下车（8元），换乘阳朔—杨堤的班车（2.5元）可达杨堤码头。

冠岩景区

●地下河溶洞，水陆空游览

冠岩因山如金冠而得名。其实是一个巨型地下河溶洞，全长12千米，已开发段有地下旱河和旱洞两部分，长约1.7千米。

桂林市雁山区草坪乡，桂林市南29千米处。

桂林汽车总站乘桂林—冠岩专线车（桂林最早发车7:30，冠岩返回最迟18:30；票价10元），可直达冠岩景区。或乘船在游览漓江中途停靠冠岩码头，游览冠岩景区。

8:30~17:00，游全程约需2~4小时。

¥ 80元。观光滑车30元（单程），电瓶车15元（单程）。

桥梁博览园之说。

叠彩山

●桂林日出的最佳拍摄地

叠彩山位于漓江西岸，由明月、仙鹤、于越、四望等山峰组成，主要景点有叠彩亭、叠彩琼楼、叠彩山门、蝴蝶馆、百鸟园等。

民间还有句谚语：“登上叠彩山、活到一百三”，故叠彩山有长寿山之意。叠彩山开发历史悠久，山上历代名人的摩崖石刻尤多，陈毅元帅“愿作桂林人，不愿做神仙”的诗句至今还在风洞口上方。另外，登叠彩山顶，还可俯瞰桂林城全景，有“江山会景处”的美誉。

桂林市叠彩区叠彩路。 乘2、203等路公交可达。

旺季6:00~18:30，淡季6:30~18:00。 ¥ 35元。

独秀峰·王城景区 AAAAA

●桂林山水甲天下，阅尽王城知桂林

靖江王城景区是以山形秀美的独秀峰为代表和整个明代靖江王城为地域范围的景区。景区内自然山水风光与历史人文景观交相辉映，自古以来就有“城中城”的美誉。

靖江王城是朱守谦被封为靖江王时修造的王城，是我国目前保存最为完好的明藩王府第。城垣左为宗庙，右为社稷。城内有承运门，承运殿等规模宏大的建筑群。

独秀峰位于桂林王城内，是王城景区不可分割的部分，与桂林著名的叠彩山、伏波山三足鼎立，有“南天一柱”之誉，史称桂林第一峰。

桂林市叠彩区中山中路。

乘203等路公交到中山中路乐群路口站下，东行50米即到。 7:30~18:30，游览约需1.5小时。

¥ 130元（包含靖江王城、靖江王府、独秀峰）。

0773-2803149。

↓独秀峰·王城景区

桂林近郊景点

穿山景区

●被誉为"世界罕见神奇的水晶宝洞"

穿山景区位于漓江东岸，景区内有穿山、塔山、月岩、穿山岩、寿佛塔等景。

穿山主峰有一穿洞，空明正圆，好似一轮明月高挂，人称"月岩"；由于它南北穿透，故又名"穿岩"，穿山也因此而得名。穿山有大小30多个岩洞，其中最美的要数1979年发现的穿山岩。洞内晶莹透亮的鹅管、卷曲的石枝、雪白透明的水晶市、石头开花长毛，形成了穿山岩独有的四大特色。

塔山上，明代建筑的一座七层六角实心的"寿佛塔"，巍然矗立，倒映江中，雅致清丽，"塔山清影"为桂林著名老八景之一。山下多枫树，秋日有"塔山红叶"醉人景色。

桂林市七星区漓江路南侧，穿山小街55号。

乘6路或214路公交可到。

夏季7:30~18:00，平时8:00~17:30，游览需40分钟。

80元（含穿山岩）。

七星景区

●综合性公园，溶洞景观

七星景区因由七星山、七星岩而得名，是桂林最大、景点最多的综合性公园，景区具有典型的岩溶地貌景观，集山清水秀、洞奇石美四绝于一体。主要景点有花桥、七星岩、"华夏之光"浮雕壁画、驼峰叠翠、月牙楼基地等。

桂林市七星区漓江东岸。

乘14、97等路公交可达景区花桥、龙隐大门，乘10、24路可达景区栖霞大门。

七星公园6:00~20:30，七星岩8:30~17:30。

七星公园75元，七星岩60元。

尧山景区

●有全国保存最完整的明代藩王墓群

尧山因周唐时在山上建有尧帝庙而得名，以变幻莫测、绚丽多彩的四时景致而著称。尧山山麓有靖江王陵墓群（30元）是明太祖朱元璋重孙靖江王朱守谦及历代子孙的陵园，规模宏大辉煌，是全国保存最完整的明代藩王墓群，在此出土的梅瓶名扬四海。

桂林市七星区东郊靖江路，距市中心约8千米。

解放东路的解放桥乘24路公交到靖江王陵站下，参观完王陵后按指示牌步行约5分钟即到尧山，从市内乘出租约需20元。

8:30~18:00，游览约需1小时。

95元（含双程索道）；索道40元/人（单程）、75元/人（双程）；滑道35元/人；索、滑道通票110元/人。

0773-5864592。

芦笛景区

●岩洞游览，田园观光

芦笛景区以岩洞为主，山水田园风光为辅。由候山、芦笛岩、桃花江、芳莲池等组成，被誉为"大自然的艺术之宫"。是一个由石笋、石钟乳、石幔、石花、珊瑚、翡翠雕砌而成的宫殿。

桂林市叠彩区西北郊7千米光明山南侧。

乘3、213路公交可达。

4~10月旺季（7:30~18:00）；11~3月淡季（8:00~17:30），游览约需40分钟。

110元。

阳朔旅游区

阳朔西街

●充满了异国情调，戏称洋人街

阳朔西街是一条有千年历史的石板路，却充满了异国情调，戏称洋人街。这里店铺林立，沿街出售民族服饰、工艺品、瓷器古玩等各种各样的商品，最有特色的是到处遍布着酒吧和咖啡厅。

阳朔县阳朔镇。

桂林—阳朔：进入阳朔，最方便的途径就是桂林汽车总站乘到阳朔的中巴，约1小时车程，票价13元，半小时一班。

刘三姐歌圩

●全世界最大的天然剧场

刘三姐歌圩周围的水域及12座背景山峰，构成了全世界最大的天然剧场。张艺谋导演的大型山水实景演出《印象·刘三姐》

每晚都在这里上演，分为《水镜晨妆》《山歌土风》《渔歌唱晚》三个场景。坐在绿色梯田造型的坐席上，以180度的视角观赏江面上的表演，的确是一种与众不同的体验。

阳朔县县城东郊福利镇。

桂林—阳朔，直达快巴17元，末班车20:30由阳朔发往桂林。 188元（含60分钟歌剧）。

世外桃源旅游区

●美景与民俗的融合

世外桃源旅游区由燕子湖、燕子洞、荷花池、侗族风情园和原始部落组成，风景犹如陶渊明笔下那个虚幻的世界。

世外桃源还是岭南建筑文化博物馆，这里承载了壮、侗、苗、瑶等民族独一无二的建筑景观精粹，令人目不暇接、流连忘返。数百种的民俗民风表演，十余个清山秀水间的原住民族，上万件精工细作的民族手工艺品……吸引着世界各地游客的到来。

阳朔县白沙镇五里店。

桂林火车站乘至阳朔的班车，途中在世外桃源门口下。

8:30~18:30，游览约需1.5小时。

100元。

0773-8775666。

www.niceview.cn。

荔浦旅游区

银子岩

●享有"世界溶洞奇观"之美誉

银子岩洞内含有石英石、方解石微粒的钟乳石在灯光的照射下折射出银子般的光芒，故得名，被誉为“世界溶洞奇观”。景区宛如一个巨大的天然盆景，四周群山环抱，千亩桃林错落其间，古寨依山而座，鸡犬相闻，一派田园风光，有“诗境家园典范”之美称。

这里特色景点数十个，以“三绝”（音乐石屏、广寒深宫、雪山飞瀑）和“三宝”（佛祖论经、独柱擎天、混元珍珠伞）等景点为代表。

荔浦县马岭镇，荔桂公路东侧。

游览银子岩最好的方式是游览漓江后在阳朔乘桂林—荔浦的班车（注意问清班车是否经过银子岩，票价约3元）。

8:00~18:00，可预约。游览约需2小时。

90元。

丰鱼岩田园旅游度假区

●被誉为“亚洲第一洞”

丰鱼岩田园旅游度假区因暗河盛产油丰鱼而得名，素有“一洞穿九山，妙景绝天下”的美称，整个景区分为岩洞内陆观赏区、洞内暗河观赏区（整条暗河的游程都是人工划船）和空中高架列车观赏区。

荔浦县三河乡东里村。

桂林—荔浦，空调直达快班15元（普通车13元），约2小时车程。再换乘小巴（5元）直达丰鱼岩，约40分钟车程。

8:30~17:30（游览约需两小时）。

60元。

荔江湾景区

●水中水，山中山，桂林山水第一湾

荔江湾有“水中水，山中山，桂林山水第一湾”的美誉。可游览有“洞中九寨”之称的天宫岩；也可以探索最古老的（最早的荔浦人）永苏里人的生活遗址；或者乘船观赏景区内多幅亿万年前自然形成的山体壁画（仙女下凡壁画、神龙壁画、裸女壁画等）；还可以徒步亲近大自然美景：鱼鹰捕鱼、古老农耕、田园风光、山野采摘……

晚上，还可以观赏到荔江夜捕的古老传统劳作，渔民至今还穿着古老的衣服，戴着斗笠，披着蓑衣，挑着河灯，一起吆喝着捕鱼的场景蔚为壮观。

荔浦县青山镇。

至丰鱼岩途经。

龙胜旅游区

龙脊梯田

●梯田世界之冠，休闲摄影好去处

龙脊梯田景区共分为平安壮族梯田和金

坑红瑶梯田。平安壮族梯田像条迤逦行进的长龙，一路扭动它充满野性的青春活力；金坑梯田则是条蟠曲的巨龙，盘成一个方圆十里的“天坑”。

龙脊梯田群规模宏大，如链似带，盘绕屈曲，由山脚一直到山顶。小山如螺，大山似塔，层层叠叠，高低错落。山间流水湍急，山巅白云缭绕，万木葱茏。相对于巴厘岛德格拉朗梯田的精致，这里尤显壮丽。

亲历者◎攻略

1. 摄影：龙脊梯田每年只种一季稻子，最好的游览和摄影季节在农历四月十五以后，梯田开始放水的半个月。中秋节前后到龙脊则一片金黄，也是拍摄的好时机。另外，龙脊的雪景也很棒，但是下雪的时间不定，看运气了。

2. 游龙脊梯田，最好在平安村住一晚，这里家家户户都可以住宿，而且可让户主带往览月阁赏梯田。平安村的览月阁是观赏梯田的最佳位置，推窗即能看到，每人要 10 多元钱。如果不去览月阁，建议选择 2 号观景点。

龙胜温泉旅游度假区

●华南第一泉

龙胜温泉是高品质度假中心。有上下两大泉群和温泉源头游泳池，设施一流。景区有最美妙的矿泉温泉洗浴，同时还可享受难得的森林之浴。

龙胜自治县县城 32 千米处。

龙胜汽车站乘龙胜到温泉的班车（8 元），约 40 分钟车程。

免费。泡汤票 98 元。

0773-7482241。

兴安—资源旅游区

乐满地度假世界 AAAAA

●被称为中国的“迪斯尼”

乐满地度假世界占地6000余亩，集尊贵、自然、浪漫、闲逸、欢乐于一体，是中国精致主题乐园的代表，全国十佳主题乐园。景区由欢乐中国城、美国西部区、梦幻世界区、海盗村、欧洲区、南太平洋区六大主题区和森林游乐区组成，各区均设丰富的表演节目。有飞天龙等三十多项游乐设施。

兴安县灵湖西岸。

桂林汽车总站或兴安汽车总站乘乐满地旅游专线车可达。 8:30~18:00（7~8 月），游览约需 5~8 小时。

通游券 150 元（住酒店可凭房卡在前台购买到优惠的主题乐园门票）。 0773-6229988。

猫儿山

●五岭极顶、华南之巅

猫儿山因山形如猫而得名，居五岭之冠，堪称“华南第一峰”，素有“五岭极顶、华南之巅”的美誉。猫儿山集泰山之雄，华山之险，庐山之幽，峨眉之秀于一体，它还是漓江、资江、浔江的发源地，是桂林漓江山水的“命根子”。

猫儿山国家森林公园地貌属典型的丹霞地貌，分三大景区，有水月岩云、洞天奇观、金猫窥世、光台日彩等 102 个景点。

兴安县华江乡高泰村，距桂林市 80 千米。

桂林汽车站或兴安班车停车场乘桂林—猫儿山的长途班车可达。

180 元（含门票、上下观光山车费、保险费）。

灵渠景区

●世界上最古老的运河之一

灵渠沟通了湘江和漓江，是秦始皇为进攻岭南的军队运送粮草而下令修建的水上通道，是我国古代著名的三大水利工程之一。灵渠两岸有状元桥、陡门、铧嘴、四贤祠、飞来石、大小天平、泄水天平、秦文化广场遗迹纪念馆等景。

秦城水街：是指灵渠穿过县城一段两岸的街区，长约 1 千米，由秦汉建筑文化、古桥文化、古雕塑文化等五大部分组成。有秦文流觞景区、马嘶桥、湖广会馆、水街亭台廊榭、百米雕塑长廊等景。

兴安县，铧嘴在县城西郊分水村。

桂林汽车站乘到兴安县的车，再换乘三轮车可达。

8:30~17:30。 50 元，租船游览 40 元。

五排河漂流

●水险、石奇、林幽、瀑美

五排河暗礁多、滩多、潭多、堑多、水

流湍急，穿越于深山峡谷之中，两岸怪石林立，两岸风光优美，民俗风情浓郁，是探险漂流的最佳去处，惊险刺激。

乘竹筏或橡皮船漂流五排河，简直就是置身于幽谷探秘。弯多，山陡、林深、谷幽，一切尘世间的喧嚣顿然销声匿迹，江流把人带进了一个古朴、原始的纯自然境界。

资源县，起点在车田乡车田漂流码头。

桂林汽车总站乘车到资源县城，然后可租车前往（往返 30 元 / 人）。

8:00~16:30（漂流时间），游览约需 2 小时。

138 元 / 人（每艇可乘坐 8 人，6 人以下须包艇）。

八角寨

●被誉为"丹霞之魂"

八角寨又名云台山，方圆 40 平方千米，赤红的山石如巨笋耸立插天，有 8 座数百米高的盆地丘陵簇拥在一起，故称八角寨。丹霞地貌发育最为典型，分布最为集中，特点尤为突出，被地质专家誉为"丹霞之魂"，有天空寺、降龙庵等景。

资源县梅溪乡大坨村，距县城 42 千米。

7:00~17:00，游览约需 5 小时。

130 元（崀山门票已包含），单独购票 30 元。

0773-4318222。

住宿

桂林的旅游业很发达，酒店宾馆遍布全市。桂林伏波山大酒店（滨江路）、松园度假村（漓江东路）、万鹂金象酒店均是三星级酒店中的佼佼者，而观光大酒店（漓江路），新城市酒店（中山南路），则均是二星级中比较知名的。

餐饮

桂林的美食有口皆碑，尤其是街头小吃更是一绝，马蹄糕、三花酒、尼姑素面等深受欢迎。尤其桂林米粉是众多游客来桂林寻找的目标之一，各种口味的米粉一应俱全。此外，桂林水糍粑、白果炖老鸭、荔浦芋扣肉、马蹄炒鸡球、罗汉汽锅鸡、烤乳猪等也是桂林的传统名菜，值得一尝。

桂林的特色美食街主要有滨江路食街、解放西路食街、普陀路食街、汽车站左侧 200 米处的美食城、雉山路食街。最有名的食街是中心广场钟楼附近。

购物

桂林著名的土特产很多，有沙田柚、夏橙、罗汉果、白果、荔浦芋等，饰品以民族特色为主，主要有桂绣、梳篦、纸伞、手绘式屏风等，工艺品都是玉石雕刻、竹木雕刻艺术品、瓷刻、芒编工艺品等。"桂林三宝（三花酒、辣椒酱、豆腐乳）"更是远近闻名，一定要记得买些带回家。

桂林著名的购物街有中山路商业街，正阳路步行街，中心广场小香港商业街，八桂大厦附近有很多时尚小店。

民俗

侗族花炮节：节日当天，侗族要放花炮，第一炮表示人丁兴旺，第二炮是恭喜发财，第三炮是五谷丰登。花炮活动结束后，男女青年聚在一起奏芦笙、跳舞。入夜，点燃篝火，有唱侗戏的，有自由对歌的，一片欢声笑语。

壮族歌节：三月三是壮族传统歌节，又叫"歌圩节""歌婆节"，分日歌圩和夜歌圩。日歌圩在野外，以倚歌择配为主要内容。夜歌圩在村子里，主唱生产歌、季节歌、盘歌和历史歌。

瑶族龙胜红衣节：农历三月十五或四月初八是龙胜红瑶同胞所特有的民族节庆日，一年一度，举行于寨纳或龙脊山下。

百色

百色拥有神秘独特的桂西自然风光，以两坑二洞一河一湖为代表，另外百色地处少数民族聚居区，各民族民俗活动丰富多彩，少数民族风情浓厚。百色还是著名的革命圣地，是广西壮族自治区最大的市，地势险要。邓小平曾经在这里发动和领导了百色起义。

面积：36206 平方千米
人口：411 万
区号：0776

亮点

必游景点

● **通灵大峡谷：**6 个峡谷间有巨大的地下河道相通，通灵瀑布是中国落差最大的瀑布。

● **大石围天坑：**有 24 个天坑，是全世界第三大喀斯特溶斗，有“天坑博物馆”之称。

线路推荐

● **凌云、乐业二日游**

D1：水源洞—大石围天坑群景区。
D2：布柳河景区—罗妹莲花洞。

交通信息

飞机

百色机场位于百色市田阳县百育镇，距百色市 47 千米，机场已开通至广州、桂林、重庆等地的航线。

火车

百色火车站位于城东路，是南昆铁路上的一个大站，目前已经开通了到达上海、广州、昆明、南宁、桂林、厦门、湛江等地的客运列车。

↑百色旧州

百色市区景点

百色起义纪念馆

● 百色城的标志性建筑

百色起义纪念馆是百色城的标志性建筑，全国百个爱国主义教育示范基地之一，收藏了百色起义和左右江革命根据地大量的革命文物和史料。序厅“百色起义”汉白玉浮雕宽达 25.23 米之巨，2200 平方米的展厅内采用多种先进手段进行展示。

百色市右江区东北郊迎龙山。

贺街乘 1 路公交到纪念碑下，不远处即是纪念馆。

周二至周日 8:40~16:30。

大王岭

● 漂流项目被誉为“广西第一漂”

大王岭原始森林景区是广西离城市最近的原始森林，也是侏罗纪森林世界，植物繁多珍稀（有中国最美的桫椤谷）、跌瀑多姿多彩、河石造型奇特。

百色市右江区大楞乡。

百色汽车站有到大王岭的汽车，约 1 小时车程。

百色郊县景点

通灵大峡谷景区

●观看瀑布，游览峡谷

通灵峡谷总长10多千米，呈南北走向，一共有6个峡谷，各峡谷间有巨大的地下河道相通，中有念八河依次穿越。通灵瀑布是中国落差最大的瀑布。

百色市靖西县湖润镇新灵村，距县城及德天跨国瀑布均为30余千米。

靖西市城汽车站乘长途汽车到峡谷，票价10元。德天瀑布景区门口也有小巴直达，车费8元/人。

¥ 115元。

亲历者◎攻略

1. 在游大峡谷前，请位当地的壮族姑娘做导游，可谓是一举多得，既能听纯正的山歌，又能当摄影模特，费用约50元。

提示：景区内的“对歌楼”会有人缠游客对歌，去之前最好要充一下电，以免到时尴尬。

2. 峡谷北端的悬崖中露出一个高100米，宽60米的岩洞，是通灵峡谷溪流的通道，也是进入峡谷的唯一通道。

古龙山峡谷群生态旅游区

●素有“山水桂林，气候小昆明”之美誉

古龙山峡谷群位于靖西喀斯特峰林的最高点，由古劳峡、新灵峡、新桥峡和三个地下暗河溶洞构成，峡谷洞峡相连，明河与地下暗河相通，形成世界罕见的“三峡三洞”连贯奇观。三叠岭瀑布落差100米，宽30多米，为靖西八景之一。

百色市靖西县湖润镇新灵村，县城东南30千米处，与通灵峡谷景区毗邻。

靖西市城汽车站乘车前往。

¥ 漂流190元。

0776-6180315。

水源洞

●凌云之冠，中国十大溶洞之一

清代以前原名灵岩或灵洞，因洞内有泉涌出，流入珠江，为珠江之源头，故名水源洞。景区分第一洞天问心庙（始建于康熙年间，香火旺盛）和内洞探奇两部分。洞长500米，洞内有地下河，有双狮对语、镇宝花猫、通天宝塔、灵虚佛手等14个景点。

百色市凌云县泗城镇百花山下。 ¥ 30元。

【链接：凌云石刻】

凌云石刻是百色最具石山区特色和州府治地特色的人文景观之一。凌云石刻内容有契约、诗词、题联题字、碑文、墓志铭和杂文游记等。主要分布在县城周围，以汾洲、五指山、水源洞、云台山、翠屏山、独秀峰、寿桃山为多，尤以水源洞摩崖石刻最多，共50余幅。

大石围天坑群景区

●有“天坑博物馆”之称

大石围天坑群分布在方圆不到20平方千米的崇山峻岭里，24个天坑，是全世界第三大的喀斯特溶斗，有“天坑博物馆”之称。大约形成于一亿七千万年前，石围像一个尖底的桶漏斗，坑底原始森林的面积居世界第一；垂直高度和容积居世界第二。

天坑周边村屯又有独特奇绝的百洞、神

↓水源洞

木、苏家坑、邓家坨等20多个石围，其中以黄猄天坑、穿洞天坑最为有名。

天坑群的周边，还有冒气洞、马蜂洞、琢木当上洞、下洞、熊家东洞、西洞等30多个溶洞景点及配套的人文景观红七、红八军会师旧址和古老的造纸作坊，是考古学家、动植物专家、探险家和旅游爱好者寻幽探险的好地方。

百色市乐业县同乐镇刷把村百岩脚屯。

乐业县旅游局有专车接送到天坑。

¥90元。

亲历者◎攻略

1. 到大石围旅游的最佳时间是夏季：乐业很凉爽，夏天去不会很热；冬天探险地下河、进岩洞可能会感觉很冷。

2. 游览天坑，可选择洞外观光、坑底森林观光、探险地下河、大石围周边观光、岩溶洞穴观光等多种旅行方案。

3. 在游玩时，不要有到坑底的想法，专家提醒“没有专业设备，下去是很危险的”。每两分钟，上面会掉下一块风化石（大、小概算），从坑口堕落到坑底，坑底会凹下一个小坑，周围一平方米的植物都会因冲击而毁坏。

亲历者◎解说

1. 数字吻合：大石围天坑底部的地下原始森林面积是9.6万平方米，峭壁上的中国地图面积为9600平方米，和中国总面积960万平方千米都形成了一种科学上无法解释的关系。

2. 天气：据当地人说，只要有人下坑或大的石头滚入坑底，哪怕是晴朗的天气，也会突然间乌云密布、狂风大作、电闪雷鸣、大雨倾盆，好象一下子整座大山都摇晃起来。好多人都吓的两腿发颤、面色苍白。而一但骚动和响声停止，马上就会云消雾散、雨住风停、艳阳高照。对于这神秘的天气速变现象，至今没有定论，只是猜测可能是因为这里特有的地理环境、气压、气流等缘故。

布柳河景区

●有世界最大、最美的水上天生桥

布柳河是集秀山、绿水、仙桥、奇洞于一体的漂游观光景区，有钢铁长城、铜墙铁壁、水面大厅等景。尤为奇特的是由三座大山塌陷形成的天然石拱桥——仙人桥，为世界最大、最美的水上天生桥。布柳河景区漂流游河段全长9.3千米，有“广西第一漂”之称。

百色市乐业县新化乡磨里村，漂流始于磨里村。

住宿

百色三星级以下的酒店、旅馆较多，价格比较实惠，40~120元就可住一晚。

四川大酒店（三星）/城东拉域开发区/0776-2931898。

新世界大酒店（二星）/城北二路4号/0776-2881105。

餐饮

市内小吃多用酸笋做配料，较出名的有全羊汤、澄碧河鱼、卷筒粉、羊肉米粉、竹虫、红扣铁皮牛、通灵油鱼、南瓜香糯米粥、五色糯米饭、白毫油茶等。在小吃大排档内主要供应炒粉虫、炒田螺、炒煲粥、海带绿豆粥、甜吞（一般指汤圆）、云吞等小吃，价格在1~3元左右。

购物

著名土特产有锦帛类的靖西绣球、壮锦、刺绣，食品类的凌云白毫茶、靖西白毛茶、德保蛤蚧酒、西林麻鸭、乐业花菇、百色云耳和木竹类根雕、藤竹编制品等。

民俗

跳坡节：“跳坡”苗语称“勾到”，为“玩坡”“耍坡”之意；也有“斗更”之称，其意为“围着坡杆转”。每到农历初四至十五，苗族人民都会盛装打扮，技艺高超的小伙子在爬杆和芦笙舞的赛场上一争高下，更多的年轻人通过这个机会向心爱的人传情答意，喜结良缘。

北海

北海是一座具有亚热带滨海风光的浪漫美丽城市。早在2000多年前，北海就是中国最早的海上丝绸之路始发港之一。沙软如毯的银滩铺成直通大海的走廊，炊烟渺渺的涠洲岛上风吹斜阳，波光粼粼的星岛湖里轻舟破浪，白龙城的珍珠池诉说着珠还合浦的古老和沧桑。白云朵朵的蓝天下，敞开胸怀的大海旁，洒满贝壳珠玑的沙滩上，结网于屋前的渔女在芭蕉林的掩映下若隐若现……这，就是北海，西南沿海的绚丽天堂。

面积：3337平方千米

人口：168万

区号：0779

亮点

必游景点

- **北海银滩**：以滩平长、无鲨鱼出没等“五绝”著称，是旅游者向往的“天下第一滩”。
- **涠洲岛**：有“南国蓬莱”的美誉，是潜水、摄影的绝佳去处。
- **三娘湾旅游区**：景区最富特色的是海豚和奇石，是广西十佳景区之一。
- **京族三岛**：以万尾岛上的金滩最为著名，这里的京族风情浓郁。

线路推荐

- **北海经典五日游**

D1：廉州古镇—南国星岛湖。

D2：英罗红树林—大士阁。

D3：北海海底世界—北部湾广场—冠头岭。

D4：北海海洋之窗—银滩。

D5：涠洲岛。

↓北海银滩

- **钦州—防城港二日游**

D1：三娘湾—麻兰岛—七十二泾。

D2：金花茶—十万大山—京族三岛。

交通信息

飞机

北海福成机场位于北海市东北部，距离北海市中心约24公里，为广西三大机场之一，目前已开通北京、上海、深圳、广州、成都、昆明、长沙、香港等城市的直飞航班。

火车

北海火车站位于海城区，目前只有北海——南宁；北海——桂林的往返列车。

北海市区景点

海底世界

海底景观，各种表演

海底世界由具有A区（二十多年历史的原水族馆——北海水产馆）（淡水鱼区）和新建海底世界B区（生物区）组成。是集观赏、旅游、青少年科普教育为一体，展示海洋生物的大型综合性海洋馆。有2800多件展品和近千种海洋生物，还有各种表演。

北海市海城区海滨公园内。

乘3、9路公交可达。

8:00~18:00。

138元。

银滩旅游区

●被誉为“中国第一滩”

银滩旅游区以沙滩平长、沙质细白、波浪柔软、无鲨鱼出没等“五绝”著称，被誉为风光优美的“中国第一滩”，是优良的天然海水特大型浴场。园内有一生态广场、楼台阁宇、大型雕塑海恋、椰树林和鸟类表演、民族风情表演。

海滩公园位于银滩旅游区中部。园内有亚洲第一大激光音乐喷泉（每天晚上有4次喷泉表演，每次15分钟）、世界第一的九龙玉船、银滩最大的海水浴场、巨型不锈钢雕塑《潮》。晚上可以看水幕电影（25元）。

北海市银海区，距北部湾广场6千米。

乘3路公交可到。打的到银滩约需15元，乘摩的约8元。

涠洲岛

●“南国蓬莱”看熔岩景观、海蚀地貌

涠洲岛是一个由火山喷发而形成的海岛，是我国最大的死火山岛。这里山岩耸立，奇石遍布。主要景观有海上日出、仙人洞、滴水丹屏、珊瑚滩、火山公园等。

北海市银海区涠洲镇涠洲岛上。

涠洲岛火山国家地质公园门票为115元。

亲历者◎指路

在北海买涠洲岛的船票一般需提前一天购票。黄金周期间，一般只能提前3天到售票窗口购买。从涠洲返回的船票需在涠洲买，可以交代渔家帮你买好返回的船票。

上船地点：北海市银滩3号路国际客运码头。

亲历者◎攻略

1. 去涠洲岛旅行最好避免在七八月份前往，风急浪高会停航，但此时却是欣赏日出日落的绝佳时机。建议游涠洲岛最好是停留一个晚上，可以领略太阳初升的神韵和夜间海上活动的乐趣。

2. 吃住：岛上以吃海鲜为主，青菜和肉比海鲜贵。建议到码头附近的菜市场买爱吃的海鲜请大排挡的人加工，加工费很便宜，早上7:00左右渔民卸船时海鲜最新鲜，也最便宜。几个人吃下来也可能不到100块。另外，涠洲岛住宿方便，主要集中在码头附近，山顶上的蓬莱酒店（涠洲岛的最高点）和南油宾馆（南湾街），条件较好，费用约100元。

住在渔家一般是连吃带住80元/人/天。让渔家带你到退潮的海滩上捉螃蟹，肯定会让你找到多年未有的情趣。还可以租渔船环岛游和出海海钓，都蛮有意思的。如果你不怕晕船，还可跟随渔家出海打渔做一次真正的渔民。

3. 潜水：涠洲岛是潜水的最佳地点，这里的海清澈通透，置身海底，仿佛就置身于珊瑚和鱼的海洋。岛上有两家有营业执照的潜水基地，分别是“探索海洋”和“新昌隆”。

4. 摄影：涠洲岛上的芝麻滩，风光旖旎，火山形成的海蚀、海积都十分典型和奇特，搞地质搞摄影的绝不可错过。

合浦旅游区

英罗红树林保护区

●素有“海上森林”之称

英罗红树林保护区又称海底森林，是海洋类型自然保护区，退潮后有红海榄树所组成的原始森林。是中国国家一级保护动物儒艮的栖息场所。

合浦县山口镇英罗港西岸。

北海汽车总站有车直达。

↑涠洲岛

9:00~17:00。 25元。

亲历者◎攻略

观看红树林景观的最佳时间是大海涨潮以后。尤其值得一提的是，在红树林内，还可以观赏到跳鱼上大树、海蛇舞红林等奇观。

南国星岛湖

"水泊梁山寨"的所在地

南国星岛湖是由1026个岛屿组成，是集自然景观和古典建筑于一体的度假区。《水浒传》外景拍摄基地"水泊梁山寨"就设于此。由梁山区（有聚义厅等8景）、文殊院（即鲁智深出家寺庙）、涌金门（包括城堡、为方腊驻扎之地）、苏杭水街（街上店里有许多故事人物塑像，尚包括石桥、宝塔）四部分组成。

合浦县星岛湖镇。

合浦汽车总站乘专线车前往。

138元(含船票和3个景点门票)。景区内有游船往返，10元左右。

钦州旅游区

八寨沟旅游景区

探险、猎奇、避暑观光

八寨沟是一块躲在深闺待人识的处女地，是一个幽谷探险、放飞夏日心情的清凉世界。区内有可容纳百人避风雨的仙人石屋、古老传奇的贼王寨，云绕山转营盘景观、仙女戏水潭、牛郎织女桥（古石桥），还有九曲十八弯的人造月亮湖和松虬藤缠、兽走鸟鸣、遮天盖地的原始森林等，大自然造化形成了八寨沟的独特旅游景观和稀有的砂页岩山涧地貌。

钦州市贵台镇垌利村。

八寨沟在钦州大寺镇至上思县四级公路往贵台乡方向的路边上。从高速路口下经大寺往贵台乡走约二十余千米，路边有明显指示牌。

40元。

亲历者◎攻略

八寨沟有着长约8千米长的砂页岩山涧地貌，整个景区以水为主，夏季下雨较多，所以夏天无疑是八寨沟旅游的最好季节，但也因下雨较多而应选取择天气晴朗之日游玩。

刘冯故居景区

观赏古代建筑，感受人文精神

刘永福旧居位于钦州市区，原名三宣堂，为砖木结构，院落式布局，共有大小楼房119间。冯子材旧居和冯子材墓位于沙埠镇，故居系清代南方府第建筑群，有六角亭、珍赏楼、虎鞭塔等景，墓园周围群山环绕，主墓占地约1200平方米，墓前有拜台和石雕。

钦州市钦南区。 15元。

三娘湾旅游区

"海上大熊猫"——中华白海豚的故乡

三娘湾旅游区由三娘湾风情渔村、海滨浴场、伏波庙、乌雷观海山庄等景观组成，是广西十佳景区之一，因"三娘石"的传说而得名。还有三婆石、狗仔石、母猪石等奇石，可开展渔家乐活动和欣赏海潮奇观。景区最富特色的是海豚和奇石。海域内，常年活跃着数百头五彩斑斓的中华白海豚，一年四季都能近距离观看。

钦州市钦南区犀牛脚镇海滨。

钦州客运站有班车直达三娘湾景区，7:00~19:00每小时一班，车票8元；景区返回市区的班车最晚到18:00。还可以到亚泰制业公司内（大花园附近）停车场乘旅游专线车直达三娘湾（非空调车），7:00~19:00每小时一班，车票6元。 50元。

亲历者◎攻略

国际海豚旅游节：每年10月国庆期间，这里开展出海觅海豚、海豚奇观抢拍、婴儿沙滩爬行比赛、海钓比赛、花灯展、沙滩自行车比赛、果汁竞赛等旅游活动。

防城港旅游区

江山半岛风景区

广西最大的半岛

江山半岛风景区又称白龙半岛，是广西

最大的半岛，沿岸景点众多，是滨海旅游度假的理想场所，被誉为中国的夏威夷。有大坪坡景区（有宽广的白浪滩）、月亮湾景区（有海滨公园）、怪石滩景区、白龙炮台景区 4 个景区和胡志明小道始点、白沙湾、白龙珍珠港、潭蓬古运河等景点。

防城港市港口区江山乡北部湾畔。

防城港汽车站乘防城—大坪坡的巴士（4 元），约半小时车程；自驾车的过跨海大桥，走防东公路，到江山乡往左拐即可，路边有路标指示。

十万大山森林公园

原始状态的热带雨林

十万大山森林公园内分布着完整的原始状态的亚热带雨林，最高峰薯良岭可远眺北部湾茫茫碧海；晚上的瑶族风情表演令人期待。另外还有天女浴池、龙袍树、情网同心、三叉江、九龙松等诸多景点。

上思县叫安乡，离县城 30 千米。

上思汽车站乘摩托车（2 元）到西门汽车站，那里有班车（5 元）开往森林公园，一般要等人满后才开车；也可搭三轮摩托车去，包车 20 元，可坐 6 个人，但山路崎岖，不太安全，最好还是乘巴士。

住宿

北海有各类酒店、宾馆和招待所。比较多的是中档旅社，大多集中在汽车总站附近、客运中心对面、北部湾广场的两侧。无空调房，费用 15~40 元 / 间，空调房 60~100 元 / 间。高档的星级宾馆，在许多网站上都可以预订，标间 180~200 元 / 间。

南珠宾馆（二星）/ 北部湾中路 19 号 /0779-2024414。

四季阳光酒店 / 银滩海泰别墅 P 区 14 栋 /15086718880。

餐饮

美食以海鲜为主，有老虎鱼汤、椒盐弹虾、清蒸笠鱼、姜葱花蟹、白灼中虾、清蒸插螺、清蒸狗利、石斑鱼汤等。最有名的小吃要数牛腩粉、猪脚粉。

北海美食集中地有东方食街、得兴食街、屋仔村、外沙海鲜岛等。其中吃海鲜最著名的地方是位于四川路北的外沙海鲜岛，岛上有 70 多家特色餐厅和海鲜大排档；三中路海鲜大排档地处市中心地带，近北部湾广场，海鲜新鲜便宜，物超所值；位于北海市贵州北路的海福大排档也是品尝地道海鲜的好地方。

购物

北海是南珠的故乡，这里出产的珍珠素有“西珠不如东珠，东珠不如南珠”之称。另外涠洲珊瑚、牛角雕、贝壳工艺品、编结芒制品等工艺品制作精良，也是旅游购物的不错选择。

北海的北部湾路中段，中山路、解放路等老街都是不错的购物地段，集中了一批大型商场和珠宝专卖店，既有时尚的现代化商场，又有风格独特的民族商摊。

民俗

跳岭头节：钦州一带壮族、汉族民间传统节庆习俗。多在中秋节前后十余天内举行，是当地仅次于春节的节庆活动。跳岭头是由舞者戴面具演出的一种舞蹈，因其活动多在村边岭上举行而得名。

师公戏：早期叫唱师、跳师，是从宗教祭祀活动举行的师公歌舞演变而来，融歌、舞、戏为一体，既有单纯的舞蹈，也有即兴念唱的对白和简单的情节。是每逢春节、跳岭头节或其他重大节日的必备曲目之一。

采茶戏：乐曲欢快活跃，诙谐风趣，歌舞性强，用本地方言——白话演唱，许多采茶剧团和采茶戏队逢年过节便奔走在街头巷尾，走到哪里，演到哪里，流行广泛。

柳州

柳州又名龙城，“山清、水秀、洞奇、石美”，“壮歌、瑶舞、苗节、侗楼”，简约地概括了这座国家历史文化名城和优秀旅游城市的风情魅力所在。

柳州属于典型的喀斯特地貌，形成了“拔地奇峰画卷开”的山水特点。这里石山奇特秀美，岩洞瑰丽神奇，泉水幽深碧绿，拥有都乐岩、鱼峰山和三江风雨桥等诸多美景。

面积：18652 平方千米
人口：372 万
区号：0772

亮点

必游景点

- **立鱼峰**：以刘三姐风情为主题，有“灵通七窍”，摩崖石刻等遗迹。
- **程阳风雨桥**：集桥、廊、亭三者于一身，是保存最完好、规模最大的风雨桥。
- **大瑶山**：丹霞式地形的集中展示地，是理想的旅游观光和避暑胜地。
- **盘阳河**：沿河有百魔洞、巴盘长寿村、弄龙天然八卦图等景。

线路推荐

- **南宁—来宾—柳州—河池精华五日游**

  D1：来宾大瑶山风景区。
  D2：立鱼峰—龙潭公园—八桂奇石馆—柳侯公园。
  D3：融水苗寨—贝江。
  D4：程阳风雨桥—马胖鼓楼—侗族博物馆。
  D5：刘三姐故居—盘阳河风景区—穿龙岩。

↑柳州大龙潭公园

交通信息

飞机

柳州白莲机场位于柳州市南郊，因在历史悠久的白莲洞古人类活动遗址附近而得名，目前与北京、上海、广州、深圳、海口等城市有航班往来。

火车

柳州火车站位于柳南区，经改造扩建后，西站台于 2017 年 3 月 1 日起正式启用，旅客须从西站台进入火车站。

柳州市区景点

立鱼峰风景区

●摩崖石刻，圣贤遗迹

鱼峰山公园以刘三姐风情为主题，鱼峰平地崛起，形如立鱼，山腰有清凉国、阴风洞、螽斯岩、三姐岩等七个岩洞，彼此相连贯通（习称“灵通七窍”），洞中有石刻 50 多处。有戴钦墓、三姐岩、罗汉洞、对歌坪、小龙潭等景。登上鱼峰山顶，可俯瞰柳州全景。

柳州市柳江南岸闹市中心鱼峰路，东与马鞍山相望，南对柳州市工人医院。

乘 4、10 等路公交可达。

¥ 30 元。

龙潭景区

●山水景观，侗寨风情

龙潭公园融喀斯特景观、民族风情、亚

热带植物景观为一体。二十四峰耸立于一湖（镜湖）二潭（龙潭、雷潭）周围。有贝丘遗址、雷塘祷雨碑亭、张羽中钓台等古迹。还有壮族、侗族、苗族等村寨组成的风情游览线。

柳州市鱼峰区南郊3千米。

乘19路可到。

亲历者◎解说

雷山绝壁下涌出一泓清泉在雷、龙二山间汇成"龙潭"古称"雷塘"，咫尺相隔的"雷潭"经地下河与之相潜通。清澈的潭水经"八龙喷雪坝"泻入镜湖后蜿蜒如游龙穿园而过，注入园外蓬花山下的溶洞里，消失得无影无踪。雷龙二潭水温如恒（18~22℃），每逢隆冬，水汽蒸腾，烟雾缭绕，故称双潭烟雨。

柳侯公园

●纪念柳宗元，文化休闲

柳侯公园是为纪念唐代大文豪柳宗元所建。园内有柳侯祠、柳宗元衣冠墓、罗池、柑香亭等与柳宗元有关的古迹。还有人工湖、盆景园石玩馆、假山凉亭、曲桥回廊、儿童乐园等可供人们休闲游玩。

柳州市城中区弯塘路。

乘2、5、12路公交可达。

柳侯祠5元。

柳州郊县景点

程阳风雨桥

●侗族风情，民族建筑

程阳风雨桥又叫永济桥、盘龙桥，集桥、廊、亭三者于一身，是侗族建筑艺术的代表，不用一钉一铆，技艺高超。是保存最完好、

↓程阳风雨桥

【链接：风雨桥的传说】

风雨桥起源于三世纪初，它创造性的将亭，廊和桥结合在一起，主要的建筑形式是在桥面上加盖长廊，目的是遮风避雨，方便路人休息与观景。

相传，古时候一对恋人正在河边谈情说爱，突然来了一阵大雨，把他们淋了个落汤鸡，情形非常狼狈，姑娘不高兴地走了，小伙子懊恼之余想到如果建一座桥，就可以在桥上跟恋人说悄悄话，还可以方便路人休息，就这样有了风雨桥，据说这个小伙子就是鲁班的传人。

规模最大的风雨桥，两台三墩四孔，墩台上建有五座塔式桥亭，亭廊相连，浑然一体。

在三江侗乡，像程阳桥这类的风雨桥还有不少，仅林溪河上就就有十多座，而八江乡的"八斗桥"、独峒乡的"琶团桥"和"华练桥"，其技艺成就，都可与程阳桥相媲美。

三江自治县林溪乡程阳村马安寨。 60元。

三江鼓楼

●侗族村寨的标志

鼓楼是侗族村寨的标志和灵魂。三江鼓楼是侗乡第一鼓楼，也被誉为"世界第一鼓楼"，三江鼓楼高42.6米，共有27层瓦檐，除楼顶两层外，其余25层瓦面等距收分，层层紧缩，使楼面呈金字塔形，显得端庄平稳。登上鼓楼的观礼台，三江全景尽收眼底。

三江侗族自治县月亮街。

15元。

大瑶山风景区

●瑶族风情浓郁的避暑胜地

大瑶山风景区群山环抱，溪流潺潺。世代居住着瑶族人，有着纯朴的民风和奇特的民俗。主要有莲花山、圣堂山、老山原始森林景区、天堂山、香草湖和民俗村等景区。是理想的旅游观光和避暑胜地。

圣堂山主峰圣堂顶是桂中的第一高峰，山顶有万亩成片变色杜鹃林，全国罕见。还有出云峰、云海、冰川遗迹、石海、古石墙等景。

天堂岭四周悬崖绝壁，千峰浮云，山顶有一千五百亩平原奇景。景区冬暖夏凉，是

难得的避暑胜地。

金秀自治县六巷乡。

亲历者◎解说

金秀的瑶族因其源流、信仰、习俗、语言、文化和服饰不同，分为盘瑶、茶山、坳瑶、山子、花五个支系，构成了世界上瑶族支系最多的县份，形成了五彩缤纷的瑶族风情。著名人类学家费孝通先生说："世界瑶族研究中心在中国，中国瑶族研究中心在金秀"。

来宾—河池旅游区

盘古文化生态旅游景区

●有"桂中生态第一村"之称

盘古文化生态旅游景区围绕盘古文化、生态旅游两大主题，集文化旅游和休闲娱乐于一体。

来宾市兴宾区良塘乡北合村，距市区 19 千米处。

莫氏土司衙门

●全国现存规模最大、保存最好的土司建筑

莫氏土司衙门由土司衙门、祠堂、大夫第等建筑群组成，誉为"壮乡故宫"气势宏大、格调典雅，馆藏文物近千件。

忻城县城关镇翠屏山北麓。

百崖大峡谷

●丹霞地貌

百崖大峡谷属典型的丹霞地貌，是"世界罕见的峡谷风光"，主峡谷长 10 千米，主要景点有天女散花瀑、鸳鸯瀑、西王瀑、肖朝贵故居遗址等。

武宣县河马乡。县城有车直达。30 元。

盘阳河风景区

●世界公认的第五个长寿乡

盘阳河风景区也叫长寿河风景区，沿河有百魔洞、百鸟岩、巴盘长寿村、弄龙天然八卦图、龙洪双狮、赐福疗养度假村、睡美人、赐福湖等景。

巴马县甲篆乡境内。

亲历者◎攻略

河池地区是世界瞩目和公认的第五个长寿之乡，巴马县素有中国"寿都"的美誉，该县寿星人口常胜不衰，居世界五个长寿地区之首，百岁老人已由 1964 年的 28 人上升到 81 人，平均每万人口拥有 3.58 名寿星。

住宿

柳州饭店（四星）/ 友谊路 /0772-2833106。

京都宾馆（三星）/ 跃进路 40 号 /0772-2300508。

东方大酒店（二星）/ 屏山大道 218 号 /0772-3833369。

餐饮

小吃中最负盛名的是螺丝粉、马打滚。干锅香肉也是不错的菜肴。青云小吃街云集各种小吃，且价格便宜，东环路有紫金美食城，经营正宗柳式菜。

民俗

芒蒿节：芒蒿是融水元宝山地区苗民自古就崇拜着的神，每年农历正月十七、十八两天为芒蒿节。其中有根据传说由人物装成芒蒿，从山上悄然而至与苗胞握手赐福的欢乐场面，也有传统的斗鸡、斗鸟、赛马和商品交易会。

芦笙节：是苗族的传统节日，约在农历九月二十七日举行，为期一周。相传，芦笙管是诸葛亮教苗族人民做的，所以他们又把芦笙管叫做孔明管。节日期间，人们身着盛装，伴随着芦笙的乐曲翩翩起舞……

斗马节（阳历 11 月 26 日）：斗马是居住在融水苗族自治县的苗、瑶族传统文体活动。每有情敌相争时，苗王就组织斗马赛，获胜者便最有权利娶他所喜欢的姑娘。经演变，每逢传统节日都有斗马，它已成为群众性的娱乐活动。

●面积

3.4 万平方千米，全国排名第 28 位

●人口

911 万，全国排名第 28 位

● 5A 级旅游区

三亚市南山文化旅游区、三亚市南山大小洞天旅游区、保亭县呀诺达雨林文化旅游区、陵水县分界洲岛旅游区、保亭县海南槟榔谷黎苗文化旅游区、三亚市海棠区蜈支洲岛旅游区

●国家重点风景名胜区

三亚热带海滨

海南旅游网
www.hainan.travel

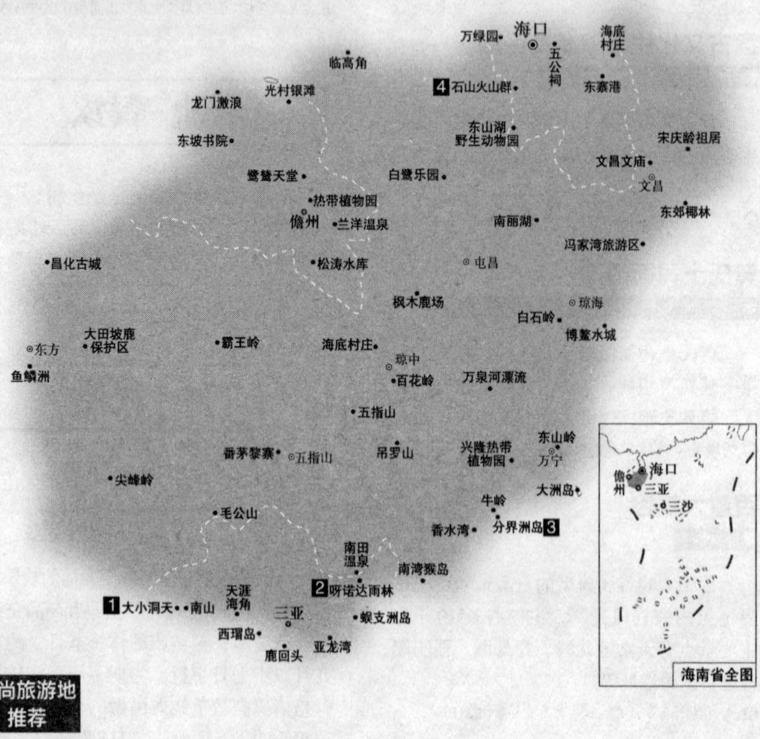

时尚旅游地推荐

大小洞天 1　　呀诺达雨林 2

分界洲岛 3　　石山火山群 4

华南地区

海南

海南这座风光旖旎的热带岛屿，那里有辽阔广袤的天空、澄清透明的海域、平坦柔软的沙滩、树影婆娑的椰林。热带水果、珍奇植物和神奇的海底世界。当你在浪漫的椰风海韵中品尝着美味的海鲜，这里无疑就是人间的天堂。

阳光海南，度假天堂

海口

海口，又称椰城，是座具有热带风情的海滨城市。历史长河，载述海口市漫长曲折的发展历程，也记述海口市光荣的革命传统，更展现丰富的人文史迹景观。

海口以迷人的热带风光、独具魅力的滨海特色，以及改革开放以来迅速崛起的发展态势，吸引着世人的目光。闲适清静、节奏舒缓的海口是旅人度假的理想之地。

面积：2315 平方千米
人口：163 万
区号：0898

亮点

必游景点

- **海口老城区**：处处留有巴洛克、阿拉伯、印度等风格，是海口百年沧桑历史的见证。
- **海南热带海洋世界**：“海南千年塔”最为著名，可以看到琼州海峡和海口市貌。
- **五公祠**：是为纪念唐宋贬谪海南的名臣祠，素有“海南第一名胜”之誉。
- **东寨港红树林**：是我国面积最大的红树林自然保护区。
- **热带野生动植物园**：被誉为海南的“生物基因库”。
- **五指山**：海南岛的象征。五指山大峡谷漂流堪称神州第一漂。

线路推荐

- **海口三日游**

D1：万绿园—秀英古炮台—假日海滩—海南热带海洋世界。

D2：五公祠—海南省博物馆—海口老城区—石山火山群世界地质公园。

↑海口带状公园

D3：海南热带野生动植物园—东寨港红树林—西秀海滩公园。

交通信息

飞机

海口美兰机场位于琼山区美兰镇，距市中心 25 千米，与国内外许多城市都有航线相通。机场站发车时间是从第一个航班至最后一个航班到达机场。

火车

海口站有与北京、上海、广州等地对开的列车，三亚也有到达海口的列车；海口东站为动车站，发往三亚的动车从这里出发。

海口城区景点

骑楼老街

百年沧桑骑楼老街

骑楼老街主要分布在博爱路、中华路、新华路、得胜沙路与长堤路。建筑大多是欧亚文化的综合产物，处处留有巴洛克、阿拉伯、印度等风格，是海口百年沧桑历史的见证。

↓海口骑楼老街

海口市龙华区。

海口骑楼老街靠近人民桥，乘坐 3、5、6、7、14 路等公交到钟楼站下车可到。

亲历者◎攻略

老城区是品尝正宗的海南小吃、购物以及了解海口的风土人情和历史文化的好地方，很值得去看看：一条马路，把这里隔成了两个时代。马路这边是繁华的商业区；马路那边是 20 世纪 30 年代的建筑，对比非常强烈。

假日海滩

●海上眺望海口远景的最佳视点

假日海滩长达 6 千米，左边是郁郁葱葱的木麻黄林带，右边是碧海连天的琼州海峡。景区由东至西划分为海上运动区、海鲜餐饮文化区、沙滩日浴区、休闲度假区四大功能区。可在这里进行海水浴、日光浴、各种沙滩活动和海上运动。

海口市秀英区滨海大道西海岸带状公园内。

海口市区有专线中巴车通往假日海滩。

《印象·海南岛》

● 舞台艺术展观海岛风情

《印象·海南岛》大型实景演出是著名导演张艺谋以及王潮歌、樊跃（“印象·铁三角”团队）的第四个印象系列作品。演出通过新颖的艺术形式和丰富的艺术元素演绎出海南岛上真正的海岛风情、休闲文化、和浪漫椰城。

海口市西海岸海口印象剧场，西临假日海滩，东接国际轮滑赛场，距市区仅需 10 分钟车程。

乘 35、37、40 路公交车到假日海滩站下车即可。

观众席 168 元，嘉宾席 238 元，贵宾席 688 元，（印象剧场售票处或海口会展中心一楼代售处购票）。

20:30 开始，时长大约 70 分钟。

0898-60898888。

琼山旅游区

海南热带野生动植物园

●岛屿型热带雨林动植物大观园

海南热带野生动植物园内景观自然天成，被誉为海南的“生物基因库”和“浓缩了海南岛本土动植物精华的天然博物馆”。园区占地 2000 余亩，内有各种珍禽异兽 200 种，4000 余只（条），还有种类丰富的植物。观赏区大致划分为行车区（猛兽区）、步行区（猴山、百鸟园等）。

海口市东山镇东山湖畔（海榆中线 27 千米处）。

乘旅游 2 线可到达。 8:00~17:30。

95 元。 0898-68526666（投诉）。

亲历者◎攻略

1. 鸟艺表演项目——森林童话，由八个大节目组成，分别为：群鸟兔子舞、捡垃圾、空中钻圈、高空接物、打保龄球、情人节、送花敬果、人鸟同乐。有名贵鸟类参演。表演时间：10:30~11:00，12:30~13:00，14:00~14:30，16:00~16:30。

2. 园中耐看的是“超级混血宝贝”狮虎兽，狮虎兽的存活是个奇迹，它成活率大约是五十万分之一，而且受孕率是十万分之一。世界上第一次狮虎间生养后代是在 1904 年，目前世界上仅有狮虎兽 8~10 只。

五公祠

●纪念唐宋贬谪海南的名臣祠

五公祠是为纪念唐宋两代被贬谪来海南的李德裕、李纲、李光、赵鼎和胡铨五位历史名臣而建。包括海南第一楼（又称五公祠）、西斋（五公精舍）、苏公祠等建筑和新建的海南博物馆构成。素有“琼台胜境”“瀛海人文”和“海南第一名胜”之誉。

海口市琼山区府城镇海府大道 169 号。

乘 1、4、41 等路公交可达。

7:30~18:00。 25 元。

东寨港红树林

●红树林保护区，乘船观光

东寨港红树林在这里的海滩上绵延 50 公里，面积达 4000 多公顷，是我国面积最大的红树林自然保护区，树种和鸟类丰富，是“鸟类天堂”和“天然养殖场”，须乘船游览。

这里最奇特的景观就是海水低潮可以看到红树林的根部和泥地，高潮可以看到红树林的树冠，成为壮观的“海上森林”。

海口市美兰区演丰镇。

🚌 在白沙门公园乘旅游专线4路，到东寨港红树林站下即是，全程14元。

亲历者◎攻略

1. 景区内的海鲜酒家可以吃到血蚶、蚝、对虾、青蟹、血鳝等海鲜，味道很不错，价格也不是很贵。

2. 沿着东寨港北上，在文昌市铺前湾海岸以北4公里左右的约10米深的水下，有一个叫“仁村”的古村庄因地震沉陷，形成现在的72个“海底村庄”，有时间可以顺路游览。

雷琼海口火山群世界地质公园

●被地质专家誉为火山岩洞博物馆

雷琼海口火山群世界地质公园，是我国罕见的全新世火山喷发活动的休眠火山群之一。区内分布了40座各种类型的火山和30余条熔岩隧洞。有马鞍岭、罗京盘、双池岭、仙人洞、卧龙洞、火山展览馆、民俗风情演艺广场等景点。

马鞍岭火山口景区是该公园的一个标志性景区，由风炉岭、包子岭两座火山构成，状如马鞍而得名，其旁侧有两个寄生火山，称眼镜岭。四座火山集于一区，组成一个火山家族。景区有火山神道、奇特的结壳熔岩、神秘的火山口等丰富的地质人文景观。

🏠 海口市秀英区石山镇。

🚌 在海波市场站候车亭换乘秀英—石山、秀英—永兴中巴车。 ¥ 淡季50元，旺季60元。

海瑞墓

●了解清官海瑞的纪念馆

海瑞墓是为了纪念历史上有名的清官海瑞而修建的，主要由石牌坊、海瑞墓、海瑞塑像、海瑞陈列馆及相关建筑构成，又被叫做海瑞纪念馆或海瑞公园。整个公园修得清秀正气，适合安静的瞻仰、凭吊。

🏠 海口市丘海大道。 ¥ 10元。

五指山旅游区

番茅黎寨

●成片地保留着传统的船形茅屋

番茅黎寨是黎胞聚居的自然村，尚成片地保留着传统的船形茅屋，一派田园风光。

🏠 五指山市北郊。沿着南圣河北岸走2千米即到。

亲历者◎解说

这儿原是“合亩制”的村落，只有十几间“船形”的草屋。男人留长发结鬟于额前，以红布或黑布缠头，上衣无领对胸开襟。妇女纹脸，穿着绣有图案的筒裙，披绣花头巾，上衣无扣，对胸开襟；喜欢带耳环、项圈、手镯等装饰品。解放后，穿着习俗有所改变，妇女只在节日或迎接游客时才穿民族盛装，不纹脸。

中华民族文化村

●民族房屋建筑文化展示地

中华民族文化村占地达600余亩，是集各民族民居建筑、民俗风情、民间艺术于一园的大型民族文化游览区。

中华民族文化村内竹楼、船形屋、木楞屋、三房一照壁、土掌房、蒙古包、四合院等二十几个民族民居均按原景观大小建造，鼓楼、风雨桥、三塔、太阳历柱、长城等上百个景点依村傍寨巧妙布局、错落有致，与自然山水融为一色。

🏠 五指山市南圣镇。市内乘中巴车可到。

🕐 8:30~18:00。

毛岸苗村

●尽显苗族万千风情之地

毛岸苗村保留着浓郁的民族特色，特有的山兰禾架和竹编的小谷包点缀着房前屋后。每当三月三佳节，苗族同胞便跳起欢乐的舞蹈，捧出山兰米饭和野味山菜，欢迎远方的客人，让人倍感亲切。

🏠 五指山市冲山镇南郊15千米。

五指山风景区

●海南岛的象征

五指山是海南岛第一高峰，以形如五指而得名，是海南岛的象征。山中晨凉午热，夕暖夜寒，故有一日四季之说。山上多泉、湖，有天桥和原始森林，很有探险的味道。目前游客可以攀登的是“第一指”和“第二指”（五指山的最高峰）。五指山大峡谷漂流是全国唯一可四季漂流的峡谷漂流点，

↓五指山

堪称神州第一漂。

景区内还有白沙起义第一次会议会址、琼崖纵队司令部旧址等纪念地，有五峰寺、玉皇宫、灶君堂及盘古庙等佛寺、庙宇，其中最有名的是观音禅寺，它是五指山寺庙群中历史最久远的一座。

五指山市水满乡。

漂流 198 元 / 人。

亲历者◎指路

1. 海口汽车西站出发：约 4 个小时车程，票价 60 元，在五指山脚下的水满乡下车，水满乡距五指山约 3 千米，可以与摩托车约好出门时间或提早出门徒步至五指山山脚。

2. 三亚出发：约 2 小时车程，7:00~16:00，每小时一班。分别在三亚汽车总站乘车和五指山通什汽车站（海榆北路 50 号）乘车。

亲历者◎攻略

1. 登五指山的最佳时间是每年 11 至次年 4 月，最好是避开 5~10 月的雨季，雨季期间五指山路滑难走。另外，五指山上下需一整天，登山最好早点出发，山上有时 16:00 就开始起雾了，较危险。

2. 五指山的攀山路有的路段坡度超过了 70 度，滑得很厉害，有的路段需手足并用，攀山时切记要穿防滑鞋。

3. 雨林栈道入口在距离水满乡约 1 千米的五指山最佳观山点，出口在水满上村千年大榕树旁，环形山路全长 2 千米，徒步约需 4 哦分钟。栈道入口可以欣赏到云遮雾绕的五指山秀姿。但虽然是栈道，山蚂蟥仍然十分肆虐，注意保护好自己。

4. 吃：五指山国际度假寨、山脚下小镇上的菜馆都可以品尝到当地的特色美食：野牛肉、五脚猪（鼻子比一般家猪修长，远看形同五脚，故名）、灵芝蟹、蚂蚁鸡四大名菜以及革命菜、白花菜、新娘菜、雷公笋、树仔菜等数十种野菜，不可不尝，当然也不能少了用山兰米精制而成的竹筒饭和山兰米酒（当地人称“BIANG”），皆令人回味无穷。

5. 住：五指山亚泰雨林度假酒店（0898-86665555）位于景区内，属高档型酒店。五指山 1869 青年旅社，是 1869 旅行服务站专为热爱户外旅行的青年打造的一家特色旅行公寓。

海南西线景点

海南岛西线是包括儋州、临高、昌江、东方和乐东五个市县在内的旅游区。

东坡书院

●追寻苏东坡在海南留下的足迹

东坡书院建于北宋，是海南重要的历史人文景观，原是苏轼贬谪海南时居住和讲学的地方。书院里有载酒亭、载酒堂、奥堂龛等古色古香的建筑。现在书院内大殿和两侧

↓东坡书院

耳房展览着许多苏东坡的书稿墨迹、文物史料和著名的《坡仙笠屐图》。另外，还有郭沫若、邓拓、田汉等文化名人题咏的诗刻及书画名家的艺术作品。

🕐 8:00~18:00。

¥ 30元。

☎ 0898-23571206。

光村银滩

●滨海风光，旅游胜地

光村银滩濒临北部湾，相对于海口三亚这些旅游热点而言，这里游人不多，自然环境保护较好，沙质洁白细腻柔软，空气清新、阳光充裕，幽静的环境和舒展绵延的海岸线，构成了秀丽的滨海风光，是一块不可多得的旅游胜地。

⌂ 儋州市光村镇。

🚌 海口汽车西站乘到儋州的大巴，再换乘中巴可达。

棋子湾

●光浴和沙浴的理想之地

棋子湾呈S形，湾长20多千米，有“万亩沙漠落海南”之称，是日光浴和沙浴的理想之地。原始自然生态游、沙漠风情游、神秘海湾游、棋子蓝游和海上石林游是棋子湾的独特情调。有细眉角、仙人足迹、八戒背媳妇、情侣石、帆船石等天然景点20多处。

⌂ 昌江自治县昌化镇沙渔村。

¥ 20元。

石花水洞

●光怪陆离的水洞景观

石花水洞景区总长约5000米，由旱洞和水洞两部分组成，洞道系统复杂。旱洞内有石钟乳、石笋、石柱、石旗、石瀑布、水晶石晶簇等，尤其是洞内发育生长的“一石二花”文石花、卷曲石、方解石晶簇堪称国之瑰宝和世界一绝。水洞里曲折蜿蜒的地下河水光怪陆离，五彩斑斓，轻舟漫游，宛若遨游龙宫，让人遐想万千。

⌂ 儋州市雅星镇八一总场英岛山。

🚌 从海口自驾，上西线高速东成下，走那大至225国道于八一总场。

¥ 73元。

尖峰岭森林公园

●中国南端最理想的避暑山庄

尖峰岭森里公园是我国第一个国家热带雨林公园，拥有我国现存面积最大、保存最好的热带原始森林。被誉为中国最美十大森林之一和世界顶尖级的旅游资源。“云海”“雾海”“林海”“大海”为尖峰岭四海奇观。景区内还有南天池、沟谷雨林等40多自然界景观。

乐东自治县尖峰镇。
60元。
0898-85721668。

洋浦古盐田

被誉为最早采用日晒的制盐场

洋浦古盐田被誉为最早采用日晒的制盐场，至今保留完好的原始民间制盐工序的古盐场。古盐田有750亩，有1000多个形态各异的砚式石盐槽密布海滩。现在盐田村仍有30多户盐工，每天都在这片盐田上沿袭着1200多年来的古老方式劳作。

洋浦开发区新英湾区盐田村。

住宿

海口海油大厦：位于新港码头附近，下了轮船步行20分钟或打摩的2元钱就可以到达，双人标间打折后108元起。

驴舍：位于新港轮渡码头正对面滨海花园D-102。出了驴舍，小区大门往右就是新港码头和新港客运站，往左是世纪大桥。所以这里坐船、坐车都很方便。

海口黄金海景大酒店（四星）/滨海大道67号/0898-68519988。

海口宾馆（三星）/海府大道4号/0898-65387449。

凯风酒店（二星）/滨海大道23号/0898-66203586。

餐饮

海口美食主要是海鲜。在大街小巷都能品尝到独特、正宗的海南风味。例如东江盐焗鸡、黎家竹筒饭、石山扣羊肉等，滨海大道、海秀路、龙昆南路是海鲜酒楼集中地，金龙路（乘旅游1线、旅游5线到嘉华名都站下）是风味餐馆最多的地方。夜市有明珠广场夜市、府城夜市和海甸二东路夜市。

吃海鲜可以去南庄酒家、和友海鲜。新埠岛有海鲜大排档。要吃上既便宜又新鲜的生蚝，就去滨海公园。

吃四大名菜（文昌鸡、嘉积鸭、东山羊、和乐蟹）可以到中国城和粤港潮，这两家做得较为正宗，当然价格不菲；想要价廉物美，龙昆南路定会让你满意，那里是海南菜馆汇集的中心。

羊肉火锅所取羊肉以石山扣羊肉为最，火山口的荔乡酒家是最佳选择。

购物

海口主要特产分为海鲜类、热带水果类、饮品类以及旅游纪念品类。纪念品主要有南珠、水晶、玳瑁、牛角雕、椰雕、珊瑚盆景等。土特产有黄灯笼辣椒酱、咖啡、腰果、胡椒、海干产品及特色酒等。

椰岛鹿龟酒是著名养生保健酒，由古方龟鹿二仙胶经千百年衍化而来，它采用传统的特殊工艺以精制米酒浸泡而成。酒液色泽棕红、挂杯、酒香醇和、口味甘厚，是佐餐、养身、保健的佳品。

海口的黄灯笼辣椒酱很有名，喜欢吃辣的人不要错过，有普通和特辣两种，根据自己的口味选择。一般普通的超市里都有卖。

海秀大道是海口最繁华的商业街，海口宾馆附近地段，云集了许多海南旅游纪念品商店。其中，装潢考究的一般都是珠宝店，也有许多土特产商店，它们一般都是厂家直销店，因此，价格不会很高。

民俗

椰子节：每年3月下旬或4月上旬，海口均要举办海南国际椰子节，它是国际性的大型商业旅游文化节庆，融旅游、文化、民俗、体育、经贸于一体，以海南椰文化和黎苗“三月三”民俗为主要特色。

冼夫人文化节（农历二月初六至十二）：曾叫“闹军坡”“军坡节”，人们为了感激冼夫人而举行模仿当年出军仪式活动。

三亚

鹿城三亚拥有洁净的海水、沙滩、空气和阳光以及众多的人文景观，是海南岛最南端的热带滨海旅游城市，素有“东方夏威夷”之称。

三亚是人们进行日光浴、海水浴、沙浴的理想之地，也是冬泳避寒的绝佳场地。沙滩、潜水、海鲜是三亚度假的三大永恒主题。四季如夏的三亚密布了亚龙湾、大东海、三亚湾等众多海湾，椰树成林；海上还有东、西两岛为碧波万顷的海面增加层次；互掩其中。蜈支洲岛则享有“中国第一潜水基地”美誉，有中国保护最完好的生态珊瑚礁。

面积：1918 平方千米

人口：69 万

区号：0898

亮点

必游景点

- **蜈支洲岛：** 被誉为“中国第一潜水基地”、中国的“马尔代夫”。
- **亚龙湾：** 是著名的滨海浴场和潜水胜地，被称为“天下第一湾”。
- **天涯海角：** 留有“天涯”“海角”等刻石，是人们寄情思古的胜地。
- **鹿回头：** 俯瞰三亚市全景的最佳处。
- **南山大小洞天：** 有奇特秀丽的海景、山景和石景，被称为“海上奇观”。
- **南山文化旅游区：** 被称为吉祥福泽之地，佛教、福寿文化为主要特色。

线路推荐

- **三亚三日精华游**

↑三亚沙滩

D1：亚龙湾—鹿回头—天涯海角。

D2：南山文化旅游区—南山大小洞天旅游区。

D3：蜈支洲岛—珠江南田温泉。

交通信息

飞机

三亚凤凰国际机场位于三亚市西北 11 千米处。目前已开通上海、北京、天津、广州、港澳、成都、贵阳、桂林、哈尔滨等地的航线。机场有大巴可到大东海、亚龙湾。

火车

三亚有两个火车站，三亚火车站和亚龙湾火车站。三亚火车站距离市中心比较近，有来往海口的动车；亚龙湾火车站距离亚龙湾景区更近。

南山文化旅游区 AAAAA

●历来被称为吉祥福泽之地

南山是中国最南端的山，人们在这里既能领略热带阳光、碧海、沙滩、鲜花、绿树的美景，更能获得佛教文化带来的心灵慰藉，体味回归自然、天人合一的乐趣。

南山文化旅游区是融热带海洋风光、中国佛教文化、福寿文化、历史古迹于一体的大型主题园区。由观音文化苑、慈航普渡园、吉祥如意园、南山寺、长寿谷、南山湾组成。

三亚市崖城镇南山村，距离凤凰机场 20 千米；距离三亚市区 40 千米。

8:00~18:00。

¥ 旺季150元，淡季126元。

☎ 0898-88837888。

亲历者◎指路

1. 新国线南山专线：亚龙湾—大东海—鹿回头公园—白鹭公园—美丽之冠—三亚湾—西岛—天涯海角—南山—大小洞天。

2. 从汽车西站坐中巴车到天涯海角，然后从天涯海角坐小巴或打车到南山，5~15元。三亚市区解放二路有很多前往南山和天涯海角的旅游小巴士，这种方式特别适合也想到天涯海角旅游的朋友。

亲历者◎攻略

1. 购票：通过三亚一些旅行社、网站购票，一般可以拿到120元或138元的门票价格。

2. 赏："南山女子汉唐乐坊"以汉唐古典音乐、佛教音乐及古典舞蹈为要素，演绎出一台集音乐、舞蹈、武术三者融为一体的"时尚古典音乐"，向世人讲述一个又一个古老而又传奇的故事，是南山优秀的人文景观。

3. 游：梵钟苑有39口清朝以来的古钟和3口新钟，象征菩萨42大宏愿，这里很清净，钟是佛教吉祥物，谈恋爱的朋友可以到这里撞钟许愿，这里特别安静，少有人来。

4. 吃：景区内缘起楼、禅悦苑素斋自助餐厅营业时间为10:00~14:30，门市价50元/人。私房菜馆（88837888）提供荤素搭配菜品。

5. 住：南山休闲会馆坐落在风景如画的南山文化旅游区内，酒店依山而建，面朝南海观音，分为园景与礼佛海景房。休闲会馆有集素斋、海鲜、日式铁板烧、私房菜等各式菜系。

海上观音

●世界上第一尊耸立于海上的观音像

"南山海上观音"铜像巍然屹立于南海，高108米，是世界上第一尊耸立于海上的观音像，也是世界上最高大的海上雕像建筑物。南海观音还充分运用高科技手法，组合声、光、电技术进行大型灯光夜景演示，充分展示了"佛光普照""踏海而来"等观音文化艺术效果。

亲历者◎解说

海上观音设计独特，一体化三尊，每尊的正面看均不同，环绕一周方可看清三尊手势各异的观音圣像全貌。

观音圣像正面为手持经箧观音，体现观音的般若德即智慧德性，经箧代表六百卷般若经，表示观音"自度度人，智悲双运"，既能自利，观理事无碍之境而了达自在，又能利他，观一切众生之机而化度自在，以般若启众生智慧；

观音圣像右面为手持念珠观音，体现观音的解脱德，即彻底摆脱无明烦恼和种种束缚，达到大自由大自在的境界，表现"众生念佛，佛念众生"同等同体的慈悲精神。

观音圣像左面为手持莲花观音，体现观音的法身德。

南山寺

●佛教文化景观

南山寺是一座仿古盛唐风格居山面海的大型寺院，集聚着浓厚的中国传统佛教文化。整个寺庙气势恢宏，建有建有仁王殿、大雄宝殿、东西配殿、钟鼓楼、转轮藏等。

亲历者◎攻略

1. 南山寺很大，景点繁多，需花一天的时间游玩。你可以在这里充分感受浓厚的佛教文化气息。

2. 南山寺早课——僧人修行，每天早晨5:30左右108声晨钟暮鼓，僧人陆续到达金堂（就是大雄宝殿，唐朝的时候大雄宝殿就叫金堂，南山寺是仿唐建筑，所以保留了这一名称），开始诵经，大概6:30左右结束，初一、十五，7:00左右结束，您可以跟僧人一起上早课，因为时间比较早，所以一般住在南山里面才方便去，这里的酒店免费提供电瓶车接送。

【链接：进寺须知】

1. 在寺内拍照最好不要跟佛像一起拍，即使拍的话，也不要让佛像在自己的正上方。

2. 寺院一般是左进右出的。

3. 位于路边的南山别院，看上去很不起眼，却是最早的南山寺，据说这里求签很灵的，很多朋友知道南山有个求签灵的地方，但往往来了找不到，其实就是指这里，坐环线电瓶车在长寿廊下车，注意看一下就会发现了，很小的庙；求签不要钱，解签约10元。

4. 烧香：南山景区实行文明进香活动，禁止燃烧大香，现在一律赠送线香。另外，烧香拜四方神佛的时候，一点要先面向离你最近的大佛。

南山大小洞天旅游区 AAAAA

●琼崖第一山水名胜

南山大小洞天旅游区有奇特秀丽的海景、山景和石景，还有众多名人胜迹，蔚为奇观。自古以来被称为“海山奇观”，有“琼崖第一山水名胜”的美誉。

现在的大小洞天旅游区以道教文化为主题。这里融热带风光、保健旅游、康复养生、休闲度假为一体。区内尚留有“小洞天”“钓台”“海山奇观”“仙梯”“仙人足”“试剑峰”等摩崖石刻，是海南重要的历史文化遗迹。

三亚市崖城镇南山村，在市区西40千米。

8:30~18:30。

135元。

0898-88830188。

亲历者◎指路

1. 乘25路新国线旅游公交车，至大小洞天站下即可到达景区。

2. 景区内可乘坐电瓶车轻松游览，15元/人。乘车途中会有工作人员沿途讲解景区文化及主要景点所位置。

提示：大小洞天用半天的时间游玩就可以了，安排好出游计划，乘坐免费车能为您节省一小笔开销哦。

亲历者◎攻略

龙抬头节：每年的农历二月二，三亚南山大小洞天旅游区主办，以“民俗、民艺、民间文化，乡情、乡风、乡土特色”为主题，举行“南海龙王祭祀大典”“洗龙水”“摸龙头”等一系列“龙文化”活动，热闹非凡。

小洞天

●“神仙居住的福地”

宋淳佑丁未年（1247年）郡守毛奎开山经始发现并命名。小洞天呈牛角形，深28米。洞上巨石如丘，独处鳌山之麓，鲸海之滨，顶上可容数十人坐立。临海有一椅状“钓台”，相传为仙翁垂钓“六鳌”的灵座。钓台之北的大山叫鳌山，传为“六鳌”之骨堆成。巨石上有毛奎亲题的“小洞天”“钓台”等摩崖石刻文字。

小月湾

●中国最后一块“处女海湾”

这里自然植被保存完好，依山傍海有沙滩吧、木屋别墅与帐篷营地，可承接度假住宿、婚庆蜜月、婚纱摄影与露营拓展等，是中国最南端的滨海原生态度假区。

亲历者◎攻略

1. 月湾吧：仿古全木结构，距离海岸不到10米，提供各种风味的西式餐饮、烧烤、承接婚庆、会议等，可一次性容纳150人。

2. 生态木屋：小月湾露营休闲区共有12栋大木屋，6栋小木屋。木屋掩映于沙滩上的原始雨林中，是集吸音吸湿、绝缘保温、健康环保与安全舒适于一体的健康型度假木质建筑。

3. 海景帐篷：搭建在海岸沙滩木质地台上，每顶帐篷前有小型观海平台，帐篷内配置高档防潮床垫与全套床上用品，既浪漫野趣，又温馨舒适。

三亚市区景点

大东海

●素有“福如东海”之渊意

大东海是三亚最早被开发，最具规模的热带滨海度假区，素有“福如东海”之渊意。是进行潜海观光、海水浴、阳光浴的理想之地，设有海滨浴场、嬉水乐园、观光潜艇、潜水和跳水基地。

三亚市河东管理区，东南郊3千米东海路。

火车站乘4路，亚龙湾乘15路，都可到大东海。

亲历者◎攻略

1. 这里也有很好的潜水处，会有教练带你下水，多为浮潜，没有游泳基础也不用担心，因为升降都是由教练控制的。

2. 顺着海滩东行三四百米，是一座滨海小公园。公园里有座小山，山顶上有观海亭，可俯视大海胜景。还有一个白鹭公园，那里是白鹭的天堂，湖边、湖心到处是白鹭。

3. 吃：酒店里有各式自助烧烤和望海酒吧，银泰的BBQ烧烤是这里最出名的。您还可以打的到春园海鲜广场饱尝海鲜，十分方便。

↓大东海

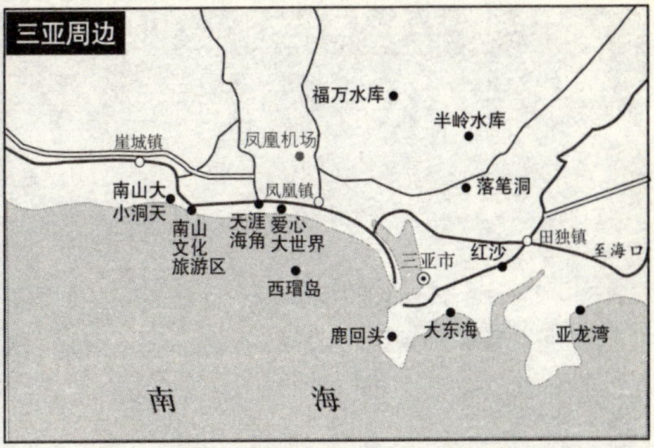

鹿回头

●俯瞰三亚市全景的最佳处

鹿回头是三面临海的半岛，似鹿回头观望。该岛以“情爱文化”为主题定位，素有“南海情山”的美誉。有着富有神奇色彩的爱情传说。有山顶公园、巨型雕像、听潮亭、情人岛、鹿舍、龟鳖天堂等景。

三亚市河东管理区，南郊5千米滨海路。

长途汽车站车乘2路“大东海—民航”或“大东海—田独”的专线车到鹿回头站下（1元），换乘三轮车上山至景区门口（2元）。 7:00~22:00。

45元，滑道40元。 0898-88213740。

亲历者◎攻略

1. 每年的中秋之夜，天涯海角风景区和鹿回头公园两个活动场地都会举行庆祝及游园活动、“鹿山赏月大会”。另外，在鹿雕南平台还有“福”“禄”“寿”塔灯三座，中秋夜，亲友相聚，共同点亮塔灯蜡烛，可祈得“福寿双全”“幸福团圆”“吉祥平安”。

2. 摄影：建议黄昏时去鹿回头，先看晚霞，然后可以领略气派的三亚夜景。晚上站在三亚湾以鹿回头的灯光为背景照相不错。

3. 园内情爱文化景点：主要有“爱”字摩崖石刻、“永结同心”台、“连心锁”“夫妻树”“仙鹿树”“海枯不烂石”“月老”雕像、“爱心永恒”石刻等。每年天涯海角国际婚庆节期间，情侣们必定会来到这里海誓山盟，情定终生。

三亚湾

●赶海拉网体验渔家生活

三亚湾东起三亚港，10千米长的滨海大道依湾绵延至天涯湾。这里可看到渔家拉网，体验真实的渔家生活。这里的夕阳很美，沙滩质地柔软，著名的“椰梦长廊”就在这里，有“亚洲第一大道”之称，是一条著名的海滨风景大道。三亚湾还是游泳的好去处。

三亚市市区西部沿海，距市中心约3千米。

乘坐21、24路公交或乘新国线双层观光巴士（亚龙湾—天涯海角），均可抵达椰梦长廊。

情侣自行车40元/2小时。

落笔洞风景区

●三亚八景之一

落笔洞为天然石灰岩溶洞。洞口高约12米，深18米，洞中央有两根钟乳垂吊，形如巨笔悬空。传说古时笔尖水滴不断，人若以手接此水，便会文思敏捷，下笔成章。洞底地上数块形如砚台的大石块，传说是神仙用的笔砚。两根“巨笔”在“文化大革命”期间遭到破坏，现洞顶仅存半截残迹。

三亚市荔枝沟镇印岭的小山峰上，距三亚15千米。

在汽车总站坐7路车到落笔洞站下。

三亚东部景点

珠江南田温泉

●神州第一泉

珠江南田温泉是我国最大的露天温泉，被誉为“神州第一泉”。现建有集温泉度假、休闲养生、商务会议为一体的五星级度假区。还有多个农场观光园可参观。

三亚市海棠湾镇南田农场内，东线高速公路旁，与蜈

↑蜈支洲岛

支洲岛隔海相望。

🚌 市区打车约50元。大东海的珠江花园酒店银泰酒店，亚龙湾天域度假酒店、环球城酒店和金棕榈酒店有定点免费往返穿梭巴士。问司机可订到优惠票价。

🕐 8:00~24:00。 ¥ 198元。

蜈支洲岛 AAAAA

●享有"中国第一潜水基地"的美誉

蜈支洲岛古称"古崎洲"，又名情人岛。岛的西部及北部有玉带状优质沙滩，沙质均匀细腻，色泽洁白如雪。周围海域海水清澈透明，是潜水观光的首选之地，被誉为中国的"马尔代夫"。

岛上还有观日岩、妈祖庙(海上涵三观)、情人岛、观海长廊、情人桥、百鸟园、观鱼平台等景点。有极具特色的各类度假别墅、木屋及酒吧、网球场、海鲜餐厅等配套设施，还开展了包括潜水、半潜观光、水上降落伞等30余项海上和沙滩娱乐项目。

🏠 三亚市海棠湾镇。

🚌 从蜈支洲码头坐15分钟豪华游轮抵岛。游轮首班7:40，末班16:00(随当天的天气情况而定)，每20分钟一班,团队随到随开,最后一班轮渡船离岛是17:30(随当天的天气情况而定)。

🕐 8:00~18:00。

¥ 168.00元(含门票、往返船票、基金费)。

☎ 0898-88751258。 ⓔ www.wuzhizhou.com。

亲历者◎指路

1. 三亚公交东站乘三亚—林旺的市郊车到后海下车，换乘路口的三轮摩的就能到蜈支洲岛码头。

2. 乘出租车至蜈支洲码头，单程路费（从亚龙湾出发）约50元左右；如若包车往返（三亚至蜈支洲岛），约150~200元。

亲历者◎攻略

1. 准备：去蜈支洲岛前先搞清天气，风浪大

亚龙湾国家旅游区

●三亚归来不看海，除却亚龙不是湾

亚龙湾被称为"天下第一湾"，是滨海浴场，潜水胜地，珊瑚礁重点保护区。有锦母角、亚龙角、中心广场、贝壳馆、蝴蝶谷、海底世界等景，还有奇石和怪滩。亚龙湾还享有"东方夏威夷"的美誉，其海滩全长约7.5千米，是美国夏威夷的3倍。

亚龙湾内共有5个岛屿，海面上以野猪岛为中心，南有东洲岛、西洲岛，西有东排岛、西排岛。野猪岛可以登陆，在海底世界入口买票，排队上船再排队上岛。

2013年10月9日起，亚龙湾景区中心广场、贝壳馆、蝴蝶谷正式停业进行升级大改造，改造后的大景区初步预计于2016年初与广大游客见面。

🏠 三亚市田独镇，市区东南28千米。

¥ 蝴蝶谷33元/人，中心广场53元/人。

🕐 7:30~18:00。

☎ 0898-88568899。 ⓔ www.ylb.com。

亲历者◎指路

新国线双层观光巴士（上层为敞棚，下层有空调）：亚龙湾—大东海—三亚湾—西岛码头—天涯海角。行程约70分钟，以观光速度行驶（按

是不能上岛的。去岛上前要准备好外套。平时穿上夏季的衣服即可，在1~3月的时候最好携带几件长袖外套，以备早晚或室外用；由于阳光强烈，最好带上太阳镜、帽子、防晒霜；还有防蚊虫的药和晕车、晕船药也要准备一些。

另外，岛上只有些小商店，卖些小玩艺，还有潜水公司租售游泳用品、水下相机、胶卷，所以最好将自己必须的物品带全。

2. 如果预定了蜈支洲岛的酒店，不用再付50元门票费，只要付船票（110元往返）即可。上岛后有电瓶观光车免费送你到预定酒店（往返各一次，其他时候坐的话，要另外收费）。

岛上电瓶观光车：可以周游全岛（其中有一半的路程是步行无法进入的，据说是为了保护环境），车费80元/位（含一张风光VCD），途中不能下来。

3. 摄影：傍晚或者早上观日出时的观日岩及下方的礁石区，能够拍到很漂亮的朝日。另外，蜈支洲岛的情人桥看似不大起眼，但在夕阳西下时，这里的光线和角度能拍出很漂亮的片子。

三亚西部景点

西岛（西玳瑁洲）

●三亚海上的璀璨明珠

西瑁岛又称西岛、西玳瑁岛。全岛有3000多人，世代打渔为生。由于远离城市，海水污染少，岛上风景秀丽。环岛海域生长着大量美丽的珊瑚。海上游乐世界汇集了各种海上休闲娱乐运动。

三亚市凤凰镇三亚湾内。

¥ 148元。

亲历者◎指路

去西岛乘快艇的码头叫珍珠养殖场码头，从三亚市汽车客运西站乘去天涯海角、南山、大小洞天的普通中巴(走海榆西线公路,行程23千米)，行驶16分钟可达珍珠港码头。

从珍珠养殖场码头到西岛，游乐世界随时有

路段收费）。

亲历者◎攻略

1. 来亚龙湾游泳，最好早晨和傍晚的时候，中午和下午太热了，没法出去。

2. 如果带小孩去，要带防晒霜、消炎药、退烧药、感冒药等，孩子在水里玩的时间长不愿回房间很容易感冒。

3. 吃：亚龙湾里面很少见社会餐厅，但所订酒店一般都含有自助早餐，各大酒店内有各类自助烧烤、餐厅、酒吧等，但消费较贵。也可以选择去市里的海鲜大排档饱尝海鲜，经济实惠。

4. 住：亚龙湾主要是四、五星级高档酒店，云集在海湾边，分一线海景和二线海景，三大酒店（万豪、希尔顿、喜来登）最为著名，价格不菲。

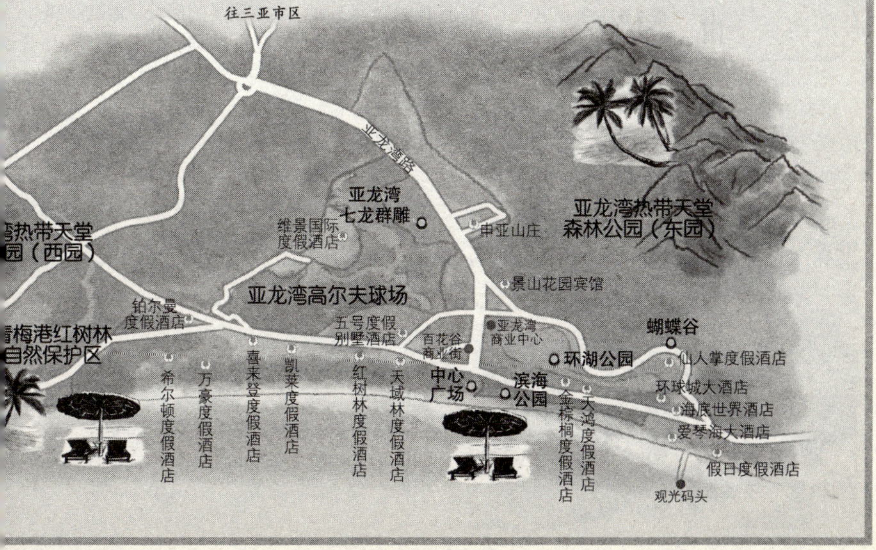

船进行接送，小至4座快艇，大至70座渡轮，从7:00~17:30营业，行程3海里，快艇行驶8分钟。

天涯海角

●椰林海景，南天一柱

天涯海角在海南岛的最南端，是一处令人神往的旅游胜地。它背负马岭山，面向茫茫大海。著名的“天涯”“海角”和“南天一柱”等刻石，就在群崖之中，甚为壮观。有天涯画廊、购物寨、历史名人雕像等景区。

三亚市天涯镇，在市区西26千米马岭山下。

7:00~19:00。

淡季85元，旺季101元。

0898-88910131。

亲历者◎指路

1. 市区乘出租车25~30元可到达。

2. 新国线旅游专线大巴（亚龙湾—大小洞天）或新国线双层观光巴士（亚龙湾—天涯海角）可达。

亲历者◎攻略

1. 天涯海角的游客上午最多，为了不排队，建议您中午以后去。

2. 天涯海角里的小贩很多，有黑社会背景，最好不要招惹他们。他们可能会一直跟着你，如果你不想购买，最好坚决拒绝；如果你看中了某样纪念品，要尽力砍价。

餐饮

到三亚一定要吃纯正的海鲜。在海边观海景，吃海鲜，即捞即煮即吃，真正体会到“人间鲜味”。尤其是三亚三珍（鲍鱼、海参、海胆），闻名国内外，还有青蟹、血蚶、蚝和龙虾等也都是不可多得的美味。清蒸石斑鱼、鲥鱼，肉嫩味鲜，也一定要尝尝。

↓三亚海鲜

三亚吃海鲜最好地方有两个。一个是大东海的东郊椰林，以小资情调出名的，烹饪手法多样，也相对贵一些。另一家则是大名鼎鼎的“春园海鲜广场”，强烈推荐去那里享用一下愉快的晚餐，价廉物美。

购物

三亚的土特产主要有椰子糖果、椰丝、椰子糕、椰子酱，还有珍珠和海鲜水果等，工艺品主要有贝壳、海螺等。

三亚的购物场所，主要集中在大东海、天涯海角等景区周围以及三亚市内解放路一带。较著名的有京润珍珠、羊栏水晶工艺品厂、田独南海玳瑁店、国宾商场及天涯海角购物一条街。

民俗

崖州民歌：起源于三亚崖城，其题材广泛，内容丰富，具有明显的佛教“斋歌”和唐诗格式影响的痕迹。歌词多为七言，从人文历史、风光景色到生产劳动、社会生活各个领域无不涉及。

打柴舞：黎语称“转刹”“太刹”，是黎族民间最具代表性的舞种。跳舞时将两条垫木相对隔开2米左右平行摆放于地面上，垫木上架数对小木棍。木棍两端分别由数人执握，两两相对，通过拍击发出强烈有力的节奏。舞者跳入木棍中，来往跳跃、蹲伏，模仿人类劳动状况和各种动物的动作及声音，舞蹈节奏强烈有力，动作古朴粗犷，生动形象。

海南黎、苗族“三月三”：是黎族、苗族青年男女追求爱情和幸福的传统节日，人们称它为“谈爱日”。

海南东线

海南东线交通最为便捷，高速公路贯穿南北，将文昌、琼海、万宁、陵水重点旅游区紧密联结。

文昌以椰文化著称，有海南地区椰林最为繁茂集聚在海边的东郊椰林。琼海以殊惊世界的博鳌为中心，有万泉河的入海口及亚洲论坛会址及永久会址。万宁一带有号称“世界少有，海南无双”的万宁兴隆温泉，有“海南第一山”之美称的东山岭，有“南海明珠”之称的大洲岛，有水清浪静、滩洁沙软的石梅湾、南燕湾、日月湾等。素有“天然温室”“热作种植宝地”之美称的陵水，有吊罗山、香水湾、分界洲岛等著名旅游景点，还有我国唯一的岛屿型猕猴自然保护区——南湾猴岛。

亮点

必游景点

- **东郊椰林**：有“文昌椰子半海南，东郊椰林最风光”之称。
- **博鳌水城**：以“亚洲论坛”而闻名，有获世界吉尼斯纪录的玉带滩等。
- **兴隆热带植物园**：保存有见血封喉等野生植物的珍稀物种。
- **南湾猴岛**：我国惟一的岛屿型猕猴自然保护区。

线路推荐

- **海南东线深度四日游**

D1：东郊椰林—万泉河—官塘温泉。

D2：博鳌水城。

D3：东山岭—兴隆热带植物园。

D4：牛岭—香水湾—南湾猴岛。

↑分界洲岛

交通信息

海口东站、三亚总站每天有班车约20分钟一趟发往东线各市、县。也有部分班车直达重要景点，如文昌的清澜港（从海口约1小时、三亚约3小时）等。

文昌旅游区

文昌孔庙

海南第一庙

文昌孔庙始建于北宋庆历年间，后毁坏。明洪武八年迁址于此，是海南省现存的最完整的古建筑群。庙的右边建有县衙，左边建有书院。

地址：文昌市市区文东路77号。

时间：8:00~17:30。　门票：15元。

东郊椰林

椰树的天然王国

“文昌椰子半海南，东郊椰林最风光”。主要有椰林长廊、“椰子王”树、椰园小村、水尾圣娘庙、灯塔、革命烈士纪念亭、椰子工艺厂、椰乡民居、椰子产品一条街等景点。

地址：文昌市东郊镇海滨半岛。

交通：清澜港乘船过海到对岸的码头，然后坐摩的可到。

亲历者◎攻略

1. 到海边后不必多等待，只要给6元，船主就立即开船。上船时告诉船主到白虎尾码头上岸，这里离东郊椰林最近。

2. 租自行车：景区内的百莱玛度假村里有自行车出租，租金25元/天，能还价。可以骑车在椰林转转，当地的民居也很有特色。

3. 椰汁：景区内有几个椰树公园，花上几元就可以在椰树下喝到当场摘的“琼浆”了；还能欣赏到“老头爬树比猴快”的神奇。

亲历者◎解说

在东郊椰乡，椰农的住宅很有特色，都少不了一个“椰”字，住宅的迎面门楣上、大门两侧墙上有描绘椰林风光的壁画，房屋的桁桷大梁门窗，是用椰木做的，屋子里的桌椅板凳也是用椰木做的，连舀水的水勺、装茶叶的罐子，都是利用椰壳加工制作而成的，可以说，椰农的住宅就是一间椰展览馆，也是椰乡民俗风情的艺术品。

海底村庄

●我国唯一发现的海底地震废墟

“海底村庄”是中国唯一的因地震导致陆地陷落成海的古文化遗址。沿着东寨港北上，在铺前湾海岸以北4千米左右的约10米深的水下，有一个叫“仁村”的古村庄因地震沉陷，形成现在的72个“海底村庄”。

文昌市铺前港和琼山区东北海岸的东营港、北创港、东寨港等地的波涛之下。

从海口东站乘车2小时（13元）到铺前，在铺前坐三轮车（3元）到码头，没有专门的船去景点，只能包租渔民的小船去。返回的末班车是16:40。

万泉河和博鳌周边

万泉河风景区

●有“生态河”“绿色河”之称

万泉河风景区可分为漂流区和峡谷区。主要由万泉河码头、红色娘子军雕像、沙洲岛、万泉河宾馆组成。

漂流区由烟园至会山乡，长约15千米，时间约2小时。万泉河漂流被誉为中国热带第一漂，既有疾时穿激流越险滩的激情澎湃，又有缓时两岸风光尽收眼底的诗情画意。

峡谷区位于漂流区上游，从烟园电站坝上至牛路岭电站坝下，全长6千米，两岸热带雨林中掩映着一个个支流峡谷，依次有神秘洞、黑龙潭、情人谷、叠泉、一线天和小洞天。

琼海嘉积镇西侧，会山乡烟园村烟园水电站。

去万泉漂流必须先至琼海市国际金融大厦的漂流公司（海口汽车东站1小时车程可到琼海车站，换乘风采车可到该公司）。一般9:00漂流公司的车送客人（4人以上）到漂流起点——烟园水电站，下午汽车会在漂流终点会山乡送客人回琼海。

漂流141元。

红色娘子军纪念园

●再现娘子军当年生活、战斗历史

红色娘子军纪念园主要由园前景区、主题雕塑展馆区、热带风情园林景区、旅游服务区四大功能区域组成，园区设有和平广场、纪念广场、红色娘子纪念馆、红色娘子军连部、歌舞广场、南霸天旧居（南府）等景点，再现了娘子军当年生活，战斗的光辉历史。

琼海市，东线高速公路琼海官塘入口处。

33元。

0898-62802175。

博鳌水城

●奇妙的南国风光画卷

博鳌水城以“亚洲论坛”而闻名。博鳌水城融江、河、湖、海、温泉、山麓、岛屿于一体，集椰林、沙滩、奇石、田园于一身。有博鳌亚洲论坛成立会址、博鳌亚洲论坛永久会址、玉带滩、圣公石、东方文化苑（含博鳌禅寺、莲花馆）、莲花墩、南强生态村等众多景点，还有众多的高档酒店、高档别墅和高尔夫球场。

其中获世界吉尼斯纪录的自然景观玉带滩、被誉为“世界河流出海口自然景观保存最完好的地方之一”的三江入海口，构成了博鳌风景如画的自然景观“金三角”。

琼海市博鳌镇，含东屿岛等三岛。

琼海市汽车站马路斜对面乘2路公交到博鳌水城站（博鳌亚洲论坛成立会址和万泉河入海口所在地）下车即可，约40分钟车程。

33元。套票（成立会址、玉带滩）83元。

0898-62774178。

↑博鳌红色娘子军纪念园

亲历者◎攻略

1. 吃：博鳌的酒店可吃到很不错的海鲜，大厨们的手艺使新鲜的原料更加美味，价格虽贵了些，但美丽的海滩风景、优雅的就餐环境、周到的个性服务，确实有点物有所值。

2. 住：博鳌有从一星级到五星级各个不同档次的宾馆都有，比如曾接待过亚洲论坛年会各国领导人的金海岸温泉大酒店，硬件和软件都很到位。

博鳌东屿岛温泉

●高端温泉疗养地

博鳌东屿岛温泉占地面积越78000平方米，配有极具特色的数十种名贵中药浴，功能性温泉水疗、土尔其矿砂浴、云南大理石板浴、大型温泉冲浪、热带风情沙滩、环形温泉漂流及儿童嬉水等设施。

琼海市东屿岛，毗邻博鳌亚洲论坛国际会议中心及博鳌索菲特大酒店。

188元。

兴隆旅游区

兴隆热带植物园

●有“森林公园”之美称

兴隆热带植物园是一座物种资源丰富、园林景观优美。现有热带树木、热带香料植物、药用植物、油料植物、观赏植物、珍稀植物等7大展区，保存有见血封喉等野生植物的珍稀物种。园内可开展丰富多彩的活动。

万宁市兴隆华侨农场（有东南亚风情村之称），距三亚市97千米。

海口汽车东站乘到兴隆的大巴，2小时可以到兴隆镇。在镇上坐摩的或者风采车到景点，往返15元左右（最好说好是往返，否则出园后很难找到车）。

7:30~18:00。

60元。

0898-62554410。

兴隆温泉度假区

●综合性的旅游度假城

兴隆温泉度假区有泉眼十几处，水温长年保持在60℃左右，水中含有丰富的矿物质，蒸腾的水气带有淡淡的清香。沐浴其中，对皮肤病、关节炎和神经衰弱症等有治疗作用。这里风景秀丽，侨乡风情浓郁，目前已建成为吃、住、玩、浴多功能相配套的旅游度假城。

万宁市兴隆华侨农场。

万宁汽车总站乘到兴隆的中巴车，约40分钟车程，兴隆镇换乘三轮车即到温泉区。海口东站也有直达兴隆温泉度假区的车（41元），约2.5小时车程。

亲历者◎攻略

1. 吃：镇上有排挡，还有路边装修比较好的餐馆，东南亚特色的饭食味道很正宗。另外，在兴隆和温泉齐名的还有咖啡，该咖啡是归侨从国外引进的小粒种，冲出来的咖啡浓香扑鼻，值得品尝。

2. 住：度假区内的酒店非常多，可以选择的余地很大，从高档的五星级到大众消费的三星级，而且在这里住宿，可以免费泡温泉。

东山岭

●海南第一山

东山岭素有“海外桃源”“海南第一山”之称。由三座山峰相依而成，自然风光秀丽。有七峡巢云、正笏凌宵、仙舟系缆、蓬莱香窟、瑶台望海、冠盖飞霞、海眼流丹、碧水环龙等八景。电视连续剧《红楼梦》片头中那块神姿仙态的“飞来石”，就在东山岭上。

万宁市万城镇北坡村。

海口东站或三亚汽车总站坐到万宁后，换乘三轮摩托车即到。 淡季40元，旺季50元。

8:00~18:00。 0898-62222269。

大洲岛

●我国唯一的金丝燕产地

大洲岛即燕窝岛，有二岛三峰。唐宋以

来，一直成为航海的标志，也是我国唯一的金丝燕产地，大洲燕窝就产于此。岛上燕窝洞府，扑朔迷离。

万宁市东南部的海面上，距市区 15 千米。

万宁汽车总站乘到乌场镇的中巴，票价 2 元，然后在镇上租船上岛，快艇来回 300 元，普通船 250 元。

亲历者◎攻略

一定自己带好饮用水，如果实在觉得不方便，也可以在岛上唯一的一个小商店里买些饮料、方便面等食品。想在岛上住宿，最好自己带帐篷，否则渔民搭建的简陋棚子恐怕不能容下太多的人。

石梅湾旅游度假区

●存有大面积的海滩青皮林

石梅湾旅游度假区由两个形如新月的海湾组成，区内集碧海、青山、白沙、奇石、岛屿、椰林、溪流于一体，充满原始的热带原生态自然风光。沿海湾绵延数十千米的茂密青皮林带，是从清朝就立碑保护的目前世界上发现的第二个也是面积最大的海滩青皮林，至少已有 4000 年历史，是养生保健的无价宝。

万宁市礼纪镇。

海口汽车东站或三亚汽车总站乘直达万宁的省直快车，兴隆路口下车，换乘中巴车或风采车即达。

亲历者◎攻略

1. 最佳旅游时间：石梅湾景区长夏无冬，每年的 11 至次年 3 月是旅游旺季，此时石梅湾阳光灿烂、绿树葱茏。

2. 玩：石梅湾最好的娱乐都在海上，石梅湾水上活动中心提供众多海上运动，包括岛屿潜水（480 元/人，含体验潜水证）、韩式潜水、海中漫步、船钓（1200 元/半天，含船费）、冲浪（100 元/人）、划艇、拖曳伞（320 元/人）等项目。

陵水旅游区

香水湾

●海水碧绿、沙滩洁白、椰林婀娜

香水湾因香水岭流来的泉水注入海湾而得名。擎天石、石亭、龙王椅等景点。

陵水自治县光坡镇，距县城 18 千米。

从海口东站坐到陵水的省汽快车（8:00~17:00），车程 2 个半小时左右，走海南东线高速路，普通车票价 36 元，空调车票价 47 元。

亲历者◎攻略

香水湾边有口“仙人井”非常奇特，距海边仅几步之遥，石缝间冒出甘甜的泉水。即使天干地旱，泉水永不干涸。当地农民中流传一句谚语：饮了仙人井的泉，能“香三年，白三年，平平安安过三年”。

分界洲岛文化旅游区 AAAAA

●无人岛畅游冒险

分界洲岛所处位置是海南岛重要的分水岭。该岛是牛岭的一部分，在这里，还可感受曾经荒无人烟的岛屿风情，并在无人岛上畅游与冒险。

陵水自治县南桥镇牛岭东北部海面上，距牛岭隧道约 15 千米。

乘快艇到岛上仅需 3 分钟。

168 元（含船票）。

南湾猴岛

●我国唯一的岛屿型猕猴自然保护区

南湾猴岛是我国唯一的岛屿型猕猴自然保护区，山上大小岩洞无数。岛上建有猕猴保护区，有猕猴 29 群，有 4 群已被驯化可逗乐。此外还有水鹿、小类猫、豹猫、水獭、穿山甲等近 20 种兽类，海南鹧鸪、戴胜等近 30 种鸟类以及蟒蛇、蜥蜴等爬行类。

陵水自治县新村镇南湾村。

新村港乘船或海缆车可到。

8:30~18:30。

淡季 156 元，旺季 163 元。

0898-83360902。

亲历者◎攻略

1. 上岛不要穿红色的衣服，否则会遭母猴子妒忌，撕烂你的衣服。另外，每年的 10 月底至次年 2 月是母猴发情期，这时，可见争夺猴王活动，乐趣无穷。

2. 最好选择上午去猴岛，这样才能有充分时间和猴子玩耍。观猴最佳时刻是管理人员喂食之时。如果错过喂食时间，您可在观猴园前买一两袋花生等食物，猴子们便很乐意和你交朋友。

提示：给猴子喂食要一次把手中的东西都喂

完，如果留一点在手中，猴子会以为你在挑逗它们，一拥而上抢夺；

3. 不要随便打开旅行包和手提包，猴子会以为你要拿东西给它吃，会跑过来抢食。另外，最好不要长久和猴子对视，不然会被一些暴躁的猴子咬。

吊罗山森林公园

●"植物宝库"和"真正的动物园"

吊罗山是名副其实的"植物宝库"和"真正的动物园"。分两个功能区：白水岭热带雨林自然保护区和吊罗山旅览区。区内除了丰富而奇特的自然景观外，还有种类繁多而珍稀的动植物资源。主峰三角山是海南三大林区之一。

陵水自治县，距海榆东线高速公路陵水出入口 20 千米，为陵水河和万泉河的分水岭。

在陵水自治县富陵路乘中巴车 1 小时左右到达本号镇，票价 8 元，再换乘"三脚猫"车（2 元），约 30 分钟车程可达公园门口。

¥ 40 元。

保亭旅游区

呀诺达雨林文化旅游区 AAAAA

●中国钻石级雨林景区

呀诺达雨林景区是中国唯一地处北纬 18 度的热带雨林，景区现已建成雨林谷和梦幻谷两个景观区域，及以美国电瓶车、生态栈道、飞瀑索道、高品质旅游巴士环绕成 18 公里长的园区通道。

热带雨林谷遮天蔽日，流泉叠瀑倾泻而下，年平均温度 24 度，穿越在雨林栈道，呼吸最清新的空气，百年古藤、千年古蕨、巨大的仙草灵芝、"冷血杀手"见血封喉以及热带雨林的六大奇观等，无不让人惊叹。

保亭黎族苗族自治县三道镇，距三亚市区仅 35 公里，距凤凰机场 52 公里。

可在三亚总站乘坐三亚至保亭班车（车票约 10 元），在三道农场路口下。

¥ 170 元（包含门票 130 元，游览车票 40 元）。

☎ 400-0463-888。

槟榔谷黎苗文化旅游区 AAAAA

●海南最早的槟榔树发源地之一

槟榔谷景区座落在郁郁葱葱、原始古朴的热带雨林中，面积达 5000 余亩，百年古黎村、雨林苗寨、《槟榔·古韵》大型实景演出、苗家兰花小屋、黎苗风味饮食、黎家田园风光六大文化体验区组成了景区的核心资源，风光旖旎。

槟榔谷更传承了十项国家级非物质文化遗产，其中"黎族纺染织绣技艺"被评为世界级的非物质文化遗产；槟榔谷还是海南传统"三月三"及"七夕嬉水节"的主要举办会场。

海南保亭甘什岭自然保护区。

自驾车三亚出发的话，驱车经田独镇，行至东线高速与中线 224 国道交汇处，左拐上中线 224 国道往五指山、保亭方向行驶 10 公里左右，即可到达。

¥ 旺季 165 元，淡季 143 元。

☎ 0898-38660888。

民俗

盅盘舞：把使用盅、盘、筷子、匙的姿势做为舞蹈的基本动作，加上撞击盅、盘、匙声节奏，配着民间小曲，频频起舞。随着送灯游村到各家各户贺年取乐的文艺小队伍，活跃在农村各个角落，热闹非常。

壁画：文昌人民历来建房造屋有绘制壁画的习俗。壁画取材广泛，乡土气息浓郁。人们最喜欢在住宅里绘画民间流传的吉祥物（人们习惯不绘人物画），如"喜鹊登梅""金鱼和海棠""莲花和鲤鱼""狮子戏球"等；人物画常见于祠堂祖庙，有象征吉祥的龙、凤、麒麟等。

嚼槟榔：槟榔是我国四大南药之一。在万宁、陵水、三亚一带，吃槟榔已成了重要的习俗。万宁人把槟榔果作为友谊的象征，客人登门，主人首先棒出槟榔果招待，即使不会嚼槟榔，也得吃上一口表示回敬。

●面积

8.2 万平方千米

●人口

3017 万人

●区号

023

●世界遗产

重庆武隆天生三桥、芙蓉洞、后坪天坑，大足石刻

● 5A 级旅游区

大足石刻、巫山小三峡—小小三峡、武隆喀斯特、酉阳桃花源、万盛黑山谷、南川金佛山—神龙峡、江津四面山景区、云阳县龙缸景区

●国家重点风景名胜区

长江三峡、缙云山、四面山、金佛山、芙蓉江、天坑地缝、潭獐峡

重庆旅游网
http://www.cqta.gov.cn/

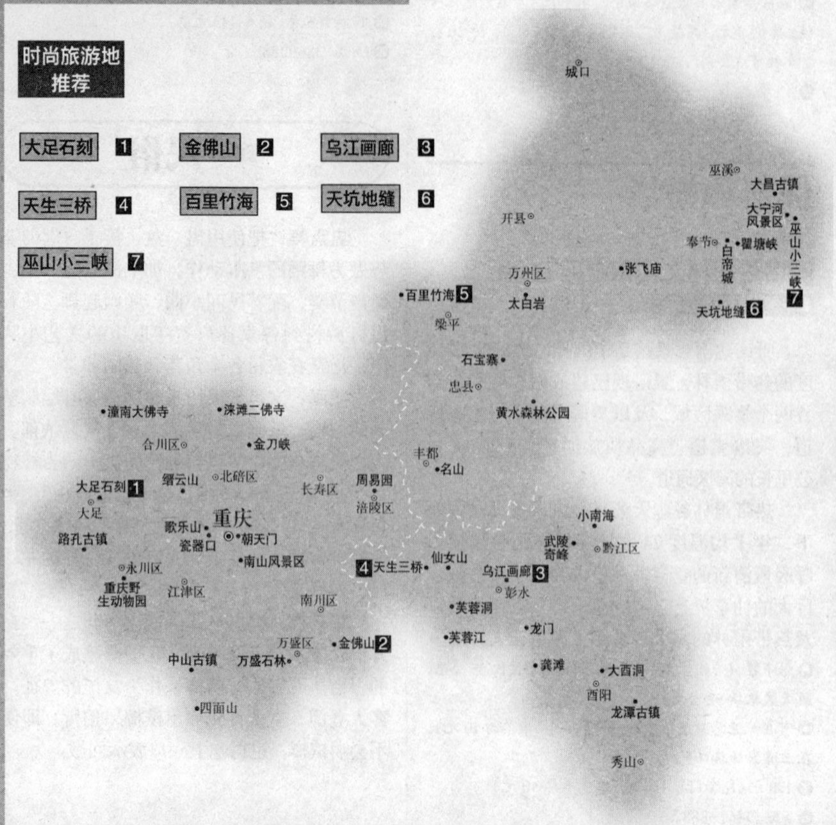

重庆

重庆，非去不可

重庆享“山城”“雾都”美名，以“火锅”“美女”出名。在重庆街头流连忘返，喜欢解放碑热闹繁华的时尚气息，喜欢朝天门两江交汇的宽宏气势，喜欢洪崖洞倚山而建、古老又精致的吊脚楼群。美丽的山城，醉人的雾都，重庆就是这样充满风姿而又耐人寻味。

重庆城区

夜景、火锅、美女，是重庆的三大名片。

重庆以山城闻名，重庆主城区坐落在长江与嘉陵江交汇处，四面环山，江水回绕，城市傍水依山，层叠而上，既以江城著称，又以山城扬名。

重庆是著名的雾都，这里永远是灰蒙蒙的，无论是城市，还是天空、山水、草木。千百年来，从巴人古国到陪都，是有太多的沉淀才是灰色成了重庆的主色调吗？

可是解放碑的美女和近年来重庆的飞速发展却给重庆赋予了新的色彩，那是重庆的活力和开阔的国际视野迎来了八方来客。

亮点

必游景点

- **解放碑**：重庆的标志性建筑，解放碑一带是重庆市区最繁华的商贸中心地带。既可品尝名特小吃、购买当地的特产，还可以打望美女。
- **磁器口古镇**：古镇有 12 条街巷，街道两旁大多是明清风格的建筑，地面由石板铺成，沿街店铺林立。
- **金刀峡**：约上亿年的峡谷幽壑景观为主，以岩溶地貌为辅，兼有大量的地质上称壶穴碧玉串珠的深潭绝景。
- **大足石刻**：世界文化遗产，是我国晚期石窟造像艺术的杰出典范。以北山、宝顶山、南山、石门山、石篆山石窟最具特色。
- **涞滩古镇**：错落有致而是木质结构的小青瓦建筑群，基本上保持了明清时代的原始风貌，古朴典雅。
- **金佛山**：是奇花、珍竹、异木的世界，动植物的宝库，山内残存众多古刹遗址。

↑重庆城区

线路推荐

- **魅力山城二日体验之旅**

D1：红岩革命纪念馆—歌乐山—白公馆—渣滓洞—磁器口古镇—朝天门广场。

D2：三峡博物馆—人民大礼堂—解放碑—南山风景区。

- **玩转重庆五日之旅**

D1：红岩革命纪念馆—歌乐山烈士陵园—白公馆—渣滓洞—磁器口古镇。

D2：大足石刻艺术群，在宝顶山前的美食街上享用午餐。夜宿重庆市区。

D3：芙蓉江风景名胜区—芙蓉洞。宿：江口镇。

D4：龚滩古镇—酉阳乌江画廊—阿蓬江。宿：龚滩古镇或重庆市区。

D5：逛解放碑，看山城美女，中午在八一好吃街上解决午餐，前往朝天门广场，傍晚乘轮渡或游船过江，选个船上的上层座位，观重庆港夜景。

交通信息

飞机

重庆有三座民用机场，分别是重庆江北国际机场、重庆万州五桥机场、重庆黔江舟白机场。来重庆游玩一般是降临江北机场。从江北机场有直飞全国 40 多个大中城市的航班，并开通了直飞欧洲的航线。

江北国际机场位于重庆市渝北区两路镇，可以在江北机场乘坐地铁 3 号线，途经重庆火车北站，到达市区。

火车

重庆站，亦称菜园坝火车站，位于中国

重庆渝中区菜园坝，主要开行普通、快速、特快列车，可与重庆地铁 1 号线、3 号线在两路口站换乘。

重庆北站，亦称龙头寺火车站，位于重庆渝北区龙头寺，北广场主要负责城际铁路、高速铁路客运运营，南广场主要负责特快、普快等普通列车的客运运营。

客轮

重庆的客轮目前主要是开往宜昌。很多游客会在重庆登上三峡游轮，前往宜昌。乘船地点大多在朝天门附近的各个码头。

重庆主城区景点

朝天门

●长江上的黄金水岸，重庆的象征

原为城门，现仅余城基墙垣，辟有宏伟的朝天门广场，附近是朝天门客运码头，可俯看到壮观的“夹马水”风景。

朝天门左侧嘉陵江纳细流汇小川，于此注入长江。每当初夏仲秋，碧绿的嘉陵江水与褐黄色的长江水激流撞击，漩涡滚滚，清浊分明，形成“夹马水”风景，其势如野马分鬃，十分壮观。右侧长江容嘉陵江水后，声势益发浩荡，穿三峡，通江汉，一泻千里，成为长江上的“黄金水段”。

重庆市渝中区。

乘地铁 1 号线可达。也可乘江北城、洋人街或者野猫溪到朝天门的轮渡，票价 1 元。

解放碑

●重庆的标志性建筑

解放碑位于渝中区民族、民权、邹容三大路交会的十字路口，通高 27.5 米，有旋梯可达顶端。该建筑最初落成于 1940 年 3 月 12 日孙中山先生逝世纪念日，为低矮木质结构，称“精神堡垒”。1945 年抗战胜利后重建，题名为“抗战胜利纪功碑”。1950 年由刘伯承改题“重庆人民解放纪念碑”。

如今，解放碑一带已经成为重庆市区最繁华的商贸中心地带。这里高楼大厦林立，交通四通八达，百货商店、影剧院、歌舞厅、副食品市场、书店、宾馆、饭店等鳞次栉比，一应俱全，游客至此，既可观光巴渝风物人情，又可品尝地方名特小吃，还可购买纪念品和其他物品。

渝中区民族路。

乘 402、462 路公交到解放碑站下可到。

洪崖洞

●大型都市休闲区

洪崖洞是新兴的集娱乐、休闲、观光、餐饮于一体的大型功能区域，也是时下重庆最火爆、最时尚、最具风情的都市休闲区。

洪崖洞由纸盐河酒吧街、天成巷巴渝风情街、盛宴美食街及异域风情城市阳台四条大街组成。四条大街分别融汇了当下所有时尚元素，主题迥异、特色鲜明，绝对是今天来重庆不可不去的地方。

渝中区嘉滨路 88 号。

乘 111、112 路可达。

罗汉寺

●全国汉族地区重点佛教寺庙之一

寺因罗汉洞而建。始建时园池古迹今已湮没无闻，仅余“明碑亭”所嵌“西湖古迹”碑石，还依稀可辨字痕。

自从 2006 年风靡全国的电影《疯狂的石头》在此取景后，罗汉寺的名声更加响亮。

重庆市渝中区民族路。

市内乘坐 132 路、路、262 路、401 路在小什字站下车，步行即到。

8:00~18:00。

磁器口古镇

●镇上建筑极具川东民居特色

磁器口，以出产瓷器而得名。在 1918 年地方商绅集资在青草坡创建了新工艺制瓷的“蜀瓷厂”，瓷器质地很好，品种繁多，名声渐大，产品远销省内外。渐渐地“磁器口”名代替了“龙隐镇”。现已发现古窑遗址 20 余处。

古镇始兴于宋，清末时达极盛，有“一

江两溪三山四街”。抗日战争时文化名人荟萃。镇上有马鞍山踞中，山上有川东名刹宝轮寺。镇上建筑极具川东民居特色，石板路与沿街民居相依和谐。

重庆市沙坪坝区磁器口镇。

歌乐山烈士陵园

●曾在此建“中美特种技术合作所”

歌乐山烈士陵园是国民党政府时期“国民党军事调查统计局”(简称“军统局”)总部、电台、监狱所在地。二战后期，曾在此建“中美特种技术合作所”。歌乐山烈士墓、烈士纪念碑和展览馆于1954年修建，1984年改现名。陵园占地2.14平方千米，主要由以下几部分组成：集中营旧址、烈士群雕、烈士诗文碑林、大型浮雕、烈士墓、陈列总馆。陈列总馆占地1159平方米，展出490张图片、108件实物和“11·27”大屠杀中景画，有“红岩魂——白公馆、渣滓洞革命先烈的斗争史实”展和6个专题展。

重庆市沙坪坝区歌乐山麓。

乘轨道交通3号线到烈士墓站下可达。

8:30~17:00。

南山风景区

●自然风光和人文景观交融

南山风景区北起铜锣峡，南至金竹沟，包括汪山、黄山、袁山、蒋山、岱山、老君山、文峰山等数十座山峰，总面积约2500公顷，平均海拔400余米，最高峰春天岭海拔681.5米。从渝中区隔江遥看，峰峦叠嶂、郁郁苍苍，恰似一道拱卫山城的绿色屏障。此外，这里佛、道、基督、天主、伊斯兰教建筑毕集，并有完整的“陪都”遗址群。人文景观密集。主要有南山植物园、涂山寺、南山石刻等景。

南山一棵树包括一棵树观景台、观景阁和郊野休闲区三部分。可同时容纳数千人观景。1997年，为迎接香港回归和重庆直辖而建成观景台。此处是俯瞰山城重庆夜景的最佳地。

重庆市南岸区南山镇。

384路公交可到南山植物园。

重庆近郊景点

金刀峡风景区

●保持着原始古老神奇的峡谷自然风景区

金刀峡是一处新近发现的保持着原始古老神奇的峡谷自然风景区，约上亿年的峡谷幽壑景观为主，以岩溶地貌为辅，兼有大量的地质上称壶穴碧玉串珠的深潭绝景。

金刀峡长约9千米，分上下两段。上段由于喀斯特地质作用，地面切过强烈，金刀神功般形成了独特的峡谷幽壑，石壁如削，两山岈合，垂直高度超过百米，上有古藤倒挂，下有潺潺流水；下段由于流水侵蚀的作用，有洞穴群提高潭檀相连，飞泉瀑布层层叠叠，古钟乳、石笋、石柱更是千姿百态，堪称全国最长的峡谷十里仿古栈道。金刀峡的主要景点有滩口牌坊、宋代塔坪寺、偏岩古镇、游静观花园、胜天湖等。

重庆市北碚区金刀峡镇。

门票60元。套票140元(包括门票+单程索道+沙溪湖游船)。

亲历者◎指路

在重庆汽车北站红旗河沟有直达金刀峡上峡口的汽车，或在北碚汽车站乘坐到金刀峡上峡口的汽车。

嘉陵江小三峡

●山水奇峻的风景

嘉陵江小三峡以北碚为中心，由沥鼻峡、温塘峡、观音峡组成，全长27千米。

上为沥鼻峡，位于合川盐井镇一带，全长3千米。峡中江流湍急，水深莫测，峡岸群峰高耸，峻峭幽深，有巨梁滩、狮子坟、笑和尚、牛鼻洞、猴子石、磨子沱等绮丽景观。

中是温塘峡，又称温泉峡、温汤峡，处于缙云山段，全长2.7千米。古时峡口建有温泉池，称为温塘，故名。入峡江水咆哮奔腾，旋涡叠生，气势磅礴；峡壁两岸相距不过200米，悬崖挺立，犹如刀凿斧削；峡岩之腰，泉如汤涌，云根窦生，景色秀丽，为小三峡之冠。

下有观音峡，又名文笔峡，全长3.7千米。

黑山谷 AAAAA

黑山谷山高林密，森林覆盖率达 97%，是重庆市生态保护最为完好的自然生态风景区，被誉为“湘黔生物基因库”。黑山谷景区全长 13 千米，两端分别是两个门，谷内由峰林、幽峡、森林、竹海、飞瀑、溶洞、仿古栈道、浮桥等各具特色的景观组成。走进景区大门，是一段约 1 千米长的下山石阶，沿途林木茂密，路边小溪潺潺。下到谷底就是一段 6 千米长的栈道，栈道虽长，但是沿途风光不错，沿途还有很多地方可以玩水，很是惬意。

- 万盛区黑山镇景星乡境内。
- 023-48279999。
- 100 元。
- 9:00~15:30（15:30 分停止售票）。

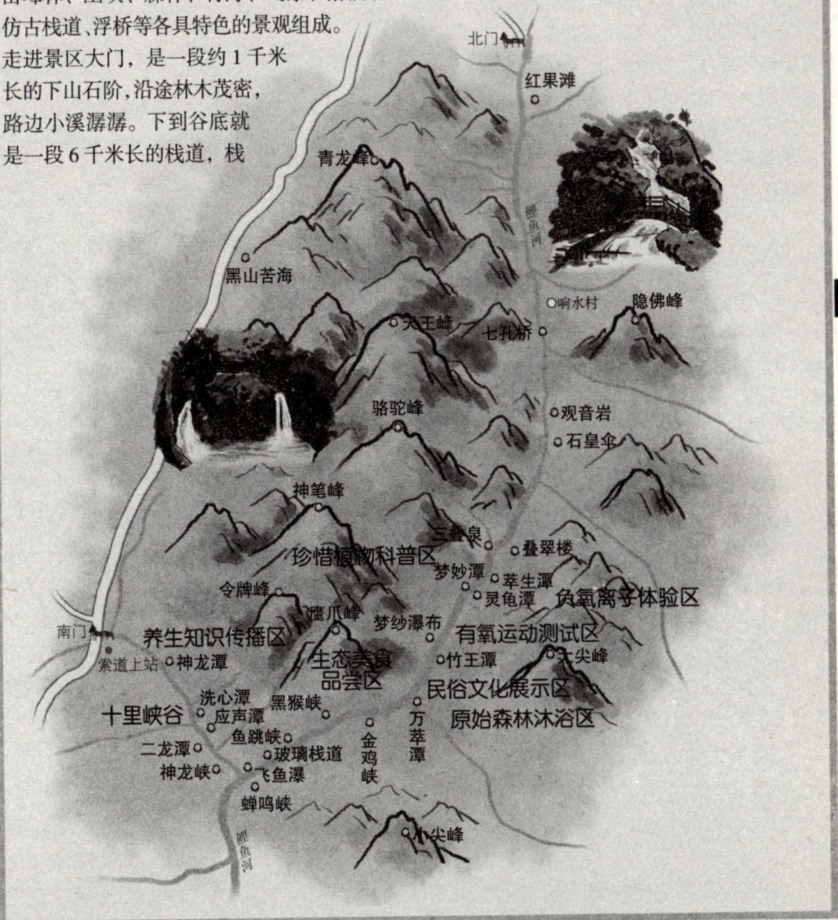

峡口岸边有巨石屹立，形如石笏，俗称文笔石，旁边悬崖高处有一古刹，名观音阁，峡以阁得名。观音峡两岸绝壁万仞，怪石嶙峋，江水蜿蜒曲折，为嘉陵江小三峡中最险峻的一个峡。

- 重庆市北碚区，起于合川区盐井镇巨梁滩。
- 可在北碚江边上游船游览，或乘坐快艇。

统景风景区

被誉为“自然博物馆”

统景风景区以“统景峡猿”居“巴渝十二景”之首，统揽山、水、林、泉、峡、洞、瀑、天池、小岛、古寨、鹰群诸景，被誉为“自然博物馆”。

统景的温泉闻名遐迩，有人冠之“统景

缙云山

●有“小峨眉”之称

缙云山距重庆市中区约45千米，距北碚城区15千米，为华蓥山腹式背斜山脉一个分支的一段。缙云山九峰挺立，拔地而起，山上古木参天，翠竹成林，环境清幽，景色优美，因而有“小峨眉”之称。有玉尖峰、香炉峰等九峰；有缙云寺、绍隆寺等八寺；有晚唐石照壁、宋代洛阳桥、相思岩、清代那伽窟等文物古迹；有八角井、南北高观音、九龙寨等人文景观；有海螺洞、桂月中秋、狮峰观月、竹海探幽等自然景观。

缙云山是全国自然保护区，有两万多亩森林，生长着1700多种亚热带植物，是著名的植物宝库和森林公园。山中气候温和，雨量充沛，有森林1300余公顷，生长着1700多种亚热带植物，其中有猴欢喜、无刺冠梨、缙云琼楠、伯乐树、银杏、红豆和飞蛾树等珍稀植物，山中还有世界罕见的活化石树——水杉，此树是1.6亿年前即存在的古生物物种。

重庆市北碚区北温泉镇。

解放碑、南坪、杨家坪均有公交车到北碚，到北碚站后，在地下商场旁的车站，换乘至缙云山的旅游专线客车。

¥30元，索道30元。

温泉甲天下”的美称，这里拥有西南地区规模最大的温泉城。

重庆市渝北区统景镇景泉路66号。

¥ 温泉票100元，游船票单买70元，温泉游船套票150元。 红旗河沟汽车北站乘坐到统景的长途大巴，或者乘坐622路去双凤桥坐开往统景的大巴。

大足石刻 AAAAA

●石刻艺术的精粹

大足石刻艺术群位于大足县境内，距重庆市区87千米，有石刻造像70余处，总计

10万尊，其中以宝顶山和北山石刻最为著名，保存最为完好。1999年12月被联合国教科文组织列入《世界文化遗产名录》。

大足县境内所有石刻造像的总称，境内有74处5万余尊宗教石刻造像。是我国晚期石窟造像艺术的杰出典范。以北山、宝顶山、南山、石门山、石篆山石窟最具特色。是世界文化遗产。

大足石刻以其规模宏大、雕刻精美、题材多样、内涵丰富和保存完整而著称于世。它集中国佛教、道教、儒家“三教”造像艺术的精华，以鲜明的民族化和生活化特色，成为中国石窟艺术中一颗璀璨的明珠。

重庆市大足区。

在大足区乘小公共往宝顶，车费3元。出租车起步价3元，包车价格面议。

旺季宝顶石刻135元，北山90元，联票170元。淡季宝顶石刻90元，北山70元。

提示：淡季时间：每年12月1日至次年2月28日（或29日）；旺季时间：每年3月1日至11月30日。

亲历者◎解说

以北山、宝顶山、南山、石篆山、石门山（简称“五山”）摩崖造像为代表的大足石刻是中国石窟艺术重要的组成部分，也是世界石窟艺术中公元9世纪末至13世纪中叶间，中国晚唐景福元年至南宋淳佑十二年最为壮丽辉煌的一页。大足石刻始建于公元650年唐永徽元年，兴盛于公元9世纪末至13世纪中叶，余绪延至明、清，是中国晚期石窟艺术的代表作品。

“五山”摩崖造像以规模宏大，雕刻精美，题材多样，内涵丰富，保存完好而著称于世。以集释佛教、道道教、儒儒家“三教”造像之大成而异于前期石窟。以鲜明的民族化、生活化特色，在中国石窟艺术中独树一帜。以大量的实物形象和文字史料，从不同侧面展示了公元9世纪末至13世纪中叶间中国石窟艺术风格及民间宗教信仰的重大发展、变化，对中国石窟艺术的创新与发展有重要贡献，具有前期各代石窟不替代的历史、艺术、科学和鉴赏价值。

宝顶山摩崖造像

●有“上朝峨嵋，下朝宝顶”之说

宝顶山是佛教圣地之一，有“上朝峨眉，下朝宝顶”之说。

造像以大佛湾为主体，小佛湾次之，造像分布在东、南、北三面。巨型雕刻360余幅，以六道轮回，广大宝楼阁、华严二圣像、千手观音像等最为著名。宝顶大佛湾处有川东古刹圣寿寺，创建于南宋。现存七重殿宇，雄伟壮观。

大足区宝顶乡，县城东北15千米宝顶山。

从菜园坝客运站坐车到大足，从大足长途客运站坐车到大足县际客运站，有到宝顶山景区的车。135元。

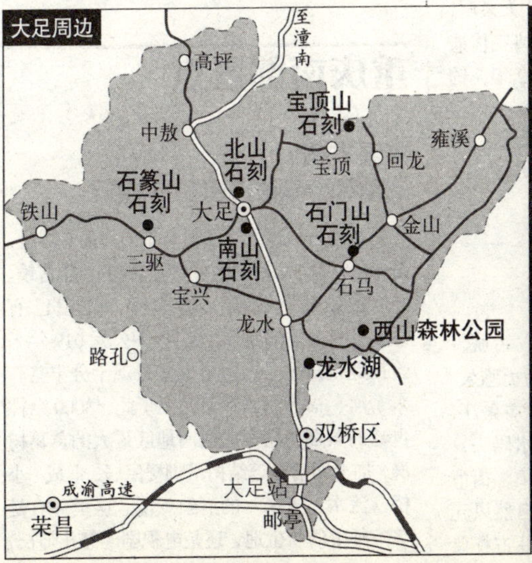

北山摩崖造像

以佛湾造像最为集中

北山石刻以佛湾造像最为集中，共编290号龛窟。在长300多米、高7米的崖壁上，有碑碣6通，题记和造像铭记55则，经幢8座，阴刻“文殊师利问疾图”一幅，石刻造像264龛窟。佛湾佛像雕刻精细，体态俊逸，风格独特。“心神车窟”中的“普贤菩萨”造像精美，被誉为“东方维纳斯”；“转轮藏经洞”被称为“石雕宫阙”；“韦君靖碑”“蔡京碑”“古文孝经碑”为世所独存，既是书法珍品，又可补史料之遗缺，价值极高。

大足区龙岗镇（县城）西北郊2千米。

60元。

重庆西部景点

钓鱼城

千年古战场

钓鱼山地形独特，山下是天堑，山顶有钓鱼台，城垣依山据险，深沟高垒，三面环江，俨然兵家雄关。钓鱼城古战场遗址至今保存完好。主要景观有城门、城墙、皇宫、武道衙门、步军营、水军码头等遗址，有钓鱼台、护国寺、悬佛寺、千佛石窟、皇洞、天泉洞、飞檐洞等名胜古迹，还有元、明、清三代遗留的大量诗赋辞章、浮雕碑刻。1982年，钓鱼城被列为国家级风景名胜区。

合川区合阳镇钓鱼山上。

在重庆菜园坝汽车客运站乘坐客车到合川后，乘坐111路公交车即可。 60元。

涞滩古镇

融古庙、古城、古佛于一体

涞滩古镇被渠江环绕，融古庙、古城、古佛于一体，景色秀美。涞滩古镇历史悠久，宋时就已初成场镇规模，古寨由于傍着渠江，仗着舟揖之利，当地还是个著名的水码头，特别是清咸丰年间，涞滩寨商贾云集，街市兴旺，十分繁华。古镇滨临渠江，自然风光优美，明清民居高低错落，老街小巷古朴典雅，有石砌城墙，现存瓮城。镇内保存着200米的青石板街道，400余间清代民居。还有明代石坊、清代庙宇、文昌宫戏楼等古迹。涞滩还是个著名的水码头。

合川区涞滩乡。

古镇免费开放，镇内二佛寺等景点单独收费。

亲历者◎指路

从合川乘到龙市的班车，在涞滩分路口下车，再搭乘小面包车或摩托进古寨。

茶山竹海

理想的天然氧吧

茶山竹海，景区森林覆盖率达97%，国家一级环境空气质量，是理想的天然氧吧，景区3万亩茶园和5万亩天然竹林相互缠绕，茶连竹，竹连茶，人称“茶山竹海”。《十面埋伏》就是以此作为国内唯一的外景地。

箕山现存双府院、仙人洞、天堡寨、天子殿、古墓等历史遗迹29处，其中道观寺庙遗址：青龙寺、萱花寺、白云寺、朝天寺、天台寺、莲花寺等14座，有渝西第一峰——薄刀岭、国画大师陈子庄艺术陈列馆、茶圣陆羽浮雕艺术墙等。

永川城北2千米处。

旺季（4月1日~10月31日）40元，淡季（11月1日~次年3月31日）30元。

重庆南部景点

东溪古镇

富有“小桥流水人家”韵味的千年古镇

东溪古镇地处綦江河与丁山河的交界处，是一处富有“小桥流水人家”韵味的千年古镇。

古镇建场已有2200多年，建镇已有1300多年，唐高祖武德二年（公元619年）曾在此设丹溪县，历史人文景观十分丰富。东丁河、福林河和綦河交汇于此，3000余棵古老的黄葛树密布成西南地区最大的黄葛树群，加上明清穿逗结构吊脚楼民居，形成“小桥、流水、人家”的清幽意境。这里一直是美院师生的写生地，还是电视剧《傻儿师长》

金佛山 AAAAA

金佛山又名金山，是大娄山脉最高峰。金佛山属于典型的喀斯特地貌，山势雄奇秀丽，天然溶洞星罗棋布，尤以古佛洞最为著名，洞内有山有河，洞中有洞。金佛山林木葱郁，珍稀动植物繁多，其中银杉、银杏、大叶茶、方竹、杜鹃王属国家一类保护植物，被誉为“金山五绝”。

☎ 西坡 023-71669888，北坡 023-87858888。

🚌 重庆汽车站乘坐到南川的班车，车程约 1 小时，车费约 32 元。之后在南川老客运站乘坐中巴可直达金佛山西坡景区，车费约 5 元，车程约 1.5 小时。

¥ 旺季 75 元，淡季 50 元（3、6、9 月），古佛洞 40 元。

的外景地。古镇有着丰富的人文景观和优美的自然风光。

🏠 渝黔高速公路的綦江县东溪出口处。

🚌 东溪镇距綦江县城 35 千米，半小时车程；距重庆 90 千米，1 小时车程。重庆南坪汽车站有班车发往东溪，票价约 27 元 / 人。

四面山风景区 AAAAA

●以原始森林为基调

四面山属云贵高原大娄山北翼余脉，占地面积 240 平方千米，山势南高北低，最高峰蜈蚣岭海拔 1709.4 米，最低处海拔 560 米。主要景点有大窝铺、八角尖、坪山、吊桥、花果山、水帘洞、骆驼山、象鼻岭、猴子山、老虎嘴、倒流水、和尚山、摩天岭等。

景区景观以原始森林为基调，众多溪流、湖泊、瀑布点染于苍山绿树之间，丹霞地貌丰富其自然色彩，目不暇接的动植物更为景区增添盎然生机。四面山的瀑布最为壮观。大小瀑布倾泻激荡，掀起满天烟雾，轰然鸣响，数里之外也能感受到其威势。其中最著名的是望乡台瀑布、水口寺瀑布以及鸳鸯瀑布。风景区内的洪海湖，湖水晶莹清澈，蜿蜒逶迤于深山峡谷、莽莽森林之中。荡舟湖上，令人心旷神怡。

江津区四面山镇。

通票 110 元，大锅铺原始森林 10 元。

住宿

重庆望龙门背包客栈：这是一家吊脚楼风格的客栈，位于渝中区芭蕉园，到解放碑、朝天门码头和汽车站，步行仅需要5-10分钟，里面还设有民族风情的小酒吧和餐厅。在这里你可以欣赏山城景色、逛明清老街，游湖广会馆也很方便。

重庆尚悦明清客栈：坐落在湖广会馆旁，是一座具有 300 年历史的两进两层四合院建筑，与湖广会馆同期建设，因此，客栈本身也是一处景观，并且与周围的谢家大院及胡子昂故居一同被称为“重庆渝中新三景”。

餐饮

重庆美食头块招牌当属火锅，最初为船夫和纤夫为应对潮冷冬季所创。现在重庆当地比较出名的火锅店有秦妈、德庄、苏大姐、巴乡鱼头、小天鹅等。

小火锅：重庆本地人的最爱是街边的小火锅（又称麻辣烫），“三拖一”是这种火锅的代表。所谓“三拖一”，就是荤菜三元（个别菜除外），素菜一元。一顿下来，每人只须十来元就能酒足饭饱。

南滨路美食街：位于长江边上，是目前重庆最火爆的餐饮一条街。秦妈火锅、陶然居、顺风 123、七娃子、外婆桥及阿一鲍鱼等餐饮企业聚集于此。江边还有很多水吧，茶吧，酒吧。这里人均消费 50 元左右。另外，南滨路江景无敌，在吃饭的同时还可以欣赏江景哦。另外南岸区的泉水鸡一条街也值得光顾一下，泉水鸡是其特色菜。

购物

民间手工艺品：首推蜀绣，自南宋始即与苏绣、湘绣、粤绣并称中国四大名绣。另外，荣昌折扇于清代就走出国门。还有三峡石砚、各式竹编等，都极具地方民族色彩。

风味食品：花样繁多，味道精美，其中以老四川灯影牛肉、涪陵榨菜、江津米花糖、合川桃片等享誉中外。

重庆的购物中心主要分布在五大商圈，分别是解放碑、沙坪坝三峡广场、杨家坪、观音桥、南坪步行街。

民俗

巴渝文化：巴渝文化是长江上游最富有鲜明个性的民族文化之一。巴渝文化起源于巴文化，它是指巴族和巴国在历史的发展中所形成的地域性文化。巴人一直生活在大山大川之间，大自然的熏陶与险恶的环境，炼就了巴人顽强、勇猛和骠悍的性格。重庆男儿热情似火而又坚韧豪迈，女儿柔情似水而又英气勃勃。

川江号子：重庆至巫山这段千里川江上，航道弯曲狭窄，明礁暗石林立，急流险滩无数。旧社会江上船只多靠人力推挠或拉纤航行，少则数十人多则上百人的江上集体劳动，只有用号子来统一指挥。因此，在滚滚川江上，产生了许多歌咏船工生活的水上歌谣——川江号子。

此外，蜀绣、龙门阵、重庆方言、川菜等，也可视为巴渝文化的代表。正是由于这些独特的巴渝文化，铸就了重庆这块土地深厚的文化底蕴。

万州周边

本节包括万州、忠县、梁平、开县、云阳、奉节、巫山、巫溪、城口、丰都、石柱 11 县区。

渝东万川毕汇，万商毕集，素有“川东门户”之称。勤劳、智慧的“巴人”在这里创造了灿烂的“大溪文化”，雄伟的长江在这里造就了三峡奇迹。

亮点

必游景点

- **丰都名山风景区：**它不仅是传说中的鬼城，还是集儒、道、佛为一体的民俗文化艺术宝库，堪称中国《神曲》之乡。
- **雪玉洞景区：**雪玉洞是目前国内已开发的洞穴中最年轻的溶洞，观赏价值和科考价值极高。被评为“中国最美旅游洞穴”。
- **红池坝国家森林公园：**中国南方最大的高山草场，被誉为“中国的新西兰”。
- **长江三峡风景名胜区：**以长江峡谷水道为主的河川风景名胜区，中国古文化的发源地之一，首批入选国家级风景名胜区的景点之一。

线路推荐

- **长江三峡三日游**

D1：上午游张飞庙，下午游白帝城。

D2–D3：乘船游三峡，到宜昌。

- **丰都二日游**

D1：上午石宝寨，下午游名山和双轨山，夜宿丰都。

D2：游览血玉洞，返程。

交通信息

飞机

万州五桥机场位于万州区长江南岸毡帽山顶，目前已开通了北京、上海、深圳、昆明等国内部分主要城市航线。

↑巫峡长江大桥

火车

万州火车站是三峡库区铁路运输的枢纽站，已先后开通了万州至重庆、达州、成都、广州、宜昌等地的列车。

丰都鬼城

●人间的“阴曹地府”

相传汉代有两位方士，一位叫阴长生，一位叫王方平，两人先后在丰都名山修道成仙。至唐代，有人误将“阴”“王”两姓联缀为“阴王”，于是名山就逐步被传说附会为“阴王”(阴间之王)所居之地，即演变成“阴曹地府”的鬼都了。鬼城以各种阴曹地府的建筑和造型而闻名，如哼哈祠、天子殿、奈河桥、黄泉路、望乡台、药王殿等。

丰都县名山镇。

¥ 120 元。

长江三峡

●中国古文化的发源地之一

以长江峡谷水道为主的河川风景名胜区，三峡为瞿塘峡、巫峡、西陵峡的总称，三峡之间有大宁河宽谷和香溪宽谷隔开。沿江有大量景观。风景区还包括丰都到奉节的江段。

西起奉节县白帝城，东止湖北宜昌南津关。

可选择“重庆—宜昌”段，沿途停靠涪陵、丰都、奉节、巫山灯盏，全程票价冲300元到1200元。

亲历者◎解说

自白帝城至黛溪称瞿塘峡，巫山至巴东官渡口称巫峡，秭归的香溪至南津关称西陵峡。

夔门

●三峡门户

夔门天下雄！南有白盐山，北有赤甲山，两岸断崖壁立，江宽不足100米。从夔门古象馆沿着新修的栈道一直朝前走，有赤甲楼点缀在赤甲山腰，楼前有是三峡古炮台遗址。

白帝城

●享有诗城之誉

享有诗城之誉。风景如画，古迹甚多，有白帝庙、明良殿、武侯祠、观景亭、望江楼、东西碑林、竹枝园、三峡木石艺术馆等景。

奉节县白帝镇。

奉节到白帝城每天有班轮往返。

旺季120元(3~10月)，淡季80元(11月~次年2月)。

巫山十二峰

●奇山峻岭

分布在巫峡两岸，江北为登龙、圣泉、朝云、神女、松峦、集仙六峰；江南为净坛、起云、飞风三峰。十二峰中以神女峰最为峭丽，有许多美丽的传说。

陆游洞

●大诗人陆游夜泊处

由清水、金竹、玉林三个古洞组成。三洞既独立又交错。金竹洞外可眺望巫峡景色。陆游任夔州地方官时，夜泊此处。

巫峡西口与大宁河交汇处北岸，距巫山县城2.5千米。

20元。

巫山小三峡—小小三峡旅游区 AAAAA

●秀丽别致的长江景观

小三峡是长江三峡支流大宁河下游在巫山县境内的龙门峡、巴雾峡、滴翠峡的总称，全长约60千米。峡谷内不仅有青山奇峰，更有留存千古的巴人悬棺、船棺和古寨等历史遗迹。

小小三峡由马渡河下游的三撑峡、秦王峡、长滩峡组成。与大宁河小三峡相比，这里山更高，峡更窄水更小，滩更险，洞更幽，景更秀，有“张家界的山，小小三峡的水”之誉。

其中三撑峡始于马渡河入口，是小小三峡第一峡。这里虽然航道狭窄，滩多水急，但航道的布局和结构很理想，基本上是一个险滩连一个深潭，既有高度紧张的刺激，又有放松自如的舒坦，是小小三峡的最佳漂流区。

重庆市巫山县大宁河河口。

一日游280元(包含小三峡、小小三峡船票、漂流费用)；两日游380元(包含小三峡、小小三峡船票、漂流费用以及平河度假村住宿一晚)。

万州旅游区

万州西游洞

●洞内藏有“定海神针”

西游洞是典型的喀斯特地貌，洞内有千姿百态的洞中洞，大小各异的滩连滩，生长着极珍稀的阴河鱼，每日潮涨潮落，洞内夏天清凉冬天温暖。西游洞全长1500米左右，洞内最宽处100多米，狭窄处只能容一人侧身通过。

最具震憾的景观是东海龙宫里从海底直耸洞顶的“定海神针”，高近30米，直径平均约40厘米，底部四周有千万朵钟乳石形成的莲花镶嵌围护，又像无数小龙盘绕。传说孙悟空西天取经后，将金箍棒还于东海龙王，龙王担心宝物被劫，想寻找一处既能聚集天地灵气又隐秘安稳的宝地来存放，历经万年、寻访到了西游洞，从此金箍棒就藏于西游洞。

万州区新田镇盐井社区。

50元

万州大瀑布群

●亚洲第一瀑

万州大瀑布群景区以它惊天地、泣鬼神

的磅礴气势和众星拱月般的奇特景观与脍炙人口的民间传说，受到世人瞩目。

景区山青、水秀、瀑宽、洞奇、潭幽、湖大、虹美。瀑布下面1600平方米的水帘洞能极大丰富您的想象力。7000余平方米的青龙洞中，叹为观止的是自然天成的青龙洞“天工画壁”。

万州区甘宁镇甘宁河段。　¥98元。

垫江旅游区

雪玉洞景区

被评为“中国最美旅游洞穴”

雪玉洞是目前国内已开发的洞穴中最年轻的溶洞，观赏价值和科考价值极高。洞内80%的钟乳石都“洁白如雪，质纯似玉”，故被中国洞穴会会长朱学稳教授命名为“雪玉洞”。雪玉洞全长1644米，现已开发游览线路1166米，上下共三层，分为六大游览区：群英荟萃、天上人间、步步登高、北国风光、琼楼玉宇、前程似锦。其中世界级奇观有四处：一是规模最大、数量最多的塔珊瑚花群（俗称兵马俑），二是晶莹剔透、最薄最长的石旗王，三是直径达4米、冰清雪洁的地盾，四是傲雪斗霜、长达2.5米的鹅管王，其他绝景多达数十处，可观赏景观多达100余处。

丰都县双路镇，距县城12千米。

¥ 旺季110元，淡季70元。

在朝天门汽车站乘坐往丰都汽车，然后转乘去雪玉洞汽车。

龙骨寨风景区

以其雄奇险峻，佛教文化历史悠久著称

龙骨寨以其雄奇险峻，佛教文化历史悠久著称。寨顶平坦，有形似螃蟹、雄狮、蟾蜍三怪石和形如青狮、白象的两座小山分卧寨前，有宽不盈尺的栈道将青狮、白象与龙骨寨连为一体。龙骨寨四周常为云雾环绕，寨顶时隐时现。

寨上龙狮抢宝，三本经书、全扁担、金鸭子、梭米洞、义和拳神兵坛、古栈道等景点不胜枚举。且有机结合成一条巨龙腾空欲飞。寨上的森林景观资源也很丰富，风光秀美、神奇隽永，全年最高气温仅为27℃，是避暑休闲的好去处。

重庆汽车站有开往石柱县的班车。

西沱古镇

最为引人瞩目的景点是云梯街

古镇最为引人瞩目的景点要数云梯街，云梯街垂直长江，呈龙形向上，共有113个台阶、1124步青石梯。从长江边向上仰望，好像一挂云梯直插苍天；从街顶向下俯瞰，特别是有云雾的时候，犹如置身在云端间。因此，人们就美赞它为“云梯街”，又叫“通天街”。云梯街是长江沿线唯一垂直江面的街道，这在中外建筑史上有着极为重要的科考研究价值，专家称之为“万里长江第一街”。街两旁保存着明清遗留下来的层层叠叠的土家民居吊脚楼，其间还有“紫云宫”“禹王宫”“万天宫”“桂花园”等著名建筑。

重庆汽车站有开往石柱县的班车，到达石柱后转达班车前往古镇。

忠县—梁平旅游区

石宝寨

被誉为“世界八大奇异建筑”之一

是江中一座拔地而起四壁如削的孤峰。

↓石宝寨

整个建筑由寨门、寨身城楼、寨顶古刹三部分组成。城楼依山取势修建12层楼阁，全系木质结构，被誉为“世界八大奇异建筑”之一。

忠县石宝镇，长江北岸边，距县城45千米。

50元。

龙缸

巨大的天坑

龙缸是一个深550米的椭圆形天坑，因形状为一个天然大石缸，又被誉为“天下第一缸”。龙缸口下有天然条石平伸入内，可于此俯伏窥视坑内特异景物。缸壁上部藤萝覆盖，野花点缀；下则石壁如削，呈青灰色，向坑内投石，需数十秒钟方能听到回声。

重庆市云阳县清水镇。

从云阳长途汽车站乘班车到清水。

120元。

小寨天坑

当今世界洞穴奇观之一，世界第一大天坑

小寨天坑坑口地面高1331米，深度为521~662米。坑壁四周陡峭，在东北方向峭壁上有小道通到坑底。

小寨天坑的底部有一条巨大的暗河，暗河的水来自一条被当地人称为“地缝”的神秘峡谷。据考察，地缝全长达37千米，最窄的地方只有2米，而峡谷的高度达900米，形成气势恢弘的“一线天”。从上面俯看，在群山之中，茂密的原始森林底下，隐隐约约可以看见一条云雾缭绕的缝隙，那就是深达数百米的神秘地缝，被岩溶地质专家称作“世界喀斯特峡谷奇中之稀”。

奉节县荆竹乡小寨村。

奉节汽车站乘坐到兴隆镇的班车，从兴隆镇上包车游览天坑地缝。也可以从奉节县直接包车前往。

旺季100元，淡季70元。

红池坝国家森林公园

中国南方最大的高山草场，被誉为“中国的新西兰”

红池坝高山草场古称万顷池，位于巫溪县西北边缘，是战国历史名人楚相春申君黄歇故居。

红池坝高山草场处于中山亚高山台原之上，林草覆盖率在85%以上，海拔2800~2630米，区内东西长33千米，南北宽18千米，总面积36.2万亩，其中森林面积15.6万亩，为中国南方第一大高山草场。景区由多个岩溶槽谷平坝组成。槽谷底部地形辽阔平坦，夏季绿草如茵，繁花似锦，冬季银装素裹，一派北国风光。

巫溪县高楼乡。

亲历者◎指路

从重庆乘车到巫溪后，在巫溪县城乘坐班车前往文峰镇，车程1.5小时，车票15元/人，然后转乘到红池坝的汽车，车费20元/人。

亲历者◎解说

红池坝闻名中外的“绝世奇观”夏冰洞是中国十大奇洞之一，至今尚是未解之谜。每逢盛夏，洞中细水成冰，形成冰瀑、冰帘、冰柱、冰笋等姿态万千、琳琅满目的夏冰景观；而数九寒冬，洞内却水暖气腾，细流涓涓，宛如热洞。

住宿

太白宾馆/万州区白岩路232号/58100000。

万州锦丽酒店/万州区王牌路398号/58116666。

餐饮

万州美食有程凉面、万州烤鱼、万州格格等。周家坝心连心广场有很多夜排挡。奉节的土家风味泡茶花菜、“金包银”米饭让人喜不自禁。

购物

万州有大红袍橘、谭木匠梳子、鱼泉榨菜、诗仙太白酒等特产。奉节物产丰富，脐橙、香茗、晒枣远近闻名。巫山土特产有巫山魔芋、庙党、乌柏、水口钮丝面、薇菜、云雾茶等。梁平特产以梁平竹帘、梁平柚最有名。

武隆以东

武隆处于重庆“一圈两翼”的交会点，自古有“渝黔门屏”之称，是千里乌江一颗璀璨的明珠。武隆以东包括武隆、彭水、黔江、酉阳、秀山5个区、县。

亮点

必游景点

- **小南海：**是1856年6月10日当地发生6.25级、地震山崩堵塞溪流而形成的一个地震湮塞湖，为重庆市第一大天然湖泊。依然保持了完整的地震遗址。
- **阿蓬江景区：**黔江境内的阿蓬江山高谷深，绝壁对峙，支流纵横，形成优异卓越的河谷风光。
- **芙蓉洞：**世界上发现的最大的溶洞群，中国地下最美丽的地方。
- **乌江画廊风景区：**乌江风光迷人，景色秀丽，石奇、滩险、峰秀，被誉为“百里乌江画廊”。

线路推荐

- **武隆、彭水二日游**

  D1：天生三桥、芙蓉洞。

  D2：荣芙蓉江。

交通信息

武隆、黔江和秀山均有火车站，可直接从重庆北站乘火车前往。

↑秀山洪安古镇

武隆—彭水旅游区

芙蓉江风景名胜区

●罕见的生态峡谷景观和水上原始森林景观

芙蓉江发源于贵州省绥阳县的石瓮子，由南向北流经黔渝两省市，在武隆江口注入乌江，全长231千米，是乌江最大支流。芙蓉江古名濡水，又名盘古河，因与乌江交汇处的江口镇沿岸多芙蓉树，故称芙蓉江。

以芙蓉江主体河流为主的沿岸景区、景点有芙蓉洞景区；盘古河景区的苗寨风情、古木竹海、猴园、芭蕉林；悬坝景区的蝴蝶谷、龙孔飞瀑、大小石笋；珠子溪景区的红军渡、玛瑙飞泉、姜太公吊鱼、珠子溪。另外还有不计其数的半岛和岛屿。

武隆区浩口乡至江口镇。

在重庆汽车站乘坐开往武隆区的班车，到达江口镇即可。

芙蓉江门票＋游船（全程）120元／人。

芙蓉洞 AAAAA

●世界上发现的最大的溶洞群，中国地下最美丽的地方

芙蓉洞于1993年5月被发现。在世界已发现的80余种岩溶洞穴沉积物中，芙蓉洞内发现的物种就有近70余种，被中国洞穴协会会长朱学稳教授称为“一座斑斓辉煌的地下艺术宫殿和内容丰富的洞穴科学博物馆”，世界洞穴协会主席安迪先生评价为“世界最好的游览洞穴之一”，是中国地下最美丽的地方。

武隆区江口镇芙蓉江畔。

旺季120元，淡季65元。　8:00~17:00。

武隆天生三桥 AAAAA

●罕见的地质奇观

天生三桥是全国罕见的地质奇观生态型旅游区。景区内游览路线从崖壁到谷底共5千米，以天龙桥、青龙桥、黑龙桥天生三座规模庞大，气热磅礴的石拱桥称奇于世，三桥平均高200米以上，桥面宽约100米，在距离仅1.2千米的范围内就有如此庞大的三座天生桥实属国内罕见。

景区林森木秀、峰青岭翠、悬崖万丈、壁立千仞、绿草成茵，修竹摇曳、飞泉流水，一派雄奇、苍劲、神秘、静幽的原始自然风貌，以山、水、瀑、峡、桥共同构成一幅完美的自然山水画卷，其中天生三桥，飞崖走壁、擎天一柱、绿茵生辉、翁妪送归，仙女洞等景点引人入胜，使人留连忘返。新增的洞内自然岩壁攀岩项目，极具挑战性。

当地居住了不少土家族居民，他们大多生活在山区，喜居吊脚楼，屋基前低后高，

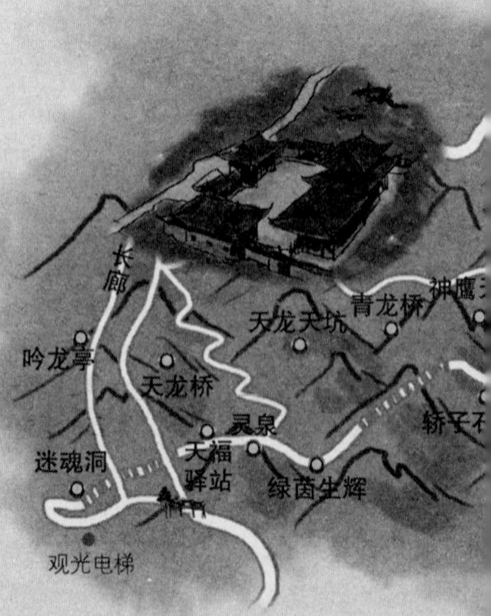

亲历者◎指路

在朝天门汽车站乘坐长途汽车3小时抵达武隆，然后乘坐武隆到江口镇的客车，再到江口镇去转车去；也可到武隆后租车前往。

亲历者◎解说

芙蓉洞主洞长2700米，总面积3.7万平方米，其中“辉煌大厅”面积1.1万平方米，最为壮观。洞内钟乳石类型几乎包括世界各类洞穴近30余个种类的沉积特征。其中有宽15米、高21米的石瀑和石幕，光洁如玉的棕榈状石笋，粲然如繁星的卷曲石和石花等，其数量之多、形态之美、质地之洁、分布之广，为国内罕见。净水盆池中的红珊瑚和犬牙状的方解石结晶更是珍贵无比。大量的次生化学沉积形态，构成目不暇接的各种景观数十处。洞中主要景点有金銮宝殿、雷峰宝塔、玉柱擎天、玉林琼花、海底龙宫、巨幕飞瀑、石田珍珠、生殖神柱、珊瑚瑶池等。进芙蓉洞游览，使人感受到大自然的神奇造化。

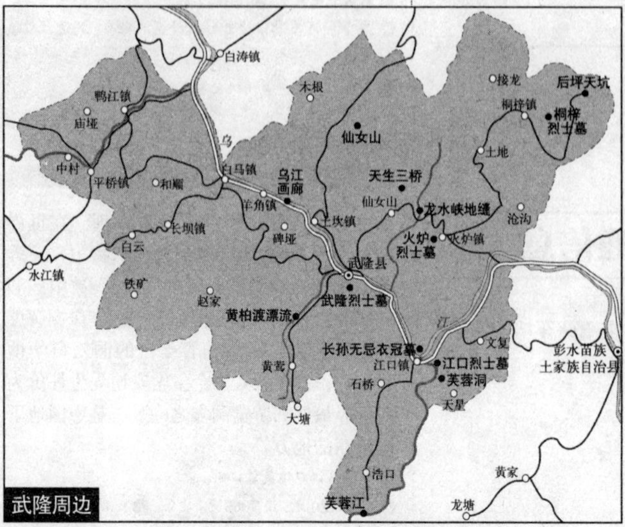

武隆周边

仙女山 AAAAA

●被誉为“东方瑞士”

仙女山因山上有一峰酷似翩跹起舞的仙女而得名。

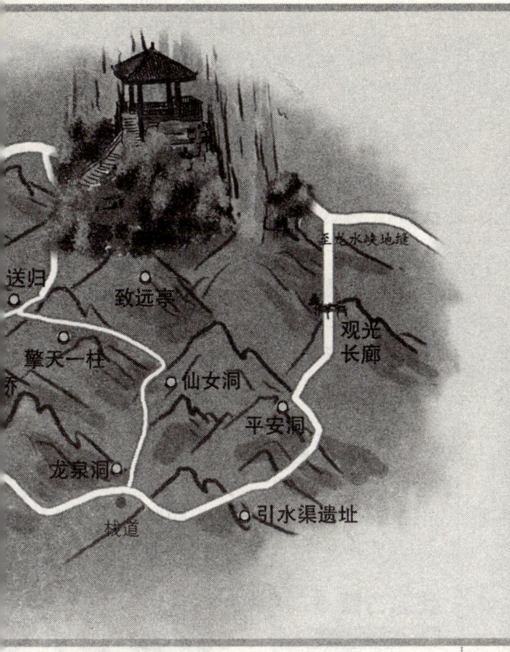

部分房屋悬空出来。房屋为“干栏式”全木结构，底楼作畜舍或搁置农具，楼上住人。楼的四周铺设走廊，雕栏花窗，屋檐呈鱼尾上翘。整个建筑飞檐翘角，凿龙画凤，雕栏花窗，描红着绿，色彩斑斓。

武隆区江口镇，县城东南20千米。

旺季（3月1日~10月31日）135元，淡季（11月1日~次年2月底）95元。

亲历者◎指路

从仙女镇的游客接待中心乘坐景区提供的环保车到达景区入口。

↓天生三桥

公园占地约100平方千米，海拔平均高度1900米，年平均气温20℃，山上为高原草坪，偶有浅丘。

仙女山的林海、奇峰、草场、雪原被游客称为四绝。登峰远眺，起伏而又不失平坦；万峰林海，苍翠欲滴；镶嵌在山林之间的辽阔草场，野花似锦、延绵天际、牛羊荡漾其间，如诗如画；山峰、山谷、森林与草原浑然一体，交相辉映。给人以阴柔与阳刚相济的和谐美。主要景点有：狮子岩、仙女石、侯家山庄、九把斧、四川省工农红军第二路游击队政治部旧址、林海、草场、猎人村等。

武隆区双河乡，距县城35千米。

武隆汽车站有中巴发往景区，全程约1小时多，中巴途经仙女山镇，停靠在游客中心前的公路旁。

60元。

黔江旅游区

小南海

●保存完整的古地震遗址

小南海地处渝鄂交界之地，距黔江城32千米，是1856年6月10日当地发生6.25级的地震山崩堵塞溪流而形成的一个地震湮塞湖，为重庆市第一大天然湖泊。经历了150多年后的今天，小南海依然保持了完整的地震遗址。其地面破坏原貌、水下农舍民房以及水下“醉汉”森林都完好地保存了震时状态。

2.87平方千米的湖面上碧波荡漾，湖水深度平均为30米，最深处52.7米。以板夹溪为主的五条溪流源源不断地注入湖内。朝阳寺岛、老鹳坪岛、牛背岛等三大岛屿林木葱郁、环境幽适。湖区四周秀峰环列，植被苍翠，使小南海宛若一颗镶嵌在深山之中的“明珠”。

重庆市黔江区小南海乡。　80元。

亲历者◎指路

重庆汽车站有开往黔江的班车，在黔江汽车站乘坐。渝怀铁路已经通达黔江，从重庆坐火车到黔江行程三个多小时。

阿蓬江景区

●自然景观和人文景观在这里交相辉映

阿蓬江是乌江第一大支流。从湖北利川奔泻而下，穿行于武陵山脉，经黔江至酉阳龚滩注入乌江，全长249千米。黔江境内的阿蓬江山高谷深，绝壁对峙，支流纵横，形成优异卓越的河谷风光。在黔江60千米距离内阿蓬江荟萃了神龟峡的原始奇特，官渡峡的神奇秀丽，支流细沙河的温泉与溶洞，蒲花河的间歇泉和天生桥、大漏斗及地下暗河（可划船），深溪河的天生四桥等五个独具特色的景区。

重庆市黔江区，官渡峡在冯家坝镇。漂流在酉阳县。

90元。

亲历者◎指路

到达黔江后在汽车南站乘坐开往两河镇的班车，距离44千米，车程1小时左右。在细水码头登上游览阿蓬江峡谷的游船。

亲历者◎行程

神龟峡是阿蓬江峡谷景观最为优越的河段，从两河镇到酉阳大河口，全长38.9千米，峡口距黔江城区48千米。神龟峡因峡口两山酷似双龟对卧而得名。两岸高山绝壁，几乎没有人烟，近乎与世隔绝。峡区河道斗折蛇形，沿途绝壁夹江，盈盈一水。峡谷由神门峡、天门峡、人门峡三段组成。全程有27道弯，28个门（即一线天）。峡口以上5千米处有保存完整的土司城——草圭堂，历史悠久，气势恢弘。

官渡峡位于冯家坝镇，距黔江城区22千米，因古驿道从这里船渡过江而得名。峡谷全长18千米，峡绝水美，并有悬棺神庙，使得自然景观和人文景观在这里交相辉映。

乌江画廊风景区

●千里乌江最精华的“乌江百里画廊”

乌江百里画廊包括乌江干流酉阳县龚滩古镇至万木乡之间河段，以及自东向西倒流的乌江支流阿蓬江酉阳段，占地面积240平方千米，含龚滩古镇景区、阿蓬江漂流景区、清泉廊桥景区、马鞍城景区、万木永和寺、石林景区、三家阡石林、悬葬景区、长溪沟生态旅游景区。乌江百里画廊历史悠久，文化积淀深厚。龚滩古镇有1700余年的历史；古代巴国蛮王洞建于战国时代；马鞍城是南宋金头和尚起义遗址；僰人悬葬是东汉南方少数民族僰人的风俗，巴人纤道历史久远，“惊涛拍岸”“竹零诗龛”等文化遗迹积淀厚重，颇具研究价值。

乌江百里画廊民族风情异彩纷呈，是土家摆手舞之乡的西大门景区，是西兰卡普、蜡染的摇篮。古老的土家族背嫁哭嫁，独特的苞谷灯戏、阳戏、马马灯、民间青年男女表达爱情的木叶情歌，众多的民间的手工艺品，组成了当地独具魅力的民族风情。

酉阳自治县西部乌江龚滩镇至万木乡段。

无需门票，但需购买船票龚滩至万木段150元。

亲历者◎指路

在重庆市朝天门码头乘坐下水游船或汽车至涪陵，然后换乘快船沿乌江上行可游览乌江画廊。

亲历者◎解说

酉阳有乌江流域和沅江流域两大水系，其中乌江位于酉阳县城西南边境，发源于贵州省威宁县，自沿河进入酉阳万木、龚滩，至涪陵汇入长江，全长1070千米，乌江酉阳段约60千米，是千里乌江最精华的“乌江百里画廊”。

龚滩古镇

●被誉为“东方瑞士”

从1700余年的风雨沧桑中走来的龚滩古镇，建筑格调独具魅力，民族文化源远流长，展示出璀璨夺目的历史画卷。两千米长的石板街青幽如玉、起伏不平、蜿蜒崎岖，盘亘在乌江东岸，悬空托起气势恢弘的土家吊脚楼群，国画大师吴冠中写道：“是唐街，是宋城，是爷爷奶奶的家。”著名国画《老街》便诞生于此。

龚滩古镇风景优美，人文荟萃。乌江百里画廊中的精华美景在龚滩便可一探究竟。古色古香的大业盐号、三教寺、川主庙、杨家行等古建筑如艺术群雕，堪称古建筑史上的珍品。古代巴人文化遗址蛮王洞、东汉僰人悬葬、乌江纤道、南宋金头和尚起义的铁围城遗址等也都如珍珠般散落在古镇内外。

酉阳汽车北站乘坐发往龚滩的面包车。 20元。

酉阳—秀山旅游区

桃花源 AAAAA

●与陶渊明《桃花源记》原型极为相似的地方

大酉洞桃花源是海拔670米处的一个大

山洞。该洞系石灰岩溶洞，高、宽约30米，长约180米，上弯下平，洞内溪水淙淙，钟乳悬挂，水落珠玑。穿洞而过，则是一较完整的溶斗，岩壁高80米，溶斗盆地面积4公顷。底部有一终年不枯的泉眼，崖壁上若干小溶洞中，亦有泉水飞泄，桃花溪汇泉而成，溪水穿大酉洞注入酉阳河。

洞中有“石鸣钟鼓、机织烟霞”等八景，还有拙村、潜村、问津亭、桃花湖、桃花岛、秦人栈道等景。

酉阳自治县钟多镇北郊。 120元。

酉阳市区乘坐101路公交，在桃花源广场下车即可。

龙潭古镇

●被誉为“小南京”

古镇至今仍保存有距今已200多年的石板老街、四合院。封火墙是其独特的建筑。镇上以火砖砌成的围墙，高达十几米或二三十米不等，再用铁或木料砌成约1米高的楔子护墙，内修房舍。主街宽约5米，全用方块青石铺成，因年代久无，历经行人步履，石板光滑，行走其间，尤须格外小心。

酉阳自治县龙潭镇。

重庆菜园坝汽车站和朝天门长途汽车站都有开往酉阳的客车，车程约10个小时，票价130元左右；酉阳到龙潭的汽车很多，车程约2个小时，票价20左右。

75312067。

洪安古镇

●沈从文笔下的《边城》原型

秀山边城洪安距县城47千米，是重庆、贵州、湖南三省市交界之地，有“渝东南门户”之称，是一脚踏三省的插花地，也是沈从文笔下的《边城》原型。

洪安镇内古建筑群立，其工艺、造型独特，土家苗寨风情别具一格。自然景点“象鼻吸水”“九龙坡”以及“三不管”小岛都享有盛名。洪安全镇依山傍水，绿树成荫，河水碧波荡漾，风景如画。洪安老街最有味道的是索拉渡河船，由一根钢丝连接两岸码头，也系住了渡船来往的动力依靠。满客之后，老梢公悠闲的坐在船屋内的木制四方条台上，用一根挖有细槽的两尺圆木作绞杆，卡在渡河钢丝上一点一点把船拖到对岸。

秀山县境内。

重庆汽车站到秀山从早上9:30开始，共有5班车，票价160元左右；秀山到洪安公共汽车票价6元。也可从重庆火车站乘坐火车到秀山再转汽车到洪安。

凤凰山

●古迹遗址、自然风光并茂

凤凰山自然景观有桃花洞、莲花洞、元代古刹灵官殿、杨金砧炼丹处、明代观音阁、清代揽胜亭等古迹遗址和自然风光。凤凰山四周，东有元代“九溪十八洞”中的遗址“俊涪洞”，南有梅江河中的“水现莲花”，西有清嘉庆二十三年（1818年）建造的“凤鸣书院”，北有“三角岩石笋丛林”等景观。

秀山县城南3千米处。

重庆火车站乘坐火车到秀山再转汽车到洪安。

8:00~18:00。

住宿

地缝、天坑和芙蓉洞都在武隆城区的边上，不超过20千米，路很好。其中，地缝、天坑在一个地方，很近，建议安排一天，上午地缝，下午天坑。所以建议住武隆区城。

武隆区城有很多私人开的小旅馆，很干净、温馨，平时只要50块。推荐：多友旅社，位于县委党校隔壁。

金冠酒店/黔江区三台山公园/64786666。

黔州宾馆/黔江区黔龙街沙坝路110号/79222924。

杨家客栈/酉阳县龚滩镇/75676558。

餐饮

武隆区城，临乌江，当然吃鱼。推荐红五星酒店边上的一家，就在广场上，小贵，人均40；另外推荐多友旅社那条路上的正宗乌江鱼，花鲢做的麻辣鱼，鱼头熬汤，爽！

离武隆很近的一个小镇，叫羊角镇（从涪陵走乌江画廊会路过，大约离武隆15千米），生产两样东东：豆腐干（号称中国豆腐干之乡）和碗碗羊肉。

●面积

49 万平方千米

●人口

8204 万

●世界遗产

峨眉山～乐山大佛、九寨沟、黄龙、四川大熊猫栖息地、青城山—都江堰

● 5A 级旅游区

青城山、都江堰、峨眉山、九寨沟、汶川特别旅游区、黄龙、乐山大佛、北川羌城、邓小平故里、阆中古城、剑门关、海螺沟

●国家重点风景名胜区

峨眉山、黄龙寺—九寨沟、青城山—都江堰、剑门蜀道、贡嘎山、蜀南竹海、西岭雪山、四姑娘山、石海洞乡、邛海—螺髻山、白龙湖、光雾山—诺水河、天台山、龙门山

四川旅游网
www.scta.gov.cn/sclyj

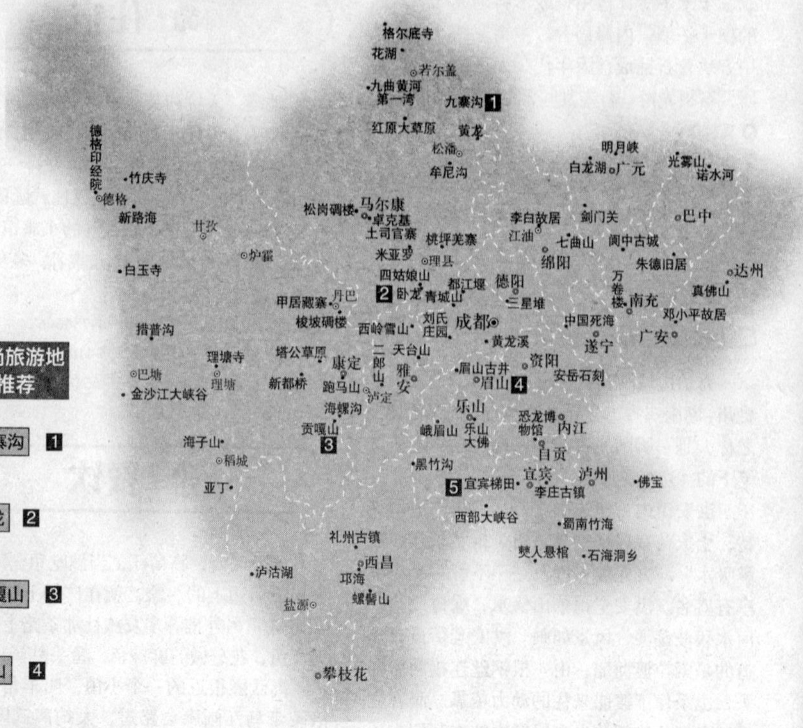

时尚旅游地推荐

九寨沟 1

卧龙 2

贡嘎山 3

眉山 4

宜宾梯田 5

四川

四川具有绚丽多姿的自然景观和人文景观，“蜀山之王”的贡嘎山，冰清玉洁的四姑娘山，广袤无垠的红原大草原；“童话世界”“天上瑶池”的九寨沟、黄龙。更有“峨嵋天下秀、青城天下幽、剑门天下雄、夔门天下险”的盛名。

四川，不仅仅有熊猫

成都

成都又称“蓉城”，公元前4世纪，蜀王迁都至此。府南河边手持香茶晒太阳的人眼里流露着温厚的人间暖意和世俗烟火；“花重锦官城”的诗句里浓缩着太多的繁华往事与沧桑流年。洁净清新的空气，厚重的人文积淀，怡人的自然山水，闲散包容的城市风情，使这里成为来了就不想离开的城市。

面积：49万平方千米
人口：9097万
区号：028

亮点

必游景点

- **武侯祠：**纪念蜀汉丞相诸葛亮的主要胜迹，是全国唯一的君臣合祀祠庙，也是全国影响最大的三国遗迹博物馆。
- **杜甫草堂：**现存杜甫行踪遗迹中规模最大、保存最完好、最具特色和知名度的一处。
- **都江堰：**世界文化遗产，世界上年代最久、唯一留存、以无坝引水为特征的宏大水利工程。
- **青城山：**是世界文化遗产、道教发源地之一。是一座纵横千百年的活的道教“博物馆”。自然风光也很美丽。
- **西岭雪山：**成都第一峰，峰顶终年白雪皑皑。以雪山、林海、飞瀑为特色，有日照金山、阴阳界、森林佛光三大奇观。
- **李白故里：**是以唐代大诗人、“诗仙”李白的故居为主的人文景观长廊。
- **北川地震遗址：**以北川老县城为中心的地震遗址，已成为人们亲身感受地震灾害旅游的主要目的地。
- **上里古镇：**古镇兼具历史和自然生态两大优势，

↑杜甫草堂

有五大看点：桥、牌坊、泉、塔和工艺精湛的建筑群。镇上的明清民居保存得很好。

线路推荐

- **成都市区二日游**

D1：天府广场—春熙路—武侯祠及锦里。

D2：杜甫草堂—青羊宫—宽窄巷子。

- **都江堰青城山二日游**

D1：来到都江堰，游览玉垒山、二王庙、安澜桥、离堆，到达青城山。宿青城山。

D2：清晨登临山顶，观日出、云海、圣灯三大奇景。然后去青城后山，沿泰安寺、观音瀑布、翠映湖、双泉水帘洞、梳妆池上山。再从白云洞、龙隐峡栈道、三龙水晶溶洞下山。

交通信息

飞机

成都双流国际机场，位于成都市西南的双流县，距成都市区约16千米，有两个航站楼。机场有飞往国内几十个城市的直达航班，还有香港、曼谷、新加坡、东京等国际城市和地区。

机场有多班机场专线可达成都市区。机场长途客运汽车还可以到达周边地市州的几个城市，包括绵阳、南充、自贡、泸州、德阳、宜宾等地，去往这些城市的游客可以就近乘车。

火车

成都站：位于四川省成都市金牛区站东路1号，将于2016年底关闭进行改造。

成都东站：位于成都市成华区，高铁站，是西成高铁、成贵高铁、沪汉蓉快铁、成渝高铁的重要站点。

都江堰 AAAAA

●以无坝引水为特征的宏大水利工程

都江堰是全世界至今为止，年代最久、唯一留存、以无坝引水为特征的宏大水利工程。从 2200 多年前到今天一直发挥巨大作用。

都江堰是一项伟大的古代水利工程，已被列入《世界遗产目录》。有伏龙观、宝瓶口、二王庙、安澜桥等众多的名胜古迹。二王庙是纪念李冰父子的祠庙，安澜索桥，横跨在内江和外江的分水处。

都江堰市灌口镇。

市区内乘坐 4 路、7 路公交车可直达景区门口。

90 元。景区观光车车票：往返 15 元，单程 10 元（碑亭—鱼嘴）。

亲历者◎攻略

住宿：都江堰汽车站附近有很多旅馆，高中低档都有。如果当天玩毕不是太晚，可以到青城山后山泰安古镇住宿，那里有很多旅馆，很好找住宿的地方。

如果不打算在都江堰住宿，也可以游玩一个白天，晚上回成都。但如果要加上游玩青城山，时间会有些紧张，要计算好。

如果以看江水大坝为主，2 个小时左右可参观完，这样当天可赶往邻近的青城山。或是先游玩青城山，下山后顺路游都江堰。

亲历者◎攻略

武侯祠东侧就是大名鼎鼎的锦里，时间充裕的话，可以多待些时间，逛逛街，买些当地的特产。

锦里古街

●西蜀第一街，有“成都清明上河图”之称

锦里是西蜀最古老的商业街道，以川西民居风格建筑为主。锦里以集中展示巴蜀民风民俗和三国蜀汉文化为主题。锦里民俗休闲街全长 350 余米，有茶坊、客栈、酒楼、酒吧、戏台、各种风味小吃、工艺品、土特产等等。古戏台定期上演川戏的经典剧目，戏台前会定期放映坝坝电影、以特色小摊的方式举行民间艺人的展演。

成都市武侯区武侯祠旁。

乘坐 1、52 路等公交可抵达。

亲历者◎游记

如果说武侯祠饱含着历史的凝重和沧桑，那么锦里就洋溢着成都市井特有的喧嚣和随意。在这条不足 400 米长的老街上，集中了近百家的各色店铺，有传统的饮食、小吃和客栈，也有时尚的商店和酒吧，更有成都的创意：有几家小店卖的是成都本土品牌的东西，比如皮制的包包、图案古典的 T 恤以及布灯笼。总之，锦里是体验成都特有民俗风情的好去处。

成都城区景点

武侯祠

●全国唯一的君臣合祀祠庙

是纪念蜀汉丞相诸葛亮的主要胜迹。祠内有著名的唐碑，此碑因文章、书法绝妙和诸葛亮功德绝世，在明代即被誉为“三绝碑”。另一独特之处在于祠内的蜀汉人物泥塑像。

成都市武侯区武侯祠大街 231 号。

乘坐 1、57、82、109、335 等路公交车可到达。

通票 60 元。

夏季 7:30~21:00，冬季 8:00~18:30。

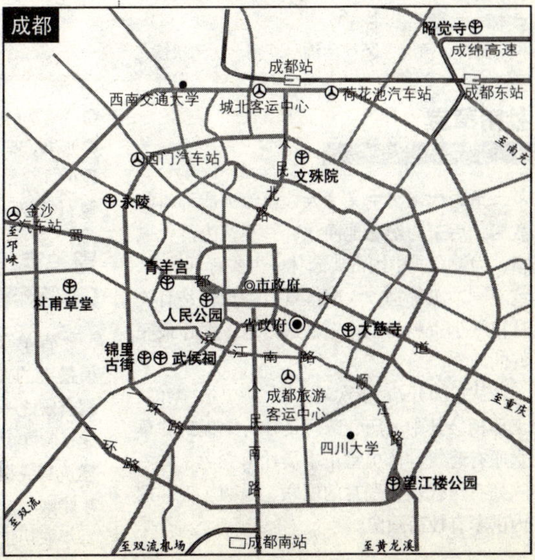

宽窄巷子

●"老成都的新名片，新成都的老客厅"

宽窄巷子是成都遗留下来的较成规模的清朝古街道，与大慈寺、文殊院一起并称为成都三大历史文化名城保护街区。宽巷子与窄巷子又是成都这个古老又年轻的城市往昔的缩影，一个记忆深处的符号。当游人伴着夕阳，望着炊烟，走在黄昏中的巷子里，久违的老城区市民化生活场景一一浮现在眼前。

成都市青羊区宽巷子、窄巷子。

可乘坐62、70、93、126路等路公交车前往。

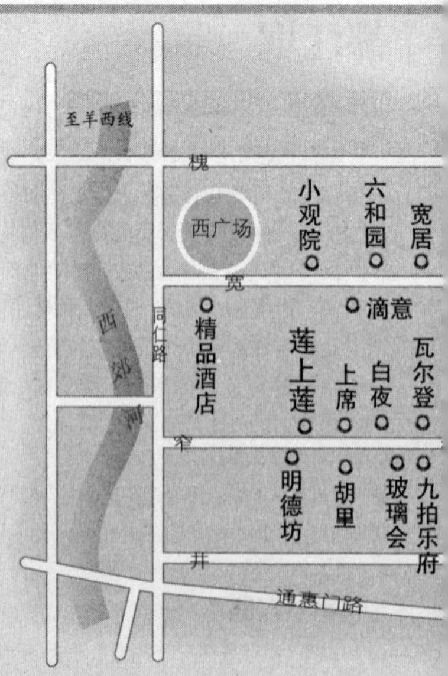

亲历者◎指路

杜甫草堂出来先上一环路，中医院右转走12桥路、通惠门，然后左转走下同仁路，右边第5个路口就是宽巷子。

亲历者◎行程

宽巷子——闲生活

宽巷子代表了最成都、最市井的民间文化：原住民、龙堂客栈、精美的门头、街檐下的老茶馆……构成了宽巷子独一无二的吸引元素和成都语汇。

宽巷子中，最值得一提的是老成都原真生活体验馆，它展示了民国时期一户普通成都人家一天的生活场景，用一个院落复原这个家庭的厨房、书房、堂屋、新房等，向参观者呈现老成都的生活状态。游览时还可以在其中听几十年前的老成都人摆龙门阵，看成都女孩绣蜀锦，晚上看皮影、看木偶戏、即兴写书法等。

此外，宽巷子还包括精品酒店、私房餐饮、特色民俗餐饮、特色休闲茶馆、为主题的情景消费游憩区。

窄巷子——慢生活

成都是天府，窄巷子就是示成都的院落文化。这种院落统的雅文化：宅中有园，园里院中有树，树上有天，天上有要以黄金竹和攀爬植物为主，装饰照明，临街院落是以各种西咖啡、艺术休闲、健康生活馆、为主题的精致生活品味区。

杜甫草堂

●中国文学史上的"圣地"

是唐代现实主义诗人杜甫流寓成都时的故居，后来为纪念他而建。其建筑为清代风格，为混合式中国古典园林。主要有草堂寺、浣花祠、工部祠、大廨等景点。现在是有关杜甫平生资料与创作馆藏最丰富、保存最完好的地方。

从正门开始，依次是大庙、诗史堂、柴门、工部祠。其中大庙、柴门是杜诗中提到的草堂原有建筑，诗史堂正中是杜甫立像，堂内陈列有历代名人题写的楹联、匾额。工部祠内供奉有杜甫画像。

成都市青羊区草堂路。

乘19、35、58、82路等公交车可达。

60元。

9:00~17:30。

青羊宫

●国内著名道观之一

青羊宫是成都市内建筑年代最久远、规模最大的一座道教宫观，也是全国著名的道教宫观之一。

青羊宫古名青羊观，为老子遗迹。主要建筑有灵祖楼、八卦亭、无极殿（即三清殿）、斗姥殿等。三清殿内有标志性文物铜羊一对。每年农历二月十五有花会。

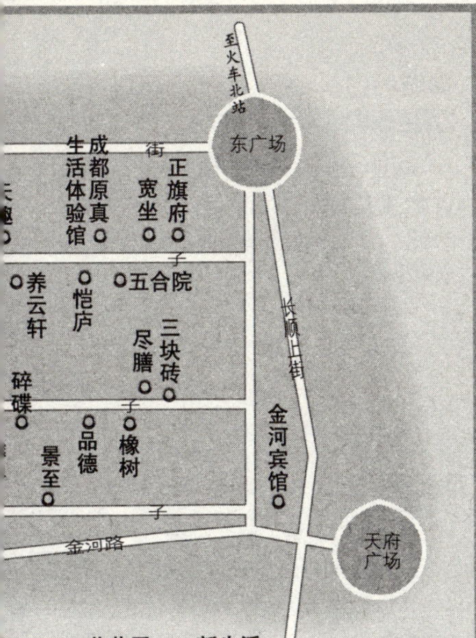

井巷子——新生活

井巷子是以酒吧、夜店、甜品店、婚场、小型特色零售、轻便餐饮、创意时尚为主题的时尚动感娱乐区。你可以在在成都最美的历史街区里，享受丰富多彩的美食；在成都最精致的传统建筑里，享受声色斑斓的夜晚；在成都最经典的悠长巷子里，享受自由创意的快乐。

其中，小洋楼广场是井巷子中最具特色的建筑，法式小洋楼据说曾是一个大户人家的私邸，后来成为教堂。现在，这里变成了恋爱、婚庆的经典场地。

🏠成都市青羊区一环路西二段9号。

🚌乘5、11、17、25、27等路公交车可到达。

¥10元，有免费讲解师。

🕗8:00~18:00。

成都郊县景点

洛带古镇

●中国西部客家第一古镇

客家人的聚集之镇。老街的建筑以明末清初的风格为主。镇内现存名胜有广东会馆、湖广会馆、江西会馆以及凤仪馆、博物馆、基督教堂等古建筑。

洛带古镇分老街和新街。新街是近一二十年新建的街道和住宅、单位，老街是一条约1000米长、形如玉带般的街道。

老街宽约10米，由一块块1米左右的石板镶嵌而成。那凹凸不平的石板见证了古镇漫长的岁月和沧桑。洛带古镇上有着诸多建筑精美的古建筑群落，比较有名的是广东会馆、江西会馆等。

🏠成都市龙泉驿区洛带镇。

亲历者◎指路

公交车：可在成都市内乘71、81、58路等车到达五桂桥汽车站，然后坐219路直接到洛带古镇。成都新南门汽车站有班车直达洛带古镇。

自驾车：洛带南距成渝高速公路龙泉站3.2千米，从成都出发至洛带，仅需半个多小时，可当天往返。

西岭雪山

●成都第一峰，峰顶终年白雪皑皑

因杜甫隐居草堂时的诗句“窗含西岭千秋雪，门泊东吴万里船”而得名。景区内动植物丰富，以雪山、林海、飞瀑为特色，有日照金山、阴阳界、森林佛光三大奇观。

🏠大邑县西岭镇。

🚌从大邑车站去西岭雪山的班车很多。

¥门票120元；鸳鸯池索道往返120元；日月坪索道往返120元。 ☎028–88300002。

绵阳—德阳旅游区

窦圌山

●四川省著名的丹霞地貌风景区

窦圌山，又名圌山，以奇特的山峰、惊险的铁索飞渡、古老的庙宇而闻名。山中古刹云岩寺“东禅林、西道观”的格局，是极为特殊的古建筑群，寺内飞天藏为全国重点文物。

🏠江油市武都镇涪江东岸。

🚌从江油市客运站乘车即可到达。

¥67元。

青城山 AAAAA

●道教发源地之一

青城山背靠岷江雪岭，面向川西平原，为邛崃山系中的一个环扣。群峰环绕，状若城廓，终年青翠，故名“青城山”。

青城山是世界文化遗产、道教发源地之一。这里山林幽深、亭阁幽雅、溪流幽清，故有“青城天下幽”的美誉。

都江堰市西南15千米，距成都市66千米。

青城山90元，青城后山20元；青城山索道单程35元(月城湖—四望观)，往返60元；青城后山金骊索道单程30元，往返55元，白云索道单程35元，往返60元；船票：青城山月城湖5元，青城后山翠映湖渡船2元。

亲历者◎攻略

住宿：青城山——星级酒店、山庄别墅不少，适合来青城山度假、养生的游客，标间从两百元至上千元不等，但一般季节均可打折。山中部分道观，如上清宫、天师洞等也可住宿。

青城后山——这两年新建的宾馆较多，或者去泰安古镇，那里有很多农家乐。几十元一个人，含房费和餐费。若打算第二天一早爬山也可住“又一村”或“白云寺”，但这里吃饭的地方没有泰安古镇多。

餐饮：游玩都江堰，不要错过青城四绝：白果炖鸡、青城泡菜、洞天乳酒、青城苦丁茶。可在泰安古镇品尝，那里的小餐馆菜味普遍不错，价钱比较公道。

青城后山

●自然风光为主

青城后山主要是自然风光，水秀、林幽、山雄，是徒步休闲的好去处。门票相对便宜，20元/人。后山还是蜀茶的著名产地。另外农家乐较多。

青城前山

●道教文化浓厚

全山有道教宫、观几十余处，著名的有天师洞、祖师殿等。以人文风光为主，有众多道教文化遗迹。

都江堰市青城山镇，距成都66千米。

成都旅游客运中心和茶店子客运中心均有班车前往。都江堰乘公共汽车只需20分钟。

北川羌城 AAAAA

●中国羌族第一馆

北川羌城旅游区是一个开放性景区，集纪念缅怀、感恩大爱、禹羌风情和生态休闲于一体，由北川地震遗址、北川地震纪念馆、北川羌族民俗博物馆、吉娜羌寨等景点组成。

其中“5.12”特大地震纪念馆不仅是全国爱国主义教育基地，还是全国最大、最全面纪念“5.12”地震事件的纪念馆；北川羌族民俗博物馆是全国唯一全面展示羌族历史文化的民俗博物馆，被誉为“中国羌族第一馆”；巴拿恰商业街是集商业、餐饮、休闲娱乐、旅游接待为一体的特色步行街；吉娜羌寨是羌族文化体验观光地，也是羌族传统文化保存最完整的村寨。

绵阳市北川县新县城永昌镇。

羌城旅游区免费开放，旅游区内部往返观光车票47元；寻龙山60元；维斯特农业观光园50元。

在城北客运中心（火车站旁边）或在昭觉寺车站乘大巴去绵阳，全程约2小时，在绵阳换乘新北川安昌镇的大巴。

七曲山大庙

●素有“蜀道明珠”之称

坐落于四川与陕西交通要道上，是古时兵家必争之地。始建于晋，是为纪念晋代张亚子而立的“亚子祠”，较完整地展现了从元代到民国各时期的建筑风格。此处万株古柏组成“翠云廊”景区，千年古柏数不胜数，

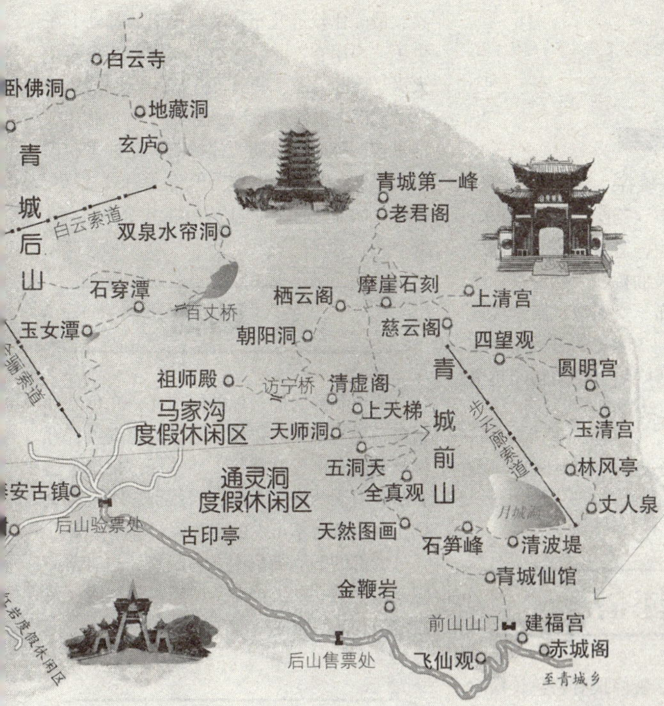

建福宫

●青城山的起点

建于唐代，宫前古木苍翠，四周五峰环列，气势宏伟。上行不远有鬼城山，传为战国时鬼谷子隐居处。建福宫经多次修复，现存二殿三院。宫殿筑于峭壁之下，气度非凡。

大庙就坐落在古柏林中。供奉的是文昌君，香火鼎盛，风景优美，交通方便。

🏠 梓潼县文昌镇北郊。

🚌 成都昭觉寺汽车总站，每日 8:30~16:00 发车，每小时 1 班直达。

¥ 28 元。 🕐 8:00~18:00。

三星堆遗址

●是古蜀先民的家园

三星堆遗址是四川地区迄今为止发现范围最大、延续时间最长、出土文物最为精美、文化内涵最为丰富的古城、古国文化遗址。

🏠 广汉市南兴镇，遗址分布范围达 12 平方千米。

🚌 成都各大汽车站都有车直达广汉。

¥ 82 元。 ☎ 028-85433609。

雅安旅游区

上里古镇

●工艺精湛的古建筑群

上里古镇有五大看点：桥、牌坊、泉、塔和工艺精湛的建筑群。镇上的明清民居保存得很好，附近有二仙桥、白马泉等景点。1935 年红军长征经过此地，还留下了众多的石刻标语及革命文物。

古镇的街道均为石板铺成，建筑群的房屋为木制楼阁，错落有致，青瓦飞檐流光溢彩，木制的窗、枋、檐均以浮雕、镂空雕、镶嵌雕刻组合而成，画面栩栩如生，精美的艺术虽然被岁月侵蚀已残旧失去了光鲜色泽，然而其工艺的精湛、构图的精巧却无法掩饰，凸显着民族文化的深厚。

雅安市雨城区上里镇。

白马泉 2 元；上里韩家大院 1 元；上里双节孝牌坊 1 元。

碧峰峡

●天然，幽静，野趣的美丽峡谷

碧峰峡景区为两条峡谷，左峡长 7 千米，右峡长 6 千米，呈“V”字形，宽 30~70 米，景色秀雅，是休闲度假，避暑纳凉的绝佳之地。景区有黄龙峡、天仙桥、天然盆景、千层岩瀑布、白龙潭瀑布、女娲池、滴水栈道等景点 60 多处，可沿 1.5 米宽的石板路在峡区内环绕旅游。其中碧峰峡野生动物园是全国第一家生态型的野生动物园。

雅安市雨城区碧峰峡镇。

自然峡谷风景区门票（含大熊猫园）118 元；野生动物园门票 150 元；晚会演艺票 60 元。

住宿

梦之旅青年旅馆：装修很有特色，松木做成的大门，很有美国西部的味道，床是实木做的，质量很好。旅馆对面便是武侯祠和南郊公园，步行 10 分钟便可以到达一环路，交通还是很方便的。

位置：成都市武侯祠大街 242 号。

交通：乘车到到武侯祠，青年旅馆在南郊公园正对面。

交通饭店：这里是《Lonely Planet》推荐住宿处，在海内外的知名度太大了，是很多洋背包客在成都的住宿首选，生意很好，新南门汽车站就在隔壁。

餐饮

川菜中的精品菜肴非常多，如水煮牛肉、宫保鸡丁、棒棒鸡、清汤抄手等，品尝川菜可以去羊西线和紫荆小区，那儿有很多不错的饭馆。

川菜中最具革命性的是火锅。四川的火锅花色品种繁多，锅底就有数十种，常见的有清汤、鸳鸯、麻辣等等。下锅的原料更是数不胜数，凡是可以吃的东西皆能下火锅涮、煮、烫。比较近几年，又在火锅的基础上派生了“串串香”（麻辣烫）。推荐孔亮鳝鱼火锅、德莊火锅、皇城老妈火锅（比较贵）。

成都小吃名满天下，担担面、夫妻肺片、钟水饺、陈麻婆豆腐、棒棒鸡、龙抄手、赖汤圆等小吃味道鲜美，物美价廉。麻辣烫、冒菜、冰粉、蹄花也是让人口齿生津的成都小吃。

购物

蜀锦和蜀绣都是你的好选择，花色品种繁多，质量上乘。银丝工艺品美轮美奂；青城丝毯精美绝伦，挂毯、地毯任你挑选。还有赫赫有名的全兴大曲，当然别忘了还有烹调正宗川菜必不可少的主要佐料郫县豆瓣。

成都的购物街集中在春熙路、总府路、骡马市一带，从大型百货、超市到摊贩以及旅游纪念品一应俱全。

民俗

蜀绣：蜀绣又称“川绣”，是以四川成都为中心的刺绣品的总称。产于四川成都、绵阳等地。蜀绣与苏绣、湘绣、粤绣齐名，为中国四大名绣之一。

川剧：川剧是中国戏曲宝库中的一颗光彩照人的明珠。它历史悠久，保存了不少优秀的传统剧目和丰富的乐曲与精湛的表演艺术。

茶艺：成都爱喝茶，会喝茶，以至于外地人用“头上青天少，眼前茶馆多”来形容。

美食：“吃在中国，味在四川”，这句四方流传的名言点出了成都“尚滋味”“好辛香”的传统饮食特点。美不胜收的农产品为成都饮食文化提供了丰富的资源；来自各省移民的不同饮食习尚互相融合，造就了成都这个美食之都源远流长的饮食文化、高超绝伦的烹饪技艺。

广元

广元是女皇故里，也是蜀门重镇；有“剑门天下险”的自傲，也有“蜀道难”的唏嘘长叹；有三国古战场的刀光剑影，也有红军的艰辛不懈。历史在这里演绎，留下了悠悠山水与时空中的建筑做见证。

面积：16310 平方千米
人口：311 万
区号：0839

亮点

必游景点

- **昭化古城**：迄今为止，国内唯一保存最为完好的三国古城。
- **剑门蜀道**：绵延于秦岭、巴山、岷山之间蜀道，唐代李白有“蜀道难，难于上青天”的形容。
- **光雾山**：光雾山是一方神奇秀丽的自然山水。可集中概括为“峰奇”“石怪”“谷幽”“水秀”“山绿”五绝。
- **南龛景区**：南龛山苍松挺拔，翠柏长青，以保存有历代摩岩造像闻名。

线路推荐

- **巴中二日游**

D1：皇泽寺—千佛崖—明月峡栈道。

D2：剑门关—剑阁县—翠云廊。

交通信息

飞机

广元盘龙机场位于利州区盘龙山上，已开通广元至北京、广州、杭州、深圳、上海等地的直飞航班。

↑广元昭化古城

火车

广元火车站位于利州区，与宝成铁路、西成高铁、兰渝铁路接轨。

广元市区景点

皇泽寺

女政治家武则天的祀庙

位于广元市西郊嘉陵江畔，背依乌龙山，旧称乌奴寺，又名川主庙，是为了纪念李冰父子而建的。后因武则天生于广元，又当了皇帝，川主庙被改名为皇泽寺，现在的皇泽寺是清代修复的一座依山取势，古朴典雅，气势巍然的古建筑寺院。

寺内保存着从北魏时期至清代的丰富摩崖石刻造像，大部分为盛唐时期的作品，分布在寺中“则天殿石龛”“迎辉楼石龛”“大佛楼石窟”“中心柱石窟”“五佛亭石龛”内。

皇泽寺除摩崖造像外，还有众多碑刻。艺术成就很高。

广元市市中区西郊嘉陵江边乌龙山脚下。

广元市内乘 6 路公交车可到达泽天加油站，下车后步行到皇泽寺。

50 元。 9：00~17：30。

千佛崖

存有南北朝至清代各个时期的造像

始凿于南北朝，全崖造像以大云洞为中心，分南北两段，保存有 7000 多件造像，颇为壮观。

千佛崖与皇泽寺遥遥相望，在长约200多米的崖壁上，原有佛像近两万尊，数量众多，规模宏大，足可与敦煌、云冈媲美，现今，尚存佛像7000余尊，从这些遗迹中，仍可想象当年之鼎盛。

广元市市中区北郊4千米的嘉陵江边。

40元。

朝天峡

●先秦栈道遗址

亦称明月峡。其先秦栈道遗址，最具古栈道的代表性。也是多种历史文化的聚合地。栈道之长应为全国之冠，是了解古代文化的重要实物。

广元市朝天区朝天镇嘉陵江谷口。

80元。

广元郊县景点

昭化古城

●迄今为止国内保存较好的一座三国古城

昭化古城，古称葭萌，公元前299年秦灭蜀后曾建葭萌县，三国时这里都是重兵屯集的古战场，蜀国初兴，张飞挑灯夜战马超；蜀汉将灭，姜维兵败牛头山，都是在这附近。城西7千米的牛头山半腰间，是有“剑门锁钥”之称的天雄关，又名葭萌关。现今关门两侧还排列着明，清石刻碑记14通。

广元市元坝区昭化镇。

参观票58元(含考棚、县署、文庙、敬侯祠、城门楼)，怡心园5元，龙门书院20元。

亲历者◎指路

广元市南河汽车站乘坐直达昭化古城的班车，再乘坐宝轮1路公交直达昭化古城。

剑门蜀道 AAAAA

●李白有“蜀道难，难于上青天”的形容

剑门蜀道是在连绵不断的秦岭、巴山、岷山之间，以“蜀道”为主干的带状风景名胜区。蜀道北起陕西汉中宁强县，南到四川成都，全长450千米，入川经广元、剑阁、梓潼、绵阳、德阳等地。沿线地势险要，山峦叠翠，风光峻丽，关隘众多，唐代李白有“蜀道难，难于上青天”的形容。

剑阁县北部剑门关镇。

100元。

亲历者◎攻略

来此必品尝剑门豆腐，俗话说，“不吃剑门豆腐，枉游天下雄关”。

提示：游览剑门蜀道之前应做好计划，因为剑门蜀道是一个地理概念，范围广、景点多、行程长，事先做好计划，游玩起来比较轻松。

翠云廊

●近万株苍翠的行道古柏组成的绿色长廊

翠云廊以剑阁城为中心，东南至阆中，西南至梓潼，向北至广元昭化。就是这近300里的森林古柏，清代曾号称“三百长程十万树”，如今也还有古柏8000多株，加上近代以来陆续补植在公路旁、古道侧的柏树，总数已达数十万株，蜿蜒蟠绕、展翠摩云，妖娆袅娜。远远望去，像一条莽莽苍龙，逶迤于山岭之间，身临其境，又似一条翡翠画廊，溢彩流辉。翠云廊始建于秦汉，完备于明朝，历经千年沧桑仍浑然一体、生机盎然，实属世界罕见，被誉为“蜀道灵魂”“国之珍宝”。

剑阁县普安镇。

剑阁县—正南方行驶2.2千米—右转进入G108—左转行驶1.2千米—翠云廊景区。

50元。

0839-6750967。

夏季7:30~18:30，冬季8:00~18:00。

白龙湖

●历史遗迹、溶洞景观众多

白龙湖是古秦汉时期入蜀古道，著名的金牛道、景谷道、阴平道、马鸣阁道交汇于此，为兵家必争之地。这里有刘备取庞统一中策“回白水斥杨怀高沛无礼而斩”的白水关，有诸葛亮六出祁山，创造木牛流马的木牛流马山等。古道、关隘、历史遗址，形成了较完整的历史文化，文物古迹资源。景区内有千龙洞等大小溶洞30余处，洞内钟乳石千姿百态，景观丰富。

青川县沙州乡，距广元市区 60 千米。

可在广元南河汽车站乘车到达。

10 元。

巴中—达州旅游区

光雾山

●因常年云雾绕而得名

光雾山是一方神奇秀丽的自然山水。它以秀丽奇特的群峰为代表，苍翠茂密的森林植被为基调，集秀峰怪石、峭壁幽谷、溪流瀑潭、原始山林为一体，可集中概括为“峰奇”“石怪”“谷幽”“水秀”“山绿”五绝。光雾山风景名胜区有桃园、大坝、大江口、神门、小巫峡五大景区，主要景观 360 多处。景区内景色秀丽，步移景换，奇峰林立，沟壕纵横，谷幽峡，瀑布珠连，古木参天，红叶千里。诗人高平有诗称赞：“九寨看水，光雾看山，山水不全看，不算到四川”。

南江县桃园镇，距县城 70 千米。

桃园景区：旺季 108 元，淡季 50 元；大坝景区：旺季 85 元，淡季 50 元（观光车不运行）；十八月潭景区：旺季 55 元，淡季 50 元。小巫峡景区：80 元。

提示：每年 10月，光雾山的红叶风景极美，红叶节在此举办。

亲历者◎攻略

光雾山每年的旅游旺季，是秋季。每年秋季光雾山会举办红叶节，这个时候是这里一年人最多的时候！光雾山，地处桃园南，顶峰三尖二缺，平缓变化，远观似卧佛，因常年云雾绕而得名。传言山上气候变化无常，游人到此，不能高声叫喊，否则，顿时大雨瓢泼。光雾山水有一种脱尽尘埃清澈秀逸的神韵，它既有峨嵋的清秀，又有黄山的骄美；既有武陵园的灵怪，又有桂林的险奇。山上风光，四季不同，各有特色。

诺水河

●奇泉遍地、怪石丛生

诺水河风景名胜区紧邻陕西汉中，东有“秦川锁钥”护持，西与“剑门蜀道”相连，境内秀水中流，奇泉遍地，险峰兀立，怪石丛生，关隘、峡谷、飞瀑、溶洞、暗河比比皆是，共分“诺水洞天”“临江丽峡”“空山天盆”三大独立景区，呈弧形分布。

“诺水洞天”景区以岩溶地貌为主，地形复杂，地貌奇特。诺水河南北贯通，两岸群峰耸峙，沟壑纵横，林海茫茫，山、水、石、

↑光雾山

林，各呈姿态，尤以128个地下溶洞令人叹为观止。

通江县诺水河镇。

中峰洞120元，狮子洞60元，楼房洞60元，龙湖洞80元。乐水洞漂流120元，金童山20元。

南龛景区

●以全崖正中的卢舍佛像为杰作

景区包括南龛摩岩造像和南龛公园。南龛山苍松挺拔，翠柏长青，以保存有历代摩岩造像闻名。现存的完整佛像计122龛、1800余躯，在峭壁之腹分层列龛。

南龛的摩岩造像以佛教为主，人物特征鲜明生动，匠心独具。南龛石刻艺术以全崖正中的卢舍佛像为杰作。这里还留有历代文人墨客的墨迹，李白曾书“怪状”二字镌刻于此。

南龛公园风景秀丽，面积32000多亩，整个园内覆盖着水杉、雪松、黑壳楠、银杏、露经柏、苏铁等150多个品种的乔、灌木林及名贵花卉。园内还有梓桐宫、南池、望州亭等景观。

巴中市巴州区南郊2千米的南龛山上。

30元。

真佛山风景区

●佛山与佛寺相得益彰

真佛山是一座远近闻名的佛教胜地。真佛山山势陡峭，从山脚至山门，松柏密绕，翘檐朱梁，有千步石阶直伸山顶，犹如半空垂下的云梯，两旁香樟夹道，越向上苍松古柏景越深。

真佛山整个寺庙依山取势，几座殿堂错落有致地分布于山腰、山顶之间，寺周古树苍柏相拥，林木葱茏，鸟语虫鸣，使人有“万籁此皆寂，唯闻钟磬声”之感。除寺庙外，还有青松葱郁、云海浩瀚的云华山，蒋善人出身地“一佛寺”，拔地而起高耸入云的双石塔，白莲教起义的凌云寨，胭脂湖奇特怪异的石笋。整个景区集山、林、水、洞、庙于一体，奇、险、幽、峻应有尽有。

达县，德化寺在福善乡境内。

38元；观光车上山5元，下山3元。

餐饮

广元美食既具有正宗的川菜特色，取材广泛、味重香浓，又将神秘的古蜀文化和浓郁的民俗风情孕育其中，可谓风格独具，尤以剑门豆腐最有特色，不仅是美食佳肴，而且是历史的见证，是文化大餐。到剑门观光，不品尝剑门豆腐，绝对是一大遗憾。

购物

广元的民间工艺品有麻柳刺绣、白花石刻、剑阁手杖等。当地的核桃饼和剑门火腿也十分著名。

广元物产丰富，名土特产众多。民间工艺品有麻柳刺绣、白花石刻、剑阁手杖，山珍类有广元杜仲、青川竹荪、青川木耳，水果类有苍溪雪梨和苍溪猕猴桃，当地的核桃饼和剑门火腿也十分著名。来到广元，千万不要空手而归哦!

民俗

民俗主要有纪念武则天生辰的女儿节，妇女游河湾、赛凤舟等习俗。节庆娱乐以灯戏、摊戏、各种灯舞、木偶、皮影演出为主。平时生产中娱乐以独具川北风味的山歌，如薅草歌、薅草锣鼓、薅秧歌、打柴歌等为主。红白喜事有独具特色的百鸡宴，哭嫁歌。村落民居以川北四合院木结构民居为主。

女儿节：广元人民对出生在这里的女皇武则天十分热爱。相传农历正月二十三日是武则天的生日，古时每年这一天，人们都要“游河湾、观武后”，妇女们穿戴一新，云集于皇泽寺祈福庆祝。1988年，广元市政府将每年的9月1日定为“女儿节”，届时全市妇女放假一天，举办各种欢庆活动，已经成为广元特有的民俗。

广安

"下里巴人""巴渝舞"的艺术，肖溪、沿口的古老建筑，无言地诉说着广安灿烂厚重的历史与文化。平实朴素的小平故居则展示着伟人的辉煌与中国发展的足迹。在广安，历史与现在紧密相连。

面积：6344 平方千米
人口：497 万
区号：0826

亮点

必游景点

- **阆中古城**：是完全按照唐代天文风水理论的一座城市，被誉为风水古城。也是全国四大古城中保存最完整的古城。
- **大英死海**：拥有目前国内最大的内陆海滨恒温浴场，可同时容纳上万人在水中漂浮。
- **肖溪古镇**：肖溪古代称为"龙凤洲"，历史文化名胜和自然景观众多，数不胜数。但最为主要的可算是"十古一江"。
- **邓小平故居**：改革总设计师小平同志的故里，是川东民居的典型代表，被当地人亲切的称为"邓家老院子"。

线路推荐

- **阆中古城二日游**

D1：阆中古城游汉桓侯祠（张飞庙）、秦家大院（红四方面军总政治部旧址），参观蚕茧作坊、蜀绣作坊、保宁醋作坊，登华光楼。如遇周末，晚餐后可自费观赏川北民俗歌舞表演——《古风遗韵》。

D2：锦屏山风景区—巴巴寺—滕王阁。

- **遂宁二日游**

↑阆中古城

D1：遂宁市区—大英死海—回遂宁市区。

D2：遂宁市区—宋瓷博物馆—广德寺—灵泉山。

交通信息

火车

广安有两个火车站，广安站是普通火车，在前锋区。广安南站是动车组和少量普通火车，在市区边上。

广安市区景点

邓小平故居 AAAAA

●改革总设计师小平同志的故里

邓小平故居坐东朝西，占地1100平方米，青瓦屋面，农家三合院，院内铁树绽花、屋后竹影婆娑，庭前河塘泛绿，是川东民居的典型代表，被当地人亲切地称为"邓家老院子"。1904年8月22日，邓小平同志就诞生于此。

据说，这院子是经过了邓家祖辈三代人的努力方才建成。整个院子占地833.4平方米，

↑邓小平故居

共十七间瓦房。北厢房是邓小平曾祖父邓心早所建，距今约200年；正房是他祖父邓克达所建，距今100多年；南厢房是他父母所建。新中国成立前邓小平祖辈三代就住在这里。邓小平在此度过了十五载难忘的童年和少年时光。

天气晴朗时，驻足故居正门远眺，可看见一座时起时伏，中高两低的大山，人们称之为“笔架山”。旧居后院50米处，有一条小溪，流水潺潺，时而鱼儿跃出水面。据说，这条小溪就是邓小平儿时游泳戏水的地方。1998年2月19日，江泽民同志亲笔题写“邓小平同志故居”。

广安市广安区协兴镇牌坊村，距城区7千米。

8路公交可达。

肖溪古镇

建筑为明清风格，以“十古一江”最为出名

肖溪古代称为“龙凤洲”，明末清初湖广填四川时，有肖姓移民于此，故称“肖家溪”。肖溪镇因此得名。

肖溪的历史文化名胜和自然景观众多，数不胜数。但最为主要的可算是“十古一江”。十古是古道、古镇、古街、古桥、古匾、古寺庙、古石刻、古崖窟、古城和古墓葬。一江自然就是风光美丽的渠江了。

广安市广安区肖溪镇，与渠县交界处。

6:00~18:00。

亲历者◎指路

肖溪古镇距广安城区65千米，先坐车到广安市，广安汽车总站有通往肖溪古镇的旅游专线车。

广安郊县景点

沿口古镇

极具伊斯兰特色的回民聚居地

沿口古镇地处武胜县城，古称封山镇，古为水陆“通商巨镇”。镇子始建于宋代，现多为明清建筑，为回民聚居地。沿口古镇为嘉陵江流域第二大回民聚居地，极具伊斯兰特色。整个古镇依山而建，总长约4千米，面积约0.5平方千米。

武胜县沿口镇。

华蓥山风景名胜区

峰奇、石怪、山绿、谷幽

华蓥山风景名胜区由宝鼎山、观音溪溶洞群、华蓥山石林、天池湖等组成，位于广安地区华蓥市东南缘。

华蓥山景区以苍翠茂密的山林为环境基调，以秀丽的喀斯特石林、溶洞为典型的景观代表，集秀峰怪石、佛教文化、天坑溶洞、茂林修竹、华蓥山游击队遗迹于一体，自然风光与人文景观交相辉映，其景观特点可集中概括为“峰奇、石怪、山绿、谷幽”。

华蓥市瓦店乡。

门票107元。四季滑雪场门票30元，酒文化博物馆门票40元，景区观光车往返45元，下行单程20元。

广安石林

国家森林公园

面积约20平方千米，距华蓥市区24千米，以峰奇、石怪、山绿、谷幽而著称。区内高登山海拔1704米，是华蓥山脉最高峰。景区年平均气温12℃，最高月平均气温20℃，是理想的避暑胜地。

景区以苍翠茂密的森林环境为基调，以华夏独有的大盆景石林为特征，巍峨的华蓥山将秀美的石林隐藏在茫茫丛林之中，绿树缠绕石林，石林呵护秀木，形成了山是石林，石林是山，石林与树交融，与山共生的人间仙境，尽显清、幽、雅、奇的独特魅力。景区内“美妻审夫”“一吻千年”“八百罗汉”“妙笔生花”等景点惟妙惟肖，堪称大自然的杰作。景区偕有溶洞奇观、唐代古寺、华蓥山游击队及双枪老太婆革命史迹。

高登山西南的广安区、邻水县、华蓥市交界处。

阆中古城 AAAAA

全国四大古城中保存最完整的古城

也即阆中江南风景名胜区。是完全按照唐代天文风水理论的一座城市，被誉为风水

↓阆中古城

古城。也是全国四大古城中保存最完整的古城。景区呈带状分布，由古城区、锦屏区、白塔区、滕王阁、华光楼等组成。

“秦砖汉瓦魂，唐宋格局明清貌；京院苏园韵，川渝灵性巴阆风。”这幅对联完整地概括了阆中古城的特点和历史风韵。

阆中市市区嘉陵江畔。

成都、南充均有直达阆中古城的班车。

阆中古城五大核心景点联票120元（张飞庙、贡院、华光楼、中天楼、风水馆），十景点联票130元（张飞庙、贡院、华光楼、中天楼、名称展览馆、大佛寺、锦屏山、滕王阁、红军纪念馆、三国文化产业园）。

亲历者◎攻略

住宿：古城内的部份民居改成了客栈，比较著名的有秦家客栈、孔家客栈、武庙遗韵客栈、杜家客栈等，其中最有名条件最好的是杜家客栈。

美食：保宁醋：保宁醋是阆中的传统名产，为中国“四大名醋”之一，至今已有300多年的历史。保宁醋以大米、玉米、皮为原料，用砂仁、白蔻、杜仲等70余味中药为曲药酿制而成。

张飞牛肉：张飞牛肉是四川阆中牛肉加工厂的传统美味之一。色、香、味俱佳，这种干牛肉曾获得成都工业协会优质产品银奖。因肉干而不硬，润而不软，外黑内红，故称“张飞牛肉”。剖其横格，轻撕切面，如银丝松针相联，细细咀嚼，其味无穷。

华光楼

●全国四大古城中保存最完整的古城

巍峨壮观的华光楼，是阆中古城的标志性建筑。在阆中现存楼阁中，华光楼建造最早又最宏伟壮观，因此被称作“阆苑第一楼”。华光楼建在唐朝滕王元婴所建的南楼旧址上，明朝嘉靖中还称作南楼，而镇江楼、华光楼都是后来取的名字。清朝道光十九年毁于一场大火，同治六年重建。

汉恒侯祠

●纪念张飞的祠庙

俗称张飞庙，位于古城区西街，是纪念三国时蜀汉名将张飞的祠庙。因张飞死后追谥为桓侯，故名。现存的张桓侯祠为一组四合庭式明清古建筑群，占地6600百多平方米，总建筑面积2400百多平方米。为国务院公布的全国重点文物保护单位。

阆中市保宁西街59号。

从阆中市区乘车可到。 80元。

南充—遂宁旅游区

朱德故居 AAAAA

●朱德青少年生活之地

朱德同志故居纪念馆是1982年8月为纪念伟大的无产阶级革命家和军事家朱德而建立。该馆位于四川省仪陇县马鞍镇琳琅村朱家大湾。朱德故居为土木结构的三合院瓦房，四周有3300平方米的竹木园林。朱德青少年时代，在这里居住过13年。纪念馆设5个展厅，通过文物、文献、图表、照片等反映了朱德的生平事迹。诗书画陈列室展出当代名人为怀念朱德而作的诗画。

仪陇县马鞍镇西隆的朱家大湾。

南充到仪陇每天有4趟班车；南充也有直达马鞍的车，每日2班。

0826-7555022。

大英死海旅游风景区

●目前国内最大的人工造“死海”

度假区拥有目前国内最大的内陆海滨恒温浴场，在这里，游客春、夏、秋、冬四季均可漂浮畅游。这里有国内目前最大的室内“死海漂浮”浴场及水上世界，它的建筑跨度114米，是目前亚洲最大跨度的民用建筑。室外死海漂浮区面积约3万平方米，可同时容纳上万人在水中漂浮。

大英县蓬莱镇西南郊2千米。

200元。 0826~7889188。

住宿

广安宾馆饭店多集中于市中心，位于广安市区的天府饭店、岷山世纪大饭店、广安大酒店及华蓥市星星宾馆等，位置不错，距离小平故里、思源广场和重百商场较近，房价从100元到400元不等。

思源酒店/广安市城南五福西路301号/0826-2358888。

广安玛瑙城国际酒店/广安区 牌坊路88号/0826-2688888。

餐饮

广安的邓家菜值得一品，此外，岳池米粉、鸳鸯蒸饺、欧抄手、红鼻子抄手味道独特。

达县石梯粉蒸鲢鱼、素烧阳鱼、麂子肉下烘洋芋等都是当地特有的美食。鸭肠粉丝汤、香辣仔、香辣虾也值得一尝。

购物

广安名优特产有黄龙香米、板桥五香豆豉、竹席、草席、奎阁特曲、广安烘糕、椒盐桃片、武胜麻辣牛肉、中华猕猴桃等。

民俗

华蓥山幺妹节：滑竿抬幺妹大约盛行于唐宋时代，是川东地区特有的民俗文体活动，幺妹是当地对未出嫁女子及年轻漂亮女子的爱称，每个村寨选出1至2名能歌善舞的乖巧幺妹，由两名壮实的后生用滑竿着上山，云集在山顶参加歌舞比赛，祈祷华蓥山区风调雨顺、人民安居乐业。

如今，为弘扬民间民俗文化，打造“幺妹”品牌，华蓥市在每年3至5月期间，都要举办包括“华蓥山靓丽幺妹大赛” “滑竿抬幺妹竞速与表演大赛”“天池湖抢幺妹大赛”“幺妹相亲会”等系列民间民俗文体活动——华蓥山幺妹节。

嘉陵江龙舟旅游文化节：武胜每两年举办一次嘉陵江龙舟旅游文化节。龙舟旅游文化节除保留原有的水上传统项目外，还增加了商贸展销、招商引资、文艺演出、歌手大赛、赛诗会、文学讲座、群文理论研讨、燃放烟花、玩龙舞狮、街头游乐等十余项活动，时间也由过去的一天延长到三至五天。目前武胜龙舟节已历十八届，形成了一定的规模和影响，为川内外众多旅游观光者所瞩目。

宜宾

宜宾的景致与城市性格离不了山、水、酒。山是宜宾的骨，宜宾人因此而直率；水是宜宾的灵，他们因此而灵婉温驯；酒是宜宾的魂，骨子里的壮怀激烈由此而生。山水之灵与历史传说，成就了宜宾的魅力。

面积：13271 平方千米
人口：547 万
区号：0831

亮点

必游景点

- **真武山古庙群：**真武山是川南著名道教名山。真武山古庙群是明代万历年间的建筑，集儒、佛、道为一体的宗教建筑群。
- **蜀南竹海：**以竹景为主要特色，连片成海。是以竹景为主要特色，兼有仙寓洞、龙吟寺、天皇寺等人文景观的风景名胜区。
- **石海洞乡：**我国喀斯特地貌发育最完善的地区之一，地面 怪石林立，地下溶洞纵横，与竹海、恐龙、悬棺并列为川 南四绝。
- **僰人悬棺：**僰人悬棺被称为世界之最、巴蜀一绝。山壁上还描绘有粗犷的暗红色壁画，是研究僰人这一独特少数民族的文化的重要依据。
- **佛宝古镇：**是四川著名历史文化古镇，是四川十大古镇之一，也是川渝黔生态旅游“金三角”文化旅游精品景区。

线路推荐

●竹海、洞乡两日游

D1：游览蜀南竹海，宿竹海。

D2：石海洞乡（参观天泉洞、地表石海及天下第一大漏斗）—僰人悬棺。

↑蜀南竹海

●川东南古镇两日闲情游

D1：李庄古镇—流杯池公园—翠屏山—合江门三江汇合，晚上品尝宜宾特色美食，走进宜宾市井的生活。宿宜宾。

D2：游览龙华古镇。

●酒城风光两日游

D1：泸州老窖国宝窖池—报恩塔—百子图文化广场—方山。

D2：玉蟾山—龙脑桥。

交通信息

飞机

宜宾菜坝机场位于宜宾市区西北方向的莱坝镇，目前现执行宜宾至北京、上海、广州、昆明、西安、拉萨等多条航线。

火车

宜宾站位于四川省宜宾市翠屏区，主要承接从成都发往各地的普快列车。

宜宾市区景点

真武山古庙群

●集儒、佛、道为一体的宗教建筑群

真武山是川南著名道教名山。山上道观以玄祖殿为主庙，建于山顶，视野开阔，是明代万历年间的建筑。与玄祖殿处在同一中轴线上的建筑还有无量殿、望江楼、拔发祖师殿。右侧两座山峰上还建有斗母宫、三府宫和文昌宫；离望江楼不远处还有地母宫，总共有八大建筑，但都比较破败。真武山海拔虽然只有369米，但山上林木葱茏，四季常绿，风景优美。

宜宾市翠屏区真武山。

乘坐4、11、13路至真武路站下车即可。

8:00~17:30。

宜宾五粮液工业园区

●全国工业生态示范点

五粮液集团有限公司位于金沙江和岷江交汇处、万里长江第一城——“酒都”宜宾，是以五粮液系列酒生产为主业企业集团。

今天的五粮液集团公司，享有“花园公司”的美名，灿烂远古的酒文化在这里被赋予了新的内涵。精心规划的厂区、独具匠心的雕塑、现代气魄的建筑、四季常青的花木构筑起极富特色的五粮液企业文化。集团内也有很多有名的景观：全国最高的企业形象雕塑——奋进塔，全国规模最大的酒文化博览馆，气势恢宏的鹏程广场……

宜宾市翠屏区岷江西路150号。

2路公交车五粮液站下。

8:00~18:00。

宜宾郊县景点

蜀南竹海

●“蜀南竹海天下翠”

蜀南地质沙壤酸碱度5.0左右，是竹木生长的最佳土壤。竹海空气清新纯净，负氧离子含量较高，悬浮物微粒每立方米日平均0.05毫克以下，是我国一级环保旅游区。

景区内28座山岭全是茂密的竹林，以竹景为主要特色，连片成海。是以竹景为主要特色，兼有仙寓洞、龙吟寺、天皇寺等人文景观的风景名胜区。

长宁县竹海镇。

旺季110元，淡季60元。竹海索道单程30元，双程40元。

亲历者◎攻略

一般每年3月到10月为旅游旺季，尤以5、6、7、8四月最佳。

美食：景区内有的饭店会以竹为原料做菜，最著名的是“全竹席”，一桌的价格从200元到600元不等，最珍贵的是竹中珍品——竹荪。如果八个到十个人拼一桌，每个人花不过30元左右就尽够了。

石海洞乡

●古僰人的最后消亡地

是一个以岩溶地貌为主的景区。由天泉

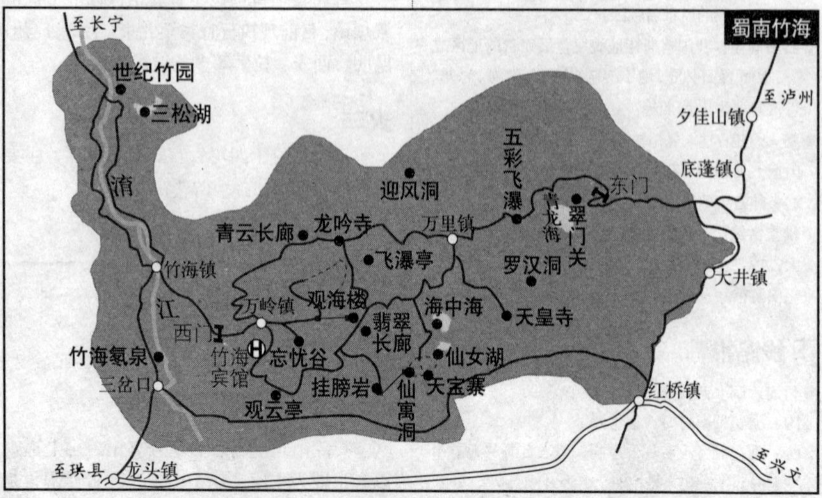

洞中心景区、九丝山景区、大坝鲵源景区、周家沟溶洞景区组成。地上、地下均由石灰岩构成，分为石林、石海、溶洞三个部分。地表石林怪石雄峰同地下充满幻景的龙空神洞，形成独特风貌。

兴文县城南的兴堰、石林、周家等乡境内。

白天 90 元（如为夜游则是 35 元）。

8:00~18:00（夏季），8:30~17:00（冬季）。夜游地表石海于每周五、六、周日和黄金周开放，其他时间如有包场方开放。

亲历者◎指路

石海洞乡与蜀南竹海相邻，公路交通十分发达，游客可将竹海与石海作为一个整体（两地间有公路相通，车程约计 1 小时）来游览。如单去石海洞乡，可取道宜宾或泸州，两地每日有多班客车至兴文县城，旅游中巴更可直达景区。此外，成都、宜宾、泸州、重庆与兴文县间有汽车定班行驶，县城至景区的公共汽车每日数十班。

夕佳山民居

●被誉为“中国民间建筑化石”

夕佳山民居始建于明万历四十年，清代扩建竣工，建筑面积 10056 平方米。整个建筑布局严谨，主次分明，开合有序，富丽堂皇。古民居深院高墙，飞檐黛瓦，古木参天，景色秀丽，属保存完整、国内罕见的川南古民居。民居四周分布大量桢楠，并群居着上万只国家二级保护动物——鹭鸶鸟，形成我国罕见的“天然鹭鸟公园”。

整个民居共有房舍 100 多间，以正厅为中心，分属 18 个大小不等的四合院。夕佳山民居布局讲究，门窗雕刻精美，民居周围古木成荫。当地现已利用民居内的厅堂设立了民俗博物馆，再现了历史上川南地区婚丧耕读的系列民俗。

宜宾江安县夕佳山境内。

亲历者◎指路

宜宾市距夕佳山 89 千米，可由宜宾南门客运站乘车前往，游客也可自驾车前往。还有一种方法就是从宜宾乘汽车或轮船到长江边的江安县城，再换乘公共汽车前往。江安至夕佳山车程约 40 分钟。

僰人悬棺

●从神秘悬棺来探寻失落的文明

是明代以前的古代崖葬墓群，以将死者的棺木放置在悬崖绝壁上为特征，主要集中在麻塘坝和苏麻湾两地。置棺方式，一为木桩式，二是凿穴式，三是利用岩壁间的天然洞穴、裂缝盛放棺木。是一种复杂的文化现象。

僰人悬棺被称为世界之最、巴蜀一绝。目前保存尚好的悬棺首推珙县洛表乡的麻塘坝和曹营乡的苏麻湾，在只有善于攀爬的灵猴方可抵达的垂直山壁上，悬置着 200 多具黑色棺木。棺木离地越高，代表着死者的身份地位越高。最高者离地约 100 米。山壁上还描绘有粗犷的暗红色壁画，是研究僰人这一独特少数民族的文化的重要依据。

珙县洛表镇麻塘坝村及曹营乡海棠村邓家河北岸。

可从宜宾乘火车至珙县，再换乘汽车到悬棺最集中的麻塘坝和苏麻湾等地参观。 20 元。

泸州旅游区

方山风景区

●有“小峨眉”之美誉

川南佛教佛教胜地，自古就有小峨嵋之美誉。中云峰寺内藏有全国罕见的黑脸观。

方山的自然景观和人文景观都非常绝妙。景区中的云峰寺为川南、黔北、滇东著名古刹，以其规划宏大，造型雄伟，林木葱郁，古树森森，环境幽静，佛事常兴，香火鼎盛名噪于世，历代骚人墨客、风流雅士游山览胜和春秋佛徒、善男信女敬香朝拜者络绎不绝，特别是每年农历二月十九、六月十九、九月十九观音生日，还要举办盛会，尤其二月十九最为热闹。

泸州市江阳区石棚乡。

在泸州南城客运站乘公交车方山旅游专列，直达方山景区。 20元。

佛宝古镇

●四川省最美丽的古镇

古镇依山顺河而建，青石街道，环境幽雅，建筑古朴，且保存完好，虽历经500多年沧桑，仍完整地保持了原有古老格局，95%的民居依然是明、清时建筑。跨过镇上的大青石桥—回龙桥，一条保存十分完整的老街：回龙街，就展现在游客眼帘。沿着老街可到三宫八庙的清源宫、万寿宫、天后宫、五祖庙、土地庙、张爷庙、禹王庙、火神庙等古老建筑，品味雕塑绘画，观赏雕梁画栋。走在古镇斑驳的青石板街面上，看看古朴优雅的闲静院落，体验当地居民原汁原味的生话情调，可深深地感受四川古镇的无穷魅力，而令人叹为观止。

川南泸州市合江县城42千米处的福宝国家森林公园的入口。 10元。

龙脑桥

●集建筑造型和石雕艺术于一体的古石桥

龙脑桥以石雕精湛著称，石雕艺术又以龙头占主要位置而得名。

巨大的龙、狮、象和麒麟等兽类分布在中间8个桥墩上，形象比例匀称，造型古朴凝重，体态生动自然，昂首于九曲溪上游，尾部均翘峙于溪水下方，桥面则为诸兽身躯。

泸县大田乡九曲河上。

从福集乘汽车即可到达。

自贡旅游区

恐龙博物馆

●拥有大规模恐龙化石埋藏的遗址性博物馆

位于自贡城东约10千米处的大山铺恐龙化石遗址，是中国著名的恐龙化石产地之一。该馆占地面积约2.5万多平方米，建筑面积6000多平方米，分为序厅、中央展厅、恐龙埋藏厅、恐龙组合装架陈列厅及科普教育厅等。陈列面积3600平方米，主要陈列大山铺恐龙化石埋藏现物及出土化石。

在高大的装架陈列厅里，可以看到四川峨眉龙、亚洲第二龙、李氏蜀龙、多齿盐都龙、太白华阳龙以及扁头中国短头鲵等大山铺恐龙动物群的复杂骨架等。

3、15、35路公交直达。

42元。

8:30~17:30。

0813-5801235。

盐业博物馆

●陈列有世界上唯一完整的古代钻井工具

自贡市盐业历史博物馆建于1959年。是中国最早建立和自然科技史博物馆之一。博物馆主要收藏、研究、陈列中国盐业历史文物和资料。

在征集收藏的历史井盐工具、契约、帐册、岩口薄等珍贵文物中，钻、治井工具是中国唯一保留的古代顿钻工具。其中陈列《井盐生产技术发展史》，从钻井、采卤、天然气开采、制盐等方面，展示了两千多年来，中国古代劳动人民对人类文明作出的重要贡献。

自贡市自流井区解放东路107号。

1、10、33路公交可到。

20元。

8:30~17:30。

0813-2202083。

内江—资阳旅游区

安岳石刻

●中华古代石刻艺术宝库

安岳石刻距今已有约1300年历史。经近年文物普查，全县有摩崖石刻造像105处，造像10万尊左右，高3米以上的上百尊，5米以上的40多尊，15米以上的两尊。至今保存较完好并具有一定规模和文物价值的石刻有45处，这是中华古代石刻艺术又一宝库。它多是我国石刻艺术成熟和鼎盛时期的作品，具有很高的雕刻艺术价值，造像风格除少数敦朴、粗犷的魏晋风骨外，大多是体态丰满，雍容华贵的唐代风格，也有一些精细华美、璎珞盖身的宋代特征。

安岳县。

罗泉古镇

古老的井盐城

罗泉古镇在四川仁寿、威远、资中三县交界的深丘中，隐藏在沱江支流珠溪河旁。它的闻名得于清朝中叶盐井的发现，那时罗泉镇商贾云集，热闹异常。而如今只留下一座保存尚且完好的盐神庙透着远古的苍凉。

盐神庙建于清同治七年（公元1868年），盐神庙是古镇的曾经辉煌的重要标志。庙内供管仲为盐神，关羽和火神则作为管仲的辅佐相伴左右，整个盐神庙重檐三级，翼角高翘，正殿屋顶的群龙嬉戏抢宝图，虽经百年风吹雨打仍栩栩如生。

资中县罗泉镇。

住宿

想在宜宾市内游览尽兴，入住叙府宾馆（人民路14号）及三星级酒都饭店（专署街五号）较为方便。

在蜀南竹海景区游玩的朋友，可在长宁县内的竹海宾馆（万岭镇）过夜，长宁绿风大酒店、江安竹海山庄等也不错。

此外，去龙华古镇的话，可以选择住在镇政府招待所、粮站招待所、八仙招待所等，每晚床位10~15元，条件还可以。

餐饮

宜宾的美食多种多样，街头小摊上的红桥叶儿粑、附油黄粑飘散出诱人的香味；街边小店中的柏溪潮糕、葡萄井凉糕绵软细嫩、入口清香，回味无穷。然而这些仅是宜宾美食的一小部分，不足以代表宜宾美食的特点，最能代表宜宾美食的是大名鼎鼎的宜宾燃面，宜宾燃面不仅是宜宾美味的招牌，更承载着宜宾饮食文化的内涵，体现“长江第一城”的美食风格，在飘香的面馆中，体味辣麻在舌尖的舞动感觉，宜宾的感觉便在其中。

购物

宜宾的竹艺品值得购买收藏,尤以竹筷、竹筒、竹根雕、竹编最为精致实用。五粮液酒、叙府芽菜、宜宾红茶等均为宜宾的名特产品。市内的大观楼街是游客购买纪念品的首选。

宜宾红茶:我国著名的三大功夫茶之一，与“祁红”“滇红”齐名。宜宾红茶主要有两种，一为四川功夫红茶，其特点是生产季节早、采摘细嫩、做工细致，尤以早白尖一级功夫红茶品质最佳；一为红碎茶，乃鲜嫩茶叶经揉紧切碎而成为匀整的颗粒状，其特点是“颗粒紧结匀齐、色泽鲜、香气浓、汤色红艳、滋味特醇”。

民俗

“九大碗”待客:宜宾民间宴客之“九大碗”的结构，大体是：以蒸头碗（一般有攒丝头碗、酥肉丸子头碗、杂抖头碗）、肉扣（烧白）、杂扣（粉蒸肉）为主菜；另配猪肚杂及上述四菜边角余料，拌以笋、芋、苕或海带、粉条等烧、炒、熘、煸而为五碗，即凑成“九大碗”。若全为猪肉加羊肉（旧时牛肉不上席）而无鸡、鸭则又称“大水席”。

乐山

乐山大佛的庄严，峨眉山的秀美，佛都里的木鱼声，张公桥头的市声……宗教的清严与俗世生活的浓艳，在乐山和谐融洽。作为郭沫若的故里，诗人的高歌为这里增添了几许诗意气氛。

面积：12759 平方千米
人口：355 万
区号：0833

亮点

必游景点

- **乐山大佛**：为石刻弥勒佛像，世界上最大的石刻弥勒佛坐像。
- **峨眉山**：四大佛教名山之一，有十大胜景以及佛光、云海、日出、圣灯四大自然奇观，素有“峨眉天下秀”之美誉。
- **罗城古镇**：古镇主街凉厅街俗称“船形街”，建筑布局极为独特，老街仍保留着部分明清时代老四川文化的人文风貌。
- **瓦屋山国家森林公园**：与峨眉山并称“蜀中二绝”，是历史上著名的道教圣地。

线路推荐

- **乐山—峨眉山二日自助游**

  D1：乐山大佛—巨型睡佛—乌尤寺—大佛寺。

  D2：金顶雄姿—万年寺—双桥清音—报国寺。

- **乐山大佛全景一日游**

  上午，凌云山—龙湫虎穴—灵宝塔—凌云栈道—乐山大佛；

  下午，东坡楼—海师洞—凌云寺—佛国天堂—壁津楼—麻浩崖墓—乌尤寺—巨型睡佛。

↑峨眉山金顶

交通信息

火车

坐火车前往乐山，主要有三个站可以到达，一是乐山市的乐山火车站和峨眉山站，二是成都火车站。下车之后坐汽车前往乐山景区。

乐山大佛景区 AAAAA

●乐山旅游标志

景区内有乐山大佛、九曲栈道、巨型卧佛、石窟式山门、凌云山、乌尤山、凌云栈道等多处景点。

乐山市市中区三江汇流处。

乐山市肖坝旅游车站乘坐 13 路，可直达大佛景区门口。

¥ 90 元（通票，含麻浩崖墓博物馆和乌尤寺），乐山大佛水上游船票 70 元。

乐山大佛

●迄今世界上最大的一座石刻佛像

乐山大佛是石刻弥勒佛像，为世界第一大佛。大佛通高 71 米，头高 14.7 米，发髻有 1021 个，耳长 6.72 米，鼻长 5.33 米，眼长 3.3 米，肩宽 24 米，手的中指长 8.3 米，脚背宽 9 米，长 11 米，可围坐百人以上。

↓乐山大佛

巨型卧佛

●卧佛自然天成，形成“佛中佛”奇观

在乐山大佛外围，有一尊全身长达4000余米，由几座山体组成的“巨型睡佛”。这尊睡佛四肢齐全，轮廓清晰，宛如陷入熟睡之中，呈仰面朝天之势，姿态端详凝重。观赏“巨佛”的最佳位置是在乐山城东乐山港码头一带，在此处望南眺望，但见碧水云天之处，巨大的佛体安详自如平卧江面。

凌云山

●文化名山

凌云山位于乐山城东的岷江、青衣江、大渡河三江汇合处，与乐山城一水之隔。因山有集风、栖鸾、望云、就日、丹霞、拥翠、兑悦、祝融、灵宝九峰，人称“小九嶷”，通常人们也称作九峰山、九顶山，后因山中修建凌云寺而更名凌云山。

凌云山文物古迹丰富，民间故事传奇纷纭，加上世界第一的石刻弥勒大佛倚崖而坐，还有寺宇辉煌的凌云古刹、苏东坡读书楼、宋代治易洞、明代注易洞，以及海师洞、灵宝塔、碑林、月榭、宋代九顶城遗址等名胜景点，使凌云景色在名山大川中独具一格。

亲历者◎攻略

乐山大佛依山面江，游客既可选择江游，也可选择山游。但最佳为二者结合。

乐山郊县景点

罗城古镇

●建筑布局极为独特的船型古镇

古镇主街凉厅街俗称“船形街”，始建

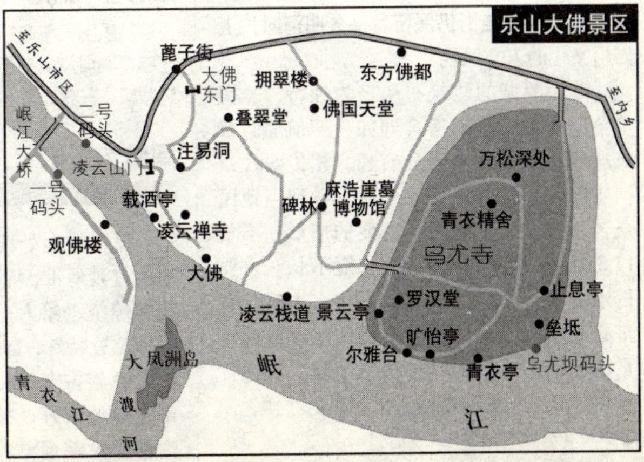

峨眉山风景区 AAAAA

●四大佛教名山之一

峨眉山是四大佛教名山之一，有十大胜景以及佛光、云海、日出、圣灯四大自然奇观，素有“峨眉天下秀”之美誉。主要景点由报国寺、伏虎寺、金顶等景点。可分为高山区、中山区、低山区等 3 个景区。

峨眉山市峨山镇。

旺季（1 月 16 日 ~12 月 14 日）185 元，淡季（12 月 15 日 ~ 次年 1 月 15 日）110 元。金顶索道：上行 65 元，下行 55 元；万年索道：上行 65 元，下行 45 元。

夏秋季（5 月 1 日 ~10 月 7 日）为 6:00~18:30；冬春季（10 月 8 日 ~ 次年 4 月 30 日）为 7:00~17:50（零千米为 7:00~17:30）。

亲历者◎指路

峨眉山市区乘坐 5 路（至伏虎寺）公交车进入峨眉山景区。成都市新南门客运中心去往峨眉山的班车每天 7:20~19:20 滚动发车，人满即走，车费 43 元左右。

亲历者◎攻略

峨眉山最佳观赏时间：

日出夏：6:00，冬：7:00；

云海早上：9:00~10:00，下午：3:00~4:00；

佛光早上：9:00~10:00，下午：3:00~4:00；

赏杜鹃 4 月底 ~5 月万佛顶赏杜鹃应在每年的 5 月至 6 月；

赏红叶 10 月。

玩雪滑雪 11 月至次年 3 月；

消暑戏猴 6~9 月。

提示：峨眉“灵猴”成群结队，非常顽皮，不可任意挑逗，以免受其伤害。

于明代崇桢元年（1628 年）。时至今日，这条幸存下来的老街仍保留着部分明清时代老四川文化的人文风貌。

犍为罗城的建筑布局极为独特，全镇坐落于山顶，街道房舍即如一艘航船。修筑这座小城的起因十分有趣，相传明代崇祯年间，一位外地秀才到此，看到当地民众苦于缺水，生活极不方便的情形，不禁口念几句“罗城旱码头，衣冠不长久。要得水成河，罗城修成舟。舟在水中行，有舟必有水”。当地人居然也认定改造建筑是解决缺水难题的好办法，于是纷纷捐资修建，其结果就是这座举世罕见的小镇。

犍为县东北部，距乐山市 60 千米。

亲历者◎指路

从乐山汽车站搭乘班车前往罗城只需 1 小时左右；也可从成都石羊场客运站经成乐高速路直达罗城，只需 2 个半小时左右。

黑竹沟景区

●因发生多起神秘现象而闻名

黑竹沟地处四川盆地与川西高原间山地的过渡地带，境内重峦叠嶂，溪涧幽深，迷雾缭绕，给人一种阴沉沉的感觉。这里地理位置特殊，自然条件复杂，生态原始，加之彝族古老的传说和彝族同胞对这块神奇土地的崇拜，并曾出现过数次人、畜进沟神秘失踪现象，于是给人一种神秘莫测

报国寺

●峨眉山第一大寺

报国寺是峨眉山进山的门户，也是峨眉山佛教活动的中心。报国寺前对凤凰堡，后倚凤凰坪，左濒凤凰湖，右挽来凤亭，朝迎旭日，晚送落霞。现有殿宇五重，分别为山门、弥勒殿、大雄殿、七佛殿、普贤殿，都在一条中轴线上，依山取势，逐级升高。

山门为飞檐翘角、三叠式屋面，正中悬挂康熙御书“报国寺”大字木匾。另外，藏经楼两侧还陈列有丰富的文物、书画、工艺美术品、生物标本等，以及峨眉山全境模型，为游人了解峨眉山提供了丰富的资料。

¥ 8元。 ☎ 0833-5591811。

亲历者◎解说

报国寺中有三件珍宝，一是七佛殿内的巨型瓷佛；二是高7米的14层紫铜“华严塔”（现已迁至伏虎寺）；三是高2.3米，重25吨的大铜钟。

金顶

●是望日出、观云海、赏圣灯、看佛光的最佳地点

金顶为峨眉山次高峰，海拔3077米。顶上是个小平原，原有铜殿一座，在太阳的照射下，光彩夺目，故而得名金顶。登上金顶，人们顿觉万象排空，气势磅礴。极目四望，成都平原尽收眼底。千山万岭，起伏如浪，岷江、青衣江、大渡河、瓦屋山、贡嘎山历历在目。

金顶以高达48米的十方普贤圣像为中心，由金光耀日的金殿、雄浑庄严的铜殿、银光灼灼的银殿和洁白的朝圣大道组成，整个建筑群面向金佛，层次分明，呈拱卫之势。

金顶观景台长约1200米，由金刚嘴、舍身崖、睹光台、修心台四大观景平台组成，海拔3079米，能容纳数千人观景。

提示：睹光台和舍身崖是望日出，观云海，赏圣灯，看佛光的最佳地点。

之感，也产生了众多的令人费解之谜，让人目瞪口呆。

不过这里民族风情古朴多彩，人文景观与自然景观融为一体。景区内生态原始、物种珍稀、山势雄险、古树参天、珍禽比翼、奇花争艳、瀑布飞悬、云岚缭绕，虽险奇神秘，但景色别有一番原始大气之美。

⌂ 峨边彝族自治县。

嘉阳小火车

●油菜花里的小火车

嘉阳小火车是世界上唯一正常运营着的客运窄轨蒸汽火车，起始站是石溪镇，一个丘陵山区的普通小镇，终点站是黄村井站，一个当年有名的煤矿出口。铁路全长19.8千米，沿途可以观赏田园风光，花季的时候满眼金黄的油菜花，非常惬意。

⌂ 乐山市犍为县石溪镇和芭沟镇。

🚌 犍为县乘坐到嘉阳的班车可到。 ¥ 80元。

眉山旅游区

三苏祠

●有“三分水二分竹”的岛居特色

眉山三苏祠是北宋时期（960年~1127年）著名文学家苏洵，苏轼，苏辙父子三人的故

居。位于四川省眉山城西南隅纱縠行内。元代改宅为祠，祭祀三苏。

明代洪武年间扩建，明末毁于兵火，仅存五碑一钟，清康熙四年（1665 年）在原址按明代规模重建，尔后历代均有增益补修，现占地面积 56800 平方米。于 1980 年 7 月 7 日被四川省人民政府公布为重点文物保护单位。1984 年 4 月成立“眉山三苏博物馆”。

眉山市东坡区纱縠巷，紧邻西门车站。

45 元，蜡像馆 10 元。

瓦屋山国家森林公园

●被誉为“世界杜鹃花的王国”和“中国鸽子花的故乡”

全国大型国家森林公园瓦屋山，位于四川省西部的洪雅林场境内，包括瓦屋山原始森林猎奇探险区、玉屏人工林海度假区、八面山寻古揽胜区等 3 个景区，她与峨眉山、乐山大佛构成了川西南旅游金三角。

瓦屋山森林公园内原始森林植被保存完好，生物种类极其丰富，被子植物占世界总科数的 60%，被誉为水的世界、洞的天下、花的王国、雪的摇篮、云的故乡、动植物的博物馆。有第四季冰川保留下来的孑遗植物珙桐（中国鸽子树）、桫椤、银杏、连乡、水青冈等国家一类保护植物。

洪雅县瓦屋山镇。

成都新南门车站、金沙车站可乘班车直达景区。

52 元。

住宿

乐山市内宾馆的住宿条件普遍不错，但因为游客一般都不选择在乐山住宿，所以价格一般不高，通常在 100~200 元之间，旅馆的话 50 元左右即可。此外，乐山大佛寺内也有客房提供。

金海棠大酒店：位于乐山市中区海棠路，距离乐山大佛、东方佛都都很近。另外据说这里的早餐不错。电话：0833~2128888。

嘉州宾馆：乐山白塔街 85 号。这是乐山市的老牌宾馆，沿江。住这里应选择高楼层，因为能看到乐山大佛。

嘉泰宾馆：在张公桥对面，窗外就是岷江，过去就是一排大排档，吃饭也方便。

餐饮

乐山饮食风味与四川其他地方差不多，以麻辣味闻名。便宜又好吃的特色店，一般都在箱箱街、清风街这些地方。要是打算去上档次的饭店，可以去王浩儿渔港、和峰、红高粱、红利来、鸿瑞这些地方。

乐山烧烤一直在川内很有名气，不妨列为你的夜宵计划。夜市可在乐山港附近和张公桥附近找到。烧烤最有名的有三家：柏杨东路有徐烧烤和刘烧烤，乐山步行街对面是徐烧烤的总店，营业时间 17:00 至凌晨 4:00。

购物

乐山的特产不少，最有名的还是夹江豆腐乳、苏稽米花糖和犍为的干姜，这些在市区的超市都可以买到。工艺品有青神竹编、夹江国画纸。乐山的商业中心集中在以下几个区域：时代广场、土桥街、玉堂街、泌水院步行街、牛儿桥。

民俗

屠户祭祀张飞：流行于夹江县一带。相传，农历四月初四是张飞的诞辰。每年的那一天，夹江的屠户们纷纷准备好祭品，前往张飞庙中祭祀叩拜，祈求来年平安，保佑生意兴隆。

蔡侯会（农历八月）：夹江是著名的纸乡，纸坊众多。广大造纸艺人纪念蔡伦的功绩，奉他为祖师，家家供奉蔡伦神像。每年的农历八月，正是造纸工艺的闲暇时期，艺人们便聚集在一起，集资举办蔡侯会。

凉山

碧波荡漾的邛海、千峰叠翠的螺髻山，妙趣横生的土林、"瑶池仙境"的泸沽湖，杆杆酒的微醺诱人、火把节的歌舞狂欢，可以让心飞起来。凉山的美丽粗犷豪爽，让人忘却尘世烦扰。

面积：60423 平方千米

人口：499 万

区号：0834

亮点

必游景点

- **攀枝花苏铁林**：世界迄今为止发现的纬度最高，面积最大，植株最多，分布最集中的原始苏铁林。
- **泸沽湖**：世界文化遗产的组成部分，东方女儿国，神秘的摩梭走婚等少数民族风情吸引着无数游人。
- **礼州古镇**：有三处古城和新石器遗址，遗物千余件。宛如一幅青石铺就的古画。
- **螺髻山**：以博大雄奇见长，融自然景色、文物、古迹和民族风情为一体。
- **邛海**：四川省第二大淡水湖。以恬静著称，景色优美。是有名的天然渔场、水上运动场。
- **木里王国**：景色美丽，当地的开发完全处于原始状态，被驴友们称为最后的香格里拉。

线路推荐

- **凉山、泸沽湖三日游**

D1：西昌卫星发射中心—四川泸沽湖，可在湖畔民居处吃晚饭。晚上可同摩梭人一起跳锅庄舞，入住摩梭山庄。

D2：泸沽湖—沿湖摩梭人的族村—乘船游览泸沽湖—泸沽三岛。

D3：乘车去永宁，骑马去游览称为神山的戛姆山、泡温泉。下午回泸沽湖，乘车到丽江。宿丽江。

↓凉山民族风情园

交通信息

飞机

西昌青山机场，位于西昌市北郊，现已开通西昌至成都、北京、重庆等地的航线。

机场没有直达西昌市区的公共汽车，游客最好选择乘坐出租车进市区。

火车

西昌站位于西昌市区迎宾路，为高铁、动车列次的停靠站。每天有多对火车可直达北京、昆明、成都、省内外大城市，成都—西昌的夕发朝至的列车最适合旅游者。

西昌南站位于西昌市马道镇境内，以货运为主，客运车次以普通火车居多。

泸沽湖

●东方女儿国，神秘的摩梭走婚

闻名遐迩的泸沽湖不仅为云南增添了夺目的光彩，也是川西南一颗（或者说半颗）璀璨的明珠。四川部分的泸沽湖位于川滇交界处的四川省盐源县泸沽湖镇，距西昌市 258 千米。它包括自然景观和人文景观两大类，尤其是人文景观以其独特而丰富的内容，鲜明而突出的特征和深远的内涵，在全国乃至全球都具有唯一性和不可替代性，因而成为宝贵的世界文化遗产并具有重要的保存价值。它那如诗如画的旖旎风光，亘古独存的母系氏族遗风民俗，基督教中的"诺亚方舟"，藏传佛教的朝钟暮鼓，是那样的惹人瞩目，使众多游客的目光投向这块神秘的土地。

被摩梭人称为“谢纳咪”“母湖”的泸沽湖，是泸沽湖风景名胜自然景观的重要组成部分和背景，素有“高原明珠”之称。整个湖泊，状若马蹄，南北长而东西窄，形如曲颈葫芦，故名泸沽湖。泸沽湖的水域面积达58平方千米，水面海拔2688米，平均水深45米，最深处93.6米，能见度高达12米。泸沽湖景色秀美，美在纤尘不染，一年四季景色变幻无穷。在风光明媚的春天，湖水翠绿明镜如画，倒影连峰水天一色；在炎热的夏天，这里是清凉世界，湖水墨绿；到了秋天，金色的山峦，碧蓝的湖水；冬天，早、中、晚水色多变。就在同一天中，泸沽湖的景色也多姿多态，变幻无穷。

四川省盐源县泸沽湖镇。

泸沽湖80元；游船至王妃岛25元；游船至里务比岛40元；摩梭家访5元；甲搓体舞晚会15元；泸沽湖骑马40元左右。

亲历者◎指路

从四川进入泸沽湖，路况较好，既方便又快捷。游客可从成都乘飞机或火车，先抵达西昌。当日即可从西昌乘车直到泸沽湖。西昌客运中心每日有班车直达泸沽湖（8:40发车，票价62元左右）。

亲历者◎攻略

住宿：到达泸沽湖可入住当地摩梭人民居中，摩梭人热情好客，到摩梭人家做客，千万别忘了品尝摩梭人特制的猪膘肉、苏里玛酒、逛荡酒，味道好极了。

注意事项：泸沽湖被摩梭人称为“母亲湖”，他们像爱护母亲一样爱护它。摩梭人环境保护意识很强，立下了许多村规民约：对湖周群山实行封山育林，不准上山伐木打猎；取消机动船，游湖只能乘用人工划桨的猪槽船；不准捕杀湖中天鹅、黄鸭和飞鸟；不准把污水、粪便、废物等倒入湖内，所以，泸沽湖今天四周青山环抱，真是山绿绿，天蓝蓝，湖水更蓝蓝。

摩梭人的节日较多，其中，每年农历七月二十五日，人们都要举行一次盛大的祭祀活动，叫转山节。转山转海是摩梭人祭祀山神和水神的重要方式，是摩梭人的盛会和节日。

古老、淳朴、民风独特的摩梭人自古以来就是泸沽湖的主人，他们保留着传统的生活作风和奇特的风俗习惯，吸引着众多好奇者前来一探究竟。

木里旅游区

●最后的香格里拉

木里在藏语里的意思是美丽、辽阔、深远。它在四川境内横断山脉深处，与泸沽湖格姆神山只有一山之隔。县内最高海拔5958米，最低海拔1470米。地势西北高东南低，全县平均海拔3100米，相对落差4328米。

木里，一个人们相对陌生的名字，可却有着不为人知的惊世美丽。木里的风光属高

↓木里大寺

原风光，蓝天白云，风高气爽，气候宜人。它北邻稻城、理塘，西连云南的中甸、丽江，属典型的高山峡谷地貌，地势西北高东南低，平均海拔3100米。由于相对温差大，气候、土壤、植被呈明显的垂直变化，正所谓“一山有四季，十里不同天”。

亲历者◎指路

木里县地处四川省西南边缘，位于凉山彝族自治州西南部。木里西界甘孜藏族自治州稻城，北依理塘、雅江、康定县，东靠九龙县，毗邻凉山州冕宁、盐源县，南接云南省自治县。从西昌汽车站有班车到木里，全程253千米，路况不是很好。

亲历者◎攻略

美食：木里县城和大的乡镇有饭店和小吃摊点，除了与其他地区相差不大的各种饭食，有木里特有的猪膘肉、牦牛肉、羊肉、牦牛奶、酥油茶、糌粑、奶茶、炒面等食品，还有青稞酒、白酒、黄酒及奶制品、麻糖等。到比较偏僻的山区旅游，则可到当地村民家食宿，主人会为客人杀鸡，每只鸡35~40元，还可品尝其他食品如酥油茶、玉米、土豆、苦荞饼等。

旅游最佳季节：6、7月份，漫山遍野都是各种颜色的野杜鹃花；9、10月份秋色迷人，是绝好的旅游季节。景区完全处于原始状态，对于摄影发烧友和背包一族来说，这是最新的景点线路，能领略到与稻城亚丁不同的风貌。

攀枝花旅游区

攀枝花苏铁林

●被誉为“巴蜀三绝”之一

在攀枝花市西区所属的的巴关河右岸，分布着一片十分珍贵的天然苏铁林。

攀枝花苏铁奇，还奇在它岁岁含苞，年年开花。俗话说，“铁树开花马生角”，“千年铁树开了花”，可见苏铁开花之不易。而攀枝花苏铁生长良好的雄株可年年开花，雌株亦可两年开花一次．这不能说不是世间一奇。每年3~6月，只见苏铁林成千上万个黄色的花蕾争奇斗艳，单株如佛手捧珠，成林似彩毯铺地。万绿丛中黄花点点，形成一种奇异景观。1990年以来，攀枝花市以苏铁命名，举办一年一度的苏铁观赏暨物资交易会，攀枝花苏铁的名字已不胫而走，名扬中外。攀枝花苏铁与自贡恐龙、平武大熊猫被人们誉为“巴蜀三绝”。

攀枝花市西区河门口后山上。

龙潭溶洞风景名胜区

●攀西第一洞

龙潭溶洞风景区是四川省级风景名胜区，以龙潭溶洞为主，龙吟峡谷、天然盆景园、野生植物园、龙肘山顶风光相匹配，构成山水秀丽、风光奇特、格调高雅的自然风景胜地。

米易县宁华乡龙塘沟。

从米易县城乘车即可。

50元。 0834–8176333。

9:00~18:00。

格萨拉生态旅游区

●被誉为“天然地质博物馆”

格萨拉生态旅游区位于攀枝花市盐边县西北角，是黄金旅游线路—攀枝花至泸沽湖的必经之地，景区景观由原始森林，高山风光、天坑地漏和彝家风情等组成。被誉为“天然地质博物馆”。

盐边县岩口乡、洼落乡。

从盐边县城乘车即可。

西昌旅游区

礼州古镇

●一幅青石铺就的古画

礼州古镇有三处古城和新石器遗址，遗物千余件。现在可看的建筑祖师庙、西禅寺、胡家大院等多是明清时所建，古风犹存。街面排列整齐，到处是茶馆。

西昌市礼州镇。

亲历者◎指路

西昌城—航天大道—上高速路—礼州古镇。

礼州古镇位于西昌城北部23千米，西昌市龙眼井街大成车站可以乘坐118路公共汽，乘车时间45~50分钟。

亲历者◎攻略

古镇的特色小吃是一定要品味的，礼州挂面，礼州汤元粉，太和豆豉，腌白菜，窝子油糕，还有别具特色的彝族餐：彝族砣砣肉、彝族酸菜鸡、煎荞粑等。

螺髻山

●世界罕见的大型冰川刻槽

螺髻山以博大雄奇见长，融自然景色、文物、古迹和民族风情为一体。这里奇峰林

邛海

●有名的天然渔场和水上运动场

邛海是四川省独自拥有的第一大天然淡水湖，也是四川省第二大淡水湖。以恬静著称，景色优美，风景如画。是有名的天然渔场、水上运动场。

西昌市南郊5千米处。

从市区可以坐14路、17路、22路公交到达邛海公园，票价1元。

免门票。乘坐小船到对岸的小渔村，单程30元。租自行车费用10~20元。

亲历者◎解说

邛海又名邛池，位于西昌市东南5千米处，因地层断裂而形成的天然湖泊，湖面27.678平方千米，最深处18米，常年蓄水约3.2亿立方米。邛海是史前地质构造运动时断陷形成的。湖周群山环抱，绿树成阴，环境优美，景色宜人。湖水常年清澈，四季均宜游泳、泛舟、垂钓。邛海四季如春，冬无严寒，夏无酷暑，是理想的“御寒避暑胜地，休闲度假天堂”。沿湖有海滨公园、新沙滩、月亮湾度假村、东郊公园游览点。

邛海盛产鱼虾，是有名的天然渔场和水上运动场，沿岸绿树成阴，远处群山环抱，海滨公园水榭长廊，配以时令鲜花，格外引人注目。

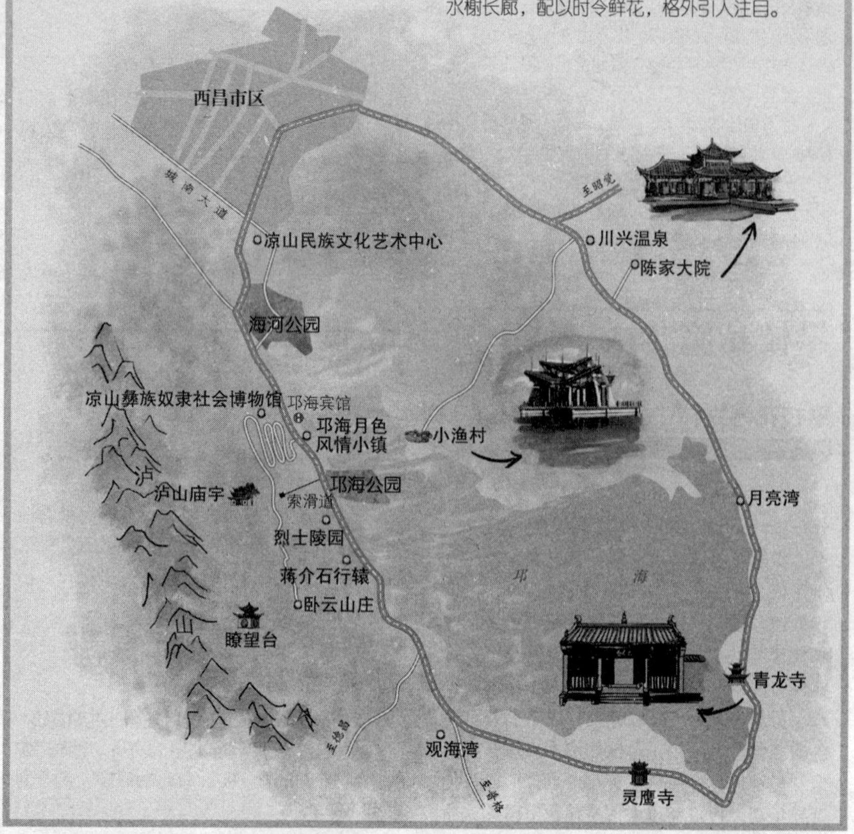

立，湖泊散布，还有古冰川遗迹。

螺髻山位于西昌市东南37千米处，主峰海拔4359米，螺髻山峰体是千年前古冰川造山运动所形成的，峰体的形状有点像青螺，山峰则酷似少妇发髻，故而得此名，有“西子淡妆，峨嵋淡抹，螺髻天生”之美誉。螺髻山仙人洞，彝语称“斯居色居”，是一处长达10千米，规模宏大的岩浆溶洞。洞中钟乳石千奇古怪。

西昌市西溪乡与普格、德昌交界。

螺髻山70元，仙人洞48元。景区观光车16元，索道往返140元（单程上山100元，下山70元）。

亲历者◎指路

西昌汽车站有巴士可达螺髻山镇，车费16元。在螺髻山镇乘坐出租车至螺髻山景区，车费约20元。或拼车至景区，每人约5元。

亲历者◎解说

螺髻山全境状如葫芦，是一个南北长64千米，东西宽35千米，总面积2240平方千米的山地。其中，风景旅游区为1083平方千米。古籍中将螺髻山名胜归结为十二佛洞、十八顶、二十五坪、三十二天池，七十二峰，一百单八景。五彩缤纷的冰川湖泊，雄奇壮观的冰川角峰刃脊，世界上最大的古冰川大刻槽，姹紫嫣红的杜鹃花海，幽深奇险的温泉瀑布被称为“螺髻五绝”。

站在峰上，可俯瞰螺髻山东沿的片片森海。湖的出水口之下，3500米“V”谷北壁的大型冰川刻槽，横嵌岸壁，是螺髻山的绝景，槽中遗有古冰川作螺旋式推进碾磨岩壁的清晰擦痕，显示了当年冰川活动巨大的自然威力。这是迄今为止发现的世界上罕见的，巨大古冰川刻槽，具有重要的科学研究和旅游观赏价值。

住宿

西昌市内住宿条件不错，西昌航天宾馆、邛海宾馆、泸山宾馆算得上物美价廉。

凉山州其他县市住宿条件没有大城市好，但是如果要求不是太高，基本上也能找到性价比较高的宾馆，部分景区内也有酒店或农家乐可提供住宿服务。

餐饮

西昌美食以彝族风味为主，砣砣肉、荞麦面、野山菌、建昌板鸭都是不容错过的美味。西昌的米线也很有特色，可以在城里的多家米线铺子品尝。西昌有许多回民，在四排楼、马水河一带有不少回民餐馆，可以吃到口味正宗的清真菜。

购物

到了西昌，一定要看看漂亮的彝族漆器，其种类繁多，有各种生活家居用品，可以买来作为馈赠亲友的礼品。其他还有松茸、虫草、盐源苹果、建昌板鸭、苦荞茶等，都是西昌地区的特产。

民俗

东方狂欢节——火把节：“火把节”是彝族最重要的节日，它于每年的彝历“虎月”也就是农历六月二十四日至二十六日举行。

节日第一天，村村寨寨杀牛宰羊，煮吃“砣砣肉”，畅饮苞谷酒。第二、三天，节日进入高潮，男女老少穿上节日盛装，来到火把节“都格德”（火把节集会之地），男子从事斗牛、赛马、摔跤等传统竞技活动，妇女则撑着一色的黄油布伞，手拉手围成一圈，唱“朵洛荷”歌，跳“达体”舞，弹奏口弦琴，并接受“选美”。夜晚，人们汇集在一起，个个高举火把，围着篝火旋舞狂欢，通宵达旦，因此被称为“东方狂欢节”。

木里大寺燃灯节：燃灯节，又称“宗喀巴节”“五供节”。藏语叫“噶登安曲”。每年藏历十月二十五日举行，为期1~2天。是藏族聚居区藏族人民的传统宗教节日。这一天，木里附近的信教群众和寺庙，家家户户都要在屋顶及窗台点燃酥油灯，念经歌颂宗喀巴，以示纪念。

甘孜

甘孜州是世界上保存自然生态最完整的地区之一，也是气候垂直带谱与动植物资源垂直分布最多的地区之一，因此，成为我国重要的天然物种基因库。

贡嘎山的伟岸，海螺沟的晶莹，金碧辉煌的庙宇，匍身朝拜的身影，历史背影中的“茶马古道”与人人传唱的《康定情歌》……这里，一切都如此融洽地相依相偎，人们的灵魂洁净如清泉。甘孜，一个可以触摸天堂的地方。

面积：152629 平方千米

人口：111 万

区号：0836

亮点

必游景点

● **贡嘎山**：山体最高海拔 7556 米，是四川省境内海拔最高的地方，被誉为“蜀山之王”。

● **跑马山**：藏族著名神山之一，当地群众每年农历四月初八都要在这里举行隆重盛大的纪念活动，并进行赛马活动。

● **海螺沟**：因沟内发育着贡嘎山中最大的一条冰川而闻名于世。沟内有温泉点数十处，游人可在冰川上洗温泉浴。

● **海子山自然保护区**：以“稻城古冰帽”著称于世，是喜马拉雅山造山运动留给人类的古冰体遗迹。

● **傍河色拉**：是藏族群众集居地，典型的藏式高原田园风光，宛如仙境。

● **亚丁自然保护区**：集神山圣湖于一体，除了壮观、奇绝的自然风光，还有着神秘的宗教文化，前来朝觐者络绎不绝。

↓贡嘎雪山日出

线路推荐

● **海螺沟、木格错四日精选游**

D1：二郎山—海螺沟，宿海螺沟。

D2：早起观赏冰川日出，欣赏贡嘎山日落，夜宿康定。

D3：木格错景区—塔公草原，宿康定。

D4：跑马山—水井子—郭达山。

● **稻城亚丁仙境三日游**

D1：桑堆小镇—奔波寺（蚌普寺）—傍河与色拉—茹布查卡温泉。

D2：茹布查卡温泉—贡嘎郎吉岭寺—亚丁自然保护区。

D3：继续游览亚丁自然保护区。

交通信息

飞机

康定机场地处康定县折多山斯木措，是世界海拔第二高的机场，也被称为是最美丽的景观机场。值得一提的是，由于机场的海拔太高，这里的飞行员都需要戴着氧气罩驾驶。

康机场周边没有公交车和正规的出租车，游客可以乘坐机场大巴前往康定县城，大约一个小时车程。

贡嘎山风景区

以贡嘎山为中心，由海螺沟、木格错、五须海、贡嘎南坡等景区组成。

泸定县磨西镇。 康定有专门的旅游车前往贡嘎山。也可在泸定县磨西镇转车。

亲历者◎攻略

1. 可住在磨西镇，该镇是前往海螺沟和贡嘎山的住宿集中地，建有不少宾馆和温泉疗养中心以满足游客需要。

2. 也可住在海螺沟景区，内有三大主要宿营地：一号宿营地，位于达干烟沟口，距磨西约 11 千米；二号营地，位于热水沟瀑布附近，距一号营地 6 千米，周围景点较多，可就近游览森林，温泉；三号营地位于冰川观景台约 2 千米。

贡嘎山

●四川省境内海拔最高的地方，被誉为"蜀山之王"

贡嘎山位于康定城南约 55 千米处，"贡嘎"为藏语"雪白"之意。贡嘎山险峻挺拔，峰项有 70 平方米的平台，终年积雪覆盖，晴空万里时，放出熠熠光芒，非常瑰丽壮观。

贡嘎山高峰林立，冰坚雪深，险阻重重，是国际上享有盛名的高山探险和登山圣地，也是最难以征服的大尺度极高山，其登顶难度远远大于珠穆朗玛峰。据统计到目前为止，仅有 24 人成功登顶，却有 37 人在攀登中和登顶后遇难。登山死亡率远远超过珠峰的 14%和 K2 峰的 30%，仅次于梅里雪山。

海螺沟 AAAAA

●国家森林公园，亚洲位置最东、海拔最低的一条冰川

海螺沟冰川是贡嘎山东坡众多冰川中的一条，尾端伸入到原始森林区达 6 千米，海拔只有 2850 米，是地球上同纬度的冰川中海拔最低的。冰川的雪粒盆是整个冰川的源泉，盆内冰雪积累到一定程度，就会翻越盆沿形成巨大雪崩，故雪粒盆虽美丽神秘，却只可远观不可靠近。盆的边缘是我国已知最大的冰瀑布，高 1080 米，宽 500~1100 米，晶莹剔透，雄奇无比。

海螺沟地处中高山、高山、极高山地区，落差 6000 米以上，形成了自然界独特的七个植被带、七个土壤带，荟萃了我国大多数的植物种类。拥有大量珍贵保护动植物，如杜鹃、木兰、红杉、红豆杉、麦吊杉、大熊猫、牛羚、猕猴太阳鸟、红腹血雉等，春夏季节，花卉繁多，芬芳艳丽。

因沟内发育着贡嘎山中最大的一条冰川而闻名于世。沟内有温泉点数十处，游人可在冰川上洗温泉浴。

泸定县磨西镇。

92 元，观光车 70 元，索道费 150 元。二号营地温泉 120 元。 0836-3268893。

↓海螺沟

亲历者◎指路

从成都出发方案。成都新南门车站每天有直发海螺沟的长途班车，6~7 个小时左右到达，约 119 元 / 人。或选择前往康定的班车买到泸定，到泸定的车票通常为 100 元 / 人。去海螺沟的分岔路口在冷碛镇甘露寺村，当地人称"干谷底"，再搭车或租车约 15 元可到磨西镇。但通常建议前往泸定县城，除泸定县城找车方便外，也可看看有名的泸定桥。

燕子沟

●"世界第一红石滩""世界的红石公园"

是海螺沟的姊妹沟，位于海螺沟西北 10 余千米的地方，周围有 15 座海拔 5000 米以上的高峰，目前还是一个鲜有人迹的地方。沟内的景色原始自然，特有的红石沟和奇沟内的石头千奇百怪，大面积的彩叶林带更是秋天的宠儿。燕子沟也是一条著名的国际登山旅游路线，攀登贡嘎山的运动员大多在这里设立大本营。

旺季 100 元，淡季 90 元，往返观光车费 70 元。

康定旅游区

跑马山

●藏族著名神山之一

位于康定城南，海拔约 2700 米。当地藏族称跑马山为"拉姆则"，意为"仙女山"，是藏族著名神山之一。为纪念佛祖释迦牟尼的诞辰（浴佛）日，当地群众每年农历四月初八都要在这里举行隆重盛大的纪念活动，

称“四月八”转山会，并进行赛马活动。跑马山上可以俯瞰康定全城。

山上有吉祥禅院、凌云白塔、九龙浴佛池、飞云廊等景点。

🏠 康定市炉城镇东南郊。

¥ 50元。

亲历者◎指路

景区在县城边上，最好走路过去，也可以打车，由于跑马山不能全程通公路，上山还很有一点费事，体力好的人，也需要2小时左右。

【链接：《康定情歌》】

《康定情歌》：跑马山因《康定情歌》而出名，“跑马溜溜的山上”、张家大哥、李家大姐，有民间质朴的味道，别有情趣。

新都桥

●风景奇美，被誉为“摄影家的乐园”

小桥、流水、藏族村寨加上山和树，构成的是一幅田园牧歌式的风景画。它不同于江南的小桥流水那般娟秀细腻和烟雨朦胧。有的只是浩淼和厚重，这一切缘于它凝重的色彩。路旁的溪水上有许多座用石头和木头搭成的小桥，古朴简约。小溪的那边是一直延伸到远处的青稞田，在青稞成熟的季节，你会看到黄的青稞、绿的苜蓿，以及三三两两走入这画卷中的身着藏装的藏族人。

🏠 康定市新都桥镇。

🚌 从康定发往西部各县的班车大都经过新都桥。

亲历者◎游记

如果叶子没黄，就不要去了，实在没什么看的。季节最重要。远不如塔公段或者八美去丹巴那段的风景。新都桥风景还是不错的，如果时间富裕，可以去看看。另人多的话建议包车从康定出发，翻过折多山垭口后，走机场高速，再从旁边的一条土路到达塔公，再从塔公去新都桥，这样路会好走一些。那条土路地图上没有标识，路上的风景很美，高山草原，牦牛成群，野花遍地。只不过听说有抢劫的，所以尽量包藏族群众的车过去。

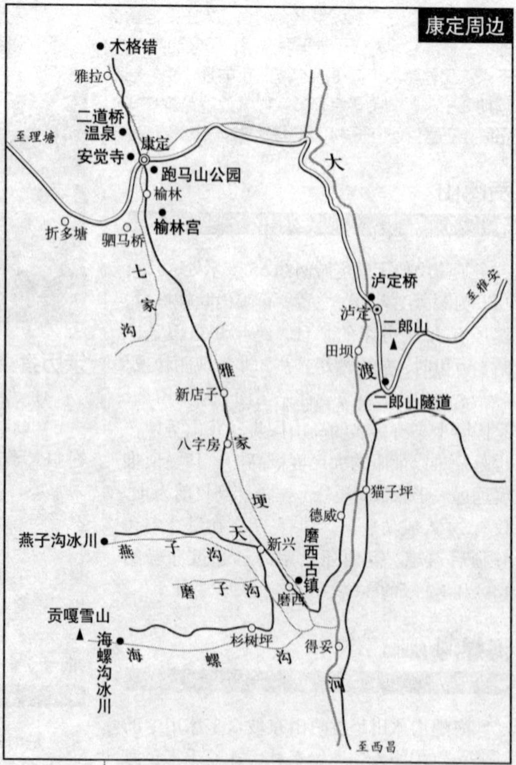

塔公草原

●有“摄影天堂”之称

塔公草原距康定县城110千米，傍依雅拉神山，每年7月下旬至8月初是藏族人在草原上举行盛大的民间活动“耍坝子”的时间，其间有赛马、歌舞等节目，一夜之间草原上便搭起了色彩缤纷的帐篷，热闹非凡。

塔公寺是康巴地区藏族人朝拜的圣地之一。每年藏历六月中下旬，寺庙将举行盛大的佛事和跳神活动。寺庙结构奇特，古朴庄重，四周分别建有白、黄、红、绿四塔，塔内长明灯日夜不息。四方塔周围有100百余座造型各异的塔形成的塔林环抱着寺庙，寺内正殿供奉着萨迦派创始人薛迦班智达的塑像。寺后的经幡组成的巨大三角形蔚为壮观。

🏠 康定县塔公乡。

亲历者◎攻略

1. 折多山至新都桥镇之间的地段风景壮美，有“摄影天堂”之称。在新都桥可远眺7556米的蜀山之王——贡嘎山的主峰。摄影爱好者一定要在新都桥镇过夜，有藏式民居接待点，秋季的景色非常美，可以第二天早起拍日出。

2. 过了折多山后，如果高原反应厉害，需当机立断打道回府。

新都桥是川藏南北线的分路口，比较繁荣。从这里开始，饮食渐渐以藏式为主，翻越桥多山，藏寨、藏饰、藏式饭食渐渐多起来。

理塘—巴塘旅游区

理塘寺

●康区最大的格鲁寺庙

又名长青春科尔寺，是康区最大的格鲁寺庙。以富丽堂皇的建筑，琳琅满目的法器，千姿百态的佛像，精美绝伦的雕塑和浩瀚的藏书文献而闻名于世。

理塘县高城镇梭磨拉山麓。

可从车站乘机动三轮车，15 分钟即到。

康宁寺

●翠柏绕古寺

康宁寺（又名丁宁寺）始建于 1637 年，是五世达赖派德莫活佛来巴塘，仿照拉萨哲蚌寺洛色林修造。以格鲁派佛寺来说，它还远远不算老前辈。面积也不大，但庙不在大，有佛则灵。康宁寺（原名丁宁寺）内供有一尊檀香木雕刻而成的释迦牟尼佛像，被尊为“觉沃松扎玛。

在经历了苯波、岬举两派后，现已成为康区著名的格鲁派寺庙之一。而当年在寺的前后处种下的 57 株古柏，现在依然郁郁葱葱。翠柏绕古寺，成为了它的一大特色。这些古柏，一看便让人感觉到岁月的沧桑，从而让人想到这寺院的法力无边。

巴塘县夏邛镇。

稻城旅游区

海子山自然保护区

●以“稻城古冰帽”著称于世

以“稻城古冰帽”著称于世，是喜马拉雅山造山运动留给人类的古冰体遗迹。一千多个海子如晶莹剔透的泪滴散落在乱石间，而石隙间偶尔露出的花草又令人心醉。主要景点包括桑堆小镇、雄登寺、扎郎寺等。

海子山是四川省级自然保护区，区内大大小的花岗岩漂砾（砾石）及形态各异的冰蚀岩盆（湖泊）充斥眼球。野草偶尔丛生，“蛮荒”得像是火星表面。

亲历者◎指路

从理塘坐班车到稻城的路上是会路过海子山的，如果你想专程去，就要包车了，300 元左右。海子山和亚丁自然保护区不一样，是没有开发的，所以没有食宿接待，当天可以往返。如果想进入海子山地区游览，应该找当地向导。

亲历者◎攻略

海子山主要景点：

1. 兴伊错（海子）：兴伊措海拔 4420 米，成因为冰川侵蚀堆积，其下方有古冰川遗迹环绕。1982 年，在兴伊错湖附近发现“恐龙牙齿”化石。

兴伊错藏语意为“献湖”，它为三湖相连，成三角形，面积约 7.5 平方千米，是常年淡水湖。湖底呈锅底形一般深 3 米左右，最深处达数十数，波浪滚滚，气势磅礴。湖中盛产珍贵的高原黄鱼，湖周地势夷平，牧草茂盛，有成群的野鸭等鸟类，还有珍稀白唇鹿、野羊、野猪等在湖边栖息。

2. 兔子山：位于海子山自然保护区北部，由于山势奇特，像兔子耳朵一样，长在草木不生存的山峰上，宏大壮观。晴天时远远望去，山峰就像兔子受了惊吓，恐惧地注视着你，惟妙惟肖。兔子山周围是陡峭的峰林地貌，映衬着晶莹剔透的海子。

3. 西欧风光：来到海子山脚下，你会突然发现一幅由群山环绕、森林、小溪、草地组合成的画面，如同典型的欧式风光。

“一个人的心灵能走多远多高，来到海子山，你会明白”，很多写海子山的文章都会引用这样的句子。那些了无生机的石头、浅浅窄窄的海子都原始而艺术地存在着，虽历千百年来而一成不变。唯有夏天偶尔丛生其间的野花和偶尔掠过头顶的生灵这才淡淡地显示着它的生命力。

亲历者◎解说

到了这里，除了那令人心醉神迷的海子，最引人注目的就是一山神奇的石头。山上那铺天盖地的石头千奇百怪，却又形神兼备，令人惊叹自

然的神秘和不可思议。这些大大小小的砾石与湖泊，就是青藏高原乃至世界规模最大、最典型的古冰帽遗迹——“稻城古冰帽”。

傍河色拉

●典型的藏式高原田园风光，宛如仙境。

傍河在稻城县城附近，位于桑堆（北）至色拉（南）两村之间。除了亚丁景区和海子山景区，县城周围傍河的风光是稻城的另一个亮点。

稻城县傍河乡。

亲历者◎指路

稻城到傍河有 8 千米路程，体力好的人步行去即可。

或者也可以骑自行车过去，在高原公路上骑车别有一番滋味。稻城县城彭松错、喜波热等几个山庄有自行车提供出租。（其他推荐骑游线路）

也可以租用当地人的三轮摩托车，按小时租用到近郊。

亲历者◎攻略

摄影提示：

1. 选择拍摄傍河的田园风光适合一早一晚。光线斜射时，如果有炊烟或薄雾更是无比秀丽，附近山上河边的杨树，常常被一束天光所罩，不要放过这些美丽的瞬间。

2. 注意寻找开阔的位置，并要留心附近光源方向、山的高度，以防因山高而影响日出推迟或日落过早。在时间安排上，由于距离县城很近，可自己掌握。

亲历者◎解说

稻城县城周围的万亩河滩和人工种植的胡杨

↓稻城亚丁央迈勇

林（去日瓦乡路上可见），一般在寒温带高原难得看到。每到秋季，蓝天白云之下，疏密有致的胡杨林变得金光灿灿，树林前的河滩长满红色的水草，形成一道耀眼夺目的风景线。

红草滩位于稻城县吉依村，“吉依”藏语意为“发展”，因此地水草茂盛，土地肥沃，牧兴农丰而得名。

吉依村地势平坦，河流纵横，形成大面积湿地，湿地里生长着茂密的水藻植物，秋季时，火红一片，映衬在蓝天、碧水之间，周围古朴的藏式民居，茂密的柏树林泛着金色的光芒。这里红的娇艳，黄的雍容，绿的柔和，蓝的明亮，一切都浑然天成。

亚丁自然保护区

●有奇绝的自然风光和神秘的宗教文化

亚丁，藏语意为“向阳之地”，是稻城的中心景区。属于高山峡谷风景，这里的风景主要以雪山、河谷、牧场为主。核心景区是三座呈“品”字形排列的雪峰。此外还有众多高山海子和草甸。景区内有三怙主神山、俄初山、冲古寺等景点。

亚丁的三座神山——仙乃日、央迈勇和夏纳多吉，统称“念青贡嘎日松贡布”，藏语意为“终年积雪不化的三座护法神山圣地”。三座雪山峰峰形各异，但都洁白无瑕，一尘不染。雪峰周围角峰林立，大大小小共三十多座，千姿百态，蔚为壮观；雪线下冰川直插碧绿的原始森林；山脚宽谷曲流，镶嵌着碧蓝如玉的湖泊和草甸，野生动物出没于其中，托出了一方静谧的净土。

稻城县香格里拉乡。

150 元。门票有效期 3 天。

7:00~18:30，18:30 分以后不再售票，游客禁止进入景区。

亲历者◎指路

稻城—亚丁：在亚丁人社区旁边的空地上经常停靠着很多小面的，包车去亚丁来回车费 400~450 元。要和司机约好回程的时间。稻城至亚丁坐车需时约 3 个小时。

独行者可以在稻城去往亚丁的路口，拦去亚丁接客人的空车，单人单程价 60 元。回程时同理。

骑马游亚丁：在亚丁观景，骑马是既省力气又特别的交通方式。策马一路，雪山、草甸、藏式村落不时惊艳闪现。

丹巴—德格旅游区

丹巴美人谷

●以盛产美女而出名，村寨非常漂亮

东谷天然盆景位于丹巴县城西南 21 千米的东谷乡境内，其间牦牛河水潺潺，清澈明亮，植被保存完好、品种繁多、林海遮天蔽日、郁郁葱葱；奇峰异石如林，沟壑纵横、石笋林立、别具一格；陡水岩飞瀑雷鸣。山间有众多海子，谷底热水塘温泉蒸汽氤氲。神奇的景色令人目不暇接美不胜收、犹如人间仙境。

丹巴县巴底乡邛山村。

从县城有多趟小巴前往巴底乡。

梭坡碉楼

●羌族建筑艺术瑰宝

丹巴素有“千碉之国”的美称，全县现存古碉数量种类之多、建筑之奇，堪称全国之最，世界罕见。碉楼主要集中在河谷两岸，尤以尤以梭坡、中路、蒲角顶三处的古石碉楼群最为稠密壮观，古碉保存完整，并与村寨民居相容一地。

从现存的碉楼看，功能约有 4 种，即要隘碉、烽火碉、寨碉和家碉。要隘碉 丹巴碉楼往往筑于悬崖险道之上，或者横挡于要冲，有一夫当关、万夫莫开的作用；烽火碉筑于山头，传递信息；寨碉是为保护村寨或者部落而修建的战争工具，一般伫立于村头；家碉多与楼房相连，平时作为贮藏室，遇有战事，也可用于战争。

丹巴县梭坡乡。

甲居藏寨

●以独特的民居和嘉绒藏族文化而充满魅力

以独特的民居和嘉绒藏族文化而充满魅力，可看见上百栋色彩鲜艳的“城堡”错落有致地分布在田野和山林间，仿如置身童话世界。

丹巴县章谷镇东郊 5 千米。

成都茶店子车站每天早晨 6:30 有直达丹巴的班车，车费约 71 元。 50 元。

↓甲居藏寨

新路海

●美丽的湖泊

新路海及周围生态原始、完整。晶莹的大型冰川从海拔五千米的粒雪盆直泻湖滨草原，极为壮观。湖泊周围由高原云杉、冷杉、柏树、杜鹃树和草甸环绕。蓝天白云、雪峰皑皑，冰川闪烁、青山融融、绿草茵茵、波光粼粼。湖岸珍禽异兽出没，湖中野鸭成群，鱼儿游弋。夏秋季节，山花烂漫，争芳斗艳，真可谓世间仙境。

德格县马尼干戈乡雀儿山下，可从马尼干戈包车前往。

¥ 20元。

住宿

若想静心感受"神山圣湖"之美，合理安排好在稻城亚丁的住宿问题是重中之中。一般说来，主要住在这三个区域：稻城县城、日瓦乡、亚丁村和龙龙坝。

稻城县城内有三星标准的稻城亚丁宾馆，此外，还有交通宾馆、电力宾馆、稻城县政府招待所、多吉客栈等。

青年旅馆名气最大的莫过于亚丁人社区，位于进县城的大路右手边。这里住宿干净，公共卫生间，可以洗澡。每个房间有电热水壶可以自己烧水。此外驴友比较集中，门口信息板可以征集旅伴或搭伴包车，不用的装备也可以存在这里。

餐饮

甘孜州是我国川西北第二大藏族聚居区的主要组成部分，甘孜牧区的人们还保持着游牧民族生活的许多特点，日常多食用牛羊肉、糌粑等牧区食品；而甘孜农区的人们多以青稞、小麦、玉米等农作物为食品，辅以猪牛羊肉等肉类食品。除去这些主食外，人们还食用当地一些野生的菌类和蔬菜水果等。

当地一些小吃还是应该品尝一下的，比如水淘糌粑、康定黄凉粉、"大不同"羊肉汤、魔芋烧鸡、"麦秋"熏牛肉、牟家牛杂汤、油淋人参果、砣砣牛羊肉等。

购物

麝香、鹿茸、虫草、贝母、大黄、康巴松茸为传统出口商品。苹果、花椒、生漆也闻著。民族特需工艺用品白玉藏刀、马靴、丹巴工艺猎枪十分著名。其中藏靴子、冬虫夏草和青稞酒是最值得购买。

民俗

禁忌：甘孜州有一些与其他地方有着明显区别的禁忌风俗。如家中有重病人，即于楼顶挂一横杆或挂毯子以示谢绝探望。严忌外人进屋时，在家门前用几个石头垒堆，烧糌粑烟表示谢绝入内。出远门时忌家中的人在当天扫地。若遇见喜鹊和桶内盛满水的背水人即视为吉利。若碰到背空桶的人或是兔唇的人则视为不吉祥，须改期再行。客至家时碰到鸡生蛋、羊产羔，水沟里水头与客同至，是吉祥的征兆。

丹巴选美节：丹巴的选美节又叫风情节，每年5月21日至23日举行，2001年选出了一朵金花，二朵银花，五朵石榴花，还要选出一朵康巴之花，个个美艳群芳。

阿坝

阿坝以九寨沟和黄龙而闻名。那里有美不胜收的高山和海子、峡谷与草原，更有人们淳朴的笑容和纯净的眼神，仿佛未经世俗烟火的侵袭。这是一个恍若梦境的地方，宛如儿时读过的童话。在纯净的山与水之间，所有石头森林里的倦懈与疲惫都将远离。

面积：85131 平方千米
人口：93 万
区号：0837

亮点

必游景点

● **九寨沟**：因沟内有九个寨子而得名，被誉为“童话世界”“人间仙境”。高峰、彩林、翠海、叠瀑、和藏族风情为九寨沟的“五绝”。

● **黄龙**：有“人间瑶池”的美誉。地表钙华是黄龙景观的最大特色，远看似一条金色巨龙，并伴有雪山、瀑布、原始森林等景观。

● **卧龙自然保护区**：卧龙国家级自然保护区以“熊猫之乡”“宝贵的生物基因库”“天然动植物园”响誉中外。

● **米亚罗风景区**：米亚罗比北京香山红叶风景区大 180 倍。是我国目前发现并开放的面积最大、景色最为壮观的红叶风景区。

● **桃坪羌寨**：它完整地保存了羌族古老民居的特点，背山面水，坐北朝南，布局严密完整。被人们称为“神秘的东方古堡”。

● **四姑娘山**：由四座毗连的雪峰组成，终年银装素裹，四姑娘山以雄峻挺拔著名，山体陡峭，直指蓝天，为各国登山家所瞩目。

↑四姑娘山山谷

线路推荐

● **黄龙九寨沟三日游**

D1：成都—川主寺（飞行时间约 40 分钟）—黄龙（约 56 千米，车程 1.5 小时左右）—九寨沟口（约 140 千米，车程约 3 小时左右）。

D2：九寨沟，游览诺日朗瀑布、树正群海、长海、五彩池、珍珠滩、五花海、箭竹海、熊猫海等景点。

D3：九寨沟—川主寺（约 88 千米，车程 2 小时左右）—成都。

交通信息

飞机

九寨沟黄龙机场位于四川阿坝州松潘县境内的川主寺镇北约 12 千米处，现运行的航线有九寨到成都、西安、北京、上海、广州、武汉、昆明等 14 条航线，开通了两条机场巴士。

四姑娘山景区

●人称“中国的阿尔卑斯”

四姑娘山属邛崃山脉，由四座毗连的雪峰组成，终年银装素裹，如四个美丽的白衣仙女俏立在群山之中，因而得名。四姑娘山以雄峻挺拔著名，山体陡峭，直指蓝天，为各国登山家所瞩目。

四座山峰的海拔分别为：大姐山峰 5355 米、二姐山峰 5454 米、三姐山峰 5664 米、四姐山峰 6250 米。

四姑娘山还有三条沟组成，分别为长坪沟、双桥沟、海子沟，三条沟景色奇丽壮美，各有特色。

汶川县卧龙镇，与小金县日隆镇交界处。

旺季：长坪沟 70 元；双桥沟 80 元；海子沟 60 元。淡季：长坪沟 50 元；双桥沟 50 元；海子沟 40 元。

0837-2791867。

小提示：四姑娘山每年的旺季为 4 月 1 日至 11 月 30 日，淡季为 12 月 1 日至次年 3 月 31 日。

亲历者◎指路

成都茶店子客运中心每天都有发往小金县的班车，在日隆镇下车即可，行程 5 小时左右，票价约 62 元。

长坪沟

●有众多独特的藏族民居，民风民俗浓厚

沟长约 40 千米，沟内古柏苍松密布，原始古朴。有喇嘛寺、蟲蟲足瀑布、枯树滩等景点。景区内有樟木寨、四姑娘喇嘛寺、干海子、枯树滩，并有奇石之景红石滩。樟木寨是当地最大的嘉绒藏族村寨，保留着独特的建筑风格，片石砌就的山寨，民风淳朴。若遇婚嫁庆典，您还会领略到嘉绒藏族独特的民风民情。

双桥沟

●四姑娘山最美丽的沟

目前四姑娘山中唯一不需要骑马就可游览的沟，景区主要以雪峰、牧场、草地、森林等为主，是四姑娘山最美丽的沟。景区比较有特色的是古柏栈道，可体验到真正的牧区风光。主要景点有阴阳谷、猎人峰和日月宝镜。

海子沟

●是四姑娘山风景区景点最集中的一条沟。

以山景为主，有阴阳谷、三锅庄、人参果坪等景点，沟内湖泊众多，湖水清澈，水草丰茂。有大海子、花海子、犀牛海和夫妻海等景点。从日隆镇出发，上行 7 千米到达锅庄坪。当地百姓以四姑娘山为龙头，以锅庄坪为龙尾，登上锅庄坪即踏上了龙尾，这是观四姑娘山的最佳观景点，是当地百姓农历五月初四朝山会（朝拜四姑娘山集会）的固定地点，也是嘉绒藏族百姓观庄朝圣的好去处。

黄龙风景区 AAAAA

●有“人间瑶池”的美誉

风景区由黄龙景区和牟尼沟景区两部分组成。地表钙华是黄龙景观的最大特色。主要景观集中于长约 3.6 千米的黄龙沟，沟内遍布碳酸钙华沉积，并呈梯田状排列，仿佛是一条金色巨龙，并伴有雪山、瀑布、原始森林、峡谷等景观。黄龙风景名胜区既以独特的岩溶景观著称于世，也以丰富的动植物资源享誉人间。从黄龙沟底部（海拔 2000 米）到山顶（海拔 3800 米）依次出现亚热带常绿与落叶阔叶混交林、针叶阔叶混交林、亚高山针叶林、高山灌丛草甸等。包括大熊猫、金丝猴在内的 10 余种珍贵动物徜徉其间，使黄龙景区的特殊岩溶地貌与珍稀动植物资源相互交织，浑然天成。以其雄、峻、奇、野风景特色，享有“世界奇观”“人间瑶池”的美誉。

松潘县黄龙乡。

从松潘县城到景区 55 千米，车很多。松潘往返平武的班车经过黄龙。

旺季 200 元，淡季 60 元。缆车上行 80 元，下行 40 元；牟尼沟景区旺季门票 100 元，淡季 60 元。

金沙铺地

●目前世界上发现色彩最丰富的地表钙华滩流

金沙铺地距涪源桥约 1338 米。由于碳酸盐在这里失去了凝埂成池的地理条件，因此漫坡的水浪，在一条长约 1.3 米的脊状斜坡地上翻飞，并在水底凝结起层层金黄色钙华滩，好似片片“鳞甲”，在阳光照耀下发出闪闪金光，是黄龙又一罕见奇观。这里最宽的地方约 122 米，最窄处约 40 米。据科学家认定，金沙铺地是目前世界上发现的同类地质构造中，状态最好、面积最大、距离最长、色彩最丰富的地表钙华滩流。

盆景池

●近百水池组成，形成池中有池、池外套池的美景

盆景池在金沙铺地左侧，一组由近百个水池组成，池中有池，池外套池。池堤随树的根茎与地势而变，堤联岸接，活水同源，

顺势层叠；池底呈黄、白、褐、灰多种颜色，池面澄净无尘，望若明镜；池旁池中，到处是木石花草，翠柏盘根，山花含笑，野果缤纷。这一片绚丽的景观，俨然天设地造的奇特盆景，使园艺师们也叹为观止。

五彩池

●黄龙景观中最美的景点，黄龙景区的精华所在

五彩池距涪源桥4166米，有彩池693个，是黄龙沟内最大的一个彩池群。池群由于池堤低矮，汪汪池水漫溢，远看去块块彩池宛如片片碧色玉盘，蔚然奇观。“玉盘”在阳光的照射下或红或紫，浓淡各异，色彩缤纷，极尽美丽娇艳。隆冬季节，整个黄龙玉树琼花，一片冰瀑雪海，唯有这群海拔最高的彩池依然碧蓝如玉，仿佛仙人散落在群山之中的翡翠，诡谲奇幻，被誉为“人间瑶池”。

亲历者◎攻略

最佳旅游时间：每年5月至11月为游览黄龙的最佳时间，其余时间由于冬季将停止开放。4月景区虽开放但正值枯水期，景色一般。

提示：九寨沟、黄龙属高海拔地区，不宜剧烈运动，宜少饮酒，多食蔬菜、水果，以防发生高山反应。应备好常用药品，

汶川—理县旅游区

汶川特别旅游区 AAAAA

●记录着人类历史上一次深痛的灾难

汶川特别旅游区由三江、映秀和水磨古镇组成，是2008年5月12日汶川特大地震重建后特别开发的纪念性和文化主题景区。

汶川三江生态旅游区境内，西河、中河、黑石河在此汇合，故称三江。这里有保存完好的自然生态，有藏、羌民俗文化，茶马古道历史文化，是集观光、体验、避暑度假于一体的短程旅游风景区。

映秀镇地处汶川县东南部，素有“西羌门户”之称。映秀镇是“5·12汶川大地震”的震中，地震中受损严重。镇上至今还保存地震原貌，并新建了“5·12”汶川特大地震震中纪念馆，以纪念那悲惨的瞬间。

水磨古镇早在商代就享有“长寿之乡”的美誉。水磨镇内地风情和藏羌文化交相辉映，西蜀人文和禅佛文化联袂绽放。5.12大地震后，水磨古镇重建了“禅寿老街、寿西湖、羌城”三大区，被誉为汶川大地震灾后重建第一镇。

¥ 三江生态景区50元；映秀镇免费；水磨古镇免费。

卧龙自然保护区

●是地球上仅存的几处大熊猫本息地之一

卧龙国家级自然保护区以“熊猫之乡”“宝贵的生物基因库”“天然动植物园”响誉中外，有着丰富的动植物资源和矿产资源。区内共分布着100多只大熊猫，约占全国总数的10%。

保护区地理条件独特、地貌类型复杂，风景秀丽、景型多样、气候宜人，集山、水、林、洞、险、峻、奇、秀于一体，还有浓郁的藏、羌民族文化。区内建有相当规模的大熊猫、小熊猫、金丝猴等国家保护动物繁殖场；有世界著名的“五一棚”大熊猫野外观测站；有国内迄今为止以单一生物物种为主建立的博物馆的大熊猫博物馆。

汶川县卧龙镇。

成都西门车站有直达班车。

¥ 大熊猫博物馆，20元；大熊猫苑，60元。其他：熊猫沟普通科考，98元；野生大熊猫寻踪，360元；正河沟徒步探险，120元。

↑大熊猫

桃坪羌寨

●桃坪四奇：迷宫、碉楼、引水、羊皮鼓

它始建于公元前111年，因其典型的羌

九寨沟风景区 AAAAA

●被誉为“童话世界”“人间仙境”

是白水沟上游白河的支沟，因沟内有九个寨子而得名，被誉为“童话世界”“人间仙境”。高峰、彩林、翠海、叠瀑、和藏族风情为九寨沟的“五绝”。

九寨沟已开树正、日则、则查洼、扎如4条旅游风景线，长60余千米，景观分布在树正、诺日朗、剑岩、长海、扎如、天海六大景区，以三沟一百一十八海为代表，包括五滩十二瀑、十流数十泉等水景为主要景点，与九寨十二峰联合组成高山河谷自然景观。四季景色迷人。动植物资源丰富，种类繁多，原始森林遍布，栖息着大熊猫等十多种稀有和珍贵野生动物。远望高耸云天，加上藏家木楼、晾架经幡、栈桥、磨房、传统习俗及神话传说构成的人文景观，被誉为“美丽的童话世界”。

九寨沟县漳扎镇。

成都新南门车站有直达班车。还可从绵阳及甘肃的文县坐车直达。

门票220元（4月~11月15日），80元（11月16日至3月底）；环保车90元。

0837-7739753。

则查洼沟景区

●有五彩池、长海等景点

则查洼沟段，从诺日朗宾馆开始至长海子，长约17千米，景点集中在沟的尽头，这里有季节海、五彩池和长海。

长海南北长7.5千米，宽500米，水深80多米，是九寨沟内最大的海。长海沿岸山峦叠彩，绿杈幽深。隆冬季节，冰冻雪封，一片银白，冰厚可达2尺。五彩池水上半部呈碧蓝色，下半部则呈橙红色，色彩之斑斓，与日则沟的五花海不相上下。

日则沟景区

●九寨沟美景的精华所在

该区段有珍珠滩瀑布、五花海、高瀑布、熊猫海、箭竹海、孔雀河、孔雀海、原始森林等，其中以珍珠滩瀑布、孔雀河、孔雀海、高瀑布和五花海最为有名。五花海的底部景观妙不可言，湖水一边是翠绿色的，一边是湖绿色的，在阳光的照射下，五光十色，非常迷人。

树正景区

●瀑布景观集中地

树正沟区段为主沟，主要景点有盆景滩、芦苇海、火花海、树正瀑布、犀牛海和诺日朗瀑布。火花海神奇莫测，风吹浪生，显出朵朵“火花”，奇光闪闪，但此景多出现在清晨日出时分。犀牛海是树正沟内最大的海子，是九寨沟内景色变化最多的海子，其倒影似幻似真，与天地、树林连成一体。树正瀑布在树正寨附近，是九寨沟内第一个瀑布群，一连串40多个海子绵延7千米形成多层台阶。

族建筑、交错复杂的道路结构被称为“东方神秘古堡”，是世界保存最完整的羌族建筑文化艺术“活化石”。

桃坪羌寨完整地保存了羌族古老民族的特点，背山面水，坐北朝南，布局严密完整。走进桃坪，映入眼帘地便是那些有着上千年历史的参差交错、古朴神秘的羌族古民居建筑。这些建筑全由石头垒成，高高低低、起起落落。走进桃坪，仿佛走进一个深深浅浅、迂回曲折的迷魂阵。

桃坪最高大的建筑是羌碉，主要用于防御敌人。座座古碉如宝剑直插云霄，有一种很强的视觉冲击力。在羌族聚集区，每隔一定距离就有一个这样的碉楼，连接起数百里的村村寨寨，一旦发现敌情，马上施放烟雾，很快把战争的信息传到百里之外。这些碉楼成了桃坪羌寨独特的文化景观。

理县桃坪乡。在理县县城乘车可达。

¥ 60元。

亲历者◎指路

在成都茶店子客运站每天有十几次开往汶川县的班车，从汶川县城至桃坪有面包车或中巴车，票价约10元/人。另外，开往理县的班车也路经桃坪羌寨，每天五班。

马尔康—黑水旅游区

松岗碉群

●内呈圆形，外为八角形

松岗碉群共有四座，两座在直波村寨旁，另两座在河对面的山梁上。建于清代中叶直波村的两座为八角碉，相距50米，石块合泥砌成，内有木制楼梯，内呈圆形，外面呈八角形。南碉内径8米，调高29米，共7层。北碉内径8.5米，碉高24.7米，共6层。第二层开一门，据传内有地道与河流相连。

马尔康市松岗乡。

达古冰川

●中国第一彩色冰川

达古冰川是中国第一彩色冰川，也是迄

今发现的世界上海拔最低、面积最大、年纪最轻的冰川。达古冰川系罕见的现代山地冰川，已形成上亿年。红军长征三进三出黑水，翻越的最后一座大雪山达古雪山就在该景区内。

景区内有现代世纪冰川，皑皑的雪山，巨石林立的山地，宛如明镜的高山湖泊，莽莽的原始森林和绿草如茵的高山草甸。国家一级保护动物金丝猴，小熊猫、野牛、盘羊、山鹿子等珍稀动物栖息于此。

黑水县芦花镇三打村。

达古冰川景区：旺季 200 元 / 张、淡季 80 元 / 张。

松潘旅游区

松潘古城

明朝所建古城遗址

松潘为川西北地区的门户之一，保存至今的古城墙即为为明洪武十二年（1379年）平羌将军丁玉所建。松潘古城分内、外两城，内城平面跨崇山，依山顺势略呈三角形，东部崇山之下河谷部份为长方形，外城毗邻内城南面的河谷下坝，有城门与内城相通。

松潘县进安镇。成都西门车站有直达车。

牟尼沟

自然风光迷人，汇聚了原始森林之神韵

牟尼沟风景主要以原始森林、高山湖泊、温泉、巨型钙华瀑布、环形瀑布、钙华彩池为主要特色，景区由扎嘎瀑布和二道海两部分组成。山、水、林、在这里巧妙地融为一体。主要景点有：扎嘎瀑布、牟尼森林、百亩杜鹃、翡翠温泉、百花湖、月亮湖、天鹅湖和溶洞群等。

松潘县牟尼乡三联村。

旺季 100 元，淡季 60 元。

成都茶店子车站乘长途汽车去松潘再转车（包车）前往，也可从成都坐飞机到九黄机场，再乘车前往景区，大概全程 1 个半小时。

冬季进入牟尼沟最好的方式就是骑马，细细品味牟尼沟的美。

↓唐克黄河

若尔盖旅游区

黄河九曲第一湾

被中外科学家誉为"宇宙中的庄严幻景"

黄河自甘肃一侧来，白河自黄河第一弯弯顶汇入，型如"S"形，故名九曲黄河。此地丘状高原如小岛，浮于河中。

九曲第一湾岛屿众多，红柳成林，婆娑多姿，锦鸡野兔隐遁其中，水鸟翔集，渔舟横渡，是锦鸡、黄鸭、野兔、丹顶鹤、黑颈鹤的乐园，被中外科学家誉为"宇宙中的庄严幻景"。索克藏寺前侧有一山丘，登丘顶可远眺，但见白河逶迤直达天际，黄河婉蜒折北而逝，两条河流优雅别致，像一对情侣，携手走向西北天边。

若尔盖县唐克乡，与甘肃玛曲县交界处。

门票 75 元，大巴票 30 元。

亲历者◎解说

欣赏黄河九曲第一湾最好是在夕阳西下的时候，登上路边的高坡，向远方望去，S 形黄河在夕阳下就像一条血红的彩带，色彩浓重，与满天的红霞相互映衬，美丽之极。

黄河边上还有一座唐克寺和一个藏族村寨，可以领略到藏族的民俗风情，河岸边还竖有成片的经幡，给美丽的九曲黄河第一湾增添了几分神秘的气氛。

红原—若尔盖大草原

四川最大的草原

是四川最大的草原，由草甸和沼泽组成，每年 7 月有赛马节，主要景点有月亮湾、麦洼寺院、查针梁子和红军遗迹等。红军二万五千里长征曾多次通过这里，留下了许多可歌可泣的动人故事和革命遗址，使草原声名远播海内外。

大草原南部鹧鸪山巍然挺立，山顶积雪气势雄伟；原始森林与雪山草地，河谷农业交相辉映，是我国三大湿地之一，境内有优美动人的“九曲黄河第一弯”。

著名的草原有热尔坝大草原、松潘草原和红原草原几处，聚集了白天鹅与梅花鹿等大量候鸟和野生动物，景点有养鹿场、太阳湖、白洼寺院、达格则寺院等。河流弯曲摆荡，蜿蜒其间；牛厄湖星罗棋布，独成一湾风景。大草原是全国三大草原牧区之一，是川西北大草原上风光的一颗璀璨明珠。

红原县。

住宿

阿坝州住宿地很多，下辖各个县城都有大大小小的宾馆招待所，从星级酒店到家庭旅社一应俱全，其中星级酒店主要集中在四姑娘山、九寨沟—黄龙景区周边；经济型宾馆分布在全州各个地方，选择范围也很广；至于家庭旅社，多分布在景区周围，不仅价格便宜还能感受到当地特有的藏羌风情，很适合背包客落脚。

提示：若尔盖昼夜温差大，白天 1~3℃，夜间 ~10℃左右，且特别潮湿，因此带足防寒装备很有必要。

餐饮

阿坝州内藏族和羌族人口占到了当地人口的 70% 以上，其饮食文化也表现出明显的藏羌特色，酥油茶、糌粑、牛羊肉以及奶制品等都是阿坝州内藏族的日常食品；而汶川、理县、松潘等地羌族聚居处，则有着自己独特的饮食习俗，自制泡菜、“麦拉子”“面蒸蒸”“金裹银”“银裹金”炒青稞面等都是以当地出产的青稞、玉米等农作物制作而成的特色食品，飘着五谷的清香，有着奇特的味道，但对于大部分游客来说，可能会吃不惯这些食品，出行之前自己最好多带些食品，否则就只能在一些价格较高的餐馆就餐。

购物

川西北高原的阿坝县是虫草、贝母、羌活、大黄、秦艽等中草药盛产之地，尤以虫草、贝母等驰名藏族聚居区。富有地方特色、做工精细的地毯、水晶佛塔、藏式刀具、佛珠、僧碗、首饰和仿牦牛、鹿、盘羊纪念品等是馈赠亲朋好友的最佳选择。

阿坝州各种羌族绣织品，如云云鞋（绣花鞋）、羌绣鞋垫、头帕、围腰、裹肚、香包、头雕、羌族饰物、银器、牦牛头等值得购买。

民俗

灵物崇拜：羌区至今仍保留原始宗教，盛行万物有灵，多种信仰的灵物崇拜。羌族崇敬的神灵大致可分为四大类三十余种，包括自然崇拜、祖先崇拜、灵物崇拜和图腾崇拜。除火神以锅庄（火塘）为代表外，其余均以一种白色石英石（羌语称阿握尔，意为白石神）为象征，被广泛加以供奉，供奉于屋顶正中最高处的白石神即为天神木比塔。

节日：羌族最隆重的民族节日为“祭山会”（又称转山会）和“羌年节”（又称羌历年），分别于春秋两季举行。春季祈祷风调雨顺，秋后则答谢天神赐予的五谷丰登，实际上是一种春祷秋酬的农事活动，却始终充满浓郁的宗教色彩，更折射出远古神秘文化的光辉。举行祭山会的时间各地并不统一，有正月、四月、五月之分，亦有每年举行 1 次或 2~3 次不等，祭山程序极为复杂，所献牺牲因各地传说不同，图腾不同而有差异，大致可分“神羊祭山”“神牛祭山”和“吊狗祭山”三种。大典多在神树林一块空坝上举行。

●面积

18 万平方千米，全国排名第 16 位

●人口

3530 万

●世界遗产

贵州赤水、荔波喀斯特、施秉云台山、海龙囤土司

● 5A 级旅游区

安顺市黄果树大瀑布、安顺市龙宫、百里杜鹃、荔波樟江、青岩古镇

●国家重点风景名胜区

黄果树、织金洞、㵲阳河、百里杜鹃、红枫湖、龙宫、荔波樟江、赤水、马岭河峡谷、都匀斗篷山—剑江、九洞天、九龙洞、黎平侗乡、紫云格凸河穿洞、平塘、榕江苗山侗水、石阡温泉、沿河乌江山峡、瓮安江界河

贵州旅游网
http://www.gztour.gov.cn/

时尚旅游地推荐

赤水 1

海龙囤 2

梵净山 3

安顺屯堡 4

黎平侗乡 5

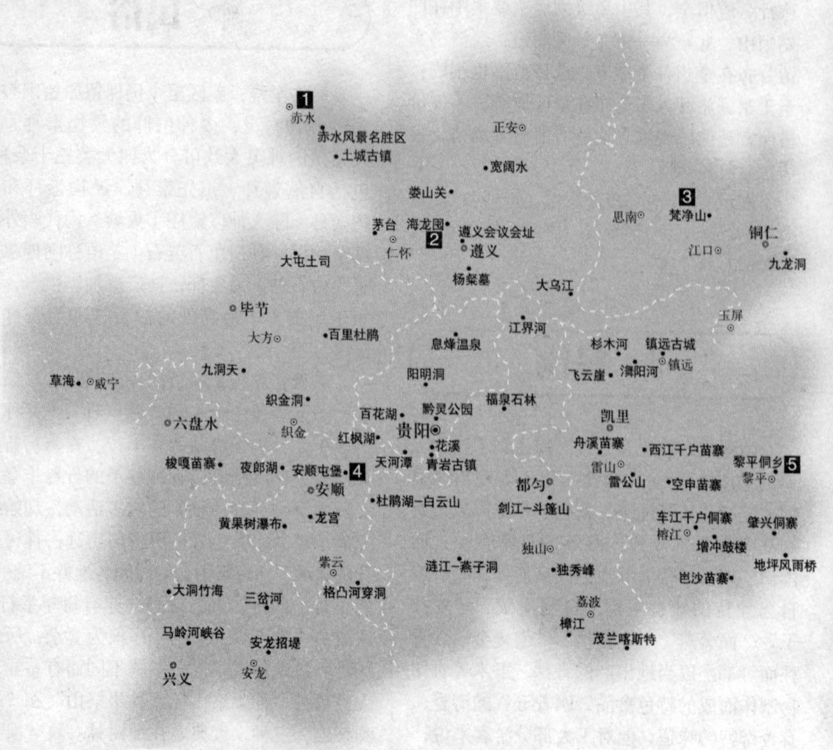

贵州

多山、多水、多溶洞、多民族是贵州的特色。原始的梵净山、壮阔的黄果树、荔波大小七孔、千奇百怪的喀斯特地貌，每走一处都是引人入胜的美景。多彩而淳朴的苗族和侗族民族风情无疑是一种别样的新鲜景致，一样不容错过。

多彩贵州

贵阳

被誉为“高原明珠”的贵阳，因城区位于境内贵山之南而得“贵阳”之名，因古代贵阳盛产竹子，并以制作乐器“筑”而闻名，所以也简称筑。

贵阳拥有以“山奇、水秀、石美、洞异”为特点的喀斯特自然景观和人文旅游资源。既有红枫湖、开阳峡谷生态公园等以山、水、林、洞为特色的高原自然风光，又有如阳明洞、青岩古镇和息烽集中营旧址等文化内涵极为丰富的人文景观，还有古朴浓郁、多姿多彩的少数民族风情，以及夏无酷暑、冬无严寒的宜人气候。

面积：8035 平方千米
人口：375 万
区号：0851

亮点

必游景点

● **红枫湖**：红枫湖以溶岩地貌和湖光山色为特色，既有桂林山水的碧丽俊秀，又有“高原岛国”的千姿百韵。

● **花溪公园**：融真山真水、田园景色、民族风情为一体的天然公园。

● **黔灵公园**：园内古树参天，泉清石奇，集高原灵气于一身，登上山顶“瞰筑亭”可眺望贵阳全景。

线路推荐

● **贵阳市区一日游**

D1：黔灵公园—九曲径—弘福寺—麒麟洞—甲秀楼。

● **花溪风景区二日游**

D1：上午花溪公园—下午青岩古镇，晚上宿青岩。
D2：游览高坡苗乡。

↓青岩古镇

● **贵阳周边休闲三日游**

D1：鱼洞峡—香纸沟—息烽温泉，宿息烽温泉。
D2：息烽集中营—阳明洞—百花湖，宿百花湖。
D3：红枫湖—黑土苗寨。

交通信息

飞机

贵阳龙洞堡机场距市中心仅 10 千米，民航大巴沿机场高速公路 20 分钟即可到达，市区发车点为遵义路与青云路交界的贵阳民航售票处附近，机场发车点为候机楼外。

火车

贵阳站位于贵阳市南明区遵义路，有开往北京、上海、成都、昆明、烟台等地的车次，主要承担普速列车。

贵阳北站位于观山湖区大关和阳关片区甲秀北路东侧，主要负责高铁旅客的乘降。

贵阳城区景点

甲秀楼

●贵阳市的象征

贵阳的标志，位于巨石上，为三层阁楼，楼下浮玉桥飞架南北两岸，夜景极为迷人。甲秀楼内石刻、木器、书画等收藏甚多。楼后有翠薇阁。

贵阳市南明区西湖路。

公交车 15 路在甲秀楼下。也可乘 48、52 路公交车到大南门站下，沿南明河下行 300 米左右即可到达。

8:00~22:00。

贵阳森林公园

●国内最大的城市森林公园

景区有国家一级保护树木和一些纪念性建筑。分十几个林区，还培植有山茶、桂花等有名的稀少花木。

贵阳市南明区云关镇。

乘坐 603 路到“森林公园站”下。

扶风山

●黔垣第一峰

俗名尖山，以其石多螺旋，后称螺丝山。为黔垣第一峰。山上建有扶峰寺、阳明祠、环翠亭、尹道真祠、昙云精舍等建筑。阳明祠为纪念王阳明而建。祠内现存有王阳明朝服线刻大像。

贵阳市云岩区扶风山。

11 路公交可达。

7:00~19:00。

黔灵公园

●有“贵在城中，美在自然”之称

是一个综合性的游览公园，园内古树参天，泉清石奇，集高原灵气于一身，登上山顶“瞰筑亭”可眺望贵阳全景。以明山、秀水、幽林、古寺、圣泉、灵猴而闻名遐迩。主要景点有黔灵湖、九曲径等。

贵阳市云岩区黔灵镇。

贵阳市区乘 1、2、10、12、13、16 路公交车可达。

5 元。弘福寺 2 元，动物园 5 元。

6:30~22:00。

亲历者◎攻略

1. 公园中的黔灵湖虽说是人工湖，景色依然怡人，衬以灵山遂成秀水，成为盛夏避暑的热门选择。

2. 进公园大门往左，有索道直达大罗岭，年纪大的游客可选择。

3. 公园节假日也会是人潮汹涌，建议下小雨或雨后去，别有一番情致。

↓黔灵公园

贵阳郊区景点

红枫湖

●贵州省最大的人工湖

湖水面积 57 平方千米，相当于北京十三陵水库的 13 倍，最深处达百米以上，是贵州省最大的人工湖。红枫湖湖域四周遍布红枫树，金秋时节，枫叶似火，湖水轻柔，互衬互耀，故名曰：“红枫湖”，颇具诗情画意。

红枫湖有 192 个大小岛屿及半岛散布其间，形成山外有山、水外有水、湖中有岛、岛中有湖的奇异景观。景区内建有苗、侗、布依等三个民族村寨，苗家吊脚楼、布依石板房和侗家的鼓楼、风雨桥错落有致，别具特色。

清镇市市区西南部。

贵阳河滨公园有旅游专线车直达。

旺季 40 元，淡季 30 元，大游船每人 50 元。

0851-2624639。

亲历者◎指路

贵黄高速公路穿湖而过，贵阳市内的河滨公园有旅游专线车，20 多分钟即可到达景区。

亲历者◎攻略

最佳旅游时间：10~11 月前往，天气微寒，但既能饱览红枫湖美景，又可欣赏到红枫湖的精华漫山红叶，令人不禁心醉神迷。如果是夏秋两季，建议夜游，可避免日间酷热和暴晒，夕照极美，还能观赏少数民族土风歌舞表演，参加篝火晚会。

青岩古镇 AAAAA

●中西方文化彼此交融的古镇

这里是一个儒释道及基督、天主教并存的地方。小镇中除了众多的寺庙，还保留着一座基督教堂和一座天主教堂。中西方文化在此达到了空前的交融。

古镇四周筑有城墙，分内城和外城，用方块巨石垒砌，城墙上筑有敌楼、垛口、炮台。气势宏伟的定广门城楼与石板古道、古牌坊交相辉映。

镇内祠宇林立，建有九寺、八庙、五阁、三洞、二祠、一宫、一院，共30多座庙宇祠堂，这批古建筑气势雄伟、工艺精妙绝伦，令人叹为观止。其中不少虽年久失修，大部分仍风韵犹存，颇具观赏价值。

🏠 贵阳市花溪区青岩镇。

¥ 通票80元。

亲历者◎游记

从商业街进城不用买票。如果不去参观景点，古镇里花两个小时逛完。那些古房子很有趣。在明清街逛商店也好玩。糕粑稀饭，要尝一尝，好吃。

花溪公园

● 真山真水、田园风光绝佳的天然公园

花溪公园是一座融真山真水、田园景色、民族风情为一体的天然公园，历来有"高原明珠"之美誉。

这里有众多各具特色的园林，历史人文景观亦极其丰富，有巴金和萧珊1945年举行婚礼的东舍，周恩来总理曾下榻过的西舍等。

被誉为"中国第一爱河"的花溪河在此蜿蜒而过，河水清澈见底，四周景色明秀。陈毅元帅游过花溪后，曾留下"真山真水到处是，花溪布局更天然。十里河滩明如镜，几步花圃几农田。"的诗句。

🏠 贵阳市花溪区。

¥ 分时间段收费，白天门票6元，清早、夜晚无门票。

🕐 8:30~18:30。

↓青岩古镇牌坊

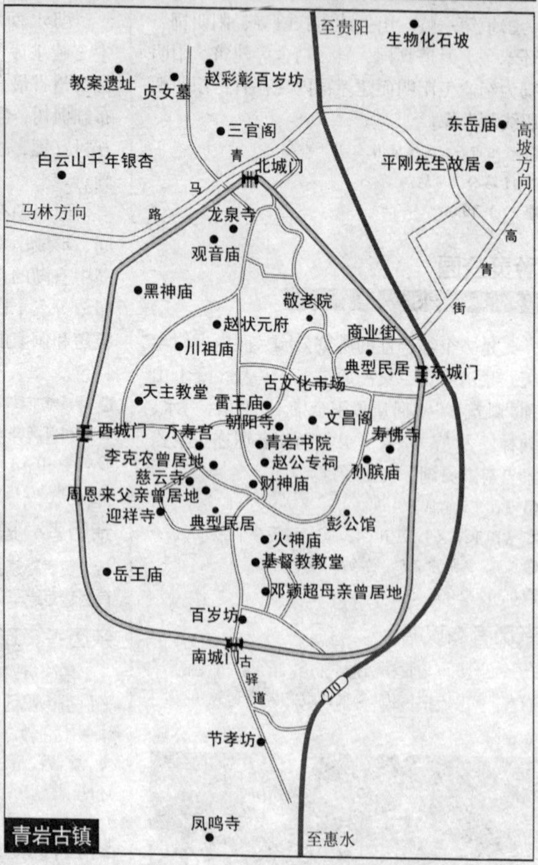

青岩古镇

亲历者◎指路

从贵阳到花溪，有高等级公路直达，20多千米的路程，然后可包租面包车进景区。也可在贵州师大、上合群路口乘中巴前往花溪，从花溪水库乘船至镇山村，再乘索道可达天河潭。也可在河滨公园旁的车站乘26路车至景区，8:00~17:30，每班20分钟。

贵阳森林野生动物园

●内有200多种5000多头（只）野生动物

贵阳野生动物园以野生动物和森林景观的展示观赏为主线，集野生动物迁地保护、科普教育、繁育生产、科学研究和休闲娱乐为一体。园内饲养200多种5000多头（只）野生动物。

贵阳市修文县扎佐镇贵州省扎佐林场内。

120元。

镇山村

●三面环水的布依族村落

镇山村是一个以布依族村民居多的小村，三面环水，景色优美而宁静，村内可见到石头城楼、城墙、石屋以及许多石头凿成的生活用具，寨内层层叠叠卧着许多低矮的石屋，村内仍完好地保留了石头城楼、城墙、石板路等建筑，整个村子看起来就像一座石头城堡。

贵阳市花溪区石板镇镇山村。

由花溪大坝乘船可达该村。

南江大峡谷

●风光旖旎的喀斯特地貌

南江大峡谷两岸是典型的喀斯特地貌，山崖夹着清澈的河流，姿态万千的瀑布群从山崖跌落，风光旖旎。沿栈道向前走，一路可以看到奇特的植被，，两岸的喀斯特山崖绿意盎然，不时从山崖上挂下的瀑布也非常漂亮。

贵阳市开阳县南江乡龙广村。

开阳汽车客运站乘坐开往土桥的汽车，会路过南江大峡谷。 78元。

↓镇山村

住宿

贵阳市区有很多星级的宾馆和酒店。贵州饭店是贵州省首家四星级旅游涉外饭店。此外，贵阳的星级宾馆还有：贵阳神奇金筑大酒店、贵阳百成大酒店等。

如果是自助旅游的背包客，可以选择住学校招待所，比较便宜和安全；其他几十元钱的招待所也很容易找到，大多也还干净。

餐饮

贵阳是一个喜欢引进和创造美食的城市，当地最富盛名的美食有八大小吃和十大名菜。

贵阳的夜市四季不衰。夜市上多以小吃为主，主要有烧烤、砂锅粉、丝娃娃、开水面、卤菜、爆炒小龙虾、螺丝、河蟹等，也有一些八宝饭、汤圆之类的甜点。在贵州饭店一带有环城北路夜市，客车站一带有黄金路夜市，其中喷水池附近的合群路夜市最为有名，可以品尝到贵州各种小吃。

鼎罐城酸汤系列位于机场附近，交通极为不便，但仍然人满为患，可想而知其美味程度。最好吃的当属酸汤鱼，其中以江黄鱼为上乘。

购物

贵阳拥有许多富有地方和民族特色的工艺品、土特产品，其中较为出名的土特产有牛肉干、辣椒、原木艺术、中药、苗银、牛角制品，以及粗犷古朴的图腾面具等。（详见特产）这些土特产名店大都集中在北京路一带。工艺品有蜡染制品、刺绣与挑花、播娜摩簸箕画等。

安顺

安顺位于贵州省中西部，距离省会贵阳 90 千米，是贵州西部旅游的中心，因其显要的地理位置，安顺素有“滇喉黔腹”之称，且“商业之盛，甲于全省”。

安顺有举世闻名的黄果树大瀑布、龙宫等国家级风景名胜区，“天然大盆景”天星桥以及“十八飞瀑”瀑布群位于安顺市西南；有“地下漓江”之称的龙宫和被誉为“世外桃源”的漩塘位于安顺以南。

面积：9269 平方千米
人口：286 万
区号：0853

亮点

必游景点

- **黄果树瀑布**：中国第一大瀑布之称，河水从 70 多米高的悬崖直泻犀牛潭中，响声震天，十里之外都能听见。
- **龙宫**：景区以溶洞、洞穴、瀑布为主体，龙宫一带是全世界水旱溶洞最多、最集中的地方。
- **花江大峡谷**：山高、峡深、水急、壮美的自然景观与古朴浓郁的民族风情为特色。
- **草海**：是贵州最大的天然淡水湖。也是世界人禽共生、和谐相处的十大候鸟活动场地之一。
- **织金洞**：一座规模宏大、造型奇特的洞穴资源宝库，以规模大、气势磅礴称雄于世。

线路推荐

- **安顺三日游**

D1：上午游石头寨，吃农家饭，购蜡染；下午游览黄果树瀑布，观瀑布夜景。夜宿景区。

D2：黄果树瀑布—水帘洞—天星桥景区，宿黄果树镇。

↓安顺云山屯村

D3：龙宫—古屯堡村寨。

交通信息

飞机

黄果树景区附近有黄果树机场，距离安顺市区 6 千米，目前已开通到北京、重庆、广州、青岛、昆明、济南等城市的航班。

火车

安顺站位于西秀区南街街道中华南路南首，每天有多对火车往返于贵阳和安顺之间，贵昆铁路贯穿安顺全境，旅游专列“黄果树”号每日往返于贵阳和安顺之间。

龙宫风景区 AAAAA

●多类型的喀斯特景观，被誉为“大自然的大奇迹”

景区以溶洞、洞穴、瀑布为主体，包括龙宫中心景区、油菜湖、漩塘、群芳谷、蚂蟥箐等片区。

中心景区由卧龙湖、龙门飞瀑、石趣园、天池、蚌壳岩、虎穴洞等景点组成，上下辉映，别有洞天，宛如神话中龙王所居的水晶宫殿。

提示：夏天去时容易涨水，好多洞无法深入。

黄果树以南 27 千米。

通票 150 元。

亲历者◎指路

1. 龙宫距离黄果树瀑布很近，一般游客都将这两个景点一起游览。

2. 在贵阳火车站和安顺火车站，就有许多“黄果树、龙宫一日游”的旅游专线车，尽可选择。单游龙宫的话，也可以在汽车站门口包小巴。

3. 自驾车可从贵阳沿贵黄高速公路出发，约一个半小时即可到达。

龙门飞瀑

●洞中瀑布

在龙宫入口处附近，是天池水倾泻而成。气势宏伟，丰水季节常常声势浩大，有如万马奔腾。

漩塘

●一年四季塘水以顺时针旋转

漩塘是国家级风景名胜区，在龙宫的上游。通漩河的水流到这里便沉入地下，变为地下暗河。塘面呈园形，一年四季塘水以顺时针方向，挟带水上绿色浮萍不停地漩转，终年不息。

安顺旅游区

云峰屯堡

●保存完好的明代屯堡村寨

景区密布着保存完好的明代屯堡村寨四十余个，屯堡人的建筑、服饰、饮食、习俗、娱乐方式等仍保留着大明遗风，独具魅力。

寨子位于安顺市七眼桥镇云鹫山峡谷中的云山屯。屯堡人是600年前屯田戍守安顺的江南军队后裔，其村落依山而建，街巷纵横交错，寨中的每一组建筑、碉楼构成小小的四合院。而在碉楼或围墙之上，设有射击孔，融防御、居住为一体。

安顺市西秀区七眼桥镇。

¥ 60元（通票，包括屯堡古镇、天台山等景区内所有景点的门票）。

花江大峡谷

●“雄奇、宏大、险峻、神秘”

峡谷长80千米。其主峰旧屋基大坡海拔1850米，景区最低点是北盘江和打邦河的交汇处，海拔仅370米。山高、峡深、水急、壮美的自然景观与古朴浓郁的民族风情、神秘久远的海百合、龙化石构成“雄奇、宏大、险峻、神秘”的鲜明特色。

关岭自治县花江镇。

¥ 30元。

亲历者◎攻略

游花江大峡谷，可以品尝到名扬中外的正宗花江剪粉，晶莹透亮的花江老腊肉（10~15元/斤）、布依农家饭等。

夜郎湖

●世界上喀斯特地貌最集中的溶洞群景区

传说夜郎王曾居住于此而得名，是世界上喀斯特地貌最集中的溶洞群景区，也是一个水旱相结合的溶洞。景区是由神奇壮观的夜郎洞、石花洞、蜂子岩洞等大大小小溶洞组成的溶洞群，以及天坑、燕峰斜崖等独特的喀斯特地貌共同筑成，总面积为48.6平方千米。

普定县补郎镇。

安顺客车南站到织金的车途经。

格凸河穿洞风景区

●有悬棺洞葬、古河道遗迹等景观

“格凸”一词为苗语，意译为“圣地”。景区集岩溶、山、水、洞、石、林组合之精髓，有典型的喀斯特地貌，大穿洞绝景燕王宫，民族文化之景悬棺洞葬，世界第二大洞穴厅室苗厅，世界最高的古河道遗迹盲谷，国内最深的竖井通天洞等。

紫云自治县水塘乡北部。

¥ 门票60元、游船45元。

毕节旅游区

草海

●全国三大高原淡水湖之一

全国三大高原淡水湖之一，也是贵州最大的天然淡水湖，有5个杭州西湖那么大。世界人禽共生、和谐相处的十大候鸟活动场地之一，有珍禽186种，尤以国家一级保护的黑颈鹤最为稀贵。这里的秋天最适宜观鸟，并有大型民族歌舞表演节目。周边有双霞洞、

黄果树风景区 AAAAA

●西部最具魅力旅游景区，中国第一大瀑布

景区由姿态各异的十几个地面瀑布、地下瀑布组合而成，是中国第一批国家级风景名胜区之一，誉为“西部最具魅力旅游景区”。

风景区包含黄果树大瀑布景区、石头寨景区、天星桥景区、滴水潭瀑布景区、陡坡塘景区、郎宫景区等景区，还有关脚瀑布、螺丝滩瀑布、红崖天书、神龙洞、关索庙、天龙庙等独立景点。景区内有地表瀑布18个、地下瀑布14个，为世界最大的瀑布群。

镇宁自治县黄果树镇。

贵阳有旅游班车直达。

亲历者◎指路

1. 可在贵阳旅游客运中心车站乘一日游专线车，沿贵黄高速公路行车2小时既到。

2. 也可以在体育馆的长途车站坐大巴到安顺，到安顺后，在下车的地方乘坐到黄果树的中巴。

贵阳到黄果树有直达车，在火车站坐，注意不是在客运站坐车。

亲历者◎攻略

1. 游黄果树的最佳时间是7、8月，此时水量丰富，气势磅礴。枯水期去是没有那种感觉的。

2. 游览黄果树瀑布需带好伞，否则会被水淋湿。也可在景区买2~3元一件的一次性雨衣。

3. 拍照一定要下到犀牛潭边，那里的景色、视角和取光都是最理想的，千万不要和一大群人挤在去水帘洞的路上抢镜头，角度、效果均不好，而且经常会让其他的游人成为你照片里的主角。另有一些取景的最佳地方：取瀑布全景，以观瀑亭为佳，可以远眺整个黄果树瀑布的全貌；取彩虹，以“水帘洞”三字石牌旁为佳处，技术好的可照出双重彩虹（上午此处为折射区）；望水亭，可以鸟瞰黄果树瀑布飞流直下的雄姿。

4. 这里有亚洲最大的手扶电梯，足有300多米，上下一次5~6分钟，票价50元。

犀牛潭

●黄果树瀑布前的跌水潭

因状若犀牛，故而得名。犀牛潭潭水深11.1米，满潭为瀑布所溅的无数水珠所覆盖。峡谷两侧壁立苍翠，各类喜水植物枝繁叶茂，其间的望水厅、观瀑亭、茶楼、铁索桥、缆车等建筑以及竹林，同大瀑布一起构成了一幅大自然的立体山水画。

安顺市西南面，距贵阳137千米，距安顺45千米

180元（旺季），160元（淡季），门票包括黄果树、天星桥、陡坡塘；索道8元；景区内漂流30元。

黄果树瀑布

●瀑布主景区

有着中国第一大瀑布之称的黄果树大瀑布，是世界上最壮观的瀑布之一。瀑布高度为78米，其中主瀑高67米；瀑布宽101米，其中主瀑顶宽83米。河水从70多米高的悬崖绝壁上直泻犀牛潭中，响声震天，十里之外，即闻其声。黄果树大瀑布是世界上唯一可以从上、下、前、后、左、右六个方位观赏的瀑布，也是世界上有水帘洞自然贯通且能从洞内外听、观、摸的瀑布。

水帘洞

●隐藏于黄果树瀑布的半山腰上

洞内由六个洞窗、五个洞厅、三股洞泉和六个通道组成，主要景点有：倒挂仙人掌、古榕悬根、藤帘、袖珍花园、鼓风口、水晶宫、摸瀑台等。游人穿行于洞中，还可以从水帘洞的各个洞窗看到犀牛潭的双道彩虹。

水上石林

●石上流水，水上有石，石上长树

水上石林是天星桥景区的一个组成部分。相对于云南石林，天星桥的水上石林以“水”见长。景区内的水位固定不变，石林内的石块天然形成，经过加工后铺成道路，露出水面供游人行走。

水上石林景区主要景观有银练坠潭瀑布、星峡飞瀑等。这里河床成扇形，上宽下窄，上高下低，落差20余米。

黄果树瀑布下游6千米。

60元，索道10元/人。

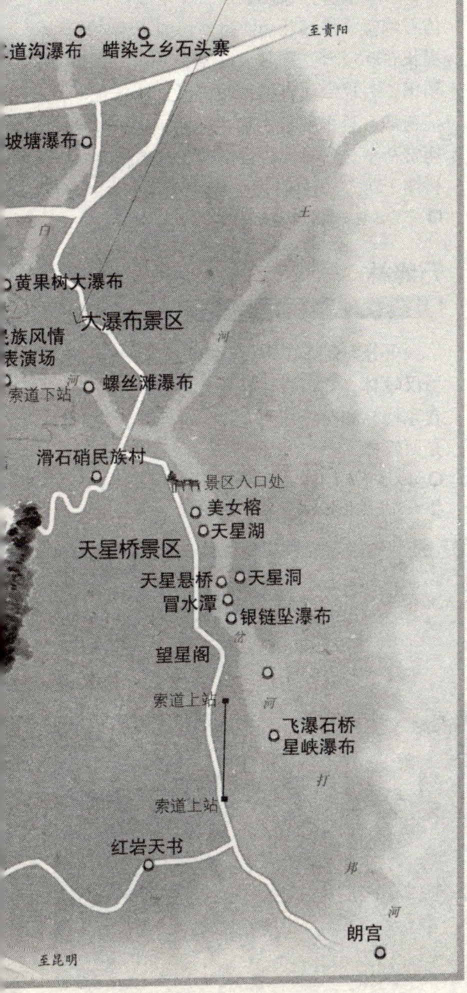

凤山阁等景点。

威宁自治县草海镇城郊。

免费。包船的价可谈，一般200元以内。怕冷的游客可以租小火炉上船，5元一个。船工多为女性，对人淳朴可亲。坐船游草海的时间在2小时左右。

亲历者◎攻略

1. 每年的冬末春初，是草海观鸟的最佳时节，到时有许多鸟类云集至此。

2. 其他季节也可去草海游玩。春天去的话，整个湖里全开满了花，非常漂亮；夏天去可以吃有名的草海细黄鱼，看湖中随水波摇曳的草。

织金洞

●岩溶博物馆

织金洞以规模大、气势磅礴称雄于世。是中国目前发现的一座规模宏大、造型奇特的洞穴资源宝库。洞深超过12千米，最宽达173米，洞内景观丰富怪诞。

根据不同的景观和特点，全洞划分为迎宾厅、讲经堂、寿星宫、望山湖、广寒宫、灵霄殿、雪香宫、塔林洞、十万大山、水乡泽国和金鼠宫等12个大景区，47个厅堂，150多个景点。

织金县官寨乡。 全价120元，景区车20元。

0857~7812018。

亲历者◎指路

贵阳—织金洞：贵阳第一汽车服务站（延安西路46号）每天都有班车前往织金，约4小时，在离织金不远的三甲下车，然后乘三轮摩托去景点，也可以包车。

安顺—织金洞：也可从安顺、水城等地前往织金。从安顺出发的话，要到安顺汽车北站坐长途车，那里只有一辆中巴去织金县。

从织金到安顺的末班车18:00出发，注意把握时间。

亲历者◎解说

《中国国家地理》杂志对织金洞作出这样的评价：如果你一生只想去一个洞穴，那非织金洞莫属了。全洞以蜿蜒曲折的通道相连，步转景移，一厅一个特色。

百里杜鹃 AAAAA

●世界上最大的天然花园

迄今为止中国已查明的面积最大的天然

↓大方百里杜鹃

原生杜鹃林带。每年3—5月是观花的最佳时期。公园分为金坡景区、普底景区、野营区、游乐区、休闲疗养区、后备发展区。共有五彩路、数花峰、醉九牛、漫步云台、百花坪、杜鹃花王等20多个景点。

🏠黔西、大方两县交界处。金坡景区在黔西县金坡乡。

¥ 百里杜鹃旺季3月10日~5月15日(不含观光车)120元,百里杜鹃淡季(含观光车)60元。观光车45元。

☎0857~2198156。

黔西南旅游区

马岭河峡谷

●地球上的一道美丽的疤痕

位于兴义市东5千米处，是一个集雄、奇、险、秀为一体的国家级景区。马岭河峡谷是一条在造山运动中剖削深的大裂谷地缝，谷内群瀑飞流，翠竹倒挂，溶洞相连，钙化奇观，两岸古树名木千姿百态。东西峰林层峦叠嶂、点缀其间。峡谷漂流更吸引了广大中外旅游者。它的地貌结构与一般峡谷不同，实际上是一条地缝，正是这世所罕见长达约100千米、深200一400米的地缝，造就了马岭河景区雄奇的景观。

🏠兴义市马岭镇，镇子到景区2.5千米。

¥ 旺季80元，淡季60元。观光电梯往返30元。漂流198元。

☎0859~3122666。

安龙招堤

●亭阁、荷塘、绿海、溶洞

景区三面环山，一面傍城。十里平畴之中，一堤横亘，绿柳如烟。堤东端耸立一座仿石牌楼，雄伟壮丽。过牌楼即步入长堤，堤长300余米，有溪水自堤下缓流。堤南是稻田，一片绿稼直抵城厢；堤北是荷塘，水洁荷净，舞翠摇红。塘中曲桥回还，连缀5座赏荷亭。盛夏，数百亩荷花红率相间，亭桥浮于花海，轻风过处，謦香袭人。

🏠安龙县新安镇东北郊天榜山。

万峰林

●峰上有峰，峰中有洞，洞内有水

可分为列阵峰林、宝剑峰林、群龙峰林、罗汉峰林、叠帽峰林等五大类型。万峰林包含东峰林和西峰林两大片。对外开放的主要是西峰林。

🏠兴义市下五屯镇。

🚌兴义市区乘坐公交1路可以到达。

↓安龙招堤

¥80元(不含1元保险);观光车50元(不含1元保险);观看演出(八音坐唱、布依族民族舞蹈)100元。

住宿

在安顺及周边游玩，一般多住宿在安顺市内和镇宁黄果树镇，这两个地方宾馆、旅社选择面也较广。

住在安顺市内

安顺的私人旅馆和招待所，标间价位在100元左右，星级宾馆较好的有天瀑大酒店、神奇福运大酒店、燕安大酒店等。其中天瀑大酒店位于安顺市贵黄公路旁，四星级，距黄果树瀑布45千米，距龙宫27千米，交通方便，环境不错，门市价六七百元，携程会员300多元就可入住。

住在镇宁

黄果树瀑布所在地——镇宁县黄果树镇，高、中、低档宾馆应有尽有。小宾馆价钱都在100元以内。其中最有名的是黄果树宾馆，不过价钱稍高，在400元上下。背包客还可以住靠近景区的农家旅馆，房价不会超过100元。

龙宫附近的酒店大概在200元一晚上，条件还不错。石头寨只有一个民居改建的旅店，40元/间，卫生间公用，可以洗澡。条件一般但价格便宜，适合背包客。

餐饮

安顺的豆腐丸子、小锅凉粉很有特色，其他如荞凉粉、油炸粑稀饭、碎肉豆沙粑、酸菜粑、卷粉裹裹、锅渣等，种类极为丰富，令人食而难忘。安顺的小吃夜市主要集中在东街小十字和过府街一带，塔山路东行也有许多小吃摊点。价钱很便宜，基本上一人十多元就可以搞定一餐。从南华路到百货大楼，有一个小广场，专营小吃。

购物

安顺三刀、布依地毯，以及各种蜡染制品等工艺品是安顺的特产。

汽车站门口和市区的很多地方都有不少小店，经营具有安顺特色的土特产和纪念品。随便逛逛就能有不少收获，记得讲价就行了，比贵阳北京路上的店铺要便宜很多。景区内还有各式旅游特产出售，到处都可以看到具有贵州特色的工艺品，如傩面具、牛角梳、根雕，天麻酒和杜仲酒等。

安顺三刀：产自贵州安顺的“三刀”——菜刀、剪刀、皮刀，是有名的传统产品。它式样美观、镶钢均匀，刃口锋利，经久耐用，百年以来享有盛名。

蜡染：到过贵州的游客，对蜡染一定不会陌生。蜡染是贵州著名的民间传统工艺品，也是我国古老的传统印染方法之一，其中以安顺的最为有名。

民俗

安顺地戏：地戏在安顺地区广为流传，其表演内容大多以注重忠义、尚武精神的“杨家将”“薛家将”“三国”“风神榜”等为主。

每年春节之后、十五以前，当地农民便在露天平台上自编自演世代相传的地戏，称为“玩新春”。在谷子扬花季节则演出“跳米花神”，预祝丰收，同时也寄托着农民的美好愿望。

地戏种类繁多，主要有民间戏、宫庭戏、军戏、寺院戏等4种类型。

地戏面具又称为“地戏脸子”，是代表角色身份的一种夸张面容的化妆手段。正戏中24个面具代表24个神，各有其名，称为“24戏神”。演员把面具顶在额头上，便于人们观赏不同人物的性格。

地戏脸子是采用白杨木和丁香木雕刻而成。它既是地戏的精华所在和地戏演出必不可少的道具，又是彩绘木雕中不可多得的艺术品。

遵义

贵州人把遵义的好风光形象地归结为“三洗”：遵义洗脑、茅台洗胃、赤水洗肺——即在遵义感受红军长征的伟大，在茅台品味国酒的醇厚，在赤水享受空气的清新。

遵义，以遵义会议闻名，是贵州的第二大城市，茅台镇，茅台酒的故乡，位于仁怀市赤水河畔。集厚重的古盐文化、灿烂的长征文化和神秘的酒文化于一体，被誉为“中国第一酒镇”。赤水，因红军四渡赤水名留史册，而鲜为人知的是它美丽的自然山水。

面积：30763 平方千米
人口：772 万
区号：0852

亮点

必游景点

- **遵义会议会址**：这里召开了中国革命史上转折点的“遵义会议”，而今会议室内的陈设基本保留了当年开会时的原貌。
- **十丈洞大瀑布**：比黄果树瀑布高 8 米、仅窄 1 米，是我国最佳瀑布奇观之一。
- **娄山关**：是川黔交通要道上的重要关口。古称天险，“北拒巴蜀，南扼黔桂”，自古为兵家必争之地。
- **茅台古镇**：古有“川盐走贵州，秦商聚茅台”的繁华写照。在这里，随时随地可以感受到国酒的氛围。
- **梵净山**：全境山势雄伟，层峦叠嶂，是中国第五大佛教名山，在佛教史上具有重要的地位。

线路推荐

- **遵义“三洗”游**

↑赤水四洞沟瀑布

D1：遵义会议会址—红军山—娄山关，晚上去丁子口逛逛，然后去夜市吃小吃。

D2：仁怀茅台镇—丙安古镇，宿赤水市。

D3：赤水十丈瀑布群—燕子岩国家森林公园。

- **赤水千瀑竹海二日游**

D1：上午四洞沟景区—下午赤水十丈瀑布群，宿景区。

D2：燕子岩国家森林公园—丙安古镇—下午来到赤水竹海公园—桫椤王国，回赤水。

交通信息

飞机

遵义新舟机场位于遵义市新舟镇，距离遵义市中心城区东部 35 千米，开通了北京、上海、广州、西安、长沙、大连、南昌等城市的航线航班。

铜仁凤凰机场距铜仁市城区 21 千米，已开通至贵阳、北京、上海、广州、杭州、长沙等城市航线，机场服务武陵山铜仁、湘西等两地。

火车

遵义火车站为贵州省第三大客运车站，站址在遵义市红花岗区北京路，主要有发往上海、广州、重庆、贵阳的普快列车。

遵义旅游区

遵义会议会址

●会议室内的陈设基本保留了当年开会时的原貌

分主楼、跨院两个部分。主楼为中西合

壁的砖木结构建筑，临街有八间房。现为遵义会议纪念馆，国家保护文物。

遵义市红花岗区红旗路 80 号。

0852-8222785。

亲历者◎游记

可以打车到湘江河边的步行街口，再进入步行街，找到一个“杨家豆花面”吃碗豆花面，这是遵义难得的小店还能有自备消毒碗筷，显得比较干净的。再步行去遵义会址。会址对面和出会址后，都有“鸡蛋糕”可以买，味道还是可以的。

娄山关

●古时川黔交通要道上的重要关口

娄山关，位于遵义县北大娄山脉中段遵义、桐梓两县交界处，是古时川黔交通要道上的重要关口。海拔 1440 米，古称天险，“北拒巴蜀，南扼黔桂”，自古为兵家必争之地。

播州区板桥乡北部。

在遵义茅草铺车站乘坐到桐梓县城的车，在娄山关站下车即可。也可以在遵义红花园站乘汽车到娄山关碑下。

亲历者◎行程

从遵义市红花岗沿川黔公路北至遵义县板桥白石口，进入深山峡谷，行至上湾，盘旋而上，即达娄山关。两侧有大娄山（俗称笋子山），是娄山山脉主峰，靠近南关口的两个山头为小娄山，东侧为悬灯山，娄山关石碑立于此。

赤水大瀑布景区

●贵州仅次于黄果树瀑布的王牌景区

赤水的王牌景区。有十丈洞大瀑布（宽 80 米，高 76 米）、中洞瀑布、暗瀑、蟠龙瀑布群、鸡飞岩瀑布群、奇兵古道、转石奇观、香溪湖、百亩茶花、石笋峰、亿年灵芝、会水寺摩崖造像、红军标语、风溪红军渡口等景点。

十丈洞大瀑布堪与黄果树大瀑布媲美，瀑高约 76 米，宽约 80 米。是我国最佳瀑布奇观之一。瀑布水从悬崖绝壁上倾泻而下，似万马奔腾，气势磅礴，数百米内水雾迷蒙。偶尔还能看到奇妙的“佛光环”，水动环移，令人称奇。瀑布周围树木繁茂、四季葱郁，有成片的杜鹃林、桫椤林等景观。

赤水市两河口乡。　90 元。

亲历者◎指路

从赤水市区有旅游专线车到达景区，大约一个半小时的路程到达。

此外，银子充足的话可以考虑包车。在赤水包车比较便宜，一天下来 120~150 元左右。

亲历者◎解说

赤水十丈洞瀑布群是贵州仅次于黄果树瀑布的王牌景区，景区内以瀑布群、竹海、丹霞地貌等自然景观为主体，被誉为“千瀑之市”“丹霞之冠”。

四洞沟

在四洞沟一段约四千米的河道上，按大致相等的距离排列着四级跌水瀑布，姿态各异。景区内有雕刻精湛的郑氏石坊、“茶伦造纸坊”等人文景观，以及神奇的石项山、渡仙桥等丹霞奇观。

丹霞谷

深藏于绿色林海之中，九沟十八岔涧谷纵横，林莽苍苍，千峰竟秀，碧水萦绕。嵌入群山之间的条条沟谷浓荫蔽日，一根根红色石柱在浓绿中拔地起，傲视林层；一块块巨大厚重的红层丹崖，色彩斑斓、幻影重重，拟人拟物，栩栩如生。

海龙屯土司

●新增世界遗产

海龙屯土司是贵州境内目前仅见的一处大型军事建筑与宫殿建筑合二为一的遗址，也是当今中国乃至亚洲保存完好的中世纪城堡遗址。

该屯居群山之巅，四面陵绝，左右环溪，有一夫当关，万夫莫开之势，仅山后仄径一线可以攀登，播州土司播州土司杨应龙的祖先利用地形，在宽约 5 千米的册顶上围筑土城，月城三重；建楼房、仓库、水牢于其间；屯前设铜柱、铁柱、飞龙、飞凤、朝天、万安等九关，各关之间有护墙相连，随山势延绵十余里，别有一番气象。

遵义市汇川区高坪镇玉龙村义龙岩山东。

120 元，观光小火车 35 元。

在茅草铺乘坐到高坪方向的中巴车 3 元；到了高坪后转乘到海龙囤的专线车，车费 5 元，约 20 分钟即可到达。

丙安古镇

●以古城堡、月台、楠竹林海为主要景观

贵州唯一不通公路的乡，三面临水，是个典型的古老场镇。景区是以丙安古城堡、月台、楠竹林海为主体景观，兼有瀑布飞泉、丹霞奇峰异石、历史文化胜迹、红军长征遗址等景观。

赤水市丙安乡赤水河畔。

赤水市区有船可到丙安。

茅台古镇

●茅台酒的故乡，被誉为“中国第一酒镇”

茅台镇历来是黔北名镇，古有“川盐走贵州，秦商聚茅台”的繁华写照。在这里，随时随地可以感受到国酒的氛围。另外在郁郁葱葱的河滨地带，还建有“红军烈士陵园”和“红军渡河纪念碑”等。

仁怀市赤水河畔。

亲历者◎解说

茅台镇集厚重的古盐文化、灿烂的长征文化和神秘的酒文化于一体，被誉为“中国第一酒镇”，是茅台酒的故乡。

国酒门

●出入茅台镇的门户

位于盐津河大桥的东端。国酒门为中国古典城楼式建筑，两侧各立一根华表，一殿二亭四重檐，门楼上可供人们观光游览。整个建筑高大气派，庄重华丽，象征着国酒茅台源远流长的历史和享誉海内外高贵典雅的气质。

国酒文化城

●介绍中国历代酒业的发展以及相关典故

贵州茅台酒厂（集团）兴建，规模浩大，气势恢宏，有汉、唐、宋、元、明、清及现代 7 个展馆，收藏匾、书画、文物作品 5000 多件，系统介绍了中国历代酒业的发展过程及中国历史上与酒有关的政治、经济、文化、民俗等方面的典故。

仁怀市茅台镇。

↓梵净山蘑菇石

铜仁旅游区

九龙洞风景区

●大型天然喀斯特溶洞，洞内有国内最高的钟乳石

景区有由观音山、莲花寺、九龙洞、石山洞、锦江等景组成。九龙洞是一个大型天然喀斯特溶洞，全洞有七个大厅、一个天厅，还有地下暗河；洞中分两层，上为旱洞，下为水洞；洞内钟乳石林立，其中最高者高达40米，为国内之最。

铜仁市漾头镇。

金滩车站有直达九龙洞的客车。

90元。

梵净山

●中国第五大佛教名山

梵净山以老金顶、凤凰山、新金顶为主要山峰，9条绵延千里的支脉为旁系。金顶附近奇峰异石颇多，有蘑菇石、万卷书、金刀峡、剪刀峡、仙人桥、老鹰岩、太子石等。山上建有释迦殿、弥勒殿、承恩寺等庙宇。还有敕赐碑、禁硕山林碑和金顶摩崖石刻。

江口县，南门在江口县太平镇，北门在印江县永义乡。

旺季110元，淡季90元。

亲历者◎指路

旺季在铜仁汽车北站乘坐客车前往梵净山。淡季需先坐车到江口县汽车站，再转车去梵净山。

亲历者◎行程

游览路线：根据不同的上山地点，通常游览梵净山有南线和西线两种选择。

1. 南线—从江口上下山，坡高路陡，爬完8000级台阶需3~4个小时，下山2个小时左右。

2. 西线—由印江经张家坝护国寺上山，山势较缓，游览后沿8000级石阶往江口下山。这样可走完全程主要景点，且不走重复路，较省时省力。但是铜仁到印江比到江口远很多，路也不太好走。

住宿

遵义的住宿条件还算不错，但星级宾馆不多，条件较好的宾馆主要集中在红花岗区。三星级宾馆遵义宾馆环境很好，位置也不错。

赤水市内的宾馆，十丈洞、四洞沟、竹海公园景区中有不少农家乐可以吃住，非常方便。

另外，丙安古镇上客栈、饭店、茶馆比比皆是，镇上居民大多以此为业，所以在这里落脚也没有问题，一般几十元可以住一晚。只是条件会稍有简陋，需要克服一下。

餐饮

遵义的特色菜有许多野菜，如龙爪肉丝，所谓“龙爪”，是贵州山上出产的一种蕨菜；还有折耳根炒腊肉，“折耳根”即中药里的鱼腥草等。比特色菜更受欢迎的其实是遵义的小吃。

遵义的小吃大多有着上百年的历史，如羊肉粉、豆花面、遵义鸡蛋糕、黄糕粑等，每一样都让你齿颊留香。

位于遵义红花岗的小吃街规模大、品种齐全，特别值得一提的是烤鱼，特别好吃，到了遵义不妨一试。

购物

遵义毛峰为贵州四大名茶之一，湄潭湄江茶、红碎茶、遵义县的五珍茶都是茶中佳品，适合买回家馈赠亲友。

赤水盛产楠竹，竹工艺品赤水香扇、竹荪、竹笋均为特产，晒醋为全国四大名醋之一。赤水荔枝皮薄、肉厚、核小，清香甜润，乃佳品。另有传统特产玉兰片。竹工艺品可在延安中路竹工艺制品一条街购买。

黔东南

中国最大的侗寨、最大的苗寨都在黔东南，州府为凯里。凯里除有格调古朴、风貌独特的民族风情和文物古迹外，自然风光主要有金泉湖、香炉山和一批景观独特的溶洞。凯里每年有上百个民族节日，被称为“百节之乡”。

面积：30339 平方千米
人口：461 万
区号：0855

亮点

必游景点

- **㵲阳河风景区**：㵲阳河以道长峰险、水绿为主要特色，是集名胜古迹游，民族风情游为一体的风景区。
- **黎平侗乡**：民族风情浓郁，“鼓楼”“花桥”等近 300 座，堪称侗族建筑艺术博物馆。
- **从江**：古风犹存的古县城。民族村寨中青石小道交错纵横，花桥鼓楼交相辉映。别有一番风味。
- **郎德上寨**：依山傍水，四面群山环抱，自然风光绝美。保持着原汁原味的苗族村寨风貌。
- **西江千户苗寨**：中国仅有的、世界无双的千户苗寨，是保存苗族“原始生态”文化比较完整的地方。

线路推荐

● 苗寨侗乡五日游

D1：凯里—榕江—车江侗寨，晚上宿县政府招待所。

D2：从江—岜沙，宿从江。

D3：高增侗寨—小黄，宿从江。

D4：游览从江，晚住肇兴。

D5：游览剑河。

● 黔东南五日游

D1：游览凯里。

↓镇远古城

D2：麻塘革家—渔洞溶洞，晚上回凯里。

D3：郎德上寨—雷公山—西江千户苗寨，晚上住西江苗寨。

D4：西江千户苗寨—㵲阳河风景区，宿镇远。

D5：游览㵲阳河风景区。

交通信息

飞机

黎平机场位于黎平县高屯街道八舟社区，目前已开通至桂林、张家界、贵阳等地航线。凯里黄平机场位于黄平县东坡农场，已开通飞往广州、贵阳、杭州、温州、桂林、济南的航线。

火车

凯里站位于凯里市清江路，承接快速及普速车站有开往全国的列车。

凯里南站位于凯里经济开发区金汇大道，为高铁站，有开往贵阳、长沙、上海、南京等地的动车组。

凯里旅游区

麻塘革家村寨

●典型的革家村寨

麻塘是一个比较典型的革家村寨，寨中村民平时务农，闲时做蜡染、绣花衣。革家是一个独特的少数民族，散居在凯里西北的鱼洞、龙场各乡，人口仅 1 万多。

凯里市龙场镇。

亲历者◎指路

从凯里汽车站搭乘前往鱼洞、龙场方向的中巴，在麻塘路口下车，步行 15 分钟进入麻塘革寨。

㵲阳河风景名胜区

●融自然山水与民族风情为一体

㵲阳河风景名胜区融自然山水，名胜古迹，民族风情为一体，两岸独特的喀斯特地貌令人称奇。㵲阳河水依水深、地势、温度、光照不同而呈现出浅绿、翠绿、碧绿、墨绿等各种颜色，水光美过山色；途中还有一孤村，藏于㵲阳河畔的一座山背后，只能靠舟楫出入。绿水，险峰，奇峡是㵲阳河的主要特点，景点孔雀开屏则是㵲阳河的标志。

凯里市镇远、施秉、黄平三县境内。

可在贵阳长途汽车站乘到镇远的客车，票价43元。

船票140元。

施秉云台山

●神奇的喀斯特地貌

云台山是国家级㵲阳河风景区十大景区之一，以原始自然生态、天象奇观、奇峰丽水、道教古刹等自然和人文景观为特色，分为云台山、排云关两个游览片区，是贵州东线探险寻幽的旅游宝地。

极目远眺，万山丛中云腾雾绕如白龙翻滚，奇峰耸立怪石穿空露出峥嵘，深谷林莽古藤如织，山猴攀援飞禽啼鸣，晨曦透过松林光柱斑斓耀眼，山花散发阵阵清香，画眉跳跃枝头高声鸣唱，古松挺拔山风吹拂，构成一幅诱人的风光画卷。

黔东南州施秉县北部。

120元。 8:00~16:30。

0855-4227488。

黎平旅游区

●天下侗乡第一县

最典型的侗乡。被誉为“天下侗乡第一县”。它有世界之最—高屯天生桥；有侗乡之最—肇兴鼓楼群；有长征文化—长征途中的中共中央黎平会议会址；有生态环境保持完整的弄相山原生型天然森林；有巧夺天工的溶洞群和有惊无险的侗乡第一漂—西园十里漂流。

黔东南州黎平县境内。

凯里有直达黎平的客运长途车。

高屯天生桥

●迄今为止发现的世界上跨度最大的天然石拱桥

宽138米，拱高至水面33米，是世界最大的天然石拱桥。桥身有石洞数个，其中一个石洞直通桥拱。桥顶和桥壁两侧的钟乳石千姿百态。

黎平县高屯。

在黎平客运新站坐到高屯方向的车，在天生桥下，车费3元。

15元。

地坪风雨桥

●中国最大、造型最美的一座风雨桥

风雨桥又称花桥，将上寨、下寨、甘龙三个寨子连成一体。桥全长56米，桥面宽4.5米，桥底距日常水位近10米。桥上建有长廊和桥楼，青瓦覆盖，可挡风蔽雨，故名风雨桥。

坐班车从肇兴到地坪，大约6元。

黎平县南100千米处。

↓肇兴侗寨风雨桥

肇兴侗寨

●以鼓楼群著名的侗族村寨

旧称“肇洞”，是黔东南最大的侗族村寨之一，以鼓楼群最为著名，寨中五团，共建有鼓楼五座，花桥五座、戏台五座。寨上还有侗歌队、侗戏班。

黎平县肇兴乡，距黎平县城南72千米。 100元。

亲历者◎指路

黎平县有到肇兴的直达车，票价22元、约2.5小时车程。

从黎平县开往地坪的班车也会经过肇兴。

从江—榕江旅游区

从江

●花楼鼓楼交响辉映，吊脚竹楼鳞次栉比

从江县城被都柳江一分为二，两边都只有一条街道，东岸为老城，西岸则被新建筑统治。县内基本没什么看头，惟一可看的是端午节的赛龙舟和大集市，不过从江管辖的民族村寨中青石小道交错纵横，花桥鼓楼交相辉映，吊脚木楼鳞次栉比，水车水碾悠然转动，鸡鸣狗吠此起彼伏，置身其间，自是别有一番风味。所以从江县绝对是参观周边民寨的大本营。

亲历者◎指路

榕江到从江的小巴直到18:00都有车。黎平也有到从江的班车，不过班次较少。现在榕江到从江的公路是沿江新建的，路况不错，沿途的风景更是上佳。

小黄侗寨

●侗族地区远近闻名的“侗歌窝”

小黄是小黄、高黄、新黔三个行政村的统称。小黄四周青山环抱，一条小溪从寨中缓缓流过，吊脚木楼依山傍水。

小黄侗歌在侗语中被称为“嘎小黄”，意思是“小黄的歌”，有侗家人的古歌、劝世歌、礼俗歌，有以歌传情的牛腿琴民族村寨歌，有踩堂歌、拦路歌、敬酒歌。唱歌的形式有独唱、对唱、合唱、侗族大歌。

从江县高增乡，距从江县城20多千米。

30元。

亲历者◎指路

小黄只有一条村级公路相通，没有班车。可在高增坐二轮摩托车去，可讲价，但路况极差，作好心理准备。

车江三宝侗寨

●号称天下第一侗寨

车江侗寨也称“千户侗寨”，是侗族最集中的地区，车江最大特点是鼓楼众多。车寨鼓楼雄踞寨中，楼上是侗戏舞台，登楼可赏侗乡寨景。寨中有9座圣母祠（祭女神“萨玛”），可见卵石花街、侗族木楼、古榕群、鼓楼群和独特的民族风情。

车江古榕最密集的地段在车江荫塘寨到章鲁寨约1千米的河岸，共有54株。天造地设，组成了世界罕见的古榕群。

榕江县车江乡，绵延15千米，主景区从离县城5千米处的“天下第一侗寨”寨门进。

在榕江大桥对面，在榕江大桥桥头坐小三轮车，1元/人，10分钟可到。

10元。上鼓楼另需2元，手划木船2元/小时。

雷山旅游区

郎德上寨古建筑群

●原汁原味的苗族村寨风貌

郎德上寨依山傍水，背南面北，四面群山环抱，茂林修竹，衬托着古香古色的吊脚楼，蜿蜒的卵石路在屋檐间时隐时现，偶尔还能听到两嗓子苗民的歌声。寨内苗民的服饰以长裙为特征，所以又称“长裙苗”。

每逢节假日，在这里可欣赏到敬酒歌、苗族飞歌、芦笙舞、铜鼓舞、板凳舞、集体舞等丰富多彩的苗族民间歌舞。

雷山县郎德镇上郎德苗族村。

亲历者◎指路

从凯里汽车站每天有4辆中巴车直接开到朗德上寨的风雨桥头，非常方便。也可从凯里市租车前往，来回车费约100元。

西江千户苗寨

●全世界最大的苗寨

中国仅有的、世界无双的千户苗寨，西江鼓藏节（苗年）闻名四海，鼓藏节集中展现苗族的芦笙、铜鼓、银饰、服饰、挑花刺绣、婚嫁喜庆、斗牛、斗鸡、对歌、年饭等民族风情。被中外人类学家和民俗学者认为是保存苗族“原始生态”文化比较完整的地方。

雷山县西江镇。

100元。

雷公山

●原始森林成片，以瀑布景观著称

地处雷山、榕江、台江、剑河四县之间，乌蒙山脉苗岭的主峰，最高处是黄羊山，海拔2189米。景区内原始森林成片，众山环拱，峰峦起伏，飞瀑流泉，犹如百练悬空、银河泻地，尤以响水岩瀑布、乌茫沟瀑布最为壮观。

跨雷山等四县，主峰距雷山县城28千米，秃杉在方祥乡格头村。凯里有车到景区，行程约3个小时。旺季（3月1日—11月30日）50元；淡季（12月1日—次年2月28日）30元。

住宿

首府凯里的住宿条件相对较好，沿线的其它县城，汽车站附近通常都会有不少旅馆或招待所。

在主要的城镇如从江、榕江可选择入住当地的政府招待所，通常两人或三人间在60元左右，有独立的卫生间。

餐饮

黔东南是"吃酸"的故乡，酸食无处不有，男女老少都有"嗜酸"的爱好。黔东南的风味食品有侗乡腌鱼、镇远道菜、凯里酸汤鱼、下司狗肉、下司酸汤鱼、香茅草烧鱼、重安江酸汤鱼、侗家油茶、社饭、从江香猪、三穗麻鸭。

购物

黔东南的土特产很丰富，有丹寨县的含硒产品，麻江县的竹荪，从江的椪柑，榕江的香猪，雷山县的香羊，剑河县的打屁虫等。此外，小芦笙、牛角酒具、雷钵、鸟笼、马尾斗笠等民族工艺品，也很受游客欢迎。

在凯里买纪念品要比贵阳便宜，但在苗寨买纪念品时要注意，银制工艺品很多都是假货，最好自己会识别。具有民族特色的绣花小口袋、钱包、梳子什么，倒是价廉物美，几块钱一个，回来送朋友既经济实惠又讨人喜欢，是不错的选择。

民俗

拦路酒：如有贵客进寨，得按苗家礼俗喝拦路酒。从寨脚公路开始，一直到寨头的进寨门楼，通常设有12道迎客拦路酒卡。每道酒卡在路中间放一张方桌，能够打"通关"的人，就是"海量"了。不过不善饮酒的客人也不必担心，只要你双手背在身后，弯腰用唇轻触酒杯即离，并有礼貌他说一声"兜社莫"（苗语"谢谢你"）就可以"过关"了。主人虽然好客，但绝不会强人所难。

瑶族药浴：瑶族药浴在瑶寨，每月农历初一、初六、十一、十六、二十一、二十六，全家老小都要洗浴。他们认为这6天是"消灾日"。而洗澡的水底是有讲究的，里面放了十多种草药，瑶族妇女生孩子后据说洗几次药浴就能下地干活。

侗族鼓楼：侗族鼓楼是侗族特有的建筑艺术，既是侗族人民的智慧结晶，也是侗寨的一个重要标志，所以有"见到鼓楼，必是侗寨"之说。

侗族建鼓楼是吉祥如意的象征，兴旺的标志，也是众人齐心的表现。因此侗寨修建鼓楼是全寨所有人的共同荣誉和意愿，寨中人民把它当作一件喜庆大事来看待，家家为此出钱出力。

黔南

黔南民族风情浓郁，民族文化丰富深厚，有布依族、苗族、水族、瑶族等33个少数民族，在漫长的历史长河中，他们创造出灿烂的历史文化，大山深处的农耕文化和现代文明交织出一幅优美的山水画卷。桥城都匀有剑江美景和斗篷山胜境，荔波有漳江风光和茂兰喀斯特。

面积：26195平方千米
人口：405万
区号：0854

亮点

必游景点

- **荔波樟江**：以喀斯特地貌上漳江水系的水景特色和浩瀚苍茫的喀斯特森林景观为主体的原始森林残存区。
- **茂兰自然保护区**：是喀斯特地貌上的原生性森林植被，保存有许多古老的野生动物。
- **斗篷山**：以世界最大的小红栲森林群落和世界仅有的毛环方竹等22种国家保护的珍稀植物闻名。

线路推荐

- **剑江二日游**

D1：斗篷山景区（含螺蛳壳）—含文峰公园—西山公园—东山公园，宿都匀。

D2：游览剑江下游景区。

交通信息

火车

都匀站位于都匀市剑江南路，从贵阳到麻尾、南宁到成都、遵义到广州方向的列车均在都匀停靠。

↑荔波樟江

都匀东站位于都匀市都匀经济开发区境内，贵广高铁贵州境内第二大站，是贵南（贵阳－南宁）高铁主要途径站。

剑江风景区

剑江是都匀的母亲河，它由北至南穿过都匀市区，流程91.2千米。百子桥、高峰桥等百余座不同造型的古今桥梁纵横交错，使都匀成为别具特色的“高原桥城”，沿岸风景则以文峰塔、百子桥、龙背景区最为优美。

以风光绮丽的剑江为主线，森林茂密的斗篷山为龙头，由斗篷山景区（含螺蛳壳），桥城景区（含文峰公园、西山公园、东山公园等景），南线景区，剑江下游景区四部分组成。

桥城景区

以桥梁、吊脚楼为主要景观

剑江及其9条支流在都匀市区汇合，河上有百子桥等桥梁100多座，形成了著名的桥城景区。桥城中心有一条石板古街，长约300米，街边皆以古典的吊脚楼。市区有全国罕见的市内天然喀斯特园林，园林后山建有望江亭、晨曦亭。

都匀市市区。

南线景区

溶洞群、古墓葬

以幽险难测的溶洞群、古墓葬及古驿桥

梁为主。市区东南部有桃源洞，尧林洞，白云洞、河西洞群等溶洞50多个。位于石龙乡的小冲崖墓（俗称埋人洞）神秘莫测，现存棺木300余具。

剑江下游景区

●民族风情浓厚

以古朴多姿的民族村寨和浓郁的少数民族风情为主。有绝顶天地、九天落水、犀牛戏瀑、九门迷宫、石滩古林、万亩猎场、五百里观音洞等自然景观近40个；有文峰古塔、石板石古街、明永历皇帝陵、张羽中摩崖等景观30余处。

斗篷山

●国内距离城市最近的原始林区

斗篷山是黔南州第一高峰。主峰顶有面积20多亩的“天池”，山上有大小溪流百余条，间有多处瀑布、深潭，景致异常壮观。斗篷山以世界最大的小红榜森林群落和世界仅有的毛环方竹等22种国家保护的珍稀植物闻名。

都匀市西北20千米岩下乡。

都匀火车站有车往返景区。

50元。

亲历者◎指路

公共交通：都匀火车站前有车往返景区。整点发车，一小时可达景区。

自驾路线：经市区向北，经过沙坝一桥头堡一305厂一九龙湖水库一景区。

樟江风景区 AAAAA

景区是目前世界同纬度罕见的亚热带喀斯特原始森林残存区。由小七孔、大七孔、水春河峡谷和樟江风光带组成。以喀斯特地貌上樟江水系的水景特色和浩瀚苍茫的喀斯特森林景观为主体。

荔波县瑶山乡。

小七孔门票110元；大七孔是55元。水春河峡谷漂流约需200元，其中包括保险费、车费和回来的船费。

亲历者◎指路

1. 樟江风景区距贵阳320千米，可在贵阳火车站乘坐贵阳至麻尾的列车，到麻尾火车站（离荔波县城80千米）下车后转汽车至小七孔景区。

2. 人多的话，建议可以考虑从荔波包车去小七孔景区，因为路上沿着樟江风光很美，包车可以停车拍照。景区内有公路直达各景点，旅游十分便利。

亲历者◎解说

1. 小七孔的景点比大七孔的更丰富，但较分散，可玩性高，适合年轻一族。首推水上森林，水质晶莹透彻，水深最高及膝，十分冰凉，水中

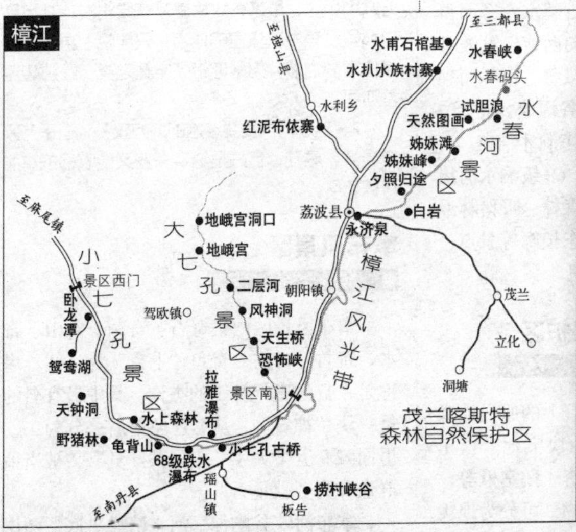

↓荔波樟江大七孔

含有大量的矿物质，有治疗风湿和脚气功用。在水上森林玩耍的时候，越野鞋根本不起作用，因此最好先准备好拖鞋。

2. 当地人驾船捕鱼的情景特别值得一看，据说只有在大小七孔的水域中生长着一种当地的特产鱼“猪嘴鱼”极难捕获，当地人驾的船也很特殊，船底是尖的，剖面图就相当于一个三角形，很佩服当地渔民的驾驭能力，此船速度极快。

小七孔风景区

●风景区以精巧、秀美著称

景区有著名的七孔古桥、68 级响水河瀑布、拉雅瀑布、龟背山原始森林、野猪林漏斗森林、天钟洞、卧龙河生态长廊等景点，更有掩映在森林之中的鸳鸯湖、长约 700 米的“水上森林”等。

大七孔风景区

●以一座七大孔古桥而得名

景区以原始森林、峡谷、伏流、地下湖为主体。景区内还有一座大自然鬼斧神工凿造而成的天生桥。距小七孔鸳鸯湖景区约 5 千米。

水春河风景区

●贵州著名的漂流景点之一

水春河风景区全长 6 千米，是樟江风光最为秀丽的一段，以布依族古寨水春寨而得名。源起月亮山原始森林，向西流经荔波县城。水春河以险峰、峭壁、滩急、密林而独具一格。景区内的水春河峡谷漂流，将近 3 个小时，历经 29 道浪，到龙王洞才结束。

景区有著名的七孔古桥、68 级响水河瀑布、拉雅瀑布、龟背山原始森林、野猪林漏斗森林、天钟洞、卧龙河生态长廊等景点，更有掩映在森林之中的鸳鸯湖。

茂兰喀斯特森林自然保护区

●世界罕见的中亚热带喀斯特原生性残存森林

茂兰保护区是喀斯特地貌上的原生性森林植被，是保存较完好的一块宝地。这里生长着多种珍稀树种，如银杏、鹅掌楸等，并保存有许多古老的野生动物。可分为地貌景观和水文景观两大类，有狮栗湾、六月潭、洞多寨等景点，有许多山洞、野生动物。

荔波县洞塘乡。

其实就是森林保护站收的森林保护费 50 元。保险 5 元（可选）。

亲历者◎指路

1. 贵阳客车站有贵阳到金城江的班车，荔波汽车站也有去金城江的大巴，经过茂兰自然保护区入口，但每天班次不多。

2. 景区有公路通贵州独山、麻尾和广西河池、南丹。外省游客可乘火车到距离该景区最近的广西河池金城江火车站，再换乘汽车前往；

更多黔南州景点

猴子沟风景名胜区

●因猕猴众多而得名

景区民风淳朴，汉、苗、布依等 10 多个民族聚居于此。猴子沟景区集高山、草原、民族风情、古洞棺葬以一体。

龙里县龙山镇南郊 13 千米。

猴子沟交通不太方便，只能在龙里大草原骑马或徒步过去。

亲历者◎攻略

1、去猴子沟的路程较远，骑马可能需要五六个小时，最好一大早就从草原出发；并且因为那里没有可以住宿的地方，只能晚上再返回草原住宿。当然，如果你带了帐篷之类，在那边露营亦可。

2、猴子沟内需要涉水的地方较多，但千万别穿短裤、凉鞋，最好是结实一些又能收口的，牛仔裤亦可。

掌布风景区

●神奇的“救星石”奇观

掌布风景区内集奇石、奇洞、奇山、奇水、奇竹、奇树、奇鱼“七奇”为一体，堪称是大自然鬼斧神工的杰作。其中最有名的是一块“神石”，从悬崖坠落后一分为二，里面藏着五个大字“中国共产党”，被当地群众称为“救星石”。

掌布河峡谷幽深，河水清澈见底，两岸

悬崖高耸，陡壁险峻，原生植被郁郁葱葱，自然风光十分秀美，身临其境，令人流连忘返。

黔南州平塘县掌布乡。

从平塘县城有中巴车到掌布风景区。

涟江燕子洞风景名胜区

●有千姿百态的溶洞和清澈见底的河潭

风景区由涟江河、岗渡瀑布、慕塘燕子洞三个景区组成，沿途有琴山逸响、百鸟河、野梅岭、九龙山、海里峡谷瀑布等。

惠水县南部断杉镇。

从贵阳客车站坐中巴前往惠水，每天有很多班次，票价为 8 元 / 人，需约两小时。

亲历者◎解说

境内有千姿百态的溶洞和清澈见底的河潭。与建水燕子洞相比，涟江燕子洞更大、更宏伟。其洞口狭长，约有八、九十米高，一条小河从洞中穿流而出，春暖花开的季节，数以万计的燕子在洞中飞进飞出，遮天蔽日，蔚为壮观。

住宿

都匀是中国优秀旅游城市，住宿自然不会差，在市内的剑江路、民族路等，是私人旅馆和招待所比较集中的地方，只要几十元就可住上一宿。

都匀文峰大酒店 / 剑江中路 223 号 /0854~8751588。

龙潭酒店 / 环东中路 44 号。

都匀桥城酒店 / 文明路 50 号 /0854-8755888。

餐饮

都匀吃的还是以酸辣为主。大饭店就不必说了，那种地方的菜和别的地方也没有什么差别；小吃种类也不比贵州别的地方多。如果是热天去的话，喝一碗素酸汤倒是不错的消暑之物，这东西是都匀人过夏天的必备之物，冬天一般不会有（不太适合冷天食用）。小吃夜市则主要集中在工人路。

购物

都匀市内的石板街位于广惠路中段斜坡上，现街中仍有少许店面经营少数民族的手工艺品，如布篓、包、蜡染等。是晚清或更早时期的建筑风格，运气好的话，说不定还会碰到举行布依族婚礼，芦笙铜鼓表演和对歌等民俗活动。

出火车站后往左边走，过两个路口就到佳惠超市，里面有卖一些这里的土特产。

民俗

水族与水族舞蹈：水族是中国少数民族之一，主要聚居在贵州省黔南布依苗族自治州的三都水族自治县和荔波、都匀、独山以及黔东南苗族侗族自治州的凯里、黎平、榕江、从江等县，少数散居在广西壮族自治区的西部。主要从事农业，善种水稻和糯稻。

铜鼓舞：铜鼓舞源于古代祭典活动，它从祭坛演变为民间的日常舞蹈，据传至少已有几百年的历史。现在，水族在过“端”节、过“卯”节，庆丰收，以及婚娶、丧葬期间，都要跳铜鼓舞。这种舞蹈把撒秧、栽秧、薅秧、打谷等大田耕作活动的种种动作融入其中，表演者随着鼓声的节奏，踏着雄壮的步伐，旋转起舞，鼓点从慢到快，从低沉到高昂，直到急密如雨，嘎然而止，舞步也跟着由缓而急，由快而密，到马上收步，使观众既兴奋又愉悦。

“斗角舞”：又叫“斗牛舞”，相传远在明朝初年，水族祖先看到苗族有斗牛“吃牯脏”祭祖的场面，既热闹又隆重。水族因为穷，没有水牛，于是用竹篾编成斗笠，用木头削成水牛角的样子，安在斗笠顶端两侧，做成牛头，两人各拿一个，模仿牛相斗的架式，跳起了“斗角舞”。

● 面积

39 万平方千米，全国排名第 8 位

● 人口

4742 万

● 世界遗产

云南石林、三江并流、红河哈尼梯田、澄江化石地、丽江古城

● 5A 级旅游区

昆明市石林、丽江古城、崇圣寺三塔、西双版纳热带植物园、普达措国家公园、玉龙雪山、保山市腾冲火山热海旅游区、昆明市昆明世博园景区

● 国家重点风景名胜区

路南石林、大理、香格里拉普拉措、丽江古城、西双版纳热带植物园、崇圣寺三塔、西双版纳、三江并流、滇池、丽江玉龙雪山、腾冲地热火山、瑞丽江—大盈江、九乡、建水、普者黑、阿庐古洞

云南旅游网
http://www.ynta.gov.cn

时尚旅游地推荐

香格里拉 1

玉龙雪山 2

大理古城 3

瑞丽江—大盈江 4

普洱茶山 5

红河哈尼梯田 6

九乡 7

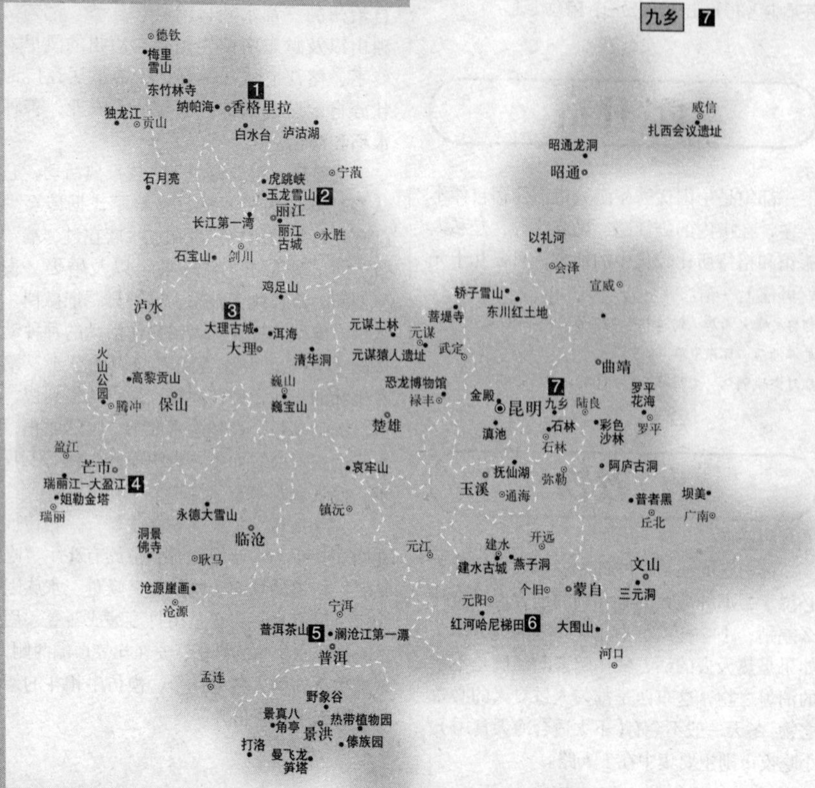

云南

七彩云南，旅游天堂

云南，地处祖国西南边陲，天高地阔，山脉绵亘。有着美丽的自然景观，无比诱人的民族风情，令人心驰神往。石林高低错落、溶洞奇观婀娜多姿、滇池阳光明媚，高原古城丽江家家临溪、户户垂柳，令人沉醉。

昆明

很少有城市以自己的气候来当作自己城市的卖点和竞争点的，但是昆明可以。昆明很自信地以自己四季如春的气候招揽着无数的游客和定居者。春城也成了昆明当之无愧的名片。

昆明西依西山，南接滇池，山水锦绣，景点多样。有集佛寺道观、古树名木为一园的西山森林公园，以 180 字联著称的大观公园，中国最大铜殿金殿，展现了云南少数民族文化的云南民族村，超大型生态主题公园世博园，集“五朝”建筑风貌为一体的官渡古镇，有着天堂一般的梦幻色彩的东川红土地，“滇中第一山”轿子雪山，“溶洞博物馆”九乡……更有世界自然遗产石林——世界喀斯特的精华、中国阿诗玛的故乡。

面积：21473 平方千米
人口：542 万
区号：0871

亮点

必游景点

- **石林**：世界上最大的剑状喀斯特地貌奇观，被列为地球“八大自然景观之一”。
- **九乡**：以溶洞群为主的景点，有大小溶洞上百座，被称为溶洞之乡。
- **金殿**：创建于明，重檐歇山式真武铜殿，铜殿重 250 吨，是中国最大的铜建筑。
- **滇池**：滇池是云南省面积最大的高原湖泊，有着“高原明珠”之称。
- **东川红土地**：全世界除巴西里约热内卢外最有气势的红土地，而其景象比巴西红土地更为壮美。
- **元谋土林**：鬼斧神工般的景观使人如同进入了神秘的魔幻世界。

↓昆明石林

- **罗平油菜花**：冬春季节的罗平，罗平坝子便是油菜花的海洋。有“世界最大的天成自然花园”之称。
- **元阳梯田**：元阳梯田规模宏大，气势磅礴，是哈尼族人民与哀牢山大自然相融互促互补的的产物。

线路推荐

- **昆明市内二日游**

D1：大观楼—云南民族村—金马碧鸡坊，晚上逛滇池路夜市。

D2：金殿—世界园艺博览园—圆通寺—翠湖公园。

- **昆明周边三日游**

D1：从昆明出发，上午游览九乡，下午游览李子菁石林，宿石林。

D2：上午游览石林飞龙瀑景区，下午游览陆良彩色沙林。

D3：游览罗平九龙瀑布群和油菜花海，返程。

交通信息

飞机

昆明长水国际机场，是连接中国与东南亚、南亚等国家的重要枢纽机场，目前开辟了前往国内各大中城市，还有曼谷、仰光、吉隆坡等众多东南亚国家、地区的航线。

火车

昆明火车站，位于云南省昆明市官渡区，是沪昆铁路、成昆铁路、南昆铁路的营运起止车站。

昆明城区景点

金马碧鸡坊

●昆明的标志

金马碧鸡坊是指昆明金碧路中段的金

马、碧鸡坊，始建于明朝宣德年间，至今已有近四百年的历史。高12米，宽18米，具有昆明民俗特色，雕梁画栋，精美绝伦，东坊临金马山而名为金马坊，西坊靠壁鸡山而名为碧鸡坊。北与纪念赛典赤的“忠爱坊”相配，合称“品字三坊”，成为昆明闹市胜景；南与建于南诏的东西寺塔相映，显示了昆明古老的文明。

昆明市盘龙区三市街金碧路口。

世界园艺博览园 AAAAA

●认识植物的百科学堂

世界园艺博览园设是一个汇集了全世界园艺风景的超大型博览场所。博览园占地面积约218公顷，植被覆盖率达76.7%，其中有120公顷灌木丛茂密的缓坡。

共有9个国家和国际组织分别在这里建起了自己的专题展示园（台），国内许多省市区也都建有能集中反映本地区园林艺术的展示场所。

昆明市盘龙区，滇池北岸。

市区内的汽车站均有专线车。有69、71路公共汽车，或在此乘中巴车。

100元，套票(含世博园、三江漂流、4D电影)150元。

0871–65012367。

官渡古镇

●昆明的童年，昆明人的老家

官渡古镇距离市中心约8千米，古称“蜗洞”。历史上的官渡，是一个滇池往来船舶的重要渡口，也这里分布着较多的古建筑、佛寺、阁楼、庙宇，俗称“六寺、七阁、八庙”，还有各级文物保护单位10余处。

古镇中那些用螺蛳壳和着粘土舂夯而成的院墙，依然在风雨中兀立。百年的土屋民居尚存，实属难得。

走进官渡古镇，古道依在，古街互市，古桥相连，古巷通幽，古风犹存。仿古修建的镇门及步行街牌坊，描金傅彩，雕龙画凤，气势轩昂，又成风景。

昆明市官渡区，东南郊8千米的螺峰村。

昆明郊县景点

九乡风景区

●国内规模最大、数量最多的洞穴群落体系之一

九乡是国家重点风景名胜区，是云南省新兴的以溶洞景观为主、溶洞外自然风光、人文景观、民族风情为一体的综合性风景名胜区。

九乡南距石林仅22千米，与石林景区共同形成“地上看石林，地下游九乡”的喀斯特立体景观。九乡拥有上百座大小溶洞，为国内规模最大、数量最多的洞穴群落体系之一。

昆明市东，宜良九乡彝族、回族乡境内。

120元，游船免费，索道30元。

8:30~17:30。

0871–67511966。

亲历者◎指路

在昆明火车站或茶苑宾馆附近有中巴车直接到达九乡风景区。东部汽车站有开往宜良县的中巴车，抵宜良后再乘车到九乡风景区。

东川红土地

●美到令人崩溃的红土地

云南东川红土地被专家认为是全世界除巴西里约热内卢外最有气势的红土地，而其景象比巴西红土地更为壮美。

东川红土地指的是位于昆明市东川区西南40多千米的新田乡、有一名叫“花石头”（在109千米程碑处）的地方，这里方圆近百里的区域是云南红土高原上最集中、最典型、最具特色的红土地。每年9至12月，一部分红土地翻耕待种，另一部分红土地已种上绿绿的青稞或小麦和其他农作物，远远看去，就像上天涂抹的色块，色彩绚丽斑斓，衬以蓝天、白云和那变幻莫测的光线，构成了红土地壮观的景色。

云南省东川县花石头村。

昆明北部客运站乘坐去法者的班车，在花石头村下车，或在东川区客运站乘坐去往马街的班车，在花石头村下车即可。

滇池风景区

●云南第一大湖

滇池位于昆明城西南，又叫昆明湖，滇池是昆明风景名胜的中心。游览内容丰富，沿湖有西山森林公园、大观楼、石城公园、海埂公园、云南民族村、郑和公园等景点，同时还有海埂高原训练基地及众多的疗养院。从昆明到海口村的新公路边有几个观景点，风景不错，那里的滇池水还比较干净，可以观花、喂海鸥。

昆明市区以南。

从火车站乘坐 24、44 路公交到海埂公园下车，云南民族村有缆车往返于海埂与西山。

西山森林公园

●滇中第一佳境

西山是一个峰峦起伏、林木苍翠、白鸟争鸣、景色秀丽的森林公园。主要由华亭寺、太华寺、三清阁、龙门等风景点组成。

西山绝壁之上有一石坊叫“龙门”，在此五百里滇池碧波帆影，尽收眼底。沿着新修的栈道可直上山顶的小石林。小石林虽无路南石林气势，亦别有情趣。

在西山森林公园，最难得的就是森林里清新无比的空气，从高处俯瞰滇池乃至整个昆明的感觉。同时也是春季踏青的好地方，每年阳春三月，昆明人有“三月三，耍西山”的习俗，届时四方士民云集聚会，唱山歌，对小调，耍龙舞狮，野餐赏景，热闹非凡。

昆明市西山区。

华亭寺太华寺联票 20 元；龙门 40 元。

云南民族村

●云南少数民族文化风情展示窗口

民族村集云南主要的彝、白、傣、苗、景颇、佤、哈尼、纳西、傈僳、独龙等 26 个少数民族的村寨、民族歌舞厅、民族广场以及激光喷泉、水幕电影等旅游设施。民族村寨采用复原陈列的手法展示云南的民族风情。走进村里只见不同风格的民族村寨分布其间，错落有致，各展风姿，各少数民族丰富多彩的村舍建筑、生活、宗教习俗均如实地展示出来，是云南民族文化的缩影。

昆明市西山区。

可乘坐 24 路或 44 路公共汽车直达。

白天 90 元，晚上 7 点以后 20 元。

8:30~18:30。

0871~64311255。

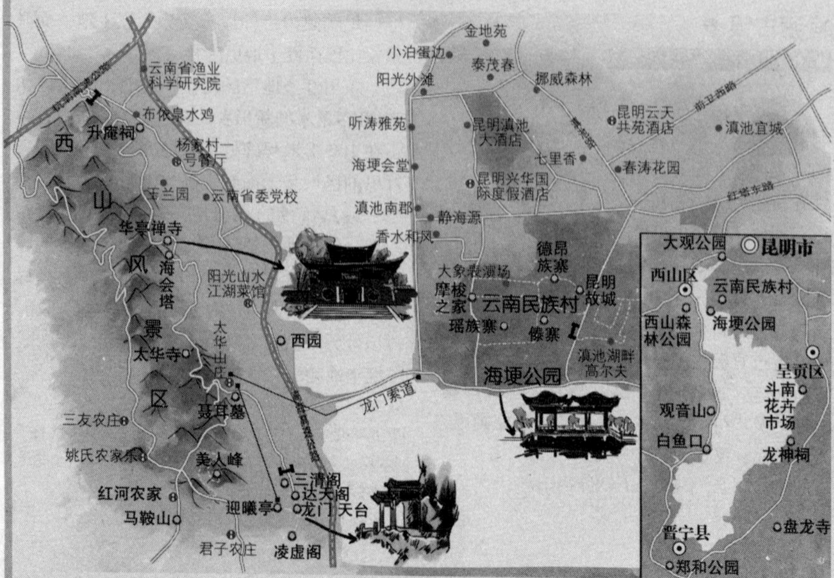

亲历者◎攻略

红土地主要摄影景点：

落霞沟，锅底塘，都是可以拍日出日落的地方，需要停车之后步行十到十五分钟到最佳观测景点。其它的还有乐谱凹，锦绣园，七彩坡，打马坎，这些都在路边，车可以直接经过。

楚雄—玉溪旅游区

元谋土林

●神奇的魔幻世界

元谋土林与陆良彩色沙林、路南石林并称“云南三林”。

元谋土林分布较广，共有13处之多，其中虎跳滩土林（又名“物茂土林”，通常所说的“元谋土林”景点即指此处）、新华土林（又名“浪巴铺土林”）、班果土林是元谋土林群落中面积最大、景色最壮观、发育最典型、色彩最丰富的三座土林。

楚雄州元谋县境内，距昆明以北201千米。

浪巴铺土林70元，物茂土林80元。

6:00~19:00。

亲历者◎攻略

行走：如果徒步进去，不要从景区入口进，从出口进去。因为入口方向走是马道，下坡比较多，这样马不容易疲劳。但是如果人走则反其道行之，因为里面全是沙地，下坡太滑，上坡比较好走。最好买一张图，以便参照各景点位置和计划路线。

摄影：土林的风光非常奇特，湛蓝的天空、黄色的砂土森林在相纸上会呈现出绝妙的效果。如果专门为摄影而去，建议在楚雄住一夜，或者直接住在土林景区内。早晚的土林另有一派神秘景象。但是那里沙尘较大，要注意保护相机。

黑井古镇

●明清社会活化石

黑井是自汉朝起开井煮盐，2000多年来形成一个经济繁荣、多元文化发达的古镇，尤以明清时最为繁荣，有“明清社会活化石”之称。黑井古镇现在是中国历史文化名镇、云南十大魅力名镇。古镇内主要景点有黑井文庙、节孝总坊、五马桥、武家大院、飞来寺、诸天寺等。

楚雄州禄丰县城西北98千米的龙川江畔。

黑井古镇32元/人，其中含2元意外伤害保险。买了门票后有免费的服务，每天上午8:00~10:00，每逢半点准时有带领讲解。

哀牢山自然保护区

●古老名贵植物种类较多

哀牢山自然保护区位于新平县与景东、镇沅、楚雄、双柏等五县交界处，山中云缠雾绕，巍峨壮观。夏天宛如进入翡翠宫中；冬天又似水晶龙宫。有“基因库”“动物王国”之称。已开辟的景点主要有“南恩瀑布”“陇西世族”庄园、“茶马古道”。

可乘新平嘎洒客车，行车2小时，再转乘嘎洒到景区的班车，行车2.5小时。

茶马古道20元，石门峡40元，套票（石门峡＋茶马古道＋金山原始森林）60元。

8：00~17：00。

昭通—曲靖旅游区

罗平花海

●油菜花的世界

罗平油菜花旅游节一般每年2月21日左右开始，县城东北方向的金鸡峰、县城沿大水井去多伊河风景村的途中、城北的牛街乡螺丝田都是拍摄油菜花的好地点。

罗平县，螺丝田油菜花在牛街乡。

亲历者◎攻略

拍照、赏花最佳地点：

1.一般推荐的是县城东北方向的金鸡峰。登上金鸡峰，看油菜花田比较平坦，而稍远处有些孤峰拔起，很壮阔的感觉。很多罗平花海的照片都是这里拍的。

2.324国道北侧的金鸡大黑山（出罗平县城沿324国道往东北走约12千米）。穿过半山腰的灵仪寺有一座观景台，但观景台并不是拍摄金鸡峰林油菜花的最佳位置，再爬到山顶，是俯拍的最佳点。从这里可以看到金鸡峰丛间的花海美景。

3.由县城沿大水井去多伊河风景村的途中。这里地形起伏较大，花田随地形梯田种植，富于

石林风景区 AAAAA

●世界喀斯特的精华

石林风景区是世界上最大的剑状喀斯特地貌奇观，被列为地球“八大自然景观之一”，与长江三峡、桂林山水和吉林雾凇并称为中国四大自然奇观。

石林县是岩溶地貌比较集中的地区，有奇石组成的石头森林，梦幻般的溶洞，秀丽的高原淡水湖泊，飞流奔腾雄伟壮观的瀑布。李子箐石林是石林风景区的主要游览区之一，它包括大石林、小石林、外石林三个部分。大石林景点十分集中，有剑池峰、莲花峰、凤凰灵异等景。

昆明市东南面，石林彝族自治县境内，距昆78千米（乘车2小时）。

175元（景区内观光车25元），含乃古石林。长湖门票10元。

景区24小时对外开放，对于游客何时必须离开没有强行规定，但建议天黑前结束游览行程。由于景区较大，加上路线较为复杂，夜晚很容易迷路。

亲历者◎指路

从昆明东部汽车站乘坐大巴导师林景区，从昆明火车站乘火车到石林火车站，出站后转乘公交车到石林景区（乃古石林）；从昆明火车站候车室旁乘坐到石林景区的旅游直通车，下午即到石林景区。

亲历者◎攻略

1. 建议穿登山鞋或者慢跑鞋，石林景区内石

阿诗玛生态文化园

●彝族文化展示地

占地247亩，景区集雕塑、绿化、水景、石山等景观元素，塑造一个反映和展示彝族撒尼文化、旅游文化、石头文化的游客休闲空间。彝族撒尼语口传叙事长诗《阿诗玛》目前正在申报世界非物质文化遗产。

石林县城北郊。

石林景区

●石林的精华所在

即李子箐石林，典型的喀斯特地貌，是石林景区的代表，由大石林、小石林、石林湖、李子园几部分组成。大石林景点较为集中，有剑池峰、莲花峰、凤凰灵异等景。小石林有著名的阿诗玛石峰。

石林县石林镇，距昆明78千米。

变化，是拍照的好地方。

九龙瀑布群

●落差达百米

九龙瀑布群位于罗平县城东北22千米处，一条“银龙”盘游于群山中，在4千米

↑九龙瀑布群

阶很多，需要走的路也很长。

2. 聘请导游的费用：在景区门口，提供导游服务。中文导游带领走完全程 60 元。英文导游 80 元。值得注意的是，只有身上佩戴绶带的导游才是景区的专职导游。

大叠水瀑布

●云南最大的瀑布

景区内的大叠水瀑布是云南最大的瀑布，落差达 82 米，此外还有小叠水瀑布、珍珠泉、清水河峡谷、仙人洞等景点。可乘缆车在半空中欣赏瀑布。

石林县板桥乡叠水办事处，县城西南 27 千米。

县城有中巴到叠水电站，再徒步 2 千米可到。

18 元，索道单程 10 元。 0871-67743595。

长的河流中，落差超出了百米。由于得天独厚的地质构造和水流的长期侵蚀，在此形成了十级高低宽窄不等、形态各异的瀑布群。

罗平县长底乡九龙河上。

在罗平县客运站南侧搭乘到板桥的班车。再转乘微型车到九龙瀑布。 75 元，船票 100 元。

彩色沙林景区

●天然形成的沙柱、沙峰景区

整个景区面积 6 平方千米。它是由地震冲击、地壳运动等因素逐步形成的地貌奇观，彩沙凝结成沙柱，由天气、光线的不同而折射出不同的色调，是极为难得一见的景观。此地被多家影视摄影单位选为外景拍摄地，曾拍摄过《三国演义》《炎黄始祖》等多部影视作品。

陆良县马街镇。

先到陆良，从陆良县城转乘微型车前往沙林。

100 元 0874-6881555。

大山包自然保护区

●国家级自然保护区、国际重要保护湿地之一

地形属高山丘陵，坡度平缓，有宽阔的草场，丰盛的水草，草甸沼泽星落棋布，是国家保护动物黑颈鹤越冬栖息地。

这里有广袤的、被誉为“地球之肾”并于 2004 年 12 月被列为“国际重要湿地”的高原湿地，这里栖息着国际濒危物种、国家一级保护动物——黑颈鹤。这里有着彩色的草海、起伏的山峦、清澈明静的跳墩河、大海子和雄奇险峻的鸡公山大峡谷，极富特色的民俗民风……

昭通市昭阳区大山包乡。 39 元。

红河—文山旅游区

阿庐古洞

●亚洲最壮观的天然溶洞穴之一

阿庐古洞又名泸源洞，阿庐古洞是一组奇特壮观的地下溶洞群，即地下喀斯特地貌，与石林景观相似，石林在地上，阿庐古洞则在地下，它是亚洲最壮观的天然溶洞穴之一。

阿庐古洞附近有 9 峰，9 峰之中还有 18 洞，俗称“九峰十八洞”。阿庐古洞是溶洞群中的主洞体。整个景区内洞古林茂，瀑布雄伟，洞外公园建筑独具民族特色，洞内景观之美堪称一绝。

泸西县中枢镇西郊 5 千米的阿庐山麓。

110 元。 8:00~16:30。

抚仙湖景区

●我国有名的淡水湖

抚仙湖水质极佳，湖水清澈见底，最深处达 155 米，透明度达 7~8 米。湖内出产 20 多种经济鱼类，其中尤以抗浪鱼最具盛名，它也是抚仙湖的名贵特产。

玉溪澄江县以南 5 千米处，距离昆明 70 多千米。

澄江化石地

澄江动物化石群境内景色优美，交通极为方便。澄江动物化石群是当今世界上所发现最古老、保存最好的一个多门类动物化石群，从海绵动物到脊椎动物以及绝灭门类都有其代表。

澄江化石群记录了早期复杂海洋生态系统的形成。澄江遗址至少保存了 160 种生物门类和诸多神秘的种群以及其他 196 个物种，它们是 5.3 亿年前地球生物大爆炸的证据——现今地球上主要动物群都在这一时期出现。

澄江县城以东 5 千米的帽天山。

在玉溪城西客运站乘到澄江县的空调班车，每半小时一趟。

20 元。

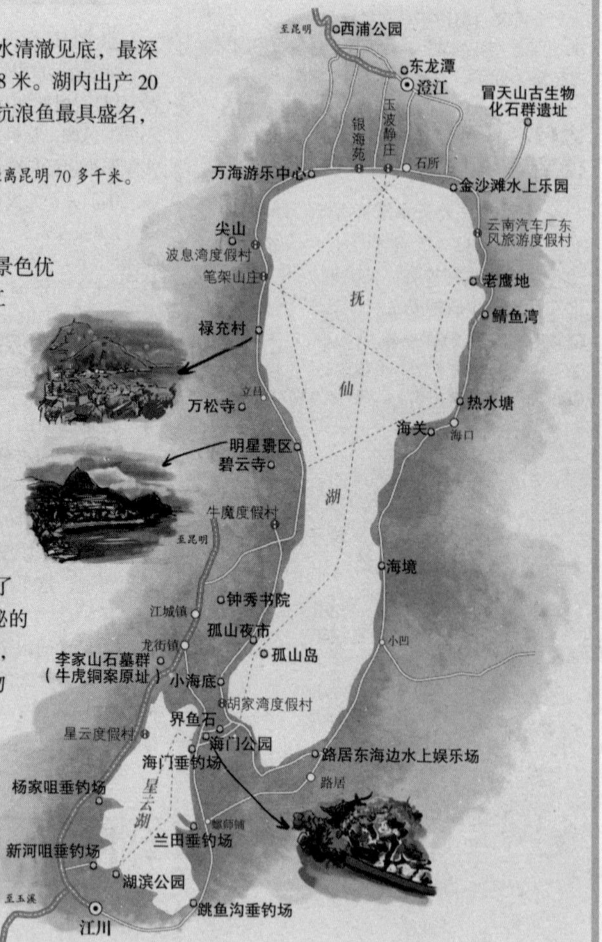

亲历者◎指路

昆明有旅游专车直达景区，游客也可先游览石林，再从石林向东行 80 千米，即可到达阿庐古洞的洞口。

建水古城

●古建筑博物馆

建水古称临安，亦名巴甸，是一座历史文化名城，建水城最早是南诏时修筑的土城，明洪武二十年（1387 年）扩建为砖城。

建水人文鼎盛，在元代就始建庙学，明洪武年间建临安府学，万历年间建立建水州儒学。清代先后建立了崇正、焕文、崇文、曲江四个行院，境内人才辈出。当时建水有“临半榜”之称，即云南科举考试中榜者中临安府要占半数，堪称云南之冠，故而有“文献名邦”“滇南邹鲁”之美誉，也被称为“古建筑博物馆”和“民居博物馆”。

红河哈尼族彝族自治州建水县临安镇。

元阳梯田

●世界上最伟大的大地雕塑

元阳县地处哀牢山南部，元阳哈尼族开垦的梯田随山势地形变化，因地制宜，坡缓地大则开垦大田，坡陡地小则开垦小田，甚至沟边坎下石隙也开田，因而梯田大者有数亩、小者仅有簸箕大，往往一坡就有成千上万亩。这一景观构成了千奇百态变幻莫测的天地艺术大交响乐，成为举世瞩目的梯田奇观。

红河州元阳县境内。

日票100元,周票180元。

亲历者◎指路

1. 从昆明汽车客运站有日班和夜班班车到元阳，日班车是高快客车。夜班车是卧铺车，发车时间大约是晚上8:00左右，第二天早上5:30左右到元阳新县城（南沙），7:00到元阳老县城新街镇。

2. 搭乘昆明汽车站至建水的客车，再从建水转乘去元阳的客车即可到达。

亲历者◎行程

早上拍摄梯田日出可以去胜村多依树，那里的梯田线条曲美，风韵独特，再加上似有似无的雾，田间挺拔的树，附近的哈尼寨子，当第一缕光线射下来的时候，梯田的水面开始闪光。下午可以去老虎嘴。从老虎嘴观景台看下去，三面都是梯田，气势雄伟。

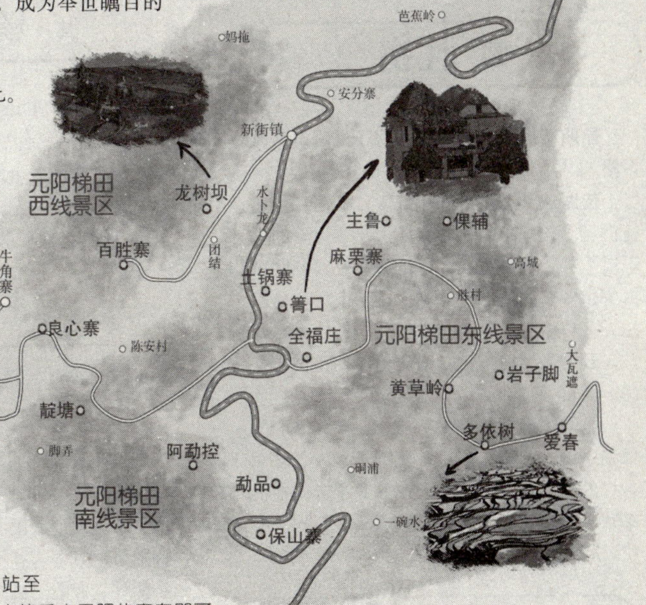

燕子洞

●亚洲最大、最壮观的溶洞之一

游客来建水最关心的两个地方，以古建筑群为代表的建水古城、以及我国最早开发游览的溶洞之——燕子洞。

燕子洞景区有保存完好的古式民居，堪称“古建筑博物馆”。燕子洞是亚洲最大、最壮观的溶洞之一，春夏有百万只雨燕飞舞巢居，故称“燕子洞”。洞内包括干洞和水洞在内的四万多平方米的钟乳奇观。每年农历八月八日的“燕窝节”，当地人攀援绝壁采摘燕窝的表演，吸引着无数中外游人。

红河州建水县境内。

80元

9:00~17:00

普者黑

●喀斯特山水田园风光

随着湖南卫视亲子节目《爸爸去哪儿》的热播，普者黑被众人熟知。这里不仅有数百座孤峰，大片的湖泊，还有近百个喀斯特地貌的溶洞，以及上万亩荷塘和原汁原味的民族风情，被誉为“世间罕见、中国独一无二的喀斯特山水田园风光”。

来到普者黑，一是看洞，一是游湖。坐上彝家世代相传的独木舟，泛舟在清澈得看得到湖底水草的湖面上，将湖光山色和奇洞怪石一并游览。

文山壮族苗族自治州丘北县城西北约 13 千米处。

丘北客运站有发往普者黑的公交车，全程 13 千米。

村子免费，往返游船 + 月亮洞 + 仙人洞 + 火把洞 + 观音洞联票 200 元。

住宿

昆明饭店（四星级）：位于昆明市东风东路 52 号。联系电话：0871–63162063。

佳路达大酒店（四星级）：酒店位于通往机场、火车站、长途旅游汽车客运站的主干道上，数分钟车程即可抵达。毗邻昆明市繁华街区。交通十分便利。昆明市环城南路 266 号。电话 0871–63516666。

云之舍酒店连锁白塔店：昆明市白塔路 201 号；电话：0871–66280477

昆明国际青年旅舍：旅馆在风景秀丽的翠湖之畔，出旅馆步行不到 1 千米就是昆明有名的花鸟市场。距离火车站 6 千米，在火车站乘 2 路过天桥，步行七八分钟就到了。

餐饮

昆明满街的小吃真是让人垂涎，街边的小吃、烧烤、环境优雅的室内餐厅都有当地的特色食品。在昆明品尝独特的民族食品，是游客难忘的选择。民族风味菜肴在制作上有烤、腌、冻、焐、舂等多种方法，器皿有石板、香竹、羊皮、卵石等。

十大名小吃：过桥米线、四喜汤圆、荞包子、太师饼、都督烧卖、荠菜饺、火腿豆焖饭、小锅米线、饵块、什锦凉米线。

昆明吃喝较为集中的地方是北边的北大门美食街，西边的兴苑路（西山区政府大楼旁），另外还有祥云美食城、滇池路、关上中路、官南大道、世博大道等。

小吃佳处有西南商业城的炸臭豆腐、师大附中的卤饵丝、西山猫猫沟的农家菜、海埂公路大坝鳝鱼、大滇园的糊辣鱼、牛街庄的烧烤夜市、胖子火锅、关上的野山菌火锅、石闸立交桥下的黄焖羊肉火锅、昆明理工大学新迎校区宿舍门对面马路的沙锅米线。

购物

在昆明购物可以买到很多外省不易见到的特色商品，如热带产品水果、咖啡、热带、寒带及亚热带的山货虫草、松茸、雪茶。民间产品乳扇，外国产品缅甸的宝石、红柚木，以及云南 25 个少数民族风格各异的民族制品等。

民俗

滇剧：是云南的主要地方剧种，约有 200 多年历史。它渊源于秦腔、徽调、楚腔和汉调，结合云南人民的生活习俗、审美趣味，特别是地方语言和民间音乐，形成了以丝弦、胡琴、襄阳三类声腔为主体的滇剧音乐唱腔，具有浓厚的乡土气息和独特的艺术风格。

花灯：是深受云南人民喜爱的一种民间歌舞小戏。它以民歌小调和民间歌舞为基础发展演变而成，约有 200 多年历史。可以表演唱，可以歌舞，也可以演出大中型的传统剧、现代戏。其唱腔优美动听，通俗易懂，富于生活气息。传统歌舞节目和花灯戏共有 200 多出，如《大茶山》《十大姐》《游春》等。

金殿踏春：在农历正月初九，春城的春天来到之际，踏春的人跟着赶场一样，去西山去金殿，去黑龙潭、大观楼……生怕错过了花开，届时的昆明城充满热闹和欢乐。

大理

大理历史悠久，素有“文献名邦”的美名。这里拥有悠久的历史和璀璨的文化，留下了丰富的文物古迹。玉洱银沧之间，自然风光绮丽多姿，苍山如屏，洱海如镜，蝴蝶泉深幽，兼有“风花雪月”四大奇景（下关风、上关花、苍山雪、洱海月）。

面积：29459 平方千米
人口：357 万
区号：0872

亮点

必游景点

- **苍山**：云岭山脉南端的主峰，向来以云、雪、泉、石著称。
- **洱海**：与苍山山水相依，由于少受污染，湖水清澈，透明度高，被称作“群山间的无暇美玉”。
- **大理古城**：城楼雄伟，风光优美。城中有五街八巷，流淌着清澈的溪水，到处可见古朴雅的白族民居。
- **崇圣寺三塔**：为大理的标志性景点。“三塔倒影”是大理名景。
- **蝴蝶泉**：是白族人民心中象征爱情忠贞的泉。
- **喜洲白族民居**：有着保存最多、最好的白族民居建筑群。

线路推荐

- **苍洱风光一日游**

  D1：小普陀—蝴蝶泉—喜洲—崇圣寺三塔；下午晚上游览大理古城。

- **大理二日自助游**

  D1：洱海—小普陀—南诏德化碑—蝴蝶泉；下午游览苍山。

  D2：游览石宝山。

↑崇圣寺三塔

交通信息

飞机

大理机场位于洱海东岸的凤仪镇和海东乡交界处，距离大理市区约 13 千米。目前开通有广州、北京、上海、重庆、成都、深圳等地的航班。大理机场有班车可以到达下关和大理古城。

火车

大理火车站位于大理市城区的东南侧，东可达昆明市，向北可达丽江市，交通便捷。

大理古城旅游区

●保存完好的明朝古城

大理古城始建于明洪武十五年（1382 年），是全国首批历史文化名城之一。

古城东临洱海，西枕苍山，城楼雄伟，风光优美。大理城的规模壮阔，方围 12 里，原城墙高 7.5 米，厚 6 米，东西南北原有四座城门，上有城楼。如果说，自治州首府下

↓大理古城

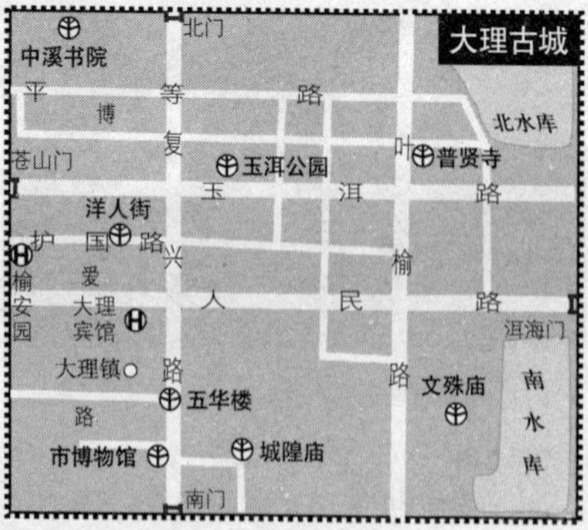

关给人以繁盛、喧闹的印象，那么大理古城则是古朴而幽静。

🏠苍山脚下，距大理市下关13千米。

🚌大理火车站8路公交车可达，票价1.5元/人。

洋人街

●酒吧、购物街

这是一条因集聚了众多酒吧招徕外国游客的小街，虽几经修缮，但各式风格的装修依然是这条小街的主要特色。这里各色咖啡店众多，中西风味餐厅、珠宝店、古董店、扎染店、画廊等也随之兴起，铺面林立两侧，琳琅满目，目不暇接，成为中外有名的“大理洋人街”。这里也是购物的主要场所，但这里的扎染布或其他商品，价格都显然高于大理的其他地方。

🏠大理古城护国路。

🚌古城内，可步行前往。

三塔公园·崇圣寺三塔 AAAAA

●大理的标志性建筑

大理崇圣寺背靠苍山，面临洱海，现存的三塔由一大二小三座佛塔组成，呈鼎立之态，远远望去，雄浑壮丽，是苍洱胜景之一。三塔建于唐开元间（713~741年），先建了大塔“千寻塔”，高69米，是座方形密檐式砖塔，共13层。稍后又建了南、北小塔，均高43米，是一对八角形的砖塔，都是10级。三塔浑然一体，气势雄伟，具有古朴的民族风格。

🏠大理古城以北1.5千米的苍山应乐峰下。

¥121元（含1元保险费）。

🕐8:00~19:00。 ☎0872-2666346。

洱海风景区

●“群山间的无瑕美玉”

洱海是仅次于滇池的云南第二大湖，南北长41.5千米，有3岛、4洲、5湖、9曲。与苍山山水相依，由于少受污染，湖水清澈，透明度高，自古以来一直被称作“群山间的无瑕美玉”。可乘汽车沿环海公路游览，也可从下关以北的洱海码头，乘游船游洱海。

🏠苍山和大理坝子之间。

¥洱海公园免费，洱海游船140元/人，含南昭风情岛门票、洱海资源保护费和白族三道茶歌舞表演。

亲历者◎指路

从古城去洱海很方便，步行即可到，也可乘11路公交，还可以打的或乘马车（事先与车主谈好价钱）。从下关到洱海码头，可乘11路车或的士。骑自行车也是不错的选择，一辆车5元一天。押金好像是100元。

如果想畅游洱海，比较理想的方式是前往下关北面的洱海码头乘坐游船。游船通常在每天清晨8:30出发，建议游客提前一天购票。参加旅游团的话旅行社都会安排好的。

亲历者◎攻略

1. 游洱海，有两种方式可供选择：一是乘船游，可去洱海码头或才村码头上船。二是租自行车游环游洱海，价格60~100元。

2. 在洱海码头有杜鹃号等大游船，当然也可租私人船。大游船票是100元/位，外加30元进海费，淡季的话或黄昏时可砍价，在船上还可免费看白族表演，品三道茶。

3. 乘船可游的景点包括南诏风情岛、金梭岛、小普陀岛、观音阁等景点。金梭岛上的烤虾很好吃，5毛钱一串，要现串现烤。

4. 苍山洱海一天就能玩完，建议上午去洱海，下午去苍山。从洱海到苍山需包车。

亲历者◎游记

走到洱海码头尽头，是一个看洱海的好位置。因为是一个偏僻的小角落，周围没有一个人，入眼的全部是蓝得纯净无暇的湖水。时候还早，很安宁的湖水，湖面平静得像一面朴素的镜子，太阳简简单单流泻在水面上，水面简简单单接受着阳光、风简简单单吹着、鱼简简单单地游、小树在岛上简简单单地绿着、有时候也会有水鸟儿调皮的戏水飞过。从洱海看苍山，越发觉得苍山高大。山顶被云笼罩，似真似幻。这两处景点很有趣，站在一处望另一处，反倒是最佳的观景台。

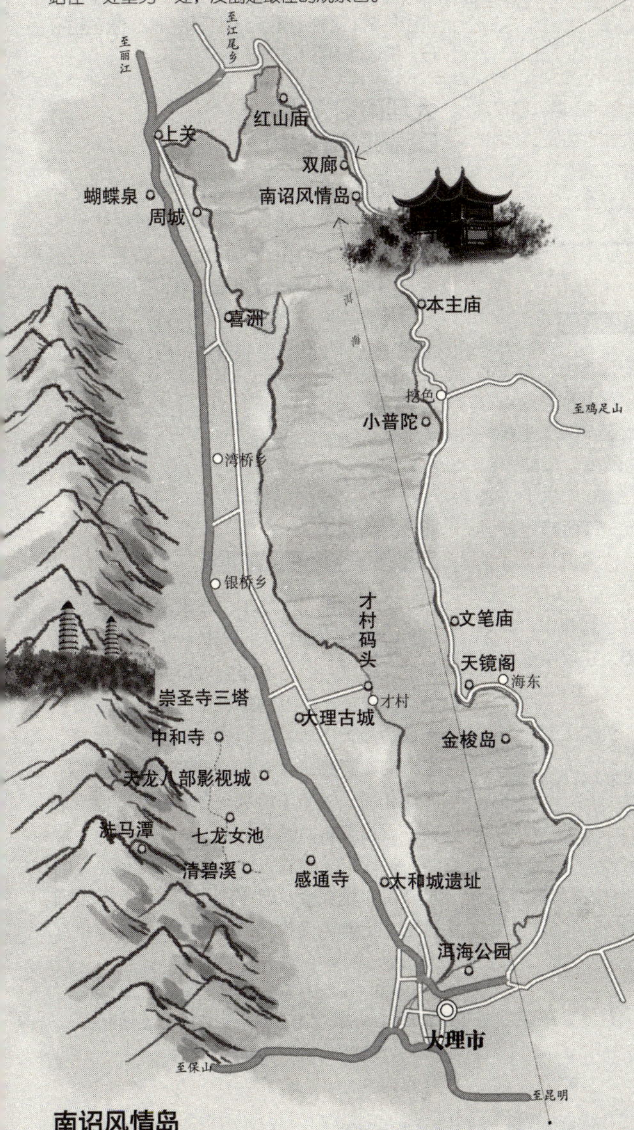

双廊

●千年古渔村

双廊地处洱海东岸的“莲花曲”和“萝时曲”之上，放眼望去，秀丽的玉几岛、小金梭岛犹如一对鸳鸯，浮在碧绿的洱海之中，两岛位于两廊之间的丽玲峰下。双廊风光以背负青山，面迎洱海、紧连鸡足、远眺苍山而独秀。既有渔田之利，舟楫之便，更拥有“风、花、雪、月”之妙景，享有“苍洱风光在双廊”的美誉，登上南诏风情岛，更可目睹17米高的汉白玉观音拜弥勒佛山的奇观。

洱海东岸的双廊古镇。

亲历者◎解说

双廊是个很小的镇子，它的街把房子分成靠山的和靠海的两部分，靠海的房子紧挨着海边，靠山的房子直盖到山脚下，在海边还有一道伸向海里的由石头砌起的人工海堤。

当年的《五朵金花》就是在双廊拍的。这里有一切适合拍电影的场景：古朴的白族村庄、美丽的小岛、透明的海水、沧桑的樵石，有着古典微笑的人们。

南诏风情岛

●有“苍洱风光在双廊之美誉”

南诏风情岛是洱海三岛之一。该岛四面环水，东靠著名佛教圣地鸡足山，北接石宝山，南连大理，西对苍山洱海，因占据得天独厚的旅游资源，素有“大理风光在苍洱，苍洱风光在双廊”之美誉。

洱海东北部的双廊村对面。　　洱海码头的游船可达。　　50元。

亲历者◎指路

崇圣寺三塔距离大理古城大约1千米，建议走着过去，只需半个小时。也可乘马车，还可乘坐至蝴蝶泉的巴士。

亲历者◎解说

摄影：如果喜欢摄影，可到距三塔公园仅几十米远的三塔倒影公园内，那里是拍摄三塔倒影最佳的角度。

苍山风景区

●以云、雪、泉、石著称的历史文化名山

苍山位于洱海之西，是云岭山脉南端的主峰，向来以云、雪、泉、石著称。苍山有十九峰，北起洱源邓川，南至下关天生桥，长约50千米，如一道绿色屏障，雄峙于洱海西岸，每座峰海拔都在3500米以上，最高的马龙峰海拔为4122米。每两峰之间，都有一条溪水，下泻东流，注入洱海，这就是著名的十八溪。

游客在洱海周围，便可看到苍山，如果还想更仔细的欣赏苍山雄姿，建议乘缆车上山至中和寺。

大理古城西部山区。

古城内有很多车租车可到苍山脚下。然后从山脚有缆车上山。如果游客不愿乘坐缆车上山的话，也直接在古镇上租马上山，费用约100元。

30元；感通索道110元（往返，含苍山门票），中和索道100元（往返），苍山大索道282元（往返，含苍山门票、天龙八部影视城门票和影视城电瓶车费）。

亲历者◎攻略

玩苍山的时候，有30元钱的进山费，也可以找当地人带你进去，收15元，建议坐通感索道上去，不要坐小索道，而且只坐单程上去就可以，然后沿着玉带云游路走到小索道处，步行下山，下山的路上还能看见天龙八部影视城。景色也很好，能远远的看见大理古城和洱海。

↓喜洲古镇

大理南诏文化城

●南诏文化、建筑展示

大理“南诏文化”是中华文化的一支奇葩，它是精英（儒释）文化与大理民族地方文化的荟萃。“南诏文化城”，仿照南诏、大理国的宫殿与民居建筑设施，前殿后苑，城门雄伟，宫殿巍峨。“嫖信宫”为南诏的金殿，气势雄伟，金碧辉煌，有大理唐代建筑风格。

大理古城南2千米。

可以乘出租车和包车。

50元。

蝴蝶泉公园

●电影《五朵金花》的拍摄地点

位于苍山云弄峰下，泉水清澈如镜，这里曾经有过一段动人的爱情故事，这就是有名的“蝴蝶会”，每年到农历四月十五，蝴蝶会时，成千上万的蝴蝶从四面八方飞来，在泉边漫天飞舞。有的蝴蝶如巴掌那么大，也有的如铜钱那般小，无数蝴蝶还钩足连须，首尾相衔，一串串地从大合欢树上垂挂至水面。五彩斑斓，蔚为奇观。

蝴蝶泉是白族人民心中象征爱情忠贞的泉。每年蝴蝶会，四方白族青年男女都要到这里，用歌声寻找自己的意中人。蝴蝶泉有“三绝”：泉、蝶、树。

大理喜洲镇西北，苍山云弄峰下，距古城25千米。

大理古城西门外乘中巴40分钟可达，票价4元。

8:00~19:00。

60元。

喜洲古镇

●有着保存最多、最好的白族民居建筑群。

是清末至民国初期富甲一方的“喜洲商帮”在洱海之滨的喜洲镇建盖的古色古香的白族传统民居。以石木结构为主，白墙青瓦，古朴大方，具有独特的建筑风格。民居中最具民族特色的是三方一照壁、四合院、六合同春等组合式院落。是一个有着一千多年历史的白族历史文化名镇。镇中心四方街，是由店铺围成的小广场。镇内有严家大院、杨品相宅、侯家大院等景点。

🏠 大理市喜洲镇。 ¥ 从大理古城或下关乘坐开往喜洲的中巴，沿滇藏公路招手即停，票价 5~8 元。

北部高原水乡旅游区

沙溪古镇

● 入选世界濒危建筑保护名录

沙溪是一个青山环抱的小坝子。澜沧江

石宝山

● 南天瑰宝，是研究中国古代石刻艺术必去的地方

石宝山因山上的红砂石成龟背状裂纹，如狮似象像钟，得石宝之名。这里林木茂盛、石趣无限、庙宇别致、景色独特，尤以石窟和摩崖造像而声名久远。

石宝山景区包括海云居、宝相寺和石钟山石窟等 3 部分。另外每年 3 月在石宝山举行的白族民间传统歌会更是盛况空前。

🏠 大理州剑川县城西南面约 25 千米的沙溪乡境内。

🚌 由剑川县向南向岔路至沙溪石钟山，可乘沙溪方向客车。

¥ 50 元。

↓石宝山

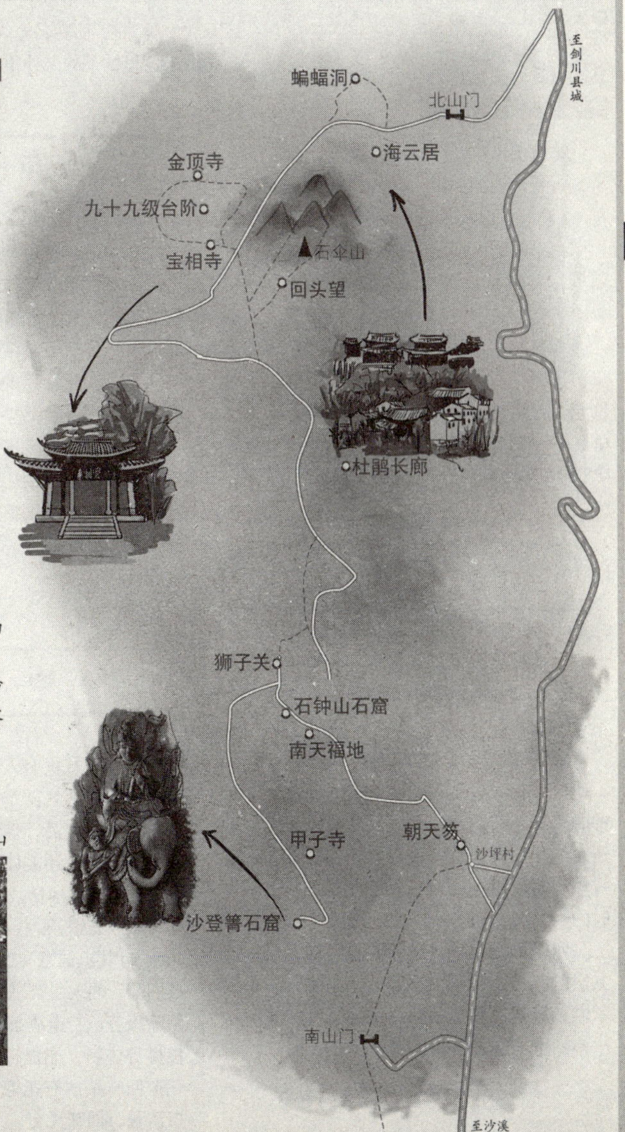

水系黑惠江由北至南纵贯全坝，是一个以白族为主，汉、彝、傈僳族共居的少数民族居住地，是一个被人们誉为“山美、水美、坝子美、姑娘更美的鱼米之乡和歌舞之乡”。盛产花鱼、地参子、松茸，传统霸王鞭舞、集体舞蹈肖拉者、姑娘优美的歌声、古韵悠长的洞经古乐使每一位来消溪的人沉浸在歌舞的海洋中，久久流连不归。

大理剑川县西南部。

鸡足山

●中国五大佛教名山之一

鸡足山山势背西北而面东南，前列三峰，后拖一岭，形如鸡足，故名。鸡足山的风景，可与峨嵋、九华、五台、雁荡山相媲美，古人用“四观八景”盛称。鸡足山不仅风光优美，而且是滇西著名的的佛教圣地，现在山上已修建了索道，方便游客游览。

著名的鸡山八景即：苍山积雪、洱海回岚、飞瀑穿云、华首晴雷、塔院秋月、天柱佛光、万壑松涛、重岩返照。

宾川县城西北 30 千米处，距大理市 100 余千米。

门票 80 元，索道（双程）75 元。

住宿

大理古城国际青年旅舍：位于博爱路，提前 72 小时预订时间，旅馆距离大理火车站 13 千米。

MCA 旅社：MCA 翻译是湄公河文化艺术研究中心，从 MCA 到大理南门只有五分钟的路程，在城南门外，但环境诱人，有个清澈的泳池倒映着背后苍翠的苍山。旅社还提供出租自行车等，每天还可以免费上半小时的网。

四季如歌客栈：位于大理古城，是一栋三层的小楼，有一个温馨的小小院落，小楼默默地隐居在喧嚣的路口后面，及守着一片宁静，也不缺人市的热闹。

餐饮

大理的特色美食游砂锅鱼、双川乳扇、木瓜鸡等。大理最好的餐厅大部分都集中在古城中，在护国路上，许多餐馆兼售中西餐，游客可以品尝到云南风味的菜肴以及当地的白族菜，其中以拥有白族“三道茶”及藏族“酥油茶”而驰名海内外的太白楼堪称代表，来这里饮茶的老外很多。

购物

在大理，想带几件别致的小礼物回家送人，不愁找不到地方。在古城或下关，你可以买到用天然大理石制作的文房四宝、花盆、花瓶、灯具等大理石工艺品。

富有民族特色的白族蜡染、扎染更是人见人爱的手工艺品，在下关及古城也随处可见；大理州邓川乳扇非常出名，各土杂店及农贸市场有售；剑川木雕，原为剑川民间工匠制作的家具、门窗、屏风等，近年开发了一些工艺品小雕件，供游客携带，在各工艺品店有售。

民俗

白族婚礼：有人曾概括地说，在大理地区参加白族人家的婚礼，不仅能品尝到白族的名优特产食品、佳肴，看到绚丽多彩的民族服饰，而且还能体验到一次难得的妙趣横生的独特民族风情。

白族三道茶：指的是“苦茶”“甜茶”“回味茶”。其象征意义通常概括为“一苦、二甜、三回味”的人生哲理。头道苦茶能止渴生津，消除疲劳；二道甜茶放有乳扇、生姜、蜂蜜、核桃等佐料，能提神补气，使人神清气爽；三道回味茶放有花椒、肉桂等佐料，饮之满口清香，回味无穷。

丽江

丽江地处云南西北部，玉龙雪山是丽江最高的山峰，云杉坪和牦牛坪深藏山中。金沙江在石鼓镇拐了一个弯，向前奔去遇到了玉龙和哈巴；虎跳峡的惊险壮美使人心向往之，翩翩候鸟却喜爱落脚拉市海；丽江古城有五彩石铺成的街道，流淌的泉水会绕过每一条路……悠闲的丽江会留住所有人的脚步。

丽江古城是一个适合人长久居住的地方，五彩石铺成的街道，山腹中流出的泉水绕过古城的每一条街道。小镇的安祥静谧和悠闲留住了很多人的脚步。纳西古乐和东巴文被称作音乐和文字的“活化石”，是它们记录并延续了纳西文明。

面积：21219 平方千米
人口：119 万
区号：0888

亮点

必游景点

- **丽江古城**：光滑洁净的窄窄的青石板路、完全手工建造的土木结构的房屋、无处不在的小桥流水。
- **束河古镇**：束河镇的格局与丽江古城相似，只是这里更加幽静。
- **玉龙雪山**：玉龙雪山是离赤道最近的雪山群。在纳西族心目中，玉龙雪山是一座神山。
- **泸沽湖**：东方古老神秘的“女儿国”以其独特秀美的自然风光和旖旎的民族风情而名扬天下。

线路推荐

- **丽江周边经典二日旅**

D1：丽江古城—途经甘海子、白水河—玉龙雪山—白沙村（白沙壁画）—玉峰寺—洛克故居—丽江古城。

↑金沙江大拐弯

D2：丽江古城—束河古镇—白沙村（白沙壁画）—丽江古城。

- **丽江周边驴行二日游**

D1：乘索道往返观赏玉龙雪山—下山后沿途可观看白水河—玉峰寺—白沙壁画—晚上可去城内观赏纳西古乐。宿丽江。

D2：丽江古城—黑龙潭—东巴文化博物馆—石鼓镇—长江第一湾—宿丽江。

交通信息

飞机

丽江机场距离城区路程约 30 千米，已开通丽江至昆明、北京、上海、广州、成都、深圳等航线。有民航专线车往返于机场和市区之间，终点站在新城丽江民航蓝天公司售票处门口。

火车

丽江火车站位于丽江市区南侧大约 10 千米，丽江火车站是大丽铁路的重点，目前有往返昆明、大理、曲靖、宣威等地的火车。

丽江古城旅游区 AAAAA

东方威尼斯，高原的姑苏

丽江古城是一座没有城墙的古城，有的是光滑洁净的窄窄的青石板路、完全手工建造的土木结构的房屋、无处不在的小桥流水。

古城倚玉龙雪山雪水、黑龙潭潺潺清泉而建，依山傍势，环绕古城的三大水系从玉龙桥穿街过巷，入院穿墙，流布全城，形成“家家流水、户户垂杨”的江南景色，被誉为“东方威尼斯”“高原的姑苏”，既有山城之容，又有水城之貌。水是古城的灵魂，建筑就是古城肌肤，而密布古城大大小小的354座古石桥、木石桥，又形成了“小桥、流水、人家”的美景，从而也拉近了人与人之间的距离。

丽江市东部，座落于丽江坝中央。

在古城内，交通工具都不能行驶，只能步行。

古城保护费80元（实名售票）。在城门的一个旅行社经营的收费亭写着请自觉缴交，或者是由在古镇中的客栈代收。

亲历者◎解说

丽江古城所有的房屋在建造时不使用一枚钉子，完全利用了穿斗式的木结构；对水资源的合理利用是古镇的一大创举，来自古城北面黑龙潭的玉泉河水流到玉带桥时，被分成了东、西、中3条分流进入城中，形成了环城而流的城市水系，以致每家门前都有河水流过，而处于中心位置的四方街略微凸起，四周凹下，当水闸合起的时候，漫过地面的水就流向每一条街道，把铺在地面的五彩石洗得干干净净。

1997年12月4日，丽江古城被联合国教科文组织世界遗产委员会列入《世界遗产名录》。

万古楼

●中国木结构建筑第一楼

登上万古楼，可以将整个丽江坝尽收眼底，脚踏狮子山漫漫林海，北望玉龙十三峰，东俯丽江古城以及气势辉煌的仿故宫建筑群——木府，风景实为壮观。

丽江市古城区狮子山顶。

从四方街沿翻越狮子山的石阶步行攀登至万古楼，30分钟即可到达，（狮子山在明清木土司时期即为木府的后花园），这样可一边攀登，一边观景。 50元。

四方街

●古城中心广场，最热闹的地方

四方街是古城的中心广场，广场的形状很像方形的知府大印，由土司取名四方街，取“权镇四方”之意。

中午前后，会有许多着传统服装的纳西老人在这里伴随古老的乐曲手牵手跳民族舞蹈。到了夜晚，特别是节日的夜晚，这里又成了各族儿女的歌坛舞池，人们燃起篝火，在这里对山歌，跳起锅庄、阿丽哩、芦迪舞，

玉龙雪山旅游区

玉龙雪山 AAAAA

●离赤道最近的雪山群

在纳西族的传说中，玉龙雪山是“三朵神”的化身，所以，在纳西族心目中，玉龙雪山是一座神山。主峰山势陡峻，雄伟异常，迄今仍是无人登顶的“处女峰”。

玉龙雪山因为山体气候垂直分布，植被和自然景观极其丰富。雪峰下有高山草甸，牦牛在广袤的原始森林旁悠然散步，远处的木楞房里不时传出藏族姑娘的歌声，冰川、峡谷、瀑布，还有在不同高度依次开放的杜鹃花。玉龙雪山主峰常年大部分时间都在云雾缠绕之中，有“神龙见尾不见首”的说法。

进山费130元，大玉龙雪山（八景区联票）230元。有三条索道，冰川公园大索道182元，云杉坪小索道索道55元，牦牛坪中索道索道60元。

亲历者◎攻略

1. 最佳旅游时间：玉龙雪山最佳旅游时间为每年的4~5月，特别是甘海子，到处是一望无际的野花。

2. 要坐缆车就要早起。玉龙雪山上旺季人也并不多，只是在山腰等乘车的和在缆车站等缆车的人很多，所以一定要早点去，要是中午或下午去就只有排队了。淡季去的话就应该舒服多了。

3. 上玉龙雪山其实不用租什么大衣或者氧气袋，除非身体不是很好，上去的时间不是很长，一般情况下，穿一件毛衣和外套就行，如果心里还不踏实，上山之前吃点高热量的东西，比如巧克力什么的。风大的时候要租羽绒服，建议不要在坐环保车的地方租，比山上还贵，等坐上环保车到3356米的索道站或4506米的索道站再租，租衣服和氧气袋费用：大衣20元，氧气袋30元，需要注意的是这2样东西租用的时候都需要交押金，100—200元不等。注意：氧气袋如果连续放气的话，只能支撑3分钟时间！

牦牛坪

●草甸牧场

为典型的草甸牧场，高山雪原风光与黑水河溪流作伴，有牦牛雪原、牦牛雪谷、黑水幽谷、黑水瀑布冰桥、雪花湖、牦牛溪、锦绣草甸等景。

索道60元。

扇子陡

●玉龙雪山主峰

扇子陡是玉龙雪山的主峰，由丽江平原中看扇子陡，像是一座竖立起来的银锌。攀登上白雪山来看它，像一把白绫折扇展开在那里，所以有扇子陡和雪斗峰之称。现在由锦乡谷的草坪中仰望上去，又像一片白玉壳，三面作放射状指向天空，在碧天白云中闪闪发光，是玉龙雪山的标志和游览中心。

¥ 包含在玉龙雪山的门票内。

甘海子

●拥有辽阔的草原和大片的松树

沿雪山向北25千米的地方就是甘海子，这里是个天然草甸牧场，辽阔的草原和大片的松树。甘海子距离古城23千米，海拔3100米，属高山草甸，三面环山，空间开阔，环境宁静。从这里欣赏玉龙雪山，别有一番景致。

⌂ 甘海子位于玉龙雪山东麓，是一个天然的大牧场。

🚌 古城玉缘桥旁乘公交车7路去玉龙雪山，也可乘坐索道公司的巴士上山。

¥ 包含在玉龙雪山的门票内。

通宵达旦。在古城四方街每周二、四、六都有篝火歌舞晚会。

木府

●丽江古城文化之“大观园”

木氏土司建造了规模宏大的宫殿式建筑群，据说是仿照北京紫禁城建造的，这种僭越本分的做法，在等级森严的古代是决不允许的，因此木氏土司从不让外人进去，连徐霞客也不列外。木府门前的石牌坊，用采自下虎跳金沙江边的汉白玉建成，宽9米，高约18米，4根石柱撑着牌坊上的碑、椽、檐和坊盖，匾额上镌刻着明神宗钦赐的“忠义”二字。

位于丽江古城狮子山下。

游客到达丽江古城后，可沿四方街西侧小河步行前往木府，10分钟即可到达。

¥ 60元。位于大研古镇内，进去时最好跟导游，这样你能学到挺多关于纳西族的历史知识的。

黑龙潭（玉泉公园）

●龙潭倒映十三峰景观地

公园是丽江东巴文化研究所的所在地。这里保存着纳西族东巴教的经书2万多册，如果对东巴文或东巴文化感兴趣，这是一个必到之地。丽江县博物馆就在侧边的五凤楼内，收藏着近万件文物，是了解丽江民族历史、文化和民俗的首选之地。

玉龙雪山正好倒映在黑龙潭水面上，清澈的湖水倒映着玉龙的巍峨，这个画面曾经作为丽江的标志为很多人所熟悉。

于县城西北五百米处的象山脚下。

7：00~19：00。

泸沽湖

●东方古老神秘的女儿国

泸沽湖是由断层陷落而形成的高原湖泊。整个泸沽湖状若马蹄，水质纯净。晨曦初露，湖水如染，一片金红；朝阳徐徐上升，则为翠绿；待夕阳西下，又成一片墨绿。风静时，平滑若镜，积万顷碧玉；微风起处，波光粼粼。

湖泊周围山峦起伏，东北方有峭拔壁玉的肖家火山；西北有状若雄狮蹲踞的格姆山。湖东，有条山梁蜿蜒而下直插湖心，似条苍龙俯卧湖中汲饮甘泉，形成泸沽湖上一个美丽的半岛。

¥ 100元。

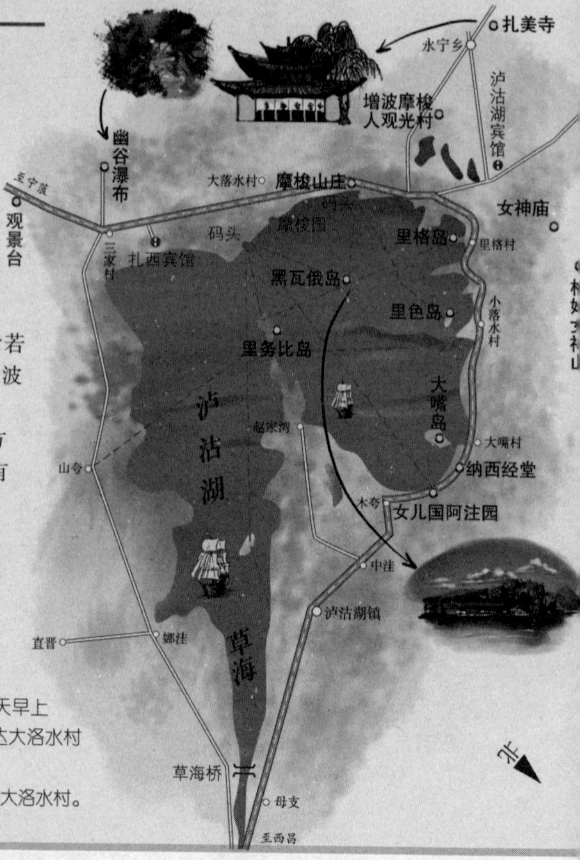

亲历者◎指路

丽江古城口玉河广场停车场每天早上有发往泸沽湖的旅游专线车，可抵达大洛水村和里格岛。

丽江高快客运站有车发往泸沽湖大洛水村。

丽江古城周边

拉市海

●鸟儿的天堂

拉市海是云南省第一个以“湿地”命名的自然保护区。拉市海每年都引来越冬的水鸟，有调查显示，这片水域每年有3万只左右的水鸟来此越冬，其中包括斑头雁、中华秋沙鸭、黑颈鹤、天鹅、白鹭等57种鸟类和珍稀濒危鸟类。这里已建立了包括拉市海在内的4个高原湿地自然保护区。

丽江城西8千米处的拉市坝中部。

从丽江古城包车前往，300~500元一天。

拉市海湿地公园30元。

亲历者◎攻略

泸沽湖旅游区用餐集中在泸沽湖畔的落水村，一般旅店都供应饮食。早餐特别丰富，有酥油茶、稀饭、馒头、咸菜、饵丝等，自选任吃，每人只需花6元钱，中、晚餐可根据自己的经济情况定餐；旅游区另还设有西餐厅、中级酒店、风味小吃等。

到了泸沽湖，一定要尝尝当地的猪膘肉、牛干巴、酥油茶、苏理玛酒。摩梭人家的烤鱼很好吃，是用当地的一种特产叫巴鱼的小鱼做的。还有就是摩梭人的咣当酒，度数不高，口感极好，但是千万不要贪杯。因为据说不少人喝的时候不觉得什么，喝完后就“咣当”一下，栽在那里了，所以得名“咣当酒”。

乘猪槽船游湖、锅庄晚会、摔交比赛是摩梭人为游客专设的娱乐活动。

泸沽湖有许多饶有趣味的民族工艺品，但对于游客，最珍贵的纪念品莫过于一张摩梭民歌的唱片，就算从此与泸沽湖远隔万里，那悠扬的歌声也能将你再次带回这个神奇而美丽的地方。

摩梭风情游，一定给游客留下了深刻的印象。在离开以前，游客如果再想带回一些特产的话，不妨买一点苏理玛酒、猪膘肉（琵琶肉）、小凉山苹果，这些向农家购买也行，去宁蒗县城的商店也能买到。

束河古镇

●纳西古镇

意为“高峰之下的村寨”，是纳西先民在丽江坝子中最早的聚居地之一，也是茶马古道上保存完好的重要集镇。

束河依山傍水，民居房舍错落有致。街头有一潭水，称为“九鼎龙潭”，又称“龙泉”。潭周绿柳垂地，翠柏指天，泉水清澈，游鱼可数。村庄中心有长33米、宽27米的小小四方街，与古城四方街一样可以引水冲洗。街面上的那些被人马踩踏得光溜平滑的石板，似乎还能照见往日的繁华。

丽江古城西北四千米束河古镇。 50元

白沙古镇

●纳西族在丽江坝的最初聚居地

白沙古镇是丽江最古老的集镇之一，是纳西族在丽江坝的最初聚居地，也是丽江木氏土司的重要发祥地。现存有明代建筑大宝积宫、琉璃殿、文昌宫等，著名的白沙壁画就在大宝积宫内。

木氏土司曾在此建有家院和别墅。有一些明清时期的古建筑现在仍旧保存完好，比如大宝积宫和玉峰寺等。

丽江古城以北约8千米，北临玉龙雪山，南至龙泉，西依芝山。

从大研古城红太阳广场乘6路公交车，至“白沙”下车即是。也可从大研古城骑自行车去白沙古镇，一路风景不错，车程大约12千米。

亲历者◎攻略

现在白沙古镇是不收门票，但古镇北侧的白沙壁画门票30元。（丽江海拔大概2400米，而白沙2500米）

玉水寨

●纳西族中部地区的东巴圣地

玉水寨是纳西族中部地区的东巴圣地，是丽江古城的溯源。

玉水寨东巴文化传承基地保留了纳西族传统古朴的风貌，与周围优美的自然景观交相辉映，真正体现了“人与自然和谐发展”这一纳西族传统理念，东巴文化之真谛。

🚌 丽江县城汽车站乘坐发往玉水寨的班车。

¥ 50元。

虎跳峡

●世界上落差最大的峡谷

金沙江在石鼓镇拐了一个弯之后，江面仍然开阔而平缓，遇到了横卧于面前的玉龙雪山和哈巴雪山，并没有退缩而是冲开了一条狭路继续向北，这就形成了以惊险著称的虎跳峡险滩。

虎跳峡起于中甸县的桥头镇，结束于丽江县的大具，全长约20千米，其间落差约200米，分为上、中、下三段，中间有18个险滩。江面从玉龙和哈巴两座雪山之间激流而上，两座雪山的海拔分别为5596和5396米，最大高差3900米。

¥ 65元，包括上虎跳和中虎跳。

住宿

格桑梅朵客栈：位于丽江大研古镇五一街文治巷45号。五一街是整个古镇唯一一条无旅行团购物点的古街，是一个闹中取静的好去处。客栈设施齐全，可以免费上网听音乐看电影，还有大量书刊杂志可以免费阅读。

望古楼青年客栈 新华街黄山下段50号。在客栈的二楼可以眺望全古城，景色很美，床位很抢手，最好预订。

餐饮

古城大石桥到七一街一带是有名的小吃一条街，短短窄窄的街道两侧排列了数十家小餐馆，基本上每家餐馆都有云南米线，种类有砂锅米线、煮米线，因此这条街又有“丽江米线街”之称。

丽江的主要美食有鸡豆凉粉、黄豆面、米灌肠、虫草汽锅鸡等。要想吃的便宜或吃风味小吃可到各农贸市场去吃，新大街的（百信商场、七星街附近）华都商贸城里面也有很多的各地小吃，营业到夜里两点多。

购物

在古城中心有一块近6亩地的方形街市，四周均是整齐的店铺，俗称“四方街”，是丽江最具传统的购物集市。大多数的商店都有售手工艺品和旅游纪念品。

民俗

纳西古乐：纳西古乐是世界艺术史上的一朵奇葩，纳西族人民不仅珍存了白沙细乐和纳西古乐，还保存了来自波斯的四弦弹拨琴“苏古笃”，以及被称为“元人遗音”的纳西古乐。历时400多年的丽江大研纳西古乐会在民族音乐家宣科的推广和组织下，以将纳西古乐推向世界。

纳西族建筑：纳西民居大多为土木结构，比较常见的形式有以下几种：三坊一照壁、四合五天井、前后院、一进两院等几种形式。不论城乡，家家房前都有宽大的厦子（即外廊）。

摩梭人走婚：泸沽湖畔的摩梭人至今仍保留着古老的走婚习俗，他们以独特的婚姻方式吸引着无数好奇的游人。

三朵节：农历二月初八。三朵节是纳西族最盛大的传统节日，届时丽江城乡中古乐长奏，纳西人载歌载舞，还会带着火锅到拉市海等风景秀丽的地方野餐，以此来欢庆节日。

纳西族火把节：农历六月廿五至廿七。以丽江古城最为热闹，纳西人按古规一连要过三天的火把节，点三个晚上的火把。每天门前要点一支柱子般又粗又大的大火把，寨子里的青年们个个拿着又细又长的小火把，沿着田埂、山路，边走边唱，直到深夜。火把燃得越旺，就越吉利，人们越高兴。

香格里拉

香格里拉属于迪庆州的下属县。她的美超乎想象：梅里雪山十三峰连绵不绝，纵贯全境。壮观的冰川从雪山上倾泻而下，摄人心魄。雪山环绕之间，大大小小的草甸和坝子星罗棋布。还有无数美丽静谧的海子，宛如女神手里的宝镜打碎四散在这片土地上。湛蓝的天空下，飞扬的五彩经幡妆点着神圣的寺院。纯朴虔诚的人民世代在这里生息劳作，这是他们最美丽的家园。一切都如同人们梦想中的自由王国——香格里拉。

亮点

必游景点

- **梅里雪山**：藏族聚居区的八大神山之首。著名的“日照金山”绝景让无数背包客心向往之。
- **松赞林寺**：云南最大的藏传佛教寺庙群落，集藏族造型艺术之大成，有“藏族艺术博物馆”之称。
- **普达措国家公园**：世界自然遗产“三江并流”的重要组成部分，风景绝美。
- **白水台**：是纳西族东巴教的发祥地。青山掩映中的白水台如同层层梯田，在阳光照耀下，又仿若摄影作品中凝固的瀑布一般。
- **碧塔海**：在香格里拉众多湖泊之中，碧塔海是最美的之一，碧塔海湖水常年澄澈碧绿，清丽不俗。
- **独龙河谷**：几乎与世隔绝，是秘境中的秘境，神秘中的神秘，成为除香格里拉外的又一个世外桃源。

线路推荐

● 香格里拉二日风光游

D1：上午游览虎跳峡，下午前往香格里拉。晚餐后可去香格里拉古城藏族群众家访，参加藏族群众歌舞以及小吃晚会，宿香格里拉。

D2：普达措国家公园—碧塔海—属都湖。

↓香格里拉属都湖

● 香格里拉以北高海拔四日游

D1：香格里拉—奔子栏—金沙江大转弯—东竹林寺—德钦—飞来寺—西当温泉（宿德钦或者宿西当温泉）。

D2：西当温泉—上雨崩—下雨崩—神瀑，宿下雨崩。

D3：上雨崩—西当温泉—德钦（宿德钦）。

D4：德钦—香格里拉（早上可以早起往飞来寺去看梅里雪山日出，然后中午包车或坐班车赶回香格里拉）。

交通信息

飞机

迪庆香格里拉机场位于香格里拉县城西南郊，通航城市有昆明、重庆、拉萨、广州、西双版纳、北京、深圳、贵阳等。

香格里拉旅游区

香格里拉市原名香格里拉县，藏语称“建塘”。“香格里拉”源于藏经中的香巴拉王国，在藏传佛教的发展史上，其一直作为“净王”的最高境界而被广泛提及，在现代词汇中它又是“伊甸园、理想国、世外桃源、乌托邦”的代名。

纳帕海

●香格里拉最有高原特色的风景区

高原湖泊，有许多珍奇飞禽栖息于此，其中最有名的要数国家一类保护动物黑颈

梅里雪山

●世界上最美的雪山

梅里雪山风景名胜区位于德钦县境内。德钦，藏语意为“吉祥如意，和平安宁”。梅里雪山是滇藏界山，著名的“日照金山”绝景让无数背包客心向往之。包含13座海拔6000米以上的山峰，主峰卡格博峰海拔6740米，被誉为“世界上最美的雪山”，迄今仍无人登顶。

梅里雪山是藏传佛教的朝觐圣地，位居藏族聚居区的八大神山之首。每年的秋末冬初，西藏、青海、四川、甘肃的大批教徒千里迢迢赶来朝拜，虔诚艰辛的场面令人叹为观止。

德钦县升平镇东北郊10千米。

150元套票(含金沙江大湾60元雾浓顶观景台60元。飞来寺观景台60元)；228元套票(含金沙江大湾60元、雾浓顶观景台60元、飞来寺观景台60元、明永冰川78元)；230元套票(含金沙江大湾60元、雾浓顶观景台60元、飞来寺观景台60元、雨崩80元)，进雨崩加收5元管理费。

亲历者◎指路

如果想玩得尽兴一些，从香格里拉到梅里雪山最好是包车，途中经过：尼西，奔子栏，东竹林寺，白茫雪山，德钦县城，飞来寺；最后可到明永冰川。一路上景致非常好，如果在傍晚路过飞来寺，还有可能看到景色殊佳的梅里夕照。包车前要和司机谈好价格，注意事先要把目的地和行程线路确认清楚，以减少不必要的麻烦。

亲历者◎攻略

1. 观赏梅里雪山的理想季节是10月至次年5月的冬春季，最佳季节是10月底后，天气晴朗，空气洁净，透明度高，常能看到主峰。

其他时间，要看运气。一般在清晨太阳刚出

飞来寺

●观赏梅里雪山的理想地点

飞来寺位于滇藏公路沿线，距德钦县城10千米，是观赏梅里雪山的理想地点。该寺始建于明代，沿途古松林立，景致优美。传说飞来寺建寺的木料都是南卡曲杰嘉措活佛运用法力从尼农、距达等村子凌空运来的，所以才叫“飞来寺”。

滇藏公路沿线，距德钦县城10千米。

从德钦到飞来寺的班车不定时，从德钦县城包车前往，车费二三十元左右，车程约15分钟。

亲历者◎攻略

飞来寺住宿推荐：

梅里往事：这是一个欧式木二楼，一楼是餐厅和酒吧，总是飘着轻柔的法国和南美音乐，有温暖的色调，舒适的沙发、有书吧，二楼有个面朝雪山的大阳台，每个设计细节都在营造那个地区最舒适，最整洁、最私人化，也最安静的环境。订房电话：电话：0887~8416617。

梅里山庄：飞来寺最早客栈，普间6个，8个标间有卫生间和24小时热水，旧房子20元/人。

南卡酒店：最理想的一点就是基本上所有客房的窗户全都对着梅里雪山。比较新，价格：120元/标间，80元/普间，南卡是那里最高的一个酒店，在天台看梅里日出位置绝佳。

雨崩村

●世外桃源样的神奇美丽的地方

雨崩是一个村落，位于德钦县境内，地处梅里雪山背面。雨崩村四面群山簇拥，因其地理环境独特，所以人烟稀少，全村只有20几户人家，仅通过一条驿道与外界相通。

德钦县云岭乡雪崩村，梅里雪山背面。

包含在梅里雪山套票内。

亲历者◎攻略

1. 德钦地区温差大，即使是夏季来，如遇下雨，气温可能降至5℃左右，建议携带绒衣、冲锋衣，徒步者同时应带快干衣裤。除常规徒步装备外，如果雨季前往，建议带雨衣和雨具。防晒霜、润唇膏、护手霜、太阳镜、围巾、手套，为必备品。

2. 雨崩徒步线路已经非常成熟，建议尽量减少装备，可以将行李存放在飞来寺的客栈。从西当温泉至雨崩沿途有三个茶水店：青松林茶馆、八一五七茶馆、那宗拉垭口茶馆，可提供简单食物和茶水补充。

亲历者◎游记

雨崩村是一个神奇美丽的地方，行走其间让人有旷世桃源之感。雨崩村有上下村之分，上村可以通往攀登卡瓦格博的中日联合登山大本营，而下村通往雨崩神瀑，沿途可以看到古篆天书、五树同根的奇景。

来的时候，更容易看到雪山。秋末和春初，观卡瓦格博峰 8:00~9:00 左右，能看到雪峰下，针叶带有一条白的云带，当地藏族群众特称之为“卡瓦格博献哈达”。随着太阳的升高，云带不断上升，中午时分云朵飘浮在卡瓦格博峰顶上，此为“卡瓦格博打伞”，能领略此种景致的机会不多，据藏族群众传说只有缘之人才能有此福分。

2. 最佳观赏地点：

雪山观景有几个地方比较理想，一是 214 国道下了白茫雪山，可以看到了梅里雪山全景，但公路狭窄，不宜久留。二是雾农顶观景台，从中甸方向进入德钦的 214 国道上，离德钦县城约 15 千米，建有 13 座白塔，地势开阔，颇为壮观。三是飞来寺烧香台，飞来寺村位于德钦往西藏的 214 国道上，离德钦县城约 11 千米，当地藏族群众及过往行人均在此烧香祈福，此乃观日出日落之佳境。现在飞来寺烧香台已经成为了一个功能齐全的旅游地，餐饮食宿酒吧都有，绝大部分游客都住在这里，观日出日落，去雨崩和明永也最为方便。

明永冰川

●保存最好、高度最高、也是最壮观的一个冰川

是卡瓦格博峰下其中一条长长的冰川，这是一条低纬度热带季风海洋性现代冰川，山顶冰雪终年不化。冰川脚下雪山山麓腹地是太子庙。

德钦县云岭乡明永村。

卡瓦格博峰

●迄今无人登顶的处女峰

卡瓦格博峰位于德钦县城升平镇以西，是藏传佛教的朝觐圣地，位居藏族聚居区八大神山之首，在当地有“巴何洛登地”的尊号，是一座金字塔形的雪山，被誉为“世界最美之山”海拔 6740 米，是云南第一高峰，也是“三江并流”主景观之一。卡瓦格博峰从不接受人类足迹的染指，迄今仍是无人登顶的处女峰。卡瓦格博，藏语“白色雪山”之意，俗称“雪山之神”。

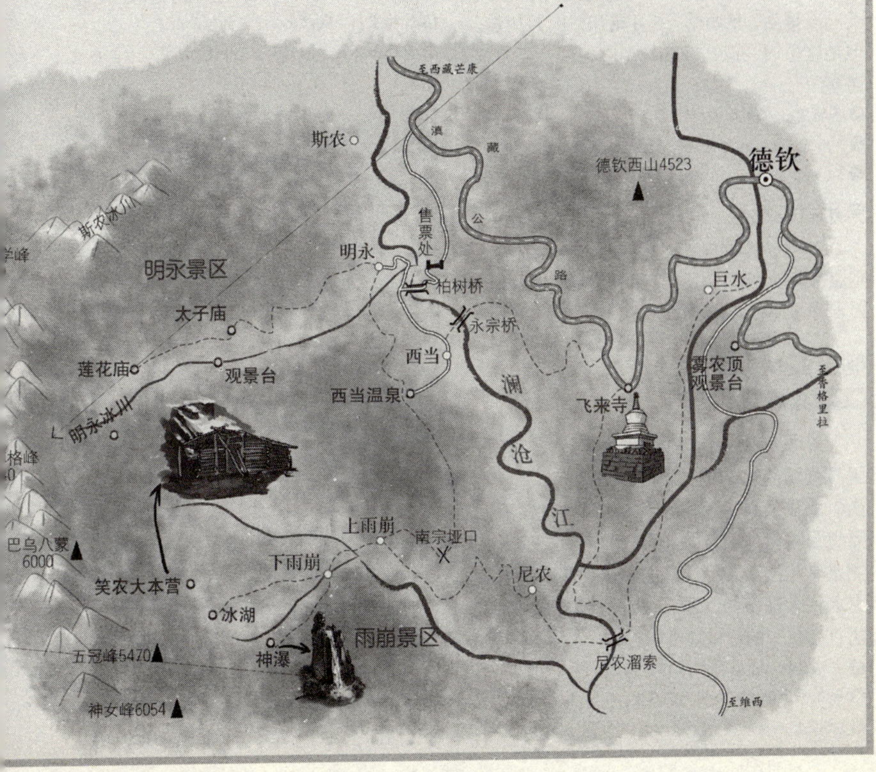

鹤。纳帕海自然保护区是香格里拉最有高原特色的风景区之一，雪山、草原、牛羊组成了大西南的塞北风光。

🏠 香格里拉市建塘镇北郊 8 千米。

🚌 纳帕海距香格里拉县城 8 千米，可乘坐班车，10 元左右，也可租车前往，往返 60 元。 ¥ 60 元。

亲历者◎攻略

风景很美丽，水天一色，值得一去，还有他们骑马的价钱是统一的，压不了价。有空可以与当地的牧民聊聊，他们很热情好客，不要在草地上运动太多，有高原反应。

普达措国家公园 AAAAA

●中国第一个国家公园

普达措国家公园是世界自然遗产“三江并流”风景名胜区的重要组成部分，也是拉姆撒国际湿地的重要组成部分，风景绝美。公园的大门设在“香格里拉第一村”霞给村的村头，由碧塔海与属都湖生态旅游区组成。

普达措国家公园不同季节景致不同，最美应该是夏、秋两季。6 月花开，10 月树黄。但是这里因为海拔较高，温度偏低，要注意防寒。

🏠 香格里拉市城东 22 千米霞给村。

¥ 200 元（含 120 元观光车费），碧塔海游船票 50 元。

🕐 8:0~17:00。

亲历者◎指路

早上八九点有到景区的班车，往返 90 元，也可以包车，往返 150 元左右，最好和司机师傅约好来接的时间，方便回程。

碧塔海

●碧塔奇景“杜鹃醉鱼”

碧塔海隶属于普达措国家公园，距香格里拉县城约 32 千米，海拔约 3539 米，是云南省海拔最高的湖泊。“碧塔海”是藏语，意思是“像牛毛毡一样柔软的海”。碧塔海湖水常年澄澈碧绿，清丽不俗。这里长年栖息着许多动植物，还有被生物学家称为“碧塔重唇鱼”的珍稀鱼类。

🏠 香格里拉市建塘镇东北 35 千米处。

¥ 含在普达措国家公园大门票里。

🕐 8:00~17:00。

亲历者◎解说

每年的 5、6 月份，满山红色的杜鹃花飘落在水面上，水下的游鱼吞食带有微毒的杜鹃花之后，就会如同醉了一般漂浮在水面上，这就是碧塔海独特的景观“杜鹃醉鱼”。传说林中的老熊也会趁月色来捞食昏醉之鱼。

在香格里拉众多湖泊之中，碧塔海是最美的之一，以自助游经验而言，需安排半天时间，才能真正体会这一圣湖之美。游玩碧塔海必须走 30 分钟的栈道去坐船。这里坐船主要是去看湖中的小岛，这里是整个景区最漂亮的地方。

松赞林寺

●被誉为“小布达拉宫”

松赞林寺又称归化寺，是云南最大的藏传佛教寺庙群落，还是川滇一带的格鲁派中心，被誉为“小布达拉宫”。

该寺依山而建，外形犹如一座古堡，扎仓、吉康两大主寺建于最高点，居全寺中央。寺内历代珍品众多。寺中僧侣 700 余人。集藏族造型艺术之大成，有“藏族艺术博物馆”之称。

🏠 香格里拉市城以北 5 千米的佛屏山下。

🚌 乘巴士 2 元，乘 3 路公交 1 元，从县城打车 15 元。

¥ 115 元。

↓松赞林寺

亲历者◎攻略

每年农历十一月二十九日，藏族群众在此举行以“跳神”（面具舞）为主的格冬节，气氛神秘而热烈。参观佛寺时要按顺时针行进；不得手指对佛像指指点点；未经许可，不得进入活佛的房间。

白水台

●纳西族东巴教的发祥地

远处看去，青山掩映中的白水台造型真的就像层层梯田，在阳光照耀下，又仿若摄影作品中凝固的瀑布一般。一脚踏在白色的石阶上，说不出的沁凉畅快。

它是由于碳酸钙溶解于泉水中而形成的自然奇观。含碳酸氢钙的泉水慢慢下流，碳酸盐逐渐沉淀，长年累月就形成台幔，好似层层梯田，被称为“仙人遗田”。

香格里拉市三坝乡白地村。

县城每天早上有一班发往三坝乡的大客车，票价24元，4小时可到，节日期间会增开班车；也可坐出租车前往，往返约400元/天。丽江古路湾车站和丽江客运总站都有丽江—白水台班车。 ¥30元。

怒江旅游区

独龙河谷

●一个遥远而神秘的河谷

独龙江河谷居住着我国人口最少的民族之一——独龙族。如今，独龙族人口仅为5500余人。只要在每年开山的半年时间里，与当地人结伴而行，从贡山县城丹当出发，翻越高黎贡山，便可来到从原始社会一步跨入社会主义社会的“太古之民”独龙族的聚居地。探访这个天然博物馆，走一走独龙江上特有的狭窄晃荡的藤网桥，运气好还能感受到最具传奇色彩的“剽牛祭天”盛典，体验千万年前原始部落的生活方式。

怒江傈僳族自治州贡山县境内的独龙河两岸的河谷地带。

亲历者◎攻略

1. 在徒步旅行独龙江的过程中，每天要步行15千米以上，对体力、毅力各方面都是一个很大的考验，旅行前需考虑清楚。徒步行程很艰险，参加的人需要具备良好的身体素质，另外还需要带好一些常用的药品。

2. 如果是全程携带装备的徒步之旅，在山上即使自己搭建帐篷露营，也需要交10元/人的住宿费用。露营地点分别在：其期、东哨房、巴坡、孔当。

3. 关于聘请马夫和背夫。在雪山垭口无雪时（一般6月底至10月），马匹可以通过垭口，这时可以雇请马匹。通常一匹马（骡子）可以驮运200斤的重量，也就是说可以驮运两人以上的装备。马夫可以兼做向导，并在途中负责生火、砍柴、做饭等工作。每匹马的价格为60元~100元/天，

垭口雪未化时，就不要雇马匹，只请背夫就可以，无雪时也可以不用马匹。贡山街头有很多背夫在街上闲逛，可以直接与他们谈价。背夫在贡山的价格是30~50元/天，食品和必需品由雇主负担。

丙中洛

●怒江中的桃花源

丙中洛，位于云南怒江，丙中洛被人们称作怒江中的桃花源。从丹当出发、沿怒江北行40余千米，就是滇藏交界的丙中洛乡。丙中洛主要居住着怒族、藏族、独龙族等少数民族，最富有人文特点的是，20世纪年，随着基督教的传入，丙中洛几个民族中兼有各种不同宗教信仰：原始宗教、藏传佛教、基督教共存。有“鲜花节”，石板粑粑、石片盖屋等景观。

贡山县丙中洛乡。

↓丙中洛

亲历者◎攻略

1. 自驾：这条线路目前还不适合大巴团队旅游，艰苦点的可以搭长途车自助背包游，奢侈点的几个人通过旅行社租辆越野车。虽黄金周也不见多少游客，很难得哦。

2. 路况：从六库到丙中洛都有柏油路，但因为山体塌方的事情常有发生，若自己驾车，那一定要小心慢速注意力集中，最好请个当地陪驾。

3. 装备：10月到第二年四月是最好的旅游季节。10月份衬衫加外套就行。如果到独龙江或秋那桶，要准备步行的鞋。

住宿

香格里拉市内团结路、北门街一带是旅馆比较集中的区域，原来的古城区改造成了旅馆、酒吧地带，与丽江相似。

香格里拉有许多旅馆、客栈适合背包族。香格里拉迪庆藏地青年旅舍位于香格里拉县依若木廊街24号。香格里拉国际青年旅舍：位于香格里拉县城建塘东路北侧。

如果在德钦地区游玩，可以就近住在德钦，这里也有多家宾馆、招待所供游客选住，价格比较适中。到德钦地区可以住飞来寺，飞来寺旁的旅行者之家和摄影者之家可以住宿，到明永村可住在明永山庄。

餐饮

香格里拉市的餐饮以云南及四川、藏式的餐饮为主，县城内各式餐厅很多，游客可以很方便的找到餐厅。四川及云南菜比较相似，较辣，云南的米线、粉丝等都可以吃到；藏式菜以当地出产的牛肉为主，还有各类藏族小吃。如糌粑、酥油茶、青稞酒、大饼等。各类星级酒店内都能提供各类各地方的特色餐饮。

购物

香格里拉自然资源极为丰富，盛产野生药材，比如虫草、白雪茶、红雪茶、贝母、天麻、当归、雪莲、藏红花、麝香等。梅里雪山更是因为盛产野生药材而被人称为“药山”。香格里拉藏族居民很多，藏药也十分出名，如七十味珍珠丸、二十五味珍珠丸、常觉等，均由多种名贵药材制成，疗效显著。

提示：买藏刀的时候最好让店家开一张发票，发票注明是“工艺品”，可以解决一些麻烦。藏刀是绝对不让带上飞机的，从邮局寄回的方法最为保险。

民俗

阿卡巴拉：每年农历二月初八，迪庆州、香格里拉县三坝白地峡谷的纳西人民，穿着节日盛装，扶老携幼，来白水台欢歌狂舞，欢度他们的盛大节日——“二月八”。

五月赛马会：是迪庆藏族一年之中最热闹的传统节日。五月的高原正是冬去春来的季节，人们相约在城东的舞凤山下，杜鹃丛中，搭起帐篷，备好丰盛的野餐，邀约亲朋，尽情玩耍。

独龙族民俗：独龙族原有原始群婚的习俗，现已不存在。男女均散发，少女有文面的习惯。独龙族人相信万物有灵，崇拜自然物，相信有鬼。镖牛，是独龙族举行传统宗教仪式的一个项目，是宗教图腾的一种表现形式。每逢重大节庆和祭祀活动，佤族都要举行镖牛。

藏族聚居区旅行提示

1. 玛尼堆在藏族心目中是神的路标，上面的玛尼石雕刻着六字真言或佛像，是藏族群众的圣物。行路遇到寺院、玛尼堆、佛塔等宗教设施，必须从左往右绕行，藏族群众认为走反了方向会有罪过。不要随意拾取玛尼石，更不可坐在玛尼堆上。

2. 不得跨越法器、火盆；经筒、经轮不得逆转；忌讳别人用手触摸头顶。

3. 藏族群众不喜欢讨价还价，很多地方的价格也是明码标价，如租马的费用，如果觉得价格不合理，可以拒绝，不必去讨价还价，有时讨价不但不成，反而会惹祸。

西双版纳

西双版纳，意思是“理想而神奇的乐土”，这里以神奇的热带雨林自然景观和少数民族风情而闻名。

西双版纳是傣族之乡，处处可见充满东南亚风情的佛寺、佛塔，傣族人基本上都是虔诚的佛教徒。西双版纳如今已成为交通便利的旅游热点，境内佛寺、佛塔星罗棋布，曼飞龙白塔是西双版纳佛塔的典范，极富东南亚情调；景真八角亭亦是西双版纳有名的佛教建筑，酷似傣家竹楼；其他如曼阁佛寺等历史悠久，是小乘佛教有名的会所，香火极盛。

面积：19700 平方千米

人口：96 万

区号：0691

亮点

必游景点

● **娜允古镇**：是中国至今还保存着的最后一个傣族古镇，古镇历史悠久却至今仍保留着傣族古城的特色和风韵。

● **橄榄坝（傣族园）**：具有浓郁热带风光和民族色彩，是傣家竹楼及水上风光的结合。

● **热带植物园**：热带植物园是一个以热带雨林为主，集科研、植物种质保存、科普和生态旅游等为一体的中国最大植物园。

● **野象谷**：因其方便的交通和独特的热带森林景观而成为西双版纳的旅游热点。

线路推荐

● **边境风光一日游**

D1：景真八角亭—打洛风光—独树成林。

↓西双版纳佛寺

● **版纳自助二日游**

D1：澜沧江风光—橄榄坝（傣族园）—热带植物园—曼听公园（参加篝火晚会，观赏民族歌舞），宿景洪。

D2：基诺山—野象谷—景洪—晚游曼景兰旅游一条街。

交通信息

飞机

西双版纳景洪机场位于景洪市西南部，距离市区约 5 千米，目前开通有昆明、上海、天津、成都、重庆、丽江等市的直达航班。机场和市区之间有机场专线车，双向运营。

景洪旅游区

西双版纳傣族园

●具有浓郁热带风光和民族色彩

橄榄坝是一块椭圆形、森林茂密的绿洲，坝内有 64 座傣族村落。橄榄坝世世代代生活着几百户傣族人家，是傣家竹楼及水上风光的结合。同时，这里有丰富的热带水果及旅游商品可供游客选择。

景洪市勐罕镇橄榄坝，市区东南 28 千米处。

在景洪客运站乘坐开往勐罕的车，行程约 1 小时，票价 9 元。

50 元，景区电瓶车 40 元，租借泼水服装 40 元。

8:00~18:30。

亲历者◎攻略

在橄榄坝傣族园里面几乎家家户户可以住宿，旺季时最好提前预定。

每年的傣历新年，也就是泼水节期间，到橄

↑傣族园

橄榄镇上赶集的群众都要专程来这里游览、朝拜、欢度节日，非常热闹。而且，这里每天下午 3 点都会有表演，之后在广场上有大型的泼水活动，游客可以参加，尽情欢乐。

西双版纳原始森林公园

●目前云南省最大的生态旅游景点之一

以“森林、野生动物、民族风情”为三大主题。有孔雀繁殖基地、猴子驯养基地、大型民族风情演艺场、爱伲寨、九龙飞瀑、曼双龙白塔、百米花岗岩浮雕、金湖传说、民族风味烧烤场等十大景区五十多个景点。

🏠 景洪市勐养镇北郊 8 千米。　　¥ 65 元。

野象谷

●野象自然保护区

西双版纳的野象，主要集中生活在勐养自然保护区内。野象谷主景区内建有游览步行道、专供游人观看野象活动的的高架走廊、大树旅馆、森林酒吧等设施。旅客如有耐心，可在 1、2 天内看见野象到河边饮水、洗澡。

↑野象谷

🏠 景洪市勐养镇北部。

¥ 65 元。热带雨林观光索道，单程运行票价 40 元，约 35 分钟；往返 60 元。

亲历者◎指路

景洪版纳客运站有开往野象谷的班车，每 40 分钟一班，车费 19 元。

亲历者◎攻略

勐养自然保护区热带雨林中现存亚洲象近 300 头，现驯养大象 20 头（含表演象），是我国第一所驯象表演学校。每天 11:00~12:00，14:00~15:00 为游客表演节目，不另收费，与大象合影每次收费 10 元。

大树旅馆架在树上，有高架走廊连接，是游客观察野象活动的理想住所。但住在这里要自备手电筒。此外，大树旅馆住宿价位较高。

曼听公园

曼听公园是西双版纳最古老的公园，傣族习惯把她叫做“春欢”，意为“灵魂之园”，过去是西双版纳傣王的御花园，传说傣王妃来游玩时，这里的美丽景色吸引了王妃的灵魂，因而得名。晚上还会举办篝火晚会和名为“澜沧江·湄公河”之夜的文艺演出。

景洪市曼听路。

¥ 40 元。

西双版纳热带植物园 AAAAA

●具有浓郁热带风光和民族色彩

全称是中国科学院西双版纳热带植物园，当地人称勐仑植物园。在这里，各种热带雨林景观使人流连忘返。顶天立地的“大板根”、残忍的“绞杀植物”、气势磅礴的“独木成林”、五彩缤纷的“空中花园”、奇特的“老茎开花”以及林间飞舞的巨藤所组成的奇观，令人大开眼界。那些会变颜色的花、让酸水果变甜的神秘果、随音乐节律颤动的跳舞草、按时开花的时钟花，以及树浆剧毒的“见血封喉”等奇花异木，都使人感到十分神秘，惊叹不已。

勐腊县勐仑镇葫芦岛上。

¥ 104 元，电瓶车 40 元 / 人次。出了植物园东大门，可与当地漂流公司联系，参加罗梭江漂流，费用约 25 元 / 人。

亲历者◎指路

在景洪客运站乘坐到勐仑、勐腊的车，到勐仑下车，票价 16 元，行程 1 小时 30 分左右。

普洱旅游区

茶马古道

●“南方丝绸之路”的重要路段

风景区遗存有一条铺就于崇山峻岭的石子大道——茶马古道。它是古代滇南的“茶盐之路”，普洱茶、磨黑盐都由此道出境；残存的茶马古道苔痕斑斑，上面是原始密林投下的树荫。

普洱市东南方约 40 千米处宁洱县的那柯里村。

宁洱县在普洱市思茅区东南方约 40 千米处，可在思茅客运站乘开往宁洱的班车，票价 20 元左右。

娜允古城

●中国的最后一个傣族古镇

娜允古镇是中国至今还保存着的最后一个傣族古镇。娜允古镇虽然历史悠久却至今仍保留着傣族古城的特色和风韵，蕴涵着丰富多彩的傣族土司文化，以及宗教建筑，饮食、服饰、节日、音乐、舞蹈、民俗等文化、有着珍贵的历史价值和艺术价值，近几年来，境内外少数民族，特别是缅甸，泰国等邻国的傣族客人到娜允古镇访古溯源的也

↓西双版纳植物园

日益增多。

孟连自治孟连镇西门外山坡上。 进镇免费。

哀牢山—漫湾风景区

有“神奇的自然博物馆”的美誉

哀牢山～漫湾风景名胜区位于普洱市景东县，由漫湾、哀牢山杜鹃湖、无量山荒草岭、大朝山、锦屏、仙人寨等六片和安定至漫湾一线组成，总面积160平方千米。

该风景区因地处南北地质地理的重要分界线上，保存完好的原始生态展示出独有的自然风光。

景东自治县，杜鹃湖在太忠乡。

景东县距昆明520多千米，昆明各大汽车客运站有班车前往。

大部分景点不收费，哀牢山杜鹃湖收费5元。

住宿

西双版纳有星级酒店30多家，其中傣园酒店、皇冠大酒店、金版纳酒店等是其中佼佼者。此外，金凤宾馆、景洪宾馆、西双版纳大傣乡大酒店、西双版纳交通饭店也相当不错。背包族可入住客运站旁的旅馆，交通便利，经济实惠。

如果前往野象谷游玩，可以尝试住在野象谷的大树旅馆。大树旅馆架在树上，有高架走廊连接，是游客观察野象活动的理想住所。但住在这里要自备手电筒。此外，相对于住宿条件而言，大树旅馆住宿价位较高，一间的价位在200元上下。

餐饮

版纳美食尽在夜市，各少数民族风味食品应有尽有。曼景兰旅游一条街是游客不错的选择，在夜间，一边品尝风味佳肴，一边观赏景洪城的夜景，五颜六色的灯光下，尝之不尽的美食会使人流连忘返。特色美食有：香茅草烤鱼、香竹饭，酸笋煮鸡（鱼）等。

购物

无论在景区、市区都有傣族妇女出售傣族特色的服装、金银首饰、黑陶器皿、大象木雕、竹编工艺品等，还有热带干果蜜饯、茶叶（普洱茶）等。购买时，可以尽量砍价。

傣族彩绘木雕一般来说越沉的质量越好，大多为大象形状，大的约100元，小的几十块就行。傣族织锦，一般而言60元。

民俗

傣乡风情：傣族是西双版纳人口最多的少数民族，历史悠久，文化灿烂，拥有自己的语言和文字，主要信奉小乘佛教，自古将孔雀和大象视为吉祥物。傣族少女服饰优美、容姿秀丽、能歌善舞，是版纳迷人的景致之一。

傣族民居：傣家竹楼颇具特色，大多临江河湖畔而建，是上下两层的干栏式建筑，周围绿树环绕，花香扑鼻，令人赏心悦目。

傣族与水：水在傣族生活中是非常重要的东西，他们的许多节日、习俗与水有关，例如辞旧迎新的泼水节。傣家人十分在意水源的清洁，路过傣家寨子时，切记不可往水井里扔东西。

傣族婚恋习俗：傣族男女恋爱自由，每当新年来临，姑娘们将做好的四角缀有缨须的菱形花布包在丢包场丢给意中人，这就是著名的“丢包”活动；小伙子夜晚来到中意的姑娘家楼下吹笛表白心意，叫做“串姑娘”，有意的姑娘会随小伙到竹林中密谈。

傣族泼水节：傣历新年又称泼水节，是傣族一年中最盛大的节日，由公历4月13日至15日，持续三天。届时，人们先到佛寺浴佛，然后以互相泼水来表达真诚的祝福，把过去一年的烦恼辛劳冲洗干净。

保山→腾冲→瑞丽

保山—瑞丽—腾冲是大理古城西部的一个重要旅游线路，也是中缅边境旅游的热点。

保山是“西南丝绸之路”上的重要驿站，古称永昌，文化沉积丰富。腾冲国家级风景名胜区位于腾冲县境内，有着独特的火山群和地热景观，还有美丽的和顺侨乡。瑞丽境内的瑞丽江～大盈江是国家级风景名胜区，自然奇观很多，壮美的亚热带雨林景观，全国最大的树——榕树王、姐勒金塔、景点，都令人流连忘返。

亮点

必游景点

- **腾冲热海**：到处都可以看到热泉在呼呼喷涌，世界上难得多见的温泉胜地。
- **和顺侨乡**：和顺侨乡的气候温和，花木茂盛，古建筑保存较多。
- **姐勒大金塔**：是瑞丽最古老的佛教建筑、每年的泼水节，都要举行3天隆重的佛会，非常热闹。

线路推荐

- **保山市内一日游**

D1：卧佛寺—梨花坞—太保山

- **腾冲、瑞丽三日游**

D1：从昆明乘卧铺车到腾冲，上午游览腾冲火山群。午餐后前往和顺侨乡。宿热海。

D2：上午游览热海景区。然后到瑞丽，傍晚逛边贸街。宿瑞丽。

D3：上午游览木姐，下午至南坎游览，在边城夜市享用风味晚餐。宿瑞丽。

↑芒市环岛小佛塔群

交通信息

飞机

保山云瑞机场位于云南省保山市南郊，目前开通了飞往昆明、广州、北京、杭州的航线。

腾冲驼峰机场是距离国境线最近的民用机场之一，目前开通有重庆、昆明、西双版纳、西安、成都、北京等航班。

保山旅游区

卧佛寺

●寺内拥有全国最大的巨型卧佛

卧佛寺位于保山城以北16千米的云岩山麓，寺内因拥有全国最大的巨型卧佛而闻名中外，卧佛长6米，重达10吨，据称是全国最大的卧佛，始建于唐开元四年（716年）。

保山市隆阳区板桥镇云岩山麓。

乘坐10路公共车在卧佛寺下车即到。

5元。

亲历者◎攻略

卧佛寺的湖里有一种罕见的珍稀鱼种——四

须鱼，当地人称为卧佛鱼。这种鱼会吃葵花子，而且还会剥壳，很奇特。一定要仔细看看。

梨花坞

●保山的佛教圣地

是清代尚书保山人王宏祚所建，为保山的佛教圣地，已有300年的历史。因院内满梨树而得名，又称之为大梨园。

近年新建的玉佛大殿供有三尊晶莹剔透，价值连城的玉坐佛，是稀世之宝。来到梨花坞，别忘了品尝这里的斋饭、斋席，素有口碑，远近闻名。

每年农历二月二十九日、六月十九日、九月十九日为观音会，朝山进香者摩肩接踵。

保山市隆阳区西南郊3千米九隆岗下。

梨花坞有公交车往返，从保山城里乘4路车，10多分钟便可到达。

腾冲旅游区

腾冲火山群 AAAAA

●中国规模最大的休眠期天然火山博物馆

腾冲火山群位于横断山系西段的高峰贡山西侧，主要集中分布在和顺、马站一带，为我国西南最典型的第四纪火山。

在县城周围100多平方千米的范围内，就分布着大小70多座形如倒扣铁锅的火山，而腾冲市即坐落在来凤山火山流出的熔岩上。在县城西北10多千米的马站村附近，火山较为集中，黑空山、大空山火山群自北向南呈一字形排列，间距均在1000米左右，建有火山公园，为国家级风景名胜区。

腾冲市马站乡。

门票40元，包括柱壮节理和黑鱼河。（火山地质公园每天10:30以前有乘坐热气球升空看火山的项目，20分钟，每人180元）

腾冲热海 AAAAA

●蔚为壮观的地热温泉群

腾冲是中国著名的地热风景区，地热资源极其丰富，其中，最为壮观的地热景观是距腾冲市20千米处的腾冲地热温泉群，又称热海，面积约9平方千米。

腾冲市和顺乡，离县城20千米。

腾冲市乘坐公交2路，终点站既是热海景区。车费1元。

60元，热海浴谷每人268元。

亲历者◎攻略

住宿：吃住在热海景区里面的酒店，是一件很享受的事情。白天到其他景区游玩，晚上回到热海，泡脚、按摩、洗温泉，疲劳尽销。

注意事项：最好清早赶去热海景区，趁着天气凉爽的时候游览，景区内地热丰富，温度很高，中午前往恐怕吃不消。

和顺侨乡

●暖屋静院，户户书香的著名侨乡

和顺乡是著名的侨乡，历史上出过不少杰出的人物。走进和顺乡，古朴典雅的祠堂、月台、亭阁、石栏比比皆是，记载了繁盛一时的历史和深厚的传统文化积淀。这里的风光如诗如画，许多电影导演、摄影师、画家都喜欢到这里取景画画。

这里有艾思奇故居、和顺图书馆（藏书达八万册）、双虹桥、洗衣亭、滇西抗战博物馆、元龙阁（殿宇众多）等景。

腾冲市和顺乡水碓村。

可从县城乘班车或微型车前往。

通票80元，景区内一票通，参观各景点需验票。不参观景点，只进镇不要门票。

亲历者◎解说

和顺乡的美，有自然的，也有人文的。和顺乡这副“画”最可人的一笔，当然是和顺大寨，寨子坐落在“南腾”之“黑龙”之麓，倚山临水，房舍鳞次。步入寨中，直街曲巷，石色苍苍；暖屋静院，户户书香。寨边三合河偕一条弯弯石径绾村弧形，路、河之交古榕间茂，石栏月台，随处可见，大有“临水见轩，遇景有阁”之象，古意浑然。

叠水河瀑布

●全国仅有的城市火山堰塞瀑布

叠水河瀑布为腾冲十二景之一的“龙洞垂帘”，瀑布高46米。

此处四周是悬崖峭壁，大盈江水流经此

处，从 30 多米的高岩上跌落，响声雷动，水花四溅，形成了“不用弓弹花自散”的壮丽景观，据说在阳光下常现出七色彩虹，非常漂亮。

腾冲市腾越镇西郊 1 千米。

到达腾冲市城后，可步行前往。 20 元。

瑞丽旅游区

瑞丽江—大盈江风景名胜区

●以瑞丽江漂流和大盈江泛舟为主要特色

瑞丽江流经畹町、大盈江流经盈江，出境后都注入缅甸伊洛瓦底江。两江水流平缓，清平如镜，江畔良田万顷，傣家村寨树竹环绕，风光如画，景色十分秀丽。

德宏州境内。

姐勒金塔

●东南亚的著名佛塔之一

姐勒大金塔位于昆明至瑞丽的国道旁，距离瑞丽县城东北 5 千米的姐勒寨子里，金光四射，远近闻名，塔的傣语名字叫“广姆贺卯”，意思是“坝子头的塔”，是瑞丽最古老的佛教建筑、佛事活动场所和旅游景点，其规模不亚于允燕塔、以及西双版纳的曼飞龙塔。

此塔是东南亚的著名佛塔之一，旁有佛寺供奉。每年的泼水节，都要举行 3 天隆重的佛会，非常热闹。

市区无公交到达，可以乘坐出租车前往。 5 元。

大等喊傣家村寨

●被誉为“农村天然公园”

瑞丽南边的一个傣家村寨，傣语意为“大金水塘”或“大金湖”。村内种满了柚子树、凤尾竹、董棕等，在万绿丛中，是一座座干栏式的傣家竹楼，构成了一幅美妙的天然画卷，被誉为“农村天然公园”《孔雀公主》《西游记》等在此取过景。

瑞丽市勐卯镇大等喊村，市区南郊 10 千米。

位于瑞丽市南 20 多千米处，可租车前往。

住宿

保山

保山明和大酒店 / 隆阳区九龙路 323 号 /0875-2218888。

保山日新大酒店 / 隆阳区保岫东路（新客运站对面）/ 0875-2226777。

瑞丽

瑞丽宾馆酒店较多，主要集中在南卯街和边城街，如凯通国际大酒店、天成大酒店、九州饭店等均可住宿。可办理购机票、车票、出境旅游和出租汽车、自行车等业务。

腾冲

腾冲和顺国光民居客栈是典型的木结构建筑，房前有宽敞的院落，院中植有茶花、兰花、石榴、香椽等，与中国最大的乡村图书馆和顺图书相邻。

腾冲顺兴商务酒店位于腾冲著名旅游景点文星古楼旁，地处城区繁华地带，交通便利，环境优雅。

民俗

彝族民间的“擦大钹”（集舞蹈、武术、杂耍于一身，可与“北鼓”——威风锣鼓相媲美的“南钹”）；傣族民间热烈欢快的“嘎光”鼓舞；傈僳人的“跳嘎”舞蹈；苗族的芦笙舞蹈；布朗族、彝族那热烈欢快、跺地有声的激情“打歌”；德昂族优美的“水鼓舞”“八步舞”；阿昌族简朴庄重的“蹬窝罗”舞蹈。

德宏的傣族歌舞丰富多彩，其中以孔雀舞为舞蹈中的代表，每逢泼水节、目脑纵歌节，游客便可欣赏到这里独特的民族歌舞。

由于气候及自然条件关系，傣族地区孔雀较多，傣族人民很早就有饲养孔雀的习惯。傣族人民认为孔雀美丽、善良、智慧，是吉祥的象征，对它怀有崇敬的感情。

●**面积**

123 万平方千米，全国排名第 2 位

●**人口**

户籍人口 324 万，全国排名第 31 位

●**世界遗产**

布达拉宫、大昭寺、罗布林卡

● **5A 级旅游区**

布达拉宫、大昭寺

●**国家重点风景名胜区**

雅砻河、纳木错—念青唐古拉山、唐古拉山—怒江源、土林—古格

西藏旅游网
http://www.xzta.gov.cn/

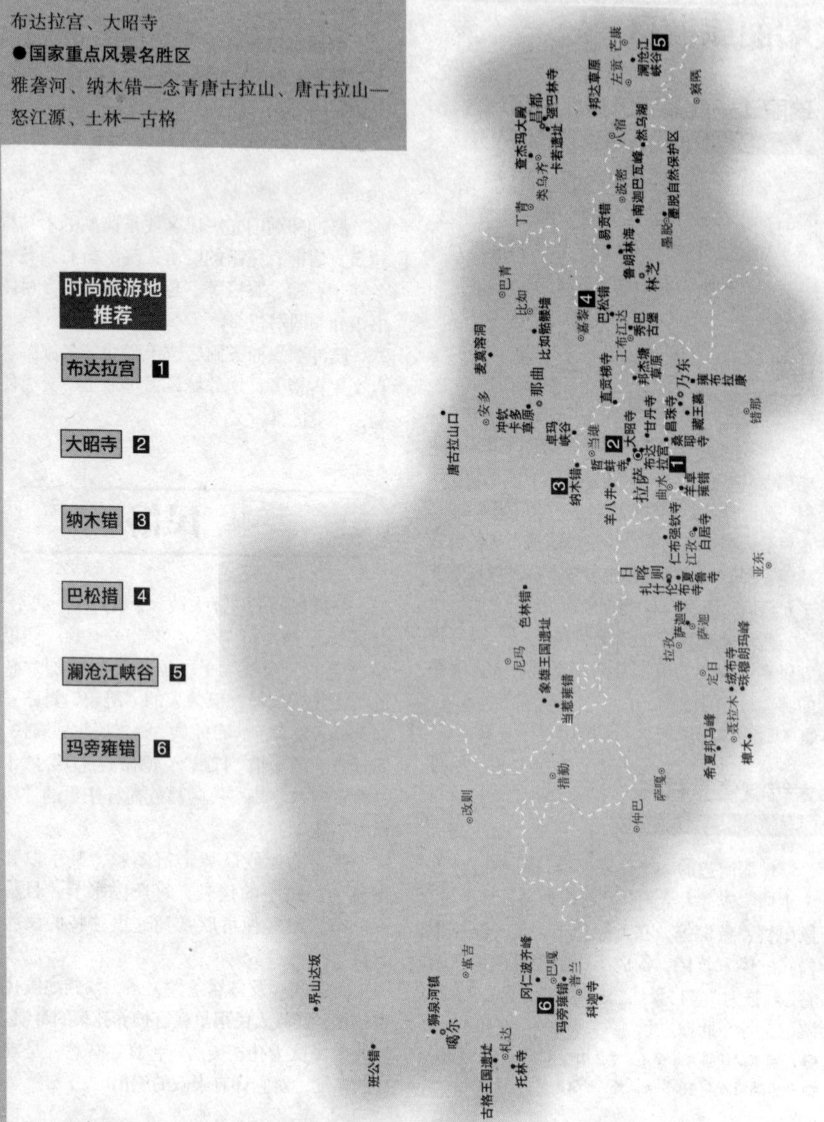

西藏

西藏，无数人心驰神往的圣地，源于这里神秘莫测的宗教信仰，空旷寂静的原野，高峻肃穆的雪山，幽深浩瀚的湖泊，历史久远的布达拉宫。只有亲身驻足这片神奇的高原，它超凡的神圣和庄严才能给你带来真切的心灵震撼和激荡。

世界屋脊，神奇西藏

拉萨

拉萨作为西藏自治区首府，是一座具有1300多年历史的古城。"拉萨"在藏语中为"圣地"或"佛地"之意，长期以来就是西藏政治、经济、文化、宗教的中心。

拉萨名胜古迹众多，有美丽恬静的当雄草原风光，有波光万顷的纳木错高原湖泊风光，有气象万千的堪称"地热博物馆"的羊八井地热田，有布达拉宫、大昭寺、哲蚌寺、色拉寺、甘丹寺等规模宏大、金顶巍峨的古寺风采，美妙绝伦的壁画、唐卡和塑像艺术。

面积：31662平方千米
人口：50万
区号：0891

亮点

必游景点

- **布达拉宫**：整个拉萨甚至西藏的标志，任何一个来拉萨的游客不可错过的地方。
- **大昭寺**：在藏传佛教中有至高无上的地位，尊贵无比的释迦牟尼12岁等身象就藏于寺内。
- **色拉寺**：依山面河，绿树掩映，风景秀丽。寺内有很多珍贵馆藏，这里的辨经非常出名。
- **纳木错**：拉萨周边最著名的湖泊，宁静、浩瀚，水天相融，浑然一体，美丽无比。

线路推荐

- **拉萨四日游**

D1：布达拉宫—药王山—色拉寺—仓姑寺。
D2：哲蚌寺—大昭寺—八廓街—小昭寺。
D3：罗布林卡—西藏博物馆。
D4：纳木错—羊八井。

↑大昭寺

交通信息

飞机

拉萨贡嘎机场位于山南地区贡嘎县甲竹林镇，距离拉萨市区约60千米。拉萨至北京、上海、广州、深圳、重庆、成都每天都有航班，机场有大巴发往拉萨市区。

火车

拉萨火车站只有一条铁路，既是传说中的天路——青藏铁路。拉萨火车站位于拉萨市西南的堆龙德庆县柳梧乡境内，距离市区约8千米，可抵达北京、广州、成都、上海等地。

拉萨市区景点

大昭寺 AAAAA

●拉萨的心脏，在藏族聚居区有着至高无上的地位

大昭寺是西藏现存最辉煌的吐蕃时期的建筑，也是西藏现存最古老的土木结构建筑，开创了藏式平川式的寺庙布局规式。大昭寺融合藏、唐、尼泊尔、印度建筑风格，成为藏式宗教建筑的千古典范。

大昭寺殿高4层，整个建筑金顶、斗拱为典型的汉族风格。碉楼、雕梁则是西藏样式，主殿二、三层檐下排列成行的103个木雕伏兽和人面狮身，又呈现尼泊尔和印度的风格特点。寺内有长近千米的藏式壁画《文成公

↓大昭寺

主进藏图》和《大昭寺修建图》，还有两幅明代刺绣的护法神唐卡，这是藏传佛教格鲁派供奉的密宗之佛中的两尊，为难得的艺术珍品。12岁等身像现在是大昭寺的镇寺之宝，这是大唐文成公主入藏时从长安带去的。

可从市中心步行前往，或乘中巴在藏医院下车，如果坐三轮车则需4元。

7: 00~18: 30。

旺季（4月21日~10月19日）85元，淡季（10月20日至次年4月20日）35元。

亲历者◎攻略

大昭寺的殿堂内不允许照相和摄像，游览大殿要按顺时针方向。下午在2楼平台会有喇嘛辩经，值得一看。

小昭寺

●格鲁派的经学院

据说小昭寺是由文成公主主持、并由公主从内地带来的建筑师修建的，所以小昭寺的早期建筑系仿汉唐风格。大门朝东，以寄托公主对家乡父母的思念。

著名的拉萨上密院，设在小昭寺内，这是格鲁派僧人研读佛经颇有成绩的喇嘛进一步深造、修习密乘之地。

拉萨古城之北，与大昭寺相距1千米，距离八廓街约500米。

可从市中心步行前往，坐三轮车5元左右。

20元。

9:00~17:00。

罗布林卡

●西藏著名的园林，旧时为达赖喇嘛避暑行宫

罗布林卡始建于18世纪40年代（达赖七世），建筑以格桑颇章、金色颇章、达登明久颇章为主体，有房374间，是西藏人造园林中规模最大、风景最佳的、古迹最多的园林。内有拉萨唯一的动物园。

罗布林卡四面都有门，东面是正门。康松思轮是正面最醒目的一座阁楼，它原是座汉式小木亭，后改修为观戏楼，东边又加修了一片便于演出的开阔场地，专供达赖喇嘛看戏用。它旁边就是夏布甸拉康，是进行宗教礼仪的场所。它的北侧设有噶厦的办公室和会议室。每到夏日布达拉宫内的许多政府机构，都要随着达赖喇嘛转移到罗布林卡办公。

拉萨市民族南路罗布林卡路口，西藏博物馆对面。

从市中心步行前往，或乘三轮车约10元。

通票60元，藏族群众5元。

周一至周六 9:00~18: 00，园内11:00有藏戏表演（3元/人）。

拉萨近郊景点

哲蚌寺

●著名的丹巴颇章位于寺内

哲蚌藏语为“米聚”，象征繁荣。整个建筑覆盖了半个山坡，好似巨大的米堆，故名哲蚌。远远望去，黑色的山体簇拥着一大群白色的建筑在阳光下显得格外醒目。这座建于公元1416年的寺庙是我国格鲁派六大寺庙中规模最大的一座。

拉萨西郊根培乌孜山下。

乘坐3、301、302路中巴至哲蚌寺路口还要走很长一段上山路。从市区打车前往，到山脚20元，到山上30元。

9:00~17:00。

50元，藏族群众免费。每年10月20日至次年4月20日执行淡季门票25元。

色拉寺

●拉萨三大寺之一，辩经非常出名

色拉寺错落有致，由佛殿、经堂、扎仓（僧院）、僧舍和康村及策墨林和热振等著名大活佛的刺章宫殿等建筑单元组成。色拉寺内主供马头冥王金刚像。

藏在措钦大殿的200余函《甘珠尔》《丹珠尔》经书全用金汁抄写，十分珍贵。

而它西侧的罗汉殿和东侧的大威德金刚神殿也都值得一看，这里有释迦益西从内地带来的木雕罗汉，还有明成祖亲自赠送的传世之宝——永乐版《大藏经》。

拉萨北郊的色拉乌孜山脚。

在娘热东路(靠北京东路)的车站坐5路公交车前往，车票3元；另外，还可以坐出租车前往，约15元，可议价；也可租自行车前往，半个小时就可以到达。

9:00~18:00，个别佛殿16:00关闭。

55元，藏族群众免费。

亲历者◎攻略

在色拉寺东北方的晒佛台可以要看鸟瞰整个色拉寺，每年雪顿节也都在这里举行晒佛仪式。

辩经是色拉寺的最大看点，辩经一般在下午15:00左右开始。色拉寺的辩经是捉对厮杀的那种，

布达拉宫 AAAAA

●历代达赖喇嘛的冬宫居所

布达拉宫屹立在红山之上，是一座规模宏大的宫堡式建筑群，是世界上海拔最高的古代宫殿。布达拉宫高115.19米，东西长360多米，由红宫、白宫两大部分组成。

最初是松赞干布为迎娶文成公主而兴建的，17世纪重建后，布达拉宫成为历代达赖喇嘛的冬宫居所，也是西藏政教合一的统治中心。从五世达赖喇嘛起，重大的宗教、政治仪式均在此举行，同时又是供奉历世达赖喇嘛灵塔的地方，宫中还保存大量精美艺术品和珍贵文物。

拉萨市的中心，古城西北约2千米的红山上。

旺季200元，淡季100元。旺季需提前1天到西门凭身份证领取预约券，第2天根据预约券所标的时间(提前20分钟)由正门(南门)进入买票参观，每天限票2300张。布达拉宫每天出售的票都是第二天的，还有时间段限制，每天售票时间是14:00。

布达拉宫位于拉萨市中心，从游客集中住宿的北京东路可步行前往，出租车10元，三轮车5元可抵达。

亲历者◎攻略

药王山上可以拍摄布达拉宫全景；龙王潭公园可以拍摄布达拉宫倒影；布达拉宫内不可以拍照。

白宫广场右侧有厕所，此后的近两小时的参观线路中就没有任何厕所了，游客进入白宫前最好先在此方便；布宫后门的厕所很有特色，一定要尝试一下。

宫殿较高，上下要慢行；殿内较阴冷，即使夏季最好也准备件外套。

亲历者◎游记

白宫，是达赖喇嘛的冬宫，也曾是原西藏地方政府的办事机构所在地，高七层。位于第四层中央的东有寂圆满大殿（措庆夏司西平措），是布达拉宫白宫最大的殿堂，面积717平方米，这里是达赖喇嘛坐床、亲政大典等重大宗教和政治活动场所。第五、六两层是摄政办公和生活用房等。最高处第七层两套达赖拉喇嘛冬季的起居宫，由于这里终日阳光普照，故称东、西日光殿。

红宫，主要是达赖喇嘛的灵塔殿和各类佛殿，共有8座存放各世达赖喇嘛法体的灵塔，其中以五世达赖喇嘛灵塔为最大。西有寂圆满大殿（措达努司西平措）是五世达赖喇嘛灵塔殿的享堂，也是布达拉宫最大的殿堂，面积725平方米，内壁满绘壁画。其中，五世达赖喇嘛去京觐见清顺治皇帝的壁画是最著名的。殿内达赖喇嘛宝座上方高悬清乾隆皇帝御书“涌莲初地”匾额。法王洞（曲吉竹普）等部分建筑是吐蕃时期遗存的布达拉宫最早的建筑物，内有极为珍贵的松赞干布、文成公主、尺尊公主和禄东赞等人的塑像。殊胜三界殿，是红宫最高的殿堂。现供有清乾隆皇帝画象及十三世达赖喇嘛花费万余两白银铸成的一尊十一面观音像。十三世达赖喇嘛灵塔殿，是布达拉宫最晚的建筑，1933年动工，历时3年建成。此外还有上师殿、菩提道次第殿、响铜殿、世袭殿等殿堂。

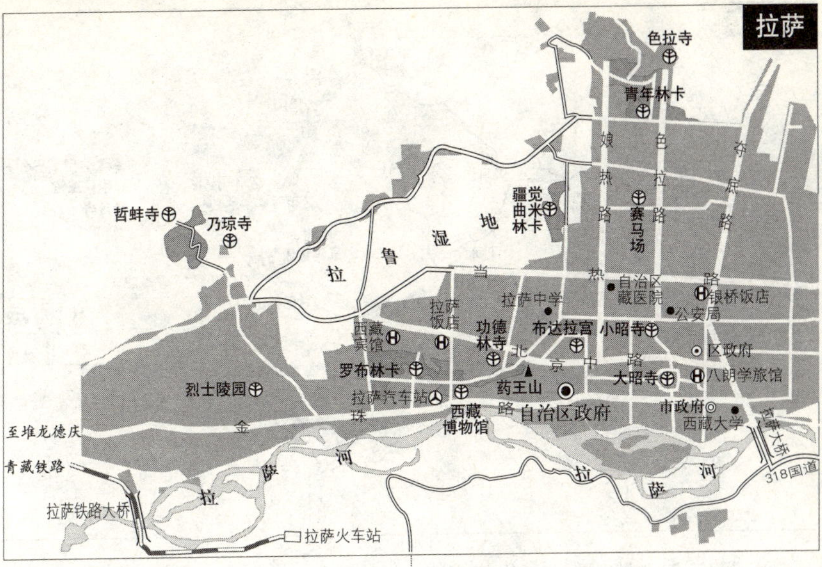

二三个人抑或四五个人一组，一方席地而坐，一方站立走动，情绪激昂，手舞足蹈，全神贯注。

寺院许多大殿内保存了较老的壁画，建议带上手电。

拉萨周边景点

羊八井

地热资源丰富

拉萨附近的地热资源非常丰富，最著名的就是羊八井地热蒸汽田。羊八井这里有规模宏大的喷泉与间歇喷泉、温泉、热泉、热水湖等。还拥有全国海拔最高的水泉，以及罕见的爆炸泉和间歇温泉。

羊八井最美的时候是每天的清晨，由于空气比较冷，羊八井一带总弥漫着白色雾气，地热田产生的巨大蒸汽团从湖面冒起，如人间仙境。如果运气好，碰上热水井喷发，更可一睹沸腾的温泉由泉眼直冲云霄的场面，十分壮丽美观。

羊八井在拉萨和纳木错之间，距拉萨市 90 千米。

在拉萨长途汽车站有很多班客车前往。

泡温泉 98 元 / 人，足浴 98 元 / 人。

纳木错

西藏三大圣湖之一

纳木错是西藏最大的湖泊，中国第二大咸水湖，也是世界上海拔最高的大湖。纳木错湖滨广阔、水草丰美，是全年均可放牧的天然大牧场。

纳木错的形状像静卧的金刚度母，湖的南面有乌龟梁、孔雀梁等 18 道梁，湖的北面有黄鸭岛、鹏鸟岛等 18 个岛，湖的四面建有 4 座寺庙，东有扎西多波切寺，南有古尔琼白玛寺，西有多加寺，北有恰妥寺，象征着佛教上所说的愠、怒、权、势。

旺季（5 月 1 日 ~10 月 31 日）120 元；淡季（11 月 1 日至次年 4 月 31 日）80 元。

拉萨和那曲地区交接处，南距拉萨 100 千米。

在旅游旺季的时候，拉萨有去往纳木错的旅游班车。许多旅行者结伴租车去，找辆中巴，包两天来回 1500 元。

亲历者◎攻略

7~9 月是纳木错最美的季节，除了蓝天白云，还有花有草。纳木错的清晨和黄昏美轮美奂，如果可以，最好在湖边留宿一晚，夜晚可以看到满天星斗。湖岸是拍摄景区美景的最佳处，露宿湖岸附近，早晨起身便可拍到罕见的湖上日出美景。但是要注意保暖，湖畔夜间十分冷。

神湖客栈是扎西半岛宿营地中最大的客栈之

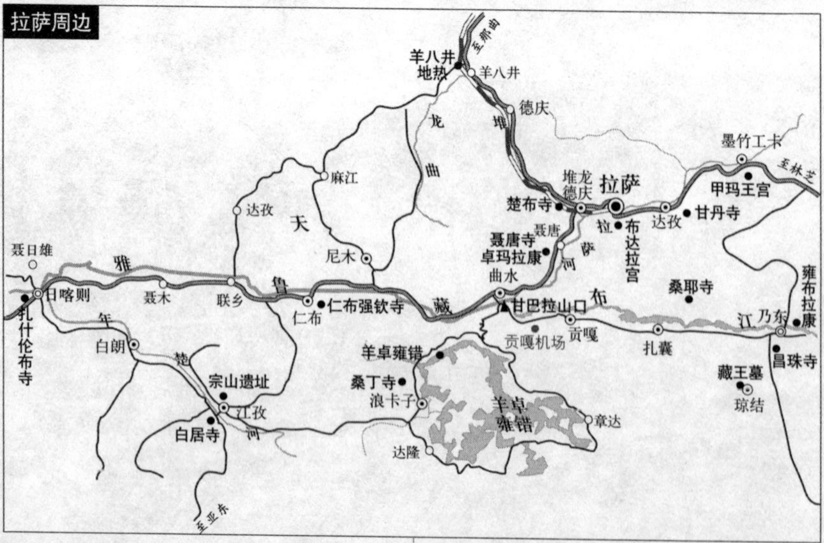

一，湖旁还有其他一些铁皮屋客栈。吃饭一般也在旅馆内解决。

那曲旅游区

念青唐古拉山

●宗教上是全藏著名的护法神

念青唐古拉山山顶最高处海拔7117米，终年白雪皑皑，云雾缭绕，雷电交加，神秘莫测，如同头缠锦锻，身披铠甲的英武之神，高高地矗立在雪山，草原和重重峡谷之上。

念青唐古拉山在宗教上是全藏著名的护法神，也是北部草原众神山的主神，苯教和佛教信徒都敬奉此山，认为此山是修得正果的诸持明者的修行静地和欢聚处。

在西藏古老的神话里，在苯教或藏传佛教的万神殿中，在当地牧羊人和狩猎者的民歌和传说里，念青唐古拉山和纳木措不仅是西藏最引人注目的神山圣湖，而且是生死相依的情人和夫妇，念青唐古拉山因纳木措湖的衬托而显得更加英俊挺拔，纳木措湖因为念青唐古拉山的倒映而愈加绮丽动人。

那曲县境内，距离拉萨100千米。

出拉萨沿青藏公路向北走100千米，过了羊八井地热电站，就可以看到念青唐古拉山。

卓玛峡谷

●风景秀丽，"一山有四季，十里不同天"

峡谷呈南北走向，全长约15千米，一侧是雪山巍峨、银装素裹，宛若仙女披上了洁白的哈达；一侧是灌木葱郁、百卉溢香、生机勃勃。终年不化的雪山之冰融化成了一条清澈的谷间山溪。

在这里可以领略到现代冰川侵蚀的特殊地貌，怪石磷峋、洞穴遍布、鬼斧神工、神奇迷人并留下了许多动人的传说。走进峡谷的深处，"高原出平湖"的壮景就会出现在你的眼前，蓝天、碧水、雪山绘集了一幅奇特的雪域风光。

那曲地区那曲县古格乡境境内，距109国道11千米处。

住宿

平措康桑青年旅舍：位于拉萨市朵森格北路（青年路）48号。离市内主要景点大昭寺、布达拉宫、小昭寺都比较近，周边配套店面比较多。电话：0891~6929789。

东措国际青年旅舍：位于拉萨市北京东

路10号。离市内主要景点大昭寺、布达拉宫、小昭寺都比较近，电话：0891-6273388转8888。

喜玛拉雅饭店(三星)/林郭东路6号/0891-6321111。

香巴拉宫精品酒店/铁崩岗翁推兴咔路16号/0891-6307779。

餐饮

拉萨是整个西藏餐饮条件最好的地方。主要以藏餐和川菜为主，也有一些尼泊尔和印度餐馆。川菜的价格比内地稍贵，但性价比还不错。近年来一些规模不大，讲究情调和主题的餐厅正在拉萨慢慢兴起，受到越来越多游客的追捧。

光明商店甜茶馆：是拉萨味道最正，历史最久的一家甜茶馆。这里堪称拉萨最市井的地方，可以边喝着美味的甜茶边看看拉萨人悠闲的生活节奏。老店位于藏医院路的一条巷子内。

雪域餐厅：就在大昭寺广场的边上，以藏式西餐闻名。印度菜和尼泊尔套餐也不错。他家最值得推荐的是酸奶蛋糕，8元一块，很美味，晚上九点以后更是打对折。地址是藏医院路4号。

雪神宫：号称是拉萨最正宗、最高档的藏餐厅。坐落在布达拉宫的脚下，这里的生牛肉可分拌汁和风干两种吃法，朝思暮想的酥油茶这回可以喝痛快了，烤牦牛肉和人参果炒饭也都值得一尝。

购物

西藏的地毯、藏刀、卡垫、围裙、民族服装、民族鞋帽、金银首饰，及各种传统手工艺品，均为传统手工艺作，具有浓厚的地方风格和民族特色。

西藏的药材驰名天下，去西藏不要错过购买或观赏藏药，藏红花，藏羚羊角，雪莲等，还有喇嘛、藏医秘方配制、加工、炮制的各式神气复式藏药。

拉萨的购物主要集中在八廓街，各类藏饰、尼泊尔式的首饰、挂件、小工艺品、法器、地毯、挂毯、唐卡等应有尽有。这里的东西质量良莠不齐，价格也不尽相同，游客注意挑选和还价。

民俗

藏族的礼节：藏族非常讲究礼仪，日常生活中见到长者、平辈都有不同的鞠躬致礼方式。见到长者或尊敬的人，要脱帽，弯腰45度，帽子拿在手上，接近于地面。见到平辈，头稍稍低下即可，帽子可以拿在胸前，这时的鞠躬只表示一种礼貌。在有些地区，合掌与鞠躬同时并用。合掌要过头，表示尊敬。这种致礼方式多用于见到长者或尊敬的人。

献哈达是藏族待客规格最高的一种礼仪，表示对客人热烈的欢迎和诚挚的敬意。哈达是藏语，即纱巾或绸巾。以白色为主，亦有浅蓝色或淡黄色的，一般长约1.5米至2米，宽约20厘米。最好的是蓝、黄、白、绿、红五彩哈达。五彩哈达用于最高最隆重的仪式如佛事等。

藏族人朝觐佛像、佛塔、活佛及拜谒长者，都要磕头。磕长头，一般是在有宗教活动的寺庙中进行。两手合掌高举过头，自顶、自额、至胸拱揖三次，然后匍伏在地，伸直双手划地为号，如此反复进行。磕短头，也在寺庙中进行。合掌连拱三次，然后拱腰到佛像脚下，用头轻轻一顶，表示诚心忏悔。拜谒长者，要磕短头，表示尊敬祝福。

藏族禁忌与注意事项：见面称呼时，忌直呼其名，要加敬称，以示尊敬和亲切。如在拉萨，名字后要加“啦”字；在日喀则地区，男性名字前加“阿吉”或“阿觉”。

行路遇到寺院、玛尼堆、佛塔等宗教设施，必须从左往右绕行；不得跨越法器、火盆；经筒、经轮不得逆转。忌讳别人用手触摸其头。

日喀则

日喀则地区是旅游观光和科考、探险的胜地。这里还有着历史悠久的文物古迹、丰富多彩的民间文化。扎什伦布寺是历代班禅的驻锡地，白居寺、夏鲁寺、绒布寺等也都有着各具特色的宗教文化色彩。帕拉庄园则是西藏仅有的一个保存完整的贵族庄园。近年，江孜达马节等传统节日不断得到复兴和发展，可领略浓郁的民俗风情和灿烂的民族、民间文化艺术。

面积：182000 平方千米
人口：75 万
区号：0892

亮点

必游景点

- **扎什伦布寺**：格鲁派六大寺之一，历代班禅的驻锡地，日喀则的旅游标志。
- **珠穆朗玛峰大本营**：珠穆朗玛峰为世界最高峰，吸引着世界各地的游人。
- **白居寺**：聚萨迦、格鲁等各派共存于一寺，有著名的“十万佛塔”。
- **萨迦寺**：由于寺内艺术珍品浩瀚，文物价值又极高，因此被人们称为“第二个敦煌”。

线路推荐

- **日喀则经典游**
  白居寺—宗山抗英遗址—扎什伦布寺—班禅新宫—珠穆朗玛峰—绒布寺。

↓樟木口岸

交通信息

飞机

日喀则和平机场位于西藏日喀则地区江当乡境内，距离日喀则市区 43 千米。目前开通的航班只有日喀则至成都，每周一、三、五、日有往返航班。

火车

日喀则位于日喀则市甲措雄乡的占堆村，不过目前只有往返拉萨的一趟列车。

江孜旅游区

白居寺

●被称为西藏塔王

它聚萨迦、格鲁等各派共存于一寺。每个教派在此寺内都拥有五六个“扎仓”(殿堂)，因而在西藏佛教史上有特殊的地位和影响。

白居寺是一座塔寺结合的典型的藏传佛教寺院建筑，寺中有塔、塔中有寺，寺塔天然浑成，相得益彰，它的建筑充分代表了 13 世纪末至 15 世纪中叶后藏地区寺院建筑的典型样式，也是其中唯一一座寺塔都完整保存，具有纪念碑性质的大型建筑群。

江孜县城东北隅，距日喀则市东约 100 多千米。
在日喀则乘长途汽车抵达江孜县城，然后步行前往。
60 元，十万佛塔照相另收费 10 元。
9:00~19:00。

亲历者◎解说

白居寺壁画也是非常有名的，所表现的题材十分广泛，主要包括显密二宗、佛传故事和本生故事等等，尤其是在绘画方法上较之西藏其他很多寺庙，独具特色。

萨噶达瓦节是十万佛塔的落成纪念日，也是释迦牟尼诞生、圆寂、涅磐日的“萨噶达瓦”节。因此，每年藏历4月15日，白居寺都将有500喇嘛诵经纪念，上千信众云集于此，是该寺最为重大的节日之一。

白居寺中有很多散养的放生狗，与喇嘛、游人和平共处、互不干扰，成为白居寺一景。

宗山抗英遗址

●西藏人民抵抗外族侵略的见证

宗山并不高，只有100多米。但江孜周围地势平坦，宗山就显得鹤立鸡群，很有军事意义。宗山城堡在1904年抗英战争中几乎被侵略者毁为一片废墟。现仅存炮台遗迹、带弹孔的残坦断壁以及东部代本（藏军指挥官）的一处住室。

日喀则江孜县县城的宗山上。

可由日喀则乘长途汽车抵达县城后，步行前往。

30元，参观需时2小时。

9:00~18:00。

日喀则其他景点

扎什伦布寺

●后藏地区最大的寺庙

扎什伦布寺共有四大扎仓（僧院）、62个米村（依僧人来源的籍贯而定），佛堂和灵塔祀殿近60座。寺中心为殿堂区，建有措钦大殿、四大扎仓、班禅拉章、强巴大佛殿、班禅灵塔祀殿等。

另外，扎什伦布寺的壁画也很有特色，其形式变化万千，色彩鲜艳夺目，用笔细腻工谨，是佛教艺术的又一杰作。

日喀则城西北的尼玛日山南坡上。

租三轮车或步行可到。从市中心到扎什伦布寺。

门票55元（含内容精致的扎什伦布寺介绍光盘），学生证不打折。藏族节日，如跳佛节，则可免门票。

9:00~17:00（中午12:00~14:00佛殿不开放），参观需要3小时左右。

亲历者◎攻略

如果要沿扎什伦布寺围墙转山，需注意后山转经道上有很多狗。

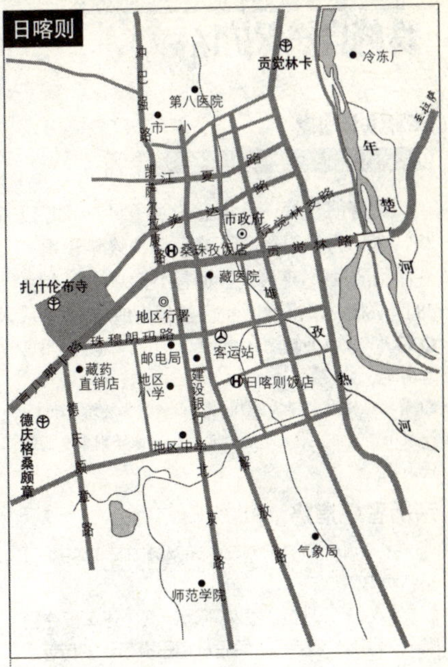

在寺庙的殿宇内拍照有严格的限制，价格不定，作好几十元一张的心理准备。最好先和喇嘛商量好了再拍。

扎什伦布寺规模很大，房间众多且布局复杂，乱窜易迷路。可以请庙里的小喇嘛当导游，送点小礼品或者少许金钱。很多房间有锁，可以试试请喇嘛开锁以让参观。

晒佛台旁可俯瞰扎什伦布寺和日喀则市貌。藏历5月14、15、16三天，晒佛台分别展示过去佛、现世佛和未来佛巨幅佛像，不可错过。

买票前可咨询喇嘛是否有辩经，因为该寺的辩经很值得一看，花钱很值。

萨迦寺

●艺术珍品浩瀚，被称为“第二个敦煌”

萨迦寺是藏传佛教萨迦派的祖寺，它的外墙绘有象征文殊、观音和金刚手菩萨的红、白、黑三道不同的颜色，成为萨迦派寺庙独特的标志。萨迦寺分南北两寺，以仲曲河为界，北寺修在北岸苯波山前，萨迦南寺坐落在萨迦县仲曲河南岸的平原上。

萨迦南寺内珍藏着大量具有历史和艺术价值的文物，如封诰、印章、佛像等。萨迦寺的元代壁画总计有上万平方米，以萨迦法

珠峰自然保护区

珠穆朗玛峰

●世界最高峰，也被称为“世界第三级”

珠穆朗玛峰，藏语意为“圣母”，海拔8844米，为世界第一高峰。峰顶终年积雪，一派圣洁景象。珠峰地区拥有4座8000米以上、38座7000米以上的山峰，被誉为地球第三级。

喜马拉雅山中段之中尼边界上、日喀则地区定日县正南方。

前往珠峰大本营参观180元，车辆收取公路养护费，一般小车400元，大车600元。攀登珠峰则需更高的进山费。

亲历者◎指路

1. 飞机：日喀则和平机场距离市区43千米，之后换乘汽车。

2. 汽车：从拉萨西郊客运站乘坐班车前往日喀则，再转车到定日，然后从定日拼车到绒布寺。

3. 包车：在日喀则包车前往珠峰，三天约3500元。

亲历者◎攻略

进珠峰之前最后一个条件比较好的地方就是珠峰宾馆，位于新定日，能洗澡、带卫生间的标间费用330元/间。但是主楼后面有价格很便宜的楼房，没有卫生间，但是很清洁，价格只要30元/人，也可以还价到20元。定日县还有各种档次的宾馆、招待所可以提供食宿。

在珠峰大本营，可以找珠峰邮政所的管理人，在他那花5元钱可以盖一个珠峰纪念的邮戳，再把明信片留在邮政所里投递，半个多月后内地的朋友就可以收到这张颇有价值的明信片了。

要去珠穆朗玛峰探险游，建议选择在4~6月间出行。因为每年10月到次年的4月，由于天气严寒，不适合在雪峰一带旅游；另外7、8月份为雨季，烟雨蒙蒙中也无法看见珠穆朗玛峰的身影。

进入珠峰前，无论是国外游客还是国内游客均需办理边境证才能前往，国内游客办理边境证可在所在地区的公安厅办理，也可到西藏后办理，但手续相对复杂。

绒布寺

●世界上海拔最高的寺庙

建于1899年，由宁玛派喇嘛阿旺丹增罗布创建，寺院分新旧两处。

旧寺位于新寺以南3千米处，靠近珠穆朗玛峰，尚存莲花生大师当年的修行洞，以及印有莲花生大师手足印的石头和石塔等。新寺建成于1902年，绒布寺一度规模较大，曾有十几座属寺，有的还在尼泊尔境内，后因历史原因被毁。现今主寺下面有8个附属小寺，包括一个尼姑庵。

由于绒布寺距珠峰顶约20千米，所以这里已成为从北坡攀登珠峰的大本营。从这儿向南眺望，是观赏、拍摄珠峰的绝佳地点。

日喀则市定日县巴松乡南面珠穆朗玛峰下绒布沟东西侧的卓玛山顶，距县驻地九十千米，海拔5100米。

35元

可以从拉萨或者定日包车前往。

亲历者◎攻略

珠峰大本营附近唯一能住宿的地方就是绒布寺，床位每人35元，在此住宿，便于观看珠峰早晚景色。

绒布寺除了一家招待所，寺内也可以接到住宿，寺内外都是25元/人，招待所有藏族群众开的餐馆，一般的主食每份10元左右。

绒布寺门口有一藏族小伙子开的小餐馆，门口堆满了啤酒瓶。老板不会讲汉语，但是可以用英语点菜和讨价还价。菜饭价格很高。

绒布寺和珠峰大本营还有大约8千米的路程，如果自己带有野营装备，也可以住在珠峰大本营里面，需要自己带炉具作饭。在登山季节，大本营有西藏登山协会的联络官驻扎在这里，那时候可以从联络官手上买到少量的食品和饮水，但是价格较贵，大概要比拉萨贵3倍。啤酒要10元/听。

王像和曼陀罗最有特色，仅曼陀罗壁画就有130多幅。

日喀则西南130千米处的萨迦县城里。

日喀则客运站隔日有去萨迦的班车，50元/人。到萨迦后会一直开到萨迦寺附近的旅馆区停车，返回时坐车也是在那里。

50元，参观南寺需3小时。

9:00~18:30。

绒布冰川

● 中国最美的六大冰川之一

巨大的冰塔林高达 40 甚至 50 米，天成地就的各种造型为人工雕琢所无法比拟。冰川是在地球重力作用下，万年不化的冰雪沿着山谷缓缓移动而形成的。绒布冰川位于珠峰 5300 米到 6300 米的广阔地带，由西绒布冰川、中绒布冰川、东绒布冰川三大冰川组成，全长 26 千米，总面积达 1500 平方千米，是世界上发育最充分保存最完好的特有冰川形态。

绒布寺附近。

珠峰大本营上去 6 千米即可远远看到。但这一带含氧量极低，徒步非常吃力，而且需要办理登山许可。如果想要走到真正的绒布冰川，一般要准备一天上一天下，自己带好帐篷扎营。

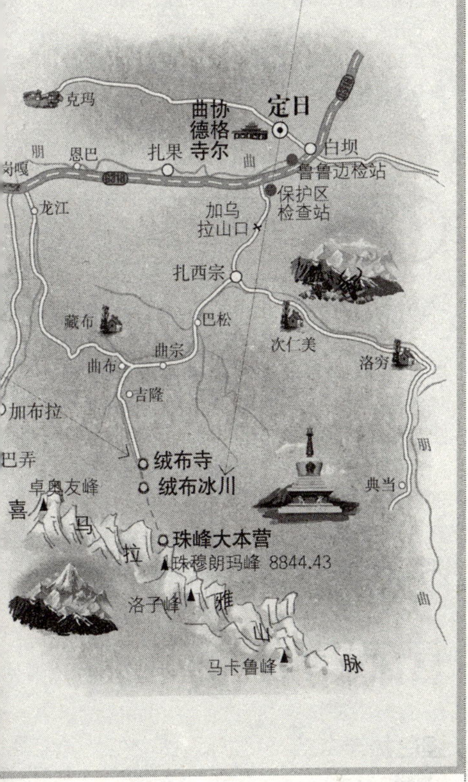

亲历者◎攻略

要想拍摄两江环抱寺庙和周围鳞次栉比的僧房和藏式民房组成的壮观景色，需要到镇对面的达玛拉大山的山腰，可以在乘车路过时停下拍摄，那里可以很容易就选到好的角度。

亲历者◎解说

布德甲马龙是最珍贵的大藏经，这是一部用金粉抄写的长 1.8 米，宽 1.3 米，厚 0.67 米的经书，是世界上最大的经书，它对西藏的宗教、历史、哲学、文学、农牧业等都有论述。

住宿

一般来西藏旅游的人，大多喜欢住私人旅馆，一方面费用便宜，每人只需二三十元；另一方面，如果碰巧的话，可以遇上同路的游客或司机，是许多背包族的住宿首选地。

行者客栈 / 日喀则黑龙江北路德吉景苑小区四栋 5 号 /0892-8833292。

日喀则饭店 / 日喀则市上海中路 13 号 /0892-8822525。

餐饮

日喀则的餐饮与西藏其他地方相同，各种档次的餐馆都有。无论是高档的餐厅，还是简陋的饭馆，其装潢设计大都体现了西藏的民族特色："狗蹄"木桌、铁皮火炉、"八瑞"瓷碗、藏式蒲团、吉祥图与壁画等。

解放北路和珠穆朗玛路一带是藏菜馆的集中地。解放中路客运站附近的夜市，菜式多样，气氛热闹，是日落后消磨时光的好去处。

购物

在日喀则购物，和在西藏其他各地区差不多，以法器、饰物、念经轮等民族手工艺品为主，并没有特别之处。集市位于日喀则市的北部，售卖各种日用品，是当地藏族群众最常去的购物点，无论是否喜欢购物，这条集市还是值得去转一转的。

昌都→林芝

昌都和林芝是从四川入藏的必经之地，是自驾游客常光顾的地方，沿线拥有高原、冰川、宗教文化等景观。

昌都地区平均海拔在3500米以上康区25座神山大多都在昌都境内。这里有藏传佛教格鲁派在康区的第一寺强巴林寺，噶玛噶举派的祖寺噶玛寺，除藏传佛教的寺院之外，还有天主教和伊斯兰教教堂，更有三江并流的奇绝风景和神秘壮美的茶马古道。神奇而壮丽的自然景观和积淀着浓厚历史文化的人文景观一起构成了昌都丰富的旅游资源。

林芝被称为西藏的江南，也是门巴族、珞巴族等少数民族的聚居地，古老的传统文化以及藏传佛教和苯教的盛行，使林芝拥有了许多人文景观，而南迦巴瓦峰、雅鲁藏布江大峡谷、巴松错以及察隅、波密等一起构成了林芝神奇的自然风光。

亮点

必游景点

- **巴松错**：如镶嵌在高峡深谷中的一轮新月，雪峰、冰川、古迹、原始森林环绕周围。
- **南迦巴瓦峰**：中国最美的山峰，世界第十五大高峰。
- **强巴林寺**：康区最大的寺庙，这里的舞蹈非常有名。
- **然乌湖**：川藏线上最美的湖泊，雪山、冰川、村庄、和谐静谧。
- **查杰玛大殿**：昌都地区历史最悠久、规模最宏大的一座古寺，内有众多文物精品。

↑林芝巴松错

线路推荐

- **昌都经典游**

卡若遗址—强巴林寺—查杰玛大殿—布托湖—丁青孜珠寺—卡玛多塔林—然乌湖—来古冰川。

- **林芝经典游**

八一镇—巨柏林—巴松错—秀巴古堡。

交通信息

飞机

昌都邦达机场位于昌都市邦达县，现开辟有昌都至成都、昌都至拉萨两条航线。机场距昌都县城130千米，从昌都县城可乘坐出租车到达。

林芝米林机场位于林芝地区米林县境内的雅鲁藏布江河谷地带，距离林芝地区首府八一镇约40千米，目前开通有成都、重庆和拉萨的航班，机场有大巴往返于市区。

昌都旅游区

强巴林寺

●康区最大的寺庙

昌都强巴林寺有五大活佛世系，十二个扎仓。该寺主要建筑保存完好，经堂内塑有数以百计的各类佛像和高僧塑像，上千平方米的壁画以及众多的唐卡画，可以说是汇集了昌都能工巧匠的聪明才智，代表了昌都一带最高水平。

强巴林寺堪称康区文化艺术宝库。寺内的古庆跳神素以狰狞逼真的面具，整齐典雅的动作造型，宏大的场面而闻名雪域高原。该寺跳的钺斧舞，服饰整齐华丽，舞姿古朴典雅，配器简约清越，以该寺独有的宗教舞蹈为形式的昌都藏戏在整个西藏自成一派。该寺喇嘛跳的“卓”舞更是一绝。

昌都镇内的四级台地上。

乘坐出租车前往，5元即可。

查杰玛大殿

●昌都地区历史最悠久、规模最宏大的一座古寺

该殿一向以雄伟壮观的气势、珍藏众多的佛像经典而闻名于世。寺院背后象征胜乐金刚宫殿的山上长满松树，其周围环绕的雪山犹如北方多闻天王骑在白狮上；南面有怒江支流柴曲奔腾不息；西南面有据说是本寺护法王玉杰将军住处的岩石山。

如今的大殿是在文革之后重建的，但规模和气势与过去一样。里面至今珍藏着质量上乘的文物精品，如传说为格萨尔用过的马鞍和战刀、八瓣莲花的金刚像、明清时的唐卡以及不同历史时期的金属造像，雕刻精美的经板等，非常珍贵。

昌都类乌齐镇境内，距县城30千米。

亲历者◎游记

我们经过陡直的楼梯进入二层红殿。殿内的壁画虽是大殿重建时新绘制的，但其宏大的规模和气势仍令我们吃惊。在两面巨大的墙上，浓墨重彩地绘制了噶举派的历代祖师和大德高僧，用形象的方式展现了噶举派产生、发展和兴盛的历史。人物神态各异，形象生动，显示了高超的艺术水准。

大殿第三层的“白殿”则珍藏着寺庙的镇寺之宝：有相传为桑吉温在建寺时从上部达垅带来的释迦牟尼紫金佛像，据说佛像内有佛陀的舍利和一节指骨。有元、明、清时代的唐卡精品数十幅；有用金汁、银汁写成的经书。此外，还有许多珍贵的文物，如有雍正皇帝赐赠的象牙碗、象牙桌面。五世达赖喇嘛所赠的金银镶花茶壶、大象牙，有格萨尔王及其大将的马鞍和宝剑等。

川藏线景点

然乌湖

●地貌奇特，风光旖旎

然乌湖是雅鲁藏布江支流帕隆藏布的主要源头，整个湖呈狭长河谷状，湖宽12千米，由3个上下相连的湖泊组成。

然乌湖北面有著名的来古冰川，冰川延伸到湖边。每当冰雪融化时，雪水便注入湖中，使然乌湖经常保有丰富的水源。然乌湖边是绿草茵茵的草场和绿油油的庄稼；湖边山腰上则是莽莽的森林，再往上是五颜六色的杜鹃花和灌木丛林带；山顶则是终年不化、重叠起伏的雪山。

然乌湖本身也是经过不同时期冰川作用而形成的一个巨大古冰川谷地。200多年前，发生大崩塌，巨大的垮山堆石堵塞帕隆藏布形成今天的然乌湖，至今可见巨大的甭积岩块堵塞在湖口谷地。

昌都八宿县城西南面89千米的川藏公路边上。

318国道从湖边通过，可由八宿县城坐车89千米即可到达。

亲历者◎攻略

然乌的住宿条件较差，然乌运输站招待所单人房要20元/间，条件一般。平安旅社，位于然乌镇东面镇口，住宿条件一般，三人间和五人间，每个床位10—15元。公共厕所，无洗漱处。邮电旅社：三人间，每个床位15元。公共厕所，有热水可以洗澡，在操场有洗漱处。

来古冰川

●世界三大冰川之一

这里可以看到6条海洋性冰川，这样的自然景观在中国甚至在世界上都绝无仅有，是我国一个观看冰川的绝佳地点。

身在来古村，可以同时看到美西冰川、雅隆冰川、若骄冰川、东嘎冰川、雄加冰川和牛马冰川，因为所有这些冰川都围绕着来古村，所以它们被人们统称为来古冰川。其中生成于岗日嘎布山东端长达12千米的雅隆冰川最为雄壮，它从海拔6000多米的主峰，一直延伸到海拔4000米左右的来古村边，黑

白相间的“中碛”又为它在宏伟之中再添上几分美丽，在其它的冰川很难看得到。

围绕着来古村的多条冰川，在村子前形成了多个冰湖，因不同的冰川所在的地质和土壤成分不同，每一个冰湖都会反射出不同的颜色，有一个冰湖上还漂浮着大大小小的冰山，看上去真有点到了南极的感觉。冰川的末端与冰湖之间，断裂的冰川露出十数米高蓝幽幽的冰层。

昌都八宿县然乌镇来古村，距川藏公路只有20多千米。

可从成都、拉萨、昌都、林芝等地，乘所有走川藏公路的班车，到然乌镇下车，然后租车到来古村。也可在昌都或林芝，搭乘往察隅的班车，在途经宗巴村下车，从宗巴村到来古村只有10千米左右。徒步从然乌镇到来古村要走10至12个小时，沿路有数个村庄可休息，一路上都是风光如画。租车和开车都可以当天回到然乌镇，徒步的话要两至三天。

仁措湖

●鱼类资源极为丰富

湖泊一面较开阔，其余部分均靠山。仁措长约2.5千米，湖面平均宽1.2千米，面积为3.7平方千米。湖水最深处达8米以上。

这里地势开阔，绿草茵茵，是良好的天然牧场。由于湖水来源于雪山冰峰，水源充足，一年四季清澈透明。

仁措湖面积不算小，需一天时间才能转一圈。湖中的鱼类资源极为丰富，尤其是盛夏之际，大量的鱼在碧兰的湖水中悠闲地游玩，各种各样的飞鸟则在这幽静的地方筑巢栖息。

昌都八宿县郭关乡境内，海拔4430米。

曲孜卡温泉

●梅里雪山女儿热泪化成的温泉

该温泉区有大小温泉近百眼，其流量大小和温度各不相同，有的不足30℃，而有的超过当地的沸点。当地居民从不烧热水，用水时到温泉去提即可。从温度高的温泉眼里提水，泡出的茶别具特色，这些温泉还能治愈各种疾病，尤其对皮肤病的疗效更为显著，浸泡在温泉中，能尽情欣赏蓝天白云、四周雄伟的高山、成群的牛羊、滔滔的江水及郁郁葱葱的桃李。

昌都芒康县曲孜卡乡，紧临滇藏公路。

林芝旅游区

巴松错

●国家级森林公园

宁玛派著名的神湖，雪峰、冰川、古迹、原始森林环绕周围。

湖水清澈见底，四周雪山和原始森林倒映其中，黄鸭、沙鸥、白鹤等飞禽浮游湖面，湖中则是游鱼如织，分外宁静。

湖内有座小岛，岛上有一座古庙“错松庙”，将巴松错紧紧环绕，使这里宛如人间仙境，客人在此处可自费乘豪华游艇游览湖光山色。

湖心扎西岛上有错宗工巴寺，建于唐代末年。岛上的礁石均雕刻成了别致的动物形象以及佛像。错宗工巴寺为土木结构，上下两层，殿供强巴佛、千手观音和金童玉女。寺南有一株桃和松的连理树，春天时，桃花与青松相映，煞是好看。

错宗工巴寺寺僧与信众们都乘独木舟进行往来。扎西岛其实离湖边不过50余米，有当地的老渡工手划渡船搭乘游客前往，每人索价2元。湖西北还有一五平方米大的巨石，大石中心有可供一人钻过的洞，据说能钻此洞可消灾除病。

林芝工布江达县雪卡区境内，距工布江达县以东55千米，距离拉萨300多千米。

到巴松措无班车抵达，只能自驾车或者在当地包车。包车费用视车型不等，一般在600元左右一天，或按照千米数计算，每千米4~5元不等。

门票旺季（5~10月）120元，淡季（11月～次年4月）60元；观光车50元。

亲历者◎攻略

可以乘船游湖，数百元一船，时间具体商量。

湖边有几家招待所。其中最方便的就是巴松错度假村，有各种档次的房间和别墅。这里距离扎西岛很近，电话：0894~5883508。湖边也可以露营。

每年藏历四月十五日，也就是6月1日前后，当地人有转湖的风俗，由于沿途的景色优美，现在也有越来越多的游客在这里享受徒步旅行的乐趣。错高湖有很明显的一条徒步小路，不会迷路，徒步旅行一般须两天，中途没有住宿的地方，只能自带帐篷。沿途有很多小溪，有些地方溪水阻住的道路，只有赤脚淌水过河。

秋天是错高湖最美的时候，湖边均是层叠的金色和火红的秋叶。错高湖的春天较湿冷，夏天这里则是很好的避暑胜地。

鲁朗林海

●摄影爱好者的拍照胜地

鲁朗林海面积很大，参观拍摄可以进入景区内部，这里有依山连绵的大片碧绿森林，树木以垂直的云杉和松树为主，景色非常清新优美，也是拍摄大片的好地方。

整个景点如诗如画，周边雪山林立，沟内森林葱笼，林间还有整齐如人工修剪般的草甸，许多民居修建在这山环水复的天上森林，周边溪流蜿蜒，有成千上万种野花竞相开放，简直就是人间天堂。

林芝市巴宜区鲁朗镇（近318国道）。

两观景台通票60元，景区内部门票170元，联票230元。

米堆冰川

●中国最美的六大冰川之一，世界上海拔最高的冰川

米堆冰川是西藏最重要的海洋型冰川，也是世界上海拔最低的冰川，被《中国国家地理》杂志评选为中国最美的六大冰川之一。

米堆冰川主峰海拔6800米，雪线海拔只有4600米，末端海拔2400米，冰川下段已穿行于针阔叶混交林带。

米堆是以一座冰川得名的一个地方，它位于西藏林芝地区波密县东约100千米处。行进在巍峨峻峭的大山之间，那鬼斧神工、泼墨山水，那冰川绝壁、雪山云雾，每每令人惊叹不已。

波密县玉普乡米美、米堆两村，距县城所在地扎木镇90多千米。

米堆冰川靠近川藏公路，可包车前往米堆村，然后步行约3小时即可见到。

南迦巴瓦峰

●中国最美的山峰

南迦巴瓦峰是林芝地区最高的山，海拔7782米。它还有另一个名字“木卓巴尔山”，其巨大的三角形峰体终年积雪，云雾缭绕，从不轻易露出真面目，所以它也被称为“羞女峰”。南迦巴瓦在藏语中有多种解释，一为“雷电如火燃烧”，一为“直刺天空的长矛”，还有一为“天山掉下来的石头”。后一个名字来源于《格萨尔王传》中的“门岭一战”，在这段中将南迦巴瓦峰描绘成状若“长矛直刺苍穹”。

林芝境内。

↓米堆冰川

亲历者◎攻略

墨脱、色季拉山口、派镇、直白等地是观赏南迦巴瓦峰最好的地方。

国道林芝一波密的路上经过色季拉山口。色季拉山口凌晨 7 时许是观看南迦巴瓦峰的时间。

派镇位于雅鲁藏布江大峡谷的入口处，也是通向墨脱的必经之地。门票 150 元，收费处设在进镇子之前。每天早上约八点在八一镇的桥头有中巴车前往，票价 50 元。从八一的两江交汇处有游船从雅鲁藏布江上行至派镇，游船往返价 580

雅鲁藏布大峡谷

●世界第一大峡谷

雅鲁藏布大峡谷是世界上第一大峡谷，其特点可概括为：壮、深、润、幽、长、险、低、奇、秀。

雅鲁藏布大峡谷旅游区位于雅鲁藏布江中下游林芝地区，从八一镇开始，经尼洋河与雅鲁藏布江交汇处到大峡谷拐弯处，全长 100 多千米。这里拥有我国山地生态系统最完整的垂直植被组合，该旅游区内拥有壮观的跌水、雄伟的雪山、丰富的宗教传说等人文景观。

雅鲁藏布大峡谷具有从高山冰雪带到低河谷热带季内雨林等九个垂直自然带，是世界山地垂直自然带最齐全、完整的地方，这里汇集了许多生物资源。

雅鲁藏布大峡谷里最险峻、最核心的地段，是从白马狗熊往下长约近百千米的河段，峡谷幽深，激流咆哮，至今还无人能够通过，其艰难与危险，堪称“人类最后的秘境”。

雅鲁藏布大峡谷第一大拐弯位于派镇转运站与直白村之间，江水自西向东奔腾，在大拐弯出被山体阻挡转而向南，做 180° 转弯后继续向东奔去。雅鲁藏布大峡谷第一大拐弯处目前建有观景台，可观赏第一大峡谷的同时观赏南迦巴瓦峰。

🏠 林芝地区米林县派乡以北。

¥ 公路游 290 元（含大峡谷门票、区间车票、餐费），水陆联运 710 元（含尼洋河、苯日神山、大峡谷门票、观光车票、游艇票、旅游专线车票、餐费）；单门票 150 元，淡季时均会有优惠。

亲历者◎指路

先从八一镇坐车至排龙，然后徒步由排龙到札曲游览雅鲁藏布江大转弯和世界上最深的峡谷，再由札曲到排龙。途中可以访问门巴族村落，欣赏原始森林。最后可以乘车由排龙到米林，由米林到山南地区的加查，途览雅鲁藏布大峡谷风光。每年 10 月至次年 4 月间进入为宜。

元/人。

从派乡继续前行约18千米抵达直白观景台，再前行数千米则抵达直白村，直白村可提供住宿。派镇有到达直白的区间车，票价90元。直白村离南迦巴瓦峰的主峰的直线距离仅约五千米，非常壮观。从直白村还可请向导带路或打听路线后徒步前往南迦巴瓦峰大本营（普通体力者约两三个小时可抵达）。

住宿

昌都在西藏还算繁华，既有比较好的宾馆、酒店，还有普通的旅馆、招待所，能符合旅行者的要求。

康盛宾馆/昌都市西路1号/0895-4823168。

昌都饭店(三星)/昌都西路22号/0895-4825998。

林芝地区的旅馆、招待所一般集中在交通相对比较发达的城镇（如八一镇），这里条件比较好，可供选择的各种档次的宾馆较多，林芝宾馆等。而地方的旅游接待能力则比较欠缺。

林芝中海花园酒店：八一镇新区尼池中路14号，电话：0894~5882188。

渡口客栈：位于八一镇八一大街，人民保险公司对面，八一镇唯一的一家国际青年旅舍。坐在客栈的天台上，抬头就能看到皑皑雪山。电话：0894~5831567。

购物

昌都地处雪域高原，山高谷深，动植物资源极为丰富，盛产冬虫夏草、雪山雪莲、红景天、藏红花、草红花等高原名贵中草药，此外，昌都地区的各种民族服饰、手工艺品等，色彩艳丽，图案精美，民族风情浓郁，购之馈赠亲友，或作家居装饰，无不别有风情，富有创意。

林芝有丰富的森林自然资源，其中包括大量的经济植物与药用植物。有不胜其数的木耳、蘑菇、竹笋、花椒、八角等。此外还有延年益寿的延龄草，清嗓润喉的黑节草以及重要藏药南酸枣、钩藤、石斛，名贵药材天麻、三七、五味子、七叶一枝花、灵芝、虫草、贝母、雪莲、草乌等。还有少数民族所特有的手工艺：门巴木碗、竹编、珞巴石锅和陶器。

民俗

门巴转山节

时间：夏季（6~7月间）。

内容：在桑朵白日山山脚绕一圈，耗时一天；冬天则爬到桑朵白日山峰上，一天绕山尖转3圈。

门巴族认为，神山是升天之路，为了死后让灵魂升天，就须在生前熟悉通天之路，于是由神山崇拜而产生了“转山”的宗教活动。墨脱的门巴族群众常去转的主要神山有桑多白日和布达次崩。

工布新年

时间：藏历十月一日(即工布年的初一)。

内容：一般包括驱鬼、请狗赴宴、吃结达(一种面制品)、背水、祭丰收女神等步骤。

传说在很早以前，工布地区遭外敌入侵，工布人组织军队相抗衡，当时正值九月，当地百姓考虑到这些可能一去不返的将士们过不上新年，便将新年提前到了十月一日，并由此成为习俗。

巴松错转湖节

时间：藏历四月十五日。

内容：周边民众以及康多等地信众前来巴松措，绕湖进行转湖朝圣活动，同时还有各类民间庆祝仪式。

藏历新年

藏族人民一年中最隆重的节日。昌都一带过年，家家必须炖牛头或羊头。认为过年不吃牛羊头，等于没有过新年。大年初一，全家老小一大早起床，当雄鸡初鸣后，老年人进佛堂，烧香供祭品，叩头作揖。青年男女背上水桶到河边争抢新年第一道圣水。民间传说，新年黎明时分，谁能争得第一道圣水，此水便是金水银水。如果用此水来熬初一的茶，喝后对健康很有益。

山南

山南是藏民族的摇篮和文化发祥地，西藏历史上的众多杰出人物都诞生在这里，她以博大的胸怀和聪明才智创造出了瑰丽多彩的雅砻文化和西藏历史上的众多第一。山南地区有着众多的文物古籍和十分丰富的旅游资源：既有壮丽的山川河流，又有神秘的神山圣湖；既有风景如画的原始森林，又有令人心旷神怡的辽阔草原；既有雄险的雅江大瀑布，又有久负盛名的文物古籍。

面积：79699 平方千米
人口：36 万
区号：0893

亮点

必游景点

- **桑耶寺：**历史悠久，有"西藏第一座寺庙"美称，凝聚藏、汉、古印度三种建筑风格。
- **昌珠寺：**吐蕃时期兴建的寺庙，历史悠久，众多大师修行遗迹，寺内的珍珠唐卡举世闻名。

线路推荐

- **山南经典游**

桑耶寺—昌珠寺—敏珠林寺—雍布拉康—藏王墓—青朴修行地。

交通信息

飞机

贡嘎机场坐落在壮丽的雅鲁藏布江南岸，是世界上海拔最高的民用机场之一。目前已开通和北京、上海、成都、西安、昆明、重庆、兰州、和南宁等地的国内航班，另外还有飞往西藏自治区内阿里、昌都和林芝地区的航班。

↑仲巴雅砻河

雅砻风景区

雅砻风景名胜区位于西藏山南南部，是国家级重点风景名胜区，也是西藏古代文明的摇篮，藏族群众族的发祥地。这里有雪山冰川、田园牧场、河滩谷地、高山植被；也有神山圣湖、历史古迹和古朴的民风民俗。集人文景观与自然景观于一体，构成了一幅神秘、古朴而又壮丽的画面。

雅砻风景名胜区的著名人文景观有西藏最早的宫殿雍布拉康，西藏第一座寺庙桑耶寺，西藏最早的佛殿昌珠寺，以及西藏唯一的藏王墓等。

桑耶寺

●有"西藏第一座寺庙"美称

桑耶寺是以古代印度婆罗王朝在摩揭陀所建的乌达波寺为蓝本而建造的，经过历代增修扩建，占地面积为 4900 多平方米，规模宏伟。清晨或傍晚登上桑耶寺旁的海布日神山山顶，在那里可俯瞰桑耶寺全景以及雅鲁藏布江的景观，风光无限。

寺院周围树木茂盛，葱郁成林，河渠萦绕，黑颈鹤悠然觅食，可谓世外仙境，高原绿洲。桑耶寺建筑占地面积 11 万余平方米，其中主殿占地面积为 4900 多平方米，此殿由中心大殿和周围回廊两大部分构成，殿堂的结构和殿顶装饰为梵、汉、藏式建筑风格相结合的产物。

桑耶寺始建于公元762年，是藏传佛教史上第一座佛法僧俱全的寺庙，历史上著名的古印度佛教与汉地佛教教义之争便发生在这里。

🏠山南扎囊县雅鲁藏布江北岸的扎玛山麓，距离泽当镇38千米。

¥进寺不要门票，但进主寺乌策大殿要门票45元，藏族群众免费，学生半价。

亲历者◎攻略

除了大殿里的有些地方，寺庙的大部分地方是可以拍摄的，当然为稳妥起见，最好能征询一下在场的僧侣。拍摄桑耶独特的圆形造型的最佳地点在桑耶寺前面的海布日神山上，体力不好的话就不用爬上山顶，在山腰一座佛塔处就可以了，当然由于树木葱笼，你看到的寺庙圆形造型不如在山顶上的那么清晰。

这里的船家及司机有时会多要钱，上车和上船前应问清楚收费。离开时，可循原路折返桑耶渡口，在路边等候来往拉萨或泽当的便车及长途汽车。

由于路途较远，可考虑在当地投宿，在寺内有一间小旅馆，散铺价格在15—40元/人不等。

昌珠寺

●西藏最早的佛教寺庙

莲花生和米拉日巴等有名的人物都曾在昌珠寺周围修行，其修行地遗址仍存，是佛教信徒朝拜的圣地。寺内有著名的珍珠唐卡。

昌珠寺系吐蕃时期第一批兴建的佛教寺庙之一，寺中悬挂有一口铜钟，在整个西藏都很有名，古往今来一直是山南的政治经济中心之一。

昌珠寺大殿下层布局和形式与拉萨大昭寺大殿相仿。寺内原保存有大量古代壁画和松赞干布、文成公主、尼泊尔尺尊公主及大臣禄东赞等人塑像，造型古朴生动。达赖五世修葺时并加盖金顶。达赖十三世亦曾维修。

🏠山南雅砻河东岸的贡布日神山南麓，距乃东县以南2千米。 ¥70元

青朴修行地

●苦修者的“天堂”

青朴三面环山，山谷正南面对着雅鲁藏布江的宽广河谷，观景非常有气势。由于深居大山深处，且溪流潺潺植被茂密，青朴修行地冬无严寒夏无酷暑，常年气候温和，是一处风景气候皆佳的地方，这大概也是历代以来众多高僧大德和凡夫俗子都将这里当成修身悟法圣地的原因了。寂护、莲花生等高僧大德先后在这里修行，留有众多圣迹。

🏠山南扎囊县桑耶寺东北。

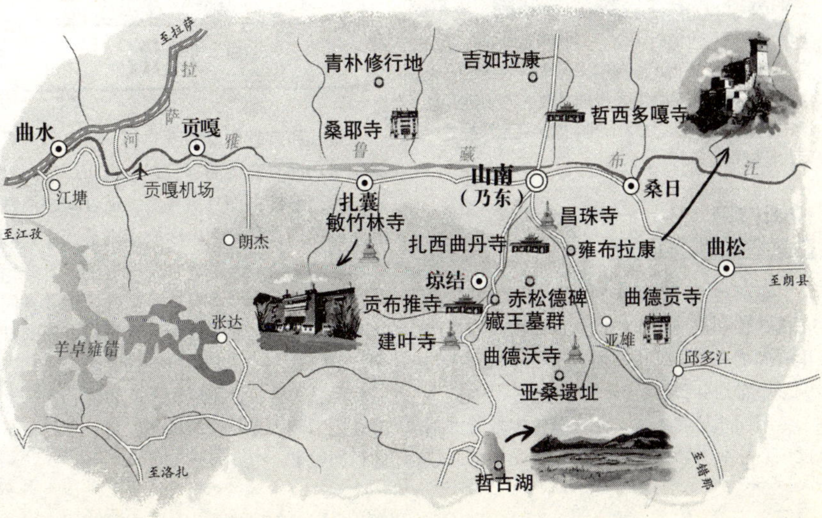

山南其他景点

羊卓雍错

●西藏三大圣湖之一，被誉为世界上最美丽的水

羊卓雍错被誉为世界上最美丽的水。羊卓雍错，“羊”，上面，；“卓”，牧场；“雍”，碧玉；“错”，湖。连起来就是“上面牧场的碧玉之湖”。

湖平均水深30多米，最深处有60米。它是高原堰塞湖，形状很不规则，分叉多，湖岸曲折蜿蜒，并附有空姆错、沉错和纠错等3小湖。湖中山地突兀，有21个小岛，各自独立水面，最大面积约18平方千米，岛上牧草肥美，野鸟成群。

此湖的一绝是它的水源来自周围的雪山，但却没有出水口，雪水的融化与湖水的蒸发达到一种动态的平衡。

山南浪卡子县境内。

泽当有班车发往浪卡子县。

在公路上向下俯看不收费，到湖边或观景台需收门票40元。

亲历者◎解说

羊卓雍错风景秀丽，站在海拔4790米的岗巴拉山顶向南眺望，像一块镶嵌在群峰之中的蓝宝石，碧蓝的湖水平滑如镜，白云、雪峰清晰地倒映其上，湖光山色，相映成趣。湖滨水草丰美，牛羊成群，这里还是藏南最大的小鸟栖息地，有天鹅、黄鸭、水鸽、水鹰、鹭鸶和沙鸥等多种水鸟。每当产卵季节，湖里的十多个小岛便成了天然蛋场，场面极其壮观。微风拂过，湖水涟漪轻漾，浮光跃鱼，令人陶醉。湖中盛产高原裸鲤鱼，其肉细嫩鲜美。

拉姆拉错

●西藏最具传奇色彩的湖泊

藏语意为“吉祥天姆湖”“圣姆湖”。每次达赖和班禅转世的线索都是由高僧在这里看到的。另外据说普通人也可以从湖水的倒影中看到自己的未来。

湖面积虽然不大，但在藏传佛教转世制度中，它有着特殊地位，因尔备受信徒们敬仰，每年寻访达赖喇嘛、班禅等大活佛的转世灵童前，都要到此观湖下相。每年藏历四至六月，许多善男信女前来这里朝圣观景。据说多人同观，所见各异。

山南加查县县城东北部，距县城约65千米。

门票50元，凭学生证可以讲价到对折（不要票或两人一张票）。

住宿

泽当饭店（四星）/泽当镇乃东路19号/0893-7825555。

泽当电信雪鸽宾馆（三星）/泽当镇湖北路1号/0893-7827777。

山南宾馆/泽当镇乃东路19号/0893-7826168。

购物

山南的各个城镇，如泽当、曲水、琼结以及贡嘎、浪卡子等，大多有商贩相对集中的购物点，主要贩卖一些具有藏族特色的金银玉石饰物，或是一挂唐卡、氆氇、壁毯，以及藏戏面具等。其中最为著名的特产当属扎囊县敏珠林寺的藏香和加查核桃。

民俗

藏戏和宗教传说关系密切，藏戏的两大派别是白面具和蓝面具。现今山南琼结的巴剧团为著名的白面具藏戏派，而日喀则昂仁县的剧团、拉萨的觉木隆剧团则是蓝面具藏戏派。

朝天节：每年8月3日举行，佛教者们认为这一天是释迦牟尼第一次举行讲经的日子。节日这一天，藏族群众们穿着新衣，带着食品，赶往拉萨附近山上的各寺朝佛、念经，之后到野外尽情餐饮、歌舞，直到日落才返回城里。

阿里

阿里地区，位于青藏高原北部——羌塘高原核心地带。阿里是喜马拉雅山脉、冈底斯山脉等山脉相聚的地方，被称之为“万山之祖”。同时，这里也是雅鲁藏布江、印度河、恒河的发源地，故又称为“百川之源”。

她孕育着南亚诸大河流“神山”附近就是“圣湖”——玛旁雍错。中外闻名的古格王朝遗址，现仍巍峨壮观。在改则、革吉一带，广阔的藏北高原人烟稀少，但却是野生动物的乐园。黄羊、岩羊、藏野驴、藏羚羊、野兔时常可见，有时还能碰到黄羊、藏羚羊与车竞赛的观腾场面。

面积：304683 平方千米

人口：10 万

区号：0897

亮点

必游景点

- **冈仁波齐**：世界公认的神山，同时被印度教、藏传佛教、西藏原生宗教苯教以及古耆那教认定为世界的中心，素有“神山之王”的美称。
- **玛旁雍错**：中国湖水透明度最大的淡水湖，西藏三大圣湖之一。

线路推荐

- **阿里经典游**

玛旁雍错—拉昂错—冈仁波齐—普兰—古格王国遗址—札达土林。

↓古格王朝遗址

交通信息

飞机

阿里昆莎机场位于西藏自治区阿里地区狮泉河镇西南，目前已开辟成都—拉萨—阿里往返航线。

神山圣湖

冈仁波齐

●藏传佛教四大神山之一 世界公认的神山

冈仁波齐是冈底斯山脉的主峰，峰顶终年冰雪覆盖，由南面望去可见到它著名的标志：自峰顶垂直而下的巨大冰槽与水平方向岩层构成的佛教万字符。在它南面是纳木那尼峰，而这两座雪峰之间，便是浩瀚宁静的圣湖玛旁雍措。

冈仁波齐是世界公认的神山，同时被印度教、藏传佛教、西藏原生宗教苯教以及古耆那教认定为世界的中心。

岗仁波齐并非这一地区最高的山峰，但是只有它终年积雪的峰顶能够在阳光照耀下闪耀着奇异的光芒，夺人眼目。加上特殊的山形，与周围的山峰迥然不同，让人不得不充满宗教般的虔诚与惊叹。

每年都有许多来自内地、印度和尼泊尔的信徒前来朝拜转山。如能在马年来神山，则被当作人生之大幸事。

阿里普兰县境内，距狮泉河镇 200 多千米，距普兰县约 100 多千米，绵延于中、印、尼三国边境，海拔 6656 米。

150 元，神山圣湖联合门票 200 元，如进入塔钦或转山需买票，圣湖如进入景点区域也需买票。

↑玛旁雍措

亲历者◎攻略

神山脚下的塔钦（大金）村可以提供食宿，主要有圣地旅馆、冈底斯宾馆、玛旁雍措宾馆、神山招待、拉萨饭店等。

冈仁波齐峰转山分内圈与外圈，又分徒步和磕长头。外圈 56.5 千米，徒步 3 天（当地人 1 天就可以），磕长头要半个月以上。除苯教外都顺时针转。塔钦（即大金寺）通常是转山的起点。马年和藏历四月十五日斋会后转山最热闹。游客转山最好带上边境证、帐篷、水和干粮，雇个背夫和牦牛。

玛旁雍错

●中国湖水透明度最大的淡水湖

西藏三大圣湖之一，诸多大河的发源地，分别是南亚著名的恒河、印度河、萨特累季河和雅鲁藏布江的源头，被誉为“世界江河之母”。湖水最深处 81 米，转湖周长大约 90 千米。

早期的苯教徒称它为“玛垂错”，传说湖底聚集了众多的珍宝。此湖是西天王母瑶池之所在。自古以来佛教信徒和苯教徒都把它看作是圣地“世界中心”，历来的朝圣者都以到过此湖转经洗浴为人生最大幸事。

🏠 阿里普兰县境内，冈仁波齐东南 30 千米处。

¥ 玛旁雍错现已和神山联合收费，门票 200 元。

亲历者◎攻略

即乌寺旁边的山坡上是观赏圣湖玛旁雍错的最佳地点。即乌附近有温泉可泡。

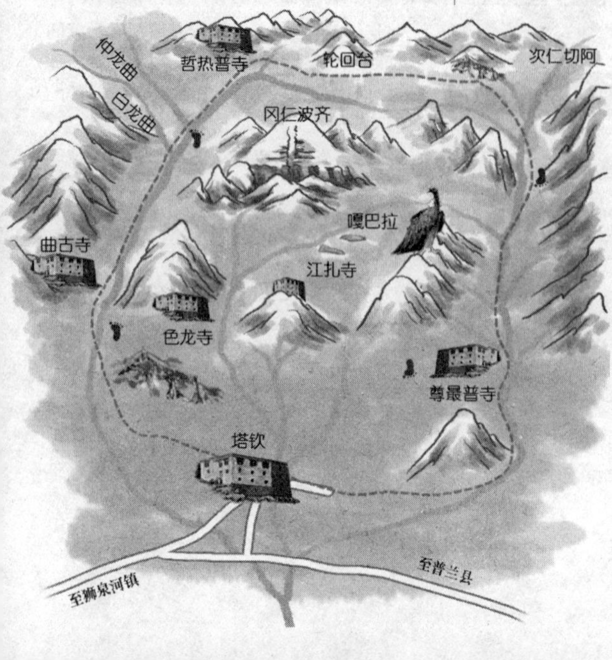

湖中心有著名的鸟岛，一到夏季，就有数以万计的地中海中头鸥来此繁殖。可以租船在湖中游览，也可以上鸟岛看成片的鸟窝、鸟蛋，观赏海鸥和斑头雁。需要提醒的是，岛上的鸟蛋是受保护的，绝对不可以带走。

神湖旁边有一神湖宾馆可提供简单食宿。

神湖附近的住宿可住在靠即乌寺山脚下的小村子，小村子是前往普兰公路的必经之地，这里有两间由藏族群众经营的无名旅店，住宿每位收费 30 元 / 人。这小村由 10 间土屋组成，没有饭馆，南面的旅店提供素菜白饭，每顿 10 元，建议你最好带干粮或方便面。

也可住边防武警部队营房，卫生条件较好，用水缸里的水，每位 20 元 / 床。可以在部队伙房用餐，但价格较贵，一碗面条 10 元。

拉昂错

●神秘的"鬼湖"，它的深度至今仍是一个谜

拉昂错与玛旁雍错东西并列，被称为"鬼湖"。1906 年瑞典地理学家在测量完玛旁雍错的水深后，曾试图测量拉昂错的深度，但仅测量了湖体北端便无果而终，它的深度至今仍是一个谜。

鬼湖与圣湖中间至今仍有一条河相通。鬼湖中有一个小岛，据说岛上有一小寺，每年冬天，湖面封冻结冰，寺中的喇嘛才与外界有所联系。鬼湖与圣湖一样，都是鸟类的天堂。

阿里普兰县境内，紧临玛旁雍错。

在从神山或圣湖去普兰的时候会有很长的一段路是在鬼湖旁边，道路距离湖边只有不到 1 千米。

阿里旅游区

古格王国遗址

●藏传佛教四大神山之一

现在的遗址从山麓到山顶高 300 多米，到处都是和泥土颜色一样的建筑群和洞窟，几间寺庙除外，全部房舍已塌顶，只剩下一道道土墙。围绕古格都城周围的重要遗址还有东嘎、达巴、皮央、香孜等，都有大量文物遗存。

古格王朝雕塑多为金银佛教造像，代表其最高成就的就是被称为古格王朝银眼的雕像；遗留最为完整、数量最多的是古格王朝的壁画，古格王朝壁画风格独特，能全面地反映当时社会生活的各个层面。所绘人物用笔简练，性格突出，其丰满动感的女体人物尤具代表性。

阿里札达县城以西 18 千米处。

¥ 200 元。

亲历者◎攻略

可住在札达县城的邮电招待所、武警招待所、阿里古格宾馆等宾馆。武警招待所对面的天仙洗浴可以洗澡，并提供洗衣服务。县城有三四家小饭馆，价格较贵。

札达土林

●世界上独一无二的"土林地貌"奇观

札达土林地貌为远古时期该地所处的湖盆沉积层在喜玛拉雅造山运动影响下，随着水位下降、湖盆抬高，并在气候及河水侵蚀切割之下形成的。陡峭险峻的山岩看上去似巍峨挺拔的城堡、碉楼、佛塔等，千姿百态、气象万千，成为阿里地区最著名的自然景观。土林里的"树木"高低错落达数十米，千姿百态，别有情趣。汽车行进其间，就像是绕着众多巨人的脚掌打圈。

阿里地区札达县境内。

¥ 200 元（联票，含土林、古格王国遗址等几处景点），需要带上边防证。

亲历者◎指路

到札达一般从狮泉河出发，包车往返需 2000~3000 元，行车约 12 小时。

住宿

阿里地区的行署所在地在狮泉河镇。狮泉河宾馆在拉孜过来的路的右面，狮泉河宾馆旁还有一家私营宾馆，对面是粮食局澡堂，军分区旁有邮电局和邮电宾馆，旁边还有一个不错的澡堂。

餐饮

阿里地区的饮食和西藏其他地区一样，以藏餐和川菜为主。但由于阿里地处偏僻，用餐很贵，一碗面条的价格在 10 元左右。沿着阿里招待所直走到十字路口就可找到许多餐馆，主要是四川风味，几乎都让到厨房点菜。狮泉河镇有由新疆人经营的多家新疆风味菜馆。

●**面积**

21 万平方千米，全国排名第 11 位

●**人口**

3793 万

●**世界遗产**

秦始皇陵及兵马俑、丝绸之路陕西段（汉长安城未央宫遗址、唐长安城大明宫遗址、大雁塔、小雁塔、兴教寺塔、张骞墓、彬县大佛寺石窟）

● **5A 级旅游区**

西安市秦始皇兵马俑博物馆、西安市华清池、延安市黄帝陵、西安大雁塔—大唐芙蓉园、华山、法门寺、商洛市金丝峡景区、太白山

●**国家重点风景名胜区**

华山、临潼骊山、宝鸡天台山、黄帝陵、合阳洽川、黄河壶口瀑布

陕西旅游网
http://www.sxtour.com/

时尚旅游地推荐

秦始皇帝陵博物院 1

华山 2

天台山 3

法门寺 4

黄帝陵 5

壶口瀑布 6

红石峡 7

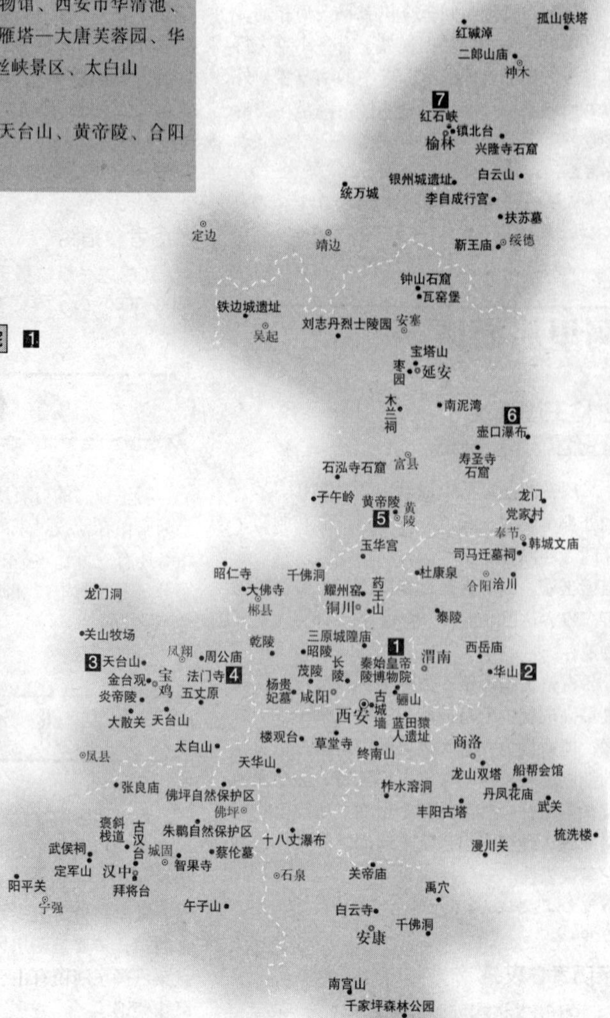

陕西

品味西安，
感知中国

陕西从北到南拥有不一样的风情、风景。广袤的陕北黄土高原，有高亢的秦腔、激昂的锣鼓，古城长安城，有秦始皇兵马俑、灵秀险峻的西岳华山、有激流澎湃的黄河壶口瀑布，陕南巍峨的秦岭山脉秀丽多姿，四时不同，满目青山。

西安

如果中国是一棵参天大树，北京会是树冠，而西安则是这棵树深扎地下的根系。西安，古称长安，历史悠久。“长安自古帝王都”，周秦汉唐的辉煌让与雅典、开罗、罗马并称世界四大古都的西安透着一丝难掩的王城气概。

如今西安城垣依旧，雁塔高耸，眼前已是高楼如林、汽车奔驰，街头巷尾遍布各种食肆，小吃鲜香的味道让热闹的食客们酣畅淋漓。无数国宝安然地躺在陕西省博物馆的高科技展柜里，书院门里古色古香的书卷气浸染着笔笔生意，德福巷遍街的现代酒吧与咖啡厅碰撞着历史……千年的古都始终沉稳而坚定地不断向前走着。

面积：10106 平方千米
人口：796 万
区号：029

亮点

必游景点

- **兵马俑**：是秦始皇陵的从葬坑，被誉为“世界第八大奇迹”。
- **西安古城墙**：明代西安城曾是一个庞大而精密的军事防御体系，也是我国现存最完整的一座古城堡。
- **西安碑林**：这里名碑林立，藏品丰富，是我国古代书法艺术的宝库。
- **华清池**：自古就是游览沐浴胜地。唐明皇与杨贵妃的爱情故事使华清池增添了不少传奇色彩。
- **大唐芙蓉园**：是中国第一个全方位展示盛唐风貌的大型皇家园林式文化主题公园。
- **党家村**：是国内迄今为止保存最好的明清建筑

↑秦始皇兵马俑

村寨。
- **乾陵**：武则天和唐高宗李治的合葬墓，无字碑充满了神秘色彩。
- **华山**：西岳华山为五岳名山之一，以险著称。

线路推荐

- **西安东线经典一日游**

兵马俑—秦始皇陵—临潼博物馆—华清池—骊山森林公园。

- **西安古迹精华一日游**

西安古城墙—书院门—碑林博物馆—北院门（回民街）—鼓楼—钟楼—陕西历史博物馆—大雁塔·大慈恩寺—大雁塔广场。

交通信息

飞机

西安咸阳国际机场位于西安市西北部、咸阳市郊，有往来国内各大城市以及日本、泰国、韩国等国家的航班。机场距西安市中心约 47 千米，有机场高速公路连通，至西安市区 1 小时左右可达。

咸阳机场较大，有多个航站楼，其中 2、3 号航站楼相隔 600 米，来往其间可乘坐免费摆渡车。

火车

西安主要的火车客运站有三个：西安站，西安北站和西安南站。

西安站是陇海线上的枢纽大站，凡是经过西安的火车全部在此停靠。乘坐距离地铁 1 号线在“五路口”站下车，可步行到达。

西安北站运营的列车主要为动车和高铁，乘坐地铁 2 号线，在北客站下即可。

市内交通

目前西安有 3 条地铁运营线路，分别是地铁 1、2、3 号线，票价 2-8 元不等。对于游客，2 号线更为重要些，这条线路可以到达西安北站（主要运营动车和高铁），部分站点还靠近钟楼、南门、陕西历史博物馆等著名景点。

西安城区景点

大慈恩寺・大雁塔 AAAAA

●长安城内最著名、最宏丽的佛寺

大慈恩寺是唐长安城内最著名、最宏丽的佛寺，唐三藏玄奘曾在这里主持寺务，领管佛经译场，寺内的大雁塔又是他亲自督造，所以大慈恩寺在中国佛教史上具有十分突出的地位。寺门内，钟、鼓楼东西对峙。雁塔东南侧有和尚墓塔群。大雄宝殿是寺院的中心建筑，殿内供奉有三身佛、菩萨和罗汉泥塑像，是礼佛诵经之所。今日的慈思寺是明代以来的规模，而寺内的殿堂则多是清代建筑。

大雁塔位于慈恩寺内，是楼阁式砖塔，塔身呈方形锥体，具有中国传统建筑艺术的风格。塔高 64 米，共七层，塔身用砖砌成，内有楼梯盘旋而上。每层四面各有一个拱券门洞，凭栏远眺，长安风貌尽收眼底。塔的底层四面皆有石门，门楣上有精美的线刻佛像，相传出自唐代大画家阎立本的手笔。

西安市雁塔区雁塔路的南端。

5、41、601、27 路公交车可到。

旺季(3月1日~11月底)50元,淡季(12月1日至次月2月),40 元,登大雁塔另收 20 元。

9:00~17:00。 029-85519932。

亲历者◎攻略

西安新建成的大雁塔广场是亚洲最大的矩形喷泉广场，夜景很不错。

荐福寺・小雁塔

●西安市著名的旅游地

原为隋炀帝宫邸，唐初为唐高宗荐福而建为寺院，后扩充为翻经院。寺内建筑有山门、钟楼、鼓楼、大雄宝殿、藏经楼、白衣阁、慈氏阁和小雁塔。寺中钟楼内悬挂的 8 吨铁钟声音极洪亮，“雁塔晨钟”是关中八景之一。寺内的小雁塔高 43 米，15 层，曾历经多次地震，曾出现豁裂，后又吻合，震而不倒。

西安市雁塔区友谊西路。

18、21、29 等路公交车可到。

登塔另付 30 元。

029-87803591。 9:00~17:00。

陕西历史博物馆

●古都明珠，华夏宝库，综合性历史类博物馆

博物馆建筑面积 5.6 万平方米，馆舍布局呈“轴线对称，主从有序；中央殿堂，四隅崇楼”的仿唐建筑群体，典雅凝重，堪称陕西悠久历史和灿烂文化的象征。

馆内馆藏文物多达 37 万余件，上起远古人类初始阶段使用的简单石器，下至 1840 年前社会生活中的各类器物，时间跨度长达 100 多万年，数量多、种类全、品位高，其中青铜器、陶俑、金银器和唐墓壁画等文物，多为巧夺天工之瑰宝。

西安市雁塔区小寨东路 91 号。

乘 5、24、401、521、527、701 等路公交车至翠华路。

淡季 9:00~17:30，旺季 8:30~18:00（闭馆前一个半小时停止入馆，周一闭馆）。

029-87803591。

大唐芙蓉园 AAAAA

●展示盛唐风貌的大型皇家园林式文化主题公园

大唐芙蓉园是西北地区最大的文化主题公园，也是中国第一个全方位展示盛唐风貌的大型皇家园林式文化主题公园。

芙蓉园包括紫云楼、仕女馆、御宴宫、芳林苑、凤鸣九天剧院、杏园、陆羽茶社、唐市等众多景点。园内有全球最大户外香化工程，有全国最大的仿唐皇家建筑群，每晚有全球最大的水幕电影表演。

西安市雁塔区曲江开发区。 24,715 路公交车可到。

旺季 120 元，淡季 90 元。 9:00~22:00。

亲历者◎攻略

1.《梦回大唐》主题演出时间为每晚 17:00。水幕电影演出时间为每晚 19:45。

2. 游客可从大唐芙蓉园站和大唐芙蓉园西门

西安城墙

●中国现存最完整的一座古代城垣建筑

西安明城墙环绕城市的中心区，呈合围的长方形，墙高12米，底宽18米，顶宽15米，总周长13.74千米。有城门四座——东长乐门，西安定门，南永宁门，北安远门，每个城门都由箭楼和城楼组成。

西安作为千年古都，历代曾多次修筑城墙。现存明城墙主要建于明洪武三年到十一年（公元1370年~公元1378年），至今有600多年历史，是我国现存最完整的一座古代城垣建筑。城墙包括护城河、吊桥、闸楼、箭楼、正楼、角楼、敌楼、女儿墙、垛口等一系列军事设施。

🏠 西安市中心区。 ¥ 54元。

☎ 029-87272792。 🕐 8:00~19:00。

钟楼·鼓楼

●钟楼为西安古城的中心

均为明初所建，是姐妹楼。西安钟楼是我国古代遗留下来的许多钟楼中形制最大、保存最完整的一座，通高36米，是俯瞰西安城的好地方。以钟楼为中心辐射出四条大街并分别与明城墙四门相接。鼓楼是目前所存全国最大的鼓楼，通高33米。

🏠 西安市莲湖区西大街,钟楼位于四条大街的交会处,鼓楼位于西大街北侧。

🚌 在市内乘43、45路公交车可到。

¥ 联票50元。

☎ 029-87214665。 🕐 9:00~18:00。

西安碑林

●欣赏古代书法的最佳地点

西安碑林创建于108
库，陈列从汉到清的各代
馆区由孔庙、碑林、
室，陈列面积4900平方
照壁、牌坊、泮池、棂
着孔庙固有的建筑格局，

🏠 西安市碑林区府学巷。

¥ 旺季75元，淡季50元。

🕐 8:30~18:30。

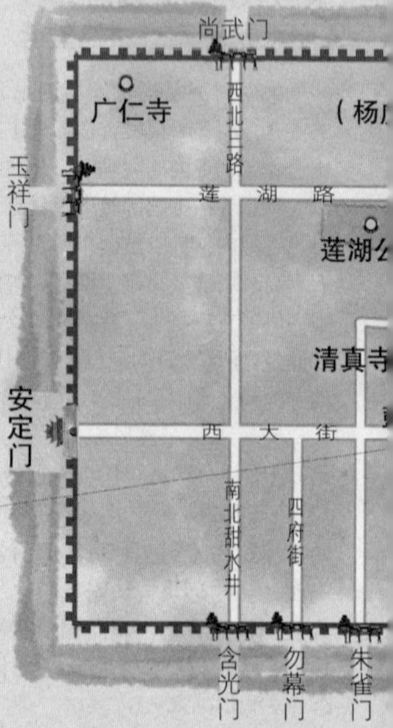

站下车入园。大唐芙蓉园开放西门和南门，其中西门为正门，一般游客都是从此门进入。大唐芙蓉园南门不临街，入口在“唐市”里面，如果找不到可以向工作人员询问。

西安近郊景点

翠华山

●国家地质公园

翠华山国家地质公园地处秦岭北麓，景区主要包括翠华峰、玉安峰、甘湫峰，集山、石、洞、水、林、庙等景观为一体，以秀美的湖光山色和罕见的山崩地貌而著称，素有“终南独秀”和“中国地质地貌博物馆”的美誉。

翠华山有悠久的历史文化背景，自秦汉起这里就被辟为皇家的“上林苑”“御花园”，长安八大寺院围绕其周。翠华山旅游景区由碧山湖景区、天池景区和山崩石海景区三部分组成。

🏠 西安市长安区太乙镇。

🚌 由西安市内乘坐905路旅游专线，到达太乙镇的翠华山旅游车站后，再上行约200米就可以到山门了。

国古代碑石时间最早、数量最多的一座艺术宝
00多块。这里碑石如林，故名碑林。
部分组成，现有馆藏文物11000余件，11个展
即为孔庙旧址，其建置可以追溯到北宋末年。
门、碑亭、两庑等明清建筑保存至今，并遵循
树掩映、古朴典雅的庭院式建筑群。

764。

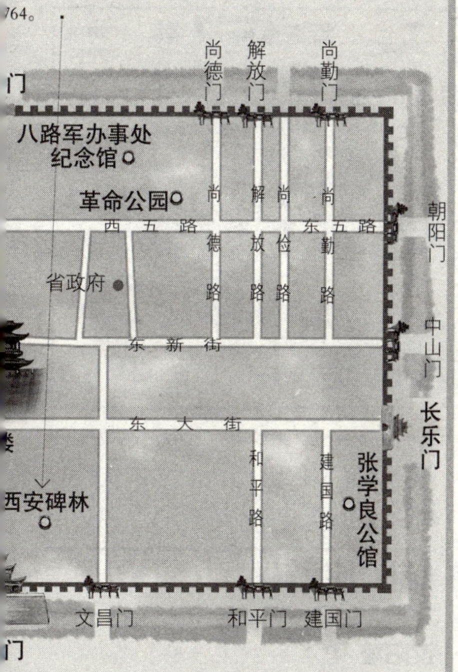

¥ 旺季70元，淡季45元。

🕐 8:00~19:00。 ☎ 029-858921750

半坡遗址博物馆

● "仰韶文化"遗址

半坡遗址是黄河流域一处典型的原始社会母系氏族公社村落遗址，属新石器时代仰韶文化，距今6000年左右。

半坡遗址的遗存丰富，面积约5万平方米。它是在1953年被西北文物清理队发现的。半坡聚落遗址为南北稍长、东西略窄的不规则椭圆形。壕沟继续向西侧延伸，构成一个防护性的壕沟，沟内是居住区，沟北是公共墓地，沟东是烧制陶器的陶窑生产区。

🏠 西安市灞桥区半坡路155号。

🚌 在市区乘坐地铁一号线，在"半坡"站下车即到。或者乘坐15、105路公交车，在"半坡博物馆"站下车即到。

¥ 旺季65元，淡季45元。

🕐 平时8:00开馆，节假日7:30开馆。

☎ 029-83512794。

关中民俗艺术博物院

● 原汁原味的明清古民居庭院

馆内收集了历代的民俗物品，其中最引人注目的是搬迁复建的多座明清古民居、戏楼、店铺和门楼等古建筑，还有几千根石雕拴马桩。游览途中会看到建于清末的赵家门楼和建于明朝的西京雄镇门楼，门楼上都有精美的砖雕图案，且修旧如旧，保持了古建筑的原汁原味。

除此之外，还有道路两旁的40多座明清时期的宅院、店铺、戏楼等古建筑。这些建筑各有特色，共同点就是特别重视门楼、墙头、屋檐等处的装饰，飞檐斗拱，做工非常精美。

🏠 西安市长安区五台镇。

🚌 乘坐地铁2号线，韦曲南站下车后，再换乘公交车可到。

临潼旅游区

秦始皇陵

● 一代大帝秦始皇的陵墓

我国现存最早的帝王陵之一，背靠骊山，面朝渭水，是中国古代帝王陵墓中保存最完好、规模最宏伟的陵园之一。墓内机关重重，有众多的珍品陪葬。迄今尚未挖掘。

🏠 西安市临潼区城东5千米。

🚌 乘游5、306路到秦始皇陵的专线车前往。

¥ 26元，包含着兵马俑博物馆联票内。 🕐 7:00~18:00。

华清池 AAAAA

● 杨贵妃与唐玄宗爱情见证地

华清池亦名华清宫自古就是游览沐浴胜

秦兵马俑博物馆 AAAAA

●被誉为"世界第八大奇迹"

秦始皇兵马俑博物馆是在1974年发现的秦兵马俑坑原址上建立的遗址性博物馆，于1979年10月1日正式对外展出。主要分为一号坑、二号坑、三号坑以及综合陈列大楼四个部分。一号坑最大，埋有约6000个真人大小的陶俑。馆内展出陶塑艺术品，其中以陶俑为主。设有循环播出的360度环幕电影放映厅。

西安市临潼区秦始皇陵东侧约1000米。

联票旺季150元，淡季(12月1日至次年2月底)120元。

029-81399001。 9:00~18:00。

网址：http://www.bmy.com.cn。

亲历者◎指路

西安火车站东广场乘游5专线、915路、914路到达。游5专线最为便捷，直接到景区大门，而其余两部公交车有时只到东三叉，不到兵马俑。

亲历者◎解说

大型彩绘铜车马：1980年在秦始皇陵西侧出土了两乘车马。每乘四前驾有四马，车上各有一御官俑。铜车马造型逼真，装饰华美，马辔头和挽具以金银为构件，制作非常精巧。

跪射俑：出土于二号坑东部，所操武器为弓弩，身穿战袍，外披铠甲，头顶左侧绾一发髻，脚蹬方口齐头翘尖履，左腿蹲曲，右膝着地，上体微向左侧转，双手在身体右侧一上一下作握弓状，表现出一个持弓的单兵操练动作。

高级军吏俑：俗称将军俑，在秦俑坑中数量极少，出土不足10件，分战袍将军俑和铠甲将军俑两类。

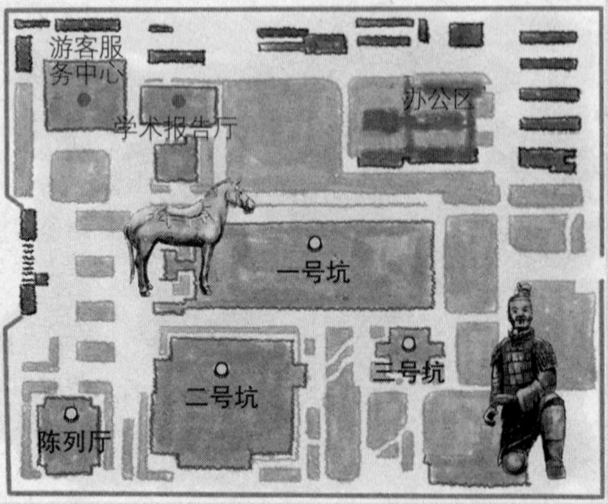

地，因唐玄宗和杨贵妃的巡幸而闻名。唐代华清池是帝王妃嫔游宴的行宫，每年十月到此，年终返回。据记载，唐玄宗在执政的41年时间里，先后来此36次之多。

华清池在中国现代革命史上也有重要的地位，震惊中外的"西安事变"就发生在此，华清池内至今仍完的保留着当年蒋介石行辕旧址五间厅，后面骊山的半腰间虎斑石处即为"兵谏亭"。走出望湖楼，向右可沿着一条砖砌的台阶上行，直登苍翠葱绿的骊山游览。

西安市临潼区华清路38号。

游5、914、915路公交车可到。

旺季150元(包括原华清池和骊山两个景点)，淡季(12月1日至次年2月底)120元。

亲历者◎攻略

游览华清池的游客，定做两件事：一是洗温泉澡，体验一下《长恨歌》中"春寒赐浴华清池，温泉水滑洗凝脂"的感觉。二是爬"兵谏亭"，"兵谏亭"处半山腰，是西安事变活捉蒋介石的地方，故此亭名为"兵谏亭"。

咸阳旅游区

汉阳陵

●以彩陶俑而闻名

汉阳陵陵园主要由帝陵陵园、后陵陵园、南区从葬坑、北区从葬坑、礼制建筑、陪葬墓园、刑徒墓地以及阳陵邑等部分组成。在近200座从葬坑和近万座陪葬墓内，一列列武士俑披坚执锐，气势威武；一排排仕女俑宽衣博带，美目流盼；猪、马、牛、羊、鸡、狗等动物陶塑更是成群成组。这些精美的文物遗存真实地再现了汉代的宫廷文化和社会生活，被誉为20世纪中国重大考古发现。

咸阳渭城区正阳镇张家湾、后沟村北的原上。

西安方向从大唐芙蓉园南门乘游4路公交车；咸阳

方向从火车站乘5路公交车。

¥ 旺季90元，淡季65元。

夏季8:30~17:30；冬季8:30~17:00。

昭陵

●唐太宗李世民的陵墓

昭陵是唐太宗李世民的陵墓，关中“唐十八陵”中规模最大的一座。昭陵陵园周长60千米，占地面积200平方千米，共有陪葬墓180余座，被誉为“天下名陵”。

在祭坛东西两庑房内置有6匹石刻骏马浮雕像，驰名中外。昭陵六骏均采用浮雕雕刻而成，具有很高的艺术价值。昭陵六骏的真品现存于西安碑林博物馆，其中“飒露紫”“拳毛马呙”二骏，在1914年被盗运美国费城大学博物馆。

礼泉县昭陵镇九嵕山主峰上。

¥ 15元，昭陵博物馆20元。

夏季8:30~18:00，冬季9:00~17:30。

乾陵

●“唐十八陵”中保存最完整的一座皇家陵园

乾陵是唐高宗李治和女皇武则天的合葬墓陵。乾陵以山为陵，依梁山而建，坐北朝南，由内外两城组成，占地颇广。乾陵是“唐十八陵”中保存最完整的一座皇家陵园，也是中国历史上唯一一座两个皇帝的合葬墓。

乾陵地面文物主要是石刻，共计114件。石刻多用整块巨石雕成。乾陵两旁现有华表1对，翼马、驼鸟各1对，石马5对，翁仲10对，石碑2道。东为著名的武则天“无字碑”，西为述圣记碑。有王宾像61尊，石狮1对，周围还有17座陪葬墓。

乾县乾陵镇。

¥ 旺季（3月~11月）122元，淡季（12月至次年2月）82元。 8:00~18:00。

亲历者◎指路

1. 可在西安火车站东广场乘坐游3路公交车直达乾陵。游3路每日一趟，8:00从西安火车站东广场出发，15:00由乾陵返回。车程约2小时。票价：单程18元。黄金周会加车。淡季1月－3月停运。

2. 从西安市城西客运站或咸阳市汽车站乘坐发往乾县的长途车，抵达乾陵县城后转乘公交车前往景区。

渭南—铜川旅游区

洽川

●素有“小江南”之称

有“小江南”的美称，这里有迷人的黄河河滨，神奇的瀵泉奇观，珍稀鸟类栖息的天堂，古朴的黄土峰林地貌，悠久灿烂的古代文化。包括5个景区：黄河滩涂、田园风光、山岳风光、抽黄工程、黄河林带。

处女泉隐入碧绿如帐芦苇之中的处女泉，是洽川举世罕见的七眼瀵泉之中最神奇、最迷人的一处。泉水的浮力特别大，即使你一点都不识水性，也不用担心会掉下去，只要保持身体平衡，便可尽情享受如绸拂身的美妙感觉。

合阳县洽川镇黄河岸边。

可从西安城东汽车站乘车到合阳转乘合洽专线。

党家村

●保存最好的明清建筑村寨

党家村是国内迄今为止保存最好的明清建筑村寨，被称为“东方人类古代传统居住村寨的活化石”。党家村至今已有660余年的历史。

党家村石砌的巷道高大气派，典雅精美的四合院门楼格外引人注目，醒目的门楣题字显映着主人的地位和信仰，精美的石雕、砖雕、木雕工艺炫耀着主人的审美情趣和财富。四合院中的垂花门楼十分精美，村巷中的布局更是让人叫绝。

韩城市西庄镇党家村。

韩城通往下峪口的中巴在党家村口下，走2千米可到。西安城东客运站有直达的长途车。

¥ 40元。

0913-5323544。

玉华宫风景区

●素有“夏有寒泉，地无大暑”之称

玉华宫人文景观丰富，主要包括唐玉华宫遗址、“三宫”（正宫、西宫、东宫）石窟、大量珍贵的出土文物及历史典故传说，古往今来的文人墨客也留下了许多描述玉华宫的

华山 AAAAA

●我国著名的五岳之一

“华山天下险”，在五岳之中以险著称，登山之路蜿蜒曲折，长达 12 千米，全是悬崖绝壁，所以说“自古华山一条道”。著名的华山五峰，是北云台峰、中玉女峰、西莲花峰、东朝阳峰和南落雁峰。西岳庙是去华山的必经之地，它是历代的帝王祭祀华山的祠庙，庙内还保存有众多的碑刻。

东峰因峰顶有观看日出的朝阳台而又叫朝阳峰。朝阳台为东峰绝顶，极目远眺，可观东海日出。西峰是华山最秀丽险峻的山峰，因峰顶巨石状如莲花，故又名莲花峰。

华阴市南部，距西安以东 120 千米。

玉泉院是攀登华山的起点，华阴有很多班车前往。西安火车站广场有华山一日游专线车。

旺季（3 月 1 日—12 月 1 日）180 元，淡季（12 月 1 日至次年 2 月底）100 元。

0913-4362692。

亲历者◎指路

西安火车站广场有华山一日游专线车。

亲历者◎攻略

1. 登华山一定要着软底运动鞋，因为山路台阶较多，登山不但是对意志的考验，也是体力的比拼。另外，手套、袜子、拐杖等则依个人而定。

2. 登山前最好食用一些高热量的食品，这样能够有效地增加体力，否则爬到一半就会体力不支。

3. 攀爬长空栈道以及鹞子翻身时，一定要注意安全，切记。

4. 从玉泉院出发，经“回心石”“千尺幢”“百尺峡”和“老君犁沟”到北峰，从北峰南上，经“擦耳崖”“苍龙岭”，过金锁关，从这里可分别前往东、中、南、西三峰。

5. 一般看日出都去东峰，那里风大温度低，能带棉袄最好，不过上面有军大衣，租一件 30 元，押金 50 元。

↓玉华宫

诗词文章。

玉华山天然植被保存完好，森林环境优美，素有“夏有寒泉，地无大暑”之美称，是消夏度假的理想之地。唐初三代帝王在此建立了规模宏大的避暑行宫，遗址现今保存完整。

🏠 铜川市印台区焦坪镇玉华山，离市区 45 千米。

🚌 铜川有发往玉华宫的旅游专线车。

¥ 旺季 70 元，淡季 50 元。

药王山

●隋唐医药学家孙思邈晚年隐居之地

隋唐医药学家孙思邈晚年归隐于此，后世尊他为“药王”，药王山因此而得名。这里是人们纪念孙思邈的中心场所，每年农历“二月二”庙会，游人从四方云集而来表达对孙思邈的崇敬与怀念。

药王山历史悠久，文物荟萃。山上有金、元建筑及大型元代壁画，有明代药王大殿及药方碑，有太玄古洞、洗药池等景点五十余处。药王山石刻遍及全山，隋唐摩崖造像四十余尊，精美绝伦；北魏至唐代造像碑百余通，弥足珍贵；历代碑石二百余通，为药王山的实物历史档案；还有石塔、石棺、石碑坊等众多石刻。

🏠 铜川市耀州区东郊 1.5 千米。

🚌 6 路公交可到。

¥ 旺季 81 元，淡季 61 元。

商洛旅游区

金丝大峡谷国家森林公园 AAAAA

●素有“峡谷奇观，生态王国”之称

金丝峡全称“金丝大峡谷国家森林公园”，园内风光秀丽，具有窄、长、秀、奇、险、幽的特点，被誉为“峡谷奇观，生态王国”。

金丝峡峡谷景观奇特俊秀，峡谷总长度 20.5 千米。园内有白龙峡、黑龙峡、青龙峡和石燕寨四大景区，白龙门、月芽峡、一线天等景点。特别是青龙门和黑龙门，宽不盈米，抬头不见天，峡谷两侧岩壁层层叠叠，垂直高度近 600 米。

🏠 商南县太吉河镇南部。

¥ 85 元。

柞水溶洞群

●我国北方最大的溶洞群落

柞水溶洞位于商洛柞水县石瓮镇，地处秦岭南麓，有大小溶洞 108 个，是我国北方最大的溶洞群落，目前已开发出了以三洞一台为主景的风景游览区，即佛爷洞、天洞、风洞和对峰台。

佛爷洞洞内有两尊高大的佛像，洞内全长 900 余米，分上、中、下三层。天洞因洞口直入云霄而得名，洞内钟乳玲珑剔透。风洞进出皆有奇风迎送，全长约 4 千米，山泉穿洞长流不息，石柱、石笋、石帷遍布；令人惊叹的是洞内常年有百鸟栖息。

🏠 柞水县石瓮乡。

🚌 在西安汽车站或南门汽车站有开往镇安的汽车。

¥ 无需门票，包含在柞水溶洞国家地质公园门票内。

住宿

市中心地区：本地区是西安最繁华的商业区，世纪金花、开元百货、唐城大厦等著名商厦座落于此。钟鼓楼是西安的标志性景观，碑林仿古一条街在全国具有一定知名度。

南部地区：是西安科学文化教育的中心，著名的西安外国语学院、陕西政法学院、陕西师范大学、西安财经学院等多所高等学府均在此地区，该区域内还有历史悠久的大小雁塔、陕西历史博物馆等著名景点。

餐饮

西安饮食偏辣，多面食，其传统菜以仿唐菜为主，有葫芦鸡、奶汤锅子鱼、烤乳猪、波斯羊腿、大荔带把肘子、温拌腰丝、贵妃鸡翅和商芝肉等；传统风味名吃主要有羊肉泡馍、樊记腊汁肉、荞麦面饸糕、春发生葫芦头、肉夹馍、杂羔汤、葫芦头、孜然炒肉夹、岐山臊子面、金线油塔、石子馍和灌汤包子等。另外被誉为“神州一绝”的饺子宴，以德发长饺子馆的最为正宗，而同盛祥饭庄以牛羊肉炮馍驰名中外。

西安小吃集中在鼓楼往北的北院门及附近地区，是纯正的回民小吃。小吃夜市有东新街夜市、南稍门夜市等。清真小吃夜市有麦市街回族风味小吃街、北院门夜市、大皮院夜市等。

购物

西安的名特产有：秦兵马俑仿制品、秦铜车马复制品、仿唐三彩、仿古青铜器、历代书法手迹碑帖、、秦绣、剪纸、肚兜、玉雕、皮影、唐壁画摹本、户县农民画等。购买古董要谨防赝品。土特产有：临潼石榴、火晶柿子、西凤酒、黑米、秦椒、党参、天麻等。

西安有许多文物商店，位于碑林博物馆旁边的书院门仿古一条街，朱雀路中段的西安古玩市场，以及雁塔路中段5号的文宝斋，都可以买到兵马俑复制品、唐三彩等仿古工艺品，剪纸、布艺等民间手工艺品以及书画珍藏作品。商业区都集中在东大街、南大街、解放路、小寨等地。

民俗

秦腔：秦腔又称“乱弹”，是陕西独具特色的地方戏曲，也是我国民族戏曲艺术中最古老的声腔艺术。主要流行于西北各地，保持了原始豪放的特点。秦腔有十余种角色，唱腔、脸谱、身段等都自成体系。秦腔声调高昂激扬，强烈急促，几近于吼，唱起来带有一种悲壮肃杀之气，是陕西一道独特的文化风景线。

关中八大怪：房子半边盖、手帕头上戴、碗盆难分开、面条像腰带、锅盔赛锅盖、油泼辣子一道菜、唱戏吼起来、板凳不坐蹲起来。

面条像腰带：关中的面条特别宽，好似腰带一般，人称“裤带面”。正宗关中人做的面比现在城市里通常所吃的“裤带面”更为夸张：喜欢将面和硬揉软、擀厚、切宽，一根面条宽度可达二三寸，长度则在1米上下，厚度与硬币差不多，似足“裤带”，一根面条有时足够一顿饭。面煮熟后捞在碗里，无论是浇臊子还是泼油辣子，吃起来都很光软热火有筋性，既可口又耐饥。

锅盔赛锅盖：锅盔是一种形如锅盖的发面饼，草帽大小，成品重量足有10斤左右，吃时切开，可一连吃好几天，而且炎夏半月不变味，隆冬百日不变质。

油泼辣子一道菜：油泼辣子是关中人家的看家菜，不论是拌面夹饼，还是啜粥吃馍，都少不了它。故有“无辣不下饭，无辣不成席”之说。

唱戏吼起来：这里唱戏指唱“秦腔”，特点是高昂激越、强烈急促。尤其是花脸的演唱，更是扯开嗓子大声吼，当地人称之为“挣破头”。吼戏者，脸红脖子粗，吼得“走火入魔”，观众也连声叫“好！”，当地人认为这才是真正的秦腔，听起来“过瘾”“解馋”“嫽咋咧”（好极了）。

板凳不坐蹲起来：关中的男子们一日三餐基本都要蹲在一起开“老碗会”，一蹲就是一个多小时。加之冬天寒冷，人们喜欢蹲在背风向阳的地方“晒暖暖”，或者“丢方”、下棋来娱乐消遣。于是，关中人就养成了“蹲”的习惯。

宝鸡

宝鸡古称陈仓，是陕西的第二大城市。宝鸡的自然风光景色斐然，绿意盎然的太白山国家森林公园、飞马逐鹿的关山牧场、皇家御用的汤峪温泉、美不胜收的红河谷风景区等等构成了雄奇壮丽的秀美山河，更显现了自然的绚丽多姿。

此外，宝鸡历史悠久，名胜古迹众多。宝鸡是周秦王朝的发源地，出土了大量的西周青铜器，因此被誉为“青铜器之乡”。著名的古迹还有“佛骨圣地”法门寺、姜子牙直钩垂钓的钓鱼台等。

面积：18162 平方千米

人口：384 万

区号：0917

亮点

必游景点

- **法门寺**：被誉为“关中塔庙祖”。因存有流传千年的佛指舍利而闻名于天下。
- **太白山**：是陕西著名的旅游胜地，“太白积雪六月天”自古为关中八景之一。
- **关山牧场**：我国内陆中东部地区最大的天然草原，享有“小天山”美誉。

线路推荐

- **宝鸡名胜三日游**

D1：太白山国家森林公园—太白山汤浴温泉。

D2：法门寺—东方大佛宫—五丈塬诸葛亮庙—姜子牙钓鱼台。

D3：炎帝陵—宝鸡青铜器博物馆—嘉陵江源头风景区。

↓宝鸡金台观

交通信息

火车

宝鸡火车站位于市内最繁华的经二路上，要去宁夏、四川、甘肃、陕北等地的自助旅游者最好选择乘火车，既安全又便捷。宝鸡南站为高铁站，位于渭滨区蟠龙路南端。

宝鸡市区景点

法门寺 AAAAA

●存有千年的佛指舍利，被誉为“关中塔庙祖”

法门寺因存有流传千年的佛指舍利而闻名于天下，更有多种文物珍宝，是一座罕见的文物宝库，被誉为“关中塔庙祖”。

法门寺始建于东汉末年。据记载所言，2000 多年前，释迦牟尼的遗体火化后结成舍利，印度阿育王为了弘扬佛法，散佛舍利于世界各地，凡得舍利处皆要建塔供养。中国有 19 处，法门寺为第五处。如今的法门寺包括真身舍利塔、大雄宝殿、地宫以及法门寺博物馆（珍宝馆）等四大部分。

合十舍利塔于 2009 年 5 月 9 日落成。世界唯一的佛指舍利在法乐融融之中顺利安放其内，以供世人瞻礼。合十舍利塔高 148 米，造型如同合十的双手，中间镂空部分是一座传统形式的唐塔。塔前铺设了一条长达 1230 米、宽 108 米的佛光大道，一些源于佛教经典题材的景观小品及金色菩萨像点缀在大道两侧。

扶风县法门镇。

一票制，旺季（3 月 ~11 月）120 元，淡季（12 月 ~ 次年2月)90元。可参观法门寺院、法门寺博物馆和合十舍利塔三个景点。

亲历者◎解说

石碑：在隧道尽头是第二道门，门前立有两通石碑——"大唐咸通启送岐阳真身志文"和"监送真身使随真身供养道具及金银宝器衣物账"，细述了法门寺寺庙的沿革、佛指舍利及咸通年间迎佛骨的盛事，还有唐僖宗送回佛骨以及诸多赏赐的经过，及赏赐物品的清单。两扇门上各刻一菩萨，门框上刻有坐佛和力士。

八重宝函和佛指：木函整身呈正方形，为一木一石三金三银，雕花银棱略斜函顶通体用檀香木制成，内壁用黑漆漆过，乌黑发亮。宝函一共八重，从外向里一层层揭开，都是不同的炫目光芒、雕刻佛像。第七层宝函内，装有一巧妙精绝，登峰造极的小金塔。金塔座上有一小银柱，就在这根小银柱上，套着一枚偌大的指骨，即佛指舍利。

蹙金绣五件唐代蹙金绣衣服：位于法门寺博物馆展厅中，耀眼夺目。这些衣服上的蹙金绣，只在古代文献和白居易的诗中提起过，它的工艺早已失传，其历史、文化和艺术价值无与伦比。

秘色瓷：在法门寺文物发掘之前，中国陶瓷史一直认为史书记载而又失传已久的"秘色瓷"始于五代时期，直到法门寺出土了有明确记载的这13件秘色瓷器，从此中国陶瓷史才有了可以断代的标准品。

镏金茶具：这是一套唐僖宗使用过的茶具。这一套茶具为茶碾子、茶罗子、银火箸、银坛子、结条笼子等，分别对应了烘焙、研磨、过筛、烹煮、饮用、贮藏等唐朝宫廷茶道的全过程，完全印证了陆羽写的《茶经》中的有关内容，用实物讲述了中国茶文化的源流和发展过程。

太白山

●最佳生态旅游景区

太白山横卧在宝鸡眉县、太白、西安周至3县境内。因山顶终年积雪，银光四射，而得名。海拔3767米，是秦岭主峰。

古代诗人李白、杜甫、柳宗元、韩愈、苏轼等人曾游过这里，写下了著名诗篇。其中李白的《登太白山》写道："西上太白峰，夕阳穷登攀。太白与我语，为我开天关。愿乘冷风去，直出浮云间。举目可近月，前行若如山。一别武功去，何时复见还。"

太白山还有很多古建筑，历代庙宇有14

↓太白山

处，现存房屋32栋，80余间，石碑5通，铁碑10通，铁佛110余尊，木雕像64尊，还有铁钟、铁炉等。农历七月一日为太白山庙会，每逢此时，山上山下，游人不绝。"太白积雪六月天"是关中八景之一。

眉县南部，与太白县、周至县交界。进山口位于眉县汤浴口。

¥ 旺季(3月~11月)100元，淡季(12月~次年2月)60元。太白山自然保护区20元。

天台山

●著名的"神农之乡"

天台山为国家级风景名胜区，区内群峰竞秀，植被繁茂，景色优美，气候宜人。主要景点有莲花、道帽石、磊磊石、九龙泉、大散关、鸡峰插云、弥罗天云海、炎帝骨台寝殿、神农祠、老君顶、玄女洞等数十处，主峰莲花顶海拔2198米。天台山有油松、华山松、连香木等多种树木、百余种观赏花木和60多种鸟兽。

史载民传，天台山是炎帝出生、成长、创业和卒身的地方，是"神农之乡"，在中华民族发祥史上占有重要地位。还有道教始祖老子李耳开始创教写经的传说。

宝鸡市渭滨区马营镇南部。

↓天台山

坐从市区到尖山的中巴可到达。

琮台仙谷 55 元；石梁飞瀑 50 元；华顶国家森林公园 40 元；赤城山 15 元；国清寺 10 元；石梁飞瀑 + 赤城山 + 国清寺联票 70 元。

宝鸡青铜器博物馆

●国内目前最专业的青铜器展示馆

博物馆为风格独特的“平台五鼎”造型，内分四层。鼎，作为一种重要青铜礼器，象征着团结、统一和权威，代表着和平、发展和昌盛。博物馆整体建筑浑然一体，结构严谨，以新颖、独特、雄伟的风姿，充分体现了青铜器庄严、凝重、恢弘、浑厚的神韵。拾阶而上五米大平台，步入雄浑典雅的五鼎展厅。序厅通道墙面装饰着凤鸟纹浮雕，天花板上是象征西周井田制的“井”字造型。

宝鸡市区。

宝鸡车站乘公交车可到。

9:00~17:00。

0917-2769017。

炎帝陵

●炎黄子孙寻根祭祖的重要场所

炎帝陵分为陵前区、祭祀区、墓冢区 3 部分。这里雄伟、神圣、肃穆、古雅、幽静，成为炎黄子孙的谒陵拜祖的圣地。每年农历七月七日及清明节的炎帝祭日，海内外各界民众聚于炎帝陵及炎帝祠进行盛大的公祭仪式，共同拜祭中华始祖之一的炎帝。

↓炎帝陵

宝鸡市渭滨区神农乡。

宝鸡火车站乘 2、6 路公交，在桥梁站下可到达。

30 元。

8:00~18:00。

宝鸡郊县景点

凤翔东湖

●典型的北方历史性园林

凤翔东湖古为“饮凤池”，凤翔东湖系大文豪苏轼在任凤翔府签书判官时，带领民众在古饮凤池的基础上修建而成，距今已有近千年历史。凤翔东湖北岸的“苏公祠”内还珍藏着苏东坡的真迹竹、兰、菊、梅画及墨迹石刻多种以及历代文人墨客诗词石刻一百五十余通。

凤翔东湖占地 16 公顷，分内、外湖两部分，湖莲碧盖红芳，湖岸古柳摇曳，奇石林立，翠竹成群，建筑古朴典雅。湖心景区以“君子亭”为核心，湖面相通巧分为三，亭榭棋布四周，一景一物都别具匠心。

凤翔县城关镇东关。

8:00~18:00。

亲历者◎指路

1. 从西安城西客运站乘西安至凤翔的班车，在东湖下车。

2. 从宝鸡汽车站乘发往凤翔县城的汽车，在凤翔县城转车前往。或乘坐宝鸡市内的一日游旅游车可到。

五丈塬诸葛亮庙

●纪念一代名臣诸葛亮

景区内有始建于唐代的诸葛亮庙和三国时期的诸多古遗迹以及高 114 米的斜峪关水库大坝，被誉为“亚洲第一土石高坝”。诸葛庙内有三绝：一是献殿横梁长约十五丈；二是正殿两根圆柱左右分立自然形成的龙凤图案；三是岳飞亲手书写的《前后出师表》。

岐山县五丈塬镇。

35 元。

关山牧场

●秦韩非子养马之地，享有"小天山"之美誉

关山草原享有"小天山"之美誉。这，幽涧水泽兼具，草原森林相间，地势广阔，水肥草美，牧马成群，景色秀丽。自古以秦韩非子养马而闻名于世。

现在关山牧场有景区标志塔、秦韩非子牧马滩、砬塔县遗址、汉唐校马场阅马墩、观景台、射击场、蒙古包、游乐园、垂钓池、民俗村、篝火晚会等游乐设施。虽然地处内陆腹地，到了这里也可以尽情享受草原的魅力。而这里秋天可以看到红叶，冬天的雪景也是很不错的。

陇县境内。 50元。

亲历者◎指路

从西安出发：在城西客运站乘坐发往张家川（张川）的班车，在关山下。

从宝鸡出发：在机场街汽车站搭乘开往张家川（张川）的班车，在关山下。这趟班车只有中午11点一趟。

住宿

嘉隆国际酒店 / 渭滨区经一路 294 号 /0917-2708888。
公爵饭店 / 宝鸡市金台区宝烟路 1 号 /0917-3469003。
西凤大酒店 / 渭滨区西凤路 6 号 /0917-3217621。

餐饮

宝鸡位于关中西部，虽然独有的"铁路文化"使得宝鸡汇聚了天下五湖四海的人，但是饮食的风格与特色依旧延续着陕西关中地区的风味。不过，宝鸡的一些县城却拥有着自己最纯正的特色美食，如岐山的臊子面、擀面皮。

岐山臊子面：浓厚的岐山风味；臊子制法讲究，口感注重"香而不腻"，面条则要薄如纸、细如线；突出特点可概括为"薄、筋、光、香、酸、辣、煎、稀、旺"。

购物

宝鸡城市不大，最繁华的街道要属横贯宝鸡东西的经二路。宝鸡的购物、娱乐场所多集中于此。

宽阔的街道两旁，商家云集，客流如涌，热闹非常，前后林立着均利购物广场、聚丰购物中心、新世纪购物中心等六家大型的购物场所。他们大都采用国际一流的流行外观，宣扬着现代都市的新潮时尚，成为了宝鸡独树一帜的商业中心，曾被誉为"西北第一街"。

民俗

剪纸艺术：剪纸是一种在纸上剪出来的画，人们将剪好的图案贴在门楣、窗子、桌子等，以表达自已的喜乐、感情及生活感受，因此我们又称之为"剪画"或"窗花"。剪纸最早起源于南北朝时期，多取材自喜庆节令、五谷丰收、民间戏曲故事、儿童、动物等，既饶富情趣又装饰美观，有着深厚的群众基础，故深受大家喜爱。

宝鸡社火：社火起源于原始社会的文面，文身、巫术、祭祀、宗教，古代的角抵、驱傩、祭社活动。社火脸谱的纹饰证明，五六千年前彩陶上的原始符号，在脸谱上被完整的继承了下来。社火的种类很多，有山社火、车社火、马社火、背社火、抬社火、高芯社火、高跷、地社火、血社火、黑社火等。大都在正月祭社、庙会迎神、祈雨时表演，而正月十五最隆重，声势最为浩大。

汉中

汉中市有"西北小江南"之称，生态环境良好，自然风光优美。南湖风景区山清水秀，再加上古朴精致的园林建筑，集天地灵秀于一身，是旅游避暑的首选之地。汉中野生动植物资源丰富，这里还是世界珍稀动物大熊猫和朱鹮的栖息地，生态旅游是当地的一个重要旅游项目。

市内文物古迹众多，现有2处国家重点文物保护单位，以及以"两汉三国"为主题的著名文化遗产，知名的景点有：褒斜道石门、拜将台、武侯祠、张良庙等。

面积：27093平方千米
人口：385万
区号：0916

亮点

必游景点

- **青木川保护区：**保护区境内有大片原始森林和许多珍稀的动植物。在古镇上保留有大片古街、古祠、古栈道、古民居等建筑群。
- **武侯祠：**是全国最早也是唯一由皇帝下诏修建的武侯祠，故有"天下第一武侯祠"之称。
- **古汉台：**相传是汉高祖刘邦在汉中称汉王时所建的府邸。登楼可以眺望汉中市全貌。

线路推荐

- **两汉三国怀古游**

D1：古汉台—拜将坛—石门水库—古栈道。
D2：武侯祠—马超墓祠—武侯墓—定军山。

↑汉中拜将台

交通信息

飞机

汉中西关机场位于汉中城区西南，距市区只有2千米，每天机场大巴往返于汉中与西安之间。现已开通汉中到北京、上海、广州、重庆、成都等多条航线。

火车

汉中火车站位于汉中市人民路北段，宝城、阳安、襄渝三大铁路动脉穿境而过。从汉中有到西安、安康、广州、北京西的始发列车，也有到武汉汉口、成都、上海、福州等地的过路列车。

汉中市区景点

古汉台

●汉高祖刘邦在汉中称汉王时所建的府邸

古汉台位于汉中市东南部，又名七星台，相传是汉高祖刘邦在汉中称汉王时所建的府邸。台上有望江楼，高约17米，登楼可以眺望汉中市全貌，此楼历代多有损毁，现存为民国4年重建。

古汉台现为汉中市博物馆所在地，馆内珍藏有历代碑刻、拓片、书画等珍贵文物1万多件，其中尤以石门十三品最具盛名，有"国之魂宝"之寓，被日本书道界称为"汉中石门，日本之师"；其中曹操的"衮雪"，张良的"玉盆"，郑子真的"石虎"苍劲浑朴，

运笔流畅，《石门颂》《石门铭》自古被作为中国书法艺术的楷模。这些珍贵的文物都有很高的历史和艺术价值。

汉中市汉台区东大街。

乘 21、22 路公交车可到达。

8:00~18:00。

亲历者◎解说

古汉台是刘邦统一天下后，为纪念汉中这个发迹之地而建，同时也取“天汉”之祥，定国号为“汉”。汉中、汉王、汉朝、汉台，这个“汉”字一脉相承了几千年。今天的汉台，不仅成为汉中的标志，而且也是汉王朝开国的象征。

拜将台

●刘邦拜韩信为汉大将军时所筑

拜将台位于汉中市南门外，在古汉台西南约 200 米处，由南北分离的两座夯土台筑成。两台高各有三米余。相传是当年刘邦驻汉台拜韩信为汉大将军，举行隆重的授印仪式时所筑。

南台下西面屹立一尊高大的石碑，正面上刻“汉大将韩信拜将坛”八个大字，背面刻诗一首：“辜负孤忠一片丹，未央宫月剑光寒。沛公帝业今何在，不及淮阴有将坛。”足以看出对于刘邦“鸟尽弓藏，兔死狗烹”的做法，人们是难以接受的。东边竖一高约 2 米的碑，是书法家舒同为拜将坛题字。碑背面刻有韩信登坛与刘邦的一段对话，摘自司马迁的《史记·淮阴侯传》。

汉中市汉台区南门外。 15 元。

褒斜栈道

●古时为沟通秦岭南北的主要通道

先人在秦巴谷中凿石架木、修筑栈道，到汉武帝时期，大加修凿，呈现出“栈道千里，无所不通”的盛景，后人称之为“褒斜道”。

汉中市汉台区褒城镇。

乘坐 21、102 路公交至石门风景区。

无需门票，包含在石门景区门票内。

亲历者◎解说

明修栈道，暗渡陈仓：刘邦取汉中后于公元前 206 年按大将韩信的计谋，派少数人修栈道，以转移镇守关中西部雍王章邯的注意力，暗地里沿着西边艰险的陈仓道（即秦栈），北出大散关，攻占了陈仓城，进军咸阳。

汉中郊县景点

青木川自然保护区

●素有“小九寨沟”之称

青木川自然保护区境内山脉绵延，有大片原始森林，栖有大熊猫、金丝猴、羚牛、红腹雉等国家保护动物，还生长着珙桐、野杜鹃等珍稀植物。区内有石梯，拾级而上，可见古栈道遗迹。凤凰山海拔 2300 米，山势形如凤凰，四季风光各有不同；山上有将军石、清泉飞瀑等，有小九寨沟之称。

青木川古镇山清水秀，生态天然，民风古朴。现在古镇上保留有大片古街、古祠、古栈道、古民居等建筑群。古街回龙场系明成化年间所建，街长 800 米，宽 4 米，基本维持古时原貌。古镇保存最为完整的魏氏大院，系民国年间知名绅士魏辅唐所建。在距古街 5 千米的地方，有明清时留下的通往甘肃的商运古栈道，长达 60 千米，道路顺河而上，依崖凿路，路势十分险峻。

宁强县的青木川镇。

亲历者◎指路

从汉中市汽车站乘坐发往宁强县的长途汽车，车程约 1 个半小时。在宁强县乘坐发往青木川镇的客车，车程 2 小时左右；宁强到青木川的汽车收车较早，下午可能就没有车了。

汉中市有到青木川的直达车，一天只开两班，同时青木川到汉中市是上午 7:00 有一班车。

武侯祠

●有“天下第一武侯祠”之称

武侯祠始建于蜀汉景耀六年（263年），距今已有1200多年的历史，是全国最早，也是唯一由皇帝下诏修建的武侯祠，故有“天下第一武侯祠”之称。

武侯祠内文物丰富，匾联层层、碑碣林立，现有各时代石碑90余通，各种文物多件，历代名人字画400余幅，以嘉定年间皇帝亲笔御书的“忠贯云霄”金匾最为珍贵。除了文物古建筑外，还有汉柏、汉桂、旱莲、银杏等古树名木，其中汉柏据测定树龄在1700年以上。旱莲是世界稀有花木，现被定为汉中市市树。

勉县武侯镇。

乘坐专线旅游车前往，或者乘坐从汉中到勉县的班车，然后坐农用三轮车前往。

旺季(3月~11月)60元；淡季(12月~次年2月)40元。

0916-3296212。

8:00~18:00。

张良庙

●陕南著名的游览胜地

相传“汉初三杰”之一的张良在辅佐刘邦成就帝业后，就激流勇退，托名“辟谷”，隐居于此。后人仰慕他“明哲保身”的策略和“功成不居”的高风，在这里建庙奉祠。因他曾封“留侯”，故名“留侯祠”，俗称“张良庙”。

张良庙傍山依水，古朴典雅，终年云霭缭绕，颇有仙家灵气。柴关、紫柏二山在此形成一个圈状，庙前一水和庙后一河又成环抱之态，庙四周幽静肃穆，方圆百里苍松紫柏挺拔苍翠，大有护法卫道之像。二水轻流低吟，如琴鸣曲；鸟语清脆，空谷传音；再加以庙宇玲珑，楼台迭现，常使风尘仆仆的游客生出游身世外之感。

留坝县留侯镇。

汉中汽车站每天有一班发往张良庙的直达车，票价18元。从宝鸡、凤县发往汉中的班车都会经过张良庙。

旺季(3月~11月)45元，淡季(12月~次年2月)30元。

8:00~16:00。

0916-3966003。

安康旅游区

香溪洞风景区

●广大游客陶情冶性之“洞天福地”

香溪洞为道教石窟。据现存碑文及地方志记载，创建已有500余年。历经各代修茸增筑，楼台殿阁，桥梁洞府俱有。游香溪洞，从山底洞盘山小路曲折而上，停立“天门”处可遥望汉江一带，安康城廓尽收眼底。三天门上建有石壁青瓦小屋1间，门上横额石刻“去天五尺”4个大字。再上有纯阳洞，洞内有百祖塑像，壁间有石刻“来往大千须半日，金州南畔有柴扉”，“仙人已乘降龙去，羽士还疑化鹤来”等诗句。除此之外，还有药王洞、龙王洞、龙泉、八仙洞、下棋亭、架云桥、通天梯、玉皇阁等名胜古迹。

安康市汉滨区南郊5千米处。

从安康市内乘车可达，车程约45分钟。在香溪路口可乘中巴；旅游旺季市内有专车前往；瀛湖码头也有中巴去香溪洞。

旺季80元，淡季40元。

8:00~17:00。

南宫山国家森林公园

●久负盛名的风景旅游胜地

南宫山主峰金顶海拔2267.4米，旁列两峰，形如笔架。两侧遍地是史前火山多次喷发形成的石林，峥嵘嵯峨。山的南坡有冰斗、角峰、围谷等大巴山第四纪冰川遗迹。这里森林环境优美，生物种类繁多，也有不少珍稀野生动植物。

北宋靖康二年(1126年)，山上始建道观，至清代逐渐演变成佛教胜地，清嘉庆二十五年（1820年），高僧弘一大师在金顶莲花盆中圆寂，真身百年不腐，为南宫山增添了浓厚的神秘色彩。目前景区内开展的旅游项目有：骑马、森林浴、登山、滑翔等。

岚皋县四季乡南部。

西安、安康乘坐前往岚皋县的客车，到岚皋县城后改乘通往南宫山景区车辆即可。

旺季(3月1日~11月底)100元，淡季(12月1日~次年2月底)60元。

6:00~10:00。

岚河漂流

●享有"西北第一漂"美誉

岚河主体位于安康岚皋县境内，属汉江一级支流，水质清澈，深浅适度，激流险滩与平缓水域连环相连。

岚河漂流从距岚皋县城5千米处安岚公路边的新春电站下水，随水漂流经九滩十八湾，到达终点桂溪河大桥，全长12千米，历时近2小时。在漂流游程中，山峡水转，忽而水平似镜，忽而水流湍湍，稳坐船头，浪遏飞舟，船随浪起，人跟船行，全神贯注的感受亲近自然的乐趣。

岚皋县，起点在县城南5千米处安岚公路边的新春电站，终点在桂溪河大桥。

漂流52元。

安康有直达岚皋县的小巴，10元/人。一般乘车地点为巴山中路的安康汽车站，或者在安火路口。

住宿

汉中市内住宿方便，从火车站沿人民路到北大街、中心广场这一段是汉中繁华区，建议住在广场附近，离火车站、客运站、公交车站都较近。

汉中饭店、宾馆分为两个档次，星级宾馆价格较高，一些老品牌和私营的招待所设施稍旧，但服务不错，价格也便宜。

餐饮

汉中有句俗话叫"汉中小吃打天下"，说明了当地小吃的美味和百姓对于小吃的喜爱。简单的原料、简单的调料、简单的工艺却能炮制出一味味令当地食客痴迷的美食，令人叹服。

热面皮、菜豆腐、腊汁肉夹馍等特色小吃，不仅在当地遍布街头巷尾，而且也慢慢随着汉中人走到了全国各地。身在外乡的汉中游子每每吃到"稀饭面皮菜豆腐"的经典正宗"套餐"，这样的家常美味总是会勾起对"西北小江南"的浓浓思念。

↓汉中凉皮

购物

汉中特产主要有镇巴白家营香梨、城固柑橘、西乡樱桃、汉中拐枣、汉中无花果、汉中猕猴桃、汉中刺梨等水果；汉中蕨菜、汉中薇菜、汉中木耳、汉中银耳等野味以及陕南桃花绣、陕南纳纱绣、陕南扎染、南郑藤编等工艺美术品。

世纪阳光商厦/汉台区北大街86号/0916-2211193。

民俗

汉中传统民居：石头房：多建于山区，镇巴、安康、西乡山区很普遍。顾名思义，石头房以石为基本材料。通常是后墙靠山崖，三边以石头砌墙，屋顶木架上铺以油页石板。

汉中茶馆与茶俗：汉中城乡除了商店每日顾客人来人往，红火的地方就算茶馆了。茶馆是人们谈心议事和会友的好地方，许多生意人以饮茶为名寻信息，谈买卖，讲价格，拍板成交。也有远地农民进城办事，坐进茶馆歇息片刻，顺便倒一碗茶提神解乏。至于闲老无事者，更是茶馆的常客。

延安

延安位于陕西省北部黄土高原中部，是中国革命的圣地，也是国家级历史文化名城。延安有非常丰富的旅游资源，有轩辕黄帝陵、黄河壶口瀑布、宝塔山等著名景点。

延安是一个革命的课堂，也许之前你对党史教材已经熟悉得有些厌倦了，也许你在各种媒体的轰炸下已经对这段历史有些麻木了，可是，当你走进这个革命圣地，你仍然会对宝塔山作最崇敬的凝视，仍然愿意在许多著名故居中聆听战火中的故事。

面积：37032 平方千米
人口：236 万
区号：0911

亮点

必游景点

- **宝塔山**：是中国革命圣地延安的重要标志和象征。登山观景，可俯瞰革命圣地全貌。
- **黄帝陵**：是中华民族的始祖轩辕黄帝的陵园，为中华儿女祭祖的圣地。
- **壶口瀑布**：素有“金瀑”之美誉，瀑布粗犷奔放的气势令人震撼。
- **红石峡**：红石峡山奇水秀，石窟古刹林立，是电影《东邪西毒》的取景地。

线路推荐

- **延安、壶口二日游**

D1：王家坪—延安革命纪念馆—杨家岭—枣园—宝塔山—黄帝陵。

D2：壶口瀑布。

↓延安革命纪念馆

交通信息

飞机

机场位于延安市区东二十里铺，距市中心 7 千米，主要有发往西安、太原以及北京的航班。机场至市区开有专用机场大巴，在市区乘坐公交车也可到达。

火车

延安火车站位于延安市七里铺，主要有通往西安和榆林、宝鸡、神木等陕西省内城市，也有很多贯穿北京、上海、太原、包头等地的车次，终点大多在西安。

延安市区景点

宝塔山

●革命圣地延安的重要标志和象征

宝塔山，位于延安城区中心，是中国革命圣地延安的重要标志和象征。宝塔山就在延安的市中心，坐车进延安时，一眼就可以看到。

1953 年版第二套人民币二元券正面图案即为延安宝塔山。中华人民共和国 1955 年颁授的独立自由勋章，核心图案就是宝塔山和红五星。“几回回梦里回延安，双手搂定宝塔山”，著名诗人贺敬之的名句热情讴歌了宝塔山在中国人民心目中的神圣地位。

山脚下有北宋名臣范仲淹的墨宝“嘉岭山”三个隶书大字。宝塔山上是欣赏延安城市风貌和黄土高原风光的绝妙观景台，登山观景，可俯瞰革命圣地全貌。

延安城宝塔区河滨路，三川交会处。

65 元；登塔 10 元。车进大门，停车收费 10 元。

6:00~18:00。

0911-2113735。

亲历者◎攻略

1. 若想拍摄宝塔山全景，宝塔山附近的清凉山上是最佳位置。

2. 延安属于暖温带，年平均气温为 9~30℃，夏季的延安城是避暑度假的好地方，这里每天早晚和中午的温差较大，不妨准备几件稍厚些的衣服。

3. 登宝塔、敲平安钟，品尝各种地方小吃，纵观圣地全貌，“延安过大年”秧歌节是每年农历正月十五定期举办的、具有地方特色的文化活动。

延安革命纪念馆

●大型革命历史纪念馆

延安革命纪念馆建于 1950 年 1 月，馆前广场上耸立着毛泽东的青铜像。馆藏文物有 3.5 万多件，历史照片 5500 多张，图书资料 1.2 万余册。其中，一、二级文物有 1700 余件，延安时期出版发行的报纸杂志 100 余种。还有毛泽东、周恩来、刘少奇、朱德、任弼时、林伯渠的藏书、手迹石刻及办公和生活用品，毛泽东长征时用过的手枪，转战陕北时骑的马（已制成标本）为该馆的独藏。

延安市宝塔区枣园路王家坪。

1、3 路公交可到。

8:00~18:00。

0911-8213666。

网址：http://www.yagmjng.com

王家坪革命旧址

●抗日战争时期为八路军总部所在地

1937 年 1 月至 1947 年 3 月，是中共中央革命军事委员会和八路军总司令部所在地。军委和总部在这里领导八路军、新四军及各解放区军民坚持了八年抗战，取得了抗日战争的胜利，领导中国人民解放军粉碎了国民党军队对解放区的“全面进攻”，并为战胜其“重点进攻”作了充分准备。这里有军委大礼堂旧址、军委作战研究室旧址、朱德旧居、彭德怀旧居、叶剑英旧居、王稼祥旧居等。

延安市宝塔区枣园路王家坪。

1、3 路公交可到。

免费，每日限领 3000 张。

8:00~18:00。

杨家岭革命旧址

●党的七大曾在此召开

杨家岭是中共中央驻地旧址，1938 年 11 月至 1947 年 3 月，毛泽东等中央领导和中共中央机关在此居住。这期间，中共中央继续指挥抗日战争敌后战场并领导了解放战争，领导了大生产运动和整风运动，召开了党的“七大”和延安文艺座谈会。1942 年在此建成中央大礼堂，1945 年 4 月 23 日至 6 月 21 日在中央大礼堂隆重召开了党的第七次代表大会，七大是中共在民主革命时期召开的最后的也是最重要的一次代表大会。

延安市宝塔区枣园路杨家岭。

1、3 路公交或专线车可到达。

免费，每日参观上限 3000 人。

8:00~18:00。

0911-2330511

延安郊县景点

黄帝陵 AAAAA

●中华民族的始祖轩辕黄帝的陵园

黄帝陵位于延安黄陵县城东关，是中华民族的始祖轩辕黄帝的陵园，为中华儿女祭祖的圣地。陵园处在县城北 1 千米的桥山之巅，拾级上山，遍山有数万株古柏，其中千年以上的古柏就有 3 万余株，使整座山透出庄严肃穆。

黄帝陵园内有汉武仙台，为当年汉武帝祭奠黄帝时祈仙求神处，被苍柏团团包围。黄帝陵前设有祭亭，内立郭沫若手书的“黄帝陵”碑。桥山下有轩辕庙，庙内一株巨柏相传为黄帝亲手所植，高 20 余米，胸径 11 米，苍劲挺拔，冠盖蔽空，是我国最古老、最大的一株柏树。庙东侧碑廊珍藏历代帝王御制祭文碑 57 通，现又新增香港、澳门“回

↑黄帝陵

归纪念碑”。庙中大殿上悬“人文初祖”金字匾额，殿内正中置牌位，上书“轩辕黄帝之位”6字，神龛内为墨玉刻制的黄帝浮雕像。

自唐代宗大历五年建庙祀典以来，这里一直是历代王朝举行国家大祭的场所。新中国建立后，每年清明节、重阳节均在此进行祭祀典礼，特别是清明节国家公祭已是中华民族传统祭祀大典。

黄陵县桥山镇北郊桥山上。

可在火车站乘坐开往黄陵的客车。

旺季（3月1日~11月30日）91元，淡季（12月1日~次年2月28日）51元。

8:00~19:00。 0911-5212742。

亲历者◎解说

1. 黄帝陵是中华民族始祖黄帝的陵墓。桥山是黄帝陵所在地。进庙门左边有一距今4700多年的巨柏，故称“黄帝手植柏”。

2. 在黄帝陵进山口，有一棵柏树，号称中华世纪柏，是2000年黄帝生日那一天（农历二月二日）所植。种植柏树的泥土样本是从八达岭长城、上海外滩、海南五指山、新疆天山等31个省市地采来，用黄河水种植的，象征着民族团结和祖国统一。

壶口瀑布

●“中国旅游胜地四十佳”之一，全国第二大瀑布

黄河壶口瀑布是镶嵌在九曲黄河之上的一颗璀璨的明珠，是北方最富有特色的大型瀑布奇景。

河水流经此地，以其巨大的力量，泻入河谷，冲入深槽，顿时，涛声轰鸣，水雾升空，惊天动地，气吞山河，显示出“黄河之水天上来，奔流到海不复回”的宏伟气概。壶口瀑布呈现出“水底冒烟”“霓虹戏水”“晴空洒雨”“旱天鸣雷”“山飞海立”等奇特幻景。抗日战争时期，革命诗人光未然、音乐家冼星海，就是在黄河壮丽情景的激励下，谱写出鼓舞人民斗志的《黄河大合唱》的。

宜川县壶口乡，与山西省吉县壶口镇交界处的黄河干流上。 延安汽车总站每天有班车到壶口瀑布。

91元。 0911-4838031/4627172。

亲历者◎攻略

1. 夏季的延安是避暑度假的好地方，每年的7、8、9月是旅游的最佳时间。但早晚和中午的温差较大，注意备好衣服。

2. 瀑布两边的河岸全是较为平整的大岩石，表面覆盖着一层黄土，观赏瀑布要特别注意安全，不要站得太靠近。前往壶口路途较远，最好带些食品，路上食用。壶口当地可住宿的地方既少又贵，不如赶回宜川县城住宿。

安塞民间艺术馆

●黄土风情文化旅游区

安塞区文化文物馆全面展现了安塞区历史和文物概貌。馆内陈列分5个单元：戎韵狄风，秦关汉寨，隋唐风采，宋夏相争，封建末世。但馆内最具特色的展览当属“安塞民间美术”，有民间剪纸、民间绘画、民间泥塑等。

1993年，安塞区就被文化部命名为“全国剪纸之乡”。这里还有盛名全国的“安塞腰鼓”。安塞的旅游纪念品自然就是剪纸、农民画等，但基本都只在馆内有售。

安塞区真武洞镇内正街。

在延安市解放大厦前乘坐延塞高速可到。

20元。 9:30~17:30。

洛川民俗博物馆

●陕西省第一座民俗馆

馆内以大量珍贵的宝物再现了民间婚丧嫁娶、寿诞庆典、家教俗规、民间祭祀、节日游艺、社火皮影等，内容丰富多彩，组合成一幅完整的陕北高原古老纯朴的风情画卷。

洛川县凤栖镇。

榆林旅游区

红石峡

●电影《东邪西毒》的取景地

红石峡位于榆林城北5千米处，在明长城

口红山脚下的榆溪河谷，又名“雄石峡”。因山皆为红石，故得名红石峡。红石峡山奇水秀，石窟古刹林立，还有陕西省最大的摩岩石刻群，吸引了众多的书法爱好者参观游览。

景区内两山虎峙，石峡中开，一汪清流带绿洲而来。红石峡东壁原来建有红山寺，红石峡的石窟最早开凿至少可追溯到宋代。寺门楼门洞上额携刻的“红石峡”三字，是由我国著名美术家王森然先生89岁高龄时所书题刻。此外，红石峡还是电影《东邪西毒》的取景地。

🏠 榆林市榆阳区北郊5千米。

🚌 榆林市区乘坐出租车前往，参考价格15元。或在市区乘坐3路公交车到红石峡站下车；乘坐旅游专线也可到达。

¥ 30元。

亲历者◎攻略

1. 红石峡地处毛乌苏沙漠，最佳时间是夏秋。夏季早晚气温较低，中午气温高，可在红石峡水库游泳和游玩。秋节可品尝到丰盛的陕北农家饭。

2. 在游览风景区之余，可以尝尝当地特有的大红枣。由于榆林地区降水少，所以这里出产的红枣个大味甜质细。此外，定边小羊羔肉细嫩味美，而且比较便宜，如果吃得惯可以放开吃。榆林特色风味食品还有：米脂驴板肠、绥德油旋、清涧煎饼、佳县马蹄酥等。

红碱淖

●素有“沙海明珠”之称

红碱淖是陕西省最大的内陆淡水湖泊，有“沙海明珠”之称。在这里可以尽情享受阳光、沙滩和湖水，还可观赏沙鸥、天鹅和湖中自在的鱼群，十分惬意。湖西南岸有一个半岛，名为红石岛，岛上有许多野生的沙生植物，值得一去。

红碱淖碧水蓝天，黄沙白云，湖面游艇穿梭，湖边牧羊成群，湖水草地充满着自然美。红碱淖有白天鹅、海鸥、鱼雁、鸳鸯、鹭鸶等30多种鸟类在此栖息，而且湖中还出产十多种鱼类，鲜嫩味美。现在红碱淖周

姜氏庄园

●陕北罕见的庄园建筑

姜氏庄园建于清朝同治年间。由姜耀祖请北京专家设计，招聚县内能工巧匠兴建而成，前后用时13年。姜氏庄园设计巧妙，施工精细，布局紧凑，由上而下，浑然一体。对外严于防患，院内互相通联，是陕北罕见的庄园建筑。

整个庄园由山脚至山顶分3部分：第一层是下院，前以块石垒砌高达9.5米的寨墙，上部筑女墙，犹若城垣。沿第一层西南侧道路穿洞门达二层，即中院。院西南又耸立高约8米，长10余米的寨墙，将庄园围住，并留有通后山的门洞，正中建门楼。沿石级踏步到第三层上院，是全建筑的主宅，座东北向西南，正面一线5孔石窑，两侧分置对称双院，东西两端分设拱形小门洞，西去厕所，东侧下书院。整个庄院后设寨城一道，中有寨门可通后山。

🏠 米脂县城东南16千米桥河岔乡。

¥ 20元。

🚌 在米脂县乘班车可达。

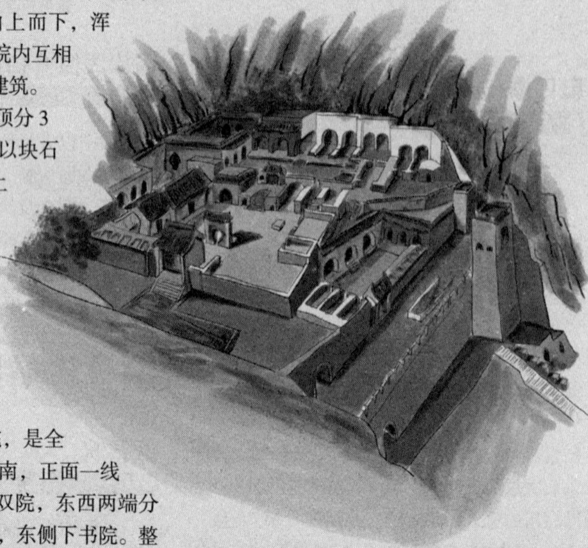

围已经有不少休闲设施，如游艇、蒙古包、餐厅、旅店等，可以接待游人休闲度假。

🏠 神木县尔林兔镇。

🚌 从榆林开往内蒙古东胜市的省际班车途经红碱淖，行程约 2 小时 30 分，车费 12 元。沿途还可欣赏一下毛乌素大沙漠的风光。

¥ 旺季（4 月 1 日 ~10 月 31 日）48 元；淡季（11 月 1 日 ~ 次年 3 月 31 日）26 元。

亲历者◎攻略

景区附近的餐馆里可以尝到由湖中出产的鲤鱼为原料烧制而成的菜肴，味道鲜美。

住宿

延安市的游览景点多在一条线路上，通常只需一天就可以结束参观，如果想更多地体会陕北的厚重底蕴，也可以在这里住上一晚。在延安市内也有不少的高档宾馆。

另外，游客也可以选择一些有当地特色的旅馆体验风土人情，在延安大学里就有窑洞式旅馆可供选择，价格不贵，一般只需 30 元就可以住得很舒适。

餐饮

延安地处黄土高原，土地宽广，日照充足，昼夜温差大，这里出产的农林土特产品不仅种类多样，而且生长期较长，所以营养积累丰富，口味甚佳。这也使得延安的风味小吃品种繁多，不亚于关中地区。延安各宾馆饭店、小吃店、夜市都会提供各种当地小吃。

延安餐饮非常方便，市区及县城里都有饭店，小吃店很多，陕西凉皮任何一个地方都可以吃到。这里菜肴口味偏辣，如果不习惯要事先说明。这里的菜名中，一般把西红柿简称为柿子，所以类似于“柿子熬白菜”之类的菜名，都是指西红柿。

购物

延安的土特产有：陕北红枣、小米、洛川苹果、烤烟等。工艺品有：安塞洛川剪纸、棉絮画、砂陶工艺品、陕北针插布贴画以及毛主席纪念章等。陕北的红枣闻盛名已久，尤其延安延川县的红枣更负盛名。

民俗

高原唢呐声：一杆杆长号震耳欲聋；一支支唢呐宏亮动听。这长号、唢呐声响遍了黄土高原的千山万壑，激荡着每个人的心扉。堪称陕北一绝的子长唢呐，不但吹遍了陕北的山山水水，而且吹响了中华大地。子长唢呐的历史悠久，代代相传。长期以来，它以五人一组，系吹打结合的吹奏班子，活跃在民间。这些民间乐队人虽少，但乐器声音宏亮，吹起来红火热闹，曲调委婉动听，群众十分喜欢。过红、白大事、搞庆祝活动、闹秧歌都有吹手助兴。

安塞腰鼓：又名“打腰鼓”“腰鼓舞”。它是安塞地区群众春节时普遍举行的一种喜庆娱乐活动。安塞腰鼓风格上有“文鼓”“武鼓”之分，形式上有“列队鼓”“场地鼓”之别。腰鼓队一般由“伞头”“踢鼓子”“拉花”三部分组成。“

安塞农民画：安塞现代民间绘画是 20 世纪 70 年代末在剪纸、刺绣、布玩具、炕围画等众多民间艺术形式基础上发展起来的新兴民间艺术形式。安塞农民画注重表现意境的神态。不单一强调构图、透视、光度、人物比例等，首先反映的是自己的感情，把现实美与理想美巧妙地结合起来，构想奇特，夸张大胆，意境欢快，神态生动。绘画颜色非常强烈、明快、和谐、鲜活，基调和情绪健康朴实，昂扬向上，内容充实，意境崇高。

●面积

43 万平方千米，全国排名第 7 位

●人口

2600 万，全国排名第 22 位

●世界遗产

莫高窟

● 5A 级旅游区

嘉峪关市嘉峪关文物、平凉市崆峒山、天水麦积山景区、酒泉市敦煌沙山月牙泉景区

●国家重点风景名胜区

麦积山、崆峒山、鸣沙山—月牙泉

甘肃旅游网
www.gsta.gov.cn

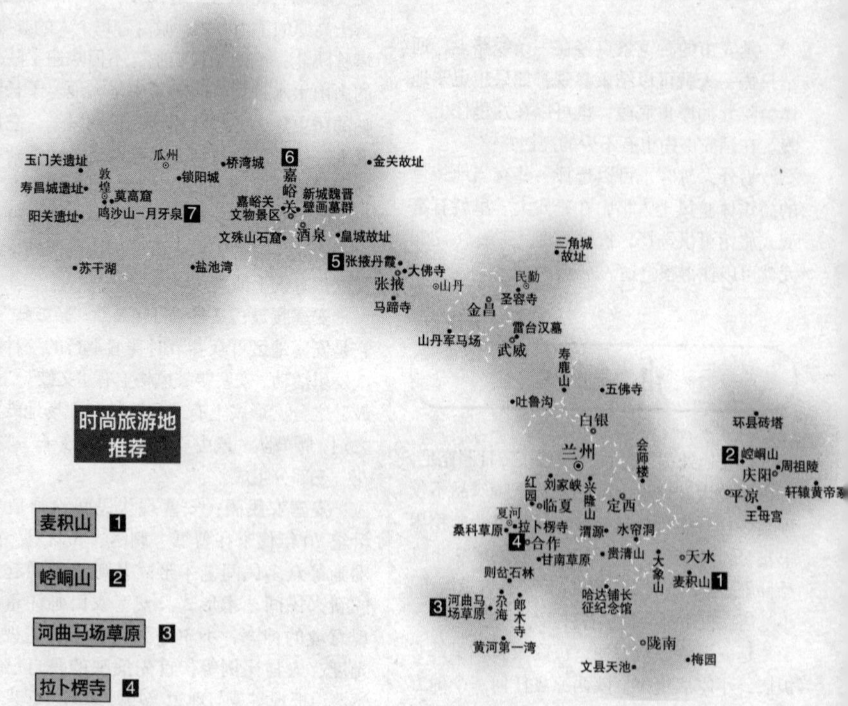

时尚旅游地推荐

麦积山 1

崆峒山 2

河曲马场草原 3

拉卜楞寺 4

张掖丹霞 5

嘉峪关 6

鸣沙山月牙泉 7

甘肃

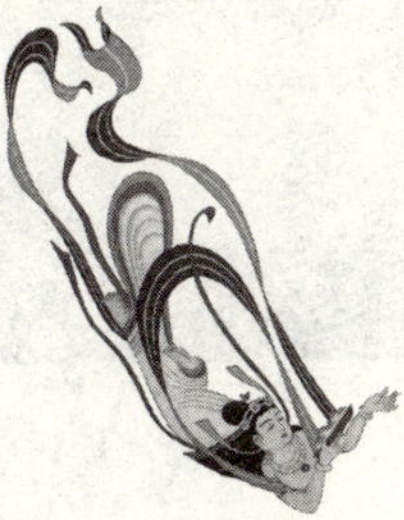

万里长城的终点嘉峪关的雄姿，敦煌莫高窟中美丽的飞天，天水麦积山石窟的泥塑。秦时的明月，汉时的关隘，唐时的驿站，还有穿省而过的丝绸之路，曾经的繁华历经沧桑之后，在甘肃这片苍凉而宽广的大地上，留下了无数动人的诗篇。

幽幽古道，绚丽甘肃

兰州

瓜果城兰州是丝绸之路上的重要城市，古称“金城”。黄河从市区蜿蜒而过，沿河外滩构成一道亮丽的风景线；新亚欧大陆桥从城中向西直通关外，一路美景让这座金城生机勃发。

面积：13083 平方千米
人口：322 万
区号：0931

亮点

必游景点

- **白塔山**：俯瞰兰州市区黄河沿岸风光的最佳去处，“黄河第一桥”位于山下。
- **水车博览园**：再现了 50 多年前黄河两岸水车林立的壮观景象，是一个展现水车文化的主题公园。
- **青城镇**：被誉为“黄河千年古镇”，留有许多珍贵的历史文化遗产和遗迹。
- **五泉山**：因有惠、甘露、掬月、摸子、蒙五眼泉水而得名，是一处具有 2000 多年历史的陇上名胜。
- **吐鲁沟**：以奇山秀水为主体的自然景观旅游区，被誉为“神话般的绿色山谷”。

线路推荐

- **兰州市区二日游**

D1：游览白塔山、中山桥、黄河外滩雕塑、水车博览园、甘肃省博物馆。

D2：上午游览仁寿山和兰州地震博物馆，下午游览西关清真寺。

↑白塔山

交通信息

飞机

兰州中川机场位于兰州新区，距离市区约 70 千米，有飞往北京、上海、广州、成都、香港等国内大部分主要城市的航班，还有前往日本、新加坡等多个国家的国际航线。

兰州市区中心的东岗西路，设有民航机场售票处，门前就是机场班车的上车点，半点和整点发车。

火车

兰州站位于兰州市城关区火车站东路，是兰新铁路、兰青铁路的起点，是全国客流量较大的火车站。

兰州西站位于兰州市七里河区西津西路，高铁站。

白塔山周边

白塔山公园

●俯瞰兰州城区黄河风光的绝佳去处

白塔山公园依山而建，海拔 1700 多米，1958 年开放为公园，穿过黄河铁桥，沿山而上，依次为一、二、三台建筑群，有广场牌厦、殿阁院宇、亭榭回廊，飞檐流翠，绿树掩映，甚为壮观。在古代，白塔山是重要的军事要冲，山下有气势雄伟的金城关、玉迭关、王堡堡城；山上有层层峰峦，其中“白塔层峦”为兰州八景之一。

园内有一座白塔，这座白塔据传是元朝为前来谒见成吉思汗，但不幸病逝于兰州的西藏萨迦派法王的特派喇嘛而修建。后来白塔坍毁，镇守甘肃的内监刘永成于明朝景泰年间重建此塔，清朝康熙五十四年又扩修白塔，并起名为慈恩寺，为八面七层，每面均有雕刻的佛像，高17米，塔外用白浆通涂，檐角系有铁马铃。

城关区五泉南路77号。

市区内可乘坐20、35、53、108、131路公交车直达公园门口。

0931-8371462。

黄河铁桥

●有“天下黄河第一桥”之称

兰州黄河铁桥俗称“中山桥”，是座历史悠久的古桥，是5640千米黄河上的第一座真正意义上的桥梁。

如今，黄河铁桥已改作步行桥，为国家级文物保护单位。置身桥上，夕阳斜照，河面波光粼粼，放眼可远眺白塔山上白塔入云，收目可近观母亲河穿桥而逝，是为兰州胜景之一。

兰州市滨河路中段北侧。

乘4、6、9、15路等汽车到西关什字北行百米即到。

水车园

●再现了50多年前黄河两岸水车林立的壮观景象

兰州水车博览园位于百里黄河风情线。东连中立桥码头、体育公园；西接亲水平台、兰州港、中山桥、白塔山公园等景点。兰州水车博览园由水车园、水车广场、文化广场三部分组成，是一个展现水车文化的主题公园。

滨河东路黄河南岸。

乘15、25路公交汽车可达。

10元。

8:00~18:00，夏季持续到20:00左右。

亲历者◎解说

兰州水车起源于明朝，是兰州市古代黄河沿岸最早的灌溉工具。水车外形酷似古式车轮，轮幅直径大的20米左右，小的也在10米以上，提水高度达15~18米。一般大水车可灌溉农田六七百亩。

兰州碑林

●观赏兰州城市风貌的最佳去处

兰州碑林建筑面积6千平方米。在高低错落的庭院中，坐落着以草圣张芝命名的草圣阁、400米长的东西碑廊以及碑轩、碑亭、张芝雕像、陇右书艺院等。登阁远眺，群山

↓黄河铁桥

巍峨，黄河如带；鸟瞰峦区，高楼林立，车流纵横。

黄河北岸白塔山西峰。

白云观

●兰州地区规模较大的道教镇坊丛林之一

白云观也叫吕祖庙，东邻中山桥，始建于清道光十七年（1837 年），是由陕甘总督瑚松额捐俸修建的，也是古代兰州三观之一。

山门额雕“升云得路”，门楣悬邓宝珊所题“白云观”木匾。观内供奉有吕洞宾的塑像，有东西望河楼、戏楼以及前、中、后院等一组三进的建筑群，两侧为云水堂、钟鼓楼、道院等。后殿有花园、八仙阁潇洒轩、鹤鹿亭、来仙亭、聚仙亭、群仙楼等建筑，古香古色，道教风格浓郁。

兰州市城关区滨河路 557 号。

乘坐 105、109 到白马浪站下。

兰州城区景点

五泉山公园

●兰州人休闲旅游的首选去处

五泉山公园位于兰州市城区南部，皋兰山北麓山脚下，因有惠、甘露、掬月、摸子、蒙五眼泉水而得名，是一处具有 2000 多年历史的闻名遐迩的陇上名胜。

公园景点以五眼名泉和佛教古建筑为主，有明清以来的崇庆寺、千佛阁、嘛呢寺、地藏寺、三教寺、半月亭、剑桥、中山堂等十余处古建筑共一千多间，建筑面积一万多平方米，规模宏大。公园西侧辟有动物园，有各类动物上百种。园内还有各种儿童游乐设施。

兰州市城关区靖远路皋兰山北麓。

黄河母亲雕塑群

●表现中华民族黄河的雕塑艺术品中最漂亮的一尊

雕塑由甘肃著名的雕塑家何鄂女士创作，长 6 米，宽 2.2 米，高 2.6 米，总重 40 余吨，由“母亲”和一“男婴”组成。分别象征了哺育中华民族生生不息、不屈不挠的黄河母亲，和快乐幸福、茁壮成长的华夏子孙。该雕塑构图简洁，寓意深刻，反映了甘肃悠远的历史文化。具有很高的艺术价值，在全国首届城市雕塑方案评比中曾获优秀奖。

黄河南岸的滨河路中段、西湖公园北侧。

从黄河铁桥可以直接步行前往。

甘肃省博物馆

●中国地方综合性博物馆

该馆藏品计有自然标本、历史文物、革命文物和民族文物 7.5 万多件，一级藏品 110 多件，有甘肃彩陶、武威雷台汉墓出土的世界闻名的铜奔马和成组车马俑、汉代医方简、北宋淳化二年（991 年）《报父母恩重经变画》等。自然标本中珍藏有中国特有动物大熊猫、

↓黄河母亲雕塑

金丝猴和丹顶鹤等标本。藏品中历史文物占三分之二。最具特色的是新石器时代各类彩陶、汉代木简木雕、十六国至唐代的佛教造像、写经等。革命文物有当年红军长征遗留下的标语等。该馆陈列面积7500多平方米，有5个大型的固定展览。

七里河区西津西路南侧。

乘1、31、50、53、58路公共汽车可达。

周二至周日每天9:00~17:00，16:00停止入内；每周一闭馆（节假日除外）。

0931-2613220。

兰州郊县景点

鲁土司衙门

●目前甘肃省唯一保存完整的土司建筑

始建于明初的鲁土司衙门，是甘肃、青海边境众多土司建筑中保存比较完整的一座宫殿式古建筑群。它集官式建筑与地方特色为一体，古朴、典雅、大方，有祖先堂、神堂院、燕喜堂、大堂、仪门、六扇门、牌楼及廊房和配楼等。东西两侧有书房院、寝宫、仓院、家寺和小教场等。鲁土司衙门旧址主要由中路衙署，西路妙因寺、东路内宅和东北部花园组成。特别是妙因寺集汉、藏建筑风格为一身，融儒、释、道文化为一体，充分体现了汉藏民族融合，多元文化共存的特征，是历代鲁土司建立的寺院中规模最大、塑像最多、壁画最好的一座佛教名刹。寺院中有大、小琉璃瓦寺，各种形式的建筑物高低错落、左右辉映，构成别具一格的寺院特色。鲁土司花园，建筑精巧，造园手法多样，是西北地区保存下来的少有的古典园林珍品之一。

永登县连城镇连城村。

5元。

吐鲁沟

●被誉为"神话般的绿色山谷"

吐鲁沟属祁连山脉的东麓，是一处以奇山秀水为主体的自然景观旅游区，已成为兰州市森林生态旅游的理想目的地。

吐鲁沟曾为多民族杂居地区，这里受山地气候影响，降雨丰沛，沟内峰峦叠嶂，林木苍翠，曲径通幽，吐奇纳秀，成为一毫无人工雕凿的原始自然风景区。游客跨越大通河桥，即进入前吐鲁沟森林风景区。从大桥至三岔旅游村6千米，分成大小两沟，左侧是大吐鲁沟，全长14.7千米，是以奇特地貌风景为主的公园主要赏景区，共计有24处景点，峰、峦、崖、石，千姿百态。

永登县连城林区内。

50元。

亲历者◎解说

吐鲁沟属祁连山脉的东麓，是一个以奇山秀水为主体的自然景观旅游区。吐鲁沟因峰奇石怪，林木青翠，终年常绿而又名"吐绿沟"。"吐鲁"是古代蒙古语，意为"大、好"，或"美好的果园"。

青城镇

●黄河千年古镇

青城又名一条城，地处黄河之滨，和兰州一衣带水，位居兰州东北120余里，中国铜城白银西南50余里，榆中县城180里处，在黄河大峡与乌金峡之间，黄河穿境而过。是黄土高原上稀有的"鱼米之乡""水烟之乡"。

现存的50多处民宅四合院古建筑，具有一定的文物价值和观赏价值。这些民宅绝大多数是清康熙、乾隆、嘉庆、道光时期的建筑，主要分布在城河、青城、新民三个村。这些古民居的砖木雕刻艺术也非常精湛，从大门到照壁，从堂屋到厦房，从墙肘到屋檐，从门扇到窗户，处处都有精美的图案。这些图案大多通过象形、会意、谐音等手法构求艺术语言，来托物寄情。罗家大院为明清时期建筑风格，是典型的民俗文化博物馆。

榆中县青城镇。

从兰州坐车到白银，然后从白银坐班车或包面的就到青城了。

兴隆山自然保护区

●调节兰州气候、生态环境的天然空调

兴隆山区两峰对峙，一水中流。东山叫

兴隆，被参天青松覆盖，宛如用整块线条柔幔、色彩碧绿的翡翠精雕而成，古人称坡急幽深，风格脱俗。西山名七云峰，七云峰气势雄伟，气度高拔，山间云遮雾绕，虚实掩映，飘渺如仙镜，被誉为小蓬莱。两峰之间的山泉淙淙潺潺，春夏奔流。有混元阁、朝云观、雷祖殿、二仙台、太白泉、大佛殿、喜松亭、滴泪亭等景。

它是甘肃中部干旱地区和榆中南部山区，以及苑川河流域人民赖以生存的绿色屏障。

榆中县城关镇西南郊 5 千米。

兰州有旅游车直达。

套票（包含东山门票、西山门票、蒋介石行宫、兴隆山自然博物馆、一次缆车）140 元。

什川梨园

●有中国规模最大的万亩梨园

有 1.2 万亩果园，大部分梨树树龄超过 300 年，是难得的“梨园博物馆”。什川梨园的景色以春秋两季最佳。春到什川，最先看到的是沿河的梨花迎风怒放，给古老的黄河镶上两道雪白的花边，远山近野浸在一片花香中。登山远眺，只见梨花，不见古镇。金秋时节，霜叶火红，层林尽染，金黄的梨子挂满枝头，摇摇欲坠，各种载满梨子的车辆穿行其间，一片丰收喜庆的气氛。秋收冬藏后，梨园里便会响起锣鼓声，人们纷纷拿出祖传的家什，唱梨园鼓子，跳高架铁芯子，自娱自乐，陶醉其中。可体验农家乐。

皋兰县什川镇。

免费，且免收停车费。

住宿

在火车站、兰州大学、滨河路一带，各种档次的宾馆、招待所都有分布，游客可根据自身的需要进行选择。普通宾馆的标间价格一般在 200 元以内，招待所相对要便宜许多，标间的价格在 60 元左右。上了星级的宾馆，尤其是三星级以上的，价格就要贵出许多了。

餐饮

兰州菜以鲜、咸、酸、辣、软烂、味浓、汤清为特色。名菜有蜜汁百合、红闷驼掌、虫草雪鸡、荷花羊肚等。风味小吃有清汤牛肉拉面、羊杂泡油饼、牛羊肉泡馍、百岁鸡、高老三酱面、浆水面、五色凉粉、酿皮子等。兰州的景扬楼、悦宾楼、峨眉川菜馆和徽菜馆被称为“兰州四大名店”。

兰州最有名的小吃莫过于牛肉拉面，其中马子禄牛肉面是兰州最好吃的，它位于黄河铁桥向东走 200 米，大众巷美食街内，只在上午和中午营业，到兰州旅游一定要去尝一尝。据说有些已在大半个中国有了连锁店，名声不小。

购物

兰州的土特产首推热冬果，它是兰州所产的佳果，辅之以冰糖煮烂，饮汤食梨，甘中加甜，美上加美具有滋阴、润肺、止咳化痰之功效。其他有籽瓜、白兰瓜、鲜桃、黄河蜜瓜、麻皮醉瓜等。

兰州的商业区在庆阳路和乐岗路。西津路商业区的酒泉夜光杯很有名。

兰州的旅游纪念品也很多，我国三大名砚之一的洮砚出自于此，价格几元到几百元不等。

民俗

在文化方面，兰州以《读者》杂志、敦煌艺术舞蹈等著名。地下摇滚乐队较多，较出名的有野孩子、冲击波、低苦艾等。在食物方面，兰州拉面最为著名，也是百合的主要出产地之一。兰州人吃牛肉面，多半不太讲究斯文，就地一蹲，唏溜溜一碗面即刻下肚。

河西走廊

河西走廊东起乌鞘岭，西至古玉门关，南北介于南山（祁连山和阿尔金山）和北山（马鬃山、合黎山和龙首山）间，长约 900 千米，宽数千米至近百千米，形如走廊，称甘肃走廊。因位于黄河以西，又称河西走廊。地域上包括甘肃省的河西五市：武威（古称凉州）、金昌、张掖（甘州）、酒泉（肃州）和嘉峪关。

河西走廊曾是古丝绸之路的重要组成部分，因此留下了众多的历史遗迹，佛像艺术宝库敦煌莫高窟、长城边关嘉峪关等著名景点都位于这条区域，另外还有广袤的沙漠风光、鬼魅的雅丹地貌奇观。

亮点

必游景点

- **雷台公园汉墓：**在雷台湖畔，因出土中国旅游标志——马踏飞燕而闻名。
- **张掖大佛寺：**是我国唯一一座西夏佛教寺院，寺内的卧佛殿放有国内最大的室内卧佛。
- **马蹄寺风光游览区：**集石窟艺术、祁连山风光、裕固族风情于一体的风景区。
- **嘉峪关关城：**明代万里长城沿线保存最为完好、规模最为壮观的古代军事城堡。
- **鸣沙山—月牙泉：**美绝人寰月牙泉，银山四面沙环抱，欣赏大漠与泉水共存的奇特景观。
- **莫高窟：**是我国现存石窟艺术宝库中规模最大、内容最丰富的一座。存有众多精美绝伦的佛教艺术壁画。
- **敦煌魔鬼城：**雅丹地貌，壮丽、雄浑、怪异和神奇。

线路推荐

- **武威一日游**

文庙—雷台—海藏寺—天梯山石窟—白塔寺。

↑鸣沙山—月牙泉

- **张掖三日游**

D1：木塔寺—西来寺—大佛寺。

D2：马蹄寺风景区—张掖丹霞地貌。

D3：山丹军马场—艾黎博物馆。

- **嘉峪关二日游**

D1：嘉峪关关城—魏晋古画像砖墓—滑翔基地。

D2：七一冰川—长城博物馆参观。

- **敦煌三日游**

D1：莫高窟—鸣沙山、月牙泉。

D2：阳关—敦煌电影城。

D3：雅丹地貌—玉门关。

交通信息

飞机

嘉峪关机场位于嘉峪关市区东北方向 9 千米处的新城乡横沟村，每周都有航班飞往北京、兰州、西安等地。目前只能打车前往。

敦煌机场位于敦煌市东 13 千米处，现开通敦煌至兰州、西安、北京、嘉峪关、乌鲁木齐等城市的固定航线。

火车

嘉峪关站位于嘉峪关市镜铁管理区前进街道站前路，有乌鲁木齐到兰州、北京、上海、成都、西安、郑州等城市的往来列车经过。

嘉峪关南站为高铁站，市区直接乘坐公交可到达。

酒泉南站位于酒泉市肃州区肃北路，与兰新高速铁路贯通。主要担任高速动车组、动车组旅客乘降业务。

武威旅游区

武威文庙·武威市博物馆

●素有“陇右学宫之冠”之美誉

文庙即武威市博物馆，位于武威城东南隅，院内古建筑群保存完整，庄严雄伟，古柏参天，槐阴蔽日，为甘肃省爱国主义教育基地。

文庙现馆藏文物4.4万多件，其中国宝级文物2件，一级文件170件，二级文物278件，三级文物594件，是甘肃省第二大历史博物馆。以铜奔马、医药简、礼仪简、木雕、墓志石刻为代表的汉唐文物，以西夏碑、木缘塔、木版画、金碗为代表的西夏文物，以凉造新泉、西夏银币为代表的货币文物，以明清瓷器、牌匾、水陆画为代表的明清文物等，在国内外享有盛名。

武威市凉州区发展巷43号。

从文庙到大云寺，可以在文庙沿任何一条路往北走，到东大街后到对面医院一边，沿医院边一条小路继续往北，看到钟鼓楼，顺着走过去就是大云寺了。

30元。

雷台公园汉墓

●中国旅游标志“马踏飞燕”的出土地

现雷台保存基本完好，长106米、宽60米、高8.5米。台上有明清时期的古建筑群雷祖殿、三星斗姆殿等10座，其建筑雄伟、规模宏大。周围古树参天，湖波荡漾，是闻名遐迩的旅游观光胜地。

1969年9月在台下东南角发现了一座东汉晚期大型砖室墓，出土有金、银、铜、铁、玉、骨、漆、石、陶等珍贵文物共231件，古钱币3万枚，被史学界称为一座丰富的“地下博物馆”。在出土文物中最突出的是铸造精致的99件铜车马仪仗俑。艺术价值最高的是一匹铜奔马，即为“马踏飞燕”，1986年被定为国宝级文物。

从火车站坐1路可到雷台公园雷台汉墓在雷台公园内。

只进公园无需门票，进入雷台汉墓45元。

【链接：马踏飞燕】

雷台汉墓出土文物231件，其中以铜奔马艺术价值最高。铜奔马又称“马踏飞燕”，呈发绿古铜色，马呈飞奔状，三足腾空，昂首扬尾，右后足下踏一展翅奋飞回首惊视的飞燕。蕴含丰富的天马文化内涵，铸造技巧精湛，堪称青铜艺术的极品。

1983年10月，“马踏飞燕”被国家旅游局确定为中国旅游标志；1985年武威市将“马踏飞燕”定为象征武威腾飞的城标；1986年定为国宝级文物。

海藏寺

●文物风景结合的游览胜地

海藏寺是现存比较完整的一处古建筑，占地11600平方米，是河西的名刹古寺。寺内山门、大殿、灵钧台、天王殿、无量殿等保存完整。

现海藏寺外已开辟为海藏公园。站在灵钧台上，放眼望去，湖水碧波荡漾，弯曲的小河清澈见底，沿河两岸野花盛开，钻天白杨，婆娑垂柳，风摇芦苇，构成一幅动人的画面。

武威市凉州区西北郊2千米。

武威沙漠公园

●我国第一座大漠风光与沙漠绿洲相结合的游览乐园

武威沙漠公园是一座融大漠风光、草原风情、园林特色为一体的游览胜地，位于武威城东20千米处的腾格里沙漠前缘。内有占地近4000平方米的游泳池，还有跑马场、赛马场、沙浴场以及大漠亭、陶心阁、鸳鸯亭、桃花亭等建筑和游乐设施。

园内沙丘起伏，百草丛生，有梭梭、桦木、红柳、沙米、蓬棵等沙生植物，是我国第一座大漠风光与沙漠绿洲相结合的游览乐园，已成为一座展示治沙成果、旅游健身、文化娱乐为一体的沙漠公园。

武威市凉州区长城乡腾格里沙漠前缘。

张掖旅游区

张掖钟鼓楼

●河西最大的钟鼓楼

鼓楼也叫钟楼，又名镇远楼、靖远楼。

始建于明，砖土木结构，楼台、楼阁两部分，通高21米，为河西最大钟鼓楼。

镇远楼是仿西安钟楼建造，平面方形，建在一座砖砌的坛上，台底宽32米，高9米，基座至楼顶30多米，楼为三层木构塔形，飞檐翘角，雕梁画栋。楼下有十字洞，通向东西南北，可以通过行人和小型车辆。

🚌 张掖市市中心。

张掖大佛寺

●历史文化名城张掖的标志性建筑

张掖大佛寺是西北久负盛名的佛教寺院，素称“塞上名刹，佛国胜境”。在这里，有全国仅见的西夏少数民族宗教殿堂，有亚洲最大的室内泥塑卧佛，有世所罕见的明代手书金经，还有数以千计的馆藏精品文物。在历史上，大佛寺又是与西夏、元朝王室有密切关系的古刹之一。

土塔是张掖大佛寺标志性建筑之一，相传为天竺高僧迦摄摩腾灵骨安放处，历代以来，土塔作为信士檀越供佛、礼佛的重要场所沿袭至今。

🏠 甘州区民主西街大佛寺巷。

🚌 张掖市汽车站有车前往大佛寺。

¥ 41元（含土塔）。

马蹄寺

●以石窟艺术著称

因“传说天马在此落有马蹄印”而得名，以“山清、水秀、峰奇、洞异”四绝而著称于世，是集石窟艺术、祁连山风光和裕固族风情于一体的风景名胜区。

马蹄寺石窟是一规模宏大的石窟群体，包括胜果寺、普光寺、千佛洞、金塔寺、上、中、下观音洞七个小石窟群，共有窟龛70余处。景区内石窟群以其悠久的历史、灿烂的文化屹立于石窟艺术之林。那气势恢宏的“三十三天”，以五层二十一窟呈宝塔形开凿于悬崖峭壁，令人叹为观止；金塔寺那飘然欲仙的高肉雕泥塑飞天，在全国实属罕见；藏佛殿石窟规格之宏大，千佛洞石窟雕刻之精巧，虽非鬼斧神工，却也有梦挂魂牵之魅力。

🏠 肃南自治县马蹄乡马蹄山。

🚌 西关车站和汽车南站每天定时有班车开往马蹄寺。或者全程包车，淡季35元。 ¥ 74元。

山丹军马场

●目前亚洲规模最大、世界第二的大马场

军马总场即大马营草场。大马营草原地处祁连山冷龙岭北麓。这里地势平坦广阔，土肥草茂畜旺，自西汉无狩二年起即为养马屯兵要地。今世界第二、亚洲第一马场——山丹军马场即设在此处。

与草原相接的祁连山被终年不化的冰雪覆盖着，银装素裹，白雪皑皑，而草原上的万顷油菜花金灿灿令人神往，微风吹来，花涛汹涌，加上蓝天白云下的一群群马牛羊点缀其中，给人回归自然，返朴归真的感觉。

这里还曾拍摄了《蒙根花》《牧马人》《文成公主》《王昭君》《麦积烟雨》等30多部影视片，是全国著名的影视外景拍摄基地。

🏠 山丹县大马营乡。

¥ 马场无需门票,场内景点穹窿峡和鸾鸟湖共收门票50元。

嘉峪关文物景区 AAAAA

嘉峪关位于甘肃省嘉峪市，是万里长城最西边的关口，历史上曾被称为“河西咽喉”。关城附近已建成一座中等工业城市，城区街道敞整洁，城区西北是著名的嘉峪关长城，西南是终年积雪的祁连山，城外四周则是广漠无边的戈壁滩。

嘉峪关关城

●天下第一雄关

嘉峪关是明代万里长城的西端起点，也是明代万里长城沿线保存最为完好、规模最为壮观的古代军事城堡，有“天下第一雄关”之美誉。万里长城——嘉峪关初建于明洪武五年（1372年），由内城、外城、罗城、瓮城、城壕和南北两翼长城组成。嘉峪关长城由西长城、东长城和北长城三部分组成，全长约60千米。长城内外城台、墩台、堡城星罗棋布，共同构成了嘉峪关完整的军事防御体系。

景点内有多种娱乐项目可供选择，除附

近居民提供的骑马、骑骆驼、沙地跑车和滑翔机之外，还有官方组织的仿古出关仪式。

嘉峪关市嘉峪关乡，北连悬壁长城，南接天下第一墩。

在火车站乘坐4路公交前往，票价1元，车程20分钟。

嘉峪关联票（嘉峪关关城、长城第一墩、悬壁长城）旺季120元，淡季100元。

亲历者◎攻略

1. 从嘉峪关市到关城，有公交车可到达，若想看关城日出，可以选择当地三轮摩托车或者骑自行车。嘉峪关联票（嘉峪关关城、长城第一墩、悬臂长城）旺季120元，淡季100元。

2. 在嘉峪关旅游，背包族最好住在少数民族居民家中，这样能够更好地了解当地奇异的民俗风情。

亲历者◎解说

据说当年修筑关城前，能工巧匠设计非常周密，因此工程竣工时只剩下了一块砖。今天，有一块砖搁在一座望塔上，据说那就是当年剩下的砖块。

长城第一墩

●“天下第一险墩”

古称讨赖河墩。公元1539年由肃州兵备道李涵监筑，它是明代万里长城自西向东的第一座墩台，是明代长城的西端起点。

嘉峪关市嘉峪关乡，市区西南7.5千米。

悬壁长城

●有“西部八达岭”之称

明嘉靖十八年（1539年）由肃州兵备道李涵监筑，此段长城从关城东闸门边的角墩起向北延伸至黑山山腰，全长7.5千米。山腰长城约750米，陡峭直长，气势雄伟，垂若悬臂，故有“西部八达岭”之称。

嘉峪关市嘉峪关乡，黑山东坡。

可在市区包车前往，往返费用50元，单程30分钟。

31元，联票（嘉峪关关城、天下第一墩、悬壁长城）100元。

魏晋砖壁画墓

●绘画内容填补了我国魏晋时期绘画史上的空白

嘉峪关魏晋砖壁画墓是“果园—新城魏晋墓群”的一部分，位于嘉峪关市区东约18千米的新城镇，在这里分布着魏晋时期的古墓葬千余座，素有“地下画廊”之称。古墓葬出土的660余幅彩绘砖壁画，真实描绘了中国魏晋时期河西走廊的政治、经济、文化、军事等诸方面的状况，其内容包括牧畜、农耕、兵屯、狩猎、营垒、出行、驿传、宴乐、舞蹈等。这些砖壁画是研究魏晋时期西北地区的政治、经济、文化、民族、民俗等的实物资料。绘画笔法简练，画技高超，其绘画内容在美术领域填补了我国魏晋时期绘画史上的空白。

嘉峪关市新城乡西南。

可从嘉峪关市区包车前往，单程30分钟。

31元。　8:30~20:00。

嘉峪关国际滑翔基地

●世界三大理想滑翔基地之一

嘉峪关滑翔基地可开展多种滑翔旅游活动。滑翔员可进行达标飞行，完成国际航联（FAI）规定的银质、金质和宝石证章飞行；优秀滑翔员可利用基地提供的高性能玻璃钢滑翔机，创造高水平的滑翔记录；航空爱好者，可由基地派有经验的教练带飞训练，提高滑翔水平；对大众旅游者，可由基地优秀飞行员带飞，遨游蓝天，欣赏戈壁瀚海的神秘色彩和祁连雪山的壮丽景色，也可组织双边或国际性的滑翔比赛；组织丝绸这路飞行拉力赛；1200平方米机库可代为存放、保管滑翔机等设备。

🏠 嘉峪关市新城乡东部嘉峪关机场内。

🚌 可在市区打车前往。

鸣沙山—月牙泉 AAAAA

名列中国旅游名胜四十佳。主体为鸣沙山和月牙泉，沙山因其山上的沙动有声而大名鼎鼎，月牙泉，则因千年不涸、流沙永远填不住清泉而芳名远扬。千百年来，沙泉共处，妙造天成，形成了浩瀚沙海中的奇妙景观，誉满天下，被誉为“塞外风光之一绝”。周边有雷音寺、敦煌历史博览园、敦煌民俗博物馆等景。

🏠 敦煌市南约5千米处。

🚌 距离敦煌市南5千米，如果包车去莫高窟一般免费送鸣沙山—月牙泉，也可以直接坐3路公交车到达票价1元，在反弹琵琶雕像和汽车站均可。 ¥ 120元。

鸣沙山

● 体现感受滑沙、听沙的乐趣

由细米粒状黄沙积聚而成，狂风起时，会发出巨大的响声，轻风吹拂时，又似管弦丝竹，因而得名。游乐活动包括爬山、滑沙、跳伞引伞和骑驼登沙丘等多项，还可以进行沙浴和沙疗。

亲历者◎攻略

1. 爬鸣沙山诀窍：可以从鸣沙山大门背面的村庄那边爬山上山的，也可以早5：00多在大门的旁边，有一工作人员进出小门也可以进去。5:00~6:00之间看日出也不错的。

2. 滑沙时需注意，临近谷底时要闭上眼睛，也别张开嘴巴，因为滑沙小竹筏这时会扬起很多沙子。防止沙子进到鞋子里，必须带防晒霜、口罩等必备品。

3. 到鸣沙山山顶，旅友们都喜欢装一小瓶沙子带回去，或送人或自己收藏，因为这里的沙子最细腻、最柔和、最干净。山顶的沙子也见证了坚强与勇敢。

4. 在敦煌与鸣沙山之间，有一条出售旅游纪念品的街道，当地人称“骆驼一条街”。这里有各种各样的小骆驼工艺品，形态各异，可爱逼真，充满童趣，非常有收藏和纪念意义，价格也不高。在鸣沙山门外，也有纪念品出售，其中传统扎染的台布很有特色。

亲历者◎解说

鸣沙山，被当地的哈萨克人称为“阿依艾库木”，意为有声音的沙漠。它东起莫高窟崖顶，西接党河水库，因沙动有声而得名。山体由流沙积聚而成，东西长40多千米，南北宽20多千米，最高海拔1715米。晴空万里时，远远望去，山体恍如一条横卧着的黄色巨龙，绵延柔软平滑似镜，山脊如刃峰若削。月牙泉，因为形状酷似一弯新月而得名。它如翡翠般镶嵌在金子似的沙丘上。泉边芦苇茂密，微风吹过，碧波荡漾，水映沙山，成为奇观。它虽常常受到狂风凶沙的袭击，却依然潺潺流水，怡然自得，是当之无愧的沙漠第一泉！

鸣沙山的沙子分红、黄、绿、白、黑五色，晶莹闪光不沾一尘。如遇摩擦振动，便会发出声音。登山下滑时，沙子发出“铮铮、嗡嗡、隆隆”的乡声，犹如鼓鸣，又好似雷声。更有趣的是，那流动的细沙不是向下流，而是由下向上流淌，就像湖水因风绉面，荡起一圈圈柔和优美的涟漪，清代诗人苏履吉赞曰：“雷送余音声袅袅，风生细乡语喁喁。”

月牙泉

● 天下沙漠第一泉

历来水火不能相容，沙漠清泉难以共存。但在鸣沙山中，却能看到沙漠与清泉相伴为邻的奇景，这就是月牙泉。月牙泉像初五的一弯新月，落在黄沙里。泉水清凉澄明，味美甘甜，在沙山的怀抱中娴静地躺了几千年，虽常常受到狂风凶沙的袭击，却依然碧波荡漾，水声潺潺。这里还有一个奇特的现象，因为地势的关系刮风时沙子不往山下走，而是从山下往山上流动，所以月牙泉永远不会被沙子埋没，被称为沙漠奇观。月牙泉内有著名的铁背鱼。

亲历者◎解说

月牙泉古称沙井，俗称药泉，面积约8800平方米，平均水深4.2米。泉水碧如翡翠，清澈见底，甘甜清凉，自汉朝起即为“敦煌八景”之一。泉在流沙中，干旱不枯竭，风吹沙不落，蔚为奇观。而对于月牙泉百年遇烈风而不为沙掩盖的不解之谜，说法众多。有人认为，这一带可能是原党河河湾，是敦煌绿洲的一部分，由于沙丘移动，水道变化，遂成为单独的水体。因为地势低，渗流在地下的水不断向泉中补充，使之涓流不息，天旱不涸。这样的解释，看似是月牙泉没有消失的一个原因，但却无法说明因何飞沙不落。

大自然创造的奇迹，总是令人百思不得其解。尽管风啸沙汐，但月牙泉依然碧水淙淙，就像一面明亮的镜子，一往情深地映照着鸣沙山。来到这里，无论从山顶俯瞰，还是在泉边漫步，都会心驰神往，遐想万千，顿生一种“鸣沙山怡性，月牙泉洗心”之感。

敦煌旅游区

敦煌古城

●中国西部最大的影视拍摄基地

又名仿宋沙洲城、敦煌电影城，是1987年为中日合拍大型历史故事片《敦煌》，而以宋代《清明上河图》为蓝本，仿造沙洲古城设计建造而成，建筑面积达1万平方米。

敦煌电影城的建筑风格具有浓郁的西域风情，城开东、西、南三门，城楼高耸；城内由高昌、敦煌、甘州、兴庆和汴梁五条主要街道组成，街道两边配以佛庙、当铺、货栈、酒肆、住宅等，敦煌电影城再现了唐宋时期西北重镇敦煌的雄姿，被称为中国西部建筑艺术的博物馆，具备拍摄古代西部国边塞军事片的独特优势，现已成为中国西部最大的影视拍摄基地之一。除《敦煌》片外，先后在这里拍摄过《封神演义》《怒剑啸狂沙》《新龙门客栈》《敦煌夜谈》《沙州王子》《海市蜃楼》等20多部中外影视剧目。

敦煌市七里桥镇，距市中心25千米。

可从市区打车前往，15分钟即可到达。 40元。

阳关遗址

●古时为中原通往西域的门户

提起阳关，人们马上会想到一首诗：“渭城朝雨浥轻尘，客舍青青柳色新。劝君更尽一杯酒，西出阳关无故人。”

阳关，位于敦煌城西南70千米的“古董滩”上，因在玉门关之南而得名。为汉武帝“列四郡，据两关”的两关之一，是丝绸之路上通往西域南道的门户。

莫高窟

●享有“世界艺术宝库”之誉

莫高窟是中国四大石窟之一，是世界上现存规模最大、内容最宏富、保留最完整的佛教艺术宝库。它以精美的壁画向人们展示了延续千年的佛都艺术，被誉为“东方艺术明珠”。石窟南北长1600余米，上下共五层，最高处达50米。现存492个大小石窟和洞穴庙宇，以其雕像和壁画闻名于世，展示了延续千年的佛教艺术。

从十六国到元朝，石窟的开凿一直沿续了十个朝代。虽然在漫长的岁月中，莫高窟曾受到风沙侵蚀和人为的破坏，但仍在留下了大量稀世的宝贵文化珍品中。现保存着十个朝代的洞窟492窟，壁画45000平方米，彩塑2415尊和唐宋窟檐木构建筑5座，题材多取自佛教故事，也有反映当时民俗的内容。此外，还有藏经洞发现的四五万件手写本文献及各种文物，其中有上千件绢画、版画、刺绣和大量书法作品，如果把所有艺术作品一件件阵列起来，便是一座超过25千米长的世界大画廊。

敦煌市东南25千米的莫高乡。

旺季（5月1日~10月31日）200元；淡季（11月1日~次年4月30日）100元。

游客参观前需预约，并按预约时段参观。旺季（4月1日~10月31日）8:20~18:00，淡季（11月1日至次年3月31日）9:20~17:30。取票点时间7:30~21:30。

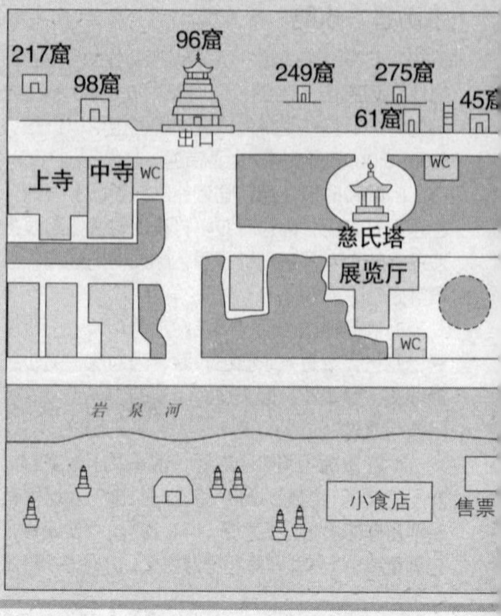

亲历者◎指路

从敦煌去莫高窟的公交在假日酒店门口发车，途径敦煌火车站，平均 1 小时一班车，车程 40 分钟左右。从莫高窟发往市区的末班车为 17:30。

亲历者◎攻略

1. 目前莫高窟只能参观 10 个石窟和 2 个陈列中心；在公众假日期间，可多参观 5 个石窟。

2. 莫高窟内禁止拍照；阴雨天洞窟不开放；参观时最好带手电筒（景区外也可租到）。

3. 参观莫高窟时间最好选在清晨，因为有参观人数的限制，而且早上光线较好。

4. 最好读一本关于莫高窟的介绍，否则很难看明白石窟雕像和壁画的玄妙。

亲历者◎解说

石窟的开凿始于公元 366 年。据载，当时一位德行高超的和尚乐僔拄杖西游至古城东南，见千佛闪耀，心有所悟。于是，凿下第一个石窟，从此，一座人类历史上最为壮观、辉煌的文化宝库开始展现于中华大地。

公元 16 世纪后，随着丝绸之路的逐步衰落，敦煌悄然沉寂，数百年的风沙，几乎掩埋了曾经香火鼎盛的石窟。也正是由于这里干燥的气候，才得已以使莫高窟的彩塑和壁画比较完好地保存下来。直到 1900 年，在莫高窟偶然发现了“藏经洞”，洞里藏有从公元 4 世纪到 14 世纪的历代文物五六万件。这是 20 世纪初中国考古学上的一次重大发现，震惊了世界，莫高窟重新吸引了世界的目光。此后又由此发展出著名的“敦煌学”。

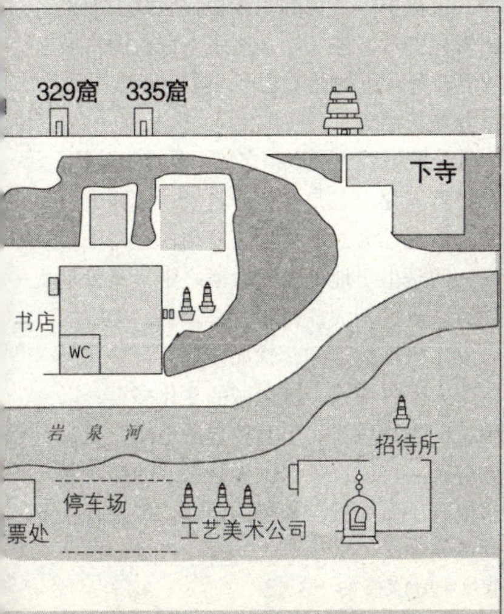

↑莫高窟

如今的莫高窟现存洞窟 492 个，壁画 4500 平方米，彩塑 2400 余身，飞天 4000 余身，是一处由建筑、绘画、雕塑组成的博大精深的结合艺术殿堂。它系统反映了十六国、北魏、西魏、北周、隋、唐、五代、宋、西夏、元等十多个朝代及东西方文化交流的各个方面，壁画和彩塑继承了汉民族和西域民族的艺术风格，呈现佛教中国化过程中各时期的不同面貌。石窟中也有许多汉文及各少数民族文字写成的方书，是十分珍贵的历史史料。

在莫高窟，数量最大、内容最丰富的部分就是壁画。它的内容有：主尊佛像画、佛教故事画、佛教史迹画、大型经变画、民族神怪画、世俗生活画、山水风景画、供养人物画、装饰图安画。真可谓多姿多彩，向人们呈现出完美的艺术形式。

飞天是敦煌艺术的标志。在莫高窟 492 个洞窟中，几乎窟窟画有飞天。它的风格特征是不长翅膀不生羽毛，借助云彩但不依靠云彩，而是凭借飘曳的衣裙、飞舞的彩事凌空翱翔。千姿百态，千变万化。从艺术形象上说，它不是一种文化的艺术形象，而是多种文化的复合体，也是印象佛教天人和中国道教羽人、西域飞天和中原飞天长期交流、相互融合的结果。

在莫高窟的大量壁画中，都可以找到来自中亚、南亚以及欧洲的艺术因素，它们集建筑、雕塑、绘画于一体。古代艺术家在继承中原汉民族和西域民族艺术优良传统的基础上，吸收、融合了外来的表现手法，发展成为具有敦煌地方特色的中国民族风俗的佛教艺术品，是人类文化宝藏和精神财富。

在莫高窟中，五代和宋朝时期塑像和壁画都沿袭了晚唐时期的风格。这一时期的 61 窟中的地图《五台山图》是莫高窟中最大的壁画，高 5 米，长 13.5 米，绘出了山西五台山周边的山川地形、城池寺院、亭台楼阁等，气势蔚为壮观。

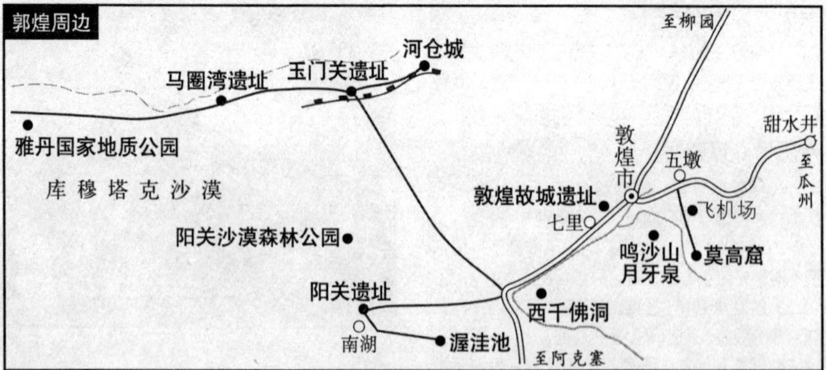

自西汉以来，许多王朝都把这里作为军事重地派兵把守。高僧玄奘从印度取经回国，就是走丝路南道，东入阳关返回长安的。边塞诗人岑参曾写下“二年领公事，两度过阳关”的诗句。宋以后，来自白龙堆的流沙狼吞虎咽，逼着人们东撤，阳关被无情的沙漠掩埋了。而今，昔日的阳关城堞早已荡然无存，仅有的耳目——墩墩山上的一座烽火台仍傲然屹立着。

敦煌市南湖乡西侧。

¥ 50元（含阳关博物馆）。

亲历者◎指路

敦煌市至阳关有柏油马路相通，包车前往的话，费用在100元左右。如果想进入景区内，需先买50元门票进入阳关博物馆，可再花10元乘坐电瓶车前往。

玉门关遗址

●古代西域的边关要塞

玉门关是中国古代十分著名的关塞，在中国古代一直是文人墨客的咏叹之地。唐代著名诗人王之涣的诗句“羌笛何须怨杨柳，春风不度玉门关”（《凉州词》）曾广为传颂。

玉门关俗称“小方盘城”，约建于西汉武帝元封四年（前107年）。玉门关附近的长城和烽燧保存较好，烽燧附近有保存完好的积薪，这是国内目前保存最好的汉代长城。经过发掘的马圈湾烽燧遗址，城堡内房基排列整齐，出土了许多文物。

敦市西北约102千米处。

从敦煌到玉门关约90千米，由沙漠公路相连，小车基本可以通行。包车费用在300元左右。 ¥ 40元。

亲历者◎攻略

从敦煌去玉门关旅游，只有走戈壁滩上汽车碾轧出的便道。游客租用越野车，需请当地向导带路，以防迷路。

敦煌魔鬼城

●堪称世界仅有的大漠地质博物馆

敦煌魔鬼城，又名敦煌雅丹地貌国家地质公园，位于甘肃省敦煌市西北约180千米处的丝绸古道边，是国内迄今发现的最大的一片雅丹地貌，在这里，有城墙、街道、大楼、教堂、雕塑等，世界许多著名建筑都可以在这里找到缩影。敦煌魔鬼城身处广袤无垠的戈壁之中，强劲的西北风刮走了戈壁表面的细沙，仅留下青灰色的粗沙粒，使其表面呈现出青色的“波浪”，一座座土黄色的古城堡耸立在青灰色的戈壁之上，衬以蓝天白云，显得分外妖娆。

敦煌魔鬼城之所以得名，一是地貌独特，形态异常诡秘；二是地势非常低，道路难以辨认，地磁强大，罗盘无法使用；三是干旱无水；四是由于地处戈壁大漠之中，又曾是古河道，风特别大，每当夜幕降临，尖厉的漠风发出恐怖的呼啸，犹如千万只野兽在怒吼，令人毛骨悚然。魔鬼城的变化多姿，以其独特的大漠风光、形态各异的地质奇观、古老的民间传说，吸引了无数勇敢的探险者前来揭开“魔鬼城”神秘的面纱，探寻大自然的奥秘。

敦煌市玉门关西75千米处。

敦煌飞机场距敦煌市约13千米，从北京、上海、大连等全国各大重要城市一般都可到达，从敦煌到雅丹地质公园没有班车，需要包车或搭车前往，路况还可以，一般的面包车都可以到达，但费用不低于200元。

¥ 全价120元（门票50元，车票70元）。

亲历者◎指路

从敦煌去雅丹国家地质公园，可租车前往。沿途路况很好，车也很少，如果要看玉门关汉长城，往返要七八小时，租金约250元。如果人多可包辆中巴车，价钱500多元左右，更合算，但玉门关和地质公园要买两次门票。

亲历者◎攻略

1. 在雅丹一般会玩一天，一定要带足水、食物。雅丹地貌多处于戈壁荒滩中，走在巨大的雅丹群里非常容易迷失方向，且气候条件恶劣。冬冷夏热，风沙较大，需自带墨镜、遮阳伞、食品、足够的水和衣服。

2. 这里虽是国家地质公园，但因为缺水无法居住，连上趟厕所都要收2元。工作人员的用水都要从几百里外运，游客大多数都是住在敦煌城内。

住宿

嘉峪关

金叶宾馆：位于嘉峪关市兰新西路12号，标间100元左右，电话：0937-62013333。

嘉峪关宾馆：位于嘉峪关市新华北路1号，四星级，标间320元起，电话：0937-6201441。

武威

武威的住宿业并不发达，但是前往旅游想建议住在南关西路的长途汽车站附近，这里不但宾馆相对集中，而且出行更为便捷。

天马宾馆 / 武威市西小什字 /0935-2212355。

啤酒厂招待所 / 武威市南关西路26号 /0935-6185775。

敦煌

敦煌饭店及其附近是交通最方便的下榻之所，飞天宾馆、艺术团招待所等也在附近。去莫高窟和敦煌市火车站的绿皮公交就在敦煌饭店门口发车，向南走一个路口就是去鸣沙山的3路车站牌。不过这里离沙洲夜市等消费场所稍远，走过去的话需要10来分钟，打车前往的话，只要起步价5元即可。

餐饮

嘉峪关名点小吃有搓鱼面、拉条面、馄饨、臊子面、炮仗面、糊锅面筋等，特色佳肴有雪山驼掌、戈壁燕影、烤羊腿、雄关酥、驼蹄羹、东坡肉、灯影玉片、油爆驼峰、孜然羊肉、麒麟驼掌、茄汁活鱼等。小吃集中在振兴市场美食一条街和镜铁路美食一条街，夏天还在建设东路设有美食夜市。嘉峪关特色餐厅有金沙特大酒店（清真）、阿喜艳清真餐厅、八卦餐厅等。

武威当地也有不少盛名远扬的风味小吃，比如面皮、油炸糕、米汤油馓、满族饽饽、燕窝酥、沙米粉等，特别是当地的面皮，筋道味美、香辣爽口，让人回味无穷，而满族饽饽则是以众多的花样令人眼花缭乱、口水乱流。据说武威的小吃是全国最便宜的小吃：2元一碗的粳粉、1元5角一个的羊蹄上过CCTV。于老四炒拨鱼5元一碗，驴肉25元一斤，烧烤羊肉羊肚羊筋都1元。位于市内商品步行街的小吃城、平凉文化广场南侧的凉州夜市，都是品尝美食的好去处。

民俗

嘉峪关仿古出关仪式：仿古出关仪式是在嘉峪关关城仿照古代将士出关时的情形而举办的仪式，用来迎送重要客人和举办重大节日。仪式上所有人士都得穿着古代武官和士兵的服装。

武威作为千年古郡，武威民间习俗源远流长。待人礼仪、酒俗、留须、祝寿、备棺、穿红袄、送奶、洗三、过满月、拜干亲、祭神、方言土语、婚嫁殡葬……不一而足。

天水

中国历史文化名城天水被誉为“陇上小江南”，是华夏文明的重要发祥地之一，有“羲皇故里”之称。麦积山是这里最值得游览的风景区。

面积：14431 平方千米
人口：369 万
区号：0938

亮点

必游景点

● **麦积山风景区**：是佛教石窟艺术金额独特的自然风光相结合的综合性游览区。

● **伏羲庙**：全国最大最早的伏羲庙，主体太极殿有伏羲泥塑彩绘像。殿宇排列整齐对称，巍峨壮观。

线路推荐

● **天水市区一日游**

玉泉观、伏羲庙—南郭寺和胡氏民居。

● **天水二日游**

D1：麦积山石窟—仙人崖。

D2：石门山—街亭古镇。

交通信息

飞机

天水机场属国内支线机场，位于在天水市郊约 15 千米处，每周二、四、六、日各有一班经天水往返西安与兰州的航班。

火车

天水站位于陇海线上，从兰州东行的列车都经过天水，可直达乌鲁木齐、西安、济南、成都、北京等地。

↓天水南郭寺

麦积山风景区 AAAAA

●佛教石窟艺术的自然风光为主

麦积山风景区是佛教石窟艺术和独特的自然风光相结合的综合性游览区。包含麦积山、仙人崖、石门山、曲江、街亭古镇四大景区。

天水市麦积区，麦积山石窟在麦积镇。

火车站有发往麦积山的旅游专线，或乘 51 路公交直达石窟。

70 元（不看石窟门票 20 元）。

亲历者◎行程

D1：早晨在火车站广场乘公交车到麦积山，游览石窟。接下来可以游览仙人崖、石门山。

D2：天水市内一日游。可以参观的景点有玉泉观、伏羲庙、南郭寺等。

亲历者◎攻略

麦积山上的路比较狭窄，行走时需注意安全。麦积山野导游挺多，自称免费，实际上是将游客往收费较高的摄影点带。

麦积山石窟景区

●我国著名的大型石窟之一

麦积山石窟建于公元 384 年，后来经过十多个朝代的不断开凿、重修，成为我国著名的大型石窟之一。石窟现存洞窟 209 个，其中有从 4 世纪到 19 世纪的泥塑、石雕 7200 余件，壁画 1300 多平方米。

由于麦积山岩都是红土与砂石构成的砾岩，只能开凿窟龛，不宜造像，所以，这里

↑麦积山石窟

的塑像都是泥塑，这些泥塑，有的交头接耳，有的低眉含嫣，因其形态之多和数量之多而被誉为“东方塑像馆”。其中数以千计的与真人大小相仿的圆塑，极富生活情趣，被视为石窟中的珍品。

此外，麦积山的石窟有着强烈的民族意识和世俗化的趋向。除早期作品外，从北魏塑像开始，不论是高15米的还是20厘米的佛像，基本呈俯首下视的体态，都有和蔼可亲的面容。他们虽然是天堂的神，却和世俗的人没有太大的分别，成为人们美好愿望的化身。

仙人崖

●释、道、儒三家共存的风景胜地

仙人崖距麦积山石窟15千米，由三崖、五峰、六寺所组成。翠峰高耸于崖顶，寺观修建于峰顶或飞崖之间，颇有雅趣。“五峰”和罗汉沟群峰众相参差罗列，姿态万千，若揖拜“玉皇峰”，人称“十八罗汉朝玉帝”。

在天水火车站或北道区都有通往仙人崖景区的专线旅游车。

22元。

8:00~17:00。

亲历者◎解说

相传，仙人崖这里经常有神仙出现，所以如此命名。据说深夜时候，会有灯火从崖石里飞出来，成了这里一名景——仙人送灯。

曲溪景区

●清清溪流，一步一景

曲溪深藏在小陇山林区茫茫的林海里，人迹罕至，景色佳妙。沿着长10多千米，宽2千米的曲水漫游，青山、绿水、河石、草坪、山花、沙滩、湖光、修篁交相辉映，令人目不暇接。河中巨石，形态各异，为自然美景凭添了无限生趣。

曲溪景区既是一处天然的植物园，又是一个天然的野生动物园。这里有多种名贵的花卉品种和中药材，如杜鹃、玉兰、芍药、山茶、牡丹、甘肃琼花、连苔、党参、丹母等，同时还生活着梅花鹿、羚羊、金钱豹、大鲵、水獭等几十种珍稀动物。这些动植物资源，给景区增添了无限魅力。

天水市北道东南方向，麦积山约20千米。

可在天水市区乘坐出租车前往。

7元。

8:00~18:00。

天水旅游区

胡氏民居

●明代“父子乡贤”胡来缙和胡忻的宅第

胡氏故居是胡来缙和胡忻的住宅，由南、北两宅组成。南、北宅子是天水市目前保存最为完整的明代民居。

北宅是胡来缙居所，建于明万历四十三年（1615年），呈正方形，门向正街，门外立石狮两只，内有照壁，整个宅院由6个大小不同的三合院、四合院组成。东二院正庭厅楼为主要建筑。厅楼面阔五间，进深三间，为重檐二层楼阁式硬山顶砖木结构，气势宏伟，雍容华丽。

南宅子即为胡忻的居所。南宅子建于明嘉靖至隆庆年间（1522—1567年），在北宅子的斜对面，坐南朝北，为四合院形式三进院落。大门为三间硬山式建筑，上书“副宪第”三个刚劲有力的大字。门内有天井、影壁，东西各设垂花门。

天水市秦州区。

伏羲庙

●全国最大最早的伏羲庙

伏羲庙临街而建，院落重重相套，四进

↑天水伏羲庙

四院，宏阔幽深。庙内古建筑包括戏楼、牌坊、大门、仪门、先天殿、太极殿、钟楼、鼓楼、来鹤厅共10座；新建筑有朝房、碑廊、展览厅等共6座。新旧建筑共计76间。伏羲庙各院内遍布古柏，为明代所植，原有64株，象征伏羲六十四卦之数，现存37株。

秦州区伏羲路110号。

从天水中心广场南侧街道一直向西步行20分钟即可到达，打车的话5元。

40元。

8:00~18:00。

亲历者◎攻略

1. 每逢正月十六伏羲诞辰日，周边群众扶老携幼，纷纷前来伏羲庙朝拜祭祀“人祖爷”。一时，宝烛辉煌，香烟缭绕，钟鼓鸣天，善男信女异常虔诚，庙内充满着一派庄严肃穆的景象。

2. 每年农历五月十三日都会举行天水伏羲文化节，其间鼓乐喧天，人头攒动，一派喜庆气氛。最具地方特色的就是武山旋鼓队和秦城夹板鼓队的表演，是最值得一看的。

大象山石窟

●一处石窟艺术与古建筑艺术完美结合的胜地

大象山横看似龙的山峦拔地而起，旧名文旗。山上松桧丛生，丁香溢彩，亭台楼阁依山而建，雕梁画栋绿树掩映。大佛石窟开凿确切年代无从稽考。

山中悬崖峭壁上有大洞窟一个，洞内坐石胎泥塑大佛一尊。大佛身高23.3米，腰阔10.4米，和颜善目，仪容庄重，颐面丰满，双耳垂肩，螺发肉髻，体魄雄伟，斜披袈裟，唇旁短须呈蝌蚪状，结跏趺坐于莲座之上，安详而宁静地迎接来往游客。

大佛洞窟两旁，依山就势修有长长的走廊，如同一条腰带。廊上窟龛相连，巍峨壮观，现存22个窟龛，大都近正方形。正壁开大圆拱龛和设高坛基，并有僧人修行的禅窟，这是大像山窟龛的特殊之处，在全国也很罕见。

甘谷县境内，距县城2.5千米处。

大象山距离天水火车站有87千米，在车站有直达甘谷的汽车，也可乘火车直接从甘谷车站下车。

30元。

亲历者◎攻略

每年逢农历四月八日，大象山石窟有庙会，会上举办各种文艺活动及物资交流，远乡近村扶老携幼，兴致勃勃前来游山。

南郭寺

●天水第一古刹

南郭寺庙殿隋唐时已初具规模，南廓寺西牌坊门前有两株千年古槐，围达9.7米，树高25米。南廓寺是以三座牌坊式的大门各为中轴线，组成东、中、西三个大院。中山门内有前后院，前院东、西看楼，后为钟鼓楼，东西禅林院。现西院仍为“禅林院”，东为杜少陵祠，祠内有杜甫及侍童塑像三尊。

天水市秦州区南郊2千米慧音山坳。

可乘9路公共汽车在南郭寺下车，步行上山。

20元。　8:00~17:00。

定西旅游区

陇西堂

●天下李氏认知的寻根祭祖的标志性建筑

唐朝时这里建有李家龙宫，殿堂林立，规模宏大。现规划为迎宾区、朝祖区、祭祖区等建筑群，已建成的主祭堂在中院。

陇西堂已成为海内外李氏后裔寻根访祖梦寐以求的圣地。近年来日本、新加坡、香港、台湾等国家和地区的一些李姓同胞不远万里，多次来陇西寻根敬宗。

陇西南安乡一心村庙儿巷，仁寿山森林公园内。

贵清山

●山水风光、森林植物为主要特色

贵清山分为顶峰和贵清峡两大旅游区，包括"禅林桂月""断涧仙桥""洗眼清池""转树险道" "西方胜景" "三峰环翠" "石栈穿云" "灵岩古洞" "方壑松涛" "佛界钟声"等风景点。沿途还有滴水崖、佛字崖、活虎寺等名胜。

贵清山森林公园由东西两大景区组成，东为贵清山，西为遮阳山，两山东西对峙，交相辉映。山势险峻、林草丰茂、禽珍兽异、古迹众多、景色迷人，是一个以山水风光、森林植物吸引游人的旅游区。

漳县大草滩乡叭嘛村。

50元。

遮阳山

●古有"小崆峒"之称

因"日出而为山所蔽"得名，地处秦岭西端与岷山交汇地带。景区内不仅有大量绮丽的岩壑和岩洞，而且有大面积的针阔叶混交森林，还有豹、苏门羚、香獐、蓝马鸡等数十种珍稀异兽栖息。并且较多地保存了古代文化遗迹，是一个自然风光极其秀美、人文资源极其丰富的旅游胜地。

遮阳山由西溪、东溪和夷门山三个景区组成。西溪由金家沟和若干贫峡组成，全长7.5千米，为全山的旅游精华所在。西溪各景点有宋、明两朝名人题刻多处，因年代久远，字迹已模湖不清。但北宋著名诗人张舜民题刻的"西溪"和"芸叟洞"仍清晰可见。

漳县大草滩乡。

40元。

陇南旅游区

万象洞

●目前我国开发的最大地下天然艺术宫殿

万象洞内湿潮润滑，间有小溪流泻，叮咚之声不绝于耳。也许是洞两端相通的缘故，洞内氧气充足，全年恒温14℃，实是旅游避暑的佳地。根据地质专家考证，该洞已有2.5亿年的历史了，是我国北方模最大、景致最佳的特大溶洞，是中国"北方第一洞"。因洞内洞中有洞，乳石遍布，森列多姿，宛如包罗万象的阆苑仙宫而得名。

陇南市武都区西郊杨庞村。

70元。

官鹅沟

●环境清幽的"小九寨"

官鹅沟是一条长约三十多千米的峡谷，峡谷里有二十多个颜色深浅不一的碧绿湖泊，湖水清澈，还有老树等盘桓水中，是摄影家眼中的"小九寨"。

游览官鹅沟最好的季节是夏天，峡谷里气候凉爽，所以景区也是甘肃知名的避暑胜地。春秋前来也可以，春天有杜鹃花可以看，秋天则有山间的红叶。

陇南市宕昌县官鹅藏族乡。

兰州汽车南站到宕昌有多班班车，到达宕昌后可以在宕昌乘坐三轮车到景区门口。

成县西峡颂摩崖

●古代摩崖石刻碑之珍品

俗称黄龙碑，刻于东汉建宁四年（171年），是汉代书法三颂之一。"惠安西表"篆额，全是汉隶真迹，记载武都太守李翕率众开天井道政迹。是古代摩崖石刻碑之珍品，字体清晰，笔触遒劲，结构美观，刀法有力，为书法之瑰宝，在国内外书法界和史学界享有盛誉。碑下有一潭，水呈黄色，相传有黄龙自潭底飞出，因名黄龙潭。这里青山对峙，一泓中流，群潭如珠，短瀑相接，悬崖绝壁上，古栈道足迹犹存。沿途还有耿勋碑、桃花碑等摩崖石刻二十多处。沟口存有李可染《西峡颂》碑题。

成县城关镇西郊10千米处鱼窍峡中。

50元。

鸡峰山国家森林公园

●号称"陇南第一山""徽成第一景"

鸡峰山以峰美、水秀、洞奇而得名，享

誉陕、甘、川三省。鸡峰山，因“奇峰孤耸、直入云际，状似鸡首”而得名。

鸡峰山共有 18 景，景景奇观，“云卧仙人床”“清泉出龙口”“石鸡凌绝壁”“云海浮仙山”等尤为出名。

溶洞是鸡峰山又一绝景，洞深约 1 千米，各种石钟乳、石笋，随着光线的明暗、角度的变化、想像力的不同，变化万千。

成县城关镇西南 5 千米处。

50 元。

文县天池

素有“天上王母瑶池，地上文县天池”的美誉

我国“四大天池”之一，天池成葫芦形状，方圆 20 千米，水深 480 米。周围俱是连绵的重山峻岭，风光无比的秀美。天池之水，清可见底，水面风平浪静，波澜不惊。山映水中，池映翠碧，湖光山色，好一幅绝妙的山水风景图。遇雨雾弥漫，天、山、树、水缥缈朦胧，宛如空灵境界；待到雨雾尽散，天空放晴，但见万道霞光映照湖上，微波轻荡，流光溢彩，甚是眩目。

文县屯寨乡。　宕昌县韩院乡。

住宿

天水的住宿十分方便，不论是在市中心，还是各县城，都能很快找到一个落脚的地方。建议住在麦积区，天水的主要景点大多分布在该区，出行更便捷。当然，作为市中心的秦州区也是不错的住宿所在地。

天水宾馆 / 秦州区迎宾路 5 号 /0938-8615555。

麦积大酒店 / 天水火车站广场西侧 /0938-4929320。

餐饮

天水最为出名的美食多为面食小吃，有呱呱、凉粉、凉皮、浆水面、甜醅、清真碎面、打卤面、搅团等。不仅种类繁多、样式丰富，而且味道香美，辛辣酸甜，样样齐备，很容易唤醒食客的胃口。

天水市区最繁华的地段莫过于步行街和商业大厦附近，而网上流传最广的天水美食场所——天水箭场位于步行街的旁边，里面的美食多以小吃为主，几乎囊括了天水的所有小吃品种。

购物

花牛寨的花牛苹果和清水县的庞公玉石是天水的主要特产。此外，天水雕漆、夜光怀和天水软木画等工艺品是旅游纪念品的首选，还有核桃、辣椒、生漆以及名贵药材也是当地名优特产。天水的民间工艺品也是旅游过程值得收藏的物品，较为著名的有天水雕漆和天水软木画等。

天水市内的主要购物场所有亚大购物中心和天水商业大厦。

民俗

清嘉庆年起，定于每年正月初九举办的朝山会是天水特有古老的民间庆典，其中的打夹板是祭神古乐的延续，已经成为伏羲文化艺术节活动的传统节目。

变化多端、动作粗犷的武山旋鼓是天水群众喜闻乐见的民俗活动，曾在西交会和中国艺术节等大型艺术表演中屡展西部风姿。

保留着浓郁的地方特色，以当地民间方言演唱的秦安小曲相传早期形成于明代万历年间，清末已达兴盛时期，主要流行于天水的秦安、清水一带。

天水民间有着嗜茶的风俗，天水罐罐茶可谓是古城余俗，河西旧风。品尝起来，颇具情趣，又极富古韵。

庆阳

历史悠久的庆阳俗称“陇东”，夏少酷暑，秋季多雨。当地居民完整地保留了传统窑洞的居住形式，和庆阳剪纸一起构成民俗之旅的重要内容。

面积：27119 平方千米
人口：262 万
区号：0934

亮点

必游景点

● **崆峒山风景区**：有“崆峒山色天下秀”之说，是道教名山。集奇险灵秀的自然景观和古朴精湛的人文景观于一身，具有极高的观赏、文化和科考价值。

● **泾川王母宫**：王母宫是西王母降生地、发祥地和其祖庙所在地，王母宫是天下第一真宫。存有王母宫、瑶池、回屋、石窟等著名景点。

● **小崆峒**：四季景色各异，是陇东黄土高原的“天然标本园”和黄土沟壑区少见的风景旅游胜地。

线路推荐

● **庆阳二日游**

D1：北石窟寺—小崆峒—董志原。

D2：华池双塔寺。

● **平凉二日游**

D1：泾川王母宫—南石窟寺。

D2：崆峒山风景名胜区。

交通信息

飞机

庆阳机场距离市区不远，只有 8 千米，可乘出租车前往，现开通有西安、兰州、北京、上海、银川、广州等航线。

↑平凉柳湖公园

庆阳旅游区

北石窟寺

●甘肃四大石窟之一

北石窟寺俗称大佛寺，北石窟寺背靠青山，面对碧流，在长 12 米，高 20 米的赭红色石崖之上，开凿着自北魏、西魏、北周、隋、唐、宋、清各代窟龛 295 个，有大小雕像 2125 尊，窟龛密集，形如峰房，高 20 米，长 120 米，是陇东地区内容最为丰富的石窟。

石窟分上中下三层，其中以奚康生创建的 165 号窟为最大，它是以七佛为内容的大型窟。七佛造像宏伟精湛，庄严肃穆，不失北魏造像的光彩和魅力。伴之七佛而雕造的弥勒菩萨、骑像菩萨、手持日月的阿修罗都是富有艺术感染力的成功作品。除此而外，还有 240 号窟的北周造像，显示了敦朴厚重的风度。北石窟寺以唐代窟最多，最有代表性的是建于武则天如意元年（692 年）的 32 号窟。窟内的大小雕像面容丰腴，秀目含情，飘然欲动，姿态动人，堪称盛唐艺术精品，唐代造像在艺术上达到了新的成就。窟内还保存着隋、唐、宋、金、西夏、元等各代的题记 150 多则，是研究历史、书法的珍品。

庆阳市西峰区肖金镇西北覆锺山下。 ￥30 元。

亲历者◎攻略

北石窟寺以唐代石窟为多，约占总石窟的三

↓北石窟寺

分之二，北魏石窟也较为精美。石窟分上、中、下三层，其中以奚康生创建的165号窟为最大。

小崆峒

●黄土沟壑区少见的风景旅游胜

西峰小崆峒山，因与平凉崆峒山有渊源关系，并称“姊妹山”而得名，又因镇山之神无量祖师殿和山势呈凤凰卧巢状而称无量山、凤凰山。这里四季景色各异，是陇东黄土高原的“天然标本园”地。考证表明，明崇祯年间，小崆峒作为宗教胜地，已远近闻名，“牛车锦延数里，游人香客莫可计数”。

主要区域和景点有古农耕景区，无量台景区，小西湖景区的观光农业示范园、民俗博物馆、神泉山庄、三清殿、大戏台、观音阁、窑洞山庄、岐伯纪念馆、泗水茶舍、碑林画廊以及中国窑洞博览馆。

庆阳市西峰区董志镇。

西峰汽车站坐30路车。

董志原

●天下黄土第一原

董志原是庆阳市第一大原，也是黄土高原最大的一块原面，在全国所有的黄土高原残原中，面积最大，保存最完整，黄上层最厚。

董志原位于六盘山之东，因六盘山又名陇山，故以董志原为中心的黄上残原总称陇东黄上高原。它是大自然鬼斧神工的杰作。数百万年前，这里是一片满布沼泽的稀树草原，随着喜马拉雅版块的升高，东亚大陆季风气候的形成，西伯利亚的狂飚搬来层层黄土，形成了现在的黄上高原。

庆阳市中南部（马莲河和蒲河两大河流之间）。

平凉旅游区

回山王母宫景区

●王母宫是天下第一真宫

王母宫是西王母降生地、发祥地和其祖庙所在地。王母宫依山开凿，平面呈“回”字形，外有三层楼窟檐。窟高11米，宽大12.6米，深10米，中心柱四周中及窟壁三面雕有佛像200余尊，有大小佛龛22个。中心柱正面塑有佛像一尊，高约4米，泥塑石胎，体态丰满，为唐代作品。窟内每壁造像三层，百余尊，是我国古“丝绸之路”上的名窟之一。王母宫碑碣众多，其中以“王母宫颂碑”最为著名，有“瑰宝”之称。

泾川县城关镇西郊回山。 ¥20元。

亲历者◎攻略

回山南麓建有瑶池，传说是西王母的宫庭，为西王母举办蟠桃会、宴群仙的地方。每年农历三月二十是西王母盛会。届时，四面八方的民众，纷纷来到这里朝圣，人山人海，香火旺盛。

云崖寺

●以山崖悬空如云而得名

在历史上曾与崆峒山、麦积山、仙人崖等胜地齐名。是一座雄居奇峰秀岭中的历史悠久的石窟群，有北魏以来就是僧道隐士向往之所。

云崖寺以山崖悬空如云而得名，以北魏石窟群而闻名。云崖寺开创于北魏，后经北周、金、元、明、清历代扩建，已形成八寺、三洞、一湾、一潭的奇观异景，是古丝绸之路的驿站。

庄浪县郑河乡关山林海之中。

关山天池朝那湫

●泾水源头

朝那湫，又名桃峰天池，在庄浪县东30千米处，地处东关山最高峰——桃木山山顶，朝那湫分为前后两个姊妹湫，前湫状若卧蚕；后湫形似弯月湫里遍生的红色水草、传说是王母娘娘化妆时胭脂溶于其中而染就的，因此湫面发赤。后湫周围，林木参天、百草丰茂、游人罕至，麝、鹿、豹子、锦鸡倘徉其间，朝那祠立于两湫之中。

朝那湫有山有水，形神兼备，韵味无穷，是一处集神话、宗教、风景于一身的上品旅游风景区。它气候宜人、酷暑清爽，是休闲、避暑、垂钓的极佳去处。

庄浪县郑河乡上寨村。

庄浪梯田

●望山山翠，看地地平

被誉为“梯田王国”的庄浪大地，层层梯田如雕如塑，如诗如画。其“山顶沙棘戴帽，山间梯田缠腰，埂坝牧草锁边，沟底穿鞋”的生态梯田综合治理模式，将黄土高原精心描绘成一幅景色迷人的风景画。

庄浪县。

↓崆峒山

崆峒山风景区 AAAAA

●国家地质公园

拥有大小山峰数十座，有“崆峒山色天下秀”之说。集奇险灵秀的自然景观和古朴精湛的人文景观于一身，具有极高的观赏、文化和科考价值。自古就有“西来第一山”“西镇奇观”和“道源圣地”之美誉。

景区面积84平方千米，包括五台、香山、前山、后峡、弹筝湖等部分。有天门铁柱、崆峒宝塔、玄鹤洞、弹筝峡、月石峡、香山寺等众多胜景。

平凉市崆峒区崆峒镇。

平凉汽车西站有专线车到山顶（中台）。

旺季120元，淡季60元。

亲历者◎攻略

1. 崆峒山最佳旅游时间是9月至11月间。前山有索道到五台景区三教禅林。

2. 崆峒山的的通票包括五台景区、皇城、塔院景区、弹筝峡景区、胭脂峡景区、香山景区等。

3. 景区内的崆峒山庄有各种住宿，四人间和六人间均是240元，还提供清真套餐、素斋宴等特色菜肴。

【链接：崆峒武术】

崆峒武术创始于崆峒山，是道教文化的组成部分，与少林、武当、峨嵋、昆仑并称为我国著名五大武术流派。始祖是飞虹子，早年在少年寺学艺，后隐居崆峒山习道研艺。崆峒派武术吸收了少林、峨眉、武当武术的精华，在其手法，套路、技击功夫上成为一体，讲究实打、实拿、以技击强身健体和增加功力为目的。崆峒派武术特点是“奇兵”（兵器），它不属于十八般兵器。形式各种各样，小巧玲珑，携带方便，不易被对方发现，交手中往往能出奇致胜。

香山景区

●以丹霞地貌为主

香山景区可以参观到白垩纪砂砾岩形成的峰林、石柱、苍松翠柏，如入崆峒仙境。同时可以看到断层、节理和泥裂（龟裂纹）地质构造遗迹，陡壁悬崖，孤峰石柱奇异百态的自然景观。其次有人文庙宇景观，主要有香山路线和麦垛山路线供游人观赏旅游。

后峡景区

●分布着众多的峰林、石柱

崆峒山后峡景区分布有诸多的峰林、石柱，如群峰争艳石柱群，形态各异的石柱如双石塔、姊妹峰、玉帝柱等。同时还展示众多的造型山如大象山、龟蛇对峙等，以及沿节理风化形成的洞穴，如三珠洞、通天洞等。其次为外动力地质作用崩塌岩块形成的景观，如人字洞、巨石阵等。

五台一皇城景区

●以人文景观和丹霞地貌地质遗迹景观为主

中台地处崆峒山中心，分二阶，下阶今存紫霄宫、三皇楼。上阶高埠处有法轮寺、舒花寺、凌空塔。以中台为游览中心，可依次游东台卧观平凉、云鹤归宋、南台蜡烛峰、北台一线天、药王洞等。沿途自然风景优美，人文景点较多，庙宇星罗棋布。其次为森林植被景观，有高大的紫果云杉、油松、园柏、国槐、五角枫等。隍城居崆峒山宫观之首，地处主峰绝顶，由牌楼、灵宫殿、祖师殿、灵霄殿等组成，松柏掩映，庄严古朴。寺内有铸铜钟、铜佛 30 余件，碑刻 40 余通。

住宿

庆阳住宿较方便，从经济实惠的小旅馆到星级宾馆可满足不同消费者的需求。

庆阳宾馆 / 三十里堡韩家湾 /0934-8273333。

雄越大酒店 / 西峰区岐黄大道 /0934-5555455

餐饮

庆阳位于陕西和甘肃交界的地方，所以饮食风味带有两地的特点，同时习惯上以面食为主。来到庆阳一定不能错过这里的小吃，如：搅团、洋芋菁菁、手工臊子面和荞麦饸饹面。庆阳餐饮集中地：西峰区华兴美食城。

购物

香包、陇绣、民间剪纸、道情皮影和陇东民歌是庆阳的“五绝”。这里面的香包、陇绣和民间剪纸都是做为游客可以买回去送亲朋好友的上佳礼物。

庆阳黄酒，不仅口感好、营养丰富，而且具有壮阳，健胃、舒筋、活血之功效，实为居家旅游之佳品。庆阳黄酒尤以庆城县马岭镇和环县曲子镇的黄酒最为有名。

民俗

庆阳民间艺术绚丽多彩，皮影、剪纸、刺绣、道情和秧歌堪称“五绝”，还有踩高跷、高芯子、车社火、马社火、陇剧、木偶戏，其古朴性、民俗性、寓意感备受国内外思想文化界青睐。

庆阳民俗文化独树一帜。刺绣、剪纸、皮影、道情和民歌堪称庆阳“五绝”。庆阳民歌享誉“黄土歌魂”，唱遍全国的《咱们的领袖毛泽东》《绣金匾》《军民大生产》三首革命歌曲，是庆阳人孙万福、汪庭有等农民歌手的佳作。

在陇东道情的基础上孕育诞生的陇剧，是甘肃唯一的新剧种。庆阳剪纸巧夺天工，以香包为代表的民间刺绣源远流长，底蕴深厚，已蜚声海内外。

甘南

甘南是从兰州到九寨沟的必经之路，这里以高山草原、藏族风情为主要的旅游资源，不仅有藏传佛教名寺——拉卜楞寺，还有绿草如茵的甘加草原，是近年来背包旅游的新热点。

面积：40201 平方千米
人口：70.5 万
区号：0941

亮点

必游景点

- **拉卜楞寺**：中国藏传佛教格鲁派六大宗主寺之一，其规模仅次于布达拉宫。每年正月和七月的大法会，仪式规模盛大，朝觐者很多。
- **炳灵寺石窟**：甘肃三大石窟之一，石窟分上寺、洞沟、下寺三处，最为典型的是石雕像、浮雕佛塔和密宗壁画艺术。
- **甘加草原**：水草丰茂，保留了大自然的原始风貌，以藏族民俗风情、藏传佛教文化建筑和草原风光为主要特色。

线路推荐

- **甘南自驾五日游**

永靖（炳灵寺石窟）—夏河（拉卜楞寺）—合作寺·米拉日巴佛阁—碌曲尕海湖—碌曲郎木寺。

- **临夏一日游**

炳灵寺石窟—刘家峡水电站。

交通信息

甘南夏河机场位于夏河县阿木去乎乡库塞塘村，距离夏河县约 72 千米，是甘南地区唯一一座机场，目前主要有前往西安和拉萨两地的往返航班。

↑拉卜楞寺

甘南旅游区

拉卜楞寺

●格鲁派六大寺院之一，规模仅次于布达拉宫

拉卜楞寺意为僧侣的宫殿，建于清代康熙四十八年（1709 年），是我国著名的藏传佛教格鲁派著名的六大寺院之一。经历 290 多年的拉卜楞寺先后兴建了经堂 6 座，大小佛殿 84 座，有显、密二宗的闻思、续部下、续部上、医学、时轮及喜金刚六大学院，是西藏以外藏传佛教格鲁派的又一中心和西北地区最高佛教学府，朝圣者终年不断。

甘肃省甘南市夏河县拉卜楞镇。

从兰州、临夏、合作等地乘长途汽车可直达拉卜楞寺。也可从兰州乘车前往夏河，到达夏河后转乘当地的机动车辆前往拉卜楞寺。

40 元。法会期间不要门票。

亲历者◎攻略

1. 该寺最值得看的是全寺的中心——闻思学院，在这里能感受到藏传佛教的文化内涵。

2. 拉卜楞寺在每年藏历正月和七月都举行大法会，场面非常壮观，尤以正月十三和七月初八的晒佛、辩经活动最为壮观。

3. 住宿推荐：游览拉卜楞寺，可以住宿在夏河县，卓玛旅馆每人 30 元起，自助旅游者很多，拉卜楞招待所散铺每人 15 元。

亲历者◎行程

D1：早上从兰州汽车西站乘车赴甘南藏族自治州夏河，游览拉卜楞寺，可以看到藏族群众虔诚朝拜的情景。

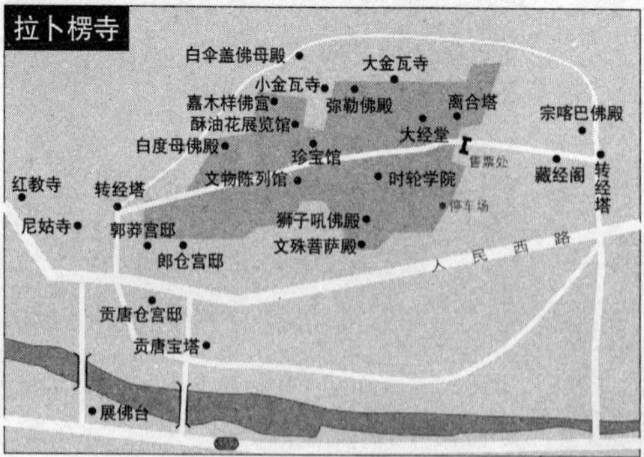

D2：早餐后赴桑科草原，在这里可以体会策马狂奔的感觉，一定要注意安全。

甘加草原

●美丽的蓝天白云，浓郁的藏族风情

甘加草原的蓝天白云很美。在蓝天的衬托下，云彩显得格外洁白，姿态万千，引人注目。尤其是在一个叫阿万仓的偏僻小镇上，康巴汉子的剽悍俊朗和类似美国西部的野性气息让人难忘。草原上，有黄河第一湾、摄影天堂郎木寺，坐落在大夏河畔的拉卜楞寺更是以其雄伟壮丽的建筑、奇异的佛教艺术瑰宝和盛大的佛事活动，吸引着虔诚的信徒和中外游客。

甘肃西南部，地处青藏高原东北边缘。

尕海湖

●珍禽彩蝶的“自由王国”

尕海湖为甘南州第一大淡水湖，丰水季节湖面为一万多亩，枯水季节为七千多亩，水最深处约五米。湖四周为优良的天然牧场，河流纵横，植被良好。有各种珍禽异鸟栖息于湖畔。尕海草源也是亚洲最优良的草场之一。

比之内地的许多丽水名湖，高远的尕海湖显得格外纯净，没有一丝人工粉饰和雕琢，没有半点城市的喧嚣和尘屑。这里是各种珍禽彩蝶的“自由王国”。每到春秋，便有白天鹅、灰鹤、黑鹳、大白鹭、雁鸭、水鸟等80多种候鸟从我国江南沿海、从东南亚、尼泊尔、喜马拉雅山麓飞到这里栖息、生儿育女。

碌曲县尕海乡。

郎木寺

●为藏传佛教格鲁派寺院

郎木寺为藏传佛教寺院，创建于公元1748年。郎木寺经过历世活佛的创建、扩建，现有闻思学院、续部学院、时轮学院、医学院、印经院。寺院的佛塔主要有第一世活佛的肉身灵塔，据说该灵体的头发、指甲如新生长的一般。有以数万两黄金、白银和松耳石、珍珠等制作的历世其他活佛的灵塔，以及70余座大小不一、制作各异的佛塔。郎木寺辖有十座属寺和两座静修院，前后有70任赤哇，1958年时僧人多达500余名，是安多地区闻名遐迩的大寺院之一。

碌曲县郎木寺乡，与格尔底寺隔白龙江相望。

亲历者◎指路

在夏河包车去郎木寺，需要事先和车主商量好价钱。

也可先到合作市，再坐班车到郎木寺。从合作市到朗木寺，全程高速，车程3小时。也可以包車前往，好处是可以随意下车拍照，费用230~250元，算上拍照时间，约2.5小時可以到达。

或在合作乘开往玛曲、迭部或若尔盖方向的车，在郎木寺岔口下，换乘面的进镇，价格大约。

黄河首曲

●黄河源头原生态风光

黄河首曲在玛曲县境内是大半个椭圆形，边长500多千米，间宽40多千米，在这近1万平方千米的草原上群山巍峨，雪峰高耸，牧场辽阔，水草丰美，除出产驰名的河曲马、欧拉羊和虹鳟鱼外，还生息着许多珍贵的野生动物。

夏季是黄河首曲最美丽的季节。届时，整个滩、坡、沼泽上满是盛开的野花，千姿百态，色彩纷呈，使草原成为一个天然大花园。最令人称奇叫绝的是，位于玛曲县城以西120千米处有一个叫西梅朵合塘的地方，每到7月中旬，整个草滩上遍开一种叫金莲的黄色小花，放眼望去，绵延数十千米一片金光灿灿，耀人眼目。到八月间，金莲花悄然隐退，代之天蓝色的龙胆花又铺天盖地绽放，整个草滩一片蔚蓝色，如诗如画，人间少有。

🏠 玛曲县。

临夏旅游区

黄河三峡风景区

●黄河上游的魅力风光

黄河流经永靖县时蜿蜒曲折，形成了三座高大幽深的峡谷，分别是炳灵峡、刘家峡、盐锅峡，并称为黄河三峡。黄河三峡内有刘家峡水库、炳灵寺石窟、太极岛等多个度假景区，既有峡谷水库等自然风光，又有佛寺石窟等人文胜地，还有农家采摘等娱乐项目，内容丰富。

🏠 临夏回族自治州永靖县。

¥ 水库免费开放；炳灵寺 50 元；水库快艇往返约 120 元，大船约 40 元。

炳灵寺石窟

●全国重点文物保护单位

炳灵寺在魏晋时称唐述窟，唐代称灵岩寺，为甘肃三大石窟之一，石窟分上寺、洞沟、下寺三处，最为典型的是石雕像、浮雕佛塔和密宗壁画艺术。现存窟龛 183 个，共计石雕造像 694 身，泥塑 82 身，壁画约 900 平方米。169 窟规模最大，172 窟佛像最高。

宋代始称炳灵寺。今存窟龛 196 个，分布在上寺、下寺、洞沟、佛爷台等处。炳灵寺石窟现存早期重要的洞窟为 169 窟，为一天然大洞穴，窟内存西秦时的造像和壁画。该窟的西秦壁画题材内容十分丰富，有说法图、维摩诘经、无量寿佛、释迦多宝佛、弥勒菩萨及十方佛、千佛、飞天、伎乐、供养人等，画风质朴，粗犷。

🏠 永靖县王台镇小积石山中。 ¥ 50 元。

刘家峡水电站

●被誉为"高原明珠"

刘家峡水电站，是第一个五年计划期间（1953~1957），我国自己设计、自己施工、自己建造的大型水电工程，1974 年建成后成为当时全国最大的水利电力枢纽工程，曾被誉为"黄河明珠"。

水库湖面辽阔，风光旖旎，气候宜人，环境优雅，水质好，无污染，是甘肃省最大的水产养殖基地和水上度假旅游胜地。既是一个良好的生态观光地，也是游览炳灵寺的必经之地。向阳码头以东，10 里河岸白沙展露，绿柳婆娑，被称为"十里柳林"，景观奇妙，带给人一种回归自然、人在画中游的美好氛围。

🏠 永靖县刘家峡镇西南 1 千米处。

🚌 从兰州出发比较方便，乘永靖方向的长途汽车可达，或在兰州西关十字路口乘 63 路车，行程 2 小时。

¥ 35 元。

万寿观

●西北道教第二大观，与崆峒山齐名

万寿观昔为"河州八景"之一，曰"古观仙踪"。据传乞伏氏在河州建立西秦政权时，已有此观。后历经兴废，元称飞扬书院，明为真武宫或通明阁，清始为此名。建筑依山而筑，自下而上依次为山门观音楼、真武殿、紫微殿、玉皇阁、福禄阁、三清殿、混元阁。后历经兴废，现仅存民国重建的真武殿、紫微殿和玉皇阁，其余建筑都是近年新建。

🏠 临夏市市区北郊北塬山坡上。

住宿

在甘南选择宾馆住宿，不用花太多的心思考虑价格是否能承受，一个外貌普通的宾馆，稍微砍砍就可以用低于 80 元的价格住上标准间。但冬季前往，最好到房间里看看暖气烧得怎么样，尤其是春节期间。值得注意的是在郎木寺等地留宿农家和僧院招待所将有不同的体验。

香巴拉大酒店 / 合作市人民街 /0941-8213222。

甘南饭店 / 合作市人民街 /0941-8212611。

华侨宾馆 / 夏河县人民街 /0941-7122642。

●面积

72 万平方千米，全国排名第 4 位

●人口

588 万，全国排名第 30 位

● 5A 级景区

青海湖、塔尔寺、互助土族故土园

●国家重点风景名胜区

青海湖

青海旅游网
http://www.qhly.gov.cn

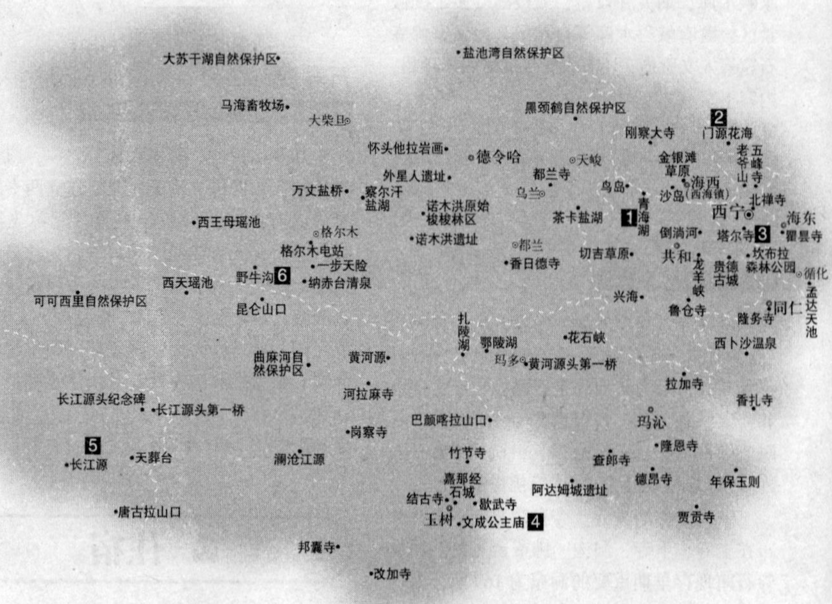

时尚旅游地推荐

青海湖 1　　门源花海 2　　塔尔寺 3

文成公主庙 4　　长江源 5　　野牛沟 6

青海

大美青海

最大的内陆咸水湖青海湖是风光旖旎的避暑胜地；当年文成公主进藏所走过的唐蕃古道，有著名的日月山和倒淌河；高寒无人的可可西里是珍稀动物藏羚羊的家园。自然景观的震撼之美、民族文化的神秘之美、人与自然的和谐之美组成了“大美青海”。

西宁

西宁市是中国优胜旅游城市，全国园林绿化先进城市和国家卫生城市。现已经开辟了环青海湖旅游线、黄河源旅游线、唐蕃古道旅游线、宗教朝圣旅游线、世界屋脊旅游线、青藏铁路旅游线等十条精品旅游线路，充分展示了塔尔寺、青海湖、原子城、日月山等著名自然和人文景观，以及富有青藏高原魅力的民族风俗文化。

面积：7679 平方千米
人口：199 万
区号：0971

亮点

必游景点

- **东关清真大寺**：历史悠久，青海最大的伊斯兰寺院。
- **塔尔寺**：格鲁派六大寺之一，酥油花、壁画、堆绣是寺内三绝。
- **青海湖**：我国最大的内陆咸水湖、“中国最美五大湖”之首。

线路推荐

- **西宁一日游**

  东关大寺—马步芳公馆—北山土楼观—塔尔寺。
- **互助一日游**

  互助土族风情园—北山国家森林公园。

交通信息

飞机

距离青海湖地区最近的机场是西宁的曹

↑西宁东关清真大寺

家堡机场，曹家堡机场位于西宁市区以东约 29 千米，已开通国内众多城市的直达航班。

游客游玩青海湖可以乘坐飞机到达西宁，然后再通过其他交通方式前来。

火车

西宁是青藏铁路和兰新铁路新线上的重要一站，从全国各地乘火车前往西宁也十分方便，是游客前往西宁的主要方式。

西宁站位于城东区建国路，紧靠市区中心，有多班公交线路通达，往来市区非常方便。

西宁市区景点

东关清真大寺

●西宁规模最大、保存最完整的饿古建筑

东关清真大寺初建于明太祖洪武十二年（1380 年），至今已有 600 多年的历史。是青海省最大的伊斯兰教寺院，也是西北地区四大清真寺之一，是我国西北地区伊斯兰教的教育中心和最高学府。

总面积 11940 平方米，礼拜堂面积 1102 平方米。寺院坐西面东，具有我国古典建筑和民族风格的建筑特点，画梁雕栋，玲珑精致。

西宁东关大街东大街路南侧。

乘 1 路、2 路、23 路可直达景区。

25 元。

8:00~19:30。

0971-8170489。

亲历者◎攻略

1. 参观清真寺应尊重伊斯兰教的宗教礼仪，

进入寺内照相必须取得管理人员的同意方可，大殿里是不能摄影的。

2. 每逢礼拜、三大宗教节日，数以万计的穆斯林汇集在此举行隆重的聚礼活动，参观时需注意安全，防止小孩走散等。

马步芳公馆

●全国唯一一座选用玉石建造的官邸

马步芳公馆是青海省保存最为完整的民国时的建筑，具有较高的历史文物价值和浓郁的地方民族文化特色。位于公馆南端的后花园栽种了名贵的花卉和树木，还有亭榭，著名的“晓泉”也在其内。

西宁市为民巷13号，省医院附近。

乘坐公交3路、7路、17路、26路到省医院站下车，沿为民巷向南步行200米即是。

30元

11月～次年4月8:30~18:30，其他月份8:00~19:00。

0971-8131080。

藏医药文化博物馆

●世界上唯一的大型藏医药博物馆

该馆征集、保护、研究、展示发源于青藏高原地区的藏医药历史文化遗产、藏医药发展进程物证、珍贵文物和藏族文化艺术彩绘的综合性专业博物馆。旨在向国内外公众全面展示藏医药辉煌文化，重现藏医药发展历史，抢救即将湮没的藏医药文化遗产。

博物馆共3层，主体建筑气势宏伟，内涵深邃，以天圆地方的古老主题，对藏式建筑风格高度抽象和再现，融藏族传统建筑风格与现代建筑艺术为一体，与管委会、园区广场形成“三位一体”统一和谐的城市标志性建筑群。

西宁市生物园区经二路36号。

1路、34路等多路公交车可到达。

60元，电子导游，租赁价格每台10元，讲解员讲解费100元/次。

4月16日~10月15日9:00~18:00；10月16日至次年4月15日9:00~16:00。

0971-5317881。

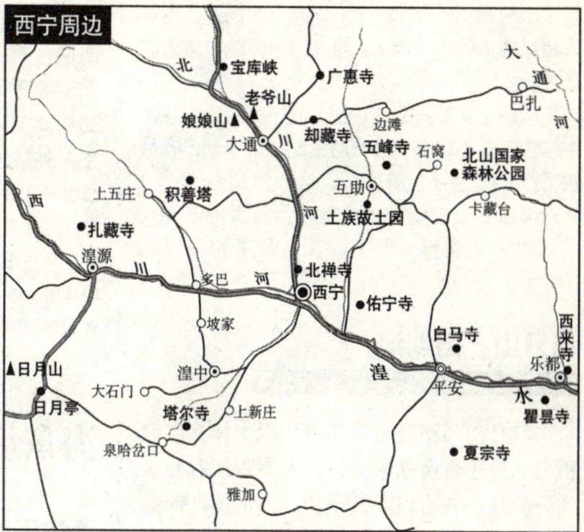

西宁郊县景点

塔尔寺 AAAAA

●酥油花、壁画、堆绣被誉为“三绝”

格鲁派六大寺之一，塔尔寺藏语称“衮本贤巴林”，意为十万佛像弥勒洲。这里是格鲁派创始人宗喀巴大师的诞生地，是我国藏传佛教的四大中心之一。寺内栩栩如生的酥油花、绚丽多彩的壁画、色彩绚烂的堆绣被誉为塔尔寺艺术三绝。

西宁湟中县鲁沙尔镇上，距西宁25千米。

80元。讲解1~9人60元，10~19人80元，20人以上每人5元。

0971-2232357。

5~10月7:30~18:00，其他月份8:30~17:30。

亲历者◎攻略

在寺院里，不能用手摸佛经、佛像、法器等，

↓塔尔寺

更不能跨越；转经轮时，一定是从左向右；不要乱摸藏族人的头和帽子。寺内很多经院殿堂有禁止拍照的告示牌。

全程参观需要 2~3 小时，建议请一个导游，塔尔寺下车后会有很多导游主动上来搭讪，导游讲解费 60 元，不议价。

可以在寺院周围的一些朝圣者旅馆进餐，在这里一大碗藏式面条、加些蔬菜和茶只要 5~8 元。

日月山·倒淌河

●古有“西海屏风”“草原门户”之称

日月山，初唐时名赤岭，因山体赤红而得名。位于青海湖东南，是青海农区和牧区的分界线，自古以来就是祖国内地通往西南边陲的重要通道，是“唐蕃古道”和“南丝绸之路”的必经之地。

山隘上有“日月山”三字的青石碑，山顶修有遥遥相望的日亭和月亭，山南脚下有流向独特的倒淌河。倒淌河在日月山西边脚下，一股碧流永无休止地向西而去，流入浩瀚的青海湖。天下河水往东流，偏有此河向西淌，所以人们称此河为“倒淌河”。据地质学家考察，两亿多年前，由于地壳运动，高原隆起，青海湖成为完全闭塞的湖，使本来向外泄的河只好转过方向向西流。

湟源县西南，距离西宁市中心 100 千米。

长途班车到湟源县城，需在县城包车至此，约 20 千米，来回约 80 元左右。也可参加西宁旅行社的青海湖一日游。

日月山 40 元，倒淌河 25 元。

8:30~18:30（节假日、周末正常营业）。

海东旅游区

孟达天池

●高原西双版纳 中国三大天池之一

这里山清水秀，气候宜人，数百种树木掩天蔽日，各种花草植物绿茵盖地，有“高原西双版纳”之美称。以孟达天池为中心的重点保护区，面积近 2700 公顷，有植物 509

青海湖 AAAAA

●我国最大的内陆咸水湖

青海湖蒙语叫“库库诺尔”，藏语叫“错温波”，意思是“青蓝色的海”。环湖周长为 360 千米，湖水平均深 17.8 米，最大水深为 32.8 米，。

这里栖息着十万余只各类候鸟，被赞誉为“鸟的世界，鸟的王国”。每年 4 月，来自我国南方和东南亚等地的班头雁、棕头鸥、赤麻鸭、鸬鹚等十多种侯鸟在这里繁衍生息。

青海湖湖滨地域辽阔、草原广袤、河流众多、水草丰美、环境幽静，是水草丰美的天然牧场。夏秋季的大草原，绿茵如毯。金黄色的油菜，迎风飘香；牧民的帐篷，星罗棋布；成群的牛羊，飘动如云。日出日落的迷人景色，更充满了诗情画意，使人心旷神怡。

青海湖一年四季活动众多，主要有环青海湖国际公路自行车赛、青海湖国际诗歌节、青海湖国际沙雕与大地艺术节、青海湖祭海节等。

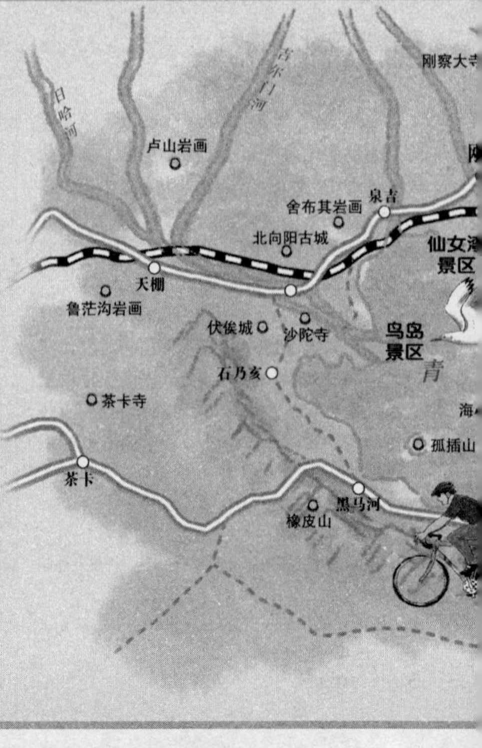

种，还有人参、三七、贝母等名贵药材，此外还有大量的珍稀动物。

天池一直是孟达林区绝胜处。林区内，怪石磷峋，瀑布垂挂。位于林区腹部的天池犹如一颗晶莹美丽的明珠，熠熠生辉。周围常常云雾缭绕，恍若西天瑶池。

🏠 循化撒拉族自治县城东 20 千米的黄河上游南岸。

🚌 在西宁长途汽车站乘到循化县的班车，每 30 分钟一班，路程 140 千米。孟达天池距离循化县 20 多千米，需要包车前往。

¥ 65 元。

北山国家森林公园

●被誉为青海高原上的"植物王国"

境内古木参天，山峦叠障，山青水秀，风光旖旎，动植物资源十分丰富。这里还有我国至今发现的海拔最高的岩溶地质遗迹，地貌景观丰富，岩溶、冰川、丹霞、流水地貌汇集一地。

公园由元甫达坂、浪士当、卡索峡、扎龙沟、下河五大景区组成，兼有雄、奇、险、秀四大特色，山谷间溪水潺潺，迂回曲折。浪士当作为森林公园的中心景区，是北山的一颗璀璨明珠，景区内的圣母天地、神龙潭瀑布、将军岩、仙山峰等景点都富有传奇色彩和历史故事。

🏠 互助县北山，距互助县城威远镇 78 千米。

🚌 夏季时在西宁市区包小车每天每辆大约 500~600 元，西宁建国路长途汽车站每天上午约 9:00 有一班班车可以直达北山。另外，也可以先到互助县城，然后从互助县城包车或乘坐班车（每天约上午下午各一班）前往。

☎ 0972-8395099。

¥ 浪士当景区 62 元，观光车票 30 元（必购）；扎龙沟景区 62 元。

互助土族故土园 AAAAA

●土家风情园

土族建筑、土族博物馆、轮子秋表演

互助土族风情园是一处以土族文化为主题的园区，土族是青海省独有的一个少数民族，传说是历史上吐谷浑人的后裔，而互助是祖国唯一的一个土族自治县，这里有特殊

亲历者◎游记

在青海湖畔眺望，苍翠的远山，合围环抱；碧澄的湖水，波光潋滟；葱绿的草滩，羊群似云。一望无际的湖面上，碧波连天，雪山倒映，鱼群欢跃，万鸟翱翔。青海湖周围是茫茫草原和一望无际的油菜花，黄色的大色块加上蓝色的湖海和蓝色的天，一种几何形体的美。

青海湖一年四季都可以旅行，但是由于气候的原因，旅游者大多集中在夏季前往，因为夏天的青海湖气温较高，夜间常有降雨，因此也较为湿润。

每年 8、9 月份，青海湖北岸有大片的油菜花开放，成为青海湖的一处主要景点。

若要去鸟岛观鸟，那以 5 月份为最佳。

↓青海湖鸟岛

的文化、服饰、建筑和歌舞等。

海东市互助土族自治县西大街。

西宁到互助的班车经过风情园。

42元。

青海湖旅游区

二郎剑景区（151基地）

●观景娱乐两不误

二郎剑景区地理位置非常优越，在这里你能看到最美的青海湖。既可以看到它作为湖泊的小巧玲珑，也可以看到它如海一样的大气，却比海更宁静的一面。

目前，二郎剑已经建成了以观鸟台、观鹿园、观海桥、观海亭为组合的观赏区，以码头广场、"吉祥四瑞"雕塑为组合的休闲区，以水上摩托、自驾游艇为活动内容的水上娱乐区。同时，二郎剑将开展湖边沙滩排球、足球等体育活动。

二郎剑景区位于青海湖南部，距离西宁151千米，西宁至茶卡镇或乌兰县的班车都经过二郎剑景区。

100元。景区内电瓶车20元，自行车20~40元不等，游船游湖有110元、150元两种。每年10月20日至次年4月15日是淡季，50元。

鸟岛

●青海湖的核心景点

青海湖的西北隅，距布哈河三角洲不无的地方，有两座大小不一，形状各异的岛屿，一东一西，左右对峙，傍依在湖边。远远望去，这两个岛屿就象一对相依为命的孪生姊妹，在湖畔相向而立，翘首遥望着远方。这两座美丽的小岛，就是举世闻名的鸟岛。

鸟岛，因岛上栖息数以十万计的候鸟而得名。岛上鸟类数量多，约有八、九万只之多。这里的斑头雁、鱼鸥、棕颈鸥的世袭领地。每年春天，斑头雁、鱼鸥、棕颈鸥等一起来到这里，在岛上各占一方，筑巢垒窝，全岛布满鸟巢。到了产卵季节，岛上的鸟蛋一窝连一窝，密密麻麻数也数不清，所以，人们又把这里也称为蛋岛，平时所说的鸟岛也主要是指这里。

青海湖的西北侧，距离西宁280千米。

旺季时，西宁八一路汽车站会有班车开往鸟岛，此班车每年约只在5、6月份开通，请提前致电八一路汽车站电话0971-8803471咨询。

从西宁包小车前往青海湖游玩旺季全包价约550~650元/天/车，淡季约400~500元/天/车。

旺季100元，淡季50元。

亲历者◎攻略

参观鸟岛食宿方便，鸟岛管理处建有宾馆，备有餐厅，附近还有帐篷旅社和其它娱乐设施。

每年3~4月，从南方迁徙来的雁、鸭、鹤、鸥等候鸟陆续到青海湖开始营巢；5~6月间鸟蛋遍地，幼鸟成群，热闹非凡，声扬数里，此时岛上有30余种鸟，数量达16.5万余只；7~8月间，秋高气爽，群鸟翱翔蓝天，游弋湖面；9月底开始南迁。为保护鸟类供人观赏，

鸟岛宾馆/刚察县泉吉乡年乃索麻村/0970－8655098。

金银滩

●感受蓝天白云、小河、羊群的好去处

金银滩分为金滩和银滩，一条小河穿流其间，北岸草滩上盛开着一种叫金露梅的金黄芳香的小花，故称金滩；南岸草滩上则是洁白如银的银露梅的天下，谓之银滩。每至夏季，野花盛开，其中的金鹿梅开着黄花，银鹿梅开着白花，绽放成片，犹如金色和银色的草滩，金银滩草原因此得名。

金银滩的黄金季节是7、8、9三个月，鲜花盛开，百鸟飞翔，尤其是百灵鸟儿的歌声，动听迷人。《在那遥远的地方》就是从金银滩、青海湖出发唱响的。

青海省海晏县西海镇。

从西宁市长途客运站乘汽车到海晏县约2小时，票价15元，每小时都有班车。

8:30~19:00（全年开放）。

青海湖南北

百里油菜花海

●中国最大的北方小油菜基地

每年7月，一年一度的油菜花旅游节是观

赏油菜花的最佳时机，七月的浩门川，是花的海洋，也是歌和舞的海洋，一片别具特色的高原田园风光。百里油菜花景区被评为西部开发创业奖，是农业生态旅游观光的绝佳去处。

门源县浩门镇西北10千米处。宁张公路、217国道和民门公路通达，距西宁150千米。

从西宁市长途客运站乘汽车到门源县浩门镇约3小时，票价40元，每小时都有班车，交通十分方便。

百里油菜花海观花台门票价格每人20元。

6月~9月，每年7月是最佳观赏季节。

亲历者◎攻略

推荐油菜花观赏点：

1. 从西宁到门源经过的青石嘴元山观花台，如果你是坐班车前往，建议在青石嘴下车观赏完油菜花再继续搭班车前往门源。

2. 县水泥厂的南山坡，这里能全观门源浩门川的油菜花和常年积雪不化的冷龙岭雪峰。拍出来的照片有黄花雪峰景色，但是需要爬山，约40分钟。

3. 如果想融入花海之中，就出县城向北山的方向去，沿田间道路走去，路的两侧就是无边的油菜花，是一个低视角观赏花海的地方，海中观海，花香袭鼻，远处还有雪山做衬托。

黄河奇石苑

●奇石的世界

独具魅力的黄河奇石苑，是一座以万年巨型奇石和百年参天古树点缀其间的奇石公园。占地40亩，总投资逾千万元，历时十年建成。奇石苑分裸苑、诗苑和磨苑三个院落，其中的诗苑把诗文镌刻在巨石之上，将奇石观赏和传统文化精巧的结合在一起，供游人把玩欣赏。

贵德县河西镇格尔加村。

乘县内公交1、2、3、4、5路公交车及客运车辆均可到达。

↑黄河奇石苑

20元。

5月1日~10月30日8:30~18:00，11月1日~次年4月30日9:00~17:00。

0974-8552551

住宿

塔顶阳光国际青年旅舍：

青海西宁城中区文化街18号文庙东楼三层。

0971-8215571。

雪域行者青年旅馆：旅馆是一幢独立的四层建筑，是目前西宁规模最大的青年旅馆，有自己的酒吧，书台，还可以自助洗衣。六人间30元/床。

青海省西宁市城中区南川东路18-1号。

0971-6262606

西宁西凉驿青年旅舍：离西宁最繁华的商业街只有50米远，到小吃街也很近便。四人间40元/床。

青海省西宁市石坡街9号。

0971-8212658。

餐饮

西宁的风味饮食以牛羊肉及其副产品的烹饪见长：羊肉串、黄焖羊肉，手抓羊肉，坑羊肉，烤羊排，烤羊肠，牛骨头，羊杂碎汤，牛杂碎汤，胡辣羊蹄，肉末羊筋，干煸羊肠，干煸“羊筏子”等等。风味烤羊肉与新疆迥然相异。

除了牛羊肉外，还有很多独具特色的风味小吃：甜醅儿、酿皮儿、麦仁饭、麻食儿、拉条子、擀面片、拌粉儿、凉面、丰蹿膀等。每一样都是色香味俱佳，叫人垂涎三尺、流连忘返。

水井巷是西宁风味小吃的大“展览会”，有“百味街”之称，集中了青海省几乎所有的名小吃。水井巷在中心广场不远，公交车1、2、23、31路及不少小巴公交、特1路观光车都可到达，打的5元就可以抵达。

青藏铁路

青藏铁路，是实施西部大开发战略的标志性工程，该路东起青海西宁，西至拉萨，全长1956千米。青藏铁路是世界海拔最高、线路最长的高原铁路。在这里要介绍的主要是青海湖以西至唐古拉山口沿线的主要旅游景点，基本上属于海西蒙古藏族自治州的管辖区域。

海西州集"世界屋脊"的奇特风光和高原盆地的荒漠景观为一体，以西部风情、瀚海奇观和昆仑文化为主的自然景观和人文景观闻名遐迩。主要景观有：长江源头千姿百态、银雕玉砌的冰峰塔林以及冰融而成的万里长江源头沱沱河；白雪皑皑的莽莽昆仑山以及山下喷涌而出状如蘑菇的纳赤清泉等。

亮点

推荐景点

- **天峻石林：**数以百计的群山石林，天然混成，妙然成趣。
- **察尔汗盐湖：**中国最大的盐湖，湖区内有32千米常德万丈盐桥，。
- **昆仑山口：**青藏铁路和青藏公路经过之地，山口南坡有高原石碑。
- **唐古拉山口：**青藏公路最高点，中国最高的山口之一，山下可可西里，两边青海西藏。

推荐线路

- **格尔木二日游**

D1：察尔汗盐湖—万丈盐桥—盐湖钾肥厂—胡杨林—昆仑公园。

D2：三岔河特大桥—纳赤台清泉—昆仑山口。

- **德令哈一日游**

柏树山—托素湖和克鲁克湖—白公山—外星人遗址—紫金山天文台。

↓青藏铁路沱沱河站

交通信息

火车

那曲火车站是世界上海拔最高的火车站，位于那曲西面约两千米的门地乡俄玛迪格村，紧临青藏公路。目前有发往北京、重庆、兰州、西安的列车。

青海湖—格尔木沿线

这段青藏铁路是青海铁路格尔木以北段，沿线主要经过天峻、乌兰和德令哈。

天峻石林

高原上独特的喀斯特地貌奇观

天峻山巍峨高大，气势雄伟，松柏挺立，绿草铺地，山上山下风光绮丽、景象万千。在主峰背后连绵交错一座座高耸入云的山峰，峰顶光秃秃没有绿色。

石林矗立在主峰的南面坡上，多半呈青灰色，褐红、灰、白等色掺杂其间。山峰两侧的天峻沟和瞎熊沟里奇峰林立，亦幻亦真，既有云南石林的秀丽清雅，又多了许多雄浑伟岸的突峰兀仞。

天峻县城西部的天峻山上。

先由德令哈乘班车到达天峻县。到天峻县后可包车前往石林。

察尔汗盐湖

●中国最大的盐湖

中国最大的盐湖，也是世界上最著名的内陆盐湖之一，青藏铁路穿行而过。

盐湖周围地势平坦，荒漠无边，但风景奇特。风和日丽时，浩瀚的湖面如同一个巨大的宝镜，放射出银色的光芒，热气腾腾，波光闪烁，真似碧波万顷的海洋。湖中还出产被誉为“盐湖之王”的珍珠盐，颗颗纯白如雪，粒粒莹洁如玉。玻璃盐又称为水晶盐，多呈方块状，透明如同玻璃一样，刚出土的玻璃盐呈黄、橙、蓝、粉红、乳的等色。

察尔汗盐湖位于格尔木以北约 60 千米，大柴旦以南 110 多千米。

可在格尔木市昆仑广场旁乘坐厂区的通勤车前往盐场，车辆坐满就走，无固定发车时间，一般白天均有。

万丈盐桥

●用盐筑成的桥梁

万丈盐桥实际上是一条修筑在盐湖之上的用盐铺成的宽阔大道，它就像一座桥浮在卤水上面，盐桥全长为 32 千米，折合市制可达万丈，横跨整个察尔汗盐湖，素称“万丈盐桥”。它是举世罕见的一种路桥，也是柴达木盆地的一大奇观。

盐桥的养护方法十分奇特。平时，一旦路面出现坑凹，养路工人从附近的盐盖上砸一些盐粒，然后到路边挖好的盐水坑里滔一勺浓浓的卤水，往上一浇，盐粒很快融化，并凝结在路面上，坑凹处便完好如初。

万丈盐桥位于柴达木盆地南部察尔汗盐湖之上。南距格尔木约 60 千米，北距锡铁山约 30 千米。

可从格尔木市乘坐中巴车到察尔汗盐湖景区；或在河西转盘打车过去，4 人拼车人均为 20 元，如果从市区打车一个人价格在 150 元左右。

↓昆仑山口

唐古拉山口沿线

青藏铁路此段指格尔木以南，沿线主要经过昆仑山口、长江源和唐古拉山口。

昆仑山口

●素有“亚洲脊柱”之称

昆仑山东西长 2500 千米，平均海拔 5000 米，耸立在格尔木市南面。站在昆仑山口，东西昆仑尽收眼底。往东看，在静寂的万古雪野中，玉虚峰孤兀雄起，势压万山，造就了冰雪世界特有的自然景观。

古书载昆仑山是玉龙腾空之地，素有亚洲脊柱之称。昆仑山口属多年冻土区荒漠地貌，地质系古代强烈侵蚀的复杂变质岩所构成，间有第三纪沉积物构成的丘陵低山和丘垅。山坡谷地生长梅、虎爪耳草、等高原冻土荒漠野生植物。登临山口，巍巍昆仑的千峰万壑如同披着银灰色铠甲的群群奔马，随着风起云涌，滚滚向前。

昆仑山口距格尔木约 160 千米。

可包车前往（400 元左右），可同玉珠峰和索南达杰保护站一起参观。

玉珠峰

●登山者的“集中训练营”

玉珠峰是国家登山队的训练基地，南坡对攀登技术要求较低，是登山爱好者初次攀登雪山的最佳山峰。南坡路线清楚明了，但大本营的高度却相对较高，为海拔 4800 米。同时玉珠峰南坡已被风化成馒头状山峰，坡度较缓，不存在雪崩问题。玉珠峰北坡则相对复杂，具有冰裂缝、冰塔林、冰陡坡、刃形山脊等种种地形，特别适合大部队的登山训练活动。

玉珠峰位于格尔木南 160 千米的昆仑山口以东 10 千米。

可坐车或者坐火车沿青藏线到玉珠峰站下，汽车可通行至 5200 米的玉珠峰登山大本营。包车可当天来回，费用约 400~500 元 / 车。

纳赤台清泉

●冰山甘露

亦称昆仑泉。泉池四周由花石板砌成多

边形的图案，中央一股清泉从池地蓦然喷涌而出，形成一个晶莹透亮的蘑菇花，称纳赤台清泉，泉水冷冽、清澈、透明。此清泉虽处在海拔 3540 米高寒地区，常年冰天雪地，水温较低，但一年四季从不会封冻，为昆仑山中第一个不冻泉。纳赤台泉水量大而稳定，并含有对人体有益的微量元素和气体，彼人们誉为“冰山甘露”。

纳赤台清泉位于格尔木市西南约 94 千米的青藏公路边，沙松乌拉山和博卡雷克塔格尔山之间，昆仑河北岸。

可包车前往，来回需 300 元左右。

30 元。

唐古拉山口

青藏铁路的最高点

唐古拉山口为青海、西藏两省（区）分界线，山口立有为修建青藏公路而献身的人民解放军雕像纪念碑，海拔高度碑以及“军民共建兰西拉光缆工程竣工纪念碑”。山口西北约 100 千米处为唐古拉山脉最高峰各拉丹冬雪山，海拔 6621 米。

“唐古拉”，藏语“高山上的山”，由于终年风雪交加，号称“风雪仓库”。它脚下的可可西里无人区，是藏羚羊等濒危野生动物的怡然自得的牧场。

位于青海省西南部和西藏自治区东北部边界处，距离格尔木 604 千米。

一般坐火车或者汽车去拉萨路过时参观。

住宿

格尔木

盐湖大酒店 / 黄河路 26 号 /0979-8436888。

金轮宾馆 / 昆仑路 110 号 /0979-7235888。

青港宾馆 / 江源南路 17 号 /0979-7239605。

德令哈

海西宾馆 / 德令哈乌兰东路 15 号市政府对面 /0977-8222781（三星级宾馆，兴海美食街就在附近）。

蓝天宾馆 /0977-8211222/ 柴达木东路中心广东侧。

红晶天 /0977-8222781/ 德令哈市柴达木东路。

餐饮

格尔木饭店主要是有火锅、清真羊庄和川菜三种。火锅比较有名的是重庆刘一手在格尔木的分店，位于柴达木路上，出租车司机都知道。清真饭店中清真羊庄是当地的特色，东乡羊肉位于金风路，那里的羊脖子“两吃”才 68 元，味道鲜美，性价比高。

德令哈作为海西蒙古族藏族自治州的首府，有着最正宗的蒙古族和藏族的特色饮食，如高原牧民的手抓羊肉、酸奶等，如果赶上每年夏秋的牛奶生产旺季，还会有达拉、曲拉、酸奶等美食，包你大快朵颐。烤肉等特色小吃更是遍布市场的每个角落。

民俗

藏族的传统节日主要有：掸尘、除夕、送年、中秋节等。其中“六月欢乐节”是藏族比较代表性的习俗。每年的农历六月中旬，草原上百花盛开，羊肥奶鲜。此时举行的传统性群众文艺盛会，安多藏语称“周索索”即六月欢乐节。也称“周格勒柔”即六月歌咏会。

藏族的主要饮食为糌粑、杜麻、曲拉、奶茶、酸奶、手抓等。藏族的日常生活中，糌粑、奶茶顿顿不离。酸奶、达拉、曲拉有较强的季节性，只能在产牛奶的旺季制作。还有吃肉汤面条、奶面条、肉汤下挂面等。制法和汉族同。

花儿会：农历六月举行，“花儿”是流传在甘肃、青海、宁夏三省广大地区的民歌。“花儿”又称“少年”。男青年唱的叫“少年”，女青年唱的称“花儿”。据说，“花儿”已有四百多年的历史。它内容丰富多彩，形式自由活泼，语言生动形象，曲调高昂优美，具有浓郁的生活气息和乡土特色，深受回、汉、藏、东乡、土、撒拉等民族的喜爱。

唐蕃古道

唐蕃古道所经过的区域大致包括今天的果洛州、黄南州和玉树州。

唐蕃古道是我国古代历史上一条非常著名的交通大道，也是唐代以来中原内地去往青海、西藏乃至尼泊尔、印度等国的必经之路。文成公主入藏掀起唐蕃古道的开端，随后金城公主入藏也走的是原路，从此沿着大致相同的路线，驿站连绵，驿马倥偬，使臣、商贾往来不绝，使得这条古道成了当时汉藏交通的“热线”。

亮点

必游景点

- **隆务寺：**全寺依山而建，布局错落有致，藻饰华丽宏伟。
- **结古寺：**玉树最大的萨迦派寺庙，九世班禅在此圆寂。
- **新寨玛尼城：**世界上最大的玛尼城，有两亿多块玛尼石。
- **文成公主庙：**唐蕃古道上的重要历史遗迹，既有唐代艺术风格又有藏式平顶建筑特点的古式建筑。

线路推荐

- **唐蕃古道三日游**

D1：结古寺—新寨玛尼城—藏娘古塔—文成公主庙—勒巴沟岩画。

D2：达那寺—尕尔寺—隆宝滩自然保护区。

D3：鄂陵湖—扎陵湖—黄河源头。

交通信息

飞机

玉树巴塘机场位于玉树州结古镇以南18

↑玉树文成公主庙

千米处的上巴塘，每周有西安—西宁—玉树往返航班，还有北京—玉树的直飞航线。

黄南—果洛旅游区

隆务寺

藏传佛教寺院

历经数百年风雨，寺院建筑大部分被毁，经历年重修，渐复昔日风采。现主要建筑有大经堂、修习殿、夏日仓殿、观音殿、天女殿、文殊殿、七世夏日仓灵塔及密宗院、时轮院等二十余座，塔八座。

全寺依山而建，布局错落有致，藻饰华丽宏伟。大经堂位居全寺中央，体量雄阔，内供释迦牟尼佛等数十尊佛像，造型精美，庄严肃穆。其中宗喀巴大师像高11米，底座周长26米，通体镀金，七宝装饰，尤见精奇。寺中现存明朝御赐释迦牟尼金像等珍贵文物，以及佛经上万部，其中以德格版《甘珠尔》《丹珠尔》尤属难得。

↓隆务寺

同仁县隆镇西山脚下，地处隆务河中游河畔。

从县城内打车5元即到，走路也不过10分钟。

旺季50元，淡季30元。

吾屯下寺

●藏有释迦牟尼佛发舍利

吾屯下寺有大经堂、弥勒殿、护法殿各一座，茶房一院，建筑占地约80亩。

寺中重要文物有清朝檀香木雕弥勒佛像等省级文物，并藏有相传自印度迎请的五粒释迦牟尼佛发舍利，作为镇寺之宝供奉于释迦牟尼佛像内。此外还供养有僧舍利一千余粒，火化时呈现香气四溢等异相。寺中珍藏《甘珠尔》《丹珠尔》等佛经，数量甚多，共达七千余部。寺院门外塑有八尊白色佛塔，名为“解脱八尊佛塔”，全部由吾屯村民捐资兴建。吾屯下寺的法会每年正月初八开始。

吾屯下庄东侧，距同仁县隆务镇7千米。

从隆务镇打的前往车费10元左右，拼车约2元/人。

30元。

郭麻日寺

●国家级文物保护单位，内有安多地区最大的佛塔

郭麻日寺出名的是时轮塔，为安多藏族聚居区最大的佛塔。时轮塔颜色非常艳丽，特别是塔上的许多半球形涂上鲜艳的涂料，远看就象是镶上了大块的宝石。其建筑风格之特、造型之美、耗资之巨、民族特色之浓，在藏族聚居区也是首屈一指的。

主殿周围有12座小塔，塔顶为圆拱鼓形，塔拱内部设有佛堂。塔基周围环绕藏式平顶小屋，内置嘛呢经轮。整座佛塔建筑结构严谨、布局新颖别致、造型较为特殊、建筑雄伟，构思奇巧，典雅大方，充分显示了热贡地区藏传佛教建筑艺术的高超和热贡艺术及技艺的精湛。郭麻日寺的法会每年正月初九开始。

郭麻日寺位于年都乎乡的郭麻日村，距同仁县隆务镇5千米。

从隆务镇打出租车前往车费10元左右，拼车约2元/人。 10元。

拉加寺

●黄河源头的寺庙

拉加寺又称“嘉祥寺”，是黄河源头最大的格鲁派寺院，由阿柔格西创建，系色拉寺属寺。寺内主要供奉的佛像主要有释迦牟尼、宗喀巴、莲花生、千眼千手观音、长寿佛、六臂反护法等。

该寺建筑既有藏族佛教寺院的特点，又有汉族寺院的建筑风格。全寺建筑形成一个小型建筑群，近似于中原古典园林式的建筑风貌。整个寺院依山傍水，地势优美。背依之阿美尼勒功山，松柏苍翠，蚕丝般的细溪飞流之下，景物十分宜人。

该寺设有总领全寺的大经堂“托桑林”，下分五院，即上下密修院、医明学院、时轮学院和旦正院。另有菩提塔一座。其中释迦牟尼殿为乾隆年代建筑，历史最久。该寺历代多出高僧，而且多有著述传世。

玛沁县东北部黄河北岸的拉加乡阿尼群贡山下，座东向西，面临黄河，前有黄河大桥可通西岸。

拉加寺位于拉加镇附近。从隆务镇到大武镇的班车路经拉加乡，全程需10~12小时。

亲历者◎攻略

每年正月初一至十五有祈愿法会、三月初三至十五有供养法会等。

拉加乡可住黄河宾馆，位于黄河大桥边，装修豪华，价格优惠。

坎布拉森林公园

●以丹霞地貌、宗教文化、植物景观和水库风光闻名

坎布拉气候温湿，植物生长茂盛，四季常青。点缀在山坡岩下的山榆，树形优美潇洒，海棠花在沟沿溪边到处可见，为我国传统名花。每到六七月间，山坡上、谷底间山花烂漫，野草芥菲；九月金秋，霜叶鲜红，硕果累累，构成了一幅色彩斑斓的画卷。

景区内的阿琼南宗寺有着1000多年的悠久历史，为藏传佛教后弘期的发祥地。寺院内热贡佛教绘画技艺精湛高超，光彩夺目。坎布拉丹霞地貌以奇峰、方山、洞穴、峭壁为其主要地貌特征。大型山体如柱状、塔形、城堡，陡峭直立，雄伟壮观，气宇非凡。小尺度的造型地貌似巨人、兽类，各种造型等栩栩如生，形态千奇百怪，有鬼斧神工之妙。

李家峡水库库区人工湖面积达32平方千米，湖水碧波荡漾和周围群山绿树相得益

彰，构成了一幅完美的山水画。

🏠 黄南藏族自治州尖扎县坎布拉乡境内，距西宁 200 多千米。

🚌 景区目前没有班车可以直达，一般是从西宁包车游玩，也可以直接从坎布拉镇上包车前往。

¥ 50 元，旅游观光车及南宗沟码头游船单程均为 100 元，北岸码头环湖游船 100 元。

黄河源旅游区

●自然环境古朴、景观雄奇奇特

黄河源头之一卡日曲是以五个泉眼开始的，另一个源头是约古宗列曲，仅有一个泉眼。这是黄河的源头地区，旅游者在这里根本无法想像黄河之宗竟不是滔滔洪水，而是一股股细微的清泉和一片有许多砂砾野草的温林荒滩。

这里自然环境原始古朴，风物景观雄奇独特，民族文化悠远绵长，民族风情瑰丽多姿，野生动植物资源珍奇丰富。为三江源自然保护区核心地带，境内的鄂陵湖、扎陵湖被联合国批准为国际重要湿地。成为青海高原上另一鸟岛。湖滨亚高山草甸为青海重要牧场。

🏠 玛多县境内。

🚌 玛多县距省会西宁 480 千米，黄河源景区距玛多县成 60 千米。可从西宁长途汽车站乘坐西宁—玛多班车（每日早 8 点发）到达玛多，玛多县政府招待所有去往黄河源景区的旅游专线车。

年保玉则

●雪山湖泊交相辉映，自然景观变化万千

昆仑山在青藏高原分为西段和东段。东昆仑山的南支，叫巴颜喀拉山。年保玉则是座落在巴颜喀拉山脉东段，是巴颜喀拉山的最高峰，海拔 5369 米。它的顶部由 3 个常年积雪的山头组成，山体则由好几条山脊和相应的峡谷组成，俯瞰而视，形似花瓣。

峡谷中以山谷冰川和悬冰川为主，冰雪融化后，在雪峰周围的山谷中汇成大大小小 160 多个湖泊，形成雪山镜湖辉映，自然景观万千的景象。

🏠 久治县索呼日麻乡境内，与四川阿坝县接壤，属巴颜喀拉山。

🚌 年宝玉则仙女湖距县镇智青松多镇 49 千米。

¥ 120 元。

🕐 6:00~18:00。

玉树旅游区

结古寺

●以建筑宏伟、文物丰富而闻名

结古寺以建筑宏伟、寺僧众多、文物丰

↓玉树

富、多名僧高徒在我国藏族聚居区闻名遐迩。整个寺院依山势而建，殿堂僧舍错落有致，远望似多层楼阁耸立，主体建筑“都文桑舟嘉措”经堂系由萨边寺大堪布巴德秋君和嘉那活佛第一世多项松却帕文设计，在德格佐钦寺支持下，扎武迈根活佛主持修建，可容纳1000扎哇诵经。

此外，讲经院、大昭殿、弥勒殿、嘉那和文保活佛院等都规模较大，且各具特色。增设了因明（佛教哲学）等专修僧院。

玉树市结古镇团结路，距镇中心约1千米。

打车前往。 10元。

亲历者◎攻略

结古镇中心广场有一格萨尔王铜像，高22米，是全国最大的格萨尔王铜像。

结古寺的第一世嘉那活佛晚年住在结古镇东边的新寨村，并在此修建嘛呢堆。藏族人有个传统，认为每往玛尼堆上摞一块石头，就多一份功德，新寨嘛呢堆成为藏族宗教文化的优秀代表。

嘉那嘛呢石城

●世界上最大的玛尼城

新寨玛尼城占地有两个足球场那么大，现存玛尼石约2.6亿块。新寨玛尼城南部是新寨寺，其它各个方向均用玛尼石做城墙，围墙高处挂有经幡。

到20世纪50年代，石刻嘛呢石堆多达25亿块。根据六字真言字数形成的佛塔为分界，连同经堂转经筒走廊、经幡等等构筑规模宏大的经石城格局，嘛呢石城仍在不断增大扩充。

据说玛尼石上刻的经文有近200亿字，可以称得上是“世界第一石刻图书馆”。

每年农历十二月十四日至十六日，来自西藏、四川、青海的藏族同胞就在玛尼堆旁相聚，或转玛尼堆，或送玛尼石，尔后围绕着玛尼堆跳舞。

玉树市结古镇新寨村，距结古镇9千米。

新寨玛尼城位于结古镇以东9千米的新寨村，在结古镇乘坐2路公共汽车，终点站便是新寨玛尼城，票价1元。出租车拼车10元/人，包车30元左右。

亲历者◎攻略

1. 来此游观，不收门票，只收“经石”（刻着经文的石头）。经石城外的甬道，有许多当地人在出售刻好的经石，有大有小，是专门为游客准备的。

2. 游客也可以在这里买一些小而好看的嘛呢石，大都是汉白玉做的，可留作护身符。

文成公主庙

●唐蕃古道上具有标志性的历史遗迹

距今已有1300多年的历史，是一座既有唐代艺术风格又有藏式平顶建筑特点的古式建筑。

庙宇共3层，通高9.6米。殿堂内的巨型文成公主像和8尊佛像，由石壁雕凿而成，外表酷似泥塑技艺雕刻精细，造型质朴敦厚。庙中央的文成公主坐像端坐在狮子莲花座上，由石壁雕凿而成。坐像两旁有8尊石刻佛立像，分立在上下两层，每尊佛像高有3米，精雕细刻，形象生动。

建筑紧贴百丈悬崖，坐北向南，依山面水。风景幽静，金光闪闪的屋顶光芒四射。庙四周所有的悬崖和面积较大的石头上都刻着数不清的藏经。

位于白纳沟，距结古镇16千米。

可在三叉路口坐公共小巴直达文成公主庙。也可同邻近的勒巴沟岩画、通天河一起游览，包车走一个环线，120元。

亲历者◎游记

大日如来佛堂面积有80多平方米，佛堂精巧玲珑、幽静雅致。位居正中、高约13米的主佛大日如来佛，端庄稳重、娴静慈祥，结跏趺端坐在双狮仰莲座上。其余八尊菩萨系随佛弟子，其造型、服饰兼有吐蕃早期风格和初唐中原艺术特征。相传此佛象与供奉在拉萨大昭寺内的释迦牟尼像具有同等的加持威德，距今已有1300多

↓文成公主庙

年的历史。

在佛堂附近的岩壁上，工整地刻有藏、汉两文佛经《普贤菩萨行愿王经》《般若波罗密多心经》，以及多行梵文和汉文、佛塔、六字真言等。

在佛堂右侧20米处岩崖下，有一泓清澈如明镜般的泉眼，名叫公主泉。相传文成公主在此驻跸期间，曾在泉边梳洗。

庙堂内东西墙壁上有两组大型壁画，画面内容主要是当时文成公主进藏路过白纳沟时，当地藏族头人和群众如何隆欢迎的动人情景。其中，最为感人的是山神砍树清道，龙王现世迎驾。

勒巴沟岩画

●藏族宗教石刻的缩影

沿着通天河畔的一条山径来到勒巴沟，会让你同时体会到通天河的喧嚣和勒巴沟的静谧、神圣。勒巴沟岩画面江而凿，处于勒巴沟沟口。勒巴沟内蓊郁的草木，也难以掩盖住由岩画和不可胜数、遍布沟内的嘛呢石刻散发出来的神秘气氛。从沟口唐末释迦像到现今打制的嘛尼石，你可以看到整个藏族宗教石刻的历史。

结古镇巴塘乡，距结古镇20千米。

由文成公主庙继续前行可到达勒巴沟。如按藏族的风俗习惯，最好从通天河顺时针进入。从结古镇前往需1个多小时，费用200元左右。

达那寺

●保存着良好的早期藏式灵塔群

经堂里供奉着高9米高的英雄格萨尔王及其部将的塑像，以及他们用过的战刀、盔甲和衣物等，还陈列着数万卷藏族早期的经卷和极其珍贵的其它文物。

格萨尔王及其三十大将灵塔群位于离那达寺不远的达那山岩洞中。

该寺在藏族聚居区很有影响，其所在地鞧纳山，具有特殊的历史地位和文化价值，是著名的佛教圣地。达那沟及吉尼赛乡一带风景得天独厚，优美至极，被誉为“九寨沟第二”，是极具诱惑力的旅游胜地。

玉树囊谦县境内。

结古镇每天8:30有一班班车发往囊谦县的班车，车程3小时，票价30元左右。也可以在车站门口打私营的小车或面包车，价格在40~50元左右。在结古镇玉树交通宾馆门口上车。到达囊谦县后必须包车去达那寺，费用需要500~800元。

住宿

玉树最好的宾馆标间280元左右。

玉树拉布寺宾馆：由拉布寺的僧人所开，条件较好，地理位置优越，建筑风格独特，交通十分便利，具有当地浓郁的宗教特色。地址：玉树结古镇胜利路115号。电话：0976-8827666。

三江源酒店：结古镇扎曲南路21号。

民俗

藏族的传统节日主要有藏历新年、六月欢乐节、拉伊会、亮宝会、雪顿节、萨噶达瓦节、汲桑介曼曲、鲁热节、插箭节、祭拉卜孜、祭佛节、望果节、赛马节和塔尔寺四大观经会（又称如来四大经节，在农历正月、四月、五月、九月）、酥油灯会（灯节）、晒佛节、燃灯节等，有的地区也过端午节和八月中秋节。

藏历新年是藏族人民一年之中最隆重的节日。为了欢度佳节，人们从旧历年十月初就开始作各种准备工作，如磨炒面，打酥油，炸果子，做新衣，办年货等。农业区藏胞还要扫房整院，粉刷墙壁，张贴年画等。除夕之夜，藏族人家也吃团圆饭。这顿饭须全家人（除非远走在外）都到齐了才能吃。有的地方过年还兴吃面团或煮饺。

热贡艺术主要指唐卡、壁画、堆绣、雕塑等绘画造型艺术。热贡艺术以藏传佛教中的佛本生故事，藏族历史人物和神话、传说、史诗等为主要内容，同时也包括一些世俗化的内容。热贡艺术凭借其独特的审美观念、独有的原材料和独有的传承习惯在藏传佛教、民间美术、建筑艺术等方面具有重要的历史价值和艺术价值。

●面积

6.6 万平方千米，全国排名第 27 位

●人口

668 万，全国排名第 29 位

● 5A 级旅游区

石嘴山市沙湖旅游、中卫市沙坡头旅游、银川镇北堡西部影视城、银川市灵武水洞沟旅游区

●国家重点风景名胜区

西夏王陵

宁夏旅游网
www.nxtour.com.cn

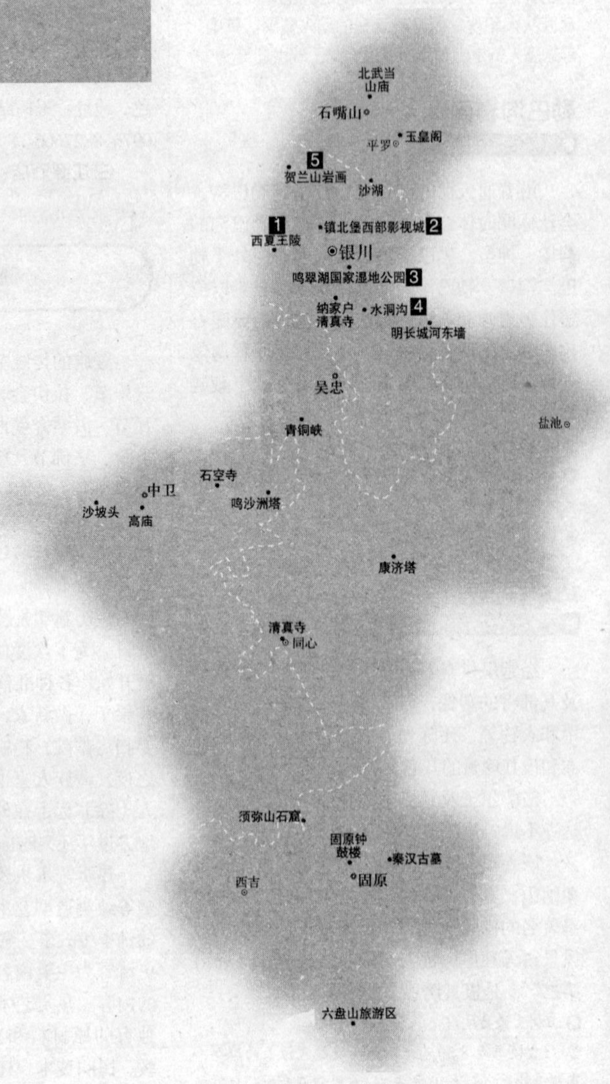

时尚旅游地推荐

西夏王陵 1

镇北堡西部影视城 2

鸣翠湖国家湿地公园 3

水洞沟 4

贺兰山岩画 5

宁夏

东方金字塔之称的西夏王陵，古老的贺兰山岩画、工农红军长征翻越的六盘山，绵延不绝的贺兰山；滚滚流淌的九曲黄河，浩瀚无垠的沙坡头风景。塞外风光的雄浑，江南景色的秀丽，这里就是“塞上江南、回族之乡”——宁夏。

塞上江南，神奇宁夏

银川

"塞上江南"银川坐落在美丽富饶的宁夏平原，黄河穿城而过使得这里绿树成阴，"东方金字塔"西夏王陵为这座古城积淀了丰厚的历史。

面积：8874 平方千米
人口：168 万
区号：0951

亮点

必游景点

- **西夏王陵**：西夏历代帝王的陵寝，有 9 座帝王陵寝和 250 多座宗室。
- **沙湖生态旅游区**：沙、水、苇、鸟、山五大景源有机结合，形成了独具特色的秀丽景色。
- **华夏西部影视城**：曾有 60 多部影视剧在此拍摄，现保留和复制了不少电影、电视的场景。

线路推荐

- **银川周边二日游**

D1：银川—贺兰口岩画—苏峪口—镇北堡—西夏王陵。

D2：银川—沙湖。

交通信息

飞机

银川河东机场位于银川市下辖的灵武市临河乡境内，距银川市区 19 千米。现已开通至北京、广州、上海、成都、乌鲁木齐等全国多个大中城市的航线。机场有专线大巴往返银川市区，按航班发车。

↓银川西夏王陵

火车

银川站位于银川市金凤区上海西路惠北巷 1 号，可直达北京、上海、成都、呼和浩特等国内大中城市，市内乘坐公交车可到火车站。

银川旅游区

西夏王陵

●有"东方金字塔"之称

陵区南北长 10 千米，东西宽 4 千米，里边分布着九座帝王陵和 250 多座王公大臣的陪葬墓，占地近 50 平方千米。景区以泰陵为中心，还有西夏博物馆、西夏史话艺术馆（又称塑像馆）、西夏碑林、双陵等景。

每个陵园都是一个完整的建筑群体，四角有角楼，园内有门阙、碑亭、外城、内城、献殿、灵台，四周有神墙环绕，占地面积达 10 余万平方米。公元 1227 年元灭西夏后大肆盗墓破坏，但发掘中仍然出土了大量的装饰品、瓷器等随葬物品。

银川市西夏区西夏街道贺兰山东麓。

¥ 西夏王陵风景名胜区参观门票 75 元，包括：西夏博物馆、西夏史话艺术馆、西夏碑林、三号遗址，一号和二号遗址。

8:00~19:00；博物馆和艺术馆开至 21:00。

亲历者◎指路

1. 每年 4 月 20 日至 10 月 20 日，在银川市区新月广场乘坐银川旅游专线 1 号线（游 1 线）至西夏王陵，车程约 40 分钟，车票 8 元。发车时间为每天 9:00、10:00 各一班，西夏王陵返程时间 12:30、13:30 各一班。

2. 其它时间该车不运营，需在银川市区包车前往，包小车西夏王陵、贺兰山一日游价格约500~600元。

镇北堡西部影视城 AAAAA

●著名的影视基地

原为镇北堡古城（边防城堡），由新堡和老堡组成。两堡一南一北，均坐西朝东。镇北堡历经数百年沧桑，以其雄浑、古朴的风格，成为贺兰山东麓风景旅游景观，并以它那特有的神秘韵味，引起了中国许多著名电影艺术家的浓厚兴趣，被艺术家们称赞为“神秘的宝地”。

镇北堡一起粗犷又独具个性的风貌，称为众多电影的选景地。现在镇北堡两座古城内还保留和复原了拍摄过部分影片的原景和道具，供游人观赏。展出的场景有：《大话西游》中的城门楼和城门洞、盘丝洞、孙悟空与牛魔王打斗时的“天崩地裂”等一系列场景；《红高粱》中的月亮门、酿酒作坊、九儿（巩俐饰）居室和九儿出嫁时乘坐的轿子、盛酒的大缸、碗具等。

银川市西夏区镇北堡镇，贺兰山东麓。

乘坐13路到镇北堡站下即可。在南关清真寺乘坐镇北堡西部影城中巴车可直达景区，途径火车站，宁夏大学等。

¥ 100元（含明、清两城，老银川一条街）。

旺季（4月15日~10月15日）8:00~18:00，淡季（10月16日~4月14日）8:30~17:30。

苏峪口国家森林公园

●自然、人文景观众多，历史文化内涵丰富

苏峪口国家森林公园具有丰富的自然景观和独特的人文景观。在近万公顷的景区内，高耸入云的油松、杜松、云杉等天然林木一望无际。吐红的樱桃，挂紫的丁香，披粉的蒙古扁桃等珍稀灌木遍布山谷沟壑。层层林海造就的四季景观，色彩斑斓，变化无穷，令人叫绝。在这里不仅能观赏到贺兰山迷人的夜色和日出，而且能看到奔跑的马鹿、跳跃的岩羊、嬉戏的兰马鸡等国家重点保护的野生动物。

苏峪口国家森林公园历史文化内涵丰富，它坡坡有名，沟沟有姓，弯弯有传说，山山有故事。宗教文化、西夏文化、岩画文化三朵艺术奇葩绽放异彩，为苏峪口国家森林公园赋予了丰富的历史文化内涵。景区内的四尊元末明初石刻“摩崖大佛”，体态丰盈，面貌慈祥，这些佛像刻工精细、技法娴熟、造型独特、形象逼真，均为浅浮雕中的精品。

贺兰县金山乡，滚钟口风景区北部。

银川市北门旅游车站候车厅内，天豹散客接待中心，每天早晨9点左右发车。

¥ 旺季60元，淡季40元。

贺兰山岩画

●我国岩画较集中的地区之一

在南北长200多千米的贺兰山腹地，就有20多处遗存岩画。其中最具有代表性的是贺兰口岩画。贺兰口有4787幅岩画单体图案，以“太阳神”为代表，内容丰富多彩。贺兰口岩画保护区面积12平方千米，划分为六个区域。

贺兰口位于贺兰山中段的贺兰县金山乡境内，山势高峻，俗称“豁了口”。山口景色幽雅，奇峰叠嶂，潺潺泉水从沟内流出，约有千余幅个体图形的岩画分布在沟谷两侧绵延600多米的山岩石壁上。画面艺术造型粗犷浑厚，构图朴实，姿态自然，写实性较强。以人首像为主的占总数的一半以上。其次为牛、马、驴、鹿、鸟、狼等动物图形。

银川市贺兰县金山乡。 ¥ 40元。

亲历者◎指路

市区有到达贺兰山岩画景区的旅游专线。在市区的新月广场开出的“游二路”公交车，会经过滚钟口、苏峪口森林公园，最后到达贺兰山岩画。

水洞沟古人类文化遗址 AAAAA

●中国史前考古的发祥地

宁夏的历史从水洞沟开始，水洞沟是中国长城保存最完整的立体军事防御体系，是中国最早发掘的旧石器时代文化遗址，水洞沟遗址记录了远古人类繁衍生息，同大自然搏斗的历史见证，蕴藏着丰富而珍贵的史前资料。它向人们展示了距今三万年前古人类的生存画卷。

水洞沟地处鄂尔多斯台地南缘，大自然造就的雅丹地貌，使这里充满了雄浑、奇特的荒谷神韵，经历了千万年的风沙雕蚀，这里集中了魔鬼城、卧驼岭、摩天崖、断云谷、柽柳沟等二十多处土林奇绝景观。

灵武市临河镇水洞沟村。

新南门汽车站购买水洞沟车票，上午7:50开始发车，每小时一班；银川北门旅游汽车站9:30分发水洞沟旅游直通车。

水洞沟大门60元，套票140元（包括水洞沟遗址博物馆环廊展厅、张三小店、水洞沟村、芦花谷、明长城等景点，以及游船、马车、观光车的其他项目）。

石嘴山旅游区

沙湖风景名胜区 AAAAA

●江南水乡和大漠风光为一体

沙湖旅游区占地面积80.1平方千米，其中有平均深2.2米的水域45平方千米，沙漠22.52平方千米。湖泊、沙丘、远山、芦苇、飞鸟、游鱼六大要素有机结合，融江南水乡与大漠风光为一体。万亩湖泊，碧波粼粼，湖光山色，相映成趣，千亩苇丛簇簇翠绿，万亩荷花碧绿衬红，鱼翔浅底，鹤冲九霄，湖中小岛百鸟集合，胜似江南水乡。3万亩浩瀚大漠，依水而生，金黄耀眼，尽显北国大漠雄浑之壮观，苍劲之风情。

沙湖的娱乐项目有水上降落伞、水上摩托车、水上冲浪、索道滑沙（沙湖的索道是西北地区唯一的一条空中沙漠索道，乘坐索道缆车滑沙，是一项极富挑战性的项目，具有强烈的刺激性和惊险性）等。

平罗县姚伏镇西部。

旺季（4月1日~10月31日）60元，淡季（11月1日~3月31日）40元。

亲历者◎指路

在银川南门有开往沙湖的旅游专线车，票价10元，约1.5小时可以到达。在北关汽车站，也有发往沙湖的班车。回程末班车是18：00。

亲历者◎攻略

1. 到了沙湖一定要上沙洲，所以买门票最好和船票一起买，大船套票80元，快艇套票120元。登岛往返龙舟25元，要去鸟岛只能乘坐快艇，船费60元。

2. 景区内的骆驼很温顺，骑的人很多，一般都需要排队；玩滑沙的时候，需要自己把铁板拉上沙丘。

3. 沙湖游玩，需要配戴帽子、太阳镜和遮阳伞等装备来防护自身。沙湖售票处有好几家大头鱼店，一条鱼有6种吃法，但是价格很贵。

4. 沙湖大鱼头是一道名菜，一鱼两吃，清炖鱼头，清蒸鱼身。沙湖最重的鱼达50多千克，有一米多长，一个鱼头就达十几斤重。怡馨园半面坐落于水上，环境优雅，可边吃边看沙湖美景。

黄河红柳林景区

●黄水、红树、绿色，色彩壮观

5万多亩红柳林被黄河与五排沟夹在约

↓沙湖

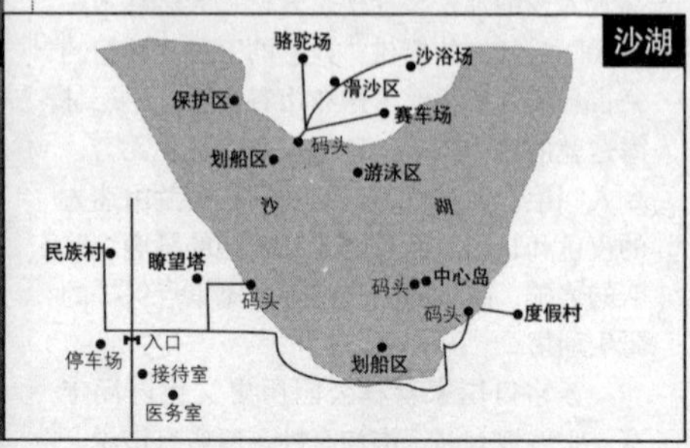

5千米狭长的天水一线之内，形成了天然“湖心岛”。黄河红柳园面积广大，林草相间，又为各种野生动物生存繁殖提供了极好的空间。

走在红柳园的羊肠小道上，不时看到奔跑觅食的野兔和鸣叫不停的“呱呱鸡”，山鹰、水鸟、野鸭和红脖鸟、天鹅等珍贵动物也在万亩红柳园区繁衍生息。

石嘴山市惠农区园艺镇沿黄河向南一线。

住宿

兴庆区的新华街、解放东路和西路、鼓楼、南门、玉皇阁周边都有不少酒店和招待所，这一带可算银川市的中心区域。

银川悦格酒店／西夏区西夏万达广场C座27楼／0951-2027333。

银川柏兹酒店／西夏区金波街西夏万达广场C座公寓／0951-3966788。

餐饮

银川的地方风味独树一帜，兼有中原和穆斯林双重风味，著名菜肴有：糖醋黄河鲤鱼、扒驼掌、清蒸羊羔肉、马三白水鸡等。新华东街的肥牛饭庄、中山北街的九洲火锅城，都能品尝到正宗的宁夏菜和清真菜。

银川的风味小吃有：陈义泡馍、羊杂碎、牛羊肉酥、手抓羊肉、油香、清蒸奶油糕点、凉拌面皮等。南门广场东侧的夜市和新华街都是小吃集中的地方。

购物

“宁夏五宝”是宁夏回族自治区五种传统特产的统称，即红色的枸杞、黄色的甘草、蓝色的贺兰石、白色的滩羊皮、黑色的发菜，被誉为红、黄、蓝、白、黑“五宝”，也是当地最著名和最值得购买的特产。

民俗

宁夏回族自治区境内回族人居住很多，一些民俗上的特点主要以回族最有代表性。回族的主要节日有开斋节、古尔邦节和圣纪节。这三个节日是回族人每年最为重视的节日，每当节日到来之时，他们都会按照自己的讲究过节。

开斋节：斋月在伊斯兰教历太阴年九月，在这个月里，人们在东方发白前吃好、喝好，直到太阳落山前水米不沾，待太阳落山后再进饮食。十月一日（伊斯兰教历）为开斋节。这天，男女老幼喜气洋洋，沐浴盛装，上寺礼拜，走亲戚访邻居，互相问候。家家户户置办富有民族特色和地方风味的传统食品。有不少男女青年喜欢在开斋节举办婚礼。开斋节后，饮食时间恢复正常，不再受日出日落的限制。

古尔邦节：又叫“宰牲节”，在开斋节后第70天举行。时间是伊斯兰教历太阴年十二月十日。因为伊斯兰教历每年十二月十日上旬为穆斯林朝觐麦加的朝圣期，十二月十日为朝觐最后一天，要举办盛大的庆祝活动。传说伊斯兰教先知易卜拉欣梦见安拉（真主）要他亲手杀自己的爱子作祭品，以考验他对安拉的忠诚。忠诚的易卜拉欣果然准备于次日遵命动手，此举感动了安拉，便派天仙送来一只羊代替其子作祭品。穆罕默德为了纪念易卜拉欣，便规定将朝觐的最后一天作为“宰牲节”。节日这天穆斯林们衣冠整洁，喜气洋洋地上寺会礼（聚礼）。典礼活动别开生面，有条件的地方，每人要宰一只羊，七人合宰一头牛或一峰骆驼。然后将肉分成三份：一份留给自己，一份馈赠待客，一份济贫施舍。典礼之后，开始访亲问友。

圣纪节：在伊斯兰教历太阴年的三月十二日，这是穆罕默德诞生的日子。穆斯林们重视这个节日，是为了纪念先圣，赞颂穆罕默德的美德，永远不忘他的教诲。这天要集会、诵经、赞圣、讲述圣人的事迹，还要聚餐，俗称办“圣会”。相传穆罕默德也是在这天逝世的，故穆斯林又称此日为“圣忌”。

固原

固原是回族的主要聚居区之一，城地处宁夏南部六盘山区，已有两千多年历史了，拥有大量的历史遗迹。

面积：13450 平方千米
人口：154 万
区号：0954

亮点

必游景点

- **六盘山旅游区**：六盘山是国家级自然保护区，国家森林公园，有凉殿峡、二龙河、荷花苑等景区。
- **青铜峡**：从青铜峡水库大坝开始，可乘船或羊皮筏游览一百零八塔、鸟岛等景点。
- **沙坡头景区**：以大漠黄河、治沙奇迹、沙坡鸣沙而著称于世。
- **南长滩村**：藏在黄河岸边的西夏古村，拥有“三个宁夏第一”：宁夏黄河第一村、宁夏黄河第一渡、宁夏黄河第一漂。

线路推荐

- **固原三日游**

D1：须弥山石窟—固原关帝庙。

D2：火石寨。

D3：六盘山国家森林公园—老龙潭—胭脂峡。

- **中卫二日游**

D1：沙坡头—腾格里沙漠—黄河水车。

D2：中卫高庙—鼓楼。

- **吴忠一日游**

十里长峡—青铜峡—百零八塔—青铜峡鸟岛。

↑中卫沙坡头

交通信息

飞机

固原六盘山机场位于固原市城西北方向的彭堡乡石碑湾村，目前开通有飞往银川、西安、上海、重庆、杭州的航班。

火车

包兰铁路纵穿固原境内，铁路交通十分方便。有来自银川、西安、兰州、上海、成都、乌鲁木齐等地的列车经停固原火车站。

固原旅游区

六盘山旅游区

●被誉为“高原绿岛”

六盘山是国家级自然保护区，国家森林公园。旅游区内包括红军长征景区、凉殿峡、二龙河、荷花苑、老龙潭、泾河源等景区。老龙潭为泾水之源，和凉殿峡在同一山谷，自古就是避暑胜地，有很多古迹。

野荷谷又名荷花苑，是条南北走向的峡谷，虽长不过 6 千米，宽不过六七米，但景色奇异，风光佳秀。

泾源县和隆德县交界处。

¥ 65 元。

☎ 0954-5648319。

须弥山石窟

●存有众造像

须弥是梵文，意为金山。石窟开凿于北

魏中晚期，距今1400多年。唐朝时这里已是规模庞大的佛教寺院，至今保存有132个石窟，分布于8个山崖，时称“景云寺”。

至今造像较完整的有20多窟，主要分布在大佛楼、子孙宫、园光寺、相国寺和桃花洞等5个景区内。现存造像最多的第45、46窟，有比真人还大的造像40余尊。第51窟虽遭地震破坏，仍能看出由前室、主室和左右耳室组成，规模很大。主室面宽26米、进深12米多、高12多米，造像高达7米，主室高大的方形塔柱四面开龛，龛中为一佛两菩萨，里辟长方形坛床，上面并列着3尊端坐的大佛，身高6米，气势雄伟，是造像中的珍品。

固原市原州区三营镇西部，须弥山南麓。 ¥60元。

亲历者◎指路

在固原市区乘坐中巴到达三营镇（车程约10分钟），然后在镇上换乘私人的小车前往景区，车费约10元。

吴忠—中卫旅游区

青铜峡一百零八塔

●中国古塔建筑中仅见的大型塔群

一百零八塔是一组排列有序、极为规则的塔群，共有108座，全部都用砖砌成，并抹以白灰。塔群坐西朝东，背山面水，随山势起伏而建，从上到下按奇数排列成一个三角形的塔阵，除最上面的第一座塔较大之外，其余均为小塔。每当风和日丽，108座塔倒映在金光闪闪的水波中，景色奇特，幽雅明丽。

青铜峡市青铜峡镇。

在“青镇”没有公共交通到达景区，你可以在镇上包车到达景区，往返约50元。或者在附近的青铜峡大坝管理处，坐船到达黄河西岸的一百零八塔，但船不是每天都开，特别是在冬季更少。

¥60元。

南长滩村

●藏在黄河岸边的西夏古村

南长滩村位于甘肃与宁夏的交界处，与甘肃隔河相望。每年春天，这里绽开着如云的梨花，花繁似锦，因而，人们又称其为梨花村。700多年来，散落的西夏党项后裔的一支就与世无争地生活在这个小山村里面。而南长滩村秦汉遗址的发现，将人类生活在南长滩的历史提前到2000年之前。

南长滩村的人们，复姓拓拔，他们自称是西夏人的后裔，代代相传，并保存有完整的族谱。20世纪80年代，西夏学泰斗李范文先生考察认定这个村庄是西夏人的后裔。这是党项族作为一个民族实体消失以后，迄今发现这个古代少数民族最鲜活的载体。

中卫市香山乡南长滩村。 乘汽车只能从红泉村走，约60千米路程，最好包车前往。

高庙

●宁夏古建筑的杰作

高庙坐北朝南，在南北中轴线上，从南向北的主要建筑有保安寺的山门，山门之上是魁星楼，内塑魁星造像。进山门迎面是一座双层的砖雕牌坊，婷婷玉立，结构独特。由于上塑天宫弥勒佛，故称“弥勒阁”。由此上踏15级台阶，至大雄宝殿，内塑释迦牟尼坐像。大雄宝殿的东侧为地藏宫，西侧为三霄宫。东西两边的配殿里，塑十方佛及二十四诸天。穿过34级台阶，直抵南天门。台阶的前一半，建成天桥状，天桥两侧被环绕一周的楼宇围成两个天井，东边的称“东天池”，西边的称“西天池”。两个天池由天桥下的圆形隧洞相互联通，隧洞被称为“地狱轮回洞”。

中卫市沙坡头区市区。

从中卫汽车站可以步行前往。

8:00~18:00。

黄河水车

●是黄河沿岸一种古老的提水灌溉工具

这里耸立着6架木制巨型水车，经河水冲击，日夜缓缓旋转，并发出哗哗的巨大声音。现有的6个巨型水车是专供游人欣赏娱乐之用。

黄河岸边的水车昼夜转动着，为黄河游增添了无限的风光。

黄河河湾，距沙坡头7千米。 ¥15元。

从沙坡头汽车站乘坐往黄河水车方向的班车。

沙坡头景区 AAAAA

●兼具江南水乡的清秀和西北大漠的雄浑

沙坡头是腾格里沙漠为黄河所扼住的南缘，形成于乾隆年间，是一段 2000 米宽，100 多米高，坡面约有 60 度的黄河沙堤，最初因为其形状而被叫做“沙坨头”，久而久之便被传成了“沙坡头”。《爸爸去哪儿》第二季曾在此拍摄过。

沙坡头南靠重峦叠嶂、巍峨雄奇的祁连山余脉香山，北连沙峰林立、绵延万里的腾格里大沙漠，中间被奔腾而下、一泻千里的黄河横穿而过，集高山、绿洲、大漠、黄河的雄奇和秀美于一身，美丽无比。

沙坡头的沙子细腻、柔软，在阳光下泛着金灿灿的黄色。但它的风情又不仅仅体现在沙漠。沙坡头下有一片园林，面积虽然不大，但避风向阳，林木茂盛，被游人誉为“沙海绿洲”。沙山北面沙漠，南面绿洲，在这里既可以观赏大沙漠的景色，也可以欣赏到两侧长满了沙生植物的包兰铁路如一条绿龙伸向远方。

中卫市沙坡头区沙坡头镇。

旺季（4 月 1 日 ~11 月 30 日）100 元（赠送沙漠扶梯上行），淡季（12 月 1 日 ~ 次年 3 月 31 日）65 元。

亲历者◎指路

1. 从银川乘火车到中卫，然后乘旅游专线到达，专线每半小时一趟，行程约 1 小时；或在中卫乘出租车前往。

2. 在银川汽车南站乘坐长途汽车直达。

亲历者◎攻略

1. 沙坡头最有名的美味是黄河大鲤鱼，吃这道菜最好是清汤炖，这样本味十足，再加上几样

滑沙中心景区

●中国最大的滑沙场

这里有中国最大的滑沙场，近 200 米长、80 米高。若天气晴朗，气温升高，从沙坡向下滑时，坡内便发出“嗡嗡”的轰鸣，犹如金钟长鸣，故有“沙坡鸣钟”之誉，是中国四大响沙之一。

大漠景区

●感受大漠风光

是腾格里沙漠的一部分，开放的治沙成果区有治沙科技馆、科学实验园地和沙生植物园等景。景区内的沙漠营地有蒙古包可住宿，从营地可以骑骆驼穿越沙漠 20 千米至通湖草原。景区内可开展沙漠探宝、赛马、滑沙、篝火等娱乐活动。

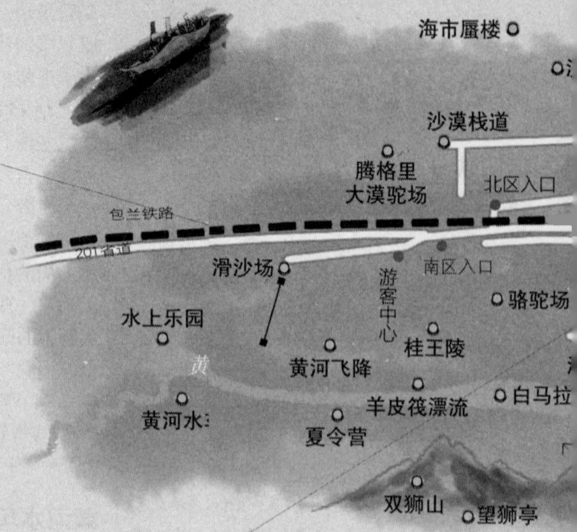

黄河景区

●天下黄河第一漂

天下黄河第一漂从黑山峡到沙坡头水利枢纽大坝60多千米，两岸山峰峭立，河道波诡浪谲，有老俩口、七姊妹、阎王匾、龙王炕、双狮山、洋人招手、白马

小野菜，来碗揪面片，就更是美味了。

2. 黄昏中的沙漠特别的漂亮，此时站在沙山上，抓住沙漠、绿树、黄河水一起融合而成一幅最美的画，而骆驼群在夕阳下拉长的影子与远处的沙漠结合也是一幅美轮美奂的图画。

3. 在沙坡头旅游，可以在中卫市住，普通旅店或招待所，4人或2人间，每人15~25元，高档宾馆双人标间80~120元。在沙坡头景区之内也有宾馆或农家院可以住宿。

4. 沙坡头沙漠，在冬春两季多沙暴，容易迷途并危及生命。建议在夏秋季前往，如果是在沙漠中穿行，一定要有向导带领。

5. 从沙坡头游对面腾格里沙漠，安排2天时间即可，由沙坡头骑骆驼至通湖草原营地，行程约6小时，租骆驼费用约为250元，向导费用50元/天；从沙坡头到通湖草原可以乘车，车费5元，在营地有蒙古包可提供住宿，也可以选择租帐篷露营，费用约20元/晚。

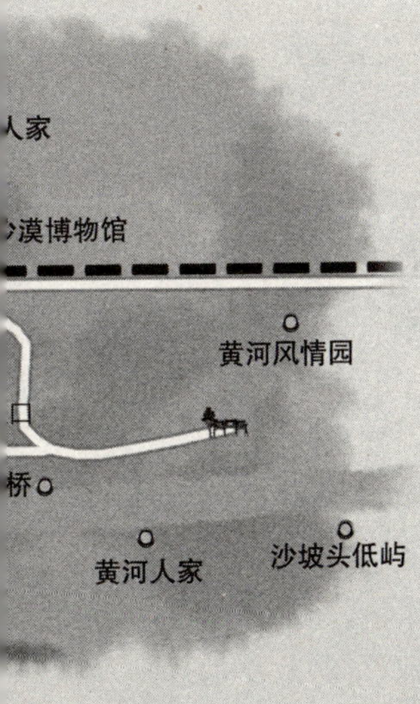

拉缰等景。

黄河在这里拐了一个290度的弯，每当日落前后，在沙山的最高峰可以拍到整个黄河的全貌。在景区内坐羊皮筏子漂流更有乐趣。在滔滔的黄河之中，坐在筏子上渡向彼岸或顺流而下，筏工用桨控制方向，有惊险也有悠闲，非常有趣。

↓黄河水车

住宿

固原市的三星级宾馆主要有：固原市电力宾馆，位于固原县人民街；红宝宾馆，位于固原市中山北街。这些酒店环境舒适，服务设施完善，但价位都比较高。

固原宾馆/政府街6号/0954-3982888。

电力宾馆/人民街中心路219号/0954-2902614-2499。

六盘山宾馆/中山南街35号/0954-2020005。

餐饮

固原与宁夏其他城市一样，以回族饮食为主，多清真菜，喜面食，也多用荞麦等杂粮做成风味独特的小吃。因六盘山的主峰在固原境内，而六盘山的植被丰富，盛产多种野生植物，如固原的“山菜之王”蕨菜、苦苦菜、刺五茄等。用这些野生植物所做成的菜品也就成了固原的山区风味。

固原的美食众多，酸辣可口的羊肉炒揪面片、风味独具的荞麦饸饹、口感独特的凉拌蕨菜和凉拌苦苦菜等都是其中的佳品。

购物

在原州区购物，固原新时代购物中心是不可不去的地方，集购物、娱乐、休闲为一体的新时代购物中心，建筑面积达4万多平方米，是固原内最有代表性的大型购物场所。此外，枸杞、发菜、蕨菜、香水梨等，都是固原极富营养价值的特产。

●面积

166 万平方千米，全国排名第 1 位

●人口

2360 万，全国排名第 24 位

●世界遗产

新疆天山、丝绸之路新疆段（北庭故城、高昌故城、交河故城、苏巴什佛寺遗址、克孜尔石窟、克孜尔尕哈烽燧）

● 5A 级旅游区

天山天池、吐鲁番市葡萄沟、喀纳斯、那拉提、可可托海、泽普县金胡杨、天山大峡谷、博斯腾湖、噶尔老城

●国家重点风景名胜区

天山天池、库木塔格沙漠、博斯腾湖、赛里木湖、罗布人村寨

新疆旅游网

http://www.xinjiangtour.gov.cn/

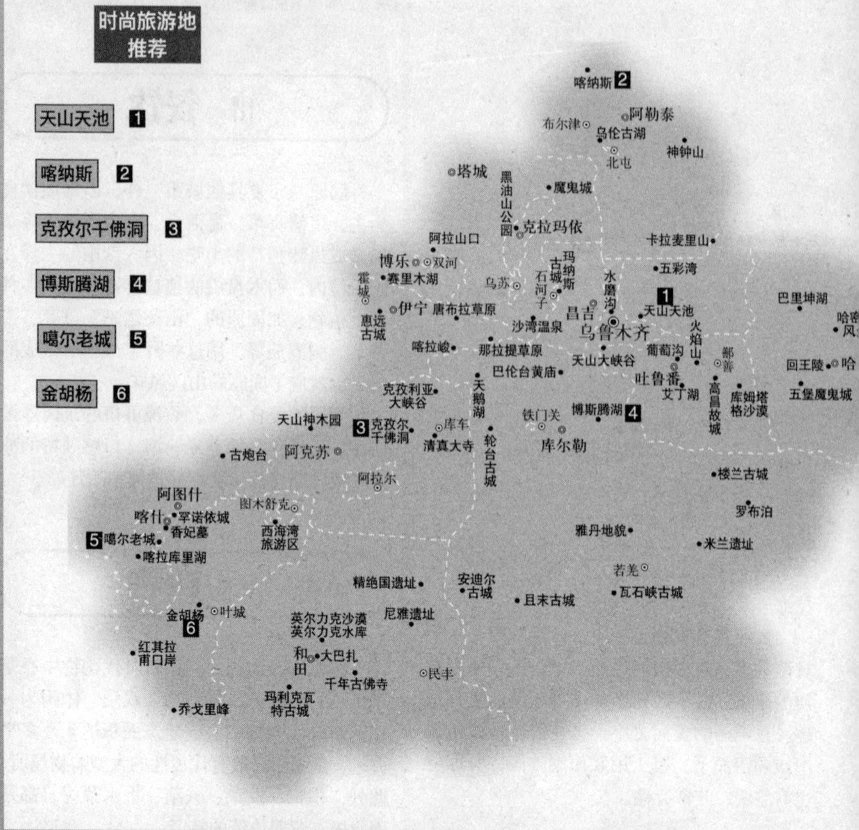

新疆

新疆从火洲冰川到草原毡房，从长河落日圆的大漠风光到世外桃源般的湖泊仙境，新疆之景一路大起大落，风光迥异。独特的异域风情，神秘的西域风光，让新疆这片土地充满诱惑。

中国新疆——掀起你的盖头来！

乌鲁木齐

乌鲁木齐语意为“优美的牧场”，地处南北疆交通要冲，是古丝绸之路上的重镇，是新亚欧大陆桥中国西段的桥头堡，是“中国优秀旅游城市”，是亚洲的地理中心，也是世界上离海洋最远的大城市。

乌鲁木齐的旅游资源十分丰富，既有历史悠久的丝绸之路文化，又有色彩绚丽的多民族风情，还有雄奇神秘的自然风光。维吾尔、汉、回、哈萨克等民族和睦地生活在这里，创造出灿烂的古代西域文明；众多的民族，不同的风俗，构成了乌鲁木齐的奇特风情；颇具民族特色的赛马、摔跤、姑娘追等运动表演，做工精致的玉雕、刺绣和民族乐器，香浓醇厚的奶茶和各种风味小吃，将人们牢牢地吸引到这里。

面积：13788 平方千米
人口：258 万
区号：0991

亮点

必游景点

● **天山天池**：以天池为中心，融森林、草原、雪山、人文景观为一体，形成别具一格的风光特色。

● **五彩湾**：地貌起伏，奇峰怪石，千姿百态，色彩斑斓，如梦如幻。

● **葡萄沟**：葡萄廊下，品尝瓜果，欣赏维吾尔族歌舞。

● **火焰山**：耳熟能详的西天故事，每到夏日，赭红色的山体看似烈火在燃烧。

线路推荐

● **乌鲁木齐周边四日游**

D1：红山公园—自治区博物—二道桥—大巴扎。

↑吐鲁番苏公塔

D2：南山风景区—西白杨沟—水西沟滑雪场。

D3：五彩湾—五彩城。

D4：天池风景区。

● **吐鲁番二日游**

D1：苏公塔—交河故城—葡萄沟。

D2：柏孜克里克石窟—艾丁湖—高昌故城—阿斯塔那古墓。

交通信息

飞机

乌鲁木齐国际机场位于乌鲁木齐市郊西北地窝堡，距市区 16 千米，目前与北京、上海、广州、香港、莫斯科、伊斯兰堡等大中城市通航，机场有民航快线连接机场与市区。

火车

乌鲁木齐站位于乌鲁木齐市头屯河区，承载发往各大城市的高铁动车组和普通客运列车。

乌鲁木齐南站位于乌鲁木齐市沙依巴克，是南疆之星城际列车始发站，也是兰新高铁的主要经过车站，也有发往哈萨克斯坦阿拉木图和阿斯塔纳的国际联运旅客列车。

南山风景区

●既有良好的天然牧场，又有奇特的自然景观

这里雪峰高耸，山丘起伏，林木葱郁，花草遍地，水泉淙淙，牛羊成群，毡房点点，景色迷人。尤其是山区自西向东平行分布的数

十条大小沟谷，即是优秀的天然牧场，都是避暑游览的胜地，其中较著名的去处有西白杨沟等。风景区还有、东白杨沟、照壁山、菊花台、平西梁子、庙尔沟等景区。各景区具有天山北坡自然景观的共性，但个性也比较明显。

一号冰川和亚洲大陆地理中心亦在风景区周边，景区往返乌鲁木齐均会经过。

天山大峡谷 AAAAA

●夏季游山好去处

天山大峡谷是一处以雪山、森林、湖泊、草原风光为主的自然风景区。这里景色清新自然，是乌鲁木齐市本地居民夏季游山的好去处。

在这里可以看到几乎新疆所有的景色，雪山、峡谷、绿植、水流等一应俱全，每一处都是摄影的好地方。

乌鲁木齐县板房沟乡灯草沟村

乌鲁木齐市中桥客运站有发往板房沟的班车，可直达景区，约每 40 分钟一趟。

60 元。　0991-5922710。

天山天池风景区 AAAAA

天山天池风景区以高山湖泊为中心，雪峰倒映，云杉环拥，碧水似镜，风光如画，“天池”一名来自清代，取“天镜，神池”之意，极言此地风光之美，古称“瑶池”，据说神话中西王母宴群仙的蟠桃盛会便设在此处。

湖面呈半月形，长 3400 米，最宽处约 1500 米，最深处约 105 米。湖水清澈，晶莹如玉。四周群山环抱，绿草如茵，野花似锦，有“天山明珠”盛誉。挺拔、苍翠的云杉、塔松，漫山遍岭，遮天蔽日。

天池东南面就是雄伟的博格达主峰（蒙古语“博格达”，意为灵山、圣山）海拔达 5445 米。主峰左右又有两峰相连。抬头远眺，三峰并起，突兀插云，状如笔架。峰顶的冰川积雪，闪烁着皑皑银光，与天池澄碧的湖水相映成趣，构成了高山平湖绰约多姿的自然景观。

风景区可分为“大天池北坡游览区”“大天池游览区”“十万罗汉涅槃木山游览区”“娘娘庙游览区”和“博格达峰北坡游览区”，

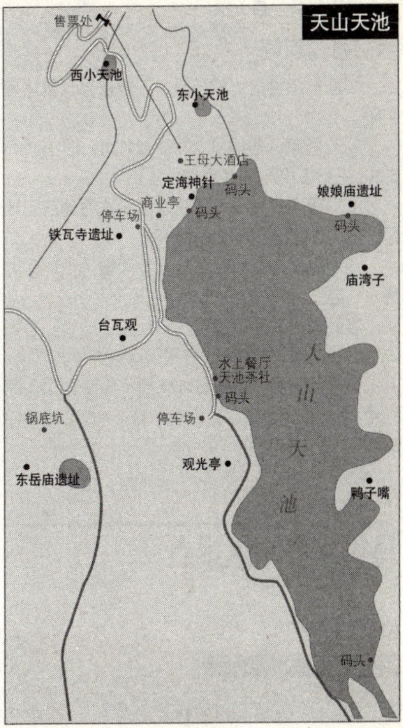

每区八景，五区四十景。

8:00~19:00。

旺季（4 月 1 日 ~10 月 31 日）125 元，淡季（11 月 1 日 ~ 次年 3 月 31 日）60 元；区间车 90 元 / 人（往返）。

五彩湾

●新疆最美的雅丹地貌

五彩湾是一幅大自然的杰作。千百年来，由于地壳的运动，在这里形成极厚的煤层，后几经沧桑，覆盖地表的沙石被风雨剥蚀，使煤层暴露，在雷电和阳光的作用下燃烧殆尽，就形成了这光怪陆离的自然景观。

五彩湾号称新疆最美的雅丹地貌，《卧虎藏龙》里张震把章子怡藏起来的那片五彩斑斓的石丘，就是这里。自电影之后，此处才为游客所热衷。

距吉木萨尔县 150 千米。

从吉木萨尔县城或昌吉包车前往，车资 500~800 元，受停留时间、旅游淡旺季影响费用不定，建议 3~4 人合租比较合适。 ¥ 50 元。

亲历者◎攻略

1. 准格尔盆地比较干燥，日照较强，要注意防晒。

2. 五彩城日落时间 20:30~21:30，日出时间 6:00。日出日落时景色最佳。

3. 乌鲁木齐包车一日往返就无法看到落日景色，所以最好在五彩城停留一晚。

温泉度假村，标间 230 元含早餐（预定可优惠），电话：13899680654。

度假村的餐厅可以做各种炒菜，还有一些野味，价钱很贵。温泉的院子里也可以野营。

火烧山宾馆，标间 200 元且不接受预订。吃饭可以去工业区餐厅，价格实惠。电话：0994-3843454。

乌鲁木齐城区景点

红山公园

●乌鲁木齐的标志和象征

红山是乌鲁木齐的标志和象征，首先红山公园的驰名得益于红山的独特。红山海拔高 910. 8 米，由于它是由紫色砂砾岩构成，呈赭红色，故得“红山”一名。红山的外形象一条巨龙东西横卧，高昂的龙头伸向乌鲁木齐河。它以其显要的位置和奇特的山势，被古人视为“神山”。

红山公园以独特的风姿、优美的环境，浓郁的文化氛围，仿古建筑和现代文明相结合的各种景观，惊险刺激的游乐设施，得到了几代乌鲁木齐市民群众的关怀和厚爱。

乌鲁木齐市沙依巴克区红山路 2 号。

市内乘坐1路2路7路公交车红山公园站下车即到。

8:30~21:00（冬季有冰雕展时延长到晚上 22:30）。

新疆国际大巴扎

●世界规模最大的大巴扎

新疆国际大巴扎占地近 4 万平方米，拥有一组庞大的西域特色的商业建筑群，是世界规模最大的大巴扎（巴扎，维吾尔语，意为集市、农贸市场）。

大巴扎集伊斯兰文化、建筑、民族商贸、娱乐、餐饮于一体，是乌鲁木齐的标志性建筑和新兴旅游胜地。

新疆第一观光塔塔高 80 米，已成为乌鲁木齐的地标性建筑，第一层为观景台，面积 216.5 平方米；第二层是派莱克酒吧，酒吧墙面附“新疆十大迷”景观图文及新疆各少数民族风情介绍图文。

乌鲁木齐市天山区解放南路 37 号。

¥ 观光塔 50 元。

亲历者◎解说

巴扎系维吾尔语，意为集市、农贸市场。巴扎遍布新疆城乡，如今已成为繁荣城乡市场、展示当地民族风俗和特产风味的重要场所。

新疆维吾尔自治区博物馆

●了解新疆历史文化的窗口

集中展示了超过 12 个少数民族的工艺品和文物。展品的布置与陈列极富想象力，特别值得一提的是新疆古墓中发现的古代人的遗体。博物馆分为各种不同的展区，有蒙古区，哈萨克区，塔吉克区以及文物展示区。分旧馆和新馆。“新疆维吾尔自治区博物馆”馆名是老一代革命家朱德委员长 1959 年来新疆视察工作时为博物馆题写的。

乌鲁木齐市沙依巴克区西北路西北路 581 号。

乘 7、51、52、06、10、12、28、 路车到博物馆站下车即到。

夏季 10:00~18:00，冬季 10:30~18:00，每天 16:30 停止入馆；博物馆每周一闭馆，开放日每天限量 2000 人入馆。

吐鲁番旅游区

葡萄沟 AAAAA

●以广栽葡萄闻名于世

风光秀美的葡萄沟是神奇火焰山中的一块河谷地，呈南北走向，全长 8 千米，东西宽约 2 千米，布依鲁克河（葡萄沟河）横穿其间。位于火焰山的西端，沟中郁郁葱葱，栽种了无核白、马奶子、白加干、红玫瑰、索索等近百种葡萄，形成了一所天然的葡萄博物馆。

景区内现建有葡萄沟游乐园、王洛宾音乐艺术馆、达瓦孜民俗风情园、绿洲葡萄庄园和展示维吾尔族建筑特色、民俗民风、体验维吾尔族农家生活的民族村等。

乘坐5路公交车即可到达景区。

60元。葡萄沟景区内分为旧葡萄沟和新葡萄沟，都包含在60元的门票中，还有一些参观维吾尔族歌舞表演的地方是需要另外买门票的。

亲历者◎攻略

葡萄沟里的新鲜葡萄特别便宜，1元钱就能买到1千克的无籽葡萄。葡萄干的价格要贵多得，从十几块到二百块不等，但葡萄干是可以还价的，开价越贵的越能还。

在葡萄沟吃饭很有诗意，饭桌就摆在葡萄架下，藤蔓遮住了外面的骄阳，吊扇吹着，顿觉凉风习习。只要有客人坐定，维吾尔族姑娘马上端来一盘切好的西瓜、哈密瓜和葡萄让客人解渴，这些都是免费赠送。大多数的饭店午饭都是新疆有名的拌面和烤羊肉。

如果想在葡萄沟住一夜的话，可以下榻在沟里的葡萄山庄，是二星级的宾馆。

吐鲁番瓜果成熟上市的时节，天气虽然炎热，但由于气候异常干燥，昼夜温差极大，要注意防寒和饮水。

交河故城

保存最完整的都市遗迹

交河，吐鲁番最古老的名称。古城内的建筑都是用黄土夯成的，十分有特色。现存的遗迹大体是唐代鼎盛时期的规模，城市建筑有两个显著的特点：一是没有城墙，四周崖岸壁立，形成天然屏障；二是大部分建筑物包括宽大的街道，都是从原生土中掏挖出来的。

吐鲁番市雅尔乡将格勒买斯村。

40元

0995-8667154

坎儿井民俗园

中国古代三大工程之一

这里可以充分了解这一伟大发明和技术的历史、布局、构造、特点和意义

坎儿井根据吐鲁番盆地地理条件及水量蒸发特点，利用地面坡度引用地下水灌溉农田，它由明渠、暗渠、竖井和涝坝四个部分组成。每条坎儿井的长短各不相同，长的可达20千米，短的只有100米左右。

最古老的坎儿井是吐尔坎儿孜，它位于吐鲁番市恰特卡勒乡庄子村，全长3.5千米，日水量可浇20亩地，至今已使用了470多年了。名气最大的坎儿井是米衣木·阿吉坎儿井，它全长5千米，最深处为80米，日水量可浇地70亩，已有200年的历史，它是维吾尔人米衣木·阿吉开掘而成的，故以此命名。

距离市区6千米，可乘坐1、101、102路公交车前往。

40元。

高昌故城

高昌王国的都城

高昌故城曾是高昌王国的都城，故城历史悠久，公元前一世纪始建高昌壁，于公元13世纪未毁于战火。虽然经过2000多年的风吹日晒，故城轮廓犹存，城墙气势雄伟屹立在火焰山下，城墙高耸，昔日雄风犹存。登高展望，全城平面略呈不规则的正方形，城内建筑布局与当时长安城相仿。

吐鲁番市三堡乡向东1.5千米。

70元。10：00~18:30。

火焰山

吐鲁番的标志性景观

火焰山位于吐鲁番盆地的中部，最高处海拔851米，每当盛夏，山体在烈日照射下，炽热气流滚滚上升，赭红色的山体看似烈火在燃烧。维吾尔语称火焰山为“克孜勒塔格”，就是“红山”的意思。

由于火焰山本身具有独特的地貌，再加上《西游记》里有孙悟空三借芭蕉扇扑灭火焰山烈火的故事，使得火焰山闻名天下。火焰山被评为国家3A级景区。

唐僧取经群塑形态生动，表情逼真。群塑是1989年修造的。来此观瞻照相的中外游人接连不断，是火焰山新辟的旅游景点之一。

在吐鲁番汽车站坐班车到火焰山景区，车程约半小时。

10:00~19:00。

60元。

0995-8696015。

住宿

新疆白桦林国际青年旅社：新疆第一家国际青年旅社，是一栋三层框架独立楼房，与家乐福超市相距250米，门前是市府大道，交通方便，而且价格便宜的同时，设施齐全。新疆最大的越野车俱乐部，可提供自驾车辆以及车辆检修服务。约50元/人。

乌鲁木齐新建的南湖市政广场，南湖南路186号。

0991-4881428。

新疆麦田国际青年旅舍：旅舍前有众多商业购物中心，紧邻乌鲁木齐标志性和象征性的红山公园，交通很方便。价格：40元~140元。

市中心红山友好南路726号，百盛商场旁。

0991-4591488

乌鲁木齐宝鹿国际青年旅舍：2008年开业，设施齐全，规模较大，占地面积四亩，有近千平方的院落。

乌鲁木齐市喀什西路652号。0991-3737367。

餐饮

烤全羊：在吐鲁番与北京烤鸭媲美的名贵菜肴就是烤全羊。烤全羊选用上好揭羊，宰杀剥皮后，去除蹄角内脏，用一根穿有大铁钉的木棍，将羊从头至尾穿上，羊脖子卡在铁钉上，防止滑动。将蛋黄、盐水、黄姜、孜然粉、胡椒粉、面粉调成糊状汁，涂抹在全羊上，头部向下，放入馕坑密封焖烤一小时左右，即可取出食用。

馕：新疆维吾尔自治区同胞日常主要食品，“可以一日无菜，但决不可一日无馕。”它是一种烤制而成的面饼，近似烧饼，或脆或软，味香适口。种类颇多，形态、大小风味不一。

乌鲁木齐较有名的美食街有二道桥、五一市场、幸福路等。

乌鲁木齐有很多穆斯林，他们不吃猪、狗、驴、骡肉，所以请不要将有关食物带入穆斯林家庭或餐馆，也不要谈论这些食物。另外，塔吉克人还不吃马肉、不饮马奶，请大家尊重当地的饮食习惯。

购物

维吾尔族花帽、手工刺绣、金银首饰、玉雕制品、地毯、木雕、羊角鞭、锡伯族烟袋、皮靴、艾得里斯绸、英吉沙小刀、和田地毯等，都是手工制作的，可以买些作为留念。还有神奇的奥斯曼草汁，这种草汁有使眉毛变黑的功效，是天然的美容品。维吾尔族的女孩子从小就用它画眉，因而维吾尔族姑娘的眉毛都是又黑又浓的。

乌鲁木齐的购物场所有很多，解放路与民主路、中山路相交的大小十字一带是乌鲁木齐市最大的商业中心，二道桥一带是乌鲁木齐市最具民族特色的商业街，这里是新疆著名的大巴扎，在这里不仅可以买到各种民族特产，还可以遍尝各种风味小吃、领略浓郁的维吾尔族风情。

民俗

乌鲁木齐的少数民族同胞多信仰伊斯兰教，不吃猪肉、猪油和一切用猪肉、猪油做的食品。不吃未经诵经宰杀的牲畜，不吃病死的牲畜和家禽，不吃任何动物的血和猫、狗、驴、骡等动物的肉。不允许将吃的食品随便乱扔。在吃饭和交谈中，禁止吐痰、放屁、擤鼻涕、打呵欠等。

在麻扎、墓地和清真寺内以及涝坝、水源和伙房等地，禁止大小便、随地吐痰和携带脏的东西。在牧区，不要用木棍打牲畜的头部，不要骑马冲进羊群，不要拔草原上的青草。

不要在毡房前下马，而要在栓马桩跟前下马。不要带马鞭进入哈萨克毡房，不要当着主人的面数点牲畜。

回族是昌吉州的主体民族，总人口17.21万人，信仰伊斯兰教。男子喜戴白帽，年长者多留长须；过去已婚女子多戴白色头巾。回族肉食以牛、羊、鸡、鱼为主，禁食猪、驴、狗和未经教徒诵经宰杀的肉食。回族是一个非常讲究清洁的民族，居家十分整洁，善养花卉，勤于沐浴。

回族崇尚节俭，禁止浪费食物，禁止赌博、抽烟、喝酒。

哈密

哈密曾是古丝绸之路上的重镇之一，历史悠久，风光秀丽，名胜众多。哈密有巴里坤湖、白石头、口门子、鸣沙山、石城子、八大石、庙尔沟、西黑沟等别具一格的自然景观，而悠久的历史造就的回王陵、盖斯墓、天山庙以及古城、古碑、岩画等人文景观同样值得一看。

面积：138919 平方千米
人口：59 万
区号：0902

亮点

必游景点

- **回王陵**：哈密王的陵墓，伊斯兰建筑，里面有哈密最大的清真寺。
- **回王府**：新疆境内规模最大，最有特色的一座宫廷建筑。
- **巴里坤**：悠久的历史，众多的遗迹，美丽的湖水，辽阔的草原。
- **哈密天山**：有白石头、鸣沙山、松树塘等五个景点，可以看到“一日游四季，十里不同天”的美景。

线路推荐

- **哈密市内游**：回王陵—盖斯墓—哈密博物馆。
- **天山风景游**：寒气沟—白石头—鸣沙山—松树塘—天山庙。

交通信息

飞机

哈密机场位于哈密市城东偏北方向，距老市区中心 12.5 千米。目前有乌鲁木齐、郑州和西安三条航线。从机场出发只有一趟 6 路公交车可以到达市区，终点为火车站。

↓哈密王陵

火车

哈密火车站位于市区天山北路，兰新铁路纵贯哈密，新疆开往内地的火车都经过这里。

哈密旅游区

回王府

●新疆境内规模最大的宫廷建筑

回王府是清朝时期哈密维吾尔族首领额贝都拉建造的宅院，可惜后毁于战火。2004 年，哈密王府原址重建工程启动，终于把辉煌的王府胜景再现。重建后的王府规模宏大，建筑构造既体现了伊斯兰古典建筑的艺术风格，又融合了汉族建筑艺术的特点。

哈密市回城乡阿勒屯村。

40 元。

10、14 路公交车可到达，从市区打车前往 5 元。

回王陵

●融阿拉伯、新疆本地建筑风格和满族风格为一体

又称为哈密王墓，墓内埋葬着七世哈密王伯锡尔、八世回王默哈莫德及其王妃、王族等 40 人。陵墓外的艾提尕尔清真寺是哈密地区最大的清真寺。

哈密市回城乡阿勒屯村。

40 元。

从市区打车前往，5 元就够了，或者租小三轮车。

亲历者◎攻略

墓葬群的西部有哈密最大的清真寺，规模宏伟，四壁文饰彩绘，顶部撑柱雕花，可容纳 1800 人做礼拜。回王陵在市南 2 千米处，系历代回王及其王妃墓穴，其中一处为两座亭式建筑，雕梁画栋，十分壮观。

盖斯墓

●有世界上保存不多的伊斯兰教先贤的遗骨

盖斯墓又称“圣人墓”“绿拱背”，为伊斯兰式建筑，是伊斯兰教先知穆罕默德弟子盖斯的墓。

盖斯墓东西长 22 米，南北宽 12 米，通高 15 米，基座方形，圆形拱顶，遍覆绿色琉璃砖，四周为木柱支撑的回廊，四角飞檐，是一座融阿拉伯与汉族建筑风格于一体的建筑物。墓地四周筑围墙，墙内栽植各种树木花草，环境尤为典雅幽静。陵墓规模不大，但因安葬“圣人”而闻名，许多不能去麦加朝圣的伊斯兰教徒，纷纷来这里朝拜。朝拜者所献锦幛挂满墓内墙壁，叠盖在“圣人”坟上。

哈密市天山西路的公交加油站旁。

巴里坤旅游区

巴里坤草原

●东疆最美的大草原 著名的避暑胜地

巴里坤草原海拔 1650 米，雪山晶莹，松林青翠，云雾缭绕，变幻莫测。人们称这种美丽景色为“天山淞雪”。巴里坤的凉爽、安西的风和吐鲁番的热有“西域三绝”的说法。这里有哈萨克、汉、维吾尔、蒙古等十多个民族，至今还保留着古代游牧国度的文明特征。一年一度的拜格节（赛马会）上，外来的客人会受到一座座毡房里丰富的款待，牧民很热情，不会收你的钱。

巴里坤湖

●新疆东部第一湖

巴里坤湖由四周自然泉水汇流注入而成，湖中有一南北向沙堤，将湖分隔成东、西两部分。东湖碧波荡漾，西湖一片银白，湖东有大片沼泽湿地，湖周是辽阔的牧场。

该湖是新疆著名的盐湖，是储量丰富的芒硝矿和盐田，湖水中含有水生物卤虫。每当盛夏这里帐篷星点，牛羊成群，牧歌悠扬，湖光山色，分外迷人。哈萨克族牧人常在湖边草原举行盛大的“阿肯弹唱会”。

哈密市巴里坤县城西 10 千米左右。

从哈密客运站乘班车可以到达巴里坤县城，然后转乘的士前往。也有旅游专线去巴里坤湖。

大河唐城

●哈密地区规模最大的唐代古城遗址

唐代古城遗址，国家级文物保护单位。古城呈长方形，分为东西两个小城。城墙最高近 10 米。宽 12 米。仅在西墙开有一门。是哈密地区规模最大，保存最完好的唐代古城遗址。

这里地势平坦，土地肥沃。著名的“大河”就发源于东边的地下泉水，因此极宜农耕，从这里到旧户就是古代所称之甘露川，可浇灌万顷良田，是屯垦戍边生产军粮的最好地方。直到近代这里一直是旱涝保收的“巴里坤粮仓”，“屯稼堆云”就是描写这里的丰收景象。

巴里坤大河乡东头渠村东部，西南距县城 15.5 千米。

县城有发往大河乡的中巴车，下车后步行半小时即到。

20 元。

哈密天山风景区

天山风景名胜区位于东天山北坡，东起寒气沟，西至松树塘，南自天山庙，北接鸣沙山。从市区沿哈巴公路到天山风景区的 70 多千米路程中，可以领略到绿洲、大漠戈壁、草原、森林和雪峰五大自然景观，沿途的海市蜃楼、烽燧驿站、汉碑唐庙、牧场毡房、鹿群，可谓融丝路风情于一线、集西域特色于一体。

白石头

●新疆东部最美的高山草原之一

古时的伊吾军马场所在地，因为有一块

五堡魔鬼城

●天山东部最富传奇色彩的雅丹地貌

哈密雅丹地貌经过漫长的风蚀自然而形成的。由于它神秘莫测，不熟悉地形的人若遇风暴，有迷失方向的危险。

在魔鬼城可以看到那些酷似城堡、殿堂、佛塔、碑、人物、禽兽形态各异的景观、令人眼花缭乱的陡壁悬崖、以及混迹岩砾中五光十色的玛瑙、随处可见的硅化木、枝叶清新的植物化石，偶尔可获得象恐龙蛋化石的小圆石头，海生的鱼类化石、鸟类化石。当夜幕降临时有时会听到鬼哭狼嚎令人发指的嘶叫，因此才被人们称之为“魔鬼城”。

新疆维吾尔自治区哈密市五堡乡南约 20 千米。

可以先在哈密市区搭班车至五堡乡，约 2 小时，再包车至魔鬼城。从哈密直接包车费用约 250~300 元。

旺季 50 元。

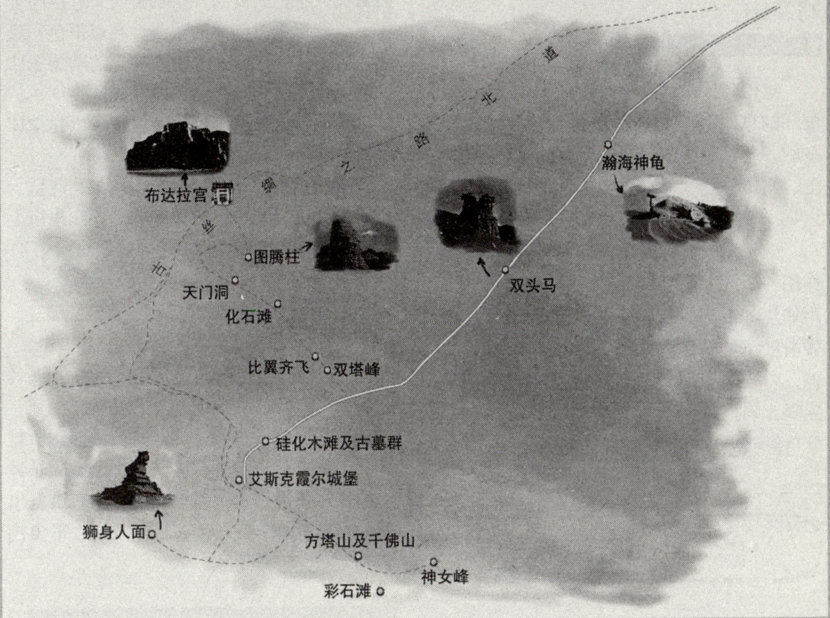

大如房屋突兀在绿色草原中的白色石英石而得名，是东线最美的高山草原之一。

这里景色优美，气候凉爽，雨水充沛，空气清新，清泉喷涌，水质甜美。南面几千米就是天山北坡，与东天山主峰喀尔里克峰遥遥相对，山顶白雪皑皑，雪线下松林层层密密，平地上长着株株红松。北面为白云缭绕的巴里坤北山，左右是一望无际的伊吾叶英格尔草原和巴里坤大草原。夏秋之季，绿草如茵，野花竞放，泉水淙淙，景色醉人。羊群象飘动着的朵朵白云，松林里点缀着座座毡房。

东部天山主峰喀尔里克雪山北麓，口门子东约 2 千米处，距哈密市约 70 千米。

哈密客运站乘坐直达白石头的班车或搭乘开往巴里坤、伊吾班车至军马场。

30 元。

松树塘

●理想的高山滑冰场地

这儿历史悠久，有许多古文化遗迹。古代、这里设驿站，建烽火台。汉司马任尚、唐代姜行本曾在边里立下赫赫战功。松树塘北侧古陶遗址清晰可见，残存陶片上的花纹、形状与西安半坡遗址的相似。

这里建有专用引水管道，将天山泉水引来浇灌冰场，其冰面平滑如镜，冰质好，滑度强，无污染。是继我国著名的长白山冰场、新疆天池高山冰场之后，发现的又一处理想的高山滑冰场地。除了滑冰，还有雪圈、雪地自行车、雪地摩托车、雪橇、马拉耙犁滑雪等项目。在松树塘滑雪场，可体会到冬季哈密的生命与冰雪最完美的交融。

东天山北麓，居哈密市区约 75 千米，地跨哈密、伊吾和巴里坤一市两县交界处。古丝路北新道必经之地。

哈密客运站乘坐去松树塘的直发班车。从哈密包夏利车一天来回的价格是 200 元。

鸣沙山

●响声最大的鸣沙山

哈密鸣沙山横卧于东部天山的南山与北山间的草原上，立于天山庙上，可鸟蓝瞰其全貌。是目前国内仅有的四座鸣沙山中最完美、鸣声最佳、传有优美传奇神话的鸣沙山之一。

由于这里特殊的地理环境和温度条件的作用，当游人静卧沙上时，风动沙移，沙鸣声如泣如诉，如萧如笛，凄蜿低回。当游人做滑沙运动时，沙粒向下翻卷滚动，相互磨擦，声波振荡，沙鸣声如同飞机从空中掠过，隆隆作响。

距白石头城 10 千米柳条河岸处。

住宿

哈密宾馆 / 哈密市迎宾路 4 号 /0902-2233000。

商业宾馆 / 哈密市中山北路 95 号 /0902-2231766。

餐饮

哈密特色食品有羊肉焖饼子、野菜系列（蘑菇、椒蒿、沙葱）、油酥馍、扒羊肉等。巴里坤羊肉焖饼子，是全疆独一无二的。羊肉焖饼子招待客人，是旧时哈密高档次的招待。

哈密的夜市在大十字附近。此外，市区内桥梁厂附近的烤肉、饭店路口的丸子汤、建国南路羊肉汤，以及八一路消防局附近的特色炒面都是出游哈密不可不尝的美味。哈密的凉皮子味道也很棒。

购物

哈密地处东疆中心，新疆的地毯、民间印染、艾德利丝绸、剪纸以及刺绣等，这些极富民族特色的商品，在哈密街头巷尾随处可见，将维吾尔族人的生活，装点得色彩斑斓、多姿多彩。市内现代购物化的购物场所一应俱全，毗邻时代广场的领先购物广场，是哈密购物的首选之地，在这里可以尽情体验休闲购物的乐趣。

当地妇女的花帽、衣边、挂单、花毡、搭兜上都可看到各种精美的刺绣，在集市上也可买到各种极富民族特色的绣品。

民俗

哈密瓜节：每年 7 月瓜果成熟时。节日期间会举办哈密瓜宴，提供近百个不同品种的哈密瓜供游客免费品尝。此外还有维吾尔族的民族歌舞、特技表演，以及瓜乡形象代言人大赛等精彩节目。

伊犁

“不到新疆不知中国之大，不到伊犁不知新疆之美”。伊犁历史上是古丝路北道要冲，今天是向西开放的门户，素有“塞外江南”“瓜果之乡”的美称。

这里有著名的那拉提草原、昭苏草原；西辽西域名城阿拉力马力遗址，唐代弓月城遗址，有乾隆皇帝御书的格登山记功碑和伊犁将军府、惠远钟鼓楼、林则徐纪念馆等众多的人文景观，是开发、探险、登山、滑雪、考古和科学考察以及领略民族风情等旅游活动的理想之地。

面积：268593 平方千米
人口：472 万
区号：0999

亮点

必游景点

- **赛里木湖：**水面坦荡，碧绿澄清，四周群山巍峨，雄奇深邃。
- **果子沟：**自春至秋，野花烂漫，果香馥郁，有伊犁第一景之称。
- **喀纳斯：**具北国风光之雄浑，又具有南国山水之娇秀，湖水色彩奇幻，山间层林尽染。
- **乌尔禾魔鬼城：**造型奇特，声音诡异，新疆最大的魔鬼城。
- **那拉提草原：**世界四大草原之一，深峡纵横、森林繁茂、草原舒展交相辉映。

线路推荐

- **伊宁市西部游线：**赛里木湖—果子沟—霍尔果斯—惠远古城—伊宁 。
- **大喀纳斯环线：**布尔津—禾木—喀那斯—白哈巴—哈巴河—185 团场—白沙湖—哈巴河—布尔津。

↓特克斯八卦城

交通信息

飞机

伊宁机场位于北郊 3 千米处，距离市中心 15 千米。机场每天都有伊宁至乌鲁木齐的航班，在市区内可以乘坐 3 路公交车到达机场。

博乐阿拉山口机场位于博乐市乌图布拉格镇往东 8 千米，在省道 205 边上，市区可乘坐 2 路公交车到达机场。

火车

伊宁站位于伊宁市区新疆路东北部，是精伊霍铁路线上最大的火车站。从市区打车到伊宁火车站，全程 9 千米，20 分钟到达。

伊宁东站位于伊宁市下肉孜买提于孜村，从市区打车到伊宁东站全程约 21 千米，41 分钟到达。

博乐火车站位于博乐市新丝路北路，距离市区 40 千米，目前只有一趟列车途经博乐市：乌鲁木齐—阿拉山口。

喀纳斯湖 AAAAA

●湖面随季节和天气的变化而变换颜色

喀纳斯湖是整个喀纳斯景区的核心，被誉为“金山中的蓝宝石”。湖面碧波万顷，群峰倒影，长 25 千米，宽 3 千米，最深达 180 米。

喀纳斯湖呈弯月形，湖东岸为弯月的内侧，沿岸有 6 道向湖心凸出的平台，使湖形成井然有序的 6 道湾。每一道湾都有一个神奇的传说。其中第一道湾的基岩平台有一个巨大的羊背石，恰似一只卧羊昂首观湖；三道湾的观湖台，是赏湖上落日的最佳地点；当旭日东升或夜幕降临时，乘船或站在第四道湾平台上探寻湖心秘密，运气好的话还可能看到时隐时现的神秘“湖怪”。北端的入湖三角洲地带，大片沼泽湿地与河湾小心滩共存，地形平坦开阔，各种草类与林木共生，一派生机勃勃的景象。喀纳斯湖上端，有湖心岛浮于水面，四周皆森林茂密，湖水碧绿纯净。

¥ 旺季（5月1日~10月15日）185元，淡季（10月16日~次年4月30日）90元，区间车80元。

☎ 0906-6327808。

驼颈湾

●进入喀纳斯河谷的第一个景点

哈萨克语称之为“博托木衣”，意为骆驼脖子，喀纳斯河在这里形成了一个恰似驼颈的大拐弯。驼颈湾四周森林密布，主要树种有西伯利亚落叶松、西伯利亚云杉、欧洲山杨、疣枝桦以及林下密布的刺蔷薇、多刺蔷薇等灌木。

月亮湾

●喀纳斯最著名的景点

喀纳斯湖在这划了一道优美的弧线，犹如弯弯的月亮落入这林木葱茏的峡谷。由于湖底高差和上游来水量的变化及光线影响，月亮湾呈现出瑰丽而多变的色彩，令无数游人为之陶醉。月亮湾两侧峰峦叠嶂，原始森林密布，古木参天，林下河湾半岛状平台上是绿茸茸的大草坪；若登上公路旁海拔1500米的侧碛平台，可俯瞰到河谷中最靓丽的景致——卧龙湾、月亮湾等河曲的全貌。

这里是摄影爱好者的胜地，从春季到秋季，从清晨到傍晚，在不同的气候作用和光线照耀下，一汪水月不停地改变着充满神秘魅力的颜容，为摄影爱好者提供了取之不尽的精彩画面。

观鱼亭

●饱览喀纳斯美景的绝佳场所

这里是早起看云海和日出的好地方。站在观鱼亭上，湖光山色尽收眼底。朝北远望，可以看到在阳光下熠熠闪光的友谊峰冰川，向南可以看到喀纳斯河象一条碧绿的彩带盘绕在崇山峻岭之中，再往西看遍地绿草如茵、繁花似锦，一派迷人的草原风光。朝东向下看去，凝望着一泓清澈的湖水，令人心旷神怡。

禾木

●摄影师天堂

禾木村是图瓦人的集中生活居住地，是仅存的3个图瓦人村落（禾木村、喀纳斯村和白哈巴村）中最远和最大的村庄。这里的房子全是原木搭成的，充满了原始的味道。禾木村最出名的就是万山红遍的醉人秋色，炊烟在秋色中冉冉升起，形成一条梦幻般的烟雾带，胜似仙境。

¥ 60元，10人以上8折。有两个收费站。布拉勒汗桥收费站禾木公路的收费站，距离禾木30千米，另一个收费站在禾木河大桥的边上。区间车车费100元。

博尔塔拉旅游区

赛里木湖

●新疆面积最大的高山湖泊

赛里木湖，是新疆海拔最高、面积最大的高山湖，也是全国最大的高海拔冷水鱼养殖场。因是大西洋的暖湿气流最后眷顾的地方，所以被称作大西洋最后一滴眼泪。

赛里木湖像一颗璀璨的“蓝宝石”高悬于西天山之间的断陷盆地中，湖中群山环绕，天水相映；隆冬季节赛里木湖瑞雪飞舞，银装素裹，雪涌水凝，葱萃的苍松与洁白的雪被交相辉映，构成一派北国林海雪原的壮阔景色；春夏季节，湖畔广阔的草地上，牧草如茵、黄花遍地、牛羊如云、牧歌悠悠、毡房点点，构成一幅充满诗情画意的古丝路画卷，可以使人们充分领略回归自然的浪漫情怀与塞外独特的民族文化。

⌂ 博乐市西南约90千米处，312国道旁。

🚌 从乌鲁木齐到伊宁市的班车会经过赛里木湖，博乐市和伊宁市都有专线旅游车可达该湖。

🕐 收费时间约为每年4月25日~10月10日，每天售票时间 8:00~23:00，其他季节和时间湖边较少有人管理，一般不会收取门票。

☎ 0909-7688552 。 ¥ 70 元。

怪石峪

●西北最大的怪石群落之一

从怪石峪入口处，怪石山下一条东西流向的蜿蜒小溪沿途公路逆流而上，在东西长约 15 千米，南北宽约 3 千米的范围内，可以尽情地驰骋思绪，发挥丰富的想象力去欣赏大自然鬼斧神功造就的千姿百态巧夺天工的奇石。代表性的景点有大象取食、天狗望月、骆驼阔步、石猴母子、狮身人面岩、孔雀开屏等，还有的宛如古堡、石亭、佛洞等等。

位于博乐市东北约 48 千米处的卡浦牧尕依沟中。距阿拉山口口岸 26 千米，距艾比湖 30 千米。

一般游玩者都是包车前来，从乌鲁木齐包车游玩伊犁及博尔塔拉等地一般需要 7~8 天左右，小车每天费用约 500 元。

↓怪石峪

伊宁周边景点

那拉提草原 AAAAA

●世界四大草原之一

那拉提草原是世界四大草原之一的亚高山草甸植物区，自古以来就是著名的牧场。

风景区地处天山腹地，位于被誉为“塞外江南”的伊犁河谷东端。三面环山，巩乃斯河蜿蜒流过，可谓是“三面青山列翠屏，腰围玉带河纵横”。

这里有有平展的河谷、高峻的山峰，深峡纵横、森林繁茂、草原舒展交相辉映，并同当地哈萨克民俗风情结合在一起，成为集观光、游览、科学考察、休闲娱乐、避暑度假、购置纪念品为一体的旅游观光度假区。

那拉提风景区自南向北由高山草原观光区、哈萨克民俗风情区、旅游生活区组成，全部有区间车往返。

新源县那拉提镇东部，距新源县城约 110 千米，218 国道经过草原北部。

那拉提草原地处南北疆交通要道上，西接新源县城乃至伊宁市后直通 312 国道，东面沿着古通道接巴伦台的公路，横贯天山的独库车公路也从此经过。

¥ 旺季（6 月 1 日 ~9 月 30 日）75 元，淡季（4 月 1 日 ~5 月 31 日、10 月 1 日 ~11 月 30 日）60 元。

亲历者◎攻略

那拉提度假村有价格 100~300 元的多类住宿条件。那拉提草原旁边有那拉提旅馆，离景区大门很近，没有餐厅。也可住在那拉提镇上。

到了那拉提草原一定要骑马到山里的观景台看看，骑马 30 元 / 小时。

森林公园要上山才能见到好风景可沿马道，汽车道路程稍长，往返 2 小时，可徒步或骑马。

果子沟

●有“伊犁第一景”之称

果子沟全长 28 千米，山势高峻，云杉密布，乌伊公路在景色优美的山谷中蜿蜒，坐在汽车里的感觉象在空中飞行，头顶上是蓝天和山尖，下面谷底的杉树看起来像是火柴棍。果子沟是大自然赋予的天然宝库，野果不计其数，药材资源也很丰富，自春至秋野花烂漫，果香馥郁，是一条名副其实的“果子沟”。

霍城县城东北的 40 千米处。是 312 国道乌鲁木齐—伊犁公路的必经通道。

从乌鲁木齐到伊宁的班车必经果子沟。

亲历者◎攻略

果子沟一到春夏，那肯定是新疆西线最美丽的山谷。这段时间会从每年 5 月下旬一直持续到 9 月份。果子沟里有许多放蜂人，在这里你可以买到非常好的山花蜜，由于山花种类多，所以这里的蜜不同于油菜花蜜，更加香甜。

惠远古城

●历史上“伊犁九城”之首遗存

现城内还保留着将军府旧址，院内古木参天；厅堂、台榭、曲径、回廊，依然存在。昔日将军府门前的一对造型奇特的石狮，仍存院内，神态逼真，惹人喜爱。

惠远古城中心矗立着宏伟高大的钟鼓楼，登楼远眺，城内外风光尽收眼底。历史上，洪亮吉、祁韵士、林则徐、邓廷桢、徐松等著名谪士们都曾在此地留下辉煌业绩。林则徐率民开通水利，巩固边防，为民造福，受到了伊犁将军和各族人民的尊敬和信赖。

霍城县惠远镇。

古城距霍城县9千米，距伊宁市38千米，可包车去，价格应在100元以内。伊宁到霍城的班车也经过这里，在此下车即可。 80元。

伊犁河大桥

●当地人拍照、举行婚礼之地

伊犁河大桥位于伊宁市城南，桥型是钢筋混凝土双曲拱桥。沿河开辟了千余亩河滨公园，成为人们旅游度假的佳胜景点。伊犁河大桥的晨曦落日美妙绝伦，成为游客们的必拍之地。这里的婚礼也是必看的。年轻人婚嫁之日都要在伊犁河大桥举行。傍晚，身着婚纱礼服，在风琴手拉出的欢快优美曲子的伴奏下，面对久久不肯落下的夕阳，寄托他们的祝福和希望。随后从伊犁河里取上几滴洁净水，相互点在对方的额头上。

伊宁市区内。

亲历者◎攻略

新疆与内地两个小时时差，前去拍摄落日请注意时间。

库锡伯民俗风情园

全面展示锡伯族的民族风情

风情园有六大景点，一是造型突出的锡伯族建筑，宏伟壮观，气势震撼人心，正对大门屹立着锡伯族人民崇敬的英雄——图伯特全身雕塑。二是展示锡伯族西迁史、屯垦戍边史民族史三史合一的博物馆。三是射箭厅可做为游客参与射箭表演的场所，也可做为查库尔、摔跤等比赛及训练场地。四是集品茶、休闲娱乐、观景为一体的茶楼，您可以欣赏到具有浓郁的锡伯特色的歌舞。五是举办活动的舞台。六是沿用清式建筑风格的综合文化市场，在此形成一条以餐饮、旅游纪念品出售为主的锡伯民俗文化一条街。

察布查尔县孙扎齐牛录乡境内，县城以西6千米处，距伊宁市15千米。

伊宁长途车站随时有发往察布查尔的班车。

北疆其他景点

乌尔禾魔鬼城

●中国最值得外国人去的50个地方之一

乌尔禾魔鬼城是间歇洪流冲刷和强劲风力吹蚀共同作用形成的，裸露的石层被狂风雕琢得奇形怪状，看上去像是一座座古代的城垣、堡垒和宫殿，还有许多生动逼真的动植物造型景观。

该城位于佳木斯河下游，正对着西北方由成吉思汗山与哈拉阿拉特山夹峙形成的峡谷风口，时常刮起大风，风沿着谷地吹过，卷着砂石发出凄厉的声响凄厉呼啸，如同鬼哭狼嚎，令人毛骨竦然，“魔鬼城”的名字就是这样得来的。

由于乌尔禾魔鬼城的景致独特，曾被许多电影选为外景地。比较知名的有《七剑》《卧虎藏龙》《天地英雄》《冰山下的来客》等。许多摄影家一踏进乌尔禾魔鬼城，就被那些千奇百怪、张牙舞爪的地貌所憾动，梦幻般的迷宫世界与色彩金黄的城堡，令摄影师们流连忘返。

准噶尔盆地西部边缘，克拉玛依市区东北110千米处的乌尔禾油区。

克拉玛依每天有班车前往乌尔禾客运站，车程约1

↓乌尔禾雅丹

小时。旺季时在乌尔禾翼龙大酒店门口会有到魔鬼城的免费旅游专线车，另外，也可以从克拉玛依直接打车前来，拼车每人约50元左右，往返加游玩包车每人约需100元。

¥46元，区间车52元。

亲历者◎攻略

魔鬼城的日出日落非常好看，售票处9点上班，拍日出可提早前去。建议尽早守候在一个理想的位置，以免走了冤枉路，错过拍摄最佳时机。

单独去魔鬼城拍摄比较危险，应尽量在日落后天黑前退出，因为在魔鬼城迷路是非常恐怖的事情。

景区住宿：乌尔禾魔雅风情山庄，乌尔禾车站右侧。干净卫生，热水方便。电话0990-6961009/6964321，最好提前预定。

可可托海景区 AAAAA

●优美的峡谷河流、山石林地寒极湖泊

可可托海风景区融阿尔泰山地特有的山景、水景、草原、奇特象形山石、淘金、温泉等奇观于一体的自然景观组合区。景区由额尔齐斯大峡谷、可可苏里、伊雷木湖、卡拉先格尔地震断裂带等几部分组成，旅游资源丰富。

有世界上最罕见、最完好的断裂带之一，号称“世界地震博物馆”之称的卡拉先格尔地震断裂带；有申报国家级含几十种矿物质的三号矿坑遗迹；额尔齐斯河水源头自然风光；伊雷木湖湖水清澈透明，夏季气候凉爽宜人，是度假的好去处；除此之外，还有神钟山、大石门、小石门、温泉、神泉、仙人洞、奇山怪石等众多景点，可可托海也是寻找碧玺、海兰、水晶、雪莲、冬虫夏草等的宝地。

富蕴县可可托海镇。

乌鲁木齐碾子沟客运站每天有班车发往富蕴县，车程约7小时，票价约110元左右。

富蕴县客运站每天有班车前往可可托海镇客运站，也可以在富蕴客运站直接乘坐专线面包车前往可可托海。

¥90元，区间车票36元。

白沙湖 AAAAA

●沙漠中的绿洲

白沙湖是一处沙漠环绕的宁静湖泊，外围有连绵起伏的沙漠，但湖边却绿树成荫，湖面水波粼粼，强烈对比的画面十分奇幻。湖周50米内，是高大茂密的银灰杨、白杨、白桦混生的林带；湖周50米外的沙丘上，则生长着额河杨、山楂、白杨、绣线菊等植物。

阿勒泰地区哈巴河县185团三连。

可以从哈巴河县或布尔津县包车前来。 ¥20元。

亲历者◎攻略

每年秋季是游玩白沙湖最热门的时节，此时湖边的树叶都变成红黄两色，非常鲜艳，是拍摄红叶最好的地带。夏天时前来也很不错，湖中可以看到新疆少见的莲花开放。

白哈巴

●西北第一村

因为地处边陲，村子成了“西北第一村”，村边的哨所成了“西北第一哨”，连清浅的白哈巴河也当仁不让成了“西北第一河”。在前往白哈巴的路上会经过一条“盘龙道”，沿着深深的峡谷盘旋前进，而峡谷对面就是哈萨克斯坦的国土了。虽然国界近在咫尺，但白哈巴是宁静悠然的，原始森林、原木小屋、袅袅炊烟、淡淡晨雾和豪爽却带点神秘色彩的居民共同构成了一个童话王国。村北有一个直径超过1米的老树墩，旁边的牌子上写着“我忘了自己的年龄”，可能无论谁来到这里都会忘了时间的流逝吧。

中国版图最西北角哈巴河县铁热克提乡境内，距县城117千米，东距喀纳斯湖31千米，北距那仁草原33千米，南距铁热克提乡38千米。

喀纳斯方向：在喀纳斯游客中心购票乘车，往返区间车票210元。

哈巴河方向：哈巴河客运站每天17:00有一班班车前来，票价约50元左右。此班车一般只在夏季运营。

¥50元，古村维护费20元。

↓白哈巴村

喀什

喀什历史悠久，是维吾尔文化的发祥地和东西方文化交流荟萃之地，是天山以南著名的政治、经济、文化、交通的中心，同时也以丰富的旅游资源成为南疆最重要的旅游地区。这里自然风光奇特、人文景观众多，民族色彩浓郁。有叶尔羌河，有冰川之父——慕士塔格冰山，有世界第二高峰——乔戈里峰，有新疆最大的清真寺——艾提尕尔清真寺，这里还有大型伊斯兰式古建筑——香妃墓、千年佛教遗址——莫尔佛塔、古代“喝盘陀”国的都城——塔什库尔干石头城等历史古迹。沙漠旅游，冰川探险，高山旅游等为各国游客所倾慕。所以有“不到喀什不算到新疆”之说。

面积：111741 平方千米
人口：421 万
区号：0998

亮点

必游景点

● **艾提尕尔清真寺**：有 500 多年历史伊斯兰教古建筑群，全国最大的清真寺。

● **香妃墓**：古代维吾尔族建筑艺术的典范，更因香妃的传说而远近闻名。

● **卡拉库里湖**：帕米尔高原上的一颗珍珠，周围牛羊闲步，雪山林立，倒影水中，美丽至极。

线路推荐

● **喀什经典游**

艾提尕大清真寺—香妃墓—中西亚国际大巴扎—维吾尔艺人街—民族工艺品作坊—玉素普·哈斯·哈吉普墓。

● **帕米尔高原游**

↓喀什香妃墓

卡拉库里湖—慕士塔格峰—石头城—红其拉甫山口。

交通信息

飞机

喀什机场位于新疆喀什市机场路 473 号，距离市区 9 千米，是新疆第二大航空港，每天都有到北京、上海、乌鲁木齐、成都的航班。

火车

喀什火车站：位于喀什市天山东路，距离市区约 6 千米，每天都有来往于乌鲁木齐的火车，从市区人民广场乘坐 28 路公交车前往喀什火车站。

喀什旅游区

艾提尕尔清真寺

●新疆最大的清真寺，全疆伊斯兰教的活动中心

这座规模宏大的伊斯兰教建筑物始建于 1442 年，后另经重修扩建，始具今貌。以其悠久的历史，宏伟的规模和绚丽的民族特色而闻名中外。

大寺占地 25 亩，南北长 140 米，东西宽 120 米，主要由正门、经堂、礼拜殿和庭院组成。入口的寺门塔楼雄伟辉煌，在造型艺术上为整个建筑群之首。

艾提尕尔清真寺每逢礼拜日和节日，成千上万的伊斯兰教徒集结在礼拜寺及大门内外的广场上，身着节日盛装的维吾尔族男青年会跳起“萨满”舞，场面十分热闹。

喀什市中心解放路艾提尕广场西侧。

从市区乘 7 路、13 路公交车可到，此外还可以搭乘中巴车。 ￥20 元。

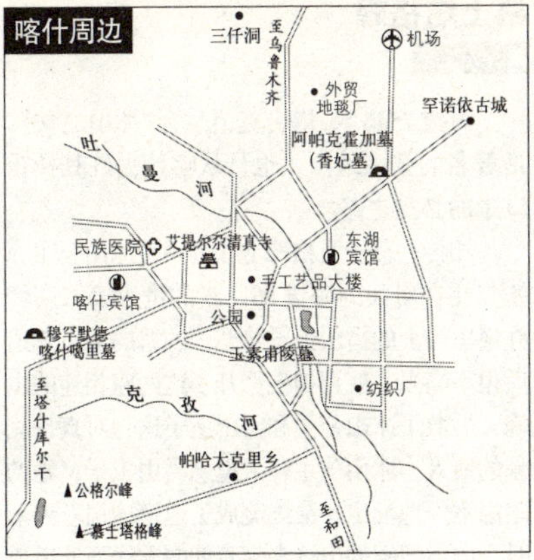

喀什大巴扎

●西北地区最大的国际贸易市场

占地 250 亩，内设 21 个专业市场，有 5000 多个固定售货摊位和一条食品街，商品种类齐全，品种繁多，商品种类达 9000 多种，年成交额在一亿两千五百万左右，每逢礼拜天这里便是车水马龙，人山人海，人数多达十万人以上，喀什及新疆的各种土特产、手工艺品、日用百货、瓜果蔬菜、生产资料以及大小牲畜等应有尽有，可以说这里是体现新疆维吾尔族民俗风情最集中、最浓郁的地方。

喀什市东北角的吐曼河东岸。

亲历者◎攻略

传统的巴札本是星期日开放，现已改为每日开放。但是如果想见识大巴扎最热闹的场面，还是应该赶在星期天的时候去。

香妃墓

●新疆最大的陵墓，古代维吾尔族建筑艺术的典范

墓中埋葬着明清时期伊斯兰教著名传教士买买提玉素甫霍加、喀什噶尔“霍加政权”国王和白山派首领阿帕克霍加及其家族 5 代 72 人。第一代是伊斯兰著名传教士玉素甫霍加。他死后，其长子阿帕克霍加继承了父亲的传教事业，成了明末清初喀什伊斯兰教“依禅派”著名大师，并一度夺得了叶尔羌王朝的政权。他死于 1693 年，亦葬于此，由于其名望超过了他的父亲，所以后来人们便把这座陵墓称为“阿帕克霍加墓”。

香妃相传是阿帕霍加的后人，关于她的传说和谜团层出不穷，也为阿帕霍加墓增添了不少神秘的色彩。

阿帕霍加墓也是我国古代维吾尔族建筑艺术的典范。

喀什市东北郊 5 千米处的浩罕村。

公交 8、21、23 路在浩罕乡下车可到。

30 元。

亲历者◎攻略

香妃的坟丘设在平台的东北角，坟丘前用维吾尔文、汉文写着她的名字。墓丘都用蓝色玻璃砖包砌，上面再覆盖各种图案的花布，既表示对死者的尊敬，又有保护墓丘的作用。

陵墓左边，建有大小两座精致的伊斯兰教礼拜寺。陵墓后面，还有一大片坟墓，景色十分壮观。

噶尔老城景区 AAAAA

●“不看喀什不算到新疆，不游老城不算到喀什”

喀什老城位于新疆喀什市区中心，大致以艾提尕尔清真寺为中心，是一片不规则形状的城区，城区的长、宽大约都有近 2 千米。老城拥有几百年历史，是喀什噶尔和维吾尔文化最经典的代表，也是喀什乃至新疆最著名的旅游景点之一。

老城内的建筑大多充满了伊斯兰和维族风情，街道内纵横交错，风格统一，非常适合拍照。游客漫步其中，仿佛走进了中亚的异域，感觉十分神奇。另外，喀什老城还是电影《追风筝的人》的重要取景地，来此可以寻找电影中熟悉的场景。

↓喀什老城

🏠 喀什地区喀什市市区中心（亚瓦格街办辖区内）。
🚌 市内乘坐2路、7路等公交到艾提尕尔站下车可至，其中7路穿越老城，可以选择在老城深处的任一站点下车。

帕米尔高原

卡拉库里湖

●是一处高山冰蚀湖

湖的四周有冰峰雪岭环抱，特别是周围的公格尔、公格尔九别峰和慕士塔格峰更为这个湖增添了神奇而美丽的色彩。在风平浪静的日子里，皑皑银峰、绿色草原和湖边畜群倒映在湖中，异常优美。

依湖建有旅游接待站，备有帐篷蒙古包、游艇、骆驼、马等供游人之需。

湖畔的苏巴什草原上水草丰茂，牛羊成群。有柯尔克孜人的毡房和石屋，还有专设的登山营地，湖的北面30千米处有布仑口运输站，也为游客提供食宿。

🏠 慕士塔格峰的山脚下，距离喀什191千米。
🚌 中巴公路从湖畔经过。
¥ 50元。

亲历者◎攻略

从喀什到卡湖一路上景色非常壮观，视野极为开阔，尤其是帕米尔高原上的昆仑山脉，寸草不生，但非常雄伟粗旷。路上有两个景点值得一看，盖孜峡谷和沙山沙湖，前者山体呈红色，后者宛如仙境一般。

这里离攀登慕士塔格峰的大本营不远，徒步或骑骆驼，5小时到达。徒步的最佳时间是5月至10月间。

专门接待登山队的食宿点位于湖西苏巴什村旁，在那里可以租到继续前往登山大本营的马匹或牦牛。

上帕米尔高原（塔什库尔干地区）必须办理境通行证。喀什市公安局办理，周末不受理。建议大家在居住地所在公安部门办理"边境通行证"，在喀什办理需要排队，耽误时间。内地办的边防证一定要具体到县市，否则去塔县前要到喀什当地公安局加盖"塔什库尔干"章。新疆与内地两个小时时差，请注意公安局上下班时间。

如果参加旅行团可以由旅行社统一办理，花上四五十元钱一个小时就可以办好。

慕士塔格峰

●冰山之父

海拔7546米，塔吉克语意为"冰山之父"，是著名的登山地点，也是从喀什去红其拉甫口岸的必经之路。

相传，慕士塔格峰上住着一位冰山公主，她与住在对面的海拔8611米的世界第二高峰乔格里峰上的雪山王子热恋，凶恶的天王知道后很不高兴，就用神棍劈开了这两座相连的山峰，拆散了冰山公主和雪山王子这一对真挚相爱的情人。冰山公主整天思念雪山王子，她的眼泪不停地涌出，最终流成了道道冰川。天晴时，白雪皑皑的山峰夹带着伸向雪线下的道道冰川，宛若冰川公主飘逸的白裙和长袖。

慕士塔格峰巍峨庄严，纯洁高雅，又因为有这样美好的传说，它便被塔吉克族视为纯洁爱情的象征。

🏠 位于阿克陶县与塔什库尔干县交界处。
🚌 从喀什到红其拉甫的车会经过慕士塔格峰。

石头城

●丝路古堡 遥望雪山

这里是古代丝绸之路中道和南道的交汇点，喀什、莎车、英吉沙及叶城通往帕米尔高原的数条通道都在此地汇合。城堡建在高丘上，形势极为险峻。城外建有多层或断或续的城垣，隔墙之间石丘重叠，乱石成堆，构成独特的石头城风光。

汉代时，这里是西域三十六国之一的蒲犁国的王城。唐朝政府统一西域后，这里设有葱岭守捉所。元朝初期，大兴土木扩建城廓；光绪28年，清政府在此建立蒲犁厅，在旧城堡南面兴建了新城镇，这座石头城遂被废弃。

🏠 塔什库尔干塔吉克自治县城北侧不足百米处。
🚌 从喀什到塔什库尔干每天都有班车可达，从县城步行10分钟左右即可到达古石头城。
¥ 30元。

红其拉甫口岸

●世界上海拔最高的口岸

红其拉甫是世界上海拔最高的口岸，这里是喀什通往巴基斯坦的中巴公路国内段的终点，竖有中国国界的界碑。

由于天气情况比较恶劣，这里只在5月1日-12月20日开关，其它时间都是关闭的，无论是游客还是探亲者或者商人都不能通过。从喀什到红其拉甫的这段中巴公路长415千米，它是帕米尔高原之行（《西游记》中提到的葱岭就在这一带）的必经之路，一路上会经过奥依塔克森林、卡拉库里湖、慕士塔格峰、石头城、公主堡等景点，还是非常值得一去的。

距塔什库尔干县城126千米。 免费。

可乘喀什至塔什库尔干县的定班车，到达后再包车去红其拉甫口岸。

住宿

喀什百圣希假日酒店：喀什市艾尔斯兰汗路003号，电话0998-2912999。酒店位置优越，交通便利。周边银行，超市，名族特色餐饮齐全。

世纪宾馆：人民东路105号，电话0991-8257377。客房位于7-11楼，窗口望出去就是喀什老城，视野极佳，房间干净。

房间号码为单数的房间不临街，这样才能看到老城，而且末位数字越小，拍照的角度越好。

喀什老城青年旅舍：喀什中心的老城区吾斯塘博依路233号，艾提尕尔清真寺西300米。电话：0998-2823262。

餐饮

喀什是一个美食荟萃的地方，烤全羊、烤羊肉串、清炖羊肉、馕坑烤肉、烤包子、抓饭、拉面、油塔子、馕、馓子、曲曲、烤鱼、烩菜、灌面肺和灌米肠等美食应有尽有，无一不令人垂涎欲滴。喀什的凉粉也是别具一格，酸辣适中、清香爽口，令人回味无穷。

喀什最有名的的清真餐厅是人民西路的茶园大酒店，晚上有民族歌舞表演。解放南路一带有汉餐馆，其中伍氏罐罐香很有特色。

购物

美观舒适的地毯、品种繁多的花帽、古朴素雅的土陶、精雕细琢的首饰、玲珑别致的英吉沙小刀、华丽鲜艳的艾德莱斯绸、经济实用的木模彩色印花布及各种民族乐器等，都是备受中外游客青睐的旅游纪念佳品。

英吉沙小刀一般为20元左右一把。如果想要用特殊钢材造的优质刀，可向摊主说明，因为好刀是不公开出售的。

民俗

南疆以维吾尔族人为主，维吾尔族信奉伊斯兰教，因此服饰、饮食、礼仪、婚俗、丧葬等均受宗教影响。

歌舞之乡：能歌善舞是维吾尔族人的天性，他们无论男女老幼，情之所动，兴之所至，都会翩翩起舞，引吭高歌。维吾尔族舞蹈有的质朴短小，富有乡土气息；有的规模宏大，具有现代色彩；有的以粗犷豪放、鲜明跳跃见长，有的以浓郁雍容、深沉悠长显胜。驰名中外的维吾尔古典音乐《十二木卡姆》集维吾尔音乐之大成，是维吾尔乐舞艺术的稀世瑰宝。维吾尔舞蹈有流行广泛、自由多变的“喀什赛乃姆”，还有“刀郎舞”“萨玛舞”及“麦西来甫”等。

服饰：维吾尔族的服饰多样而美观，具有独特的风格。男子多在衬衣外面穿右衽斜领、无纽扣、长及膝盖的“袷袢”（长袍），腰系方形长带，带中可存放零星物件，随用随取。妇女喜穿色彩鲜艳、有领无衽、从头上套着穿的衣裙。男女老幼都喜戴绣工精致的四楞小花帽，爱穿长统皮靴，有时靴外还加套鞋。妇女喜戴耳环、手镯、项链、戒指等装饰品。围花色头巾，讲究画眉、染指。未婚少女梳有七八条或十多条小辫，以长为美。宗教职业者多用长的白布缠头。

两条沙漠公路

这里所讲的两条沙漠公路，是贯穿塔克拉玛干沙漠南北的两条公路，一条是从轮台到民丰，全场522千米，是世界最长、登记最高的流动沙漠公路。另一条是从阿拉尔至和田的沙漠公路。这两条沙漠公路的建成，把塔克拉玛沙漠南北的和田地区、阿克苏地区和巴音郭勒蒙古自治州连成一片，使得三地的交通更为顺畅。

亮点

必游景点

- **巴音布鲁克草原**：一望无际的草原，骏马奔驰，牛羊成群，白色的蒙古包点缀其间，让人陶醉其间。
- **天鹅湖**：雪山下，草原中，蓝天白云，湖面倒影，神圣的天鹅或栖息于湖边或飞翔与湖面。
- **博斯腾湖**：湖分一大一小，大湖被誉为沙漠瀚海中的一颗明珠，小湖被誉为“世外桃源”。
- **天山大峡谷**：融神、奇、险、雄、古、幽为一体。景异物奇，令人神往。
- **尼雅遗址**：我国最著名的两座已湮没的古城废墟之一。

线路推荐

- **阿克苏三日游**

D1：神木园—托木尔峰—克孜尔水库—住宿拜城县。

D2：库车大寺—克孜尔尕哈土塔—克孜尔亚胜景—龟兹古城遗址—天山神秘大峡谷。

D3：克孜尔千佛洞—克孜尔水库—克孜尔魔鬼城。

↓阿克苏库车王府

- **库车二日游**

龟兹古城—库车大寺—龟兹王府—苏巴什佛寺—克孜尔尕哈烽火台—转入217国道—天山奇景—天山石林—天山神秘大峡谷—库车河谷—大小龙池—克孜尔千佛洞。

- **巴音郭勒州三日游**

巴音布鲁克—天鹅湖—九曲十八弯—巩乃斯林场—博斯腾湖。

交通信息

飞机

阿克苏机场距市中心10千米。目前，南航新疆公司执行乌鲁木齐—阿克苏航班，每周7班。乌鲁木齐–阿克苏–和田航班，每周4班。

库尔勒机场位于库尔勒市以北17千米处迎宾路公墓旁，可乘坐机场大巴和出租车前往。每周有发往乌鲁木齐、北京、成都、济南等地的航班。

火车

阿克苏火车站是南疆铁路线上的主要站点，发喀什方向的列车多在此停靠。

库尔勒火车站：位于库尔勒市生活路，有直达乌鲁木齐、喀什、西安等地的火车。

阿克苏旅游区

天山神木园

●古树千奇百态，显出种种神韵

天山神木园维吾尔语就是“库尔米什阿

塔木麻扎”，为传经圣人的坟地，是历史上伊斯兰教集会和朝拜的圣地。墓地周围为戈壁荒丘，园中绿草如茵，灌木丛丛，在绿茵与灌木的环护中，诸多千年以上的古树，傲立其中，绿阴如盖，显出种种神韵，被人称为“神木”。

阿克苏温宿县城西北 60 千米处，托木尔峰南侧前山区，海拔 1700 米。 30 元。

克孜尔魔鬼城

●神奇的雅丹地貌

魔鬼城整体地形北高南低，沙石颜色以褐红色、黄绿色、灰绿色、姜黄色为主。这里地处少雨多风的干旱区，岩石裸露，经暴雨的冲刷及大风吹蚀，不同的岩层形成各种形态，构成象人、龟、骆驼、鲤鱼等造型。大风吹时，谷内就会发出各种奇怪的声音，犹如鬼怪呼啸，颇具神秘恐怖的色彩。

阿克苏拜城县东部克孜尔乡和黑英山乡境内，西距拜城 70 千米，东南距库车 60 千米。

从拜城或库车包车前往。

克孜尔石窟

克孜尔是“红色”的意思，洞窟开凿在木扎提河北岸明屋达格山的峭壁之间，它具有极高的艺术价值，堪称“第二个敦煌莫高窟”。现存洞窟有编号的有 236 窟，其中的洞窟形制较为完整、壁画遗存较多的约占三分之一，按自然区域分谷西区、谷内区、后山区，总体延绵 3 千米多。它的特殊窟形、壁画题材和艺术风格，深刻地反映了龟兹佛教的情况，代表了龟兹民族的文化艺术水准，是游览和研究佛教文化艺术的重要场所。

阿克苏地区拜城县克孜尔乡明屋塔格山断崖上。

55 元。

夏季 10:00~19:00；冬季 10:30~18:30。

在阿克苏民主路新城客运站乘坐开往拜城县的车或在售票厅门口坐当地的小车，到拜城后包车前往景区。

库车大峡谷

●雄奇、险峻、幽深、神秘

维吾尔语中，“克孜利亚”意为“红色的山崖”。那些红褐色岩石正是在亿万年的风雕雨刻之下，才形成今日的“神秘大峡谷”。站在谷底仰视高山，只觉得陡峭的峰峦似乎随时随刻都会压将下来，令人眩晕。

峡谷中神秘的阿艾石窟距谷口不足 2 千米，高悬于绝壁之上，最初仅可攀着 30 多米高的悬梯而上，如今旁边已经加建了石阶栈道。根据考证，石窟建于盛唐初期。石窟很小，深不足 5 米，约一人高，洞顶呈拱形。窟内三面皆有残存的壁画，而壁画上竟然罕

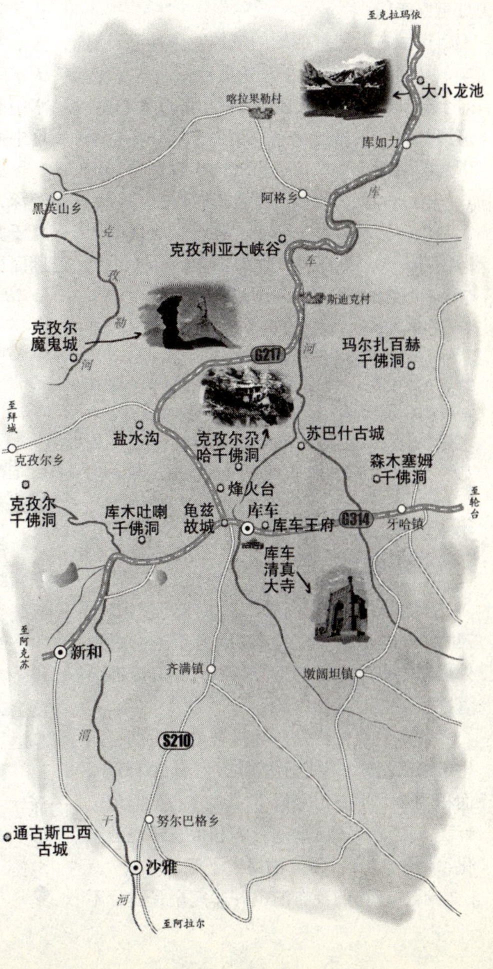

有地出现了汉字，与古西域地区其他数百座石窟相迥异，充分显示汉文化的痕迹。

独库公路旁，距离库车县城约70千米。 40元。

巴音郭勒州旅游区

楼兰古城

●神秘消失西的域古国 至今受到世人的瞩目

历史上，楼兰是西汉时期西域三十六国之一，古代“丝绸之路”的南、北两道从楼兰分道，楼兰城依山傍水，作为亚州腹部的交通枢纽城镇，在东西方文化交流中，曾起过重要作用。

楼兰古城遗址四周的墙垣，多处已经坍塌，只剩下断断续续的墙垣孤伶伶地站立着。时至今日，尽管有众多学者付出了巨大心血，但诸如楼兰古城的兴衰与消失，至今还是个偌大的迷团，楼兰遗址也成为世界注目的焦点。轮台古城、且末遗址、古墓葬群、古烽燧、木乃伊、古代岩壁画等等，都是世界级的旅游景点。

巴州若羌县北境，孔雀河道南岸7千米处，西南距若羌县城220千米，东距罗布泊西岸28千米，整个遗址散布在罗布泊西岸的雅丹地形之中。

在库尔勒乘坐班车前往若羌或36团，再从36团包车进入保护区。进入保护区需提前在若羌县文体局办理相关文物管理手续，通常需参加旅游团。包车进入需花费几千元，其中包括车费、导游、文物保护费3000元。

罗布泊

●探险、科考胜地

罗布泊曾是我国第二大内陆河，海拔780米，面积约2400–3000平方千米，因地处塔里木盆地东部的古“丝绸之路”要冲而著称于世。

罗布泊在古代是西域最著名的大湖，诞生于第三纪末、第四纪初，距今已有200万年，面积约2万平方千米以上，烟波浩淼，鱼肥虾美。由于人类活动的影响和生态环境的恶化，到1972年，罗布泊最终干涸了。

不过现在的罗布泊也并非完全是一片不毛之地，这里有胡杨、罗布麻、甘草生长，还有野骆驼、马鹿、野猪等动物。两千多年来，不少中外探险家都到罗布泊考察过。

若羌县境东北部。

博斯腾湖 AAAAA

●中国最大的内陆淡水吞吐湖

它由纯净的天山雪水汇集而成，水质清澈洁净，与雪山、湖光、绿州、沙漠、奇禽、异兽同生共荣，互相映衬，组成丰富多彩的风景画卷，被誉为“瀚海明珠”。

博斯腾湖东西宽，南北窄，湖水平均深度为10米左右，西浅东深，最深处水深达20米左右，它由大湖区、小湖群及湖滨沼泽三部分组成。

大湖区湖面广阔、鸥鹭飞翔，烟波浩淼，天水一色，被誉为沙漠瀚海中的一颗明珠。水中有五道黑、大头鱼等鱼类，在湖畔的餐厅中可以吃到鲜活的鱼。

小湖区在大湖区西部，苇翠荷香，曲径邃深，天鹅、沙鸥、鹭鸶、野鸭等鸟类常栖息于此，被誉为“世外桃源”。这里还是我国面积最大的野生睡莲区。

巴州焉耆盆地东南面博湖县境内，距博湖县城14千米，距焉耆县城24千米。

从库尔勒包车前往，一日往返小车大约400–500元每辆。

湖区免费开放，湖边景点单独收费；其中主要景点南岸旅游区门票45元，大河口景区门票30元。

巴音布鲁克草原

●我国第二大草原

每当盛夏来临，巴音布鲁克草原层峦叠翠，绿野无限，湖沼广布，牛羊遍野，一片兴旺景象。每到仲夏季节，草原上鲜花盛开，争奇斗艳，羊群像白云游荡，雪莲花般的座座蒙古包坐落其间。一年一度的草原那达慕盛会，赛马、射箭等比赛活动更让游人流连忘返。

著名的开都河“九曲十八弯”就在草原深处。

巴音郭楞蒙古自治州和静县境内。距库尔勒市636千米。

48元，区间车票90元。

亲历者◎攻略

由于天鹅湖是一片湖沼地，游客前去须有向导，以免陷入沼泽中。

并不是任何时候都能看到天鹅，观看天鹅的最佳季节是每年的3月初到5月下旬和9月初到11月初，这两个季节是天鹅春天回归和入冬南迁集结的时期，最好的时间是早上和傍晚。当地人视天鹅为神鸟，请游客特别注意，绝不能伤害天鹅。

和田旅游区

英尔力克沙漠

●奇丽的沙漠景观

是塔克拉玛干沙漠的一部分，沙丘起伏，好似汪洋瀚海，一望无际，景色十分壮观，游人可骑着骆驼进行沙漠旅行。

在沙漠南边的沙丘下，是景色秀丽的英尔力克水库，水上有渔民在撒网打鱼，旅游者可泛舟于碧波之上，

在去沙漠的路上，你还会经过英尔力克水库，这里水势浩淼，是沙漠中难得的一景。水库与沙漠组成金色沙滩游泳区和沙疗、沙漠骆驼游、滑沙等游乐区，是夏季休闲避暑、游泳、垂钓、沙疗和农业生态旅游为一体的娱乐场所。

和田市西北22千米处。

从和田市包车，价格100元左右。出城往西北走22千米，是水波浩渺的英尔力克水库，从水库往正北方再走10千米左右就到了英尔力克沙漠边缘了。

尼雅遗址

●消失的国度

尼雅遗址是汉晋时期精绝国的遗址，周围都是起伏的沙山。古遗址以佛塔为中心，散布于南北长25千米，东西宽5–7千米的区域内。遗址内发现有房屋、场院、墓地、佛塔、佛寺、河渠、陶窑、冶炼遗址等遗迹，发掘出来的部分建筑保存完好。

出土有木器、铜器、铁器、陶器、石器、毛织品、钱币、木简等遗物，还发现了写有古代于阗文字的木简及羊皮文献。

民丰县北约150千米处的沙漠中。

先从和田乘班车到尼雅，然后再租越野吉普车前往。

亲历者◎攻略

进入尼雅需要得到当地文管部门的批准，还需要交纳一定数量的文物养护费。

游客在去尼雅遗址探秘的途中，还可顺道到古树葱笼的民丰大麻扎去一游。

住宿

和田宾馆 / 和田市乌鲁木齐南路57号。

和田迎宾馆 / 和田市塔乃依北路四号 /0903–2022824。

天鹅宾馆 / 和田市和田路 /0903–2023576。

石油宾馆 / 阿克苏天山中路33号 /0997–6690222。

巴音郭楞宾馆 / 库尔勒市人民东路10号 /0996–2230889。

塔里木石油宾馆 / 库尔勒市石化大道 /0996–2170888。

餐饮

新疆境内的风味美食和水果在和田都可以品尝到。此外，和田特有的“烤鸡蛋”和“杂克尔”是在新疆其他地区无法品尝到的美味，到和田旅游一定不要错过。

和田的用餐环境也很有特色，通常各饭馆都会在店门口摆放一排巨大的木床，形成一长串摊位，床上铺着富有民族特色的地毯和棉垫。用餐的顾客盘腿坐在大床上，享用特色美食。

购物

和田玉是中华民族的瑰宝，是中国的“国石”，其质地温润细腻，呈脂肪光泽，其声若金磬之余音，绝而复起残声远沉，徐徐方尽，非东方、南方所产之玉能比。

香港

动感之都，活力香港

●面积

1101 平方千米

●人口

700.9 万

●国际区号

852

香港旅游网
www.discoverhongkong.com

香港——“东方明珠”，被称为“购物天堂”“美食之都”和“观光者乐园”。

香港是一座现代化的国际大都市，亦是历史与现代汇合、中西文化交融之地。东南部拥有众多海湾和景色优美的海滩，浅水湾、九龙塘美不胜收；百年历史遗迹宝莲寺、青山禅院、黄大仙祠古风犹在，海洋公园、动植物公园、迪斯尼乐园每天吸引着来自世界各地的游客。

亮点

必游景点

- **太平山顶**：是香港的最高点，能看到全港最美的夜景，是观赏香港夜景的最佳去处。
- **维多利亚港**：海港夜色极为迷人，夜里灯光、楼群、海港交相辉映，是世界知名的夜景观光点之一。
- **浅水湾**：香港最具代表性的美丽海湾。浅水湾浪平沙细，滩床宽阔，坡度平缓，海水温暖。
- **香港海洋公园**：东南亚最大的海洋水族馆及主题游乐园，倚山临海，惊险刺激。
- **香港迪斯尼乐园**：刺激十足，让你在童话的世界里尽情游玩，感受那久违的童趣。

线路推荐

- **香港一日游**

A. 观光一日游：抵达香港后，游览香港香火最旺的庙宇黄大仙祠，后游览尖沙咀海滨长廊上的星光大道，再到DFS（国际免税店）购物；午餐后赴港岛参观香港会展中心新翼、金紫荆广场，再前往太平山顶、浅水湾；晚餐后，在码头乘观光船游览维多利亚港，沿着九龙半岛及港岛北面海岸畅游维多利亚港夜景，游毕乘飞机返回。

B. 购物一日游：中环置地广场和嘉轩广场—SaSa、卓悦买化妆品—加连威老道逛出口店、女人街淘宝—入夜后到庙街逛夜市。

- **香港四日游**

D1：浅水湾—赤柱—太平山顶。

D2：金紫荆广场—海洋公园—兰桂坊或SOHO。

D3：黄大仙祠—海港城—钟楼、文化中心。

D4：中环—铜锣湾—旺角（购物）。

交通信息

飞机

香港国际机场位于大屿山赤鱲角，距离市区约35千米。从机场前往市区的交通包括机场快线、巴士、出租等，另外还可乘坐跨境巴士和境外客轮前往广州、珠海等部分广东城市。

火车

红磡火车站位于九龙九龙城区红磡西

↑维多利亚港

南，这里是往来香港及中国广东省广州市的广九铁路起点，许多香港人前往大陆都会到此搭火车。

地铁

香港地铁一共有10条（包括机场快轨在内）线路，基本涵盖了香港各大主要景区和购物场所。

轮渡

轮渡有尖沙咀－中环和尖沙咀－湾仔的两条航线。到了夜晚，坐坐天星小轮感受维港夜景才不枉来香港一趟。

太平山景区

●观赏香港美妙夜景的最佳去处

太平山顶是香港最受欢迎的名胜景点之一，也是鸟瞰壮丽海港、绚丽市景的理想地。尤以缆车总站附近古色古香的狮子亭和空旷怡人的山顶公园为最佳观赏位置。每当夜幕降临之际，站在太平山上放眼四望，在万千灯火的映照下，港岛和九龙宛如镶嵌在维多利亚港湾的两颗明珠，交相辉映。中环地区，更是高楼林立，壮观无比。太平山以其得天独厚的地理环境和人文景观，成为人们到香港的必游之地。

太平山瞭望台西面有卢吉道小径，沿途绿树成荫，鸟语花香，在此可以俯瞰香港及维多利亚港的景色。山顶设有很多专为游客观景的设备。山顶广场眺望日落景色最为理想，适合郊游远足的港岛径亦从这里开始。后建的凌霄阁也是游人喜爱的去处，尤其是杜莎夫人蜡像馆，让你和世界名人有了更亲密的“接触”。

香港岛山顶道 114 号。

往返 40 港币，单程 28 港币；缆车＋凌霄阁：往返 83 港币，单程 71 港币。

7:00~00:00（节假日会延长服务时间），大概每 10~15 分钟一班。

852-28490668。

凌霄阁

太平之巅，俯瞰维港

凌霄阁是太平山顶整个景区的中心。整个楼层呈碗状，高七层，极富现代气息。

大楼的第五层为观景台，能俯瞰整个维多利亚港，是观赏夜景的极佳位置；第四层备有高科技的投影装置、音响设备的“超动感影院”；第三层设有来自世界各地的稀奇展品的“信不信由你”奇趣馆；第二层设有可以重温香港历史的“龙的传说——时光漫游列车”。

香港岛太平山顶山顶道 128。

超动感影院 40 港元，“信不信由你”奇趣馆 70 港元，龙的传说——时光漫游列车 40 港元。

9:00~22:00。

852-28490668。

杜莎夫人蜡像馆

与心爱偶像“零距离”接触

香港杜莎夫人蜡像馆是专门展览名人蜡像的博物馆，是杜莎夫人蜡像馆首个亚洲分馆。蜡像馆分三层，设有魅力香江、乐坛巨星、风云人物、世界首映和体坛猛将五个主题展区，共 100 多个世界知名人士的蜡像，当中包括已逝的邓丽君、梅艳芳和张国荣等。游人可以参加各类互动活动，还可以参观蜡像的制作过程。

港岛太平山顶凌霄阁 1 楼 101 号。

成人 255 港币，网络购票可享优惠价。

10:00~22:00。

852-28496966。

香港岛景点

金紫荆广场

香港回归的礼物

金紫荆广场又名博览海滨花园，在广场里矗立着“永远盛开的紫荆花”雕塑，这个

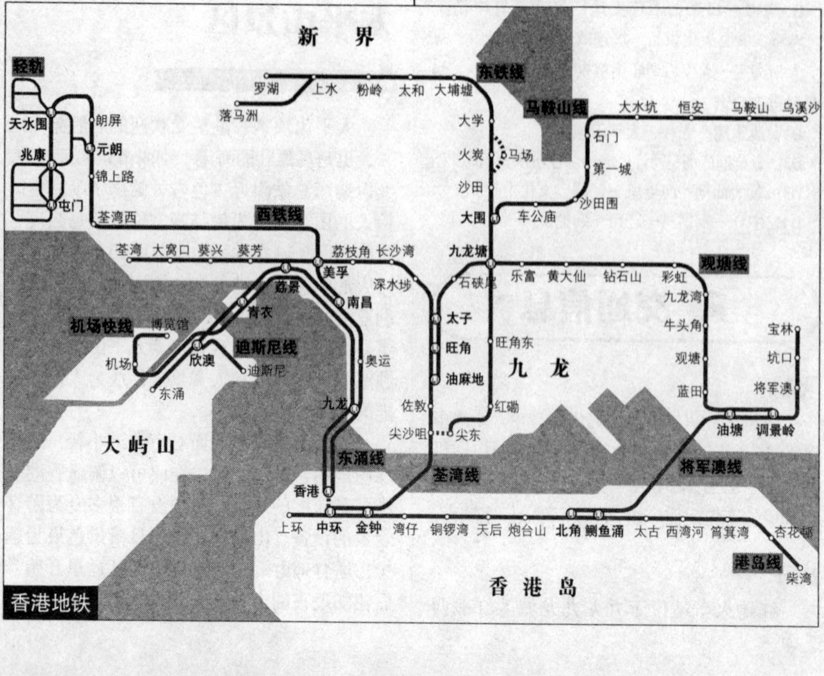

香港地铁

雕塑是由中央政府送给香港作为特区政府成立的礼物，高达6米，寓意香港永远繁荣昌盛。其附近还有香港回归祖国纪念碑，二者都是旅客留影的热点。

湾仔会议展览中心新翼人工岛上。

地铁港岛线湾仔站出，沿路标步行约10分钟即到。

香港海洋公园

●东南亚最大的海洋水族馆及主题游乐园

香港海洋公园倚山临海，是访港游人最喜欢的景点之一。公园分为山上、山下两部分，中间由全长1.5千米的登山缆车连接。山上以海洋馆、海洋剧场、海涛馆、机动城为主，其中机动城拥有不少机动游戏，最受年轻人的欢迎。山下则有花园剧场、金鱼馆、蝴蝶屋等生物馆。

在园内不仅有趣味十足的露天游乐场、海豚表演，还有千奇百怪的海洋性鱼类、高耸入云的海洋摩天塔，堪称科普、观光、娱乐的完美组合。此外，还可以乘坐“越矿飞车”和“极速之旅”，感受让人疯狂、刺激的一面。公园内新奇的节目还有海豚和杀人鲸的表演等，此外，公园新增的“海洋列车”将会给你最难忘的震撼。总的来说，海洋公园共分为绿野花园、亚洲动物天地、威威天地（儿童王国）、海洋天地、山上机动城、急流天地、雀鸟天堂七大区域，配有数十项游乐项目，可供人尽情消遣。

港岛黄竹坑南朗山。

1.金钟地铁站或中环天星码头乘城巴629号专线(星期二至星期日)直达。

385港币，3~11岁儿童193港币。

10:00~18:00。

852-25520291。

↓海洋公园过山车

亲历者◎攻略

1. 去海洋公园的话，最好上午9点就赶到金钟地铁站，之后再坐629公交车一刻钟就到了海洋公园。下车就是海洋公园门口，在门口拿一张海洋公园的地图（对于我们内地的游客来说最好拿简体版本的啦），看着地图规划好行程安排，可以拿笔划出必看项目和表演时间，千万不要错过一些绝不可错过的地方。

2. 可以在去香港之前通过旅行社订海洋公园的门票，价格比直接在海洋公园买票便宜。

3. 最好不要6月到10月之间去海洋公园，海洋公园有不少室外项目，香港的6-10月大多烈日当头，在室外玩久了会不舒服。

4. 海洋公园也有不少机动游戏，要合理安排玩机动游戏的时间和吃饭时间，因为很多刺激的机动游戏不宜饭后马上游玩。

浅水湾

●香港岛最美丽的海滩

浅水湾名源自一艘昔日在湾内驻守以防卫海盗的英国皇家军舰，是香港著名的旅游点，也是高尚住宅区。

浅水湾的海岸线蜿蜒曲折，宛如一弯新月。绵长的海滩，宽阔的滩床，幼细柔软的沙子，平静如镜的海面，使她成为香港最美丽的海滩之一。滩上中国古典色彩的 镇海楼公园里有天后娘娘、大慈大悲观音神像，还有长寿桥等胜景。临海的茶座，则是欣赏红日西沉，涛声拍岸的好地方。

香港岛湾仔博览道。

在中环交易广场巴士总站乘6、6A、61、260路巴士至浅水湾站可到达。

九龙景点

星光大道

●香港电影历史发展的缩影

星光大道旨在表扬电影幕前巨星和幕后工作者的杰出贡献，记录香港的百年电影史，是香港的热门旅游景点。旅客可沿途参观杰出电影业人士的手印和牌匾、电影发展里程碑，欣赏香港电影金像奖雕塑和国际功夫巨星李小龙的两米高铜像，还可闲逛电影纪念品店，选购心仪的商品。

九龙尖沙咀海滨长廊。

从地铁荃湾线尖沙咀E口出，或乘1线小巴新世界万丽酒店下车。

维多利亚港

“世界三大夜景”之一，中国第一大海港

维多利亚港水面宽阔，景色迷人，海港的西北部有世界最大的集装箱运输中心之一的“葵涌货柜码头”。每天日出日落，繁忙的渡海小轮穿梭于南北两岸之间，渔船、邮轮、观光船、万吨巨轮和它们鸣放的汽笛声，交织出一幅美妙的海上繁华景致。海港两岸高楼大厦密布，入夜后万家灯火，景色迷人，维多利亚港夜景因而与日本函馆、意大利那不勒斯并列“世界三大夜景”，是香港的一大标志。

香港岛和九龙半岛之间的港口和海域。

亲历者◎攻略

乘船游览是观赏维多利亚港景色的最好选择，建议乘摆渡的天星小轮，可以从尖沙嘴到湾仔，再从湾仔乘回尖沙嘴，再乘到中环，总共才6.6元。

黄大仙祠

香港的精神寄托

黄大仙祠全称赤松黄大仙祠或啬色园黄大仙祠，是香港最多人参拜及占卜的庙宇，在海内外都享有盛名。相传祠内所供奉的黄大仙有求必应，求签尤其灵验，因此即使是平时香火也十分鼎盛。祠堂的建筑雄伟华丽，极富中国古典庙宇的特色。殿内除了供奉黄大仙外，还奉祀吕祖（吕洞宾）、观音和关帝，并挂有万世师表孔子的画像，集儒、释、道三家于一身。此外，祠内还有仿照北京而建的九龙壁。

在黄大仙祠里同时有孔子殿，以迎合那些崇拜孔夫子的信众，而佛教信徒则可至三圣殿里，膜拜供奉在关帝君与八仙旁慈悲为怀的观世音菩萨。

九龙黄大仙园村。

乘地铁观塘线，从黄大仙站B2出口出，步行可到。

从心苑 9:00~16:00，周一休息；其他地方 7:00~17:30。

香港迪斯尼乐园

全球第五个迪斯尼乐园

香港迪斯尼乐园融合美国加州迪斯尼乐园及其他迪斯尼乐园特色于一体，游客可以走进一个童话故事王国。它包括美国小镇大街、探险世界、幻想世界、明日世界四大区域，每个主题区都能给游客带来无尽的奇妙体验。

大屿山欣奥。

1日门票：成人450港币，3~11岁儿童320港币；2日门票：成人585港币，3~11岁儿童415港币。

10:00~19:30，节假日10:00~21:00。

852-1830830。

亲历者◎攻略

交通攻略：从任何一个地铁站前往欣澳地铁站，再由欣澳站转乘迪斯尼乐园专线地铁直达迪斯尼乐园。从中环（香港）地铁站前往迪斯尼乐园只需23.5分钟，从青衣地铁站前往迪斯尼乐园只需9.5分钟。乘坐城巴迪斯尼乐园快线，可分别乘坐以北角码头、红磡和油塘为起点的三条线路（R11、R21、R22），各线每天各有5趟班车，行程约75分钟。

观演攻略：香港迪斯尼乐园内的巡游表演平日在15:30开始，最佳的观赏位置是睡公主城堡的回旋花园，要提前30~45分钟找好座位，这样才能既坐得舒服又有好的拍照角度。烟花表演平日在19:00开始，最佳的观赏位置是睡公主城堡前的广场。也是要提前30~45分钟，看到工作人员拉护栏绳就要找好位置席地而坐，面向城堡正

↓迪斯尼街头表演

中的位置最佳。米奇金奖音乐剧可以坐在中间排但贴近行人通道的位置，因为演员会从那里经过。观看狮子王庆典越往前坐越好。

避人攻略：行程由入口处的美国小镇大街开始，再以顺时针方向，按次序玩尽探险世界、幻想世界及明日世界主题区，有别于大部份游客以逆时针方向开始的习惯。整个行程朝九晚七共需10个小时。

大屿山景点

昂坪360

●全亚洲规模最大的登山缆车

这是一段逐渐向天坛大佛接近的旅程，也许就是因为这样，有人把它称作“启迪心灵之旅”。游昂坪360是一项综合体验，有浓厚的文化韵味，又充满趣味性，它包含昂坪缆车和昂坪市集两项主要内容。

昂坪缆车是全长5.7千米，历时约20至25分钟。坐在缆车上可以360度全方位欣赏天坛大佛、北大屿山郊野公园及东涌湾的明媚风光及园林山色，远眺气势不凡的香港国际机场。城市到郊野的变化，瞬间发生在眼前，大自然就是这样，让人温暖，并且充满希望。

大屿山东涌达东路11号。

乘地铁东涌线到东涌站下即到。

10:00~18:00（周一至周五），10:00~18:30（周六及周日）。

来回车票标准车厢150港元；水晶车厢235港元。

青马大桥

●全球最长的铁路、公路两用吊桥

青马大桥横跨青衣岛及马湾，桥身总长度2200米，主跨长度1377米，离海面高62米。青马大桥除创造世界最长的公路、铁路两用吊桥纪录外，包括青马大桥在内的“机场核心计划”还于1999年荣获美国建筑界权威及编辑选为“二十世纪十大建筑成就奖“之一，并与英法海峡隧道、三藩市金门大桥、艾森豪威尔州际和国防公路系统、纽约帝国大厦、科罗拉多胡佛水坝、巴拿马运河、悉尼歌剧院、埃及阿斯旺水坝工程及纽约世界贸易中心同享殊荣。大桥白天壮丽雄伟，晚上在华灯映衬下充满了奇幻的色彩。观赏青马大桥的最佳地点在青衣岛西北端的青屿干线访客中心和一旁的观景台。

大屿山。

在地铁东涌线青衣站下，转乘309M线绿色小巴到青屿干线访客中心。

宝莲禅寺－天坛大佛

●香港四大禅林之首

宝莲禅寺位于大屿山昂平，有南天佛国之称，为香港四大禅林之首。始建于1924年，数十年来，刻苦经营，使今天寺宇建筑雄伟壮观，有宫殿式的大雄宝殿和庄严威武的天王大殿等。该寺提供留宿，以便游人赴凤凰山观看日出或作短暂清修。禅寺牌坊正对的木鱼山顶上，有一座新建的世界最大的铜佛像，称为天坛大佛。该像由中国航天科技部设计和制作，总高度近34米，为一结合宗教艺术和尖端科技的结晶品。大佛底座三层，设有展览厅等，内有一口大钟，上雕佛像和经文等。该钟由电脑控制，每隔七分钟敲打一次，共108次，以供人“解除108种烦恼”。

大屿山昂坪村。

1. 从中环6号码头乘搭往梅窝的渡轮，然后在梅窝巴士站乘搭屿巴2号巴士。

2. 乘地铁或巴士至东涌站，然后从东涌巴士总站乘搭屿巴23号巴士。

3. 从昂坪360东涌站乘搭昂坪360缆车往昂坪。

宝莲禅寺9:00~18:00，大佛9:30~18:00，斋厨11:30~17:00。

更多香港景点

长洲岛

●抢包山上抢包子、抢福气

长洲风景怡人，呈哑铃状，是最受游人欢迎的离岛之一。海旁一带的小街上，店铺与货摊星罗棋布，售卖生肉、鲜鱼、贝类水产、水果和蔬菜。地道餐馆及风味小吃店散布在小岛的每个角落，每逢周末顾客纷至沓来，生意火红。长洲以长达一星期的太平清醮节庆活动驰名，活动于每年农历四月（公历的

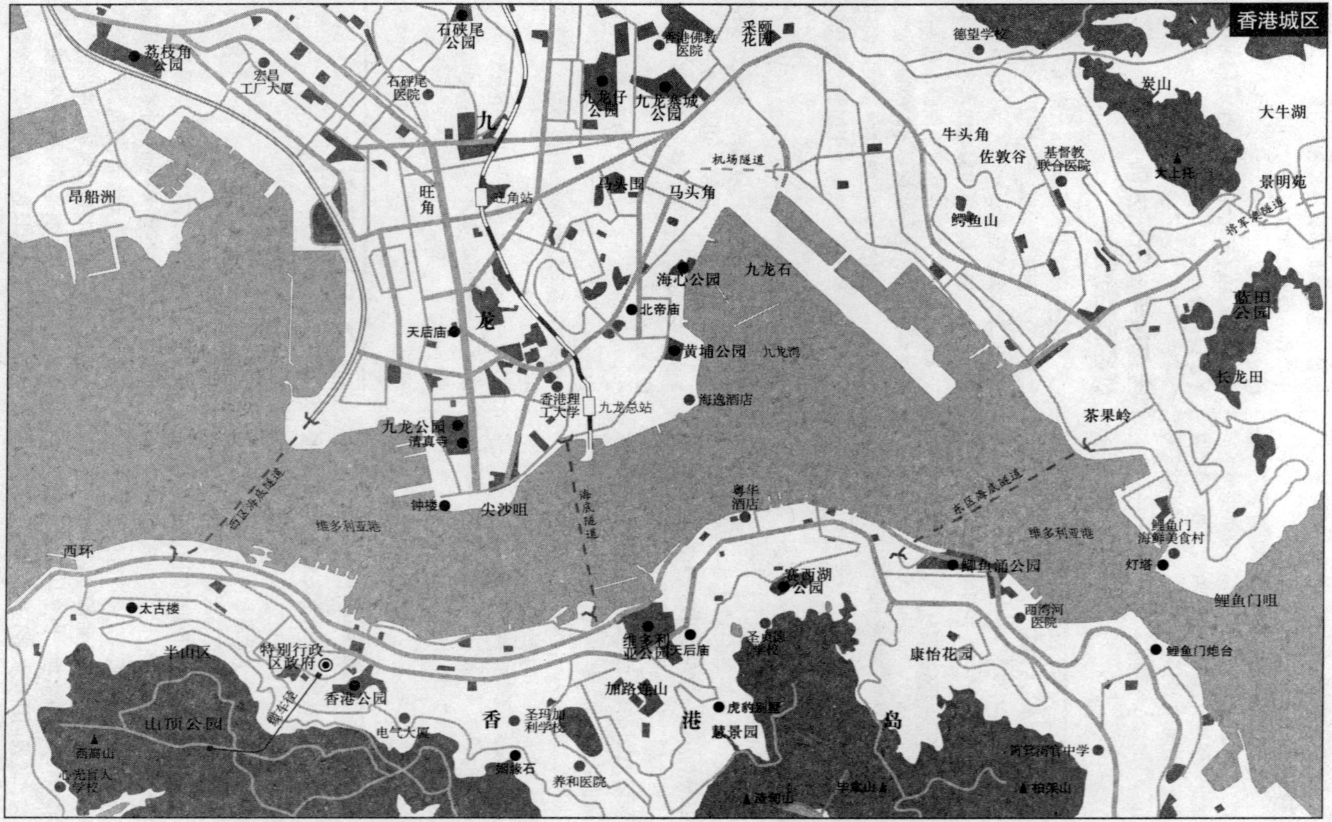
香港城区
石硖尾公园
荔枝角公园
宏昌工厂大厦
石硖尾医院
香港佛教医院
采颐花园
九龙仔公园
九龙寨城公园
九
龙
旺角
旺角站
昂船洲
马头围
马头角
机场隧道
九龙石
海心公园
北帝庙
天后庙
黄埔公园
九龙湾
海逸酒店
香港理工大学
九龙总站
九龙公园
清真寺
钟楼
尖沙咀
西区海底隧道
海底隧道
东区海底隧道
维多利亚港
西环
德望学校
炭山
大牛湖
牛头角
佐敦谷
基督教联合医院
大上托
景明苑
鳄鱼山
将军澳隧道
蓝田公园
长龙田
茶果岭
鲤鱼门海鲜美食村
灯塔
鲤鱼门咀
鲤鱼门炮台
鲗鱼涌公园
西湾河医院
康怡花园
粤华酒店
维多利亚公园
天后庙
太古楼
半山区
特别行政区政府
香港公园
山顶公园
缆车径
西高山
电气大厦
香
港
岛
圣玛加利学校
加路连山
虎豹别墅
慧景园
姻缘石
养和医院
毕拿山
柏架山
渣甸山
西高山

4月或5月）举行，极富传统色彩的飘色会景巡游和抢包山比赛，是整个活动的高潮。

香港西南面。

从中环5号码头港铁香港站E1出口，穿过国际金融中心商场，乘渡轮直达长洲，需时约30–55分钟，船程视乎渡轮种类而略有不同。

南丫岛

郊游远足理想去处，周润发出生之地

由于靠近市区，南丫岛便成了周末悠闲的胜地。从喧嚣的香港岛市区出发，只需半小时船程，便可到达小岛。岛上中西文化交融，洋溢着浓厚的艺术气息。清新的空气，优美的海岸风光，美味的海鲜美食，吸引了不少游人到此郊游远足，为这小岛增添了迷人的缤纷色彩。南丫岛有纯朴渔村，有自然景物，还有洁白恬静的海滩和自由散漫的游人。岛上最舒适且令人流连忘返的步道，将索罟湾与榕树湾这两个主要村庄连接起来。步道穿过海滨浴场以及硕沃的野蔬农地，环绕并通达南丫岛南方的山地塘。南丫岛中西文化兼容并存，有着很特别的浪漫气氛，尤其适合春天漫步。

香港岛南面。

从中环4号码头（港铁香港站E1口出，穿过国际金融中心商场），乘渡轮前往南丫岛榕树湾或索罟湾，船程约为30分钟。

住宿

酒店的分布基本在港九市区（港岛和九龙），新界和离岛也有少量的上佳酒店可以选择。港岛的酒店大都分布在中环、湾仔、铜锣湾几个繁华地带，而九龙的则在尖沙咀及尖沙咀东部。如果要避开闹市繁华，也可以选择新界的酒店住宿。

香港可以说是寸土寸金，住宿自然也不便宜。一般来说赴港旅游所花的费用，住宿要占去一大部分。许多酒店、旅馆报价就较高，一般情况下，通过旅行社预订要比自己预订来得便宜。香港的大部分酒店都要另收10%的服务费及3%的政府税，所以在预订的时候就要看清楚其报价是否已包括这些附加费用。

注意：香港酒店一般都不提供洗漱用品和拖鞋，最好是自带；酒店插座是英式大插座，与内地的插头型号不同，内地的电器不能直接使用，可以找酒店帮助解决。

餐饮

香港不但是人们津津乐道的购物天堂，同时也是世界美食的汇集地，因此也有“美食之都”之称。蔡澜美食坊、兰桂坊酒吧街、鲤鱼门海鲜街等都是品尝美食的好去处。其中庙街是品尝香港当地小吃店的最佳去处。

购物

香港得天独厚，素有“购物天堂”的美誉，不论是商品种类、价格还是服务，都在世界享有盛名。香港的购物区主要在港岛、九龙两个区邻近维多利亚港的地段，新界也有一些不错的选择。九龙以地铁荃湾线上的尖沙咀、佐敦及旺角3个为重点；香港岛以地铁港岛线上的上环、中环、金钟及铜锣湾4个为重点。如果旅游时间有限，建议首选铜锣湾或尖沙咀。香港店铺售卖着世界各地不同特色的货品，从国际顶级品牌到地方特色小商品，在这里都可以找到。

庙街：庙街是香港最为热闹的夜市。入夜后的庙街热闹非凡，琳琅满目的商品，还有当地特色的小吃、街坊的粤剧表演，使得整条老街充满了老香港的平民生活气息。

女人街：女人街的货源来自世界各地，以中低档品牌居多，因此价格也不贵。

兰桂坊：被誉为香港特有的文化特区。兰桂坊有许多酒吧食肆类消费场所，店名和装饰十分西化，洋溢着特有异国情调。

旺角：以避风塘及庙宇最为驰名，是本地人购物的热门地点，不少商店及饭馆均通宵营业。

澳门

感受澳门，动容时刻

●面积

29.2 平方千米

●人口

53.8 万

●国际区号

853

澳门旅游网
www.macautourism.gov.mo

澳门这座被称为“东方拉斯维加斯”的城市，以博彩业著称于世，与美国拉斯维加斯和摩洛哥的蒙地卡罗并称为“世界三大赌城”。

澳门具有 400 多年的历史，既有古香古色散发东方文化的传统庙宇，又有诸多庄严肃穆的天主教堂和欧式建筑，诉说着近代澳门浓重的历史文化和沧桑故事。

亮点

必游景点

- **妈阁庙**：澳门最著名的名胜古迹之一，中葡文化融合起点，里面供奉着澳门人最信奉的神灵。
- **大三巴牌坊**：澳门最具代表性的名胜古迹，体现出东西建筑艺术的交融，是澳门的象征。

线路推荐

- **澳门一日游**

线路一：葡京娱乐场—大三巴牌坊、大炮台—新马路。

线路二：威尼斯人度假村—金莲花广场—大三巴牌坊—妈祖阁—渔人码头—娱乐场。

交通信息

飞机

澳门国际机场是珠江三角洲与世界各地之间的重要桥梁，是祖国大陆与台湾之间的空中客运交通中转站之一，亦是世界上少数有到朝鲜的直航航班的机场之一。在机场可通过机场巴士、的士、酒店及娱乐场接驳车往返市区。

轮渡

轮渡也是入境澳门的一种主要方式，大部分从香港入境的游客都会选择轮渡的方式，1 小时左右就能到达澳门。

免费穿梭巴士

这是澳门交通不得不体验的一项，算是这个城市的特色。搭乘免费穿梭巴士，既省钱又方便。

澳门历史城区

●极具价值的历史建筑群

澳门历史城区保存了澳门 400 多年中西交流的文化精髓，它是中国境内现存年代最远、规模最大、保存最完整和最集中、以西式建筑为主、中西式建筑互相辉映的历史城区。

↑玫瑰圣教堂

妈阁庙

●中葡文化融合起点

妈阁庙为澳门最著名的名胜古迹之一，初建于明弘治元年（1488 年），距今已有 500 多年的历史。庙内主要供奉道教女仙妈祖，又称天后娘娘、天妃娘娘，人称其能预言吉凶，常于海上帮助商人和渔人化险为夷，消灾解难，于是福建人与当地人商议在现址立庙祀奉。

庙内主要建筑有大殿、弘仁殿、观音阁等殿堂。妈阁庙前的葡式碎石与妈阁庙中式设计和古人题词留下大小石刻都是值得细细浏览的地方。庙后的石壁上，有多不胜数的摩崖石刻，是历代政要名流和文人骚客的手书。

澳门半岛西南。

可乘 7、26、28B 路等公交车到达。

7:00~18:00。

大三巴牌坊

●欧洲与中国文明的接触点

大三巴牌坊为 1637 年竣工的圣保罗大教堂的前壁。1835 年 1 月 26 日黄昏，圣保罗教堂被一场大火烧毁，仅残存了现在的前壁部分。而仅存的圣保罗教堂的形状与中国传统牌坊相似，所以取名为“大三巴碑坊”。

雄伟壮观的大三巴牌坊，高约 27 米，宽 23.5 米，由花岗岩构成，仿照古希腊巴洛克的建筑风格，其上满布浮雕，艺术构思精密。牌坊由上下五层、左右十纵迭柱图案组成。由下而上，底层是教堂的三面大门。正门顶上用拉丁文刻有“天主圣母”字样，左右对称两旁门楣刻有“耶稣基督”。

大三巴牌坊上各种雕像是值得人们去细细品味的。它们既保留了传统，更有创新，既展现了欧陆建筑风格，又继承了东方文化传统，体现着中西文化结合的特色，堪称“立体的圣经”，是远东著名的石雕宗教建筑。

澳门大三巴斜港附近的小山丘上。

乘坐公交 8A、17、18、19 等线可以到达景点。

圣老楞佐教堂

见证中西文化共融

中国人做事讲求顺风顺水，但求一齐平平安安。历史悠久的圣老楞佐教堂又名风顺堂，教堂内设立的风信旗杆，为当时主要靠风力行驶的葡萄牙帆船提供重要指标。风顺是风信粤语谐音，此名一出，让教堂更具有中国化的亲切意味。

祭坛内供奉为罗马教会殉职的圣老楞佐，他因使用大量教会财产帮助穷人激怒了总督而被处以火刑。他的事迹却感动了许多参议员，立即皈依真教，加速了罗马城的归化。

风顺堂街。

公交 2、3、10、11、8A、26A 可达。

周一至周五 10:00~16:00；周六 10:00~13:00；周日及公众假期停止开放。

大炮台

古老的西式炮台

大炮台又名圣保禄炮台或大三巴炮台。坐落在大三巴牌坊侧，是澳门主要名胜古迹之一。大炮台建于公元 1616 年，本属教会所有，为保护圣保禄教堂内的教士而兴建，用以防范海盗，后转为军事设施区。

炮台四周均置有巨型铜炮，现今古炮虽已失去军事作用，却成为澳门的古旧文物和历史见证。大炮台四周景观优美，可俯瞰全澳景色，更可远眺珠江口及拱北一带的风光。

↓大炮台

乘坐公交 8A、17、18、26 线可到达。

大炮台回廊、花园、炮台免费，澳门博物馆 15 澳元。

7:00~19:00。

澳门其他景点

渔人码头

澳门首个文化创意娱乐旅游综合体

它坐落于外港新填海区海岸，占地超过 111500 平方米，集美食、购物、娱乐和主题公园、住宿及会展设施于一体，结合不同建筑特色及中西文化，务求使游客突破地域界限，体验不同地区的特色。

新口岸友谊大马路。

澳门旅游塔会展娱乐中心

俯瞰全澳门最佳地

塔高 338 米的旅游塔，是澳门的的新标志。它是一个集旅游、观光、表演、会议、展览、购物、餐饮、娱乐及通信于一体的综合设施。

塔楼离地面 223 米，楼高达四层，包括两层高的观光主层，内有玻璃地面，可从观光层鸟瞰澳门；还有一个可容纳 250 人的旋转餐厅，视野 55 千米，让人尽览澳门地区、珠江三角洲和部份香港离岛的景致。旅游塔设有玻璃升降机，由地面至观光主层约 45 秒左右，乘客感受景物迅速离开自己的脚底，有一飞冲天的感觉。

观光塔前地。

乘澳巴 12、17、23、AP1 或新福利 1A、8、AP1 可到。

住宿

澳门的酒店宾馆众多，在平日，酒店大都可随到随住，但每逢周末、节假日或大赛期间，酒店旅馆经常客满，因此最好能先预

订房间。澳门的酒店设备齐全，几乎所有酒店的房间都有空调和私人浴室，还有部分酒店的娱乐服务十分齐全，许多酒店里设有桑拿浴室甚至夜总会，较著名的如金域酒店商场的金域桑拿、葡京酒店的葡京健康芬兰浴、新口岸财神酒店的天河夜总会、新口岸总统酒店的星河夜总会等，其中最为著名的是葡京酒店的葡京娱乐场（与香港一样，各酒店除房租的收费外，还附加 10% 的服务费及 5% 的政府税项）。

餐饮

澳门烹饪吸收了广东的烹饪法和食材以及香港、葡萄牙、印度、非洲、东南亚的特色。创制出独一无二的澳门菜。例如烧腊、多士、非洲鸡、马介休、葡国鸡、沙嗲等。巴波沙前地的大利来记咖啡室的猪扒包是必尝的美食，每日下午 3 时猪扒包便出炉；官也街的木偶葡国菜、诚昌饭店的蟹粥都很有名。官也街手信店也很多，如香记、晃记等。

购物

在澳门购物的魅力无法阻挡，因为低税率政策、地理条件，造成了澳门高档商品价格比同档次内地低，处处充满惊喜的购物环境。这里的商品不但种类繁多，而且价钱较邻近地区便宜。首饰（特别是金饰）、名牌服饰、古董、瓷器、葡萄酒、电子产品及手机、手表、羊毛衫及丝织品，应有尽有。

↑葡式蛋挞

●面积

3.6 万平方千米

●人口

2307 万

●国际区号

886

台湾旅游网
www.taiwan.net.tw

台湾

宝岛台湾

美丽富绕的台湾岛，自然资源丰富，有“祖国宝岛”之称。除了台北和高雄，宝岛台湾还有诸多好去处。壮观的云海、擎天神木、日出奇景、嫣红樱花是阿里山最著名的景色。“山中有水水中有山，山自凌空水自闲”的日月潭，一年四季，风光各不同。还有垦丁，绝对是休闲旅游的怡情胜地……看不完的美景，尽在台湾。

台北

台北市是台湾省的省会，是台湾北部观光游览的中心。说到台北市，首先在脑海中出现的便是台北“故宫博物院”。此外，台湾省最大、景色最美的郊野公园——阳明山公园，因温泉而闻名的北投风景区，也是体验台北的必去场所，尤其是这里的温泉。

亮点

必游景点

- **台北“故宫博物院”**：外观仿北京故宫博物院，收藏有众多文物精品。
- **孙中山纪念馆**：馆内安置着孙中山先生纯铜坐姿塑像，是当今台湾省罕见的宏伟建筑物。
- **阳明山公园**：以火山地质地形景观而闻名，是台湾省最大、景色最美的郊野公园。
- **九份**：知名度较高的景点之一，房屋建筑是其最大特色，许多影视作品都以这里为选景地。
- **红毛城**：已有400年的历史，是台湾现存最古老的建筑之一。

线路推荐

- **台北市区一日游**

A线：台北“故宫博物院”—保安宫—台北探索馆—观景台—台北戏棚 Taipei eye。

B线：“总督府”—二二八和平公园—台北“故宫博物院”—大安森林公园—孙中山纪念馆。

C线：台北当代艺术馆—台北之家—大佳河滨公园—林安泰古厝—台北迷宫花园—台北美术馆—台北故事馆—美术公园—圆山遗址—临济护国禅寺。

↑自由广场牌坊

交通信息

飞机

桃园国际机场位于桃园市大园区，距离台北市区40千米。该机场北台湾的主机场，有发往北京、上海、厦门、西安、釜山、吉隆坡、清迈等地的航班。

松山机场位于松山区，一般承载台湾内部航班，国际航班只有小型飞机才能降落在这里。

火车

台湾的火车主要分为高铁和台铁两种。西部从台北一路南下至高雄都有高铁连接，东部由于山势陡峭，仅有速度较慢的台铁运营。台北站是台铁和高铁的始发站。

地铁

台湾的地铁称为“捷运”。台北地铁线路众多，共计9条线，十分方便。

台北市景点

台北“故宫博物院”

●是中国著名的历史与文化艺术史博物馆

建于1962年，是仿照北京故宫样式设计建筑的宫殿式建筑，原名中山博物院，后改为“故宫博物院”，通常被称为台北“故宫博物院”。

博物院藏品包括清代北京故宫、沈阳故

↓台北“故宫博物院”

宫和原热河行宫等处旧藏之精华，以及海内外各界人士捐赠的文物精品，总数超过65万件，分为书法、古画、碑帖、铜器、玉器、陶瓷、文房用具、雕漆、珐琅器、雕刻、杂项、刺绣及缂丝、图书、文献等14类。博物院经常维持有5000件左右的书画、文物展出，并定期或不定期地举办各种特展。馆内的展品每3个月更换1次。

台北市士林区至善路二段221号。

搭乘捷运淡水线在士林站下车，转乘公交红30至台北“故宫博物院”正馆门口下车，或搭乘公交255、304、小型公交18、680、假日休闲公交110在台北“故宫博物院”大门广场前下车。

展览馆：9:00~17:00；全年无休。

图书文献馆：9:00~17:00；周日、假日休馆。

张大千先生纪念馆：周一和假日休馆，需一周前申请预约。

服务设施：导览服务（中、英文免费固定导览）：中文导览上午9:30、下午14:30，英文导览上午10:00、下午15:00。

第一展览区（主馆）成人新台币250元，团体票新台币230元（十人以上成团）。

（886）2-28812021。

亲历者◎解说

台北“故宫博物院”前身为1925年在北京紫禁城所建立的故宫博物院，1933年为了躲避日本的军事攻击，因此将故宫博物院文物南迁，至1948年文物到达南京，后来因内战爆发，国民政府便将这些文物运往台湾。当时原计划运送五次，但由于战争的原因只运送了三次，共计约2972箱。在1965年于此地落成，定名为中山博物院，俗称“台北故宫”。

西门町

●台北市第一条有标志性意义的步行街

西门町是台北重要的消费区之一，可以说如果想知道台北现在流行着什么，到西门町转一圈之后，答案马上揭晓。一般说的西门町包括中华路、康定路、汉口街、成都路在内的范围，就是这不大的区域和“电影街”“青少年天堂”“红包场”“美食”等词汇紧密地联系在一起，而这里最有代表性的景点则是西门红楼。

士林官邸

●台北市第一座生态公园

士林官邸最早为“士林园艺试验分所”，1949年选定此地为蒋介石的居所，一年后完工，成为蒋介石度过26年的所在。士林官邸自1996年8月全面开放，成为目前台北市第一座生态公园，每年都会举办菊展、梅展、兰展等活动。

士林官邸平地区域可分为花园和官邸，包含士林园艺所、园艺展览馆、欧式花园、中式庭园、兰亭与喷泉、凯歌堂、内花园和外花园等。

台北市士林区福林路60号。

捷运士林站下车，步行一刻钟左右可到达；公交203、216、220、260、267、279、红3、红5路等均可达到。

周一至周五8:00~17:00；全年无休，周六、周日和假日8:00~19:00。

（886）2-28812912。

孙中山纪念馆

●纪念馆内的“大会堂”是台湾最大的高级表演场地

孙中山纪念馆在1972年落成启用，建筑为唐朝宫殿式风格。纪念馆入口大厅的孙中山铜像为陈一帆大师的作品。

纪念馆内有可容纳观众2500多人的“大会堂”，是台湾最大型的高级表演场地；“中山画廊”也经常邀请中外知名的艺术家在此展出。

台北市信义区仁爱路四段505号。

捷运孙中山纪念馆站下车直接到达；公交204、212路等均可到达。

9:00~19:00（部分场地开放至17:00）；农历除夕、大年初一和机电保养日休馆。

（886）2-27255891。

台北101大楼

●世界第二高楼，有三项纪录堪称“第一”

台北101大楼高508米（含天线），曾是

世界第一高楼，现为世界第二高楼（被迪拜塔所超过）。但有三项纪录仍能称“第一”：最高的建筑露天观景台高 391.8 米，在第 91 楼；最快的电梯速度每秒 16.83 米（约等于时速 60 千米）；跨年夜最大的倒数计时钟。

台北市信义区信义路五段 7 号。

搭乘捷运在台北 101 世贸站下车。

购物中心：周日至周四 11:00~21:30；周五、周六及例假日前夕 11:00~22:00。观景台：周一至周日 10:00~21:00，21:15 为最后购票入场时间。

观景台全票新台币 500 元（115 厘米以下儿童免购票）；优惠票新台币 370 元（限学生、65 岁以上老人、持残障手册的残障朋友等）；团体票新台币 350 元（20 人以上团体，入场前一日下午 5 点前先以传真或网络预约，现场不接受团体购票）。

阳明山公园

●温泉和地热活动是这里最重要的景观资源

被誉为“台北后花园”的阳明山公园原名“草山”，是台湾距离都会区最近的一座公园，泛指大屯山、七星山、纱帽山、小观音山所构成的山区，范围相当广大，包括台北市士林、北投部分山区以及新北市淡水、三芝、石门、金山、万里等乡镇山区，总面积约 11455 公顷。

阳明山公园的景点很多，其中大屯自然公园、竹子湖、七星山、小油坑、擎天岗等比较有名。

搭乘捷运淡水线至捷运剑潭站，转塔公交 260 或红 5 到阳明山公园；捷运淡水线士林站搭乘公交 303 到阳明山公园。

(886)2-28613601。

亲历者◎解说

阳明山春天可以赏花，杜鹃与绯寒樱开满枝头；夏日是避暑的好地方；秋天的五节芒花海及枫红点缀枝头；冬天则可享受温泉。

北投温泉

●拥有不同泉质与色泽的温泉

北投温泉的源头为林泉内里和湖山里，北投温泉区著名的温泉指的是地热谷温泉、行义路温泉、凤凰温泉、龙凤温泉、湖山里温泉等地区。

北投温泉拥有不同的泉质与色泽，泉质大约有白磺、青磺、铁磺三种，白磺水色呈白、属弱酸性，青磺酸性较强、腐蚀力高，铁磺则因含铁，水色呈淡红褐色，可结合 SPA 等疗法。

公交车：搭乘 508、612 至纱帽桥即可到达北投温泉。捷运：搭乘捷运淡水线至北投站，转乘新北投支线至新北投捷运站即可到达。

台北周边景点

九份

●台湾国际知名度最高的观光地之一

九份是一个与黄金有着密切关系的地方，早在清光绪年间，在该地便发现金矿，从而吸引了众多淘金者，九份也慢慢繁荣起来。

这个地方多次在大银幕中出现，电影《多桑》《悲情城市》《蓝山咖啡》都曾在此取景，宫崎骏的电影《千与千寻》中的街道，创作灵感也来源于此地，由此这里堪称是台湾国际知名度最高的观光地之一。

九份的房屋是其最大特色，此地的房屋都是顺山势而走，高高低低、弯弯曲曲，街道和房屋又奇妙地组合在一起。而就在这错落有致的建筑中，台湾第一座电影院也隐匿于此。在基山街市场旁的升平戏院建于 1914 年，为台湾第一座电影院。

新北市瑞芳镇。

红毛城

●台湾现存最古老的建筑之一

红毛城又叫“沪尾城”，已有 400 多年的历史。由西班牙人建造，由于外国人发色稍淡且偏红，当地人大多称他们为“红毛番”，他们居住的地方也被称为“红毛城”。

红毛城全区分为红毛城和领事馆两部分，红毛城原为军事需求而建，适合防卫，地基深、墙体厚，外墙厚达 1.9 米。领事馆是一座二层小洋楼，红砖、拱圈回廊、斜屋顶等显示出典型的的欧洲建筑式样。

新北市淡水镇中正路 28 巷 1 号。

9:30~22:00（周一休馆、晚上 6 点后仅开放户外活动区）。

全票新台币 60 元。团体票新台币 40 元，适用 20 人以上的团体。

(886) 2-26231001。

淡水老街

●新北市最具人气的地方之一

淡水港是台湾北部最早开发的地区之一，所以淡水这个地方一直商业繁荣、文化昌盛。淡水老街包括山坡上的重建街、水岸边的中正路和清水街，其中重建街发展的最早，至今街道两旁仍有许多木造和砖造的老房子。清水街的商业氛围浓厚，但街道和商店全都修正为复古风格的，最大程度地保持了老街的整体氛围。

淡水老街上的老建筑颇多，有建于 18 世纪的福佑宫，建于 19 世纪的文昌祠、龙山寺、兴建宫，建于 20 世纪的祖师庙。

新北市淡水镇中正路、重建街、清水街。

淡水捷运站下车，步行一刻钟左右便到。

(886) 2-26221020。

小人国

●台湾著名的主题游乐园

“小人国”是岛内首座以比例缩小方式呈现世界知名建筑物的多功能文化主题乐园，享有世界第二大“小人国”之称，面积达 3 0 公顷，目前有印地安历险区、欧洲城堡乐园、尼罗河历险区、哆啦 A 梦乐园、亚洲之最五个园区。每个园区内都有风格迥异的游玩设施，而且有相应国家或地区的微缩版典型建筑，在尽情游玩的同时可以欣赏各国的典型建筑。此外，乐园内的餐饮、购物设施都很完备，是名副其实的游玩乐园。

桃园县龙潭乡高原村。

新竹旅游区

十七千米海岸风景区

●北台湾最大的海滨湿地

十七千米海岸风景区是指新竹市的海岸线，长约 17 千米，海岸上千公顷的潮间带是北台湾最大的海滨湿地。

风景区规划新竹渔港娱乐渔船码头、看海公园、海天一线看海区、港南运河、美山蔚蓝海岸区（风情海岸）、红树林公园、海山渔港观景台（含休憩及饮食活动）、南港赏鸟区等八大区，此外，还有帆船运动公园、南寮休闲旧港、环保休闲公园、新竹市苗圃、看海公园、环保教育馆、港南滨海风景区、金城湖赏鸟区、客雅水资源处理中心、香山湿地自然生态区、南港半月形白沙湾、风力发电厂等景点。

新竹市北起南寮，南至南港。

(886) 3-5216121。

新竹都城隍庙

●台湾省唯一的都城隍庙，也是唯一的省级城隍庙

建于清乾隆十三年（1748 年），其庙宇规模在当时是台湾省之最。

此庙是台湾省唯一的都城隍庙，也是唯一的省级城隍庙，其后陆续获多位皇帝封赠，成为全台官位最高的城隍爷。

新竹市竹堑城。

(886) 3-5223666。

绿世界生态农场

●内有亚洲最大的水生植物公园之一

绿世界生态农场占地约 70 多公顷，是台湾国际级的生态农场。生态农场是一个以动物、植物的自然生态为本，结合休闲、娱乐的大规模生态农场。农场内有金刚鹦鹉区、可爱动物区、亚马孙雨林区、空中植物区、有毒物区、美食天地、绿野广场、景观厕所、

国际会议厅、热带风情屋、客家古厝文物区等，共38个观赏区。

其中，水生植物公园是亚洲最大的水生植物公园之一，园内有500种珍贵的水生植物，有台湾萍蓬草、台湾水韭、埃及纸莎草等。

新竹县北埔乡大湖村7邻20号。

乘坐国光客运往竹东方向的班车至绿世界站，再转乘接驳车即可到达。

8:30~17:30（16:00停止售票；全年无休，节假日弹性延长时间）。

新台币350元

（886）3-5801000。

司马库斯越岭

●有台湾著名的泰雅人部落

司马库斯是台湾著名的泰雅人部落，被誉为“黑色部落”，这里直到1979年始有电力供应，是台湾最后通电的一个部落。

在司马库斯越岭主要观赏台湾排名第三大的神木，其树种为红桧，树龄约2500年，树高约35米、树围约20.5米，须20人左右才可环抱。

新竹县尖石乡玉峰村。

亲历者◎解说

司马库斯是泰雅人中一个支族部落，为了纪念支族中的一位开发先烈马库斯（泰雅语为Mangus），便将部落命名为司马库斯（Smangus，泰雅语，纪念马库斯的意思）。

住宿

阳明山丽致大饭店/台北市阳明山格致路237号/(886)2-28616661。

天成大饭店/台北市忠孝西路一段43号/(886)2-23617856。

兄弟大饭店/台北市南京东路三段255号/(886)2-27123456。

康华大饭店/台北市松江路306号/(886)2-25215151。

亚都丽致大饭店/台北市民权东路二段41号/(886)2-25971234。

餐饮

台湾菜在当地饮食习惯的基础上，融汇闽菜、粤菜、客家菜的烹调手法，又受荷兰文化和日本文化的影响，形成了“口味清淡，菜品精致”的特点，若归纳为四个字，可以说是“清”“淡”“鲜”“醇”。

台湾菜的特点也可以用四个字概括，那就是“汤汤水水”，代表菜为“西卤白菜”和“生炒花枝”。这种菜既可以说是汤，也可以说是菜。实用起来方便，对于众口难调的一家人而言，非常适用。

另外，不得不说的还有台湾小吃。台湾小吃是台湾美食中的一朵奇葩，虽称之为“小吃”，但影响力、知名度绝对不逊色于台湾菜。台湾小吃花样多、种类多、影响力广、包容性强，广为大众喜爱。

购物

台北购物场所之多，货品之丰富，绝对让人咋舌。尤其是对于女性来说，台北这个购物天堂吸引力简直是太大了。不说台北汇集了世界各大品牌，单是引导潮流的服装款式就足以吸引人的目光。但最好选择在节庆时购买，因为此时商场通常会有打折活动，折扣还比较高。

除了这些女性喜爱的商品，台北还有四样著名的特产——莺歌陶瓷、冈山三宝、澎湖四宝和美浓油纸伞，可以买回去馈赠亲朋好友。

忠孝敦化：以敦化南路忠孝东路口为中心点，周围有SOGO、明曜、微风广场几家中高档百货公司，同时沿街的地摊上也能淘到价廉物美的衣物。

西门町：西门町位于台北市万华区成都路、康定路、汉口街和中华路所构成的街区，为台北市西区最重要的消费商圈。这里是时尚潮人的最爱地，遍布格式的小店，价格低廉，款式流行。

高雄

高雄市是台湾第二大城市，因高雄港而享誉世界。高雄市在芸芸都市之林能脱颖而出凭借的是一系列和艺术相关联的城市公共建筑：城市光廊、市民艺术大道、爱河，这些都使得高雄更加浪漫迷人。

亮点

必游景点

- **西子湾**：景区包括西子湾海水浴场、海滨公园等，西子夕照为台湾八大胜景之一。
- **茂林风景区**：这里是地球上著名两大越冬型蝴蝶谷之一，在每年12月至次年2月的冬季中，会有数以百万的紫斑蝶在此过冬。
- **恒春**：恒春有风景旖旎的海滨风光，保存较好的古城及独特的民风习俗。
- **佛光山**：佛光山是台湾最大的佛教道场，有“台南佛都”的称号。

线路推荐

- **高雄市区一日游**
  西子湾—打狗英国领事馆—鼓山渡轮站—寿山风景区—爱河游览。
- **台南市一日游**
  赤嵌楼—祀典武庙—大天后宫—台湾首届天坛—孔庙—大南门—五妃庙—延平郡王祠。

交通信息

飞机

高雄国际机场机场为南台湾的主要联外国际机场、以及国际客运出入吞吐地，紧邻高雄市区，承接着不少往返大陆及东南亚的

↑爱河之心

国际航线。

火车

台湾的火车主要分为高铁和台铁两种。高铁速度较快，乘坐高铁从台北到高雄仅需要两个小时。

捷运

高雄是台湾第二个建有捷运系统的城市。目前运行中的有2条：红线、橘线。

高雄市区景点

西子湾

西子夕照为台湾八大胜景之一

西子湾曾叫“洋路湾”“洋子湾”“斜湾”，原本是一处以海水浴场、天然珊瑚礁而闻名的湾澳，后经开发，成为包括西子湾海水浴场、海滨公园、蒋介石纪念馆的景区。

西子湾除了拥有充满热带气息的椰树、沙滩外，还有名声大噪的“夕阳”。西子夕照为台湾八大胜景之一，因此在此等待观赏夕阳景色的人非常多，几乎成了每个来高雄

↓西子湾

市旅游的人的必修课。夕阳西下的时候，沙滩、礁石与夕阳浑然一体，形成迷人的美景。

高雄市鼓山区莲海路。

乘捷运西子湾站下车，或乘公交1、2、60、88路等都可到达。

六合夜市

台湾第二大夜市

六合夜市是仅次于台北士林夜市的台湾第二大夜市。这里白天是车水马龙的大马路，入夜后摇身一变，成了人声鼎沸热闹非凡的夜市。在这短短300多米的马路上，聚集了超过近200个的摊位，可以品尝小吃，享用宵夜，更可以买衣服、小饰品还有看电影等等夜市娱乐，领略正宗夜市文化。

高雄市新兴区六合二路。

乘捷运在美丽岛站下即可

高雄85大楼

台湾第二高楼

高雄85大楼又称东帝士85国际广场或东帝士建台大楼，是南台湾最高的摩天大楼、台湾第二高楼。高雄85大楼高度约347.5米，加上天线为378米，地上85层，地下5层，是台湾省首栋使用高性能混凝土的大楼。

高雄市苓雅区自强三路1、3、5、7号。

搭乘78、83、100至建台百货站；搭乘70、14至三多四路口站即可到达高雄85大楼即可。或搭乘捷运红线至三多商圈站（R8），从2号出口往新光路方向步行即可。

11:00~23:00。观景台12:00~22:00。

观景台新台币150元。

茂林风景区

景区内有鲁凯族村落

茂林风景区地处高雄县东南方山区，景区内有大多为鲁凯人的茂林、万山、多纳三个村落。主要有紫蝶幽谷、蓝水湖、龙头山、多纳温泉、多纳隐瀑、红尘峡谷、多纳民俗村等景点，是台湾南部著名的旅游胜地。

高雄县茂林乡境内。

8:30~17:30。

紫蝶幽谷

为地球上著名两大越冬型蝴蝶谷之一

紫蝶幽谷是地球上著名两大越冬型蝴蝶谷之一，在每年12月至次年2月的冬季中，会有数以百万的紫斑蝶从不同方向、不同地方飞到这里过冬。据统计，目前在此地过冬的紫斑蝶有小紫斑蝶、端紫斑蝶、圆翅紫斑蝶、斯氏紫斑蝶，以及少数的琉球青斑蝶、小纹青斑蝶、淡小纹青斑蝶、姬小纹青斑蝶、青斑蝶、小青斑蝶等。

多纳石板屋

保留着独特的石板屋风俗

多纳是一个典型的鲁凯村落，更是茂林乡内唯一没有迁村的部落，这里的居民大多世世代代居住于此，保留了鲁凯人独特的文化，石板屋就是其中之一。

由于多纳附近盛产粘板岩，村民就地取材，用粘板岩制造出石板屋。久而久之，成为多纳最具特色的文化代表。

恒春镇

台湾电影《海角七号》拍摄地

恒春镇位于屏东县的最南部，四时如春，故取名恒春，是台湾岛的南部门户，也是台湾最著名的风景区。

从高雄南下，可以搭中南客运（24小时）经小港、东港、枋寮、车城、恒春、鹅銮鼻；若自行开车可在从南二高南州交流道下，再由屏鹅公路前往恒春镇。

垦丁公园

台湾第一座热带植物林

垦丁公园位于台湾最南端，恒春半岛之南侧，三面环海，是岛内唯一同时涵盖陆地与海域的公园。园内拥有精致而多变的雅景，如南仁湖、龙峦潭、大小尖山、船帆石及风吹沙。垦丁公园最特别的要属多样性的地质景观，它纪录了百万年来地壳运动不断的变动。陆地与海洋彼此交蚀，造就了垦丁高位珊瑚礁、海蚀地形、崩崖地形等独特的

↓垦丁海岸

地形景观。

屏东县恒春镇垦丁路596号。

西部纵贯铁路，于高雄站下车，在火车站转车（国光客运、高雄客运、屏东客运、中南客运）至垦丁，车次一天多班；从台北乘中南客运也可直达垦丁。

海洋生物博物馆50元新台币，垦丁森林游乐区150新台币。

台南旅游区

台湾首庙天坛（台南天公庙）

●台湾唯一以牌位代替神像祭祀的神庙

台湾首庙天坛（台南天公庙）俗称天公坛、天公庙，供奉的最高神是玉皇上帝，是台湾唯一一座官民合建的神庙，也是台湾唯一一座以牌位代替神像祭祀的神庙。

台湾首庙天坛的庙门不同于一般的庙门，一般的庙门上绘有色彩鲜艳的门神，而这里的庙门用门钉代替了门神，彰显出玉皇大帝在众神之中的尊贵地位。另外，此庙的龙柱较多，达到5对，其年代可以从清朝追溯到现在，其中正殿、前殿、后殿的龙柱分别为清同治和咸丰年间的作品，非常具有历史价值。

台南市中西区忠义路二段84巷16号。

台南孔庙

●台湾省第一座孔子庙、最早的文庙

台南孔庙建于明代，是台湾省第一座孔子庙、最早的文庙，曾一度是台湾省儿童接受启蒙教育的地方，号称“全台首学”。整座孔庙建筑庄严宏伟，红墙与翠柏相映衬，同时有保有传统台闽式建筑风格。此外，孔庙内还拥有众多历代帝王钦赐的御匾。

台南市中西区南门路2号。

大成殿8:30~17:30（除夕当天不开放）。

以成书院：9:00~12:00，14:00~17:00（除夕当天、每周一不开放）。

文昌阁：每周六日9:00~12:00，13:30~17:30（除夕当天不开放）。 新台币25元。

赤嵌楼

●曾为台湾的行政中心所在

赤嵌楼初建于公元1650年，历经明清两朝。赤嵌楼原为荷兰人所建，据说，建造此楼所用的材料也是由荷兰人从海外运来的，因此被称为“普罗民遮城”。

目前，仅剩城堡大门和文昌阁旁的炮座遗迹。赤嵌楼中最特殊的建筑物是城楼下9座赑屃碑，这是清乾隆旌功御碑。碑上记载了褒旌福康安平定林爽文事件。

台南市中西区赤嵌里民族路212号。

新台币50元。

台东旅游区

花东纵谷风景区

●体验东台湾的产业和平野幽谷的风情

花东纵谷风景区景点面积较大，包括卑南初鹿地区、鹿野延平地区、关山池上地区、富里玉里地区、瑞穗万荣地区、光复凤林地区、吉安寿丰地区等。是一处环境优美，拥有纯朴民风的自然、人文景观。

纵谷具备产业、地景、田园、人文、聚落等资源，其最大的特色是体验东台湾的产业、平野幽谷风情。在这里居住着客家人、卑南人、布农人、排湾人等居民，使得该地充满浓郁的山地风情。

台东县与花莲县之间。

在山线站乘坐鼎东客运前往玉里、富里、花莲等地班车，在各个景点俱有停靠。

八仙洞

台湾目前已知最古老的文化层

八仙洞是由海浪冲蚀而成的岩洞，主要有灵岩洞、潮音洞、永安洞、海雷洞、朝阳洞、软元洞、拱辰洞、昆仑洞。这些岩洞原本在海面下，由于海岸不断上升，岩洞也不断升高，最高的岩洞是昆仑洞，已到达海拔150米，是台湾东部海岸不断上升的最好证明。

在各洞之间有木道或石板路相接，可以一览八仙洞的景色，同时也是欣赏夕阳、捕鱼风情的好地方。

台东县长滨乡北段海湾。 9:00~17:00。

平日大客车新台币120元，汽车40元，机车15元，行人免费；假日大客车150元，汽车50元，机车20元，行人免费。

由台东火车站前乘坐前往静浦、花莲的鼎东、花莲客运海线班车，在八仙洞下车，即可到达。

住宿

高雄国宾大饭店/高雄市民生二路202号/(886)7-2115211。

阳明汽车旅馆/高雄市三民区褒扬街189号/(886)7-3891197。

花乡左营时尚汽车旅馆/高雄市左营区文智路95号/(886)7-3470111。

85码头日租套房/高雄市苓雅区自强三路五号/(886)3-19082880。

娜路弯大酒店/台东市连航路66号//(886)89-239666。

关山亲山农园民宿/台东县关山镇和平路2-4号/(886)89-813329。

餐饮

阿婆仔冰/高雄市盐埕区七贤三路/(886)7-5513180。

高雄五角冰铺/高雄市河北二路25号/(886)7-2852109。

老牌白糖/高雄市苓雅区自强三路与苓雅二路口/(886)7-575111。

台东小吃的代表主要有甘薯、小米、香菇、卤米苔目、肉汤圆、素食面、筒子米糕、肉羹等，这些在夜市都能吃到。台东的夜市主要集中在光明路、福建路、宝桑路、正气路一带，其中光明路以海鲜为主，福建路以水果、饮料为主，正气路上的卑南猪血汤最为有名。而在绿岛，一定要尝一尝当地的芡粿、羊肉炉、蒜香章鱼、豆头、炒丁香鱼等小吃。

购物

高雄市的商业氛围极其发达，商家云集，各大品牌的专卖店比比皆是。五福二路、中山路、中华路一带，是高雄市最繁华的商业中心，包括大统、大立、新光三越、汉神等百货公司。在这里，各类国际品牌的东西皆可买到。

另外，高雄市还有一些主题街，是喜欢“淘”的朋友必去的地方。如三凤中街的杂货、三多路的二手货市场、十全路的古董市场、青年路的家具街、兴中路的花市等。

台东县以产有优质的土特产而闻名台湾，在池上、关山一带，所产的米被特意称为“池上米”，由此演化出来“池上便当”这个台湾著名的快餐。除此，还有池上的茧丝被，太麻里和金峰一带产的金针、杭菊、太峰茶，知本的柚子茶等。

台东县的水果品种多，味道好，尽管不便于携带，却也是在旅游过程中必不可少的美味，如木瓜、百香果。另外，茶焗蛋，台东茶焗蛋亦是台东特产之一。

台湾中部

台湾中部包括苗栗、台中、彰化、嘉义、南投、花莲等地，境内有日月潭、雪霸公园、太鲁阁等著名的观光景点。本区的森林资源丰富，气候宜人，苗栗的传统客家庄风情，台中人文荟萃的情怀，南投的清幽景致，让游客有着不同的全新体验！

亮点

必游景点

- **阿里山风景区**：台湾知名景点，日出、云海、晚霞、森林、高山铁路，合称“阿里山五奇”。
- **日月潭**：台湾最大的淡水湖泊，风景秀丽，是台湾最知名的旅游景点之一。
- **太鲁阁公园**：台湾最著名的风景胜地之一，面积达9.3万多公顷，是台湾第二大公园，峡谷、山岳为最大特色。

线路推荐

- **花莲县二日游**

D1：太鲁阁公园。

D2：九曲洞—天祥游憩区。

苗栗旅游区

狮头山

名闻全省的佛教圣地

狮头山主峰标高492米，面积约24221公顷。是名闻全省的佛教圣地，与南部的佛光山同为目前台湾两大佛教圣地，早年名列台湾十二胜景之一。

狮头山的建庙历史，可以追溯到清朝光绪十八年（1892年），现在主要有劝化堂、元光寺、开善寺、海会庵、灵霞洞、金刚寺、万佛庵等。其中，劝化堂、元光寺并称为“狮子山的开山祖庙”，劝化堂是狮头山上庙产最富、庙貌最大的一座寺庙。

↑苗栗旅游区

苗栗县三湾乡、南庄乡与新竹峨眉乡。

从新竹、竹南、头份搭往南庄的苗栗客运，在狮头由或劝化堂下车。

火炎山温泉游乐区

首创全台温泉戏水区

火炎山温泉游乐区，是一佛教观光圣地，并首创全台温泉戏水区。

游乐区面积占地约155公顷，以少林寺达摩祖师武学精神为主题。区内有花果山水濂洞、猪八戒招亲、亲子乐园、音乐马车等游乐设施。另外，还设有嵩山少林寺古董文物艺术博物馆，展示内容多样而丰富。

苗栗县苑里镇石镇里火炎山温泉1号。

游乐区平日8:00~17:00，假日8:00~17:30；温泉区平日8:00~17:00，假日8:00~22:00。

(886) 37-740373。

个人全票新台币250元；个人半票新台币150元；团体票新台币199元（适用30人以上团体）。

彰化旅游区

鹿港小镇

大甲鹿港三大古迹

1784年设口开渡后，开启了鹿港的黄金时期，当时拥有“一府二鹿三艋舺”的美称，是台湾的第二大城。至今鹿港仍保留有旧城区和许多古老建筑。鹿港龙山寺、鹿港天后宫、鹿港文祠并列为“鹿港三大古迹”。

彰化县鹿港镇。

台湾民俗村

●展示台湾的300多年来的民风民俗

台湾民俗村占地52公顷，展示着台湾300年来的人文景观、民俗风情，共分为游客服务区、昨日台湾区、今日台湾区、自然教育区、山林古迹区、时空剧场区、休闲度假区，并设计传统民俗游艺、生活技艺等。昨日台湾的传统建筑部分是民俗村最特别的地方，展示古老台湾的建筑特色。

彰化县花坛乡湾雅村三芬路360号。

平日9:00~17:00，例假日8:30~17:00。

全票新台币380元；优待票新台币330元；团体全票新台币330元；团体半票新台币280元。牛车怀旧之旅：全票单程50元，来回80元；半票单程30元，来回50元。

日月潭风景区

●台湾最大的淡水湖泊

日月潭是台湾最大的淡水湖泊，故有人称为“海仔”“水社海仔”。全潭以拉鲁岛（光华岛）为界，南形如月弧，北形如日轮，所以改名为“日月潭”。主要景点有文武庙、孔雀园、慈恩塔等。

文武庙位于潭北山腰上，因供奉孔子（文圣）、岳飞及关羽（武圣）而得名，为中国宫殿式庙宇，分前、中、后三殿，以金黄色为主。

↓日月潭

慈恩塔塔顶高度达海拔1000米，为日月潭最高点，从塔顶瞭望可看见拉鲁岛（光华岛）、玄奘寺、慈恩塔同在一条中轴在线。慈恩塔为中国宝塔式建筑，共分九层。

南投县鱼池乡水社村。

(886) 49-2855668。

亲历者◎攻略

1.交通：在台北搭乘国光客运往日月潭方向的班车至日月潭站即可到达日月潭风景区。

在台北捷运忠孝复兴站搭乘丰荣客运往埔里方向的班车至日月潭站即可到达日月潭风景区。

在台中搭乘仁友客运搭乘往日月潭方向的班车至日月潭站即可到达日月潭风景区。

2.游日月潭可选择搭游艇、步行、骑自行车等方式。在日月潭共有水社码头、德化社码头、朝雾码头、玄光寺码头等四个公共码头，一般游湖行程大约需二小时左右。

日月潭风景区有几条自行车路线，其中以“环湖公路”最佳。环湖公路全长约33千米，沿途设有各个景点。

阿里山风景区

●台湾十大最佳赏鸟地点之一

日出、云海、晚霞、森林、高山铁路，合称“阿里山五奇”。景区内森林资源丰富，红桧、台湾扁柏、台湾杉、铁杉及华山松称为“阿里山五木”。

阿里山的日出，四季位置与时间均不同，而祝山是众所周知的最好的观日景点。云海通常出现在日出或薄暮天气晴朗的时候。而观赏云海最好的季节是秋天。阿里山海拔两千多米，地区空气稀薄，太阳辐射强，导致空气中的紫外线强，造就了阿里山美丽的晚霞景观。

亲历者◎解说

阿里山赏萤之旅：每年的4月至6月，在阿里山可欣赏到数以百万只萤火虫聚集的景象。目前，主要有七大赏萤路，分别是奋起湖一火车站往土地公沿线、太和一花石溪生态保护区、瑞里一若兰山庄、瑞里小学一三华民宿、光华村一驿马溪农场、丰山一村落至观景台沿线、里佳一亲水

↓阿里山

步道。

阿里山赏樱之旅：每年 2~4 月是阿里山的赏花季，届时，樱花、李花、桃花等同时开放，争奇斗艳。

太鲁阁公园

●台湾第二大公园

太鲁阁公园是台湾著名的风景胜地之一，太鲁阁在台湾少数民族语言中的意思是“伟大的山脉”。公园面积达 9.3 万多公顷，是台湾第二大公园。主要有太鲁阁峡谷、立雾溪流域、中横公路沿线风景，以及部分临海的苏花公路景观。

九曲洞

●太鲁阁峡谷景致最美的一段

九曲洞是中横公路的一大奇观！中横千米本身为穿山凿洞而建，曲折的道路穿行于岩壁之中，上有峭壁，下游深谷，甚是惊心动魄。

九曲洞并不是九个弯，而是泛指，确切地说是许许多多弯曲的山洞。进洞之后，可以说马上与外界隔绝，只能在靠近溪谷的洞穴中管窥到峡谷风光。

花莲县秀林乡天祥路。

清水断崖

●台湾八大奇景之一

清水断崖长达 22.7 千米，高数百米，主要由大理岩、片麻岩、绿色片岩所构成，是苏花公路中最为惊险、壮丽的景观，更被誉为是苏花公路的精神所在，是台湾八大奇景之一。

在清水断崖除了能欣赏花东沿岸最壮观的景色外，还可以欣赏日出、日落。

花莲县秀林乡和平至清水之间。

在花莲火车站前乘坐开往崇德的花莲客运在崇德下车即到。

花莲旅游区

鲤鱼潭风景区

●花莲县有名的景区

景区内若以鲤鱼潭为中心，其南有池内

森林游乐区和露营区；西有玉山神学院；东有鲤鱼山，这里是花莲颇具规模的飞行伞活动场。同时，在鲤鱼潭还可以划船戏水。

此风景区内，最受人们喜爱的当属4千米长的环潭公路，每逢假日会看到很多自行车爱好者，在这里环潭骑行。

自花莲市中山路花莲客运总站搭经池南往寿丰的班车在池南站下。

亲历者◎攻略

1. 在鲤鱼潭的环潭公路的周围有租赁自行车的店，价格不贵。骑一辆自行车就可以将鲤鱼潭的湖光山色尽收眼底，非常实惠。在公路边还有凉亭可供休息。

2. 在鲤鱼潭风景管理处的对面有一定规模的商店、餐厅等，很多餐厅的美味就来自鲤鱼潭，不妨在此美美地吃一顿。

秀姑峦溪

●台湾东部最大的河流

秀姑峦溪发源于秀姑峦山，全长103千米，为台湾东部最大的河流。秀姑峦溪的河道迂回，是泛舟的好地方。

在每年的5－10月为河流的丰水期，届时会举办泛舟活动。泛舟的过程分为两段，以奇美为中心，前段水流平稳，考验选手们的默契程度，是训练技术的最佳航段；后段的水流湍急，多险滩，不易控制，是考验经验的航段。

泛舟全程共23处激流，现已将秀姑峦溪开发成为台湾橡皮艇泛舟的热门去处。

花莲县瑞穗乡瑞美村。

乘坐客运在瑞穗车站牌下车，沿9号省道南行至游客泛舟服务中心即到达。

住宿

竹林雅致汽车旅馆/台中市南屯区大观路19巷20号/(886)4-23802399。

耐斯王子大饭店/嘉义市忠孝路600号/(886)5-2771999。

富丽豪商务汽车旅馆/嘉义市东区新民路266号/(886)5-2866890。

远雄悦来大饭店/花莲县寿丰乡盐寮村山岭18号/(886)3-8123999。

花莲国际青年之家/花莲县花莲市富吉路1-8号/(886)3-8465535。

餐饮

台中

莎哇第泰国餐厅/台中市西区五权路133号/(886)4-22020721。

FRIDAYS星期五餐厅/台中市西区英才路421号/(886)4-23227769。

小顺丰义式美食餐厅(中兴建成店)/台中市南区建成路1601-3号/(886)4-22853385。

八集屋/台中市大墩十九街170号/(886)4-23290875。

嘉义

嘉义市的著名小吃有：鸡肉饭、粿仔汤、冬菜虾仁蛋黄、真味珍香肠、水果、香菇肉羹、米糕、莲子汤。文化路夜市是品尝嘉义美食的不错去处。

购物

台中

台中市的特产以吃的为主，主要有太阳饼、凤梨酥、一心豆干、大坑竹笋、南屯麻芛、军功丝瓜。这些特产在城市接到的各个商店大都可以买到、

嘉义

嘉义的一大特产是方块酥，在各大商场的食品专柜或者大型购物超市都能购买到。嘉义市的购物场所主要有远东百货、耐斯松屋百货、新光三越百货等。

附 录

中国的世界遗产名单

文化遗产

长城
明清皇宫（北京故宫、沈阳故宫）
陕西秦始皇陵及兵马俑
甘肃敦煌莫高窟
北京周口店北京猿人遗址
西藏布达拉宫
河北承德避暑山庄及周围寺庙
山东曲阜的孔庙、孔府及孔林
湖北武当山古建筑群
云南丽江古城
山西平遥古城
江苏苏州古典园林
北京颐和园
北京天坛
重庆大足石刻
四川青城山和都江堰
河南洛阳龙门石窟
明清皇家陵寝
安徽古村落（西递、宏村）
山西大同云冈石窟
高句丽王城、王陵及贵族墓葬
澳门历史城区
安阳殷墟
开平碉楼与村落
福建土楼
登封“天地之中”历史建筑群
元上都遗址
云南哈尼梯田
中国大运河
丝绸之路
中国土司遗产
左江花山岩画

自然遗产

湖南武陵源国家级名胜区
四川九寨沟国家级名胜区
四川黄龙国家级名胜区
云南三江并流
四川大熊猫栖息地
中国南方喀斯特
江西三清山
中国丹霞
中国澄江化石地
新疆天山
湖北神农架

文化与自然双重遗产

山东泰山
安徽黄山
四川峨眉山—乐山风景名胜区
福建武夷山

文化景观

江西庐山风景名胜区
山西五台山
杭州西湖

中国的 5A 级旅游区名单

北京市

故宫博物院
天坛公园
颐和园
八达岭—慕田峪长城旅游区
明十三陵景区
恭王府景区
北京奥林匹克公园

天津市

天津古文化街旅游区
盘山风景名胜区

河北省

承德避暑山庄及周围寺庙景区
保定白洋淀景区
保定野三坡景区
石家庄西柏坡景区
唐山清东陵景区
邯郸娲皇宫景区
邯郸广府古城景区
保定白石山景区

山西省

大同云冈石窟景区
忻州五台山风景名胜区
晋城皇城相府生态文化旅游区
晋中绵山风景名胜区
晋中乔家大院文化园区
晋中平遥古城景区
忻州雁门关景区

内蒙古自治区

鄂尔多斯响沙湾旅游景区
鄂尔多斯成吉思汗陵旅游区
呼伦贝尔中俄边境旅游区
兴安盟阿尔山・柴河旅游景区

辽宁省

沈阳植物园
大连老虎滩海洋公园—老虎滩极地馆
大连金石滩景区
本溪水洞景区
鞍山千山景区

吉林省

长白山景区
长春伪满皇宫博物馆
长春净月潭景区
长春长影世纪城景区
延边六鼎山文化旅游区
长春世界雕塑公园景区

黑龙江省

哈尔滨太阳岛景区
黑河五大连池景区
牡丹江镜泊湖景区

伊春林海奇石景区
大兴安岭北极村旅游景区

上海市

东方明珠广播电视塔
上海野生动物园
上海科技馆

江苏省

苏州园林
苏州周庄古镇景区
南京钟山—中山陵风景名胜区
无锡影视基地三国水浒城景区
无锡灵山大佛景区
苏州同里古镇景区
南京夫子庙—秦淮河风光带
常州环球恐龙城景区
扬州瘦西湖风景区
南通濠河风景区
泰州溱湖国家湿地公园
苏州金鸡湖国家商务旅游示范区
镇江三山风景名胜区
无锡鼋头渚旅游风景区
苏州太湖旅游区
苏州沙家浜—虞山尚湖旅游区
常州天目湖景区
镇江茅山景区
淮安周恩来故里景区
盐城中华麋鹿园景区
徐州云龙湖景区
连云港花果山景区
常州春秋淹城旅游区

浙江省

杭州西湖风景区
温州雁荡山风景区
舟山普陀山风景区
杭州千岛湖风景区
嘉兴乌镇古镇旅游区
宁波溪口—滕头旅游景区
金华横店影视城景区
嘉兴南湖旅游区
杭州西溪湿地旅游区
绍兴鲁迅故里—沈园景区
衢州根宫佛国文化旅游区
湖州南浔古镇景区
台州天台山景区
台州神仙居景区
嘉兴西塘古镇旅游景区
衢州市江郎山·廿八都旅游区

安徽省

黄山风景区
池州九华山风景区
安庆天柱山风景区
皖南古村落—西递宏村
六安天堂寨旅游景区
宣城龙川景区
阜阳八里河风景区
黄山古徽州文化旅游区
合肥三河古镇景区
芜湖方特旅游区
六安万佛湖风景区

福建省

厦门鼓浪屿风景名胜区
南平武夷山风景名胜区
三明泰宁风景旅游区
福建土楼（永定·南靖）旅游景区
宁德白水洋·鸳鸯溪旅游景区
泉州清源山风景名胜区
宁德太姥山旅游区
福州三坊七巷景区
龙岩古田旅游区

江西省

九江庐山风景名胜区
吉安井冈山风景旅游区
上饶三清山旅游景区
鹰潭龙虎山风景名胜区
上饶江湾景区
景德镇古窑民俗博览区
赣州共和国摇篮景区
宜春明月山旅游区
抚州大觉山景区
上饶龟峰景区

山东省

泰山景区
烟台蓬莱阁—三仙山—八仙过海旅游区
济宁明故城三孔旅游区
青岛崂山景区
威海刘公岛景区
烟台南山景区
枣庄台儿庄古城景区
济南天下第一泉景区
沂蒙山旅游区
潍坊青州古城景区
威海华夏城景区

河南省

郑州嵩山少林寺景区
洛阳龙门石窟景区
焦作云台山—神农山—青天河风景区
安阳殷墟景区
洛阳白云山景区
开封清明上河园景区
平顶山尧山—中原大佛景区
洛阳老君山—鸡冠洞旅游区
洛阳龙潭大峡谷景区
南阳伏牛山—老界岭—中国恐龙遗址园旅游区
驻马店嵖岈山旅游景区
安阳红旗渠—太行大峡谷旅游景区
商丘芒砀山汉文化旅游景区

湖北省

武汉黄鹤楼公园
宜昌三峡大坝—屈原故里文化旅游区
宜昌三峡人家风景区
十堰武当山风景区
恩施神龙溪纤夫文化旅游区
神农架生态旅游区
宜昌清江画廊景区
武汉－东湖生态旅游风景区
武汉木兰文化生态旅游区
恩施大峡谷景区

湖南省

张家界武陵源—天门山旅游区
衡阳衡山旅游区
湘潭韶山旅游区
岳阳楼—君山岛景区
长沙岳麓山旅游区
长沙花明楼景区
郴州东江湖旅游区
邵阳崀山景区

广东省

广州长隆旅游度假区
深圳华侨城旅游度假区
广州白云山景区
梅州雁南飞茶田景区
深圳观澜湖休闲旅游区
清远地下河旅游景区
韶关丹霞山景区
佛山西樵山景区
惠州罗浮山景区
佛山长鹿旅游休博园
阳江海陵岛大角湾海上丝路旅游区
中山孙中山故里旅游区

广西壮族自治区

桂林漓江风景区
桂林乐满地度假世界
桂林独秀峰·靖江王城景区
南宁青秀山旅游区
桂林两江四湖·象山景区

海南省

三亚南山文化旅游区
三亚南山大小洞天旅游区
保亭呀诺达雨林文化旅游区
陵水分界洲岛旅游区
保亭槟榔谷黎苗文化旅游区
三亚蜈支洲岛旅游区

重庆市

大足石刻景区
小三峡—小小三峡旅游区
武隆喀斯特旅游区
酉阳桃花源旅游景区
万盛黑山谷–龙鳞石海风景区
金佛山景区
四面山景区
龙缸景区

四川省

成都青城山—都江堰旅游景区
峨眉山景区
阿坝九寨沟景区
乐山大佛景区
阿坝黄龙风景名胜区
绵阳羌城旅游区
阿坝汶川特别旅游区
南充阆中古城旅游景区
广安邓小平故里旅游区
广元剑门蜀道剑门关旅游景区
南充朱德故里景区
甘孜海螺沟景区

贵州省

安顺黄果树瀑布景区
安顺龙宫景区
毕节百里杜鹃景区
黔南樟江景区
贵阳青岩古镇景区

云南省

昆明石林风景区
丽江玉龙雪山景区
丽江古城景区
大理崇圣寺三塔文化旅游区
西双版纳热带植物园
迪庆普达措国家公园
昆明世博园景区
保山火山热海旅游区

西藏自治区

拉萨布达拉宫景区
拉萨大昭寺景区

陕西省

西安秦始皇兵马俑博物馆
西安华清池景区
延安黄帝陵景区
西安大雁塔—大唐芙蓉园景区
渭南华山风景区
宝鸡法门寺佛文化景区
商洛金丝峡景区
宝鸡太白山旅游景区

甘肃省

嘉峪关文物景区
平凉崆峒山风景名胜区
天水麦积山景区
酒泉鸣沙山月牙泉景区

青海省

青海湖风景区
西宁塔尔寺景区
海东互助土族故土园旅游区

宁夏回族自治区

石嘴山沙湖旅游景区
中卫沙坡头旅游景区
银川镇北堡西部影视城
银川水洞沟旅游区

新疆维吾尔自治区

昌吉天山天池风景名胜区
吐鲁番葡萄沟风景区
伊犁喀纳斯景区
伊犁那拉提旅游风景区
伊犁可可托海景区
喀什金胡杨景区
乌鲁木齐天山大峡谷
巴音郭楞博斯腾湖景区
喀什噶尔老城景区
伊犁喀拉峻景区
巴音郭楞巴音布鲁克景区
伊犁白沙湖景区

声明

《中国自助游》提供完全独立的建议，《亲历者》编辑部在采写过程中不受任何商业性广告的影响，也不接受任何资助或馈赠来换取积极的报道或资料的登录而可能误导读者。

感谢部分旅游单位、图片库、摄影师为本书提供精美的图片。因使用图片数量较多大，如有遗漏署名或未支付稿酬的，敬请联系本书编辑部，由此带来的不便我们深表歉意。

2018 版修订说明

根据国家旅游局及各地旅游部门的官方资讯，我们全新发布了 2018 年旅游趋势报告，为读者提供流行的旅行动向和时尚玩法。

我们对全书 2000 多个景点逐一审核，重新筛选，删掉无趣的景点，并对新增的 5A 景点、最新热门景点进行了补充。

为保证读者可以看到最新的旅游资讯，我们对全书 100 多个城市的交通信息进行了全面的核实、修订，为读者的出行提供实用、靠谱的信息。

我们倾情推荐 60 个亲子游玩地（用标注）、40 个自驾游景点（用标注），让你的假期出行多一些花样，更添一份乐趣。

我们特别标注了最值得游玩的 50 个古镇（用标注）、一生必去的 100 个地方（用标注），为读者旅游出行指明方向，减少选择目的地的烦恼。

新增了 100 多个城市的旅游局（委）官网的二维码，方便读者随时查询最新的旅游信息和各地旅游动态。

为了让读者更深入地感受景区的风光、旅途的美景，我们此次更新了约 100 幅图片，以全新的色彩、不同的视角，带给你更好的视觉体验。

图书在版编目（CIP）数据

中国自助游/《亲历者》编辑部编著．-- 3 版．-- 北京：
中国铁道出版社，2017.8
（亲历者）
ISBN 978-7-113-23167-5

Ⅰ．①中… Ⅱ．①亲… Ⅲ．①旅游指南－中国
Ⅳ．① K928.9

中国版本图书馆 CIP 数据核字（2017）第 117715 号

书　　名：中国自助游（第 3 版）
作　　者：《亲历者》编辑部　编著

策划编辑： 聂浩智
责任编辑： 杨　旭
版式设计： 知路图书
责任印制： 赵星辰

出版发行： 中国铁道出版社（北京市西城区右安门西街 8 号　邮编：100054）
印　　刷： 三河市兴达印务有限公司
版　　次： 2015 年 10 月第 1 版　　2016 年 8 月第 2 版　　2017 年 8 月第 3 版
2017 年 8 月第 1 次印刷
开　　本： 889mm×1194mm　1/32　印张：25　彩插：8　字数：1200 千
书　　号： ISBN 978-7-113-23167-5
定　　价： 39.80 元
